베트남과 한국의 반공독재국가형성사
- 응오딘지엠과 이승만 정권 비교 -

베트남과 한국의 반공독재국가형성사
- 응오딘지엠과 이승만 정권 비교 -

초판 1쇄 발행 2005년 11월 7일

지은이 윤충로
펴낸이 윤관백
펴낸곳 선인

등 록 제5-77호(1998. 11. 4)
주 소 서울시 마포구 마포동 324-1 곳마루B/D 1층
전 화 02) 718-6252
팩 스 02) 718-6253
E-mail sunin72@chol.com

정가 · 40,000원
ISBN 89-5933-025-6 93900

베트남과 한국의
반공독재국가형성사
응오딘지엠과 이승만 정권 비교
윤충로 지음
선인

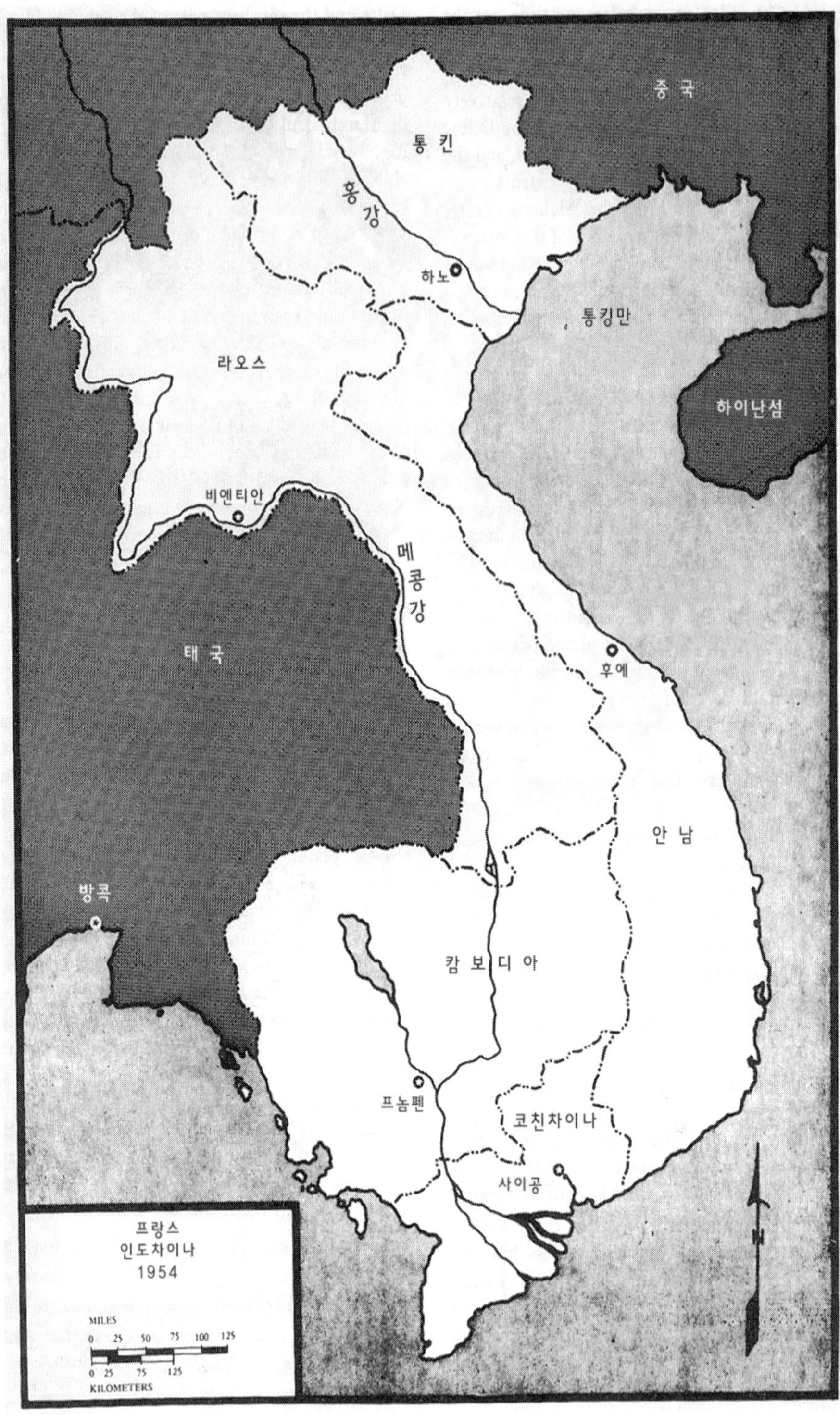

중국
통킹
홍강
하노
통킹만
하이난섬
라오스
비엔티안
메콩강
태국
후에
안남
방콕
캄보디아
프놈펜
코친차이나
사이공
프랑스
인도차이나
1954
MILES
0 25 50 75 100 125
0 25 75 125
KILOMETERS

책을 펴내며

필자가 베트남의 현대사를 처음 접한 것은 지금부터 약 12년 전 정도로 거슬러 올라간다. 초기 필자의 베트남 연구는 많은 사람들이 그러하듯이 20세기의 모든 모순을 응축하고 있는 베트남전쟁, 그리고 이미 제3세계 민족혁명의 고전이 되어버린 베트남의 기나긴 저항과 투쟁의 역사적 궤적을 이해하고자 하는 데서 시작되었다. 그러나 이것은 베트남의 역사에 대한 관심만이 아니라 해방 이후 전개된 분단과 전쟁, 세계적 냉전이 종결된 이후 아직까지도 20세기 냉전의 유산에서 헤어나지 못하고 분단을 지속하고 있는 한국 현대사에 대한 관심과 고민을 동시에 반영한 것이었다. 필자는 베트남의 현대사를 통해 한국을 다시 보고자 했으며, 이를 위해 모든 문제의 출발기였던 두 국가의 형성기, 특히 남베트남과 남한의 국가형성시기로 되돌아갔다.

"두 개의 국가, 하나의 운명", 이것은 2002년 필자가 호찌민시의 국가도서관에서 과거 베트남공화국—공식적으로 1955년~1975년까지 남베트남에 존재—의 자료를 찾다가 우연히 뒤져보게 된 『더 타임즈 오브 베트남(*The Times of Vietnam*)』이란 신문의 1957년 9월 21일자 머리기사 제목이다. 이 기사는 1957년 9월 방한(訪韓)한 남베트남의 응오딘지엠(통상적으로 고딘디엠으로 알려짐) 대통령이 이승만 대통령을 만나 동일한 분단상황에 처해 있었던 두 반공국가의 공동운명을 강조하면서 언급했던 것이다. 그러나 지엠 대통령의 발언 의도와는 상관없이 필자는 이 제목을 보는 순간 해방 이후 남베트남과 남한에 등장했던 제1공화국의 유사성을 이보다 더 그럴듯하게 표현할 수는 없었을 것이란 생각이 들었다.

'두 개의 국가, 하나의 운명', 그러나 1975년 4월 30일 붕괴됨으로써 이제는 그 이름마저 잊힌 베트남공화국. 언뜻 보기에 한국군이 참전했던 베트남전쟁 이전의 베트남과 한국의 역사를 연결 짓는 것이 낯설 수도 있다. 그러나 해방 이후 베트남과 한국의 국가형성사를 가만히 들여다보면 두 나라가 어떻게 이렇게 유사할 수 있는지 놀라움을 금치 못하게 된다. 베트남과 한국은 2차 세계대전의 종결과 더불어 해방을 맞이하였고, 분단, 혁명, 전쟁으로 이어지는 그야말로 파란만장한 역사적 경험을 공유하고 있다. 특히 국가형성기 남베트남과 남한은 냉전 세계체제하에서는 반공의 첨병국가로, 국내적으로는 강제력을 앞세운 '경찰국가'로, 서로가 서로를 비추는 거울이었다고 말할 수 있을 정도로 커다란 유사성을 보여 주었다. 이 책은 해방의 기쁨, 분단의 슬픔, 혁명의 열정, 전쟁의 상처, 그리고 이러한 모든 것이 복합되면서 베트남과 한국의 남부에 출현했던 베트남공화국과 대한민국의 국가형성사에 대한 비교연구이다.

연구를 진행해 가면서 필자는 남베트남과 남한의 국가형성기인 지엠과 이승만 정권을 비교역사연구의 대상으로 선택한 것이 매우 의미 있는 일이었음을 확신할 수 있었다. 그러나 연구과정은 순탄치 않았다. 많은 사람들이 지엠과 이승만 정권의 유사성을 이야기하고 있었지만, 두 정권시기를 비교해 놓은 체계적인 연구는 거의 없었다. 따라서 두 정권시기를 비교하여 전체적인 역사의 상을 그려내는 것은 거의 전적으로 필자의 몫으로 남았다.

초기의 작업은 매우 지루하게 진행되었다. 한국에는 남베트남의 지엠 정권에 대한 자료가 거의 없었기 때문에 자료를 구하기 위해 베트남으로 떠났고, 1년여를 베트남에 체류하면서 베트남어를 배우고 자료를 모았다. 현재까지도 베트남에서는 1975년 해방 이전의 자료를 제대로 공개하지 않고 있어서 자료를 모으는 데에도 많은 어려움이 따랐다. 일단 어느 정도 필요한 자료를 확보하게 되면서 본격적으로 연구의 틀을 잡아가기 시작했다. 우선 먼지 쌓인 서고를 뒤져 찾아낸 자료들을 기반으로 남베트남의 역사에 새 생명을 불어넣고, 남베트남과 남한의 사례가 지닌 역사적 특수성을 구체적으로 추적해가며, 두 국가를 아우르는 비교의 준거를 세워 하나의 틀로 엮어 나갔다. 이 책에서 사용된 커다란 비교의 틀은 남베트남과 남한의 국가형성사를 검토하면서 필자가 제기했던 다음과 같은 두 가지 질문이 바탕이 되었다. 첫 번째 질문은 '왜 두 국가 모두에서 반공독재국가가 출현할 수밖에 없었는가'라는 것이었고, 두 번째 질문은 '남베트남과 남한의 상이한 역사경로', 곧 '1975년 몰락한 남베트남, 이와는 대조적으로 남·북의 대치 속에서도 상대적인 안정을 구가하면서 지속적인 성장을 유지해왔던 남한, 이 둘 사이의 차이는 어디에서부터 시작된 것일까'라는 것이었다. 이 책은 이 두 가지 질문을 중심으로 커다란 퍼즐을 맞추어 가듯이 세세한 역사의 지도를 그려낸 것이다.

두 국가의 유사성과 차이를 규명하려는 필자의 문제의식은 2부로 나누어진 책의 구성에 그대로 반영되었다. 1부에서는 남베트남·남한의 반공독재국가형성과정, 그리고 이것이 지니는 역사적 의미를 살펴 보았다. 여기에서 특히 강조하고자 한 것은 남베트남·남한의 초기 국가형성과정이 지닌 반역사성과 폭력성, 그리고 이 과정을 주도적으로 이끌었던 미국의 반혁명정책이었다. 2부에서는 남베트남·남한이 걸었던 상이한 역사경로의 기원을 추적하기 위해 지엠과 이승만 정권시기에 형성된 국가능력을 국가의 지방통제능력, 지배이데올로기의 확산·침투능력, 사회·경제관계 규제능력으로 나누어 이것이 두 국가의 안정성에 미친 영향을 살펴 보았다. 남베트남과 남한의 국가능력은 식민지배의 제도적·물적 유산, 인종·종족·종교·지역적 요인의 개입, 국내적 조건·세계사적 시간과 연계된 초국가적 영향력, 국가형성전쟁의 과정과 결과, 분단의 이데올로기적 구조화 등이 지니는 차이에 영향을 받으면서 상이하게 발전했다. 초기부터 차별성을 지니고 발전해 갔던 두 국가의 국가능력은 남베트남의 응우옌반티에우(Nguyen Van Thieu)와 남한의 박정희 정권이 보였던 국가 안정성의 차이와 상이한 국가발전경로가 어디에서부터 시작된 것인지를 보여 줄 것이다. 곧, 남베트남의 지속적인 불안정성과 남한의 상대적인 안정성은 지엠·이승만 정권시기에 차이의 씨앗이 뿌려지고, 싹이 텄으며, 성장해 갔던 것이다.

이 책에서 베트남을 한국에 비해 앞에 배치한 것은 두 가지 목적을 지닌 것이다. 첫째, 비록 비교연구라고 하더라도 이 책의 중요한 목적 가운데 하나는 한국 사회에 거의 알려지지 않았던 남베트남의 역사를 소개하는 것이다. 베트남전쟁 당시 한국군은 1965~1973년까지 베트남 땅에서 싸웠지만 정작 우리가 어떤 나라에서 싸웠는지, 그 현대사의 출발은 어떠했는지에 대한 체계적인 연구는 거의 이루어지지 않았다. 물론 이 책의 핵심이 비교역사연구에 있다는 것은 말할 나위가 없지만, 필자는 이 책이 부족하나마 남베트남의 초기 국가형성사에 대한 지역연구의 출발점이 되기를 희망하면서 베트남의 사례를 강조하여 앞에 제시하였다. 둘째, 베트남의 사례를 먼저 읽는 것은 한국의 사례가 지닌 특성을 훨씬 강하게 부각시키는 효과를 지닐 것이다. 한국의 근현대사에 대한 이해가 있는 독자라면 먼저 읽게 될 베트남의 사례를 통해 한국의 사례가 지닌 특성에 대해 지속적인 역사적 상상력을 발휘할 수 있을 것이다.

연구를 진행하면서 필자는 우리 사회가 안고 있는 많은 문제점들의 뿌리를 캐고자 하는 작업, 그리고 기존의 지배적이고 보수적인 시각을 넘어서기 위해 현재의 문제의식 속에서 역사를 재구성하는 작업은 냉철한 이성과 더불어 고난의 현대사를 스스로의 아픔으로 느끼고 자기화할 수 있는 역사의식과 뜨거운 가슴을 필요로 한다는 것을 더욱 절실히 깨달을 수 있었다. 필자가 과연 학문적 엄격성과 역사의 피해자들에 대한 공감적 이해를 바탕으로 한 열정을 연구과정에서 얼마만큼 적절히 조화시키고, 녹여낼 수 있었는지는 아직도 의문이다. 그러나 이 책이 '이성'의 과잉, 혹은 '열정'의 과잉, 이 모두를 경계하고자 노력한 결과물인 것만은 확실하다.

　　이 책은 필자의 박사논문인 "반공독재국가형성과 국가능력 비교연구 : 남베트남 지엠 정권과 남한 이승만 정권을 중심으로"를 일부 수정한 것이다. 논문을 쓰는 과정에서 많은 분들의 도움이 있었다. 대학원과정 내내 애정과 관심을 쏟아 주시고, 지속적인 토론과 질책을 아끼지 않으셨던 강정구 선생님께 이 자리를 통해 인사드리고 싶다. 학자로서 성실하시고, 민족의 통일을 위해 누구보다 동분서주하시는 선생님의 모습은 필자에게 언제나 귀감이었으며 힘이 되었다. 연구의 기획 단계부터 모든 원고를 세세히 읽어 주시고, 같이 고민을 나누며 가족사까지 보살펴 주셨던 송광성 선생님, 논문의 진행과정에서 방향을 잡아 주시고 유익한 토론을 해 주셨던 조은, 김정석 선생님, 베트남진실위원회부터 평화박물관건립추진위원회까지 연구와 활동을 함께 하며 마지막까지 충고를 아끼지 않으셨던 한홍구 선생님께 감사의 마음을 전한다. 또한 베트남 지역연구에 대해 언제나 유익한 토론을 해 주셨던 이한우 선생님, 베트남의 역사와 전쟁에 관한 여러 자료를 제공해 주시고 토론해 주신 호찌민국가대학교 인문사회과학대학 동남아연구센터 소장 응우옌반릭(Nguyen Van Lic) 선생님께 감사한 마음을 전한다. 여러 선생님들의 애정이 어린 충고와 지도가 없었다면 이 연구는 사실 불가능했을 것이다. 많은 조언에도 불구하고 부족한 부분은 어디까지나 필자의 게으름과 역량의 한계에서 기인한 것이다. 끊임없는 학문적 토론을 벌여 주었던 동국대학교 대학원 원우 여러분, 특히 끝까지 원고의 교정에 애써준 양원렬 씨에게 감사한다. 마지막으로 언제나 든든한 울타리가 되어 주셨던 어머니, 연구의 가장 큰 후원자였던 아내인 김영주 씨에게 늦게나마 그간 말로 못했던 고마움을 전하고 싶다. 얼마 전 필자의 아들 현서가 첫돌을 지냈다. 이제 막 걸음마를 시작하려고 하는 아이의 맑은 눈망울을 보면서 분단된 조국을 다시 생각했다. 현서는 통일된 조국에서 자라나기를, 이 아이의 삶에서 분단은 단지 아픈 과거 역사의 한 장으로만 기억되기를 간절히 소망한다.

■ 목 차 ■

표 목차

그림 목차

서 론

1. 연구의 목적 및 의의 :
왜 남베트남과 남한인가?

역사적으로 볼 때 베트남·한국은[1] 중국의 영향권에 속해 유교문화를 발전시켰고, 근대로 접어들면서 제국주의세력의 강압에 의해 식민지가 되었으며, 1945년 2차 세계대전의 종결과 더불어 식민지배에서 해방되었다. 해방 이후 두 국가는 남·북으로 분단되어 혁명·전쟁이라는 유사한 역사적 경로를 걸었다. 사회·문화적 전통뿐만 아니라 고통과 수난의 현대사라는 측면에서 세계적으로 베트남·한국과 같이 유사한 역사적 경험을 공유하고 있는 국가는 없다.

---

1) 앞으로의 논의에서 베트남과 한국의 국가 명칭은 다음과 같은 원칙에 따를 것이다. '베트남'이란 명칭은 전체 베트남(남·북을 포괄)을 통칭하는 것이고, 지리적·정치적으로 구분할 경우는 남·북베트남으로 나누어 지칭할 것이다. 또한 분단 이후를 분석할 때는 남·북베트남의 정식 국가 명칭이었던 베트남공화국(남베트남)·베트남민주공화국(북베트남)도 사용할 것이다. 이와 유사하게 한국이라는 명칭은 남·북을 포괄하는 명칭으로 사용할 것이고, 남·북을 지리적·정치적으로 나눌 경우에는 남한·북한이라는 용어를 사용할 것이다. 그러나 일제 식민지시기와 해방공간, 1948년 분단이 확정되기 전 전체 한반도를 지칭할 때는 조선이라는 용어를 사용할 것이다. 인용문의 경우는 가능한 한 원저자가 사용한 명칭을 그대로 사용할 것이다.

이러한 역사과정 가운데에서 양국에 대한 비교사적 연구의 관심을 유발하고 역사적 상상력을 자극했던 것은 1945년 8월 해방 이후 혁명·분단·전쟁을 경험하면서 전개되었던 남베트남과 남한의 유사하면서도 결과적으로 상이했던 역사행로였다. 1945년 8월 해방을 맞이한 두 국가는 모두 아래로부터의 혁명적 위험에 노출되어 있었으며, 외세의 지원을 받아 이 위기를 극복했고,2) 남베트남에서는 1954년 응오딘지엠(Ngo Dinh Diem), 남한에서는 1948년 이승만을 중심으로 한 친미반공독재정권이 수립되었다. 이 두 정권은 냉전체제의 산물이었으며, 대외적으로 유사한 경찰독재국가로 불렸고, 그 '명성'만큼이나 강압적 수단으로 시민사회를 통치했다. 두 정권의 몰락 이후 남베트남과 남한에서는 쿠데타를 통해 군부세력이 집권했으며, 지속적인 강압통치를 수행했다.

그러나 지엠·이승만 정권 이후 두 국가가 걸었던 역사행로는 상이했다. 남베트남의 경우는 지배세력의 분열, 아래로부터의 저항으로 인해 국가 안정성이 지속적으로 위협받았다. 또한 1964년 8월 통킹만사건 이후 미군이 직접 투입되고, 1973년 파리협정이 체결될 시기까지 계속 내부평정작업을 수행했음에도 불구하고 미군은 굴욕적인 철수를 행할 수밖에 없었으며, 결국 남베트남은 1975년 4월 30일 패망하여 역사 속으로 사라졌다. 그러나 남한은 분단 상황하에서 미국의 제3세계 전략의 가장 성공적인 사례로 손꼽히면서 냉전체제가 해체된 현재까지도 마지막 냉전국가로서 냉전의 벽을 허물지 못하고 있다.

1945년 이후 두 국가에는 왜 유사한 반공독재국가가 들어섰으며, 이후 두 국가의 역사행로는 왜 달라졌을까? 이러한 역사적 질문이 이 연구의 출발점이 되었다. 이 문제에 접근하기 위해 두 국가의 제1공화

---

2) 베트남의 경우 해방 이후 프랑스의 재진주, 1954년 1차 인도차이나전쟁 이후 남베트남에 대한 미국의 개입을, 해방 조선의 경우는 남한에 대한 미국의 개입을 의미한다.

국이었던 남베트남의 응오딘지엠 정권과 남한의 이승만 정권에 주목하고, 두 국가에 대한 비교역사연구를 시도하고자 한다. 이 연구가 제1공화국을 주제로 선택하게 된 이유는 이 시기가 지니고 있었던 역사적 특성, 곧 역사적 '총체성'과 '매개성' 때문이다.

첫째, 두 정권의 시기는 식민지배를 경험한 탈식민국가의 새로운 국가건설기로서 식민지배가 국가형성에 미친 영향, 제3세계의 국가건설 과정에서 외세의 개입이 지니는 효과, 지배계급과 피지배계급의 계급갈등과 투쟁, 분단국가의 탄생과 발전, 전쟁이 국가형성에 미치는 영향 등을 총체적으로 체현하고 있는 역사공간이다.

둘째, 이 시기는 식민지시기와 이후 정권을 매개하는 과도기적·형성적 시기로 이후의 정권은 바로 지엠과 이승만 정권에 의해 수립된 국가의 기본틀, 곧 통치체제, 계급관계, 국가와 사회의 관계, 분단질서 등에 의해 1차적으로 규정되었다.

결과적으로 탈식민화 이후 최초의 국가 수립기인 지엠·이승만 정권시기는 두 지역에서 반공독재국가가 형성된 과정을 밝히고, 향후 두 국가가 걸어갈 상이한 역사행로의 기원을 추적하는 데 가장 핵심적인 역사공간이라고 할 수 있다.

연구의 문제의식에 부합하도록 이 연구는 크게 2부로 구성하였다. 1부에서는 두 국가의 유사점이라고 할 수 있는 반공독재국가의 형성과정을 밝힐 것이다. 남베트남·남한과 같은 탈식민국가의 국가형성은 국가 수준의 요인과 더불어 초국가적(transnational) 수준의 요인에 강한 영향을 받았다. 따라서 남베트남·남한의 반공독재국가의 출현은 이러한 거시적인 두 요인의 결합을 통해 설명해야 한다. 국내적·초국가적 수준의 요인들 사이의 어떠한 조합이 남베트남·남한에 유사한 반공독재국가를 탄생시켰을까? 1부에서는 이를 규명할 것이다.

2부에서는 유사한 반공독재국가였음에도 불구하고 두 국가가 결과적으로 국가 안정성의 차이를 보이면서 상이한 역사행로로 접어들게 된 원인을 규명할 것이다. 비록 지엠 정권이 1963년 11월 쿠데타에 의해 몰락하고, 이승만 정권이 1960년 4·19혁명에 의해 12년여에 걸친 독재를 마감했지만, 국가 수준에서 보았을 때 이들 정권의 위기 심화와 결과적인 몰락은 동일한 선상에서 논의될 수 없는 차이를 노정하고 있었다. 지엠 정권의 몰락은 단순히 한 정권의 정치 수준의 위기와 붕괴를 반영한다기보다는 국가 수준의 위기를 함축하고 있었다. 반면 이승만 정권의 위기와 붕괴는 정치 수준의 위기가 국가의 상대적 안정성을 침해할 정도로 나아가지 못한 정권 수준의 제한적 위기를 반영하고 있었다.3) 왜 이러한 차이가 발생했을까? 이러한 국가 안정성의 차이를 '국가능력'이라는 개념을 통해 설명하는 것이 2부의 핵심 내용이다.

지엠 정권과 이승만 정권을 중심으로 두 국가의 유사점과 차이점을 규명하고자 하는 이 연구의 의의는 다음과 같다.

첫째, 남베트남과 남한의 국가형성과정에 대한 최초의 본격적인 비교연구로서 향후 두 국가에 대한 다양한 주제의 비교사적 연구를 활성화시키는 데 토대가 될 수 있을 것이다.

둘째, 이 연구는 기본적으로 비교역사연구이다. 그러나 다른 한편으로는 남베트남의 국가형성사에 대한 기초 연구의 토대를 놓고자 한다. 현재 남한에서 남베트남에 대한 연구는 국군의 베트남 참전, 혁명과 전쟁이라는 주제에 한정되고 있으며,4) 베트남공화국의 정치·경제·사회

---

3) 이러한 위기 수준의 차이는 그람시가 설명하고 있는 유기적 위기와 국면적 위기의 차이로 설명할 수 있을 것이다. 유기적 위기는 "사회·역사적 위기를 야기시키며 공인(公人)과 최고 지도자들을 넘어서 더 광범위한 사회집단이 문제"가 되며, 국면적 위기는 "광범위한 역사적 의미를 갖고 있는 것은 아니며 세세하고 일상적인 성격을 띤 정치적 위기만을 야기시킬 뿐이다. 거기에서는 직접적인 통치 책임을 지고 있는 정치 지도자들과 기타 인물들만이 문제가 된다"(Gramsci, 1986 : 181).

4) 혁명과 전쟁에 관한 연구는 강정구(1995 ; 1997a) ; 이영희(1991) ; 전상인(2001a), 한국군의 베트남전 참전에 관한 연구는 김기태(1982) ; 이기종(1991) ; 장재혁(1998) ; 정수용(2001) ; 홍규덕(1999) 등이 있다.

체제 등에 관한 연구는 거의 전무한 상태라고 해도 과언이 아니다. 이 연구는 잊혀진 베트남공화국을 논의의 장으로 끌어내어 이 지역에 대한 연구영역을 한 차원 더 넓힐 것이다.

셋째, 이 연구는 현재까지도 분단의 상흔과 이념적 적대가 사라지지 않는 한국 사회의 현실에서 출발했다. 왜 한국 사회의 분단 상황, 이데올로기적 적대와 갈등은 아직도 이토록 강건하게 유지되고 있는가? 필자의 관심은 한국 사회의 현재성을 반영하고 있는 것이며, 이 문제를 풀기 위해 역사로 돌아가고자 했다. 블로흐는 "현재에 대한 몰이해는 과거에 대한 무지에서 빚어진 필연적 결과이다. 또한 역으로 현재에 대해서 아무 것도 알지 못하면서 과거를 이해하려고 노력한다면 전혀 결실 없는 노력에 그칠 것이다"(Bloch, 1979 : 57)라는 말을 통해 현재와 과거 역사 간의 꾸준한 대화를 독려했다. 또한 무어는 "만약 미래의 인간이 현재의 사슬을 부서버리겠다면, 그 사슬을 만든 힘이 무엇인지 반드시 이해해야 할 것"(Moore, 1992 : 505)이라고 했다. 유사한 두 반공독재국가의 형성과정과 상이했던 역사행로에 대한 비교역사연구는 현재까지도 한국 사회를 옥죄고 있는 '사슬'의 정체를 그 기원에서부터 보다 명확히 보여 줄 수 있을 것이다.

넷째, 제3세계 국가유형을 설명하기 위한 논의들은 근대화론, 관료적 권위주의론, 과대성장국가론, 세계체제론, 종속적 발전론, 집정관체제론(Praetorian System), 국가조합주의론, 선후진국 사회구조 차이론 등으로 다양하다.[5] 이러한 논의 가운데 탈식민국가의 국가건설과정

---

5) 근대화론에 바탕한 경제발전과 민주주의의 상관관계에 대한 대표적인 논의는 Lipset(1999), 관료적 권위주의에 대한 논의는 O'Donnell(1973), 과대성장국가론에 대해서는 방글라데시와 파키스탄의 사례를 연구한 Alavi(1989), 세계체제론에 대해서는 Wallerstein(1979 ; 1984), 종속적 발전론에 대해서는 Evans(1979), 집정관 체제론에 대해서는 Huntington(1968) ; 박광주(1999), 국가조합주의론에 대해서는 Schmitter(1974) ; Stepan(1978), 선진국과 후진국의 구조차이론에 대해서는 Gerschenkron(1962) 등의 논의를 참조.

에 대해 설명력을 지닌 것은 알라비의 과대성장국가론 정도에 불과한 데, 이 또한 분단·전쟁·세계체제적 압력이라는 변수들을 제대로 고려하지 않고 있다.6) 제3세계의 국가형성에 대한 논의가 취약한 것은 대부분의 논의들이 경제발전, 민주주의, 혹은 이 둘을 연계하여 이를 제약하거나 촉진하는 요인들을 중심으로 국가의 특성을 설명하기 때문이다. 이로 인해 기존의 논의들은 탈식민지 경험과 혁명·분단·전쟁, 초국가적 영향력 등에 의해 중층적으로 규정되면서 사회구조적 재편을 경험한 남베트남과 남한의 초기 반공독재국가의 형성과정을 설명하는 데에는 많은 한계가 있다.7)

이 연구는 남베트남·남한의 구체적인 역사과정을 고려하면서 여러 가지 이론적 자원을 토대로 반공독재국가의 형성과정을 추적하고, 기존의 논의에서는 거의 관심을 기울이지 않았던 유사한 반공독재국가의 국가 안정성 차이를 국가능력의 차별적인 형성과정을 통해 설명함으로써 이들 국가에 대한 보다 심도 있는 이해와 국가의 차별적인 역사행로를 설명할 수 있는 이론틀을 제공할 것이다.

2. 기존연구 검토와 역사 다시 읽기

역사적 유사성에도 불구하고 이 연구에서 주제로 삼고 있는 남베트남·남한에 대한 비교사적 연구는 그리 많지 않고, 특히 남베트남과 남

---

6) 알라비의 논의를 남한 사회에 적용시켜 초기 국가를 설명하고 있는 것은 최장집의 논의가 있다. 최장집은 알라비의 논의를 채용하면서도 남한의 국가는 알라비의 개념이 적용될 수 있는 어떤 탈식민지사회보다도 극단적인 형태로 과대성장되었으며, 알리비가 상정하지 않았던 극단적 반공지배이데올로기로 인해 다른 국가들과 차별성을 지님을 지적한다(최장집, 1989 : 87).

7) 여러 이론적 논의들의 한국적 적용에 대한 비판적 논의는 김석준(1992) 참조.

한의 초기 국가의 특성에 관한 체계적인 비교역사연구는 현재까지 거의 수행된 바 없다. 따라서 이 연구는 기존 논의 자체를 비판하거나, 심도 있는 분석을 행하기보다는 그들이 가지고 있었던 문제의식을 정리하고, 그 가운데 유용한 자원이 될 만한 것들을 추려내어 전체 논문 구성에 도움이 될 수 있도록 재구성해 보겠다. 기존 연구들을 주제별로 분류하면, 첫째, 해방 이후 혁명·분단·전쟁에 관한 연구, 둘째, 국가건설과정에서 군부의 역할에 관한 연구, 셋째, 원조와 국가발전에 관한 연구로 나눌 수 있다.

첫째, 남베트남과 남한의 국가형성과정에 관한 비교연구라고 할 수는 없으나, 베트남과 한국의 혁명 발생의 원인, 혁명 진행과정의 유사성과 차이점에 대한 역사적 상상력을 자극하는 논의는 커밍스를 통해 확인할 수 있다. 그는『한국전쟁의 기원』에서 베트남과 한국에 대한 비교사적 관심을 다음과 같이 밝혔다.

> 한국에는 아시아에서 가장 오래된 공산주의운동이 있었으며, 수많은 경험 있는 영도자들이 있었다. 그리고 남부에서의 토지조건과 소작관계는 혁명을 예고하는 상황이었다. 그러나 한국의 북부에서는 베트남식의 공산주의가 발전되지 않았으며, 남쪽에서의 뿌리 깊은 반란도 전개되지 않았다. 어째서 그러했는가도 이 연구의 주된 관심사의 하나이다(Cumings, 1986 : 20).

이를 설명하기 위해 커밍스는 베트남과 조선의 식민지 농업구조의 유사점, 혁명운동의 유사점과 차이점, 식민지 관료지배체제의 특성이 낳은 두 지역의 차이, 교통·통신망 발달 정도의 차이가 혁명과정에 미친 영향, 혁명운동의 차이를 가져온 지리적 요인 등을 다양하게 언급함으로써 두 국가의 비교연구를 위한 지적 촉매제를 제공하고 있다.

혁명·분단·전쟁에 대한 비교사적 연구에서 주목할 만한 것은 강정구와 전상인 등에 의해 이루어졌다. 강정구는 베트남의 전쟁과 분단 과정에서 나타난 미국의 영향력을 한국의 경험에 비추어 간접비교를 행하는 방식으로 연구를 수행했다(강정구, 1995 : 1997a). 강정구의 연구는 전체적인 비교의 틀을 한국의 분단과정, 전쟁과정에서 착안하여 만들어내고, 이것이 베트남에서는 어떠한 방식으로 구현되었는가를 추적하여 두 국가의 유사점과 차이점을 규명하였다. 이 연구에서 중점적으로 부각되는 것은 두 국가에서 동일하게 나타난 미국의 패권적 규정력이었다.[8]

전상인은 혁명과 전쟁을 베트남과 한국의 현대사가 지닌 핵심어로 상정하고, 두 지역을 비교한다(전상인, 2001a). 전체적인 논지는 "1945년 이전 역사로부터 한국과 베트남의 전반적인 유사점을 제시한 다음, 2차 대전 이후 혁명의 구체적인 진행과정에서 나타난 두 나라의 다양한 차이점에도 불구하고 어떤 결정적인 유사점 때문에 동일한 결과, 곧 전쟁을 경험하게 되었다"(전상인, 2001a : 304)라는 체계로 구성되어 있다.

강정구와 전상인의 연구는 베트남과 한국의 혁명·분단·전쟁에 대한 비교사적 연구가 거의 진행되지 않고 있는 가운데 행해진 선도적 연구로서 높은 가치를 지니지만 시론적 연구의 성격을 띠는 것이기 때문에 연구의 영역과 폭이 제한적이다. 두 연구는 베트남과 한국의 유사성, 곧 미국의 개입과 전쟁이라는 결과에 초점을 맞춘 것이므로 혁명·전쟁을 거치면서 상이하게 구조화된 남베트남·남한의 국가형성과정을 설명하는 데까지는 나가지 못하고 있다.

둘째, 국가건설과정에서 군부의 역할에 대한 연구는 이은호의 연구가 있다(Lee, 1971). 이은호는 남베트남과 남한 군부조직의 역사적 발전과정을 추적하면서 국가건설과정에서 이들이 수행한 역할을 논의한다. 이 연구는 두 국가에 대한 본격적인 비교연구로서는 매우 선구적인 것이며, 특히 남베트남이 실재하는 국가로 남아있는 상황에서 남한과의

---

8) 한국이 직접적인 비교대상은 아니지만 필리핀과 베트남을 비교하여 두 국가에 대한 미국의 영향력을 강하게 부각시킨 것은 Walens(1994)의 논문이 있다.

비교연구를 수행했다는 점에서 더욱 관심을 끈다. 그의 연구 결과는 남
베트남의 군부정권이 남한의 군부정권에 비해 효율성, 대중 친화력, 발
전 추동력 등에서 성공적이지 못했음을 보여 준다. 그러나 이 연구는 군
부의 역사적 변화와 성장을 통해 국가형성에 접근하고 있기 때문에 그
정권들이 창출된 국가·사회적 측면은 제대로 반영하지 못하는 한계를
지니고 있다.

  셋째, 남베트남과 남한의 국가형성과정을 검토할 때 주목할 만한 것
은 데이시와 응우옌꾸옥찌의 원조와 국가발전에 관한 연구이다(Dacy,
1986 ; Nguyen Quoc Tri, 1989).9) 데이시의 연구는 비교연구라기
보다는 남베트남 경제가 지닌 특성을 설명하기 위한 연구이며, 남베트
남의 경제발전 지체를 설명하면서 결론부에서 남한·대만·이스라엘·
남베트남을 비교한다. 데이시는 '높은 군사적 위협 아래서 경제발전은
가능한가'라는 기본적인 물음을 던지고, 네 국가를 비교·분석하여 '왜
월등히 많은 원조를 받았음에도 불구하고, 남베트남은 나머지 세 국가
에 비해 경제발전의 측면에서 훨씬 뒤쳐졌는가'에 대한 답을 찾는다. 응
우옌꾸옥찌는 정치체의 특성과 원조가 정치 안정에 미치는 영향을 남베
트남과 남한, 싱가포르를 비교하여 논의한다. 두 연구의 공통점은 경제
발전과 정치적 안정이 원조의 양보다는 정치적 리더십에 달려 있다고
본다는 것이다. 곧, 안정되고 부패하지 않은 리더십이 경제발전과 정치
적 안정을 이끌 수 있다고 보는 것이다.

  그러나 이러한 연구는 정치체를 구성하는 정치세력의 사회계급적
기반과 과거로부터의 유산을 고려하지 않고 있다. 특히 응우옌꾸옥찌
는 지엠 정권과 이승만 정권이 출범 초기에는 정당성을 지니고 있었지
만 개인의 권력 확장과 공고화 추구, 주변세력들의 권력 남용 등에 의
해 정당성에 손상을 입었으며, 이것이 두 정권이 몰락하게 된 원인이었

---

9) 동남아시아에서 미국의 원조가 지니는 영향을 비교사적으로 분석한 것은
   Montgomery(1962) 참조.

다고 설명한다. 이러한 관점에서 본다면 두 국가가 지닌 구조적 차이나 이후 드러난 국가능력의 차이를 설명하기 어렵다.10)

지금까지 검토한 각각의 연구들은 두 국가의 현대사에 대한 비교역사적 접근의 가능성을 보여 주었다. 그렇다면 이러한 연구들이 이 연구의 구성작업을 위해 어떻게 쓰일 수 있을까?

첫째, 커밍스가 단편적으로 제기하고 있는 베트남과 조선에서 혁명의 기원이 지니는 유사점, 그리고 혁명결과의 차이를 낳은 요인을 남베트남·남한의 국가형성사와 결부시켜 전면적으로 재검토하여, 그가 『한국전쟁의 기원』에서 비워 놓았던 베트남의 빈 공간을 채워 보겠다. 이는 유사한 반공독재국가의 형성과정뿐만 아니라 두 국가의 상이한 역사행로를 만들어갔던 요인들을 추적하는 데 매우 유익한 작업이 될 것이다.

둘째, 기존연구가 베트남을 주목했던 이유는 혁명·분단·전쟁에 대한 관심과 한국과의 비교사적 유용성 때문이었다. 이 연구도 이러한 관심의 연장선에 서 있다. 따라서 이 연구 역시 남베트남의 경험을 통해 한국의 혁명·분단·전쟁의 원인·과정·결과를 되짚어 보고, 그것이 국가 간, 국가·사회 간의 관계에 미친 영향을 검토하겠다.

셋째, 데이시와 응우옌꾸옥찌의 연구와 같이 개인과 그 주변집단의 정치적 리더십에 초점을 두고 있는 연구는 '독재국가의 형성과 몰락을 개인의 의도와 행위를 중시하는 행위론적 관점에서 설명할 것인가, 혹은 구조와 역사성을 중시하는 역사구조적 관점에서 설명해야 할 것인가?'라는 문제를 제기하도록 한다. 아래의 연구방법론에서 보다 자세히 논의하겠지만 탈식민국가의 국가건설과정에서 국가건설 주체의 정당

---

10) 남한의 이승만 정권을 설명하는 많은 논의들은 당시의 국가가 '강한 것 같으면서도 매우 허약한 국가'라고 보고 있다(박광주, 1999 ; 한배호, 2000 ; 함택영, 2000). 이러한 논지를 따를 경우 응우옌꾸옥찌와 마찬가지로 지엠 정권과 이승만 정권의 차이는 드러나지 않는다.

성, 그리고 기본적인 국가·사회의 관계는 역사구조적 관점에서 접근해야 한다. 이는 탈식민국가의 국가형성기 국가건설 주체의 정당성은 주어지는 것이 아니라 역사적으로 형성되는 것이며, 광범위한 사회적 관계를 반영하기 때문이다.

3. 비교사적 연구를 위한 방법 및 전략

이 연구가 특히 관심을 기울이고 있는 것은 남베트남·남한의 반공 독재국가의 기원과 형성, 그리고 국가능력의 변이라는 특정한 역사적 주제이다. 이는 식민지 경험, 2차 세계대전의 종결과 탈식민화, 세계체제의 구조적 재편이 두 국가의 국가성격에 미친 영향, 내부의 계급관계와 초국가적 영향력의 충돌, 혁명·분단·전쟁 등의 구체적이고 다차원적인 역사적 요인들을 고려해야 하는 작업이다. 따라서 이 연구는 국가에 관한 일반이론을 발전시키기보다는 왜 두 국가의 유사점과 차이점이 발생하게 되었는가를 구체적인 역사과정에 대한 분석을 통해 설명하는 것을 가장 주요한 목적으로 삼는다. 이를 위해 이 연구는 첫째, 이론을 구성하는 측면에서 '문제 지향적 방법'에 바탕한 '분석적 귀납법'을 채택하고, 둘째, 두 국가의 역사과정과 특정한 역사적 결과를 설명하기 위해 '역사구조적 접근 방법'을 활용하며, 셋째, 부분적으로 '역사추상형 접근 방법'을 적용하여 남베트남·남한의 특정한 역사적 현상에 대한 설명력을 높이고자 한다.

1) 분석적 귀납법

무어는 "어떤 특정 국가의 역사를 인식하기 위한 노력에서 비교사적 시각은 매우 유용하고도 때로는 새로운 질문까지도 유도할 수 있다"(Moore, 1992 : 7)라고 밝히고 있다. 이것은 구체적인 역사현상에 대한 인식, 그리고 이러한 인식을 다른 사례로 확장할 때 나타날 수 있는 유용성이다. 이 연구가 희망하는 것도 남베트남·남한의 국가형성사를 구체적인 역사과정을 통해 추적하여 두 국가의 현대사에 대한 새로운 이해와 설명방식을 제공하는 것이다.

두 국가의 특정한 역사경로에 대한 설명력을 높이기 위해 이 연구는 한 가지 이론에 얽매이기보다는 다양한 이론적 자원을 동원하여 특정한 역사적 현상을 설명하기에 적합한 이론틀을 모색하겠다.11) 스카치폴은 이러한 접근을 '문제 지향적 방법(problem-oriented way)'이라고 부른다.

> 근본적인 목표는 기존 이론적 관점의 부적절성을 고치거나 폭로하는 것도 아니고, 이러한 관점을 대체하기 위해 어떤 대안적 패러다임을 만드는 것도 아니다. 오히려 근본적인 목표는 연구해 가는 과정에서 유용하고 타당하다고 생각되는 이론적 자원이라면 모두 사용하면서 역사 유형의 의미를 이해하는 것이다(Skocpol, 1991a : 28∼29).

이러한 문제 지향적 방법은 분석적 귀납법과 연결된다. 분석적 귀납법은 거대이론을 추구하거나, 검증하기보다는 특정한 문제에 대한 관심에서 출발하여 이에 대한 설명력을 높일 수 있는 제한된 이론화를 추구한다(Evans et al., 1985 : 348). 이는 철저한 성찰을 거친 분석적 관심으로부터 출발하여 하나 또는 소수사례들에 대한 이해로부터 각 사례에서 문제가 되는 측면들을 설명할 수 있고 잠재적으로 일반화할 수 있는 이론적 통찰로의 발전을 추구한다(Rueschemeyer, Stephens & Stephens, 1997 : 79).

---

11) 비교사가 지닌 이러한 제한적인 이론적 접근의 특성은 Skocpol(1991a) ; Evans, Rueschemeyer & Skocpol(1985) 참조.

이러한 방법을 사용하기 위해서는 우선 개별 역사에 대한 풍부한 이해가 필요하며, 이러한 이해를 바탕으로 대상 국가 간의 유사점이나 차이점을 발견하고 비교전략을 수립한다. 곧, 분석적 귀납법은 구체적 현실로부터 설명하고자 하는 대상의 특수성을 파악하고, 이를 다른 사례와 비교함으로써 제한적이나마 특수한 사례가 지니고 있는 보편적 특성을 도출해 내려는 시도인 것이다.[12]

이 연구도 이러한 방법론적 전략을 따를 것이다. 이를 위해 먼저 베트남과 한국의 근현대사 일반에 대한 이해를 증진시키기 위한 기초작업을 수행할 것이며, 한 걸음 더 나아가 두 국가의 유사점과 차이점을 규정하는 요인들을 선별하고, 각각의 사안들에 대해 보다 심도 있고 구체적인 연구를 진행할 것이다. 이 과정에서 두 국가가 지닌 유사점과 차이점을 설명할 수 있는 다양한 이론적 논의들을 취합할 것이며, 이것이 전체 연구 속에서 융화될 수 있는 방법을 모색할 것이다.

2) 역사구조적 접근 방법

현실을 어떻게 설명하고, 역사는 그 속에서 무엇을 말할 수 있을까? 아브람즈는 현실 문제와 역사의 연관고리를 다음과 같이 설명한다.

> 우리가 현재의 문제를 다루는 현재의 설명을 배격하면 할수록, 우리가 더욱 만족스러운 설명을 구하기 위하여 역사로 향하면 할수록, 우리는 더욱 더 심층적이고 실제적인 이해를 향해 돌아서게 되는 것이다. … 사회학적인 설명은 반드시 역사적인 것이다(Abrams, 1992 : 24).

과거 역사는 단순한 과거의 사건이 아니라 현재 사회의 요소요소에

---

12) 스카치폴은 분석적 역사사회학이 "역사적으로 파묻혀진 여러 중요한 문제들을 밝히려고 하는 관심과 보다 훌륭하고 일반적인 사회이론을 확립하고자 하는 시도를 효율적으로 결합"(Skocpol, 1991b : 471)한 것이라고 설명한다.

자신의 흔적을 남기고 있다. 따라서 과거를 분석하는 것은 현재 복잡하게 얽혀 있는 인과의 연쇄고리를 하나하나 풀어내어 과거와 현재를 잇는 다리를 놓는 작업이다.

국가연구에서 역사적 접근이 필요한 것은 국가가 역사적 지속성과 연속성을 지닌 사회구조들과 서로 얽혀 있기 때문이다(Evans et al., 1985 : 348). 그러나 이러한 지속성·연속성과 더불어 더욱 중요시해야 할 것은 "과거의 의미의 본질을 사회 속에서 분석하고, 그 변화와 이행과정을 추적하는 것"(Hobsbawm, 2002 : 31)이다. 블로흐의 언급대로 "어떠한 경우에도 역사가가 포착하고자 하는 것은 변화"(Bloch, 1979 : 59)인 것이다. 어떤 것이 지속되고, 어떤 것이 변화하는가? 역사를 읽어 가는 것은 바로 지속과 변화, 흔치는 않지만 과거와의 '단절'이 어떠한 조건에서 발생하는지를 규명해 내는 작업이다.

이러한 조건들을 규명하기 위해 중요한 것은 특정 현상이 나타난 시간상의 전후 문제뿐만이 아니라 그것이 지니는 맥락의 문제를 함께 포괄하는 것이다. 왜 특정한 사건이 더 빠르지도 늦지도 않고 바로 그 시점에서 일어났을까? 왜 특정 시점에서 유사한 조건을 지닌 것으로 여겨졌던 사건이나 현상이 상이한 결과를 초래할까? 역으로 왜 특정 시점에서 상이한 조건을 지닌 것으로 여겨졌던 사건이나 현상이 유사한 결과를 내오는 것일까? 이러한 문제를 해결하기 위해서는 특정 현상을 둘러싼 구체적인 역사적 맥락에 대한 설명이 필요하다.

그렇다면 이러한 변화의 맥락을 어떻게 설명할 수 있을까? 이를 설명하기 위한 방식은 크게 행위론적 관점과 구조론적 관점으로 구분할 수 있다. 행위론적 관점은 역사현상을 개인이나 일부 집단의 주관적 의도에 의해 설명한다. 그러나 이러한 설명은 개인의 의도나 판단을 가능케 했던 구조적 맥락, 구조가 지닌 상대적 독자성과 지속성을 무시하는 것이다. 그렇다면 구조는 무엇인가? 캘리니코스는 '사회구조'를 다음과 같은 다섯 가지 특성으로 정의한다(Callinicos, 1997 : 83~84).

㉠ 어느 정도의 행위의 상호 의존성, 또는 체계성이 있다.
㉡ 사회는 시간적으로 지속된다.
㉢ 사회적 관계는 그 사회를 구성하는 특정한 행위주체들의 성격에 의해서 그 성격이나 존재가 좌우되지 않는다는 특징이 있다.
㉣ 사회적 관계에는 행위자들이 이해하지 못하는, 심지어는 인식하지도 못하는 규칙성이 종종 나타난다.
㉤ 어떤 사회가 어떤 구조를 가지고 있다고 말하는 것은 다른 종류의 사회로 넘어가지 않는 한 그 사회가 변할 수 있는 데에 한계가 있음을 말하는 것이다.

이 같은 정의는 행위를 형성하고 제약하는 구조의 특성을 잘 드러낸다.

무어는 행위를 산출하는 역사구조적 맥락을 강조하면서 행위론적 설명이 지닌 맹점을 다음과 같이 설명한다.

> 우리는 사람이 어떻게 세계를 이해하며, 그가 본 것에 대하여 무엇을 하려고 하며, 무엇은 하려고 하지 않는지에 대한 어떤 개념을 갖지 않고서는 아무 것도 할 수 없다. 이 개념을 사람들이 그것에 이르게 된 과정과 분리시키고 그 역사적 맥락에서 분리하여 그 자체로서 하나의 독립적인 요인으로 보는 것은 소위 불편부당하다고 하는 연구자가 흔히 지배 그룹이 자신들의 가장 야수적인 행위를 합리화하기 위해 내놓는 정당화에 굴복하는 것을 의미한다(Moore, 1992 : 485).[13]

이 연구는 개인의 주관적 의도나 행위보다는 비주관적이고 비개인적인 관점을 강조하는 역사구조적 접근의 우월성을 강조할 것이다(Skocpol, 1984). 이는 이 연구가 거시구조적인 역사의 경향성을 포착하고, 이것이 형성해 가는 역사적 연속성·변화·단절의 전체적인 그림을 그려 내려고 하기 때문이다.

---

13) 아브람즈 또한 행위론적 설명을 배격하면서 개인의 특성이라고 생각되는 것 역시 사회·역사적 배경을 반영하는 것이라고 본다(Abrams, 1992 : 344).

이러한 접근은 남베트남·남한에서 출현했던 반공독재국가, 상이한 국가능력의 형성경로를 행위자의 성향·전략적 선택 등의 결과로 설명하고자 하는 행위론적 접근에 대해 근본적인 문제를 제기하며, 그러한 결과가 지배집단의 민족적 정당성·계급관계·초국가적 영향력 등의 역사구조적 문제를 반영하고 있음을 강조하는 것이다. 그러나 여기서 유의해야 할 것은 역사구조적 접근에 대한 강조가 구조적 제약을 넘어서려는 인간 행위의 역동성을 배제하는 것은 아니라는 점이다. 강조되는 것은 인간의 행위를 제약 혹은 촉진하는 구조적 조건과 규정력인 것이다.

3) 역사추상형 접근 방법

역사연구의 목적이 과연 결과적으로 주어진 것, 곧 이미 확고부동하게 고착된 사실만을 설명하는 것에 한정되는 것일까? 역사연구의 영역을 결과로서 주어진 '존재하는 사실'에 한정시킬 경우 이는 그러한 사실과 경합하고 있었던 다양한 대안적 가능성에 대한 역사적 탐구를 가로막으며, 현존하는 체계를 유일하게 정당한 것으로, 혹은 숙명적인 것으로 받아들이게 할 수 있다. 이를 넘어서기 위해서는 특정 경로가 형성되는 시점에 대한 보다 면밀한 검토를 통해 역사적으로 가능했던 대안적 경로들에 대한 역사적 추론과 탐색이 필요하다. 블로흐의 아래 논의는 이러한 입장을 잘 반영한다.

> 역사를 연구하면서 개연성(蓋然性)이란 개념을 사용하는 것은 전혀 모순이 아니다. 과거에 일어났던 사건의 확률을 고찰하는 역사가가 대담한 정신의 활동에 의해서 연구 대상인 사건 이전의 시공적(時空的) 차원에 자신을 둠으로써 사건이 일어난 전야에 나타났던 기회를 평가하는 것 이외에 무엇을 시도할 수 있을까?(Bloch, 1979 : 126).

블로흐가 언급하고 있는 역사가들의 대담한 정신적 활동은 '반사실적 가정(counterfactual hypothesis)'의 활용을 통해 실제와는 다르지만 가능했던 대안적 역사경로를 탐색하는 데 활용되어 왔다.14)

이 연구에서 활용하고자 하는 강정구의 역사추상형 비교방법(Historical Projection Comparative Method)은 넓은 의미에서 이러한 '반사실적 가정'의 연장선에 서 있다.15) 강정구는 이러한 방법론이 외세의 개입이 조선에 미친 영향을 민족 주체적 입장에서 평가할 수 있도록 하며, 한시적인 시기—1945년 8월에서 미군의 영향력이 완전히 발휘되기 이전인 1946년 2월 정도의 시기—를 설정함으로써 특정 역사공간이 지니고 있었던 가능성의 영역을 구체적으로 설명할 수 있다고 주장한다(강정구, 2002 : 35~36).

몰역사적이고 통사회적인 이념형적 모델의 설정이 아닌 구체적 역사공간이 지닌 구조적 특성으로부터 당시 실재했고, 실현되지는 않았지만 실현 가능했던 역사경로를 추적하는 것은 해방과 외세의 개입, 외세의 영향력, 그리고 남베트남·남한의 실제 역사행로가 지닌 민족적 성

---

14) 반사실적 조건문과 인과성에 대한 설명은 김용학·임현진(2000 : 81~85) 참조. 뤼시마이어와 동료들은 반사실적 가정을 통해 이탈리아의 대토지 소유계급과 파시즘의 관계를 논하고 있다(Rueschemeyer et al., 1997 : 193). 틸리 또한 반사실적 가정을 통해 영국과 프랑스가 이행할 수 있었던 역사적 가능성에 대해 논의하고 있다(Tilly, 2000).

15) 강정구가 사용하고 있는 역사추상형 비교방법은 다음과 같은 절차에 의해 진행된다. ① '외세의 개입이 없었다면'이라는 상상적 실험 또는 역사적 가정을 통해 '순수해방공간(Intervention-free Period)'을 설정한다. ② 순수해방공간의 역사적 시점에서 연구대상인 종속변수와 관련된 역사구조적 조건(그 이전 사회로부터 전수된 객관적·주체적 조건)을 밝힌다. ③ 다시 이 역사구조적 조건이 외세의 개입에 의해 왜곡되지 않고 내재적인 지속을 계속했을 것이라고 전제하여 논리적 극대화를 꾀한다. ④ 이렇게 극대화된 역사적 조건 하에서 종속변수에 대한 역사추상을 통해 역사추상형 모델을 설정한다. ⑤ 마지막으로 순수한 내적 역사동력에 의해 설정된 이 모델과 실제의 모델을 비교하여 양 모델 간에 발견되는 차이를 외세의 영향력에 의한 결과로 간주한다(강정구, 1996a : 188~191 ; 2002 : 34~37).

격을 검토할 수 있는 기회를 제공할 것이다. "역사란 것을 어디까지나 가능성이 열렸다가 소멸되는 것으로, 그러면서도 이전까지의 역사에 의해 강한 제약을 받는 선택의 과정"(Tilly, 2000 : 49)으로 본다면, 역사 추상형 연구방법은 그 가능성의 범위와 제약의 강도를 측정할 수 있는 효율적인 수단이 될 수 있는 것이다.

4. 이론들 : 반공독재국가의 형성과 국가능력

남베트남과 남한의 반공독재국가형성의 유사성과 국가능력의 차이를 검토하기 위한 이론틀을 구성하기 위해 아래의 논의에서는 첫째, 국가·국가의 자율성·국가능력·국가능력 수준에 대한 개념화를 수행하고, 이러한 개념들을 바탕으로 둘째, 유사한 반공독재국가의 형성경로, 셋째, 국가능력의 차이 형성요인을 논의하고, 마지막으로 이러한 이론틀을 종합하여 전체 논의를 개괄할 수 있는 설명틀을 제시하겠다.

1) 국가에 관련한 개념화 :
국가, 국가의 자율성·능력·능력 수준

(1) 국가

국가에 대한 개념은 합의된 것이 없이 다양하게 사용되고 있다. 따라서 국가를 둘러싼 각 개념들을 정리하기 전에 기본적으로 이 연구에서 사용하고자 하는 국가에 대한 접근방식을 먼저 밝히고자 한다. 국가는 ㉠ 영토에 기초한 정치적 커뮤니티, ㉡ 상부구조, ㉢ 지배 블록, ㉣ 사회적 관계의 응집, ㉤ 제도 내지 조직의 집합, ㉥ 국가 운영자 등으로 구분된다.[16] 이 가운데에서 이 연구는 그람시나 플란차스가 활용하고 있는 '국가는 사회적 관계의 응집'이라는 접근방식을 채택할 것이다 (Gramsci, 1986 : 182 ; Poulantzas, 1999 : 154~205 ; Mann, 1999). 곧, 국가는 "본질적으로 실체로 간주할 수 없고, '자본'과 마찬가지로 세력관계이며, 보다 정확하게는 계급들과 계급분파들 사이의 세력관계(항상 특수한 형태로 국가 안에서 표현된나)의 물질적 응축"(Poulantzas, 1999 : 165)인 것이다. 이러한 방식의 접근전략은 아래와 같은 두 가지 이점을 지닌다.

첫째, 국가와 사회 간의 '관계개념'을 발전시킬 수 있다. 여타의 개념들은 관계적 개념이라기보다는 국가의 일반적 특성을 드러내거나(㉠), 국가를 객관화된 구조(㉡), 하나의 지배연합(㉢), 국가기구 내지 장치의 총체(㉤), 단순히 국가운영자들의 집단(㉥)으로 파악한다. 이것으로는 역사적으로 변화하는 국가와 사회 간의 관계적 속성을 파악하기 어렵다. 이에 반해 국가를 세력관계의 응축으로 보는 것은 국가가 사회 제 세력 간의 힘 관계 내지 균형상태를 반영하는 것으로 나타난다. 이러한 개념을 통한 접근은 국가가 사회적 맥락 속에서 만들어지는 것이자 역사적으로 변화하는 실체라는 것을 이해할 수 있도록 한다.

둘째, 국가개념을 너무 넓지도, 너무 좁지도 않게 추상성과 더불어 구체적 역동성을 살펴볼 수 있도록 한다. ㉠의 논의는 국민, 영토, 주권 개념에 바탕한 광의의 일반적 국가를 의미한다. 이는 역사적으로 특정한 시기와 공간의 국가를 설명하기에는 한계가 있다. 따라서 구체적인 국가유형을 분석하기 위해서는 국가개념을 일반적으로 사용하여 개념상의 혼란을 일으키는 것보다 계층적 위계를 만들어 이를 통해 접근하는 것이 타당할 것으로 여겨진다. 이에 따라 이 논의에서는 '사회적 관계의 응집으로서의 국가 〉 정부 〉 정권'으로 국가개념을 정리하도록 하겠다.17) 여기에서 정부는 안보·질서·복지와 같은 목적을 수행하는 국

---

16) 국가의 개념을 추상성의 정도와 분석 시각에 따라 분류하고 있는 논의는 김석준(1992 : 80~87) ; 손호철(1991a : 18~21) 등을 참조.

가의 기능적 측면과 주로 연결된다. 정권 또는 정치체는 주요한 정부의 직위에 접근하는 경로와 형태, 그 과정에서 배제되고 허용되는 행위자들의 특성, 그러한 직위들에 접근하는 데 그들이 이용할 수 있는 자원이나 전략들을 규정하는 유형들의 복합체(ensemble)를 의미한다(최장집, 1996 : 145). 이러한 접근을 통한다면 추상적 수준의 국가·사회관계와 더불어 피지배계급, 그리고 그들의 투쟁을 통해 형성되는 국가의 물질적 틀 및 국가의 위계적－관료제적 조직화의 양식을 추적할 수 있게 된다(Poulantzas, 1999 : 180~181).

국가개념의 계층적 특성은 또한 정권의 위기가 곧 국가의 위기라고 보는 혼선을 피할 수 있게 하며, 이는 지엠 정권과 이승만 정권의 국가능력 분류에서도 매우 중요한 의미를 지닌다. 헬드는 "시민들이 정통성을 부여할 수 없는 특정한 '정부'는 취약해질 수 있는 반면, '국가' 그 자체는 정부보다 반드시 붕괴 또는 분열에 더 취약한 것은 아니다"(Held, 1989 : 265)라고 논의하는데, 만약 정권의 위기를 국가의 위기로 등치시키게 되면, 정권이 바뀐 이후 상이하게 드러나는 국가능력의 차이를 제대로 파악할 수 없다.

(2) 국가의 자율성

국가를 사회와의 관계 속에서 위치 지우는 방식은 크게 양극단으로 대별되어 나타난다. 그것은 첫째, 국가 중심적 시각, 둘째, 사회 중심적 시각이다. 국가 중심적 시각에서 볼 때 국가는 사회집단, 계급, 사회의 요구나 이해를 단순히 반영하는 것이 아니며, 자신의 목적을 추구하고 조직화한다(Skocpol, 1985 : 9). 반면 사회 중심적 시각에서 보게 되면, 국가는 다양한 사회세력 간의 투쟁의 결과 구성되는 것으로 그려지며, 여기에서 국가의 독자성은 사라진다. 곧, 국가는 전자의 논의에서는

---

17) 이와 유사하게 국가에 대해 위계적 접근을 취하는 것은 서주석(1996 : 6) 참조.

사회로부터 독자성을 지니는 실체로 등장하지만, 후자의 논의에서는 사회 속에 용해되어 버리는 것이다.

이러한 시각의 차이는 '국가의 자율성'에 관한 논쟁으로 이어진다. 국가의 자율성을 논의할 때 중요한 것은 "한쪽이 얻으면 나머지 다른 한쪽이 잃게 되어 전체적으로 동일하게 되는 제로-섬 관계가 아니고 시대별로 강화될 수 있는 동태적인 관계"(김석준, 1992 : 94)라는 점이다. 헤밀턴은 플란차스의 국가 자율성 개념을 지배계급의 직접 통치 내지 직접적 개입으로부터 자유로울 수 있는 '도구적 자율성'과 지배계급의 반대에도 불구하고 이들의 이익에 반(反)하는 정책을 수행할 수 있는 '구조적 자율성'으로 나누고 있다(Hamilton, 1982 : 8~15). 어떠한 형태로든 국가의 자율성은 '국가와 지배계급 간의 관계'를 반영한다. 헤밀턴이 사용하는 구조적 자율성을 엄격한 의미로 사용할 경우 자본주의 체제에 반하는 국가행위에 한정되는데 사실 이것은 극히 제한적이다. 따라서 이러한 자율성 개념은 지배계급에 대한 절대적 자율성을 의미한다기보다는 '상대적 자율성'을 의미하게 된다. 그러나 여기에서 주의할 것은 '상대적'이란 용어의 의미이다. 이것은 양이나 정도의 문제라기보다는 국가의 자율성이 절대적이지도 않고, 그렇다고 단순한 도구도 아니라는 점을 지적하는 '메타포(metaphor)'로 이해하는 것이 적당하다(손호철, 1991a : 36). 이에 따라 이 논의에서는 구조적 자율성의 의미를 절대적 의미에서 접근하기보다는 국가·사회관계의 동태적 특성을 역사적으로 분석하는 개념으로 사용할 것이다.

국가의 자율성과 관련하여 한 가지 더 언급할 것은 국가 자율성과 민주주의의 관계이다. 지배계급으로부터의 국가 자율성은 민주주의를 위한 필요조건이다. 그러나 높은 국가 자율성이 필연적으로 민주주의의 진전을 가져오지는 않는다. 뤼시마이어와 그의 동료들은 이를 다음과 같이 설명한다.

대다수 주민들—노동계급뿐만 아니라 프티 부르주아지와 소규모 자영농들
—에 대해 상당한 정도의 자율성을 누리는 국가기구가 민주화에 긍정적 요
소인 경우는 드물다. 국가기구가 더 많은 자원과 권력을 가질수록 주민들
가운데 피지배계급들이 지배체계에 대해 민주적 통치를 강제할 수 있을 정
도로 힘을 갖게 될 가능성은 줄어든다(Rueschemeyer et al., 1997 : 128~129).

특히 국가의 대내적 자율성이 대외적 자율성에 대한 희생을 대가로
강화된 남베트남과 남한의 사례는 국가의 대내적 자율성의 증대가 민주
주의의 진전에 치명적 장애로 작용했음을 보여 준다. 따라서 국가의 자
율성은 양날의 칼이라고 할 수 있을 것이다. 국가의 자율성과 독재와 민
주주의로의 경로 변이는 국가와 사회의 관계적 속성과 역사적으로 형성
된 계급지형의 특성에 의해 달라지는 것이다.

(3) 국가능력

국가의 높은 자율성과 강제에 의존한 강압적 통치방식이 국가능력
과 등치될 수 있는 것일까? 그렇지 않다. 국가의 자율성은 국가능력의
강화를 위한 필요조건이지 충분조건은 아니다.[18] 통치방식 또한 국가
능력을 보여 주는 것은 아니다. 국가건설 초기과정에서 강제력은 국가
안보와 국내안정을 위해 필요하며, 국가능력은 강제력에 비례할 수 있
다(함택영, 2000 : 153). 그러나 강제력의 확보가 높은 국가능력을 보
증하는 것은 아니며, 강제력에 의한 지배의 지속이 국가능력의 강화로
연결되는 것도 아니다.

그렇다면 국가능력이란 무엇인가? 국가능력은 국가 조직구조·제
도, 정책망, 전략적 모형 등 다양한 측면으로 접근되며(강민, 1989 :
김석준, 1989 : 1990), 다소간의 차이는 있으나 대개 국가가 자신의
목적을 달성하기 위한 능력으로 정의된다.[19] 그러나 이러한 논의들은

---

18) Haggard(1994 : 78) ; 강민(1989 : 24) 등의 논의를 참조.

기본적으로 사회적 관계를 추상화하는 사회관계적 개념이 아니고 국가의 물적 능력에 관계한 '물적' 개념, 굳이 관계적이라면 물관계적(thing-relational) 개념이다(손호철, 1991b : 100).

이와는 다르게 이 연구에서 사용하는 국가능력이라는 용어는 미그달이 국가능력에 접근하는 방식과 유사하게 국가와 사회관계에 대한 동태적 탐색을 위한 도구로 이용될 것이다(Migdal, 1988). 국가능력을 국가와 사회의 관계망 속에서 접근하는 것은 '국가능력' 자체가 그것이 대상으로 설정하고 있는 시민사회와의 관계 속에서 형성·결정되는 것이기 때문이다. 특히 이 연구에서 집중적으로 검토하고자 하는 탈식민국가의 국가형성기를 중심으로 한 국가능력은 국가와 사회 간의 관계가 비결정적이고 유동적이기 때문에 국가·사회의 연계를 추적하는 것이 더욱 중요하다. 곧, 국가의 사회에 대한 영향력은 국가와 사회가 연계되어 있는 방식에 의해 변화하는 것이다(Migdal, Kohli & Shue, 1996 : 2).

국가능력은 기본적으로 "그 자신의 하부구조를 통해 시민사회에 침투하고, 시민사회의 행위를 중심적으로 조정"(Mann, 1999 : 316 ; Migdal, 1988 : 22~23)하는 힘으로 볼 수 있다. 국가형성과정에서 중요한 국가능력은 국가의 침투력을 지역의 말단까지 확장하여 통제능력을 극대화하며, 이를 통해 진행 중인, 혹은 만약에 발생할지도 모르는 사회적 저항을 억누르고, 유일한 중앙권력으로 스스로를 정당화하며, 지배를 안정적으로 재생산할 수 있는 능력의 수준에 따라 달라진다. 이러한 입장에서 이 연구는 국가능력을 전반적인 '사회통제능력', 좀 더 자세히 말하자면 '하부구조를 통해 시민사회에 대한 침투·통제를 수행하고, 이데올로기적 응집력을 제공하며, 사회·경제관계를 재구조화하는 총체적 능력'으로 정의하고자 한다.[20]

---

19) Skocpol(1985 : 9) ; Bratton(1996 : 235) ; Kohli & Shue(1996 : 304~305) 등을 참조.
20) 국가능력을 논의하면서 국가의 대외적 능력에 대한 고려는 하지 않을 것이다.

위의 정의에 입각하여 이 연구에서는 국가능력을 다음과 같은 세 가지 측면, 곧 첫째, 국가의 지배를 보증하는 지방통제능력, 둘째, 국가를 정당화할 수 있는 지배이데올로기의 확산·침투능력, 셋째, 사회·경제관계 규제능력으로 나누어 검토하겠다.[21]

첫째, 헌팅턴은 "국가 간의 가장 중요한 정치적 차이는 정부의 형태가 아니라 정부의 정도(degree of government)"(Huntington, 1968 : 1)라고 했다. '정부의 정도'는 통치력의 정도로 해석될 수 있으며, 이것의 토대가 되는 것이 국가의 안정성을 보장하는 지방통제능력이다.

국가의 지방통제능력을 보다 분석적으로 살펴보기 위해 우선 '통제범위(scope of control)'와 '통제강도(intensity of control)'를 구분하는 데서 출발하겠다. 여기에서 통제범위는 "명령을 내릴 수 있는 사람이 그 명령에 복종하는 사람들의 행위영역을 어느 정도로 통제할 수 있는가의 공간"을 의미하며, 통제강도는 "복종을 확보하기 위해 사용되는 규제력의 정도"를 의미한다(Giddens, 1993 : 17).

먼저 통제범위의 측면에서 볼 때 서구 근대국가의 발전과정은 중앙과 지방의 통합을 증대시키는 경로를 걸어왔으며, 이는 행정·관료체제의 정비를 동반한 것이었다. 중앙권력의 지역말단에 대한 통제력의 증대는 중앙과 지방의 유기적 연결을 통한 통제범위의 확장을 가져왔다. 이는 결국 권력의 중앙집중과 지방의 자율적 권력체계의 파괴, 중앙을

이 연구에서 다루고 있는 남베트남과 남한의 제1공화국시기는 대외적 국가능력의 필요조건이라고 할 수 있는 국가의 대외적 자율성이 압도적으로 제한된 시기이기 때문에 대외적 국가능력의 정도를 논의하기 어렵다. 따라서 '국가능력'에 대한 논의는 대내적인 측면을 중심으로 이루어질 것이다. 다만 외적 변수에 대한 고려는 그것이 내적인 국가능력의 정도에 영향을 미치는 측면을 중심으로 이루어질 것이다.

21) 남베트남·남한을 중심으로 각각의 국가능력을 촉진하거나 제약하는 요인들에 대해서는 아래의 '국가능력의 차이 형성요인'에서 다룰 것이다.

중심으로 한 일괄적 통치체제의 형성으로 귀결된다. 중앙에서 지역말단으로 이어지는 단일한 행정·관료체제의 수립과 이것의 효율적인 운영은 국가의 통치영역과 지배체제의 안정성을 보증하기 위한 필수적인 요건이 된다.

통제강도는 '강도' 그 자체보다는 통제범위와 연관된 '강제력의 침투력'이 중요하다. 강제력의 침투력이 지니는 강·약은 강제력의 노골적인 행사로 인해 국가의 폭력성이 전면화되는 것만으로는 평가할 수 없다. 강제력의 침투력이 높은 국가는 틸리가 논의하는 바와 같이 "전국적인 경찰력이 지역 공동체까지 침투"하고, "공공질서를 교란할 수 있는 사건들을 정기적으로 조사"하여 이를 사전에 차단할 수 있는 감시권력을 지닌 국가를 의미한다(Tilly, 1994 : 187). 곧, 강제력은 사회의 말단에 미치는 통제범위를 물리적으로 보증할 수 있는 침투력을 지녔을 때 비로소 강력한 사회 통제력을 발휘한다고 할 수 있다.

근대국가는 국외에 대한 배타적 주권의 주장뿐만 아니라 국내의 반대세력을 평정하기 위한 조직적 자원과 권력의 중앙집중, 그리고 이를 안정적으로 재생산할 수 있는 통제체제를 발달시켰으며, 이는 지방통제의 범위와 강제력의 침투력 증대를 수반한 것이었다. 지방통제의 범위와 강제력의 침투력은 밀접한 연관성을 지니고 발달해 왔으며, 이 두 요소의 발달 정도가 결국 국가의 지방통제능력 발달 수준을 결정한다.

둘째, 지배이데올로기의 확산·침투능력은 국가가 정치적 지배를 재생산하기 위한 필수적 요건이다. 지배이데올로기의 일반적인 기능은 "부분적인 이해를 보편적인 이해로 생각하는 것 … 모순을 부정하거나 약화시키는 것 … 현재 존재하는 것을 자연적인 것으로 취급하는 것"(Giddens, 1998 : 261~263)이라고 할 수 있다. 국가는 폭력을 정당화하고, 정치권력의 관점에서 볼 때 피지배계급들과 분파들의 동의를 조직화하는 데 유용한 이데올로기에 직접적으로 의존한다(Poulantzas, 1999 : 32). 또한 이데올로기적 능력은 "지배계급이 피지배계급으로 하여금 자신들의 지배권에 체계적으로 도전하는 이데올로기를 발전시키지 못하도록"(Callinicos, 1997 : 257) 하며, 이에 못지않게 지배계급에게 정당화의 근거를 제공하여 지배세력의 결집을 촉진한다. 지방통제능력만을 가지고는 지배를 안정적으로 재생산할 수 없으며, 동의를 조직화할 수 있는 국가능력의 정도에 따라 국가의 안정성은 달라진다.

셋째, 사회·경제관계 규제능력은 국가가 물질적 토대에 대한 개입을 통해 축적·물질적 재분배, 생산관계를 둘러싼 사회관계를 재조직화하는 것을 통해 드러난다.22) 여기서 중요한 것은 이러한 국가능력이 국가의 고유한 속성이 아니라 국가·사회의 관계망을 통해 형성·변화한다는 것이다. 국가와 시민사회의 관계는 항상 물질적 기반을 지니며, 국가의 사회·경제적 규제력은 시민사회 내부의 계급 역관계를 반영한다. 국가 엘리트들은 특정 집단들의 복지를 향상시키는 특혜적 정책을 선택하여 새로운 지지기반을 창조·유지하고, 자신들의 동맹을 구축하려고 한다(Haggard, 1994 : 77). 또한 이 과정에서 국가는 인민들에게 적극적인 중요성을 지니는 일련의 물질적 조치를 채택할 수 있다(Poulantzas, 1999 : 39). 동맹의 영역은 사회적 동의의 영역을 규정한다. 이는 이데올로기 기제와 더불어 국가 자체를 정당화하는 데 결정적인 영향을 미친다. 정당화의 증대는 광범위한 대중들의 동원을 가능케 하고, 사회관계를 조정하는 국가능력의 강화를 가져올 수 있다.

위의 세 가지 국가능력의 구성요소는 마이클 만이 사회적 권력의 네 가지 요소, 곧 이데올로기·경제·정치·군사적 요소들의 관계를 서로 독자적인 것으로 취급하여 하나를 다른 하나로 환원하여 설명하지 않는 것처럼23) 각각의 능력이 국가와 사회의 관계 속에서 서로 독립적 경로

---

22) 사회·경제관계에 대한 국가의 개입과 통제력을 국가능력의 주요한 부분으로 보는 논의는 Haggard(1994) ; Ikenberry(1986) ; Johnson(1995) ; Migdal(1988) ; Stepan (1978) ; Tun-jen Cheng(1995) 등에서 공통적으로 드러난다.

23) Mann(1986 : ch.1) 참조.

를 지니고 발전하는 것으로 취급할 것이다. 물론 특정 시기와 국면에서 한 요소가 다른 요소에 의해 제약되거나 강화될 수는 있지만 각각의 요소는 본원적으로 독립적 발전경로를 지니는 것이다.

(4) 국가능력의 수준

사회와의 관계 속에서 국가능력의 수준은 어떻게 논의되어야 하는가? 국가능력의 수준을 강(strong)·약(weak)으로 표현하는 것은[24] 국가와 사회 간의 힘의 분포를 설명할 수는 있을지 모르지만 양자 간 관계의 성격은 제대로 드러내지 못하는 것으로 여겨진다. 이 연구는 국가능력의 수준이 국가·사회관계를 반영할 수 있도록 하기 위해 새로운 분석적 이론틀을 구성하고자 하며, 이를 위해 그람시의 헤게모니(hegemony) 개념에서 출발하고자 한다.

그람시에 따르면 국가권력은 동의(consent)와 강제(force)라는 두 가지 분석적인 유형으로 구분된다. 강제와 동의의 관계에[25] 따라서 국가권력의 특징을 구분하면 '헤게모니(hegemony)'와 '지배(domination)'라는 개념을 도출해 낼 수 있다. 여기에서 헤게모니적 국가는 "지배계급이 지배를 정당화하고 유지할 뿐만 아니라 피치자의 능동적인 동의를 획득하기 위한 실천적이고 이론적인 행위의 총체"(Gramsci, 1986 : 258)로 나타난다. 이는 곧 동의의 조직화를 통한 국가권력의 정당화를 의미한다. 이 과정에서 종속집단은 자신의 이해를 어느 정도 실현할 수 있게 되고, 지배체제는 안정된다. 반면 국가의 '지배적' 특성은 국가가 피지배계급에 대한 동의의 조직화에 실패하고, 기존의 동의구조가 붕괴했을 때 나타나게 된다. 여기에서 유의해야 할 것은 헤게모니체제건 지배적 체제건 간에 강제는 이 둘을 지탱

---

24) 이는 Migdal(1988 : 279~286) ; Katzenstein(1985) 등의 논의를, 남한 사례를 통해 국가의 강성을 논의하는 것은 Cumings(1984a) ; Haggard(1994) 등의 논의를 참조.
25) 이에 대한 논의는 Buci-Glucksmann(1984) 참조.

하는 기본 토대라는 점이다. 이에 따라 국가는 "강제의 철갑에 의해 보호되는 헤게모니"(Gramsci, 1986 : 279)체제로 자신의 모습을 드러낸다.

국가권력의 특성을 이러한 방식으로 구분하는 것은 그람시만이 아니다. 만(Mann)은 국가권력을 전제적 권력(despotic power)과 사회적 기반력(infrastructural power)으로 구분하고 있는데, 여기에서 사회적 기반력은 헤게모니와 유사한 개념으로 나타난다. 그러나 사회적 기반력은 사회적인 침투력에 대한 보다 기술적인 설명을 수행하는 반면, 헤게모니 개념은 지배와 피지배집단 사이의 관계 문제에 중심을 두고 있다(Moran, 1998).

기든스 또한 국가권력의 이러한 관계를 적절히 포착하고 있다.

> 통치자가 행사하는 통제의 범위와 강도가 아무리 크다 할지라도 그러한 통제는 추종자의 능동적인 복종에 의해서만 효과를 거둘 수 있다. … 지배자의 통제력이 종속자를 억압이라는 권력범위에만 의존하게 되는 사회제도일수록 그 사회조직은 변혁적이거나 불안정으로 더 한층 떨어질 수밖에 없다(Giddens, 1993 : 18).

위의 모든 논의들은 국가권력을 강제와 동의의 접합으로 설명한다. 국가권력의 이중적 형태는 전반적인 사회통제능력으로 설정되는 국가능력을 설명하는 데도 매우 유용하게 활용될 수 있다. 이 연구에서는 국가능력의 수준을 설명하기 위해 권력이라는 개념을 사용하지 않고, 미그달이 사용하는 방식과 같이 강제와 동의가 지니는 '사회통제력'의 수준에 주목하겠다(Migdal, 1988 : 22~23). 사회통제력을 증대시키는 척도는 '강제'[26] 요소로서 지방통제능력, 동의의 요소로서 이데올로기와 사

---

26) 강제의 유형은 첫째, 직접적인 폭력적 강제, 둘째, 독점화된 폭력에 의해 보증되는 강제로 나눌 수 있다. 첫째, 폭력적 강제는 동의기제가 제대로 작동하지 않을 때 나타나며, 국가의 폭력성은 사회에 대해 전면적·직접적으로 표현된다. 둘째, 독점화된 폭력에 의해 보증되는 강제는 동의기제가 어느 정도 형성되

회·경제관계 규제를 통한 국가 정당화이다.[27] 여기에서 지방통제능력
은 만(Mann)이 제시하는 기술적 측면의 사회적 침투력을 반영하며, 이
데올로기와 사회·경제관계의 규제를 통한 국가 정당화는 그람시적 의
미의 관계적 속성을 더욱 강하게 반영한 것이다. 강제와 동의를 구성하
는 정당화 요소들의 접합에 의해 드러나는 국가능력은 아래와 같이 '비헤
게모니(non-hegemony)'·'의사헤게모니(quasi-hegemony)'·'헤게
모니(hegemony)' 수준으로 설정하겠다.

〈표 1〉 국가능력의 구성요소와 국가능력의 수준

구성요소 수준	지방통제 *		정당화					
			지배이데올로기의 확산·침투			사회·경제관계 규제		
	높음	낮음	높음	중간	낮음	높음	중간	낮음
비헤게모니		○			○			○
의사헤게모니	○			○			○	
헤게모니	○		○			○		

* 이를 높고 낮음으로만 설정한 것은 정당화의 요소처럼 지배·피지배계급의 관계를 분리해서 분석한
것이 아니라 국가의 사회적 침투력을 보다 기술적인 측면에서 접근했기 때문이다. 자세한 내용은 아
래의 설명을 참조.

첫째, 비헤게모니적 수준의 국가능력 : 국가의 지방통제능력이 낮
고, 국가가 피지배계급뿐만 아니라 지배계급조차도 이데올로기, 사회·
경제관계에서 적절히 포섭할 수 없을 때 나타난다. 지배계급의 연대성

었을 때 작동하는 것으로 사회의 말단까지 내면화·조직화된 강제이다. 여기에
서 특히 통제의 범위·강제력의 침투력의 결합이 중요해진다. 독점화된 폭력에
의해 보증되는 강제에 대한 설명은 Przeworski(1995 : 220) 참조.

27) 미그달은 사회통제 수준을 증대시키는 척도로서 순종(compliance)·참여(partici
pation)·정당화(legitimation)를 제시하고 있다. 여기에서 순종은 기본적으로 강
제적 요소의 작용에 의지하며, 참여는 대중들을 조직화하는 힘, 정당화는 앞의
둘을 포괄하는 광의의 동의기제로 설명된다(Migdal, 1988 : 32~33).

붕괴는 지배질서 붕괴의 신호탄이다. 이러한 상황에서 피지배계급이 기존의 지배질서를 부정하고, 대안의 체제를 상정하여 적극적인 저항에 나서게 되면, 국가체제·지배질서는 붕괴 위험에 처하게 되며, 혁명적 상황에 돌입하게 된다.

둘째, 의사헤게모니적 수준의 국가능력 : 기본적으로 국가의 지방통제능력이 높으며, 국가가 지배계급에 대해 이데올로기적 응집인과 사회·경제적 유인책을 제공하여 지배계급이 현존 국가체제를 강력히 지지할 때 나타난다. 그러나 이러한 국가에서 국가의 정당화는 주로 지배계급에게 한정되기 때문에 피지배계급으로부터의 적극적·능동적 동의를 형성할 수는 없다. 따라서 국가는 피지배계급에 대해서는 수동적·간접적인 동의기제인 '의사동의기제(quasi-consent mechanism)'에 의존하게 된다. 의사동의는 국가의 정당성에 대한 승인이라기보다는 피지배계급의 불가피성·묵종·체념의 상태를 반영한다.28) 이 가운데 벌어지는 국가에 대한 저항은 적극적 저항이 아닌 소극적 저항29)에 국한되며, 그만큼 국가체는 아래로부터의 저항에 대한 통제능력을 지니게 된다.

셋째, 헤게모니적 수준의 국가능력 : 독점화된 폭력에 의해 보장되는 강제력을 통해 사회를 통제하며, 지배계급은 물론이거니와 피지배계

---

28) 불가피성은 대안을 알지 못하기 때문에 복종하는 것으로 정치적 주변화를 수반하며, 지배자들에 대한 냉소적인 비판 시각을 초래하기도 한다. 묵종은 국가나 지배계급의 정당성을 승인하는 것이 아니라 폭력에 대한 외적 공포나 대안체제의 부재에서 오는 절망감을 반영한다. 체념은 변동 가능성에 대한 뿌리 깊은 비관적 관점을 내포한다. 이는 현존 권력의 억압적 힘에 대한 인식에서 나온다기보다는 더 나은 대안이 실제적으로 불가능하다는 인식에서 유래한다. Held(1989 : 204) ; Przeworski(1987) ; Therborn(1997 : 129~136) 등을 참조.

29) 여기에서 소극적 저항은 저항의 강도와 폭을 의미한다기보다는 그것이 기존체제의 지배질서를 대체할 만한 대안을 지니지 못할 경우를 의미한다. 다시 말해 특정 정권이 피지배계급의 저항을 통해 무너진다고 하더라도, 지배 블록을 중심으로 한 국가의 근본적인 지배질서를 허물지 못한다면, 이는 국가의 의사헤게모니적 효과 내에 머무는 것이다. 이에 비해 적극적 저항은 현존의 체제를 부정하고, 지배질서 자체를 변화시키는 총체적인 변혁을 추구하는 것이다.

급의 다수가 국가의 정당성을 승인할 경우 나타난다. 피지배계급의 복종은 "지배자들이 피지배자들을 대신하여 지배하기 때문에, 그리고 그 상황이 선한 것으로 여겨지기 때문"(Therborn, 1997 : 132)에 이루어진다.

이러한 국가 수준의 분류는 남베트남·남한과 같은 유사한 반공독재국가가 왜 국가능력의 차이를 보이면서 상이한 역사경로를 걷게 되었는가를 설명할 수 있는 유용한 도구가 될 것이다.

2) 반공독재국가의 형성경로

1945년 2차 세계대전의 종결과 더불어 초래된 베트남·조선에서의 식민제국의 몰락, 그리고 1954년 1차 인도차이나전쟁에서 베트남의 승리는 기존 식민국가체계의 붕괴를 가져왔다. 이로 인해 두 지역의 국가·사회관계는 비결정적(非決定的) 성격을 지니게 되었다. 그렇다면 왜 두 지역에서는 유사한 반공독재국가가 형성되었을까? 남베트남·남한의 반공독재국가가 지니는 특성도 중요하지만 더욱 중요한 것은 국가·사회관계가 결정되지 않은 상황에서 왜 그와 같은 국가가 출현했는가 하는 점이다. 과연 당시 상황에서 반공독재국가가 남베트남·남한의 유일한 국가형성경로였을까? 만일 그렇지 않았다면 어떠한 대안적 국가형성경로가 존재했을까?

국가·사회관계가 비결정적인 상황에서 가능했던 국가형성경로를 추정하기 위해서 이 연구에서는 일단 식민지배에 의해 배태된 해방 당시의 역사·구조적 조건을 검토하고, 한 단계 더 나아가 이러한 국내조건에 초국가적인 영향력을 접맥시키는 2단계 전략을 세울 것이다. 이러한 전략은 남베트남·남한에 반공독재국가가 출현하는 데 있어서 식민지배에 의해 생성된 국가·사회관계를 중심으로 한 내생적 변수들이 주요한 원인이었는지, 혹은 외생변수인 초국가적 영향력이 더욱 결정적인 원인이었는지를 판별할 수 있도록 할 것이다.

각 국가의 역사적·국제사적 환경에 따라 혁명의 원인이 맥락을 달리하기 때문에 자신의 이론을 일반이론으로 확장시킬 수 없다는 스카치폴의 고백30)과 같이 탈식민국가의 국가형성과정 또한 매우 다양한 역사적·국제사적 맥락을 반영한다. 과도하게 일반이론을 추구하는 것은 특정한 역사구조적 맥락 속에서 형성되는 국가형성사의 특성을 보편이라는 틀 속에 가두는 결과를 초래할 수 있다. 그러나 기존연구에서 이미 제기된 농촌사회의 변동과 근대사회로의 진입에 관련한 몇몇 이론적 자원을 토대로 하여 베트남과 조선이 경험했던 변이를 추적한다면 제한적이기는 하지만 보다 설득력 있는 설명틀을 제시할 수 있을 것이다. 이를 위해 계급 중심적 접근, 국가 중심적 접근, 농민혁명이론, 이 세 가지 이론틀을 '문제 지향적 방법'으로 접근하여 식민지시기의 국가·사회변화와 해방기를 규정했던 역사구조적 조건을 추적하겠다.

첫째, 이 연구에서는 베링턴 무어가 농업사회의 근대사회로의 이행경로를 파악하기 위해 농업사회의 기본적인 계급관계 변화에 주목했던 것과 유사하게 식민지시기의 계급관계에 주의를 기울이면서 1945년 해방공간을 배태한 기원을 추적할 것이다. 무어의 연구는 기본적으로 규모가 큰 국가들을 대상으로 했기 때문에 식민지배를 겪고, 탈식민화의 과정을 통해 국가형성을 진행했던 남베트남·남한의 사례에는 부합하지 않을 수 있다.31) 그러나 근대국가로의 상이한 이행─부르주아혁명, 위로부터의 혁명, 아래로부터의 혁명─을 초래했던 기본적인 사회계급관계에 대한 그의 관심은 탈식민화 이후 과거 식민지 종속국이 국가를 형성해 가는 과정에서 나타날 수 있는 계급관계와 계급지형, 그리고 이로 인한 국가·사회관계의 새로운 접합에 대한 이해를 증진시킬 수 있다.32) 곧, 무어의 접근방식은 해방 당시 기본적인 정치·사회적 대립구

---

30) Skocpol(1991c : 303) 참조.

31) 무어가 큰 국가를 선별했던 이유에 대해서는 Moore(1992 : 6~7) 참조.

조가 왜 그와 같은 방식으로 형성되었는가에 대한 해답을 내오는 실마
리가 될 수 있는 것이다.

무어는 거시구조적인 농업관계를 논의하면서 경제학자들이 제기하
는 노동집약적 농업관계와 자본집약적 농업관계의 구분을 거부하고 "토
지를 경작하고 타계급의 소비와 잉여를 생산하는 데 필요한 노동력을
보장하는 방법으로 정치적 수단을 이용했느냐, 아니면 노동시장에 의존
했느냐"(Moore, 1992 : 436)를 중요하게 고려하였다. 무어는 잉여추
출의 방식에 따라 국가와 지배계급의 동맹방식과 농민 통제방식이 달라
질 수 있다고 보았다. 아래 페이지의 논의는 무어가 제시했던 유형의 연
장선상에 서 있다.

> 토지로부터 수입을 얻는 비경작계급은 경제적으로 약한 경향이 있으며, 따
> 라서 토지소유권에 대한 정치적 제재에 의존해야만 한다. 상업자본 혹은
> 산업자본으로부터 수입을 얻는 비경작계급은 보통 경제적으로 강력하며
> 토지소유권에 대한 정치적 제재를 별로 필요로 하지 않는다(Paige, 1995 :
> 23~24).

지주계급이 농민으로부터 잉여를 추출하기 위해 정치적 제재에 호
소하고, 자본가가 저발전된 경우 형성될 수 있는 지배동맹은 국가·지
주, 그리고 자본가를 하위동맹으로 포섭하는 보수지배동맹이 된다. 반
면 지주가 상업적 농업으로 전환하고, 자본가가 성장할 경우에는 이러
한 보수지배동맹이 형성되기 어렵다.[33]

농업사회였던 베트남과 조선을 고려할 때 식민체제하에서 형성된
농업경영방식은 지배·피지배관계와 통제구조를 결정하는 거시구조적

---

[32] 무어의 연구를 남한에 적용하여 이론적 타당성을 검증하고자 하는 시도는 김일
영(1992) 참조.

[33] 무어의 논의와 같이 "밑바닥에 있는 자들은 어느 경우에나 혹독한 고통을 받는
다"(Moore, 1992 : 436). 그러나 전자의 경우는 직접적인 정치적 제재에 의존함으
로써 폭력성이 보다 노골화된다.

맥락을 제공한다. 그러나 무어의 논의를 베트남과 조선에 적용할 때 유의해야 할 것은 식민지배체제가 계급관계에 부과하는 초국가적 영향력이다. 무어의 논의에는 약소국 피식민국가에 대한 고려가 없다. 따라서 외부의 절대적 영향력하에 노출되어 있는 식민지체제의 계급관계를 설명하는 데에는 한계가 있다. 식민지의 정치·경제적 재편은 무엇보다도 식민모국의 경제적 이해를 실현하기 위해 조직된다. 그러므로 식민국가와 지배계급의 동맹 또한 기본적으로 '식민모국의 경제적 이해를 어떻게 유지·강화할 것인가'라는 점을 중심으로 형성된다는 것을 간과하지 말아야 한다.

베트남과 조선에서 지배동맹은 식민국가와 대지주의 동맹을 주로 하고, 자본가를 하위로 포섭하는 보수동맹의 성격을 지녔다. 여기서 자본가의 지속적인 저발전은 내생적 요인을 반영한다기보다는 국가 간의 지배·종속 문제를 반영하는 것이었다. 식민경제체제는 기본적으로 식민모국의 자본가를 위해 조직되었기 때문에 모국과 경쟁할 수 있는 자본의 성장이 불가능했던 것이다.[34] 또한 식민국가에 대한 지주의 의존적 성격은 강제력에 의지해야만 농민에 대한 지배를 수행하고, 이윤을 실현할 수 있었던 지주의 허약성에서 기인한 것이었다. 여기서 더욱 중요한 것은 베트남과 조선에서 식민국가와 지배계급의 동맹은 경제적 이윤을 실현하기 위한 동맹으로 한정되었으며, 정치·군사적 동맹을 통한 피지배계급에 대한 통제와 지배는 허용되지 않았다는 점이다. 이는 일단 식민국가가 붕괴하면 지배계급의 나약성이 전면화될 수밖에 없는 상황을 조성했다.

둘째, 식민지 계급관계를 규정하는 주요한 요인으로 식민국가를 언

---

34) 자본가의 저발전은 식민국가가 탈식민화 이후 진행할 수 있는 근대국가로의 발전경로를 제약한다. 남베트남·남한의 상황에서 부르주아혁명을 통한 서구적 민주주의로의 이행경로는 무어가 "부르주아 없이 민주주의는 없다"(Moore, 1992 : 422)라고 언명한 바와 같이 애초에 불가능한 경로였던 것이다.

급했듯이 식민지에서 식민국가의 역할은 매우 중요하다. 스카치폴은 계급 중심적 접근 방법의 유용성을 인정하면서 보다 국가 중심적 연구가 필요함을 제기하고 있으며(Skocpol, 1991c : 43 ; 1994 : 45), 트림버거 역시 '위로부터의 혁명' 연구를 통해 강력하고 자율적인 국가 관료의 역할에 주목하고 있다(Trimberger, 1986). 이러한 논의들은 경제적 지배계급 이외에 탈식민화 이후 정치적 주체로 떠오를 가능성이 있는 또 하나의 세력군을 제시하는 것이다. 따라서 베트남과 조선의 해방공간에서 과연 이들이 어떤 역할을 할 수 있었을지를 식민국가의 지배양식, 토착 정치 지배세력·토착 관료의 존재형태와 결부하여 간략하게나마 검토할 필요가 있다.

식민국가, 토착 정치 지배세력과 토착 국가 관료의 동맹유형은 식민 모국의 지배형태에 따라 달라질 수 있다. 식민통치 유형은 크게 간접지배·직접지배로 나누어 볼 수 있는데, 간접지배의 경우는 직접지배에 비해 탈식민화 이후 정치집단과 국가 관료가 더욱 강력한 영향력을 발휘할 수 있는 인적·제도적 배경이 된 사례를 보여 준다. 박지향은 영국의 아프리카에 대한 간접통치의 특성을 다음과 같이 설명하고 있다.

> 영국의 간접통치에서는 토착 지배자들의 지위가 오히려 상승했음을 알 수 있다. 추장을 통해 통치하려면 추장이 필요하였다. 따라서 영국인들은 토착 권위자가 쇠퇴한 상태라면 그를 다시 살리고 활력을 주려고 노력하였고, 추장이 없는 곳에서는 그것을 만들어냈다(박지향, 2000 : 209).

또한 알라비는 인도와 파키스탄의 군부·관료의 자율성을 영국통치의 제도적 유산과 연결시켜 다음과 같이 논의한다.

> 20년대와 30년대에 여러 단계에 걸쳐 권력을 부분적으로 이양하게 됨으로써 독립 후 공직에 앉은 정치가들이 마련해야 할 절차들이 영국 제국주의 지배의 보호막 아래 묵인을 받아 제도화되었던 것이다(Alavi, 1989 : 350).

영국의 간접지배는 식민국에 새로운 정치적 지배계급과 관료를 형성·강화시키고, 이들의 지배영역을 확대시킴으로써 기존 지배체제가 지속될 수 있는 토대를 놓았던 것이다.

그러나 베트남과 조선에서 프랑스와 일본의 지배양식은 영국과는 달랐다. 베트남과 조선의 토착 지배계급에게는 정치적 자율성이 주어지지 않았다. 지배계급이나 관료들은 모두 식민국가에 수직적으로 통합되어 있었으며, 독자적이며 자율적인 이해를 지닌 집단으로 결속되지 못하고 파편화되어 있었다. 조선의 경우는 베트남보다 훨씬 정교하고 발달된 관료체제를 지니고 있었지만, 이러한 관료체제가 탈식민화와 더불어 전면적으로 국가권력을 장악할 수 있는 가능성은 희박했다. 조선의 관료체제—경찰을 포함—는 식민지배를 위한 기능적 도구였다. 이들은 트림버거가 논의하는 관료집단, 곧 "귀족사회나 상층 계급의 경제적·정치적 기반을 파괴"(Trimberger, 1986 : 15)하고, 위로부터의 혁명을 진행시킬 능동적이고 자율적인 집단과는 거리가 멀었다.

셋째, 제3세계 농업사회의 변화와 이것이 농민들에게 미친 영향은 농민혁명론에서 폭넓게 논의되었다. 기존의 연구들은 식민지역의 세계경제로의 편입과 농업의 상품화가 가져온 파괴적 결과를 농민의 동원과 저항의 구조적 배경으로 설정한다(Scott, 1976 ; Paige, 1995 ; Wolf, 1984).35) 이 가운데 울프의 논의를 살펴보도록 하자.

---

35) 이러한 논의의 대립점에 서 있는 것은 팝킨의 논의라고 할 수 있다. 그는 스캇의 도덕경제론을 비판하면서 식민화 이후 베트남에서 진행된 농업의 상업화와 강력한 중앙권위의 발전이 농민에게 전적으로 해로운 것은 아니었다고 보고, 더 나아가 식민주의시기가 그 전시기에 비해 농민들의 극단적 위기를 줄였다고 주장한다(Popkin, 1979 : 136~137). 이는 식민지근대화론에 입각한 것으로, 식민체제가 지닌 차별적인 사회적 효과, 곧 그 혜택의 집중적 수혜자와 피해자를 구분하지 않은 것이다. 이러한 태도는 팝킨이 식민지 착취를 평가하는 데에서도 그대로 나타나는데, 그는 전식민사회와 식민사회의 착취를 단지 정도의 차이로 평가함으로써 그것이 지닌 사회적 함의, 곧 사회적인 계급의 양극화를 제대로 포착하지 못하고 있다(Chovanes, 1986).

농민들은 전통적 관습제도에 의존해서도 자신들의 위험을 감소시킬 수 없
고, 달리 선택할 제도가 너무 혼란스럽고 제한적이어서 새로운 방식으로
생존의 약속을 보장받지 못할 때, 심리적 · 경제적 · 사회적 · 정치적 긴장은
모두 농민의 반란이나 혁명 참여로 향하게 된다(Wolf, 1984 : 12).

울프의 논의는 식민침탈과 사회적 변화가 가져온 감당할 수 없는 속
도와 아무런 안전망 없이 이러한 변화에 내몰린 농민들의 상황을 드러
내고 있다.36) 이 연구는 기존의 논의를 수용하면서 베트남 · 조선의 세
계체제로의 편입, 이에 따른 사회 · 경제적 구조의 변화를 식민국가 · 자
본과 대지주의 연합, 그리고 그 대립축에 서 있었던 농민이라는 사회적
양극구조의 심화과정으로 파악하고, 이것이 초래한 경제적 수탈 · 착취
를 농민의 동원과 저항을 가져온 사회구조적 배경으로 설정하겠다.

또한 울프는 농민혁명을 평가하는 데 중요한 것은 '어떤 종류의 농민
을 말할 것인가'와 '다양한 지방적 · 지역적 생태에서 나타날 수 있는 농
민의 다양성'이라고 논의한다(Wolf, 1984 : 8~9). 이것은 동원과 저항
의 주체 · 지역에 관한 보다 미시적인 측면의 관심을 반영한다.37) 그러
나 이 논의에서는 이러한 미시적인 측면보다는 좀 더 거시 · 구조적인
측면에 관심을 기울이도록 하겠다. 폴라니는 "계급의 형성이나 계급의
사멸도, 그 목표나 그것의 성취정도도, 그들 간의 연합이나 적대도 모두

---

36) 폴라니는 영국이 심각한 손해를 받지 않고 엔클로저의 난국을 버텨 낼 수 있었
   던 것은 변화의 속도를 완화시켜 희생자를 구제했던 튜터 왕조와 초기 스튜어
   트 왕조의 개입 때문이었다고 평가한다(Polanyi, 1998 : 56~57). 그러나 식민지 베
   트남과 조선에서는 이러한 변화를 감당해 내고, 그 속도를 늦출 만한 사회적 안
   전망이 부재했다.

37) 기존의 농민혁명론에 대한 연구들은—대표적으로 Paige(1995) ; Popkin(1979) ;
   Scott(1976) ; Wolf(1984) 등—농민혁명의 원인을 규명하면서 농민 가운데 '누가',
   '어떤 장소 혹은 지역'이 더 혁명적이었는가에 관심을 기울였으며, 주로 사
   회 · 경제적, 정치적 측면에서 농민의 동원과 저항을 설명하였다. 그러나 이러
   한 연구들은 계급 문제와 결합하고 있는 광범위한 민족적 동원을 설명하는 데
   는 그리 관심을 기울이지 않았다.

전체로서의 사회의 상황과 분리시켜 이해할 수는 없다"(Polanyi, 1998 : 190)라고 밝히고 있는데, 사실 농민의 동원과 저항 역시 그들의 특수한 이해와 더불어 당시의 전체적인 사회적 상황을 반영하는 것이었다. 곧, "역사적 무대에서 어떤 계급의 역할을 결정하는 것은 궁극적으로 그 계급이 전체로서 사회에 대해서 갖는 관계"(Polanyi, 1998 : 194)인 것이다.

계급·계층 간의 차이에 대한 세부적 논의도 필요하겠지만 이에 대한 과도한 집착은 베트남과 조선에서 해방공간을 둘러싸고 벌어진 혁명과 반혁명의 큰 대립점을 놓칠 수 있다. 해방 당시의 상황을 평가할 때 중요한 것은 '누가·어떤 지역'이 더 혁명적이었는가가 아니라 식민지배에 의해 형성·강화된 지배계급과 피지배계급 사이의 사회적 거리이며, 이에 바탕한 민족적 이해(利害)의 차이라고 할 수 있다. 이는 해방기에 나타난 계급 간의 민족적·사회적 입장의 기본적인 대립선을 형성했다.

농민의 집합행동의 배경에 대해 마지막으로 강조할 것은 1945년 해방공간을 통해 표출된 농민을 중심으로 한 피지배계급의 급진성은 어느 날 갑자기 그들 내부에서 생겨나거나 외부로부터 주어진 것이라기보다는 그들의 역사적 경험을[38] 통해 형성된 것이라는 점이다. 이 연구에서는 농민의 급진성을 설명하기 위해서 '집합행동을 통한 과거로부터의 경험 축적'이라는 요인을 강조할 것이다.[39] 베트남에서나 조선에서나 농

---

[38] 이것은 피지배계급의 계급형성과정이라 할 수 있다. 계급구조 자체가 계급투쟁과 계급형성을 자동적으로 연결 짓지는 않는다. 계급형성을 계급이 일단 자신의 원형을 획득하고 나서 단순히 지질학적 형태로 굳어지는 것이 아니라 끊임없이 생성·재생산·재형성, 그리고 변형되는 지속적인 과정 속의 현상(Therborn, 1986 : 262)으로 인식한다면, '구조로서의 계급'이 자신의 정체성을 형성하는 것은 바로 역사적 과정에서의 자기 실천을 통해 이루어지는 것이다.

[39] '과거로부터의 경험'은 동원─한 집단이 수동적인 개별 집합체 상태로부터 공적인 영역으로 능동적으로 참여하게 되는 변화과정(Tilly, 1995 : 120)─과 집합행동의 한계를 구획 짓기도 하지만, 행위자의 요구 수준과 방향을 결정짓는 기준점으로 작용하기도 한다. 이에 대한 논의는 Tilly(1995 : 247) 참조.

민들은 수탈·착취당하고 멸시되었으며, 이는 그들이 계급행동으로 나아가는 사회·경제적 배경이 되었다. 그러나 이들의 혁명성은 단순히 경제적 위치만을 반영한 것은 아니었다. 농민들은 어떤 때는 스캇이 '약자의 무기'(Scott, 1976)라고 불렀던 사보타주·시간끌기·은닉·기피 등을 통해 소극적으로 저항했고, 어떤 때는 자신의 경제적 처지를 개선하기 위해 전면적인 투쟁을 벌였으며, 어떤 때는 민족운동과 결합하여 가열찬 식민지 해방투쟁을 벌였다. 식민지배기간 농민들은 스스로의 선택에 의해 혹은 어쩔 수 없는 자신의 처지에 의해 부당한 지배에 저항했으며, 이를 통해 단련되었던 것이다. 이러한 입장에서 이 연구는 농민의 경제적 투쟁뿐만 아니라 민족해방투쟁과 결합된 동원과 저항의 경험을 강조할 것이다. 이는 농민의 계급적 위치를 통해 혁명성·급진성의 모든 것을 설명하려는 획일적 설명방식을 피할 수 있도록 할 것이다.

1945년 8월의 해방은 기존의 지배관계를 일시에 무력화시켰다. 식민국가가 해체된 상황에서 국가는 사회의 한 부분으로서 그것이 배태된 사회관계 내에서 재형성되어야 했다. 곧, 당시 사회는 국가가 사회에 영향을 미치는 것보다 훨씬 더 많은 영향을 국가에 미치고 있었던 것이다. 트림버거는 "아래로부터의 혁명은 오직 국가기구가 현 상태를 유지할 수 있는 능력과 위로부터의 혁명을 일으킬 수 있는 능력을 모두 상실해 버렸을 때에만 가능하다"(Trimberger, 1986 : 9)라고 논의했는데, 1945년 해방공간은 바로 그러한 공간이었다. 지배계급의 보수동맹은 그것을 궁극적으로 보증했던 식민국가의 붕괴로 더 이상 유지될 수 없었고, 정치·군사적 지배력을 갖추지 못한 지배계급은 무너진 국가기구를 재건하고 사회통제력을 발휘할 수 있는 힘이 없었다. 마찬가지로 관료들 역시 식민국가의 권력과 더불어 흩어졌다. 남은 것은 '아래로부터' 터져 나오는 사회변혁과 독립국가건설의 요구였다.

이러한 조건들을 고려해 보았을 때 해방과 더불어 가능했던 국가형성경로는 '아래로부터의 혁명을 통한 국가형성이었다'는 역사적·이론적 가설이 가능해진다. 그렇다면 해방공간에서 국가건설 주체가 갖추어야 할 가장 중요한 자격 요건은 무엇이었을까? 그것은 '민족적 정당성'이었다. 아랜트는 "정당성은 나중에 따라올 어떤 행동에서가 아니라 오히려 최초의 모임에서 유래한다. 반면 정당화는 미래에 위치한 목적과 관련이 있다"(Arent, 1999 : 84~85)라고 논의한다.[40] 여기서 정당성은 권력뿌리의 역사적 정당성을[41] 의미하는 것이며, 정당화는 동의를 구축하는 사후 작업에 해당한다. 해방된 베트남과 조선에서 국가건설 초기에 정작 중요한 것은 권력뿌리의 역사적 정당성이었다. 이러한 기준에서 볼 때 베트남과 조선에서 지배계급과 관료는 해방기의 국가형성 주체가 될 수 없었다. 이는 식민지기간 그들이 누렸던 기득권 때문이기도 했지만, 강제력이 아니면 지배를 수행할 수 없었던 그들의 계급적 위치로 인해 그러했고, 무엇보다도 이들에게는 권력뿌리의 정당성이 없었기 때문이다. 따라서 내적 조건만으로 본다면 이들은 새로운 국가의 주체적 건설자가 될 수 없었으며, 오히려 청산의 대상이었다. 해방 당시 아래로부터의 요구는 민족적·사회적인 이중의 혁명이었다.[42]

그러나 베트남과 조선의 실제 역사행로는 이러한 내적 조건과는 부합하지 않았다. 남베트남·남한에는 사회의 대다수가 공분하고, 저항했

---

40) 틸리는 "정당성과 비정당성의 차이는 사실상 백지 한 장에 불과하다. 왜냐하면 정당성의 궁극적인 원천은 법적이고 규범적인 차원이 아니라, 물리적 강제력의 독점일 뿐이기 때문이다"(Tilly, 1985 : 171)라고 논의한다. 그러나 이는 정당성의 역사적 성격을 무시하는 해석이라고 할 수 있다.

41) 강정구는 권력뿌리정당성을 "정권을 구성하는 핵심 주체가 정권창출 이전에 당대에서 민족사적으로 요구되는 핵심 과제들에 대한 실천행위를 하였고, 또 정권창출 후 그것을 계승할 수 있는 정책지향이 구비되었는가 하는 점"(강정구, 2002 : 317)을 통해 판별한다. 베트남·조선과 같은 탈식민국가에서 이러한 정당성은 1차적으로 식민지 해방투쟁에 대한 헌신도로부터 나온다고 할 수 있다.

42) 이는 민족적 측면에서는 독립을, 사회적 측면에서는 계급관계를 중심으로 한 사회혁명을 뜻한다. 이러한 이중의 혁명은 상호 중첩되는 면도 있지만, 성공적인 혁명은 상호 보완성을 특성으로 한다. 이를 20세기 혁명의 특성으로 설명하는 것은 Wallerstein(1979 : 230) 참조.

던 반공독재국가가 세워졌던 것이다. 해방공간을 지배했던 내생적 역사행로의 이탈은 바로 초국가적 영향력에 의한 것이었다. 뤼시마이어와 그의 동료들은 미국이 제3세계에서 수행한 "1950년대와 1960년대의 군사적 지원은 라틴 아메리카 군부의 반공주의를 강화시켰는데, 그 반공주의는 반좌파주의 및 반민중주의(반민주주의)세력과 일치하는 것이었다"(Rueschemeyer et al., 1997 : 375)라고 논의하고 있는데, 1948년 남한, 그리고 1955년 남베트남에서 공식적으로 출범한 정권은 여기에 반민족주의적 성격을 더하여 반좌파 · 반민중 · 반민족적 세력이 중심이 되었다. 내적 기반 없이 미국의 지원에 의해 대다수가 반대하는 소수집단이 국가형성 주체로 나섰다는 것은 이미 남베트남과 남한이 강제력을 앞세운 독재국가의 길을 걸어갈 수밖에 없는 운명을 지니고 출현했음을 의미하는 것이었다. 그리고 여기에 부가된 냉전에 기반한 세계체제적 압력은 이들 국가가 반공독재국가가 될 수밖에 없었던 이유를 보여 준다.

　반공독재국가의 형성을 검토하면서 주의를 요하는 것은 베트남 · 조선의 경우 식민지배에 의해 상이하게 형성된 국가의 사회적 침투력 · 통제력의 정도는 반공독재국가의 출현에 큰 영향을 미치지 않았다는 것이다. 이는 반공독재국가의 국가능력과 관련되며, 새로운 국가의 정치체제가 지닐 성격을 결정했던 것은 바로 초국가적 영향력, 곧 미국의 개입이었던 것이다. 이러한 사실은 거의 모든 조건이 유사한 상황에서 단지 미국의 개입변수 유무의 차이에 의해 상이한 국가형성경로를 걸었던 초기 북베트남 · 북한을 남베트남 · 남한과 비교하면 여실히 드러날 것이다.

　뤼시마이어와 그의 동료들은 "식민주의는 초국가적 권력구조에 의한 역사적 지배형태 가운데 하나였다. 그것은 시민사회로부터 상당히 자율적인 국가를 통해 부과된 비민주주의 통치의 축도였다"(Rueschemeyer et al., 1997 : 467~468)라고 논의한다. 미국에 의해 토대가 놓여진 남베트남·남한의 초기 국가 역시 사회와의 관계에서 이러한 자율성을 누렸다. 미국의 직접적 지배 혹은 후원 속에서 과거 식민지배의 사회적 관계는 다시 부활했다. 이 국가는 대내적으로는 상당한 자율성을 향유했지만 대외적으로는 종속성을 면치 못한 야누스적 양면성을 지닌 국가였다.

3) 국가능력의 차이 형성요인

남베트남·남한의 초기 국가형성과정에서 국가능력의 상이한 발전경로를 파악하기 위해 이 연구에서는 첫째, 식민지배의 제도적·물적 유산, 둘째, 인종·종족·종교·지역적 요인, 셋째, 국내조건·세계사적 시간과 연계된 초국가적 영향력, 넷째, 국가형성전쟁의 과정과 결과, 다섯째, 분단의 이데올로기적 구조화의 차이를 검토하겠다. 첫째·둘째는 남베트남·남한의 국가능력을 상이하게 만들었던 내적 요인을, 셋째는 외적 요인을 검토하기 위한 것이고, 넷째·다섯째는 해방 이후 전쟁과 분단이라는 유사한 역사적 경험이 남베트남과 남한의 국가능력의 차이를 형성하는 데 어떠한 영향을 미쳤는가를 살펴보기 위한 것이다. 이러한 요인들은 서로 중첩되거나 교차하면서 국가의 지방통제능력, 지배이데올로기의 확산·침투능력, 사회·경제관계 규제능력을 다르게 형성해 갔으며, 이는 두 국가에서 총체적 의미의 국가능력의 차이를 가져왔다.

(1) 식민지배의 제도적·물적 유산

식민지배의 영향을 검토할 때 프랑스의 베트남 지배와 일본의 조선 지배는 이후 국가형성과정에 많은 차이를 만들었다. 식민모국의 특성, 식민모국과 피식민국의 관계 등의 요인이 각 국가의 차이를 주조하는 주요한 요인으로 작용했으며, 이는 피식민국에 사회적으로 각인되었던 것이다. 따라서 해방 후 남베트남과 남한에 다시 외세가 개입했을 때 두

국가의 국가능력이 어떠한 양식으로 재편될 지를 가늠하기 위해서는 식
민지배의 유산을 먼저 검토해야 하는 것이다.

　뤼시마이어와 그의 동료들은 식민국가의 특성과 식민지 유산의 효
과에 대해 다음과 같이 논의하고 있다.

　　식민지국가는 일반적으로 다른 어떤 국가들보다도 많은 자율성을 토착사
　　회로부터 가진다는 점에서 특별한 경우라 할 수 있다. 이는 제3세계의 '신
　　생국가들'에게 커다란 중요성을 지니는데, 그것은 국가구조, 그리고 시민사
　　회를 통한 국가이익의 표출이라는 것이 일단 강고하게 구축되기만 하면 오
　　랫동안 지속되기 때문이다(Rueschemeyer et al., 1997 : 126).

　위와 같은 논의는 알라비에게서도 유사하게 발견된다.

　　식민지국가는 강력한 군사−관료기구와 그것으로 하여금 일정한 활동들을
　　통해 자국의 사회계급들을 종속시킬 수 있는 정부의 메커니즘을 갖추고 있
　　다. 탈식민사회는 그 과대성장한 국가기구와 자생적 사회계급들의 활동을
　　규제하고 통제할 수 있는 제도화된 관례들을 물려받는다(Alavi, 1989 : 347).

　에반스와 헤거드 또한 남한과 대만을 분석하면서 식민유산이 이 지
역에서 나타난 '강한국가'의 역사적 배경이 된다고 주장한다(Evans,
1985 ; Haggard, 1994). 스카치폴 역시 탈식민국의 특성을 알기 위
해서는 "각 국가의 고유한 사회·정치적 구조에 영향을 미친 식민주의
의 역사적 유산"(Skocpol, 1991c : 304)에 주목해야 한다고 논의하고
있다.

　이러한 논의들은 탈식민국가들이 식민국가의 제도적 효과 내에 있
음을 의미하는 것이다. 물론 이러한 효과는 탈식민국이 과거와 '급진
적·혁명적 단절'을 이룬 경우에는 큰 힘을 발휘할 수 없다. 그러나 남
베트남·남한과 같이 과거와 급진적 단절을 이루지 못하고 강력한 외세
의 개입에 의해 초기 국가가 형성된 경우 식민지 유산은 토착사회에 주

요한 영향력을 미치는 변수로 남게 된다.43)

　국가능력의 정도에 식민지배의 제도적·물적 유산이 미친 영향을 검토할 때 주요하게 고려할 것은 첫째, 사회적 통제력을 보증하는 지방 통제능력의 정도, 둘째, 식민통치가 남겨 놓은 제도적·물적 기반이다.

　첫째, 식민모국은 피식민국에서 근대적인 통제기술을 발전시켰다. 이는 모국의 형상에 따라 주형되었으며, 피식민국에는 더욱 과부화된 형태로 이식되었다. 일본의 조선 지배는 경제적 성격뿐만 아니라 정치·군사적 성격을 강하게 지니고 있었고, 프랑스의 베트남 통치보다 매우 체계적이었으며, 전체 사회체계에 침투해 들어가는 강력한 통제체제를 발전시켰다.44)

　둘째, 식민통치가 남겨 놓은 제도적·물적 기반은 탈식민국의 사회·경제관계 규제능력에 영향을 미쳤다. 식민지배가 종결되었음에도 불구하고 과거의 경제적 연결망이 사라지지 않고 지속되었을 때와 식민모국의 영향력이 일시에 사라지고 식민자산에 대한 통제가 기본적으로 국가에 귀속되었을 때, 두 경우에서 국가의 사회·경제관계 규제능력은 차이를 보이게 되는 것이다. 전자는 남베트남의 사례이며, 후자는 남한의 사례이다.

---

43) "새로운 정치적 규칙과 절차들은 무(無)에서 주형된 것이기보다는 이전에 확립된 정치적 규칙과 절차들이 더 쉽게 재활성화될 수 있었던 결과"(Rueschemeyer et al., 1997 : 347)를 반영한다. 노스는 '경로의존성(path dependence)'을 제시하는데 이는 과정의 각 단계마다 실제의 대안을 제공하는 선택(정치적·경제적인)이 존재하여 선택집합을 개념적으로 좁히고 의사결정을 역사적으로 연결하는 방법을 의미한다. 노스는 역사의 대부분은 과거로부터 현재의 선택에 한계를 부과하는, 따라서 현재의 선택집합을 알기 쉽게 하는 제약의 성질 때문에 경로의존적이라고 논의한다(North, 1996 : 158, 218). 뤼시마이어나 노스의 논의와 유사하게 청산되지 못한 식민지배의 유산은 새로운 제도의 형성·발전에 영향을 미치게 된다.

44) 식민지배에 앞선 전통적인 공동체의 특성을 고려해 볼만 하지만, 이 연구에서 강조할 것은 식민당국이 이러한 체제를 통제하기 위해 어떠한 정책을 펼쳤는가 하는 점이고, 그러한 지배정책이 만들어 낸 식민지배의 제도적 흔적이다.

(2) 인종·종족·종교·지역적 요인

뤼시마이어와 그의 동료들은 인종·종족·종교적 동질성이나 이질성이 국가·계급관계에 미치는 영향력을 다음과 같이 설명한다.

> 인종적·종족적 분리는 그것이 계급과 연계되어 있거나 인종적·종족적 집단이 서로 다르게 국가기구에 연결되어 있는 곳에서 특히 중요한 문제로 나타나게 된다. 날카롭고 때로는 엄격한 신분의 구분으로서 그것은 계급 간 대치선을 가르고 계급 응집성을 약화시킬 뿐만 아니라 계급 간 차이를 강화시키고 심화시킬 수도 있다(Rueschemeyer et al., 1997 : 99).

> 비교사적 연구에서 가장 중요하게 고려할 것은 국가구조에 내재된 문화적 전통이다. 여기에는 조직화된 종교와 국가의 관계가 포함된다. … 종교적 유대는 그 자체로 집합체 형성에서 중요한 요소가 될 수 있다(Rueschemeyer et al., 1997 : 103).

인종·종족·종교적 요인들이 계급관계와 결합할 때, 그리고 위에서는 제시되지 않았지만 이러한 요인들이 지역주의와 결합하거나, 또는 각각의 요인들이 연계망을 가지고 민족의 내부·외부를 가르는 민족 문제와 결합할 때, 이는 정치·경제적 세력관계의 차이뿐만 아니라 사회집단의 응집력과 통합력에 영향을 미친다. 따라서 이러한 요인들은 국가의 이데올로기적 정당화와 사회·경제관계 규제능력에 주요한 영향력을 미치게 된다.

첫째, 인종·종족·종교·지역과 연관된 집단들이 세력화되면서 상이한 가치를 지향하고, 이것이 사회적 갈등을 심화시키는 상황에서 국가가 소수 인종·종족·종교·지역집단을 배타적으로 옹호하고, 다수를 배제시킬 때 국가의 이데올로기적 정당화기제는 크게 약화된다. 특히 문화적 전통을 강하게 반영하는 종교와 같은 요인이 대립의 전면에 나서게 되면 국가의 이데올로기적 통합능력은 현저히 저하될 수 있다.

남한에서는 지배이데올로기의 응집력을 약화시키는 이와 같은 분할이 나타나지 않았지만, 남베트남에서는 명확히 드러났다. 특히 남베트남의 지엠 정권하에서 나타난 불교·가톨릭의 종교 대립, 지역 간의 대립은 지엠 정권의 이데올로기적 정당성의 영역을 축소시키고, 사회통합을 위한 국가능력의 저하를 가져왔다고 볼 수 있다.

둘째, 경제적 분배와 규제가 계급적 요인보다는 인종·종교·종족·지역적 요인과 결합하여 이루어질 때, 이는 피지배계급은 물론이거니와 지배계급의 응집을 저해하는 치명적인 요인으로 작용할 수 있다. 이러한 상황에서 국가의 사회·경제적 포섭이나 배제가 특정 인종·종족·종교·지역에 편중되면, 국가는 사회 전체의 이해를 대표하는 것이 아닌, 특정 집단을 대표하는 존재로 드러나게 되고, 국가의 정당화 영역은 축소될 수밖에 없다.

남베트남의 종족적 분할—특히 베트남 내의 화인(華人)—은 국가의 사회·경제관계 규제능력에 큰 영향을 미쳤다. 경제관계에서 종족의 문제는 남한에서는 전혀 문제가 되지 않았던 사안이지만, 남베트남에서는 매우 핵심적인 문제였다. 남베트남 내에서 커다란 경제적 지위를 유지하고 있었던 화인과 국가의 직접적 대립은 자본가계급을 내적으로 분할하고, 총자본의 응집력을 떨어뜨리는 요인으로 작용했으며, 궁극적으로 국가의 사회·경제관계 규제능력에 부정적인 영향을 미쳤던 것이다.

(3) 초국가적 영향력 : 국내조건·세계사적 시간의 연계

각각의 국가는 국가체계(system of states)의 한 부분이기 때문에 대외적 영향력에서 자유로울 수 없다(Rueschemeyer et al., 1997 : 125). 또한 "국제관계는 이미 존재하는 계급 및 정치구조와 상호작용하여 각국에 유사할 뿐만 아니라 서로 다른 변화를 촉진하고 형성"(Skocpol, 1991c : 34)한다. 이러한 점에서 보았을 때 2차 세계대전의 종결로 탈식민화와 새로운 국가건설이라는 국가·사회적 대전환기를 맞이하게 된 제3세계 국가에서 초국가적 영향력은 결코 가벼이 다룰 수 없는 요인이라고 할 수 있다.

남베트남과 남한의 국가형성과정은 다차원적인 초국가적 질서, 곧 세계적 차원의 전쟁, 전후 세계질서의 재편, 내적 질서의 재편자로서의 초국가적 영향력 등의 요인들을 반영하고 있었다. 그러나 초국가적 영향력이 각 국가에 침투하고, 국가능력을 발전시키는 정도는 첫째, 해당 국가의 내적 조건, 둘째, 이러한 조건과 연계된 세계사적 시간의 차이에 따라 달라질 수 있다.

첫째, 초국가적 영향력이 남베트남·남한의 국가능력을 차별적으로 형성해 가는 과정을 검토할 때 주의해야 할 것은 외세의 개입과 국가능력의 관계이다. 구드윈과 스카치폴은 외적 변수의 영향력에 대해 다음과 같이 논의하고 있다.

> 프랑스가 베트남과 알제리에서, 미국이 베트남, 쿠바, 니카라과, 이란에서 직면한 어려움에서 보는 바와 같이 강력한 자본주의 권력이라 하더라도 제3세계의 모든 혁명을 막을 수는 없다. 제국주의자들의 이해(interests)는 확실히 존재하지만, 그것은 해당 지역의 체제에 의해 보증되고 형성되는 지역 체제나 사적 행위자를 통해 작동해야만 하는 것이다(Goodwin & Skocpol, 1994 : 260).

외세의 개입이 지니는 효과는 현지의 내적 조건에 의해 달라질 수 있다. 국가능력 또한 그러하다. 강력한 국가의 개입이 곧바로 남베트남·남한과 같은 제3세계의 국가능력의 변화와 연결된다고는 볼 수 없으며, 국가능력의 변화 정도는 현지의 인적·제도적 조건 등에 의해 달라질 수 있는 것이다. 식민지 유산에서 언급한 바와 같이 외세의 개입이 현지 국가의 국가능력—지방통제능력, 사회·경제관계 규제능력—을 증대시키는 데 유리한 조건을 지니고 있었던 것은 남한이었다.

둘째, 초국가적 영향력과 국가능력 간의 관계를 고려할 때 또 한 가지 주요하게 검토해 보아야 할 것은 '세계사적 시간', '역사적 시간', 혹은 '세계사적 적기(適期 : Timing)'라고 표현되는 시간상의 문제이다(Migdal, 1988 : 271~273 ; Skocpol, 1991c : 37~38 ; Rueschemeyer et al., 1997 : 312).

시간상의 문제는 특정한 역사적 시점, 시간상의 전후맥락, 역사적 경험의 상이성 등의 요인들이 각각 혹은 서로 결합하면서 만들어 내는 역사공간의 차이를 반영한다. 세계사적 시간과 초국가적 영향력을 남베트남·남한의 국가능력 형성과 연관해 볼 때, 이것이 주요하게 영향을 미친 것은 국가의 지방통제능력, 지배이데올로기의 확산·침투능력이었다.45)

국가의 지방통제능력의 측면에서 볼 때 1945년 남한에 대한 미국의 개입과 1954년 남베트남에 대한 미국의 개입은 현격한 차이를 지닌 것이었다. 1945년 남한에서 미국의 영향력은 매우 직접적이었다. 미국은 일본의 식민지배 유산을 계승하여 빠른 시간 내에 강력한 통제력을 행사할 수 있었다. 그러나 1954년 남베트남에 개입한 미국은 남한에서 그들이 누렸던 상대적 혜택을 누릴 수 없었다. 미국은 남한과 필리핀에서의 반혁명 경험을 남베트남에 그대로 투영시키고 있었는데, 당시 남베트남은 1945년의 베트남이 아니었다. 베트남의 호찌민 세력은 항불운동을 승리로 이끈 역사적 경험을 가지고 있었으며, 베트남 전 영토의 2/3 가량에 대해 통제력을 행사하고 있었다. 스카치폴은 "혁명가들은 언제나 이전의 혁명적 상황에 의해 영향 받는다"(Skocpol, 1991c : 37)라고 했는데, 1954년 베트남에서 미국이 상대해야 했던 적은 농촌 지역 구석구석에 영향력을 행사하면서 혁명 승리의 전통을 만들어 갔던 호찌민 세력이었던 것이다.

지배이데올로기를 통한 국가능력 또한 세계사적 시간과 연관된 초

---

45) 세계사적 시간과 연계된 초국가적 영향력이 국가능력 형성에 영향을 미친 요인으로 사회·경제관계의 규제능력을 고려하지 않는 것은 이것이 개입시점의 문제를 반영한다기보다는 구조적 조건을 반영하기 때문이다.

국가적 영향력의 영향을 받았다. 2차 세계대전이 끝나고 프랑스가 베트남에 재진주했을 때 베트남인들에게 그들은 승리한 연합군의 일원이기보다는 베트남인들이 그렇게도 혐오했던 구식민주의의 재생에 불과했다. 이데올로기적인 측면에서 항불전쟁은 냉전이데올로기로 포장된 구식민주의와의 전쟁이었으며, 이를 계승한 미국의 반공주의 역시 남베트남 정권을 정당화하기에는 역부족이었다. 그러나 1945년 남한의 상황은 달랐다. 세계적인 냉전이 심화되기 이전 이미 진행되기 시작한 남한 내부의 이념적 갈등과 이를 넘어선 남·북 간의 갈등은 남한 정권을 이데올로기적으로 정당화하는 데 주요한 역할을 수행했던 것이다.

세계사적 시간의 차이가 만들어 낸 상이한 역사공간은 초국가적 영향력의 확산·침투 정도의 차이를 심화시켰으며, 이는 외부의 지배적 영향력에 의해 탄생한 남베트남과 남한의 국가능력의 차이를 가져오는 요인으로 작용했다.

(4) 국가형성전쟁의 과정과 결과

제3세계 신생국에서는 다음과 같은 상황에서 가장 참혹한 전투가 일어났다.

> 하나 이상의 집단들이 신생국가를 통치할 권리를 주장할 경우, 해방된 지역의 한 분파가 자신의 국가를 세우겠다고 주장한 경우, 상충하는 주장을 하는 집단 간의 분열이 강대국들의 광범위한 간섭을 부추긴 경우였다(Tilly, 1994 : 329).

이러한 상황46)에서 전개되는 국가건설은47) '국가형성전쟁', 곧 '국

---

46) 이는 틸리가 제기하는 혁명적 상황의 조건과도 연결된다. 틸리는 이러한 조건을 1) 국가 전체 또는 일부의 지배권에 대해 배타적이고 상치되는 주장을 내세우는 도전자들 또는 이들 제휴세력의 출현, 2) 그 주장들에 대한 상당 규모 시민층의 동조, 3) 대안적 제휴 그리고/또는 그 주장에 대한 동조에 맞서 이를 저

가형성자들이 자신들의 통치영역이라고 규정한 특정한 영토 안에서 독점적 권위를 확보하기 위하여 싸우는 전쟁'(백학순, 1999 : 7~8)을 수반하기 쉽다. 혁명적 상황하에서 강력한 내부의 반대자와 경쟁자의 도전에 대응한 국가형성전쟁은 국가의 존재 자체를 위협하는 요소이기도 하지만, 그러한 위협을 일거에 제거할 수 있는 기회가 되기도 한다.

　　그렇다면 전쟁은 두 국가의 국가능력에 어떠한 영향을 미쳤을까? 미그달은 전쟁이 강한국가(strong states)를 만들기 위한 충분조건의 하나라고 언급하고 있으며(Migdal, 1988 : 273), 틸리는 전쟁이 국가가 물리력·강제력의 독점·집중, 대내적 추출능력을 극대화할 수 있는 기회를 제공하여 국가를 형성하고 변혁시키는 데 주요한 역할을 수행한다고 본다(Tilly, 1994).[48] 그러나 전쟁에 패했을 경우 그 결과는 "지배체제를 부정하는—내적 제재를 가하는 지배체제의 권력과 그것의 억압적 기구를 심대하게 약화시키는—가장 잔혹하면서도 고통스러운 것"(Therborn, 1997 : 158)이 된다.

　　전쟁은 국가·사회관계를 총체적으로 재규정할 계기를 제공한다고 볼 수 있다. 따라서 이는 국가능력의 세 가지 요소, 곧 지방통제능력, 지배이데올로기의 확산·침투능력, 사회·경제관계 규제능력, 이 모든 영역에 영향을 미쳤다. 전쟁과 연관하여 이러한 능력들을 고려할 때 한 가지 유념해야 할 것은 제3세계가 지닌 국가의 자율성이다. 틸리는 "상품수출이나 강대국의 군사원조에서 재정수입을 얻을 수 있는 능력을 지닌 통치자들은 피지배층들과 협상하지 않을 수 있었다"(Tilly, 1994 : 343)라고 논의하는데, 이는 1차 인도차이나전쟁과 한국전쟁에서도 그대로

　　지할 통치자들의 역량 부족 또는 의지 결핍으로 제시한다(Tilly, 2000 : 29).

47) 틸리는 이를 "국가가 소유권 주장을 한 영토 안에 있는 경쟁자들과 도전자들을 공격하고 견제하는 일"(Tilly, 1994 : 156)이라고 본다.

48) 남한의 초기 국가형성과정을 틸리의 이론과 접맥시켜 논의하고 있는 것은 서주석(1996) ; 전상인(1991) 참조.

적용되었다. 국가는 전쟁과정에서조차 시민사회에 호소하지 않고, 우월성을 가지고 시민사회를 통제·관리할 수 있었다. 그러나 이것은 어디까지나 잠정적인 것이었다. 만일 전쟁에서 패할 경우 이러한 모든 것은 일거에 사라질 수도 있는 것이었다.

첫째, 국가건실과 연계된 국가형성전쟁의 과정과 결과는 국가의 사회에 대한 침투능력의 변화를 가져올 수 있다. 국가의 입장에서 가장 훌륭한 결과는 자신이 설정하고 있는 전체 영토에서 유일한 권위를 세우는 것이지만, 만일 그것이 불가능할 경우 국가는 안정성을 강화하기 위해 자신이 배타적으로 지배하는 영역 내부의 반대자를 무력화시키거나 제거하고, 통제범위·강제력의 침투력을 사회의 구석구석까지 확산시켜 지배를 확실히 해야 한다.

전쟁과정이 국가의 침투능력에 미친 영향을 검토할 때 고려해야 할 것은 전쟁의 수행양식, 곧 그것이 '전선 없는 전쟁'이었는가, 아니면 전선을 중심으로 한 '재래식 전쟁'이었는가이다. '전선 없는 전쟁'은 전선을 중심으로 한 재래식 전쟁에 비해 국가의 통제 가능성을 크게 약화시킬 수 있는 것이다. 베트남전쟁은 '전선 없는 전쟁'으로 국가의 통제력을 확고히 하는 데 많은 한계가 있었다. 점처럼 흩어져 있는 반대세력의 통제지역은 프랑스가 통제할 수 없는 해방구였다. 반면 한국전쟁은 전선의 이동이 있기는 했지만 결과적으로 교착된 전선을 형성했으며, 이는 내부평정작업에 유리한 조건을 제공했다. 남한 정부는 한편으로는 전선을 중심으로 한 전쟁을 수행하면서, 다른 한편으로는 지리산 일대를 중심으로 제2전선을 형성함으로써 효율적인 내부평정작업을 수행할 수 있었던 것이다.

베트남의 1차 인도차이나전쟁과 한국전쟁은 국가의 지방통제능력에 상반된 결과를 초래했다. 1차 인도차이나전쟁에서 프랑스의 굴욕적 패배는 국가의 침투능력을 약화시켰으며, 지엠 정권은 전쟁을 통해 오히려 강화되어 버린 반대자들 가운데서 국가건설을 수행해야 했다. 반면 남한의 이승만 정권에게 전쟁은 북한을 점령하는 것과 더불어 남한 내의 반대세력을 일소한다는 의미를 지니고 있었다. 한국전쟁은 남한 내부의 가장 큰 반대세력이었던 좌익세력을 척결하고, 이와 더불어 진행된 광범위한 민간인학살을 통해 아래로부터의 저항역량을 초토화시켜 농촌지역을 확실히 정부의 통제하에 복속시키는 결과를 가져왔다.

둘째, 전쟁과정은 물적·인적 동원뿐만 아니라 이데올로기적 동원을 수반한다. 이데올로기적 동원은 포섭과 제재의 논리49)를 포함하는데, 전쟁과정 자체가 적(敵)·아(我)를 확연히 구분하는 이데올로기적 선택을 강제하는 과정이기 때문에 이러한 포섭과 제재의 논리는 더욱 극대화된다. 전쟁과정에서 이데올로기의 이름으로 자행되는 제재 혹은 노골적인 물리적 폭력은 이에 대항한 저항세력의 강도와 피지배계급이 저항이데올로기를 수용하는 정도에 따라 상이한 효과를 나타낼 수 있다.

먼저 피지배계급이 국가에 능동적인 동의를 표명할 때 국가능력은 강화된다. 능동적인 동의는 아닐지라도 제재에 대한 두려움으로 인해 묵종·체념할 경우 제재를 집행할 수 있는 국가능력이 지속되는 한 국가의 안정성은 내적으로 위협받지 않는다. 마지막으로 피지배계급이 강력한 반대세력과 연대하여 저항이데올로기를 내면화하게 되면 국가의 대중통합능력은 현저히 저하되며, 심각한 위기 상황에 직면할 수 있다. 이 가운데 남베트남은 세 번째 사례, 남한은 두 번째 사례에 해당하는 특성을 보였으며, 이는 지배이데올로기를 통한 국가능력의 차이를 만들었다.

---

49) 제재는 사회적 담론에서의 배제와 물리적 제재 양자를 모두 포함한다. 테르본은 제재의 유형과 결과를 다음과 같이 설명한다. "희생자는 정신병자, 타락한 자, 불충한 자, 이방인 등으로 취급받아 의미 있는 담론으로부터 배제된다. 파문당한 사람은 일시적으로 또는 영원히 이데올로기적으로 존재하지 않는 것으로 판정된다. 그의 말을 다른 사람이 들어서는 안 된다. 그는 이데올로기적 객체화의 표적이다. 그의 발언은 정신병자나 타락한 자와 같은 종류의 인물의 발언으로 취급될 뿐이다. 이데올로기적 파문은 항상 추방·감금·죽음과 같은 물질적 제재와 연결되어 있다"(Therborn, 1997 : 118).

전쟁의 결과에서 주요하게 고려할 것은 피지배계급뿐만 아니라 지배계급의 문제이다. 전쟁의 패배는 지배계급의 '정당성의 혼란'[50]을 초래할 수 있다. 지배계급의 이데올로기적 분열과 혼란은 지배이데올로기의 확산·침투에 관련한 국가능력의 저하를 초래하며, 이러한 상황에서 강력한 저항이데올로기로 무장한 아래로부터의 저항에 직면하게 되면 국가의 안정성은 심각한 위협을 받게 된다. 베트남에서 1차 인도차이나 전쟁의 결과는 남베트남 지배계급의 이데올로기적 응집성의 약화, 이에 반한 피지배계급의 저항이데올로기의 강화를 보여 주며, 한국전쟁은 이와 상반된 결과, 곧 지배계급의 강력한 이데올로기적 응집성과 피지배계급의 저항이데올로기의 붕괴를 보여 준다.

셋째, 전쟁은 국가의 추출능력, 곧 피지배층으로부터 국가건설, 전쟁수행, 보호수단을 끌어내는 능력을 증대시킬 것을 요구하며, 이는 국가의 분배능력을 증대시킨다(Tilly, 1994 : 156~157). 또한 추출과정에서 발생하는 각 계급세력과의 갈등·협상·강제 등의 요소의 상이한 조합은 국가의 다양한 발전 궤도를 만들었다(Tilly, 1994). 그러나 일반적으로 강력한 초국가적 개입에 의해 전쟁, 혹은 반대자를 제거하기 위한 내부평정이 수행되었던 제3세계의 경우 국가는 내부 계급관계에서 보다 큰 자율성을 가지고 강제력을 증대시킬 수 있었다. 전쟁과정에서 더욱 강화된 국가 자율성은 국가가 기존 정치·경제적 세력관계를 재조정하고 변화시킬 수 있는 기회를 제공하며, 이는 국가의 사회·경제관계 규제능력의 변화를 초래할 수 있는 계기가 된다.

남베트남·남한에서 전쟁과 연관된 국가의 사회·경제관계 규제능력의 변화에서 가장 중요한 사안은 농지개혁이었다. 전쟁과정은 국민적 동원을 필요로 하는 것이고, 이를 위해서는 동원에 대한 보상이 필요하며, 남베트남·남한과 같은 농업사회에서 가장 핵심적인 사안은 바로

---

50) 이는 억압세력들이 대중들의 고조된 항의에 직면하여 정권을 옹호하기를 거부하거나 그만둘 때 발생한다(Therborn, 1997 : 144).

농지개혁이었던 것이다. 농지개혁은 잠재적으로 산업화에 반대 입장을 갖고 있는 농촌 엘리트, 곧 지주의 영향력을 감소시킴으로써 산업사회로 전환할 수 있는 계급적 토대를 구축하고, 농촌지역에서 지지의 근거를 확보할 수 있는 가장 효율적인 수단이었던 것이다.

남베트남의 경우 1차 인도차이나전쟁기간, 그리고 지엠 정권이 들어선 이후 진행된 농지개혁은 지주계급을 해체하지도, 농민들을 만족시키지도 못했다. 지주의 나약성은 지엠 정권이 실시한 농지개혁의 효과로부터 온 것이라기보다는 전쟁과 효율적인 내부평정작업의 실패로 인한 것이었으며, 농민들은 남베트남 정부의 농지개혁보다는 혁명세력이 실시한 농지개혁의 효과 내에 있었다.

남한의 경우 전쟁 직전 입안된 농지개혁법안은 전쟁과정에서 전통적인 지주계급의 해체를 가져왔으며, 이는 결과적으로 수입대체산업화를 추진하고 자본가층을 육성할 수 있는 사회·경제관계 규제능력을 증대시켰다. 그러나 남한의 농지개혁이 정부에 대한 농민층의 지지를 증대시키고, 농민층의 보수화를 이끌어 냄으로써 국가의 안정화에 기여했는지는 재고해 보아야 한다.51) 곧, 전쟁·농지개혁·농민의 보수화의 삼각관계를 고려할 때 전쟁에 대한 경험과 국가 통제력의 증대가 농민의 보수화에 더 주요한 영향을 미쳤는지, 아니면 농지개혁의 경제적 효과가 농민의 보수화에 더 주요한 영향을 미쳤는지는 검토해 보아야 한다는 것이다. 이 연구에서는 농민의 보수화가 국가에 의해 실행된 농지개혁의 측면보다는 전쟁의 참혹한 경험과 국가 통제력 증가의 결과라는 입장을 취할 것이다. 이는 1950년대 중반을 지나면서 더욱 피폐해지는 농촌 현실 속에서 침묵했던 농민들의 태도를 설명하는 데 도움이 될 것이다.

---

51) 농지개혁이 농민을 보수화하고, 농민이 이승만 정권을 지지하게 된 토대가 되었다는 논의는 김일영(1992 ; 2000) ; 박명림(1996 ; 1998) ; 신병식(1997) ; Haggard(1994 ; 1995) 등을 참조.

(5) 분단의 이데올로기적 구조화

혁명·전쟁과 더불어 진행된 분단과정은 베트남과 한국을 규정짓는 독특한 구조라고 할 수 있다. 남베트남과 남한은 군사적 위협을 전면에 내세워 억압적 통치를 정당화하고, 국가의 존재 근거를 마련했다. 그러나 국가·사회관계를 둘러싼 '분단의 구조화'52) 과정은 두 국가에서 상이했다. 분단의 구조화와 국가능력을 연계하여 설명하기 위해서 우선 분단의 내용을 보다 체계적으로 분류하겠다. 이를 위해 베트남에 비해 역사적으로 선행했던 한국의 분단 내용을 우선 정리하고, 이러한 특성이 베트남에서 어떻게 나타났는지를 살펴보겠다.

역사적 측면에서 볼 때 한국은 지리적·이념적·사회적·정치적·민족적 분단의 5단계를 거쳤다. 지리적 분단은 남·북이 지리적으로 갈라진 것을 의미하며, 이념적 분단은 이데올로기적인 측면에서 좌·우로 나누어진 것이다. 또한 사회적 분단은 남·북이 서로 상이한 사회경제체제로 나아가면서 발생한 사회구조적 차이를 반영한 것이며, 정치적 분단은 남·북에서 자신만의 정당성을 주장하는 두 개의 정치체가 출현함으로써 심화된 분단 상황을 반영한다. 마지막으로 전체적 분단의 최종적 형태인 민족적 분단은 전쟁을 통해 민족이 서로를 적으로 돌리고 현재와 같은 분단구조가 완성됨을 의미하는 것이다.53)

---

52) 기든스는 구조화를 "근본적이고 반복적인 사회생활의 특성과 관련된 구조와 행위의 상호의존성을 보여 주는 구조의 이중성과 관련된다"고 보고, 구조를 "모든 행위는 그 행위를 촉발시키는 수단을 공급하는 과거와 연속성을 지니며 존재한다. 그러므로 구조는 행위의 장애로서 개념화되기보다는 행위의 산출결과에 깊이 관련된 것"(Giddens, 1998 : 98~99)으로 개념화한다. 이 연구에서 '분단의 구조화'는 분단 상황이 사회에 이데올로기적으로 내면화되고, 제도화되는 과정, 그리고 이를 둘러싸고 벌어지는 지배·피지배관계의 변화를 동태적으로 추적하는 개념으로 사용될 것이다.

53) 분단의 내용을 단계적으로 설정하여 분단의 심화과정을 설명하는 것은 박명림·송광성·강정구의 연구가 있다(박명림, 1992 ; 송광성, 1993 ; 강정구, 1996a). 박명림은 분단과정을 영토·이념·구조·제도·항구적 분단으로 나누었으며,

　이러한 분단과정을 통해 제1공화국 당시의 베트남과 한국을 비교하면 두 국가가 유사하게 공유하고 있는 것은 정치적·지리적·사회적 분단이며, 확실한 차이를 보이는 것은 이념적·민족적 분단이다.54) 그렇다면 이념적·민족적 분단이 남베트남·남한의 국가능력에 미친 영향은 무엇일까? 이는 무엇보다도 국가의 존립을 정당화하는 지배이데올로기의 확산·침투능력에 결정적인 영향을 미쳤다.

　남베트남·남한에서 반공 지배이데올로기가 시민사회로 확산·침투, 내면화한 정도는 확연한 차이를 보였다. 남베트남의 경우 반공이데올로기는 국가의 핵심 지배이데올로기로 표방되고 있었지만, 시민사회로 내면화되지는 못했다. 또한 남한의 사례와 같이 남·북을 가르는 민족적 적대도 발생하지 않았으며, 반공이데올로기를 표방한 강압적 통제방식은 정당화되기보다는 시민사회 내부의 광범위한 저항을 초래하면서 국가의 안정성을 위협했다.

　반면 남한에서 반공이데올로기는 분단을 구조화하는 데 핵심적인 역할을 수행했다. 서중석은 내면화된 반공이데올로기를 "어느 한쪽의 주민을 민족 전체로 간주하고, 통일민족국가의 건립이라는 과제와 유리된 가운데, 다른 한쪽에 대해서는 다른 국가나 민족에 대한 것과 다르게

송광성은 지리·정치·사회·민족적 분단으로 나눈다. 강정구는 송광성과 박명림의 논의를 원용·비판하면서 지리·이념·정치·사회·고착적 분단으로 나누었다. 이 연구에서는 기본적으로 강정구의 분단 5단계설을 따른다. 그러나 전쟁을 통해 나타난 분단의 최종적 형태는 고착적 분단보다는 송광성이 사용하는 민족적 분단이란 용어를 사용할 것이다. 박명림·송광성·강정구 모두 민족 내부의 전쟁으로 인해 남·북 간의 상호적대가 심화된 상황과 이전 분단단계를 포괄하여 항구적·고착적·민족적 분단이라는 용어를 사용하기 때문에 내용상에는 큰 차이가 없다고 볼 수 있다. 그러나 분단은 그 자체가 고정불변한 것이 아니라 내적·외적 조건에 의해 변화될 수 있는 것이기 때문에 항구적·고착적이라는 정태적인 용어보다는 민족적 분단이라는 용어를 선택한 것이다.

54) 분단의 유사성에 대해서는 2장에서, 차이점에 대해서는 4장에서 자세히 설명할 것이다.

이질시·적대시하고 위화감 속에서 그것의 존재를 부정하거나 때로는 말살하려고 하는 자가 당착적이고 전도된 민족관·인간관"이라고 보고, 이를 "민족주의와 대립적인 분단국가주의, 그것과 밀접한 관련이 있는 분단이데올로기의 극대화과정"으로 평가한다(서중석, 1996 : 18).

남베트남·남한의 이념적·민족적 분단, 그리고 지배이데올로기의 내면화 정도를 평가하면서 놓치지 말아야 할 것은 이 과정에서 나타난 외세, 특히 미국의 역할이다. 미국이 개입하지 않았다면 남베트남·남한 모두에서 반공 지배이데올로기는 시민사회에 커다란 영향을 미치지 못했을 것이다. 그러나 미국의 본격적인 개입은 반공이 국가 지배이데올로기로 부상하는 데 핵심적인 역할을 수행했다. 그러나 위에서 논의한 바와 같이 남베트남·남한에서 시민사회에 대한 반공 지배이데올로기의 효과는 달랐다. 분단의 이데올로기적 구조화를 검토하면서 핵심적으로 살펴볼 내용 가운데 하나는 바로 '미국의 개입이라는 유사한 조건 하에서 왜 상이한 분단의 구조화 효과가 나타났는가'라는 문제이다.

반공 지배이데올로기를 중심으로 한 분단의 이데올로기적 구조화의 차이는 국가가 스스로의 지배질서를 정당화할 수 있는 능력에 영향을 미쳤다. 특히 국가의 지배이데올로기가 지배세력에게조차도 응집력을 제공할 수 없을 때 국가의 이데올로기적 정당화 능력은 치명적 한계를 드러내게 되는데 남베트남이 바로 그러했다.

4) 이론틀의 종합

전체적인 이론틀은 남베트남·남한의 제1공화국인 지엠·이승만 정권기를 둘러싸고 전개된 반공독재국가의 탄생, 국가능력의 차별적 형성과정을 두 국가의 유사성과 차별성으로 나누어 구성한 것이다. 앞에서도 밝힌 바와 같이 지금까지 제시한 이론틀은 두 국가에 대한 경험적 연구를 종합하면서 남베트남·남한의 초기 국가를 공통적으로 연결할 수 있는 접점, 그리고 이 국가를 차별화하는 분기점을 찾아가는 가운데 만들어진 것이다. 이러한 작업은 스틴치콤의 언급대로 "처음에 설계도를 그리고 나중에 건물을 짓는 건축가처럼 작업하는 것이 아니라 진행과정에서 측량을 조정하는 목수로서"55) 작업하면서 나온 결과물이라고 할 수 있다.

이 연구에서는 두 국가가 지닌 역사적 경험의 유사성과 국가능력의 차별성을 보다 명확하게 드러내기 위해 기본적으로 스카치폴이 제시하고 있는 거시인과분석(Macro-Causal Analysis)방법을 응용하였으며,56) 비록 연구방법에 정확히 부합하지는 않는다고 하더라도 기본적인 설명틀의 구상을 차이법에 의지하였다. 이는 차이법이 한편으로는 유사한 특성을 갖지만 다른 한편으로는 서로 다른 인과구조와 결과를 갖는 사례를 비교하기 위한 방법으로(김용학·임현진, 2000 : 185), 베트남/남베트남·한국/남한의 유사한 역사경로와 남베트남·남한의 상이한 국가능력형성경로를 일괄적으로 선명하게 드러낼 수 있다고 보았기 때문이다.57) 전체적인 설명틀에 의해 구성된 두 국가의 유사성과 차별성은 〈표 2〉와 같다.

---

55) Stinchcombe, Arthur, *Theoretical Methods in Social History*, New York : Academic Press, 1979, p.122 ; Skocpol(1991b : 473)에서 재인용.

56) 거시인과분석은 설명하려고 하는 결과에 긍정적이거나 혹은 부정적인 요인들을 밝히려고 노력한다. 이는 또한 사례 수는 많지 않으나 많은 변수들이 개재되는 경우 주로 사용된다(Skocpol & Somers, 1990 : 184~185). 따라서 이러한 접근법은 "본래 몇 가지 사례밖에 없는 거대한 역사적 현상을 설명하기에는 분명히 적당한 방법이다"(Skocpol, 1991c : 50).

57) 차이법의 모델은 아래와 같다.

〈차이법의 모델〉

	긍정적 사례(들)	부정적 사례(들)
전반적 유사점	A B C	A B C
중요한 차이점	X	not X
결과의 차이점	Y	not Y

〈표 2〉는 이 연구 전체를 이끌어 가는 나침반과 같은 역할을 할 것이다. 하나하나의 유사점이나 차이점은 내부에 그와 연관된 보다 복잡하고 세세한 요인들을 함축하고 있다. 각각의 요인이 지닌 상세한 인과의 연쇄고리와 관계성에 대한 검토는 본론의 각 장을 통해 이루어질 것이다.

〈표 2〉 베트남/남베트남 · 한국/남한의 유사성과 차별성

	베트남/남베트남	한국/남한	비고
국가 간의 유사성	A : a, b, c	A : a, b, c	A : 혁명의 기원 a : 식민지배와 계급구조 · 관계의 변화 b : 농민의 동원과 저항 c : 사회주의 민족운동세력의 정통성 형성
반공독재국가의 기원과 형성과정	B : a_1, b_1	B : a_1, b_1	B : 1945년 해방공간의 특성 a_1 : 식민지배의 붕괴와 해방공간의 형성 b_1 : 사회주의 민족운동세력의 주도권과 대안국가의 형성
	C : a_2, b_2, c_2	C : a_2, b_2, c_2	C : 미국의 역할 a_2 : 냉전정책과 정치적 분단 b_2 : 혁명적 정치질서의 역전 c_2 : 대조적 사례로서의 북베트남 · 북한
결과	D	D	D : 반공독재국가의 형성 반(反)역사적 · 폭력적 국가권력과 종속적 정치 · 경제

위에서 나타나는 전반적인 유사점은 결과의 차이를 만드는 데 영향을 미치지 못하는 변수로 취급된다. 따라서 결과의 차이를 유발한 것은 변수 X이다. 이 연구는 두 국가의 유사성이 어떻게 반공독재국가를 낳았는가를 평가하고, 나아가 이러한 반공독재국가의 국가능력의 차이가 어떠한 과정을 통해 형성되는지를 밝히고자 하고 있다. 이는 하나의 인과적 고리를 추적하는 것이 아니라 유사성과 차별성이 배태한 서로 다른 결과를 분석하는 것이다. 따라서 이 연구는 차이법의 모델을 충실히 따르고 있다고 할 수는 없다. 그러나 '서로 유사한 조건을 갖춘 국가가 왜 상이한 역사적 결과를 보여 주고 있고, 그 인과구조는 어떠한 것일까'라는 문제의식을 공유하고 있으며, 이를 이 연구의 전체 설명틀에 적용하려고 한다. 거시인과적 분석방법에는 일치법 · 차이법 · 간접차이법이 있으며, 이에 대한 보다 자세한 논의는 김용학 · 임현진(2000 : 181~188) ; Skocpol and Somers(1990) ; Ragin(1987) 등을 참조.

	베트남/남베트남	한국/남한	비고
국가 간의 차별성	X_1	X'_1	$X_1 \cdot X'_1$: 지방통제능력
	중앙 중심의 통제와 침투력이 약한 강제력	전국적인 통제와 침투력이 강한 강제력	식민국가의 지방통제와 강제력의 침투력
	내부안보와 지방통제를 위한 투쟁 격화	효율적인 식민기구의 유산과 내부안보의 확보	식민지배의 유산 · 미국의 개입정책 · 전쟁
	내부안보의 확보 실패와 다주권 상황의 전개	내부안보의 견고화를 통한 국가건설	지방통제능력의 차이
국가능력의 차이 형성요인 및 차이	X_2	X'_2	$X_2 \cdot X'_2$: **지배이데올로기의 확산 · 침투능력**
	식민주의와 민족주의의 대립	계급 · 민족적 대립의 이념적 대립으로의 치환	세계체제 · 계급 · 민족과 반공이데올로기
	민족주의적 동원의 경험과 종교 · 지역주의의 대두	국가폭력 · 반공이데올로기의 접합과 이념적 분단	전쟁 · 이념적 분단, 종교 · 지역주의
	외재적 반공이데올로기	내재화된 반공이데올로기	지배이데올로기의 확산 · 침투능력의 차이
	X_3	X'_3	$X_3 \cdot X'_3$: **사회 · 경제관계 규제능력**
	식민지 경제질서의 지속과 자본가계급의 분열	귀속재산의 분배를 통한 국가 · 자본가계급의 결합	식민지배의 경제적 유산과 종족 · 계급지형
	대지주 중심의 반봉건적 지배의 지속	대지주의 해체와 자본제적 발전의 길	농지개혁과 전쟁과정에서의 경제관계 재구조화
	국가 중심적 발전의 토대구축 실패와 농민의 저항	국가 중심적 발전의 토대구축과 농민의 배제	사회 · 경제관계 규제능력의 차이
총체적인 국가능력의 차이	Y 국가의 불안정성 증가	Y' 상대적인 국가의 안정성	Y : 비헤게모니적 수준의 국가능력 Y' : 의사헤게모니적 수준의 국가능력

5. 자료 및 구성

스카치폴은 비교사적 연구의 자료 활용에 대해 다음과 같이 언급한
다.

> 비교사학자의 임무, 곧 잠재적이며 명백한 학문적인 기여는 긴 시기와 여
> 러 지역의 독특한 양상에 대한 비교연구에서 새로운 데이터를 밝혀주는 데
> 있는 것이 아니라 여러 가지 역사적 사례들을 관통하는 인과관계의 규칙성
> 에 관한 전체적인 논의의 흥미와 한 눈에 가늠할 수 있는 타당성을 제공해
> 주는 데 있다. 비교연구에 종사하는 사람들은 비교연구가 가능하게 되는
> 토대를 마련해 주는 일차적 연구를 할 수 있는 적절한 방법과 시간적 여유
> 가 없다(Skocpol, 1991c : 12).

> 역사사회학의 관점에서 볼 때, 각각의 연구를 위해 1차적인 조사 연구를 다
> 시 행해야 한다고 주장하는 것은 매우 위험한 일이다. 그것은 대부분의 비
> 교역사연구를 근절시키게 될 것이다. 만약 순전히 1차적인 연구를 하기에
> 는 주제가 너무 크다면, 그리고 만약 그 주제에 관한 전문가들의 탁월한 연
> 구를 이미 풍부하게 활용할 수 있다면, 정해진 연구의 기본 증거 자료로 이
> 용하기에는 2차 자료가 보다 적합할 것이다(Skocpol, 1991b : 469).

자료에 대한 스카치폴의 언급이 방패막이가 될 수는 없으나 이 연
구 또한 이러한 비교역사사회학의 자료 활용 형태를 그대로 반영하고
있다. 이 연구는 주로 2차 자료에 의지하여 진행되었고, 가능한 부분은
1차 자료를 사용하여 논의를 보완하려고 노력하였다. 연구를 진행하는
과정에서 다수의 문헌이 지니는 논의의 차이와 일치점들을 찾아내려고
애썼고, 특히 왜 같은 현상에 대해 다양한 해석이 존재하는지를 고민하
였다. 이러한 노력이 자료의 한계를 완전히 충족시킬 수는 없겠으나,
베트남/남베트남, 한국/남한의 초기 국가형성과정이 지니는 역사적 유
사점·차이점을 드러내는 데에는 충분히 기여할 수 있을 것으로 생각
한다.

이 연구는 반공독재국가의 형성이 지니는 유사성과 국가능력의 차별적 형성이라는 이중의 문제의식을 반영하고 있다. 따라서 전체 구성도 1부에서는 남베트남·남한에서 유사한 반공독재국가가 출현하게 된 요인들을 검토하고, 2부에서는 국가능력의 차별적 형성과정을 검토한다.

1부의 시작인 1장에서는 베트남·조선의 혁명의 기원을 식민국가와 지배계급의 특성, 식민지배가 농민들에게 미친 영향과 그에 대한 농민들의 대응, 식민지배에 대항한 민족운동의 특성을 통해 설명하고, 1945년 8월 해방공간에서 이러한 특성이 어떻게 발현되는지 검토할 것이다. 2장에서는 미국의 개입에 의한 정치적 분단, 남·북의 상이한 역사경로, 그리고 남베트남과 남한에 형성되었던 반공독재국가의 특성을 검토할 것이다. 곧, 2장은 해방과 더불어 표출된 베트남·조선 사회의 내적 지향과 초국가적 개입이 어떻게 충돌하고, 이것이 어떠한 경로를 통해 반공독재국가의 형성으로 귀결되었는가를 그려 내고 있는 것이다.

2부의 시작인 3장에서는 국가의 지방통제능력, 4장에서는 지배이데올로기의 확산·침투능력, 5장에서는 사회·경제관계 규제능력의 변화와 차이를 검토하겠다. 이 장들에서는 식민지배의 제도적·물적 유산, 인종·종족·종교·지역적 요인, 국내조건·세계사적 시간과 결합한 초국가적 영향력, 국가형성전쟁의 과정과 결과, 분단의 이데올로기적 구조화라는 각각의 차이 형성요인들이 역사적으로 어떻게 서로 결합하거나 분리되는지를 검토하면서 세 가지 국가능력의 형성경로, 그리고 그것이 낳은 두 국가의 국가능력 차이를 추적할 것이다.

1부 남베트남과 남한의 유사점

: 혁명의 기원과 반공독재국가의 형성

1장 혁명의 기원

2장 미국의 개입과
　　　반공독재국가의 형성

1장   혁명의 기원

이 장의 기본적인 문제의식은 '1945년 8월 해방과 더불어 베트남·조선에서 왜 유사한 혁명공간이 만들어졌을까?'이다. 이는 1945년 해방 이후 두 지역에서 전개되는 혁명적 상황의 기원을 추적하는 것이다. 전체적인 설명을 위해 이 장에서는 다음과 같은 네 가지 질문을 제기하고자 한다. 첫째, 사회·경제적인 측면에서 식민국가의 지배정책과 식민지 지배계급의 형성·발전이 지닌 특성은 무엇인가? 둘째, 해방 당시 주된 사회·경제적 토대를 형성하고 있었던 농민들의 불만의 원천은 무엇이고, 불만의 표출 양식과 특성은 어떠했는가? 셋째, 민족운동의 주도권은 왜 사회주의세력에게 놓여지게 되었는가? 넷째, 식민지배의 종결과 더불어 분출된 베트남·조선의 민족사적 지향은 어떠한 것이었나?

첫째 질문에서는 식민국가의 지배정책과 경제적 지배계급의 중심이었던 지주계급의 형성·발전이 어떠한 연관을 가지고 전개되었는가를 검토하고, 이를 통해 지배계급으로서 대지주가 지녔던 반민족적·착취적 성격을 드러내겠다. 둘째 질문에서는 식민지배에 따른 사회·경제적 변화, 그리고 이것이 농민에게 미쳤던 영향을 통해 농민이 지녔던 급진성의 구조적 조건을 설명하겠다. 또한 식민지시기에 나타났던 농민의 동원·저항이 지닌 특성을 검토함으로써 해방과 더불어 표출된 농민 급진주의의 기원을 추적할 것이다. 셋째 질문을 통해서는 여러 상이한 성격을 지닌 민족해방운동세력의 특성을 검토하고, 해방과 더불어 왜 사회주의세력이 새로운 국가의 정치적 주도세력으로, 그리고 피지배계급의 열망을 담아내는 혁명의 용광로로 부상하게 되었는지를 설명할 것이다. 이러한 문제제기와 답변들은 1945년 8월 해방 이후 전개된 혁명적 상황의 기원과 특성을 보여 줄 것이며, 이를 바탕으로 네 번째 질문인 1945년 8월 당시 베트남·조선의 민족사적 지향과 내생적 역사경로를 검토하겠다.

1. 식민국가와 지배계급

식민지 베트남·조선에서 식민국가의 주요 동맹세력은 당시 경제·사회적 지배계급이었던 지주계급이었다. 페이지는 지주계급의 유형을 토지, 노동 혹은 자본시장에 기반한 기업능력으로 잉여를 수취하는 '기업가적 지주'와 국가의 정치적 후원에 의존하여 농민으로부터 잉여를 수탈·착취하는 '관료적 지주'로 나누고 있는데, 베트남과 조선의 지주유형은 성격상 후자에 가까웠으며, 특히 베트남에서는 더욱 그러했다(Paige, 1995 : 426~427 ; Cumings, 1986 : 83). "대지주들이 자신들의 노동력에 대한 통제를 시장의 작동보다는 국가의 후원을 통한 강권력에 의존하면 할수록 그들은 반민주적인 세력"(Rueschemeyer et al., 1997 : 121)으로 기존 지배질서와 유착할 가능성이 더욱 커지는데, 특히 지주계급이 의존하고 있는 국가가 식민국가일 경우 지주계급은 계급관계를 둘러싼 사회·경제적 갈등뿐만 아니라 식민지배과정에서 파생되는 민족적 갈등을 식민국가의 편에서 매개하여 계급적·민족적 착취를 수행하게 된다.

지배계급으로서 지주계급이 지닌 계급적·민족적 성격과 특성을 알아보기 위해 아래의 논의에서는 첫째, 식민국가의 지배 목적과 연관하여 대지주 형성의 출발점을 토지의 소유권 확립과 상품화를 통해 검토하고, 둘째, 토착 지주계급이 지닌 토지 결박성과 보수성을 식민국가의 사회·경제정책과 연관하여 설명하겠다.

1) 대지주 형성의 식민지적 기원

식민지 베트남·조선에서 대지주1)의 형성은 프랑스·일본의 정치·경제적 이해를 반영하는 것이었다. 식민지 경영에서 정치·경제적 이해는 상호보완적 성격을 지닌다. 정치적인 측면에서 식민국가는 한편으로는 식민지배국 이주민의 대지주화를 통해 지배층을 확보하고, 다른 한편으로는 토착 지주계급을 창출·포섭하여 농업사회를 지배하기 위한 토대를 만들었다. 식민국가가 피지배자 전체에 일정한 이익을 양보하여 도덕적 정당성이나 헤게모니를 형성하는 것은 식민통치의 특성상 비현실적이다. 이러한 상황에서 정치권력자가 사용할 수 있는 수단은 사회에 존재하는 일부세력에게 선택적 유인책을 주어 통치의 협력자를 확보하는 것이며(김동노, 1998 : 131), 농경사회인 베트남과 조선에서 이러한 정책을 가장 충실히 따라 줄 수 있는 사회세력은 지주계급이었다. 그러나 식민지 지주제의 형성에서 식민국가와 지주의 정치적 관계는 권력의 배분을 통한 지배 블록의 구축을 목표로 한 것이라기보다는 지주를 단지 '농촌사회에서 지배자적인 지위를 점한 존재'로서, 곧 식민지배를 위한 사회·경제적 지주(支柱)로서만 요구·육성했다는 특성을 지닌다(장시원, 1989 : 33 ; Paige, 1995 : 391). 식민지배의 결과로 초래된 베트남·조선의 농업구조를 둘러싼 지배·피지배 관계는 매우 유사했다. 이는 커밍스의 "일본 통치 결과는 한국 재래의 토지 양반체제

---

1) 여기에서 대지주는 통상적으로 베트남의 경우 50헥타르, 조선의 경우 50정보(1 정보는 0.99ha)를 소유한 자를 일컫는다. 조선의 대지주 구분에 대한 논의는 장시원(1989) 참조.

를 소멸시키기는커녕 오히려 강화시킨 것이다. 이것은 아시아만의 독특한 식민지적 정세가 아니다. 실제로 프랑스치하 베트남의 농업구조도 그 지속과 변화의 경로가 한국과 대단히 유사한 것이었다"(Cumings, 1986 : 84)라는 지적에서도 그대로 드러난다.

지주계급 형성의 정치적 목적은 프랑스가 베트남에서 추구했던 쌀의 상품화와 일본이 조선에서 추구했던 조선의 식량공급기지화라는 경제적 목적과 맞물려 있었다. 아래의 두 논의는 베트남·조선에서 대지주제가 발달·유지된 경제적 이유를 놀랍도록 유사하게 보여 준다.

> 만약 프랑스가 경작지로 개간한 많은 땅을 인도차이나의 무토지소유 농민이나 충분한 경작지를 갖지 못한 농민에게 나누어주었다면 이러한 쌀 수출의 증대와 그에 따른 막대한 이윤의 증가는 실현되지 못했을 것이다. 농민들이 거두어들인 수확물이 완전히 자신들의 관장 하에 있을 경우 농민들은 그들에게 필요한 만큼의 식량을 먹을 수 있었을 것이고, 그렇게 되면 사실 특별한 증산을 위한 조치가 행해지지 않는 한 수출을 위한 여분의 쌀은 거의 없었을 것이다. … 베트남에 거주하던 프랑스인들은 농민들이 쌀을 생산해내기만 요구하였지 그들이 쌀을 소비하는 것을 바라지 않았던 것이다. … 바로 이것이 프랑스가 대규모 토지조성책을 채택한 이유이며, 지주제가 갖는 비참한 사회적 영향에도 불구하고 이 제도가 프랑스 통치기간 최후까지 존속된 이유다.[2]

장기적인 측면에서 보면 농민적 토지 소유의 진전이 생산성의 향상을 가져올 것이지만 1920년대의 시기적 요구(쌀 수입)에 당면한 일제의 입장에서는 독립 자영농체제가 형성될 경우 쌀의 상품화율이 그다지 높아지지 않으리라는 사실을 염두에 두지 않을 수 없었다. 소상품 생산에 근거하는 소농 경영은 자급자족적 성격을 띨 뿐만 아니라 자가 수요 이외의 잉여생산물을 상품화하기 때문에 자연적으로 쌀의 상품화율이 상승하기까지는 상당한 시간이 요구된다. 따라서 일제는 반강제적으로 쌀의 상품화를 급속하게 추진할

---

2) Buttinger, Joseph, *Vietnam : A Dragon Embattled*, New York : Frederick A. Praeger, Vol. 1, 1967 ; Asprey(1975a : 551)에서 재인용. 이러한 논의는 울프에게서도 공통적으로 발견된다(Wolf, 1984 : 163~164).

수 있는 기제로써 지주적 상품 생산에 관심을 가졌다(백욱인, 1987 : 190).

식민지 대지주 창출의 정치·경제적 목적을 염두에 두고 베트남·조선의 대지주 창출·형성과정을 살펴보자. 페이지는 지주계급으로의 토지집중과정과 이것의 식민주의와의 결합을 다음과 같이 설명하고 있다.

> 자유시장에서 토지귀족은 보다 효율적인 소농이나 플랜테이션에 의해 급속히 소멸되어 버릴 것이기 때문에 토지를 소유한 상층계급이 다른 계급이 가질 수 없는 특별한 토지 특권제를 발전시키는 것은 필연적이다. 이 특권은 무력적으로 막강한 엘리트에 의한 정복, 강탈, 혹은 사취를 통한 토지장악, 식민지 종속국에서 중심부국가의 국민에게 부여된 특별토지양도체계, 소유권을 통제하는 정치적·법적 제도에 대해 대다수 국민의 접근을 철저히 배제하는 인종적인 위계체계 등을 포함한다(Paige, 1995 : 24).

위의 논의는 생산자원과 이윤을 토지에 전적으로 의존하고 있는 토지귀족, 마찬가지로 토지 이외에 자기재생산을 보장할 다른 길이 없는 소농·소작농의 토지를 둘러싼 갈등, 그리고 그 과정에서 나타나는 자원·권력배분의 불균등성, 폭력성을 지적한다. 베트남·조선에서 나타난 대지주 창출·형성과정 역시 페이지의 논의를 크게 벗어나지 않는다.

베트남·조선의 대지주 창출·형성과정에서 프랑스·일본이 기본적으로 추구했던 것은 근대적 토지소유관계를 형성하는 것, 곧 토지에 대한 일물일권(一物一權)의 배타적 소유권을 확정하여 토지를 상품화[3]하는 것이었다. 이는 베트남·조선의 전통적인 토지소유관계의 특성에서 기인한 것이었다. 베트남의 경우 왕이 최대 지주가 되고 농민은 소작인이며 촌락 통치기구가 중간적 역할을 하는 중층적 토지 소유가 주를 이루었으며, 경작자는 토지에 대한 평생의 사용권뿐만 아니라 상속권과

---

3) 상품화란 "종래에는 사회적 인습에 의해 토지, 노동, 천연자원 등의 요소가 분배되었던 것에 반해 이들이 시장에서 구매되어야 하는 대상으로 전화되는 과정을 말한다"(이수훈, 1993 : 151).

필요시 매매권까지도 인정받았다. 그러나 농민의 소유권은 완전한 것이 아니라 국가가 요구할 경우에는 반드시 반환해야 하는 한정적인 권리였다(김종욱, 2000 : 214). 조선 역시 일반 인민이 토지의 주인이긴 하지만 최종적으로 국전(國田)의 보유자에 지나지 않았고, 대한제국기까지 일반 인민의 권리는 최종 수준에서 국가적 토지지배하에서 여전히 제한적인 것으로 규정되고 있었으며(최배근, 1997 : 69), 작인의 경작권은 보호되고 있었다. 이러한 토지소유관계는 식민지 모국인들의 재산권 형성을 제약하고 있었다. 토지에 대한 근대적 소유권의 확립과 상품화는 바로 이러한 제약을 넘어서서 식민착취의 기본 토대를 만들어 가는 과정이었던 것이다.

식민지 베트남에서 토지의 소유권 확립과 상품화과정

베트남에서 프랑스의 근대적 토지소유권의 확립과 상품화과정은 첫째, 토지소유권에 대한 이원적인 법 적용, 둘째, 토지조사사업, 셋째, 근대적 토지소유권 체계의 사회적 침투·확산 정도의 지역 차별성이라는 특성을 띠고 전개되었다.

첫째, 프랑스는 처음부터 이원적인 토지소유권을 세웠다. 이 체계 속에서 일반 베트남인들은 프랑스가 재해석한 전통적인 베트남 법의 지배를 받았고, 프랑스인이나 프랑스의 지배에 협력했던 베트남인들은 프랑스가 규정한 근대적 소유권의 보호를 받았다(Wiegersma, 1988 : 75). 전반적으로 이러한 이원적인 소유체계는 농민들에게는 전통적인 베트남 조정의 법을 적용하여 토지소유권을 박탈하고, 거기에 프랑스의 토지소유권을 적용함으로써 토지수탈을 용이하게 하였다(Ngo Vinh Long, 1991 : 14). 이러한 사례는 프랑스 점령 초기 토지수탈과정, 공유지의 침탈 등을 통해 드러났다.

점령 초기 프랑스의 토지수탈은 마르크스가 "본원적 축적의 목가적 방법"(Marx, 1987 : 823)이라고 불렀던 것과 같은 폭력적 과정을 통해 이루어졌다. 1861년 프랑스는 코친차이나 동부의 세 지방을 장악했으며, 1867년에는 서부지방을 점령하였다. 10년 동안의 전쟁이 끝난 후 1882년 하노이(Ha Noi)가 프랑스로 넘어갔으며, 1883년과 1884년에는 코친차이나에 대한 프랑스의 지배를 확실시한 조약이 체결되었고, 통킹과 안남은 프랑스의 보호령이 되었다.4) 이러한 점령과정은 베트남인들의 광범위한 저항과 농민들의 토지 이탈을 가져왔다. 프랑스는 1862년 1월 20일, 1863년 5월 16일, 1863년 6월 22일의 법령을 통해 메콩 델타지역의 토지소유권을 재조정하였다. 특히 1863년 6월의 법령은 전쟁이나 기타 이유로 인해 고향마을을 떠난 사람들이 그들의 토지소유권을 주장하기 위해서는 그해 9월까지 마을로 돌아와야 한다고 규정하였고, 이 기간까지 주인이 나타나지 않는 토지는 식민당국이 몰수할 수 있도록 했다(Ngo Vinh Long, 1991 : 11). 이러한 법령은 이후 북부지역인 통킹에서도 그대로 재현되었는데, 프랑스는 전쟁으로 고향을 떠난 사람들의 토지에 대해 3년간 세금을 내지 않는 토지는 국가에서 환수한다는 베트남의 전통법을 적용하여 농민들의 토지를 수탈했다(Pham Cao Duong, 1985 : 32).5) 이렇게 창출된 토지는 일차적으로 프랑스인에게 양도되었으며, 1874년부터는 협력적인 베트남인에게도 토지를 양도할 수 있는 합법적인 길을 열었다(Pham Cao Duong, 1985 : 28).

프랑스는 스스로를 베트남의 마지막 왕조인 응우옌(Nguyen) 왕조의 계승자라고 칭했다. 전통적인 법에 따르면 경작되지 않는 토지는 공유지가 되며, 이에 대한 양도권은 왕조의 계승자인 프랑스가 지니게 되는 것이다. 또한 프랑스의 점령전쟁기간 동안 베트남의 마을 유지들은

---

4) 프랑스의 지역분할지배와 행정체계에 대한 보다 자세한 논의는 3장의 1절을 참조.

5) Duncanson(1968 : 111~112) 참조. 마는 초기 프랑스의 토지수탈과정을 프랑스가 점령과정에서 벌였던 평정전략(Pacification strategy)의 폭력성과 결합하여 설명하고 있다(Marr, 1971 : 81).

공유지를 그들의 소유로 만들어 이득을 보았는데, 프랑스는 그러한 토지에 대해 양도와 저당을 합법화함으로써 공유지를 사유화할 수 있는 길을 열었다. 그 대표적인 사례가 1903년과 1923년 제정된 법령이다. 1903년 법령에 의해 프랑스 총독 대리가 허가한 공유지에 대한 양도가 가능하게 되었다. 또한 1923년 통킹에서 제정된 법령은 20년간 개인의 소유였던 공유지는 사유재산으로 간주될 수 있음을 규정하였으며, 이 법령에 의거하여 프랑스인 농장주나 마을의 유지는 강탈했던 토지를 합법적으로 소유할 수 있게 되었다(Murray, 1980 : 67 ; White, 1981 : 38~39).6)

둘째, 1863년 식민당국은 코친차이나의 모든 관습적인 토지소유권과 토지문서는 프랑스가 인정한 것으로 대체해야 한다고 명령했고, 2년 후에는 모든 토지 매매가 공식적인 법적 지위를 가지려면 등기를 해야 한다고 선언했다. 이러한 법들은 마을 관습에 대항하여 토지매매의 유일한 규범을 시장의 질서에 의해 세우려고 한 것이다. 프랑스는 또한 1871년의 법령을 통해 모든 마을이 토지사용권에 대한 공적 목록을 만들 것을 명했으며, 1891년의 법령은 코친차이나지역 마을의 토지사용권한을 약화시키기 위해 토지대장에 대한 권한을 지방행정당국에 이양할 것을 규정하였다(Murray, 1980 : 65).

사실 토지에 대한 사적 소유권의 확립과 상품화가 성공하기 위해서는 토지조사와 신뢰할 수 있는 토지대장이 필수적이었다. 그러나 프랑스의 토지조사사업은 체계적이지 않았다. 마을 토지에 대한 조사사업은 개인 회사에 배당되었으며, 심지어 토지조사위원회는 현지를 방문하지도 않고 마을 유지를 통해 조사를 실행하기도 했다(Brocheux, 1995 : 36~37). 이러한 상황은 인구밀도가 높고, 토지가 잘게 분할되어 있었

---

6) 프랑스는 1935년의 법령을 통해 공유지의 재분배를 결정하지만, 이것은 이미 프랑스의 양도로 형성된 토지소유구조를 역전시키기에는 역부족이었다(White, 1981 : 39~40).

던 중·북부지역에서 더욱 심하였다. 토지조사의 비체계성은 프랑스인과 마을 유지들의 토지수탈을 더욱 조장하였다. 토지조사과정에서 많은 농민들은 새로운 법 자체를 이해할 수 없었고, 그 절차를 이행할 수도 없었다. 토지의 소유권을 얻기 위해서는 프랑스 법에 의거해야 했다. 이는 프랑스인이나 그의 협력자, 바뀌는 법을 이해할 수 있는 식자층을 중심으로 토지가 집중될 수밖에 없는 결과를 낳았다.7)

이러한 과정에서 더욱 문제가 되었던 것은 아래에서 논의할 조선의 상황과 마찬가지로 농민들의 경작권이 부정되었다는 점이다. 프랑스 점령 이전에 농민들은 고용되어 작업하는 사람들이라기보다는 한 세대의 고용인으로 취급되는 일이 많았다. 그러나 프랑스인과 그들의 협력자들에게 부여된 토지소유권은 이 같은 농민들의 전통적 권리를 박탈했으며, 농민들은 지주의 필요에 따라 계약을 갱신해야 하는 따디엔(ta dien : 소작인)으로 전락하였다(Wolf, 1984 : 173).

셋째, 근대적 토지소유관계의 사회적 침투·확산의 속도와 정도는 통킹·안남과 코친차이나가 서로 달랐다. 위거스마는 "통킹과 안남에서는 전통적인 재산권에 대한 공격이 그렇게 크지도 직접적이지도 않았다. 프랑스에 의해 통제되는 토지등록체제도 코친차이나에서처럼 수립되지 않았다"(Wiegersma, 1988 : 76)라고 논의하고 있으며, 페이지 역시 통킹과 안남에 대한 프랑스의 정치·경제적 영향이 코친차이나에

---

7) 코친차이나의 예는 이러한 상황을 잘 보여 준다. "프랑스인 협력자들, 식민지 평의회의 구성원들, 식민지 통치 당국의 하위 공무원들, 그리고 프랑스 교육을 받은 교수들까지도 프랑스 토지정책의 일차적 수혜자들이었다. 시골 농민들은 정치적인 영향력도 갖지 못했으며, 또한 자신들의 토지를 확장시키기 위해 효과적으로 경쟁하는 데 필요한 프랑스의 행정절차에 대한 지식도 갖지 못했다. … 토지 등기절차와 경매에 관한 정보는 매우 제한되었다. 토지소유권에 대한 소송도 … 정치적 영향력에 의해 결정되었다. 베트남의 전통적인 지역들의 경우와 마찬가지로, 지방 토지 소유자들이 일반적으로 토지등록을 장악하였으며, 베트남 식민지 관료들의 도움으로 소규모 토지 소유자들이 토지에 대한 권리를 주장하는 것을 효과적으로 막아주었다"(Paige, 1995 : 426).

비해 미약했음을 지적한다(Paige, 1995 : 393). 왜 이런 일이 발생했을까? 이는 베트남지역의 생태학적 특성과 베트남을 지배하기 위한 프랑스의 정치·경제적 목적이 결합되었기 때문이다.8)

통킹과 안남의 경우도 코친차이나와 마찬가지로 토지의 사적 소유권 확립을 위한 노력이 있었다. 1888년 8월 동카인(Dong Khanh) 황제는 프랑스의 요청에 따라 프랑스인의 플랜테이션 농업을 위한 토지소유를 합법화해 주었으며, 타인타이(Thanh Thai) 황제는 1897년 9월 27일자 칙령을 통해 '안남국 전역에서 프랑스 국민과 그 보호를 받는 자'의 소유권을 공개적으로 인정해야 했다(김종욱, 2000 : 215). 그러나 통킹과 안남지역은 전통적으로 인구가 조밀하고, 토지가 많은 소토지 보유농들에 의해 나누어져 있었으며, 프랑스의 점령정책과 토지정책에 대한 저항이 강하여 코친차이나와 같이 토지양도를 통한 대지주의 형성이 용이하지 않았다. 따라서 프랑스는 여러 가지 비용을 부담하면서 토지를 직접 경작하기보다는 토지세, 인두세, 매매세 등 각종 조세제도를 통해 간접 수익을 올리는 데 치중했다(김종욱, 2000 : 236). 그러나 통킹과 안남의 이러한 지역적 특성에도 불구하고, "토지시장은 충분히 발전하였고, 프랑스 법은 토지가 자유롭게 매매, 임대되고, 대부를 위해 저당되고, 상속될 수 있도록 개인의 재산권을 보호"(Murray, 1980 : 64)했다는 점을 간과해서는 안 된다.

코친차이나는 토지의 사적 소유와 상품화가 통킹과 안남에 비해 빠

---

8) 남·북부 간의 토지집중의 차별성은 상대적으로 토지조사와 소유권 확립이 더 치밀했던 조선에서도 그대로 나타난다. 따라서 베트남에서 나타났던 근대적 소유권의 확산 속도의 지역 간 차별성은 프랑스가 추구했던 토지에 대한 사적 소유권 확립의 불철저성을 반영한다기보다는 정치·경제적 이해와 필요에 따른 것이라고 할 수 있다. 곧, 북부와 중부지역에 대한 토지의 상업화와 그로 인한 이득이 비용에 비해 작았기 때문에 실제로 이 지역에서는 대지주의 창출도, 철저한 소유권의 확립과 이를 통한 토지의 상업화도 절실히 요구되지 않았던 것이다. 베트남·조선의 지역 간 토지집중의 유사성은 1장 2-1절을 참조.

르게 진전되었다. 통킹과 안남이 보호국이었던 데 반해 이 지역은 프랑스의 직접적인 식민지였고 경제적 요충지였다. 따라서 코친차이나에서는 토지조사도 좀 더 체계적으로 수행되었으며(Duncanson, 1968 : 113), 프랑스 조차지의 90%가 이 지역에 있었다(Paige, 1995 : 426). 코친차이나의 토지법령은 기본적으로 대토지 소유를 촉진시키는 방향으로 이루어졌으며,9) 이를 가능케 했던 것은 토지개발사업이었다. 1867년 프랑스가 서부의 세 지역을 점령했을 때, 경작지는 약 284,420헥타르였다. 12년 후인 1880년 이 지역은 522,000헥타르로 증가되었으며, 지속적으로 성장했다. 1943년경 남부지역 전체 논의 면적은 2,303,000헥타르로 425%가 증가했다(Pham Cao Duong, 1985 : 21). 그러나 경작지의 확대에서 중요한 것은 이러한 과정을 통해서 '누가 이득을 보았는가'이다. 토지개발사업으로 조성된 방대한 토지는 프랑스인과 협력적인 베트남인들에게 무상으로, 혹은 경매를 통해 낮은 가격으로 배분되었다. 특히 베트남인 대지주의 형성은 과거 베트남 응우옌 왕조의 민망(Minh Mang : 1820~1840)제가 남부 개척을 위해 토지사유권을 인정하고 토지를 배분했던 것과 유사한 방식으로 프랑스가 남부지역을 안정시키기 위해 베트남인 협력자를 창출하는 과정에서 이루어졌다는 점에서 다분히 정치적이었다(Paige, 1995 : 391).10) 결과적으로 프랑스는 통킹・안남에서와는 달리 코친차이나에서 이전에는 존재하지 않았던 식민정권에 충성하는 새로운 대지주계급을 형성시킬 수 있었다.11)

---

9) Murray(1980 : 56~61) 참조.

10) 프랑스 점령 이전 남부에서 발생한 토지집중에 대한 논의는 Choi(1999 : ch.6) ; Tran Ngoc Dinh(1970 : 81~82) 참조.

11) 토지집중과 대지주의 형성・발전은 물론 단순히 토지의 사적 소유권 확립과 상품화, 프랑스의 토지양도에 의해서만 이루어진 것은 아니다. 이는 이후 논의할 식민지 농정, 세금, 고리대금업 등의 요인에 의한 농민층의 하강분해와 이로 인해 발생한 토지의 집중을 반영하고 있다. 이러한 상황은 조선에서도 마찬가지

〈표 1-1〉과 〈표 1-2〉는 토지수탈을 통해 창출된 방대한 토지가 프랑스 식민당국에 의해 어떻게 양도되었는지를 보여 준다.

〈표 1-1〉 1931년 프랑스의 토지양도 : 유럽인과 회사　　　（단위 : ha）

지역	전체 경지면적(a)	양도 토지(b)	b/a %
통킹	1,200,000	120,000	10
안남	1,000,000	170,000	17
코친차이나	2,400,000	600,000	25

자료 : Chesneaux, Jean, *Contribution a l'histoire de la nation Vietnamienne*, Paris, 1955 : Editions Sociales, p.168 ; White(1981 : 35)에서 재인용.

〈표 1-2〉 전체 토지양도량　　　（단위 : ha）

연도	프랑스인	베트남인	총량
1932	872,000	1,081,400	1,950,000
1938	867,300	1,227,500	2,100,000
1948	884,299	1,403,863	2,300,000

자료 : Nguyen Van Vinh, *Les Reformes Agraires au Vietnam*, p.38 ; Nguyen Ngoc Luu(1987 : 101)에서 재인용 ; Ngo Vinh Long(1991 : 18) 참조. <표 1-1>과는 약간의 차이를 보이기는 하지만 식민당국이 프랑스인과 베트남인에게 양도한 토지의 정도를 볼 수 있는 자료임. 위의 수치는 누적된 것이 아니라 당해 연도를 기준으로 보았을 때 전체 베트남에서 양도된 토지를 밝힌 것임.

〈표 1-1〉은 지역별로 프랑스인에게 양도된 토지의 양을, 〈표 1-2〉는 프랑스인과 베트남인에게 배분된 토지의 양을 보여 준다. 1930~1940년대 베트남 전 경작지의 40% 정도가 프랑스인과 친프랑스적인 베트남인에게 양도되었으며, 베트남인에게 양도된 토지가 프랑스인에게 양도된 토지에 비해 더 많다. 또한 1940년을 기준으로 코친차이나지역만을 보았을 때 베트남인에게 양도된 토지는 약 2배에 달했다(White, 1981

였다. 토지에 대한 사적 재산권의 확립과 상업화는 토지집중의 길을 열었던 결정적 계기였으며, 세금, 고리대금업, 식민지 경제정책 등은 토지집중을 더욱 촉진하는 요인으로 작용하였다. 이에 대한 논의는 1장 1-2절과 2-1절을 참조.

: 37). 이는 프랑스의 토지양도가 정치적 성격을 띠고 이루어졌다는 사실을 반영한다. 또한 여기서 한 가지 짚고 넘어갈 것은 주요한 수출품목이며 생산의 중심을 차지하고 있었던 논의 양도 정도인데, 1930년대 초 유럽인들은 베트남 전체 논의 7%, 베트남인들은 23% 정도를 양도받았다(Nguyen Ngoc Luu, 1987 : 101~103).

식민지 조선에서 토지의 소유권 확립과 상품화과정

일제하 조선에서 토지소유권 확립과 상품화, 이를 통한 대지주의 창출은 베트남에 비해 보다 체계화되고, 제도화된 형태를 띠고 전개되었다. 이 과정에서 큰 축은 첫째, 토지소유권의 법제화, 둘째, 토지조사사업이었다.

첫째, 일본인의 토지침탈은 청일전쟁 이후 본격화되기 시작하여 러일전쟁 전후 급속히 확대되었는데, 당시 일제가 직면했던 문제점은 대한제국이 외국인 토지소유를 제한하고 있었다는 점이다. 따라서 일제는 일인의 토지소유와 그 소유권을 제도적으로 보장하는 것을 조선의 농업 식민정책의 기초작업으로 간주했다(정연태, 1994 : 36~41). 이에 따라 일제는 일인의 토지소유를 합법화하기 위한 일련의 조치를 취하기 시작했는데, 그것은 1906년 10월에 공포된 '토지가옥증명규칙', 1906년 12월에 공포되고 1907년 2월 1일부터 시행된 '토지가옥전당집행규칙', 1908년 8월 1일부터 시행된 '토지가옥소유권증명규칙'이다.[12] '토지가옥증명규칙'은 외국인의 토지·가옥 구매, 임차를 개항장 이외 10리 범위 내에서 제한했던 것을 폐지하여 조선 어디에서나 그것의 소유를 인정·증명하는 법규였고, '토지가옥전당집행규칙'은 '토지가옥증명규칙'에 의해 증명받은 부동산을 전당한 채무자가 채무 이행을 하지 않을 경우 전당물을 경매·처분할 수 있도록 한 법이다. 이는 일본인이 조

---

[12] 토지관계 법령 및 규칙 발포를 좀 더 시계열적으로, 세부적으로 정리한 것은 신용하(1982 : 24) 참조.

선인의 저당 토지를 합법적으로 약탈할 수 있는 근거를 마련해 주는 데 목적이 있었다. 마지막으로 '토지가옥소유권증명규칙'은 '토지가옥증명규칙'을 보완하기 위한 것으로 이 규칙 시행 이전에 토지나 가옥의 소유권을 취득한 자, 이 규칙의 시행 이후라도 매매·증여·교환에 의하지 아니하고 토지나 가옥의 소유권을 취득한 자에게는 신고에 의해 '토지가옥증명규칙'의 규정을 적용한다는 것이다(최배근, 1998 : 235~236). 이는 일인들의 토지침탈을 합법화한 것으로, 그 결과는 일인 토지소유의 증가로 나타났다. 〈표 1-3〉은 토지조사사업 이전 일인 토지소유 증가를 보여 준다.

〈표 1-3〉 일인 토지소유 현황　　　　　(단위 : 人, 町步)

분류 연도	소유자 수	소유면적
1906.6	348	12,973.6
1909.12	750	62,268.3
1910	2,254	86,952.3

자료 : 京都府 知事 編, 『韓國農業視察復命書』, 1908, 87쪽, 『조선총독부통계연보』, 각 연도판 ; 정연태 (1994 : 76)에서 재인용.

그러나 이러한 소유권의 법제화는 등기제도에 의해 보호받는 것이 아니었으며, 배타적인 사적 소유를 통해 식민지경제를 확립하기 위해서는 이에 한 걸음 더 나아가 전국적인 토지조사와 등기제도의 완비가 필요했다(최배근, 1998 : 236).

둘째, 1910~1919년까지 계속된 토지조사사업은 토지소유권·토지가격·지형지모(地形地貌)를 조사하여 식민통치의 기초를 마련하고자 한 사업이었다. 일제는 1910년 조선을 강점하고, 동년 10월 조선총독부 안에 임시토지조사국을 설치하여 본격적인 토지조사사업을 실시하였다.13) 총독부는 다시 1년여의 준비조사를 실시한 후 1912년 '토지조사령'·'조선민사령'·'부동산등기령'14) 등을 반포함으로써 전국적인 토지조사사업을 실시하게 되었다(신용하, 1982 : 19). 조선의 토지조사사업은 일본·대만의 경험을 총괄하여 이루어졌다. 따라서 사업은 신속성·통일성과 지주적인 토지소유의 옹호·육성이 아주 두드러졌다는 특성을 지닌다(宮嶋博史, 1983a : 314). 토지조사사업의 영향을 식민지 지주제의 형성과 토지소유권의 변동이라는 측면, 곧 대규모 일인지주의 형성, 토지에 대한 일물일권(一物一權)의 원칙 확립을 통해 간단히 검토해 보자.15)

일본의 조선에 대한 초기 농정은 조선의 황무지 개척과 중소농의 조선 이주를 통해 이주식민을 장려하는 것이었다. 그러나 조선에는 일본이 기대했던 광범위한 황무지가 존재하지 않았고, 농민들의 저항 또한 거세었으며, 일본 농업 이주민의 창출도 용이하지 않았다(정연태, 1994).16) 이러한 상황에서 진행된 토지조사사업은 중소지주의 육성

---

13) 宮嶋博史는 2차 한일협약이 체결된 1905년부터 구래의 토지소유·지세수취관계의 근본적인 재편이 일어나기 시작했음으로 실질적인 토지조사사업의 출발은 1910년이 아니라 1905년이라 주장한다(宮嶋博史, 1983a : 325).

14) 이는 토지의 상품화를 촉진하고, 일인을 중심으로 한 지주·자본가들의 토지집적을 촉진하며, 토지침탈을 법적으로 재확인하는 등의 효과를 가져왔다. 자세한 내용은 정연태(1994 : 101~112).

15) 토지조사사업의 수탈성에 대해서는 많은 논란이 있다. 아래에서 논의할 소유권을 둘러싼 논쟁은 국유지의 창출과 농민의 경작권·도지권에 대한 논란인데, 김홍식, 이영훈과 같은 경우는 토지조사사업의 수탈성을 부인하고, 그것이 지닌 근대성을 강조하는 반면, 신용하의 논의는 수탈성을 강하게 제기하고 있다(김홍식, 1997 ; 이영훈, 1997 ; 신용하, 1997). 그러나 이 논의에서는 '수탈이 있었는가'라는 문제보다는 '그러한 과정을 통해 누가 이익을 보았는가'라는 문제에 주목하도록 하겠다. 김동노는 조선의 토지조사사업이 "어떤 계급은 수혜자가 되고 어떤 계급은 피해자가 되도록 처음부터 설계되었다"(김동노, 1998 : 126~127)라고 보면서, 지주계급을 중심으로 한 사회적 재편을 논의한다. 이후의 논의에서는 바로 이 점에 주목하면서 조선의 지주계급 창출·형성을 다룰 것이고, 이러한 입장은 베트남에도 동일하게 적용된다.

16) 프랑스치하 베트남의 경우 코친차이나지역을 중심으로 광범위한 토지개척사업

보다는 대규모 지주의 창출로 식민정책을 전환하는 정책적 계기로 작용하였다. 여기에서 핵심적인 것은 일인들이 정착할 수 있는 대규모 토지의 창출이었다. 토지조사사업은 '신고주의'를 원칙으로 하였으며, 지정된 30~90일 이내에 신고하지 않은 토지는 모두 국유화했다. 또한 1909년 6월부터 착수된 국유지조사를 통해 대대적인 국유지 창출을 시작했는데, 이러한 조사의 목적은 동양척식주식회사(이후 동척으로 줄임)에 출자할 비옥하고도 집단적인 토지를 찾아내는 것이었다(宮嶋博史, 1983a : 315). 결과적으로 토지조사사업이 끝난 1919년 조선총독부와 동척의 소유토지는 전체 조사면적의 4.2%를 차지했고, 1918년 당시 일본인의 토지소유는 전체의 약 8%에 달하여 토지조사사업의 결과 총독부와 일본인 지주는 전체 경지의 10% 이상을 소유하게 되었다(이송순·정병욱, 2000 : 96). 아래의 표는 토지조사사업과 토지의 상품화 결과 나타난 30정보 이상의 토지를 소유한 일본인과 조선인의 수를 나타낸 것이다.

〈표 1-4〉 경지 30정보 이상 지주 호수와 소유면적의 민족별 분포(1930년대 말)

(단위 : 戶數, 町步)

조 선 인						일 본 인					
30~50	50~100	100~500	500 이상	계	경지소유 면적	30~50	50~100	100~500	500 이상	계	경지소유 면적
1,921	1,438	757	43	4,159	343,830	290	251	236	65	842	218,214

자료 : 장시원(1989 : 46).

이 존재했고, 이것은 많은 부분 베트남인 협력자에게 돌아갔다. 프랑스는 인위적으로 지주계급을 창출함으로써 자신의 이해에 부합하는 식민지 지배계급을 형성시킬 수 있었던 것이다. 그러나 조선의 상황은 그렇지 못했다. 조선에는 프랑스가 코친차이나에서 얻었던 상대적 이득을 얻을 만한 미개간지가 존재하지 않았다. 그러나 여기에서 중요한 것은 식민지 농정의 기본 방향이다. 양 지역 모두에서 식민국가는 대지주를 중심으로 지배구조를 재편했던 것이다.

위의 표에서 보는 바와 같이 500정보 이상의 거대지주는 조선인이 43명(30정보 이상 조선인 지주 수의 1%)인 데 비해, 일본인은 65명(30정보 이상 일본인 지주 수의 8%)으로, 500정보 이상의 거대지주는 일본인이 훨씬 우세하다. 특히 1,000정보 이상의 지주 수는 조선인 수 대 일본인 수가 경기지방의 경우 1 : 3, 전북의 경우 1 : 10, 전남의 경우 1 : 7로 나타나 거대지주의 수에서 일본인 지주가 압도적이다(장시원, 1989: 47~52).[17]

토지조사사업의 결과 농촌에서 일어난 가장 큰 변화는 농민의 안정적 경작 관행이 소멸되고, 지주가 소작권을 이동하기 시작했다는 것이다. 원래 조선조 말기의 소작은 소작료의 납입을 태만히 하거나 다른 과실이 없는 이상 몇 넌이고 계속할 수 있고, 처음부터 기간이 정해져 있는 것이 아니었다. 그러나 토지조사사업을 통해 농민적 토지점유권은 단순한 임차관계로 전락하였고, 지주권은 급속히 강화되었다.[18] 계약 형태가 정기적이든 부정기적이든 상관없이 소작의 계약기간은 안정되지 못하고 단축되었다. 1930년경 실제 소작기간은 보통 1~3년이고, 남부지방에서는 1년 사이에 20%의 소작권이 이동되었다고 한다(堀和生, 1983 : 362~363). 이러한 상황은 전통적인 도덕경제하에서 보호되던 농민 생존권의 불안정화를 초래했다.

장시원은 일제하 조선의 대지주는 "1890~1900년대 사이에 보편적인 존재로 형성되었으며, 이들이 1905년 이후 1910년대를 통하여 식민

---

17) 조선인과 일인 지주의 수에 다소간의 차이를 보이기는 하지만 이종범·최원규의 자료에 의하면, 1,000정보 이상의 토지를 소유한 조선인 지주 수는 10명이며, 일본인 지주의 수는 37명으로 일본인 지주 수가 압도적임을 알 수 있다(이종범·최원규 편, 1998 : 255).

18) 소작권의 약화는 토지조사사업 이전 일본인 소유의 토지에서 이미 일어나고 있었고, 이것이 조선인 지주의 소유지로 확대되고 있었다(宮嶋博史, 1983b : 289~290). 토지조사사업은 이러한 경향을 결정적으로 촉진하고, 제도화한 것이라고 볼 수 있다.

지적 지주제로 질적 변용을 경험하는 동시에 양적으로도 더욱 대규모화·보편화"(장시원, 1989 : 93)한 것이라고 본다. 여기에서 '식민지 지주제로의 질적 변용'이란 한말(韓末) 미곡 수출 경제의 확대와 신흥지주층의 출현, 그리고 이를 통해 강화되고 있었던 지주제의 식민지적 재편을 의미한다. 1905~1910년대는 바로 토지에 대한 사적 소유권 확립과 상품화를 통해 식민지 지주제의 제도적 틀을 완성해 가는 기간이었으며, 이는 이후 1장 1-2절에서 논의할 식민지 농정·경제정책과 결합하여 친일·보수적 성향을 지니는 대지주층을 발전시키는 역사적 계기가 되었다.

2) 대지주 발전을 위한 사회·경제적 조건

프랑스 당국은 베트남의 토지소유 부르주아가 발전할 수 있는 법적·사회적·경제적 조건을 창출했을 뿐만 아니라, 지주를 창출하는 데 실제적이고 직접적인 역할을 수행했다. 식민지 행정국의 정치적 이익과 식민지로부터 이윤을 획득하는 프랑스 회사의 경제적 이익은 베트남 부르주아와 부합했다(Porter, 1976 : 13). 이러한 상황은 조선의 경우에도 크게 다르지 않았다. 식민지 베트남·조선에서 대지주의 발전을 추동했던 요인은 크게 세 가지로 나누어 살펴볼 수 있다. 첫째, 쌀 생산·수출을 중심으로 한 식민지 농업정책, 둘째, 대지주의 발전을 위한 식민국가의 대표적인 친지주적 정책인 조세제도와 신용·금융제도, 셋째, 대지주적 경로 이외의 자본축적 경로의 제약, 곧 산업자본의 성장이 제한된 식민지 상황이다.

쌀 생산·수출을 중심으로 한 식민지 농업정책

프랑스는 베트남의 미곡경제를 해외시장에 결합시키고, 일본은 조선의 쌀 생산을 일본의 소비구조와 연계시켜 식민지로부터 초과이윤을 실현하려고 했다. 따라서 베트남·조선에서 식민국가 농정의 기본 방향은 쌀의 상품화[19]와 이것의 해외 유출, 그리고 이를 위한 쌀의 증산에 맞추어졌다. 미곡 상품화는 베트남·조선의 사회적 분업의 발전과는 무관하게 진행되었고, 이 때문에 베트남·조선의 미곡을 중심으로 한 농업은 식민지 내부의 다른 산업부문과는 유기적 관련 없이 제국경제를 유지하는 분업체제에 편입되었다. 이 같은 쌀 수출경제는 대지주의 형성·발전에 직접적인 영향을 미쳤다. 아래 논의에서는 대규모 쌀 수출을 위한 프랑스와 일본의 노력을 쌀 증산정책과 연계하여 검토함으로써 이것이 대지주 형성에 미친 영향을 살펴보겠다.

베트남에서 프랑스의 쌀 증산 노력은 운하건설을 통한 대규모의 토지창출, 종자 개량·비료 사용의 독려·농기계의 도입 시도 등으로 나타났다. 운하건설을 통한 대규모의 토지창출은 통킹·안남에 비해 코친차이나에서 두드러졌다. 베트남 점령기까지 프랑스는 주로 군사적인 목적으로 운하를 건설하였으나, 1900년 이후에는 경작을 위한 운하건설에 치중하였다. 특히 하띠엔(Ha Tien)과 쩌우족(Chau Doc), 자익쟈(Rach Gia)와 롱쑤엔(Long Xuyen)을 잇는 횡단 운하는 배수의 목적보다는 토지취득을 위한 목적을 강하게 띠고 있었다. 대공황 이전에 길이 81㎞, 깊이 3.5m의 운하를 건설하여 220,000헥타르의 토지에 대한

---

19) 베트남의 경우 최초의 민간인 총독 미르 드 빌레(Myre de Viliers : 1879~1882)는 "사이공(Sai Gon)을 획득하자마자, 우리는 수출입에 대한 상업적 자유를 법령으로 공포했다"(Brocheux, 1995 : 51)라고 밝혔다. 이것은 쌀의 자유로운 유출을 보장하는 것이었으며, 때마침 말레이반도에서 발달한 고무농장과 결합하면서 초기 쌀 수출의 급격한 진전을 가능케 했다(유인선, 2002 : 296). 조선의 경우 쌀의 상품화는 19세기 말 일본과의 교역을 통해 빠르게 진전되었다. 1890년 일본의 산업자본주의가 점차 본 궤도에 오르게 되자 조선의 대일 미곡 수출도 본격화되었다(최배근, 1998 : 160). 당시 쌀 상품화의 담당자는 대량의 쌀을 소작료로 받는 지주나 관료층으로 위로부터의 상품화가 우세했다고 볼 수 있다(宮嶋博史, 1983c : 218). 이는 초기 대지주 형성과 이후 살펴볼 중·소농층 농민 하강분해의 배경이 되었다.

배수를 완료했다. 프랑스는 1886~1930년까지 1,425,000헥타르의 토지 배수를 완료했고, 이에 대한 비용 5,200만 피애스터는 경매에 의한 토지 판매와 쌀 수출로 생긴 수익을 통해 조달하였다(Brocheux, 1995 : 17~21).[20] 앞에서도 언급한 바와 같이 이 같은 대규모 토지개척의 문제점은 개척을 통해 발생한 광범위한 토지와 이윤이 프랑스인과 소수 친프랑스적인 베트남인에게 집중되었다는 점이다. 더욱 문제가 되었던 것은 운하건설과 토지개척이 농민들의 부역 노동으로 이루어졌다는 점이며, 노동력의 제공에 대한 대가가 지불되었다 하더라도 매우 낮았다는 것이다(Tran Ngoc Dinh, 1970 : 86).

시장성 확보를 목적으로 보다 고품질의 쌀을 생산하기 위한 노력은 이미 1868년부터 시작되었으나, 그 결과는 만족스럽지 못했다. 1913년에 들어서 알베르 사로 총독[21]은 껀터(Can Tho)에 '쌀경작조사국'을 세우고, 보다 좋은 종자와 비료의 도입을 통한 생산량의 개선, 새로운 도구와 기계의 실험과 경작의 기계화를 시도하였다(Brocheux, 1995 : 60). 그러나 이러한 시도는 지속적인 한계에 부딪히게 되었다. 일례로 화학비료의 사용을 장려하기 위해 1930~1931년에 상호대부조합에 책정되었던 500,000불이 1930년에 단지 12,000불 밖에는 지출되지 않았는데, 이는 농민들이 비용 문제를 감당할 수 없었기 때문이었다. 기계화의 촉진 또한 대지주하에서 많은 소작농에 의해 경작되던 농업생산구조의 특성 때문에 성공적일 수 없었다.

대지주 창설·발전을 한 축으로 하고, 다른 한 축으로는 농업개량을 추진했던 프랑스의 정책은 전자의 성공을 대가로 후자가 희생되었

---

20) 코친차이나에 비해서는 미약하지만, 이러한 운하·제방의 건설은 통킹·안남에서도 이루어졌다. 이에 대한 논의는 Pham Cao Duong(1985 : 8~15) 참조.

21) 인도차이나의 총독 중 유일하게 총독직을 두 번(1911년 11월~1914년 1월과 1917년 1월~1919년 5월) 역임한 인물로 식민통치기구를 약화시키는 어떤 개혁도 하지 않으면서 상당수의 민족주의자를 회유할 정도로 유능했다(유인선, 2002 : 304).

지만, 쌀 수출 증진을 위한 프랑스의 목적은 달성되었다. "쌀 수출에 관련된 식민지의 경제적 이익은 국제시장을 위해 농민들로부터 최대한의 벼를 짜낼 수 있는 중개자인 대지주에 의존"(Porter, 1976 : 17)함으로써 실현되었던 것이다. 이것은 프랑스 식민당국의 동맹자였던 대지주가 농민의 희생을 통해 식민당국에 제공했던 경제적 보상금부었다.

조선의 경우 쌀 증산계획은 1920년대의 '산미증식계획'으로 나타났다. 산미증식계획이야말로 일본 자본주의의 존립에 불가결한 저임금 유지를 위한 미가·식량대책으로써, 또 국제수지대책으로써 식민지 조선을 식량공급기지로 확정하는 산업정책이었다(河合和男, 1983 : 376). 이는 대규모 관개시설을 통한 토지개량을 중심으로 증산을 꾀하려는 농정으로, 1920년(제1기)에 시작되어 1926년 '산미증식갱신계획'(제2기)으로 수정되었다가, 1930년대에 들어 일본 내 쌀의 일시적인 공급과잉과 가격 문제를 둘러싸고 일본 본국과 갈등이 커지면서 1934년 중지될 때까지 지속되었다(이송순·정병욱, 2000 : 108).[22] 산미증식계획을 크게 토지개량사업, 농사개량사업으로 나누어 살펴보면 다음과 같다.

토지개량사업은 주로 간척·지목변환, 수리안전답화 등의 사업을 시행하여 새로운 답지(畓地)의 창출을 목표로 하였다. 초기의 계획은 30년 동안 논 관개 40만 정보, 밭에서 논으로 지목 변환 20만 정보, 개간·간척 20만 정보, 합계 80만 정보의 토지개량을 목표로 하였으나, 1기 계획기간 동안 착수 예상 면적 165,000정보의 59%인 97,500정보, 2기 계획기간 동안 예상 면적 277,000정보의 57%인 158,000정보가 착수될 수 있었다(이송순·정병욱, 2000 : 108~109).

토지개량사업은 주로 지주가 중심이 된 수리조합을 통해 이루어졌다. 사업의 80% 이상이 수리조합을 통해 달성되었으며, 이 과정에서 수

---

22) 산미증식 1·2기 계획의 내용에 대해서는 河合和男(1983 : 378~382) 참조. 그리고 산미증식계획의 내·외적 제약 요인에 대한 설명은 이송순·정병욱(2000 : 108~109) ; 이기훈(1993 : 49) ; 전강수(1993) ; 河合和男(1983) 등을 참조.

리조합은 식민당국의 많은 지원을 받았다. 지주들은 새로운 경작지의 창출, 수리 안정에 의한 생산성의 증가, 수리조합비를 소작인에게 전가하여 경제적 이득을 취했으며, 수리조합을 통제함으로써 지역사회의 지배집단으로 발판을 더욱 굳건히 할 수 있었다(박명규, 1997 : 371~375).

농사개량에서 핵심적인 사안은 조선의 재래 벼 품종의 구축과 일본 우량 품종의 보급·교체·통일, 화학비료의 사용 증가, 못자리법 개량·심경법 장려·피뽑기 등의 재배법 개선이었다(河合和男, 1983 : 384~389). 이러한 농업개량사업은 지주의 미곡 상품화를 위한 농업생산상의 관여를 확대시켰고, 이를 통해 소작인에 대한 지주의 권한은 더욱 강화되었다(박명규, 1997 : 373).[23]

〈표 1-5〉 인도차이나의 쌀 생산과 수출　　　(단위 : 천 톤, %)

분류 / 연도	수출(A)	생산고(B)	A/B %
1880	284		
1900	747		
1916~1920	1,176		
1921~1925	1,265		
1926~1930	1,373		
1931~1935	1,207		
1936	1,781	4,570	38.9
1937	1,547	6,240	24.7
1938	1,016	7,940	12.7
1939	1,350	6,150	13.5
1940	1,526	5,090	29.9

자료 : 1880년과 1900년의 수출량은 Robequain(1944 : 220), 1916~1935년까지의 수출량 평균 통계는 野澤豊(1988 : 143), 1936~1940년까지의 쌀 수출량과 생산고는 眞保潤一郎(1986 : 66)에 의한 것이다.

---

23) 堀和生(1983 : 365) 참조. 지주회를 중심으로 한 농업생산과정에 대한 개입은 이기훈(1993 : 48) 참조.

전체적으로 보아 조선에서의 산미증식계획은 계획기간 동안 1.4배의 생산량 증가를 가져왔다. 그러나 이러한 생산량의 증가는 〈표 1-6〉에서 볼 수 있는 바와 같이 일본으로의 꾸준한 쌀 이출 증가로 인해 농민생활에 도움을 줄 수 없었다. 산미증식계획을 통해 일본은 미곡의 상품화에 압도적으로 유리한 지주층을 강화시켰다. 곧, "산미증식계획으로 대표되는 1920년대의 농정은 증산수탈정책임과 동시에 지주육성책이었고, 그 현실적인 전개과정은 총독부와 지주의 정치적 연합과정"(堀和生, 1983 : 350)이었던 것이다.

〈표 1-5〉와 〈표 1-6〉은 식민체제하의 베트남·조선에서 진행되었던 미곡 유출의 증가를 보여 준다.24)

〈표 1-6〉 조선의 쌀 생산과 수출　　　　(단위 : 천 석, %)

분류 연도	수출(A)	생산고(B)	A/B%
1912~1915	1,181(100.0)	12,488(100.0)	9.5
1916~1920	2,154(182.4)	14,101(112.9)	15.3
1921~1925	3,942(333.8)	14,784(118.4)	26.7
1926~1930	6,022(509.9)	17,234(138.0)	34.9
1931~1935	8,515(721.0)	20,562(164.7)	41.4
1936~1940	7,041(596.2)	21,246(170.1)	33.1

자료 : 한국은행, 『조선경제연감』 III-28, 1948 ; 최배근(1998 : 282)에서 재인용.

---

24) 1930년대 말에서 1940년대 초까지 나타난 조선의 쌀 생산량 감소는 인도차이나의 쌀 수출에 직접적인 영향을 미쳤다. 인도차이나 내의 쌀 수출량 통계의 차이를 보이기는 하지만 앤드러스와 그린의 연구는 1940년 일본이 인도차이나에 진주한 이후 이 지역으로부터 일본으로의 급격한 쌀 유출을 보여 준다. 사이공에서 수출된 양을 기준으로 할 때 1939년 일본으로의 수출이 7,727톤이었던 데 비해 1940년에는 475,552톤이 수출되었다(Andrus & Greene, 1944 : 363). 1940년에 접어들어 조선에서 쌀의 반출이 줄어든 이유는 1939년 남부지방에 있었던 대한발 때문이며, 보다 구조적인 요인으로는 노동자와 도시 인구의 증가로 인해 조선에서 쌀 소비량이 늘었기 때문이다(정연태, 1994 : 233~239).

대지주 발전을 위한 조세 · 신용 · 금융제도

대지주 발전을 위한 식민국가의 친지주정책을 대표적으로 보여 주는 경제정책은 지주에게 유리한 조세제도, 신용 및 금융체계라고 할 수 있다.

식민지 베트남 · 조선에서 조세제도는 기본적으로 조세부담의 역진성을 특징으로 했다.[25] 베트남에서 토지소유의 집중을 통한 토지 부르주아의 창출과 농민의 프롤레타리아화를 부추긴 주요한 요인 중의 하나는 역진적인 세금정책이었다(Porter, 1976 : 21). 과중한 세금의 가장 대표적인 사례는 인두세였는데, 개인당 부과했던 인두세는 대지주나 외국 식민주의자들에게는 별 영향을 미치지 못했다. 인도차이나의 유럽인이나 식민지배에 협력했던 자들은 이 세금에서 제외되었으며(Ngo Vinh Long, 1991 : 63),[26] 그 부담은 직접적으로 농민들에게 돌아갔던 것이다. 재산세는 상대적으로 베트남인 모두가 지불해야 했던 인두세보다 무겁지 않았다.[27] 몇몇의 범주로 나누어져 있던 토지에 대한 세금은 논의 경우 핵타르당 0.78~2.73피애스터였고, 다른 토지의 경우 0.02~2.75피애스터였다(Pham Cao Duong, 1985 : 100). 또한 소득세의 경우 식민지에서 가장 부유한 프랑스인에 대한 세금은 수입의 1.33%정도였고, 이를 개선하여 보다 공정한 세금을 부과하려던 식민당국의 노력도 베트남인 지주와 식민 경제의 이익을 위한 연합에 의해 좌초되었다. 전체적으로 부유층의 소득세는 수입의 2%를 넘지 않았다. 1938년의 경우 코친차이나의 가난한 농민들의 인두세는 예전의 비율을 그대로 유지했으나, 식민지위원회는 행정당국에 의해 제기된 소득세를

---

25) 중 · 소농민들에 대한 세금체제의 영향은 1장 2-1절에서 행하기로 하고, 이 절에서는 식민국가의 조세정책이 대지주 발전에 어떠한 영향을 주었는가를 주로 논하기로 한다.

26) 프랑스에 협력적인 베트남인들에 대해 다른 사람들과 마찬가지로 세금을 부과한 것은 1937년에 이르러서였다(Pham Cao Duong, 1985 : 99).

27) 농민의 인두세 부담에 대한 내용은 본 장의 2-1절을 참조.

약화시켜 가장 부유한 베트남인 지주 428명의 소득세를 경감시켰다 (Porter, 1976 : 22).

결과적으로 베트남의 식민지 조세체제는 생존경제에 근본적으로 무거운 짐을 지웠을 뿐만 아니라 사회적 성층화를 부추겼다. 식민지 행정당국은 농민들로부터 더 많은 세입을 추출하는 것, 부유한 사람이 보나 빈곤한 사람들로부터 이득을 취하는 것을 허용했다(Nguyen Ngoc Luu, 1987 : 113).

식민지 조선의 경우 1910년대, 1920년대, 1930년대를 지나는 동안 중심 세목은 지세에서 소비세, 소비세에서 소득세로 이동하면서 조선 경제의 축적 기저를 파괴했다. 이러한 조세정책은 먼저 유산층의 체제내화가 마무리될 때까지 식민지 지배에 대한 반발을 희석시키고 나아가 식민지배가 유익하다는 인식을 심어 주는 방향으로 운용되었다(정태헌, 1996 : 428).

1910년대 지세산정의 경우 1914년 '조선지세령'에 의해 지세는 지가의 15/1,000로 책정되었으며, 1918년 토지조사사업이 완료되면서 '조선지세령 개정령'에 의해 13/1,000으로 책정되었다. 이는 지세부담자에 대한 정치적 배려가 작용한 것이고, 일본 제국주의가 지주에게 상당한 양보를 행한 것이다(宮嶋博史, 1983a : 310~311).[28] 이 시기 지세부과는 영농이윤(소득)에 대한 과세(소득세)가 아니라 단순히 부동산(토지) 자본의 이자에 대한 과세였다. 또한 영세지주나 수십 정보 이상을 소유한 대지주에 대한 과세율이 같아 소득 역진적인 모순을 지니고 있어, 대지주일수록 부담이 가벼워지는 세제 특혜적 성격을 내포했다(정태헌, 1996 : 66~67).

1920년대 소비세 중심으로의 세목 이동은 지세에 기반한 세수체제

---

28) 조선과 일본에서의 지세부담은 현격한 차이가 있었다. 1918년 '지세령' 개정 당시 지세액/생산량 비율은 5.7% 정도였지만 지조(地租) 개정 후 일본에서는 34%에 달했다. 그러나 조선의 지세부담은 일본의 1/5도 못 되는 수준이었다(정태헌, 1996 : 67).

에 따른 재원 부족을 무차별적인 대중과세—소비세의 징수—를 통해 메우려는 시도였다. 1910~1920년대까지 식민당국은 고소득 유산층인 지주·자본가층을 세제혜택층으로 설정하여 담세능력이 컸음에도 불구하고 주요 과세대상에서 제외했으며, 부족한 재정은 대중들에 대한 소비세를 통해 메웠다.

1930년대에 소득세를 중심으로 고소득층에 대한 집중과세가 이루어진 것은 영세민에게 불리한 무차별적 대중과세체제가 한계에 이르고, 1930년대 후반 전시수탈체제가 형성되면서 실질적으로 조세부담 능력이 있는 유산자층을 조세 부담자로 채택했기 때문이다. 식민당국은 1934년 '일반소득세제'의 실시를 통해 고소득층에 대해 집중과세를 시작했다. 그러나 이 시기 고소득층에 대한 집중과세는 이미 1910~1920년대를 통해 조선의 지배계급이 일본 식민주의로의 체제내화가 완료된 시점에서 행해진 것으로, 지배계급은 그들의 운명을 식민주의와 함께할 수밖에 없었다(정태헌, 1996 : 429~442).

식민지 신용 및 금융제도 역시 대지주의 성장·발전에 중요한 역할을 수행했다. 베트남의 경우 인도차이나은행은 1913년 초 코친차이나의 농업신용은행과 상호신용조합에 상당량의 자본을 투자했으며, 1920년대에는 프랑스에서 유입된 자본으로 많은 부동산회사들이 만들어졌다. 대단위 토지소유가 가장 많았던 서부 코친차이나의 지주들은 낮은 이자율, 용이한 상환기간을 조건으로 한 프랑스 자본의 특혜를 받았고, 식민지 행정당국은 개인 프랑스 자본이 중·대지주의 수중으로 집중되는 것을 독려했다. 개인부동산회사로부터의 대부는 1925년 4천 9백만 프랑에서 1928년 1억 3천 8백만 프랑, 1930년 2억 2백만 프랑으로 증가했고(Robequain, 1944 : 170~171), 이러한 대부는 1920년대 토지 투기 붐을 가능케 했다. 또한 1913년 코친차아나에서 조직된 상호대부조합은 담보와 지불 능력이 있는 15,000명의 지주에게만 1929년 평균 1,310피애스터, 1930년 평균 810피애스터를 대부했는데, 이는 베트남 농민이 평생을 벌어도 만들 수 없는 액수였다(Porter, 1976 : 19). 농민들은 이러한 기구가 요구하는 담보나 개인 신용을 지니지 못했기 때문에 대부를 받을 수 없었으며, 이것을 지주가 보장할 경우 지주에 대한 비용을 지불해야 했기 때문에 이자율은 다시 상승했다. 따라서 낮은 이자율로 제공되는 대부는 주로 대토지 소유자인 마을 유지가 착복했다(Ngo Vinh Long, 1991 : 91).[29] 이렇듯 "농업신용대부시장이 제한된 것은 지주주의의 간접적인 결과이며, 토지 엘리트에 의한 정치적 지배의 결과"(Paige, 1995 : 429)였다.[30]

식민지 조선에서도 농업금융은 계층적으로 편중되어 있었다. 농공은행과 그 후신이었던 조선식산은행의 경우 일부 연대신용대부를 제외하고는 대부분 부동산을 저당잡아 장기 대부를 수행했으므로 이를 감당할 수 있는 10~15정보 이상의 지주가 은행대부의 실질적인 수혜층이 될 수 있었다(堀和生, 1983 : 336~337). 금융기관의 농업대출은 산미증식기를 전후하여 급격히 증가되었는데, 조선식산은행의 경우 1918년 농업부문에 6,546,000원이 대출된 데 반해, 1926년에는 91,904,000원, 1930년에는 162,804,000원이 대출되었다.[31] 대부 총액이 증가하면서 일본인뿐만 아니라 조선인에 대한 대부도 상대적으로 증가했고, 이는 상당부분이 농업에 집중되었다(堀和生, 1983 : 339~340). 중간 규모 이상의 토지 소유자와 수리조합 등 공공단체에 집중되었던 것으로 추정되는 은행대출의 운용은 지주경제의 유지와 확대에 중요한 역할을

---

29) 쯔엉찐과 보응우옌지압은 이러한 친지주적 농업신용제도를 "1) 농업은행은 비록 농촌 지주보다는 덜 이자를 취하지만, 비싼 이자를 통해 착취를 수행하는 조직이다. 2) 복잡한 서류 때문에 대부자는 매우 높은 이자를 지불해야 한다. 3) 담보물로 토지나 집을 제공해야 하는 계약조건 때문에 은행은 돈을 필요로 하는 지주와 부농만을 도울 뿐이다"(Truong Chinh & Vo Nguyen Giap, 1974 : 42)라고 평가하고 있다.

30) 농업신용체제의 전반적인 특성에 대해서는 Robequain(1944 : 168~177) ; 太平洋協會 編(1940 : 125~139) 참조.

31) 이종범·최원규 편(1998 : 252) 참조.

수행했다. 특히 조선식산은행과 동척 등을 통한 거액의 정부알선 토지개량사업 자금은 농사회사나 수리조합을 대상으로 대출되었고, 소작농이나 소토지 소유자는 제외되었다(이송순·정병욱, 2000 : 111). 지주들은 1920년대 산미증식계획기간을 통해 식민지 금융기구, 곧 조선식산은행·동척 등과 유착하여 상대적으로 저리의 융자를[32] 얻을 수 있었으며, 이는 토지집적과 농촌지배를 위한 물적 토대가 되었다.

산업자본가계급의 저발전

식량·원료의 공급기지 및 상품 판매지로 식민지의 역할을 제한하고, 자본가계급의 형성을 억제했던 식민지배정책은 지주들의 토지 결박성과 보수성을 부추겼다. 식민지 베트남에서 프랑스의 기본정책은 본국의 산업과 경쟁할 수 있는 산업의 발전을 억제하고, 식민지 산업을 프랑스에 예속시키는 것이었다. 이는 1897년 폴 두메르(Paul Dumer) 총독의 "만약 식민지에서 공업건설이 장려되어야 한다면, 이는 본국 공업에 해가 되지 않는 한계 내에서이다. 본국 공업은 식민지 공업에 의해 보충되어야 하지 파괴되어서는 안 된다"(Nguyen Cong Binh, 1959 : 155)라는 보고와 1900년 멜이네(Meline)가 행한 "식민지에서 … 생산은 우리가 부족한 원료나 물건을 공급하는 영역으로 제한되어야 한

---

32) 제1기 산미증식계획기간 동안 조선인 지주에 대한 조선식산은행의 대부이자는 연리 10~12%였다. 이는 당시 경지 이윤율이 10% 전후였음을 생각할 때 가벼운 것이 아니었다. 이러한 이자율은 제2기 산미증식계획기간 동안 8~9%로 낮아졌으나 농업공황으로 인해 이윤을 실현하기 어려웠다(이송순·정병욱, 2000 : 111~112). 그러나 당시 상황에서 식산은행으로부터의 대부는 많은 이익을 실현시킬 수 있는 방편이었다. 1933년 함경남도의 농촌 금리평균을 보면 개인 간의 대부는 35.2%, 계(契) 17.8%, 금융조합 9.8%, 은행 8.8%로 은행의 금리가 제일 저렴함을 볼 수 있다(堀和生, 1983 : 340). 또한 지주들은 식산은행·동척 등에 대한 대부이자 부담을 소작료를 올리거나, 수리조합비를 농민에게 전가하거나, 혹은 고리대금업을 통해 더 고율의 융자를 행함으로써 상쇄시켰고, 초과이윤을 실현할 수 있었다.

다"(Nguyen Cong Binh, 1959 : 156)라는 보고에서 명확히 드러난다.

산업·상공업 부분에서 식민지 경제의 창출을 위해 프랑스가 우선적으로 취했던 정책은 프랑스 산업·상품에 대한 특권·독점정책이었다. 프랑스는 인도차이나은행을 통해 자본의 흐름을 독점했으며, 외국 상품에 대한 고율의 관세를 통해 베트남 시장을 독점했다. 그 결과 베트남 상품은 프랑스의 수출을 위해 싼 가격으로 넘겨졌고, 베트남인들은 프랑스 상품만을 구입해야 했다(Murray, 1980 : 196~198 ; Nguyen Cong Binh, 1959 : 149~151). 이러한 상황은 전(前) 식민지기간 동안 소규모의 수공업 생산을 통해 내수 시장을 확장하고, 아시아권의 무역을 행하던 베트남 상업·산업자본의 맹아를 파괴했다(Porter, 1976 : 24~25). 또한 신용기관의 대부도 대지주에게 집중되었고, 자본가계급의 발전을 위해서는 행해지지 않았다(Nguyen Cong Binh, 1961a : 34).

그러나 베트남의 자본가계급 형성을 억제했던 더욱 큰 요인은 화인(華人)들을 식민지배의 경제적인 매개자로 사용한 프랑스의 정책이었다. 프랑스인들은 인도차이나 본토인과 유럽인들 사이에서 중국인이 매개자로서 행하는 서비스의 가치를 잘 알고 있었다. 중국인들은 유럽인들이 하기 싫어하는 일들을 맡아서 처리했으며, 그들뿐만 아니라 유럽인들이 거대한 이윤을 창출할 수 있도록 했다(Robequain, 1944 : 38). 중국인들은 인도차이나에서 쌀 경작에 거의 종사하지 않았으면서도 쌀 유통과 정미업을 대부분 장악하고 있었으며, 고리대금업을 통해 지역 금융체계를 장악하고, 프랑스의 후원으로 주류 증류와 아편 판매망을 독점하고 있었다(Porter, 1976 : 26). 이러한 상황은 베트남인들이 자본을 가지고 스스로 상업·산업망에 뛰어들기보다는, 그러한 자본을 프랑스나 화인 소유의 회사에 투자하도록 유도했다.

이 같은 한계는 전반적으로 베트남의 상업·산업 부르주아의 발달을 억제했다. 소수 대지주가 자본가로 변신한 경우도 있으나,[33) 이는 대지주가 그들의 경제적 이득을 다변화하는 가운데 행해진 예외적인 사례였으며, 대지주와 산업·상업 부르주아 사이의 차별은 거의 없었다. 결과적으로 베트남의 부르주아는 대지주의 정치적·이데올로기적 관점을 그대로 반영하고 있었다.

조선의 경우 상업·산업은 베트남에 비해 상대적으로 발전된 양상을 보이고 있다. 특히 1937년 일제의 중국 침략을 계기로 수행된 조선의 병참기지화는 공업화를 더욱 촉진하는 요인으로 작용하였다. 그러나 조선에서 산업발달과 이를 통한 자본가계급의 출현은 일본의 식민정책에 의해 명확한 한계를 지니고 있었다. 일본은 1910년 '회사령'을 통해 회사 설립의 원칙을 허가제로 채택하고, 일본인이 출원한 회사의 설립은 다 허가해 준 반면, 조선인의 기업 설립, 경영에는 엄격한 규제를 가했다. 회사령은 일본 자본주의가 전후 공황으로 자본과잉 상태에 빠지게 되어 조선을 과잉자본의 투자처로 삼기 위해 1920년 4월 법령 7호로 공포된 '회사령 폐지에 관한 건'이 나오기까지 지속되었다(이종범·최원규 편, 1998 : 215).

일본 자본을 유치하여 조선에서 공업화를 추진한다는 총독부의 방침은 조선 산업에 대한 일본 자본의 지배를 강화시켰다. 총독부의 통계에 따르면 1928년 총제조생산품의 76%에 해당하는 제조업 생산 투자 자본의 93%가 일본인 소유였다(Cumings, 1986 : 49). 1929~1937년 사이에 조선인 자본은 회사 수의 3.7배, 자본금의 2.3배가 증가했으나, 90% 이상이 자본금 10만 엔 이하로 영세했다. 회사의 민족별

---

33) 대표적인 사례는 박닌(Bac Ninh)지역에 1,000헥타르 이상의 토지를 소유하고, 하노이에서 가장 큰 소매가게와 실크공장을 운영하던 부반안(Vu Van An), 중부지역에 1,700헥타르 이상의 토지를 소유하고 베트남인으로는 최초로 출판사를 소유하고 건설업을 행했던 부이후이띤(Bui Huy Tin), 코친차이나지역에 몇천 헥타르의 토지를 지니고 비누공장과 향수공장을 소유했던 쯔엉반벤(Truong Van Ben)을 들 수 있다(Porter, 1976 : 29). 또한 남부지역 자익쟈의 레꾸앙리엠(Le Quang Liem), 롱쑤옌의 레꾸앙응아(Le Quang Nga)도 이와 같은 경우였다(Nguyen Cong Binh, 1961a : 38).

납입자본금 비중면에서도 1931년의 경우 조선인 회사가 10.3%, 일본인 회사가 83.3%였는데, 1937년에는 각각 12.2 : 83.0%, 1942년에는 8.3 : 88.8%로 일본 자본의 압도적 우세를 보여 준다(문영주·송규진, 2000 : 173).

또한 일본은 1938년 8월 '조선공업조합령'에 따라 생산을 중심으로 원료 판매까지도 포함한 전 산업분야에 걸쳐 강력한 통제기구를 조직하여 조선의 산업을 직접 장악해 나갔다. 여기에 1930년대 만주 붐을 타고 이 지역에 대한 수출을 늘리려던 국내 자본에 대해서도 일본인과 차별적으로 높은 관세를 적용하여 조선인에 의한 자본형성과 산업발달을 억제했다(梶村秀樹, 1983). 게다가 1940년 2월 제정된 '은행자금운용령'은 사업설비자금뿐만 아니라 운전자금까지 통제했으며, 1942년 6월 '기업정비령'은 군수산업에 충실한 기업을 제외한 다른 산업부문의 몰락을 초래했다.

일제의 조선인 자본 억제정책은 대지주가 농외투자를 통해 상업·산업자본으로 전화할 수 있는 가능성을 축소시켰다. 산업자본에 대한 투자가 억제된 상황에서 대지주들은 주로 상업·금융분야에 투자(전체의 50%)했으며, 일본인 회사 및 일본인 관련 회사에 투자하는 비중이 1932년 평균 29%에서 1933~1937년 사이에는 35%, 1938년 이후에는 48%로 증대함으로써 일본 자본과의 동화를 두드러지게 보여 준다(장시원, 1989 : 233~234).

이러한 특성들은 지주들의 친일적 편향과 토지 결박성을 강화시키는 요인으로 작용하였으며, '토지는 재산, 재산은 토지'라는 관념을 바꿀 수 없도록 했다. 일제는 한편으로는 지주를 부양하고, 다른 한편으로는 식민지의 산업발전을 제약하여 식민지 지주제의 온존을 구조적으로 강제했던 것이다.[34]

---

34) 정승진은 충남 서천의 식민지 지주제에 대한 연구에서 "1913년 토지조사사업을 계기로 성립한 식민지 지주제는 1920년 수리조합사업에 의해서 급속히 확

지금까지 논의한 세 가지 대지주발전의 조건, 곧 쌀 생산·수출을 중심으로 한 식민지 농업정책, 둘째, 대지주의 발전을 위한 식민국가의 대표적인 친지주적 정책인 조세제도와 신용·금융제도, 셋째, 대지주적 경로 이외의 자본축적 경로, 곧 산업자본으로의 성장이 제한된 식민지 상황은 대지주들의 기본적인 성격을 규정했다. 식민지 베트남에서 새로이 등장한 토지 엘리트들은 기업가적이라기보다는 관료적이었다. 그들은 자유로운 토지, 노동, 혹은 자본시장의 활동에 의존하기보다는 프랑스의 정치적 후원에 의존하였다(Paige, 1995 : 426~427). 대지주의 농외부문에 대한 진출 정도의 차이는 있을지라도 이러한 상황은 조선에서도 유사하게 전개되었다. 커밍스는 일제와 대지주층의 연계, 그리고 지주의 특성을 다음과 같이 평가하고 있다.

> 지주들에게는 재산의 유지가 허락되었으며, 농부들을 계속 통제하고 쌀을 수탈하여 수출하도록 장려되었다. 이런 정책들은 지주들을 서울의 정치적 관직에 연결해주는 연계망을 차단함으로써, 또 지주들의 정통적인 힘과 정당성을 이용하여 농민들로부터 쌀을 수탈하여 수출시장에 내놓음으로써 그들을 지방에 더욱 고착시켰다(Cumings, 2002 : 214)

식민지 베트남과 조선에서 대지주제는 식민지시기를 관통하는 사회적 관계의 지배적인 한 축이었고, 그 배후에는 식민국가가 있었다. 식민국가와 지주계급의 연합은 지배계급으로서의 지주계급의 정당성을 해체시켰으며, 1945년 해방 이후 두 국가에서 전개되는 사회적 갈등의 내적 원인을 제공했다.

대·심화되고, 1930년대 말이래 일정한 변동과정을 겪고 있지만, 지배적인 토지소유관계로서 강고하게 존속하다가 해방 시점에 들어서야 축소국면에 들어서고 있었다. 식민지 전 기간을 통해 식민지 지주제는 식민지 조선의 지배적인 생산관계였다"(정승진, 1997 : 217)라고 결론짓고 있는데, 이는 식민지기간 동안 식민지 지주제가 약화되지 않았다는 장시원의 분석과도 일치하는 것이다(장시원, 1989).

2. 식민지배와 농민

이 절에서는 해방 당시 주된 사회·경제적 토대를 형성하고 있었던 '농민들의 불만의 원천은 무엇이고, 불만의 표출양식과 특성은 어떤 것이었는가?'라는 데 대한 해답을 구하고자 한다. 이는 식민지배의 사회·경제적 특성이 농민에게 미친 영향과 이에 대한 농민의 대응을 동원과 저항이라는 측면에서 역사적으로 추적해 감으로써 이루어질 것이다.

1) 식민지배의 사회·경제적 영향과 농민

식민지에서 행해진 착취는 갈퉁이 설명하고 있는 '구조적 폭력'에 맞닿아 있다.

> 전형적인 폭력적 구조는 착취(exploitation)를 가장 중요한 항목으로 갖는다. 이것은 단순히 어떤 이들, 즉 사회적 강자(topdog)들이 구조 내에서의 상호 작용을 통해 다른 이들, 즉 사회적 약자(underdog)들보다 더 많은 것을 얻어낸다는 것을 의미한다. … 사회적 약자들은 사실상 너무도 불리한 조건을 지녔기에 강력한 착취로 인해 죽음에 직면할 수도(굶주릴 수도, 질병으로 인해 쇠약해질 수도) 있고, 또는 대개 영양 실조와 질병을 의미하는 다소 약한 착취라는 영구적이고 바람직하지 않은 곤궁의 상태에 남겨질 수도 있다(Galtung, 2000 : 417~418).

갈퉁에 따른다면 착취의 사회적 결과는 약한 착취의 경우에도 사회적 약자의 곤궁을 가져오며, 이것이 더욱 강력한 형태로 발현되었을 경우 사회적 약자들의 생명권을 위협하는 것이다. 그러나 착취개념은 계급관계를 매개로 이루어지기 때문에 식민국가의 제도·물리력에 기반하여 행해지는 식민지 민중에 대한 '수탈'을 포괄하지는 못한다. 따라서 이 논의에서는 갈퉁의 입장에 따라 착취를 전형적인 구조적 폭력의 유형으로 취급하면서, 식민국가에 의해 행해지는 농민에 대한 수탈체제를 함께 검토하여 식민지배가 농민에게 미친 사회·경제적 영향을 설명하겠다.

〈표 1-7〉 수탈·착취의 주체와 형태

수탈·착취의 주체	식민국가의 수탈	계급에 기반한 착취	
		지주	자본가
수탈·착취의 형태	조세수탈 위로부터의 동원 : 물적·인적 동원	반(半)봉건적 착취 고리대금에 의한 착취	자본제적 착취

식민국가의 수탈

식민국가에 의해 행해진 대표적인 수탈은 '조세수탈'과 '위로부터의 동원'이라 할 수 있으며, 후자는 물적·인적인 이중의 동원 요소를 지닌다.

베트남의 경우 조세수탈의 기본적인 특징은 봉건적 세제와 식민주의의 결합으로 농민들에게 이중의 고통을 안겨 주었다는 점이다(Ho Tuan Dung, 2001). 이것은 마을단위의 세금징수를 마을 관리와 유지에 의존했던 프랑스의 통치방식(Pham Cao Duong, 1985 : 93)에 의해 더욱 강화되었다. 아래의 민요는 관리들의 전횡을 잘 드러낸다.

> 오! 나의 사랑스런 아이들아 이 말을 기억하렴.
> 밤에 도둑질을 하는 사람들은 산적들이고,
> 낮에 도둑질을 하는 사람들은 관리들이다.[35]

봉건적 세제의 가장 대표적인 유형은 인두세와 강제노역(Corvée)이었다. 인두세는 구래 베트남 왕조에서 18~60세 사이의 성인 남성에게 부과하던 세금이었는데, 프랑스는 이를 그대로 활용하여 조세수탈을 수행했다. 통킹에서는 0.5피애스터의 세금이 2.5피애스터로 상승

---

[35] Nguyen Hong Giap, "La Condition des paysans", p.116 ; Scott(1976 : 109)에서 재인용.

했고, 1920년경에는 식민정부에 고용된 사람들을 제외한 모든 남성들은 매년 2.5피애스터를 지불해야 했다. 또한 1937년 세제 개정으로 통킹에서는 4피애스터가 넘는 세금을 지불해야 했고, 안남에서는 3.95피애스터, 코친차이나에서는 4.50피애스터를 지불해야 했다(Scott, 1976 : 107~ 108). 이는 전통 왕조에 비해서도 과도하게 높은 것이었고, 부자나 가난한 사람이나 같은 비용을 지불해야 했으므로 조세 불평등성이 높았다. 또한 인두세는 농민들의 걱정과 공포의 원천이었다고 할 수 있는데, 매년 세금을 낼 때가 되면 농민들은 고리대를 빌리거나, 낮은 가격으로라도 벼를 팔아야 했고, 이것이 여의치 않을 때는 세간을 저당잡혔으며, 심지어는 세금을 납부하기 위해 부인과 아이를 팔기까지 했다(Truong Chinh & Vo Nguyen Giap, 1974 : 45).

전통 왕조에서 농민들의 강제노역은 제방유지, 도로건설, 운하건설 등의 공공사업 부문에서 이루어졌다. 식민지기간 동안 강제노역은 구매 가능한 것이 되었으나, 이는 농민들에게 별 소용이 없었고, 농민들은 부유층의 노역을 대신할 수밖에 없었다. 또한 법적으로 강제노역은 코친차이나에서는 1881년, 안남에서는 1908년, 통킹에서는 1920년 폐기되어 인두세에 포함되었으나, 농민들은 식민국가의 필요에 따라 노역에 동원되었다(Pham Cao Duong, 1985 : 100~101).[36]

봉건적 형태의 직접세와 더불어 농민들의 생활을 더욱 어렵게 했던 것은 식민국가의 독점사업에 의한 소비세의 증가였다. 프랑스 식민당국은 술・소금・담배・아편과 같은 상품을 국가가 전매하거나, 국가가 지정한 회사가 독점하도록 했다. 술은 마을별로 할당되어 소비가

---

36) 노역의 강제성도 문제였으나, 더욱 문제가 되었던 것은 이러한 노역을 통해 건설된 운하・제방・도로・철도가 농민들에게는 실질적 도움이 되지 못했다는 것이다. 앞 절에서 검토한 바와 같이 운하・제방의 건설, 그로 인한 토지의 창출은 지주의 대토지 집적을 가능케 했다. 또한 철도・도로망은 농업 생산물과 현물의 빠른 운송, 유럽인들의 관광을 위해 사용되었다. 농민들은 비싼 운송수단을 이용할 수 없었던 것이다(Hammer, 1966a : 68 ; Ngo Vinh Long, 1991 : 72~73).

강제되었으며, 만약 이 할당량을 소비하지 못하면 그 지역 관리는 문책을 당해야 했다. 또한 아편의 경우 프랑스 본국에서는 철저히 금지되었음에도 불구하고, 베트남에서는 소비가 장려되었다. 주류와 아편의 상호인 R·A(Regie Alcohol)와 R·O(Regie Opium)는 프랑스 문명의 상징처럼 자리 잡았으며, 베트남인들은 R·O가 아편중독공화국의 국기라고 부르기도 했다.[37] 또한 소금의 경우 식민국가가 생산자에게 지불한 가격보다 5~10배로 비싼 가격에 공급되었고, 성냥·기름과 같은 생필품에 소비세를 부과하여 농민생활의 궁핍화를 강제했다(Truong Chinh & Vo Nguyen Giap, 1974 : 54~62).

식민지 베트남의 조세수탈이 폭력적이고 직접적인 형태를 띠었다면, 조선에서의 수탈양식은 좀 더 체계화되고, 조직화된 형태를 띠었다. 정태헌의 연구에 의하면 식민지 조선에서의 조세체제는 ㉠ '1910~1918년 자본주의적 조세구조 형성의 과도기', ㉡ '1919~1933년 자본주의적 조세구조 형성기', ㉢ '1934년 이후 전시수탈의 장기적 기반구축을 노린 자본주의적 조세정책의 발전기'의 과정을 거치면서 변화했다. ㉠은 지세 중심의 조세구조 형성과 소비세 정비의 착수기이며, ㉡은 소비세 중심 조세구조의 형성과 지세증가의 정체기이고, ㉢은 소득세 증가를 수반한 소득세 중심의 조세구조체제를 특징으로 한다(정태헌, 1996 : 43~49). 농민의 생활과 연관하여 볼 때 여기서 중요한 것은 ㉡의 시기이다. 1919~1933년의 시기에 형성된 지주계급 등 유산층에 대한 회유·포섭은 소비세를 중심으로 한 무차별적인 대중과세를 초래했다. ㉠의 시기부터 시작된 주세, 연초세, 기타 소비세의 제정과 확장은 1910~1919년 사이 2배 이상의 조세수익을 가능케 했고,

---

37) 호찌민은 "당시 1,000개 마을에 1,500개의 주류상점과 아편상점이 있었다. 반면 같은 수의 지역에 학교는 10개가 있었을 뿐이다. … 여자와 어린이를 포함한 1,200만 명의 식민지 주민들은 매년 2천 3백 만~2천 4백 만 리터의 술을 마시고 있었다"(Ho Chi Minh, "French Colonization on Trial" ; Fall ed., 1967 : 77)라고 프랑스의 식민정책을 고발하고 있다.

20년대에는 주세와 연초세-전매제 이후에는 전매이익금-가 소비세의 주를 이루어 대중생활을 압박했다(최배근, 1998 : 260). 또한 비록 ⓒ의 시기에 유산층에 대한 소득세 중심으로 과세의 중심이 이동했다고는 하나 소비세는 1937년 중일전쟁을 시작한 이후에도 크게 줄어들지 않았다. 실제로 1919~1933년까지 조세의 세목별 비중에서 소비세는 66.1%를 차지했고, 1934~1939년까지도 64.3%를 점하고 있었던 것이다.38)

전반적으로 보아 식민지 조선에서 발생한 조세체제의 변동은 식민체제의 안정화와 수탈의 극대화라는 이중의 목표를 중심으로 이루어졌다. 비록 1930년대 중반경부터 유산계급에 대한 집중과세가 이루어져 유산계급 또한 수탈의 대상이 되었다고는 하나 이들과 농민을 중심으로 한 피지배계급의 입장은 명확히 구별되어야 한다. 식민국가와의 관계에서 지주를 중심으로 한 지배계급은 보호(patron)와 피보호(client)의 관계에 놓여 있었다. 또한 수탈을 당하는 가운데서도 지배계급은 1930년대 이후 제한적 의결기구의 성격을 띠게 된 지방의회 진출을 통해 경제적 손실을 정치적 보상을 통해 메우려 했다(정태헌, 1996 : 441).

베트남과 조선에서 위로부터의 동원은 주로 전쟁에 관련하여 이루어졌다. 베트남의 경우 위로부터의 동원은 1차 세계대전의 영향에 의한 것(제1기)과 1940년 일본이 인도차이나를 점령한 이후 이루어진 동원(제2기)으로 나누어 볼 수 있다.

제1기 인적 동원(1915~1919년)의 경우 프랑스는 43,000여 명의 군인과 49,000여 명에 이르는 노동자를 유럽전선으로 보냈다. 이러한 숫자는 조선에 비해서는 상당히 적은 것이라 할 수 있으나, 농민을 토지로부터 축출하는 '아래로부터의 동원'과 맞물려 베트남인들의 계급구조와 계급의식을 변화시키는 요인으로 작용했다.39) 또한 프랑

---

38) 세목 중에서 소비세의 변동추이는 정태헌(1996 : 44) 참조.

스는 전비를 조달하기 위해 물적 동원을 행했는데, 이에 따라 베트남의 농민들은 조세 이외에 공채와 국방채를 사야 했고, 인도차이나 정권과 각 지방 당국에 의해 할당된 전쟁기금을 지불해야 했다. 그 결과 식민당국은 전쟁기간 동안 1억 8천만 프랑이 넘는 공채 판매기금과 1천 4백만 프랑에 가까운 기부금을 거둘 수 있었다. 이 기간 동안 농민들은 홍수·한발의 영향과 프랑스의 수탈로 그들의 토지를 팔 수밖에 없었고, 이렇게 팔린 토지는 지주에게 집중되었다(Dinh Xuan Lam, 2000 : 190~191).

제2기 일본에 의한 위로부터의 동원은 주로 물적 동원의 측면이 강했다. 일본은 프랑스를 이용하여 인도차이나를 병참기지로 활용했다. 1941년 5월 6일 토쿄협정에 따라 프랑스는 인도차이나에서 일본에게 최혜국 대우와 함께 쌀·고무·석탄과 그 외 지하자원(주로 비철금속)의 대량공급을 약속했다. 또한 인도차이나은행은 공동방위의정서에 입각해 일본군의 전비로 1941년 2,300만 피애스터를 제공했고, 1940~1943년 사이에 약 2억 8천만 피애스터를 대여했다. 당시 인도차이나의 재정규모가 일반예산과 지방예산을 합쳐 약 3억 피애스터에 지나지 않았다는 점을 고려할 때 일본이 얼마나 많은 전쟁물자를 수탈했는지를 짐작할 수 있다(眞保潤一郎, 1986 : 65). 그러나 일본의 수탈에서 가장 가혹했던 것은 식량의 수탈이었다. 일본은 1940년 9월 인도차이나에 진주한 이후 전선의 식량을 공급하기 위해 그해 3개월 동안에만 46만 8천 톤의 쌀을 징발했으며, 44년까지 3백 55만 톤을 징발했다. 당시 북부 삼각주 지대에서 거둔 쌀은 연간 약 1백 8만 톤 정도여서 해에 따라서는 수확량의 거의 전부를 일본군이 징발한 셈이 된다. 이 같은 가혹한 식량수탈은 1944~1945년 중·북부지역에서 발생한 대규모 아사(餓死)의 근본적인 원인이 되었다. 이 당시 발생한

---

39) 조선에서의 아래로부터·위로부터의 계급동원에 대한 논의는 Cumings(1986 : 60) 참조.

대규모의 아사는 1944년부터 발생한 자연재해가 한 요인이었으나, 다른 한 측면에서는 프랑스와 일본에 의한 쌀 징발, 그리고 베트남인의 저항을 무력화시키기 위해 일본군이 자행한 북부지역으로의 식량 유출 금지가 주요한 요인이었다. 그 결과 당시 1,000만이 조금 넘었던 중·북부 인구의 20%인 200만 가까이가 아사하게 된다(Cao Van Bien, 1990 : 54~55 ; Van Tao & Furuta Motoo, 1995 : 694~696).

　식민지 베트남과 조선이 감내해야 했던 고통의 깊이를 양적으로 논할 수는 없으나, 베트남과 비교해 볼 때 조선은 일본의 제국주의전쟁과 관련하여 더욱 광범위한 인적 동원을 경험했다. 1937년에 이르러서는 북중국에서 전쟁을 일으킨 일본이 조선인의 모든 생활국면을 전쟁에 맞게 조직하는 데 힘씀에 따라 노동력 동원은 위로부터 강요되었다. 1942년이 되면 노동은 오직 징집되거나 징용되었을 뿐이다. 조선 노동자들은 일본의 산업적·군사적 팽창의 필요에 따라 이리저리 이동하는 인력자본이 되었다(Cumings, 2002 : 249~250). 노동력의 강제동원의 전체 규모가 어느 정도였는지는 정확하게 밝혀지지 않았지만, 조선 내에서 동원된 인원이 약 420,000명, 일본·사할린·남양군도 등지로 이동된 인원이 약 1,500,000명으로 추정되고 있다. 조선 내에서 동원된 노동력은 석탄 광산 42,000명, 군수공장 20,000여 명, 토목 건축 35,000여 명, 교통 운수 2,000여 명이었고, 일본 등지로 동원된 노동력은 석탄 광산 600,000여 명, 군수공장 400,000여 명, 토목 건축 300,000여 명, 항만 운수 50,000여 명이었다. 이외에 근로보국대를 통하여 각 도 내에서 동원된 연인원이 4,000,000여 명, 군인·군속은 370,000여 명, 강제동원의 가장 극단적인 형태인 '성노예(종군위안부)'가 100,000여 명으로 각각 추정되고 있다(문영주·송규진, 2000 : 183).[40]

---

40) 이러한 수는 자료마다 심한 편차를 보인다. 일제에 의한 인적 자원의 수탈과 농민의 징용·징발에 대한 내용은 임종국(1982 : 137~197) ; 조동걸(1986 : 291~

이러한 변화에서 중요한 것은 '변화의 속도'였다. 일본식민치하 마지막 10년 동안 벌어진 엄청난 인구이동과 이향을 그렇게 단기간에 겪은 농업사회는 아마 거의 없을 것이다(Cumings, 2002 : 247). 이 기간 동안 조선의 농민들은 전통적 마을에서 강제로 내몰려 물질적 지위의 상실을 겪었고, 종종 새로운 이데올로기에 접촉했으며, 시골마을을 넘어선 더 큰 세계를 보았다(Cumings, 2002 : 257). 이러한 상황은 1945년 해방공간에서 아래로부터 분출한 거대한 혁명의 물결을 설명하는 데 주요하다. 여기서 한 가지 주목할 것은 조선에서 발생했던 대대적인 위로부터의 동원과 빠른 사회변화는 베트남에서는 볼 수 없는 상황이었다는 점이다. 같은 식민지 수탈에 놓여 있었다고 하더라도 조선에서 발생한 인적 동원은 해방 당시 조선이 더욱 혁명적인 상황에 놓일 수 있는 객관적 조건을 형성했다. 그러나 조선에서 혁명의 불길은 베트남처럼 오랫동안 타오르지 못했다. 왜 이런 일이 발생했을까? 이에 대한 해답은 2부의 과제로 남겨 놓기로 하겠다.

중일전쟁 발발 이후 1938년 일제는 '국가총동원법'을 실시하고 인적·물적 일체의 자원에 대한 통제를 가하기 시작했다. 특히 물적 측면에서 당시 동원은 군수산업을 중심으로 한 산업체제의 재편, 국민생활에 대한 극도의 내핍생활 강조로 특징지을 수 있다(임종국, 1982 : 198~199). 전쟁비용 유출의 경우 1937~1940년 동안 조선의 전비유출액은 일본 전비유출 총액의 7.5%, 조세에서 차지하는 비율은 24%였지만, 태평양전쟁이 발발한 1941년 이후 1945년까지는 전비유출 총액의 92.5%가 조선에 집중되었고, 조세에서 차지하는 비율도 73%나 되었다(문영주·송규진, 2000 : 185).

또한 일본 국채의 매입과 전쟁관련 업종의 대출자금으로 사용된 강제저축은 조세를 통한 자금보다 훨씬 강한 수탈적 성격을 지닌 것이었다. 조선저축장려회가 조직되면서 급증한 강제저축은 1937~1944

___

301) 참조.

년 10월 사이 1억 2,629만 엔에서 56억 2,245만 엔으로 늘어나 불과 7년 동안 무려 44.5배나 되는 엄청난 증가율을 보였다. 이는 조선의 경제가 감당할 수 있는 한계를 훨씬 넘어선 무자비한 수탈이었다는 사실을 일제 관리 스스로가 실토할 정도였다(정태헌, 1996 : 415). 일반 농가에 할당된 강제저축은 고소득층에 비해 훨씬 직었지만, 소득에 비해 엄청난 저축 부담을 감당하려면 영농지출비와 생활비를 최소화할 수밖에 없었고, 이는 농민생활의 급격한 빈궁화를 가져왔다.

　농민과 피지배계급의 생활을 더욱 압박한 것은 일제의 식량정책이었다. 일제는 중일전쟁 이래 시행된 일만자족(日滿自足)정책에 따라 조선인에게는 콩깨묵이나 만주산 잡곡을 먹이고 쌀을 일본으로 반출해 갔다(임종국, 1982 : 220). 또한 1941~1945년까지 행해진 미곡 공출 비율은 생산의 51%에 달해 농민의 생존권을 위협했다.[41] 일제하 조선인들이 초근목피로 연명했다는 당시 세간의 표현은 결코 일부의 특정한 사실을 지칭하거나 과장된 것이 아니라 거시적 통계에 의한 일반적 사실을 그대로 반영한 것이었다(정태헌, 1996 : 421).

지주계급의 착취

　지주계급의 착취를 논의하기 전에 간단히 짚고 넘어갈 점은 식민국가에 의해 행해지는 '착취의 구조화'이다. 착취와 연관하여 식민국가가 행하는 가장 주요한 역할은 식민지에서 발생하는 착취체제를 사회적으로 구조화한다는 점이다. 이는 기본적으로 식민국가에 의해 행해지는 수탈을 용이하게 하기 위해 생산관계를 재편하는 과정에서 발생한다. 앞 절에서는 토지의 상품화를 통해 지주계급의 형성을 검토하였다. 그러나 지주계급에 의한 반봉건적 착취의 강화와 이에 따른 농민층의 해체, 노동자계급의 발생을 설명하기 위해서는 노동에 대한 상품화를 또

---

41) 1941~1944년까지의 미곡 공출 비율은 조동걸(1986 : 290) 참조.

한 고려해야 한다. 우선 상품화과정에 대한 월러스타인의 논의를 살펴보도록 하자.

> 상품연쇄의 하위과정 하나 하나가 모두 다 상품화되는 것이 필연적인 일은 아니며, 심지어 일반적인 현상도 아니었다. 실은 상품연쇄의 모든 연결고리들이 실제로 다 상품화되어 있지 않을 때 이윤이 오히려 더 큰 경우가 종종 있다(Wallerstein, 1993 : 16~17).

위의 논의는 토지와 노동에 관련한 상품화과정에 유사하게 적용될 수 있다. 토지영역에서 상품화의 진전은 농민의 프롤레타리아화를 강화하며, 토지에 관계한 노동 상품화의 지체는 지주에 의한 반봉건적 착취를 강화하는 것이다. 결국 토지영역에서 이러한 이중의 상품화는 낮은 비용으로 최대의 잉여창출을 보장하는 것이다.42) 이는 또한 사회적 관계에도 영향을 미쳐 식민지 지배계급의 친식민성을 공고히 하였으며, 결과적으로 지배계급과 피지배계급의 민족적·계급적 이해의 분할을 가져왔다.

반봉건적 착취구조는 베트남과 조선에서 매우 유사한 형태로 전개되었다. 베트남에서 지주와 지방유지는 마을에 부과되는 조세에 대해 농민들에게 과중한 부담을 지움으로써 이득을 취했다. 소작료의 경우 미작은 산물의 1/2, 옥수수 1/3, 땅콩 1/3을 현물지대로 수취했다. 지대는 현물·화폐·노동력의 유형으로 지불되었다. 여기에 전근대적 착취양식이 지속되고 있었는데, 예를 들어 타이빈(Thai Binh)지역의 경우 새로운 소작인은 경작을 시작하는 신고 비용으로 2~3피애스터를 지불해야 했고, 수확기에는 추수보고를 위한 비용으로 0.5피애스터를 지불했다. 또한 지주의 가정 대소사에 쌀을 갹출당하고, 노동력을 제공해야 했다(Truong Chinh & Vo Nguyen Giap, 1974 : 32~36).

---

42) 토지와 노동에 관한 상품화에 대해서는 Wallerstein(1979 : 147~148) 참조.

조선의 경우도 베트남과 크게 다르지 않았다. 먼저 소작권의 불안정은 소작료의 인상으로 이어졌다. 소작권이 갱신될 때마다 소작료가 올라 심지어는 소작료가 7할에 이르기도 했다. 또한 지주가 여러 형태로 과거의 관습을 무시함으로써 수탈은 더욱 강화되었다. 예를 들어 이전에는 소작료를 징수하지 않았던 이모작의 이작(裏作)이나 혼작에도 소작료를 징수하기 시작했고, 지주가 부담하였던 소작자의 관리수선비와 소작료의 장거리 운반비를 소작인에게 전가시켰다. 또한 지주가 납입하던 공과공조(公課公租)를 소작인에게 전가시켰고, 새로 신설된 수리조합비 역시 소작인이 지불하도록 했다(堀和生, 1983 : 364).

반봉건적 착취에 관련하여 1930년대 일본은 식민농정에 대해 부분적인 개선을 시도하였다. 1930년대 식민농정의 변화는 식민지 경영조건의 악화, 곧 지주·소작관계의 모순과 농민운동의 급진화, 그리고 이를 더욱 악화시킨 농업공황을 반영한 것이다(정문종, 1993 : 232). 식민농정의 변화에 핵심은 직접 생산자인 농민을 체제 내로 편입하고자 한 것이었는데, 그 구체적인 조치들로는 자작농지설정사업(1932), 농가갱생계획(1933), 농지령(1934) 등을 들 수 있다.[43] 이 가운데 지주·소작관계를 개선하려는 대표적 조치로는 농지령을 들 수 있다. 그러나 농지령은 소작기간을 3년밖에 보장하지 않았으며, 지주의 소작료 수탈에는 거의 제한을 두지 않아 근본적인 지주·소작관계의 개선을 가져오지 못했다. 이는 식민국가가 지주의 근본적인 이해를 침해하지 않는 상황에서 개량적 조치를 통해 농민들의 체제내화를 꾀했기 때문이다. 결과적으로 보면 이 시기를 통해 소작료는 실질적으로 인상되었으며, 답작에서의 지주제가 경기·충남·전북·황해에서는 이미 73~81%, 전남·경남·충북·평남·평북에서는 64~69%에 이르러 지주·소작관계의 근본적 특성은 변화가 없었다(정연태, 1995).

---

43) 1930년대 농촌진흥계획의 구체적 내용들에 대해서는 박섭(1988) ; 정문종(1993) ; 정연태(1995) 등을 참조.

    베트남·조선에서 지주·소작관계가 지닌 반봉건적 착취의 성격과 더불어 한 가지 더 검토할 것은 고리대적 착취이다. 베트남과 조선 모두에서 농민들은 고율의 소작료, 세금, 금융시장에서의 배제, 농업경영자금의 압박 등으로 인해 지주의 고리대에 의존했다. 베트남의 경우 지주는 고리대금을 통해 매달 6~7%, 많게는 1년에 240%까지 이자를 수취했고, 종종 지대를 통해 얻는 수입보다 고리대금업을 통한 수입이 더욱 많았다(Porter, 1976 : 11). 이에 따라 지주들은 때때로 농민들이 돈을 빌려가기를 희망했고, 대부를 요구하지 않는 차지인이나 소작인은 지주에게 잘 대우받지 못했으며, 심지어 쫓겨날 위험에 처하기도 했다. 고리대금은 지주들이 돈을 버는 가장 쉽고 안전하며 이윤이 높은 방법이었고, 농민들의 논을 빼앗거나 부동산을 확장하기에 용이한 방법이었다(Ngo Vinh Long, 1991 : 94).

    1930년대 조선의 경우 저당대부의 이자율이 최고 40% 이상, 개인 고리대에 의한 무담보대부의 경우 보통 70~80%였으며, 장리(長利 : 正租 1석을 6·7월에 꿔다 먹고 수확기에 1석 5두로 상환함)의 경우는 실질적으로 100%를 초과하는 이자율을 나타냈다(최배근, 1998 : 287). 또한 주로 수확한 후 취득한 벼로 지불할 것을 약속하는 벼돈, 벼로 지불할 것을 조건으로 비료를 대부받는 벼비료, 벼로 갚을 것을 조건으로 보리를 빌리는 벼보리 등의 다양한 고리대로 인해 지주에게 쌀이 집중되었다(河合和男, 1983 : 398). 이는 결국 농민들의 토지방매와 지주에게 토지가 집중되는 결과를 초래했다.

    지금까지 논의한 식민국가의 수탈, 특히 조세·물적 수탈과 지주의 반봉건적 착취·고리대는 농민층의 전반적인 하향분해, 곧 자작농·자소작농의 감소와 소작농의 증가를 초래했다. 이것은 다른 한편으로는 지주에게 토지가 집중됨을 의미했다. 〈표 1-8〉은 베트남에서의 토지집중을, 〈표 1-9〉·〈표 1-10〉은 조선에서 나타난 토지소유의 지역별 차이와 소작화 경향을 보여 준다.

<표 1-8> 프랑스 점령하 베트남의 토지집중

	통킹		안남		코친차이나	
	수치	%	수치	%	수치	%
토지 소유자 구분	인수		인수		인수	
0~5ha	946,500	98.2	646,700	98.5	183,000	71.7
5~50ha	17,500	1.8	8,900	1.35	65,750	25.8
50ha 이상	180	0.02	50	0.008	6,300	2.5
총계	964,180	100	655,650	100	255,050	100
토지 구분	면적		면적		면적	
0~5ha	480,000	40.0	400,000	50.0	345,000	15.0
5~50ha	240,000	20.0	120,000	15.0	850,000	37.0
50ha 이상	240,000	20.0	80,000	10.0	1,035,000	45.0
공유지	240,000	20.0	200,000	25.0	70,000	3.0
총계	1,200,000	100.0	800,000	100.0	2,300,000	100.0

자료 : Le Than Khoi, *Histoire du Viet-nam*, Pais, 1955 : Les Editions de Minuit, p.422 ; Wiegersma(1988 : 77)에서 재인용. 여기에서 0~5ha는 소규모 토지 소유자 혹은 소작인, 5~50ha는 중간 규모의 지주, 50ha 이상은 대지주로 분류된다.

〈표 1-8〉에는 무토지 소유나 소작농의 분포는 나타나지 않는다. 그러나 대지주의 토지집중도와 경지면적을 볼 수 있는 유용한 자료이다. 특징적인 것은 코친차이나를 중심으로 한 대지주의 발달이다. 50헥타르 이상의 토지를 소유한 사람들 중 95%가 코친차이나에 집중되어 있었으며, 6,300명 가량의 대지주가 경작지의 45%를 점하고 있었다. 페이지는 구루(Gourou)의 논의를 빌려 코친차이나의 서부와 중부지역에 있는 토지의 80%가 임차되었으며, 가족당 4명 중 3명은 차지인이거나 혹은 무토지 노동자들이었음을 밝히고 있다(Paige, 1995 : 424). 통킹과 안남의 경우는 소토지 보유자들이 코친차이나에 비해 폭넓게 존재하고 있었다. 〈표 1-8〉에는 나타나고 있지 않지만 구루의 논의에 따르면 0.36헥타르 이하의 토지 소유자들이 61% 가량, 0.36~1.8헥타르의 소

유자가 29% 가량 분포하고 있는 것으로 나타난다(Ngo Vinh Long, 1991 : 20). 통킹지역에서 토지를 전혀 소유하지 않은 농민의 수는 명확히 나타나지 않고 있으나, 안남의 경우 53% 가량의 농민이 무토지 소유농이었다고 추정된다(Ngo Vinh Long, 1991 : 27).

베트남의 경우 지주로의 토지집중과 농민의 하향분해에 대한 전반적 추이를 보여 줄 수 있는 자료는 제시할 수 없으나, 프랑스 식민지배기 동안 지역별로 정도의 차이는 있을지라도 대지주와 농민 사이의 토지소유의 양극화는 부인할 수 없는 추세였다고 볼 수 있다.44)

대지주 형성의 지역적 차이는 베트남에 비해 토지조사나 토지의 사적 소유권제도가 더 철저하게 자리 잡았다고 볼 수 있는 조선에서도 유사하게 나타난다. 〈표 1-9〉에서 보는 바와 같이 남·북은 서로 상이한 토지 분포를 보인다. 남부는 100정보 이상 토지 소유자와 1정보 미만의 토지 소유자 양자에서 북부의 그것보다 각각 3배 가량 많다. 남부의 토지구조는 북부의 그것보다 3배 정도의 양극화를 보이는 것이다(김성보, 1997 : 34). 또한 남부지역은 대지주를 중심으로 토지의 소유집중이 심화된 반면, 북부지역은 남부지역에 비해 중소지주가 더욱 광범위하게 분포한다. 〈표 1-9〉에서는 잘 드러나지 않지만 100·500·1000정보 이상 소유 지주는 남부지역이 압도적으로 발달했다(이종범·최원규 편, 1998 : 255). 30정보 이상을 소유한 지주의 경우 전국 평균 총경지면적의 12.7%를 소유했는데, 이 또한 남부지역(경기·충북·충남·전북·전남·경북·경남)의 경우에는 17.7%로 높게 나타난다.45) 이러한 토지소유관계의 특성은 베트남·조선에서 발생한 농민운동에 유사한 조건을 제공한다.

---

44) 김종욱의 경우 북부 하동(Ha Dong)성(省) 메찌(Me Tri)사(社)의 사례를 통해 식민지배 이후 대지주는 비록 숫자상으로는 약간 감소했지만, 토지의 평균 소유량과 이 계층의 소유 면적량은 모두 늘어났음을 지적하고 있다(김종욱, 2000).

45) 전남의 경우는 30정보 이상의 지주가 총경지의 22%, 전북의 경우에는 30.9%를 차지하여 전국적으로 가장 높은 수치를 보인다. 장시원(1989 : 44) 참조.

〈표 1-9〉 조선인 토지소유 면적별 분포(1941~1942)

면적별	북부지역		남부지역	
	인원	비율(%)	인원	비율(%)
1정보 이하	667,272	55.1	2,174,694	79.8
1정보~5정보	459,830	37.9	480,299	17.6
5정보~10정보	63,511	5.2	45,469	1.7
10정보~50정보	21,430	1.8	23,594	0.9
50정보~100정보	637	-	991	-
100정보 이상	172	-	563	-
계	1,212,852	100	2,725,610	100

자료 : 조선총독부 농림국 농정과, 『조선통계요람』, 1949, 20쪽, 100정보 이상 인원수는 1941년 기준, 그 이하 인원수는 1942년 기준 ; 김성보(1997 : 34)에서 재인용.

〈표 1-10〉 경지의 소작지화 경향　　　　　(단위 : 천 정보)

시기 \ 경작지	논			밭			계		
	자작지	소작지	소작지 비율	자작지	소작지	소작지 비율	자작지	소작지	소작지 비율
1914~1917	431	827	66	1,172	966	45	1,603	1,793	53
1918~1922	551	993	64	1,592	1,189	43	2,143	2,188	50
1923~1927	551	1,017	65	1,582	1,214	43	2,133	2,231	51
1928~1932	549	1,093	67	1,439	1,378	49	1,988	2,471	55
1933~1937	548	1,159	68	1,383	1,411	51	1,931	2,570	57
1938~	564	1,198	68	1,341	1,422	51	1,905	2,620	58

자료 : 조선은행조사부, 『조선경제연보』 I-338-9쪽, 1948 ; 강태훈(1988 : 205)에서 재인용.

〈표 1-10〉에 의하면 1920년대 중반 이후 증가하던 소작지율은 1930년대 말에 가면 논농사의 경우 68%에 이르렀다. 전체적으로 보아

1920~1930년대를 거치면서 농민층은 전층적 몰락을 보이고 있으며, 자작·자소작농의 희생을 통해 지주로의 토지집중과 소작인의 증가를 볼 수 있다.

자본제적 착취

자본제적 착취의 형성·발달은 식민지 지주제에 바탕한 농업구조의 변화와 식민당국의 산업정책이라는 양 측면을 반영한다. 식민지 지주제를 중심으로 한 쌀 수출경제의 발달과 중농층의 몰락, 광범위한 소작 빈농의 양산은 한편으로는 지주에 의한 반봉건적 착취를 강화시키는 요인으로 작용하지만, 다른 한편으로는 토지로부터 이탈되어 산업노동자계급으로 전이할 광범위한 산업예비군의 형성을 가능케 했다. 그러나 거대한 잉여노동층이 노동자로 전환하는 과정은 식민국가의 산업정책과 연관되어 그 속도와 정도, 특성이 결정되었다.

1차 세계대전 이전 베트남의 노동자들은 매우 적은 수였으나, 광산·고무농장, 교통 운송부문, 소상품 생산부분을 중심으로 서서히 증가했다. 이는 1차 세계대전이 끝나고 프랑스가 베트남에 대한 투자와 개발을 본격화하면서 빠르게 성장하게 된다. 주된 고용부문은 광산과 고무농장이었는데, 광산의 경우 1913년 1,200명을 넘지 않았던 노동자가 1928년경에는 54,955명으로 늘었고, 고무농장의 경우 1914년 이전 7~8천 명에 불과하던 노동자가 1929년에는 7~8만 명으로 성장했다(Nguyen Binh Minh, 1957 : 22~23). 식민당국의 통계에 따르면 1929년 인도차이나의 노동자 수는 221,000명이었는데, 그중 베트남의 노동자는 189,000명이었다. 이 숫자는 철도·제조업, 상업에 종사하는 노동자, 광산·고무 플랜테이션 노동자를 포괄한 숫자이다(Robequain, 1944 : 81 ; Post, 1989a : 28). 그러나 이러한 수치는 프랑스 회사나 정부기관 등 공식적으로 노동자 숫자를 산출할 수 있는 곳의 노동통계이다. 여기에는 베트남인이나 화인(華人)들에게 고용된 노동자나 일용직 노무자는 빠져 있다. 만약 이러한 노동자를 모두 합친 다면 100만이 넘을 것으로 추정된다(Post, 1989a : 28). 그리고 여기에서 또 한 가지 염두에 두어야 할 것은 계절노동의 특성, 곧 근대적 산업노동의 저발전에 따라 노동자들이 유동적이고, 불안정했기 때문에 이러한 수보다는 훨씬 더 많은 농민들이 자본제적 질서의 영향을 받았을 것이라는 점이다.

조선에서 1910년대까지 공업의 발전 정도는 미약했다. 1922년의 경우 전체 조선인 노동자는 918,603명으로 나타나고 있으나, 그중 광산 노동자는 18,808명(1923년)이고, 공장 노동자는 54,677명에 그쳤다. 또한 1930년까지도 조선인 전체 노동자는 1,220,894명이고, 이 중 운수·통신 노동자는 28,593명, 광산 노동자는 30,093명, 공장 노동자는 106,781명이었다(백욱인, 1987 : 222~224). 이러한 수치를 놓고 볼 때 만일 베트남의 노동자를 공식적으로 환산되지 못한 노동자 수까지 합쳐 100만으로 잡는다면 조선과 베트남은 큰 차이를 보이지 않는다.

그러나 1930년대는 베트남과 조선의 산업구조의 차이를 구분 짓는 시기였다. 1930년대 초부터 시행된 '조선공업화정책'과 1937년 일제의 중국 침략을 계기로 추진된 '병참기지화정책'으로 인해 노동력에 대한 수요는 급증했다. 여기에 노동력을 공급했던 것은 물론 빈농층이 상대적 과잉인구로 누적되어 있었던 농촌이었다. 1933~1942년, 10년 사이에 노동자 수는 급증하여 공장·광산 및 토목 건축의 경우 223,000여 명에서 744,000여 명으로 3.3배나 증가했다. 교통 운수업, 자유업 노동자를 감안하면, 1942년 노동자 수는 175만여 명에 이르렀다(문영주·송규진, 2000 : 175).

공업화의 빠른 진전과 식민국가의 인적 동원을 통한 농민들의 토지이탈을 고려하면, 조선의 농촌사회는 베트남에 비해 훨씬 커다란 변화의 소용돌이 속에 놓여 있었다고 볼 수 있다. 그러나 이러한 변화가 베트남과 조선 사회의 사회·경제적 '구조의 차이'를 심대하게 갈라놓았다고는 볼 수 없다. 1930년대 초 베트남에서 농민은 85~90%를 점했고(Post, 1989a : 30), 조선의 경우 70~80%를 점했다(문영주·송규진, 2000 : 175). 급격한 산업동원에도 불구하고 조선 또한 베트남과 마찬가지로 농업사회의 틀을 벗어나지 못했던 것이다. 커밍스의 논의대로 조선은 "1945년에도 여전히 근본적으로 농업사회로 남아있었다. 더욱이 한국은 일본인 및 한국인 지주들이 소작농과 19세기 지주 —소작농 관계와 근본적으로 다를 것이 없는 소작관계를 유지하고 있던 사회"(Cumings, 2002 : 255)였던 것이다. 또한 양 지역에서 노동자의 성격 역시 서구적 의미의 산업노동자와는 달랐다. 베트남의 "산업 노동자들 중 다수는 농촌에 깊이 뿌리를 두고 있었고, 그들 대부분이 전에 농민이었을 뿐만 아니라 대다수가 오래지 않아 농촌으로 돌아갈"(Wolf, 1984 : 167) 중간적 의미의 노동자였으며, 조선의 노동자 역시 근본적으로는 "농지로부터 완전히 이탈하여 계급적으로 파괴된 채 공업에 편입되지 않았다. 대신 그들은 공업에 투입되었다가 농촌으로 다시 내뱉어진"(Cumings, 1986 : 104) 노동자였던 것이다.

그러면 베트남과 조선에서 노동자의 상태는 어떠했을까? 양 지역 모두에서 노동자들은 가혹한 노동착취에 노출되어 있었다. 우선 베트남의 경우 식민지 농촌 현실을 고려했을 때 22만 정도의 노동자는 너무 적은 숫자였다. 응오빈롱은 "과도한 지대와 높은 세금, 그리고 터무니 없는 대부 이자율에 지치고 피폐해진 많은 농민은 산업 노동을 찾아서 농촌을 떠났어야 했다. 그러나 그런 일은 일어나지 않았다"라고 밝히고 그 원인으로 베트남 국내 산업의 저발전과 열악한 노동조건을 들었다(Ngo Vinh Long, 1991 : 102). 베트남 국내 산업의 저발전은 프랑스가 주로 쌀을 중심으로 한 미곡 수출경제를 발전시킨 결과였으며, 22만의 노동자 숫자가 그 상황을 그대로 대변해 준다. 그러나 여기서 중시해야 할 것은 노동자 수의 증가를 억제했던 열악한 노동조건이다. 그

상황을 단적으로 말해 주는 것은 남부지역의 고무농장이다. 남부지역
의 고무농장에서 필요한 인원은 22,000명을 넘지 않았다. 그러나
1925~1930년 사이 통킹에서 남부 고무농장으로 유입된 인원은
75,000명에 달했다.[46] 이는 열악한 노동조건하에서 사망하거나 도주
한 노동자들을 계속 충원하기 위함이었다. 고무농장의 노동자들은 낮
은 보수와 질병, 노골적인 학대를 감수해야 했으며, 노동자들에게 이곳
은 '세상의 지옥'으로 이야기되었다(Ngo Vinh Long, 1991 : 112).[47]
이러한 노동조건은 고무농장과 더불어 가장 많은 인원을 충원하고 있
었던 광산 노동자들도 마찬가지였다.

조선 노동자들의 상황도 베트남과 마찬가지로 열악했다. 1920년대
의 노동자들은 저임금은 말할 것도 없거니와 대부분 12~16시간, 심지
어는 18시간의 장시간 노동에 시달렸다. 조선공업화정책에 따라 1930
년대 후반 국가기관─직업소개소를 거쳐 북부지역으로 이송된 농민들
은 독점자본의 초과이윤 획득의 무궁무진한 원천이 되었다. 당시 조선
에는 베트남에서 형식적으로나마 제정되었던 노동자 보호입법조차 없
었다. 흥남질소비료공장의 경우 매일 12~16시간 노동을 해야 했으며,
교대자가 나타나지 않을 경우 강제로 24시간 노동을 계속 해야만 했다
(小林英夫, 1983 : 509). 강압적인 노동의 예는 '피지 못한 꽃'이라고

---

46) 남부의 고무농장에 투입된 노동자들은 대부분이 통킹과 안남에서 왔다. 이는
두 가지 측면을 반영하는 것인데, 그중 하나는 상대적으로 조밀했던 중·북부
지역의 농업구조였으며, 다른 하나는 응오빈롱이 논의하는 바와 같이 코친차이
나의 농민들이 위의 두 지역 농민에 비해 생활 여건이 좋아서라기보다는 끔찍
한 노동조건을 너무 잘 알고 있어서 그러한 노동을 피했기 때문이었다(Ngo
Vinh Long, 1991 : 106).

47) 1936년 1월 프랑스의 인민전선정부는 베트남에서 노동법을 제정했다. 이것은 8
시간 노동제, 어린이 부녀자의 야간 노동금지, 유급휴가, 1주일에 1일 휴일 지
정 등 진보적인 내용을 담고 있었다(Robequain, 1944 : 79). 그러나 응오빈롱은 이
러한 노동법이 가혹한 착취를 줄이는 데 별 효과가 없었다고 본다(Ngo Vinh
Long, 1991 : 105).

불렀던 선불제 고용 소녀들에게서도 잘 드러난다. 방직공장의 공원모집자들은 춘궁기에 처녀들을 모집하여 공장으로 데려갔는데, 그들은 개인적 자유를 억압당했고, 전쟁기간 하루 16시간씩 일을 했으며, 수명 또한 매우 짧았다(Shabshina, 1996a : 95).

노동자들의 고통을 더욱 가중시킨 것은 자본제적 착취와 결합된 민족적 착취였다. 이는 갈퉁이 대규모 구조적 폭력의 하나로 꼽고 있는 '차별'에 해당되는 것이다(Galtung, 2000 : 422). 베트남과 조선에서 차별은 민족적·인종적 매개를 통해 수행되었는데, 이것은 권위와 직위뿐만 아니라 노동에 대한 분배의 차이도 심화시켰다. 베트남의 경우 인도차이나인은 단순노동에 종사했으며, 관리직이나 기술직으로의 진입은 차단되어 있었다. 또한 베트남인들은 똑같은 직업이나 혹은 더 비천한 직업을 갖고 있는 프랑스인들이 자신들보다 2~3배 이상의 임금을 받는다는 사실에 직면했다. 이것은 지식인층에도 그대로 적용되어 하노이대학의 프랑스인 수위는 파리대학에서 박사학위를 받은 베트남인 교수보다 약간 더 많은 기본급을 받았다(Fall, 1968 : 32~33).

조선 역시 이러한 차별은 매우 심했다. 같은 직종, 같은 기술의 소유자라 할지라도 일본인과 조선인들의 노동에 대해서는 그 어디서든 같은 임금을 적용하지 않았다(Shabshina, 1996a : 93). 뿐만 아니라 조선인 노동자는 노동시간도 일본인 노동자의 1.5배 이상이었으며, 기술부문에서도 배제되어 단순노동에 종사하는 경우가 많았다(이송순·정병욱, 2000 : 137).[48]

식민국가에 의한 수탈과 착취의 구조화, 지주계급을 중심으로 한 반봉건적 착취, 그리고 농민층 분화에 의해 발생한 노동자계급과 점증하는 자본제적 착취는 농민계급과 식민국가·지주를 중심으로 한 지배

---

48) 홍남비료공장의 사례를 통해 이러한 민족적 차별을 구체적으로 논의하고 있는 것은 小林英夫(1983 : 507~508) 참조.

계급 사이의 계급적·민족적인 이해를 갈라놓았다. 곧, 식민지시기의 객관적인 사회·경제적 조건은 농민을 중심으로 한 피지배계급이 지배계급과 자신들의 이해를 구분 짓는 구조적 배경이 되었던 것이다. 결과적으로 농민을 중심으로 한 피지배계급의 계급적 이해의 실현은 식민국가를 기반으로 하고 지주를 중심으로 한 지배계급의 동맹구조를 해체하는 데에 놓여지게 되었으며, 이는 1945년 해방공간을 규정할 '아래로부터의 질서'였다. 그러나 이러한 객관적 이해가 곧 혁명적 질서로 이행할 역량으로 연결되는 것은 아니다. 커밍스가 묘사했던 '거대한 압력 솥'과 같은 해방공간 전후의 팽팽한 긴장감의 저변에는 식민지배기간 동안 이루어진 농민과 피지배계급의 동원과 저항, 그리고 이를 통한 계급형성과정이 놓여 있었던 것이다.

2) 농민의 동원과 저항

이 소절에서 중점적으로 논의할 것은 농민을 중심으로 한 피지배계급의 집합행동이 식민지배 이후 어떻게 변화·발전하였는가이다. 이에 대한 분석은 각 시기 농민을 중심으로 한 피지배계급의 동원과 저항이 민족주의운동과 어떠한 연관을 맺고 진행되었는가를 중심으로 이루어질 것이다. 각 시기 운동의 특성을 역사적으로 추적하기 위해 이 논의에서는 민족주의운동을 전근대적 민족주의운동과 근대적 민족주의운동으로 구분하고, 근대적 민족주의운동은 다시 운동의 역사적 전개과정에 따라 크게 문화적 민족주의운동의 발흥, 문화적 민족주의운동의 개량화와 사회주의운동의 발흥, 사회주의운동의 사회적 침투·확산이라는 3단계 과정으로 나누어 살펴보겠다. 아래의 〈표 1-11〉은 민족주의운동의 변화과정과 농민의 집합행동을 역사적으로 정리한 것이다.

<표 1-11> 민족주의운동의 변화와 농민의 집합행동

민족운동의 변화		전근대적 민족주의운동	문화적 민족주의운동의 발흥	민족개량주의 운동의 전개와 사회주의 운동의 발흥	사회주의운동의 사회적 침투·확산
농민들의 집합행동	베트남	근왕운동 (1885~1895년) 데탐투쟁 (1887~1913년)	안남의 조세저항 (1908년)	농민의 경제적 저항의 지속	응혜-띤 소비에트 (1930~1931년)
	조선	의병항쟁 (1905~1911년)	1919년 3·1운동	소작쟁의의 확산과 운동의 급진화 (1920~1930)	적색농조 (1931~1937년)

전체적으로 보아 베트남·조선에서 아래로부터의 동원과 저항, 그리고 이에 결합하는 민족운동세력의 변화유형은 역사적으로 유사한 경로를 겪었으며, 1945년 해방공간의 혁명성은 바로 이 같은 역사적 과정의 산물이었다.[49]

전근대적 민족주의운동

근대적 민족주의운동이 태동하기 전 국권의 상실과 더불어 일어났던 전근대적 민족주의운동과 결합된 농민의 저항은 반외세투쟁의 성격을 지니고 진행된 것이었다. 그러나 반외세투쟁이라는 일면 통일된 모습으로 나타난 저항운동은 계급적 입장에 따라 상이한 내용을 지니고 전개되었다. 지배계급은 반외세의 기치하에 전통에 호소하여 기존의 질서를 유지하려고 봉기한 반면, 농민을 중심으로 한 피지배계급은 봉건

---

49) 이 소절에서는 각 민족운동세력이 지니고 있었던 특성에 대해서는 자세히 언급하지 않을 것이고, 이것은 1장 3절의 논의로 남겨둔다. 이 소절은 각 민족운동세력과 동원집단인 농민을 중심으로 한 피지배배계급이 역사적으로 어떻게 결합되었는지를 시계열적으로 보여 주고, 베트남과 조선에서 그것이 어떻게 유사한 방식으로 전개되었는지를 설명하는 데 주안점을 둘 것이다.

적 질곡에 대한 저항과 더불어 외세의 침탈에 따라 더욱 피폐해진 자신들의 삶에 대한 반발로 저항운동에 참여한 것이다.

베트남은 프랑스의 침략 이전부터 계급갈등이 첨예화되고 있었다. 응우옌 왕조의 쟈롱(Gia Long : 1802~1819 제위) 황제는 왕조의 경세적 기초를 확립하기 위해 공전에 관한 일련의 법을 반포하고, 종래에 6년에 한 번씩 하던 공전의 분배를 3년에 한 번씩 함으로써 농민생활의 안정을 기하려고 했다. 그러나 민망(Minh Menh : 1820~1840년 제위)제의 남부 개척은 오히려 토지의 사유화를 부추겼으며, 토지모순을 심화시켰다. 남부의 빈딘(Binh Dinh)성의 경우 "사유지는 공전의 10배에 이르렀으며, 부자는 광활한 토지를 지녔으나, 가난한 자는 막대기 하나 꽂을 땅도 없었다"(Tran Huy Lieu, 1954 : 11). 또한 응우옌 왕조의 관료체제와 상부구조는 농민들이 그것을 지탱할 수 있는 능력을 넘어서는 것이었다. 일례로 지속적인 자연재해와 기근에도 불구하고 뜨득(Tu Duc : 1848~1883년 제위) 황제는 막대한 비용을 들여 자신의 능을 건설하였고, 이것은 황제의 암살을 기도하는 사건을 낳기도 했다(유인선, 2002 : 263). 토지의 박탈, 과도한 인두세·노역에 대한 요구는 기근·홍수·메뚜기떼의 창궐 등의 자연적 요인과 결합하여 아래로부터의 광범위한 저항을 유발하였으며, 프랑스의 침략은 이러한 상황을 더욱 악화시켰다. 따라서 프랑스 침략 이후 농민들의 저항은 사회의 내적 모순과 식민모순 양자에 대한 저항을 함축하게 되었다.

대불항쟁은 프랑스의 침략과 동시에 시작되었으나, 전통적 민족주의운동의 대미를 장식했던 저항운동은 근왕(Can Vong)운동이었다고 할 수 있다. 근왕운동은 1884년 7월 12세의 나이로 황제가 된 함응히(Ham Nghi)제의 근왕령에 의해 촉발되었다. 근왕령의 일부 내용은 아래와 같다.

짐은 부덕한 사람으로 이제 (프랑스의 침입) 상황에 직면하여 앞장서 나아갈 힘이 없다. … 그러나 우리 모두가 도덕적인 의무감에 충만해 있으니, 관리든 학자든 지위 고하를 막론하고 누가 나를 저버리겠는가. 머리 좋은 자는 묘안을 내고, 힘이 있는 자는 직접 싸우고, 재산이 있는 자는 물자를 제공하라. 만백성은 여하한 고난도 참고, 견디며, 여하한 위험도 피하지 말라. 이렇게 하는 것만이 의(義)의 길이다(유인선, 2002 : 312~313).[50]

근왕령은 베트남 내의 문신·농민들의 호응을 불러일으켰으며, 같은 이름의 저항운동을 온 나라 안으로 확산시켰다(Duiker, 1976 : 27). 근왕운동의 대표적인 인물로는 꽝빈(Quang Binh)과 하띤(Ha Tinh)을 근거로 활동한 레쯕(Le Truc)과 1885~1895년까지 중·북부 안남 지방에서 저항운동을 벌였던 판딘풍(Phan Dinh Phung)을 들 수 있다. 근왕운동의 연속선상에서 눈여겨볼 것은 '엔테(Yen-The)의 호랑이'라 불리었고 데탐(De Tham)으로 더 잘 알려진 호앙호아탐(Hoang Hoa Tham)의 투쟁이다. 데탐은 빈농 출신의 지도자로서 프랑스가 수탈한 토지를 농민들에게 돌려줄 것과 빈민들을 도울 것을 약속했으며, 이를 통해 많은 농민들을 규합했다(Marr, 1971 : 73). 봉건적 수탈과 프랑스의 침략에 의해 파생된 토지수탈의 강화, 농촌 경제의 파탄은 데탐의 투쟁에 농민들이 동참하는 계기가 되었고, 그러한 투쟁은 1887년부터 데탐이 살해된 1913년까지 지속되었다.[51]

전체적으로 보아 근왕운동은 '왕과 국가를 위한 봉기'였다(Duiker, 1976 : 28). 대부분 문신들의 지도력은 그들이 직접 농민들을 동원할 수 있는 마을, 현, 성에 기반하였다. 이는 단기적으로는 지역적 저항을

---

50) 근왕령의 전문은 Marr(1971 : 49~51) 참조.

51) 1887년부터 1894년까지 훈련된 유격병들이 부족했던 프랑스군은 4개 현과 22개 마을에서 그들의 통치권을 데탐에게 넘겨주었다. 1894년부터 1897년까지 새로운 부대로 보강된 프랑스군은 또 다시 공격을 시도했으나 실패했다. 그후 11년간 휴전이 계속되었다. 1909년부터 1913년까지 프랑스군은 데탐군을 추적했으며, 데탐이 살해된 후인 1913년에야 그들을 정복했다(Ho Chi Minh, "French Colonization on Trial" ; Fall ed., 1967 : 105).

이끌 수 있는 응집력을 제공했으나, 장기적으로는 프랑스와 원주민 식민군이 운동을 효과적으로 분할·분쇄할 수 있었던 원인이 되었다. 이는 특히 통킹에서 심했다(Marr, 1971 : 53 ; Buttinger, 1968 : 151~152). 또한 이 시기의 운동은 통일된 지도주체를 지니지 못했으며, 전통에 대한 호소를 효과적인 사회개혁과 연결시키지 못하는 한계를 보였다. 데탐의 투쟁은 예외적이지만 1895년 팜딘퐁의 패배는 프랑스에 대한 베트남인들의 첫 저항시기가 끝남을 의미했다. 폴 두메르(Paul Doumer) 총독이 인도차이나에 도착한 1897년 2월 근왕운동은 이미 과거의 것이 되어 버렸으며, 그의 대규모 행정·재정적 개혁은 새로운 반(反)식민 지도세대의 출현과 더불어 이루어졌다(Marr, 1971 : 76).

식민화되기 이전의 조선 역시 베트남과 유사한 내적 갈등을 겪고 있었다. 18·19세기 농촌사회는 신분제가 해체되는 가운데 농민층이 경제적으로 크게 분화, 재구성되어 가고 있었다. 농지는 지주나 일부 부농에게 집중되고 있었으며, 지주·소작인 간의 대립이 심각한 사회문제로 등장하였다. 1876년 2월 '조일수호조규'의 체결로 조선이 세계 자본주의체제로 편입되면서 농촌사회의 양극분화는 더욱 촉진되었다. 또한 개항 이후 미곡 수출의 영향으로 지주·부농층에 의한 토지집적이 가속화되는 가운데 다수의 빈농층은 더욱 몰락하는 길을 걸었으며, 일본인에 의한 토지침탈은 이러한 상황을 더욱 악화시켰다. 여기에 농민생활을 더욱 압박한 것은 전정(田政), 군정(軍政), 환곡(還穀)의 삼정(三政)으로 표현되는 봉건적 수취체제였다. 1862년 진주지역을 기점으로 삼남지방에 만연했던 '임술민란'은 그 원인이 '삼정문란'에 있었으며, 1894년 동학농민전쟁 역시도 그 촉발점이 '극한점에 도달한 봉건적인 무궤도한 수취체제'에 있었던 것이다(박찬승, 1995 : 28). 특히 동학농민전쟁은 반(反)봉건·반(反)외세의 성격을 동시에 지니고 있었으며, 동학의 애국적 반외세 감정은 이후 의병운동으로 재현되었다

(Robinson, 1990 : 49).

1905년 을사보호조약의 체결 이후 직접적인 무력항쟁을 통해 국권회복을 추구했던 의병항쟁은 여러 면에서 베트남의 근왕운동과 유사한 모습을 보인다. 의병항쟁의 무력의 원천은 농민들이었지만, 농민층의 항쟁을 의병전쟁으로 발전시키는 데 선도적 역할을 한 것은 보수적 양반·유생세력이었다. 이들 재지양반세력은 위정척사(衛正斥邪)사상의 전통 위에서 현실을 파악하고 그 논리에 따라 활동하였다. 유인석의 경우 망국의 원인으로 파악되었던 자유·평등론, 민주주의 정치체제, 서양의 학문·종교 등을 반대하였고, 유교적인 신분질서에 기초한 사회체제의 복구, 중국을 중심으로 하는 국제질서의 회복을 추구하였다(김도형, 1995 : 148).

1907~1911년까지 일본군과 경찰병력은 의병들과의 피나는 싸움에 고전했다. 전통적인 양반·유생에 의해 모병되었건, 아니면 직업군인에 의해 모병되었건 간에 국가주권 회복을 위한 이 저항운동에 많은 지방농민이 지원했다(Robinson, 1990 : 69). 1907년 이후의 의병들은 이전의 위정척사운동 일변도와는 달리 군인·평민 의병장의 증가[52]와 함께 반봉건적 농민운동, 애국계몽운동의 사상적 영향을 받는 등 다양한 면을 보여 주었다. 의병투쟁은 제국주의 침탈과 관련된 모든 문제를 둘러싸고 일어났다. 의병들은 미곡 수출에 반대했으며, 서양(일본) 상품에 대한 불매운동을 요구했고, 일본의 토지침탈과 그 지주경영에 대해서도 반대했다. 또한 광산과 같은 이권침탈에 대해 항쟁했으며, 정부의 개혁사업에 대해 부정적이었고, 지주수탈에 대해 저항했다(김도형, 1995 : 159~168).

---

52) 일제의 토벌작전에 의해 체포된 의병장들의 신분·계층을 분석하면, 총 246명 중 농업(51명), 양반·유생(41명), 관리(15명), 장교(15명), 병·하사(24명) 등으로 나타난다(이종범·최원규 편, 1998 : 199). 또한 1908년 5월 말을 기준으로 귀순 의병의 직업을 조사한 자료에 의하면 농민이 79%, 평민신분이 97%였다(조동걸, 1986 : 46).

유생들의 위정척사사상에 바탕한 의병항쟁은 이후 다양한 계층이 결합하면서 저항의 지평을 넓혔다. 그러나 전반적으로 보아 당시 조선에서의 저항 역시 베트남과 유사하게 전통적 한계를 넘어서지 못하고 있었다. 다음의 이정식의 평가는 이를 잘 드러내 준다.

> 1894년 이후 반란과 무장봉기 등을 살펴보면 한국인들이 민족의식을 가지고 있었음이 드러난다. … 1905년 이후의 일부 또는 많은 반란군들이 단순한 산적들이었다고 할지라도, 그들은 자신의 활동에 정당성을 부여하기 위해 애국심이라는 이름 아래 행동했으며, 애국심－또는 민족주의－은 대중적이 되어가고 있었다. 그러나 1910년까지 한국 민족주의운동은 여전히 '전통민족주의'의 범주를 벗어나지 못했으며, 지도자들은 현상(現狀)을 유지시키려고만 했다. 그들의 충성심은 현존 정치형태, 황제, 학자계급의 통치에 대한 것이었다(이정식, 1986 : 120).

문화적 민족주의운동의 발흥

1900년경 프랑스 식민정부는 공식적 계획에 따라 '인도차이나의 평정'이 완료되었다고 간주하였고, 프랑스의 대변인은 '베트남의 애국주의는 죽었으며, 우리에게 대항하는 자들은 단지 무법자에 불과하다'고 말했다(Marr, 1971 : 77). 조선에서도 의병항쟁의 종결은 재지양반의 전통적 지도력에 기반한 저항의 쇠퇴를, 그리고 1910년대 일제의 무단통치에 따른 민족적 암흑기의 도래를 의미했다. 그러나 민족운동의 차원에서 보았을 때 이 시기, 곧 베트남의 1900~1920년, 조선의 1910~1919년은 전근대적 운동이 쇠퇴하고 사회의 근대화를 기초로 독립을 달성하려는 새로운 민족주의운동이 발흥하는 시기였다.

근왕운동의 붕괴 이후 베트남에서 저항과 반란의 중심은 왕조의 복구와 침입자의 축출에서 프랑스의 과도한 압박과 불공정함에 대한 투쟁으로 옮겨지게 되었다(Beresford, 1988 : 11). 프랑스는 평정작업을 끝낸 이후 본격적인 식민지 경영에 나섰으며, 이것은 철저히 농민들의 희생을 대가로 한 것이었다. 앞에서도 살펴본 바와 같이 농민들은 운하·도로건설 등 노역에 동원되었고, 공유지를 약탈당했으며, 과도한 세금체제로 고통받았다. 또한 고리대금과 알코올·아편·소금의 전매에 의해 수탈당했다. 이러한 사회·경제적 조건하에서 농민들의 집합행동을 촉발한 것은 당시 새롭게 발흥하는 문화적 민족주의운동이었다.

베트남에서 태동기 문화적 민족주의운동은 마(Marr)가 행동주의자와 개량주의자로 분류했던 판보이쩌우(Phan Boi Chau)와 판쭈찐(Phan Chu Trinh)에 의해 지도되었다(Marr, 1971).[53] 판보이쩌우는 러일전쟁에서 일본의 승리를 백인우월주의의 신화를 깬 놀라운 성공사례로 인식했다. 그는 1905년 일본을 방문하면서 메이지 왕정이 근대화의 중추적 역할을 수행한 것과 같이 개혁된 왕정이 베트남을 이끌어야 한다고 생각했다(Buttinger, 1968 : 156). 또한 판보이쩌우는 1906~1908년 사이 베트남인의 교육 수준을 높이기 위해 학생들을 일본으로 유학시키는 동유(Dong Du)운동을 이끌었다.[54] 판보이쩌우가 행동주의자로서 판쭈찐과 가장 크게 구분되는 것은 무장투쟁을 통해 프랑스를 몰아내고 독립을 획득하려 시도했다는 점이다. 그는 1908년 3월 꽝남(Quang Nam)지방에서 농민시위가 일어나자 같은 해 6월 프랑스군 독살계획을 추진했으며, 1912년에는 1904년 그가 결성한 유신회(Duy Tan Hoi)를 해산하고, 베트남광복회(Viet Nam Quang Phuc Hoi)를 조직하여 무장투쟁을 도모하였다.

판쭈찐은 판보이쩌우와는 달리 군주제의 폐기를 주장했다. 그리고 급진적인 투쟁보다는 근대적 교육을 통해 청년층과 대중을 계몽하고, 조국을 근대화해야만 독립을 이룰 수 있다고 보았다. 이러한 그의 생각

---

53) 판보이쩌우는 계속된 반란의 고장이었고, 판딘풍과 호찌민이 태어난 중부 베트남 응해안(Nghe An)에서 태어났으며, 판쭈찐 역시 중부지역 지주의 아들로 태어났다(Karnow, 1991 : 122).

54) 당시 유학생의 절반 이상은 남부 출신으로, 이들은 북부나 중부 출신과는 달리 비정치적이며 일본 유학을 프랑스 유학이나 마찬가지로 생각하는 경향이 강했다. 이러한 차이는 동유운동이 좌절되는 내적 요인이 되었다(유인선, 2002 : 31).

은 1907년 하노이에서 문을 연 동경의숙(Dong Kinh Nghia Thuc)의 설립을 촉발하였다. 동경의숙은 일본의 후쿠자와 유키치의 게이오의숙을 모방하여 만든 일종의 사립학교였다. 설립자는 문신이며 부유한 상인이었던 르엉반깐(Luong Van Can)이었으나, 응우옌꾸옌(Nguyen Quyen), 레나이(Le Dai), 판쭈찐 등 많은 지식인들이 참여하고 있었다. 동경의숙에서는 성년과 청년을 불문하고 누구나 학생으로 받아들였으며, 여성에게도 입학이 허가되었고, 수업은 로마자화된 베트남어인 꾸옥응으(Quoc Ngu)로 진행되었다(유인선, 2002 : 326).

1908년 꽝남성에서 일어난 항세운동은 바로 이 같은 개혁주의자들의 계몽운동에 영향을 받았다. 꽝남성에는 동경의숙을 모델로 한 학교가 적어도 4개 정도 있었으며, 교과과정은 꾸옥응으, 베트남 역사, 지리, 자연과학, 위생학을 포괄하고 있었다. 또한 이 학교의 교과계획에는 교외에서 사회 문제에 대한 공적 발언을 하는 것이 포함되어 있었다. 개혁주의자들은 마을과 마을을 돌며 평화로운 변화를 설교하였으며, 때때로 세금과 노역의 문제를 제기하기도 했고, 외국 상품보다는 내국 상품을 구매할 것을 요청하고, 사치·미신·장발을 비방하는 등의 선전작업을 펼쳤다(Marr, 1971 : 186~187).

비폭력적인 개혁을 설파했음에도 불구하고, 개량주의자들에 의해 자극받은 농민들의 저항은 그들의 의도를 뛰어넘어 전개되었다. 1908년 2월 말경 '프랑스에게 세금을 내지 말자'는 구호가 중부지역에 빠르게 퍼져 나갔으며, 3월 9일 꽝남성 다이록(Dai Loc)현에서 최초의 시위가 일어났다. 최초 시위에서 농민들은 과도한 노역을 줄여 줄 것과 마을 유지나 지주에게 부과되지 않았던 노역을 균등하게 배분해 줄 것을 요구하였다. 이러는 요구는 호이안(Hoi An)으로 시위가 확대되면서 노역뿐만 아니라 과도한 세금 자체에 대한 감세 요구로 발전하게 되었다. 그러나 조세감면 요구에 대한 프랑스 식민당국의 응답은 조세의 현상유지였다. 시위는 꽝응아이(Quang Ngai)의 빈호아(Binh Hoa)현,

빈딘(Binh Dinh) · 푸옌(Phu Yen)성 등으로 빠르게 확대되어 나갔다. 프랑스 식민당국은 시위에 대해 폭력적으로 대처했으며, 개혁주의자들이 농민들을 자극했다고 보고 이들에 대한 체포 · 구금 · 유배를 자행하고, 학교를 폐쇄했다. 프랑스의 강경한 태도에 따라 초기에 평화로웠던 농민시위는 폭력적 양상을 띠게 되었고, 5월 말이 되어서야 시위가 완전히 진압되었다(Marr, 1971 : 187~195).

조선의 경우 1910년대는 정치 · 사회적인 암흑기였다. 1907년 7월 부임한 데라우찌 총독은 모든 정치단체를 해산하고, 일체의 모임 · 토론 · 연설을 금지시켰으며, 언론에 대한 통제를 실시했다. 그 결과 "전 조선반도는 군수용소로 변했고, 극단적 무단통치로 인해 조선은 다시 중세 독재체제로 변한 것 같았다".55) 또한 토지조사사업과 이에 바탕한 식민지 지주제의 성장은 반봉건적 착취를 강화하고, 농민층의 양극분해를 촉진했다. 토지조사사업으로 농업구조를 재편시킨 그 이듬해에 3·1 민중봉기가 발생한 것은 결코 우연이 아닌 것이다(宮嶋博史, 1983b : 293). 1919년 3·1운동은 바로 이러한 정치 · 사회 · 경제적인 조건을 배경으로 하고 있다.

의병항쟁의 종결 이후 조선 내의 민족운동은 베트남에서와 유사하게 민족의 실력양성에 중점을 두고 전개되었다. 식민통치기간 첫 10년 동안 보다 광범위한 정치운동을 일으킬 수 없었기 때문에 지식인들은 계속해서 교육과 민족주의 의식의 고양을 강조했다(Robinson, 1990 : 70). 애국계몽운동으로 표현되는 이 민족교육운동은 1896년 서재필에 의해 시작되었으며, 1910년 일제의 강점 직전에는 운동의 일환으로 신교육운동이 전개되어 1907~1909년 4월까지 민중들이 자금을 조달하여 자발적으로 세운 사립학교의 수가 3,000개에 달했다(신용하, 2001 : 66). 애국계몽운동은 일제의 지속적인 탄압에56) 의해 많은 어려움을

---

55) 釋尾東邦, 『朝鮮併合史』, 東京, 1926, 826쪽 ; 이정식(1986 : 126)에서 재인용.

56) 대표적인 사례로는 1911년 신민회사건(105인사건)을 들 수 있다. 또한 교육부분

겪었지만 민족의식을 일깨우고, 전 민족적 저항인 3·1운동을 촉발하는 가교 역할을 수행했다.

3·1운동을 촉발한 외부 국면적 요인은 윌슨(Woodrow Wilson)의 민족자결주의였다. 3·1운동을 조직했던 종교조직에 집중된 온건 지도자들은 윌슨의 이상주의에 영향을 받았으며, 시위를 통해 대중적 독립의 열망을 드러내어 연합국 측이 조선을 위해 개입해 주기를 희망했다. 3·1운동은 계획단계와 민중화단계로 나누어 볼 수 있는데, 계획단계에서는 종교인·교원들이 주동적인 역할을 수행했다. 이들은 평화로운 시위를 계획하고 있었다. 그리고 계획단계에서는 운동이 그렇게 전국적으로 민중화될 것을 예상하지도 못했다(조동걸, 1986 : 85).[57] 초기 운동이 대개 도시적이고 조직적 양상을 띠었던 데 반해, 3월 중순부터의 운동은 농촌적·비조직적 성격이 농후했고, 3월 말부터는 농촌 지역의 활동이 활발해졌다(馬淵貞利, 1984 : 74~75). 민중화의 단계에서 농민들의 저항은 모든 지역에서 그러했던 것은 아니지만 단순한 시위운동에 그치지 않고 군청·면사무소·등기소 등 지방행정기관을 파괴·방화하였으며, 더 나아가 헌병·경찰기관의 파괴를 주요한 행동목표로 삼았다(馬淵貞利, 1984 : 78). 베트남에서나 조선에서나 농민들의 저항형태는 개량적 민족주의자들의 의도를 넘어서서 전개되었으며, 농민들은 직접적인 행동에 의해 자신의 의지를 관철시키려 했다. 이것은 폭력적 진압에 대한 반발뿐만 아니라 식민지배의 영향에 대한

의 경우 1910년대 일제의 탄압으로 수많은 사립학교들이 폐쇄당하였다. 그 결과 1910년 사립학교 수는 1,973개, 학생 수는 80,760명이었는데, 1919년 학교 수는 742개로 학생 수는 38,204명으로 격감했다(신용하, 2002 : 73).

57) 종교계 지도자들이 실제로 발생한 것과 같은 대규모의 봉기에 참여하지 않았음은 봉기의 발단부터 명확했다. 독립선언문에 서명한 33인의 지도자들은 그들의 행동을 자발적으로 경찰에 통보하고 체포되었던 것이다. 그러나 이것은 예기치 않게도 일본의 압제에 대항하여 조금씩 자각의 눈을 뜬 민중들에 의해 시위로 폭발하였다(서대숙, 1985 : 64).

저항을 함축하고 있었다. 일본의 입장에서 보았을 때 3·1운동이라는 재앙은 애초의 식민정책이 실패로 돌아갔음을 입증하는 것이었으며, 조선에게는 이 운동이야말로 민족운동의 성숙을 시사하는 것이었다(Robinson, 1990 : 76).

베트남에서 지역적으로 발생한 항세운동과 3·1운동을 동일한 수준에서 비교하여 논할 수는 없겠지만 식민지배의 사회·경제적 영향, 민족주의운동의 성장·변화와 농민의 대응을 연관하여 논하는 것은 의미 있는 일이다. 베트남·조선에서 이 시기 문화적 민족주의운동은 대중들에게 애국주의를 고취시켜 민족주의의 발전에 이바지했다. 그러나 이들은 부팅거가 당시의 베트남 민족운동을 평가하는 바와 같이 진정한 정치적 전위는 아니었고, 새로운 지도자들을 지지한 농민들은 자신들의 고통을 몰아내는 데 그들 이외에는 다른 대안이 없었기 때문에 그렇게 했다(Buttinger, 1968 : 154). 이 시기의 사상과 운동은 그 역사적 가치에도 불구하고, 이후 식민국가에 협조하고 타협해 간 유산계급과 지식인들의 정치적 보호막이 되었다.

민족개량주의운동의 전개와 사회주의운동의 발흥

민족주의운동의 발전사적 측면에서 보았을 때 1920~1930년의 기간은 전근대적 민족주의운동과 단절한 근대적 민족주의운동이 사회에 뿌리내리며, 내적 분화를 이루는 시기라고 할 수 있다. 베트남에서 판보이쩌우와 판쭈찐으로 대표되는 1900~1920년까지의 민족운동은 이 두 사람 모두가 개명파 문신의 전통 속에서 성장한 과거의 인물이라는 점에서 전근대적 민족운동과 완전히 단절하지 못하고 있었다. 조선에서도 역시 애국계몽운동으로 표현된 문화적 민족주의의 발흥은 원초적 애국심과 민족의식에 바탕한 것으로 전근대적 운동과 근대적 운동의 혼합물이었다고 볼 수 있다. 그러나 1920년 이후 민족운동은 운동의 세대교체와 더불어 새로운 근대적 민족운동의 전개를 보여 주고 있다.

이 시기 민족주의운동은 크게 문화적 민족주의운동에 뿌리를 둔 민족개량주의운동과 이에 대립한 민족적 사회주의운동으로 분화되었으며, 민족운동과 농민을 중심으로 한 피지배계급의 저항을 연관해 보았을 때 1920년대 중반을 경과하면서 민족개량주의자들의 영향력은 차츰 쇠퇴했고, 운동의 주도권은 민족적 사회주의자들에게 넘어갔다.58)

1920년대 베트남에서 민족적 사회주의자를 중심으로 한 민족운동의 급진화는 1차 세계대전의 경험과 소련·중국에서 교육받은 사회주의자들의 유입에 의해 이루어진다. 1차 세계대전 동안에 유럽으로 보내졌던 많은 병사와 노동자들은 프랑스·유럽, 서구의 기술적 진보, 민주주의와 그것의 모순에 대한 정보를 가지고 집으로 돌아왔다. 그들은 백인들이 서로를 학살하는 것을 보았고, 프랑스 좌파로부터 처음에는 사회주의에 대해, 그 이후 공산주의에 대해 배웠다(Hammer, 1966a : 74). 이러한 혁명적 사상은 프랑스뿐만 아니라 소련·중국에서도 유입되었는데, 1920년대에 30명 이상의 베트남인들이 소련에서 교육받았고, 1925~1929년까지 호찌민이 결성한 베트남청년혁명동지회(Viet Nam Thanh Nien Cach Mang Dong Chi Hoi)의 후원 아래 적어도 250명의 베트남인들이 중국에서 혁명교육을 받았으며, 이 중 200명 정도가 귀국하여 민족운동을 수행했다(Hammer, 1966a : 74~75, 80).

이 시기 베트남에서는 농민들과 지주의 대립이 더욱 심해지고 있었다. 갈등 속에서 지주들은 지대를 걷고, 반항하는 소작인들을 쫓아내기 위해서 협박과 강제적 수단을 동원하였다. 소작인과 임금노동자들은 점차 불평을 넘어서서 토지침탈에 저항했고, 지주가 소작권을 취소할 때 토지를 비우는 것을 거절하였으며, 상승된 지대 지불을 거부하였다(Murray, 1980 : 465). 1927~1929년까지 빈쟝(Binh Giang), 타인하(Thanh Ha), 빈바오(Vinh Bao), 뜨끼(Tu Ky : Hai Duong-

---

58) 이 시기 민족운동의 분화와 특징에 대한 자세한 설명은 1장 3절을 참조. 아래에서는 농민운동과 결합하는 사회주의운동을 중심으로 논의를 전개하기로 하겠다.

하이드엉), 뚜도이(Tu Doi), 끼엔투이(Kien Thuy), 땀썬(Tam Son) 등지에서 농민 시위가 발생했으며, 타이빈(Thai Binh)·응혜안(Nghe An)의 여러 소도시에서는 시위 이외에 농민들의 자발적인 단체인 상호원조회(Hoi tuong te), 노래회(Hoi hat), 의례회(Hoi hieu hi) 등이 조직되었다(Dinh Xuan Lam, 2000 : 280).

그러나 1920년대에 발생했던 자발적인 농민들의 저항은 민족적 사회주의자들과 조직적으로 연결되지 못하고 있었다. 당시 사회주의자들의 활동의 중심은 정치세력으로서 고개를 들기 시작한 노동계급에 놓여져 있었다. 1926~1927년 사이에 증가하기 시작한 노동자의 파업은 1928년에 접어들어 더욱 확대되어 갔다. 사회주의자들은 하노이, 하이퐁(Hai Phong), 남딘(Nam Dinh), 사이공 등지에서 노동자들을 조직하고 파업을 주도해 나갔다. 특히 하노이에서 1929년 5월에 조직된 아비아(Avia) 자동차수리공장의 파업은 베트남청년혁명동지회와 최초 공산지부에 의해 지도된 것이다(Dinh Xuan Lam, 2000 : 279). 이러한 투쟁들이 농민운동에 어떠한 영향을 주었는지 명확히 규명할 수는 없으나, 당시 노동자들이 지녔던 농촌과의 연계를 고려할 때 운동의 파급효과는 적지 않았으리라 생각된다. 농민운동과 노동운동의 연계가 확연히 드러난 사건은 1930년의 응혜-띤(Nghe Tinh)소비에트[59]를 통해서이다.

조선에서 1920년대 전반기는 '정치적 기회구조'[60]의 측면에서 상대적 개방기였다. 3·1운동은 1910년대 무단통치로 일관했던 일제 지배정

---

59) 이는 중부 지방의 응혜안(Nghe An)과 하띤(Ha Tinh)지방을 포괄하여 지칭하는 것이다. 이 지역은 외세의 침략에 대항한 농민전쟁과 저항의 오랜 전통을 지닌 곳이다. 이 두 지역은 근왕운동에서도 중요한 역할을 수행했고, 1908년 중부 베트남 항세운동도 이 지역에서 퍼져 나갔다(White, 1981 : 57).

60) 정치적 기회구조는 다양한 측면을 지니는데, 여기에서는 "제도화된 정치체제의 상대적인 개방성과 폐쇄성"(McAdam, 1996 : 27)을 의미한다. 정치적 기회구조에 대한 개념적 구분은 McAdam(1996) 참조.

책의 전환점으로 작용하였다. 문화정치라는 상대적인 정치적 개방구조는 조선에 새로운 이데올로기가 들어올 수 있는 길을 열었으며, 이는 사회주의운동의 발전을 낳았다. 국내의 사회주의운동은 노령, 만주, 상해 등지에 잠입했던 사회주의자들과 3·1운동 이후 격증했던 일본 유학생 중 사회주의의 영향을 받은 활동가들에 의해 발전했다. 농업·농민 문제와 관련하여 초기부터 사회주의자들은 지주에 의한 토지집중, 자작소농의 소작농으로의 몰락, 소작농의 열악한 생활조건 문제에 관심을 집중시켰으며(김명구, 1988 : 312), 1920년대 중반경부터 농민운동은 사회주의운동의 영향력하에서 진행된다.[61] 1920년대 농민운동은 발전단계에 따라 1920~1925년에 이르는 맹아기와 1926~1930년에 이르는 성장기로 구분할 수 있다.[62]

1920~1925년의 농민운동은 소작인조합 중심이었다(박현채, 1995 : 178). 러시아혁명 이전 자연발생적이고, 분산적으로 설립된 상호부조 단체였던 농민조직은 1920년 4월 서울에서 차금봉에 의해 조직된 조선노동공제회를 통해 최초로 전국적인 조직망 속에 통합될 계기를 얻게 되었다. 노동공제회의 지방조직은 소작인조합을 결성하기 위해 적극적인 활동을 벌였으며, 1922년 8월에는 "소작인은 단결하라!"라는 선언을 발표하고, 지주·자본가에 대한 투쟁을 전개해야 한다고 농민들에게 호소하였다. 노동공제회의 결성과 활동을 계기로 전국 각지의 농촌에서는 면·리단위의 소작인조합, 농민조합, 소작상조회, 농우회, 농민공제회 등 각종 명칭을 지닌 다수의 농민단체가 결성되기 시작했다. 1923년에 들어와서부터 면·리단위로 고립 분산적으로 존재하고 있었던 소규모

---

61) 1920~1924년경까지 맹아기의 농민운동은 문화적 민족주의운동과 사회주의운동 양자의 영향을 받고 있었다. 이러한 운동양태의 공존에 대해서는 大和和明 (1984) 참조.

62) 지수걸은 일제하 농민운동을 맹아기(1920~1925년), 성장기(1926~1929년), 발전기(1930~1935년), 잠복기(1936~1945년)로 나누고 있다. 이후 논의에서 농민운동의 시기 구분은 지수걸의 논의를 따른다(지수걸, 1988).

소작인조합은 군단위의 연합체로 발전했으며, 이를 바탕으로 1924년 1
월 남부지역에서는 64개 단체의 대표가 모여 남조선노농동맹을 창립하
였고, 더 나아가 1924년 4월 서울에서 조선노농총동맹이 창립되었다
(淺田喬二, 1984a : 11~16). 조선노농총동맹의 창립은 농민의 정치세
력화와 농민투쟁의 정치투쟁으로의 이행을 촉진하는 역할을 했다.[63]
조선노농총동맹 강령초안은 이를 잘 반영한다.

   1. 우리는 노동계급을 해방하여 완전한 신사회를 실현하는 것을 목적으로
       한다.
   2. 우리는 단결의 위력으로써 최후의 승리를 획득할 때까지 철저하게 자본
       가계급과 투쟁할 것이다.
   3. 우리는 노농계급의 현재 생활에 비추어 시시각각 복리증진 및 경제적 향
       상을 도모한다(이종범 · 최원규 편, 1998 : 283).

    1920년경부터 '항상적 현상'이 된 농민투쟁은 일본인 · 조선인 대지
주에 대한 소작쟁의로 전개되었다. 1920~1922년의 소작쟁의는 소작
료 인하를 위한 투쟁으로 전개되었지만, 1923년부터는 소작쟁의의 주
된 축이 소작지 박탈 반대투쟁으로 이행하기 시작했다. 소작인들은 지
주의 강압적인 소작료 징수에 대해서는 '소작료불납동맹'을 결성하여 대
항하였으며, 소작권의 강제적 박탈에 대해서는 '공동경작동맹', '불경작
동맹' 등을 통해 저항했다. 이 시기 국지적이기는 했지만 일제 무장경찰
대와의 무력충돌, 경찰서와 재판소에 대한 대중적 시위, 검거된 소작인
조합간부와 농민의 탈환투쟁도 전개되었다(淺田喬二, 1984b : 28~38

---

63) 조선노농총동맹의 결성은 민족개량주의자에게 장악되었던 조선노동공제회의
    성격을 일신하는 계기가 되었다(서대숙, 1985 : 66). 이 조직은 마르크스주의적
    노동운동의 중요한 기구로, 이 단체 안에서 공산당이 행사한 영향력은 가히 절
    대적이었다. 1926년 조선노농총동맹은 11만의 회원과 194개의 세포단체(노동단
    체 79개, 농민단체 78개, 혼성단체 37개)를 거느리고 있다고 그 세력을 자랑했
    다. 이외에도 회원 수가 총 21,000명이나 되는 30개의 노동조합과 50개의 농민
    조합이 존재했다(Scalapino & Lee, 1986a : 117).

; 박현채, 1995 : 195~199). 소작쟁의를 통한 조직적·집단적 저항 양상은 이전 시기와 구별되는 것이었으며, 농민운동은 경제적 투쟁을 넘어서 정치적 성격을 띠기 시작했다.

1926~1929년 성장기의 농민투쟁은 기존의 소작인조합을 농민조합으로 재편함으로써 더욱 광범위한 세력을 포괄하게 되었다. 개편된 농민조합 또는 새로 결성된 농민조합에는 소작농이 주력으로 결집되었으나, 자작빈농과 자작중농도 가입하여 전 농민이 결합한 대중조직으로 발전하게 되었다. 이러한 과정을 더욱 촉진했던 것은 1925년 4월 결성된 조선공산당에 의한 조선노농총동맹의 조선노동총동맹과 조선농민총동맹으로의 분리이다. 1927년 9월 수행된 조직적 분리에 의해 농민운동은 독자적인 전국 조직망을 갖게 되었다. 조선농민총동맹은 창립 당시부터 산하에 32개 농민단체와 24,180명의 농민을 회원으로 두고 있었으며, '농민들은 단결하여 단체의 위력으로 자본가계급과 싸우고 농민계급을 해방하여 완전한 신사회의 실현을 기한다'는 목표하에 활발한 활동을 시작했다. 그 결과 농민조직은 1926년 119개에서 1929년 307개로 급증했다(淺田喬二, 1984a : 18~21).

당시 농민들의 투쟁은 대지주에 대한 저항뿐만 아니라 수리조합과 같은 일제의 경제적 침략에 반대하는 투쟁을 포괄하고 있었다. 과거에 비해 투쟁의 규모는 확대되었고, 기간도 장기화되었을 뿐만 아니라 투쟁의 형태도 폭력적인 양상을 띠었으며, 합법적 투쟁에서 점차 비합법적 투쟁으로 이행해 갔다. 투쟁의 격화는 정치적·계급적 측면을 반영하고 있었는데, 먼저 정치적 측면은 1925년 일제에 의해 제정된 치안유지법이다. 문화정치에 의한 상대적 개방국면은 치안유지법에 의해 다시 위축되었으며, 농민은 합법적 투쟁에 더 이상 의존할 수 없었다. 다음으로 계급적 측면은 일제·지주 대 농민의 갈등·대립의 심화이다. 20년대 초부터 심화된 소작쟁의는 지주의 일제에 대한 의존도를 증가시켰다. 또한 일제는 2기 산미증식계획과 농회령의 실시를 통해 적극적으로 지주를 포섭하여 식민권력·지주 대 농민의 전면적 대결을 촉진시켰다.

이 시기의 대규모 쟁의 중에서 정치적·사회적 의의가 큰 것은 일본인 지주에 대한 전북 옥구군의 후바다사(二葉社)농장쟁의(1927년 11월)와 평안북도 용천군의 불이흥업회사쟁의(1925년, 1927~1931년까지 매년), 그리고 조선인 지주에 대한 전라남도 무안군 자은도 농민의 소작쟁의(1925~1926년)이다. 이 가운데 자은도쟁의는 조선인 지주에 대한 쟁의에서 출발하여 종래에는 일본 경찰과 정면충돌하였다(박현채, 1995 : 200~201). 이러한 사례들은 농민들의 경제적 투쟁이 그들의 존재조건에 의해 민족해방투쟁의 성격을 함께 가지고 있었다는 것을 보여 준다.64)

전체적으로 보아 베트남·조선에서 1920년대를 통해 민족개량주의자들은 식민지배체제 내로 흡수되어 갔다. 반면 민족개량주의와 대립하여 성장한 사회주의운동은 1920년대 중반 이후 점차 민족개량주의운동을 압도해 나갔다. 이 시기 베트남·조선의 농민투쟁을 비교해 본다면 조선의 농민투쟁이 조직적·실천적 측면에서 더욱 강력한 형태를 띠고 있음을 알 수 있으며, 사회주의자들과 농민운동의 결합 역시 조선이 베트남에 비해 강했다.

사회주의운동의 사회적 침투·확산

1930년대에 발생했던 베트남의 응혜-띤소비에트와 조선의 혁명적 농민조합운동은 식민지기간 동안 수행되었던 농민운동과 사회주의운동의 정점을 보여 준다. 1920년대에 비해 이 시기 농민운동은 더욱 급진화되었으며, 사회주의운동은 농민들에게 조직적·이데올로기적 자

---

64) 이 시기 농민운동은 노동운동의 활성화에 자극받은 바 크다. 1929년에 발생한 대표적인 대규모의 쟁의였던 함남 갑산군 화전민의 쟁의, 고원군의 동척(東拓)농장쟁의, 경북 조선흥업회사농장쟁의는 1929년 1월에 발생한 원산총파업을 비롯해 이 시기 고양된 노동운동의 영향을 받았다(淺田喬二, 1984b : 52).

원을 제공했다. 당시 운동의 급진화는 세계체제적 요인과 국내 정치적 요인을 반영했다. 세계체제적 요인은 1920년대 말부터 진행된 세계공황의 영향으로, 이는 농업 수출경제를 통해 세계경제와 연결되어 있었던 농민과 식민지 민중생활의 빈궁화를 촉진했다.[65] 국내 정치적 요인은 1920년대 중반 이후 진행된 정치적 경색화이다. 베트남에서는 1926년 판쭈찐의 장례식을 둘러싸고 벌어진 인민들의 저항과 이를 계기로 진행된 정치공간의 협애화가, 조선에서는 1925년 4월 '치안유지법', 1926년 4월 '폭력행위 등 처벌에 관한 법률', 1928년 6월 '치안유지법 중 개정 긴급칙령' 등으로 대표되는 식민지 억압체제의 심화가 저항운동의 급진화와 비합법화를 촉진했던 것이다. 협소해진 정치공간은 양 지역에서 모두 민족개량주의자들의 개량화를 가속화시켰고, 이것은 상대적으로 농민을 중심으로 한 피지배계급의 저항운동이 사회주의운동과 결합해 나가는 것을 강화시키는 요인으로 작용했다.

1930년 당시 베트남 혁명운동의 구심점이 된 것은 동년 2월 창당된 베트남공산당(Dang Cong San Viet Nam)이었다. 온건적인 민족개량주의자들은 이따금 노동자·농민들의 경제적 조건을 호전시키는데 관심을 둘 것을 촉구하기는 했지만, 더 이상의 행동은 취하지 않았으며, 북부를 중심으로 활동하던 베트남국민당(Viet Nam Quoc Dan Dang)은 대중적 슬로건보다는 군사적 모험주의에 치중했다(Duiker, 1976 : 215, 219). 당시 베트남에서 노동자·농민의 불만을 매개하여 혁명적 열기로 분출시킬 수 있는 위치에 있었던 것은 사회주의운동뿐이었다. 베트남공산당은 코민테른의 지시에 따라 10월 인도차이나공산당(Dang Cong San Dong Duong)으로 당명을 개칭

---

65) 사이공 시장의 곡물가는 1929~1934년 사이 2/3로 하락했으며, 다른 상품을 일정량의 미곡으로 살 수 있는 구매력은 1/2로 감소하였다(Wolf, 1984 : 165). 조선의 쌀값은 1926년 백미 100근당 35엔에서 1931년 15엔으로 폭락했다. 그리고 농업공황의 영향으로 농산품과 공산품의 가격 차가 더욱 확대되었다(문영주·송규진, 2000 : 146).

하였으며, 1930년 초부터 진행된 광범위한 노동·농민운동을 지도하였다. 파이크는 이에 대해 "1930년에 창건된 당의 구조는 독창적이고 혁신적이며 튼튼하였고, 많은 사람들이 장래 공산주의의 궁극적인 승리를 약속하는 확실한 보증수표라고 주장할 수 있는"(Pike, 1985 : 43) 것이었다라고 평가하고 있다.

1930년대 초기 몇 개월 동안 베트남공산당은 도시와 마을에서 노동자·농민들을 조직하려고 노력했다. 비밀 당세포가 주요 산업 중심지와 코친차이나 고무농장에 만들어졌으며, 유사한 활동들이 메콩 델타의 농촌 마을과 중부 베트남 인구 밀집지역에서 수행되었다. 프랑스 정보국은 응헤안과 하띤지방의 유지들이 외부에서 이방인들이 들어와 지역주민들을 선동하고 있다고 불만을 토로했다는 것을 확인했다. 프랑스의 추산에 따르면 여름 중반경에 약 300명의 공산주의자들이 이 두 지역에서 활동했으며, 몇 달 후에 이 숫자는 1,800명으로 증가했다(Duiker, 1996 : 36).

이러한 활동들은 다양한 노동자·농민시위를 촉발했다. 1930년 초 코친차이나의 비엔호아(Bien Hoa) 근방 푸지엥(Phu Rieng) 고무농장, 통킹 남딘(Nam Dinh) 방직공장, 안남 벤투이(Ben Thuy) 성냥공장에서 시위가 발생했으며, 이들은 처음으로 경제적 요구뿐만 아니라 정치적 요구를 제기했다. 5월 1일 노동절행사에서 타이빈(Thai Binh)지방에서는 노동자와 농민이 결합된 행진이 거행되었고, 응헤안지방의 타인쯔엉(Thanh Chuong)지역에서는 3,000여 명의 농민이 끼비엔(Ky Vien) 플랜테이션을 습격, 재산을 파괴하고 쌀과 연장을 빼앗고 중앙행정 건물에 망치와 낫이 그려진 깃발을 꽂았다. 유사한 폭동이 안남과 통킹에서도 발생했다(Duiker, 1976 : 219~220).

1930년 초부터 발생한 시위는 9월 응헤-띤소비에트에서 정점을 이룬다. 빈(Vinh)과 벤투이에서 발생한 시위는 빠르게 농촌지역으로 확산되었다. 많은 노동자들이 농촌과 연계를 유지하고 있었고, 추수기가 되면 농촌으로 돌아가 일손을 도와야 할 농민적 노동자였기 때문에 이들의 시위는 농촌지역의 저항에 도화선이 되기에 충분한 것이었다.[66] 8월 말경 응혜안지방 노동자·농민의 동맹은 견고해졌다. 빈 근처의 타인쯔엉, 응히록(Nghi Loc), 남단(Nam Dan)에서는 농민들의 폭동·약탈·방화가 광범위하게 일어났다. 이들은 죄인들을 석방하고, 지방정부 당국자를 도시에서 몰아냈다(Duiker, 1976 : 222).

9월 12일 타인쯔엉지역의 보리엣(Vo Liet)마을에서 최초의 소비에트가 만들어졌으며, 이어 응혜안의 전역 타인쯔엉, 남단, 훈응우옌(Hunh Nguyen), 흥손(Hung son), 응히록에 소비에트가 건설되었다. 이러한 소비에트는 전형적인 공산주의농민연합의 형태를 띠고 있었다. 소비에트는 자체 자위대를 두었으며, 새로운 권력을 유지하기 위해 노동자·여성·청년조직을 만들었다. 지도자들은 농촌계몽사업과 아울러 꾸옥응으(국어) 교육에 힘을 쏟았다(Duiker, 1976 : 224~225).

저항운동은 1931년 초로 접어들면서 식민당국에 의해 진압되었고, 공산주의자들은 괴멸적 타격을 입었다. 그러나 민족운동과 연관해 보았을 때 이는 베트남 민족해방운동사에 일대 전환을 이루는 사건이었다. 농민·노동자들은 자신의 권력을 창출하였고, 단기간이나마 해방공간 속에서 운동의 성과를 누릴 수 있었다. 공산주의자들은 응혜-띤 소비에트의 전 과정을 통해 민족운동의 가장 핵심적인 세력으로 부상할 수 있었으며, 이것은 이후 오랜 기간 지속된 민족해방투쟁의 밑거름이 되었다.

조선에서 1930~1935년의 시기는 농민운동의 발전기이며, 이 시기 가장 중요한 운동의 조직화 형태는 혁명적 농민조합으로 일컬어지는 적색농민조합이다. 급진적 적색농민조합이 활성화된 것은 이미 제기했던 세계체제적 요인과 국내 정치적 요인 이외에 사회주의운동과

---

66) 노동자·농민의 연계에 대한 평가는 Nguyen Khac Vien(1999 : 202) 참조.

관련하여 두 가지 요인, 곧 국내 사회주의자들의 운동노선 변경, 1920 년대 이후 지속된 농민야학의 영향을 반영한 것이다.

우선 국내 사회주의자들의 노선 변경은 코민테른에 의한 국내 조선공산당 승인 취소, 이에 이어 당의 재조직을 천명한 '12월테제'[67]의 영향을 받았다. '12월테제'는 "토지혁명을 전개하는 것이 없이는 민족해방투쟁 전체에서 승리할 수 없다"(서중석, 1998a : 118)라고 보고, 소수의 지식계급이나 학생층이 아닌 생산현장단위의 노동자·농민(공장 노동자와 빈농)을 중심으로 당의 하부조직을 건설할 것을 천명하였다(지수걸, 1993 : 131).[68]

이러한 조직건설 방침을 농민 속에 실현할 수 있도록 촉진한 것이 두 번째로 제기했던 농민야학의 영향이었다. 야학운동은 1920년대는 물론이고 그 이후 시기에도 가장 지지기반이 넓었던 대중운동이었으며, 또 거의 전 계급·계층이 이 운동을 지지·후원하였다. 그러나 1920년대 중반 이후부터 새로운 세대의 좌익 청년들이 야학운동의 주도권을 장악했다(지수걸, 1993 : 82). 야학운동은 1930년대 초반에 특히 활발히 전개되었다. 적색농민조합은 각종 비합법 출판물로 항일애국사상을 고취함과 동시에 서당·도서관·야학회·독서회 등의 합법적·비합법적 기관, 집회를 최대한 활용하여 이른바 '프로문화운동'을 적극적으로 전개했는데(淺田喬二, 1984b : 60), 야학은 이러한 운동의 주된 거점이었다.

이 시기 농민운동이 과거와 구별되는 점은 합법적 농민조합운동과

---

67) 1928년 12월 10일에 작성된 코민테른 집행위원회 서기국의 '조선 농민 및 노동자의 임무에 관한 결의'이다.

68) 양적으로나 질적으로나 이 시기 공산주의자들은 다른 어떤 부분보다도 적색농민운동에 적극적으로 침투해 들어갔다. 1926년 이후 1932년을 정점으로 약 10년간 18,000명 가량이 치안유지법으로 체포되었고, 이 중 5,000명이 기소되었다. 사건들에는 소수의 보수적 온건주의자들이 포함되어 있지만, 그 대부분은 공산주의자들의 활동에 의한 것이었다(Scalapino & Lee, 1986a : 276).

정에서 무시되어 온 '빈농 우위의 원칙', '빈농 중심의 원칙'을 강조하면서 이를 정치노선과 조직 및 투쟁노선에 관철시키려고 했다는 것, 청년농민·여성농민·소년농민 등 그동안 조직적으로 분산되었던 지역사회 내부의 계층별 운동역량을 계급조직인 농민조합으로 집중시켜 이를 지역사회운동의 중심으로 발전시키고자 했다는 것, 철저하게 아래로부터의 통일전선투쟁을 통해서 계급적 대중조직인 혁명적 농민조합을 강화하고자 했다는 것, 농민들의 경제투쟁을 정치투쟁과 긴밀히 결합시키고자 했다는 것, 조직활동에 대한 경찰 측의 탄압(집회금지·간부구금·공개사찰 등)으로 합법운동 공간이 축소되자 합법운동과 비합법운동을 긴밀히 결합시키는 문제에 많은 관심을 기울였다는 것 등이다(지수걸, 1993 : 394~396).

1930년대 초 적색농민조합의 지도하에 전개된 대표적인 투쟁으로는 1930년 함남 단천농민동맹이 지도한 단천군 농민 3천여 명의 투쟁, 같은 해 함남 정평농민동맹의 지도하에 1,300여 명의 농민이 벌인 투쟁, 1931년 함남 홍원농민조합의 지도 아래 홍원군 농민 2,000여 명이 일제의 징세정책 반대·세금불납 구호를 내걸고 행한 군청시위, 또 고리대금업자·대금조합 반대를 위한 홍원농민조합원의 빚문서소각투쟁, 함남 영흥농민조합원들의 영흥군 내 경찰 주재소, 경찰관 사택, 면사무소, 면장 사택 습격·방화, 면 문서 소각 등 군 전체 규모로 행해진 농민폭동, 1932년 경남 양산 농민조합원 300여 명이 소작료 인하와 지세의 지주부담을 요구하여 투쟁을 전개하고, 검거된 조합간부 18명을 탈환하고자 양산경찰서를 습격한 사건 등이 있다(淺田喬二, 1984b : 54~55). 이러한 투쟁에서 함경도지역의 투쟁은 가장 격렬했다. 1931년 3월부터 1932년 7월 사이에만도 약 950명이 적색농민운동 관계로 검거되었는데, 이 가운데 86%인 819명이 이 지역에서 검거되었다(Scalapino & Lee, 1986a : 268).

적색농조의 건설과 더불어 진행된 농민투쟁에서 주목해 볼 것은 지속되는 투쟁을 통해 농민들이 스스로의 조직역량을 확보해 가고 있었다는 점이다. 대표적인 사례는 현춘봉의 '농민조합운동 명천좌익' 조직의 성공이었다. 조직운동이 시작된 지 8개월 후 1935년 1월 이 조직은 붕괴했으나, 일본 경찰을 놀라게 한 것은 지도부의 검거가 조직의 붕괴로 이어지지 않았다는 점이다. 1935년 5월 농민들은 조직세포·지역위원회·독서회 등을 만들면서 운동을 재건하였고, 10월에는 '농민조합 명천좌익 전투강령'에 대한 테제를 발표하고 혁명적 농민조합의 확장과 공고화를 꾀했다(이정식, 1984 : 256~257). 이는 지도자들이 제거된 후에도 운동이 계속될 수 있을 정도로 농민의 역량이 성숙했다는 점을 보여 준다.

베트남의 응혜-띤소비에트와 조선의 혁명적 농민조합을 중심으로 한 적색농민운동은 이 사회의 다수를 점했던 농민들이 이후 어떠한 세력과 결합하여 자신의 계급적 지향을 실현할지를 보여 준다. 베트남에서도 조선에서도 이후 식민지배기간 동안 민족개량주의자들은 농민과 피지배계급에 대한 동원·조직화의 측면에서 이 시기 사회주의자들이 보여 주었던 성취를 이루지는 못했다.

이러한 동원과 저항의 절정기 뒤에는 가혹한 시련이 따랐다. 1930년 응혜-띤소비에트 이후 프랑스의 백색테러에 의해 베트남의 사회주의자들은 큰 타격을 입었다. 베트남의 당조직은 1932년 최악의 침체기를 거쳐 1933년에 접어들어 재건되었으며, 1935년 프랑스에 인민전선이 들어서면서 형성된 정치적인 유화기를 통해 겨우 조직적 활력을 되찾을 수 있었다.

그러나 조선에 비해 베트남의 상황은 오히려 나은 편이었다. 조선에서는 1935~1937년 적색농조의 쇠퇴기를 거쳐, 중일전쟁이 발발하면서 일본 제국주의는 권위주의적 파시즘체제로 전환하였다. 정국은 극단의 탄압국면으로 접어들었으며, 모든 운동은 지하화할 수밖에 없었다. 그러나 1937년 이후 전시동원체제는 농민들의 계급경험과 광범위한 반농반노(半農半勞)의 노동자를 창출함으로써 조선에 더욱 커다란 저항의 불씨를 남겨 놓았다. 본 논의에서는 이 시기에 대한 상세한 분석은 수행하지 않겠다. 농민과 피지배계급의 저항, 그리고 이와 결합하는 민족운동진영의 성격은 이미 1930년대를 통해 결정되었기 때문이다.

베트남·조선에서 피지배계급의 저항운동의 발전과정은 민족운동의 발전사와 더불어 진행되었다. 양국에서 전근대적 민족운동, 문화적 민족주의의 발흥, 문화적 민족주의의 영향을 받은 민족개량주의의 사회적 확산, 이에 대립한 사회주의운동의 성장과 발전, 사회주의운동의 주도권 장악으로 이어지는 일련의 과정은 유사한 경로를 통해 진행되었으며, 농민을 중심으로 한 피지배계급의 저항은 이러한 운동의 변화·발전을 수용하면서 진행되었던 것이다. 아래 울프의 논의는 이러한 경향성을 보여 준다.

> 혁명으로 이끄는 정치과정은 사회적 선택과정이다. 상이한 정치적 집단들이 살아남을 수 있는 연합에 대해 그들의 이해를 표명하면서 상호경쟁하는 것이다. 최근의 혁명들은 이와 같은 시도들의 순서가 유형화됨을 보여 준다. 첫째로 중간층의 사람들은 개량적인 개혁을 선동하는 일련의 정치 지도자를 배출한다. 다음에는 다양한 정치집단이 도시의 장인 또는 임금노동자와 접촉하면서 경쟁하는 연합―제휴의 단계가 따른다. 도시의 장인들은 '프티 부르주아적 무정부주의'의 요구를 제기하고 노동자들은 노동조합을 요구한다. 그런 다음에 제3의 그리고 가장 문제적인 단계가 따르는데, 여기서 잠재적인 농민반란과 연계될 수 있는 일부 집단이 사회적으로 선택된다(Wolf, 1988 : 211~212).

1945년 해방 이후 진행된 이념적 갈등과 대립에서 왜 농민들이 민족개량주의자가 아닌 사회주의자들과 결합하여 투쟁했는가 하는 문제는 지금까지 살펴본 양국의 민족운동, 그와 결합했던 농민운동의 변천사에서 해답을 찾아야 한다.

3. 식민지배와 민족운동 :
개량에서 혁명으로

1920년에서 1945년 사이의 한국 및 베트남의 운동[69]을 비교해 본다면 두 운동 사이의 뚜렷한 유사성을 발견할 수 있을 것이며, 일본과 프랑스의 식민주의의 차이를 염두에 둔다면 한국의 운동이 적어도 다른 쪽 못지 않게 활발했으며, 또한 못지않은 성공을 거두었다고 믿어진다(Cumings, 1986 : 67).

1920년대 한국 민족주의운동의 이념적 분열은 한국에만 독특한 것이 아니었다. 1차 대전 후 예를 들자면 중국, 월남 등 다른 나라의 민족주의운동도 분열되기는 만찬가지였다(Robinson, 1990 : 24).

이 절에서는 1920년 이후 베트남·조선의 근대적 민족주의운동의 변화·발전을 다루려고 한다. 베트남·조선의 국내 민족주의운동을 비교해 볼 때, 베트남의 민족주의운동은 조선에 비해 다양한 민족주의세력의 각축을 보여 주고 있지만, 이 절에서는 논의의 중심을 민족개량주의운동과 사회주의운동에 둘 것이다. 이는 이들 두 조류의 민족운동이 베트남·조선 사회의 대중들에게 미쳤던 커다란 영향만큼이나 민족·계급적 운동방식에서 첨예한 대립구조를 지니고 전개되었기 때문이다. 1920년대를 경과하면서 민족운동의 주도권은 문화적 민족주의의 영향을 받은 민족개량주의자들로부터 사회주의자들에게로 넘어갔다. 두 세력의 어떠한 차이가 이러한 결과를 발생시켰을까? 이것을 설명하는 것이 이 절의 목적이다.

로빈슨은 문화적 민족주의운동을 "독립 문제에 대한 궁극적인 해결책으로써 문화, 경제 양 측면의 장기적 국가발전을 강조했던 점진적 민족주의자운동에 대한 총칭"(Robinson, 1990 : 23)으로 사용하며, 1920년대 조선의 급진적 민족주의운동, 곧 사회주의적 민족주의운동과

---

69) 이는 사회주의운동을 지칭한다.

대립되는 용어로 사용하고 있다. 그러나 여기에서는 이 개념을 베트남·조선에서 식민침탈에 물리적으로 저항한 전근대적 민족주의운동의 종결 이후 대략 1920년까지 전개된 계몽운동이나, 민족실력양성론에 국한하여 적용하도록 하겠다. 물론 문화적 민족주의가 개량적 성격을 지니지 않은 것은 아니지만, 이때 고려해야 할 점은 이 시기가 새로운 이념에 바탕한 민족주의운동이 출현하기 이전, 곧 민족운동의 미분화기였다는 점이다. 이것은 당시 민족주의운동이 지닌 역사적 한계였다고 볼 수 있다. 여기에서는 이 시기의 민족운동을 애국주의에 바탕한 원초적 민족주의운동으로 위치 지울 것이다.

반면 1920년대 이후의 민족개량주의는 초기 문화적 민족주의가 지녔던 민족운동방식을 공유하지만 운동성격의 개량화를 보여 주며, 결국에는 식민체제에 포섭되어 민족주의운동의 성격 자체도 의심받게 되었다. 또한 민족개량주의세력의 약화는 조직 자체의 문제뿐만 아니라 성장하는 사회주의세력의 영향을 반영하는 것이었다.

로빈슨은 민족개량주의자와 사회주의자들이 구분되는 점을 다음과 같이 설명하고 있다.

> 민족 주체성의 소재와 독립 이후의 국가형태에 대한 견해 차이는 곧바로 정치적 전술에 관한 입장의 차이로 직결되었다. 3·1운동 이후 한국 민족주의가 대중적 현상이 되었음은 의심할 여지가 없다. 그러나 점진적 민족주의자들과 급진적 민족주의자들은 제각기 한국의 핵심을 구성하는 것이 무엇이며 누구인가에 대하여 서로 크게 다른 방향으로 대중세력을 동원하고자 했다(Robinson, 1990 : 25).

베트남 민족주의운동에 대한 분석의 경우 포터는 "베트남의 반식민주의운동은 왜 맑스-레닌주의적 특성을 지배적으로 취하게 되었는가?"(Porter, 1976 : 1)라는 질문을 제기하고, 이에 대한 해답으로 첫째, 식민국가, 대지주, 농민 간의 정치·사회·경제적 관계로 인해 민족해방운동이 토지부르주아를 타도하는 이데올로기와 결합할 수밖에 없었다는 점, 둘째, 프랑스의 잔혹한 억압에서 살아남고, 궁극적으로 프랑스를 패배시킬 전망을 내올 대중적 이데올로기를 지닌 운동이 필요했다는 점을 들었다(Porter, 1976 : 2). 또한 듀커는 '베트남에서는 왜 인도의 네루(Nehru), 인도네시아의 수카르노(Sukarno)가 주도했던 대중민족주의운동이 발생할 수 없었는가'를 질문하고, 도시민족주의자와 사회혁명주의자를 대비시켜 사회주의적 민족주의자들이 성공할 수 있었던 주요한 요인 중의 하나를 농촌과 도시 지식인의 연계라고 분석한다(Duiker, 1976).

이러한 논의들을 종합하면 민족개량주의운동세력과 사회주의운동세력의 차이, 민족운동에서 사회주의운동세력이 주도권을 확립할 수 있었던 원인은 각 운동세력이 지녔던 민족해방과 사회변혁에 대한 이데올로기적 동원방식의 특성, 운동을 위한 전략·전술, 대중의 조직화 방식이라는 세 가지 기제를 통해 검토할 수 있다. 〈표 1-12〉는 이러한 특성을 정리한 것이다.

〈표 1-12〉 민족개량주의운동세력과 사회주의운동세력의 차별성

운동의 특성 \ 민족운동	민족개량주의	사회주의
이데올로기적 동원방식의 특성	문화적 개혁의 수사에서 반동의 수사로	변화에 대한 낙관적 수사
운동의 전략·전술	식민국가의 게임 규칙 내에서 방어적·합법적·온건적 개량을 추구	합법·비합법적 전술과 더불어 민족·사회적 혁명을 위한 급진적 변혁을 추구
대중 조직화 방식	엘리트 중심의 조직화	아래로부터의 조직화

첫째, 이데올로기는 "주어진 사회 정치적 질서를 정당화하거나, 혹은 그것에 도전하기 위해, 정치계를 해석하기 위해 사용되는 믿음체계

이다"(Zald, 1996 : 262). 운동과정에 작용하는 이데올로기적 수사는 '반동의 수사(rhetoric of reaction)'와 '변화의 수사(rhetoric of change)'가 있다. '반동의 수사'는 변화를 시도하는 것은 이미 달성한 것조차도 잃을 수 있다는 위험성(jeopardy), 변화를 위한 기회는 존재하지 않으며, 어떠한 행위도 본질적으로 시간·자원 낭비라는 무용론(futility), 변화를 위한 행동이 문제를 더 악화시킬 수 있다는 역효과론(perverse effect)을 포함한다. 이에 비해 '변화에 대한 낙관적 수사(optimistic rhetoric of change)'는 '위험성'에 대항하여 만약 지금 행동하지 않으면 상황은 같은 상태로 있는 것이 아니라 더 나빠질 것이라는 긴급성(urgency), '무용성'에 대항하여 현재의 기회를 활용해야 한다는 행동성(agency), '역효과론'에 대항하여 새로운 가능성(possibility)을 강조한다(Gamson & Meyer, 1996 : 285~287). 1920년대 이후 민족개량주의운동은 문화적 개혁의 수사에서 점차 '반동의 수사'로 변화되었다. 반면 사회주의운동세력은 '변화의 수사'로 이에 대항하였다.

둘째, 운동 전략·전술의 측면에서 두 민족운동세력은 상이한 입장을 보였다. 이것은 두 세력이 지녔던 민족·계급 문제에 대한 인식과 태도를 반영하는 것이었다.

〈표 1-13〉 민족·계급 문제에 대한 입장에 따른 민족주의운동세력의 특성

	민족개량주의	사회주의
민족	(+) → (−)	(+)
계급	(−)	(+)

민족부분에서 (+)·(−)는 식민지배를 탈피하여 완전한 독립을 추구하는가, 그렇지 않은가를 기준으로 나눈 것이고, 계급부분에서 (+)·(−)는 사회혁명을 통한 사회적 재편을 설정하고 있는가, 그렇지

않은가를 기준으로 나눈 것이다. 이러한 구분에 따르면 민족개량주의
는 문화적 민족주의의 애국주의적 영향이 남아 있던 초기의 과정에서
는 민족독립에 대한 열망을 완전히 포기하지는 않았으나, 개량화가 진
전되면서 이마저 사라졌다. 또한 계급적 측면에서는 자신들의 계급적
이해를 중심으로 운동을 전개했다. 반면 사회주의자들은 식민지 종속
에서 탈피하고자 하는 민족해방과 사회혁명을 통한 계급해방, 이 양자
를 동시에 추구했다. 이러한 전략적 차이는 운동의 전술적 측면에 직접
적으로 영향을 미쳤다. 민족개량주의자들이 식민국가의 게임규칙 내에
서 방어적·합법적·온건적 개량을 추구했던 반면, 사회주의자들은 기
존의 지배질서를 부정하는 급진적 변혁을 추구했던 것이다.

셋째, 위의 이데올로기적·전술적 차이는 대중조직화방식에 영향
을 주었다. 민족개량주의자들은 엘리트 중심의 운동을 지향했고, 도시
의 중간층 이상으로 자신의 영향력을 확대할 수 없었다. 그러나 사회주
의자들은 아래로부터의 조직방식을 통해 농민·노동자를 중심으로 기
층대중과 결합하였다.

위의 세 가지 요소들은 운동과정을 통해 드러난다. 각각의 대립항
들은 운동세력들 간의 경쟁·각축과 운동의 역사성을 반영하며, 운동
세력에 대한 '사회적 선택'의 준거점이 된다.

1) 민족개량주의운동의 특성

1920년대 초 베트남·조선에서 전개된 민족개량주의운동은 식민지
배정책의 변화와 그에 따른 상대적인 정치적 개방에 의한 것이라고 할
수 있다. 베트남에서 알베르 사로(Albert Sarraut) 총독의 2차 재임
기간(1917년 1월~1919년 5월)은 민족개량주의자들에게 프랑스가 표
방한 협조정책이 구현될 수 있는 희망의 기간으로 비추어졌으며, 3·1운
동 이후 1919년 9월 조선 총독으로 부임한 사이토 마코토(齋藤實)가

표방한 문화정치70) 또한 조선의 민족개량주의자들에게는 기회로 보였다. 베트남의 협조정책과 조선의 문화정치는 내용 면에서 많은 유사점이 있다. 이는 1886년 4월 안남과 통킹의 고등주차관이었던 폴 베르(Paul Bert)가 행한 연설과 사이토의 '조선 총독 취임에 대하여 민중에게 알림'에서 잘 드러난다.

> 프랑스인이 이 땅에 와서 정주하는 것은 여러분의 땅과 여러분이 거두어들이는 수확을 빼앗으려고 하는 것이 아니라 오히려 교통관계의 발전, 광산의 개발, 대외무역의 보호를 통하여 국토를 개발하고 농업개발을 지도하여 국민 전체의 부를 증식시키려는 데 있는 것이다. … 프랑스인은 여러분의 형이다. 일찍이 중국이 문명을 가지고 와서 법령, 철학, 문학을 전하여 줌으로써 여러분의 사회를 개선해 준 것과 같이 오늘날 베트남에 온 프랑스인은 여러분의 농업, 공업, 경제상의 제상태를 개선하고 교육에 의하여 여러분의 지적 수준을 높이려는 것이다.71)

> 조선 통치의 방침인 일시동인(一視同仁)의 대의를 존중하고 동양평화를 확보하여 민중의 복리를 증진시키는 것은 일찍이 정한 바이다. … 통치의 임무를 담당한 자가 이 뜻을 잘 체현하여 반도개발에 종사하고 국민 역시 힘써 일하여 오늘날과 같은 발달을 이루게 되었다는 것은 국내외 모두가 인정하는 바다. … 제반 행정을 쇄신하고 장래 기회를 보아 지방자치제도를 실시하여 국민 생활을 안정시키고 일반 복리를 증진시킬 것이다. 이에 관민은 서로 가슴을 터놓고 협력하여 조선 문화를 향상시키고 문화적 정치의 기초를 확립시켜 천황의 고명한 덕을 받들기 바란다(이종범·최원규 편, 1998 : 230~231).

프랑스의 식민정책은 동화정책과 협조정책 사이를 오갔지만 사로 총독의 시기에 오면 궁극적으로 베트남인의 자치를 허용할 것이라는 암

---

70) 사회주의자였던 김산은 이를 '발톱을 숨긴 제국주의'라고 불렀다(김산·Wales, 1995 : 69).

71) Duong Quang Ham, *Leçons d'histoire d'Annam*, 1941, Hanoi(廣瀬哲士 譯, 『安南史講義』, 東亞研究所, 1941, 132~133쪽) ; 김기주(1986 : 17~18)에서 재인용.

시를 줄 정도로 개량적인 정책을 펼쳤다(Marr, 1981 : 68). 이러한 정책의 기본적인 목적이 민족운동의 분할·약화와 지배체제의 공고화에 맞추어진 것이라는 것은 두말할 나위도 없다. 그러나 식민지배의 경제적 이익과 점진적인 정치개혁을 표방하는 프랑스·일본의 회유책은 민족개량주의자들의 이데올로기적 지향, 민족운동을 위한 전략·전술, 대중 조직화 방식에 적절히 부합했다.

이데올로기적 지향과 특성

민족개량주의자들의 이데올로기적 특성과 그들이 사용했던 수사를 이해하기 위해서는 1920년대를 전후로 해서 급격히 팽창한 인쇄매체에 대해 미리 언급해야 한다. 베트남에서 인쇄매체의 팽창은 1914~1918년 사이 정력적으로 추진된 '책을 수단으로 한 식민화'에 영향을 받았다(Marr, 1981 : 45). 사로 총독은 특히 문화정책을 통해 식민주의를 선전하고 협력자를 창출하기를 원했다. 1920년대를 전후로 만들어진 대표적인 신문이나 잡지를 살펴보면 1913~1917년까지 응우옌반빈(Nguyen Van Vinh)에 의해 간행된 『인도차이나잡지(東洋雜誌 ; Dong Duong Tap Chi)』, 1915년 응우옌반빈과 프랑스의 사업가인 슈네데르(Schneider)에 의해 만들어진 『중·북부신문(Trung Bac Tan Van)』, 이후 프랑스 비밀경찰(Sûreté)의 책임자가 된 마르띠(Marty)의 지원에 의해 1917년 팜꾸인(Pham Quynh)이 만들어, 1934년까지 지속되었던 『남풍(南風, Nam Phong)』, 1917년 응우옌푸카이(Nguyen Phu Khai)에 의해 만들어져 부유층을 중심으로 한 입헌당72)의 입장을 대변했던 『라 트리뷴 엥디젠(La Tribune

---

72) 1917년 만들어진 입헌당은 통킹·안남에 비해 상대적으로 개방적이었던 코친차이나의 정치적 분위기 속에서 성장했으며, 대지주·소수부르주아의 정치적 입장을 대변했다. 이들은 교육 기회의 확대, 사법제도의 개편, 보다 많은 사람들이 프랑스 이민권을 획득할 수 있도록 귀화법의 변화, 실제적인 참정권의 보

Indigene)』,73) 응우옌안닌(Nguyen An Ninh)이 편집장을 맡아 1923년 12월부터 발행되어 1926년 폐간된 『라 클로슈 펠레(La Cloche Felee : 균열된 鍾)』 등을 들 수 있다.74)

조선의 경우 인쇄매체의 활성화는 일제의 문화정치에 영향을 받았다. 사이토 총독은 문화정치를 표방하면서 "언론·집회·출판 등에 대해서는 질서와 공안유지에 무방한 한 상당한 고려를 도모해야 한다"(신용하, 2002 : 112)라는 내용을 포함시켰다. 이에 따라 대표적인 세 개의 신문이 만들어졌는데, 그것은 조진태를 사장으로 1920년 3월 창간된 『조선일보』, 1920년 4월 김성수에 의해 창간된 『동아일보』, 친일파 민원식에 의해 1920년 4월 만들어진 『시사신문』이다. 또한 잡지로는 1920년 5월 『개벽(開闢)』, 1922년 9월 『신생활(新生活)』, 『신천지(新天地)』, 『조선지광(朝鮮之光)』이 창간되었다.

이러한 매체들은 민족의식을 일깨우는 역할을 수행하기도 했지만, 식민지배를 정당화하는 이데올로기 매체로 이용되기도 하였다. 특히 베트남의 『남풍』, 『라 트리뷘 엥디젠』과 조선의 『조선일보』, 『동아일보』, 『개벽』75) 등은 민족개량주의자들의 이데올로기적 지향을 대중들에게 전달하는 데 핵심적인 역할을 수행했다.

민족개량주의자들이 표방했던 이데올로기적 지향은 '근대화론', 조화와 질서에 기반한 '사회통합'에 대한 강조라고 할 수 있으며, 이것의 수사적 표현은 식민주의 내에서의 발전에 대한 기대와 민족의 현실에 대한 책망을 동시에 반영했다.

장 등을 프랑스 당국에 요구했다(Smith, 1968 : 93).

73) 이는 1917~1924년까지 존속했으며, 1926년부터는 이를 계승한 『라 트리뷘 인도시느아즈(La Tribune Indochinoise)』로 바뀌었다(Smith, 1968 : 93).

74) 이에 대한 자세한 내용은 Duiker(1976 : ch.6) 참조. 당시 베트남의 출판 상황에 대해서는 Marr(1981 : 44~53) 참조.

75) 물론 조선에서 발행된 이러한 대중매체가 민족개량주의자들의 입장만을 대변했던 것은 아니며, 대립되는 민족주의세력 간의 논쟁을 이끌기도 했다.

베트남·조선에서 민족개량주의자들은 서구의 발전 모델을 지향하는 근대화론자들이었다. 민족개량주의자들은 서구의 경제적 발전뿐만 아니라 문화·정치제도, 가치체계를 도입함으로써 전통사회를 재편하고 근대사회로 진입해야 한다고 주장했다. 베트남의 쩐쫑낌(Tran Trong Kim)이나 응우옌반빈이 활약했던『인도차이나잡지』의 경우 강력한 서구 지향성과 반전통을 내세웠으며, 공공연히 서구문화와 서구 정치제도를 칭찬했다(Duiker, 1976 : 113). 또한 응우옌안닌은 베트남 사회가 생존하기 위해서는 과학과 민주주의를 서구에서 빌려 와야 한다고 주장했다(Duiker, 1976 : 140). 조선에서도 역시『조선일보』의 창립취지는 "신문명 진보주의의 선전"이었으며(신용하, 2002 : 113),『개벽』2호는 조선은 '미성년자'이지만 당대에 서양식으로 발전하지 않으면 안 된다는 입장을 표방하고, 세계 추세를 이해하고 따라감으로써 전통사회에 내재한 악을 몰아낼 수 있으리라고 설파했다(Robinson, 1990 : 98). 또한 1922년 5월 이광수가『개벽』에 발표한「민족개조론」은 조선의 전통이야말로 진보의 장애라고 비난하고, 중추계급의 등장을 위한 토대로 자본주의적 경제발전의 필요성을 역설했다(Robinson, 1990 : 111).

그러나 이들이 표방한 근대화의 열망은 동·서양의 대비를 통한 자국의 비하, 그리고 강력한 식민주의에 대한 저항의 무용성을 저변에 깔고 있었다. 베트남의 응우옌안닌은 베트남인들은 노예적 사고방식을 지녔으며, 자신의 해방을 달성하기 위한 준비가 되어 있지 않다고 보았다(Duiker, 1976 : 140). 또한 입헌주의자들은 스스로의 힘으로 식민권력을 무너뜨릴 수 없으므로 즉각적인 독립은 불가능하다고 보았고, 더 나아가 만일 프랑스의 도움이 없다면 베트남인들은 민족의 진화과정을 이끌어 갈 수 없으며, 독립조차 유지할 수 없을 것이라고 생각했다(Cook, 1977 : 113~115).

조선의 경우 이러한 입장이 가장 잘 드러나는 것은 이광수의「민족개조론」이다. 이 글에서 이광수는 조선의 즉각적인 독립이 불가능한 근거를 민족의 성격적 결함, 인종적 열악·저능으로 제시하고, 조선이 식민지로 전락하고 못사는 것은 조선 민족의 잘못이라고 지적했다. 또한 독립운동의 무위를 강조함으로써 민족해방투쟁을 포기하도록 설득했다(서중석, 1998a : 69). 사실 근대화론에 입각한 이러한 논지는 프랑스·일본이 표방한 식민지에 대한 '문화적 사명', 곧 식민지에 대한 개발·계몽을 식민모국이 책임져야 한다는 식민주의의 정당화론을 식민지 주민이 되새김질한 것에 불과했다.76) 특히 경제적 발전에 대한 강조는 정치투쟁에 대한 시기상조론으로 이어져 민족운동의 무력화를 조장했다.

근대화론에 입각한 계몽과 발전에 대한 담론은 조화와 질서에 바탕한 '사회통합'에 대한 강조와 결합되었다. 민족개량주의자들은 전통경제의 세계경제로의 편입, 그 영향에 의해 빠르게 진전되는 사회계급·계층의 분화와 갈등에 두려움을 느꼈다. 대지주와 부르주아지의 입장을 대변했던 베트남의 입헌당은 자신의 계급적 이해를 지키기 위해 혁명에 반대되는 사회진화론에 매달렸다. 이들이 보기에 혁명은 사회를 필연적으로 파괴시킬 것이기 때문에 중요한 것은 조화와 균형의 유지였다(Cook, 1977 : 115). 이들이 말하고 있는 조화와 균형 그리고 이를 통한 사회통합은 실제로는 전통적인 지배질서를 그대로 유지하는 것이었다. 입헌당의 대변자였다고 볼 수 있는 부이꽝찌에우(Bui Quang Chieu)는 1930년 응헤-띤소비에트운동의 파고가 잦아들 무렵 그들의 기관지 역할을 한 『라 트리뷘 인도시느와즈』에 지주와 농민의 관계를 다음과 같이 서술하였다.

베트남 농민들 사이에 살고 있는 지주는 농민들을 위한 상담자이고, 금융

---

76) 식민지에 대한 계몽과 발전을 표방하는 '문화적 사명'에 대해 후쿠다 토쿠조오 (福田德吉)는 나태·무능한 한국인에게 독창적인 발전을 기대할 수 없는 이상, 숙명적으로 자본주의 문화와 접촉하여 그것에 서서히 물들게 해야 하며, 그 사명에 가장 적합한 역할이 일본에 있다고 주장했다(강상중, 1999 : 98).

업자이다. 새벽녘부터 지주는 들판을 걷고, 작업을 지시하며, 농민들의 노력을 고무한다. 농민들은 지주들에게 희망과 걱정을 이야기한다. 저녁에 그는 종종 농민들과 농사일의 적정시점, 종자의 질, 토지개선의 필요성에 대해 이야기를 나눈다. 소작인과 지주 사이의 이러한 잦은 생각의 교환은 사회계급의 조화에 이바지한다.[77]

이러한 논의는 갈수록 첨예해지는 농촌사회의 갈등을 무시한 것이었다. 현실에 눈감은 것뿐만 아니라, 입헌주의자들은 사회적 갈등에 대해서도 공격했다. 응우옌반빈은 프랑스에 대항해 반란을 설파하는 '무모한 개인들'에 대해 분노를 표시했고(Duiker, 1976 : 114), 입헌당의 기관지였던『라 트리뷘 인도시느와즈』1935년 3월 13일자의 글에서는 증대되는 농민반란과 노동자의 파업에 대해 '도덕적 몰락의 바이러스'로 표현했다(Marr, 1981 : 70).

이러한 상황은 조선에서도 유사하게 전개되었다. 조선의 민족개량주의자들도 역시 개발과정에서 나타나는 갈등을 피하고자 하였다. 이들은 조선 사회를 중화시켜 줄 새로운 방법을 찾고자 하였고, 그것은 유교의식에 바탕한 엘리트주의와 서양사상 가운데 합의의 측면을 강조하는 것이었다. 민족개량주의자들은 서구사회의 안정이 합의와 자유, 공동의 가치에 바탕을 둔 사회적 단합에 힘입은 것이라고 강조했다(Robinson, 1990 : 122). 따라서 베트남의 개량주의자들이 그러했듯이 갈등은 수용될 수 없었다. 단적인 예로 1922년 2월 12일자『동아일보』의 사설은 학생들의 저항에 대해 "어떠한 사회를 물론하고 학생이 시사운동의 급선봉이 되며 여론 환기의 중심이 되는 것이 사회의 병적 현상이니 … 문화발전에 대한 손실이 막대하도다"[78]라고 언급했으며, 이러한 입장은 당시 조선의 지주들과 소수 부르주아의 지향을 반영하는 것이었다.

---

77)『라 트리뷘 인도시느와즈』, 1931년 8월 10일자 ; Cook(1977 : 152~153)에서 재인용.

78) 서중석(1989 : 111)에서 재인용.

민족운동의 전략·전술

민족개량주의자들의 운동전략은 이들의 계급적 토대를 반영했다. 베트남·조선에서 민족개량주의운동을 이끌었던 민족의 상층부는 직·간접적으로 식민지배의 혜택을 받았다. 앞에서 살펴본 바와 같이 베트남에서 입헌당의 토대가 된 남부지역의 대지주들은 프랑스 식민정책의 산물이었으며, 조선의 대지주 및 소수 부르주아 또한 일본의 보호와 지원하에서 토지·자본을 집적했다. 계급적 한계는 이들의 운동전략의 기본 방향을 규정하였다. 민족 문제에 있어서 민족개량주의자들이 취한 입장은 베트남·조선 모두에서 서중석이 조선의 민족개량주의자를 평가하는 것과 유사한 특징을 드러냈다.

> 민족개량주의는 민족 문제에서 양면성을 지니고 있었다. 일반민중에게는 자신들의 주장이나 운동을 민족을 위한 것이라고 분석하면서, 민족을 지도하고 민족운동에서 헤게모니를 장악하고자 했다. 그렇지만 식민지배에 대해서는 독립을 후일로 미루고 먼저 실력을 키우는 것이 중요하다는 입장에 서있었다. 그리하여 일제에 타협적이고 일제의 지원과 보호를 요구하였으며, 내적으로는 식민지배체제의 한 구성부분으로 그것에 유착되어 있었다 (서중석, 2000 : 46).

계급 문제에 관해서도 민족개량주의자들은 자신의 계급적 이해를 침해하는 변혁에는 관심을 두지 않았다. 베트남에서나 조선에서나 민족개량주의자들은 기득권층이었고, 식민지배의 수혜자들이었다. 따라서 이들은 반제민족해방운동과 반봉건민주주의운동의 담당자가 될 수 없었다.

민족·계급 문제에 대한 민족개량주의자들의 입장은 그들의 운동전술에 그대로 투영되었다. 아래의 논의에서는 이들의 운동을 정치, 경제, 문화적 측면으로 구분하여 그 특성을 검토하겠다.

정치적 측면에서 민족개량주의자들이 추구했던 것은 식민지체제 내에서 장기적으로 '자치권'을 획득하는 것이었다. 이들에게 경제적 권력은 제한된 범위에서나마 이미 주어진 것이었고, 남은 것은 자신의 정치적 이해를 실현할 수 있는 통로였다. 언론인이며 입헌주의자의 일원이었던 베트남의 응우옌판롱(Nguyen Phan Long)은 1921년 "우리가 행복해지기 위해 기본적으로 하나 부족한 것이 있는데, 그것은 정치권력이다"(Duiker, 1976 : 138)라고 말하며 정치권력에 대한 열망을 드러냈다. 정치권력에 대한 요구는 참정권의 확대를 중심으로 전개되었다. 그러나 이는 베트남인 전체를 위한 보편적 정치권의 획득을 목표로 한 것이 아니었고, 기본적으로 계급적 경계를 지니고 있었다. 입헌주의자들은 "우리는 진심으로 우리의 동포들이 기본적인 참정권을 소유하기 바라지만, 동시에 우리는 참정권이 시민적 임무와 공동체의 보다 나은 이해를 위한 명확한 의식을 지닌 사람들에게 주어지길 원한다"[79]라고 밝혀 참정권 확대론이 지닌 한계를 드러냈다. 1930년대 말 4~5백만의 코친차이나인들 중에서 대부분이 지주였던 52,000명만이 정치권을 획득했다. 이는 입헌주의자들의 철학적 입장에서는 합리적인 것이었지만, 모든 사람을 정치에 포괄하려는 사회주의자들의 입장과는 첨예하게 대립되는 것이었다(Cook, 1977 : 123).

조선에서의 자치운동에 대한 논의는 이광수의 「민족적 경륜」[80]에서 체계적으로 드러난다. 이광수는 "우리는 조선 내에서 허(許)하는 범위 내에서 일대 정치적 결사를 조직하여야 한다"라고 밝히고, 그 궁극적인 목적을 "정치적 결사가 생장하기를 기다려 그 결사로 하여금 모든 문제를 스스로 결정케 할 것"으로 밝히고 있다(임종국 편, 1987 : 74~74). 「민족적 경륜」에서 보여 주고 있는 정치적 결사의 상은 일제의 제도적 틀 내에서 수행하는 운동이었으며, 그나마 구체적인 정치적 목표

---

79) 『라 트리뷴 인도시느와즈』, 1931년 8월 12일, 1935년 10월 18일자 ; Cook(1977 : 122)에서 재인용.

80) 『동아일보』, 1924년 1월 2일~1924년 1월 6일 연재.

를 제시하지 않고, 다만 '정치적 결사가 생장하기를 기다리는' 대기주의적 타협성을 드러내고 있다. 자치운동은 1925년 후반기와 1926년 9·10월, 1929년 가을부터 1930년 초까지 활발히 벌어졌다. 그러나 최소한의 기본적 자유와 정치적 자유도 허용하지 않는 상황에서 자치운동은 비현실적 운동이 될 수밖에 없었다(서중석, 1998a : 70~74). 그나마 1930년 12월 지방제도의 개정에 의해 시행되기 시작한 지방의회선거도 베트남에서와 마찬가지로 정치권이 유산계급에게 한정되었는데, 그것은 지방세 5엔 이상의 납세자에게 선거권을 부여하여 대부분의 농민들에게는 선거권이 적용될 수 없었기 때문이었다(강동진, 1984 : 363~371 : 정태헌, 1997 : 94~95).

경제적 측면에서 민족개량주의자들의 활동은 대중들에게 호소력을 지니고, 얼마간의 지지를 획득할 수 있는 요소가 있었다. 베트남에서 입헌주의자들은 민족 감정에 호소하여 자신의 민족주의적 성격을 드러내는 데 성공했다. 입헌당을 중심으로 한 지주와 자본가계급은 화인과 인도인 대금업자(Chetty)의 남부경제 지배를 비판하고, 화인경제와 경쟁하는 민족자본의 이미지를 창출했다. 또한 중국 상품 불매운동과 국산품 구매운동을 벌였다(Duiker, 1976 : 136 ; Marr, 1971 : 263). 초기 이들 운동의 정점은 1923년 사이공 항구의 독점반대운동이었다. 이 사건은 프랑스 자본이 화인이 독점하고 있던 쌀의 수출권을 빼앗기 위해 식민정부에게 사이공 항구에 대한 20년 동안의 독점을 요구한 데에서 발단이 되었다. 입헌당은 화인에 대한 동정보다는 프랑스가 항구를 독점할 경우 그들에게 돌아올 수 있는 경제적 기회가 박탈될 것을 우려하여 항구독점반대운동에 적극적으로 나서게 된 것이다(Tran Van Giau, Dinh Xuan Lam & Kieu Xuan Ba bien soan, 1963 : 128 : Porter, 1976 : 39). 그러나 이러한 입헌주의자들의 운동은 그들의 민족적 성격을 선전하는 데 유리하게 작용했다.

1918년 입헌주의자들은 고용과 임금조건 규정, 여성·아동노동의 보호, 노동 감독관의 법제화를 요구하였으며, 북부의 노동자를 강제로 남부 플랜테이션으로 이송하는 체제에 저항했다. 1920년대 초에도 이들은 사회·경제적 개혁을 위해 노력하여 베트남인 중간계급뿐만 아니라 노동자들 사이에서도 지지를 획득할 수 있었다(Duiker, 1976 : 138). 또한 1930년대 식민지위원회선거에서 입헌당이 제기했던 사회·경제적 프로그램의 주요 항목은 공장과 플랜테이션의 베트남인 노동자를 위한 환경 개선사항을 포함하고 있었다(Cook, 1977 : 143).

조선에서 가장 대표적인 경제적 민족주의운동은 '조선물산장려운동'이라고 할 수 있다. 조선물산장려운동은 1920년 4월 1일 회사령이 철폐되고, 상대적으로 조선인의 경제활동이 자유로워지면서 추진되기 시작했다. 이는 조선인 소유의 민족기업 육성을 지원하고, 일본인 대자본의 경제침략을 저지하여 민족경제의 자립을 추구한 민족운동이었다고 볼 수 있다(신용하, 2002 : 218). 운동이 본격화된 것은 1923년 1월 조직된 '조선물산장려회'에서부터라고 할 수 있으며, 운동의 목적은 '조선물산장려회 취지문'에 잘 드러난다. 취지문은 "우리 조선사람의 물산을 장려하기 위하여 조선사람은 조선사람이 지은 것을 사서 쓰고 … 조선사람은 단결하여 그 쓰는 물건을 스스로 제작하여 공급하기를 목적하노라"(이종범·최원규 편, 1998 : 274)라고 그 목적을 밝히고 있다. 물산장려운동은 운동이 조직된 1923년 1월 20~25일 사이에 30명의 이사진을 확보했으며, 한 달이 되지 않아 서울 가입회원이 800명에 달할 정도로 급격한 팽창을 보여 주었으나, 채 1년도 되지 않아 유명무실해졌다(진덕규, 1995 : 148). 전체적으로 보아 물산장려운동은 실제 경제적인 목적보다는 오히려 계몽적 성격을 더욱 강하게 지니고 있었다.

베트남·조선에서 민족개량주의자들이 초기의 경제적 민족주의운동을 통해 원초적 민족감정을 동원하고, 대중들의 민족의식을 일깨우는 데 기여했음을 부인할 수는 없다. 그러나 이것은 오래 지속될 수 없었다. 서중석은 1920년대 이후 조선에서 부르주아민족운동이 실패한 이

유를 계급적 한계에서 찾으며, "일제시기 부르주아지들은 한말의 일화
배척운동, 국채보상운동 때의 일부 자산가와는 달리 민족주의를 강조하
여 기업 자체를 희생시키지는 않았다. 기업은 자본축적의 논리를 따라
가지 않을 수 없는데, 그러려면 일제와 자본면·기술면에서 어떤 형태
로든 결탁하거나 총독부의 비호나 협력을 얻어야 했다"(서중석, 1998a
: 57~58)라고 논하고 있다. 이러한 상황은 베트남에서도 마찬가지로
전개되었다(Porter, 1976 : 6~7). 베트남·조선에서 민족감정에 호
소하여 벌였던 경제적 민족주의운동은 그 운동을 벌였던 주체의 계급적
한계로 대중들을 지속적으로 동원할 수 없었다.[81] 특히 베트남의 경우
입헌당에 의해 추진된 사회·경제적 개혁은 노동자층의 지지를 지속시
킬 수 없었는데, 이것은 노동자들의 요구와 입헌당에서 제시했던 요구
사이의 괴리에 의한 것이었다. 베트남의 노동자들은 실질적 임금인상을
요구하고 있었으나 입헌당은 이러한 요구에 대해 관심을 두지 않았다.
또한 입헌주의자들은 보통선거권, 노조설립, 파업권의 요구를 수용하지
않았다. 이들에게 노동조건의 개선은 노동자가 충성스럽고, 순종적으로
남아있는 한도 내에서 이루어져야 할 것이었다(Cook, 1977 : 147).

　식민지 문제에 대한 문화주의적 접근, 곧 교육을 통한 대중의 계몽
은 민족개량주의자들이 표방했던 점진적·온건적·체제 내적 진화, 발
전이라는 운동방식에 적합한 것이었다. 이러한 운동방식은 그 실질적
내용보다는 그것이 지니고 있는 정치·이데올로기적인 사회적 효과가
문제였다. 장기간을 필요로 하는 교육에 대한 강조는 식민당국과 직접
부딪혀야 하는 현실 정치 문제를 회피하며, 민족의 독립과 실질적인 사
회 문제의 해결을 이후의 과제로 미루어 놓는 현실 투항주의적 태도를

---

81) 부르주아민족주의운동의 중추를 형성했던 민족개량주의자들은 농민과의 관계
　　에서 특히 보수적이었다고 말할 수 있다. 베트남의 입헌주의자들은 농민 불만
　　의 핵심이었던 빈곤과 토지권에 대해 관심을 두지 않았고(Cook, 1977 : 150), 조
　　선에서도 식민지 지주제에 대한 부정이나 반대를 찾아보기 어려웠다(서중석,
　　1998a : 61).

정당화했다. 그러나 교육에 대한 강조가 민족운동에 기여한 측면도 간과할 수 없다. 특히 교육부문의 운동 중에서 모국어의 보급과 확산을 위한 운동은 문화적 측면에서 민족적 결속을 촉진하는 데 일익을 담당했다. 모국어의 보급·확산은 위에서 언급했던 인쇄매체의 발달에 힘입었다. 앤더슨이 "민족이라는 개념 자체가 거의 모든 활자어에 확고히 자리잡고 있다"(Anderson, 1996 : 169)라고 한 것처럼 인쇄매체는 베트남·조선에서 모국어의 활성화와 민족의식을 일깨우는 역할을 수행했다.

베트남에서 『인도차이나잡지』, 『중·북부신문』은 초기 꾸옥응으(국어)를 전파하는 데 많은 역할을 수행했으며, 팜 꾸인에 의해 발행된 『남풍』 역시 베트남어를 풍부화하는 데 기여하였다.82) 꾸옥응으는 17세기 프랑스 선교사에 의해 고안되었던 것인데, 사실 프랑스는 중국 문화와 베트남 문화의 연결을 끊고 왕조 기록과 고대 문헌을 베트남의 새 세대들이 사용할 수 없게 하려고 꾸옥응으를 의도적으로 장려하였다(Anderson, 1996 : 157~158). 그러나 민족의식을 약화시키려는 프랑스의 의도와는 다르게 꾸옥응으의 보급과 확산은 결과적으로 베트남인의 문화적 결속을 강화시켰다.

조선에서도 국어보급운동은 매우 중요한 위치를 차지했다. 1920년대 다양한 동인지의 활동은 국어의 풍부화에 이바지했으며, 1921년 12월 '조선어연구회'가 만들어져 '한글사용촉진운동'을 통일시킬 수 있는 바탕을 마련하였다. 조선에서의 국어운동은 민족개량주의자들이나 사회주의자들 모두가 중요성을 인정하고 있는 것이었으며, 1920년대

---

82) 마는 팜꾸인의 『남풍』에 대해 "프랑스어를 장려한다고 해서 본래 더 협력주의자가 아니었던 것처럼 베트남 모국어를 고무하는 것이 본래 더 애국적인 것은 아니었다"(Marr, 1981 : 150)라고 평가하면서, 모국어를 진작시키는 것이 곧 애국주의와 연결되는 것은 아니라고 본다. 듀커 역시 응우옌반빈이 국어 교육에 기여했음에도 불구하고, 그가 민족주의적 요소를 지니지 못했다고 평가했다(Duiker, 1976 : 115).

와 30년대 줄곧 존속 발전했다(Robinson, 1990 : 145). 그러나 1937년 일본의 대륙침략이 본격화되면서 일제의 동화정책이 강화되어 국어보급운동은 탄압을 받게 되었다. 이러한 탄압은 오히려 국어운동이 지닌 민족주의적 성격을 더욱 부각시키는 역할을 하였다.

그러나 모국어운동 이외의 교육부문에서 이들의 운동은 계급적 편향을 드러냈다. 베트남의 민족개량주의자들은 교육의 개선을 위해 직접 나서기보다는 프랑스 식민당국에게 교육제도를 바꿔 줄 것을 요구하는 것으로 운동을 대신했다. 또한 입헌주의자들이 생각한 교육의 목적은 계급에 따라 상이했다. 입헌주의자들은 대중을 위한 교육이 충성스럽고 유용한 시민을 양성하는 데 목적을 두어야 한다고 보았다. 그러나 엘리트를 위한 교육은 프랑스화(Gallicization)가 목적이었다(Cook, 1977 : 142). 이것은 베트남의 유산층을 대표하는 민족개량주의자들이 지니고 있었던 친프랑스적 성향과 계급성을 보여 주는 것이었다.

조선에서 대표적인 교육운동은 민립대학설립운동과 농촌야학이었다. 민립대학설립운동은 1922년 민립대학기성준비회가 결성되고, 1923년 모금운동이 착수되어 본격화되었는데, 초기의 열정에 비해 자금의 부족, 소수를 위한 대학설립의 정당성 문제 등으로 인해 1925년경이 되어 거의 시들어 버렸다(Robinson, 1990 : 139~141). 1920년대 중반경까지 재지지주들은 농촌계몽운동의 일환으로 전개된 농촌야학에 대해 호의적인 태도를 지니고 있었다. 그러나 1920년대 중반 이후부터 새로운 세대의 좌익 청년들이 야학운동의 주도권을 장악하고, 야학이 소위 프로문화운동 혹은 농조운동의 거점으로 변화하자 재지지주들은 야학운동에 대한 종전의 호의적인 태도를 일변시켰다. 재지지주들은 민간야학을 폐쇄하고 관제야학을 육성하려는 총독부의 야학정책에 부응하여 민간야학에 대한 물질적인 지원을 중단하거나, 아니면 야학 폐쇄를 적극적으로 선도하는 역할을 담당했다(지수걸, 1993 : 82~83).

대중 조직화 방식

1920년대 초에서 중반까지 민족개량주의자들의 대중동원은 얼마간 성공적인 것으로 여겨졌다. 이들이 벌였던 개량적 민족운동에 대한 대중적 호응도 있었으며, 베트남의 입헌당은 좁은 정치적 입지 속에서 상대적으로 진보적인 것으로까지 여겨졌다. 그러나 1920년대 중반 이후 대중적 호응은 상당히 퇴색해 버렸으며, 민족개량주의자들은 대중의 동원·조직화에 실패했다. 이들의 실패는 이데올로기·전술·전략적 특성의 영향을 반영하며, 보다 직접적으로는 엘리티즘과 위에서 잠시 언급했던 계급적 적대에 대한 공포감의 결합에 의한 것이었다.

민족개량주의자들은 기본적으로 대중을 중심으로 한 정치투쟁을 상정하지 않았다. 농민·노동자들은 계몽의 대상이었을 뿐이었다. 베트남의 대지주를 중심으로 한 개량주의자들은 그들 스스로를 사회구조의 서까래(rafters)로 상징화했으며, 그들의 계급의식을 나타내는 하나의 표징으로 '높은 신분에 따르는 도덕적 의무(noblesse oblige)'를 강조했다. 이것의 조직적 표현은 쩐찐짜익(Tran Trinh Trach)이 대표로 있었던 '코친차이나 원주민의 도덕적·지적·신체적 개선을 위한 연합'이었으며, 대지주들은 가난한 동포의 정신을 앙양한다는 명분하에 이 조직에 참여했다(Porter, 1976 : 34~35). 그러나 토지관계의 상업화가 심화되면서 대부분 부재지주였던 대지주들은 그들이 떠벌리던 도덕적 의무를 저버렸다. 이 속에서 스캇이 논의했던 마을의 '도덕경제'는 더 이상 제대로 작동할 수 없었다. 그럼에도 불구하고 한편으로 대지주들은 전통적 엘리티즘에 입각한 마을의 질서를 그대로 유지하고자 했다.83) 대지주들은 농민들과 그들의 관계를 전통적인 유교의 가부장적 질서와 상하 위계질서 속에서 규정하고자 했던 것이다. 이러한 위계적 질서는 수평적 소통을 통한 대중적 조직건설과는 거리가 먼 것이었으며, 결과적으로 이들의 주장은 도시를 중심으로 한 소수 엘리트 집단과

---

83) 이러한 이중적 태도에 대해서는 Woodside(1976 : 125~126) 참조.

규모가 작은 자유 프랑스인 집단에만 호소력을 지닐 뿐이었다.

조선에서도 민족개량주의자들은 대중을 곧바로 정치행위에 동원할 수 있는 힘의 원천으로 보지 않았다. 이들은 대중을 불신하고 무시했기 때문에 대중을 변혁의 주체로 상정하지 않았고, 단지 교육받아야 할 대상으로만 파악했다. 이광수는 「민족적 경륜」에서 조선 민족의 정치적 결사를 강조하며, 이를 위해서는 농민이 필요하다고 밝혔다. 그러나 정치적 결사와 교육적 결사를 결합해야 한다는 내용은 철저히 엘리트 중심적이었다.

> 농민 중에서 많은 회원을 얻으려면, 첫째, 농민 중에 지식을 보급하는 것이 필요하다. 그런데 이 일을 하는 것이 교육적 결사의 사명이다. 교육적 결사에서는 한편 과학적 지식을 보급하면서 다른 한편 농촌 자치를 중심으로 하는 *정치적 생활방식을 가르쳐 정치생활의 준비를 줄 것이다* [강조는 필자] (임종국 편, 1987 : 81).

개량적 민족주의자들은 대중들이 참여할 정치공간을 고려하지 않았다. 민족 스스로의 힘으로는 독립을 달성할 수 없다는 정치적 무기력감은 바로 대중을 단지 수동적 대상으로 평가하고 배제한 엘리티즘의 결과였다고 볼 수 있다.

대중에 기반한 아래로부터의 조직구축을 어렵게 했던 또 다른 요인은 바로 화해할 수 없는 계급적 간극이었다. 앞에서도 살펴본 바와 같이 대지주를 중심으로 한 소수 자본가계급의 경제적 존재기반은 농민들에 대한 수탈·착취에 있었다. 이 같은 계급적 특성은 농민들의 조직화·정치화를 고무시킬 수 없도록 했다. 베트남의 부이꽝찌에우는 응혜-띤소비에트 이후 "무지와 체념에서 나오는 농촌 프롤레타리아의 침묵은 사회 질서의 유일한 보장책"[84]이라고 논의했다. 이러한 입장을 취하는 민족개량주의자들이 어떻게 농민들을 조직화할 수 있었겠는가? 1929~1931년 사이

---

84) 『라 트리뷘 인도시느와즈』, 1931년 8월 3일자 ; Porter(1976 : 50)에서 재인용.

에 베트남에서 벌어진 대중들의 반란, 조선에서 1930년대 이후 활성화된 적색농조는 민족개량주의자들이 농민의 조직화를 통해 민족주의운동에 나서기보다는 식민당국과의 동맹을 통해 자신의 기득권을 유지하는 길을 걷게 하였다.

1930년대는 민족개량주의자들의 전반적인 쇠퇴기였다. 베트남의 민족개량주의자들은 그들이 제기한 최소한의 요구를 충족시켰던 1930년대 프랑스의 행정개혁 이후 사회개혁자로서의 역할을 포기했다. 이들은 프랑스의 유혹에 쉽게 넘어갔으며, 민족주의운동세력으로서의 역할을 그만두었다. 그러나 사실 그들이 민족주의자가 되기를 그만둔 것은 프랑스를 두려워해서라기보다는 급진주의자들에 대한 두려움 때문이었다(Duiker, 1976 : 178).

1930년대 이후 조선의 민족개량주의자들이 식민주의에 투항한 것은 식민주의를 극복할 수 없다는 깊은 절망감 속에서 나타난 적극적 동조라고 할 수 있다. 민족개량주의자들 중 일부는 만주사변을 일제의 팽창과정으로 파악하여 변절하였다. 특히 부르주아들은 일제의 대륙침략을 시장개척과 서양 제국주의로부터의 아시아 해방으로 해석하고, 일제의 전도(前途)와 민족 전도, 정확히는 자신의 전도를 동일시했다(이명화, 1997 : 151). 또한 1937년 이후 황국식민화정책이 본격화되면서 민족개량주의자들은 대부분이 체제내화되어 일제의 식민정책에 적극 협조하였다. 이들은 일본의 패전이 가까워 올 때까지도 "일본의 패전소문을 믿지 말고 물질적 어려움을 참아내시오. 또한 일본과 동등한 권리를 가진 성원으로서 모든 인민력 동원을 강화하시오"(Shabshina, 1996a : 191~192)라고 외쳤다.

전체적으로 보아 베트남·조선의 민족운동에서 대지주를 중심으로 한 소수 부르주아를 대표했던 민족개량주의운동은 근대적인 민족운동이 발흥하던 초기를 제외하고는 그 힘을 발휘할 수 없었다. 위에서 살펴본 바와 같이 이들의 운동은 식민체제를 극복할 수 없다는 절망감에 토대를 두었으며, 체제 내에서의 제한된 개량을 추구했고, 겉으로는 민족의 이익을 내세웠지만 실제로는 식민당국과의 타협을 통해 자신의 계급적 이해를 도모했다. 민족개량주의자들의 투항주의적 운동행태는 지배계급이 지녀야 할 도덕적 정당성의 토대를 해체시켰으며, 그 결과는 역사적 정통성에 호소하여 대중을 동원할 능력이 없는 정통성이 부재한 지배계급의 형성이었다.

2) 사회주의운동의 특성

민족개량주의운동의 한계는 민족운동 내부의 분화를 촉진하였으며, 그 결과 운동은 민족개량주의운동, 비타협적 민족주의운동, 사회주의민족운동으로 나누어지게 되었다. 비타협적 민족주의운동은 지속적으로 민족의 독립을 추구했다는 점에서 민족개량주의자들과는 구분되지만, 운동의 조직적 특성이나 정치적 영향력이 민족개량주의자들에 비해 월등히 나았다고는 말할 수 없다. 비타협적 민족운동에 대한 설명이 이 논의의 초점은 아니지만 이들의 특성을 간략히 검토하는 것은 여타 민족주의운동과 구별되는 사회주의민족운동의 성격을 더욱 선명하게 드러내 줄 것이다.

베트남에서 민족주의개량주의 분화는 1926년 팜꾸인, 후인툭캉(Huynh Thuc Khang), 레반후언(Le Van Huan)이 코친차이나의 입헌당을 모방하여 통킹과 안남에 세우려고 했던 개량주의 정당인 베트남진보인민회(Viet Nam Tan Bo Dan Hoi)의 결성이 프랑스에 의해 좌절되면서 본격화되었다(Buttinger, 1968 : 174 ; Duiker, 1976 : 152 ; Sacks, 1988 : 205). 베트남에서 비타협적 민족운동의 분화는 조선에 비해 복잡한 양상을 보였다. 파이크는 이들 조직을 중국세력, 일본세력, 토착세력, 종교집단으로 분류했다(Pike, 1985 : 55~65).

먼저 중국세력을 대표했던 것은 응우옌타이혹(Nguyen Thai Hoc)

이 중국 국민당을 본떠 만든 베트남국민당(Viet Nam Quoc Dan Dang)이었다. 아래에서 살펴볼 여타의 비타협적 민족주의집단들이 그러했듯이 응우옌타이혹도 처음부터 반프랑스적인 것은 아니었다. 그는 다른 민족주의자들과 같이 사회주의자이면서 베트남의 총독이었던 알렉산드르 바렌(Alexandre Varenne)의 개혁정책에 기대를 걸었다. 1927년 응우옌타이혹은 언론의 자유를 요구하며 자신의 잡지를 출간할 수 있도록 총독에게 요청했으나, 이것이 거부되자 베트남국민당을 결성하고 프랑스와 비타협적 투쟁을 벌이게 된다. 독립을 위해 이들이 추구했던 3단계 전략은 비밀 조직화의 기간, 총체적 봉기를 위한 단기간의 비밀스런 선전기간, 폭력적인 쿠데타로 구성되어 있었으며(Porter, 1976 : 77), 이것이 가장 잘 드러난 것은 1932년 옌바이(Yen Bay)봉기이다. 봉기의 실패로 베트남국민당은 치명적인 손상을 입었으며, 쇠퇴의 길로 접어들었다.[85]

둘째, 일본과 관계 있는 민족주의운동은 통칭 대월(大越)운동으로 불리며 흔히 복국(復國 : Phuc Quoc)이라 불리는 조직으로 베트남복국동맹회(Viet Nam Phuc Quoc Dong Minh Hoi)에 기원을 둔다. 대표적인 집단은 중·북부를 기반으로 한 대월국민당(Dai Viet Quoc Dan Dang)이었다. 대월은 대중적 운동기반의 조성을 거부하는 권위주의적이고 엘리트적인 운동이었으며, 정치적으로는 군주제를 옹호하였고, 경제적으로는 사회주의적이었다. 이들은 고도의 쿠데타 심리를 소유하고 있었다. 민족주의운동으로서 대월은 그들의 스승격인 일본이 인도차이나를 점령했을 때 위세를 떨쳤다. 그러나 일본이 철수했을 때 대월의 정치적 위세도 사라져 버렸다(Pike, 1985 : 59).

셋째, 대표적인 토착세력으로는 신월혁명당(Tan Viet Cach

---

85) 이들은 사회주의자들과는 달리 일반적으로 농민 문제를 무시하였고, 농민들에게 당에 가입할 수 있는 자격조차도 주지 않았다(Harrison, 1989 : 48). 또한 사회개혁 프로그램도 지니지 못했다(Nguyen Khac Vien, 1999 : 190).

Mang Dang)과 희망청년당(Cao Vong Thanh Nien Dang)을 들 수 있다. 신월혁명당은 레반후언, 보호아인(Vo Hoanh), 호앙반카이(Hoang Van Khai) 등이 만들었다. 이 집단은 군주정은 거부하였지만, 독립된 베트남공화국의 사회개혁, 정치제도에 대해서는 거의 언급하지 않았으며, 무력을 통해 프랑스를 타도하여 독립을 쟁취하는 일에 모든 관심을 집중했다(Buttinger, 1968 : 174~175). 희망청년당은 『라 클로슈 펠레』를 운영했던 응우옌안닌이 주도했다. 응우옌안닌은 합법적인 방법을 통해 기본적인 정치·사회적 권리를 보장받으려 하였으나, 이것이 좌절되자 급진적으로 변화하여 사회주의운동에 관여하기도 했다. 신월혁명당은 1930년 해체되었고, 이들 성원들은 인도차이나공산당이나 베트남국민당으로 옮겨갔다. 희망청년당의 당원들 또한 1929년 응우옌안닌이 체포되자 대부분 인도차이나공산당으로 옮겨갔다(Pike, 1985 : 61).

넷째, 대표적인 민족주의 종교집단으로는 까오다이(Cao Dai)와 호아하오(Hoa Hao)를 들 수 있다. 까오다이는 1925년 사이공에서 식민지 관료였던 응오반찌에우(Ngo Van Chieu), 호아하오는 1939년 호아하오 촌락의 후인푸소(Huynh Phu So)가 만들었다. 상이한 시점에 만들어진 이 두 조직은 프랑스에 반대하여 독립운동을 벌였으나, 정치·사회적인 측면에서는 보수적인 태도를 취했다.[86] 이들 두 종교는 계급투쟁에 반대했으며, 기본적으로 지주를 중심으로 한 전통적인 지배체제를 유지하려고 하였다(McAlister & Mus, 1970 : 60 ; Porter, 1976 : 123). 또한 1940년 일본이 인도차이나를 점령하자 일본의 대동아공영권 논리에 찬동하였고, 일본에 협력하여 독립을 달성하려고 시도

---

86) 단적인 예로 까오다이의 교주였던 팜꽁딱(Pham Cong Tac)은 자본주의의 침투에 따라 코친차이나는 베트남의 어떤 지역보다 아버지, 남편, 지주의 권위가 위협받고 있다고 주장하면서 전통적인 가부장적 권위의 붕괴를 우려했다(Porter, 1976 : 52).

하였다.

조선에서 비타협적 민족운동은 문화운동을 중심으로 한 민족운동이 날로 개량화되어 민족독립운동으로서의 성격마저 퇴색해 가자 이에 대한 반발로 나타나게 되었다. 이들은 조선의 실력을 양성하고 조선인 스스로의 힘으로 독립을 달성하려고 시도하였다(이반송, 1986 : 84). 그 지도 원칙은 일본의 정책을 혹평함으로써 조선 민중의 민족의식이 소멸되지 않도록 하려는 것이었다. 조선의 비타협적 민족주의운동은 1927년과 1931년 사이의 짧은 기간을 제외하고는 조직되지 않았다(이정식, 1986 : 308). 그러나 여기에서 유의할 것은 비록 짧은 기간이나마 비타협적 민족주의세력이 민족개량주의세력에 저항하면서 조직적 대오를 유지할 수 있었던 것은 사회주의세력과의 동맹을 통해서였다는 점이다. 좌우합작을 통해 결성된 신간회는 1926년 9~10월 다시 활발해진 민족개량주의자들의 자치운동에 대한 민족주의세력과 사회주의자들의 경계, 1926년 11월 정우회선언[87]과 12월 제2회 조선공산당대회에서의 민족단일당 결의가 직접적인 계기가 되어 1927년 2월에 결성되었다(서중석, 1998a : 101~102). 1927년 1월 19일 결성된 신간회는 강령으로 "1. 우리는 정치적·경제적 각성을 촉진함. 2. 우리는 단결을 공고히 함. 3. 우리는 기회주의를 일체 부인함"(이재화 엮음, 1986 : 243)을 채택했고, 창립 10개월 후인 1927년 12월 27일에는 100개 지회에 약 2만의 회원을, 1928년 2월에는 123개 지회에 약 3만의 회원을 확보하였다(이재화 엮음, 1986 : 245). 그러나 이러한 성장에도 불구하고 신간회는 일제의 사회주의세력에 대한 지속적인 탄압과 조직의 개량화 책동으로 인해 1931년 5월 해체되었으며,[88] 신간회의 해체와 더불어 비

---

87) 민족협동전선을 위한 정우회선언과 이를 둘러싼 논쟁에 대해서는 이재화 엮음
(1986 : 258~263) ; 김경택(1988) 참조.

88) 신간회의 해산에 대한 개괄적 설명은 서중석(1998a : 132~137) ; 이재화 엮음
(1986 : 271~274) 등을 참조.

타협적 민족주의운동은 짧았던 생을 마감했다.

비타협적 민족주의자들의 역사적 실패는 그들의 이데올로기, 전략·전술, 대중 조직화의 한계를 반영한 것이었다. 먼저 베트남과 조선의 비타협적 민족주의운동은 자신의 목소리를 통해 대중들을 응집할 수 있는 핵심적 이데올로기를 갖지 못했다. 양쪽 지역에서 모두 비타협적 민족주의운동은 민족개량주의운동에 대한 실망 속에서 출현했음에도 불구하고 운동방식에서 이를 넘어설 수 있는 체계적 대안이나 미래의 독립된 국가상을 제대로 제시할 수 없었다.

전략·전술의 실패는 이들의 대중 조직화의 관점과 밀접히 연관되었다. 이들의 운동방식은 엘리트주의적 특성을 벗어나지 못했으며, 대중에 기반한 운동방식을 지향하지 못했다. 베트남의 경우 비타협적 민족주의자들의 폭력적 운동양태는 소수의 음모적 수준을 벗어나지 못했으며, 종교운동의 경우는 전통적 권위주의의 한계를 넘어서지 못했다. 조선의 경우 지방보다는 중앙을 장악하고 있었던 비타협적 민족주의계열의 신간회 간부들은 합법적 테두리에 안주하여 비폭력 투쟁을 주장하였으며, 1929년 전국을 뒤흔들었던 원산총파업에 대해서도 무관심한 태도를 취했고, 대중적 정치투쟁 또한 한 번도 수행하지 못했다(김경택, 1988 : 393). 이 같은 특성들은 비타협적 민족주의자들이 비록 민족의 독립을 향한 열정을 간직하고, 이를 구체적인 실천을 통해 실현하려고 했음에도 불구하고 운동에서 실패하게 되는 요인으로 작용하였다.

파이크는 베트남의 비타협적 민족주의운동을 평가하면서 "투쟁이 진전되어 갈수록 극단주의자들은 강해졌고, 중도 입장은 들어설 여지가 없었다. 베트남에서 투쟁은 공산주의자들과 프랑스 사이의 선택으로 좁혀졌다. 이러한 양극화의 피해자는 민족주의자들이었다"(Pike, 1985 : 75)라고 논의했다. 운동이 진행될수록 비타협적 민족주의자들은 설 자리를 잃었으며, 개량화되어 친식민주의적 입장을 취하거나, 급진화된 사회주의운동에 투신할 수밖에 없었던 것이다. 이러한 상황은 조선에서도 유사했다. 신간회가 해체된 이후 조선의 비타협적 민족주의세력은 점차 개량화되거나, 사회주의세력으로 편입되어 운동은 양극 질서로 재편되어 갔다.

1920년 이후 사회주의운동은 민족개량주의·비타협적 민족주의운동과 경쟁하면서 식민정권에 저항하여 민족해방투쟁을 수행했다. 이들이 운동과정에서 동원했던 이데올로기적 특성, 운동전략·전술, 대중조직화방식은 민족개량주의자들과는 상반된 특성을 보이며, 해방 이후 나타나는 좌·우의 대립은 이미 1920년대를 출발로 한 운동과정을 통해 시작되었다.

이데올로기적 지향과 특성

스칼라피노와 이정식은 "아시아에서 공산주의는 민족주의를 지속적인 기반으로 삼아 민족주의와 통합되고 상호작용할 수 있었던 곳에서만 성공을 거두었다"(Scalapino & Lee, 1986a : 109)라고 논의했다. 식민지시기 베트남·조선의 사회주의운동 역시 운동의 출발점은 민족해방에 대한 열망이었다고 볼 수 있다. 파리강화회담과 윌슨의 민족자결주의가 지닌 허구성, 그리고 이에 대한 민족주의자들의 실망감은 서구적 민주주의에 대한 불신을 초래했으며, 다수의 민족주의자들이 사회주의적 노선을 선택하게 되는 결과를 초래했다.

이러한 상황에서 1920년 2차 코민테른대회를 위해 레닌이 쓴 「민족과 식민지 문제에 대한 테제」는 베트남과 조선의 민족주의자들에게 새로운 혁명의 길을 제시하는 희망으로 여겨졌다. 호찌민은 레닌 탄생 90주년을 기념하기 위해 1960년 4월 소연방의 평론지 『동방문제』에 기고한 글에서 "처음에는 공산주의가 아닌 애국심이 나를 레닌과 제3인터내셔널에 대한 믿음으로 이끌었다. 그 후의 투쟁과정에서 마르크스·레닌주의에 대한 학습과 실제적인 실천을 통해 나는 점차 사회주의와 공산주의만이 전 세계의 피억압민족과 근로대중을 노예상태에서 해방시킬 수 있다는 사실을 알게 되었다"[89]라고 회고하였다.[90] 조선의 여운형 또한 군국주의와 자본주의로 약소민족을 억압하고 계급적으로 착취하는 일은 전 인류의 불행이요 화란(禍亂)의 근원이라고 보고, 이중의 속박을 당하고 있는 약소민족의 해방을 위한 혁명가로서는 누구든지 귀를 기울여 이 (러시아)혁명의 외치는 소리를 똑똑히 듣지 않을 수 없으며, 일본의 억센 제국주의세력을 구축하는 데에는 인류 정의를 부르짖는 사회주의혁명이 필요하리라는 것은 조금이라도 혁명의 머리를 가진 이는 다 이해되는 것으로서 이동휘 등 해외 혁명가들도 대개 이것에 공명했다고 말하고 있다.[91]

초기 사회주의에 매료되었던 민족주의자들은 사회주의에 대한 명료한 이론적 이해보다는 민족의 현실을 타개할 이데올로기로써 사회주의를 수용했다. 이들이 보기에 기존의 민족개량주의운동의 약점은 명확했다. 듀커는 베트남의 민족주의운동을 평가하면서 사회주의자들을 제외한 민족주의운동세력들은 "모두 중심 이데올로기가 없었으며, 그런 상태에서 대부분 아무 생각 없이 근대화와 민족독립을 같은 것으로 보고 있었다. 미래의 독립 베트남에 대한 구체적인 모습을 찾아보려는 시도는 거의 없었다"(Duiker, 2003 : 225)라고 평가하고 있다. 이것은 조선의 경우도 마찬가지였다. 베트남·조선에서 애국적 민족주의와 결합한 사회주의는 개량적 민족주의의 한계를 극복하고, 현실 인식을 위한 이론적 지침이자 혁명조직에 응집성을 제공하는 이념적 토대가 되었다.

민족개량주의자들이 현실에 대한 타협에 기초하여 체제 내의 비폭력적인 점진적 개혁, 민족에 대한 자기비하의 수사를 사용했다면, 사회

---

89) Ho Chi Minh, "The Path which Led Me to Leninism" 1960 ; Fall ed.(1967 : 6~7) 참조.

90) 호찌민의 애국주의적 요소는 초기 그의 가명이었던 응우옌아이꾸옥(阮愛國)에서도 드러난다. 그가 가명으로 사용한 애국이라는 이름은 민족주의자로서의 성격을 그대로 보여 주는 것이다.

91) 이만규, 1947, 『여운형투쟁사』, 96~97쪽 ; 서중석(1995a : 285)에서 재인용.

주의자들은 이에 대항하여 점진적 개혁론의 허구성을 드러내고, 혁명적 낙관주의의 수사를 사용하였다. 호찌민은 판보이쩌우의 제자인 응우옌 투옹후옌(Nguyen Thuong Huyen)이 그에게 보낸 편지에서 식민지 체제에 대항하는 투쟁이 실패한 것은 프랑스의 야만성 때문이라고 지적하고, 독립을 얻는 최선의 방법은 영국령 인도에서 마하트마 간디가 채택했던 불매운동과 비슷한 비폭력전술을 채택해야 한다는 결론을 내리자, 이에 대한 반론으로 라퐁텐의 우화를 예로 들었다. 그것은 고양이 목에 방울을 달고 싶어하나 그럴 용기가 없는 쥐의 이야기였다. 호찌민은 답장의 마지막을 "용의 아들(베트남 민족)은 어떻습니까? 우리는 쥐와 같지 않습니까? 얼마나 수치스럽습니까?"라는 말로 맺었다(Duiker, 2003 : 212 ; Hue-Tam Ho Tai, 1992 : 171~175). 호찌민은 즉각적인 행동을 요구했으며, 혁명당과 조직의 건설을 통해 투쟁할 것을 촉구했다. 조선에서도 점진적 개혁론에 대한 반발은 드세게 일어났다. 사회주의자들은 민족개량주의자들이 제기하는 문화적 접근법, 특히 이광수의 「민족개조론」은 일본의 제국주의적 지배를 지속시키고, 점진주의적 지식인의 리더십을 강화하게 될 뿐이라고 결론지었다(Robinson, 1990 : 196). 사회주의자들에게 점진주의는 식민주의에 대한 투항을 의미했으며, 친식민주의자들을 정당화하는 이데올로기적 외피에 불과했던 것이다.

사회주의자들은 점진적 방식에 대항하여 식민주의에 대한 지속적인 대결과 투쟁을 강조하였으며, 이를 혁명적 낙관주의와 결합하였다. 호찌민은 1925년경 그가 교사로 활동했던 '베트남 혁명을 위한 특별정치연구소'에서 학생들이 베트남 관리들의 사소한 부패나 농촌 사람들의 일반적 무지와 무기력에 실망한 것처럼 보이면 "혁명이 필요한 이유가 바로 이런 장애와 사회적 박탈이다. 혁명가는 낙관적이어야 하며, 결국 승리할 것을 믿어야 한다"라고 말하곤 했다(Duiker, 2003 : 218). 조선에서도 혁명적 낙관론은 사회주의자들의 주요한 무기였다. 지속적인 검거 속에서도 사회주의자들은 "세계 프롤레타리아트와 식민지 인민의 혁명전선은 제국주의 및 그의 앞잡이인 개량주의자 및 사회파시스트의 갖가지 간책에도 불구하고 나날이 증대하고 공고해지고 있다"[92]라는 낙관적 전망을 피력했다. 또한 태평양전쟁이 한창 진행되는 가운데서도 조선의 혁명가들이 사용했던 비합법 전단에는 "군국주의의 모닥불이 아무리 새로운 장작개비와 마른 가지를 집어던진다 해도 이제 그 모닥불은 더 이상 타오르지 않을 것이다"(Shabshina, 1996a : 188)라는 낙관적 수사들이 혁명운동을 고무시켰다. 민족개량주의자들이 희망을 버렸다면, 사회주의자들은 변화를 믿었으며, '암흑 속에 내동댕이쳐진 나라'[93]에서 희망의 빛을 보려고 했던 것이다.

민족개량주의자들이 조화와 질서를 강조했다면, 사회주의자들은 사회적 현실의 모순에 대한 고발과 폭로를 이데올로기적 수사로 사용했다. 베링턴 무어는 『독재와 민주주의의 사회적 기원』에서 "어느 사회에서나 지배집단은 갖은 힘을 다해 사회가 움직이는 방식을 은폐하려고 하는 집단이다. 그러므로 진실한 분석은 아주 흔히 비판적인 울림을 가지기 마련이다. 이 때문에 그것은 통상적인 진술이라기보다는 폭로와 같은 것으로 보이게 된다"(Moore, 1992 : 518)라고 논의했다. 조화와 질서가 지배계급의 수사라면, 현실에 대한 고발과 폭로는 기존의 사회체제를 변화시키려는 비판적 인식을 반영하는 것이다. 호찌민의 논의들은 식민지 조국의 현실에 대한 고발·폭로의 수사로 가득 차 있다. 그가 쓴 많은 글들, 예를 들어 「인종적 증오」, 「안남 여성과 프랑스의 지배」, 「안남 농민의 환경」, 「프랑스 식민주의에 대한 심리」 등은[94] 베트남인

---

92) 이것은 조선공산당 발기자 그룹의 이름으로 1934년 6월 10일 코민테른 기관지 『코뮤니스트 인터네셔널』 제17호에 게재한 「조선공산당 행동강령」의 일부이다. 김정명 편(1986 : 353) 참조.

93) 듀커는 프랑스 식민주의 하의 베트남을 이와 같이 표현했다. Duiker(2003 : 187).

94) Fall ed.(1967) 참조.

들이 처한 현실과 고통, 분노를 보여 준다. 조선의 사회주의자들도 사회의 기본적인 모순을 '가진 자와 못 가진 자'의 대립으로 파악하였다. 『신생활』, 『무산자(無産者)』, 『개벽』, 『조선지광』, 『신천지』 등은 사회주의사상을 소개하고 사회 문제에 대한 활발한 논쟁들을 게재했다. 사회주의자들의 비판적 인식은 제국주의의 침탈에 따른 사회체제의 자본주의적 변형, 그리고 그것이 초래한 파괴적 영향에 대한 각성에서 출발한 것이다. 따라서 이들의 이데올로기적 지향은 서구 중심의 자본주의적 민주체제보다는 사회주의로 기울었으며, 사회적 모순과 갈등에 대해 어떠한 민족주의세력보다도 민감한 반응을 보일 수밖에 없었다.

민족운동의 전략 · 전술

사회주의자들의 운동전략은 민족 · 계급적 이해에 기초하고 있었다. 1930년대 초 베트남 · 조선의 사회주의자들이 지향했던 운동전략은 기본적으로 2단계 혁명전략, 곧 부르주아민주주의혁명을 거쳐 사회주의 사회로 나아가는 것이었다. 베트남 · 조선의 부르주아민주주의혁명 단계에서 제기된 슬로건은 매우 유사하다.

<인도차이나공산당 정치강령>[95]

1. 프랑스 제국주의, 봉건제도, 그리고 반동적 베트남 자본가계급을 타도할 것.
2. 인도차이나의 완전한 독립을 이룩할 것.
3. 노동자 · 농민 · 병사의 정부를 수립할 것.
4. 은행과 제국주의자들의 기업을 몰수하여 노동자 · 농민 · 병사의 정부 통제하에 둘 것.
5. 제국주의자들과 베트남의 반동적 자본가계급의 대농장과 재산을 전부 몰수하여 빈농들에게 분배할 것.

---

95) Ho Chi Minh, "Appeal Made on the Occasion of the Founding of the Communist Party of Indochina" 1930, ; Fall ed.(1967 : 129) 참조.

6. 8시간 노동제를 실시할 것.
7. 공채와 인두세를 폐지하고, 가난한 인민을 괴롭히는 부당한 세금을 철폐할 것.
8. 대중에게 자유를 되돌려 줄 것.
9. 보통선거를 실시할 것.
10. 남녀평등을 실시할 것.

<조선공산당 행동강령>

1. 일본의 지배를 폭력적으로 타도함으로써 완전한 독립국가의 실현, 모든 국채의 폐기, 일본의 일체의 기업·은행·철도·해운·수운·농원·관계설비의 몰수 및 국유화.
2. 노·농민 소비에트권력의 수립
3. 지주·사원(寺院)·총독부·관리·고리대금업자가 소유하는 모든 토지, 산림 및 전 재산의 몰수 그리고 근로농민에게 분배, 농민의 고리대금업자·은행·금융조합 … 에 대한 일체의 약정 및 채무의 폐기.
4. 8시간 노동제, 노동조건의 가급적 급속한 개선, 노임의 인상, 사회입법, 노동사고, 질병, 보험 및 실업자에 대한 국가적 구제(김정명 편, 1986 : 342~343).

위의 강령에서 보는 바와 같이 사회주의운동세력은 민족·사회적 혁명을 통한 새로운 국가건설과 사회개혁의 상을 명확히 제시하고 있다. 이러한 기본적인 강령은 정치·경제·문화적 측면을 상호연관시키며, 민족개량주의자들과는 상반된 투쟁전술을 이끌어 내게 된다.

민족개량주의자들이 직접적인 정치투쟁을 회피하고, 제도권 안에서 점진적 개량을 추구한 반면, 사회주의운동세력은 직접적인 대결과 정치투쟁을 벌여 나갔다. 이것은 새로운 국가건설의 전망과 연결되는 것이다. 1931년 3월 베트남의 빈(Vinh)에서 발견된 사회주의자들의 팸플릿에는 "… 노동자와 경작자에 기반한 혁명전쟁을 준비하여 자본주의사회를 타도하고, 공산주의사회를 건설하는 것이 필요하다"(Harrison, 1989 : 144)라는 주장이 나타나 있으며, 조선의 사회주의자들은 1928년 4차 조공중앙위원회에서 「민족해방운동에 관한 논강」을 채택하고

"일본 제국주의가 조선 귀족, 또는 타락한 조선 부르주아지와 흥정하고 있는 '조선자치운동'에 대하여는 단호히 반대하지 않으면 안 된다. … 조선의 장래 권력조직은 조선 사회의 실정에 기초한 '혁명적 인민공화국'이어야 한다"(Scalapino & Lee, 1986a : 175)라고 국가의 형태를 명시하고 있다. 이를 위해서는 적극적인 정치적 조직화와 정치행동이 필요했다.

대중들의 정치의식을 각성시키는 작업은 그들의 경제적 토대로부터 시작되었다. 민족개량주의운동이 계급적 한계를 벗어나지 못하고, 궁극적으로 자신의 계급적 이해를 추구했던 반면, 사회주의운동은 노동자·농민의 계급적 이해를 도모했다. 혁명운동에서 농민이 차지하는 중요성을 특히 강조하면서 호찌민은 투쟁이 성공하기 위해서는 "거울과 같이 농민 대중의 이익을 반영해야 한다"(Harrison, 1989 : 143)라고 밝혔으며, 인도차이나공산당은 민족 문제를 토지 문제에 연결시켰다(Nguyen Khac Vien, 1999 : 194). 또한 1928년 조선공산당의 「12월테제」는 "토지혁명의 전개 없이는 민족해방투쟁의 승리는 얻어지지 않는다"(김정명 편, 1986 : 209)라며 토지혁명의 중요성을 강조했다. 이것은 기존 경제적 지배계급의 이해와 정면으로 배치되는 것이다. 따라서 경제투쟁은 자연스럽게 정치투쟁으로 연결될 수밖에 없었다.[96]

사회주의자들은 대중들에 대한 교육을 강조한 민족개량주의자들의 문화주의적 접근 또한 거부하였다. 개량주의자들의 접근방식과 사회주

---

96) 1926년 조선의 노농총동맹은 과거 정치투쟁을 등한시한 조직방침을 반성하고, 계급운동이 곧 정치운동임을 밝히며 다음과 같이 논의했다. "우리는 종래 정치운동을 부인해왔으나, 계급 대 계급운동은 본질상 정치운동이다. 정치운동을 부인하는 계급운동은 '원시형태'의 운동임을 면치 못한다. 고로 우리들은 종래의 태도를 용감히 버리고 정치운동을 시인함과 동시에 노농대중의 정치적 의식을 환기시킴으로써 당면의 대임무의 하나로써 한다. 그리하여 조선에서 장래 전개될 정치적 무대에 조합원으로 하여금 적극적으로 참가시키고 노농대중의 정치상 부분이익이라도 이것을 이용함이 가하다"(농림신문사 편, 『농업경제연보』, 1949, 338쪽 ; 김경일, 1992 : 407~408에서 재인용).

의자들의 접근방식의 차이는 다음과 같은 조선의 사례에 대한 분석으로 설명할 수 있을 것이다.

> 당시 시대적 경향인 '개조' 문제에 대해 비사회주의적 지식인들이 이를 인격개조로 파악했다면, 사회주의적 지식인들은 사회의 변혁으로 인식했다. 또한 사회경제적인 면에서 전자는 노동자의 생활을 개선하고 윤리적인 각성과 개조를 통해 노동자의 인격을 향상시키는 데 주안점을 두었다면, 후자는 노동자, 농민을 중심으로 한 사회혁명에 주안점을 두었다. 따라서 이들은 개량주의적 모순 해결 방식을 부정했다고 볼 수 있다(유시현, 1997 : 44).

다시 말해 사회주의운동세력은 모순의 중심고리를 개인의 문제에 둔 것이 아니라 사회체제와 제도에 두었으며, 이를 해결하기 위해서는 혁명적 변혁이 필요했던 것이다.

대중 조직화 방식

사회주의운동세력의 전략은 대중 속에 기반을 둔 것이었다. 호찌민은 조직화된 집합행동의 중요성을 충분히 인식하고 있었다(Hue-Tam Ho Tai, 1992 : 178). 1925년 중반 호찌민에 의해 만들어진 베트남 청년혁명동지회(Viet Nam Thanh Nien Cach Mang Dong Chi Hoi)의 기관지였던 『타인니엔(Thanh Nien)』[97]의 1925년 서문에는 "우리의 당면과제인 혁명을 지도하기 위해서는 직접적인 힘이 필요하다. 그리고 그것은 소수의 작업이 아니라, 수천 개의 조합과 수천 명의 개인으로부터 나와야 한다"라고 밝혀 대중에 토대한 운동의 방향을 명확히 했다. 또한 호찌민은 1927년 출판된 「혁명의 길」(Duong Cach Menh)에서 "노동자·농민은 혁명의 주력군이다"라고 하여 혁명운동

---

97) 광저우에서 매주 발행된 이 잡지는 초기 사회주의운동의 선전지로 중요한 역할을 수행했으며, 1925년 6월 21일부터 1930년 5월까지 총 208호가 나왔다(Duiker, 2003 : 219~220).

의 대중적 기초를 밝혔다(Harrison, 1989 : 45~50). 베트남과 마찬가지로 1926년 9월 1일자『불꽃』7호에 실린「조선공산당선언」에서는 "투쟁의 기본적·결정적 역량은 가장 많이 압박받고 가장 많이 착취받는 전 민족의 87%가 되는, 제국주의의 약탈과 자본주의 생산의 조립상 단결되고 집중되는 노동계급과 농민들로 본다"라고 밝히고 있다(이종범·최원규 편, 1998 : 277).

그러나 사회주의자들의 대중에 대한 관심은 초기부터 노동자·농민을 모두 포괄하고 있었던 것은 아니었다. 베트남·조선의 초기 사회주의운동은 이념적 급진성에 의해 노동자계급 중심성을 주장했다. 사회주의자들의 초기 활동은 대중 및 프롤레타리아를 대상으로 한 집요한 선전·선동작업에 근거를 두었다. 그러나 1920년대 중·후반 이후부터는 농민의 정치적 조직화에 주된 관심을 기울이고, 노동자·농민의 동맹 속에서 혁명의 근거지를 넓혀 가는 전술을 채택하게 된다. 1926년과 1927년『타인니엔』에 실린「농민과 혁명」에 관한 일련의 글들은 베트남 인구의 95%가 농업에 종사하므로 프랑스를 몰아내고 자본주의를 타도하기 위해서는 농민을 동원해야 한다고 주장한다(Harrison, 1989 : 142). 베트남 혁명과정에서 농민세력의 중요성을 결정적으로 입증한 것은 응혜-띤소비에트였다. 조선에서 사회주의운동이 '농민대중에게로!'라는 표어 아래 농민의 조직화로 운동의 중심을 옮긴 것은 1928년경이라고 할 수 있다. 1928년 2월 27일 조선공산당에 의해 발표된「2월테제」는 전투적 프롤레타리아의 중심과제는 당을 대중정당으로 전환시키는 것이고, 이는 오직 노동자의 전위집단이 광범위한 농민대중을 동원할 수 있을 때에만 가능하다고 주장했다(Scalapino & Lee, 1986a : 143). 이어 1928년「12월테제」는 혁명운동이 미약했고 실패했던 원인이 토지와 농민 문제에 대한 소홀함 때문이었다고 비판하고, 농민대중 속에 조직적 기초를 세울 것을 강조했다.

> 농민에 대한 행동에 관해서 당은 소작인 및 반(半) 소작인 속에서 강력히 활동해야 한다. 대중의 활동을 격성(激成)하여 노동자·농민의 대계급을 대중단체 속에 끌어들이는 것은 주의자가 대중공작을 하기 위해 채용하고 있는 운동조건의 종국적인 목적이며, 대중의 청구와 직접적 요구를 조직적으로 결합해내지 못한다면 실현이 불가능하다(김정명 편, 1986 : 212~213).

1920년대를 경과하면서 베트남·조선의 사회주의자들이 농민 문제에 관심을 기울이게 된 것은 사회의 대다수를 차지하는 농민들을 정치세력화함으로써 투쟁의 중심으로 엮어 내고, 이를 통해 조직적인 정치투쟁을 수행하려는 의도를 반영한 것이다.

사회주의자들이 지녔던 이러한 대중 정치적 입장은 대중들에 대한 조직화 활동에서 선명하게 드러났다. 사회주의자들은 조직화의 측면에서 민족개량주의자들이 보여 주었던 엘리티즘과는 상반된 모습을 보여 주고 있었다. 이들은 대중 속에서 활동하였으며, 이를 통해 조직적 기반을 확장시켰다. 베트남·조선 모두에서 사회주의자들은 노동조합·적색 농민조합의 결성을 촉구하였으며, 부녀자·청년조직·상호부조회, 다양한 교육·문화활동을 통해 대중의 의식화와 조직화를 꾀했다. 사회주의운동세력의 '아래부터의 조직건설' 노력이 모두 성공적이었다고 말할 수는 없을지라도 민족개량주의자들이나 비타협적 민족주의자들이 보여 주었던 대중과 유리된 운동과는 명백히 차별화되어야 하며, 그 가치를 인정받아야 한다.

다음의 논의는 베트남과 조선의 사회주의운동에 대한 평가이다.

> 공산주의자들은 인민에 뿌리를 둔 뛰어난 전략을 가지고 있었다. 그것은 대중행동에 기초하였으므로 조직의 가치를 더욱 높여 주었고, 또한 당을 프랑스 지배로부터의 해방 및 특정 불평으로부터 즉각적인 구제와 동일한 것으로 비치게 하였다(Pike, 1985 : 73)

그들은(공산주의자) 한국 혁명의 지도권을 민족주의자들로부터 탈취하는 데 성공하였다. 결국 그들은 한국민들 사이에, 특히 학생, 청년단체, 노동자, 농민들 사이에 공산주의의 영향을 뿌리 깊이 심었던 것이다. … 오랜 세월에 걸쳐 끝없이 계속될 것 같았던 이민족의 압제에 시달려 온 연로한 한국인들에게 공산주의는 새로운 희망이었고, 혹은 그들이 혁명적 정열을 얻고자 한 마법의 횃불과 같았다. 젊은 사람들에게 공산주의는 그들의 선조가 퍽이나 오랜 세월 누적된 사회 문제와 계층 문제를 해결하기 위한 하나의 새로운 접근방식이었다. … 일반 한국인들에게 공산주의사상이라기보다는 공산주의자들의 희생이, 민족주의자들이 때때로 보여 준 폭탄을 던지는 행동보다도 훨씬 더 강한 호소력을 주었다. … 한국인이 일본인에게 당하는 고통은 민족과 민족의 투쟁의 결과이고, 동시에 피착취자의 착취자에 대한 투쟁의 결과라고 생각되었다(서대숙, 1985 : 127~128).

커밍스는 일본의 식민지배가 낳은 정치적 영향을 다음과 같이 평가했다.

일본인들에 의한 직접적인 동원은 한인들을 양자택일의 정치적 선택에 직면하게 만들었다. 반공단체에 가입하고, 광산에서 노동하고, 전쟁에 참여하고, 일본의 적들을 미워하든지, 아니면 저항을 하고, 희생을 각오하는 것이었다. 그리하여 정치의식이 생겨났다. 정부를 하나의 추상으로밖에 생각하지 않았던 농민 사이에서는 특히 그러했다. 정치는 한국 사회의 최하층에게까지 미쳤으며, 농민과 노동자들도 선택의 정치를 인식하기 시작했다(Cumings, 1986 : 65).

커밍스가 언급하고 있는 '선택의 정치'나, 울프가 혁명운동을 이끌어가는 주체의 형성이 '사회적 선택과정'(Wolf, 1988 : 211~212)이라고 언급하고 있는 것은 그 과정에 역동적으로 참여하는 대중들의 역사적 경험과 선택을 중시하는 것이다. 사회주의운동세력은 농민을 중심으로 한 피지배계급이 자신의 대변자로서 사회주의자들을 선택할 수 있도록 하는 이념·전략·전술·조직을 제공했다. 비록 이것이 식민국가의 억압에 의해 소기의 목적을 달성할 수 없었다고 할지라도, 대중과 결합했던 사회주의운동의 역사적 성과와 의의가 폄하되어서는 안 된다. 해방 이후의 정치공간은 이러한 역사적 선택에 의해 형성되었다. 따라서 해 방된 베트남·조선의 민족·사회적인 내재적 역사경로는 농민을 중심 으로 한 피지배계급, 그리고 이와 결합한 사회주의운동세력에 의해 주 도될 것을 예고하고 있었다.

4. 1945년 해방공간과 대안국가의 형성

일찍이 프랑스인 교사들이 프랑스의 삼색기를 향해 손을 들어 경례할 것을 베트남인들에게 가르쳤지만, 이제는 이 베트민(Viet Minh)[98]기를 우러르며 일제히 거수의 예를 갖추었다. … 깃발과 삐라와 마이크, 숨이 끊어질 정도 로 계속 외쳐대는 슬로건 등이 거리에 흘러 넘쳤다. 군중은 서로 손을 붙잡 고 정연하게 행동하였다(Lacouture, 1988 : 95~96).

8월 15일 서울은 마치 쥐죽은듯했다. 물론 주민들은 일본의 항복을 알고 있 었으나 많은 사람들이 믿지 않았다. 그냥 기다렸다. 조심스러운 기쁨과 희 망을 가지고. 그런데 그 바로 다음 날 모든 것이 바뀌었다. 거세고 억제할 수 없는 행복의 물결. 그 물결은 말 그대로 시내와 온 나라를 뒤덮었다 (Shabshina, 1996b : 70).

총독부 건물을 따라 수많은 행진자들이 끊임없이 지나갔는데, 그들은 예전 처럼 여기에서 반드시 해야 했던 고개 숙이는 의식을 행하지 않았을 뿐만 아니라 고개를 더욱더 높이 치켜들었다. 앞에는 거대한 깃발, 태극기를 들 고 있었다(Shabshina, 1996b : 76).

해방과 더불어 구식민지시대의 낡은 질서는 무너졌으며, 이제 막 태

---

98) 베트민의 원래 명칭은 베트남독립동맹(Viet Nam Doc Lap Dong Minh)이다. 이는 1941년 5월 인도차이나공산당의 지도하에 만들어진 통일전선조직이며, 프랑스 와의 항쟁에서 중심적인 역할을 수행했다.

어난 새로운 질서는 세상을 향해 기지개를 펴기 시작했다. 그 새로운 질서의 이름은 바로 '혁명'이었다. 과거 식민지시기를 통해 억눌려 왔던 '아래로부터의 요구와 저항'을 생각해 보았을 때 해방은 발화성 연료가 가득 찬 공간에 성냥불을 그어댄 것과 같은 효과를 발휘했다.[99] 박명림은 졸버그(Zolberg)를 인용하여 1945년 조선의 해방기를 '광기의 순간', 곧 "근대사회의 인간이 모든 것이 가능하다고 믿는, 정치적 열정으로 가득찬 시기"(박명림, 1996 : 36)로 묘사하고 있다. 이것은 조선이나 베트남이나 마찬가지였다. 해방기는 혁명적 열정으로 충만된 시기였으며, 억눌려 왔던 분노의 폭발기였고, 구체제의 파괴를 예고하는 시기이자 새질서의 창출기였던 것이다. 해방과 더불어 찾아온 갑작스런 자유 속에서 사람들은 무엇을 꿈꾸었고, 꿈을 현실화하기 위해 어떻게 움직였는가? 커밍스가 "자연발생적이고 감격에 찬 축제", 수십 년간의 억눌림 뒤에 찾아온 "맑은 공기"(Cumings, 1986 : 107)에 비유했던 해방 직후의 대중적 힘의 분출은 무엇을 지향하고 있었는가?

드골(de Gaulle)은 프랑스의 복귀를 정당화하기 위해 1945년 3월 인도차이나는 "그 진보와 성취에 비례하여 자율"을 얻게 될 것이라고 밝혔고(Duiker, 2003 : 495), 미국의 트루먼(Truman) 대통령은 해방된 이후에도 일본인 관리들을 행정 요직에 그대로 두는 것에 대해 조선인들이 분개하자 "자유롭고 독립적인 국가의 책임과 기능을 한국인들이 떠맡으려면 … 반드시 많은 시간과 인내가 필요하다"(*FRUS*, 1945 Ⅵ : 1048)라고 변명했다. 서구 중심의 '문명화의 사명'을 다시 읊조리는 듯한 이러한 이야기가 과연 당시 베트남과 조선에 필요했을까?

외세가 본격적으로 개입하기 이전 두 지역에서 진행된 역동적인 자주적 민족국가건설과정을 제대로 이해한다면 이들의 발언이 얼마나 자기

---

99) 하지(John R. Hodge)의 정치고문이었던 베닝호프(Benninghoff)는 남한의 해방정국의 상황에 대해 "불똥이 튀면 폭발할 준비가 되어 있는 화약통"(*FRUS*, 1945 Ⅵ : 1049)과 같다고 묘사하고 있다.

중심적이고, 반역사적이었던 것인가가 여실히 드러난다. 베트남·조선에서 외세의 개입이 최소화된 상태에서 아래로부터의 '힘의 분출'이 가장 잘 드러나는 시기는 1945년 8월의 '순수해방공간'이었다고 할 수 있다.[100) 순수해방공간은 외세의 개입이 배제된 상태에서 민족 내적인 역사동력에 의해 민족사적 역사행로가 진행되었던 한시적 공간이다.

베트남에서 실재했던 순수해방공간은 지역별 시차를 가지고 일련의 연속적 과정을 통해 나타났다. 1945년 8월 19일 호찌민의 베트민 세력이 하노이를 장악하면서 시작된 순수해방공간은 8월 23일에는 중부인 후에, 8월 25일 사이공 봉기를 통해 9월 2일 하노이에서 역사적인 베트남민주공화국의 선포라는 과정을 거치며 정점에 올랐다. 이는 '8월혁명'이라는 연속적인 혁명과정으로 특징지어진다. 베트남에 외세가 직접 개입한 것은 16도 선 북쪽으로 중국 국민당군이 진주한 9월 9일, 영국군이 사이공으로 들어간 9월 12일이었다. 따라서 베트남의 순수해방공간은 북부가 해방되기 시작한 8월 19일부터 북부지역에 중국군이 들어온 9월 9일의 21일간에서 남부에 영국군이 들어올 때까지의 기간인 24일간 정도라고 볼 수 있다. 이에 비해 조선은 8월 15일 해방부터 9월 2일 미군 진주 발표, 보다 완전하게는 9월 8일 미군의 인천 상륙 때까지의 18일간, 혹은 24일간이야말로 외부세력의 힘이 직접적으로 미치지 않았던 시기였다. 순수해방공간에서 사회변혁의 주체적 조건은 민족해방운동의 주도집단으로서 사회주의자들의 정통성 확보, 동원과 저항을 통한 피지배계급의 계급역량 성숙과 조직화 등이라고 할 수 있다. 이는 해방 직후 베트남과 조선이 혁명적 진로로 나아가는 데 유사한 조건을 제

---

100) 순수해방공간은 두 가지 의미를 지닐 수 있다. 첫째는 '외세의 개입이 없었다면'이라는 상상적 실험 또는 역사적 가정을 통해 추정하는 것이고, 둘째는 실재한 역사적 공간의 의미이다. 본 논의에서는 주로 실재했던 해방공간의 특성을 논의하겠다. 실재했던 역사공간을 바탕으로 한 역사추상은 실제 진행된 역사행로에서 외세가 미쳤던 영향력을 더욱 확연하게 보여 줄 수 있을 것이다. 순수해방공간에 대한 논의는 강정구(1996a) 참조.

공했다.

식민지배가 종결된 순수해방공간에는 권력의 공백이 발생하지 않았다. 일본이 패망하자 베트남과 조선에는 식민국가를 대체할 '대안국가'가 탄생했다. 베트남에서는 베트민을 토대로 1945년 9월 2일 '베트남민주공화국'이, 조선에서는 '조선건국준비위원회'(이하 건준으로 줄임)를 토대로 1945년 9월 6일 '조선인민공화국'이 설립된 것이다. 당시 내적인 정치·사회적 힘의 균형추는 피지배계급과 결합한 사회주의운동세력에게로 기울어져 있었다. 그렇다면 스스로 국가를 표방하고 순수해방공간에 등장한 대안국가가 지닌 성격은 과연 어떤 것이었을까? 이를 첫째, 대안국가형성과정, 둘째, 조직적 특성, 셋째, 독립국가건설의 방향을 중심으로 검토해 보겠다.

대안국가의 형성과정

베트남의 경우 초기 대안국가형성은 혁명적인 봉기를 통한 권력 쟁취의 형태로 진행되었다. 대안국가형성을 위한 전국적인 봉기인 8월혁명은 직접적으로는 일본의 패망에 영향을 받았지만, 객관적 혁명여건의 성숙은 1944~1945년 동안 발생한 기아(飢餓)와 그 결과 나타난 대규모의 아사(餓死), 식민지배국의 권력구조 변화라는 이중의 국면적 요인에 영향을 받았다.

먼저 중·북부지역을 중심으로 진행된 기아와 아사는 혁명세력에게 황금의 기회를 제공했다. 베트민은 "굶주림에서 벗어나기 위해 미곡 저장소를 파괴하라"(Tran Huu Dinh & Le Trung Dung, 2000 : 17)라는 혁명적 구호를 내세웠으며, 정복한 지역에서 분노한 농민들에게 정부가 저장한 곡식을 마음대로 가져가게 했다(Duiker, 2003 : 462). 이것은 민중봉기를 직접적으로 촉발하고, 전국적으로 확산시키는 데 주요한 역할을 했다.

그러나 8월혁명을 촉발할 수 있었던 보다 근본적인 변화는 식민지배국의 권력구조 변화라고 할 수 있다. 베트남에 대한 프랑스의 단일지배는 이미 1940년 9월부터 허물어지기 시작했다. 프랑스 파리가 함락(1940년 6월 14일)된 상황에서 일본은 통킹에 대한 공동지배를 요구했고, 인도차이나 프랑스 당국은 이에 대해 저항할 수 없었다. 1940년 9월 22일 일본은 프랑스와 군사협정을 체결하여 인도차이나 점령을 위한 첫발을 내디뎠고, 이어 1941년 7월 29일 '일본·프랑스령 인도차이나 공동방위협정'을 체결함으로써 동남아 진출의 교두보를 확보할 수 있게 되었다.

일본과 프랑스의 공동지배는 베트남 혁명에 호기를 제공했다. 실제로 프랑스는 이전과 같은 행정·군사적 통치력을 발휘할 수 없었고, 일본 또한 베트남의 지배를 위해 많은 역량을 투여하지 않았다.[101) 골드프랭크는 "범이 없는 골에 토끼가 선생인 경우로 주요 강대국이 전쟁 또는 심각한 국내적 곤란 상황에 빠져있을 때 … 주요 강대국들 서로 간의 힘이 균형 잡혀있을 때, 특히 그 균형이 적대적일 경우"(Goldfrank, 1988 : 166~167) 혁명의 가능성이 증대한다고 논의하고 있는데, 당시 베트남의 상황이 그러했다. 호찌민은 당시의 혁명적 정세를 다음과 같이 평가하고 있다.

> 이제 우리의 해방을 위한 때는 왔습니다. 프랑스 혼자서는 우리나라를 지배할 수 없습니다. 일본은, 한편으로는 중국에게 발목이 잡혀있고, 또 한편으로는 영국과 미국에 견제당하고 있기 때문에 우리와의 싸움에 전력을 기울일 수 없습니다. 우리 인민 모두가 한 마음 한 뜻으로 뭉친다면 우리는 반드시 프랑스와 일본 군대를 분쇄할 수 있을 것입니다.[102)

---

101) 일본은 그들의 점령을 도시 및 통신 교차지역에 한정시켰다. 인도차이나의 농촌지역에서 일본의 존재는 미미하거나 아예 없었고, 점령군이 마을당 평균하여 한 명도 채 되지 못했다(Pike, 1985 : 78).

102) Ho Chi Minh, "Letter form Abroad" 1941 ; Fall ed.(1967 : 133) 참조.

혁명적 정세는 1945년 3월 더욱 심화되었다. 1945년 3월 9일 일본은 무력을 통해 프랑스 세력을 축출하고,103) 베트남의 마지막 황제인 바오다이(Bao Dai)를 내세워 베트남의 형식적인 독립을 승인했다.104) 바오다이는 3월 11일 북부와 중부만으로 베트남의 독립을 선언하고, 4월 17일 역사학자 쩐쫑낌(Tran Trong Kim)을 통해 내각을 구성하도록 했다. 그러나 쩐쫑낌 내각은 실제 정부로서 기능하기에는 취약했고,105) 이러한 정치적 공백을 메우고 부상한 것이 호찌민을 중심으로 한 베트민이었다.

1945년 8월 13일 베트민은 인도차이나공산당 제9차 전체회의를 열어 전국봉기위원회(Uy Ban Khoi Nghia Toan Quoc)를 결성하고 전국적인 총봉기를 결정하였다.106) 이어 8월 16일 떤짜오(Tan Trao)에서 전국인민대회를 소집하고, 전체 봉기를 지도하고 임시정부의 역할을 할 베트남민족해방위원회(Uy Ban Dan Toc Giai Phong Viet Nam)를 결성했다. 호찌민은 '총봉기를 위한 호소'에서 다음과 같이 밝혔다.

현재 민족해방위원회는 말하자면 그 자체가 우리의 임시정부입니다. 위원

---

103) '일본의 쿠데타'로 일컬어지는 이 사건의 진행 상황과 강대국 간의 이해관계, 그리고 그 결과 초래된 인도차이나의 권력공백에 대한 논의는 Marr(1995) ; Tonnesson(1991) 참조.

104) 프랑스가 남부지역을 중시했던 것처럼 일본 또한 코친차이나에 대한 통제는 지속했다(Duiker, 1995 : 44~45).

105) 실제 정치생활에는 아무런 변화가 없었던 이러한 형식적인 독립을 베트남인들은 '모형빵 독립(Doc lap banh ve)'이라고 불렀다(Tran Van Giau, 1963 : 195~197 ; Huynh Kim Khanh, 1982 : 294). 쩐쫑낌 정부의 특성에 대해서는 유인선(2002 : 360~361) ; Huynh Kim Khanh(1982 : 294~302) ; Kiyoko Kurusu Nitz(1984) ; Tonnesson(1991 : 282~298) ; Tran Van Giau(1963 : 207~220) 등을 참조. 쩐쫑낌 정부를 긍정적 측면에서 평가하고 있는 논문은 Vu Ngu Chieu(1986) 참조.

106) 8월 14일 꽝응아이(Quang Ngai)로부터 역사적인 8월혁명은 이미 시작되었다. 전국에서 최초로 꽝응아이에서 인민의 자발적인 봉기가 발생한 것이다(Tran Huu Dinh & Le Trung Dung, 2000 : 19).

회를 중심으로 단결하고, 그 정책과 명령들이 전국적으로 수행되도록 합시다. … 우리 인민의 운명에서 결정적인 시간이 도래했습니다. 우리 자신을 해방하기 위하여 우리가 지닌 모든 힘을 모아 일어섭시다! … 전진! 전진! 베트민전선의 깃발 아래 용감히 전진합시다.[107]

봉기는 "연합국이 도착하기 전에 일본의 무장해제를 위하여 봉기의 주도권을 쥐어야 한다. 일본과 그들의 앞잡이의 수중으로부터 권력을 탈취해야 한다. 사실상의 정권으로서 연합국을 환영해야 한다"(Hac Hai, 1965 : 29 ; Truong Chinh, 1977a : 19)라는 목표를 가지고 진행되었다. 여기에서 중요한 것은 연합군에게 기정사실화된 정치상황을 제시하는 데에 있었다(Pike, 1985 : 91). 7월 말과 8월 초 베를린 교외에서 열린 포츠담회의에서 연합국은 일본군의 항복을 받아 내고 법과 질서를 회복한다는 명분하에 프랑스령 인도차이나를 16도 선을 경계로 하여 두 지역으로 분할하고, 북쪽에는 중국군이, 남쪽에는 영국군이 진주한다는 데에 합의했다. 뿐만 아니라 프랑스의 재진주도 예상되고 있었다. 호찌민은 총봉기를 통한 권력의 쟁취와 국가의 수립이 독립국가건설을 위한 베트남인들의 정치적 의지를 드러낼 수 있을 뿐만 아니라, 연합국과의 교섭력을 높이는 데 주요한 역할을 할 것이라는 계산하에 봉기를 서둘렀다.

봉기는 조용하고도 신속하게 진행되었다. 하노이의 경우 8월 14일 일본으로부터 권력을 이양받은 대월(Dai Viet)당이 주축이 되어 구국위원회를 만들고 임시정부의 역할을 하고 있었다. 이들은 8월 17일 총독궁에서 회의를 열고 바오다이 정부를 지지하는 대중 시위를 촉구했지만 대중들의 호응을 끌어내지는 못했다. 베트민은 지역권력을 장악하고

---

107) Ho Chi Minh, "Appeal for Grneral Insurrection" 1945 ; Fall ed.(1967 : 142) 참조. 사실 '총봉기를 위한 호소'는 호찌민이 아닌 응우옌아이꾸옥이라는 이름으로 발표되었다. 응우옌아이꾸옥이라는 이름은 이 호소문을 마지막으로 더 이상 사용되지 않았으며, 이후에는 호찌민이라는 이름이 사용되었다.

인민혁명위원회를 수립했으며, 8월 19일 인민봉기를 통해 권력을 장악했다. 이에 대해 구국위원회를 중심으로 한 임시정부도 일본도 아무런 저항을 하지 못했다. 일본 점령당국은 베트민 지도부와 협상한 뒤 일본군은 개입하지 않겠다고 약속했다. 수립된 지 며칠 안 된 구국위원회는 8월 19일이 가기 전에 해체되었다(Duiker, 2003 : 463~467).

중부 후에는 황실의 수도였으며, 3월 이후 일본이 수립한 쩐쫑낌 내각이 있었다. 베트민은 유혈 충돌을 피하고자 쩐쫑낌 내각의 사퇴와 바오다이의 퇴위를 설득했다. 이러한 와중에 후에의 일본 주둔군은 황궁을 보호하기 위해 군을 배치할 것을 제안했으나, 바오다이는 "외국군이 나의 백성의 피를 흘리게 하고 싶지 않다"라고 말하며, 이 제안을 거부하였다(Marr, 1995 : 444). 8월 22일 주변지역으로부터 10만 명 이상이 황도로 모여들어 바오다이와 쩐쫑낌 내각에 압박을 가하였다. 8월 23일 북부 인민혁명위원회는 바오다이의 퇴위를 요구하는 최후 통첩을 전하였으며, 같은 날 지역 봉기위원회는 후에에서 권력을 장악했다(Duiker, 2003 : 469 ; Marr, 1995 : 445 ; Nguyen Khac Vien, 1999 : 235).[108] 북부와 중부에서의 봉기는 무혈봉기에 가까웠다. 저항은 거의 없었으며, 사소한 충돌을 제외한 커다란 무력 충돌은 발생하지 않았다.

남부 코친차이나지역은 중·북부지역과는 달랐다. 코친차이나에서 베트민은 일본의 지원을 받아 반프랑스운동을 펼치던 친일민족주의집단과 경쟁해야 했기 때문에 다른 지역에 비해 강력한 영향력을 발휘할 수 없었다. 8월 14일 까오다이, 호아하오, 베트남국가독립당(Viet Nam Quoc Gia Doc Lap Dang)과 같은 친일민족주의세력과 청년선

---

108) 바오다이는 1945년 8월 30일 퇴위식을 가졌다. 그는 베트민의 대표인 쩐후이리에우(Tran Huy Lieu)에게 옥쇄와 옥으로 세공된 황금검을 넘겨 주고, 일반인 빈투이(Vinh Thuy)가 되었다(Chapuis, 2000 : 29 ; Duiker, 2003 : 479~480 ; Hac Hai, 1965 : 29 ; Marr, 1995 : 451~452).

봉,109) 소수 트로츠키주의자를 중심으로 '국가통일전선(Mat Tran Quoc Gia Thong Nhat)'이 조직되었다. 이들은 하노이의 구국위원회와 마찬가지로 일본으로부터 권력을 넘겨받았으며(Turner, 1975 : 39),110) 남부지역의 정부를 구성하려고 시도하였다. 그러나 이들은 두 가지 약점을 지니고 있었다. 이들은 자신의 정통성을 바오다이를 중심으로 한 구황실에서 구하고자 했고, 친일적 성향으로 인해 연합군이 진주할 경우 정당성을 주장할 수 없었다. 남부지역의 혁명운동을 이끌고 있었던 쩐반쟈우(Tran Van Giau)는 이들의 두 번째 약점을 이용했다. 쩐반쟈우는 연합군이 진주하면 일제에 협력했던 국가통일전선은 파괴될 수밖에 없기 때문에 조직의 생존을 위해서는 베트민에 합류해야 한다고 설득했던 것이었다(Marr, 1995 : 457 ; McAlister, 1969 : 203 ; Duiker, 2003 : 472 ; Turner, 1975 : 39). 이러한 가운데 바오다이의 퇴위 결정이 전해지자 국가통일전선은 베트민의 지도를 받아들일 수밖에 없었다. 이에 따라 8월 25일 사이공은 베트민의 통제하에 들어가게 되었으며, 9월 2일 호찌민은 하노이의 바딘(Ba Dinh)광장에서 베트남민주공화국의 독립을 선포하게 된다.

　이것이 8월혁명이었다. 8월혁명에 대한 평가는 서로 다른 두 가지 방향에서 행해진다. 우선 내부자의 시각에서 팜마이훙은 "1945년 8월혁명은 베트남 민족의 영광스런 국가를 세우고 유지하는 몇몇 역사의 장 가운데 중요한 한 장"이었으며, "전국에 걸쳐 아주 빠르게, 거의 피를 흘리지 않고 성공"한 혁명이었다고 평가한다(Pham Mai Hung, 2000 : 15). 전국봉기위원회를 지휘했던 쯔엉찐(Truong Chinh) 또한 8월

---

109) 청년선봉은 팜응옥타익(Pham Ngoc Thach)에 의해 지도된 것이다. 그는 사실 인도차이나공산당의 비밀당원이었다. 따라서 청년선봉의 성격은 다른 집단들과 구분하여 보아야 한다.

110) 8월 16일 국가통일전선은 그들이 '사이공혁명'이라고 부르는 무혈 쿠데타를 통해 권력을 장악했다. 그러나 이는 혁명이라기보다는 일본의 연출에 의해 권력이 이양된 것이라고 보는 것이 타당하다(Patti, 1980 : 185).

혁명을 "베트남 민족의 역사상 가장 위대한 사건"이라고 칭하고 있다.111) 그러나 파이크는 베트남인들과는 상이한 방향에서 8월혁명을 평가한다.

> 그것은 혁명이 아니었다. 정부(일본)는 쫓겨나고 있던 중이었고, 다른 측(연합군)은 일시적으로 오던 중이었고, 또 다른 측(프랑스)은 돌아오기로 예정되어 있었다. 잠시 동안 호찌민과 당은 쿠데타와 반항 못하는 권력의 고삐를 단순히 틀어쥐는 행위의 중간적인 어떤 수단에 의해 정치적 공백 속으로 이동해 간 것에 불과했다(Pike, 1985 : 91).

또한 햄머는 "일본은 비록 친일민족주의자들에게 권력을 넘겨주기를 원했지만, 베트민과 싸우기를 원하지 않았다. 만약 일본이 싸울 것을 선택했다면, 베트민은 인력에서나 장비에서나 일본군을 견디어 낼 수 없었을 것이다"(Hammer, 1966a : 101)라고 밝히고 있다.

위의 두 입장은 모두 타당성을 지니고 있다. 팜마이훙, 쯔엉찐의 논의는 주체적 역동성을 강조한 것이고, 파이크, 햄머의 논의는 상황과 조건을 강조한 것이다. 그러나 당시 해방공간에서 주어진 조건보다 더 중요했던 것은 이러한 조건을 이용할 수 있는 혁명 주체와 대중들의 역동성이었다고 할 수 있다. 곧, 객관적 조건은 혁명을 위한 필요조건이지 충분조건이 될 수는 없는 것이다. 순수해방공간에서 객관적 조건은 혁명을 위한 호기를 제공했지만 당시 정작 필요했던 것은 이것을 이용할 수 있는 주체적 역량이었던 것이다.

그렇다면 조선의 순수해방공간과 대안국가형성과정은 어떠했을까? 조선의 대안국가형성과정은 진행과정에 있어서 베트남과는 상이한 형태를 취했다. 조선에서는 베트남과 같은 전면적인 봉기가 없었으며, 단지 정무총감 엔도오 류사쿠(遠藤柳作)로부터 여운형이 치안권을 이양받은 것으로부터 대안국가의 건설이 시작된 것이다.112) 그러나 이러

---

111) 쯔엉찐의 8월혁명에 대한 분석은 Truong Chinh(1977a) 참조.

한 차이를 통해서 당시 베트남이 조선에 비해 월등히 강한 주체적 혁명 역량과 열기를 지니고 있었다고 생각하는 것은 성급한 판단이다. 위에서도 설명했지만 베트남의 8월혁명을 가능케 했던 객관적 조건은 일본의 침탈과 프랑스 식민권력의 붕괴, 그리고 그 결과 발생했던 식민지배 체제의 이완이었다. 그러나 조선에서는 1945년 8월 15일 해방의 그 순간까지 베트남과 같은 '호기'는 존재하지 않았다. 조선의 일본 통치체제는 붕괴는커녕 해방되는 그날까지 이완되지도 않았던 것이다.[113] 해방 이전의 객관적 조건이 상이했던 만큼 해방 당시 조선에서 표출되었던 독립된 민족국가건설을 위한 내적 역량을 평가하기 위해서는 권력형성의 계기보다는 대안국가를 만들어 가는 역동적 과정에 초점을 두어야 한다.

8월 15일 오전 8시경 여운형은 엔도 정무총감을 만났다. 여운형이 엔도를 만난 자리에서 엔도는 비장한 어조로 "일본은 패배했소. 금일

---

112) 패망한 일본은 베트남·조선에서 자신에게 유리한 우파 민족주의세력에게 정권을 넘겨주고자 했다. 비록 베트민에 의해 붕괴되기는 했지만 베트남의 북부·남부지역에서는 실제로 친일민족주의세력이 일본으로부터 정권을 넘겨받았다. 그런데 조선에서는 왜 좌파계열의 여운형이 치안권을 이양받았을까? 총독부는 해방 직전 8월 10일 일본 정부가 포츠담선언을 수락한 것을 알고 종전에 대한 대책으로 조선인의 손에 의한 치안유지를 생각하게 되었다. 당시 치안 문제를 담당하고 있던 경무국장 니시히로(西廣)는 치안을 책임질 만한 인물로 여운형, 안재홍, 송진우 3인을 추천했다. 전쟁 종결 이전 총독부 당국자는 송진우에게 협조를 요청하기도 했지만, 종전과 더불어 치안을 맡길 주대상으로 여운형을 지목했다. 일제가 보기에 여운형과 안재홍만은 최후까지 투옥될 만큼 대중운동과 관계가 있어, 일반대중에게 영향력이 있다고 판단되었기 때문이다(서중석, 1998a : 198). 또한 조선이 분할 점령되며, 소련이 서울로 진주할 것으로 생각한 엔도가 사회주의자로 지목하고 있었던 여운형에게 치안권을 넘김으로써 안전을 보장받으려고 한 것이었다고도 볼 수 있다(서중석, 1998a : 198 ; 송남헌, 1985a : 6~7 ; *HUSAFIK*, Part 1, Ch.3 : 6).

113) 1945년 8월 조선에는 경찰을 제외하고도, 남한지역에 약 23만 명과 북한지역에 약 11만 7천 명, 도합 34만 7천 명의 일본군이 주둔하고 있었다(양동안, 2001 : 27 ; 한석정, 1999 : 51).

중 그것이 공식적으로 발표될 것이오. 그대는 치안을 맡아 주시오. 이제부터 우리의 생명은 그대에게 달렸소"라고 말했다(송남헌, 1985a : 7 ; 이동화, 1980 : 343). 여운형은 아래의 5가지 조건을 제시했다.

① 전국적으로 정치범과 경제범을 즉시 석방할 것.
② 치안 유지와 건국을 위한 모든 정치 활동에 대하야 절대로 간섭하지 못할 것.
③ 3개월간의 식량을 보장할 것(8 · 9 · 10월).
④ 청년과 학생을 훈련조직하는 일에 절대로 간섭하지 못할 것.
⑤ 노동자와 농민을 우리 건국 사업에 동원 조직하는 데에 간섭 못할 것(민주주의민족전선 편, 1988a : 86).

엔도는 이 조건을 승낙했고, 여운형은 과도기 동안 질서유지와 국가건설을 위한 책임을 맡게 되었다.

여운형은 8월 15일 오후 바로 건준의 조직에 착수했으며, 16일 아침부터는 건준이 활동을 개시한다는 전단이 시내 요소에 나붙었다. 16일 오전 9시 여운형은 이강국, 최용달과 함께 서대문 형무소로 가서 사상범과 경제범의 석방에 입회하여 건준이 단순히 일본의 후원을 받는 치안유지기구가 아니라는 점을 명백히 했으며, 석방자들이 건준의 활동에 참여하게 됨으로써 건준 조직에 급진적 색채를 부가하게 되었다(홍인숙, 1993 : 66).

오후 1시경 휘문중학교 운동장에서 행해진 연설에서 여운형은 "우리 민족은 새 역사의 1보를 내딛게 되었다. 지난날의 아프고 쓰라린 것들은 이 자리에서 다 잊어버리고 이 땅에다 합리적이고 이상적인 낙원을 건설하여야 한다"(송남헌, 1985a : 36)라며 새로운 국가건설의 의지를 밝혔고, 안재홍은 오후 3시 경성방송국을 통해 내보낸 '海內海外의 3천만 동포에게 고함'이라는 연설에서 경비대 결성을 통한 치안유지, 정규군인 무경대(武警隊) 편성, 식량 확보, 통화 및 물가 안정, 정치범의 석방, 친일파 처리 문제 등 건준의 기본 정책방향을 제시하였다.114)

안재홍의 연설이 처음 방송된 오후 3시 휘문중학교 강당에서는 여운형 위원장 직계로 장권을 대장으로 하는 건국치안대가 조직되었다. 건국치안대는 청년학생 2,000여 명을 동원하여 서울의 치안 확보를 위해 노력하는 한편 지역별 및 직장별 치안대를 조직하여 각각 그곳의 치안을 유지케 하고, 중요 자재 및 기관사들과 특히 수원지 등을 보호케 하였으며, 전기회사 및 철도국과 연락하여 교통 원활화를 위해서도 노력하였다(이동화, 1980 : 350). 치안대의 활동과 당시 인민의 자치력에 대해 민주주의민족전선은 다음과 같이 평가했다.

> 인민봉기에 의한 각지의 지역적 행동기관은 건준을 주축으로 집중 정리됨에 따라, 경향(京鄕)의 치안상태를 자위적 체제로 유지함으로써 자치능력을 발휘하였다. 8·15 이후 왜적의 경찰기관이 완전히 붕괴되었고 오직 인민의 자위력만 있는 상태에서 질서가 자리잡히고 민생이 안도되었으니, 이것만 보아도 왜적의 경찰은 인민을 억압하는 존재였으며, 그 와중에서도 우리 민족의 민지(民智)와 공공심(公共心)이 꿋꿋하게 발달했다는 것은 가히 자랑할만한 것이라 할 수 있다(민주주의민족전선 편, 1988a : 89).

또한 커밍스는 당시 조선의 치안 상황에 대해 "전반적으로 보아 해방 후의 그처럼 험한 분위기에서, 특히 프랑스 식민지였던 다른 지역에서의 유사한 상황에 비교해 본다면 한인들이 폭력을 억제하는 데에 대단한 성공을 거두었다고 보아야 할 것"이라고 평가하고 있다(Cumings, 1986 : 116).[115]

---

114) 이 연설은 오후 3·6·9시 3회에 걸쳐 방송되었다. 연설의 전문은 송남헌(1985a : 37~38) 참조. 이러한 발표에 대해 일본 당국은 본래의 치안유지 기능을 넘어서는 월권행위라고 반발했다. 그러나 건준은 이미 하나의 당이 아니라 정부로서 행동하기 시작했다(*HUSAFIK*, Part 1, Ch.3 : 29).

115) 베닝호프는 10월 1일 국무성으로 보내는 보고서에서 신의주를 예로 들어 "1,400명의 범죄자가 석방되었고 자치위원회가 아무런 무장도 하지 않았음에도 불구하고, 이 위원회는 도 전체의 평화와 질서를 유지하는 데 성공하고 있었다"(*FRUS*, 1945 Ⅵ : 1065~1066)라고 밝히고 있다.

건준의 성격은 위와 같은 일련의 초기 활동 속에서 미루어 짐작할 수 있으나, 이것이 선명하게 드러난 것은 8월 25일 발표된 '선언'에서이다.

> 본 준비위원회는 우리 민족을 진정한 민주주의적 정권으로 재조직하기 위한 새 국가건설의 준비기관이다. … 전 조선 민족의 총의를 대표하여 이익을 보호할만한 완전한 새 정권이 나와야 하며 이러한 새 정권이 확립되기까지 일시적 과도기에 있어서 본 위원회는 조선의 치안을 자주적으로 유지하고자 한다. 한걸음 더 나아가 조선의 완전한 독립국가 조직을 실현하기 위하여 새 정권을 수립하려는 하나의 산파적 사명을 다하려는 의도에서 … (민주주의민족전선 편, 1988a : 90~91).

'선언'에서 보는 바와 같이 건준은 명백한 국가체를 지향하고 있었다. 이는 베닝호프의 "여운형과 그의 추종자들은 자신들을 정부로 생각한다. 그들은 정치범을 석방했으며, 공공 안전, 식량 배급 및 기타 정부 기능의 책임을 맡아 처리했다"(*FRUS*, 1945 Ⅵ : 1063)라는 보고에서도 그대로 드러나고 있다.

8월 말경 건준이 해방 조선에서 새로운 정부의 기초를 이루리라는 징후는 뚜렷했다(Scalapino & Lee, 1986b : 312). 9월 6일 경기고녀(京畿高女) 강당에서는 각계각층을 망라한 혁명투사 일천 수백여 명이 모여 전국인민대표자대회를 개최하였다. 이 자리에서 조선인민공화국의 창건이 선포되었으며, 인민공화국의 모태가 되었던 건준은 다음날인 9월 7일 발족한 지 20일 만에 해체되었다. 인민공화국의 창건은 조금은 급작스러운 것이었는데, 그럴 수밖에 없었던 데에는 다음과 같은 세 가지 요인이 작용했다.

㉮ 전국 각지에서 우리의 자주 정부가 하루 빨리 수립되기를 열망하였고, 38선 이북에는 소련군이 진주하여 각지에서 인민위원회가 자주적으로 행정·사법을 운영하였다. 따라서 통일된 중앙정부의 수립이 가일층 요망되었다(민주주의민족전선 편, 1988a : 93).

㉯ 당시 우익이 들고 나왔던 중경임시정부 추대에 대한 대안적 또는

대항적 의미가 주요하게 작용하였다(김남식, 1984 : 49~50 ; 서중석, 1998a : 220).

㉰ 이것은 아마도 가장 중요한 요인이었을 것인데, 베트남의 호찌민이 그러했던 것처럼 연합군이 진주하기 전에 사실상의 정부를 탄생시켜 독립된 국가의 주인으로서 연합군을 맞이하고자 한 것이다.[116] 이러한 의도는 해방된 직후부터 계속 표명되었다. 8월 16일 휘문중학교에서 행한 연설에서 여운형은 "멀지 않아 연합국 군대가 입성할 터인즉 그 때 우리 민족의 실정을 보여 주더라도 조금도 부끄러움이 없게 하자"(송남헌,

---

116) 이러한 모습은 우파 송진우의 입장과는 매우 대조적인 것이었다. 8월 12일과 13일 여운형 측의 정백과 송진우 측의 김준연이 만나 민족 역량의 총결집에 대해 비밀교섭을 벌였으나, 협상은 아래와 같은 의견대립을 이유로 결렬되었다.

▶ 여운형 측의 입장

1. 일제는 이미 포츠담선언에 의하여 무조건 항복이 결정되었으므로 조선 인민이 자주, 자위적으로 당면한 보안, 민생 문제를 위시하여 주권확립에 매진할 것.

2. 국내에서 적에 대항하여 항쟁했던 인민대중의 혁명역량을 중심으로 내외의 혁명단체를 총망라하여 독립정부를 세울 것.

▶ 송진우 측의 입장

1. 왜정이 완전히 철폐될 때까지 그대로 참고 있을 것. 총독부가 연합군에게 조선의 정권을 인도하기 전까지는 독립정권을 허락하지 않으므로 적과 투쟁할 수 없음.

2. 재(在) 중경의 김구를 중심으로 한 임시정부를 정통으로 환영 추대할 것 (민주주의민족전선 편, 1988a : 85).

위의 의견 대립에서 보는 바와 같이 여운형 측은 해방을 주체적으로 맞이하고자 했다. 반면 송진우 측은 해방을 맞이하고도 아무런 대책 없이 연합군의 상륙과 임시정부의 귀국만을 기다리면서 다른 세력들과의 합작 알선이나 제휴를 거절하고 자기 자신의 독립적인 활동도 못하면서 표면상 명분으로는 해외 혁명인사들의 환국만을 기다리고 있었던 것이다. 이러한 자세는 적극적인 활동 없이 지사적 입장에서 막연히 일본의 패전을 기다리던 보수적 민족주의자들에게 공통된 현상으로서 미군이 진주하고 난 후 이들의 활발한 정치활동과는 극히 대조를 이룬다(심지연, 1982 : 37).

1985a : 36)라고 했고, 9월 6일 조선인민공화국 창건 격려 연설에서는 "연합군의 진주가 금명에 있을 것이니 연합군과 절충할 인민 총의의 집결체가 없으면 안 될 것이다"(송남헌, 1985a : 50)라고 밝혔다.117)

커밍스가 말하는 바와 같이 당시 조선의 상황은 "루즈벨트(Roosevelt)가 생각했던 '자비로운 후견의 열매를 얌전히 기다리고 있는 상태'는 결코 아니었다"(Cumings, 1994 : 137~138). 미군이 진주하기 이전 해방 조선에는 독립국가건설을 위한 민족혁명이 진행되고 있었다. 8월 15일 해방이 되고 9월 6일 조선인민공화국이 창건되기까지 조선에서는 권력공백이 발생하지 않았으며, 새로운 인민권력이 탄생하고 있었던 것이다. 인민공화국은 대의명분을 남·북 양쪽에 내세우면서 사실상 권력을 장악하기에 이르렀고, 해방된 지 3주 만에 실제 라이벌이 없을 정도가 되었다(Henderson, 2000 : 193).

대안국가의 조직적 특성

그렇다면 베트남·조선에서 내생적으로 발생했던 국가체의 조직적 특성은 과연 어떠했을까? 이를 민족적 정통성, 조직적 토대를 통해 검토해 보자.

해방 후 독립국가건설과정에서 국가건설 주체가 구비하고 있어야 할 가장 중요한 자격 요건은 '민족적 정통성'이었으며, 이는 반식민투쟁에 대한 헌신성을 통해 평가될 것이었다. 해방 당시 베트남과 조선의 상황을 볼 때 사회주의세력을 제외한 여타 정치세력들은 민족적 정통성이 취약했다. 베트남의 경우 1941년 일본·프랑스의 공동지배가 행

---

117) 이것은 당시 연합군에 대한 여운형의 인식을 반영하는 것이다. 여운형은 북한에 진주한 소련군이 일본군을 무장해제하고 치안권과 행정권을 인민위원회에 맡긴 조치를 연합군의 공동방침으로 해석했다. 그리하여 미군도 장차 남한에 진주하면 모든 것을 맡길 것으로 예상하고 이에 대한 준비를 서둘렀던 것이다 (심지연, 1991a : 23).

해지게 되자, 베트민을 제외한 민족개량주의자나 비타협적 민족주의자들은 대개가 두 가지 길 중에 하나를 선택했다. 한 부류는 프랑스가 베트남인들을 회유하기 위해 제공했던 정치적 기회를 이용하여 새로이 만들어진 조직(청년단체, 교육협회 등)의 장(長)직을 맡거나 고위 행정직으로 옮겨 갔으며, 다른 부류는 일본이 프랑스 식민정부를 없애고 독립정부를 세워주리라는 희망에서 일본 식민당국에 협조했다(Sacks, 1988 : 251).

조선의 경우도 엔도가 협조를 요청했던 송진우를 중심으로 한 개량적 민족주의세력은 일본에 협조하거나 민족의 현실을 외면했다. 서중석은 송진우 세력을 다음과 같이 평가하고 있다.

> 동아일보·호남재벌의 많은 중추적 인물이 장덕수·김연수의 경우처럼 황국신민화정책과 일제의 침략전쟁에 참여하였다. 동아일보 측과 관계가 깊었던 윤치호, 최린, 이광수 등 많은 민족개량주의자들이 일제 말에 일제 군국파시즘의 주구 또는 황국신민화정책의 앞잡이였다. 민족주의자 김병로 등 극소수는 지조를 지켰으나, 소극적으로 은둔생활을 하였을 뿐이다. 일제 말기에 동아일보계로 지목되는 사람 중 적극적이건 소극적이건 민족해방운동에 관계한 인물은 찾기가 힘들었다(서중석, 1998a : 203).

사회주의자들의 행동방식은 다른 민족주의세력과 명확히 구분되었다. 이미 논의한 바와 같이 1920년대 중반 이후 사회주의세력은 반식민투쟁의 중심에 서 있었고, 이러한 투쟁 전통이 국가건설과정에서 정통성의 토대로 작용했다. 아래의 시(詩)는 호찌민이 설정하고 있는 국가건설 주체의 자격 요건을 잘 드러낸다.

> 감옥에서 나온 사람은 나라를 세울 수 있다.
> 재난은 사람의 충성심을 시험한다.
> 불의에 항거하는 사람이 진정 우수한 사람이다.
> 옥문이 열릴 때, 진짜 용이 승천하리라.[118]

베트남민주공화국을 주도적으로 만들어나간 주체들은 이러한 조건을 충족시키고 있었다. 1960년 1월 5일 행해진 '당창건 30주년 기념 축하행사의 개막연설'에서 호찌민은 베트남민주공화국을 세우는 과정에서 희생당한 동지들을 기리며 다음과 같이 밝혔다.

> 당 중앙위원 가운데 14명이 프랑스 제국주의자들에 의해 감옥에서 총살되거나, 길로틴형에 처해지거나 맞아 죽었다. … 현재 중앙위원 가운데 31명은 혁명 이전에 프랑스 제국주의자들에 의해 총 222년의 감옥생활을 하였고, 국외로 추방되었다.[119]

이러한 희생은 호찌민을 중심으로 한 사회주의세력이 국가건설의 구심체로 작용할 수 있는 힘을 제공했다. 1945년 8월 29일 발표된 임시정부 각료의 명단은 사회주의자들의 영향력을 여실히 보여 준다. 대통령 호찌민을 포함한 정부 각료 16명 가운데 공산주의자 혹은 베트민으로 분류된 것이 9명에 이르며, 내무·국방·재정·선전·청년 부문과 같은 핵심적 지위는 호찌민을 주축으로 하는 혁명세력이 장악하였다 (Turner, 1975 : 41).

조선의 경우 "좌익이라는 말은 '항일'이라는 말과 동의어로 쓰였다. 이 동일시는 일본의 패망 이후에도 상당히 오래 지속되었다"(Cumings, 1994 : 139).[120] 해방과 더불어 조직된 건준은 이러한 인식을 충족하기에 부족함이 없었다. 아래의 박인덕의 논의는 건준의 특성을 잘 드러낸다.

---

118) Ho Chi Minh, "Word Play" ; Fall ed.(1967 : 137) 참조. 이 시는 호찌민이 1942~1943년까지 중국 국민당 감옥에 갇혀 있는 동안 쓴 『옥중일기』의 일부이다.

119) Ho Chi Minh, "Speech Opening the Ceremony Commemorating the Thirtieth Anniversary of the Foundation of the Party" 1960 ; Fall ed.(1967 : 339) 참조.

120) 스칼라피노와 이정식 또한 "대다수의 학벌 좋은 지식인들은 일본과의 협력으로 이름이 더럽혀져 있었다. 반면 좌익혁명가들은 처음에는 은밀히, 그리고 해방 직후에는 공개적인 동경을 한 몸에 받았다"(Scalpino & Lee, 1986b : 315)라고 논의하고 있다.

남한에서는 석방된 정치범까지 포함한 한국인 지도자와 애국자에 의하여
건국준비위원회가 조직되었다. 이 지도자들은 좌익적 신조를 가지고 있다
고 생각되는데, 그와 같이 잘 정비된 조직이 어떻게 하룻밤 사이에 만들어
졌는지 불가사의했다. 후에 우리는 공산주의자들이 일본의 항복 훨씬 이전
부터 이 때를 위하여 준비하고 있었다는 것을 알았다.[121]

조선인민공화국의 토대가 되었던 건준의 초기 간부진은 86%가 일제
에 의해 투옥된 경력이 있었으며(홍인숙, 1993 : 73), 이들 중 다수는
좌익적 배경을 강하게 지니고 있었다(Scalapino & Lee, 1986b :
312).[122] 건준의 3차 조직개편 결과 조직·선전·치안·조사·행정·
기획·교통부와 같은 중요 부서가 해방 전 사회주의운동과 직접적인 관
련을 맺고 있었던 인물들에게 돌아갔으며, 조선인민공화국의 중앙인민
위원 55명 중 39명이, 후보위원 20명 중 16명이 좌파계열로 구성되었다
(김남식, 1984 : 45~48 ; Scalapino & Lee, 1986b : 313~314).
베트남·조선에서 해방과 더불어 주도적으로 대안국가를 형성해 나
갔던 국가형성 주체-사회주의세력-는 민족적 정통성의 측면에서 국
내의 여타 정치세력들을 압도하고 있었으며, 대안국가는 바로 이들을
중심으로 만들어졌다. 이는 사회주의 민족운동세력이 민족운동과정에
서 보여 주었던 희생과 헌신이 주요한 원인이기도 했지만, 다른 한편으
로는 여타 민족주의세력이 지니고 있었던 기회주의적 속성과 타협성으
로 인해 사회주의운동세력의 민족적 정통성이 더욱 두드러져 보였기 때
문이기도 했다.
베트남민주공화국과 조선인민공화국의 조직적 토대는 기층 대중조
직이었다. 해방은 아래로부터의 정치적 욕구를 분출시키는 통로가 되었

---

121) 박인덕, September Monkey, 210쪽 ; Conde(1988a : 15)에서 재인용.
122) 건준을 결성할 무렵 여운형이 송진우와의 합작을 도모했을 때, 건준 내의 좌
　　파세력이 송진우가 부일세력이라며 반발했을 만큼 실질적으로 건준 중앙조직
　　간부진의 친일적 요소는 극히 미미했다(홍인숙, 1993 : 98).

으며, 새로운 대안국가는 이러한 정치적 급류를 타고 급속히 부상했다.

베트남의 경우 해방 전 베트민의 대중적 토대는 구국회(Cuu Quoc Hoi)였다. 구국회는 노동자구국회, 농민구국회, 베트남구국회, 문화구국회, 청년구국회, 베트남천주교구국회, 베트남부녀구국회, 베트남자위구국회 등의 이름으로 다양한 계층·연령·직업을 망라하여 조직되었으며, 전국적인 대중정치조직을 목표로 하였다(Huynh Kim Khanh, 1970 : 775 ; Pham Mai Hung, 1991 : 19 ; Duiker, 1996 : 72). 특히 농촌 지방조직의 경우 구국회는 농민이 마을단위의 활동을 넘어서 외부 정치에 참여할 수 있는 기회를 제공했다. 각 조직세포는 3~5명을 단위로 대표를 선출하고, 이 대표들이 모여 마을위원을 선출하였다. 이러한 아래로부터의 조직방식은 현(縣)·성(省)단위를 넘어 국가적 수준으로 확대되었다. 구국회는 불만에 대한 구조화된 표현 수단을 제공하였으며, 도시계급과 궁핍한 농촌 사이의 간극을 메우는 역할을 하였다(McAlister, 1969 : 264).

해방이 되자 구국회는 인민위원회(Uy Ban Nhan Dan)로 전환되었으며, 기본적인 행정단위인 마을의 행정·사법기관을 대체함으로써 새로운 권력기관으로 자리 잡았다. 마을 인민위원회는 성단위 위원회에 바퀴의 살처럼 연결되었고, 성 인민위원회는 다시 보응우옌지압(Vo Nguyen Giap)이 지도하는 내무부에 직접 연결되었다(Pike, 1967 : 47 ; Sacks, 1988 : 265). 이러한 조직체계는 '아래로부터 위로' 조직되어 가는 민주집중제의 원칙을 통해 건설되었으며, 상층과 하층을 포괄하는 통일전선에 기반하고 있었다.[123]

조선의 대중정치조직은 박명림이 "해방이라는 한 번의 박동으로 새

---

[123] 구국회에서 해방 직후 인민위원회로 명칭이 바뀐 기층 대중조직은 이후의 민족해방투쟁과정에서 다시 몇 차례 명칭이 바뀐다. 1945년 9월 22일 신법령에 의해 행정위원회(Uy Ban Hanh Chanh)로, 1946년에는 항전위원회(Uy Ban Khang Chien)로, 1947년 10월에는 항전행정위원회(Uy Ban Khang Chien Hanh Chanh)로 변화한다(McAlister, 1969 : 264~270 ; Pike, 1967 : 47).

로운 인물들로 이루어진 대안조직이 순식간에 동맥으로부터 미세혈관까지 쫙 뻗어나갔다"(박명림, 1996 : 42)라고 묘사한 것처럼 대안국가 형성에 급속히 생명력을 불어넣었다. 건준의 결성이 알려지자 "건준의 깃발 아래 민주주의 독립정권 수립 준비를 위한 모든 지방의 혁명역량은 총망라 집결되었다. 8월 31일까지 건준지부는 이미 145개에 달하였다"(민주주의민족전선 편, 1988a : 87). 8월 16일 여운형의 요구대로 석방된 다수의 정치범들이 이들 조직을 결성하는 데 주도적인 역할을 수행했다(Cumings, 1994 : 142). 건준지부들은 조선인민공화국이 선포되면서 인민위원회로 전환되었으며, 지방의 실제적 권력기관으로 활동했다.124)

해방 직후 전국적으로 조직되기 시작한 인민위원회의 규모는 1945년 11월 20일부터 열린 전국인민대표자대회의 의사록을 통해서 드러난다. 대표자대회의 보고에 의하면 인민위원회는 이미 전국적 조직을 거의 완성하고 있었다.

> 38도 선 이북에 있어서는 인민위원회의 조직이 전면화한 것이 물론이고, 이미 행정·사법 만반을 집행하고 있으니, 이는 막설(莫說)하고, 38도 선 이남에 있어서도 군 위원회는 강원도에 2개 군, 충청도에 1개 군이 아직 조직 준비 중에 있고, 강원도 남부의 도 위원회가 미결성 중에 있을 뿐으로 전국적 조직이 거의 완성되었음을 말할 수 있다.125)

---

124) 민주주의민족전선에서는 "인민위원회는 조선 인민의 손으로, 조선 인민의 이익을 위한, 조선 인민 자신의 주권을 세우려는 혁명적 정부기관이었다. 그리고 이것은 미군이 진주하기 전에 조직된 일이었다. 그래서 각지의 인민위원회는 치안을 유지하고, 물자를 확보하였으며, 교통의 복구 및 일제 잔재의 척결에 노력하는 등 실로 불면불휴(不眠不休)의 활동을 벌였다"(민주주의민족전선 편, 1988a : 99)라고 서술하고 있다.

125) 전국인민위원회, 『전국인민위원회 대표자대회 의사록』, 서울 : 조선정판사, 1946, 31쪽 ; 김남식·이정식·한홍구 엮음, 『한국현대사 자료 총서 12』, 돌베개, 1986, 469쪽. 면·읍·군·시·도 인민위원회의 상세한 수에 대해서는 위의 『의사록』, 32쪽 ; 『총서』, 470쪽 참조.

인민위원회는 아래로부터 자발적으로 만들어졌으며, 대중들의 정치적 열망을 조직적으로 체현하고 있었다.126) 조선인민공화국은 인민위원회의 지지를 바탕으로 해방 직후 가장 영향력 있는 정치조직으로 급성장할 수 있었다.127)

베트남민주공화국과 조선인민공화국의 토대가 된 대중조직은 해방기 국가권력의 향방을 보여 주고 있다. 인민위원회는 국가건설의 주체로서 식민지배에 오염되지 않은 좌파민족주의세력을 선택했던 것이다. 이러한 측면에서 볼 때 베트남과 조선에서는 정치체제의 새로운 조정이나, 권력의 이동은 필요하지 않았다. 해방과 더불어 국가권력은 자체적으로 조직되었던 것이다.

독립국가건설의 방향

해방공간에서 민족적·사회적 핵심과제는 완전한 자주독립국가의 건설과 반(半)봉건적 사회질서의 청산이라는 이중의 목표로 집약되었다. 당시 이러한 과제를 달성할 수 있는 실제 프로그램과 정치·대중적 역량을 지닌 가장 강력한 세력은 사회주의 민족운동세력이었다. 이는 사회주의 민족운동세력을 제외한 여타 민족운동세력이 지녔던 한계를 인식한다면 쉽게 납득할 수 있다.

베트남의 경우 북부지역에서 활동하던 대월 세력과 같은 친일세력은 일본에 의지하여 독립을 달성하려고 하였기 때문에 일본이 패퇴하자 그 힘을 잃었다. 또한 베트남국민당과 베트남혁명동맹회(Viet Nam Cach Mang Dong Minh Hoi)는 중국 국민당에 지나치게 의존하고 있었기 때문에 자주독립국가건설과정에서 외세의 영향력을 배제할 수

---

126) 지방인민위원회의 특성에 대한 분석은 Cumings(1986 : ch.8 · 9) 참조. 전라남도 지역의 특성에 대해서는 Meade(1993) 참조.

127) 미군정 고문이었던 언더우드(Underwood)는 인민공화국이 남한 전역에서 가장 강력하고 활동적인 조직이었다고 밝히고 있다(*HUSAFIK*, Part 2, Ch.1 : 11).

없었다. 베트민 이외에 남부지역에 가장 강력한 세력을 형성하고 있었던 토착 종교세력인 까오다이·호아하오의 경우도 새로운 국가를 건설할 수 있는 조직적 역량이 부족했다. 이들은 비군주제에 기반한 새로운 정치이론을 발전시킬 수 없었으며, 효과적인 정치세력으로 그들을 통합할 수 있는 지도자도 부재했고, 과도하게 지방화되어 있어서 전국적 지도력을 발휘할 수 있는 정치조직으로 성장할 수 없었다.128) 이 세력들은 새로운 사회건설을 위한 구체적 계획을 지니고 있지 못했고, 특히 종교세력의 경우는 봉건적 질서를 옹호하는 입장에 서 있었기 때문에 사회개혁의 주체로서 대중과 결합할 수 없었다.

조선의 경우도 송진우를 중심으로 한 보수주의세력은 해방과 동시에 반식민지·반봉건의 목표 아래 결집된 좌파세력에 정면으로 대항하는 구체적 프로그램을 갖지 못한 채, 단지 해외 임정세력의 귀국과 미군의 진주를 기다리고 있었다(최상용, 1998 : 146). 이들은 반식민과제의 중요한 측면이었던 친일파 척결에 대해 소극적이었고, 언더우드가 지적한 바와 같이 어떠한 대중적 사회개혁안도 내놓지 못했다(*HUSAFIK*, Part 2, Ch.1 : 11). 이것은 한민당으로 결집된 보수주의세력의 계급적 특성에 기인한 것이었다. 지주·자본가를 대표하던 이들 세력은 자신의 존립 기반과 직·간접적으로 관련된 식민지배의 인적·물적 잔재의 청산에 적극적으로 나설 수 없었으며(최상용, 1998 : 147), 구질서의 해체보다는 온존을 통해 구계급질서를 유지하고자 했던 것이다.129)

---

128) 종교세력의 특성과 한계에 대해서는 Smith(1968 : 72, 153) ; Gravel ed.(1971a : 47) 참조.

129) 한민당의 선언·강령·정책 어디에도 친일파 척결의 의지는 보이지 않는다. 또한 반봉건과제의 핵심이라고 할 수 있는 토지개혁의 문제에 있어서도 이들의 정책은 '토지제도의 합리적 재편성'이라는 모호한 언급에 그치고 있다. 한민당은 좌익에 대항하여 우익의 중핵으로서 사유재산제도, 지주 이익의 옹호를 명확히 내세우고, 이후 일관되게 이 원칙을 주장한다(櫻井浩, 1982 : 394). 한민당의 선언·강령·정책 등의 내용은 韓國民主黨宣傳部(1948 : 13~15) 참조.

사회주의 민족운동세력의 입장은 이들과는 매우 대조적이었다. 베트남·조선에서 사회주의 민족운동세력은 민족의 독립을 기정사실화하고, 식민잔재를 청산할 것을 선언했다.

> 우리 인민은 1세기 가량 자신들을 속박해 왔던 사슬을 부수고 조국의 독립을 쟁취했다. 또한 우리 인민은 몇 세기 동안이나 군림해 온 군주정치제도를 타도하고, 대신 현재의 민주공화국을 세웠다. 그러므로 베트남 민족을 대표하는 임시정부의 일원인 우리는 지금부터 프랑스와의 모든 식민지적 관계, 프랑스가 베트남 대신 지금까지 서명해 온 국제계약, 베트남에서 프랑스의 모든 특권을 폐지할 것을 선언한다.[130]

> 1945년 9월 6일은 8월 15일과 함께 우리 조선의 민족해방운동사에 있어서 획기적인 날이다. 이 날 … 각계각층을 망라한 혁명투사 1천여 명이 회합하여 전국인민대표자회의가 개최되었다. 이 대회에서 조선인민공화국이 비로소 공식적으로 탄생했으며 정부를 조직하고 이를 운영할 인민위원을 선출하였다. … 우리 앞에 가로놓여 있는 모든 난관을 타개하고 우리를 선출해 준 혁명적 동지와 인민대중의 기본적 요구에 응하여 일본 제국주의의 잔재세력을 완전히 구축하는 동시에, 우리의 자주독립을 방해하는 외래세력과 반민주주의적·반동적인 모든 세력에 대한 철저한 투쟁을 통하여 완전한 독립국가를 건설하여 진정한 민주주의를 실현한다.[131]

위에서 보는 바와 같이 독립국가의 건설은 단지 외세의 간섭에서 해방되는 것만을 의미하는 것이 아니었다. 이는 구지배질서의 해체를 동반하는 것이었다. 구지배질서의 해체는 상호연관된 제도적이고, 인적인 이중의 지배질서를 청산함으로써 이루어져야 했다. 구지배체제를 유지하던 제도를 청산하는 작업은, 곧 이를 통해 재생산되어 오던 권력관계를 청산하는 작업이며, 역으로 식민지배를 통해 기득권을 누리던 인적

---

130) Ho Chi Minh, "Tuyen ngon Doc lap"(독립선언) 1945.9.2 ; Tran Huu Dinh & Le Trung Dung(2000 : 449) 참조.

131) 조선인민공화국 「선언」 ; 민주주의민족전선 편(1988a : 95~96) 참조.

잔재를 청산하는 작업은, 곧 지배질서의 재생산을 보장하던 구제도의 철폐를 통해서만 가능한 것이었다. 특히 베트남·조선의 구지배계급이 정치적 권력보다는 사회·경제적인 권력을 통해 지배관계를 재생산해 오고 있었기 때문에 사회·경제적 변혁은 구지배질서를 해체하는 출발점이 되는 것이었다.

1945년 8월 16일 떤짜오회의에서 발표된 베트민의 '10대정책'[132] 과 조선인민공화국의 '강령', '시정방침'[133]에는 이러한 사회변혁의 의지가 잘 반영되어 있다. 식민지배체제의 변혁을 위한 주된 방향은 아래와 같다.

베트민의 10대정책

2항) 침략자와 반역자의 재산을 몰수하고, 각각의 사정에 따라 국가에서 공유화하거나 혹은 빈민에게 분배한다.

6항) 공유지를 공평하게 분배하고, 토지세·이자를 줄이고, 채무를 연기하며, 난민을 구제한다.

조선인민공화국의 강령

2항) 우리는 일본 제국주의와 봉건적 잔재를 일소하고 전 민족의 정치적, 경제적, 사회적 기본요구를 실현할 수 있는 진정한 민주주의에 충실을 기함.

조선인민공화국의 시정방침

2항) 일본 제국주의와 민족반역자들의 토지를 몰수하여 국유화하고, 이를 농민에게 무상 분배함. 단 비(非)몰수 토지의 소작료는 3·7제로 실시함.

---

132) 이는 Nghi quyet cua Quoc dan Dai hoi, ngay 16, Gianh chinh quyen toan quoc va thi hanh muoi chinh sach lon cua Viet Minh, 17-8-1945, (국민대회의 의결, 1945년 8월 16~17일, 베트민의 전국 정권쟁취와 중대한 10대정책의 시행) ; Dang Cong San Viet Nam(2000 : 559~560) 참조.

133) '강령'은 4조항, 시정방침은 전체 27조항으로 이루어져 있다. 민주주의민족전선 편(1988a : 96~97) 참조.

3항) 일본 제국주의와 민족반역자들의 광산, 공장, 철도, 항만, 선박, 통신기관, 금융기관 및 일체의 시설을 몰수하여 국유로 함.
21항) 고리대금업제도 철폐, 고리대금업적 대차관계 파기.

위의 내용은 제국주의의 잔재와 봉건주의에 대한 반대를 보여 준다. 여기에서 주목해 볼 것은 민족반역자들의 재산 처리에 대한 문제를 언급함으로써 구지배체제의 해체를 예고하고 있다는 점이다. 그러나 정작 중요한 것은 선언이나, 정책적 수사가 아니라 과연 사회주의세력이 이것을 수행할 수 있는 의지와 능력을 구비하고 있었는가라는 점이다. 이를 반봉건과제의 핵심사안이라 할 수 있는 농지개혁안을 통해 간략히 살펴보자.134)

베트남에서는 8월혁명 이전에 이미 베트민 세력의 통제하에 있었던 해방구를 중심으로 농지개혁이 실행되고 있었다. 1945년 6월 형성된 베트남 북부지역의 6개 해방구(Cao Bang, Lang Son, Ha Giang, Bac Can, Tuyen Quang, Thai Nguyen)에서 식민주의자와 민족반역자의 재산뿐만 아니라 공유지가 빈민에게 분배되었던 것이다(Duiker, 1996 : 91). 토지의 분배는 8월혁명을 통해 확대되었으며, 지대는 25%로 낮추어졌고, 부채는 탕감되었다(Truong Chinh, 1977a : 50).

조선의 경우 조선인민공화국에서 제기했던 농지개혁안은 그 실제 수

---

134) 베트남민주공화국과 건준의 뒤를 이은 조선인민공화국의 초기 농지개혁은 지주들에 대한 전면적인 계급투쟁으로 나가지 않고 있다. 이것은 민족의 완전한 독립이 당시의 주요한 목표였기 때문이다. 1941년 호찌민은 독립을 최우선의 목표로 하고, 통일전선을 강화하기 위해 애국적 지주를 베트민에 참여시키는 방향으로 토지정책을 전환한다(Duiker, 1996 : 72~73 ; McAlister, 1969 : 141~142 ; Turner, 1975 : 31). 쯔엉찐 또한 8월혁명은 계급혁명이라기보다는 제국주의의 지배를 타도하는 데 주요한 목적이 있었다고 밝히고 있다(Truong Chinh, 1977a : 49~50). 조선의 건준 또한 자신을 진보적 민주주의세력의 통일전선체로 규정하고 있었기 때문에 일본인과 반역자에 대한 토지 몰수 이외에 더 급진적인 요구는 담고 있지 않았고, 이것은 초기 인민공화국의 정책으로 연결된다(서중석, 1998a : 214~215, 221~223).

혜자가 될 농민들로부터 지지를 받고 있었다.[135] 해방 후 토지 문제에 대한 농민들의 최초의 반응은 소작료 불납과 일본인 소유토지분배투쟁이었다. 특히 미군정 초기(1945~1946년) 인민위원회와 농민조합의 힘이 강력했던 지역에서는 이러한 경향이 두드러졌다(장상환, 1985 : 300).[136] 또한 전국농민조합총연맹결성대회(1945년 12월 8~10일, 3일간 개최)에서 제기된 '당면 요구조건'은 인민공화국의 시정방침과 동일했다.

> 1항) 일본제국주의자·민족반역자의 토지를 몰수하야 빈농에게 분배하자.
> 2항) 친일파와 민족반역자가 아닌 조선인 지주의 소작료는 3·7제로 하되 원칙적으로 금납으로 함.[137]

전농 결성 당시 통계에 의하면 전농은 13개 도(道), 188개 시·군 지부, 1,745개 면 지부, 25,288개의 리·부락·반에 3,322,937명의 조합원을 가지고 있었다(민주주의민족전선 편, 1988a : 203~204). 이러한 조직은 농민들의 사회개혁 의지와 역량을 보여 주는 것이며, 조선인민공화국에 대한 이들의 지지는 당시의 혁명적 열기가 단순한 열정의 표출이 아닌 구체적인 국가건설, 사회개혁 프로그램과 결합되어 있음을 보여 주는 것이다. 당시 조선의 혁명은 아래로부터 시작되고 있었던 것이다.

---

135) 서중석은 중앙인민위원회에서 소작료를 3·7제로 제시한 것이 농민들의 환호 속에 받아들여져 인민공화국 또는 중앙인민위원회에 대한 신망과 기대를 갖게 하는 데 실질적 역할을 했다고 평가하고 있다(서중석, 1998a : 228~229).

136) 실제로 전남 보성군의 농민연맹에서는 소작인들에게 그들이 신뢰하는 정부 밑에 있게 될 때까지는 합법적인 지대를 지불하지 말 것과 지대는 현물보다는 현금으로 지불해야 한다고 권고했다(Meade, 1993 : 237).

137) 전국농민조합총연맹서기부, 『전국농민조합총연맹결성대회 회의록』, 서울 : 조선정판사, 1946, 91~92쪽 ; 김남식·이정식·한홍구 엮음, 『한국현대사 자료 총서 12』, 돌베개, 1986, 602~603쪽 참조.

지금까지 1945년 8월 베트남과 조선의 해방공간을 규정하고 있었던 혁명적 지향과 대안국가건설과정의 역동성을 검토하였다. 앞에서 살펴본 바와 같이 당시 베트남·조선의 상황은 '혼란'·'무질서'와는 거리가 멀었고, 대안국가와 인민권력의 형성을 통해 지배와 피지배를 역전시키는 '혁명적 전환기'였다.138) 만일 이러한 상황을 역전시키려고 시도한다면, 이는 필연적으로 아래로부터의 광범위한 저항을 초래할 수밖에 없었다. 다음의 두 평가는 이러한 상황을 잘 보여 준다.

> 만약 당신이 이곳에서 일어나는 일을 본다면, 더 이상 인간의 힘으로는 막을 수 없는 모든 사람의 진심어린 독립에 대한 열망을 느낄 수 있다면 … 비록 당신이 이곳에 프랑스의 통치를 다시 확립하려 할지라도 그것이 더 이상 소용없다는 것을 알 수 있을 것이다. 각 마을은 저항의 보금자리가 될 것이고, 구래의 협력자들은 적으로 변할 것이다. 그리고 당신의 관리와 식민주의자들은 그들이 숨쉴 수 없는 분위기 때문에 떠나게 해달라고 요청하게 될 것이다(Hammer, 1966a : 102).139)

> 인공의 인기와 권위는 이미 전국에 퍼져 있었으며, 어떠한 그룹도 그렇게 강력하지는 못하였다. 만일 이 사실상의 정부가 제거된다면 혼란이 뒤따를 것은 명약관화한 사실이었다. 인공은 한국 민중의 대표로서의 정당한 권리를 지니고 있는 것으로 보였으며, 자신의 권리를 포기하기를 거부하였다(조순승, 1991 : 68).

---

138) 이는 '변혁진통기'로 개념화할 수 있을 것이다. 강정구는 이에 대해 다음과 같이 설명하고 있다. "개혁이나 변혁은 기존의 제도나 관행을 무너뜨리는 새로운 제도와 관행을 구축하는 것이고, 동시에 기존 제도에서 기득권을 누리던 사람들의 권리를 박탈하는 것이다. 여기에는 언제나 기득권의 저항이 강력하게 나타나기 마련이다. … 새로운 구조를 구축하기 위해서는 필연적으로 진통이란 과정을 겪게 마련이다. 옥동자의 분만을 위해 겪는 어머니의 진통과정으로 이 과정을 인식하는 우리의 사고, 곧 혼란과 무정부 상태가 아니라 변혁을 위한 진통기로 인식하는 사고의 전환이 요구된다"(강정구, 2000 : 28).

139) 구베트남의 황제이며 이후 프랑스의 베트남 분할지배전략의 협력자가 된 바오다이가 드골에게 보낸 편지의 내용 가운데 해방 당시 베트남의 상황을 설명한 것.

당시 지배계급은 식민국가와의 관계에서 경제적 동맹세력이었지, 정치·군사적 동맹세력이 아니었기 때문에 민족적 정당성뿐만 아니라 실제적인 지배역량도 지니지 못하고 있었다. 따라서 이들이 다시 지배의 전면에 서기 위해서는 외부로부터의 지원이 필연적이었고, 이는 외부의 지원에 의한 반혁명을 의미하는 것이다. 밀즈는 혁명과 반혁명을 다음과 같이 설명한다.

어떤 혁명에도 반혁명은 따른다. 그것은 혁명이 현실을 위한 것이라는 증거이기도 하다. 그럴 때마다 혁명은 반혁명을 막아내야 한다. 그렇지 않으면 그 혁명은 실패하기 때문이다. 오늘날 우리와 같은 나라에서 반혁명은 대개 해외로부터 지지를 받게 된다. 우리의 혁명에 대한 반혁명이 현재 해외로부터 지지를 받고 있는 것은 명백하다(Mills, 1985 : 65).

반혁명은 베트남의 경우 처음에는 프랑스, 이후에는 미국으로부터 지지를 받았고, 조선은 미국의 지지에 의해 이루어졌다.140) 해방과 더불어 형성된 짧은 환희의 순간은 외세의 개입에 의해 기나긴 저항의 시대로 접어들게 되는 것이다. 특히 베트남의 경우는 프랑스가 개입하면서 1946년 12월 본격적인 전쟁에 돌입하고, 1954년 7월 1차 인도차이나전쟁이 종결되면서 다시 한 번 1945년 8월 해방공간과 같은 민족사적 전환기를 맞이하게 된다. 당시 북베트남의 '베트남민주공화국'은 전쟁에서 승리하여 혁명역량을 더욱 강화할 수 있었으며, 통일국가 수립

---

140) 당시 역사공간에서 '만일 외세가 개입하지 않았다면 베트남과 조선의 대안국가는 실제 국가체로 발전해 갈 수 있었을 것이다'라는 추론은 역사추상형방법을 적용한 것이다. 지금까지 살펴본 것처럼 이러한 역사적 추론은 일부의 비판(유석춘·최복천, 1999 ; 전상인, 2003)과 같이 비역사적인 것이 아니라 당시 사회의 구체적인 역사·구조적 특성에 대한 분석을 통해 도출한 것이다. 역사추상형방법이 민족 중심적인 이유는 바로 해방 당시 실재했던 역사공간을 적극적으로 평가하고, 이를 미국이 개입하지 않았다면 전개되었을 가상의 역사공간으로 확대시켜 미국이 수행했던 반역사적·반민족적 역할을 드러내고자 하기 때문이다.

의 토대를 세울 수 있었다. 그러나 미국의 본격적인 개입은 재차 혁명적 흐름을 역전시켰다.

2장 미국의 개입과 반공독재국가의 형성

    이 장의 기본적인 목적은 베트남·조선의 혁명적 역사지향이 왜 내재적 행로를 벗어나 반혁명적 반공독재국가의 형성으로 귀결되었는가를 밝히는 것이다. 이를 위해 크게 세 가지 질문을 제기하려고 한다. 첫째, 베트남·조선의 혁명적인 역사지향을 가로막거나 왜곡했던 요인, 특히 향후 남베트남·남한의 사회적 갈등과 전쟁, 독재국가형성의 기본적인 틀을 형성하는 정치적 분단의 원인·과정은 무엇인가? 둘째, 분단과 더불어 진행된 베트남·조선의 정치·사회적 재편과정이 지닌 특성은 무엇인가? 셋째, 분단과 정치·사회적 재편을 통해 등장한 남베트남·남한의 초기 국가의 사회적 성격은 어떤 것이었는가?

    첫째 질문을 통해서는 해방 이후 아래로부터 급격히 분출했던 '민족국가형성을 위한 정치지향'을 결정적으로 파괴 혹은 굴절시켰던 미국의 지배전략을 세계체제 수준, 국가·지역 수준에서 베트남·조선의 정치적 분단과 연관하여 검토할 것이다. 둘째 질문을 통해서는 남베트남·남한의 혁명적 상황이 정치체 수준에서 어떻게 좌절되어 갔는지를 검토하고, 유사한 역사구조적 조건에서 이와 대조적인 경로를 걸었던 북베트남·북한의 상황을 살펴봄으로써 남베트남·남한의 초기 국가가 지닌 반혁명적 성격을 드러내도록 하겠다. 셋째 질문에서는 베트남·조선의 혁명, 통일된 민족국가 수립의 좌절, 아래로부터의 혁명에 대한 반혁명이라는 유사한 과정을 통해 형성된 남베트남·남한의 초기 국가성격을 국가권력의 반(反)역사성과 폭력성, 원조의 정치·경제를 통한 대미 종속구조를 통해 검토하겠다.

베트남·조선의 정치적 분단과 남부의 독자정권 수립이 미국의 개입과 남부의 체제를 정당화했던 외적 기제였다면, 혁명에 대항한 반혁명은 그러한 체제를 내부로부터 안정시키고자 하는 시도였다. 이러한 이중의 기제는 남베트남·남한 국가의 기본적인 사회성격을 규정했으며, 이는 반공독재국가의 형성으로 귀결되었다.

1. 미국의 냉전지배전략과 정치적 분단

변한 것은 미국의 남베트남에 대한 간섭의 정도입니다. 그것은 계속 증대해왔고 더 많은 책임을 떠맡고 있으며, 지엠 정권을 조정하고 있습니다. 진짜 적은 미국의 간섭입니다. 베트남에서 미국의 대리인이 누가 되든 그것은 별로 중요하지 않습니다.[1]

참극(慘劇)과 조악(粗惡)을 포장한 실탄(實彈)의 일발이 우리의 심장을 직충(直衝)하는 배 있으니, 그것은 '가능지역'의 일방적인 선거로써 '중앙정부'의 일방적 형태를 만들어간다는 남방(南方) 단독조치였다. 명목과 분장(粉裝)은 하여(何如)튼지 남방의 단정(單政)이 구성되는 남방의 단선(單選)인 것은 말할 것도 없는 바이니, 38선의 결정적 시인인 것도 두말할 것이 없는 것이다. 38선의 실질적 고정화를 전제로 하는 …, 국토양단의 법리화요, 민족분열의 구체화인 것도 분명한 일이다. 그리하여 그후로 오는 사태는 저절로 민족상호의 혈투가 있을 뿐이니, 내쟁(內爭)같은 국제전쟁이요, 외전(外戰)같은 동족전쟁이다.[2]

---

1) Ho Chi Minh, "A Talk with Ho Chi Minh" 1962 ; Fall ed.(1967 : 353) 참조.

2) 「문화인 108인의 남·북협상 지지성명」(1948년 4월 14일) ; 도진순(1998 : 377) 참조.

2차 세계대전 이후 냉전기 미국의 제3세계 외교정책의 핵심적 이데올로기는 "공산주의를 막고 민주주의를 촉진시키기 위해 때때로 전 세계적으로 군사력을 행사해 간섭해야 한다"(Zinn, 2001 : 15)라는 개입주의로 요약할 수 있다. 이는 1940년대 후반 미국의 국무장관을 지낸 애치슨(Acheson)이 "한 개의 씩은 사과는 사과통 전체를 썩게 할 수 있다"라는 비유로 제기한 '도미노론'을 통해 확산되었으며, 미국의 제3세계에 대한 개입을 정당화해 왔다(Chomsky, 1996 : 45). 그러나 냉전에 기초한 미국의 개입주의정책은 태생적인 이데올로기적 한계와 이러한 이데올로기의 자의적 적용이라는 문제를 안고 있었다.

첫째, 미국의 개입주의는 '미국적 미덕(American Virtue)', 곧 "미국은 경이적인 국내 제도 및 세계의 평화·정의·번영에 대한 이기심 없는 헌신을 통해 세계의 희망이 되고 있다"(김진웅, 1999 : 38)라는 신화에 바탕을 두고 있으며, 이것의 적극적 표현은 공정한 세계 경찰로서 '미국에 의해 유지되는 평화(Pax Americana)'의 주창이다. 그러나 이러한 이데올로기는 갈퉁이 제기하고 있는 강성이데올로기, 곧 "자신만이 유일하게 진리를 정당하게 전한다고 주장하며, 전 세계적으로 자신만이 영원토록 정당하다고 주장"(Galtung, 2000 : 29)하는 선악의 이분법에 기초한 자기 중심적 세계관이며,[3) 미국을 중심으로 한 패권적 세계질서의 구축을 정당화하는 데 기여했다.

둘째, '공산주의'라는 용어는 미국의 자의적 기준에 의해 극히 광범위하고 막연하게 적용되었다. 혁명적 내지 급진적 정권들이 미국이 싫어하는 정책들—사기업 특히 외국인 기업의 국유화, 급진적 토지개혁, 자주적인 무역정책, 소련이나 중국의 원조를 받아들이는 것, 다른 정책들 중에서 반미정책이나 비동맹외교정책을 주장하는 것—을 부분적으

---

3) 이러한 마니교적 극단성은 1953년 2월 아이젠하워의 "선과 악의 세력이 … 대립하고 있다. 자유주의가 노예제도와 싸우고, 빛과 어둠이 싸우고 있다"(Eisenhower, 1975 : 100)라는 연두교서의 내용에서 그대로 드러난다.

로라도 채택하고자 하면 공산주의로 낙인찍혀도 좋다는 각오를 해야
했다(Barnet, 1981 : 18). 결국 공산주의냐 아니냐는 미국의 이익에
부합하느냐 그렇지 않느냐에 따라 결정되었던 것이다.

냉전에 대한 정통주의적 설명방식은 이러한 한계를 명확히 드러낸
다. 정통주의적 접근은 미국의 이데올로기와 대외정책이 기본적으로
외부환경에 대한 대응이라는 '외인론'에 입각해 냉전의 책임을 소련으
로 전가하고, 세계 문제에 대한 미국의 계속적인 개입에 정당성을 부여
했다(김정배, 2001 : 25). 제3세계에 대한 미국의 개입은 소련의 적화
음모에 대한 체제수호 행위로 합리화되었던 것이다. 그러나 제3세계의
입장에서 그 내면을 들여다보면, 이러한 정통주의적 접근 방식이 얼마
나 자기 중심적이며, 자의적인 것이었는가가 여실히 드러난다. 1945년
이후 제3세계에서 나타난 정치적 갈등의 진원은 국가들 사이의 갈등이
아니라 사회 내부의 갈등이었으며(Barnet, 1981 : 12), 이들에게 가
장 중요한 것은 민족의 독립을 통한 국가형성의 문제였다. 따라서 제3
세계 혁명에 미국이 개입했던 것은 월러스타인의 말대로 이러한 혁명
들이 "실제로 소련에 대항한 것이 아니라 무엇보다도 미국에 대항한 것
이었기 때문"(Wallerstein, 1996 : 259)이었다.

1945년 이후 베트남·조선은 바로 이러한 미국의 개입주의와 혁명
적 민족주의의 대립이 분단과 전쟁이라는 형태로 상승작용을 일으키며
가장 격렬히 충돌했던 지역이었다. 이 지역에서 발생했던 1차적인 충
돌은 이념적인 것이라기보다는 과거 지배질서를 유지하려던 구지배계
급과 아래로부터의 지지를 기반으로 구지배질서를 청산하고 새로운 민
족국가를 건설하려던 혁명세력 간에 발생한 것이었다. 이러한 내적 충
돌에 끼어든 미국은 자신의 개입을 정당화하기 위해 내적 대립을 체제
상의 대립으로 치환하려 하였으며, 그 결과물이 바로 분단국가의 창출
이었다. 체제와 이념을 달리하는 분단국가의 수립은 세계적인 냉전을
국지적으로 내면화하는 과정이었다. 이는 남베트남·남한의 반공독재

국가형성을, 공산주의에 대항하는 미국의 존재를, 더 나아가 두 지역에서 발생했던 전쟁을 정당화하는 기제로 작용했다.

이 절에서는 '서로 상이한 시점, 상이한 장소에서 어떻게 유사한 형태의 분단국가가 나타날 수 있었는가'를 주로 '정치적 측면'에 초점을 맞추어 역사적 분석을 통해 밝히도록 하겠다. 이는 곧 베트남·조선의 분단과정에서 나타난 미국의 개입정책과 역할에 대한 분석을 통해 상이한 시간·장소에서 일관되게 수행된 미국의 제3세계 지배전략의 특성을 규명하는 것이다. 전체적인 논의를 통해 베트남·조선, 특히 남베트남·남한에 대한 미국의 개입이 지니는 반민족·반혁명성을 드러낼 것이며, 이를 위해 다음과 같은 세 가지 접근방법을 취하도록 하겠다.

첫째, 남베트남·남한의 국가형성과정을 냉전적 시각이 아닌 민족 주체적 입장과 시각에 따라 재해석하고 평가하겠다. 최장집은 2차 세계대전 이후 제3세계의 국가형성 조건을 설명하면서 중심부 국가로부터의 외적 정통성 획득이 국가 수립의 중요 요소로 등장했고, 외적 정통성이 내적 정통성 그 자체를 바깥으로부터 창출할 수 있다고 논의한다(최장집, 1989 : 121). 그러나 이러한 현실주의적 해석만을 가지고는 외적 정통성에 의해 내적으로 부과되는 국가형성이 민족사에 어떤 의미를 지니는지 평가할 수 없다. 냉전기의 외적 정통성은 단지 외부에서 부과되는 이데올로기적 기준을 충족할 때만 가능한 것이었다. 따라서 민족의 내적 지향과 외적 지향이 충돌하는 가운데 강제되는 외적 정통성은 필연적으로 민족적 저항을 가져오며 도덕적 정당성을 획득할 수 없는 것이었다. "우리 모두가 역사를 기억할 수 있지만 중요한 것은 어떤 역사를 기억하고, 어떤 도덕적 평가를 부여하느냐 하는 것"이며, "우리가 어떤 가정을 하느냐에 따라 불가피하게 사용하는 안경알의 도수가 달라지는 것"(Cumings, 1999 : 33)이라면, 그 기준은 민족 주체적인 것이 되어야 할 것이다.

둘째, 분단의 원인을 평가할 때 '우리만 잘했으면 분단되지 않을 수도 있었다'4)라는 분단의 내인론, 내부 책임론은 분단을 주도적으로 이끌고 구조화해 나갔던 미국에 면죄부를 부여할 수 있다. 베트남·조선의 분단을 비교사적으로 평가하면서 '만일 베트남인들이 잘했다면 분단을 막을 수 있었을까?'라는 질문을 동일하게 던진다면 해답은 명확히 드러난다. 이후 논의하겠지만 베트남의 경우 북부의 호찌민 정권은 1차 인도차이나전쟁을 승리로 이끌어 통일의 주도권을 쥐고 있었음에도 불구하고, 미국의 적극적 개입으로 분단을 받아들일 수밖에 없었다. "남한 정부는, 중국의 국민당이나 월남의 계승체제보다 더욱 더 미국의 손이 많이 간, 거의 전적으로 미국의 작품"(Cumings, 1983 : 15)이었다는 점을 고려할 때, 분단은 민족의 내부 대립질서의 산물이라기보다는 이러한 대립을 적극적으로 만들어 갔던 미국의 팽창주의와 개입주의의 결과물이었던 것이다.

셋째, 베트남·조선에서의 미국의 정책을 평가할 때 유의할 것은 폭주하는 일상적 사건들 속에서 드러나는 정책적 혼선이나, 지역 현실에 대한 무지 등을 강조하기보다는 그것의 내부에 흐르는 전체적인 구조와 행위유형의 유사성에 초점을 두어야 한다는 점이다. 미국은 단일한 전술을 구사하는 것이 아니며, '바구니 하나에 달걀을 다 담지는 않는다'. 그리고 전략 문제에 있어서도 단일 카드에 의존하지 않으며, 종속국가들에서 가능한 여러 가지 해결책을 그때그때 모색한다(Poulantzas, 1987 : 36). 따라서 미국의 개입주의의 역사를 제대로 이해하기 위해서는 프랭크가 제안하는 바와 같이 "역사과정의 동시기에 존재하는 다른 장소와 사건들을 연관시키는 작업을 계속 수행"(Frank, 2003 : 528)하여 그 보편적 특성을 찾아내야 한다.

이 같은 접근방법을 토대로 이 절에서는 〈표 2-1〉과 같은 분석틀을

---

4) 예를 들어 신복룡은 "한국인의 통일 의지가 강했더라면, 또는 당시 지도자들이 사욕을 떠나 민족의 내일을 걱정하며 역량을 발휘했더라면, 미·소의 분할정책에 관계없이 한국은 분단을 극복했을 것이다"(신복룡, 2001 : 56)라고 논한다.

통해 미국의 지배전략과 정치적 분단과정에서의 역할을 규명하겠다. 표에서 보는 바와 같이 전체적인 분석은 체제, 국가·지역 수준으로 분석단위를 나누어 수행될 것이다. 첫째, 체제 수준의 분석에서는 미국의 세계전략에 대한 분석을 중심으로 두 지역이 냉전 세계체제 속에서 어떻게 이념적 대립의 시험장이 되었는가를 추석할 것이다. 둘째, 국가·지역 수준에서는 거시적 수준의 체제 규정력이 베트남·조선의 구체적인 분단과정에서 어떠한 영향력을 미치며 구현되고 있는가를 검토할 것이다. 미국의 개입 정도, 식민지배의 유산, 냉전의 전개에 따른 세계사적 시간의 차이 등에 의해 미국의 개입효과가 차별적으로 나타나지만, 이 절에서는 이러한 차이를 강조하기보다는 분단국가의 창출을 통해 독재정권의 수립을 정당화했던 미국의 지배전략이 지닌 기본적 유사성에 초점을 두어 논의를 전개하겠다.

<표 2-1> 미국의 지배전략과 정치적 분단

미국의 정책 \ 분단국가 형성	베트남/남베트남	조선/남한	비고
체제 수준	**거시적인 세계전략의 형성** ㉠ 정치·군사적 측면 : 팍스 아메리카나에 의한 팍스 소비에티카의 봉쇄 ㉡ 경제적 측면 : 자유시장 경제체제를 기반으로 하는 세계시장 형성 **정책 전환의 계기** ㉠ 1947년 트루먼독트린과 유럽·일본의 경제부흥계획 ㉡ 1949년 소련의 원폭개발 성공과 중국 혁명의 성공		냉전에 의한 봉쇄
체제 수준	**정치·군사적 측면 :** 동남아 반공의 보루 **경제적 측면 :** 유럽·아시아의 봉쇄를 위한 주변부	**정치·군사적 측면 :** 동북아 반공의 보루 **경제적 측면 :** 아시아의 봉쇄를 위한 주변부	냉전에 의한 봉쇄
국가·지역 수준	**신탁통치안의 굴절과 1차 지리적 분단** ㉠ 전략적 목표 : 유럽 식민주의의 부활 ㉡ 영향 : 1945년 16도 선 설정과 프랑스의 복귀	**신탁통치안의 굴절과 지리적 분단** ㉠ 전략적 목표 : 소련의 전 한반도 장악 저지 ㉡ 영향 : 1945년 38선 설정과 미국의 직접 점령	분단국가 창출

분단국가 형성 미국의 정책	베트남/남베트남	조선/남한	비고
국가 · 지역 수준	**통일된 반공체제의 모색** ㉠ 시기 : 1947~1954년 제네바회의 ㉡ 정치전략 : 남부 분리국가형성을 통한 전쟁 정당성 확보 ㉢ 전쟁성격의 전환 : 식민주의 + 반공주의 ㉣ 전쟁의 목표 : 친서방 · 친미 통일전쟁 **분단체제로의 전환** ㉠ 시기 : 제네바협정과 분단(1954년 6월~1955년 10월) ㉡ 정치전략 : SEATO의 창설, 프랑스의 배제, 전국 총선거의 거부 ㉢ 개입의 성격 : 반공주의 ㉣ 개입의 목표 : 남부 단독정권 수립과 호찌민의 민족해방세력을 중심으로 한 통일봉쇄(2차 지리적 분단)	**통일된 반공체제의 모색** ㉠ 시기 : 군사 점령 초기와 1차 미 · 소공동위원회(1945년 9월~1946년 5월) ㉡ 정치전략 : 소련과 협의를 통한 신탁통치안의 달성 ㉢ 개입의 목표 : 전국적인 통일반공정권 **분단체제로의 전환** ㉠ 시기 : 1차 미 · 소공동위원회 종결 이후 2차 미 · 소공동위원회와 유엔임시위원단의 활동(1946년 5월~1948년 8월) ㉡ 정치전략 : 신탁통치안의 폐기와 유엔을 통한 해결 ㉢ 개입의 성격 : 반공주의 ㉣ 개입의 목표 : 남한 단독정부 수립	분단국가 창출

 이러한 분석틀에 의거해 이 절에서 주로 다룰 시기는 베트남의 경우는 1945년 해방기를 시작으로 남베트남에서 베트남공화국이 정식으로 출범했던 1955년 10월로, 그리고 조선의 경우에는 남한 정부가 정식으로 출범한 1948년 8월까지로 제한될 것이다. 이는 양 지역에서 이 시기가 분단국가의 성립기이며, 향후 정치질서의 기본틀을 규정지은 시기이기 때문이다.

1) 냉전에 의한 봉쇄

 2차 세계대전은 독일과 일본에게 팽창과 파멸을, 영국과 프랑스에게 굴욕과 힘의 축소를, 그리고 소련과 미국에게 팽창의 기회를 안겨주었다(김정배, 2001 : 54). 2차 세계대전은 경합하던 다극적 국제질서의 재편기였으며, 그 결과는 구강대국의 몰락과 미·소를 중심으로 한 새로운 양극질서의 출현이었다. 그러나 2차 세계대전의 종결이 초래한 양극적 세계체제가 과연 경쟁적이고, 유사한 힘의 균형을 도대로 한 것일까? 냉전의 기본적인 성격을 이해하기 위해 2차 세계대전 종결기 힘의 균형추가 어디로 기울어져 있었는가에 대한 논의에서 시작해 보자.

1945년 미국은 마치 1815년 영국과 마찬가지로 부자연스럽게 강대한 상황이었고, 미국의 실제적 힘은 절대적 의미에서 사상 유례가 없는 것이었다(Kennedy, 1990 : 420). 경제적인 측면에서 보았을 때 미국은 강대국 중에 전쟁으로 인해 가난해지지 않고 더 부자—실제로는 훨씬 큰 부자—가 된 나라였다. 전쟁 종결 당시 미국의 금 보유고는 200억 달러로 세계 전체 금 보유고 330억 달러의 약 2/3에 달했고, 제조업 생산의 반 이상, 각종 재화 생산의 1/3을 담당했으며, 세계 최대의 수출국으로 종전 수년 후까지도 세계 수출의 1/3을 차지했다(Kennedy, 1990 : 421). 이러한 경제적 우월성은 1948년 조지 케넌(George Kennan)이 국무성 정책팀을 위해 쓴 정책기획연구(Policy Planning Study 23)의 "우리는 전 세계 부의 50% 정도를 소유하고 있지만, 인구는 전 세계의 6.3%밖에 되지 않는다. … 이러한 상황에서 우리가 시샘과 원한의 대상이 된다는 것은 당연한 일이다"5)라는 언급에서도 잘 드러난다. 전쟁에 참여하여 미국은 세계 강대국의 대열에 올랐을 뿐만 아니라, 세계 최고의 강대국이 되었다. 미국의 함대는 모든 바다를 항해했고, 군사기지는 지구 주변지역까지 확장되었으며, 병사들은 베를린에서 오키나와까지를 경계하게 되었다(Steel, 1967 : 4). 여기에다 핵무기의 독점

---

5) PPS 23 : Review of Current Trends : U.S. Foreign Policy, February 24, 1948 ; Etzold & Gaddis eds.(1978 : 226).

은 미국의 군사적 패권을 완결하는 결정적 요인으로 작용했다.

미국에 비해 1945년의 소련은 군사대국이면서도 경제적으로는 가난하고 피폐하며 불균형한 나라였다(Kennedy, 1990 : 426). 2차 세계대전의 승리를 위해 소련이 치른 "전쟁의 대가는 전쟁에 참여한 다른 어떤 열강의 희생도 왜소하게 만들었다"(Overy, 2003 : 383). 1941~1945년 사이에 각종 원인으로 죽은 군인의 총수는 8,600,000명에 달했고, 민간인 사망자는 최선의 평가에서도 17,000,000명으로, 전쟁 중에 죽은 소련인의 총수는 25,000,000명을 훨씬 넘는다.[6] 또한 독일의 점령지역이었던 유럽 쪽의 우크라이나와 백러시아가 입은 피해는 일반인이 상상할 수 없을 정도였으며, 전쟁으로 인해 소련 경제는 10여 년을 후퇴했다(Kennedy, 1990 : 425~427). 전쟁 중 소련은 미국의 원조를 적극적으로 요구해야 할 만큼 경제적으로 피폐해 있었고,[7] 종전 이후 소련의 기본 자세는 공격적이 아니라 방어적인 것이었다.[8] 또한 미국의 정책 담당자들조차도 1949년 소련이 원자탄 개발에 성공하기 전까지는 소련의 군사적 공격 능력을 사실상 미국에 대한 위협으로 간주하지 않았다(김정배, 2001 : 94).

---

6) 전쟁 중 사망자에 대한 정확한 집계는 이루어지지 않고 있다. 2차 세계대전에서 소련이 입은 인명 손실에 대한 추산은 Overy(2003 : 384~385) 참조.

7) 소련은 전후 복구를 위해서는 미국의 원조가 불가피하다고 느끼고 있었다. 그러나 포츠담회담에 즈음해서는 미국 물자의 공급이 줄어들고 있었고, 재개되지 않을 것임을 알고 있었다(Overy, 2003 : 378). 또한 1946년 초 트루먼은 소련의 차관 요청도 거부했다. 루스벨트 당시 소련에 대한 원조 논의는 이주천(1998), 트루먼 행정부의 소련에 대한 원조 중단과 차관 거부에 대한 개략적 설명은 김정배(2001 : 76~78) 참조.

8) 홉스봄은 "소련은 팽창주의적—침략적이지 않았던 것은 말할 것도 없고—이지도 않았고, 1943~1945년의 정상회담에서 합의되었다고 생각된 것을 조금이라도 넘어서는 공산주의의 확산을 꾀하지도 않았다는 것은 오늘날 명백한 사실로 드러났고, 1945~1947년에조차도 다소 타당하게 보이는 사실이었다. … 어떠한 합리적 평가로도 소련은 적군(赤軍) 점령군의 세력권 밖에 있는 어느 누구에게도 당장의 위험이 되지 않았다"(Hobsbawm, 1997 : 325~326)라고 논의한다.

이러한 비대칭적 역관계 속에서 나타난 양극체제와 냉전에 의한 봉쇄(containment)가 의미하는 것은 무엇이었을까? 커밍스에 따르면 케넌의 봉쇄전략은 이중의 의미를 지닌 것이었는데, 정치·군사적인 측면에서는 "적(소련)과 동맹국(주로 서독과 일본) 양자를 모두 봉쇄"하고, 경제적인 측면에서는 서독·일본의 경제적 부활을 도와 세계경제의 성장을 기하는 '헤게모니 사업'을 추진했던 것이다(Cumings, 1999 : 52~53). 그렇다면 이러한 이중의 기획이 지닌 의도는 무엇이었을까?

첫째, 정치·군사적 측면의 봉쇄는 기본적으로 2차 세계대전 이후 세계 최강국으로 부상한 미국이 자신의 지배적 패권을 행사·유지하려는 것이었다. 케넌은 "우리는 큰 힘을 미치는 강력한 국가이며, 이 힘을 행사하지 않을 수 없다"(Kennan, 1963 : 419)라고 고백함으로써 그 의도를 드러냈다. 이러한 입장은 "전 세계적 재앙이 될 수 있는 팍스 소비에티카(Pax Sovietica)"(Steel, 1967 : 326)를 저지한다는 반공에 기반한 팍스 아메리카나를 통해 정당화되었다.[9]

특히 묵시록적 반공주의에 기반한 봉쇄정책은 국내외적인 이중의 효과를 발휘했는데, 국내적으로는 "미국이 이제 세계적 강국—사실상 단연 세계 최대의 강국—이 되었다고 옳게 결론을 내리고 '고립주의'나 방어적인 보호무역주의를 여전히 국내의 주된 장애물로 보는 미국 정부들에게 편리한 존재"(Hobsbawm, 1997 : 329)였으며, 국외적으로는 소련을 신뢰하지 않았던 유럽 동맹국들이 소련의 위협으로부터 보호받는 대가로 미국의 패권을 받아들이는 것을 가능케 했다(Hobsbawm, 1997 : 333).

둘째, 유럽지역과 일본의 경제적 부활은 경제주의와 안보주의의 결

---

9) 바네트는 "1945년 이후로 이 나라(미국)는 '제국(帝國)의 일인자'가 되는 것에 만족하지 않고, 미묘한 세력균형이 아닌 군비기술, 국제경제의 조정, 그리고 다른 국가들 사이의 국제정치의 조작에 있어서 지도적 우위를 추구해 왔다"(Barnet, 1981:39)라고 밝히고 있다.

합물이었다.10) 2차 세계대전이 종결되기 이전부터 경제적인 측면에서 미국을 지배했던 것은 공황에 대한 공포였다.11) 미국 정부의 전후계획은 전쟁 재발의 방지보다 대공황의 방지에 대해 훨씬 더 구체적으로 관심을 기울였다(Hobsbawm, 1997 : 324). 미국은 공황의 원인을 고립주의에 바탕한 폐쇄적 경제체제에서 찾았으며,12) 이를 극복하기 위해서는 자유시장 경제체제를 기반으로 하는 개방된 세계적 시장이 필요하다고 생각했다.13) 유럽·아시아(일본)의 부흥과 시장의 활성화는 미국의 경제적 요구를 실현하기 위한 토대였다(Wallerstein, 1996 : 251).14) 그러나 여기에서 간과해서는 안 될 것은 경제적 부흥계획이 안보주의와 동전의 양면과 같이 결합되어 있었다는 점이다. 안보주의는 외부의 적인 소련의 팽창 야욕과 공산화에 대한 두려움의 확산에 기반했다. 그러나 안보주의의 또 다른 측면은 외부의 적을 통해 미국 진영 내부에서 발생할 수 있는 저항을 통제하는 것이었다. 탈수정주의 학자인 게디스는 이러한 상황을 다음과 같이 설명하고 있다.

> 위험은 히틀러가 대륙을 점령하려 했듯이 붉은 군대도 그럴 것이라는 데에 있었던 것이 아니라, 오히려 사기가 꺾이고 지쳐버린 자국민들이 모스크바

---

10) 유럽지역(특히 서독)과 일본의 경제적 부흥과 이데올로기적 연관성은 합동참모본부(Joint Chiefs of Staff : JCS)회의 JCS 1769/1, 1947년 4월 29일 참조 ; Etzold & Gaddis eds.(1978 : 71~83).

11) 이에 대한 논의는 Williams(1959 : 148~183) 참조.

12) 애치슨(Acheson)은 국회연설을 통해 "외국시장이 없이 미국의 완전고용과 경제적 번영은 불가능하다"(Williams, 1959 : 167)라며 문호개방정책(the open-door policy)의 정당성을 주장했다.

13) 월러스타인은 1945년 직후 미국은 거대한 산업지역을 위한 소비자, 가장 저렴한 비용으로 무역이 이루어질 수 있는 세계질서, 그리고 생산이 중단되지 않는다는 보장, 이 세 가지를 필요로 했다고 논의한다(Wallerstein, 1996 : 249).

14) 유럽 경제의 부흥 필요성에 대해서는 Williams(1959 : 170)를, 그리고 일본에서의 정책 역전으로 불리는 1947년 이후 일본 부흥계획에 대해서는 Cumings(1983 : 1984a : 59~61) 참조.

의 명령을 따를 자국 내 공산당에 순진하게 투표할지도 모른다는 점에 있었다. 봉쇄전략 최초의 조치-그리스와 터키에 대한 임시적인 군사·경제적 지원, 신중하게 계획된 야심찬 마셜플랜-는 이런 맥락에서 이루어진 것이다(Gaddis, 2003 : 77).

게디스는 초기 경제적 지원이 실제로 소련의 위협 때문이 아니라 피폐한 경제로 인해 유럽지역이 내부로부터 붕괴되는 것을 막기 위해서였다고 설명하고 있다.15) 정치·이데올로기적 수사의 측면에서 적은 명확히 소련이었으나, 미국이 냉전 초기에 당면했던 문제는 내적 방비의 부분이었으며, 유럽이나 일본지역에서 수행되었던 당근(경제적 원조)과 채찍(소련 적 만들기를 통한 안보위협론)은 이 지역에 미국의 헤게모니를 구축하고자 했던 전략의 일부였던 것이다.

이러한 이중의 봉쇄정책은 베트남과 조선, 특히 남베트남과 남한이 세계체제 속에서 차지할 위치를 규정하였다. 2차 세계대전이 끝나고, 초기 몇 해 동안 베트남과 조선이 세계체제상에서 차지하는 위치는 모호했지만, 냉전이 심화되어 가면서 이 지역은 냉전체제의 한 부분으로 틀 지워졌던 것이다. 이러한 과정을 이해하기 위해서는 미국의 세계구상, 특히 미국의 정치·경제적 이해가 이들 지역에 부과했던 압력을 이해해야 한다.

첫째, 정치적인 측면에서 베트남의 냉전체제로의 편입은 유럽의 봉쇄정책과 맥락을 같이하여 전개되었다. 냉전의 초기 과정에서 베트남은 유럽의 방위와 연관되어 그 냉전적 가치를 인정받았던 것이다. 1947년 3월 12일 발표된 '트루먼독트린'과 동년 6월 5일 발표된 '마셜플랜 (Marshall Plan)' 등으로 냉전정책이 구체화되면서 프랑스는 전후 소

---

15) 미국의 냉전이데올로기를 형성하는 데 가장 중추적인 역할을 했던 케넌은 1946년 2월 작성했던 '장문의 전문(long telegram)'에서 소련의 팽창에 맞선 직접적인 대결보다 자본주의사회의 내부를 강화할 것을 제안하고 있다(김정배, 2001 : 84). 케넌의 원문인 Moscow Embassy Telegram #511, "The Long Telegram"은 Etzold & Gaddis, eds.(1978 : 50~63) 참조.

련에 대항한 유럽의 방위에서 중심적인 위치를 차지하게 되었다. 이에 따라 미국은 당시 전개되고 있었던 1차 인도차이나전쟁에서 프랑스의 이해를 보호하여, 한편으로는 유럽의 안정을 도모하고, 다른 한편으로는 아시아에서 공산주의의 확장을 저지하고자 했다(Buchan, 1975 ; Hess, 1987 : 351~352).

냉전의 심화과정에서 베트남의 정치적 중요성은 1949년 8월 소련의 원자폭탄 실험 성공과 9월 중국 혁명의 승리를 통해 결정적인 전환점을 맞이하게 된다.16) 중국 혁명의 성공으로 인해 미국은 아시아, 특히 동남아시아에서 공산주의의 확산에 깊은 우려를 지니게 되었으며, 베트남을 중심으로 한 인도차이나지역은 이 시기를 통해 냉전에서 중요 지역으로 부상했다. 냉전체제 속에서 이 지역이 차지하는 위치를 커밍스는 다음과 같이 설명하고 있다.

> 세계대전의 기준으로 볼 때, 인도차이나는 전략적으로 덜 중요했으나, 미국은 군사적인 원조를 제공했고, 거기에서 4반 세기 동안 싸웠다. 합동참모본부는 1950년 이러한 논리를 분명하게 말했고, 한국에 대해서도 동일한 말이 해당될 수 있다. 곧, "대규모의 전쟁에서 인도차이나가 지니는 전략적 중요성과 냉전에서 지니는 중요성 사이에는 커다란 차이가 있다"는 것이다. 첫번째 조건에서는 미국이 거기에서 싸우지 않을 것이지만, 두 번째 조건에서는 도미노이론에 의해 위신, 신뢰 등의 고려가 중요하게 되는 것이다(Cumings, 1990 : 386).

1950년 1월 중국공산당과 소련이 호찌민의 정부를 승인하자, 2월

---

16) 동남아시아지역에 대한 '봉쇄정책'은 중국의 공산화 가능성이 농후해지면서 이미 만들어지고 있었다. 이것은 애치슨의 주도로 1949년 3월 29일 논의된 정책기획국(Policy Planning Staff)의 PPS 51에서 나타난다(Duiker, 1994 : 73 ; Hess, 1987 : 335~339). 그러나 냉전체제하에서 인도차이나 문제가 미국 외교정책 결정자들에게 결정적인 중요성을 가지게 된 것은 중국 혁명의 성공과 더불어 이루어진 것이며, 동남아 상황에 대한 분석에서 '도미노이론'을 공식적으로 적용하게 된 것도 이 시기를 경과하면서부터이다(Duiker, 1994 : 84).

27일 NSC(National Security Council) 64는 인도차이나가 동남아
시아지역에서 공산주의의 팽창을 막기 위한 핵심적인 지역이며, 미국
의 안보 이해에 매우 중요함을 강조했다(Gravel ed., 1971a : 361~
362).17) 이러한 미국의 인도차이나에 대한 입장은 NSC 64를 대체하
고, 이 지역에 대한 미국의 입장과 정책의 개요를 내온 것이라고 할 수
있는 1952년 6월 NSC 124/2에서 더욱 명확히 나타나고 있다. 「공산
주의자의 동남아시아 침략에 관련한 미국의 활동 목적과 진로」라고 이
름 붙여진 NSC 124/2에서는 동남아시아에서 한 국가라도 공산화된
다면 동남아지역에 이어 인도, 중동지역이 뒤따를 것이고, 이는 유럽의
안정과 안보를 위태롭게 할 수 있을 것이며, 극동에서 미국의 안보 이
해를 심각하게 위태롭게 할 수 있을 것이라고 밝히고 있다(Gravel
ed., 1971a : 385). 냉전이 심화됨에 따라 인도차이나지역, 특히 프랑
스와 직접 전쟁을 수행하고 있었던 베트남은 심리적·정치적 측면에서
냉전의 핵심지역으로 변해 갔으며, 동남아시아에서 유럽에 이르는 도
미노의 출발점으로 자리 잡아 갔다.

　게디스는 1949년까지 냉전은 주로 유럽에서의 갈등에 머무르고 있
었고, 1949~1950년 급작스럽게 아시아로 확산되었다고 주장한다
(Gaddis, 2003 : 102~103). 그러나 조선의 사례는 이러한 주장을 무
색하게 한다. 조선의 경우는 베트남처럼 냉전이 심화되고, 핵심부의 갈
등이 주변화되는 과정에서 냉전에 휘말려 간 것이 아니었다. 미국이 트
루먼독트린을 통해 "세계사에 있어 지금 이 순간에도 거의 모든 국가는

---

17) 이러한 상황은 한국전쟁의 발발과 더불어 더욱 심화되었다. 트루먼은 한국전쟁
　　에 대한 성명에서 "인도차이나반도에 있는 여러 국가와 프랑스군에 대한 원조
　　를 강화하고, 이들 군과 밀접한 관계를 맺기 위한 군사위원단을 파송할 것을 명
　　령"(President Truman's Statement on the Korean War, 1950년 6월 27일 ; 미국사연
　　구회 엮음, 1992 : 302)했다. 트루먼은 당시 진행되고 있었던 인도차이나전쟁과
　　한국전쟁을 공산주의에 대항한 두 가지 유형의 동일한 투쟁으로 여겼던 것이다
　　(Hess, 1987 : 362~363).

여러 가지 생활 양식 중에서 하나를 선택해야 한다"18)라고 냉전을 공식
화하기 이전 조선은 이미 미·소의 분할 점령에 의해 두 패권국이 직접
적으로 대립하는 '조숙한 냉전'의 시험대가 되고 있었던 것이다. 1946년
5월 29일~6월 3일 북한지역을 여행하고, 남한의 미군 점령지역에서
상당기간을 체류했던 에드윈 폴리(Edwin Pauley)는 트루먼에게 다음
과 같이 시찰 개요를 보고했다.

> 한국은 작은 나라이며 우리의 전체적인 군사력상으로 볼 때, 적은 책임에
> 지나지 않는 것이기는 하지만, 아시아에서 미국의 전반적인 성패 여부를
> 판가름하게 될 이데올로기의 전장입니다. 이곳은 붕괴된 봉건주의의 도전
> 에 맞서 민주주의적 경쟁체제가 수용될 수 있을 것인가 아니면 어떤 다른
> 체제―말하자면 공산주의가 보다 강해질 것인가의 시험대인 것입니다
> (Truman, 1971 : 383).

미드가 언급하는 바와 같이 "해방 후 한국은 서로 대립하는 이해 당
사자들의 국제적인 싸움터가 되었고, 세계를 제패하기 위해 다투는 미·
소 간에는 아시아에서의 전선"(Meade, 1993 : 14)이 되었던 것이다.

베트남이 유럽의 방위와 연관되어 냉전의 정치적 지위를 부여받은
것과 같이 남한은 일본의 방위와 연관되었다. 1947년 여름 한국을 방문
한 웨드마이어(Wedemeyer) 장군은 "한국에서의 어떠한 이념적 퇴각
도 아시아에서 소련의 위신을 증대시키고, 일본에서 미국의 지위를 손
상시킬 것"(Matray, 1983 : 179)이라고 말했고, 1947년 9월 정책기
획국(PPS)의 케넌은 일본의 역전과정(reverse course), 곧 일본의
재활성화를 통해 동북아에서 일본이 다시금 소련에 대한 세력 균형자로
서 역할을 할 수 있기를 희망했다(Cumings, 1983 : 23). 일본은 정
치·군사적 측면과 경제적 부흥계획에서 아시아의 핵심축으로 변해 갔
으며,19) 이에 따라 세계체제상에서의 위치도 달라졌다. 미국의 입장에

---

18) Truman Doctrine, 1947년 3월 12일(미국사연구회 엮음, 1992 : 289).

서 볼 때 남한의 붕괴는 곧 일본의 안보를 위협하는 것이었다. 남한은 동북아에서 도미노의 출발점이 되었고, 이러한 지위는 1949년 중국 혁명이 성공함에 따라 더욱 강력해졌다. 세계체제상에서 남한의 가치는 베트남과 같이 대규모의 전쟁에서 지니는 전략적 중요성보다는 냉전에서 지니는 중요성을 통해 평가되었다. 머트레이의 분석과 같이 남한은 "아시아에서 봉쇄의 시험사례"(Matray, 1983 : 193)가 되었으며, 이는 한국전쟁의 발발과 더불어 확고해졌다.

둘째, 이데올로기에 기반한 미국의 정치적 기획은 경제적 측면과 밀접히 결합되어 있었다. 트루먼은 1947년 3월 12일 정책연설에서 "정치적 문제와 경제적 문제는 우리의 대외관계에서는 분리될 수 없습니다. 즉, 한 분야에서 협동하려 하면서 다른 한 분야에서는 협동하려 하지 않는다고 할 수가 없는 것입니다"(Truman, 1971 : 307)라는 언급을 통해 정치·경제의 밀접한 연관성을 밝혔다. 이러한 연관성은 베트남과 남한에 대한 체제구상에도 그대로 반영되었다.

베트남과 조선의 사례를 검토할 때 이들 지역이 미국의 지역경제 구상에서 지녔던 기본적인 유사성은 1947년 이후 일본의 역전과정, 곧 일본을 중심으로 한 아시아 경제의 활성화정책에서 이들 지역이 일본 경제를 위한 후배지가 되었다는 점이다. 커밍스에 따르면 미국이 일본 경제의 재활성화를 기획하면서 부딪혔던 가장 핵심적인 문제는 식민지가 사라진 상태에서 일본이 어떻게 전쟁 전의 경제적 지위를 다시 회복할 수 있을까라는 문제였다(Cumings, 1983 ; 1984a). 이 문제를 풀기 위해서 두 가지 방책이 고려되었다.

첫 번째 방책은 일본이 아시아지역에서 지니고 있었던 전통적인 '자연경제', 곧 조선과 대만을 반주변부로 하고, 만주지역과 동남아시아를 주변지역으로 하는 아시아판 세계체제모델을 부활시키는 것이었다. 그

---

19) 이러한 미국의 구상이 잘 드러나는 것이 1949년에 작성된 NSC 48과 NSC 49이다. 이는 Etzold & Gaddis eds.(1978) 참조.

러나 이러한 기획은 중국 혁명의 성공, 조선의 분단, 대만의 함락 가능성이 높아지자 실효성이 의문시되었다(Cumings, 1983 : 36).

첫 번째 방책이 문제에 부딪히자 동남아시아를 일본의 후배지로 하는 두 번째 방책이 적극적으로 검토되었다. 일본의 경제 회복은 상업상의 판로와 원자재를 필요로 했으며, 이는 동남아시아에서 조달할 수 있었다(Hess, 1987 : 340~341). 1949년 NSC 48을 통해 일본 경제부흥을 위한 기본적인 방안이 제시된 이후 1952년 NSC 124는 이러한 방책을 더욱 발전시켰다. NSC 124는 동남아 지역경제와 일본 경제의 위계적 결합, 그리고 이러한 결합이 냉전에서 지니는 전략적 중요성을 제시함으로써 아시아에 대한 정치·경제적 구상을 구체화시켰던 것이다.[20]

일본의 경제적 부활을 위한 미국의 구상과 이 속에서 베트남과 조선의 유사한 위치에도 불구하고, 미국의 경제적 이익이라는 측면만을 따로 떼어 검토할 때, 베트남의 지정학적 이해는 조선에 비해 보다 직접적이었다고 할 수 있다.[21] 조선이 일본과의 관계를 통해 세계체제상에서 정치·경제적 가치를 지니고 있었다면, 베트남은 동남아시아지역에 대한 미국의 직접적인 이해, 곧 이 지역의 천연자원에 대한 미국의 통제와 연관되어 있었기 때문이다. 동남아지역은 고무·주석·원유의 생산지로서 미국의 '전략물자비축프로그램'에서 중요한 지역이었으며, 이는 NSC 48, NSC 124 등의 여러 문건에서 지속적으로 강조되고 있었다. 그러나 이러한 미국의 직접적인 이해는 동남아 경제에 영향을 미치고 있었던 구식민지 종주국인 영국·프랑스의 이해를 함께 고려해야 하는 것이었다. 냉전 초기의 경제적 구상은 유럽·아시아 경제의 동시 활성화를 통해 소련·중국의 팽창을 봉쇄하는 것이었기 때문에 역사적으로 동남아지역에서 우선권을 지니고 있었던 유럽지역의 경제적 이해를 무

---

20) NSC 124/1과 NSC 124/2의 내용은 Gravel ed.(1971a : 373~381 ; 385~390) 참조.

21) 1952년 2월에 작성된 NSC 124/1에서는 "인도차이나가 한국보다 전략적으로 훨씬 중요한 지역"(Gravel ed., 1971a : 381)임을 밝히고 있다.

시할 수 없었던 것이다. 따라서 1차 인도차이나전쟁 종결 이전의 베트남은 미국의 직접적인 이해, 사멸해 가는 구식민지 종주국의 이해, 미국의 전략적 사고에 의한 일본의 후배지로의 재편이라는 복잡한 관계망 속에 위치했다.

지금까지의 논의를 통해 강조하고자 한 것은 미국의 전체적인 세계기획 속에서 베트남과 조선, 특히 남베트남과 남한이 어디에 위치하고, 그 위치의 유사성은 무엇인가 하는 점이었다. 냉전에 의한 봉쇄정책 속에서 이들 지역은 정치·군사적 측면에서는 아시아의 반공의 보루로, 경제적인 측면에서는 전후 세계부흥계획의 후배지로 자리하게 되었다. 베트남과 조선에 부여된 세계체제 속에서의 위치는 미국이 직접 개입했던 시기, 개입의 성격·정도의 차이에도 불구하고, 이들 지역이 동일하게 분단을 겪을 수밖에 없는 거시적 조건이 되었다.

2) 분단국가의 창출

베트남과 조선에서의 분단국가 창출은 미국의 개입주의적 지배전략이 낳은 필연적인 결과였다. 미국의 개입은 베트남과 조선의 독립국가 수립의 염원을 부차화시키고, 분단을 공고히 함으로써 해방과 더불어 전면적으로 표출된 민족혁명의 열기를 좌절시키는 데 결정적인 역할을 했다. 분단국가 창출과정에서 나타난 미국의 역할을 규명하기 위해 아래의 논의에서는 미국의 지배전략을 역사적 추이에 따라 다음과 같은 세 가지 과정, 첫째, 신탁통치안의 굴절과 지리적 분단, 둘째, 통일된 반공국가체제의 모색, 셋째, 분단체제로의 전환으로 나누어 검토하겠다.

첫째 주제에서는 미국의 개입주의와 분단국가형성의 시원이라고 할 수 있는 2차 세계대전 종결 이전 미국의 식민지에 대한 기본정책—신탁통치안—의 굴절과 이의 연장선상에서 나타났던 지리적 분단이 지닌 의미를 검토할 것이다. 둘째, 셋째 주제는 1945년 해방 이후 베트남과 조선의 분단과 국가형성과정에서 나타난 미국의 개입정책, 지배전략에 직접적으로 관련된다. 이러한 전략은 베트남·조선에 반공국가를 수립하려는 동일한 목적하에 진행된 것이며, 통일된 반공국가의 수립이 아닌 분단체제로의 전환은 미국이 추구했던 최선의 선택이 한계에 봉착하자 이들 지역의 일부만이라도 미국의 영향권에 두고자 했던 전략적 차선책의 실행이었다고 볼 수 있다. 이러한 분석과정을 통해 프랑스의 재진주, 그리고 이를 대체한 미군의 개입(베트남)과 미군의 직접 점령(조선)이라는 차별성에도 불구하고, 왜 베트남과 조선이 유사한 분단 상황을 맞이하게 되었는가를 규명하겠다.

신탁통치안의 굴절과 지리적 분단

냉전적 시계(時計)만을 가지고 미국의 지배전략을 검토할 경우 이 지역에서 나타난 미국의 개입주의의 전사(前史)와 분단의 기원을 올바로 평가할 수 없다. 곧, 냉전에 의한 개입은 미국의 지배전략의 한 부분이며 개입주의의 역사와 분단의 맹아는 2차 세계대전이 끝나기 전부터 이미 싹트기 시작했던 것이다.

2차 세계대전이 종결되기 전 식민지에 대한 미국의 정책은 '신탁통치안'으로 제시되었다. 신탁통치안은 구식민지역에 대한 독립을 약속하고, 그 중간 과정에서 '국제적 신탁통치'를 통해 해당 지역이 독립국가로서의 자치 능력을 갖추도록 돕는다는 것으로, 구제국에 대한 반식민주의를 내용으로 하는 것이었다. 그러나 구식민지역에 대한 인도주의적 구상으로 포장되어 있는 신탁통치안은 실제로는 미국의 세력 확대를 위한 현실적 필요성을 반영한 것이었다. 이는 영·불의 식민제도를 해체함으로써 전후 이들 식민지역의 풍부한 경제적 자원에 접근하고자 하는 미국의 적극적 의지와 밀접하게 관련되어 있었던 것이다(이완범, 1994a : 425).

그렇지만 이러한 미국의 의도가 순조롭게 진행된 것은 아니었다. 신탁통치안은 이를 해석하는 연합국들 사이의 의견 차이로 인해, 그리고 이에 대응하여 통합된 세계자본주의체제를 유지하고자 하는 미국의 지배전략의 변화에 의해 굴절되었으며, 이를 보여 주는 대표적인 사례가 베트남과 조선이었다.

베트남이 위치하고 있었던 인도차이나의 경우 신탁통치안은 초기부터 정책적 일관성을 지니지 못하고 논의되고 있었다. 1941년 미·영의 협의하에 대서양헌장이 발표된 이후로도 미국은 프랑스가 구식민지로 복귀하는 것을 지지하는 언질을 지속하였다.22) 일례로 1942년 루스벨트의 유언 집행인은 프랑스의 앙리 지로(Henri Giraud) 장군에게 다음과 같이 말했다.

> 본국이든 식민지든 1939년 프랑스의 국기가 휘날린 모든 영토에 대해 프랑스의 통치권이 가능한 한 빨리 재확립되어야 한다는 것을 충분히 이해하고 있습니다(Gravel ed., 1971a : 9).

그러나 다른 한편으로 루스벨트는 프랑스를 배제한 국제적 신탁통치원칙을 확인하는 발언을 지속했다. 루스벨트는 1944년 1월 코델 헐(Cordell Hull) 국무장관에게 다음과 같이 말했다.

> 프랑스는 인도차이나의 3천만 주민을 백년 가까이 지배했고, 그들의 생활은 프랑스가 지배를 시작했을 때보다 더 나빠졌다. … 프랑스는 인도차이나인들을 백 년 동안 쥐어짰다. 인도차이나인들은 지금보다 훨씬 더 낫게 살 자격이 있다(Gravel ed., 1971a : 10).

왜 이러한 혼선이 나타난 것일까? 이것은 영국과 프랑스의 이해관계를 반영한 것이었다. 처칠(Churchill)은 신탁통치를 미국이 대영제

---

22) Gravel ed.(1971a : 9) 참조.

국을 와해시키려는 술책이라고 생각했으며(Clemens, 1990 : 268), 이러한 생각은 프랑스도 마찬가지였다(Duiker, 1994 : 29). 영국의 외상이었던 이든(Eden)은 제국을 허물 국제적 신탁통치안을 계속 거부해왔고(Gravel ed., 1971a : 14), 처칠 또한 얄타(Yalta)회담 중에 "영국의 영토 중에서 한치의 땅도 신탁통치의 대상이 되지 못하게 할 것"(Clemens, 1990 : 268)이라고 공언했으며, 프랑스의 입장도 영국과 같았다.

유럽의 반발에 부딪히자 미국 내부도 유럽우선주의자와 아시아우선주의자로 양분되어, 전자는 구제국의 영토를 인정해야 한다고 주장했고, 후자는 신탁통치안을 강행해야 한다고 주장했다. 이러한 내·외적 갈등은 루스벨트의 입장을 곤혹스럽게 하였으며, 1944년부터 이미 전후 '보편적인 신탁통치안'은 흔들리기 시작했다(Duilker, 1994 : 23~28). 신탁통치안의 결정적인 굴절은 얄타회담을 통해 나타났다. 얄타회담에서 미국은 신탁통치는 현재 신탁통치를 하는 곳, 이전에 적의 영토였던 곳, 그리고 이를 자발적으로 받아들이는 곳에서만 적용할 것이라고 밝혔다(Clemens, 1990 : 270 ; Gravel ed., 1971a : 15).[23] 이에 따라 베트남은 신탁통치의 적용을 받지 않아도 되었고, 프랑스는 베트남에 다시 진주할 수 있게 되었으며, 베트남인들의 의사와는 무관하게 식민주의가 부활하게 된다.

이러한 상황은 구제국이 지배하는 지역과 그렇지 않은 곳에 이원적 질서를 창출했다. 구제국은 다시 구식민지를 지배할 수 있는 동의를 얻어낸 것이며, 미국은 그렇지 않은 지역에 대한 개입의 명분을 얻을 수 있게 된 것이다. 전자가 베트남의 경우였다면, 패전국 일본의 식민지였던 조선은 후자에 속했다. 조선의 경우 초기 미국의 영향력은 베트남에 비해 보다 직접적이었다. 전후 조선에 대한 신탁통치 구상은 1943년

---

23) 이러한 내용은 1944년 8월 이미 덤바턴 오크스(Dumbarton Oaks)회담에서 그 초안이 만들어졌다(Duiker, 1994 : 24).

11월 카이로(Cairo)선언에서 공식화되었다. 그러나 카이로선언에서 얄타회담까지 조선의 신탁통치안에 대한 루스벨트의 입장을 개관하건데, 그는 '자치능력의 배양'이라는 원칙을 내걸고 있으면서도, 실제로는 '조선의 독립'보다는 '미국의 국익'에 관심을 기울였다(최상용, 1998 : 37~38). 특히 국무성의 계획관들은 1943년부터 조선이 소련의 수중으로 들어가지 않을까 걱정하였으며, 1944년부터는 조선에 대한 부분적인 혹은 완전한 점령을 계획하기 시작했다(Cumings, 1986 : 161).

1944년 3월에 입안되었던 국간지역위원회(Inter-Divisional Area Committee)의 전후 조선에 대한 '3단계 기본구상'은 ① 군사작전, 군사점령과 잠정적 군정, ② 국제적 감독기구 구성하의 임정수립 또는 신탁통치, ③ 완전독립이었다(이완범, 1994b : 24). 이러한 3단계 구상의 보다 유연한 형태는 종전 직전인 1945년 7~8월 사이에 행해진 포츠담(Potsdam)회의의 계획문서에서 나타나는데, 여기에서 드러난 조선의 지배를 달성하기 위한 3가지 방안은 행정적 권력(점령), 신탁통치, 신생 유엔기구를 통하여 미국의 정치적 목적을 달성하는 것이었다.24) 미국이 '바구니 하나에 달걀을 다 담지 않는다'는 사실은 여기에서도 드러나며, 이후 미국의 조선 지배전략은 이 세 가지 선택지를 따랐다.

베트남에서나 조선에서나 '미국적 미덕'은 '미국의 실리' 앞에서 자취를 감추었으며, 이것의 실제적 표현은 베트남에서는 식민주의의 부활이었고, 조선에서는 남한에 대한 미국의 군사적 점령이었다. 이후의 논의 속에서도, 그리고 제3세계 지역에 대한 미국의 개입주의의 역사 속에서도 드러나는 것이지만 해당 지역에 대한 미국의 정책을 결정한 가장 핵심적인 요소는 미국의 군사적·경제적 패권을 가능케 하는 방식과 수단이 무엇이었느냐 하는 점이었다고 볼 수 있다(이삼성, 1994 : 152).

보편적 신탁통치안의 굴절에 따라 베트남에서는 식민주의의 부활이, 조선에서는 미국의 군사적 점령이 예정되어 있는 상황에서 나타난 '지리

---

24) 포츠담회의의 계획문서는 *Potsdam Papers*, 제1권, 313쪽 ; Cumings(1986 : 164) 참조.

적 분단선'은 명목상 의미에서는 분단선이 아니었다. 베트남의 경우 1945년 포츠담회의에서 결정된 16도 선은 쯔엉썬(Truong son)산맥이 위치하는 곳으로, 이 지역은 인도차이나의 북부와 남부를 가르는 자연적 경계선이며 전략적 요충지였다(Murti, 1964 : 27).25) 일제의 패망과 더불어 1945년 9월 9일 16도 선 북쪽으로 진주한 중국군과 9월 12일 남쪽으로 진주한 영국군의 기본적인 목적은 일본군의 무장해제였다. 이러한 16도 선의 비정치적 성격은 미국의 극동 국장인 빈센트(Vincent)와 영국 대사인 조지 샌슘(George Sansom)의 대화에서도 나타나는데, 여기서 샌슘은 "영국은 오로지 일본군의 무장해제를 위해 그 곳에 있다"라고 언급하고 있다.26)

지리적 분할선의 명목상 의미는 1945년 조선에서도 유사했다. 조선의 분할점령안은 대일전의 조기 종전을 위한 소련 참전의 필요성, 동아시아에서 소련의 팽창정책에 대한 우려, 이를 저지할 수 있는 수단의 결여 등 모순적인 미국의 전략구도에서 대일전 막바지 단계에서 나왔다(구대열, 1997 : 194~195). 1945년 8월 10일과 11일 밤 사이 육군차관보 존 맥클로이(John McCloy)는 찰스 본스틸 3세(Charles Bonesteel Ⅲ)와 딘 러스크(Dean Rusk) 두 육군 대령들에게 "미군이 최대한 북쪽에서 (일본군의) 항복을 받고자 하는 욕구와 이 지역에 도달할 수 있는 미 군사력의 명백한 한계를 조화"(*FRUS*, 1945 Ⅵ : 1039)시켜 분할선을 정할 것을 요청했고, 그 결과는 38선을 중심으로 한 분할점령안이었다. 딘 러스크는 1950년 7월 12일 국무성의 역사정책연구소 소장 버나드 노블(Bernard Noble)의 질의에 답변한 비망록에서 이를 다음과 같이 회상했다.

---

25) 포츠담회의에서 미국은 15도 선을 제안하지만, 이는 영국의 제안에 의해 16도 선으로 수정 결정된다(Patti, 1980 : 131).

26) Memorandum of Conversation, by the Director of the Office of Far Eastern Affairs(Vincent), Sep. 24, 1945 ; *FRUS*(1945 Ⅵ, 313) 참조.

우리는 소련이 동의하지 않을 경우 미군이 실제로 도달할 수 있었던 것보다 훨씬 더 북쪽인 38선을 권고했다. 우리가 그렇게 했던 것은 미군의 점령지역 안에 조선의 수도인 서울을 포함시키는 것이 중요하다고 느꼈기 때문이다. … 나는 당시 소련이 38선을 받아들인 것에 대해 약간 놀란 것으로 기억하는데, 왜냐하면 내 생각에 이 지역에서 우리의 군사적 위치를 고려하면 소련은 보다 남쪽 선을 주장할 수도 있었기 때문이다(*FRUS*, 1945 Ⅵ : 1039).

미국의 일방적 결정과 소련의 양보27)에 의해 결정된 38선에 대해 트루먼은 "일본의 전쟁기구가 갑자기 붕괴함으로써 한국에 힘의 공백상태가 일어날 경우에 가능한 해결책"으로 제안한 것이며, "한국을 분단하더라도 그것은 다만 일본군의 항복을 받기 위해서일 뿐"이라고 밝혔다 (Truman, 1971 : 380). 이에 따르면 "미국과 소련의 잠정적 경계선으로서의 38선은 일본군의 항복 접수라는 군사적 이유들이 강하게 작용하여 선택된 것"(차상철, 1991 : 53)이며, 분단을 항구화할 지정학적 경계선은 아니었던 것이다.

그러나 이러한 논의들에도 불구하고, 이후의 역사 속에서 이 '잠정적인 지리적 경계'는 통일된 민족국가 수립을 지연시키거나,28) 가로막았던 분단선의 역할을 수행했다. 왜 이런 일이 발생했을까? 베트남 남부지역에 대한 영국의 분할 점령과 조선의 남부지역에 대한 미국의 분할 점령이 지닌 진정한 의미는 무엇이었는가? 영국의 베트남 진주는 유럽 식민통치의 부활이라는 인식의 연속선상에서 이루어진 것이다. 영국

---

27) 38선의 결정과 소련의 양보 이유에 대한 설명은 구대열(1997 : 201) ; 조순승 (1991 : 55) ; 차상철(1991 : 52) ; 최상용(1998 : 52) 등을 참조.

28) 베트남의 16도 선의 경계는 조선과 같은 지리적 분단선으로 작용하지 못했다. 1946년 2월 28일 중·불협정과 더불어 중국이 철수하고, 1946년 3월 6일 프랑스와 베트남의 예비협약에 따라 프랑스가 북부지역으로 복귀하면서 지리적 경계는 사실상 사라진 것이다. 그러나 초기 지리적 경계는 영국과 프랑스가 남부지역의 베트민 세력을 평정하면서 프랑스가 이 지역에 효율적으로 복귀할 수 있도록 함으로써 8월혁명을 통해 베트민 세력이 추구했던 통일국가의 수립을 지연시켰다.

이 진정으로 우려했던 것은 베트남에서의 상황이 다른 식민지역에 미칠 간접적인 영향의 위험성이었으며,29) 이를 막기 위해서는 프랑스의 빠른 복귀와 베트남의 안정이 필요했다. 미군의 조선 점령 또한 미국의 전략적 이해를 반영한 것이었다. 38선의 결정과정에서 중요한 것은 이것을 결정하게 된 상황이 아니라, 동아시아와 조선에서 미국이 지니고 있었던 전략적 이해였던 것이다.30) 미국은 전시 대한정책 구상과정에서 소련의 전 한반도 장악을 저지하기 위해서는 어떤 형태로든 군사 점령의 확보가 선행되어야 함을 인식하고 있었고, 38선을 경계로 한 분할 점령이란 그 최종적 귀결이었던 것이다(박찬표, 1997 : 29).

통일된 반공체제의 모색

통일된 반공체제의 모색은 베트남의 경우 1947~1954년 제네바협정 중반까지의 시기이며, 조선의 경우는 미군이 남한에 진주한 1945년 9월 초부터 1차 미·소공동위원회의 협의가 좌절된 1946년 5월까지의 시기라고 할 수 있다. 이 시기에 미국은 베트남에서는 남베트남에 북부의 베트남민주공화국을 대체할 수 있는 독자정권을 세우고 프랑스의 식민전쟁을 지원하여 전쟁의 승리를 통해 통일된 반공체제를 수립하려 했으며, 조선에서는 소련과의 협의를 통해 신탁통치안을 처리함으로써 통일된 반공체제의 수립을 기도한다. '전쟁'과 '협의'라는 상이한 상황은 2차 세계대전 종전 이전 미국이 추진했던 보편적 신탁통치안의 굴절이라는 같은 뿌리에서 나온 결과였다. 이는 곧, 구제국의 영토에 대한 사실상의 신탁통치안 폐기와 소련의 전 조선 장악을 막고자 한 '선군사점령·후신탁통치'31)안의 결과였던 것이다. 이 시기 동안 베트남과 조선의 상황은 상이했지만 미국의 일관된 지배전략은 통일된 반공국가건설

---

29) *FRUS*(1945 Ⅵ : 313) ; Olson & Roberts(1991 : 24~25) 참조.

30) 이에 대한 설명은 구대열(1997 : 207~208) 참조.

31) 이러한 상황의 전개에 대해서는 박찬표(1997 : 26~29) 참조.

의 의도를 포기하지 않았다는 점이다.

베트남의 경우 남부의 독자적인 정권 수립을 위한 노력은 프랑스가 베트남에 재진주하면서 바로 시작되었다. 프랑스는 쩐반쟈우를 중심으로 한 남부행정위원회가 1945년 9월 23일 영·불군에 의해 사실상 해체된 상황에서 식민시대의 행정당국을 부활시켰으며, 1946년 2월 4일 '코친차이나자문위원회'를 창설하여 남부 분리정책을 체계화했다. 이어 1946년 3월 호찌민의 베트남민주공화국과 체결한 예비협약에서 프랑스는 '코친차이나를 통합해 단일한 국가로 할 것일지의 여부는 국민투표를 통해 결정한다'라는 조항을 통해 남부를 통일된 베트남의 지역으로 인정하는 것을 유보하였고, 1946년 6월 1일 응우옌반틴(Nguyen Van Thinh)을 대표로 하는 코친차이나임시정부를 수립하게 된다(윤충로, 2003 : 203~204).[32]

호찌민의 베트남민주공화국을 중심으로 한 완전한 독립국가 수립의 좌절은 프랑스와 베트남의 전쟁을 불가피하게 했으며, 응우옌반틴의 체제로는 남부가 안정되지 않고 식민주의를 희석시킬 수 없게 되자,[33] 프랑스는 구베트남의 황제인 '바오다이를 통한 해결'[34]을 시도하게 된다. '바오다이를 통한 해결'은 기본적으로 미국의 후원에 의지한

---

32) 강정구는 베트남의 정치적 분단을 3차 과정으로 나누어 설명한다(강정구, 1995). 1차 분단은 1946년 6월 1일 프랑스에 의해 만들어진 응우옌반틴을 수반으로 하는 코친차이나임시정부의 수립이며, 2차 분단은 1949년의 바오다이 체제, 3차 분단은 1955년 응오딘지엠 체제이다. 그러나 여기에서 유의해야 할 것은 1차 분단은 미국의 영향력보다는 프랑스의 남부 분할지배전략이 강하게 작용하고 있었다는 점이다. 1차 분단과정에서는 미국의 실제적인 영향력이 거의 없었으며, 바오다이와 응오딘지엠 체제의 분단국가로서의 연관성도 그리 깊지 않다고 볼 수 있다.

33) 응우옌반틴은 남부자치정부의 한계를 느끼고, 1946년 11월 9일 레반주엣(Le Van Duyet) 거리의 자택에서 목을 매 자살한다. 이후 등장한 레반호악(Le Van Hoach) 역시 19개월 만에 낙마하게 된다(Tran Nam Tien, 2001 : 162~164).

34) 이는 구황제인 바오다이를 수반으로 하는 남부만의 분리정부 수립계획이다.

것이었다. 정부 수립을 위한 기본 협정인 하롱(Ha Long)만협정
(1948년 6월 5일)이 체결되기 전이었던 1947년 12월 이미 미국의 전
(前) 프랑스 대사였던 불리트(William C. Bullitt)는 『라이프(Lif
e)』지에 바오다이를 중심으로 베트남의 민족주의자를 규합하여, 호찌
민과 공산주의자들을 몰아내야 한다고 발표했고, 프랑스 측은 이를 미
국의 기본적인 정책으로 받아들였다. '바오다이를 통한 해결'은 1949년
3월 8일 '엘리제(Elysee)협정'을 통해 달성되었는데, 당시 미국은 예
견되는 중국의 몰락과 남베트남 분리 정권의 수립을 연관시켜 바오다
이 정부의 수립에 훨씬 중요한 의미를 부여하기 시작했다(Gravel
ed., 1971a : 61~63).35) 이는 아래와 같은 미 국무성의 언급에서 잘
드러난다.

> 바오다이 정부는 현재 호찌민을 지지하고 있는 비공산계열의 지도자들을
> 포함할 정도의 진정한 대표체가 되어야 하며, '바오다이를 통한 해결'은 중
> 국 공산주의자들의 침략계획으로부터 베트남을 보호하기 위한 유일한 수
> 단이다.36)

바오다이 정부에 대한 공인은 1950년 1월 중국과 소련이 호찌민의
베트남민주공화국을 인정하면서 이루어졌다. 1950년 2월 1일 애치슨
(Acheson)은 "소련과 중국의 호찌민 정부에 대한 인정은 호찌민이 목
적으로 하는 민족주의의 본성에 대한 모든 환상을 제거했으며, 호찌민
이 인도차이나 독립의 숙명적인 적으로서 자신의 색깔을 드러낸 것이
다"(Archer, 1971 : 76)라고 논평하고, 2월 7일 바오다이 정부를 승

---

35) 냉전과 연관하여 하롱만·엘리제협정이 지닌 기본적인 의미는 Luu Van Loi &
  Nguyen Hong Thach(2000 : 144~150) 참조. 특히 엘리제협정의 체결과정에서 주
  프랑스 미 대사였던 캐퍼리(Jefferson Caffery)는 프랑스가 바오다이 체제의 독립
  을 인정하도록 압력을 행사한다(Pham Thanh Vinh, 1963 : 31).

36) May 10, 1949(State 77 to Saigon) ; Gravel ed.(1971a : 63).

인했던 것이다.[37]

　바오다이 정부에 대한 승인 이후 1950년 2월 11일 동남아 담당 외교부 차관이었던 제숩(Jessup)은 바오다이 정부에 대한 직접 원조를 희망한다고 밝혔다. 그러나 이것은 프랑스의 반대에 부딪혀 프랑스를 경유한 원조를 수행하게 되었으며(Kahin & Lewis, 1969 : 32), 그 결과 1950년 12월 23일 미국·프랑스·베트남(바오다이 정권)·캄보디아·라오스가 군사원조협정을 체결하였고, 1951년 9월 7일에는 경제원조협정을 체결하였다(Pham Thanh Vinh, 1963 : 31~32).[38]

　이 시기를 경과하면서 1차 인도차이나전쟁의 성격은 식민주의와 민족주의의 대립에서 민주주의와 공산주의의 대립으로 전환된다. 남부만의 독자적인 정부를 수립하고, 전쟁의 성격을 냉전이데올로기에 입각한 체제방위전쟁으로 전환시키면서 미국이 기획했던 것은 1차 인도차이나전쟁을 승리로 이끌어 베트남에 통일된 반공국가를 수립하는 것이었다. 곧, 미국은 남부만의 지역적 정권을 사고한 것이 아니라 전국적인 반공통일국가건설을 계획하고 있었던 것이다. 이것이 단적으로 드러난 것이 NSC 124를 수정 보완한 NSC 124/2(June 25, 1952)이다. NSC 124/2는 통킹의 성공적인 방어는 동남아시아 본토를 공산주의자들의 침략으로부터 지키는 데에서 핵심적이라고 논의함으로써 미국의 전략적 방위선이 북부지역을 포괄하는 베트남 전역임을 밝히고 있다.

　이러한 미국의 입장은 프랑스에 대한 직접적인 원조의 증가로 나타났다. 〈도표 2-1〉에서 보는 바와 같이 미국의 프랑스에 대한 전비(戰費) 지원은 1954년까지 급격히 증가한다. 1950~1951년 사이 전쟁비용의 15%를 담당하던 미국의 원조는 1952년에는 35%, 1953년에는 45%, 1954년에는 80%로 증가하여 1954년에 이르면 미국과 프랑

---

37) 각 국가의 바오다이 정부 승인에 대한 논의는 Duiker(1994 : 91) 참조.
38) 원조에 대한 미국의 입장은 Gravel ed.(1971a : 65~66, 384~390) 참조.

스의 전쟁 비용이 완전히 역전된다(Vo Nguyen Giap, 1988 : 19). 전쟁은 실로 '프랑스의 피와 미국의 달러'로 이루어지는 '더러운 전쟁'으로 변해 갔던 것이다.

<도표 2-1> 1차 인도차이나전쟁기 미국의 대(對)프랑스 원조액수

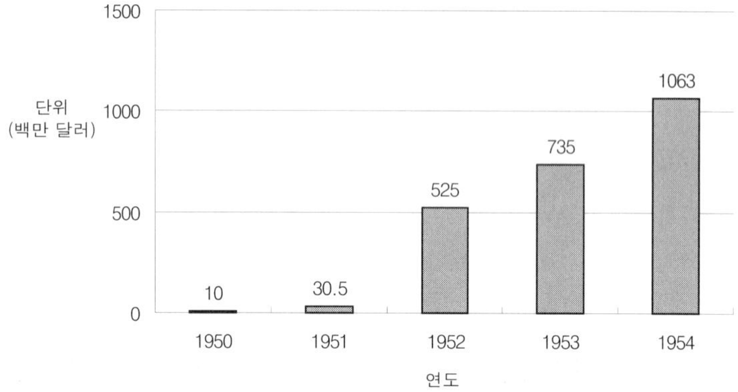

자료 : Luu Van Loi & Nguyen Hong Thach(2000 : 189)

그러나 지속적인 원조에도 불구하고 전황(戰況)이 계속 악화되자, 미국은 직접적인 개입을 상정하지 않았던 NSC 124의 유용성에 의문을 제기하고 새로운 방안을 모색했다. 1953~1954년 제네바협정이 중반까지 진행될 동안에도 미국은 전쟁 상황을 역전시키기 위해 ① 전술핵무기를 사용하는 방안, ② 프랑스를 지속적으로 지원하고 인도차이나의 동맹국을 강화하는 방안, ③ 유엔·동맹국들과 더불어 동시에 개입하는 방안, ④ 동맹국의 지원이 없을 경우 단독으로라도 개입하는 방안 등을 놓고서 고심했다.[39]

---

39) ①은 1953년 10월 NSC 126/2에서 제기되며, 디엔비엔푸(Dien Bien Phu)전투가 프랑스에 불리하게 전개되자 실제로 신중히 고려되었던 것으로 알려지고 있다(Duiker, 1994 : 159, 166 ; Kahin & Lewis, 1969 : 45 ; Olson & Roberts, 1991 : 46).

이 가운데 ① · ④의 방안은 사실상 용도 폐기되었는데, 그것은 이러한 방안의 활용이 3차 세계대전으로 이어질 수 있다는 두려움, 그것이 효과를 발휘하지 못할 경우 다른 지역들에 미칠 심리적 영향, 그리고 한국전쟁이 막 끝난 시점에서 새로운 전쟁에 개입하는 것을 반대하는 국내 여론 등의 요인에 의한 것이었다(Duiker, 1994 : 150~151, 169 ; Kahin & Lewis, 1969 : 44).

남은 ② · ③의 방안 중에서 미국이 선호했던 것은 ②안이었다. 지금까지 전쟁을 수행해 온 프랑스가 인도차이나에 남아 전쟁을 계속 수행할 수만 있다면 미국은 직접 개입하지 않고 프랑스를 지속적으로 지원하고, 인도차이나연방국가를 강화함으로써 이 지역을 방어할 수 있다고 생각했다. 가장 좋은 것은 ②안에 ③안을 결합시키는 것, 곧 한국전쟁의 해결방식과 유사하게 유엔과 국제적 군사 개입을 통해 프랑스의 지상전을 지원하는 것이었다. 중요한 것은 미국의 전쟁 개입이 식민전쟁에 대한 지원으로 비춰져서는 안 되는 것이었고, 이를 위해서는 전쟁의 국제적 해결, 곧 베트남전쟁의 '제2의 한국전쟁화'가 필요했던 것이다.

그러나 ②안은 프랑스 자체의 문제로 인해 실현 불가능했다. 미국의 원조가 지속되었음에도 불구하고, 전쟁을 통해 프랑스가 입은 인적 · 물적 손해는 실로 막대했다.[40] 그러나 더욱 중요한 것은 정당성의 문제였다. 전쟁에 대한 반대 여론과 더불어 디엔비엔푸전투의 패배(1954년 5월 8일)는 전쟁을 종결짓는 결정적 요인으로 작용하였다. 전쟁을 수행하던 라니엘(Laniel) 수상이 물러가고(1954년 6월 12일), 전쟁의 종결을 공약으로 내세운 망데스(Mendes) 정부가 들어서

---

② · ③ · ④안은 NSC 177(이후 NSC 5405로 정리됨)에 나타난다. NSC 177은 Gravel ed.(1971a : 434~443)에 일부 수록되어 있으며, 이에 대한 설명은 Duiker(1994 : 148~153) 참조.

40) 이에 대한 논의는 Duong Chau(1958 : 72~79) 참조.

면서 프랑스는 미국의 반대에도 불구하고, 전쟁의 종결을 선언하고 제네바협상에 임하게 되었다. 상황이 이렇게 전개되자 미국에게 남은 가능성은 ③안이었다. 그러나 이 계획도 미국의 가장 강력한 우방이라고 할 수 있는 영국의 반대에 부딪혔다. 영국은 전쟁의 정당성 자체에 의문을 가지고 있었으며,41) 미국과 영국의 개입이 초래할 수 있는 3차 세계대전의 가능성을 우려했다. 영국은 제네바협정을 통한 평화로운 해결을 지지했으며, 인도차이나에 대한 개입은 협정의 결과를 보고 결정할 문제라고 주장했다(Duiker, 1994 : 165~170). 이러한 상황은 미국이 인도차이나에서 추진하던 '전쟁을 통한 해결', 곧 '전쟁의 지속을 통한 통일된 반공국가의 건설'을 어렵게 했으며, 이제 미국도 제네바회담을 지켜보아야 했다.42)

베트남의 사례가 구식민세력, 그리고 이를 지원한 미국과 호찌민을 중심으로 한 민족해방세력의 전면전(全面戰)을 통한 통일의 추구였다면, 해방 이후 초기 조선의 상황은 2차 세계대전 종전 이전의 신탁통치안에 결박되어 있었다. 미국은 대소(對蘇) 전략상의 고려에서 미·영·중·소 4개국 신탁통치를 구상했을 뿐 그것을 실현하기 위한 구체적인 합의도 없이 미·소 양국만의 분할점령으로 들어갔기 때문에 실

---

41) 아이젠하워는 프랑스가 NATO의 지원을 얻으려면 인도차이나전쟁이 식민주의 전쟁이 아닌 공산주의를 방어하기 위한 전쟁으로 인식되어야 하며, 그러기 위해서는 프랑스가 인도차이나 3국에 완전한 독립과 자결권을 부여해야 한다고 생각했다(Eisenhower, 1975 : 188). 이러한 입장은 1951년 당시 상원의원이었던 케네디(Jonh F. Kennedy)도 마찬가지였다(Duiker, 1994 : 168 ; Kahin & Lewis, 1969 : 33). 그러나 프랑스는 덜레스(Dulles)가 분통을 터뜨릴 정도로 전쟁 종결기까지도 이들 국가에 대해 완전한 독립을 인정하는 것을 거부했다(Duiker, 1994 : 165).

42) 제네바회담이 진행되는 중에도 미국은 '전쟁의 국제화'를 포기하지 않았다. 영국이 끝까지 이에 승복하지 않자 덜레스 국무장관은 프랑스에게 태국, 필리핀, 오스트레일리아, 뉴질랜드가 참가하는 국제적 동맹체제가 구축된다면 영국이 참가하지 않더라도 전쟁에 개입할 것임을 시사한다(Duiker, 1994 : 179). 그러나 이러한 마지막 시도도 전쟁보다는 정치적 해결을 추구하는 망데스 내각이 들어서면서 한계에 봉착한다.

제로 조선 문제를 해결하기 위한 기본적인 정치적 도구는 신탁통치안이 가장 유력한 것이었고(최상용, 1998 : 53), 4개국의 후견에 의한 신탁통치안은 "소련의 우위를 보장하는 것이 아니라 소련이 세 개 내지 네 개의 동등한 의결권 중 하나만을 갖게 되는 것"(*FRUS*, 1945 Ⅵ : 1122)이기 때문에 미국에게 유리한 것으로 판단되었다.

신탁통치안에 대한 미국의 기본방침은 초기부터 미국에 의해 확립된 남한의 체제를 전국적으로 확대시키고자 하는 의도를 드러내고 있다. 1945년 10월 15일 맥아더의 정치고문 애치슨(George Atcheson)은 남한에 "비록 '한국임시정부'라고는 부를 수 없을지라도 '전한국인민행정위원회'라고 부를 수 있는"(*FRUS*, 1945 Ⅵ : 1091), 곧 정부기관으로 발전할 수 있는 조직의 설치를 제안하고 있으며(도진순, 1998 : 45), 미국의 삼성조정위원회 극동소위원회는 10월 20일 SWNCC 79/1을 통해 남한에서 조직되는 행정체계를 소련과 협의하에 북쪽까지 확장할 것을 언급하고 있었던 것이다(*FRUS*, 1945 Ⅵ : 1094).

미 국무부의 기본방침이 신탁통치를 통해 소련을 견제하고, 나아가 조선에 대한 미국의 독자적인 영향력을 증대시키려는 것이었다면, 남한에 직접 진주한 미군정은 신탁통치안에 매우 부정적인 입장을 드러냈다. 1945년 11월 2일 하지는 맥아더(Douglas MacArthur)에게 보낸 전문을 통해 "적극적인 행동을 취하지 않는 한 공산주의자의 활동은 그들이 권력을 획득할 수준에 도달했다"(*FURS*, 1945 Ⅵ : 1106)라고 밝혔으며, 11월 5일 2차 전문에서는 미국이 지원하는 남한의 단독정부를 구성할 것을 제안했다(김철범, 1995 : 40).[43] 전쟁성 차관보 맥클로이(McCloy)는 하지의 입장을 지지하여 "나는 공산주의자들이 '우리의 영

---

43) 하지는 남한 점령 이후 줄곧 미·소 합의보다는 대소봉쇄를, 미·소공위에 의한 한국임시정부보다는 미국 단독의 남한과도정부 수립을 우선시했다. 이러한 하지의 정책은 1946년까지는 대체로 맥아더 사령부와의 협의에 의한 것이었지만 1947년부터는 국무부의 입장과도 근접하는 것이었다(도진순, 1998 : 135).

역'에서 직접적인 수단에 의해 정부를 장악하게 될 것이라는 하지의 우려를 신뢰"하며, 이러한 상황을 타개하기 위해 가장 훌륭한 방법은 "합리적이고 존경받을 만한 정부 혹은 고문집단을 세우는 것"(*FRUS*, 1945 Ⅵ : 1123)이라고 언급했다. 또한 미군정 정치고문대리인 랭던(Langdon)은 11월 20일 국무장관에게 보낸 전신에서 신탁통치를 중심으로 한 미국의 기본전략을 수정할 것을 제안하면서 정무위원회(Governing Commission)를 통한 정권 수립 방안을 내 놓았다(*FRUS*, 1945 Ⅵ : 1130~1133).44) 이는 실질적으로 미국 주도의 남한 정계 개편과 과도정권 수립을 위한 것이었으며, 독자적인 남한 정부를 수립하기 위한 계획이었다(도진순, 1998 : 49).45)

그러나 현지 미군정의 반대에도 불구하고, 1945년 말 미국의 선택은 신탁통치안으로 기울었다. 이는 4개국 신탁통치라는 국제적 해결을

---

44) 랭던의 정무위원 수립안은 이후 1946년 2월의 민주의원, 1947년의 남조선과도정부, 1948년의 이승만 단독정부로 이어지는 남한 분단정권 수립과정의 초안이 되었다. 이에 대한 설명은 Cumings(1986 : 244~245) 참조.

45) 커밍스는 신탁통치안의 추구로 대표되는 국무부의 입장과 남한의 단정을 통한 혁명의 봉쇄로 대표되는 미군정의 대립을 '국제주의'와 '민족주의'의 대립으로 묘사하고 있다(Cumings, 1986 : 280~281). 그러나 국제주의와 민족주의는 본래 서로 대립적 관계에 있었다기보다는 조선의 혁명과 이것이 초래할 조선의 사회주의화를 봉쇄하기 위한 이중의 전략적 선택지였다고 할 수 있다. 양자의 입장이 대립적으로 보인 것은 남한의 상황에 대한 인식의 차이 때문이었다. 미군정은 남한의 정치적 역관계를 고려했을 때 신탁통치안이 미국의 주도권과 이해를 실현하는 데 적절하지 않다고 본 것이며(정용욱, 2003 : 314), 국무부는 조선에 친소비에트정권이 들어서는 것을 막기 위해서는 신탁통치를 통한 장기간의 순치(馴致)과정이 필요하다고 본 것이다(박찬표, 1997 : 102). 이후의 과정에서 이 두 가지 입장은 서로 유사하게 수렴하게 되는데, 미군정의 경우 반탁운동이 지닌 정치적 효과에 주목하여 반탁입장을 표출했지만, 신탁통치 자체에 대하여 반대 입장이었다기보다는 사실 찬성 입장이었다(정용욱, 2003 : 316). 이후에 살펴보게 되겠지만 국무부 역시 1차 미 · 소공위 이후로는 단정론으로 기운다. 이러한 변화는 각각의 입장이 원칙론적 대립이었다기보다는 전술적 차원의 선택이었음을 보여 준다.

통해 장기적 관점에서 조선에 미국의 이해에 부합하는 정치체제를 세우려는 것이었다. 조선에 대한 신탁통치안은 1945년 12월 16일부터 12월 26일까지 모스크바에서 열렸던 미·영·소 3국 외상회의에서 세부적인 계획이 합의되었다. 당시 회의에서 미국 측의 제안은 '선(先)신탁통치·후(後)한국정부수립안'이었고, 소련 측의 제안은 '미·소 양군 공동위원회 → 한국 임시정부 수립 → 신탁통치안'이었다(안병길, 1990 : 105).46) 이러한 차이는 조선에 대한 미국과 소련의 정세분석에서 기인한 것이었다. 1장의 4절에서도 살펴본 바와 같이 조선의 내부 정세는 소련에 우호적인 정권이 들어서기에 적합한 것이었고, 직접적인 임시정부의 수립은 미국 측에 불리한 결과를 내오기 쉬웠던 것이다. 그러나 회담은 미국 측이 소련의 안을 받아들여 12월 27일 공동 코뮤니케로 발표되었다. 비록 미국이 소련의 안을 받아들였다고 하더라도 코뮤니케의 3항에는 분명히 4대국의 신탁통치가 언급되어 있으므로 미국의 기존 입장은 그대로 유지되고 있었다(안병길, 1990 : 106).47)

모스크바협정에 따라 1946년 3월 20일~5월 6일까지 열린 1차 미·소공위에서 미·소 양국은 첨예한 이해의 대립을 표출했다. '미·소공위의 목적에 관한 소련 측 대표 스티코프(T. Shtykov) 중장의 연설'(3월 20일)에서 소련은 "조선에 대하여 우호하고 장래에 소련에 대한 공격의 기초가 되지 않는 진정한 민주주의국가가 되는 데 대하여 깊은 관심을 가지고 있다"(송남헌, 1985b : 316)라고 천명하여 장래에 조선

---

46) 모스크바 외상회담에 임하면서 미국이 가지고 있었던 탁치구상은 중앙집권적 통치권에 의해 단일의 정치·경제단위로 통치되는 중앙집권적 신탁통치를 실시하며, 그 방법으로서 먼저 경제적·행정적 통합을 이루고, 이를 바탕으로 정치적 통합으로 나아간다는 기능적·행정적 접근이었다. 반면 소련은 정치적 통합이 선행되어야 경제적·행정적 통합이 가능하다는 입장을 취했다(박찬표, 1997 : 98~99 ; 최상용, 1998 : 179~187).

47) 미국이 소련의 안을 받아들이게 된 이유에 대해서는 최상용(1998 : 186~187) ; 박찬표(1997 : 97~102) 등의 논의를 참조.

에 수립될 국가가 소련의 안보에 위해가 되지 않아야 한다는 것을 명확히 했다. 미·소공위에 대한 미국의 이해는 3월 20일경 작성된 것으로 추측되는 미국 측 회담대표단의 브리핑 자료였던 '한국 정부 형성을 협의하는 데 대한 소견'에 잘 드러난다. '소견' 내용의 일부는 아래와 같다.

> 공동위원회 미국 측 대표의 가장 주요한 문제는 소련의 지배에 저항할 수 있는 독립적이고, 민주적이며, 안정적인 한국 정부를 수립하는 것이다. 미국의 관점에서 볼 때, 소련의 지배로부터 자유로워지는 것이 완전한 독립보다 중요하다. … 미국의 가장 우선적인 목적은 한국에 대한 러시아의 지배를 막는 것이고, 한국의 독립은 부차적인 목적이기 때문에, 미국의 이해는 향후 몇 년 이내에 완전한 독립을 이룰 한국 정부를 양성하는 데에 있지 않다(*HUSAFIK*, Part 2, Ch.4 : 154~155).

소련의 이해가 직접적인 자국의 안보에 놓여 있었다면, 미국의 이해는 조선의 독립보다는 소련에 대한 견제에 놓여 있었다. 이러한 기본적인 이해의 대립 속에서 진행된 미·소공위는 정부 수립 방안, 미·소공위에 참가해야 할 정당·사회단체 대표 자격 문제를 놓고 크게 충돌하였다.

정부 수립 방안에서의 충돌은 기본적으로 모스크바회담에서의 의견 대립을 재현한 것이었다. 미국 측은 표면적으로는 모스크바의 합의를 받아들였으나, 모스크바협정 3조가 규정하고 있는 조선인에 의한 즉각적인 임시정부의 수립안을 수용하지 않았다. 미국은 조선의 독립을 위한 임시정부의 수립은 장기적으로 볼 때 조선에서 소련의 영향력을 증대시키는 결과를 초래할 것이라고 보았다.[48] 따라서 미국 측은 조선의 독립보다는 38선의 철폐, 경제·행정의 우선적 개방을 강조했다.[49] 특

---

[48] 이러한 우려는 미국 측 대표단의 브리핑 자료에 그대로 드러난다. *HUSAFIK*(Part 2, ch.4 : 154) 참조.

[49] 회의가 시작되기 이전인 1946년 2월 12일 합동참모본부에 보내는 전문에서 맥아더는 가장 시급한 문제는 임시정부를 수립하는 것이라기보다는 국토를 개

히 행정적인 측면에서 미국이 강조했던 것은 남·북의 통일된 중앙행정 체계를 수립하는 것이었는데, 이는 모스크바회담 이전부터 미국이 가졌던 구상, 곧 남한의 행정체계를 북한까지 확대시켜 단일 행정체계를 만든다는 계획을 추진하는 것이었다. 이에 대해 소련은 "모스크바협정 3조가 규정하는 최우선의 과제는 조선인에 의한 임시정부의 수립이라는 것, 조선의 경제 및 행정의 통일은 조선 임시정부가 수립된 후 그 정부의 참가하에 실현되어야 한다는 것"(최상용, 1998 : 228)이라는 이유를 들어 미국의 요구를 거부했다. 미국 측의 주장은 조선의 정치적 주권의 문제를 피한 경제·행정적인 기능주의적 접근이었으며, 소련 측의 주장은 조선의 정치적 주권을 우선적으로 실현해야 한다는 정치적 접근이었다.

　미·소공위의 협의 대상이 될 수 있는 정당이나 사회단체는 사실상 임시정부를 구성하는 산파역이 될 것이라는 점에서 중요했다(송남헌, 1985b : 321). 협의 대상을 선정하는 데에서 가장 핵심적인 문제는 반탁운동세력을 협의 주체로 포함시키는가 혹은 배제하는가의 문제였다. 소련의 주장은 모스크바 3상회의의 결정을 실천하기 위한 미·소공위인 만큼 신탁통치를 반대하는 우익의 정당들과 사회단체는 협의 대상에서 제외하고, 모스크바협정에 의거한 임시정부 수립에도 참여하지 못하게 하자는 것이었다(송남헌, 1985b : 325). 이에 대해 미국은 "그러한 제외 원칙은 조선 사람들에게 민주주의의 근본인 의사 발표권을 거부하는 것이므로 반대"[50]한다고 밝혔다. 미국 측이 주장했던 '표현의 자유'는 미·소공위를 진행하는 동안 갑자기 생겨난 것이 아니었다. 그것은 이미 1946년 1월부터 우파 반탁세력을 미국의 지지기반으로 삼기 위한

방하고(38선의 철폐), 소련의 장벽을 깨는 것이라고 주장하고 있다(*FRUS*, 1946 Ⅷ : 632).

50) '미·소공동위원회 무기 휴회에 관한 하지 중장 특별 성명(1946년 5월 9일)' ; 송남헌(1985b : 326).

정책의 상징으로 사용되고 있었다.51) 남의 좌파세력과 북의 거의 모든 사회단체가 모스크바협정 지지로 단결을 굳혀 가고 있던 당시, 반탁세력을 제외하면 미국의 지지기반이 없어지게 된다는 상황에 직면하여, 미군정은 고육책(苦肉策)으로 이러한 상징을 내걸었던 것으로 보인다 (최상용, 1998 : 229). 실제로 반탁세력을 배제하게 되면 미·소공동위원회의 1차 정식회합(1946년 3월 20일)이 있기 약 한 달 전인 2월 15일 미군정이 장래의 전 조선 임시정부의 모델로 급조했던 남한의 우익을 중심으로 한 '남조선대표민주의원'(이하 '민주의원')이 협의의 대상에서 제외되어야 했다. 만일 모스크바회담의 결과를 존중하여 미국이 소련의 안을 받아들였다면, 미국은 "새로운 국경의 한 부분이 된"52) 조선을 상실할 수 있는 상황이었고, 이러한 상황에서 회담은 더 이상 진행될 수 없었다.53)

국제주의적 이상을 실현한다는 수사로 치장되어 있었음에도 불구하고, 미국이 제기했던 신탁통치안은 소련의 전 한반도 지배를 저지하기 위한 대소견제전략을 그 본질로 하는 것이었다. 2차 세계대전 후 베트남·조선 두 지역 모두에서 국제주의의 이상은 보이지 않았다. 베트남의 경우 1945년 가을부터 1946년 가을까지 미국은 호찌민에게서 일련의 통신문을 받았다. 그 내용은 베트남의 비참한 상태를 묘사하고, 대서양헌장과 유엔헌장에서 주창된 원칙들이 실시될 것을 염원하며, 미국이 베트남민주공화국의 독립을 인정할 것, 혹은 유엔하의 베트남 신탁통치를 간청하는 것들이었다(Gravel ed., 1971a : 17). 그러나 미국은 호

---

51) 이에 대한 미국 측의 입장을 보다 자세히 분석한 논의는 정용욱(2003) 참조.

52) 이는 스노우가 비보도를 전제로 인터뷰한 미국인 고위 공직자의 조선에 대한 시각이었다(Snow, 1946).

53) 맥큔은 이러한 상황에 대해 "만일 우파세력들이 배제되면, 미국 대표단은 남한에서 최대의 반공집단을 제거하는 것이다. 반면 미국이 한국의 보수세력을 지지하게 되면, 공동위원회가 붕괴되는 것은 필연적이었다"(McCune, 1950 : 66)라고 언급하고 있다.

찌민의 호소에 아무런 행동도 취하지 않았다. 이러한 예는 미국의 신탁통치안이 도덕적 의무 혹은 국제적 규범이 아닌 전략적 선택에 의해 언제든지 변질될 수 있는 것이었음을 보여 준다. 베트남에서나 조선에서나 미국의 국제주의적 접근은 이 지역에 통일반공정권을 수립하려는 의도를 반영한 것이었다.

분단체제로의 전환

분단체제로의 전환기는 베트남의 경우 제네바회담의 중반인 1954년 6월에서 지엠 정권이 수립된 1955년 10월에 이르는 기간이며, 조선의 경우는 1차 미·소공위가 실패로 돌아간 1946년 5월에서 이승만 정권이 수립되는 1948년 8월까지의 기간이다. 이 시기는 베트남·조선에서 통일된 반공국가 수립을 위한 미국의 시도가 좌절된 시기이며, 이를 대신하여 분단국가를 창출해 가는 시기이다. 제네바회담의 결과에 따른 베트남의 통일 가능성과 신탁통치에 따른 조선의 통일 가능성은 미국에 의해 실현 불가능해졌으며, 통일을 향한 내적 지향은 미국을 중심으로 한 외적 규정력에 의해 압도되었다. 이 시기 베트남과 조선에 출현한 분단국가체제는 이후 양국이 치르게 될 전쟁과 민족적 비극의 출발점이 되었다.

베트남의 경우 제네바회의는 다양한 국제적 이해관계를 반영하고 있었다. 군사적 해결이 봉쇄된 상태에서 미국이 원한 것은 제네바회담 자체를 무력화시키는 것이었고, 이를 위한 주요 방책은 베트남의 영토분할에 대한 반대, 제네바회담에 대한 거부의 태도를 취하는 것이었다.

미국은 영토분할안에 대해 적극적으로 반대했다. 미국은 통킹을 동남아시아의 안보에 핵심적인 지역으로 상정하고 있었고, 영토의 분할에 따라 통킹을 잃는 상황에 대해 몹시 우려했다. 1954년 6월 18일 미 국무장관 서리인 스미스(Walter Bedell Smith)는 소련의 몰로토프(Molotov)를 만난 자리에서 분할에 관한 착상은 미국이 참을 수 없는 것이고, 베트민이 전체 홍강 삼각주를 요구하는 것은 너무나 무리한 요구라고 불평했다. 그러나 몰로토프는 프랑스가 북부, 중부, 남부 전체를 영토로 요구하는 것은 비이성적인 것이라고 답변하고, 만약 미국에게 영토의 분할이 참을 수 없는 것이라면, 전국적인 선거를 통해 이를 해결할 수 있을 것이라고 결론지었다(Duiker, 1994 : 184).

또한 미국 측은 회담 중반까지 고집하던 군사적 동맹을 통한 전쟁의 국제화가 불가능해지자 회담 자체에 대해 불성실하게 임하기 시작했다. 5월 초 이미 미국은 회담 대표를 옵서버(observer)로 하향 조정했으며(Fall, 1966a : 71), 아이젠하워는 6월 30일 '유화책 없는 공존정책'을 표방하고, 미국은 "누군가를 노예로 만드는 협정에 일원으로 참여할 수 없다"라고 밝혔다. 이러한 새로운 노선은 미국이 정전협정에서 명백히 이탈하는 것으로 여겨졌으며, 실제로 덜레스는 회의에 나타나지 않았다(Fall, 1968 : 231). 그러나 덜레스가 협상을 중재하고 보증해 달라는 프랑스와 영국 측의 호소를 지속적으로 거부하면서까지 회의에 참여하지 않았던 보다 근본적인 원인은 1945년을 전후한 역사적 경험, 곧 공산진영에 영토를 보증해 주는 '얄타 유형'의 협정을 승인할 수 없다는 데에 있었다(Duiker, 1994 : 188, 192).

미국의 지속적인 반발에도 불구하고 망데스가 공약으로 내세운 정전의 마지막 시한인 7월 20일은 다가오고 있었으며, 결국 1954년 7월 21일 3시 43분 제네바협정이 체결되어 1차 인도차이나전쟁은 종결되었다. 그러나 미국은 마지막까지 제네바회의의 최종협정에 서명하지 않았고, 이것은 베트남 통일의 불투명한 장래를 예고하는 것이었다.

제네바회담에 대한 미국의 태도가 '비평화와 전쟁의 지속'이었다면, 중국과 소련은 전쟁의 빠른 종결을 희망했고,54) 베트민이 프랑스와의

---

54) 미국은 지속적으로 중국의 붉은 군대의 인도차이나 개입을 강조했지만, 아이젠하워는 당시 중국군이 인도차이나의 갈등에 참가하고 있다는 명백한 증거가 없었다고 고백했으며(Kahin & Lewis, 1969 : 39), 제네바회의의 영국 측 대표였던 이

회담에서 무리한 요구를 하여 회담을 그르치지 않을까 염려했다. 중국의 저우언라이(周恩來)와 소련의 몰로토프는 회담 진행과정 내내 프랑스·영국과 베트민의 의견을 조율했다. 특히 중국의 저우언라이는 인도와 버마 등지를 돌아다니며 제네바회의를 통한 평화적인 해결의 정당성을 설득했나(Duiker, 2003 : 672~673). 소련은 협정을 성사시킴으로써 프랑스의 망데스 내각을 유지시켜 미국이 독일을 끌어들여 유럽방위공동체(European Defense Community)를 만들려는 계획을 저지하려고 했다.55) 중국의 이해는 소련에 비해 보다 직접적이었다. 중국의 가장 큰 목표는 '제2의 한국'을 막는 것이었다. 중국은 미군이 인도차이나지역에 주둔함으로써 초래될 군사적 긴장을 우려했으며, 미군이 주둔할 수 있는 어떠한 명분도 허용하지 않으려 했다.56)

미국에 대한 중국의 우려는 호찌민을 설득하는 데에도 유효했다. 사실 베트민의 지도부는 군사적으로 유리한 상황에서 국토의 절반을 내어주며 협상에 임해야 할 필요성을 그다지 크게 느끼지 못했고, 회담 자체에 대해 비판적 시각을 드러내기도 했다(Duiker, 1994 : 183 : Kahin & Lewis, 1969 : 45). 그러나 중국과 소련의 압박, 지속되는 미국의 군사적 위협은 일단 정전협정의 체결을 통해 미국의 개입을 무력화시키고, 평화를 정착시키는 것을 가장 우선적인 과제로 부각시켰다. 호찌민은 제네바협정 최종 조인 며칠 전 베트남노동당 중앙위원회에 제출한 정치보고서에서 이러한 상황을 다음과 같이 설명했다.

든(Anthony Eden) 역시 중국의 침략 의도를 발견할 수 없었다고 밝혔다(Fall, 1968 : 228~229).

55) 소련은 망데스 내각이 다른 정당들에 비해 독일이 참여하게 될 유럽방위공동체 계획에 비협조적일 것이라고 판단했다(Kahin & Lewis, 1969 : 46).

56) 이와는 다른 시각으로 1975년 베트남전쟁이 끝나고, 이후 중국과 베트남이 갈등관계에 들어서면서 베트남은 당시 중국의 행동이 라오스와 캄보디아에서 자신의 영향력을 증대시키기 위한 것이었다고 주장하기도 했다(Duiker, 1994 : 182 ; 2003 : 671).

과거의 구호는 "끝까지 항전한다"였습니다. 그러나 새로운 정세는 새로운 구호, 곧 "평화, 통일, 독립, 민주"를 요구합니다. 인도차이나전쟁을 지연시키고, 확대하려는 미 제국주의의 직접적인 간섭에 저항하기 위하여 우리는 평화의 깃발을 견고하게 부여잡고 과거의 정책을 바꿔야 합니다. … 평화를 원한다면 전쟁을 끝내야만 하며, 전쟁이 끝나기를 원한다면 정전을 해야 합니다.[57]

평화의 대가는 2차 지리적 분할의 확정이었다. 제네바협상 초기 베트남민주공화국의 외무장관이었던 팜반동(Pham Van Dong)은 우세했던 베트민의 정치·군사적 상황에 맞게 13도 선을 중심으로 정전을 제안했으며, 프랑스 당국은 하노이의 전략적 중요성과 가톨릭 인구를 고려하여 22도의 정전선을 제안했다. 이러한 상황에서 팜반동은 16도 선까지 양보할 각오를 하였고, 프랑스는 18도 선까지를 양보선으로 제시했다. 쌍방의 요구는 저우언라이의 중재에 따라 17도 선에서 잠정적인 군사분계선을 설정하는 것으로 절충되었다(Duiker, 2003 : 674 ; Murti, 1964 : 25~28). 그러나 1954년 7월 제네바협정의 결과 설정된 17도 선 역시 1945년 16도 선과 같이 '영토적·정치적' 경계선은 아니었다. 제네바협정 최종선언의 6항은 "군사적 경계선은 결코 계속적인 정치적 혹은 영토적 경계로 해석되어서는 안 될 것임"(*FRUS*, 1952~1954 XVI : 1541)을 밝히고 있었던 것이다. 따라서 협정에 의거한다면 17도 선은 단순한 군사적 재집결선이었으며, 어떠한 의미에서도 지리적 분단선으로 해석할 수 없는 것이었고, 호찌민은 '중앙당최고집행위원회 6차 회의보고'에서 이를 계속 강조했다.

일시적인 지리적 분할선을 받아들이면서 채택된 '항전에서 평화로'의 정책적 전환은 제네바협정 최종선언 7항에 명기된 '협정 체결 2년 후

---

57) Bao cao tai hoi nghi thu sau cua ban chap hanh trung uong dang(khoa II), ngay 15 thang 7 nam 1954(중앙당최고집행위원회 제6차 회의보고) ; Dang Cong San Viet Nam(2001a : 166~167).

실시될 전국적인 총선거 규정'에 의해 설득력을 얻었다.

> 본 회의는 베트남의 정치적 제 문제의 해결이 독립·통일 및 영토보전의
> 제 원칙을 기초로 하여 이루어져야 하며, 베트남 인민은 비밀 투표에 의한
> 자유로운 총선거 결과 수립될 민주적 제도에 의해 보장되는 기본적 제 자
> 유를 향유한다고 선언한다. 또한 ⋯ 국제위원회의 감독 하에 1956년 7월 자
> 유선거가 시행될 것임을 선언한다(*FRUS*, 1952~1954 ⅩⅥ : 1541).

당시 상황에서 제네바협정은 중국과 소련의 요구를 수용하면서 미
국의 인도차이나지역에 대한 직접 개입을 막고, 평화로운 방법에 의한
통일의 가능성을 열어 놓을 수 있는 현실적 방안이었던 것이다.

그러나 완전한 통일국가의 수립을 2년 후의 과제로 미루어 놓은 제
네바협정은 평화와 통일의 출발점이 아니었다. 조약이 체결되고 이틀
후 덜레스는 "지금부터 중요한 것은 과거를 슬퍼하는 것이 아니라 북베
트남의 상실이 동남아시아와 서남태평양 전체로 공산주의를 확산시키는
것을 막기 위한 미래의 기회를 포착하는 것이다"(Pham Thanh Vinh,
1966 : 56)라고 언급함으로써 이 지역에 대한 개입을 노골화했다. 또한
1954년 10월 23일 아이젠하워가 지엠에게 보낸 서한은 베트남에 강력
한 '독자적 국가'를 발전·유지하는 것이 미국의 목적임을 밝히고 있다
(Young, 1967 : 510). 미국은 처음부터 제네바협정이 냉전에 의해 분
할된 두 개의 베트남을 창출한 것이라고 해석했다. 미국의 기본적인 목
적은 동맹국들과 더불어 나약한 남부정권을 강화시키고, 이를 통해 동
남아지역에서 공산주의의 팽창을 막는 데 있었다(Pham Thanh Vinh,
1966 : 56).

미국은 서구 세계가 지닌 '민주적 삶의 방식'의 우월성을 입증하기 위
해서는 프랑스로부터 진정한 독립을 획득했지만, 아직까지 내외 공산주
의자의 압력에 저항할 정도로 충분히 강력하지 못한 베트남 남부지역에
서 효율적이고 상징적인 정부체계를 발전시켜야 한다고 보았다. 이를 위

해 국제적인 안보동맹체인 동남아시아조약기구(SEATO : Southeast Asia Treaty Organization)를 창설했고, 프랑스의 실제적인 영향력을 약화시키고 남베트남에 대한 미국의 직접적인 연계를 강화했으며, 제네바협정에 규정되어 있었던 통일 총선거 조항을 거부했다.

미국은 제네바협정 결과 북베트남을 상실하게 된 것을 정치적 재앙으로 여겼으며, 1차 인도차이나전쟁 중에 지속적으로 추구해 오던 집단안보체제의 구축을 다시 시도했다.[58] 그 결과는 1954년 9월 8일 SEATO의 결성으로 나타났다. SEATO에는 미국, 영국, 프랑스, 오스트레일리아, 뉴질랜드, 태국, 필리핀, 파키스탄이 참여하였고, 남베트남, 라오스, 캄보디아는 제네바협정의 규정에 따라 직접 참여할 수 없었다. 그러나 조약의 부속의정서는 만일 이들 국가 중 하나라도 공산주의의 침탈을 받는다면 동맹국에 대한 위협으로 간주하고, 군사적 대응이 정당화됨을 밝히고 있다(Olson & Roberts, 1991 : 58). 제네바협정이 체결된 지 50일도 지나지 않아 결성된 SEATO는 정전협정을 정면으로 위반한 것이었으며, 남부정권에 안보우산을 제공함으로써 응오딘지엠이 초기 불안정한 국가체제를 정비하는 데 상대적으로 자유로운 공간을 제공했다(Kahin & Lewis, 1969 : 63 ; Fall, 1958 : 242).

안보체계의 확립과 더불어 미국은 인도차이나지역에서 프랑스의 영향력을 약화시키고자 했다. 프랑스를 축출하는 것은 인도차이나에 새로운 지배권을 확립하고자 했던 미국에게 매우 중요한 일이었으며, 지엠의 민족적 정당성을 높이고 정치적 기반을 안정시키기 위해 꼭 필요한 일이었다. 미국은 우선 프랑스를 경유하지 않고 지엠 정권에게 직접적인 원조를 함으로써 베트남에 대한 프랑스의 지배력을 약화시키려고 했다. 1954년 9월 27~29일 워싱턴에서 개최된 미국과 프랑스의 회의에

---

58) 미국은 소련을 중심으로 한 사회주의권의 팽창을 저지하는 데 있어 대외동맹정책을 선호했다. 1949~1956년 사이에 미국은 25개의 안보조약 또는 협정을 체결하였다(김계동, 1994 : 453).

서 프랑스는 미국의 요구를 받아들여 1955년 1월부터 인도차이나에 대한 미국의 원조는 프랑스를 통하지 않고 직접 이루어질 것임을 밝혔고, 이 협약이 끝나자 지엠은 프랑스연방으로부터 탈퇴하여 독립국가로서 미국의 직접적인 원조를 받을 수 있게 되었다.

군사적인 측면에서 미국이 구상했던 것은 일단 독자적인 베트남군을 양성할 동안 프랑스와 연합하고, 이후 베트남군이 프랑스군을 완전히 대체하는 것이었다. 1954년 9월 회의의 결과에 따라 인도차이나에 주둔하고 있는 프랑스군에 대한 원조가 사라지자 군사훈련의 주요한 책임은 과거 남한군을 훈련시켰던 오다니엘(O'Daniel)이 지휘하는 군사원조고문단(MAAG : Military Assistance Advisory Group)으로 이전되었고(Fall, 1968 : 318), 1955년 2월에는 훈련교육단(TRIM : Training Relations and Instruction Mission)이 활동하기 시작했다(Gravel ed., 1971a : 225).[59] 1956년 1월 19일 지엠은 프랑스군의 베트남 주둔을 연장하는 협상은 의미 없는 것이라고 통보했고, 프랑스는 1956년 4월 3일 제네바회담의 공동의장국이었던 영국과 소련에게 4월 26일부로 인도차이나에서 프랑스 최고사령부를 해체할 것이라고 밝혔다(Fall, 1968 : 319). 그러나 프랑스의 정치·군사적 영향력이 사라졌다고 해서 남베트남이 명실상부한 독립국가로 재탄생한 것은 아니었다. 프랑스의 빈자리를 다시 채운 것은 미국이었던 것이다.

초기 지엠 정권의 안정을 위해 미국이 넘어야 할 마지막 관문은 통일선거의 규정이었다. 사실 통일선거는 제네바협정의 가장 큰 성과 중의 하나였다. 그러나 이는 제네바최종협정 체결 당시부터 형식과 주체의 측면에 문제를 지니고 있었다. 형식적인 측면의 가장 큰 문제점은 이

---

59) 사실 이러한 행위는 외국군이 인도차이나지역에 들어오거나 군사기지를 갖는 것, 그리고 어떤 형태로든 외국이 베트남의 내정에 간섭할 수 없다는 제네바협정의 내용을 모두 어긴 것이다. 이러한 행위의 부당성에 대해서는 Pham Thanh Vinh(1966) 참조.

조약이 서명되지 않은 단순한 합의에 의한 것이었다는 점이었다. 서명이 없다는 것은 2년 내에 베트남에서 선거를 조직한다는 것이 공약이라기보다는 단순한 계획에 불과한 듯이 행동할 수 있는 여지를 남겨 놓았다(Fall, 1966a : 75). 이와 연관되어 더욱 문제가 되었던 것은 협정의 주체가 베트남민주공화국과 프랑스였고, 미국과 베트남공화국은 협정의 일원으로 참여하는 것을 거부했다는 점이었다.60) 이후 미국은 협정 당사국이 아니기 때문에 베트남 문제에 직접적으로 개입할 수 있는 명분을 얻었으며, 베트남공화국은 "정부가 서명하지 않은 제네바협정에 어떠한 형태로든 구속되지 않는다"(Republic of Vietnam, 1958 : 32)라고 밝힘으로써 조약 준수를 위한 국제적 압력을 피했다. 또한 1955년 6월 20일 덜레스는 "만약 실제로 자유선거의 조건이 있는 곳이라면, 그곳은 공산주의자들이 승리할 수 있는 어떠한 심각한 위험도 있어서는 안 될 것이라고 믿는다"(Murti, 1964 : 183)라고 언급함으로써 선거계획의 파기를 시사했다.61) 선거의 거부와 지엠을 중심으로 한 남베트남의 독자적 정치체의 구축은 앞에서 언급했던 제네바협정 최종선언의 6항과 7항을 명백히 위반하는 행위였고, 베트남인들에게 그것은 반민족적인 '지리적·정치적' 분단을 의미하는 것이었다.

조선의 경우 1차 미·소공위는 미·소의 입장 차이를 확연히 드러내는 계기로 작용하였고, 미·소공위의 결렬 이후 미국의 정책은 남한 단독정부의 수립으로 전환되었다. 1946년 5월~1948년 8월 사이의 기간은 조선의 지리적·정치적 분단이 확정되어 가는 시기였으며, 이를

---

60) 당시 베트남공화국의 정치인들은 허황되게도 완전한 승리를 위해 계속 싸울 수 있는 방법을 모색하고 있었다. 전쟁의 당사자인 프랑스조차도 의아해 하는 이러한 상황에서 지엠 정권의 제네바회담 대표였던 쩐반도(Tran Van Do)는 회담의 최종선언에 서명하는 것을 거부한다(Fall, 1968 : 232~233).

61) 지엠은 제네바협정의 절차에 따라 1955년 중반 호찌민이 제안한 총선거를 위한 예비회담조차 거부했으며, 선거를 치러야 할 1956년까지도 선거에 대해 베트남 대표자와 어떠한 형태로도 논의하려 하지 않았다(Kahin & Lewis, 1969 : 83).

좀 더 자세히 시기별로 구분하면 1946년 5월 1차 미·소공위의 결렬~1947년 5월 20일 2차 미·소공위 재개 이전의 시기, 1947년 5월 21일 2차 미·소공위~1947년 8월 2차 미·소공위의 사실상 결렬 시기, 1947년 9월 조선 문제의 유엔으로의 이관~1948년 8월 남한 단독정부 수립기로 나누어 검토할 수 있다.

우선 1차 미·소공위의 결렬은 당분간 외교적 절충에 의한 해결이 어려움을 의미했다. 미국은 점진적인 경제적 압력과 묵시적인 원자탄의 압력을 통해 소련이 미국의 정책을 보다 쉽게 받아들이기를 원했다. 이는 '강경 속의 인내 정책'으로 표현되는 것이었으며, 이 정책의 범위 안에서는 소련이 타협적인 태도로 나오기 전까지 타협에 대한 미국의 적극적 접근은 이루어질 수 없는 것이었다(김철범, 1995 : 57). 외교적 수단에 의한 절충의 후퇴는 남한에서 미국이 소련을 배제한 단독 행동을 적극적으로 모색하는 전환점이 되었다. 1946년 후반기 주한미군과 대한정책의 기본을 규정하고 있는 6월 6일의 힐드링(Hilldring)의 '대한정책'(Policy for Korea)은 '남한에서 (미국의) 일방적인 행동'을 강조하고 있다. '일방적 행동'의 내용은 '조선의 조선인화'를 위한 자문입법단체의 설립, 독립적인 민주국가의 수립을 위한 미국의 경제적 원조, 그리고 이러한 목적을 달성하기 위한 군사적 점령의 지속[62]을 제안하고 있다. 여기에서 특히 자문입법기구는 1946년 2월 만들어진 남조선대표민주의원을 대체하는 것으로 입법기구의 구성원은 전국적인 한국 임시정부에서 핵심적 지위를 차지할 것이었다(*FRUS*, 1946 Ⅷ : 693~696).[63]

---

62) 미국은 1차 미·소공위 첫머리부터 소련을 견제할 수 있는 적절한 보장책을 수립할 수 없는 한 임정 수립은 불가하고, 점령은 지속되어야 한다는 인식을 지니고 있었다. 미국은 임정 수립 이전에 주한미군의 조기 철수를 강요당하는 사태가 발생하지 않을까 우려하였으며, 1946년 10월 소련 측이 동시 철군을 제안했을 때 국무부나 미군정 모두 임정 수립 이전의 동시 철군은 불가하다는 입장으로 견해를 정리했다(정용욱, 1994 : 197~198).

남한에서의 '일방적 행동'은 1947년으로 접어들면서 더욱 강화되었다. 1947년 1월 29일 국무장관은 극동 문제 담당관이었던 빈센트에게 "남한에 명확한 정부를 조직하고, 그것을 일본 경제와 연결할 수 있는 정책을 기안"(*FRUS*, 1947 Ⅵ : 603)하라고 요청했으며, 2월 조선 문제를 다룰 실무조직으로 새롭게 만들어진 '국무부와 전쟁부의 부서 간 특별위원회'(The Special Inter-Departmental Committee on Korea)에서 25일 작성된 비망록은 한편으로는 소련과의 정부 간 접촉을 제안하면서, 다른 한편으로는 '남한을 위한 공세적이며 적극적인 프로그램의 적용'을 제안했다. '적극적이고 공세적인 프로그램의 적용'에서 '부서간 특별위원회'는 "만일 우리가 한국에 남아있고, 한국의 문제를 해결하는 데 어떠한 성공을 거두려면 공세적이고, 적극적이며, 장기적인 계획이 필요하다고 보여진다"라고 논의하고, 남한의 경제적 회생을 위해, 그리고 완전한 독립국가를 건설하기 위해 미국의 강력한 지원이 뒷받침되어야 한다고 밝히고 있다. '부서간 특별위원회'는 물량에 의존한 원조가 이에 대응하여 동일한 원조를 행하지 못할 소련의 입지를 약화시킬 것으로 보았고, 장기적으로 소련과의 협상에서 미국이 유리한 지위를 선점하게 될 것이라고 생각했다(*FRUS*, 1947 Ⅵ : 613~614).

---

63) 하지는 입법기관 설치에 관한 성명(1946년 7월 9일)에서 "이 기관은 남조선 단독정부 수립의 일 계단이라고 보지 않을 것이며 또 볼 수도 없다"(송남헌, 1985b : 399)라고 밝혔다. 그러나 1947년 9월 트루먼에게 제출된 웨드마이어 보고서는 "남한의 미 당국은 미군정의 다양한 부서의 행정적 책임을 가능한 한 빨리 한국인에게 넘겨 주려고 노력했다. 이를 위해 남조선과도입법의원을 조직했고, 남한 정부의 한국화(Koreanization)정책을 수행하기 위해 노력했다"(*FRUS*, 1947 Ⅵ : 799)라고 밝히고 있다. 웨드마이어의 논의에 의하면 남조선과도입법의원은 하지의 성명과는 다르게 남한 단독정부를 위한 하나의 포석이었던 것이다. 1946년 12월 12일 남조선과도입법의원은 이승만·한국민주당 등 단정세력이 주도권을 확고히 하면서 입법의원의 다수파를 장악했다. 그것은 개혁의 실종과 불공정한 선거 덕분이었다(도진순, 1998 : 117). 불공정 선거의 상황에 대해서는 Conde(1988b : 81~102)의 논의를 참조.

또한 본 위원회의 마지막 권고안은 "한국인의 정부 참여를 더욱 강화"(*FRUS*, 1947 Ⅵ : 618)할 것을 제안함으로써 1946년 중반 이후 진행되고 있었던 '조선의 조선인화정책'을 지지하는 입장을 취하고 있다. 1946년 12월 남조선과도입법의원이 만들어지고, 1947년 2월 5일에는 안재홍이 민정장관에 임명됨에 따라 법원(대법원장 김용무)과 아울러 미군정은 입법·사법·행정의 3권 분립 통치기관의 외형을 갖추었다. 이의 연장선상에서 미군정은 2차 미·소공위가 시작되기 직전 5월 17일 군정 법령 141호를 공포하고, 6월 3일 남조선 과도정부를 공식 출범시킴으로써 행정의 한인화 작업을 마무리지었다(박찬표, 1997 : 176~177 ; 송남헌, 1985b : 453).

이러한 과정을 살펴볼 때 '부서간 특별위원회'가 권고한 소련과의 정부 간 접촉은 적극적이고 공세적인 프로그램의 연장선상에서 추진된 것이다. 2차 미·소공위가 추진되기 이전 이미 남한에서는 독립된 과도정부형태가 만들어지고 있었으며, 2차 미·소공위는 그것이 실패할 경우 조선 문제를 4강 회의나 유엔으로 이관시켜 모스크바회의의 결정사항을 성공적으로 청산하기 위한 징검다리였던 것이다.[64]

2차 미·소공위는 시작 단계부터 그 성사 여부가 매우 의문시되고 있었다. 1947년 1월 22일 이미 맥아더는 최고위 수준의 미·소회담이 결실을 맺지 못할 것이라는 회의적 견해를 피력했고(*FRUS*, 1947 Ⅵ : 601), 2차 미·소공위가 재개되기 직전이었던 5월 11일 랭던이 국무부에 보낸 전문에서도 역시 "표현의 자유가 분명하고 명확히 규정되지 않는다면 우파 지도자들과 정당들이 배제"(*FRUS*, 1947 Ⅵ : 642)될 것이라는 견해를 밝히며 회담의 성공에 부정적 입장을 드러냈다. 게다가 1947년 3월 트루먼독트린으로 상징되는 냉전의 본격적 전개는 국제적 차원에서도 미·소공위의 불길한 전도를 보여 주고 있었다.

2차 미·소공위에서도 핵심적인 문제는 1차 미·소공위 때와 마찬

---

64) 도진순(1998 : 125) ; 정용욱(1994 : 207) 참조.

가지로 ‘공위’와 협의할 대상을 어떻게 설정할 것인가에 집중되었다. 미·소의 입장은 팽팽히 맞섰다. 7월 16일 성명에 의거하여, 소련 측은 협의 대상 명부에서 1) 사회단체로 규정할 수 없는 단체, 2) 지방적 또는 순전히 한 지역의 단체, 3) 특히 반탁투쟁위원회 및 유사한 단체의 회원(공약에서 동회로부터 탈퇴했을 경우는 제함) 등을 제외할 것을 주장했다. 반면 미국 측은 1) 모스크바협정에서는 ‘사회단체’라는 개념에 관한 해석이 없다, 2) 지방적 또는 순전히 한 지역의 단체와의 협의는 어떠한 협정에도 금지되어 있지 않다, 3) 반탁투쟁위원회 가입 단체는 선언서에 서명한 이상[65] 최초의 협의에 참가자격이 있다고 주장했다(최상용, 1998 : 278). 소련에 비해 미국의 주장은 불합리한 것이었다. 서약서에 서명했다고 해서 무명의 지방단체나, 비사회단체를 초청한다는 것은 의미가 없는 일이었으며, 3상회의의 결과로 진행되는 미·소공위에 3상회의를 부정하는 단체가 초청된다는 것도 논리적으로 합당하지 않았던 것이다(신복룡, 2001 : 351).

미국과 소련이 가장 첨예하게 대립되었던 부분은 3항인 반탁세력을 협의체에 포함할 것인가 배제할 것인가의 문제였다. 이에 대해 미국이 채택한 전술은 1차 미·소공위 때와 마찬가지로 반탁세력을 협의체에 포함함으로써 ‘표현의 자유’를 보장해야 한다는 것이었고, ‘조선이 일부 소수파에 의해서 지배되게 할 수 없다’는 주장이었다. 형식적 민주주의를 강조하는 미국의 입장에 대립하여 반탁세력을 협의체에서 배제해야 한다는 소련의 입장은 다음과 같이 표명되었다.

조선 인민 다수는 조선에 관한 모스크바 결정이 정확히 실현될 것을 원하며, 만일 모스크바 결정을 반대하는 제 당 및 단체가 모스크바 결정 실천을

---

65) 이는 6월 7일 제32차 본회의에서 합의를 보아 「공동성명 제11호」로 발표된 것으로, “민주적 정당 및 사회단체는 ‘공위’와의 협의에 참가하기 위해 모스크바협정을 지지하고, 이에 협력한다는 선언서에 서명날인 할 것”(최상용, 1998 : 277)이라는 조건을 말하는 것이다.

파탄하고 국가의 주권을 장악한다면 이것은 일본과 협력하던 자들이 주권
을 장악하는 것을 의미 …66)

소련은 모스크바협정에 반대하는 세력을 반민족세력으로 규정하였
으며, 이들에 의한 주권 장악은 모스크바협정 1조에 규정하고 있는 '민
주주의의 원칙에 의한 국가의 발전과 장기간에 걸친 일본 지배의 결과
에 대한 신속한 청산'에 위배된다고 주장했던 것이다. 소련은 민주주의
는 '의사표시의 자유'라는 입으로 만의 것이 아니라, 직접 '민주개혁'을
실시하는 것이라고 반론했던 것이다(최상용, 1998 : 279).
　　이러한 첨예한 의견대립은 2차 미·소공위를 막다른 골목으로 몰
고 갔으며, 협의에 의한 통일의 가능성을 구축(驅逐)해 갔다. 이후 살
펴보겠지만 미·소 양국은 조선 내의 상이한 지지기반을 통해 자신의
의도를 실현하려 하였으며, 양국의 대립은 민족 내부의 대립으로 치환
되어 격화되고 있었다. 그러나 이 시점에서 한 가지 짚고 넘어갈 점은
과연 모스크바 3상회의의 결의를 실현하기 위한 미·소공위를 파탄낸
근본적 책임은 어디에 있었는가이다. 이는 미·소공위를 통해 누가 조
선 민족 다수의 견해를 관철시키려고 했는가를 통해 드러난다. 결론적
으로 말해 같은 외세였다 하더라도 소련은 미국에 비해 당시 조선의 내
적 지향에 더 부합하고 있었다. 해방 이후 민족적 과제였던 반제·반
봉건혁명은 미국에 유리한 정권기반을 창출하기보다는 소련에게 보다
유리한 정권을 창출할 것이었다. 이는 당시 대중적 정서가 어느 방향
으로 기울었는가를 보면 여실히 드러난다. 미·소공위 정국 당시 조선
신문기자회가 임시정부의 정책에 관해 실시한 가두 여론조사에 의하
면, 응답자 중 72%가 '초청에서 제외될 단체가 있다'고 대답했고, 제외
되어야 할 정당으로는 한민당이 전체 응답자 2,895표 중에서 1,327표

---

66) 『새한민보』, 제1권, 제7호(1947년 9월 상순 호), 10쪽 ; 이호재(1994 : 361)에서 재
　　인용.

(45.8%)를 얻은 반면, 남로당(174표, 6.0%)과 민전(9표, 0.3%)을 제외해야 한다는 응답자는 극히 적었다.[67] 1946년 초 맥큔이 "조선에서의 대다수의 보고들은 미 당국이 보수적인 '소수'를 지지"(McCune, 1946 : 39)하고 있다고 밝힌 바와 같이 미국은 반공적인 일부 지배계급에 의지하고 있었으며, 이 같은 지지기반의 박약함은 조선의 우선적인 통일국가 건설과 독립보다는 조선에 미국의 이해에 부합하는 안정적 토대를 구축하는 방향으로 미국의 정책을 이끌었던 것이다. 이는 2차 미·소공위가 사실상 결렬된 1947년 8월 이후 여실히 드러난다.

2차 미·소공위가 교착상태에 들어가자 정치고문 제이콥스(Jacobs)는 "미·소공동위원회의 결렬이 거의 확실시되므로 미국의 대한정책에 대한 재조정이 필요하게 될 것"(FRUS, 1947 VI : 710)이라고 제안했다. 이어 7월 29일 동북아담당 차관보인 엘리슨(Allison)은 미·소공위가 결렬될 경우 조선의 통일과 과도정부 수립을 위해 조속히 4대 강국회의를 유치해야 하며, 만일 소련이 회담을 지연시키거나, 회의를 거부할 경우 조선의 정부 수립 문제를 유엔으로 회부하여 해결해야 한다는 보고서를 올린다(FRUS, 1947 VI : 734~736). 이러한 상황에서 8월 26일 미국은 미·소공위를 결렬시키는 결정적인 제안을 하게 된다. 국무장관 대리인 로베트(Lovett)의 명의로 소련 외상 몰로토프에게 발송된 각서는 2년간 지속하여 온 미·소공동위원회를 포기하고, 이를 9월 8일 워싱턴 4대국 회의로 회부하자는 제안을 담고 있었다(FRUS, 1947 VI : 773). 이에 대해 소련 외상 몰로토프는 공위에 의한 합의 가능성이 남아 있는 이상 공위를 포기하고 이를 4강 회의로 회부하는 것은 적절하지 않다는 입장을 표명했다(FRUS, 1947 VI : 781). 앞에서도 논의한 바와 같이 소련의 4강 회의 거부는 이미 예상되고 있었던 것이었으며, 4강 회의안은 유엔으로 가는 수순에 불과한 것이었다.

---

67) 『조선일보』, 1947년 7월 16일자 ; 신복룡(2001 : 351)에서 재인용.

소련이 4강 회의를 거부하자 미국은 유엔을 통한 해결을 추구했다. 9월 16일 로베트는 트루먼의 재가를 받아 조선의 문제를 정식으로 유엔에 회부한다고 소련에 통보했다(*FRUS*, 1947 Ⅵ : 790). 이러한 미국의 일방적 태도에 대한 소련의 마지막 반격은 미·소 양군의 동시 철군론이었다. 회의가 막다른 길목에 이르렀다는 것을 느낀 소련 대표단은 9월 26일 '미·소 점령군이 의견의 일치를 보는 것이 불가능하기 때문에', 미·소 양군 모두 1949년 1월 1일을 기해서 동시에 철수하여, '한국인 스스로가 정부를 수립하도록 하자'는 제안을 했던 것이다(Conde, 1988b : 151). 소련의 이러한 제안은 미국에게 풀기 어려운 숙제를 안겨 주었다. 하지는 소련 측의 동시 철군 제안에 대해 "우리가 한국에 온 이래로 가장 감내하기 힘든 선전책동이다. 그것은 광범위한 파급효과를 가지고 있고, 한국인들뿐만 아니라 전 세계 약소국들의 지지를 보다 광범하게 얻어내기 위한 시도"(정용욱, 1994 : 215)였다고 위기감을 드러냈다. 미국 측은 소련 측 발표가 나온 바로 이튿날 소련 측이 미·소공위 협의 대상 문제에 관해 미국 측 입장에 동의하지 않는 한, 미·소공위 재개나 소련 측 제안을 거부할 것이라는 반박성명을 발표했으며, 점령 종식 문제를 유엔의 결정에 연계시킴으로써 미국 측 해결 방안의 틀 내에서 이 문제를 다루고자 했다(정용욱, 1994 : 216).

유엔에 조선 문제를 제출한다는 것은 유엔총회로 하여금 모스크바협정의 이행을 위하여 미·소 간에 야기되었던 의견 차이를 조정해 줄 것을 요청한 것이 아니며, 유엔총회에 모스크바협정을 수행하는 방법에 대한 토의를 요청한 것도 아니었다(Goodrich, 1994 : 378). 1947년 10월 17일 존 포스터 덜레스에 의해 유엔으로 이관된 조선 독립 문제는 미·소 합의 탁치안의 실질적 파기를 의미하는 것이었다. 모스크바 결정 이전부터 유엔을 이용한 탁치안을 대안으로 가지고 있었던 미국은 모스크바 결정의 실현(미·소공위에 의한 통일정부 수립)으로는

자신에게 우호적인 정부 수립의 가능성이 불투명하다고 인식하여 분단
지향적 정책을 합리화시켜 줄 수단으로 유엔을 이용한 것이다(이완범,
1998 : 137). 1947년 9월의 유엔은 이미 미·소 협조의 장은 아니었
다. 미국은 서방 진영의 나라 수가 압도적으로 많았던 유엔에 조선 문
제를 이관함으로써 자국의 주장에 정당성을 부여하려고 했던 것이다
(최상용, 1998 : 285).

유엔에 정식으로 제출된 미국의 안(案)은 '유엔감시 하의 총선거안'
이었다. 그러나 소련이 합의하지 않는 이상 이 안이 실현되기는 어려
웠다. 결국 미국은 유엔감시위원단이 임무를 수행할 수 있는 지역에서
총선을 실시하자는 안을 내놓았고, 이는 1948년 2월 26일 유엔소총회
에서 가결되었다.68) 이러한 결정은 조선의 지리적·정치적 분단을 사
실화하는 행위였다.

신탁통치안을 주도적으로 제기한 것도 미국이었으며, 또한 이를 주
도적으로 폐기해 나간 것도 미국이었다. 베트남에서와 마찬가지로 미
국은 조선의 분단에서 능동적이며 주도적인 역할을 수행했다. 소련과
의 협의는 미국의 이해가 침해되지 않는 한도 내에서 가능한 것이었으
며, 타협이 불가능해지자 미국은 조선의 일부만이라도 자신의 영향권
내에 두기 위해 남한에 분단정부를 수립했다. 이것은 독립을 향한 조
선 민족 전체의 열망을 좌절시켰다는 점에서 반민족적 행위였으며, 구
질서의 청산을 희구하던 피지배계급의 열망을 좌절시키고, 구지배계급
을 지원하여 자신의 지지기반으로 삼았다는 점에서 반혁명적이었다.

---

68) 그러나 이러한 결정은 당시 조선 내의 여론과는 상반된 것이었다. 당시 조선여
   론조사협회가 2월 21~22일 양일간 조사한 내용을 보면, ① 남한지역 선거와 정
   부 수립(11.5%), ② 남한지역 선거와 협의 대상이 될 대표선출(5.0%), ③ 남·북
   조선의 지도자회담(71.0%), ④ 유엔임시위원단의 철수(12.5%)로 남·북회담을
   통한 통일방안의 모색이 압도적이었던 것이다(『우리신문』, 1948년 2월 23일자 ;
   도진순, 1998 : 211에서 재인용).

2. 반(反)혁명과 혁명의 이중주

제3세계의 구식민지역에 대한 미국의 우려는 이 지역에 대한 소련의 직접적인 침탈이 아니었다. 미국이 우려했던 것은 소련의 경제발전이 광범위한 매력을 갖고 있다는 점이었고, 소련이 서유럽뿐만 아니라 세계 도처에 있는 정복되고 억압된 민중을 지원하겠다는 '생각을 가질지도 모른다'는 것이었다(Chomsky, 1999 : 71). 그러나 보다 실질적인 두려움은 구식민지역에서 폭발적으로 발흥하는 민족주의에서 나왔다. 제3세계의 많은 국가들이 식민주의의 잔재에 반대하고 있었다는 사실은 식민주의와의 관계가 소련보다 더 분명하게 보였던 미국에게 불리하게 작용했다(Gaddis, 2003 : 263). 당시 비유럽세계의 정치적 미래는 매우 불확실해 보였다. 그러나 확실한 것은 이 폭발적이고 불안정한 세계에서 일어나는 일이라면 아마 그 어떤 것도 자본주의와 미국 둘 다를 약화시키고, 혁명에 의해서, 혁명을 위해서 생겨난 권력을 강화시킬 것이라는 사실이었다(Hobsbawm, 1997 : 324). 이러한 상황으로 인해 제3세계의 구식민지역에 대한 미국의 봉쇄는 '냉전에 의한 봉쇄'와 더불어 '혁명을 봉쇄'하기 위한 반혁명의 성격을 띠고 전개될 수밖에 없었으며, 공산주의의 침투와 확산이라는 이데올로기적 수사는 해당 국의 민족적 지향이나 인민의 의지와는 관계 없이 미국의 개입을 정당화하는 데 이용되었다.

베트남과 조선에 대한 미국의 개입은 '밑으로부터의 사회적 분출'을 차단하기 위한 '반혁명'의 성격을 지니고 전개되었으며, 특히 남베트남·남한의 초기 국가형성과정에서 나타난 미국의 지배정책은 이를 더욱 잘 보여 준다. 아래의 논의에서는 첫째, 정치체 수준에서 직접적으로 수행된 미국의 지배정책을 검토함으로써 베트남·조선에서 미국이 실제로 어떻게 대중적 요구에 역행하는 반혁명적 질서를 창출해 갔는지를 추적할 것이다. 둘째, 해방과 더불어 분출된 민족적·사회적 지향이 미국의 직접적 영향이 없었던 북부지역, 곧 북베트남·북한에서는 어떻게 발현되었는지를 검토하겠다. 이는 동일한 역사적 경로를 걸어왔으나, 미국의 개입이 부재했던 북부지역의 역사발전경로를 추적함으로써 미국이 남부지역에서 수행했던 반혁명정책의 특성, 그 결과 나타났던 남·북의 이질화와 대립의 심화과정을 검토하기 위해서이다. 남부와 대조적 경로를 취했던 북베트남·북한의 초기 정치·사회적 혁명은 한편으로는 남부체제의 존립을 위협하는 요인이었지만, 다른 한편으로는 남부의 지배계급을 결속시키고, 체제의 차이를 강조함으로써 내부 통제를 강화하는 데 따르는 저항을 상쇄시키는 정당화기제로 사용되었다.

1) 혁명적 정치지형의 역전

2차 세계대전 이후 미국은 자기 세력의 대 확장과 아울러 세계 저개발지역의 광범위한 영역에 걸쳐 네오 파시즘, 국가 테러주의, 고문과 억압이라는 역병을 전파시킨 큰 책임이 있다(Chomsky & Herman, 1992 : 16).

미국의 정책 담당자들은 미국이 이끄는 새로운 국제질서에 대한 기본적인 위협은 제3세계 민족주의—때로는 급진적 민족주의라고도 한다—라는 견해를 밝혔다. 우리 정책 담당자들이 궁극적으로 추구했던 바는 '급진적 민족주의자'들의 체제가 애초부터 권력을 잡지 못하게끔 막는 것이었다(Chomsky, 1996 : 36).

베트남·조선의 혁명적 정치지형의 역전과정을 추적하기 위해 아래의 논의에서는 첫째, 1945년 해방과 더불어 출현한 베트남민주공화국과 조선인민공화국, 그리고 이들 국가체를 주도적으로 이끌었던 사회주의적 민족주의자들에 대한 미국의 대응전략, 둘째, 베트남과 조선의 자생적 국가체를 부정하고 새로운 국가체를 수립하기 위한 전략의 일환으로 수행된 미국의 우파 보수세력에 대한 지원을 검토하겠다. 아래의 표는 미국의 지배정책과 혁명적 정치지형의 역전을 정치체·행위자 수준에서 정리한 것이다.

<표 2-2> 미국의 지배정책과 정치·사회지형의 재편

국가	베트남/남베트남	조선/남한	비고
미국의 지배정책 (정치지형의 재편)	① 내생적 민족정권의 정당성 부정 : 초기의 반혁명과 베트남민주공화국에 대한 부정 ② 반혁명적 분단세력의 형성 : 지엠의 부상과 정치적 토대구축	① 내생적 민족정권의 정당성 부정 : 초기의 반혁명과 조선인민공화국에 대한 부정 ② 반혁명적 분단세력의 형성 : 이승만의 부상과 구지배 세력의 복권	혁명적 정치지형의 역전

내생적 민족정권의 정당성 부정

미국에 의한 최초의 실질적인 반혁명은 베트남·조선의 내생적 국가체인 베트남민주공화국과 조선인민공화국을 부정하는 데에서 시작되었다고 할 수 있다.

미국이 프랑스의 재지배를 용인한 이후 해방된 베트남에서는 영국과 프랑스의 즉각적인 반혁명이 시작되었다. 이후 중국과 영국군에서 점령 임무를 인계받은 필립 르클레르(Philippe Leclerc) 장군은 프랑스는 인도차이나에 대한 권리를 "완력이 필요하다면 완력을 써서라도" 지킬 것이라고 강조했고, 인도차이나의 고등판무관으로 임명된 티에르 다르장리외(Thierry d'Argenlieu) 제독은 '프랑스의 위대함'에 대해 "이 위대함은 토착인 혁명이라는 무정부 상태를 결코 용납하지 않을 것"이라고 열변을 토했다(Fenn, 1995 : 170). 일본이 패망하자 프랑스는 베트남으로의 복귀를 선언했으며, 이는 베트남인의 민족혁명을 부정하고, 프랑스의 재식민지배를 공식화한 것이다.

프랑스의 물리력이 정비되기 전 영국군은 인도차이나에서 일본군의 무장을 해제하고, 프랑스군이 올 때까지 질서를 유지한다는 명목으로 베트남에 들어갔다(*FRUS*, 1945 VI : 313). 그러나 1945년 9월 12일 사이공에 도착한 영국 점령군 사령관 그레이시(Gracey)는 처음부터 연합군의 기본적인 임무에는 관심이 없었다.69) 치안 유지 및 일본군의 무장해제에 대한 영국군의 관심은 2차적이었고, 프랑스군을 원상 회복시킨다는 영·불의 밀약을 완수하는 것이 선결과제였다(Fenn, 1995 : 174). 영국군은 호찌민이 베트남민주공화국을 선포한 지 3주도 되지 않아 억류된 프랑스군을 풀어주고 재무장시켰으며, 호찌민의 혁명정권을 공격하기 시작했다. 혁명군의 무기휴대 금지, 통행금지, 언론·출판의 자유 금지, 무기와 화물차의 프랑스군으로의 양도가 실행되었고, 프랑스는 "베트민은 베트남 인민을 대표하지 않는다", "프랑스는 새로운 정부를 수립할 임무를 지닌다"라는 성명을 발표하면서 호찌민 정권의 정당성을 부정하였다(Bui Dinh Thanh, 1965 : 67~68 ; Tran Nam Tien, 2001 : 153). 9월 22일 밤과 23일 새벽 쩐반쟈우를 수반으로 하던 남부행정위원회가 영국과 프랑스군에게 공격당했으며, 이에 대한 저항이 남부지역을 중심으로 전면화되기 시작했다.70)

그러나 영·프 연합군의 맹공에도 불구하고, 베트민을 제압할 수 없게 되자 영국군은 미국이 조선에서 행한 바와 같이 일본군을 활용하였다. 9월 27일 그레이시는 일본군 사령관 테라우치(寺内)를 체포하고, 만약 사이공의 질서 회복을 돕지 않는다면 전쟁범죄자로 그를 구금하겠다고 위협하여 협조를 약속받았다. 이날 이후 일본군과 무장한 베트남인 사이의 충돌이 일상화되었고, 일본군은 연합군의 지휘 아래 공식적인 전투에 참가하였으며, 적극적으로 프랑스를 도왔다.71) 현지 점령군이었던

---

69) 마운트바텐(Mountbatten) 원수의 지시는 영국 점령군의 임무는 일본군의 무장해제에 국한하며, 인도차이나의 내정에 간섭해서는 안 된다는 것이었다. 그러나 그레이시는 이를 지키지 않았다(Buttinger, 1968 : 222).

70) 이 시기 이미 1차 인도차이나전쟁은 시작되었다. 1946년 말 전면전으로 확대된 전쟁은 베트민의 남부행정위원회가 파괴되면서 시작된 작은전쟁의 연속선상에서 이루어진 것이다(Buttinger, 1968 : 224~225 ; Hac Hai, 1965 : 41).

71) 이러한 행동을 전해 들은 맥아더는 "나를 피가 끓어오르게 격분케 하는 것은,

일본군의 도움하에 영국과 프랑스는 코친차이나를 중심으로 16도 선 이남을 효과적으로 점령할 수 있었다(Buttinger, 1968 : 225~227).[72] 프랑스는 사이공을 중심으로 한 도심지역을 장악한 이후 지역평정을 위해 인민위원회를 대체하여 마을 유지위원회(councils of notables)를 부활시킴으로써 인민권력을 파괴하였으며, 반혁명의 토대를 구축하기 시작했다(Bui Dinh Thanh, 1965 : 79).

영국과 프랑스의 베트남 점령과정에서 미국이 보였던 태도는 이중적이었다. 베트남공산당 자료인 「건국항전에 대한 중앙집행위원회의 지시」는 이를 다음과 같이 분석하고 있다.

> 비록 미국이 인도차이나에서 여전히 중립을 지키고 있다고 이야기하고 있지만, 미국은 이미 프랑스가 인도차이나에 보낼 군을 수송하기 위한 배를 빌려 주는 등 프랑스를 은밀히 돕고 있다. 미국은 한편으로는 인도차이나와 동남아시아의 이익을 놓고 영국·프랑스와 경쟁하기를 원하지만, 다른 한편으로 영국·프랑스와 협력하여 소련을 포위하는 동맹을 맺고 싶어하기 때문에 동남아에서의 일부 이익을 희생할 수도 있다.[73]

미국은 표면적으로는 중립을 표방했지만, 호찌민의 국가 승인 요청

우리 동맹국들이 인도차이나와 자바에서 우리가 해방을 약속한 약소 민족을 다시 정복하기 위해 일본군을 배치한다는 사실이다. 그것은 가장 비열한 배신행위이다”라며 분통을 터뜨렸다고 한다(Asprey, 1975b : 675). 그러나 맥아더의 이러한 발언은 아래에서 살펴볼 조선에서의 미국의 행위를 생각한다면 매우 이율배반적인 것이었다. 맥아더는 하지가 일본인들을 이용하는 것을 묵인·방조했던 것이다.

72) 후일 일본은 이러한 협력의 대가로 최고의 칭찬을 받았다. “영국 측은 어제의 적이 보여 준 규율을 높이 평가했다. 그들은 종종 상대방에게 경의를 표하는 당구장의 최고의 전통을 본받아 따뜻한 마음으로 일본군의 군율을 칭찬”(Fenn, 1995 : 174)했던 것이다.

73) Chi thi cua Ban Chap hanh Trung uong ve Khang chien kien quoc(25-11-1945)(건국항전에 대한 중앙집행위원회의 지시－1945년 11월 25일), Dang Cong San Viet Nam(2001b : 24).

을 묵살했으며, 프랑스를 은밀히 지원함으로써 베트남의 독립국가 수립을 저지했다. 또한 미국이 프랑스에 대한 공식적인 원조를 시작한 것은 1950년 이후였지만, 프랑스의 반민족혁명을 지원한 것은 프랑스가 베트남에 개입하면서부터 시작되었다. 호찌민은 이러한 상황을 다음과 같이 설명한다.

> 전쟁이 시작된 맨 처음부터 미국은 프랑스에 자금과 무기를 공급했다. 예를 들어 우리 병사들이 노획한 무기, 전쟁물자, 심지어 통조림의 85%에 'Made in U.S.A'라는 상표가 붙어 있었다.[74]

베트남에서 미국은 비록 직접적인 점령자는 아니었으나, 프랑스가 베트남인들을 재지배하는 것을 조력하였으며, 이후에는 직접적인 지배자이자 점령자로 탈바꿈함으로써 베트남인들의 민족혁명을 지연시키는 데 결정적인 역할을 수행했다.

점령국으로서 미국의 대(對) 조선정책은 처음부터 매우 공격적이었다. 1945년 9월 4일 점령군 사령관 하지는 자신의 부하들과 장교들에게 "조선은 … 미국의 적이다. 그러므로 조선은 항복규정과 조건에 따라야 한다"라고 훈시했다. 당시 미 육군의 군사정부에 대한 안내 책자는 미국이 정복한 적국들과 해방한 우호국들에서의 점령작전을 구분하고 있었다. 해방된 국가들에서는 기존의 정부 법규와 인물들을 통하여 간접적으로 통치하고, 정복한 국가들에서는 군사정부를 세우고, 법률과 제도를 철저히 개조해서 통치하라고 규정했다. 미 점령군은 일본에서는 기존의 정부를 활용했던 반면, 조선에서는 군사정부를 세웠다. 조선은 정복당한 적국으로 취급되었으며, 일본은 해방된 우호국으로 취급되었던 것이다(송광성, 1993 : 93).[75] 마크 게인은 이를 다음과 같이 표현했다.

---

74) Ho Chi Minh, "The Imperialist Aggressors can never Enslave the Heroic Vietnamese People" April 4, 1952 ; Fall ed.(1967 : 234).

75) 패전국 일본은 미군정의 감시를 받으며 자신이 행정을 맡았는데, 조선은 태평양

> 우리는 해방군(army of liberation)은 아니었다. 우리는 점령하기 위해서, 한국
> 인이 항복조건에 복종하는가 아닌가를 감시하기 위해서 온 것이다. 상륙
> 첫날부터 한국인의 적(enemies)으로서 행동했다.[76]

미국의 점령은 초기부터 매우 공격적 의지를 표출하며 이루어졌
다.[77] 적국과 우호국이 뒤바뀐 상황에서 초기 미국의 조선 점령정책은
현지 통치의 효율성 제고라는 방향에서 세워졌으며, 이를 반영한 조치
가 조선인을 통치하기 위해 일본인을 다시 이용하는 것이었다. 미군 24
군단과 직통 무전을 개설한 조선관구사령부는 9월 3일 "일본군은 미군
이 인수할 때까지 38선 이남에서 조선의 치안을 유지하고 동시에 행정
기관을 존치한다"(송남헌, 1985a : 89~90)라고 공포했고, 맥아더의
포고령1호 제2조는 "정부나 공공단체의 모든 직원은 별명이 없는 한 종
래의 직무에 종사해야 한다"(*FRUS*, 1945 Ⅵ : 1043)라고 명시했다.
미국은 한반도에서 점령정책을 '충실히', 그리고 '효과적'으로 전개하기
위해서 일본의 총독체제를 잠정적으로 활용함과 동시에 일본인 관리와
심지어 경찰까지 이용할 것을 결정하였다(진덕규, 1985 : 126).[78] 이
에 따라 조선총독부의 기구는 그대로 미군정의 기구가 되었고, 엔도(遠

지역에서 유일하게 군사정부가 설치된 나라가 되어 버렸다(서중석, 1998a : 255).

76) Gayn, Mark, Japan Diary, 1948 429쪽 ; 최상용(1998 : 59)에서 재인용.

77) 1945년 9월 7일 하지의 24군단이 상륙함과 동시에 맥아더 사령부가 공포한 포
고령 제1호의 3조는 "점령군에 대한 반항운동이나 질서를 교란하는 자는 엄벌
에 처한다"(*FRUS*, 1945 Ⅵ : 1043)라고 선언하고 있다. 이에 비해 8월 15일 소련
의 치스차코프(Chistiakov)에 의해 발표된 포고문은 "조선 인민들이여! … 조선은
자유국이 되었다. … 조선 사람들이여! 기억하라! 행복은 당신들의 수중에 있다.
당신들은 독립을 찾았다. 이제는 모든 것이 당신들에게 달렸다. … 조선 인민
자체가 반드시 자기의 행복을 창조하는 자가 되어야 할 것이다"(임영태, 1999 :
21~22)라는 내용으로 미국과는 매우 대조적인 모습을 보인다.

78) 미국인들이 조선에 대해 최초로 자문을 받은 것은 '일본인 전임자'들이었고, 하
지는 1945년 9월 11일 인터뷰에서 "사실 일본인들은 나의 가장 믿을 만한 정보
원이다"(Henderson, 2000 : 332)라고 인정했다.

藤柳作) 정무총감 등 총독부 관리들은 처음에는 유임되었다가, 군정청 고문으로 근무하라는 지령을 받았다(서중석, 1998a : 255). 이러한 조치가 한인들의 전면적인 반대를 초래하고, 동경 및 워싱턴의 상관에게 저지받게 되자, 미군정은 일인 관리를 공개적으로 제거하고, 비난을 무마하려 했지만, 일부는 비공식적 고문으로 유임되어 한인 관리를 천거하는 결정적 역할을 맡게 되었다(Cumings, 1986 : 207). 이는 조선민족의 해방을 인정하지 않으려는 반민족혁명적 현상유지정책에서 나온 조치이며(서중석, 1998a : 255), 이후 식민관료체제를 전면적으로 부활시켜 국가기구를 강화시키는 출발점이 된다.

초기 미군정이 일본인을 재활용했던 것이 조선 지배의 효율성을 제고하기 위한 것이었다면, 완전한 지배권을 구축하기 위해 가장 중요한 작업은 국가라는 호칭을 사용하면서 합법적 정통성을 주장하는 조선인민공화국의 권위를 파괴하는 것이었다. 미군은 처음에는 개인적으로, 그리고 서서히 공식적으로 '조선인민공화국'과 그들의 정통성 주장을 매도했다(Henderson, 2000 : 206). 군정장관 아놀드(Arnold)는 1945년 10월 10일 "남한에서 유일한 합법정부는 오직 미군정일 뿐이며, 미군정은 행정부의 모든 영역에서 포괄적인 통제력과 권위를 가지고 있다"(진덕규, 1985 : 131)라는 성명을 통해 조선인민공화국을 부인했다. 아놀드는 조선인민공화국이 1946년 3월 1일 총선거를 계획하고 있는 것을 '꼭두각시 연극', '한국민들에 대한 기만'이라고 비난하고, 투표의 결정은 미군정의 권한이라고 못박았다(신복룡, 2001 : 233~234 ; Conde, 1988a : 53~54). 더 나아가 12월 12일 하지는 조선인민공화국을 부정하는 공식적인 성명을 발표했다. 이는 조선인민공화국이 미군정의 공적(公敵)임을 선포한 것이었고, 하지가 친우에게 보낸 편지에서 "우리의 사명은 외부의 지시가 없이, 그리고 합동참모본부와 국무성의 지지가 없이 이 공산당 정부(인공)를 분쇄하는 것이었다"라고 밝힌 것을 실행에 옮기는 것이었다(Cumings, 1986 : 255). 미군정은 조선인민공화국을 부정함과 더불어 각지에 조직된 지방인민위원회의 해체를 종용하고, 이에 응하지 않을 경우 군대와 경찰을 동원하여 강제 해산시켰다. 당시 남한에서 해방과 더불어 아래로부터 자발적으로 조직된 시민권력이었던 지방인민위원회를 파괴할 수 있는 역량을 지닌 것은 미군정뿐이었다. 미군정은 인민위원회를 파괴함으로써 중앙정치권력(인공)의 토대를 붕괴시켰으며, 이는 독립된 민족국가건설을 향한 해방 조선의 민족적 열망이 좌절되어 감을 의미하는 것이었다.

반혁명적 분단세력의 형성

민족혁명에 반(反)한 점령정책을 추구하면서 외세―베트남의 프랑스·미국, 조선의 미국―가 이용할 수 있는 세력은 민족혁명을 통해 자신의 기득권을 상실할 세력이었다. 해방 이후 베트남·조선의 지배계급과 외세의 관계를 적절히 보여 주는 것은 커밍스의 아래와 같은 언급이다.

> 미군이 1945년 한국에 진주했을 때 그들은 한 구석에서 은밀히 쑥덕거리는 활동을 발견했다. 지방이나 대중적 기반이 없는 소수 개인들의 집단이 모여서 희미하게 민주주의를 중얼거리고 있었던 것이다. 다른 한편에서는 한인 주권의 모습으로 자처하면서 시골까지 깊숙이 침투해 있다는 사실로써 자신의 주장을 뒷받침하는 혁명적 조직들을 발견했다. 그들 혁명가들은 일본에 항거했다는 권위의 기초 위에서 자신들의 통치권을 주장하였다. 반면 보수집단들은 전통에 자신들의 정당성의 기초를 두었다. 그들은 자신들이 과거에도 통치했으니 앞으로도 계속 통치하겠다는 것이었다―다시 말해, 만약 미국인들이 그렇게 하도록 시킨다면 말이다(Cumings, 1986 : 144).

베트남에 복귀한 프랑스, 1차 인도차이나전쟁 이후 프랑스를 대체하여 새로이 지배권을 행사하려 했던 미국, 그리고 조선에 진주했던 미군이 필요로 했던 것은 현지 협력자였으며, 향후 남부지역(남베트남·남한)의 지배자가 되었던 이들 협력자들은 외세에 의지함으로써 그들에

게 닥쳐올 해방과 혁명의 파고를 피하고, 과거의 지배권을 유지하고자
했다.

베트남의 경우 드빌레(Devillers)는 1945년 이후 베트남의 정치지
형을 보면서 "애국심은 결코 베트민의 독점물이 아니다. … 프랑스가 일
단 (베트남의 독립에 대한) 명백한 입장을 취하면 베트남에서 새로운 세
력과 당이 나타나게 될 것"(Devillers, 1950 : 6~7)이라고 주장했다.
그러나 드빌레가 주장한 새로운 애국자들은 기껏해야 베트남 인구의
10% 정도의 지지를 받는 세력에 불과했다.[79] 그러면 프랑스가 베트남
인의 정부라고 주장하며 옹립했던 '애국자'들의 면면을 간략히 살펴보자.

1946년부터 프랑스에 의해 추대된 국가의 수반들은 그들의 경력에
서나 계급적 기반에서 새로운 국가를 이끌어 갈 자격을 갖추고 있지 못
했다. 1946년 3월 26일 남부임시공화국의 수반으로 선출된 응우옌반틴
을 비롯하여, 바오다이가 베트남에 돌아온 후 1950년 1~4월까지 수상
을 지낸 응우옌판롱(Nguyen Phan Long), 1953년 이후 지엠이 들어
오기 전까지 수상을 지낸 응우옌반떰(Nguyen Van Tam), 이 모두가
지주세력을 대표하는 대표적인 친프랑스 정당인 입헌당의 인물들이었
다. 이는 1946~1954년까지 바오다이와 그의 사촌인 브우록(Buu
Loc)을 제외한 6명의 수상 가운데 50%가 친프랑스 지주세력을 대변한
인물이었음을 말해 주는 것이다. 또한 1947년 10월~1949년 7월까지
수상을 지낸 응우옌반쑤언(Nguyen Van Xuan)은 프랑스군 출신으로
중장까지 승진하고, 1954년 제네바협정 이후 프랑스로 간 인물이었다.

이들의 특성은 철저히 비대중적이었다는 점이다. 사이공 정부의 고
위 공직자들은 한결같이 대중들을 향해 "그들은 우리가 그들을 위해 하

---

79) 이는 1946년 프랑스와 호찌민이 합의했던 전국적인 총선거 규정에 대한 식민주
　　의자 바제(Baze : 코친차이나자문위원회 의원)의 평가에서 드러난다. 바제는 "만
　　약 우리가 지금 국민투표를 실시한다면 인구의 90%가 우리에게 반대할 것이다.
　　… 현재 국민투표를 실시하는 것은 완전히 미친 짓이다"(Bui Dinh Thanh, 1965
　　: 96)라고 고백했다.

는 일을 전혀 이해하지 못해"(Fall, 1968 : 204)라고 외쳐댔으며, 이들의 정점에는 바오다이가 있었다. 바오다이는 프랑스에 의해 교육되었고, 1932년 즉위한 이후로 프랑스에 순종했으며, 1945년 3월 일본의 쿠데타 이후로는 일본을 따랐고, 1949년 이후로는 다시 프랑스가 만든 베트남공화국의 수장이 되었다. 바오다이는 대중들의 지향을 제대로 이해하지 못했다. 홍콩에 체류할 당시 '나이트클럽의 황제'라는 세평을 듣던 바오다이에 대해 1949년 폴 리베(Paul Rivet) 교수는 "진지한 사람들은 바오다이가 불운에 처한 그의 조국에 대해 너무도 무관심한 것에 놀랐다"(Fall, 1968 : 208)라고 말했다. 바오다이는 프랑스에 의해 키워졌으며, 바오다이의 주변에 있던 인물들도 역시 프랑스의 지배하에서 성장하고 자신의 정치·경제적 기반을 형성했던 자들이었다. 따라서 프랑스가 1947년부터 그들이 베트남을 철수한 1956년까지 '바오다이를 통한 해결'을 버릴 수 없었던 것은 바오다이가 비록 독립을 이야기하고 있을지라도 바오다이만큼 프랑스의 이해를 충족시켜 줄 수 있는 인물이 없다고 보았기 때문일 것이다.

프랑스가 바오다이에 집착한 데 반해 미국은 그렇지 않았다. 미국은 초기에는 '바오다이를 통한 해결'을 지지했음에도 불구하고 바오다이 정부의 친프랑스·비대중적 성격에 대해 회의를 나타냈으며(Gravel ed., 1971a : 57~60), 이것은 바오다이의 지도력에 대한 의심으로 이어졌다. 미국이 보기에 바오다이는 대다수의 농민뿐만 아니라 비공산주의 계통의 민족주의자들로부터도 지지를 끌어내지 못해 베트민과 경쟁할 만한 인물이 아니었다. 미국은 1950년 2월 바오다이 정부를 승인한 지 2개월도 지나지 않아 바오다이 정부의 수상인 응우옌판롱을 지엠으로 대체하고자 시도했으나 실패했다.[80] 그러나 미국은 계속해서 바오다이를 대체할 강력한 지도자를 원했다. 아이젠하워는 프랑스인 조언자의 말을

---

80) 당시 수상으로는 지엠 대신 친프랑스파인 쩐반흐우(Tran Van Huu)가 임명되었다(Pham Thanh Vinh, 1963 : 32).

빌려 "월남에 필요한 인물은 또 한 사람의 이승만입니다. 어떠한 곤경이 닥쳐도 꿈쩍하지 않는 그와 같은 인물이어야 합니다"(Eisenhower, 1975 : 205)라고 자신의 입장을 간접적으로 나타냈다.

제네바회담이 끝난 1954년 8월 베트남에 대한 미국의 기본 정책 구상은 '바오다이를 통한 해결'을 '지엠을 통한 해결'로 대체함으로써 미국의 지배를 확실히 하는 것이었다.[81] 제네바회담이 끝나기도 전에 바오다이를 지엠으로 대체하고자 하는 미국의 움직임이 본격화되었으며, 1954년 7월 7일 베트남공화국의 수상이었던 브우록은 지엠으로 대체되었다. 미국의 입장에서 바오다이는 구식민주의의 표상이었다. 프랑스로 상징되는 구식민주의와 차별성을 드러내기 위해서라도 미국은 바오다이 카드를 버리고 지엠을 선택할 수밖에 없었다. 정치체·행위자 수준에서 지엠을 지원하기 위해 미국이 취한 정책은 상부 정치구조를 재편하고, 정치적 하부토대를 만드는 두 방향에서 수행되었다.

지엠을 지도자로 세우는 길은 평탄치 않았다. 1954년 지엠이 베트남으로 돌아왔을 때 그의 권력은 미약했다. 군권은 지엠에 대해 반대하는 친프랑스 집단이 통제하고 있었고, 사이공과 쩌런(Cho Lon)의 핵심적인 경찰권은 프랑스의 지원을 받는 갱 집단인 빈쑤엔(Binh Xuyen)이 장악하고 있었으며, 경제권은 프랑스인과 화인이 통제하고 있었다(Bouscaren, 1965 : 37). 또한 친프랑스적이며 사병을 거느리고 남부지방을 장악하고 있었던 호아하오, 까오다이 교파와 지엠을 반대했던 프랑스의 존재, 1956년으로 예정되어 있었던 총선거 등은 지엠 정권의 생존을 위협하는 것이었다. 이러한 상황은 베트남에 호의를 가진 사람들조차도 새로운 국가가 2년 이상을 지탱하지 못할 것이라는 회의적 견해를

---

81) 당시 미국의 정책은 프랑스가 남베트남에 대한 완전한 독립을 인정하고, 강력한 토착정부를 지지할 것, 지엠이 정부의 기반을 넓히고, 의회를 선출하며, 헌법의 초안을 작성하고, '바오다이를 합법적으로 폐위'시킨다는 것이었다(Gravel ed., 1971a : 204).

갖게 했다(Buttinger, 1958 : 4 ; 1959 : 9).

이로 인해 미국은 지엠에 대한 지지를 결정했음에도 불구하고, 1955년 초까지도 과연 계속해서 지엠을 지지해야 할 것인가에 대해 고심했다.[82] 그러나 미국은 결국 지엠을 선택했다. 사이공군사사절단(Saigon Military Mission)의 랜스데일(Lansdale)은 지엠의 전복을 공공연히 천명하고 있던 친프랑스파 참모총장 응우옌반힌(Nguyen Van Hinh)과 군벌세력에 맞서 비합법·반합법적인 조치들, 곧 군벌을 회유하기 위한 뇌물 제공, 지엠이 실각할 경우 원조를 중단하겠다는 위협 등을 펼쳤으며, 이를 통해 반대세력을 축출하고, 나머지 군벌과 지엠을 결합시키는 데 중요한 역할을 수행했다(Post, 1989a : 221~226).

또한 지엠의 강력한 지지자인 맨스필드(Mansfield)는 1955년 5월 상원 연설에서 바오다이를 지엠으로 대체할 것을 강력하게 주장했다.

> 지엠 수상은 우리가 남베트남에서 희망을 걸 수 있는 최상의 인물이다. 그는 미국 정부와 외교정책의 충심어린 지지를 받을 가치가 있고, 그래야만 한다. 지금은 우리가 지엠이 아닌 바오다이와 관계를 절연할 때이다. 만약 남베트남 정부가 이 둘을 모두 포용할 수 없다면 사라져야 할 사람은 바오다이다(Kahin & Lewis, 1969 : 71).

바오다이를 지엠으로 대체하는 것은 미국의 계획대로 합법적인 외양을 띠고 진행되었다. 지엠은 바오다이를 중심으로 한 군주제를 그대로 유지할지, 혹은 지엠의 새로운 정부를 인정할지를 국민투표를 통해 결정하기로 하였으며, 투표는 1955년 10월 23일 행해졌다. 갖은 불법과 편파적 선전이 동원되었으며, 지엠은 98.2%의 지지를 얻어 남베트남의 새로운 지배자가 되었다.[83] 지엠이 비록 군주제의 폐기를 통해

---

82) 이러한 과정에 대한 개괄적인 설명은 Bouscaren(1965 : 37~49) ; Gravel ed.(1971a : 204~208) 참조.

83) 투표 결과 바오다이의 폐위에 찬성 5,721,735표, 반대 63,017표, 무효 44,105표가

전통과 단절하고자 했지만, 과거 프랑스시기부터 이어져 오던 구지배세력과의 반혁명적 동맹은 계속 유지되었다.[84]

국가건설 초기 남부정권의 정치적 하부토대를 강화하기 위해 미국이 수행한 가장 핵심적인 사업은 '피난민계획'이었다. 피난민계획은 정전 후 300일 이내에 인구의 자유로운 이동을 보장한 '베트남군사정전협정'의 2조와 제네바협정 최종선언 6항에 의거한 것이었다. 미국은 수송기와 수송선을 동원하여 북부인의 남하를 적극적으로 지원했다(Gravel ed., 1971a : 576~577). 거의 90만에 이르는 피난민 중에서 544,000명 정도가 가톨릭교도들이었고, 이들은 미국의 지원에도 불구하고 남부에 실질적인 지지기반이 없었던 지엠 정권의 정치적 토대가 되었다.[85] 피난민운동의 결과로 생겨난 많은 유휴인력은 격렬한 반공주의자로서 정보국, 공직, 농촌 활동팀 등으로 흡수되었으며, 지엠 정권의 가장 강력한 지지자이며 선전도구로 기능했다.

조선의 경우 해방 당시 우익보수세력은 좌익을 배제하고, 친미적 반공국가를 세우려 한 미국의 정책을 실현시키기에 더없이 좋은 동맹자였다. 미국 CIA 보고서는 당시 우익의 상황을 다음과 같이 설명하고 있다.

나왔다. 불법적이고 편파적인 선거의 내용과 조직화 방식은 Fall(1968 : 256~257) ; Harrison(1989 : 213) ; Grant(1958 : 439~440) ; Penniman(1972 : 20~21) 등을 참조.

84) 지엠 정권 하에서 반식민주의의 주요한 척도인 식민잔재의 인적 청산은 제대로 이루어지지 않았다. 1959년 초 13,700명의 공무원 가운데 36% 정도가 프랑스 지배 하에서 공직을 수행했으며, 14명의 각료 가운데 8명이 이전 식민행정, 혹은 보호국행정 하에서 몸담았던 인물이었다(Scigliano, 1964 : 49). 더욱 문제가 되었던 것은 프랑스인이 떠난 자리를 메운 것이 베트남인들이 아니라 미국인들이었다는 점이다.

85) 종교적 요인에 의해 남하를 한 가톨릭교도들도 있었겠지만, 이러한 대대적인 남하에는 미국의 물리적 위협과 종교를 이용한 심리전이 작용하고 있었다. 미국은 직접적인 물리적 위협으로 북부지역에 대한 원폭계획을 유포했으며, '그리스도와 동정녀 마리아가 남하했다'는 내면 심리전을 펼침으로써 가톨릭교도들의 남하를 적극적으로 유도했다(Kahin & Lewis, 1969 : 74 ; Manhattan, 1984 : 59~68 ; Phong Hien, 1979 ; Post, 1989a : 232).

우익지도부는 사실상 이 나라의 국부(國富)와 교육을 독점하고 있는 수적으로 소수에 한정된 계급에 의해 이루어졌다. 이들은 일제가 남겨놓은 자산(식민자본)의 공평한 분배가 일부에 집중되어 있는 한국인 소유의 부를 몰수하는 전례가 되지 않을까 두려워하기 때문에 기본적으로 좌익에 반대한다. 이 계급은 어느 정도 '친일'을 하지 않았다면 일제하에서 유리한 지위를 얻고, 이를 유지할 수 없었을 것이기 때문에 정치적인 공직에 마땅한 후보자를 찾는 데 어려움을 겪었고, 외국에서 돌아온 이승만이나 김구 같은 망명 정객들을 지지할 수밖에 없었다. 이 인물들은 친일의 오점은 없지만 본질적으로 독재지배의 경향을 띤 선동정치가들이다(Cumings, 1990 : 186).

또한 당시 미군정 정치고문인 베닝호프의 보고서는 조선, 특히 남한의 혁명적 정세를 우려하면서 다음과 같은 희망을 피력했다.

정치정세에서 유일하게 고무적인 요소는 보다 연장자이고 교육을 받은 사람들 가운데 수백 명의 보수주의자들이 서울에 있다는 것이다. 그들 중 많은 사람들이 일본을 위해 봉사하기는 했으나, 그러한 오점은 결국 없어질 것이다. … 비록 다수는 아니지만 아마도 최대의 단일집단일 것이다(*FRUS*, 1945 Ⅵ : 1050).

미국과 조선의 보수우익은 조선의 혁명을 저지해야 한다는 측면에서 동일한 목적을 지녔으며, 그 결과는 반혁명동맹이었다.

조선에서 미군정은 크게 두 개의 조선인 집단과 동맹관계를 이루어 나갔다. 하나는 구래의 지주계급과 소수 자본가계급으로, 이 집단은 직접적인 친일파와 광의의 친일파로 구성되었다. 다른 하나는 식민지 관료집단으로, 이 집단은 거의 전부가 직접적인 친일파집단이었다. 여기에서 전자는 상층 지배동맹세력, 후자는 지배동맹세력을 기능적으로 지지하는 하위 동맹세력이 되었다.[86)]

지배동맹세력의 중추는 지주계급을 중심으로 한 한국민주당이었다. 우익진영 인사들이 한민당 결성을 위해 본격적인 활동에 나선 것은 소

---

86) 이러한 구분에 대한 논의는 강정구(1997b) 참조.

련이 남하를 멈추고, 미군 상륙을 예고한 삐라가 여러 차례 살포된 후인 1945년 9월 4일부터였다. 이날 이들은 우익세력을 통합하여 발기인대회를 갖고, 미군이 인천에 상륙한 9월 8일에는 600명의 발기인 명의로 조선인민공화국 타도에 관한 성명을 발표했으며,[87] 9월 16일에 당 결성대회를 마쳤다.[88]

보수세력에 대한 미군의 '애정'은 진주 이후 바로 드러났다. 진주 당일 하지를 영접하려 했던 여운홍 일행은 내쳐진 반면 9월 10일 아놀드 소장이 개최한 사회 유지 초청 간담회에는 모두 미국에서 유학한 한민당 관계자들이 다수 초청받음으로써 처음부터 미군정과 보수우익의 밀월이 시작된 것이다.

남한의 체제는 해방 직후 처음 몇 달도 안 되어 등장했으며, 미군정의 지원을 받은 한민당은 대중을 조직하는 대신 엘리트를 조직하고 국가의 중요한 자리를 장악함으로써(Cumings, 1990 : 185) 국가권력의 핵심으로 다가갔다.[89] 당시 미군정에 의한 행정관료 충원은 두 가지 원

---

87) 이 성명서는 조선인민공화국의 정통성을 부정하고, 비방하는 내용으로 가득 차 있다. 또한 1948년 발행된 『한국민주당소사』는 자신의 정통성을 주장하고, 사회주의세력을 부정하는 내용으로 일관한다. 당시 한민당 총무이며 미군정 3년 동안 좌파세력 저지에 공적을 올린 조병옥의 회상에 의하면, "한민당의 첫째 사업은 해방 직후에 일찍이 결성된 건국준비위원회와 같은 해 9월 6일 좌익분자를 중심으로 조직된 이른바 조선인민공화국을 거세시키는 일"이었다고 밝히고 있다(조병옥, 1986 : 141).

88) 이는 이들이 의지하고 있었던 권력의 토대를 그대로 드러내는 것이다. 여운형을 중심으로 한 건준 세력이나 박헌영을 위시한 조선공산당 세력에 정면으로 대결할 심리적·조직적 여유조차 없었던 이들에게 미군의 상륙은 커다란 전기가 되었고, 이를 바탕으로 생존을 위한, 정국 주도권 장악을 위한 투쟁에 나선 것이다(심지연, 1984 : 49). 당의 성립과정과 조직에 대해서는 김광식(1985 : 128~129) ; 심지연(1984) ; 연시중(2001a) ; 해방3년사연구회(1988 : 137~138) 등의 논의를 참조.

89) 한민당은 현상 유지를 위해 진보적 민족세력을 탄압하고 한민당을 적극 지원한 미군정과 밀착하여 군정청 요직을 차지했기 때문에 단시일 내에 세력 있는 정당으로 등장할 수 있었다(서중석, 1998a : 266).

칙에 의해 이루어졌는데, 그것은 영어 구사력이 있고 교육 수준이 높을 뿐만 아니라 미국의 자유주의 이념을 옹호하는 친미적 인물이어야 한다는 것, 공산주의와 관계가 있는 한국인은 배제한다는 것이었다.[90] 이러한 원칙은 한민당 계열의 지주세력과 구식민관료가 중앙국가기구의 핵심을 이룰 수 있도록 하는 배경이 되었다(안진, 1996 : 108~109).

그러나 미군정의 초기 정책, 곧 점령자로서의 고압적 지배, 일본인의 재기용, 친일파·우파보수세력에 대한 편애 등은 대중들의 지지를 상실하는 요인으로 작용했다. 미군정은 자신들의 행동을 정당화하기 위해 대중들의 신망을 받는 우파민족주의자를 전면에 내세울 필요가 있었으며, 이는 한민당 또한 절실히 필요로 하는 것이었다. 이를 위해 미군정이 활용하고자 한 카드는 이승만과 김구였으며, 한민당 또한 중경임시정부추대운동을 벌였다.

미군정·이승만·한민당의 지배동맹은 모두의 이해를 충족시키는 것이었다. 우선 미국이 이승만을 지지했던 가장 중요한 요인은 그가 철저한 반공주의자였다는 점이다. 이승만의 반공은 미국에서부터 유명했다. 그는 비타협적 반공 자세로 미국의 신임을 얻었으며, 2차 세계대전 중에는 그렇게 무시당했음에도 불구하고 전쟁이 끝나자 맥아더와 하지 중장이 정중히 조선으로 모시는 몸이 되었다(송건호, 1985 : 146).[91] 하지는 조선에 도착한 지 채 1년도 안 되어 이승만에 대해 깊은 혐오와 불신을 지니게 되었다. 그럼에도 하지가 이승만을 지지한

---

90) 맥도널드는 미국인이 우익을 편애한 것은 "정치·경제적 이념면에서 거부감이 덜했고 의사소통이 가능했기 때문"(MacDonald, 2001 : 228)이라고 밝히고 있다. 한민당 결성 전후까지 주요 구성원들의 경력을 살펴보면, 첫째, 언론계 출신 그 중에서도 동아일보 출신을 들 수 있고, 둘째, 과거 일제와 협력했다고 지목되는 사람, 셋째, 자본가계층, 넷째, 일본·미국 등에서 유학을 한 지식인계층의 네 가지 범주로 구성된다(심지연, 1984 : 99~109). 이 범주의 인물들은 반혁명을 기조로 하는 미국의 인력 충원 기준에 가장 잘 부합하였다.

91) 맥아더는 하지에게 이승만을 국민적 영웅으로 환대할 것을 권유했으며, 도착(10월 16일)한 지 나흘 후 하지에 의해 대중들에게 소개되었다.

것은 달리 대안이 없었거니와 그의 체질화된 실용적인 반공주의 때문이었다(Cumings, 2002 : 300).[92]

이승만도 한민당도 국가적 지도자로 인정받는 것이 필요했다. 양쪽 다 이데올로기가 없었으며, 이승만은 처음에 아무런 조직도 지방의 뿌리도 없었다(Henderson, 2000 : 413). 이승만이 귀국 후 얼마 동안 주장한 것은 '우선 단결하자', 모든 문제는 '정부 수립 후', '사는 것도 함께 살고, 죽는 것도 함께 죽자'와 같은 무원칙한 대동단결의 슬로건이었다.[93] 이는 한민당의 친일세력에게는 가장 반가운 것이었다. 이에 대한 대가로 이승만이 얻은 것은 한민당과 친일파로부터의 풍부한 자금지원, 동아일보 등 보수적인 언론기관을 통한 선전활동의 강화, 그리고 가장 중요한 정치적·조직적 토대를 확보한 것이다.

김구의 경우 미군정은 물론 이승만을 중심으로 한 한민당 세력과도 융화될 수 없었다. 김구는 1945년 12월 말 시작된 신탁통치파동과정에서 '외국군정의 철폐'를 주장함으로써 미군정과 정면으로 대치했으며, 송진우의 암살[94] 배후로 지목되면서 한민당과의 관계도 소원해졌다.

---

92) 김도현은 "이승만의 친미주의는 친미라기보다는 미국인보다 더욱 철저히 미국의 이익을 대변하는 그런 것이었다"라고 밝히고, 이승만과 미국의 충돌은 이승만이 "한국에 와 있던 군정 관리들이나 미 국무성이 자기보다 미국의 이익을 더 모르고 덜 위하고 있다는 것을 확신한 것"에서 비롯된 것 같다고 논의한다(김도현, 1980 : 305~306). 이는 1947년 8월 12일 이승만이 미국의 친지에게 보낸 편지에서 "내가 싸우는 것은 뗄래야 뗄 수 없이 똑같은 이해관계를 지닌 미국과 한국의 이익을 위해서입니다"(Oliver, 2002 : 262)라고 쓴 데서도 드러난다.

93) 이승만은 10월 21일 박헌영과의 통일전선 협의에서 박헌영이 통일전선에서 "적어도 민족 반역자, 친일파들은 제외되어야 한다고 주장"하자, "지금은 바쁜 때이니 그들을 처단할 수 없지 않느냐"라고 응수했다. 또한 11월 5일 기자회견에서 기자들이 지금 가장 시급한 일이 친일파 숙청이 아니냐고 질문하자, "지금은 누가 친일파이고 누가 반역자인지 모르겠다. 여러분(기자들)이 서면으로 그것을 밝혀주기 바란다"라고 대답을 회피함으로써 친일파 청산론을 피해 갔다(송건호, 1985 : 147).

94) 이 암살은 해방 이후 비좌익 집단들 사이의 가장 중요한 사건이었으니, 이 사건

특히 1948년의 시점에서는 미군정·이승만·한민당의 단정수립안에 정면으로 대립함으로써 보수 지배동맹에서 완전히 배제되고, 급기야 1949년 6월 26일 안두희에 의해 암살당한다.[95]

식민지 관료집단은 미국·이승만·한민당 지배동맹의 하위 동맹세력으로 매우 유용했다. 우선 미군정의 경우 군정 경찰, 사법부와 군정 행정기구의 고위 관리들은 한민당의 인물로 채울 수 있었지만, 중하위직의 기술적·행정적 공백이 초래되자 이를 메우기 위해 친일 관료들을 대거 등용했다. 또한 1945년 가을 북한에서 친일파 처단이 조기에 이루어짐으로써 친일 관료들이 대거 남하했기 때문에 미군정이 활용할 수 있는 한인 관료는 2배로 늘어났다. 해방 직후 친일파로 비난받으면서 도피·은둔해 있던 중앙과 각 지방의 경찰·행정관료들은 군정의 권위 하에서 다시 복귀하였으며, 일본인이 물러간 직위로 승진함으로써 해방 전에 비해 더욱 강력한 세력을 구축할 토대를 마련할 수 있었다(안진, 1996 : 108~121).

이승만과 친일 경찰·관료집단의 결합은 양자의 이해를 충족시킬 수 있었다. 친일집단은 "민중의 분노가 누그러질 때까지 이승만의 '보호'가 필요"(Conde, 1988a : 61)했으며, 이승만은 권력을 장악할 수 있는 기능적 수단을 이들 친일집단을 통해 획득할 수 있었던 것이다. 이는 "1945년 8월 한국 전역에 인민위원회의 설치로 나타난 풀뿌리민중의 독립운동"(Cumings, 2002 : 285)을 파괴하는 반혁명이었으며, 이승만 '경찰독재'의 출발점이었다.[96]

으로 인해 정계의 전선이 우익 대 좌익이 아니라 애국자 대 협력자라는 것이 드러났기 때문이다. 송진우는 평생의 친구인 김성수와 마찬가지로 식민지시기 많은 불행한 타협을 한 부자였다(Cumings, 2002 : 278~279).

95) 김구와 미군정·이승만·한민당의 관계와 김구의 배제과정에 대해서는 김광식(1985) ; 도진순(1998) ; 서중석(1998a) 등의 논의를 참조.

96) 지엠 정권이 남하한 가톨릭·반공세력을 권력의 토대로 삼은 반면 이승만 정권은 식민지 경찰·관료를 권력의 토대로 삼았다. 이러한 차이는 이후 국가형성

정치체 수준에서 베트남·조선(남베트남·남한)에서 미국이 수행했던 일관된 정책은 내생적 민족국가체인 베트남민주공화국·조선인민공화국의 정당성을 부정하고, 보수 우익세력을 지원했다는 점이다. 이것은 체계적이고 전반적인 반혁명의 출발점이었다. 독립국가의 건설은 단지 외세의 간섭으로부터 해방되는 것만을 의미하는 것이 아니었다. 이는 구지배질서의 해체를 동반하는 것이었다. 구지배질서의 해체는 물적 지배(법, 제도, 경제구조 등 식민지배를 위한 상·하부구조)와 인적 지배의 이중의 지배질서를 청산함으로써 이루어져야 했다. 구지배체제를 유지하던 제도를 청산하는 작업은, 곧 이를 통해 재생산되어 온 권력관계를 청산하는 작업이며, 역으로 식민지배를 통해 기득권을 누리던 식민지 인적 잔재를 청산하는 작업은, 곧 지배질서의 재생산을 보장하던 구제도의 철폐를 통해 가능한 것이었다(강정구, 1997b). 해방 베트남·조선에서 보수우익세력이 부활했다는 것은 식민체제의 기본적인 정치·사회·경제적 지배·피지배관계가 지속됨을 의미하는 것이었고, 이러한 가운데서 외쳐대는 '사회개혁'·'자유 민주주의'·'평등'의 구호는 지배관계를 지속할 수 있는 한에서만 유지되는 제한된 수사였다. 단적인 예로 사회개혁의 가장 핵심적인 사안이었던 토지개혁은 남베트남·남한의 경우 국가 수립 이후로 지연되었으며, 북부의 체제가 지녔던 혁명성을 지니지 못했다. 베트남의 토지개혁은 1949년 이래로 바오다이 정부가 약속해 오던 것이었고, 1953년 응우옌반떰 수상은 정부가 농민의 토지구매를 위해 자금을 대여할 법령을 제정하기도 했다(Hammer, 1966a : 358). 그러나 이러한 사안은 제대로 이행되지 않았으며, 개혁은 지엠 정권의 몫이 되었다. 남한에 진주했던 미군 역시 토지개혁에는

과정에서 두 국가의 사회적 통제력의 정도·효과를 상이하게 만들었다. 곧, 남한의 관료 자원은 남베트남에 비해 남한이 훨씬 강력한 통제체제를 구축할 수 있는 기반이 된 것이다. 이에 대한 자세한 논의는 2부의 과제로 남겨둔다. 이 장에서 강조하고자 하는 것은 지엠·이승만의 초기 권력토대 구축과정과 국가 형성과정에서 나타난 미국의 강력한 지원과 영향력이다.

별반 관심이 없었다. 미군정이 귀속농지를 불하하기는 하였으나, 이는 포괄적인 토지개혁은 아니었다(전상인, 2001b : 82). 남베트남·남한에서 토지개혁의 지연은 보수층을 끌어안고, 보수 정치동맹을 구축하며, 궁극적으로는 이를 통해 이 지역의 혁명적 사회변혁을 막기 위한 전략적 포석이었다.[97]

혁명에 대항한 반혁명의 중심에는 미국이 있었다. 아래의 남베트남에 대한 케네디(J. F. Kennedy)의 고백과 남한에 대한 콩드의 분석은 미국과 남부정권의 관계를 적절히 보여 준다.

> 비록 우리가 베트남의 친부모는 아닐지라도 확실히 남베트남을 기른 부모이다. 우리는 남베트남이 탄생하는 것을 지켜보았으며, 남베트남이 존재할 수 있도록, 그리고 미래를 건설할 수 있도록 도왔다(Ha Van Lau, 1959 : 54).

> 분단된 한국 정부를 이승만 휘하에서 '해방'하려는 계획은 착수 단계에 있었다. 말하자면 표면상으로는 유엔이 대부인 셈이었으나, 이제 탄생하려고 하는 사생아의 진짜 부친은 미국이었다(Conde, 1988b : 151).

2) 혁명의 길 : 북부체제의 특성

북부의 체제는 남부와 유사한 역사구조적 배경을 지녔으나, 점령군이나 지배세력의 차이에 의해 남부와는 상이한 혁명적 역사행로를 걸었다. 남부의 체제가 '과거의 연속선상'에 세워졌다면, 북부의 체제는 '과거와의 단절', 곧 식민지배체제의 청산 위에 자리했던 것이다. 북부체제의 역동성은 민족해방투쟁을 통해 역사적으로 형성된 지배세력의 민족적 정통성, 그리고 이를 뒷받침할 수 있는 민족적·사회적인 혁명(식민지 인적 잔재의 청산·토지개혁·인민 복지의 향상·피지배계급의 정

---

[97] 남베트남·남한의 토지개혁의 특성과 성격에 대한 포괄적 논의는 2부 5장에서 이루어질 것이다.

치 참여 및 조직화·사회 문화적 혁신 등)의 추진과 새로운 국가·사회 체제에 대한 인민들의 호응에 기반한 것이었다. 이 소절에서는 남부와 대조적인 북부체제의 특성을 검토하기 위해 첫째, 지배체제의 역사적 정통성, 둘째, 민족적·사회적 혁명과정에서 외세의 역할, 셋째, 사회혁명의 핵심인 토지개혁에 대해 검토하겠다.

지배체제의 역사적 정통성

베트남민주공화국의 지배세력이 지닌 역사적 정통성은 이미 앞에서 언급한 바 있다. 호찌민을 중심으로 한 지배집단의 정통성은 1945년 해방 이전 식민지 민족해방투쟁과정을 통해 형성되었으며, 1차 민족해방전쟁(1차 인도차이나전쟁)과정을 거치며 공고화되었고, 미국에 의해 베트남이 남·북으로 분단된 이후에도 안정적인 모습을 취했다. 파이크와 라꾸뛰르는 이를 다음과 같이 설명하고 있다.

> 1960년 당시 사실상 모든 중앙위원들이 높은 교육을 받은 경험 많은 관료였다. … 당시 새로운 인물은 이들 최고 지도층에 거의 추가되지 않았으며, 특히 정치국원의 명단은 1930년대 초반의 명단과 다를 바 없는 정도였고, 중앙위원회의 반 정도가 2차대전 전부터 당원이었던 자들이었다(Pike, 1985 : 145).

> 1946년 초 … 머지 않아 프랑스와 7년 이상에 걸치는 전쟁이 시작되려 하고 있을 무렵, 내가 하노이에서 본 북베트남 정부의 인재들은 지금까지도 고스란히 그대로 남아 있다. 1961년 말에 하노이를 다시 방문하였을 때 내가 회견하고 싶은 사람의 명부를 만들어 정보성에 제출하였는데, 이 명부는 15년 전에 만든 것과 거의 같았다(Lacouture, 1988 : 199).

그렇다면 북한은 과연 어떠했을까? 북한 김일성 체제의 정통성은 '항일(抗日)'에 있었다. 와다 하루끼는 "김일성의 만주항일전쟁은 조선민주주의인민공화국의 국가사상, 이데올로기의 알파요 오메가이다"(和田春樹, 2002 : 37)라고 표현했다.[98] 북한에서 항일은 국가 지도 주체의 역사적 정당성을 담보하는 토대이며, 국가의 이념적 근간을 이루는 것이었다.

김일성이 항일유격투쟁에 본격적으로 나선 것은 1931년 9월 18일 일제가 만주사변을 일으키면서부터였고, 국내에 이름이 널리 알려진 것은 1937년 6월 4일 치러진 보천보전투를 통해서였다(이종석, 2000 : 399~401). 이후 1939년 일제의 관헌보고에 의하면 "종래 남자가 태어나면 그 부모가 '김일성과 같은 인물이 되라'고 기원"[99] 했을 정도로 김일성의 이름은 국내 민중에게 널리 알려져 있었다.[100]

호찌민의 초기 성장과정이 프랑스·소련·중국 등 다양한 해외 경험과 교류를 통해 형성된 것이라면, 김일성의 초기 성장과정은 엄혹한 유격전사로서의 삶을 통해 형성된 것이었다.[101] 따라서 프랑스에 대한 호찌민의 감정이 애증을 동반한 것이라면, 일본에 대한 김일성의 감정은 철저한 민족적 증오와 분노로 점철되어 있었다고 할 수 있다.[102] 이러한 단면을 보여 주는 예는 1940년 3월 안도현 홍기하에서 수행된 마에다 부대와의 전투이다. 마에다 부대는 총 145명으로 구성되었고, 그 중 일본계는 9명이었으며, 만주계가 조금 있었지만 나머지는 모두 조선

---

98) 한홍구 또한 1930년대 항일무장투쟁기간 형성되었던 민족주의적 정향의 기본 틀이 현재 북한을 규정하는 가장 주요한 틀이라고 논의한다(Han, 1999).

99) 『사상휘보』(思想彙報), 제20호, 1939.9 ; 和田春樹(1992 : 167)에서 재인용.

100) 1980년대 후반까지 남한 학계에서 김일성의 만주항일투쟁에 대한 평가는 김일성 가짜설, 중국 공산주의운동에 복속한 저항투쟁 등으로 해석되어 왔으나, 이후 다양한 실증적 연구들은 이러한 통설을 뒤엎고 김일성의 민족해방투쟁을 보다 적극적이며 객관적으로 접근·조망하려고 시도했다. 이에 대한 개괄적 설명은 이종석(1989) ; 정창현(2002) 등을 참조.

101) 호찌민을 중심으로 한 혁명세력과 김일성과 만주유격대의 차이에 대한 간략한 논의는 Han(1999 : 21~22) 참조.

102) 이에 비해 이승만의 대미외교활동은 실질적으로 조선의 독립에 아무런 성과를 거두지 못했다. 또한 만주와 중국에서의 무장항일운동에 무지했으며, 국내에서 발전한 계속적인 민중의 저항에 대한 인식이 없었다(김도현, 1980 : 303~304).

계였다. 이 전투에 대해 와다 하루끼는 다음과 같이 설명하고 있다.

생존자가 말한 바에 의하면 김일성 부대 쪽에서는 "총을 버리고 손을 들어라. 명령에 따르는 자는 죽이지 않는다"라는 소리를 목이 쉬도록 외쳤다고 한다. 그러나 마에다 부대의 조선인 경찰관은 한 사람도 항복하지 않았다. 현충비에는 "한 선계(鮮系)대원은 마침내 일어설 수 없을 정도로 부상을 당했음을 알자 천황폐하 만세를 봉창하고 의연하게 죽어갔다"고 되어 있다. 이것이 사실이라면 김일성 이하 항일연군 조선인 대원은 모두 틀림없이 만세 소리를 들었을 것이다. 그 감정은 어떠했을까? 일본에 대한 그들의 증오심은 더욱 깊어갔을 것이다(和田春樹, 1992 : 232).

김일성은 전혀 승산이 없으면서도 항일투쟁을 벌였고, 끝까지 일본 사람들에게 굴복하지 않고 버티었다(서대숙, 1989 : iii). 그 속에서 그가 키웠던 것은 일제에 대한 분노뿐만 아니라 친일세력에 대한 척결의지였을 것이다.

초기 북한 정권의 민족적 정당성은 김일성의 투쟁경력뿐만 아니라 권력을 구성하고 있었던 세력들의 항일투쟁 경력에서도 여실히 드러난다. 1946년 8월 북조선로동당 창립대회 대표자 801명에 대한 박일우의 보고는 북한 정권의 민족적 성격을 잘 드러낸다.

1945년 8월 15일 전에 일제에게 체포당한 동지들 중 감금자 수는 219명 36%, 1~5년 징역자 수 149명 18%, 6~10년 징역자 수 71명 7%, 10년 이상 징역자 수 26명 3%, 최고 징역자 연수 18년인데 그 수는 1명이고 옥중 생활한 동지들의 총 수 263명이며, 그 징역의 총 연장 연수는 1,087년이었습니다. … 반일투쟁으로 혹은 지하운동 혹은 무장폭동 등 망명으로 외국에서 혁명사업하던 동지들의 수는 427명 53%이었습니다.[103]

미국이 직접 개입했던 베트남·조선의 남부에서 민족적 정당성이

---

103) 국토통일원 엮음, 『조선로동당대회자료집』, 국토통일원, 1988, 20쪽 ; 강정구 (2000 : 113~114)에서 재인용.

없는 구지배세력이 다시 부활한 데 반해 북부지역은 민족적 정당성을 지닌 사회주의세력이 정권을 장악했다.

민족적·사회적 혁명과정에서 외세의 역할

남부지역에 대한 미국의 개입이 반혁명세력을 지원하고, 대중들의 의사와는 반(反)해 구질서를 복원하며, 반공의 방파제를 쌓는다는 명분으로 자신의 개입을 정당화한 것이었다면, 북부의 초기 체제형성기(북베트남은 1945년 8월~1955년,[104] 북한은 1945년 8월~1946년)동안 북부에 대한 사회주의국가(소련·중국)의 개입은 비록 대국의 패권성을 배제할 수는 없지만, 미국이 베트남·조선에서 행한 것과 같이 아래로부터 분출되는 민족적·사회적인 역사적 지향에 역행하는 반역사적 개입주의의 성격을 지닌 것은 아니었다.[105]

1950년 이전 북베트남에 대한 소련과 중국의 영향은 매우 제한적이었으며,[106] 그 이후의 시기에도 베트남민주화국에 대한 직접적인 간섭자의 역할을 수행하지는 않았다. 처음 수년 동안 베트남민주공화국은 항전을 수행하면서도 소련에 전혀 의지하지 않았다(Porter, 1986 : 55).

---

104) 북베트남의 경우 1차 인도차이나전쟁에 의해 체제형성의 지연이 발생함으로 농지개혁을 비롯한 체계적 개혁이 수행되는 시기까지 기간을 연장했다.

105) 이 논의에서 주장하는 것은 소련이나 중국의 개입주의 자체를 부정하는 것은 아니다. 그러나 유의해야 할 것은 베트남에 대한 사회주의 중국·소련의 개입과 조선에 대한 초기 소련의 개입을 개입주의라는 특성을 통해 미국과 동일한 차원에서 양비론(兩非論)적으로 접근할 경우 미국이 이 지역에서 행한 반혁명 정책에 면죄부를 부여할 수 있다는 점이다. 이 논의에서 강조하고 싶은 것은 외세의 개입이 베트남·조선의 역사적 지향에 미친 영향, 특히 아래로부터의 역사적 요구에 어떠한 영향을 미쳤는가이다. 이러한 입장을 취할 때 미국과 중국·소련의 개입주의의 영향은 동등하게 취급될 수 없다.

106) 심지어 1948년 동남아시아에 대한 공산주의의 침투를 조사한 미국의 국무부 조사팀조차도 "동남아시아에 모스크바가 침투하려는 음모가 존재한다면, 인도차이나는 현재로써는 예외이다"(Tuchman, 1997 : 42)라는 보고를 올렸다.

소련은 1946~1947년까지 베트남의 투쟁을 지원하기보다는 오히려 프랑스에서 공산주의자들이 의회에 진출하는 데 더 관심이 있었으며,107) 1947년 후반~1950년까지 베트남에 대한 소련의 관심은 베트남을 지원하기보다는 주로 프랑스와 미국에 반대하는 데 있었기 때문에 베트남민주공화국을 외교적으로 승인하지 않았다(Porter, 1986 : 63).108) 이러한 상황은 호찌민 세력을 모스크바의 주구(走狗)로 몰아간 프랑스의 주장과 이에 대한 미국의 호응이 얼마나 자의적인 기준에 의해 이루어졌는가를 보여 주는 것이다.

사실 적극적 지원은 중국으로부터 왔다. 새로 들어선 중국 정부의 류사오치(劉少奇 : 당시 당 서열 2위)는 1949년 11월 북경에서 열린 국제노동조합대회 기조연설에서 중국 정부는 아시아 다른 지역의 민족해방운동을 적극 지원할 것이라고 언급하고, 인도차이나에 대한 지원의 뜻을 내비쳤다(Duiker, 2003 : 615). 이후 중국은 1950년 1월 18일 가장 먼저 베트남민주공화국을 승인했으며, 1월 30일에는 소련이, 1월 31일에는 북한이, 1950년 봄에는 다른 동구권 국가들이 그 뒤를 이었다. 그러나 이러한 국가들 중 한 국가도 1954년 7월 정전이 이루어지기까지 호찌민에게 실제 외교사절단을 보내지는 않았다(Fall, 1968 : 197). 중국의 지원은 무기와 물자, 그리고 군사고문단의 파견으로 이어졌다.109) 중국 혁명의 승리와 더불어 쯔엉찐(Truong Chin)이110)

---

107) 이에 대한 대략적 논의는 Fall(1968 : 195~196) 참조.

108) 듀커는 여기에 스탈린(Iosif Stalin)의 개인적인 편견도 작용한 것으로 평가하고 있다. 1945년 당시 호찌민을 바라보는 스탈린의 시선은 사실 그리 곱지 않았다. 스탈린은 호찌민이 태평양전쟁 직후 몇 달 동안 미국과 관계를 수립하려고 노력하는 것을 보면서 호찌민을 의심하기 시작했으며, 1945년 11월 통일전선을 강화하기 위해 인도차이나공산당을 해체했을 때도 언짢아한 것으로 알려졌다. 2년 뒤인 1947년 모스크바는 수카르노(Sukarno)가 세운 인도네시아공화국을 승인하면서도 베트남민주공화국은 승인하지 않았다(Duiker, 2003 : 619).

109) 이러한 지원 상황에 대해서는 Chen(1969 : 260~278) 참조.

110) 쯔엉찐은 친중파로 분류된다. 그의 이름인 쯔엉찐은 한자로 장정(長征)으로 쓰

"우리는 포위되지 않았다. 베트남에 세계로 가는 통로가 뚫렸다. 우리는 이제 우리 곁에 든든하고 강력한 동맹자를 얻게 되었다"(Duiker, 2003 : 626)라고 말한 것은 실현되고 있었으며, 중국의 지원은 전쟁 승리에 많은 힘이 되었다.

그러나 호찌민과 중국·소련의 충돌은 제네바협정을 둘러싸고 발생했다. 협상에 대한 북베트남·소련·중국의 입장은 이미 설명한 바 있음으로 다시 설명하지는 않겠으나, 중국·소련이 북베트남에 가한 압력의 성격에 대해서는 간단히 언급할 필요가 있다. 당시 3국이 가장 우려했던 것은 전쟁의 지속이 가져올 미국의 직접적인 군사적 개입과 '전쟁의 국제화'였다. 1954년 4월 말 제네바협정을 위한 소련·중국·북베트남 대표의 예비회담에서 소련의 승인을 받았을 것으로 추측되는 중국의 대표는 만약 미국이 분쟁에 직접 개입하게 된다면, 베트남은 중국의 공개적 지원을 기대할 수 없을 것이라고 베트남 대표에게 압력을 가했다(Porter, 1986 : 67). 당시 중국·소련의 입장은 매우 방어적이었으며, 베트남 또한 이에 동의할 수밖에 없었다. 스탈린 사후 소련에서 채택한 서방과의 평화공존노선은 베트남의 혁명적 갈등을 억제시켰다(Duiker, 1986 : 40~41). 이는 미국의 태도와는 매우 대조적인 모습이었다. 미국이 베트남의 분단과 남베트남 체제건설에 군사적·공격적 성격을 강하게 드러내고 있었다면, 소련·중국의 압력은 주로 현상 유지와 소극적 방어정책을 위해 이루어졌으며,111) 혁명을 위해 외부의 지원이 절실히 필요했

며 이는 중국의 옌안 장정을 가리킨다. 이름 자체가 중국 혁명에 대한 존경의 의미를 담고 있다(Duiker, 2003 : 629).

111) 갈등을 억제하고 현상유지를 위한 소련의 정책이 북베트남과 직접적인 충돌을 일으킨 대표적 예는 소련이 제안한 남·북베트남 유엔 분리가입안이었다. 1956년 중반 소련은 하노이의 의견도 묻지 않고 '두 개의 베트남'이라는 개념을 유엔에서 사용했다(Pike, 1985 : 157). 북베트남의 지도자들이 분단의 고착화를 막기 위해 안간힘을 썼던 반면, 소련은 그것을 기정사실로 만들기로 결심한 것처럼 보였다. 그러나 이러한 소련의 입장이 북베트남에 강제된 것은 아니었다. 북베트남 당국은 소련의 태도에 대해 공식적으로 항의했고, 소련이

던 북베트남의 입장에서는 즉각적 통일을 유보하고 평화를 받아들여야 했던 것이다. 전반적으로 중국·소련의 개입은 자신의 체제를 강제하기 위해 북베트남의 자주권을 침해하는 형태로 이루어진 것은 아니었으며, 호찌민이 중국·소련과 동맹하게 된 것은 미국이 베트남인들의 독립 열망을 무시하고, 프랑스를 지원했기 때문이었다. 1945년 당시 미국에게는 이후 끝없는 수렁이 될 베트남전쟁을 피할 기회가 있었다. 그러나 미국이 반혁명전략을 채택하는 그 순간 이러한 기회는 사라져 가기 시작했다. 베트남과 사회주의국가 간의 동맹은 프랑스와 미국의 침략주의가 낳은 결과물이었다.

조선의 경우 해방 직후 북한에서 소련이 수행한 역할을 보는 시각은 소(蘇)군정론, 간접통치형식의 소군정론, 간섭론, 해방군론, 소련 주둔 무시론 등으로 다양하게 이루어져 왔으며(김명섭, 1993 : 138~145), 소련의 한반도정책을 둘러싸고 계획된 음모론과 단순실수론·선의의 무지론이 대립해왔다(박명림, 1996 : 73~74). 그러나 미국의 남한 점령정책과 비교하여 북한에서 소련의 역할을 평가할 때 주의해야 할 것은 개입주의 자체를 강조하여 미국과 소련의 차별성을 사라지게 해서는 안 된다는 것이다.112) 중요한 것은 개입의 '유형'과 '사회적 함의'라고 할 수 있다.

이를 받아들임으로써 갈등은 봉합되었다(Duiker, 2003 : 730~731).

112) 소련은 북한의 정치지형 재편에 관여했다. 소련군은 초기 개입과정에서 북한의 내생적 대중조직에 대해 좌파가 열세인 지역에서는 좌우세력을 비등하게 만들었고, 좌파가 우세한 지역에서는 개입을 최소화했다. 소련은 자신들의 이해관계와 충돌하지 않는 한 북한의 자율적인 정치조직을 인정했지만, 그 범주를 벗어나면 즉각적으로 개입해 간섭했으며, 필요할 때는 언제라도 정치적 배제를 감행했다(임영태, 1999 : 41). 그러나 그렇다고 해서 소련과 미국의 역할을 등치시킬 수는 없다. 소련 역시 개입주의적 성향을 드러내고 있었다 하더라도 이 논의에서 더욱 중요하게 취급하고 있는 것은 소련의 개입이 북한지역의 전체적인 역사행로, 곧 식민지배의 청산과 토지를 중심으로 한 사회혁명에 어떠한 영향을 미쳤는가이다.

먼저 개입의 유형 면에서 볼 때 해방 초기 소련의 대한정책은 사회주의체제의 확대라고 하는 이념적 성격보다는 소련이라고 하는 국가의 한반도에서의 이해관계—특히 군사전략적 이해관계—를 보장한다고 하는 현실 정치적인 성격을 지니고 있었다. 소련은 자신의 국가적 이해관계와 관련하여 조선에 세워질 국가의 장래에 대해 '일정한 범위'를 설정해 놓았다(김성보, 1995 : 94). 이러한 범위는 남한에서 미 점령군이 행했던 '구조적 선택(structural selection)'과는 대조적으로 조선의 정세에 '구조적 한계(structural limitation)'를 설정하는 데 국한되었다(강정구, 1989 : 337). 이는 소련이 미국과 같은 적극적인 선택의 의지를 지니지 않아서라기보다는 조선의 내적 구조, 곧 당시 조선 사회가 처해 있었던 객관적·주체적 조건에 의해 적극적 선택이 필요치 않았기 때문이다.113)

객관적 측면에서 당시 조선은 해방과 동시에 경제적 하부구조가 사회주의로의 이행에 적합한 물적 토대를 제공해 주었으며, 일본인 자본가가 철수함으로써 자본가 없는 노동계급형성이라는 계급구조상의 불균형이 초래되었고, 토착 지배계급인 조선인 지주·자본가들이 대부분 친일 부역행위를 했기 때문에 지배계급으로서 정통성을 상실했으며, 조선인 지배계급은 일본과 경제적 동맹세력이었기 때문에 국가억압기구를 직접 통제할 수 없었다.

주체적 측면은 앞에서도 계속 언급한 바와 같이 식민지 민족해방투쟁의 민족적 정통성을 사회주의세력이 지니고 있었고, 일제시대에 활발했던 민족해방운동·농민운동·노동운동을 통해서 노동자·농민의 계급역량이 성숙했고, 노동자·농민운동이 급진적 민족주의자(민족적 사회주의세력)와의 동맹하에 전개되면서 급진화되었고, 식민지기간에 발생했던 농민의 급격한 인구이동, 이 결과 전통 농민 공동체의 틀을 벗어

---

113) 아래의 논의는 강정구의 논의를 정리한 것이다. 좀 더 자세한 내용은 강정구 (1996b : 21~23) 참조.

난 농민의 계급경험과 이로 인한 농민의 급진운동 수용이었다.

위에서 보는 바와 같이 해방 당시 조선은 사회주의체제로 이행하기에 매우 적합한 조건을 지니고 있었다. 소련의 입장에서 볼 때 이러한 객관적·주체적 조건들은 소련이 자신의 목적을 위해 조선 사회를 주도적으로 재편할 필요의 여지를 거의 남기지 않았다. 소련의 역할은 '화약통에 불을 당기는 것'으로 족했다. 이후의 사회변혁은 소련의 외적 한계선이 작용하기는 했지만 조선의 내적 동력에 의해 이루어질 수 있었던 것이다.114)

미국과 소련의 개입정책이 지닌 가장 큰 차이점은 정책의 '사회적 함의'라고 할 수 있다. 미국이 구질서의 온존을 통한 현상유지, 이를 위한 체계적인 반혁명정책을 펼쳤다면, 소련의 정책은 조선의 민족적·사회적 지향과 부합하는 것이었다. 9월 14일 소련 사령부의 그로차르는 '노동자·농민정권의 수립, 토지 문제의 해결, 친일분자의 철저한 소탕'을 핵심으로 하는 '인민정부수립요강'을 발표했으며(박명림, 1996 : 86~87), 9월 20일 스탈린의 명의로 소련 극동군 사령관, 연해주 군관구 군사회의 제25군에 보낸 '지령'에서는 "북한 영토 내에 소비에트나 소비에트정권의 다른 기관을 수립하거나 소비에트제도를 도입하지 말 것", "반일적인 민주주의 정당 단체들이 광범위한 동맹에 기초하여 북한에 부르주아민주주의권력을 수립하는 데 협력"할 것을 지시했다(김성보, 1997 : 87~88). 또한 스탈린의 지령이 하달되고 나서 1주일 후 평양의 소련군 사령부가 발표한 7개 항의 포고는 '모든 일제 통치기구의 철폐'(1

---

114) 단적인 예로 북한의 농업개혁론은 단지 소련이 해방 후의 시점에서 이식한 것이 아니었다. 북한 토지개혁·농업개혁의 이론적 배경은 조선의 사회주의 지식인들에 의해 형성되었으며, 소련이 해방 후 북한에서 인민민주주의형의 정책을 취함으로써 양자 간 개혁의 기본방향에 마찰이 없었다. 그리고 토지개혁의 구체적인 방안을 마련해 간 것도 소군정이 아닌 남·북한의 사회주의 지식인들이었으며, 토지개혁이 토지의 국유화가 아닌 토지소유권의 분배로 이루어질 것을 명확히 요구한 것도 '북조선농민대표회의'의 농민들이었다(김성보, 1997 : 255~256).

항),115) '일본인이나 친일파들이 소유하고 있던 토지 몰수'(6항), '소작료의 3·7제 고정'(7항) 등의 '반제·반봉건 과업'의 내용을 포괄하고 있었고(박재권, 1990 : 365), 이는 1946년 3월 16일 제시된 '정치강령'116)에서 더욱 구체적으로 제시된다. 소련군이 직접 진주했던 북한의 경우 소련의 영향력이 북베트남에 비해 매우 직접적이고 강력했을 것이라는 것은 재론의 여지가 없다. 그러나 북한에 대한 소련의 개입은 미국이 남한에서 행동한 것과는 다르게 북한의 내적 역사지향에 역행하는 것은 아니었으며, 오히려 북한의 혁명적 사회변화를 촉진시키는 역할을 수행했다고 볼 수 있다.

토지개혁의 특성

남부와 북부체제의 차이를 가장 극명하게 드러낼 수 있는 핵심어는 '반혁명'과 '혁명'이라고 할 수 있다. 남부체제가 미국에 의존하여 미약했던 자신의 권력기반을 공고히 했다면, 북부의 체제는 민족적 정통성과 이를 뒷받침할 수 있는 사회개혁을 통해 체제 정당성을 제고했다. 이 논의에서는 당시 사회개혁의 핵심사안이라고 할 수 있는 토지개혁을 중심으로 북부체제의 혁명적 변화과정을 살펴보겠다.

북베트남이나 북한이나 광범위한 토지개혁은 수십 년 동안 지속해온 착취와 고통스런 가난의 종결을 약속하는 것이었다.117) 북베트남의

---

115) 1945년 10월 초 소련은 일본의 모든 법률·결정·명령·훈령·지시들을 폐지하고, 식민지 기관을 정리하였다. 또한 보안국장의 명령 제1호에 따라 평양시 보안기관 주요인사의 성분을 조사하였고, 1945년 말 41.5%에 해당하는 3,500명이 경질되었다(정성임, 1999 : 25).

116) 이에 대한 내용은 김성보(1995 : 86) 참조.

117) 북베트남·북한의 토지개혁의 배경과 유사성, 그리고 이후 사회주의화과정에서의 차이에 대한 비교사적 논의는 Ello(1967) 참조. 본 논의는 사회주의의 전개·발달과정보다는 초기의 개혁과정이 지닌 유사성에 초점을 맞추어 진행하겠다.

경우 1945년 해방 이후 수행된 토지개혁은 1945~1953년 초에 이르는 온건 개혁기와 1953년 후반~1956년 여름까지의 급진 개혁기로 나누어 볼 수 있다.

초기 개혁의 온건성은 프랑스의 침탈에 맞서 독립을 달성해야 한다는 제1의 과제에 의한 것이었다. 이는 당시 채택된 '민족과 조국이 무엇보다 우선한다'라는 슬로건에서도 드러난다. 북부 호찌민 세력은 급진적인 토지개혁이 가져 올 계급 간의 분열을 막고 통일전선을 강화하기 위해 급진적인 개혁을 유보하고, 농지 문제는 지주와 소작인 간의 상호 이해와 양보에 의해 조절해 나가려고 했다. 따라서 당시의 토지분배는 지주·소작관계를 직접적으로 파괴한다기보다는 합리적이고 평등한 방법에 의해 공유지를 먼저 분배하고, 프랑스 식민주의자와 민족반역자가 소유하고 있는 토지를 농민에게 임대하는 형식으로 온건히 진행되었다(Nguyen Ngoc Luu, 1987 : 226~228).[118]

그러나 토지개혁의 성과가 미미했던 것은 아니다. 1945년 8월혁명 직후 북부와 중부지방의 관개된 땅 전체의 20%에 달하는 공동 경작지가 18세 이상의 모든 마을 주민들에게 고르게 배분되었으며, 농업관련 세금은 줄였다가 완전히 없앴고, 농민이 쉽게 대출할 수 있도록 농업신용국이 문을 열었으며, 북부와 중부 전역의 노는 땅들을 농지로 전환하라는 명령이 내려졌다. 새 정부는 세금을 줄이고, 노동조건을 개선하고, 농지를 가난한 사람들에게 분배하는 데 노력을 집중했다(Duiker, 2003 : 486~487). 전쟁기간임에도 불구하고 1945~1953년 초까지 베트민은 310,210헥타르, 곧 북베트남 총 경작지 중 15%에 해당하는 면적을 분배하였고, 북부지방에서 토지를 가지고 있었던 농가 중 17%에 해당

---

118) 프랑스와의 전쟁시기 토지개혁론은 점차 명료해지고, 세분화되어 가는데, 보응우옌지압은 "1949~1950년 무렵에 와서야 이 문제가 보다 명확한 방법으로 제기되었다"(Vo Nguyen Giap, 1988 : 67)라고 밝히고 있다. 개혁에 대한 논의는 Nguyen Xuan Lai(1976 : 56~71) ; Truong Chinh(1977b : 465~555) 참조.

하는 농가가 그 혜택을 받았다. 또한 지대는 1/4로 감소되었으며, 1945년 8월 이전 계약된 고리대 부채는 말소되었다(Wolf, 1984 : 185).

1953년 이후 적극적인 토지개혁은 그간의 개혁이 지주의 정치·경제적 권력을 파괴하지 못했고, 농민의 경제적 이익을 적절히 보호하지 못했다는 반성(Nguyen Ngoc Luu, 1987 : 258),[119] 그리고 토지개혁을 통해 저항전쟁에서 승리를 확보하자는 이중의 의도를 반영한 것이었다(Harrison, 1989 : 148). 토지개혁은 두 방향에서 이루어졌는데, 하나는 지대삭감을 위한 대중동원이며, 다른 하나는 토지의 배분을 통한 직접적인 개혁으로, 이 둘은 중첩되어 진행되었다(Moise, 1980 : 93). 적극적인 토지개혁은 후자를 의미한다. 1953년 11월 당중앙위 제5차 총회는 지주계급의 토지소유권을 폐지하고, 토지를 농민에게 할당하기 위한 토지강령 및 농촌에서의 당의 일반노선과 토지개혁 원칙, 토지 몰수와 청구 및 강제수용에 관한 정책을 수립하였으며, 12월에는 토지개혁법을 발표하게 된다. 토지개혁의 물결을 통해 1953년 12월~1955년 12월까지 북부 토지의 절반을, 1956년에는 나머지 절반을 개혁하였다(Moise, 1983 : 178).[120]

이 시기의 토지개혁이 전간기와 구별되는 점은 개혁의 급진성이었다. 토지개혁의 기본적인 목표는 '토지를 경작자에게'라는 슬로건을 실현하는 것과 더불어 북부에 남아있는 반혁명적 요소, 이와 결합된 봉건

---

119) 통일전선정책의 모순과 계급갈등의 심화에 대해 베레스포드는 "가능한 한 광범위한 민족통일전선을 고무시키기 위해 당은 엄격한 심사를 거치지 않은 채 많은 성원들을 당 내에 받아들였다. 그 결과 많은 농촌지역에서 지방당위원회는 지주와 부농의 지배하에 놓이게 되었다. 1949년 당에 의해 수행된 조사에 의하면 베트남민주공화국이 통제하는 지역 내에서 지주의 2/3가 소작료 삭감 정책을 실시하지 않고 있음이 밝혀졌다"(Beresford, 1988 : 27)라고 논의한다. 계급갈등의 내용에 대해서는 Nguyen Xuan Lai(1976) 참조.

120) 토지개혁은 총 5회의 과정을 통해 확산되며, 이 중 3회는 지역적 확산기, 나머지 2회는 북부의 나머지 지역 전역에 대한 개혁을 단행한다. 이에 대한 자세한 내용은 Nguyen Ngoc Luu(1987 : 307~308) ; Moise(1983 : 190~203) 참조.

계급을 타파하기 위한 것이었다. 그러나 급진적 토지개혁은 다음과 같은 요인, 곧 ㉮ 중국의 영향, ㉯ 미국의 반혁명에 대한 우려, ㉰ 전쟁의 성과를 개혁의 동력으로 전화시키려는 의도 등이 결합하면서 좌편향적 길로 접어들었다.

㉮ 당시 급진적 개혁은 중국 개혁모델을 적용한 것이었다. 쯔엉찐, 호앙꾸옥비엣(Hoang Quoc Viet)과 같은 당 지도부의 급진파는 토지 개혁의 정치적 이익을 강조하면서 노골적으로 계급갈등을 부추겼다. 중국 고문단으로부터 훈련을 받은 급진적 간부들은 착취자들을 비판하라고 농민들을 선동했다(Duiker, 2003 : 698~699).

㉯ 미국을 중심으로 한 동남아시아조약기구의 활동, 1955년 2월 덜레스의 사이공 방문(Post, 1989a : 270), 미국 중앙정보국(CIA)이 후원하는 게릴라집단의 사보타주 발생 등의 요인은 하노이 당국을 불안케 했고, 이에 따라 당 지도자들은 토지개혁을 반혁명분자를 제거하는 핵심 수단으로 바라보게 되었다(Duiker, 2003 : 702).

㉰ 지도부는 식민지배를 종식시키기 위한 8년간의 투쟁동력을 여전히 지속되고 있는 구질서를 파괴하는 데 이용하려 했고, 더 나아가 토지개혁의 성과를 통해 북부뿐만이 아니라 남부지역에서도 북부체제의 정당성을 제고하려 했다(Ello, 1967 : 312).

호찌민의 지속적인 우려에도 불구하고, 당시 지도부의 좌경적 성향과 반혁명에 대한 우려는 토지개혁을 통한 계급투쟁을 더욱 부추겼으며 많은 오류를 낳았다.121) 대부분이 가난하여 지주와 부농을 구별하기 어려운 가운데에도 지방 당 지도부는 주민의 일정 부분(4~5%)을 지주·부농으로 할당하여 처단할 것을 요구했으며, 이들은 특별인민재판

---

121) 모이스는 Hoc Tap 「학습」, 2(January 1957)에 실린 응우옌담(Nguyen Dam)의 논의를 빌려와 이를 '계급주의(Classism)'로 비판하고 있다(Moise, 1980). 그러나 극좌적 형태가 두드러지게 나타났던 것은 1955년 말~1956년 초의 기간으로 제한한다(Moise, 1983 : 178).

을 통해 처형되었다(Duiker, 2003 : 701 ; Fall, 1968 : 155). 이러한 좌편향적 오류는 1956년 8월 17일 호찌민의 발언에서도 확인된다. 당시 호찌민은 지주로 지명된 사람들의 30%가 잘못 분류되었고, 잘못된 기록에 의존하여 많은 무고한 사람들을 숙청하고 투옥하여 불필요한 목숨을 빼앗는 과오를 바로 잡아야 한다고 주장했다(Harrison, 1989 : 150). 이는 '과오 바로잡기 운동(Campaign for the Rectification of Errors)'으로 연결되었으며,[122] 이 운동은 1957년 말이 되어서야 종결되었다.

　그러나 토지개혁과정의 오류에도 불구하고 호찌민 정권이 이를 통해 대다수 베트남인들의 지지를 획득하는 데 성공한 것은 사실이다(Ello, 1967 : 248). 이는 경제적 · 정치적 측면 모두에서 그러했다. 우선 경제적 측면에서 토지개혁을 통해 810,000헥타르의 토지, 1,846,000개의 농기구, 106,448두의 가축(draught animal), 148,565채의 가옥이 농촌 인구의 72.8%인 2,104,138가구의 8,323,636명의 성원들에게 배분되었다(Nguyen Xuan Lai, 1976 : 95). 이러한 경제적 성과는 정치적으로 연결되었다. 기존 농촌의 지배질서는 타파되었으며, 빈농과 중농을 중심으로 한 새로운 지배질서가 구축되었다. 커다란 진통과정이 있었지만 토지개혁을 통해 북부지역의 전통적인 권력관계는 새롭게 재편되었다.

　해방과 더불어 북한에서도 토지개혁이 진행되었다. 이는 단지 소련이나 북한 정권 주체들의 '위로부터의 개혁'이 아니라 '아래로부터의 개혁'에 의해 추동되고, 위로부터 그 방향을 끌어가는 대중적 개혁과정을 특징으로 한다. 1945년 해방이 되자 이미 각도 인민위원회, 또는 농민

---

122) 1956년 10월 9일에 열린 제10차 전체회의에서 베트남노동당은 지도부의 오류를 인정하고, 토지개혁위원회의 주역을 징계했다. 쯔엉찐은 베트남노동당 총서기직에서 해임되었고, 호비엣탕(Ho Viet Thang)은 중앙위원회에서 축출되었으며, 레반르엉(Le Van Luong)은 정치국과 중앙위원회 서기국의 지위를 박탈당했고, 호앙꾸옥비엣은 정치국에서 밀려났다(Duiker, 2003 : 709).

위원회에 의해 일본인·친일파의 토지는 몰수되어 농민이 경작토록 하고 있었으며, 지주층 일반에 대해서는 소작율 3·7제의 적용과 지주 식량분 이외의 부분에 대한 공출정책을 통해 지주경영을 위축시키는, 반제국주의적 실질적인 토지개혁이 진행되고 있었다(김성보, 1997 : 79~80).[123] 이러한 실질적 개혁과정에 법적 질서를 부여한 것이 위로부터의 개혁방향의 확정이었다. 기본적인 방향은 1946년 2월 8일 북조선임시인민위원회 결성대회에서 김일성에 의해 제기된다. 김일성이 제1의 과제로 제기했던 것은 친일파와 반민족분자를 숙청하는 것이었고, 두 번째의 것이 바로 토지개혁에 관련된 것이었다. 북조선임시위원회결정서 제2조에서는 토지개혁 방안을 다음과 같이 명시했다.

> 일본 제국주의와 민족반역자 급 조선인 대지주들의 수중에 있던 사용할만한 토지와 삼림을 국유화하는 기초에서 토지개혁과 소작제도를 없이하고 토지를 농민들에게 무상 분배할 것을 준비하여 실시할 것입니다. … 이 외에 대토지 소유자가 지금에 있어서 반역자들의 경제적 기초가 됩니다.[124]

이후 1946년 3월 5일에는 「북조선 토지개혁에 대한 법령」이, 7일에는 「토지개혁법령에 관한 세칙」이 제정되었다. 토지개혁은 '무상몰수 무상분배'방식으로 수행되었으며, 지주에게는 엄격한 계급정책을 실시한 반면 나머지 계급에게는 유연한 정책을 실시했다. 북조선임시인민위원회의 1차 타도 대상은 친일파, 민족반역자, 5정보 이상의 지주였다. 부농의 경우는 스스로 경작하는 땅에 대해서는 그대로 소유할 수 있게 하였으며, 중농의 경우는 동맹대상으로 설정하여 토지개혁으로 인해 재산상의 불이익을 받지 않도록 배려했다(이승현, 1999 : 69~71). 토지개

---

123) 개혁주도자로서의 농민과 이들에 의한 토지개혁의 추동에 대해서는 강정구(1989 : 322~335)의 논의를 참조.

124) 김일성, 『조국의 통일독립과 민주화를 위하여(1)』, 평양 : 국립인민출판사, 1949, 8쪽 ; 김성보(1997 : 100)에서 재인용.

혁과정은 각 농촌 농민회의에서 농촌위원 80,000명을 선출하고, 그 중 11,500명으로 구성된 농촌위원회의 힘으로 추진되었으며(민주주의민족전선 편, 1988b : 578), 총 300여 만의 조직군중이 참여하였다(박명림, 1996 : 194). 전체적인 개혁과정을 통해 422,646호의 1,000,325정보가 몰수되었으며, 981,390정보가 분여되었다. 세부적으로 분여된 토지의 양과 비율을 살펴보면 고용농민에게 22,387(2.2%), 토지 없는 농민에게 603,407(60.3%), 토지 적은 농민에게 345,974(34.6%), 이주한 지주에게 9,622(1.0%), 인민위원회 보유 토지 18,935(1.9%)이다(이승현, 1999 : 77).

북한의 토지개혁은 매우 신속하게 전개되어 3월 5일에 토지개혁령을 발표하고 3월 말까지 완료하였다. 민주주의민족전선은 토지개혁의 결과에 대해 8가지로 정리하는데, 그 중 반제·반봉건의 과제에 대해 다음과 같이 평가하고 있다.

> 첫째, 토지개혁을 실시하여 친일파와 일체의 반동자들이 준동할 수 있는 경제적 근거를 말살하고 민주주의의 기초를 닦은 것이다.
> 둘째, 일본인 소유나 조선인 지주의 토지소유를 완전히 없애고, 높은 비율의 소작료를 받는 봉건적 소작료는 일체 철폐했으며, 농민이 자유롭게 경작할 수 있도록 토지를 분배하여 주고 그들을 해방시켰다.
> 다섯째, 농민에게 분배된 토지는 일반 부채와 부담에서 면제하였으며, 일체의 고리대가 침투하는 것을 방지하기 위하여 농민을 본위로 북조선 농민은행을 설립하게 되었다. …

또한 김일성은 토지개혁의 성과에 대해 다음과 같이 평가했다.

> 북조선에서 가장 철저하게 실시된 토지개혁은 조선 사회의 낙후와 정체의 기본 원인이 되던 봉건적 토지소유관계, 즉 봉건적 착취관계를 청산하고 조선 사회의 자유로운 무한한 발전, 민주주의적 발전의 대로를 닦아놓았으며 북조선에 있어서 농촌의 주인은 밭갈이하는 농민이 되었으며 지주와 소

작제도는 없어지고 말았다. … 이 토지 문제에 있어서 위대한 개혁은 동방 각 민족 력사에 있어서 처음일 뿐만이 아니라 그들의 나갈 길을 명시하는 등대가 되는 것입니다.[125]

좌우편향적 오류[126]가 없었던 것은 아니지만 북한의 토지개혁은 베트남에 비해 매우 신속하게 진행되었으며, 거의 피를 흘리지 않은 무혈혁명이었다. 그렇다면 북한의 토지개혁은 왜 베트남에 비해 덜 폭력적으로 수행되었을까? 커밍스는 그 이유를 다음의 네 가지로 제시한다.

첫째, 상당수의 지주가 이미 남한으로 도피하였으며, 일인 지주들은 물론 벌써 떠나 버렸다.

둘째, 북한은 남한에 비해 농지를 둘러싼 계급모순이 덜 심각했다.

셋째, 토지를 바로 집단화하지 않고, 농지를 경작자에게 분배함으로써 모든 농업계급의 반대정도를 약화시킬 수 있었다.

넷째, 경비가 허술한 38선[127]으로 인해 지주의 남하가 가능했고, 남한의 정도가 심한 지주제는 북한 체제의 전시효과를 높였다(Cumings, 1986 : 514).

그러나 이것만으로는 부족하다. 위의 논의는 남한 단일사례로는 설득력이 있을지 모르나 북베트남과 비교해 보면 상황은 달라진다. 북베트남 또한 위의 네 가지 조건들을 유사하게 갖추고 있었던 것이다. 그렇다면 차이는 어디에서 발생한 것일까? 여기에는 혁명발생 시기와 정세

---

125) 김일성, 「북조선로동당 창립에 대한 보고」, 1946 ; 편집부 엮음(1988 : 16).

126) 이승현(1999 : 74) 참조.

127) 박명림 또한 38선의 의미를 강조한다. 그는 38선을 통해 북한이 반혁명적 요소의 수출정책을 폈다고 보고, "38선의 존재는 북한 혁명을 '무혈의 초단기혁명'으로 만든 결정적 요인이었다. 토지개혁을 포함한 북한 혁명이 세계에서 유례없는 단기간에 비유혈적으로 성공할 수 있었던 것은 바로 계급투쟁의 분할선으로서의 38선의 존재 때문에 가능하였던 것이고, 그것이야말로 20세기 사회혁명들 중 북한 혁명만이 지닌 단연 독특한 특징이었다"(박명림, 1996 : 201)라고 주장한다.

인식의 문제가 더 추가되어야 한다. 북베트남의 경우 급진적 개혁과 더불어 더욱 광범위한 폭력이 사용된 것은 전시(戰時)의 적(敵)과 아(我)를 가르는 생사투쟁의 열기가 아직 식지 않은 시기였고, 남부와의 평화적 통일이 좌절되어 가고, 미국의 압력이 더욱 노골화되는 시기인 1955년 중반 이후의 시기였다. 이는 계급주의에 입각한 내부 안정화의 요구를 강화시켰다. 그러나 북한의 경우 개혁이 이루어진 시기는 미·소협의에 의한 통일의 가능성이 완전히 닫힌 시기는 아니었고, 1차 미소공동위원회가 개최될 시기였다. 또한 그 시기 북한은 1차 인도차이나전쟁을 승리로 이끌었던 강력한 북베트남 정권과도 달랐다. 새로 탄생한 북한은 체제 정당성을 입증해야 할 시기였으며, 위에서 언급한 바와 같이 계급정책도 유연하게 가져갔다. 만일 이러한 시기에 베트남에서처럼 "중국 북부에서 실시했던 종류의 부락 단위 계급투쟁 절차를 북한에서 진행했다면 그것은 일종의 도발이 되었을 것"(Cumings, 1986 : 515)이고, 많은 저항을 낳았을 것이다. 따라서 개혁은 철저하면서도 유연하게 이루어져야 했던 것이다.

북베트남에서나 북한에서나 토지개혁을 통한 사회혁명은 기존의 구 지배질서, 곧 정치·경제·사회적 권력관계를 근본적으로 뒤엎는 출발점이었으며, 이를 통해 민족적 정통성과 더불어 체제의 정당성을 제고할 수 있었다. 지리적 분단 이후 양쪽 지역이 모두 분단으로 나아갔다. 그러나 그 방향은 달랐다. 남부가 역사의 시계를 역전시키는 퇴행적 행로를 걸었던 반면, 북부는 그 시계를 좀 더 빨리 돌렸다. 이 역사적 시간의 간극이 바로 사회적 분단이다.

권력의 정당성을 민족해방투쟁의 역사적 정통성에서 찾을 수 없었던 남부의 지배세력에게 북부의 체제는 자신의 치부를 더욱 선명하게 드러내는 참을 수 없는 상반된 거울상이었을 것이다. '북에서 남으로 부는 바람'은 남부의 체제가 지니고 있는 반민족성·반혁명성을 더욱 두드러지게 하였으며, 체제의 존립을 위태롭게 하는 것이었다.

남부의 지배세력에게 북부의 체제는 공포와 분노의 대상이었다. 그러나 다른 한편으로 북부와 대립된 남부의 체제는 남부의 지배세력에게 존립 근거를 제공했다. 남부의 체제는 대외적으로는 북부의 사회주의체제에 대항한 서구적 '자유민주주의체제'의 수호를, 대내적으로는 '국가안보'를 내세움으로써 자신을 정당화할 수 있었던 것이다. 물론 이러한 반공·안보론은 시민사회를 방어하기 위한 것이 아니라 소수 지배계급과 비민주적인 국가를 방어하기에 매우 기능적인 것이었다.

3. 반공독재국가의 특성

전제자들조차도 자유의 가치를 부정하지 않는다. 단지 그들은 그것을 자기만을 위해 독점하려 하거나 다른 사람들은 그것을 누릴 자격이 없다고 주장하는 것이다(Tocqueville, 1993 : 45).

남베트남에서는 1955년 10월 26일, 남한에서는 1948년 8월 15일 국토의 절반을 차지하고, 전체의 정통성을 주장하는 국가가 탄생했다. 남부의 지배세력은 국가권력의 정치·사회적 토대를 토착사회 내부의 대중적 지지로부터 구할 수 없었다. 이는 앞에서 이미 살펴본 바와 같이 지배세력들이 지녔던 민족적 정통성의 결여, 그리고 사회의 급진적 변혁을 두려워할 수밖에 없는 그들의 계급적 성격에 기인한 것이었다. 그 결과 남부체제는 자신의 권력 기반을 외부세력인 미국에 의존할 수밖에 없었다. 세계적으로 전개되고 있었던 '냉전'과 남·북의 '분단'은 남부체제의 형성과 존립에 대한 외적 정당화기제로 작용하였다. 남·북의 이질적 체제는 남부체제에 대한 미국의 개입주의를 정당화했고, 남부의 지배세력은 공산세력의 위협을 강조함으로써 반공·안보국가로서의 정체성을 확립했던 것이다.

그러나 외부의 적에 대한 반공·안보체제는 동시에 국가 내부의 사회관계를 반영했다. 어떤 점에서 지배집단에게 안보의 위협은 외부보다 내부에서 더 심각하게 제기될 수 있으므로, 안보란 외부뿐만 아니라 내부의 적에 대한 통제를 동시에 의미하는 것이었다(김동춘, 1997 : 108).128) 민족적 정통성이 취약했던 남부의 지배세력이 초기 국가건설과정에서 가장 직접적으로 직면했던 위협은 나머지 반쪽의 사회주의 체제보다는 내적인 위협이었다.129) 따라서 반공·안보주의에 바탕한 외부 적대의식의 내부화과정은 국가와 대립점에 서 있었던 시민사회 내의 반대자들에 대한 '평정사업(Pacification)'과 결합되었고, 이 때문에 그 과정은 매우 폭력적일 수밖에 없었다.

남부체제 국가권력의 성격을 결정지었던 것은 바로 이러한 이중의 기제, 곧 미국의 전략적 이해와 지배계급이 자신의 계급적 이해를 정권안보를 통해 지켜 내려 했던 세계체제적·토착적 기제의 결합에 의해 이루어진 것이었다.

이러한 시각에 입각하여 아래의 논의에서는 남부체제 국가권력의 사회적 성격을 규정지었던 요인을 토착적·세계체제적인 측면으로 나누어 살펴보겠다. 토착적 측면에서는 남부체제의 지배적 지배방식이었던 피지배계급에 대한 물리적 억압과 정치적 배제를 검토할 것이며, 세

---

128) 안보를 강조하는 이러한 국가체제의 특성은 라스웰의 '병영국가(Garrison State)'론과 통한다. 라스웰의 논의에 따르면 '병영국가체제'는 기본적으로 파워 엘리트가 강제적인 전략을 그들의 지배권을 유지하는 데 유용한 것으로 간주할 때, 그리고 내외의 도전자들을 제압하기 위해 강제력에 의존할 때 나타나게 된다(Lasswell, 1962 : 53). 이러한 체제는 시민사회의 다원적 질서를 위축시키고, 사회를 일원화하며, 결과적으로 민주주의의 발전을 저해하게 된다.

129) 홍용표는 제3세계 국가 대부분의 정권 담당자들이 정치적 정통성이 취약하기 때문에 겉으로는 외부의 적에 대한 국가안보를 내세우지만 실질적으로는 내적 저항을 물리치기 위한 정권안보에 몰두하게 된다고 지적한다(홍용표, 1997 : 238~240).

계체제적 측면에서는 내적 지배방식을 가능케 했던 미국의 군사·경제적 원조를 검토할 것이다. 이러한 역사적 고찰은 반공독재체제의 형성, 그리고 이것이 지닌 특성을 도출해 내는 과정이 될 것이다. 국가권력의 내적 특성을 검토하는 과정에서 주로 살펴볼 역사공간은 남베트남의 경우 대체로 지엠이 권력을 장악하기 시작한 1954년 6월에서 국가의 불안정이 고조되기 시작하는 시기, 곧 북베트남노동당이 남부에 대해 보다 적극적인 정책을 채택하고, 농민봉기와 게릴라투쟁이 본격화되기 시작하는 1959년까지로, 남한의 경우는 대체로 1948년에서 한국전쟁 이전의 시기로 제한할 것이다.[130] 이에 비해 반공독재의 주춧돌이었다고 할 수 있는 미국의 군사·경제적 원조에 대해서는 남베트남은 대체로 지엠 정권 초기인 1955년부터 말기인 1962년까지, 남한의 경우는 본격적인 원조가 시행된 한국전쟁 이후 1950년대를 중점적으로 살펴보겠다.

1) 국가권력의 반(反)역사성과 폭력성

남부체제는 태생적 한계로 인해 해방 이후 아래로부터 제기되어 온 민족적 요구뿐만 아니라, 절차적·실질적 민주화[131]의 요구를 체제 내로 수용할 수 없었다.[132] 이것은 국가 정당성, 그리고 이를 기반으로

---

130) 이렇게 시기를 제한한 것은 이 시기에 이미 반공독재국가의 반역사성과 폭력성이 전면화되기 때문이다.

131) 절차적 민주화는 사회세력 간에 합의된 정치적 경쟁의 규칙을 제도화하는 것으로 정치적·제도적 수준에서의 민주주의에 초점을 둔 것이고, 실질적 민주화는 노동자계급을 비롯한 사회의 하위집단이 자발적 동의에 의해 사회적 불평등을 수용할 수 있을 정도로 기본적인 물질적 삶이 보장될 수 있는 과정과 제도인 경제적 민주화와 결사, 의견 표현의 자유, 기회균등, 합리적 관행을 정착시키기 위한 사회민주화의 영역으로 구분된다(송호근, 1997). 이러한 민주화의 요구는 해방 당시 폭발적으로 분출되었다.

한 국가권위의 확립을 어렵게 했다. 정당성에 토대를 둔 지배가 불가능한 상태에서 응오딘지엠과 이승만이 국가권력을 유지하기 위해 선택할 수 있는 유일한 수단은 '강압'[133)에 의한 지배였고, 강압은 체제의 지배영역을 규정했다. 〈표 2-3〉은 남부체제의 지배방식을 직접적 폭력, 폭력의 법적 제도화, 지배이데올로기와 사회의 이데올로기적 재조직화, 권력의 집중과 정치공간의 협애화로 분류하여 나타낸 것이다.

〈표 2-3〉 남부 국가권력의 지배방식

지배방식 / 국가	직접적인 물리적 폭력	폭력의 제도화	지배이데올로기와 사회의 이데올로기적 재조직화	권력의 집중과 정치공간의 협애화
남베트남	1954년 이후 내부 평정사업	1956년 법령 6호에서 1959년 10/59법	반공·인격주의/통제체제의 구축과 반공선언운동	가족통치와 일원화된 정치체제의 구축
남한	미군정의 폭력과 1948년을 기점으로 한 작은전쟁	1948년 12월 국가보안법	반공·일민주의/통제체제의 구축과 국민보도연맹	이승만 1인 독재의 구축

직접적인 물리적 폭력의 만연

촘스키와 허만은 "국내의 기반이 없거나 지지를 확보할만한 결정적

---

132) 진덕규는 해방 초기단계에서 조선의 시민사회가 제기했던 민족사적 핵심과제를 위계적으로 다음과 같이 다섯 가지로 분류한다(진덕규, 1992 : 143~144). ① 민족국가형성과 통일국가 추구, ② 전통적 지배세력에 대한 투쟁(친일파 숙청), ③ 사회변혁의 추구로 인한 가치의 적정 배분(토지개혁 요구), ④ 사회계급 간의 격차 해소와 통합지향(노동임금과 소작률 문제), ⑤ 새로운 사회지향으로 국가사회의 발전(민주사회의 요구). 이러한 5개 항 가운데 ①·②항은 당대의 민족적 요구를 담고 있으며, ③·④·⑤항은 민주화의 요구를 담고 있는 것이다. 조선뿐만 아니라 베트남 역시 민족적 요구와 민주화의 요구는 유사하게 제기되고 있다.

133) 틸리는 '강압'의 내용과 범위를 "사람들에게 손상을 입히는 것이라면 그것이 위협에 불과한 행위든 실제 행위든 일사불란하게 행위를 한 경우에는 모두 다 포함된다"(Tilly, 1994 : 31)라고 규정한다.

인 전략이 없는 사람들―이 경우에는 미국 및 그 심복정권―에게 폭력이란 당연한 지배 방식일 것이다"(Chomsky & Herman, 1992 : 356)라고 밝혔다.

남베트남의 경우 1954년 6월 지엠이 수상직에 오른 이후 1955년까지 지엠 정권에 대한 반대는 모두 봉건주의적 잔해에 의한 반란으로, 1956년 이후의 반대는 모두 공산주의자에 의한 음모로 선전되었다(Lacouture, 1966 : 29). 봉건주의에 대한 반대는 사적 무장세력을 지니고 있었던 종교집단인 호아하오, 까오다이, 그리고 갱 집단으로 알려진 빈쑤엔, 봉건주의의 상징인 바오다이에 대한 것이었다. 지엠의 봉건세력과의 투쟁은 각각의 무장세력에 대한 무력화, 1955년 바오다이의 폐위를 거쳐 1956년 4월 호아하오의 지도자인 바꿑(Ba Cut)의 마지막 무력 저항을 분쇄하고 '봉건주의의 종언'134)을 고하면서 절정에 달했다. 이들은 모두 프랑스에 연결되어 있었으며, 이들의 제거는 프랑스와의 대결을 의미하는 것이었다. 사실 이 시기는 지엠에게는 위기의 시기였지만 다른 면에서 본다면 식민지배에 따른 봉건적 잔재·식민주의와 투쟁하는, 호찌민과는 다른 유형의 새로운 민족주의적 전형을 만들 수 있는 기회이기도 했고, 대중들의 호응을 받기도 했다. 그러나 지엠에게 주어졌던 초기의 기회는 민족적·사회적 혁명을 요구하는 대중에 대한 무차별한 폭력과 더불어 사라졌다.

지엠이 가장 큰 위협으로 느꼈던 것은 과거 반프랑스전쟁에 참여했던 베트민 세력이었고, 이에 대한 대중들의 동조였다. 또한 당시 지엠은 이중의 압력, 곧 한편으로는 토지개혁과 정치적 민주화의 진전에 대한 압력, 다른 한편으로는 1956년 평화적 통일선거 이행에 대한 압력에 봉착해 있었다.135) 지엠은 이러한 불안과 압력을 멸공(diet cong)·반

---

134) 봉건주의의 종언으로 표현되는 이러한 상황에 대한 묘사는 *The Times of Vietnam*(1956.7.14) 참조.

135) 이에 대한 농민·노동자·학생들의 투쟁에 대한 개괄적 논의는 Nguyen Khac

공(to cong)의 입장에서 해결하고자 했다.136) 지엠 정권은 평정작업
을 공공연히 '전쟁'이라고 불렀으며, 쩐반쟈우는 이를 무장하지 않은 대
중들에 대해 무차별적 폭력을 가하는 '일방적인 전쟁(Chien tranh
mot phia)'이라고 표현했다(Tran Van Giau, 1968 : 11).137) 지엠
성권의 폭력성을 고빌하는 내용들을 잠깐 살펴보기로 하자.

> 남부당국은 그 지역의 우리 동포와 모든 애국적이며, 평화적인 세력을 야
> 만적으로 학살하고 있다. 겨우 1년 동안에 그들은 3,000건이 넘는 범죄를
> 저지르고, 제네바협정을 위반했다. 적어도 4,000명의 애국자들이 죽거나 부
> 상당했으며, 19,000명 이상이 체포되었다.138)

> 의심받는 마을 사람들은 누구나 체포되거나, 죽도록 고문당하거나, 추방될
> 수 있었다. 북으로 재집결한 인민군의 아내들은 부재중인 그들의 남편에
> 대해 이혼 소송을 강제 당했다. … 어린이들은 저항전쟁기간 동안 배운 노
> 래라는 단순한 이유 때문에 더 이상 노래할 수 없었다(Phan Thai, 1966 : 40).

   Vien(1966) ; Ton Vy(1966) ; To Minh Trung(1966) 참조.

136) 사회개혁과 통일에 대한 지배집단과 대중의 인식 차이는 매우 컸다. 농민 시
   위에 대해 그 지역의 장이 제일 먼저 물은 것은 "당신은 베트콩인가?"였다. 농
   민은 이에 대해 "우리는 단지 굶어 죽지 않기를 원한다"라고 밝혔다(Nguyen
   Khac Vien, 1966 : 69). 또한 지엠은 통일선거가 단지 북쪽을 이롭게 할 뿐이라
   고 인식했으며, 이러한 방향으로의 사태 진전을 막고, 통일을 이끌 수 있는 시
   도를 억압하기 위해 모든 노력을 경주했다(Lacouture, 1966 : 28~29). 이러한 상
   황에서 지엠 정권이 자기 스스로를 방어할 수 있는 것은 명분과 정당성이 아
   닌 반공이데올로기를 통한 '두 국민전략'과 폭력이었던 것이다. 응우옌칵비엔
   은 "지엠 정권은 지대의 감소를 요구하거나, 토지의 갈취에 대항하거나, 혹은
   조국의 통일을 요구하는 모든 농민들을 베트콩이라고 간주했고, 이는 모든 사
   람들의 삶을 위협했다"(Nguyen Khac Vien, 1966 : 72)라고 밝히고 있다.

137) 지엠 정권의 폭력성과 죄악상을 상세히 기술하고 있는 문헌은 Uy ban To cao
   Toi ac Chien tranh cua De quoc My va Tay sai o mien Nam Viet-Nam 「남베트남에
   서의 미제국주의자와 그 충복의 전쟁범죄고발위원회」, 1968 참조.

138) Ho Chi Minh, September, "Tenth Anniversary of the National Day of the Democratic
   Republic of Vietnam" 1955 ; Fall ed.(1967 : 294) 참조.

> 무엇보다도 군의 활동은 악명이 높다. … 그들은 베트민이나 반란자라고 의심이 되는 대다수의 사람들을 증거나 재판 없이 체포하거나 죽이고 있다(Hotham, 1959 : 359).

> 그들은 제멋대로 체포했고, 집단수용소에서는 아무런 법적인 보호 조치도 받을 수 없었다. 기간도 정해지지 않은 채 감금했다. 공산주의자로 의심이 가는 사람이 있으면 암살도 서슴지 않았다. … 억압은 단순히 다른 정당의 대표나 대변인처럼 정권을 비판하는 사람들에게까지 확산되어 갔다. 또한 정부의 학정에 항거하는 보통사람들을 탄압·투옥하는 일이 일상적으로 자행되었다(Maclear, 2002 : 112~113).

쩐반쟈우는 "지엠이 집권하고 몇 년 사이에 874개의 감옥에 275,000명이 감금되었고, 530,000명이 고문으로, 230,000명이 지뢰나 폭탄에 의해 불구가 되었으며, 노소를 가리지 않고 80,000명의 사람이 살해되었다"(Tran Van Giau, 1968 : 12)라고 밝히고 있다.[139] 무장투쟁이 본격화되는 1959년 이전까지 자행한 모든 폭력을 지엠 정권은 북부의 사주에 의한 남부의 소요를 진압한 것이라고 정당화했지만, 『펜타곤 페이퍼』(*Pentagon Papers*)에서도 이 기간 동안 "하노이와 농촌의 과격분자 사이에는 어떠한 직접적인 연관도 없었다"(Gravel ed., 1971a : 243)라고 밝히고 있으며, 지엠의 수용소를 조사했던 호니(P. J. Honey) 역시도 "수감자 대부분은 공산주의자도, 공산주의 지지자들도 아니었다"(Gravel ed., 1971a : 255 : Scigliano, 1964 : 171)라고 보도했다. 지엠 정권의 폭력은 지엠이 주장하듯이 이념적 지향에 따라 선별적으로 사용된 것이 아니라 사회개혁과 통일선거를 요구

---

139) 이러한 수치는 과장되었을 수도 있으나, 이를 과장으로만 치부할 수는 없다. 1956년 남베트남 정부는 15,000~20,000명의 공산주의자들이 재교육센터에 감금되었다고 발표한 반면, 드빌레(Devillers)는 50,000명으로 추정했다(Gravel ed., 1971a : 255). 시기의 차이가 있어 다른 수치를 제시하지만, 북베트남에서 제시하고 있는 지엠 정권의 폭력성에 대한 논의는 Nguyen Cong Binh(1961b : 23) 참조.

하는 모든 세력에게 무차별적으로 가해졌으며, 이것은 이승만 정권에서
도 동일하게 나타난다.

이승만 정권은 미군정이 수행한 반혁명정책의 토대 위에 세워졌으
며, 이승만 정권의 폭력성은 미군정이 남한 민중들에게 행한 폭력의 연
장선상에 서 있다. 미군정은 1945년 말까지 지방에서 행정·치안조직
을 장악하고 있는 인민위원회에 대한 탄압을 수행한 데 이어, 1946년
초부터는 군정정책에 저항하는 '정치세력으로서의 인민위원회'에 대한
전면적 탄압을 전개하였다(박찬표, 1997 : 126).

지방인민위원회가 가장 큰 타격을 입은 것은 1946년 10월이었다.
군정의 미곡수집정책과 3·1소작제반대로 촉발된 '10월 인민항쟁'140)
은 미군정 정책에 대한 전면적인 저항이었으며, "파괴된 1945년의 희
망을 되살려 보려는"(Cumings, 1990 : 237) 것이었다. 이러한 저항
에 대한 군정당국의 진압은 혹독했다. 항쟁이 좌익지도부에 의한 조
종·선동의 결과라는 명확한 증거가 없음에도 불구하고,141) 주민들은
빨갱이로 몰렸으며 항쟁 이후 1년여에 걸쳐 우익 측의 보복이 가해졌
다(정해구, 1988 : 258). 10월 인민항쟁의 좌절은 지방인민위원회의
파괴와 농민세력의 몰락을 가져왔다. 노동자의 운명도 농민의 운명을
따랐다. 미군정은 10월 인민항쟁의 도화선이 된 1946년 9월 총파업,
분단정권 수립 반대를 전면에 내세운 1948년 2월과 5월의 총파업을
'적색분자숙청'작업과 연계하여 대대적으로 탄압하였으며, 노동계급을

---

140) 대구에서 시작된 민중봉기는 미군정 치하의 남한에서 발생한 대규모 민중봉
　　기의 시발점이 되어 11월 중순까지 50여 일 동안 전국 73개 시·군에 확대되
　　었다. 집계된 항쟁 참가 연인원이 3백만 명, 사망 3백 명, 행방불명 3천 6백 명,
　　부상 2만 6천 명, 체포자 1만 5천 명이었다(정희상, 1990 : 44). 대구 10월 인민
　　항쟁에 대한 연구는 정해구(1988) ; 심지연(1991b) 참조.

141) 핸더슨은 이를 다음과 같이 설명한다. "하지 장군은 사태를 오해하고 공산주
　　의자를 주시했다. 조사결과는 북한계의 간첩이나 앞잡이는 한 사람도 폭동에
　　관여하지 않은 것으로 나타났다"(Henderson, 2000 : 231).

무력화하였다.[142]

대중들에 대한 폭압의 정도는 수감자의 가파른 증가에서도 그대로 드러난다. 1945년 12월 24일~1946년 2월 10일 사이에 재소자는 무려 54%나 증가했고, 이후 46년 1년 동안 매월 2,000명씩 급증하여, 1946년 가을에 이르러서는 일제 말 수준인 20,000명에 달하게 된다. 이것이 남한만의 수치임을 비추어 볼 때 일제 때에 비해 2배 가량 증가한 것이다. 1948년 7월을 기준으로 보면 재소자 중 25% 정도가 명백히 정치적인 이유로 인한 것이었고, '적산'을 둘러싼 인민위원회와 군정청의 대립을 단순 강도나 강탈의 죄목으로 처리했기 때문에 정치적 이유로 수감된 인원의 비중은 더욱 클 것이다(박찬표, 1997 : 118).

군정당국의 정치폭력 운용은 결국 얼굴을 달리한 전투와 항상적 승리의 담보를 의도하는 병영국가 혹은 강성국가의 한시적 집권과 크게 다를 바 없었다(박종성, 2001 : 210). 그리고 이것이 남한에서 독자적으로 수립된 국가의 모태였다. 1948년 8월 대한민국의 탄생은 단정반대와 통일조국건설을 염원하는 인민들의 조직적인 무력투쟁, 그리고 이를 저지하고 분단정권을 수립하려는 미국을 중심으로 한 이승만 세력, 이 양자 사이에서 수행된 '작은전쟁'의 결과물이었다.

1947년 1월 하지는 "한국 문제에 대한 국제적인 해결책을 찾지 못한다면 내전이 일어날 위험이 있다고 보고"(MacDonald, 2001 : 27)

---

142) 단적인 예로 1946년 9월 총파업에 대한 허헌과 마크 게인(Mark Gayn)의 회담에서 허헌은 다음과 같이 언급했다. "9월 20일 나는 집 밖에서 500~600발의 총성을 들었다. 이것은 경찰과 이승만일파의 테러리스트가 공동으로 일으킨 최초의 습격이었다. 그들은 철도노조에 집중공격을 가했을 뿐만 아니라 다른 노조사무소도 습격하여 사람들을 구타하고 실내를 파괴하고 점거하였다. 이 습격으로 전부 3,000명이 체포되었고, 그 중 1,700명이 투옥되었다. 금일 현재(1947년 1월 19일) 1,400명이 아직 옥중에 있다. 습격이 시작된 날 나는 러치 장군의 집으로 갔다. 나는 '당신이 사람들을 체포하고 사살하라고 명령한 것인가, 아니면 경찰이 독자적으로 하고 있는 것인가'라고 물었다. 러취는 대답하지 않았다"(Conde, 1988b : 56).

했으며, 이는 6·25전쟁 이전인 1948년 2·7구국투쟁을 기점으로 이미 현실화되었다. 2·7구국투쟁 선언과 더불어 진행된 2월 총파업, 제주도의 4·3항쟁, 정부 수립 직후 10월에 벌어진 여순항쟁, 그리고 계속 이어진 유격투쟁 등이 바로 그 움직일 수 없는 증거이다. 미군정과 이승만을 중심으로 한 단정세력의 저항에 대한 탄압은 철저하고도 무차별적이었으며 광범위했다. 아래의 예는 제주 4·3항쟁에 관련된 것이다.143)

> 대한민국을 위해서는 제주도 전토에 휘발유를 뿌리고 거기에 불을 놓아 30만 도민을 한꺼번에 태워 없애야 한다(경무부장 조병옥 ; 아라리연구원 편, 1988 : 1).

> 4·3사건이 막 위험해가니까 군인들과 대동청년단원들이 와 가지고 피난민들을 거로공회당에 집합시켜 눈 감으라고 하데. 이렇게 해서 개인 감정이 있어 나쁜 놈이라며 손가락질하면 잡어다 무조건 팡팡 쏘는 거야. … 사상적으로 의심 가는 가족, 부인이라든가, 고향이 같거나, 부모라든가. 이런 사람들을 잡아가는데, 업고간 어린애까지 다 죽여부는 세상인데 … (양경찬, 2002 : 160).

> 미국의 자료는 15,000명에서 20,000명의 섬사람들이 사망했다고 보았으나, 대한민국의 공식 사망자 수는 27,719명이었다. 북한은 30,000명 이상의 섬 주민들이 진압군에 의해 "도살"당했다고 주장했다. 그렇지만 제주도 지사는 사적으로 미국 정보기관에 60,000여명이 사망했으며, 40,000명이 일본으로 도피했다고 말했다. … 400개에 달했던 마을 중에서 오직 170개만이 남게 되었다. 바꾸어 말하면, 섬 주민 다섯 명이나 여섯 명 당 한 사람이 사망했으며, 마을은 반 이상이 파괴되었던 것이다(Cumings, 1990 : 258).

---

143) "압제에 저항한 자들의 폭력과 압제자의 폭력을 등가로 놓는다는 것은 크게 잘못된 짓이다"(Moore, 1992 : 502)라는 무어의 말을 다시 되새기지 않더라도, 해방 이후 갈등의 증폭, 지배세력과 피지배세력의 정치·사회적 간극, 그리고 이 간극을 메우려고 피지배대중에 대해 무차별적으로 자행되었던 지배세력의 반역사적·반혁명적 폭력은 이를 저지하려 했던 아래로부터의 '저항'과 명확히 구분되어야 한다.

1948년 9월 4일부터 1949년 4월 30일 사이에 89,710명이 체포되어 그 가운데 28,404명이 석방되었고, 21,606명이 기소되었으며, 29,284명이 '치안국'에 넘겨졌고, 6,985명이 헌병대로 송치되었으며, 1,187명이 미결되었다고 유엔감시위원회에 보고됐다. 기소된 사람들 가운데 80% 이상이 유죄선고를 받았다(Henderson, 2000 : 252). 1948년 2·7구국투쟁으로 시작된 민중들의 무력항쟁은 미국의 직접적인 개입과 군·경찰·우익청년조직 등의 탄압에 의해 좌절되었으며, 2·7구국투쟁에서 6·25전쟁 발발 이전까지 이미 10만여 명이 목숨을 잃었다(이태섭, 1989 : 127 ; Merrill, 1988 : 338).

폭력의 제도화

폭력은 정당화를 필요로 하며, 이를 제도화했던 것이 억압적 법률의 제정이다. 이 같은 법률은 남베트남의 경우 1956년 1월 제정된 '법령 6호'에서 계속 확장·보완되어 1959년 5월 만들어진 '10/59법'이며, 남한의 경우는 1948년 12월 1일 법률 10호로 정식 공포된 '국가보안법'이다. 우선 법의 기본적인 성격을 파악하기 위해 아래 박원순의 논의를 살펴보자.

> 반공적 성격을 중심으로 한 반통일적, 반민중적 성격 등 3반(反) 성격을 갖는 단정의 정치권력은 국가보안법의 제정을 통하여 그 성격을 구현하게 된다. 국가보안법은 이와 같은 3반 성격을 본질적으로 내재하지 않을 수 없었고, 제정 이후 구체적 시행과정에서 그 속성을 드러내게 된다(박원순, 1990 : 81).

박원순의 논의는 남한의 국가보안법을 설명하고 있으나, 이는 남베트남의 사례에서도 별반 다르지 않다. 남베트남의 응오딘지엠 정권 또한 박원순이 국가보안법을 통해 제기하고 있는 '3반 성격'을 그대로 보여 주고 있기 때문이다.

악법의 도입은 초기 국가권력의 취약성을 그대로 반영한 것이었다. 지엠·이승만 정권이 국내의 광범위한 저항을 억누르고 국가권력을 유지하기 위해서는 강제력에 의존할 수밖에 없었고, 자신의 폭력을 정당화하기 위해서 법적 장치가 시급히 필요했다. 1956년 1월 제정된 남베트남의 법령 6호는 헌법이 제정되기 이전에 도입된 것이며,144) 남한의 국가보안법 역시 국가조직이나 운용의 기본법조차도 제대로 갖추어지기 이전에 제정된 것이다(박원순, 1990 : 75). 1948년 9월 20일 발의된 '내란행위특별조치법'이 여순항쟁을 계기로 12월 1일 국가보안법의 이름으로 졸속으로 만들어진 것도 이를 반영하는 것이다.

복수주권하에서 정당성이 없는 권력을 유지하기 위해 만든 법이 인권유린, 국가권력에 반대하는 모든 세력에 대한 억압, 더 나아가 그들에 대한 생명권의 파괴로까지 연결되는 것은 당연한 귀결이었다. 다음의 법조문은 이를 잘 보여 준다.

남베트남

1956년 법령 6호 :
질서와 안보가 충분히 확보될 때까지 국가방위와 공공질서에 위험하다고 여겨지는 자는 누구라도 가택 연금하거나 수감할 수 있다.

1959년 5월 10/59법 :
1조) 국가안보를 파괴 혹은 침해하려는 목적을 지닌 범죄를 저지르거나 혹은 그에 대한 기도
3조) 이러한 범죄를 준비하거나, 준비하는 것을 돕기 위해 고안된 조직에 속한 자는 누구나 사형에 처해질 수 있다(Kahin & Lewis, 1969 : 100~102).

남한

1948년 12월 1일 법률 제10호 :
1조) 국헌을 위배하여 정부를 참칭하거나 그에 부수하여 국가를 변란할 목적

---

144) 남베트남의 헌법은 1956년 10월 26일 반포된다.

으로 결사 또는 집단을 구성한 자 …
1항. 수괴와 간부는 무기, 3년 이상의 징역 또는 금고에 처한다.
2항. 지도적 임무에 종사한 자는 1년 이상 10년 이하의 징역 또는 금고에 처한다.
3항. 그 사정을 알고 결사 또는 집단에 가입한 자는 3년 이하의 징역에 처한다.

1949년 12월 19일 법률 제85호 : 국가보안법 개정법률
1조) 정부를 참칭하거나 변란을 야기할 목적으로 결사 또는 집단을 조직한 자 또는 그 결사 또는 집단에 있어서 그 목적 수행을 위한 행위를 한 자 …
1항. 수괴, 간부는 사형 또는 무기징역에 처한다.
2항. 지도적 임무에 종사한 자는 사형, 무기 또는 10년 이상의 징역에 처한다. …
2조) 전조에 규정한 결사를 지원함을 목적으로 하는 결사 또는 집단을 조직한 자 또는 그 결사 또는 집단에 있어서 목적 수행을 행한 행위를 한 자 …
1항. 수괴, 간부는 사형, 무기 또는 10년 이상의 징역에 처한다(박원순, 1990 : 227~228).

위에서 보는 바와 같이 남베트남·남한 모두에서 법령의 개악(改惡)이 이루어졌으며, 최고 법정형인 사형제도가 도입되었다. 위 법령은 '공산주의와의 대결'이라는 명분하에 매우 광범위하게 적용되었으며, 법의 자의적 적용 가능성과 비민주성으로 인해 이념적 대결을 위한 것이라기보다는 정권안보와 권력의 안정에 매우 기능적이었다.145)

---

145) 남베트남의 잡지였던 『국가혁명(Cach mang Quoc gia)』에서는 "법은 광범위하게 적용되어야 한다. … 국가경제를 교란시키거나, 파업을 조직하거나, 국가의 위신에 손상을 주는 시위를 조직하거나, 유언비어를 퍼뜨리는 것은 사형에 처해 마땅한 범죄이다"(Lacouture, 1966 : 30)라고 적고 있다. 또한 남한에서 초기에 국가보안법의 제정을 반대했던 의원들은 "독립 운동자나 정부 비판자, 양민을 때려잡는 데 악용될 수 있어 광무 11년의 보안법이나 3·1운동 당시 발동되었던 제령 7호, 그 후 치안유지법의 성격을 가지고 다수의 정치범·사상범을 만들어 낼 것이 명확"(서중석, 1996 : 176)하다고 문제점을 지적했다.

남베트남의 경우 법령 6호에 의해 국가안보와 공공안전에 위험하다고 판단되는 자는 집중 캠프(Concentration camp)에 수용할 수 있게 되었으며, 1954년 7월 이후 공산주의자로 알려지거나 의심받는 자는 재교육 캠프(Re-education camp)에 수용되었다. 그리고 법령 6호는 1956년 8월 21일의 '법령 47'에 의해 더욱 강화되었고, 1956년 10월 26일 반포된 헌법 7조, 곧 "직·간접적으로 공산주의를 전파, 수립하려는 것으로 간주되는 모든 행동은 어떠한 유형이라도 현재 헌법에 체현되어 있는 원칙에 반하는 것"(Vietnam Cong Hoa, 1958 : 4)[146]이라는 조항에 의해 최종적으로 지지되었다. 특히 1959년 10/59법은 특별군사재판소의 규정을 두었는데, 이 법령에서는 "국가안보에 반한 범죄, 전투지역에서 행해진 범죄의 판결은 군사법정에 위임된다"(Jumper & Normand, 1966 : 425)라고 밝히고 있다.[147] 특별법정은 단심제로 운영되었으며, 피고에게는 변론의 기회도 주어지지 않았다.

남베트남의 상황은 법령을 통해 사회를 군사적·병영적 통제체제로 재편해 나가는 것이었고, 이는 남한에서도 유사하게 드러난다. 남베트남에서 수행된 '단심제도'는 초기 국가보안법에서도 똑같이 나타났던 것이다. 정부는 사건의 폭주와 처리의 지연, 조속한 처형의 필요 등을 이유로 하여 단심제도의 필요성을 제기했으며, 당시 법무부장관인 권승렬은 이를 다음과 같이 정당화했다.

> 민주주의국가에서 인권옹호가 중요한 것은 말씀드릴 여지가 없습니다. … (그러나) 지금 우리 건국을 방해하는 사람하고 건국을 유지할 사람하고 총칼이 왔다갔다하고 하루에 피를 많이 흘립니다. 즉 국가보안법은 총하고 탄환입니다. 이것을 가지고 우리들이 치안을 유지하고 건국을 온전히 하지

---

146) Uy ban To cao Toi ac Chien tranh cua De quoc My va Tay sai o mien Nam Viet-Nam(1968 : 6) 참조.

147) 사이공에서 특별군사재판소의 설치와 이에 대한 정당화는 Tran Ha Ninh(1960)을 참조.

않으면 안 되겠다는 중요한 단계입니다. … 총칼이 없으니 이 법률을 가지고 총칼을 삼아서 온전히 하지 않으면 안 됩니다(박원순, 1990 : 112).

남베트남에서나 남한에서나 보안법은 법의 형식을 띤 폭력이었다. 노골적인 폭력은 보안법을 통해 형식적 완성을 보았으며, 이는 무자비한 '경찰독재'의 제도적 틀이 되었다.

지배이데올로기와 사회의 이데올로기적 재조직화

노골적인 폭력, 이를 제도적으로 보증했던 보안법의 제정, 그러나 이러한 억압기제가 두 국가권력의 민족적·사회적 정당성을 보증할 수 있는 것은 아니었다. 독재체제는 스스로를 정당화할 지배이데올로기가 필요했다. 지엠·이승만 정권의 핵심적인 지배이데올로기는 반공이었으며, 이를 보완할 하위 이데올로기로 지엠은 '인격주의(Chu nghia nhan vi)', 이승만은 '일민주의(一民主義)'를 내세웠다. 지엠과 이승만은 지배이데올로기를 통한 사회적 동원과 재조직화를 통해 북부체제에 대항하고, 남부체제의 안정을 도모했다. 아래의 논의에서는 지배이데올로기의 특성, 사회의 이데올로기적 재조직화와 이데올로기적 구획 짓기를 통한 저항세력의 '배제(exclusion)'[148]를 검토하겠다.

반공주의는 지엠·이승만 정권의 존립을 위한 존재론적·이데올로기적 토대였다. 이는 분단 속에서 존재 근거를 획득했다. 분단구조는 반공주의를 정당화했으며, 반공주의는 분단구조를 더욱 심화시켰다. 백운선은 분단과 반공의 연계, 그리고 이것이 초래한 사회적 영향을 다음과 같이 설명한다.

---

148) 파킨(Parkin)은 배제를 지배분파들이 피지배자들에게 권력을 부여하지 않는 가장 중요한 수단으로 보며(Grabb, 1994 : 242), 오도넬은 지배집단이 민중 부문의 정치적 요구를 일관되게 거부할 때 성립된다고 본다(O'Donnell, 1973). 본 논의에서 배제는 이러한 개념을 받아들이면서 이데올로기를 통한 특정 집단의 '고립화', '시민권의 박탈'을 포괄하는 용어로 사용할 것이다.

이승만은 무엇보다도 분단구조를 체제 존립의 근거구조로 전환시켜 정당
성의 토대를 더욱 확고히 하고, 그 제약성으로부터 비롯되는 반대와 저항
을 효율적으로 제어할 필요가 있었다. 이에 부응하여 이승만은 국제적인
냉전의 대결 논리를 내면화시킴으로써 분단의 제약성을 보상하는 동시에
단정의 권위와 안정을 위협할 수 있는 도전 가능성을 봉쇄하려고 노력했다
(백운선, 2001 : 148).

위의 이승만을 지엠으로 바꾸면 남베트남의 상황이 그대로 설명된
다. 지엠과 이승만은 세계적 냉전·반공전사로서 스스로를 위치 지웠으
며, 끊임없이 대내외적 안보 위협을 강조하고, 이에 대한 투쟁을 독려했
다. 아래의 논의는 1957년 9월 지엠이 남한을 방문했을 당시의 연설문
과 1958년 11월 이승만이 남베트남을 답방했을 당시의 기자회견문 중
의 일부이다.

> 한국과 베트남은 역사적으로 그들의 생존과 민족적 기질을 보존하기 위해
> 끊임없이 투쟁해왔다. 그러한 공통된 투쟁은 우리 두 나라가 공산주의자들
> 에 의해 분단된 이후 계속되어왔다. 오늘날 두 나라의 공통된 목적은 공산
> 주의자로부터 우리의 국민을 해방시키기 위해 우리 영토를 재통일할 노력
> 을 경주하는 것이다(Bouscaren, 1965 : 83).

> 우리는 현재 민주주의와 공산주의의 두 진영으로 분단되어 그 두 진영이
> 싸우고 있는 세계에 살고 있다. … 아무도 나로 하여금 이러한 양 진영 간
> 의 투쟁이 공존으로 끝나게 되리라는 것을 믿게 할 수는 없다(한국 공보실,
> 1959 : 72).

앞에서도 언급한 바와 같이 공산주의자와의 투쟁은 분단된 다른 반
쪽에 대한 투쟁뿐만 아니라 내부의 반대자에 대한 지속적인 투쟁을 동반
한 것이었다. 그러나 투쟁을 위한 수사로서 반공주의는 한계를 지닐 수
밖에 없었다. 무엇보다도 반공주의는 민족통일과 공존할 수 없었고, 반
공주의에 의해 자행되는 노골적인 폭력은 대중들의 동의를 조직하기 어
려웠던 것이다. 따라서 지엠과 이승만은 반공이데올로기를 보완할 '하위

지배이데올로기'를 모색하게 되는데, 지엠에게 그것은 '인격주의'로, 이 승만에게는 '일민주의'로 나타난다.

1954년 7월 지엠 형제―특히 지엠과 응오딘뉴(Ngo Dinh Nhu)― 는 새로운 정부가 당면한 가장 긴급한 문제를 도덕적 해이와 대중들에 대한 정부 권위의 약화라고 보았고(Donnell, 1961 : 30), 이에 대한 사상적 대처는 인격주의였다. 인격주의는 국가재건을 위한 철학적 기반 으로 제시되며, 프랑스 가톨릭 철학의 지류인 몬니에르(Mounier)의 영향과 유교적 가치의 접합을 시도한 것이다. 주된 지향은 서구의 개인 주의와 공산주의의 극단적 집단주의를 넘어서는 제3의 길을 모색하는 것이라 논의된다.[149] 그러나 인격주의의 주된 공격점은 공산주의에 놓 여져 있다. 지엠은 1956년 4월 17일 국회 연설 가운데 "우리의 접근은 윤리적인 것이며, 공산주의는 악이다. 그래서 우리는 공산주의를 배격 한다"라고 말하면서 이를 명확히 했다(*The Times of Vietnam*, 1958.10.25).

인격주의는 응오딘뉴의 부인인 쩐레쑤언(Tran Le Xuan)이 '베트 남인격주의공화국'(Fall, 1968 : 246)이라고 표현할 정도로 사회지도 원리로서 널리 표방되었으며, 국가 정당화의 철학적 기초로 선전되었 다. 이를 근간으로 하는 조직으로는 1954년 9월에 만들어진 강력한 엘 리트 정당이며 정당과 공직사회의 비밀경찰 역할을 수행한 '근로인격혁 명당(Can Lao Nhan Vi Cach Mang Dang)'과 지엠의 둘째 형이며 후에(Hue) 지방의 가톨릭 주교였던 응오딘툭(Ngo Dinh Thuc)에 의 해 1956년 빈롱(Vinh Long)에 만들어진 '인격주의훈련원'이 있다. 인 격주의훈련원에서는 공무원, 교사, 당원 등을 교육했으며, 1960년 5월

---

149) 햄머는 지엠의 독실한 가톨릭적 믿음과 망명기간 동안 서구 정치민주주의의 강점과 약점을 이해하게 된 것이 가톨릭 철학과 유교를 접맥시키게 된 배경이 라 논한다(Hammer, 1959 : 41). 그러나 사실상 인격주의의 철학적 기초는 지엠 의 동생인 응오딘뉴가 프랑스에 유학할 당시 형성되었다. 서구의 가치와 아시 아적 가치의 접합에 대한 철학적 해석은 Haldar(1961) 참조.

경에는 26개 반 3,000명이 교육을 마쳤다고 한다(Donnell, 1961 :
49).[150] 또한 둘째 남동생인 응오딘껀(Ngo Dinh Can)에 의해 지도
되는 전국적인 대중조직인 '국가혁명운동(Phong Trao Cach Mang
Quoc Gia)' 역시 인격주의를 혁명의 우선적인 규범으로 할당하였으며,
그 외에 사이공의 국가문화위원회 등 다양한 연구소가 존재했다.

지엠에게 '인격주의'가 있었다면, 이승만에게는 '일민주의'가 있었다.
지엠의 인격주의와 이승만의 일민주의는 많은 면이 닮아 있다. 일민주
의는 우선 인격주의와 유사하게 공산주의와 함께 자본주의를 지양해야
한다는 주장이 꽤 큰 비중을 차지한다(서중석, 1997 : 157). 일민주의
의 대표적인 주창자인 안호상은 겨레가 위태롭게 된 원인은 공산주의에
있지만, 그 다음은 자본주의와 흉내내기 민주주의가 큰 해독이라고 주
장한다(서중석, 1998b : 44).[151] 또한 일민주의는 유교적 도덕관을 주
창했으며, 이를 통해 개인주의를 넘어선 유기체적 국가관을 내세웠다
(서중석, 1998b : 40~53). 이승만은 '민족적 민주주의', 곧 일민주의를
국시로 제창하여 이를 방해하는 자는 처벌받아야 하며 제거되어야 한다
고 했고, 여기에서 가장 큰 적은 공산주의로 나타난다. 이승만은 공산주
의에 대한 사상전은 한 사람의 이탈도 없이 민족이 하나가 되어서 국민
운동의 차원에서 치러져야 한다고 주장했고(김혜수, 1995 : 338), 안호
상은 1949년 12월 대한청년단에서 행한 연설을 통해 "일민의 깃발 아래
광분하고 있는 공산주의를 쓰러뜨려, 우리는 평양 모란봉에서 2주년 집
회를 가져야 할 것"(Cumings, 1990 : 212)이라고 열변을 토했다. 이

---

150) 인격주의를 표방한 활동에 대한 좀더 자세한 논의는 Donnell(1959) 참조.

151) 일민주의는 누구나 부지런히 일하면 할수록 또 이익이 나면 날수록 그것은 모
　　두가 일하는 이에게도 그만큼 이익이 돌아가 자기의 소유가 되도록 한다고 약
　　속하였다. 또한 개인주의에 대신해서 도의 윤리를 소중한 덕목으로 내세웠으
　　며, 이는 동족끼리 압제와 착취를 해서는 안 된다는 주장으로 연결되었다. 그
　　러나 이러한 수사적 표현은 구체적 정책이나 실천 행위로 연결되지 않았다.
　　이에 대한 논의는 서중석(1998b : 40~53) 참조.

러한 측면에서 볼 때 일민주의는 해방 후 강렬한 민족주의적, 혁명적 분위기에서 대중에게 강력한 호소력을 지니고 있었던 사회주의에 대항하기 위해 제시된 것이었다고 볼 수 있다(서중석, 1998b : 69).

이승만은 일민주의 보급을 위해 많은 노력을 기울였다. 일민주의를 국민운동으로 보급하기 위해 1949년 '일민주의보급회'와 '일민주의연구회'를 결성하였고, 출판·언론매체로서 '일민출판사'를 설립했으며, 『일민보』라는 주간지를 발간하였다. 일민주의보급회는 각 시·군·구지역에 지부를 설치하였으며, 군수나 구청장 등의 행정관료가 위원장이 되고, 위원은 각 사회단체의 임원이나 동장이 맡았다(김혜수, 1995 : 350~351). 1950년 초에 이르러서는 수백 명의 중·고등학교 교장들이 이 교리를 배우고 있었고, 나중에 이들은 '도덕교육'으로 할당된 시간에 이를 학생들에게 선전했다(Cumings, 1990 : 109). 또한 이승만의 일민주의정당 조직 의지는 대통령 선출 문제를 눈앞에 두고 자유당 창당으로 실현되었다(서중석, 1998b : 31).

인격주의·일민주의가 반공 캠페인의 내용 또한 지니고 있었기 때문에 반공주의와의 명확한 구획점을 밝히기는 어렵다. 그러나 초기 국가권력의 정당화·안정화과정에서 반공주의와 결합된 인격주의·일민주의가 대체로 동원과 통합을 위한 사회적 조직화기제로 작용했다면, 반공주의는 적과 동지를 구별 짓는, 특히 반대자를 사회적으로 구획하는 배제의 기제로 작용했다.

지엠의 인격주의는 엄격한 도덕주의를 표방했으며, 이를 실천에 옮기고자 했다. 엄격한 도덕률의 적용은 우선 공직자와 관료에 대한 반부패운동으로 가시화되었다. 반부패운동은 1954년 '명예에 관한 규범(Code of honor)'의 제정, 군과 행정요직에 있는 사람들의 개인 재산의 신고, 1955년 8월 지방공무원의 직무상 뇌물혐의에 대한 기소, 1959년 4월의 반횡령법 등으로 이어졌으며, 이는 지엠 정권을 정당화하는 데 얼마간 기여했다. 그러나 이러한 정책의 근저에는 도덕과 정의를 넘어서는 정치적 계산이 있었다. 반부패운동의 중심에는 관료들을 통제함으로써 지엠의 권력기반을 강화한다는 목표가 자리 잡고 있었던 것이다.

공직자의 반부패운동은 사회영역까지 확대되었다. 지엠 정권은 1955년 말 '반 4대 악덕운동'(도박, 알코올·마약 중독, 매춘의 추방)을 추진했으며, 이는 대중들에게 정권의 정당성을 선전할 기회로 작용하기도 했다. 그러나 이 역시 정치·경제적 계산을 깔고 있었다. 운동의 주된 공격점은 도박·매춘·마약·호텔업을 장악하고 있던 빈쑤엔의 경제적 기반을 파괴하는 데에 놓여 있었던 것이다(Post, 1989a : 240). 빈쑤엔의 몰락과 더불어 '반 4대 악덕운동'도 함께 사그라졌다.[152]

이승만의 일민주의는 보다 직접적인 정치적 조직화기제를 통해 대중을 통제하려고 했다. 중앙 정치조직을 활성화하기 위해 이승만은 1948년 11월 일민주의를 당시(黨是)로 하는 '대한국민당'을 조직했고, 이승만을 지지하는 일민구락부가 조직되었다. 또한 일민주의 국민운동을 전개하기 위해 독립촉성국민회, 청년단체, 일민주의 대중조직의 정비와 확대를 꾀했다. 독립촉성국민회는 '대한국민회'로 이름을 바꾸어 '애국반'을 흡수했으며, 난립되어 있던 청년조직은 1948년 12월 대한청년단으로 통합되었다. 청년단체의 조직원리는 교육체계에도 적용되어 1949년 4월에는 중앙학도호국단이 결성되었다. 이러한 과정을 통해 일반인은 국민회, 부녀자는 부인회, 청년은 청년단, 학생은 학생단으로 통합되었으며 이승만을 중심으로 한 전일적인 지배체제가 구축되어 갔다(김혜수, 1995 : 342~351).

인격주의·일민주의가 사회의 일원적 통제를 위한 '통합의 수사'였다면, 반공주의는 '배제의 수사'였고, 이것의 가장 대표적인 사례는 남베

---

152) 이러한 사회정화운동은 응오딘뉴의 마약판매망 장악과 이익금의 정보 자금화 등으로 그 한계를 드러냈다. 뉴의 마약 경영에 대해서는 Mai Nguyen(2000 : 18~21) ; McCoy(1972) 참조.

트남의 경우 '반공선언운동'이었으며, 남한의 경우 '국민보도연맹'의 결성이었다.

지엠 정권은 정권의 안정과 반대자의 색출·고립화·무력화를 위해 시민을 다음과 같이 세 부류로 분류하였다.

ㄱ 불법적 시민(Cong dan bat hap phap) : 과거 반프랑스항전에 참여한 자, 제네바협정에 찬성하는 자, 조국의 평화적 통일을 위한 총선거에 찬성하는 자.

ㄴ 반합법적 시민(Cong dan ban hap phap) : 과거 반프랑스항전에 참여한 자와 연고가 있는 자(공산주의자와의 관계를 단절하지 않은 자).

ㄷ 합법적 시민(Cong dan hap phap) : 미-지엠(My-Diem)의 제도를 따르는 자(Uy ban To cao Toi ac Chien tranh cua De quoc My va Tay sai o mien Nam Viet-Nam, 1968 : 6~7).

위의 ㄱ·ㄴ의 경우는 지엠 정권의 자의적 판단에 의해 직접적인 탄압 혹은 '반공선언운동'의 대상이 되었다. 1955년 중반부터 진행된 반공선언운동의 주요한 내용은 공산주의자에 대한 거부를 맹세하는 것, 베트민의 잔악함을 열거하는 것, 지엠에게 충성을 맹세하는 것 등으로 채워졌으며, 대중운동의 형식으로 전개되었다. 1956년 5월 운동을 이끌었던 쩐짜인타인(Tran Chanh Thanh)은 "과거 9년 동안 압도적이었던 공산주의세력은 철저히 분쇄"되었다고 선언했으며, 과거 핵심 공산주의자 94,041명이 정부에 결합했고, 5,613명의 기간요원이 정부군에 항복했으며, 119,954정의 무기가 노획되었고, 75톤의 문서와 707곳의 무기 은익 장소가 발견되었다고 발표했다(Scigliano, 1964 : 167~168). 이러한 반공 캠페인은 마을단위까지 영향을 미쳤으며, 적용 대상이 모호했고, 정치적 반대자에 대한 재교육 캠프와 연결되어 있었다.

남한의 국민보도연맹은 남베트남에 비해 보다 체계적이고 조직적으로 구성·관리되었다. 보도연맹은 1949년 6월 5일 대한민국을 절대지지 수호하고 공산주의를 박멸하기 위해서 과거 좌익단체에 들었거나 좌익운동한 사람을 모두 가입시켜 일정한 심사와 교육을 받게 만든 단체로, 해방공간에 존재했던 공산당이나 좌익 관계 정당은 물론 건국준비위원회나 인민위원회, 치안대, 전평, 전농 등의 단체나 좌익계 청년단체·부녀단체·문화단체에 든 사람들 모두를 가입대상으로 했다(서중석, 1996 : 267).153) 이승만 정권은 철저한 탄압으로 지하화한 좌익조직을 색출하기 위해 1949년 11월 한 달 동안 전국적 자수기간을 두고 좌익세력의 자수 전향을 권고했으며, 국민보도연맹의 인원을 확충하기 위해 중앙본부가 지방행정단위에 목표를 할당하기도 했다(김기진, 2002).154) 지속적인 협박·회유·동원에 의해 1950년 6·25전쟁 발발 이전까지 국민보도연맹은 30만이 넘는 가입자를 갖게 되었으며, 이는 30만이 넘는 인원이 남한의 잠재적 적대자로서 정부에 의해 분류·관리됨을 의미했다. 2부에서 자세히 살펴보겠지만, ‘두 국민전략’에 의해 국민보도연맹에 가입되었던 사람들은 가입 동기나, 좌익 혐의의 경중에 관계없이 6·25전쟁의 발발과 더불어 학살당했다. 국민보도연맹원들은 작은전쟁기간 동안은 ‘국민 속의 비(非)국민’이었으며, 6·25전쟁이 발발하자 정부에

---

153) 사상검사로 유명했던 선우종원은 당시 국민보도연맹 결성 취지에 대해 다음과 같이 증언하고 있다. “공산당 삐라를 가지고 와서 이것을 뿌려라, 그래 할 수 없이 그걸 가져와서 뿌리다가 붙들려 경찰서에 들어간단 말이야. 그러면 그게 공산당이에요? 어찌 되었던 간에 그게 국가보안법 위반으로 들어가잖아요. 그러면은 나오면은 또 딴 데서 잡아가거든. A라는 서에서 잡아서 검찰에서 놔준 것을 B라는 서에서 또 잡아가고, 자꾸 돌아요. 그러면 결국 뭐가 되겠어요. 그 사람 빨갱이 안 되겠어요? 큰일이지. 이렇게 돼서 빨갱이라고 입건된 사람이 상당히 많아요. 그럼 이걸 어떻게 보호하느냐. 이렇게 돼서 만든 게 보도연맹입니다. 처음의 취지는”(MBC 다큐멘터리, 2001.4.27).

154) 당시 보도연맹의 생존자나 가족은 보도연맹 가입 사유를 다음과 같이 증언한다. “이장이 가입하라고 해서 다 가입했다. 그 당시에 그건 공개적으로 했다”(안성 김종철). “모르고 보도연맹 된 거예요. 서울 같은 데는 학식이 많고 상식이 있으니까 보도연맹이고 좌익이지. 여기는 ‘좌’자도 모르는 사람들이 전부 좌익이 됐다”(경북 청원 김수철). “자기 형님이 좌익했다고 그래서 들어온 사람도 있고, 천지에 이런 법이 어디 있습니까? 그게 보도연맹이에요”(대구 이재일). MBC 다큐멘터리(2001.4.27) 참조.

의해 적으로 취급되었던 것이다.

권력의 집중과 정치공간의 협애화

지엠·이승만 정권이 지녔던 국가권력의 내적 성격을 파악하기 위해 마지막으로 살펴볼 것은 두 정권의 통치구조이다. 지엠·이승만의 통치구조는 후원·수혜(patron-client)관계를 통한 가부장적 권위주의체제의 특성을 지니고 있었다. 다만 지엠의 통치구조가 1인 통치체제를 가족으로 확장시킨 '가족통치(Gia dinh tri)'의 성격을 지니고 있었다면, 이승만의 통치구조는 1인 중심적인 독재권력의 성격이 더 강했다.[155]

지엠 정권 통치구조의 가장 주된 특징은 '가족통치'였고, 남부의 정치·경제·군사적인 모든 권한은 지엠 형제들에게 집중되어 있었다(Linh Vien, 1975 : 33~37). 지엠 자신은 대통령, 국방부장관, 군총사령관을 겸임했으며, 동생인 응오딘뉴는 실질적인 권력의 핵심으로서 지엠의 고문역할을 담당했고, 뉴 밑의 동생인 옹오딘껀은 중부지방의 맹주 역할을 수행했다. 또한 뉴의 부인인 쩐레쑤언은 국회의원으로 정치에 관여했다(Nguyen Cong Binh, 1961b : 27).

지엠의 형제들은 권력을 조직화하고, 사회적으로 침투시키는 데 결정적인 역할을 수행했다. 뉴는 지엠 정권의 가장 핵심적인 정보부서인 '정치사회연구소(So Nghien Cuu Xa Hoi Chinh Tri)'를 운영했다. 이는 정치·사회·경제 및 공직자의 개인신상부터 각계 인물 동정 등 모든 분야의 정보를 수집·분석하여 관할했으며, 근로인격혁명당과 더불어 정치조직을 통제했다.

껀은 대중정당인 '국가혁명운동'을 이끌면서 반공선전을 담당했다.

---

155) 물론 이렇게 권력을 자기 중심으로 조직화하려 했던 시도들이 언제나 성공적이었던 것은 아니며, 지속적인 사회적 효과를 발휘한 것도 아니었다. 그러나 이 논의에서는 권력의 기복을 추적하기보다는 지엠·이승만이 구축하고자 했고, 어느 정도는 성공을 거두었던 통치구조의 특성을 중심으로 논의하겠다.

지방행정처의 장은 대개 국가혁명운동의 일원이었고, 이들이 대통령령에 의해 마을의 정치위원을 겸함으로써 상부의 정치적 이해를 직접적으로 하부 행정단위에 전달하는 이전 벨트의 역할을 수행했다. 또한 국가혁명운동과 밀접한 연관을 지닌 대표적 조직으로 '국가혁명공무원연맹(Lien Doan Cong Chuc Cach Mang Quoc Gia)'156)을 들 수 있는데, 이 조직에는 고위 행정관리가 많이 참여하고 있었으며, 공무원들 사이에서 반공에 대한 지속적인 캠페인과 정례회의를 조직했고, 조직적 영향력으로는 오히려 국가혁명운동을 능가했다.

뉴의 부인인 쩐레쑤언은 결혼을 하지 않았던 응오딘지엠의 영부인 역할을 자처했으며, 국가혁명공무원연맹의 부인들로 구성된 '부녀연대운동(Phong Trao Lien Doi Phu Nu)'과 그들의 딸로 조직된 '부녀자군사위원회조직(To Chuc Ban Quan Su Phu Nu)'을 이끌었다(Duncanson, 1968 : 232).

이 같은 정치적 구조화는 지엠을 중심으로 한 1당을 제외한 제도권 내의 대립적 정치조직의 형성을 용납하지 않았다. 식민잔재와 결합되어 있었던 군소정당은 지엠 정부에 대립하면서도, 정부의 보조금에 의지했기 때문에 저항의 한계가 명확했다.157) 언론의 경우 역시 정부는 출판권과 신문인쇄권을 통제했으며, 신문의 배분은 경찰청장이 대표로 있는 재향군인회에서 독점했다. 이러한 체제는 1956년 2월 20일의 대통령령에 의한 언론규제법을 거쳐 더욱 정교화되었다(Post, 1989a : 240). 정부는 '정보·출판총국'을 통해 매일·매주의 편집방향을 지도했으며, 이에 따라 정부의 공식 방침 이외의 언로는 만들어지기 어려웠다(Scigliano, 1964 : 174~175).

지엠이 "비판에 민감하여 자신의 통치에 반기를 들만 한 모든 잠재

---

156) 이 조직은 껀의 영향력이 강했던 중부 이외의 지역에서는 뉴의 영향력하에 있었다(Scigliano, 1960).

157) 이러한 정당들의 특성에 대해서는 Scigliano(1960 ; 1964) 참조.

세력을 재빨리 탄압"(Duiker, 2003 : 744)하고, 권력을 조직화한 것과
마찬가지로 이승만 또한 모든 권력을 자신을 중심으로 조직화했다. 우
선 이승만의 정치적 성향과 통치방식을 살펴보자.

> 이승만 대통령은 강한 신념의 소유자로서 그와 의견을 달리하는 사람을 용
> 납하지 않는 사람이었다. 1945년 그가 한국에 돌아온 순간부터 극우의 태도
> 를 지닌 사람들을 가까이 하고, 보다 온건한 견해를 지닌 지도자들과는 날
> 카롭게 대립했었다(Truman, 1971 : 390).

> 이승만은 공식적으로는 행정부를 지배했고, 그의 집무실로 모든 것을 집중
> 시키고자 했다. 대부분의 관료들은 그 앞에서 굽실거렸고, 그의 재가 없이
> 는 어떤 일도 하기 두려워했다. 이승만은 전국적 차원에서나 도 차원에서
> 나 대부분 관료들을 직접 임명했고, 고도로 중앙 집중적이고 사적인 엽관
> 제(獵官制)를 실시했다(Cumings, 1990 : 229).

커밍스가 언급하는 바와 같이 이승만은 자신이 구심점이 되어 권력
을 조직화하고자 했으며, 이러한 과정에서 가장 강력한 후원·수혜관계
를 형성한 것이 친일파였다. 친일파에 대한 이승만의 후원은 반민족행
위자의 처리를 둘러싼 문제에서 노골적으로 드러난다. '무조건적인 통합
과 단결'을 부르짖던 이승만은 국가의 기본방향을 제시하는 1948년 8월
15일 정부 수립 공포일 식사(式辭)에서조차 친일파 처단에 대해 일언반
구의 언급도 하지 않았고,158) 정부 내 친일파 조사위원으로 악질적인
친일분자였던 유진호를 임명했으며, 반민족행위처벌법의 공포 역시 내
키지 않아 했다. 더군다나 '반민족행위특별조사위원회'의 활동에 극도의
불쾌감을 표시했으며, 반민특위 습격을 직접 지시했다(서중석, 1996 :

---

158) 식사에는 그 자리에 참석한 맥아더에 대한 찬사가 많은 부분 할애되어 있음에
　　도 불구하고 정작 민족정기를 세우기 위한 친일파 청산에 대한 언급은 없었
　　다. 1945년 8월 15일 11시 중앙청 앞 광장에서 행해진 식사는 우남실록편찬회
　　(1976 : 565~570) 참조.

104~143 ; 201~215). 반역사적 지배동맹에 의해 형성된 "이승만과 그 부하들 간에는 충성과 은덕, 혹은 물질-지위의 보상이 교환되는 일종의 후원-피후원의 관계가 형성"(김영명, 1991 : 114)되어 있었다. 이승만은 친일파에게 역사적 면죄부를 부여했으며, 친일파는 이승만의 수족(手足)으로서 이승만을 중심으로 한 과두제적 지배체제를 형성했던 것이다.

또한 이승만은 모든 정치외곽조직을 통제했다. 이승만은 국민회의, 대한청년단, 학도호국단의 총재였다. 다만 대한부인회는 이승만의 부인 프란체스카가 총재를 맡았다. 대한노총과 대한농총의 총재도 이승만이었다. 그는 또한 대한어민회의 총재였고, 대한체육회의 총재도 맡았으며 대한소년단중앙본부의 명예총재였다. 이 밖에 대한민국제대장병보도회총본부, 대한참전전우회 등의 총재이기도 했다(서중석, 1998a : 258~265 ; 1998b : 37).

이 같은 관변단체들은 경찰·관료와 함께 이승만의 1인 독재를 가능케 했다. 초기 제헌국회 당시 의회우위지형을 극복,[159] 1951년 자유당 창당, 1952년 발췌개헌을 통한 1인 독재체제형성과정에서도 이 조직들은 이승만의 충실한 종복으로 기능했다. 한민당-민국당-민주당으로 이어진 주요 야당세력이 집권세력과 이념적인 면에서 차이가 없어 근본적인 정치적 대체세력으로 위치 지울 수 없다 하더라도(김영명, 1991 : 117), 경찰·관료, 관변단체를 동원한 야당의 탄압과 반대파의 제거는 의회를 통한 기본적인 형식적 민주주의의 구현에 심대한 제약을 가져왔다. 또한 1949년 6월 김형원 공보처장의 국회보고에서와 같이 안보를 구실로 한 언론통제로 인해 정부 수립 이후 통신사 1개, 신문 8개가 폐간되고, 일간신문 1개가 정간되었으며, 주간 6개, 순간 2개, 월간 41개가 폐간되었고, 7개의 기사게재 금지사항을 지정하여 극우반공

---

159) 제1공화국 초기 의회와 행정부의 관계에 대한 자세한 논의는 백영철(1995) 참조.

체제에 순응한 언론만이 존립할 수 있는 조건을 만들었다(서중석, 1996 : 266).

'두 개의 국가, 하나의 운명', 이것은 1957년 9월 지엠이 남한을 방문했을 때 남베트남의 공보인『더 타임즈 오브 베트남(*The Times of Vietnam*)』에 실렸던 1면 머리기사의 제목이다.160) 이 기사는 분단국가로서 두 국가의 공동운명을 강조하며, 반공·안보의 토대를 더욱 굳건히 할 것을 주장한다.161) 그러나 이 속에는 민족사적 통찰이 없으며, 독재자의 자기 정당화 논리만이 존재한다. 지금까지 논의한 바와 같이 남베트남·남한에서 반공·안보국가의 출현은 민족적·역사적 정통성을 역행하는 반혁명적 경로였으며, 실제로 '두 개의 국가'가 공유했던 '하나의 운명'은 반공·안보체제 건설의 미명하에 등장했던 '반공독재국가'의 형성이었다. 미국은 자유민주주의와 평화수호를 외치고 있었지만, 남베트남과 남한에서는 그들이 그렇게 고귀한 가치로 내세웠던 자유민주주의의 이름으로 자국민에 대한 테러와 학살이 자행되고 있었고, 미국은 이를 용인했다. 남부의 체제는 미국의 세계전략과 민족적 정통성을 지니지 못했던 보수세력의 수구적 공세가 낳은 합작품이었다. 이 속에서 대중들에게 가해진 무차별적 폭력, 그리고 반공독재체제의 출현은 국가형성기의 불가피한 진통이 아니라 반역사·반혁명적 질서를 강제하기 위한 필연적 결과였다.

---

160) *The Times of Vietnam*(1957.9.21).

161) 이승만 또한 1958년 베트남을 답방했을 때 이와 유사한 주장을 편다. "자유 베트남과 한국은 아세아에 있어서의 협조자이며, 우리는 문명 그 자체가 공산주의의 위협 하에서 존속할 수 있는가를 결정짓기 위한 투쟁의 협조자입니다. 뿐만 아니라 양국은 정의에 입각한 목표를 옹호하고 달성하기 위하여 상호 신뢰하는 형제인 것입니다"(한국 공보실, 1959 : 21).

2) 원조(援助)의 정치·경제 :
미국의 군사·경제적 원조

강압과 직접적인 물리적 폭력에 토대한 사회의 일원적 재구조화가 남베트남·남한 반공독재의 기본적인 지배양식이었다면, 분단을 구조화하고, 반공체제의 지속·재생산을 보증했던 것은 미국의 군사·경제적 원조였다. 원조는 한편으로는 국가의 물적 토대를 외세인 미국에 의존함으로써 대미 종속성을 심화시키고, '대외적 자율성'을 위축시켰지만, 다른 한편으로는 '대내적 자율성'을 증대시킴으로써 '외유내강(外柔內剛)'의 반공독재체제의 형성을 가능케 했다. 아래의 논의에서는 첫째, 1950년대 미국의 제3세계 원조계획이 지니는 일반적 특성을 논의하고, 둘째, 남베트남·남한에서 미국이 수행했던 원조성격의 유사성을 검토하며, 셋째, 원조의 정치·사회적 의미와 영향에 대해 살펴보겠다. 미국이 남베트남·남한에서 수행했던 원조의 성격을 검토하는 과정에서 특히 주안점을 둘 것은 당시 원조가 지닌 정치·군사·이데올로기적 측면이다.[162]

미국의 제3세계 원조의 특성

원조에 대한 이론은 크게 인도주의이론, 신고전학파이론, 정치경제학적 이론으로 나누어진다.[163] 인도주의이론은 원조 제공국이 수원국의 기아와 빈곤을 퇴치하기 위해 이타주의적·도덕적 근거에서 원조를

---

162) 몽고메리는 원조란 단순히 경제적 잉여의 이전이 아니라 "원조의 목적, 원조의 성취, 원조의 기원, 원조의 수행, 원조의 공여, 원조의 수혜, 이 모든 것은 이데올로기와 권력의 갈등을 포함한다"(Montgomery, 1962 : 3)라고 논의한다. 특히 냉전기 미국의 원조는 세계적인 '이데올로기와 권력의 갈등'을 잘 드러낸다.

163) 원조이론에 대한 개괄적 설명은 김종덕(1997 : 20~27) 참조. 아래의 이론적 논의는 김종덕의 분류를 따른다.

제공한다는 입장을 취한다. 또한 신고전학파이론은 선진국이 대외원조를 통해 무상 또는 유리한 조건으로 실물자원을 후진국에 이전시킴으로써 후진국의 경제발전을 가져올 수 있다는 이론으로, 이는 서구 사회의 발전 모델을 개발도상국에 그대로 적용하여 발전을 이끈다는 근대화론에 근거한다. 그러나 인도주의이론의 경우 현실 국제정치 관계를 제대로 반영하지 못하는 이상주의적 접근이며, 신고전학파이론은 다양한 발전경로를 겪어 온 제3세계의 특성을 무시한 중심국 위주의 단선적 발전론이다. 특히 이 두 이론은 냉전의 심화와 연관된 1950년대 미국 원조 프로그램의 성격을 제대로 설명하지 못한다. 반면 원조를 원조 제공국이 수원국에서 이익을 확보하기 위한 수단으로 보는 정치경제학적 이론은 다른 이론들에 비해 당시 미국의 원조정책이 지녔던 역사적 실체에 훨씬 현실적으로 접근하고 있다. 몽고메리는 미국의 원조정책이 지닌 일반적 특성을 다음과 같이 설명한다.

> 국제정치는 외국원조의 핵심에 위치하며, 사실상 바로 그것이 원조가 존재하는 실제 이유이다. (원조의) 주된 동기가 공산주의의 팽창에 대항한 방어선을 지키기 위한 것이든, 혹은 수원국과 호혜적 관계를 세우는 것이든 간에 미국의 입장에서 원조프로그램은 일반적인 정치전략의 도구이다 (Montgomery, 1962 : 4).

위의 논의를 그대로 보여 주는 것이 유럽에 대한 추가 원조를 검토하기 위해 1947년 4월 21일 삼성조정위원회(SWNCC)에 임시로 설치된 특별위원회('Ad Hoc' Committee)의 보고서이다. 다음은 보고서의 내용을 분석한 일부이다.

> 모든 원조는 미국의 '국가이익'을 촉진시킨다는 견지에서 다양한 방법으로 사용되어야 함을 명백히 했다. … 원조는 '적극적, 대비적, 그리고 예방적 조치'가 되어야 했다. 미국의 대외원조는 그 자체가 목적이 아니라 미국의 이익을 추구하기 위한 강력하고도 효과적인 수단이었다. … 따라서 다른

나라들의 원조의 '긴급성'은 그 자체로서가 아니라 궁극적으로는 미국의
이익이라는 기본적 요구에 따라 결정되어야 했다. 다시 말해 대외원조는
특정 국가 혹은 지역의 절박함이 아니라 미국의 이익이 결정의 일차적 기
준이 되었다(김정배, 2001 : 176~177).[164]

1947년 트루먼독트린 이후 냉전이 본격화되면서 미국의 이익은 자
본주의 세계체제의 안정화와 공산주의의 확산 저지에 놓여졌다. 군사·
경제·기술적 대외원조는 이러한 미국의 세계전략을 실현하기 위한 방
편이었다. 미국은 우선 유럽의 동요를 막기 위해 원조를 통해 전후 복구
사업을 지원했으며, 유럽이 어느 정도 안정되었다고 판단하자 제3세계
로 눈을 돌렸다. 제3세계에 대해 본격적인 원조의 시작을 알리는 것은
트루먼이 제기했던 '포인트 포(Point IV) 프로그램'이었다.[165] 'Point
IV'를 제기하면서 트루먼은 원조의 필요성을 다음과 같이 언급했다.

전체주의의 가능성은 바로 비참과 빈곤에 의해서 생겨날 수 있는 것이다.
그것들은 가난과 불만의 땅에서 싹이 터 국민들이 좀 더 잘 살아보려는 노
력이 사라지는 날 그들을 옭아매어 버릴 것이다. 우리는 우리에게 주어진
자유진영의 지도자로서의 책임을 받아들이는 데 주저해서는 안 된다
(Truman, 1971 : 351).

'Point IV'는 최소한의 비용으로 기술적 원조를 제공하여 경제적 발
전을 도모하고, 이를 통해 제3세계에 대한 공산주의의 확산을 막고자
한 것이었다.[166]

---

164) 보고서의 원문은 "Report of the Special 'Ad Hoc' Committee of the State-War-Navy
Coordinating Committee", 21 April 1947(*FRUS*, 1947 III).

165) 'Point IV'는 미국의 단계적 세계전략으로 ㉠ 유엔과 그 관련기구들을 계속 지
원하는 일, ㉡ 세계경제 재건을 위한 프로그램을 계속하는 일, ㉢ 자유를 사랑
하는 국가들을 공산주의 침략에 대비하여 강화시키는 일, 이 3단계의 후속으
로 펼쳐지는 후진국 원조개발계획으로 1950년 6월 이후 본격화된다(Truman,
1971 : 351).

이러한 가운데 1951년 7월 만들어진 '상호안전보장법(Mutual Security Act)'은 과거 수행된 '유럽부흥원조계획'·'상호방위원조계획(Mutual Defence Assistance Program)'·'Point Ⅳ' 등의 개별 원조계획을 명확한 대소(對蘇)전략의 수단으로 통합하려는 시도였다. 이 법은 군사·경제원조가 분리되어 있었던 이전의 원조와는 달리 군사·경제원조를 미국의 안보를 위해 하나의 체제 내에서 수용하고 있었다(이철순, 2000 : 267).167)

트루먼의 이러한 계획은 아이젠하워에 와서 보다 적극성을 띠게 된다. 아이젠하워 행정부 외교정책의 기본 목표는 냉전을 전임 행정부보다 더욱 활력 있고, 더욱 일관성 있고, 더욱 '경제적'으로 수행하는 것이었다(김진웅, 1999 : 79). 당시 적극적 냉전정책의 일환으로 이루어진 미국의 원조는 한편으로는 제3세계 국가를 둘러싼 사회주의권과의 체제경쟁,168) 다른 한편으로는 근대화를 통해 빈곤의 질곡에서 벗어나는 것을 최우선적인 목표로 한 제3세계의 '기대상승혁명(revolution of rising expectation)'에 대한 대응으로 이루어졌다.169) 이러한 상황

---

166) 콜코는 'Point Ⅳ'가 저개발국을 지원하기 위한 순수한 원조 프로그램이 아니었다고 주장한다. 그는 'Point Ⅳ'가 미국의 전략물자비축계획과 연계되어 있었으며, 원조의 수혜는 그것을 상회하는 전략자원의 반출을 가져왔다고 밝히고 있다(Kolko, 1969 : 64~65).

167) 1951년부터 미국의 대외 군사원조는 급격히 상승한다. 1945~1962년 사이 미국의 대외 군사·경제원조량에 대해서는 김양화(1985 : 236) 참조. 1961년 '대외원조법(Foreign Assistance Act)'이 MSA를 대체하면서 군사원조와 경제원조가 구분되고 대외원조정책의 중심도 무상증여에서 차관형식으로 바뀐다.

168) 1956년 20차 소련공산당대회 중앙위원회에서 수상 흐르시쵸프(Khrushchev)는 개발도상국을 대상으로 서방과 경쟁할 것을 선언했다. 연설 내용과 이러한 선언의 배경에 대해서는 김종덕(1997 : 103) ; 김진웅(1999 : 96) 참조.

169) 제3세계의 경제발전을 향한 욕구는 만일 미국이 이를 지원하지 않는다면, 다른 대안적 선택, 곧 사회주의체제를 선택할 가능성을 열어 놓고 있었다. 제3세계 '기대상승혁명'과 이를 둘러싼 미·소의 경쟁에 대해서는 Spanier(1962 : 178~187) 참조. 이에 대한 아이젠하워의 인식을 직접적으로 드러내는 것은

에서 원조량의 배분과 선차성은 제3세계의 빈곤퇴치가 아니라 사회주의에 대항한 자유경제체제의 우월성 입증과 반공 블록의 강화라는 정치·이데올로기적 목적에 의해 결정되었다. 곧, 미국의 주된 목적은 후진국 경제발전의 추동이 아니라 안정적인 친미정권을 구축하고, 이를 통해 반사회주의동맹을 확산시켜 가는 것이었다.

남베트남·남한에 대한 미국 원조의 유사성

미국이 남베트남·남한에서 기본적으로 추구했던 것은 소련·중국에 대항한 반공의 보루를 구축하는 것이었으며, 이를 위해 미국이 활용했던 것이 군사·경제원조였다. 미국이 남베트남·남한에서 행한 원조는 주로 군사적 측면에 중점을 두고 기안·실행되었으며, 장기적인 경제발전계획을 추진하기보다는 경제 안정화에 초점을 두었다.

내부안보의 요구와 더불어 분단에 의해 초래된 군사적 긴장 상황으로 인해 미국이 우선적으로 관심을 기울였던 것은 남부체제의 구축·생존이었고, 원조는 이를 위한 기본적인 방편이었다. 아이젠하워는 1954년 10월 23일 지엠에게 보낸 서한에서 미국의 원조 목적을 다음과 같이 밝히고 있다.

> 원조의 목적은 군사적 수단을 통한 체제 전복과 침략 시도에 저항할 수 있는 강력하고, 생존 가능한 국가를 발전시키고, 유지하기 위해 베트남 정부를 돕는 데 있습니다. … 귀하의 지속적인 노력과 결합된 이러한 원조가 독립된 베트남에 강력한 정부를 만드는 데 실제로 기여할 것을 희망합니다.[170]

Special Message to the Congress on the Mutual Security Program, March 13, 1959, Public Papers of the Presidents-Eisenhower, p.256 ; Gravel ed.(1971a : 622) 참조. 그리고 1956년을 경과하면서 수행되는 미국의 제3세계 원조 프로그램에 대한 전면적 재검토와 경제원조 프로그램의 전환을 둘러싼 논의 과정은 이철순 (2000 : 295~303) 참조.

170) Aid to the State of Viet-nam : Message from the President of the United States to the President of the Council of Ministers of Viet-Nam, October 23, 1954, *Department of*

몽고메리는 남베트남에 대한 미국 원조가 지닌 "가장 우선적인 목적은 (남베트남의) 생존이었다"(Montgomery, 1962 : 20)라고 밝히고 있으며, 남한 역시 이와 다를 것이 없었다. 웨드마이어는 1947년 8월 26일 중국을 방문한 후 하지를 비롯한 군정 요인들을 만난 자리에서 다음과 같은 의사를 피력했다.

> 만약 우리가 훨씬 더 오래 머무르면서 어떤 적극적인 조치를 취하지 않는다면, 마침내 남·북한 사이에 내전이 일어나리라고 확신할 수 있다 ···. 만약 우리가 소련의 지배로부터 한국을 구해야 한다면 미국으로부터 실질적인 후원과 특별 회계 지출을 해야 할 것이다.[171]

미군의 남한 철수를 앞두고 1949년 3월 23일 승인된 NSC 8/1의 최종판인 NSC 8/2는 "미군 철수가 대한민국의 생존에 대한 미국 정부의 관심을 감소시키지 못한다"(Matray, 1983 : 192)라고 강조했다.

미국의 우선적인 관심이 남베트남·남한 체제의 생존·유지에 놓여 있었던 까닭에 원조의 핵심은 두 국가의 안보를 위한 군사원조였다고 볼 수 있으며, 직접적인 군사원조 이외의 경제원조조차도 군사부분에 종속되었다. 보년찌(Vo Nhan Tri)는 미국이 수행한 경제원조의 군사적 성격을 다음과 같이 설명한다.

> 경제적 원조는 수원국이 (외부로부터의) 공격, 전복에 대항하여 그들의 국가 방위를 수행할 수 있도록 충분한 경제적 능력을 제공하려는 것이다. ··· 다른 말로 하자면 미국의 경제적 원조는 수원국이 민족해방운동의 성장에 대항하기 위한 무거운 군사비용의 부담을 감당할 수 있도록 하는 데 목적이 있는 것이다(Vo Nhan Tri, 1970 : 85).[172]

State Bulletin, November 15, 1954, pp.735~736 ; Gravel ed.(1971a : 609).

171) "Hodge's Conversation with Wedemeyer"(27 August 1947), RG 332, Box 44, Suitland : WNRC, pp.16~17 ; 신복룡(2001 : 593).

172) 1960년 남베트남 원조 문제에 대한 미국 상원에서의 보고는 군사적 필요성이

미국은 경제적 원조를 베트남에서 보다 큰 정치적 목적을 달성하는 수단으로 간주했다. 따라서 경제는 미국의 전략적 목적에 종속될 수밖에 없었고, 보년찌의 설명과 같이 경제원조는 과도한 군사비를 보완하기 위한 방편으로 사용되었던 것이다.

남베트남에 대한 미국 원조의 군사적 싱격은 실제로는 1951년 미국에서 제정한 상호안전보장법(MSA)의 연장선에 서 있는 것이며, 남한은 남베트남보다 먼저 이러한 원조의 적용을 받았다. MSA계획 중에서 비중이 제일 큰 것이 군사원조였고, 그 다음이 경제원조 중의 방위지원원조였다(신용옥, 2000 : 255).[173] MSA의 규정에 따르면 군사원조는 집단방위체제에 포함된 자유세계에 대해 군수품과 군사훈련 제공을 목적으로 했다. 또한 경제원조로 불리는 방위지원은 군사원조를 받는 국가로서 자국의 경제력을 넘는 방위계획의 수행 때문에 인플레 위험에 처해 있거나 산업구조의 개편이 저해되고 있는 국가에 대해 경제적·정치적 부담의 일부를 보조하는 것을 목적으로 했다(장상환, 1999 : 159).

남베트남의 경우 국가형성 초기 1955~1956년의 원조 프로그램은 지엠 정권의 토대를 구축하는 데에 쓰여졌다. 군사 무기가 남베트남군에게 직접 이전되었으며, 방위지원이라고 불린 경제적 원조는 내부안보를 위한 비용으로 우선적으로 지불되었다(Kahin & Lewis, 1969 : 79). 지엠 정권시기 동안 이러한 원조유형은 지속되었다. 남한의 경

모든 미국 원조에서 가장 우선적인 것이며, 비군사적인 원조 프로그램은 이러한 요구에 부합하도록 고안되었다고 밝히고 있다. U.S Congress, Senate, Committee on Foreign Relations, 86th Congress, 2d Session, February, 1960, *United States Aid Program in Vietnam, Report*, Washington, D.C. : Government Printing Office, 1960, p.2 ; Cooper(1970 : 165~166) 참조.

173) 대한부흥원조의 기본지침으로 1953년 6월 작성된 타스카(Tasca)보고서는 남한에 대한 경제원조가 주로 군사적 성격을 지닌 것임을 보여 준다. 보고서는 원조 프로그램의 첫 번째 목적을 "한국군에 대해 병참을 지원하고, 사기를 진작시킬 수 있도록 지원한다"(*FRUS*, 1952~1954 XV, Part 2 : 1246)라고 밝히고 있다.

우 미국의 대한원조는 미군정점령기 긴급구호정책의 일환으로 시작되어, 전쟁 이전과 전쟁 중에는 구호원조의 성격을 띠었으며, 본격적으로 원조가 증가한 휴전협정 이후부터 1961년 말까지는 MSA 규정에 의한 원조가 행해졌다(한공택, 1995 : 43~45). 〈표 2-4〉와 〈표 2-5〉는 두 국가의 군사·경제 원조량을 나타낸 것이다.

〈표 2-4〉 미국의 남베트남에 대한 원조   (단위 : 백만 달러)

년도	군사적 원조(A)	경제적 원조(B)	합계(C)	A/C(%)
1956	176.5	210.0	386.5	45.7
1957	119.8	282.2	402.0	29.8
1958	79.3	189.0	268.3	29.6
1959	52.4	207.4	259.8	20.2
1960	72.7	181.8	254.5	28.6
1961	71.0	152.0	223.0	31.8
1962	237.2	156.0	393.2	60.3
합계	808.9	1,378.4	2,187.3	35.1

자료 : Dacy(1986 : 200)에서 재구성 작성.

〈표 2-5〉 미국의 남한에 대한 원조   (단위 : 백만 달러)

년도	군사적 원조(A)	경제적 원조(B)	합계(C)	A/C(%)
1954	3.4	153.9	157.3	2.2
1955	20.2	236.7	256.9	7.9
1956	201.5	326.7	528.2	38.2
1957	258.8	382.8	641.6	40.3
1958	331.1	321.2	652.3	50.8
1959	190.5	222.2	412.7	46.2
1960	187.1	245.3	432.4	43.3
합계	1,192.6	1,888.8	3,081.4	32.7

자료 : 군사원조 액수는 경찰에 대한 원조를 제외한 수치이며, 서주석(1996 : 253) 참조. 또한 경제원조는 미국 원조와 유엔 원조를 합친 양으로 한국은행, 『경제통계연보』, 1961·1963 : 김양화 (1985 : 239)에서 재인용.

전체 원조 가운데 직접적인 군사원조 비율은 남베트남의 경우 35.1%이며, 남한의 경우는 32.7%이다. 또한 유사한 기간 남한이 남베트남에 비해 많은 원조를 받은 것을 알 수 있다. 남한에 대한 원조가 더 많았던 것은 72만 규모로 급격히 팽창한 군을 유지하기 위한 비용이었다고 볼 수 있다.174) 위의 표에서 표면적으로 드러나는 것은 원조 액수 가운데 경제원조 비용이 높다는 것이다. 그러나 경제원조의 군사적 전용을 고려하면, 실질적인 순수 경제원조량은 그리 높지 않다.

남베트남의 경우 경제원조의 80%가 '상품수입프로그램(CIP : Commodity Import Program)'에 의한 것이었다. 주로 소비재를 중심으로 한 원조물자는 매각되어 '대충자금(counterpart fund)'175)으로 적립되어 사용되었는데, 각 해의 명확한 사용 비율을 알 수는 없으나, 1956~1960년 사이 대충자금의 78%가 군사예산으로 전용되었다 (Scigliano, 1964 : 113). 또한 1958년부터 도입되어 초기에는 그리 큰 비중을 차지하지 않았던 '평화를 위한 식량(Food for Peace)'이라고 불리는 'PL480 원조'176)의 경우도 1958~1961년 사이 약 40%

---

174) 남한군의 급격한 팽창은 1954년 체결된 '한미합의의정서'에 의한 것이었다. 유사한 기간 동안의 원조 액수는 남한이 높게 나타날지 모르나, 1974년까지 기간을 확장하게 되면, 이는 현저히 역전된다. 전쟁을 겪으면서 남베트남에 대한 원조는 급격히 상승하는 것이다. 이러한 차이는 아래의 표를 참조.

〈표 2-6〉 남베트남·남한에 대한 미국의 경제·군사원조 비교(1953~1974)

(단위 : 10억 달러)

국가	1953~1961		1962~1974	
	경제원조	군사원조	경제원조	군사원조
남베트남	1.545	0.572	5.770	15.566
남한	2.579	1.561	2.447	4.830

자료 : AID(undated) ; Dacy(1986 : 245)에서 재인용.

175) 남베트남의 대충자금 운용 메커니즘에 대해서는 Dacy(1986 : 195) 참조.

176) 이것은 미국이 1954년 제정한 농산물무역촉진원조법(Agricultural Trade Development and Assistance Act)에 의한 것이다.

정도가 군사비로 전용되었다.177)

남한의 경우 1953년 휴전협정 이후 창설된 대외활동본부(FOA : Foreign Operation Administration)를 이은 국제협조처(ICA : International Cooperation Administration)가 CIP를 집행했다고 볼 수 있다. 1954~1960년 ICA의 대충자금 지출금액 가운데 평균 36.4%가 국방비로 지출되었으며, 1956년과 1960년에는 그 비중이 50%를 넘고 있다. 또한 PL480호의 원조에서 군사비 전용 비율은 1954~1963년까지 평균 84.9%를 기록하고 있다(김종덕, 1997 : 123~125).

1955~1960년 사이 남베트남에 대한 미국의 경제원조 가운데 거의 3/4이 군사예산으로 사용되었으며(Kahin & Lewis, 1969 : 78), 한국전쟁 종전 이후부터 1960년 초반에 걸쳐서 미국이 남한에 제공한 경제원조 가운데 2/3가 군사예산으로 사용되었다(미하원 국제관계위원회 국제기구소위원회 편, 1986 : 241). 전체적으로 보아 1950년대 지엠·이승만 정권에 대한 원조는 군사원조와 방위지원형 경제원조의 특성을 지니고 전개되었다고 볼 수 있다.

미국이 경제정책의 측면에서 가장 역점을 두었던 것은 남베트남·남한의 경제 안정화였다. 이는 미국의 경제원조가 북부에 대항할 수 있는 군사력을 유지하고, 이것을 지탱하기 위한 정치·경제적 안정을 경제정책의 최우선적인 목표로 삼았기 때문이다. 안정 지향적 원조는 실질적인 경제발전과는 거리가 먼 현상유지정책의 성격이 매우 짙었으며, 경제발전과 다른 장기간의 고려가 경시된 '단기적인 생산계획(crash program)'으로 시작되었다(Montgomery, 1962 : 45). 아래의 논의는 1958년 6월 4일자 「베트남에 대한 사업계획(Operations

---

177) 남베트남의 경우 군사적 목적의 사용을 겸한 PL480 제1관(Title I : Sales for Foreign Currency)의 사용이 이 원조가 처음 도입된 1958부터 1975년까지 전체 PL480 원조 가운데 70% 이상을 차지한다(Dacy, 1986 : 209).

Plan for Viet-Nam)」에서 밝힌 미국 원조 프로그램의 내용이다.

> 미국은 베트남의 경제적 재건·발전이 필요하다고 본다. 이는 자유세계와 친밀성을 가지는 것이 안보·물질적 진보·사회적 발전에 유리하다는 것을 지엠 정부가 남베트남 국민들과 17도 선 북부의 국민들에게 선전할 수 있도록 하기 위해서이다. … 미국의 사업을 전개하는 데에서 고려해야 할 깃은 효과적인 군사편제를 위해 충분한 자원이 조달되어야 하는 한편, 건실한 경제발전을 위해 충분한 자원의 여유를 남겨두어야 한다는 것이다. 원조는 미국의 목적 달성을 좌절시키고, 원조에 의해 제공된 많은 이윤을 무화시킬 수 있는 인플레이션의 압력을 막아낼 수 있도록 관리되어야 하며, 베트남인들과 그들의 정부가 인식할 수 있는 실제적인 이득을 산출하기에 충분한 속도와 유연성을 지닐 수 있어야 한다. … 최소한의 지연으로 최대한의 성과를 달성하고, 구체적 결과물을 내올 수 있도록 지속적인 관심이 요구된다.[178]

위의 사업계획은 전시효과를 위한 국민들의 생활개선, 군사 우선의 원조와 이것이 초래할 과도한 인플레의 방어, 장기적인 경제계획보다는 즉각적으로 가시화될 수 있는 결과를 중시하고 있다.

이것은 남한의 원조계획에서도 유사하게 드러난다. 1953년 6월 23일자 타스카보고서에서는 기아, 질병, 사회적 불안, 체제전복으로부터 남한의 안전을 확보하기 위해 한국인의 생활 수준을 보장할 것과 군의 확장이 초래할 인플레를 막기 위해 원조를 증액할 것을 제안하고 있다(*FRUS*, 1952~1954 XV, Part 2 : 1244~1263). 또한 휴전협정 이후 1953년 11월 9일 제출된 대한정책 기본문서 NSC 170은 경제원조계획의 기본목표를 거시적 발전을 위한 투자보다는 경제적 안정에 두었다(*FRUS*, 1952~1954 XV, Part 2 : 1604). 이어 진행된 NSC 170에 대한 11월 19일의 국가안보회의의 논의에서 험프리(Humphrey) 재무부장관은 남한의 재건을 위한 원조자금의 할당은

---

178) Paper Prepared by the Operations Coordinating Board, Washington, June 4, 1958, "Operations Plan for Viet-Nam", June 4, 1958 ; *FRUS*(1958~1960 Ⅰ, Vietnam : 42).

가능한 한 빨리 구체적 결과를 내올 수 있는 방향에서 이루어져야 한다고 주장했다(*FRUS*, 1952~1954 XV, Part 2 : 1619).179)

이는 미국이 전후(戰後) 유럽이나 일본에 제공했던 경제원조의 성격과는 매우 상이한 것이었다.180) 주로 경제적 재활성화에 초점을 두고 전개된 유럽과 일본에 대한 원조와는 다르게 남베트남·남한에 대한 원조는 군사적 측면이 우선시 되었고, 이에 따라 전자에 대한 원조가 '부흥'에 초점을 맞추었다면, 후자에 대한 원조는 '안정'에 초점이 맞춰졌다. 안정을 중시하는 이러한 입장은 장기적인 생산력 발전을 위한 자본재와 생산설비, 원자재의 원조보다는 소비재의 도입을 통한 인플레의 억제와 소비의 진작을 통해 사회를 안정시킬 수 있는 원조, 곧 단기간에 직접적인 성과를 얻으려는 '소비적 원조정책'을 이끌었다.181) 〈표 2-7〉은 경제적 기반을 구축하기 위한 '계획원조(Project Assistance)'와 당장의 경제적 안정을 추구하는 '비계획원조(Non-Project Assistance)'의 비율을 나타낸 것이다.

표에서 보는 바와 같이 남베트남·남한에 대한 계획원조는 매우 저조하다. 남베트남에 대한 계획원조는 8년 평균 13.8%에 불과했으며, 남한이 이보다 많다고 하더라도 25.8%에 불과했다. 이 같은 수치는

---

179) 이렇게 구체적인 성과를 요구했던 것은 전후 복구사업에서 남한이 북한에 비해 가시적 성과를 거두지 못하고 있다는 아이젠하워의 우려를 반영한 것이었다(*FRUS*, 1952~1954 XV, Part 2 : 1618).

180) 빅스는 "휴전 후 5년간 일본이 산업분야에서 미국의 막대한 투자대상이 된 반면 한국은 막대한 '방위지원계획'의 대상이 되었다"(Bix, 1984 : 232)라고 밝히고 있다. 남한의 사례로 이러한 배경을 설명하는 것은 공제욱(2000 : 71) 참조.

181) 1956년 이후 미국의 대외정책이 동맹국의 '건전한 경제'를 중시하는 방향으로 바뀌어 가는 과정에서도(이철순, 2000 : 295~303) 남베트남에서의 점증하는 불안은 이러한 정책의 실현을 계속 지연시켰으며, 이승만 정권기 남한의 사정 역시 새로운 정책을 적용하는 것이 수월한 것만은 아니었다. 따라서 두 정권에 대한 미국의 원조성격은 큰 차별성을 지니지 않는다. 미국정책의 변화와 당시 남한의 상황에 대한 간략한 논의는 장상환(1999 : 144~145) 참조.

미국이 남베트남·남한에서 추구했던 경제정책의 한계를 보여 주는 것으로, 당시 미국의 정책은 두 국가의 독립적 발전전략과는 거리가 멀었던 것이다.

〈표 2-7〉 계획원조와 비계획원조의 비율 (단위 : %)

	연도	1955	1956	1957	1958	1959	1960	1961	1962	평균
남베트남	계획원조	2.2	12.2	18.8	16.6	21.4	17.5	8.3	13.6	13.8
	비계획원조	79.2	89.3	81.3	84.7	72.9	79.5	79.1	75.8	80.2
남한	계획원조	42.4	26.5	29.1	18.2	12.6	–	–		25.8
	비계획원조	57.5	73.5	70.9	81.8	87.4	–	–		74.2

자료 : 남베트남의 경우는 국제개발국(AID : Agency for International Development)의 전체 원조 가운데 기타 목록으로 잡힌 것은 나타내지 않고 CIP원조와 계획원조 비를 나타낸 것이다(소수 둘째 자리 반올림, 기간은 지엠 정권 말기까지). Dacy(1986 : 209)에서 재구성. 남한의 경우는 ICA원조의 구성비를 나타낸 것이다. 이대근(2002 : 329) 참조.

원조의 정치·사회적 의미와 영향

남베트남과 남한은 원조에 의해 유지되는 국가였다.[182] 만약 미국의 원조가 없었다면 남베트남이나 남한의 체제는 미국이 의도하는 형태로 생존할 수 없었을 것이다. 국가건설기 두 국가는 미국의 원조라는 링거(ringer)액에 의존하여 생명을 연명해 가는 환자와 같았다. 원조는 두 국가의 대외관계와 국가·사회의 권력관계를 주조하는 데 주요한 역

---

182) 데이시는 "1955년 프랑스가 떠났을 때 (남베트남의) 경제는 불안정한 상황에 돌입했고, 그러한 상황은 이후 20여 년이 넘게 개선되지 않았다. 처음의 해결책은 미국의 원조로 이러한 구조를 지탱하는 것이었다. 원조가 고갈되기 시작하자, 구조는 부서지기 시작했다"(Dacy, 1986 : 21)라고 남베트남의 원조 의존적 경제를 평가했다. 또한 1973년 주미 한국 대사를 역임한 함병춘은 1964년 『포린 어페어즈(Foreign Affairs)』에 기고한 논설에서 1950년대 미국의 원조는 한국인에게 "동냥정신"을 부추기는 것으로 보였다고 언급했다(MacDonald, 2001 : 396).

할을 수행했으며, 이는 반공독재체제의 존재 근거가 되었다. 아래의 논의에서는 대외관계의 측면에서 국가의 대외적 자율성을 위축시키고, 경제적 종속성을 심화시키는 데 원조가 미친 영향을 검토하고, 국가·사회의 권력관계 속에서 국가 절대 우위의 반공독재체제를 유지하는 데 원조가 수행한 역할을 살펴보겠다.

미국의 원조는 그에 상응하는 반대급부를 요구했으며, 남부의 경제체제가 치른 대가는 미국에 대한 종속의 심화였다. 미국의 요구는 남부의 체제를 현지의 민족적 요구나 국가의 내생적 발전전략과는 무관하게 미국의 세계전략에 부합하도록 재편하는 것이었으며, 이러한 가운데 남부 국가의 경제적 자율성의 영역은 미국이 설정한 전략적 한계 내에서만 허용될 수 있었다. 남베트남·남한의 종속적 성격은 경제정책의 수립과 결정과정, 그리고 미국을 중심으로 한 세계 자본주의 시장경제체제로의 편입을 통해 드러난다.

먼저 남베트남·남한이 경제정책의 수립과 결정과정에서 미국에 종속될 수밖에 없었던 이유를 이해하는 것은 그리 어려운 일이 아니다. 아래의 표는 남부 국가 총수입 가운데 원조가 차지하고 있는 비중을 보여 주고 있다.

<표 2-8> 총수입 중 원조의 비중 　　　　　(단위 : %)

회계연도 국가	1954	1955	1956	1957	1958	1959	1960	1961	1962	평균
남베트남	–	–	71	73	59	43	46	38	51	54.4
남한	61.3	68.3	82.9	84.6	82.3	69.4	–	–	–	74.8

자료 : 남베트남은 Dacy(1986 : 219)에서 재구성, 남한은 이대근(2002 : 350) 참조.

남베트남의 총수입 가운데 원조 비중은 가장 높았을 때에는 73%에 달했고, 평균적으로 54.4%를 유지했다. 남한의 경우는 남베트남에 비해 훨씬 높은 의존율을 보여 주고 있는데, 총수입 가운데 원조가 차지하는 비중이 가장 높았을 때는 84.6%에 달했고, 평균적으로 74.8%를 기록하고 있다.

경제적 의존은 당연히 미국의 개입을 가져왔다. 남한의 경우 미국의 입장을 단적으로 드러내는 것이 1949년 12월 30일 워싱턴이 주한 미 대사인 무초(Muccio, John)에게 내린 훈령에 대한 미 국무부 차관보 월톤 버터워스(Walton Butterworth)의 제안이다.183)

> 국무부가 전통적으로 독립 주권국의 내정 문제에 간섭하기를 꺼려하지만, 한국은 정치적으로만 독립국일 뿐, 경제적으로는 경제협조처(ECA : the Economic Cooperation Administration) 원조에 너무 의존하고 있어서, 우리의 개입이 정당화될 수 있다고 생각된다. 그러므로 당신은 머뭇거리지 말고 필요한 경제개혁에 압력을 가해야 한다(MacDonald, 2001 : 374~375).

이러한 미국의 입장은 그들이 이후 개입했던 남베트남에서도 변함이 없었다고 보아야 할 것이며, 경제영역에서 미국의 일방주의와 남베트남·남한의 종속성을 보여 주는 대표적인 예는 초기 발전전략을 수립하는 과정과 대충자금의 사용처를 둘러싸고 벌어진 충돌이다.

우선 지엠·이승만은 미국의 소비재 중심의 원조정책에 대해 반발했다. 지엠은 소비재 위주의 원조가 장기적인 산업발전을 저해할 것을 염려했으며, 워싱턴 주재 남베트남 대사였던 쩐반쯔엉(Tran Van Chuong)은 현행의 원조 형태는 "이러한 원조에 대한 종속을 영구화할 것"이라고 불평했다(Catton, 2002 : 31). 남한의 이승만 정권 역시 소비재 위주의 원조에 대해 미국과 갈등했으며, 자립경제를 가능케 할 생산적 원조를 요구했다(장상환, 1999 : 141). 그러나 미국은 지엠·이승만 정권의 칭얼거림을 받아들이지 않았다. 지엠·이승만 정권이 제기했던 생산적 발전전략은 받아들여지지 않았으며, 미국은 소비재 위주의 원조를 지속하여 이 지역에서 가장 우선적인 목표로 삼았던 군사적 토

---

183) 훈령의 내용은 MacDonald(2001 : 374) 참조.

대를 굳건히 하고자 했던 것이다.

대충자금 활용의 측면에서 이러한 갈등은 유사하게 재현되었다. 지엠은 거의 대부분이 군사적 목적으로 전용되는 대충자금을 생산적 부분에 보다 많이 배정할 것을 끊임없이 요구했다. 주베트남 대사 엘브리지 듀브로우(Elbridge Durbrow)가 국무부보좌관 로버트슨(Robertson)에게 보낸 1959년 2월 16일자 서한에서 대사는 응오딘뉴가 "우리에게 경제적 원조를 위한 돈을 달라. 우리는 그것을 가장 잘 사용하는 방법을 알고 있다"라는 불평을 늘어놓고 있으며, 지엠 또한 군사원조와 경제원조의 형평성을 주장하고, 경제부분의 원조를 늘려 달라고 불평하고 있다고 밝히고 있다.184) 이러한 불평들은 사실 이승만이 대충자금의 사용을 놓고 미국에 대해 취했던 입장의 재판(再版)이었다. 이승만은 여러 차례 대충자금의 국방비 전용을 중지하고 복구사업에만 사용할 것을 지시하는 등 저항을 시도했지만 '국방예산의 적자 보전이 원조정책의 우선순위를 점한다'는 미국 측의 방침은 강경했다(이철순, 2000 : 272). 지엠과 이승만이 대충자금을 둘러싼 미국의 일방주의적 원조사용계획에 저항했다 하더라도 사실 미국의 태도는 처음부터 예정되어 있었던 것이다. 미국은 대충자금의 사용을 엄격히 규제하고 있었으며, 경제를 계획하고 관리했다.185) 이러한 상황에서 지엠·이승만 정권이 자주적 민족경제를 건설하고자 하는 의지가 있었다고 할지라도 그 가능성은 출발부터 심대하게

---

184) Letter From the Ambassador in Vietnam(Durbrow) to the Assistant Secretary of State for Far Eastern Affairs(Robertson), Saigon, February 16, 1959 ; *FRUS*(1958~1960 Ⅰ, Vietnam : 138~144).

185) 남베트남에서 대충자금의 규제와 군사적 전용에 대해서는 Dang Phong(1991 : 95~97)을, 남한에서의 대충자금의 사용규정과 미국의 개입에 대해서는 이대근(2002 : 308~309)의 논의 참조. 콩드는 남한에 대한 미국의 영향력에 대해 다음과 같이 평가한다. "이승만 정권하의 한국의 운명은 미국 대사, ICA국장, 미국인인 유엔군 사령관의 손에 쥐어져 있었다. 미국의 지배는 국민경제 각 부분―생산, 소비, 유통, 재정, 세제―에 침투되어 미국의 행정관이 모든 분야를 감독했다"(Conde, 1988c : 19).

제약될 수밖에 없었다.

지금까지의 논의가 경제정책 결정과정에서 나타난 자주성의 침해와 종속성이었다면, 다른 한편으로 미국의 원조는 미국·일본을 중심으로 한 자본주의 시장경제에 대한 종속성을 심화시켰다. 1947년 이후 일본의 '역전정책'을 추진해 온 미국의 극동정책은 1950년대에도 그대로 계승되었다. 남베트남·남한의 산업발전이 지체된 것은 지금까지 살펴본 바와 같이 미국이 이 지역에서 군사적 토대를 구축하고, 이를 위해 전후 경제수습과 안정을 우선적인 목적으로 설정하고 있었기 때문이기도 했지만, 세계전략의 차원에서 보면 이는 일본에 대한 정치·경제적 배려가 작용하고 있었기 때문이다. 미국은 일본 경제를 부흥시키기 위해 원료의 공급지, 공산품의 소비지를 원하고 있었으며, 남베트남·남한은 일본과의 수직적 경제통합에서 일본의 하위 파트너로 설정됨으로써 생산설비를 중심으로 한 발전국가체제 수립의 우선순위에서 밀려났던 것이다. 남베트남의 경우 미국의 이러한 입장을 잘 드러내는 것이 1959년 4월 4일 게티즈버그(Gettysburg) 대학 집회에서 행한 아이젠하워의 연설이다.

> 일본은 아시아에서 공산주의세력에 대항하기 위한 핵심적인 세력이다. 일본의 산업력은 침략에 대항하여 극동을 방어하기 위한 공동 노력의 핵심이다. … 일본이 생존하기 위해서는 수출을 해야 한다. … 일본을 위해서는 일본의 생산물을 판매할 수 있는 보다 많은 자유세계의 판로가 있어야만 한다. … 무역은 건실한 일본 경제를 위한 열쇠이다. 무역을 증대시키는 데 있어서 일본이 지닌 가장 큰 기회 가운데 하나는 동남아시아에 있다. … 일본이 가장 필요로 하는 것은 원자재이며, 동남아시아는 공산품을 원한다. 두 지역은 서로가 보완된다.[186)]

미국은 아시아에서 소련·중국을 견제하기 위해 일본을 생산의 중

---

186) Address at the Gettysburg College Convocation : The Importance of Understanding, April 4, 1959, Public Papers of the Presidents-Eisenhower, 1959, p.310 ; Gravel ed(1971a : 624~627).

심지, 남베트남을 소비지로 위치 지웠던 것이다.

남베트남에서 제기되고 있는 일본 중심의 아시아지역 경제 통합구상은 미국이 남한과 일본의 경제교류를 강화시키려는 데서 이미 드러났다. 일본 중심의 동북아지역 경제통합을 통해 원조자금을 순환시켜 자국의 부담을 줄이고, 공산권 봉쇄를 위해 전후 아시아의 재편을 '협력'으로 이끌려는 미국의 의도가 오히려 이승만에게 방일(防日)적인 수입대체산업화를 추구하게 함으로써 대일교역을 줄이는 결과를 가져오기는 했지만(신용옥, 2000 : 269), 미국은 한·일관계의 정상화와 경제적 통합을 결코 포기하지 않았다.[187] 특히 1958년부터 계속된 미국의 만성적 재정적자는 일본과 남한을 결합하고(Bix, 1984 : 238), 동남아시장을 활성화시켜 미국의 부담을 일본으로 이전하려는 의도를 더욱 강하게 만들었다. 〈표 2-9〉는 미국과 일본으로부터의 수입 현황이다.

〈표 2-9〉 미국과 일본으로부터의 수입 현황   (단위 : %)

국가 \ 수입국	년도	1953	1954	1955	1956	1957	1958	1959	1960	1961	평균
남베트남	미국	–	–	12.1	28.2	22.7	23.6	26.0	25.4	26.8	23.5
남베트남	일본	–	–	13.3	25.7	21.5	19.4	21.2	21.9	23.4	20.9
남한	미국	16.5	22.0	35.0	33.1	24.8	55.3	49.2	39.0	45.3	47.4
남한	일본	47.6	38.2	14.5	19.3	9.6	13.2	10.0	20.5	21.3	21.6

자료 : 남베트남의 경우 1953·1954년의 자료 누락. Nguyen Bang(1962 : 43) 참조. 남한은 한국은행, 『경제통계연감』, 각 해당 연도 ; 김현수(1992 : 95)에서 재인용.

---

187) 빅스는 남한과 일본을 통합하려는 지역통합전략을 다음과 같이 평가하고 있다. "지역통합전략이라고 명명되는 이러한 기본전략은 미국에 의존한 일본의 공업화와 궁극적으로 일본의 원조를 통해 한국의 근대화를 완성하여 이들 두 나라가 극동지역에서 강력한 반공 보루로서 역할을 수행하도록 하는 방향으로 진행되었다. 이 전략의 심리적 연원은 일본과 미국이 공유하고 있는 한국 및 아시아의 기타 옛 식민지 국민에 대한 그들의 전통적인 경멸감에 있었다"(Bix, 1984 : 208).

〈표 2-9〉에서 보면 남베트남의 경우 미국과 일본에 대한 수입의존도가 유사하게 나타난다. 이는 프랑스로부터의 수입이 계속 진행되고 있었기 때문이다. 1955년 이후 일본에 대한 의존도는 거의 20% 이상을 유지하고 있다.188) 남한의 미국에 대한 의존도는 남베트남의 2배에 이르며, 일본에 대한 의존도 역시 이승만 정권기에는 하향세를 보이나, 이후 다시 20%대를 회복하고 있다. 남베트남은 미국·일본에 대한 수입의존도가 44.4%에 달하며, 남한의 경우는 69%에 달한다. 당시 대일 수입의존도를 과대 평가할 수는 없다. 그러나 남베트남·남한에서 대미 무역의존도를 제외하고, 일본이 차지하는 비중은 결코 무시할 수 없는 것이며, 이는 기본적으로 미국의 동아시아전략에 힘입은 바가 크다고 할 수 있다. 대미·대일 무역의존도의 심화현상은 원조를 통해 남베트남·남한 경제가 점차 미국과 일본의 재생산구조에 편입됨을 의미하는 것이라고 볼 수 있다.

미국의 원조는 지엠·이승만 정권에게 정치·경제적 종속성과 자율성을 동시에 제공했다. 이는 한편으로는 미국에 대한 대외 정치·경제적 자율성을 위축시키는 결과를 초래했지만, 다른 한편으로는 국가의 대내적 자율성을 증대시켰던 것이다.

지엠의 경우 미국의 원조는 지엠 가족이 남베트남 경제를 독점할 수 있는 재원을 제공했다. 지엠의 누이인 까레(Ca Le)는 중부·남부의 쌀 교역을 독점했다. 뉴의 부인인 쩐레쑤언은 플랜테이션의 지분을 소유하고, 쌀·주류·삼림 산물을 수입·수출하기 위한 허가권을 분배하는 특권을 누렸으며, 외환 특히 달러를 통제하고 거래했다. 또한 그녀는 쌀·벼조합, 야채조합, 숯조합과 같은 기관을 통해 농산품 무역을 독점했다.

---

188) <표 2-9>에서 응우옌방이 제시하고 있는 수치와는 다르나, 폴은 미국·프랑스·일본으로부터의 수입 정도를 표로 보여 주고 있다. 폴이 제시하는 수치에서는 1960년대 이후 일본으로부터의 수입이 10%대로 줄어드는 것을 볼 수 있다. 그러나 이렇게 줄어든 부분은 미국으로부터의 수입이 늘어나는 것으로 보완된다. Fall(1968 : 305) 참조.

응오딘툭은 수천 헥타르의 고무 플랜테이션을 소유했고, 대학과의 건축 계약을 통해 많은 돈을 벌었다. 응오딘껀은 중부의 지배자로서 모든 정부계약에 대해 3%의 수수료를 받아 챙겼다. 지엠 가족을 중심으로 한 이권은 마이반함(Mai Van Ham), 쯔엉반쫌(Truong Van Chom), 호앙타이타인(Hoang Thai Thanh)과 같은 측근에게까지 제공되었다(Ton Vy, 1968 : 39~42).

이러한 경제적 독립성은 남베트남 내에 국가에 필적할 만한 자본가층이 형성되지 않았기 때문에 더욱 강력한 힘을 발휘했다. 맨스필드(Mansfield) 상원의원의 보좌관인 프랭크 바레오(Frank Valeo)와의 대화에서 지엠은 "베트남에는 현저한 부의 집중도 금융 상부구조도 없다. 그래서 베트남 정부는 산업이 발전된 국가에서와 같이 시민에게서 돈을 빌릴 수 없다. 대신 돈을 개인에게 빌려주어야 한다"[189]라고 말했다. 또한 지엠이 공식적인 지배이데올로기로 채택했던 인격주의가 자본주의적 소유의 집중과 대자본의 형성을 꺼리는 자본주의와 사회주의의 중도노선을 표방하고, 자원을 배분하고 통제하는 것을 넘어서서 주요 산업부분을 국가가 직접 관할했기 때문에 국가의 대내적 자율성은 더욱 증대되었다.[190]

이 같은 국가의 대내적 자율성은 남한에서도 유사하게 드러난다. 전쟁 이후 자본축적·산업기반이 취약한 상태에서 국가보조 없이 자본이 성장하기는 매우 어려운 상황이었다. 이승만은 지엠과 같이 가족통치를 통해 스스로 경제를 장악하지는 않았지만, 원조자금의 불하를 통해 지지세력을 확보할 수 있었다. 1950년대 자본축적의 주된 자원인 미국의 원

---

189) Memorandum of a Conversation, Saigon, November 21, 1959, 9~11 a.m. ; Center of Military History, Williams Papers, 119. Drafted November 23 ; *FRUS*(1958~1960 Ⅰ, Vietnam : 253~254).

190) 그러나 이러한 국가 자율성의 증대가 곧 사회·경제관계에 대한 규제능력으로 연결되지는 않는다. 이에 대한 세부적인 논의는 2부 5장에서 이루어질 것이다.

조물자와 자금의 할당을 국가가 독점하게 됨에 따라 자본에 대한 국가의 통제력은 강화되었으며, 특혜 속에 축적이 도모되어 온 신흥자본은 국가권력에 대한 종속성을 면치 못했다(한공택, 1995 : 132).

 지엠·이승만 정권은 비록 미국의 관리와 제약하에서이지만 원조를 통해 축적된 자본을 배분하고, 관리·통제함으로써 국가·사회의 권력관계에서 압도적 우위를 점할 수 있었으며, 이는 두 독재국가의 중요한 재원이 되었다. 그렇다면 국가의 자율성 증대가 독재체제의 강화로 연결되는가? 지배계급으로부터의 대내적 자율성 증대가 곧 국가의 비민주성으로 연결되는 것은 아니다. 그러나 지배계급으로부터의 자율성이 지배계급 자체의 물적 기반의 취약성에서 기인하고, 이를 보완하기 위한 물적 지원이 외부로부터 조달되는 경우 국가의 자율성은 대외적 종속성에 의해 제약당하게 되며, 대외적 지원이 기본적으로 반혁명적 성격을 지닐 경우 대내적 자율성의 증대는 국가의 반민주적 성격의 강화로 연결된다. 아래의 논의는 이러한 특성을 잘 드러낸다.

> 미국의 원조 프로그램은 남베트남 대다수를 차지하는 농민들의 삶에는 영향을 미치지 못했다. 이익의 대부분은 직간접적으로 소수 도시 중간계급에 집중되었다. 미국의 보조금은 저발전국가의 재정적 어려움을 덜어 주는 것이었기 때문에 지엠은 도시의 비수혜 계급이나 대다수 농민들을 변화시킬, 혹은 조세 수취관계를 명확히 함으로써 농촌과 신뢰할 수 있는 관계를 창출해야 한다는 동기를 상실했다. 국내 소득세에 대한 요구가 경감되자, 사이공은 자신의 지역을 넘어서는 귀찮은 현실로부터 쉽게 벗어날 수 있게 되었다. 미국의 원조는 지엠을 기본적인 경제·정치적 현실로부터 유리시키고, 국민들의 요구와 기대에 대해 개의치 않을 수 있는 재정적 독립성을 제공했다(Kahin & Lewis, 1969 : 79~80).

한국전쟁이 역사 속으로 물러나고, 한국의 정쟁이 더욱 노골화됨에 따라, 야당 지도자들도 미국의 원조를 비판하기 시작했다. 그 일례를 대통령선거를 앞둔 1955~1956년 사이 겨울에 민주당의 한 의원이 국회에서 한 장황한 이야기에서 볼 수 있다. 즉, 미국 경제원조 프로그램의 효과는 비록 강하지 않았지만, "독재자를 유지시켜 왔고, 그의 정치적 입지를 강화해왔다"는 것이다. 원조는 특권을 가진 소수에게 이익을 주었고, 그 반면에 대중은 생계를 유지하기에 급급했다. … 미국은 그들의 영향력을 한국을 민주화시키는 데 사용하기를 거부했다. 심지어 미국의 원조프로그램은 "원조가 아니면 제거되었을 개인과 집단을 유지시켜" 한국 문제에 부정적인 간섭을 하고 있다는 것이었다(MacDonald, 2001 : 391).

원조가 가져다 준 재정적 자립성은 사회 제 계급으로부터 지엠 · 이승만 정권의 대내적 자율성을 강화시켰다. 이는 민주질서와 인권의 보장이라는 면에서 긍정적 영향을 미치지 못했고, 독재를 강화하는 결과를 초래했다.

베트남인들은 사이공 정권을 '미-지엠(My-Diem) 정권'[191]이라고 불렀다. 베트남인들이 사용했던 용어를 남한에 그대로 적용해 본다면 남한 정권은 '미-승만 정권'이라 부를 수 있을 것이다. 지엠의 지지자였던 랜스데일(Lansdale)조차도 지엠 정권을 '파쇼적'(fascistic)이라고 했음에도 불구하고(Chomsky & Herman, 1992 : 51), 미국은 지엠 정권을 지원했다. 또한 콩드는 "한국에 대한 원조 역시 여타 세계 각지의 경우와 다를 바가 없어, 워싱턴은 국민의 지지 없는 부패한 정부를 뒷받침했고, 사회변혁의 발생을 저지했다"(Conde, 1988c : 40)라고 논의하고 있다. 미국이 남베트남 · 남한에서 원하는 정권은 자유민주주의를 제대로 구현할 수 있는 민주적 정권이 아니라 친미 · 반공정권이었다. 미국에 의해 지원되고, 강화된 반공주의는 반좌파주의 및 반민중주의 · 반민주주의세력의 이해와 부합하는 것이었고, 그 결과는 대개가 반민주적 독재정권 · 군사정권의 형성으로 귀결되었다. 원조는 독재정권을 유지하고, 입지를 강화하는 데 중요한 수단이 되었으며, 남베트남 · 남한의 사례는 미국의 원조가 제3세계에서 지니는 일반적 성격과 더불

---

191) 이것은 미국과 지엠을 결합한 칭호이다. Ton Vy(1968) 참조.

어 분단 상황으로 인해 더욱 심화된 정치·이데올로기적 성격을 지님을
보여 준다.

어 분단 상황으로 인해 더욱 심화된 정치·이데올로기적 성격을 지님을
보여 준다.

2부 남베트남과 남한의 차이점
: 국가능력의 형성과정과 국가능력

3장   지방통제능력

4장   지배이데올로기의 확산·침투능력

5장   사회·경제관계 규제능력

3장　지방통제능력

　　남베트남·남한이 지녔던 국가능력의 차이를 살펴보기 위해 우선 검토할 것은 국가 안정성의 토대라고 할 수 있는 국가의 지방통제능력, 곧 지방통제범위와 강제력의 침투력이 지닌 특성이다. 조이너는 "인민들이 '혁명의 바다'인 것은 오로지 인민들이 진공(vacuum)상태에 살 때 뿐"(Joiner, 1967 : 543)이라고 언급했다. 여기에서 '진공상태'란 국가의 지배가 제대로 미치지 못하는 상황을 의미한다. 국가의 관리체제가 제대로 작동하지 않으면, 어떠한 정책도 효과적으로 수행될 수 없다. 국가가 관리를 효과적으로 수행하는 영역이 곧 국가의 통제범위가 된다. 통제범위가 넓을수록 국가의 안정성은 증대되며, 이는 궁극적으로 국가의 강제력에 의해 보증된다.

　　이 장의 기본적인 질문은 '남베트남·남한의 지방통제범위와 강제력의 침투력은 어떠한 경로를 통해 발전했으며, 이것이 국가의 정치적 안정성의 토대에 미친 영향은 무엇인가?'이다. 이를 설명하기 위해 첫째, 식민지배유형의 특성, 둘째, 식민지배의 유산과 결합된 미국의 개입정책, 그리고 전쟁이 남베트남·남한의 지방통제범위와 강제력－특히 지방통제를 위한－의 침투력에 미친 영향을 검토하고, 결론적으로 국가의 지방통제능력이 지닌 특성을 시민사회와의 관계를 통해 살펴봄으로써 두 국가의 상이했던 국가 안정성의 토대를 검토하겠다.

위의 논의와 관련하여 검토할 연구시기는 다음과 같다. 첫째 논의와 관련해서는 베트남의 경우 프랑스 식민지기간, 조선의 경우 일본 식민지기간을 다룰 것이고, 둘째 논의와 관련해서는 남베트남의 경우 1차 인도차이나전쟁시기와 지엠 정권이 불안정기로 접어들어 가는 1959년까지의 시기를, 남한의 경우는 미군정기와 이승만 정권의 정부수립기, 그리고 한국전쟁시기까지를 다룰 것이다. 마지막으로 셋째 논의와 관련해서는 남베트남의 경우는 1959년 이후 1963년 응오딘지엠의 암살시기까지, 남한의 경우는 한국전쟁 이후 이승만의 하야시기까지를 다룰 것이다. 둘째·셋째 시기의 구분은 국가의 정치적 안정성의 토대라고 할 수 있는 국가의 지방통제능력이 확연히 달라지는 시점을 기준으로 한 것이다. 남베트남의 경우 1959년 이후의 시기는 농민·게릴라투쟁이 본격화되면서 1960년 12월 '남베트남민족해방전선(Mat Tran Giai Phong Dan Toc Mien Nam Viet Nam)'이 결성되고 본격적인 다주권 상황이 전개되는 시기이며, 남한의 경우 한국전쟁 이후의 시기는 남부에 존재하던 모든 반대세력이 척결되고 국가의 정치적 안정성의 토대가 확고해지는 시기이다. 전체적인 시기구분은 남베트남·남한의 지방통제범위와 강제력이 지닌 침투력의 형성·발전경로를 대조적으로 드러낼 수 있도록 설정된 것이다.

1. 식민국가의 지방통제능력

철도, 도로, 자동차, 농민의 이동에도 불구하고 1936년까지 도시에서 그리 멀리 떨어지지 않은 지역, 심지어 코친차이나의 대다수 마을에서 베트남의 아이들은 유럽인의 얼굴을 전혀 보지 못한 경우도 있었고, 식민통치가 시작된 이후 프랑스 관리가 한 번도 방문하지 않은 지역도 있었다(Woodside, 1976 : 118).

> 조선에 대한 식민지배는 35년간 계속됐다. 이것은 다른 많은 식민지의 경
> 우처럼 짧았으나 유별나게 혹독한 것이었다. 조선은 전국 방방곡곡 어디에
> 서나 치안을 장악하고 있는 일본군들에 의해 철통같이 옥죄었고, 그 억압
> 수법은 식민지 인도, 아프리카, 동남아시아 어느 곳보다도 훨씬 잔인하고
> 지독했다(Henderson, 2000 : 135).

사이드는 "영토적 소유는 위태롭게도 지리와 권력과 연관된다"
(Said, 1995 : 52)라고 보고, "제국주의란 결국 실제로 세계의 모든 공
간이 탐험되고, 그려지고, 궁극적으로 통제하에 놓여지게 만드는 지리
학적인 폭력 행위"를 수반하며, "토착민들에게 식민지적 노예 상태의 역
사는 외부인에게 지역성을 상실하는 데서 시작된다"(Said, 1995 :
394)라고 논의한다. '제국의 시대'[1]에 식민모국과 피지배국 사이의 지
배·종속관계는 영토에 대한 통치권의 이전으로부터 시작되었으며, 피
지배국의 영토 상실은 곧 이를 둘러싼 제반 정치·경제적 권리와 배타
적 지배권의 상실을 의미하는 것이었다.

제국으로 대표되는 구식민주의는 식민지에 대한 직접적인 개입과
지배를 특징으로 하며, 이는 식민모국의 지배체제를 피지배국에 모사
(模寫)하는 과정을 동반하는 것이었다. 그렇지만 이러한 모사과정은 식
민모국의 지배의 편의를 위해 왜곡되거나 뒤틀렸다. 프랑스·일본 모두
가 피지배국에 대한 '문화적 사명'을 부르짖었음에도 불구하고, 그들의
지배체제는 철저히 식민모국의 이해와 번영에 초점을 맞추어 설계·적
용되었던 것이다.

구제국의 종언과 더불어 탈식민기를 맞은 국가들에게 중요한 영향
을 미쳤던 것은 바로 식민모국이 피지배국에 아로새겨 놓았던 지배의
제도적 흔적이었다. 지배제도의 측면에서 식민지 베트남과 조선은 확연
히 다른 경로를 밟았다. 프랑스의 베트남에 대한 지배는 일본이 조선에

---

1) 이는 1875년에서 1차 세계대전 이전인 1914년까지 열강의 경쟁시대를 지칭한
   것이다. Hobsbawm(1998) 참조.

서 보여 주었던 치밀함이나, 규제력을 지니지 못했다. 그러나 이것이 프랑스가 베트남인들의 저항을 진압하기 위해 지녀야 했던 기본적인 수단, 곧 강압자원을 지니지 못했다는 것을 의미하는 것은 아니다. 문제는 강압에 의해 보증되는 지배의 밀도와 통치의 범위였다.

이러한 차이는 프랑스와 일본의 식민지배국 자체의 특성과 식민지배국과 피지배국의 관계를 반영한 것이었다. 르위스 간이 지적했듯이 '식민지배의 유형은 그것의 기원의 문제', 곧 식민국가의 특성과 관련이 있다(Gann, 1984 : 499). 일본에 비해 프랑스는 선발 산업국이었으며, 식민지 경략에서도 앞서 있었다. 프랑스의 베트남 침략은 중국으로의 상업망 형성을 둘러싼 영국과의 경쟁, 가톨릭 선교사에 대한 보호, 보불전쟁과 멕시코에서의 군사적 개입에서 실추된 나폴레옹 3세의 위신 회복 등 복합적 요인이 작용하고 있었으나, 기본적으로 경제적 목적을 강하게 함축하고 있었다.2) 프랑스는 일본이 조선에 대해 집착했던 것만큼 베트남에 집착한 것은 아니었으며, 베트남은 전체 식민제국의 일부분이었다.

반면 조선에 대한 일본의 관심은 베트남에 대한 프랑스의 그것과는 상이했다. 일본의 산업화과정은 서구로부터의 '휴식공간(breathing space)'이라는 역사적 우연성과 서구를 '따라잡기' 위한 중앙 집중적 자원동원에 의해 이루어졌다(Moulder, 1977). 이러한 역사적 특성은 식민지 경략에도 그대로 반영되었다. 일본의 식민화전략은 유럽의 경험을 반영하면서도 국내의 국가주도적 발전과 마찬가지로 사전에 계획되고 준비된 치밀한 전략하에서 이루어졌다(Cumings, 1984b). 또한 산업화와 식민지 경략의 후발주자였던 일본은 언제나 선진국의 위협과 선진국에 비한 불이익을 강조하였다. 이에 따라 일본의 식민지배는 기본적으로 경제적 목적을 지니면서도 군사·정치적 성격을 강하게 함축하게

---

2) 프랑스의 경제주의적 성격은 Murray(1980)의 논의를, 초기 침략 의도와 성격, 과정에 대해서는 Buttinger(1968) ; Duncanson(1968) 등을 참조.

되었다.3)

　일본의 식민지배가 프랑스와 대조되는 또 다른 측면은 지리적 인접성이다. 지리적 측면에서 "일본은 유일하게 그 이웃을 식민화한 나라"(Cumings, 1986 : 36)였다. 이는 후발식민경략국의 구조적 제약에 의한 것이었다고 볼 수 있으나, 피식민국인 조신에서 그 결과는 치명적이었다. 조선은 식민모국에 직접 연결된 지역으로 일본을 위한 자원의 동원·추출지로 위치 지워졌고, 만주와 대륙의 진출기지로 핵심적인 역할을 담당하게 된 것이다. 이에 비해 프랑스는 일본과 같은 식민모국과 식민지의 강력한 연계를 형성하지 못했다. 프랑스는 영국과 다르게 식민지역에 대한 직접지배를 표방하고 있었지만, 본국과의 연계나 명령체계는 지리적으로 인접해 있는 일본과 비교될 수 없었던 것이다.

　프랑스와 일본의 이 같은 차이점은 이들의 지배방식과 권력의 구조화에 그대로 영향을 미쳤다. 〈표 3-1〉은 프랑스·일본의 통제범위4)와

---

3) 커밍스는 이 같은 일본의 식민주의를 '방위적 식민주의'라고 불렀다(Cumings, 1986 : 34~35). 열강의 팽창에 대결하는 안보론에 입각한 일본 식민주의의 군사·정치적 특성은 구대열(1995 : 27~30), 식민주의의 군사적 특성은 Gann (1984) ; Halliday(1975 : 100~103) 참조.

4) <표 3-1>의 분류와 논의는 권력의 중앙집중도와 침투 정도를 중심으로 한다. 침투의 효율성을 논의할 때 사회기반시설(infrastructure)의 발달 정도를 검토할 필요가 있으나, 본 논의에서는 이를 권력의 침투를 용이하게 할 수 있는 촉진 요인으로 취급하고 자세히 다루지는 않겠다. 다만 식민지시기 베트남과 조선의 철도·도로망을 비교하여 간단히 소개하겠다. 면적이 조선의 1.5배였던 베트남에서 프랑스 식민당국은 하노이와 사이공을 잇는 인도차이나 종단철도를 포함하여 2,523km의 철도를 건설하였고, 1931년을 기준으로 보았을 때 약 25,000km의 도로를 건설했다(Thompson, 1968 : 210, 212). 총면적이 33만km²임을 감안할 때 베트남에는 100km²당 철도는 0.76km, 도로는 7.57km가 있었다. 반면 식민지 조선에서 일본은 베트남과 비교할 수 없는 사회기반시설을 건설했다. 커밍스는 조선·중국·베트남을 비교하면서 다음과 같이 설명한다. "1945년에 이르러서는 한반도 도처에 버스 및 트럭 노선이 있었으며, 6,200km나 되는 철도가 있었다(남한에 그 중 반이 약간 넘게 있었다). 한국 땅 100km²당 도로 24km와 철도 3km가 있게 되었다. 1945년 중국에는 약 21,700km의 철도가 있었는데, 그 중 약 3/4

강제력의 특성을 나타낸 것이다.

<표 3-1> 프랑스·일본의 통제범위와 강제력의 특성

통제 상황 국가	권력의 중앙집중성	지역자율성	강제력의 침투력
프랑스	지역분할지배	도시 중심의 지배와 지역자율성의 온존	강제력의 미약한 지방침투력
일본	강력한 중앙집권	지역자율성의 파괴	강제력의 강력한 지방침투력

위에서 보는 바와 같이 프랑스의 지배는 '지역분할지배에 따른 중앙 집권성의 제약'·'도시 중심성'·'지역자율성의 온존'·'강제력의 미약한 지방침투력'을 특성으로 했다. 반면 일본의 지배는 '강력한 중앙집권 성'·'지역자율성의 파괴'·'강제력의 강력한 지방침투력'을 특성으로 했다.

1) 중앙 중심의 통제와
침투력이 약한 강제력 : 프랑스의 베트남 통치

1867년 프랑스는 코친차이나 서부 3성(Vinh Long·An Gian

이 만주에 있었으며 상당부분이 엉망이었다. … 중국 대륙의 철도는 베트남에 서와 같이 해안선에 집중되어 있었다. … 중국은 1950년 당시에 불과 10만㎞의 차량 통행 도로가 있었을 따름이며, 그나마 철도와 마찬가지로 동부와 동북부 에 집중되어 있었다. 한국에는 1945년 당시 약 53,000㎞의 도로가 있었다. 이것 을 계산해 보면 중국에는 100㎢당 약 2㎞의 도로(총면적 5백 90만㎢를 근거로 산출된 것임)를 갖고 있는 데 비해 한국은 100㎢당 24㎞의 공공도로를 갖고 있 었던 것이다. 교통발달 면에서 한국을 중국 및 베트남과 비교할 때 그 하부구 조적(infrastructure) 규모의 차이를 쉽게 알 수 있다. 이러한 차이는 대전 후 한국 에서의 농촌 정치운동의 운명을, 특히 도로와 철도가 보다 널리 보급된 남한에 서의 현상을 설명하는 데 도움을 줄 것이다"(Cumings, 1986 : 46~47).

g·Ha Tien)을 점령하여 남부지역을 완전히 평정했지만, 베트남 전체와 라오스·캄보디아 등을 포함한 인도차이나연방체계를 건설하는 데는 적지 않은 시간이 소요되었다. 인도차이나연방은 1887년 10월 17일 프랑스 본국 총통의 칙령에 의해 만들어졌으며, 설립 당시 캄보디아와 세 부분으로 나누어진 베트남─남끼(Nam ky)·쭝끼(Trung Ky)·박끼(Bac Ky)[5]─으로 구성되어 있었다.[6] 1899년 4월 19일의 칙령에 의해 라오스가 추가되었고, 1900년에는 중국의 꽝저우만이 조차지로 연방에 편입되었다. 이 가운데 코친차이나인 남끼는 식민지, 안남인 쭝끼와 북부 박끼, 캄보디아·라오스는 보호국,[7] 꽝저우만은 조차지의 지위를 부여받았다(Duong Kinh Quoc, 1982a : 45~46).

그러면 우선 베트남의 일반적인 행정체계를 간략히 살펴보자. 분할지배에 의해 베트남에는 지역에 따라 인도차이나 총독(Toan Quyen Dong Duong)의 직속 지휘를 받는 지역 최고 행정관인 통사(Thong Su 統使─북부), 흠사(Kham Su 欽使─중부), 통독(Thong Doc 統督─남부)이 임명되었으며, 이들을 보좌하기 위한 각급 기관들이 포진했다. 또한 각 끼(ky)의 하급 단위로 성포(Thanh Pho 城鋪 city)와 성(Tinh 省 province)이 있었다. 1919년 말을 기준으로 했을 때 북부에는 21개의 성이 있었고, 2개의 성포(하노이·하이퐁)가 있었다. 중부에는 13개의 성과 1개의 성포(다낭 : Da Nang)가, 남부에는 18개의 성과 2개의 성포(사이공·쩌런)가 있었다. 성의 아래로 부(Phu 府)·현(Huyen 縣 district)이 있고, 그 아래 총(Tong 總 canton)이 말단단위인 사(Xa 社 village)와 부·현을 연결하고 있었다(Van Tao, 1989 : 87). 이 계통도를 간략히 나타내면 다음과 같다.

---

5) 지역 구분의 명칭은 끼(ky) 혹은 쓰(Xu)가 사용되었다.

6) 프랑스 내에 인도차이나 식민성이 통일적인 기관으로 설립된 것은 1894년이다.

7) 베트남 북부인 박끼는 반(半)보호국이었다.

<표 3-2> 식민지 베트남의 프랑스 행정체계

인도차이나연방 수준	프랑스 식민성(본국) 인도차이나 총독		
Ky 수준	Bac Ky · Trung Ky · Nam Ky		
Tinh · Thanh Pho 수준	Phu[1]	Tinh Huyen Tong[2]	Thanh Pho
Xa 수준[3]	Xa Thon(村 hamlet) Xom		

1) 현에 비해 행정적으로 약간 상위에 위치한다.
2) 사와 현을 매개하는 역할을 수행한다.
3) 보통 시골, 농촌 전통 마을을 지칭할 때는 Thon Xa 혹은 Lang Xa(Thon과 Xom을 합쳐 Lang이라 부름)라 불렀다.
자료 : 각 항별로 위에 위치한 것이 상위 수준이다. 이는 Nguyen Khanh Toan(1989)이 편집한 『베트남 역사 2권』의 부록으로 첨부된 「1945년 8월혁명 이전 베트남에서 프랑스 식민주의의 정권체계 약도」를 필자가 행정체계 중심으로 최대한 간략히 정리한 것이다.

간략히 나타낸 것이지만, 프랑스의 인도차이나 식민지 행정체계는 끼 수준에서의 분화, 그리고 각각의 끼 아래에서 성·성포 수준으로 다시 분화되며, 산악지방과 오지 같은 경우는 다오(Dao)와 쩌우(Chau)를 두었다. 프랑스의 행정체계는 복잡한 형태를 띠고 있었으며, 각 끼가 하부단위를 통제하고, 각각의 끼의 체계는 다시 인도차이나총독부로 통합되며, 최종적으로 프랑스 식민성의 통제를 받았다.[8] 이러한 복잡성의 증대는 체제의 통합을 유지하기 위한 관리 확대의 필요성을 낳았다. 그러나 프랑스는 치밀한 식민통치체제를 유지하기 위한 '비용'을 지불하려 하지 않았고, 그 결과는 '군림하되, 통치의 범위가 제한적인' 식민국가체제였다. 전체적으로 보아 프랑스의 베트남에 대한 식민통치는 첫째, 중앙집권과 분권화의 긴장, 둘째, 통치의 도시 중심성, 지방에 대한 미약한 행정적 침투, 셋째, 강제력의 미약한 지방침투로 특징지어진다.

---

8) 부분별 계통과 전체 계통에 대한 자세한 논의는 Duong Kinh Quoc(1982a ; 1982b ; 1982c ; 1982d), 그리고 Van Tao(1989) 참조.

중앙집권과 분권화의 긴장

프랑스의 베트남 통치는 안정적이지 못했다. 정책의 불안정성은 통치자의 계속된 교체로 잘 드러나는데, 1886~1926년 사이에 프랑스령 인도차이나의 행정 수반은 정규·비정규적인 인원을 모두 합쳐 52회나 바뀌었다(Buttinger, 1968 : 126). 40여 년에 걸쳐 52회나 고위 행정관이 바뀌었다는 것은 이들의 평균 재임기간이 약 0.76년에 불과했다는 것을 나타내며, 이는 그만큼 통치의 일관성이 없었다는 것을 상징적으로 보여 주는 것이다. 또한 식민지배를 위한 관료조직의 규모 역시 그다지 크지 않았다. 호찌민은 인도차이나를 영국령 인도와 비교하여 식민지 관료체제를 다음과 같이 논의한다.

> 영국령 인도에는 3억 2천 5백만 주민에 대해 4,898명의 유럽인 관리들이 있다. 프랑스령 인도차이나에는 1천 5백만 주민에 대해 4,300명의 유럽인 관리들이 있다. 곧, 영국의 식민지에는 66,150명의 주민에 대해 1명의 유럽인 관리가 있는 것이며, 프랑스의 식민지에는 3,490명의 주민에 대해 1명의 유럽인 관리가 있는 것이다.[9]

호찌민이 비록 영국령 인도에 비해서 인도차이나가 많은 관리를 보유하고 있다고 밝히고 프랑스의 억압성을 주장하고 있지만, 이는 이후 살펴볼 일본의 조선 통치에 비교하면 매우 약소한 것이었다.[10] 호찌민의 주장에도 불구하고 일본과 비교할 때 프랑스의 행정·관료체제는 그리 치밀하거나 안정적인 것은 아니었다. 이것을 염두에 두고 프랑스의 베트남 지역 통치체계를 검토해 보자.

지역적으로 볼 때 인도차이나연방 내에서도 베트남은 프랑스의 관

---

9) Ho Chi Minh, "French Colonization on Trial" ; Fall ed.(1967 : 81) 참조.

10) 박지향은 1930년대 일본인 관리와 조선인의 비율이 1 : 420이라고 밝히고 있다 (박지향, 2000 : 117). 단순히 비교했을 때 식민지 주민에 대한 지배국 관리의 수는 베트남에 비해 조선이 8배 이상의 밀도를 지닌다.

심이 집중되어 있는 지역이었고, 남부지역인 코친차이나는 특히 그러했다. 베트남에 대한 프랑스의 분할지배(divide and rule)정책과 코친차이나 중심성은 프랑스의 점령과정과 베트남인들의 저항, 이러한 과정에서 경제적 이해를 도모하고자 했던 프랑스인, 그리고 효과적인 지배를 수행하고자 했던 프랑스 행정관료들의 노력이 빚어낸 합작품이었다. 그러면 제일 먼저 점령당하고 통치체계가 수립되었던 코친차이나의 특성을 우선 검토하고, 중·북부의 통치체제 특성을 살펴보겠다.

1862년 이후 1879년경까지 남부 코친차이나는 프랑스 해군성의 관할하에 순수한 군사정권의 지배를 받았다. 이 시기는 베트남에 대한 지배권을 확립해 가는 시기였기 때문에 문민을 바탕으로 한 조직적·행정적 통치보다는 지배를 유지하고, 베트남의 다른 지역을 장악하기 위한 재원을 조달하는 데 더 주력했다.

또한 프랑스의 식민지배에 대한 베트남인들의 저항과 비협조, 언어·문화적 차이로 발생한 행정적 공백을 메우기 위해 프랑스 식민당국은 코친차이나를 직접 지배하기로 하였고,[11] 직접 처리할 수 없는 실질적 행정업무는 소수 친불파 베트남인에게 의지했다. 1차 사이공조약이 맺어진 1862년 이후 1대 총독이었던 보나르(Admiral Bonard)는 토착민 정무감찰관을 두고 실무행정을 처리했으며(유인선, 2002 : 295), 이 젊은 식민지 관료들은 행정·재정·법적 문제에 무지했음에도 불구하고 과거의 관료들보다 훨씬 큰 권력을 향유했다(Buttinger, 1968 : 104).

1862~1879년까지 17년간 남부를 지배한 해군제독은 12번 바뀌었으며(평균 재임 기간은 1.4년)(Van Tao, 1989 : 85), 군부통치가 민간통치로 바뀐 것은 1879년 르 미르 드 빌레(Le Myre de Vilers :

---

11) 원래 프랑스의 계획은 남부에 존재하고 있던 관료를 그대로 이용하는 것이었다. 그러나 지방관료들이 대부분 중·북부로 떠나 버렸기 때문에 이러한 계획을 실행할 수 없었다(McAlister, 1969 : 41).

1879~1882년)에 이르러서였다. 민간통치의 시작과 더불어 주목해 보아야 할 것은 1880년 만들어진 식민지평의회(Conseil Colonial)이다. 의회는 프랑스인 6명, 베트남인 6명, 사이공상공회의소 대표 2명, 총독이 임명하는 2명으로 구성되었다. 당시 의회는 본국의 의사를 식민지에서 집행하는 대행기관을 넘어서서 사이공에 상업적 이해를 지닌 프랑스인, 그리고 소수 친불파 베트남인들의 이해를 대변하는 이익집단으로 변질되었다.

이들 집단은 자신들의 이익을 침해할 수 있는 본국의 조치에 대해 대항하였으며, 이는 인도차이나 전체를 통일적으로 관리할 수 있는 중앙 권력의 수립을 어렵게 했다.[12] 이들은 1887년 형성된 인도차이나연방 속에서도 거의 독단적으로 행동했다. 인도차이나에 대한 통일된 정책을 수립하기 위해 각 지역 예산과 구분되는 연방정부 예산을 조성하려던 시도는 좌절되었고, 이로 인해 인도차이나연방 총독의 권한은 북부 통킹과 중부 안남에 한정되었다. 인도차이나연방의 탄생 이후 프랑스령 인도차이나 전체에 대한 중앙 통치체제를 수립하고자 하는 프랑스 본국의 두 번째 시도가 1891년 장-마리 드 라네상(Jean-Marie de Lanessan : 1891~1894년) 총독시기에 이루어졌으나, 이 또한 현지 식민주의자들의 반발로 실패했다(유인선, 2002 : 296~297 ;

---

12) 현지 식민주의자들의 통제되지 않는 권력은 어찌 보면 프랑스 식민지 개척사의 특성에 기인한 것이라고도 할 수 있다. 앰블러는 "본국의 군대에 가해진 엄격한 통제는 프랑스령 식민지에는 완전히 확대되지 않았다. 19세기 프랑스 제국의 확장은 부분적으로는 식민군 사령관들의 통제되지 않는 주도권의 결과였다. … 대부분의 영토 확장은 독자적인 군사적 약탈에 의한 것이었다"(Ambler, John, *The French Army in Politics, 1945~1962,* pp.10~11 and 22 ; Anderson, 1996 : 189~190에서 재인용)라고 논의한다. 베트남의 점령과정도 이 범주에 그대로 부합한다. 통킹·안남의 점령은 현지 사령관의 판단에 의해 독자적으로 이루어졌다. 식민지에 대한 본국의 직접적인 영향력은 그만큼 적었던 것이다. 이러한 상황은 이후 살펴볼 조선 총독이 누렸던 자율성과는 구별되어야 한다. 조선의 총독통치는 철저히 본국의 이해에 복속했다. 그러나 프랑스의 경우는 현지 식민주의자들에 대한 통제 자체가 문제였던 것이다.

Buttinger, 1968 : 105). 통킹·안남과 구분되는 코친차이나의 식민지로서의 독자적 지위 형성은 바로 현지 식민주의자들의 이권에 대한 집착과 초기 본국의 비효율적인 대응이 주요한 요인으로 작용하고 있었던 것이다.

현지 식민주의자와 프랑스 본국의 갈등은 뽈 두메르(Paul Doumer : 1897년 2월~1902년 3월) 총독에 와서 극한에 도달하였다.[13] 두메르는 식민지평의회에 대항하기 위해 5개 연방으로 대표되는 인도차이나 고등평의회(superior council of Indochina) 수립을 위한 법령을 요청하였고, 이는 1897년 7월 승인되었다. 두메르는 또한 행정적·정치적 지배의 중추를 이룰 연방 행정부서(General Services)를 만들려고 시도하여, 우선 관세와 간접세를 징수하기 위한 부서와 농업과 상업을 담당하는 부서를 만들었다. 그러나 두메르의 개혁에 대한 식민지평의회의 반발은 만만치 않았으며, 직접적인 행동은 연방예산 조성의 거부로 나타났다. 일례로 식민지평의회는 인도차이나 철도부설에 필요한 기초조사 비용조차 거부하였으며, 예산 요청에 대해 파리 정부에 강력히 항의하였다. 두메르는 예산안이 거부되면 그의 전체 임무가 실패할 수 있다는 위기감을 가졌으며, 파리에 도움을 요청하였고, 파리는 1898년 7월 최종적으로 두메르의 손을 들어 주었다. 인도차이나연방의 중앙권력을 세우려는 노력과 코친차이나 지역주의의 투쟁은 일단 중앙권력을 강화하는 방향으로 종결되었다. 코친차이나의 지역주의는 일시적으로 약화되었으며, 전체 인도차이나를 통제할 수 있는 중앙권력의 기틀이 마련되었던

---

13) 두메르는 그의 회고록에서 당시 코친차이나의 식민주의자들에 대해 다음과 같이 논의했다. "코친차이나에 있는 2,000명 프랑스 시민 가운데 1,500명이 정부 예산으로 살고 있으며, 나머지 500명도 어떠한 방식으로든 행정체제에 관련되어 있었다. 300만 명의 인구 가운데 2,000명만이 투표권을 가졌고, 이 가운데 3/4이 공무원이다"(Doumer, Paul, *L'Indo-Chine française : Souvenirs*, Paris, 1903 p.85 ; Buttinger, 1968 : 109에서 재인용). 이들의 개인적 번영은 당시 코친차이나의 운영방식에 대해 누구의 간섭도 받지 않는 상황에서 가장 잘 보호될 수 있었다.

것이다(유인선, 2002 : 299~300 ; Buttinger, 1968 : 110~111).

두메르가 일단 중앙권력의 기틀을 마련하였지만, 베트남 현지 식민통치의 최고 기구로서 인도차이나연방의 권력 집중성과 이를 바탕으로 한 통제력은 이후 살펴볼 일본의 그것에 비해 그리 강하지 못했다. 이후의 총독들은 과도한 중앙권력을 염려하여 권력의 지방분권을 지지하기도 했으며, 현지 식민주의자의 이해에 반해 독자적인 정책결정을 행하는 데 많은 장애를 겪어야만 했다.[14]

그러면 이제 코친차이나와는 구분되는 통킹과 안남의 통치체제를 살펴보자. 앞에서 이미 밝힌 바와 같이 베트남은 프랑스의 분할지배전략에 의해 삼분되어 통치되었다. 베트남을 세 부분으로 분할한 것은 행정적 장벽을 만들어 베트남인들이 프랑스에 반(反)하여 잠재적인 자원을 규합하는 것을 막고, 지방반란에 대항하여 프랑스 식민국가의 안정성을 확보하기 위한 것이었다(McAlister, 1969 : 40).

분할과정에서 통킹은 반(半)보호국의 지위를 부여받았다. 통킹이 보호령임에도 불구하고, 안남에서 분리되어 반보호국이 된 것은 지속적인 반식민투쟁으로 인해 이 지역에 대한 통제의 필요성이 증대했기 때문이었다. 통킹의 끊이지 않는 저항은 프랑스 내에서도 많은 논란이 되었으며, 소수파의 경우 이윤이 가장 적고 혼란이 끊이지 않는 베트남 북부 통킹으로부터 철수해야 한다고 주장하기도 했다(Buttinger, 1968 : 101~102). 그러나 이러한 소수파의 목소리는 베트남 전체를 장악해야 한다는 다수파의 견해에 의해 묻혀 버렸다. 당시 프랑스는 계속 저항하는 베트남인들과 소모적인 전쟁을 치르는 것보다 이들을 보호국으로 엮어 저항을 잠재우고, 우선 베트남 전체에 대한 지배권을 획득하려 하였으며, 베트남 왕실과 관리들은 그러한 통합을 그들의 지위를 유지할 수 있는 유일한 방법으로 간주했다(Buttinger, 1968 : 104).

---

14) 총독들의 식민지 운영방식과 통치체제에 대한 대략적 논의는 유인선(2002 : 301~310) 참조.

중·북부지역을 코친차이나에서 분리시켜 보호국의 지위를 부여한 후 안남과 통킹의 고등주차관이었던 폴 베르(Paul Bert)는 1886년 통킹에 베트남 황제의 대리로 경략(Kinh Luoc 經略)을 두어 저항운동을 완화시키려고 했다. 경략은 통킹에 대한 황제의 권한을 없애고, 통킹을 안남에서 분리하는 결과를 낳았다. 이어 두메르 총독은 경략을 없애고, 통킹이 안남의 베트남 황제가 아니라 인도차이나 총독의 명령을 받도록 하여 중앙권력을 강화했다(유인선, 2002 : 297~298 ; Buttinger, 1968 : 106). 코친차이나가 경제적 이권의 중심지로 변화했던 반면, 중앙권력이 강화되면서 통킹은 인도차이나의 행정적·학문적 중심지로 자리 잡아 나갔다(McAlister, 1969 : 43).

안남은 응우옌(Nguyen) 왕조의 수도로서 베트남에서 가장 전통적인 지역으로 알려져 있으며, 국가권력을 상징하는 유교적 의례·의식의 중심지였다. 두메르가 부임하기 전까지 왕(Vua)은 명목상의 군주로 남아 있었고, 프랑스의 감독을 받기는 했으나, 안남에 대한 행정을 책임지고 있었다. 그러나 두메르는 황제의 권한을 대폭 축소시키기 위해 황제 직속의 기밀원(Co Mat 機密院)을 폐지하고, 내각제를 신설했다. 이후 황제의 징세권 또한 프랑스로 넘어갔으며, 황실의 독자성은 많이 약화되었다(유인선, 2002 : 298 ; Buttinger, 1968 : 107). 그러나 이러한 상황에도 불구하고 안남은 가장 독자성이 강한 지역으로 남아 있었다. 이는 프랑스의 지배가 행정적 측면보다는 정치적 측면에 중심을 두고 있었기 때문이었다. 식민당국의 주된 관심은 프랑스의 이득을 보장하고 반란을 막는 데에 있었던 것이다(Duncanson, 1968 : 89).

베트남을 처음 침략한 이후 프랑스가 식민지 최고 통치기관인 인도차이나연방을 건설하는 데는 대략 40여 년이라는 적지 않은 시간이 소요되었다. 많은 갈등 속에서 만들어진 연방체제는 베트남 사회를 변화시키고, 전통적 지배방식을 파괴해 갔다. 지배계급뿐만 아니라 일반 농민들 역시 파괴되어 가는 전통의 소용돌이 속에 내동댕이쳐졌다. 그러나 프랑스에 의해 세워져야 할 새로운 질서와 규범은 정착되지 않았다. 프랑스는 베트남을 새롭게 통합할 정치적 응집력을 제공할 수 없었다. 프랑스는 한편으로는 식민지배를 위해 베트남의 전통적 지배체제를 파괴하였으나, 또 다른 한편으로는 지배의 효율성을 위해 베트남의 전통적 체제를 완전히 버리지 못했다. 일례로 식민지 행정을 위한 관료 충원방식은 통킹에서는 1915년까지, 안남에서는 1918년까지 전통적인 유교적 시험방식을 따랐으며(McAlister, 1969 : 42), 1940년대에 들어서까지도 지방행정을 완전히 장악하지 못해 이를 베트남의 전통관료에 의존해야 했다(Nguyen Ngoc Luu, 1987 : 109~110).

또한 프랑스 식민당국은 중앙집권적 권력체계를 수립하려고 하면서도 통일적 법률체계조차 제대로 갖추지 못하고 있었다. 프랑스는 베트남인들을 통치하는 데 응우옌 왕조의 법을 그대로 사용했으며, 프랑스의 법과 베트남의 전통법이 공존했다. 베트남인들은 전통적인 베트남 법의 적용을 받았으며, 법정은 전통적인 방식대로 지방행정관이 판사의 역할을 수행했고, 프랑스인들은 하노이·하이퐁·다낭에서만 직접 이 역할을 수행했다. 프랑스인의 법정에서조차도 베트남의 전통법·프랑스 법·인도차이나를 위해 고안된 칙령이 혼재되어 사용되었다. 베트남인들은 만일 다른 지역(Ky)에서 문제가 발생했을 때도 자신이 속한 지역(Ky)의 법에 의해 규제되었다. 또한 민법·형법·소송법 등의 법체계가 공포되는 것도 지역별로 차이는 있으나 안남의 경우는 1930년대에 들어서서야 이러한 법령들이 공포되기 시작했다(Duncanson, 1968 : 94~97 ; Woodside, 1976 : 24~25). 이러한 상황은 프랑스 통치권력의 특성을 단적으로 드러내는 것이다. 프랑스의 통치양식은 직접지배와 간접지배, 이 양자 사이에 위치했다. 프랑스는 영국처럼 현지인을 통한 간접지배방식에 의지한 것도 아니었으며, 일본처럼 강력한 직접지배방식도 구현하지 못했던 것이다. 프랑스

통치의 한계는 도시와 농촌의 관계, 그리고 마을단위의 통제에서 더욱 여실히 드러난다.

도시 중심의 통제와 지방에 대한 미약한 행정적 침투

통제범위와 관련하여 베트남 사회에서 도시·농촌 관계의 역사·정치·사회적 특성을 이해하기 위해 우선 아래의 논의를 음미해 볼 필요가 있다.

> 마을 공동체의 관점에서부터 살펴보지 않으면, 베트남의 가장 주요한 문제점들, 곧 공산주의 혹은 공화주의정부, 정당의 프로그램과 미래, 무장투쟁 혹은 사회재건을 위한 협동, 농지개혁과 산업화와 같은 사안들을 명확히 이해할 수 없다. 베트남 역사의 시작부터 국민의 진정한 삶은 농촌 마을의 그것이었다. 여러 세기 동안의 많은 사건들에도 불구하고 이것은 여전히 본질적으로 변하지 않았다. 그러나 프랑스의 대표자들은 베트남을 도시 중심으로 생각하는 경향이 있었다. 이는 당연한 것이었는데, 그 이유는 근대적으로 발전한 도시들이 프랑스의 창조물이었기 때문이다. 그러나 이러한 견해는 일본의 항복으로 2차 세계대전이 끝나고 1945년 가을 프랑스가 베트남을 재점령했을 때 중요한 결과를 초래했다. 점진적으로 도시화되고 있었던 상당 부분의 베트남인들은 도시로부터 물러나 그들이 아주 최근에 포기했던 농촌으로, 그들 조상의 관습으로 돌아갔다. … 농촌으로의 퇴각은 프랑스의 재점령에 대한 항의였다(McAlister & Mus, 1970 : 44).

우드사이드가 "동남아시아 식민지정부는 도시 기반의 권력구조로 특징지어진다"(Woodside, 1976 : 278)라고 밝힌 바와 같이 프랑스 식민당국은 주요 도시를 중심으로 모국을 모사한 그들의 공간을 건설하고, 자원을 배분하고, 추종자를 결집시키고, 문화와 제도를 이식했다. 프랑스화된 도시는 서구를 대변했으며, 농촌은 전통을 대변했다. 또한 도시는 지배자의 공간이었고, 농촌은 피지배자의 공간이었다. 권력을 매개한 도시·농촌의 '구조적 이원성(Structural dualism)'의 심화는 두 지역에 화해할 수 없는 간극을 만들었다.

그렇다면 프랑스 식민지배를 통해 베트남의 전통 마을은 어떤 변화를 겪었으며, 프랑스는 농촌 마을을 얼마나 효과적으로 통제했을까? 프랑스 통치하의 농촌 마을의 체계를 이해하기 위해서는 간략하게나마 전통적인 베트남 촌락구조에 대한 이해가 필요하다.

여러 세기 동안 베트남 사회는 많은 수의 사(社)가 사회·경제적 기본단위를 이루었으며, 이들은 단지 주민들의 집합체가 아니라 사회·경제·정치적 실체였다(Nguyen Ngoc Luu, 1987 : 74~75). 마을 공동체는 고도의 자율성을 누리고 있었는데, 베트남 속언 중에 '촌락의 규정은 왕의 법에 우선한다'라든가 '향당(鄕黨)은 작은 조정이다'라는 말은 촌락의 자치가 어느 정도였는지 시사해 준다(유인선, 2002 : 251).

전통 베트남 사회에서 마을은 중앙의 권위를 거부할 수 없었다.[15] 그러나 마을의 법은 때때로 조정의 법에 상반되게 운영되기도 했다. 마을은 자율적인 재산 분배와 관리권, 유지서열 규정권, 자신의 법정을 지니고 있었으며, 민사상의 사안이나 중요치 않은 형법상의 사안 등을 처리하였고, 벌금이나 태형을 부과하기도 했다. 마을은 하나의 단위로서 중앙으로부터 할당되는 세금을 징수하거나, 징병업무를 수행했으며, 각각의 방어조직을 가지고 강도와 약탈로부터 스스로를 방어했다. 마을의 관리들은 마을위원회(Village council)에서 선출되었으며, 관리들의 봉급은 마을기금에서 충당되었다. 이러한 마을의 자치성은 중앙의 업무를 덜어 주었으며, 중앙뿐만 아니라 부(府)·현(縣)의 관리들이 마을단위의 보안에 대해 세세한 것까지 걱정하거나 관여할 필요를 줄여 주었다(*The Times of Vietnam*, 1958.12.13).

마을의 전통과 조직적 응집성은 인구 밀도가 높았던 북부·중부지역이 특히 강했으며, 두 지역에 비해 인구밀도가 낮고 상대적으로 늦게 베

---

15) 만일 마을단위가 중앙에 불복하게 되는 경우 조정은 마을과 마을을, 마을의 내부와 외부를 경계 짓는 대나무 울타리를 헐어 버렸다. 이것은 마을의 해체를 의미했으며, 마을과 그 성원들에게 가해지는 가장 가혹한 징벌이었다.

트남에 편입된 남부지역은16) 외부 정치·경제세력에 대해 보다 개방적이었다. 그러나 이것이 마을의 자율적 성격이 약했음을 의미하지는 않는다. 남부는 중·북부에 비해 마을의 조직적 응집력이 약했지만, 베트남 전통 마을의 특성을 그대로 지니고 있었던 것이다.

식민지시기 프랑스인에 의한 직접적인 통치체제는 성단위에서 멈추었다. 이는 프랑스 식민당국이 마을유지위원회와 마을의 수장(Ly truong 里長, 혹은 Xa truong 社長 등), 관리들을 이용하여 마을의 행정을 책임지게 했기 때문에 성보다 낮은 단위의 주민들과는 접촉할 필요가 없었기 때문이다(Nguyen Ngoc Luu, 1987 : 109).

베트남을 합병한 후 얼마간 프랑스는 베트남의 전통적인 마을 행정체계에 대해 거의 간섭하지 않았으며, 행정개혁을 시도한 것도 오랜 시간이 흐른 후였다. 남부의 경우는 점령 이후 대략 50여 년이 흐른 1904년, 북부는 보호국이 된 지 37년이 흐른 1921년, 중부는 1942년이 되어서야 마을의 행정체계에 대한 개혁을 시도하였으며, 프랑스 당국은 이러한 개입조치들을 '행정적 지도(administrative tutelage)'라고 표현했다(*The Times of Vietnam*, 1958.12.13). 프랑스 행정당국은 마을 관리로 하여금 출생·사망·결혼 등을 등록하는 업무를 실행하게 하여 마을에 대한 기초 자료를 확보·통제하려고 했으며,17) 마을 유지

---

16) 사이공 이하의 지역이 최종적으로 베트남의 영토에 속하게 되는 것은 18세기 중엽이었다.

17) 전통 베트남 사회에서 이러한 사안들은 마을 내에서 통제했다. 마을의 인원은 징세·부역·징병의 기준이 된다. 마을 운영자들은 중앙의 요구를 충족시킬 의무를 지녔지만, 마을의 자원을 통제하여 자신의 권위를 유지했다. 따라서 출생·사망·결혼 등 기본적인 사회인구학적 자료들은 마을 내에서 관리되었으며, 중앙으로 정확한 자료가 집중될 수 없었다. 프랑스 또한 보다 정확한 세금 명부를 작성하기 위해 이러한 상황을 개선하고자 힘썼다. 그러나 그러한 통제는 치밀하지 못했다. 단적인 예로 구루가 지적했듯이 프랑스 행정당국은 정확한 인구조사에 착수하려는 진지한 시도조차 하지 않았고, 이러한 자료의 등록은 여전히 마을위원회나 관리의 소관이었다. Gourou, Pierre, *Les Paysans du Delta*

의 독단과 전횡을 막기 위해 마을 관리를 주민선거로 선출하는 제도를
도입하기도 했지만, 이 모두 그리 성공적이지 못했다. 특히 마을을 대표
하는 관리와 마을 주민이 공모하거나, 관리들이 중앙정부에 대한 그들
의 책임을 소홀히 했을 때 당시 프랑스 식민당국의 통제는 충분치 못했
다(*The Times of Vietnam*, 1958.12.13).

프랑스는 지방정부나 마을 구조 개혁을 위한 명확하고 일관된 정책
을 지니지 못했으며, 마을 수준은 물론이거니와 현 수준에도 충분한 지
방 관리를 할당하지 않았다. 무엇보다도 식민지 행정당국은 베트남 전
통사회와 큰 단절이 없이 마을을 기본적인 사회·행정단위로 유지하고
자 했는데, 이는 개혁이 초래할 수 있는 혼란과 위험을 막고 자신의 정
치·경제적 목적을 달성하고자 했기 때문이었다(Nguyen Ngoc Luu,
1987 : 109~110).[18]

결과적으로 베트남 북부에 대한 개혁은 1941년 프랑스 당국이 구제
도를 다시 인정하여 실패로 돌아갔으며, 중부 베트남에 대한 개혁의 시
도는 이미 일본이 인도차이나에 개입한 이후의 시기였으므로 성과를 기
대할 수 없었다. 두 지역은 지속적으로 마을의 관습을 유지했고, 마을의
지배영역은 전통사회가 그랬던 것처럼 마을을 둘러싼 대나무 울타리까
지였다. 남부의 경우 마을의 관리는 앞의 두 지역보다 중앙정부에 조력
하는 경향이 강했다. 그러나 전통적 마을 구조는 사라지지 않았다. 프랑

Tonkinois 1936 : *Etude de Geographie Humaine*, Paris : Les Editions d'Art et d'Histoire,
p.144 and pp.174~177 ; Nguyen Ngoc Luu(1987 : 109) 참조.

18) 두메르는 마을단위의 전통을 유지하는 것이 이로운 이유를 다음과 같이 설명
했다. "과거시대의 조직을 유지하고, 심지어 강화시키는 것은 매우 훌륭한 일
이다. 이 조직에 따르면 각각의 마을(lang)은 몇몇 지방의 권리 내에서 독립된
하나의 작은 공화국이 될 것이다. 이것은 아주 치밀하고, 규율이 있으며, 고위
권력층에 대해 책임감이 있는 조직이 될 수 있는 집단이다. 고위 권력층은 마
을단위까지 알지 않아도 되고, 이것은 공무를 위해 아주 편리할 것이다"
(Doumer, Paul, *L'Indo-Chine française : Souvenirs*, Paris, 1903 p.158 ; Van Tao, 1989 :
87에서 재인용).

스의 식민지배에 따른 사회·경제적 침투로 말미암아 전통 마을의 도덕경제는 파괴되어 가고, 마을의 응집력과 유대는 약화되고 있었으나, 전통적 구조는 여전히 사람들 사이의 관계를 규율하는 기본적인 기제였다. 더욱 문제가 되었던 것은 전통을 대체할 새로운 질서가 세워지지 않았다는 사실이다. 이러한 상황은 1945년 이후 폭풍처럼 강렬하게 전개되는 정치적 동원과 민족해방전쟁, 농촌을 통제하려는 도시세력과 농촌을 근간으로 혁명을 달성하려는 혁명세력 간의 갈등과 투쟁이 지니는 지정학적 특성을 설명할 수 있는 근간이 된다.

강제력의 미약한 지방침투

마을단위에 대한 한정된 통치는 강제력의 침투력에서도 그대로 드러났다. 프랑스 식민당국이 활용했던 강제력의 특성과 범위를 파악하기 위해 식민통치시기의 군사·경찰조직의 특성, 프랑스 식민당국이 반란을 평정하기 위해 구사했던 전술을 살펴보자.

인도차이나의 군사편제는 크게 보면 프랑스 본국의 정규군과 토착민 민병의 이원조직으로 구성되어 있었다. 프랑스의 정규군은 주로 인도차이나와 해외의 전장에서 직접적인 전투 임무를 수행했으며, 토착민 민병들은 반란을 진압하거나, 일상적인 치안업무를 수행했다(Van Tao, 1989 : 90).[19]

프랑스는 주로 전략적 요충지에 정규군과 준군사조직인 토착민 민병을 배치하여 정치적 운동이나 선동을 차단하려고 했다. 북부지역의 경우 1891년 봉기 진압을 전담하는 4개의 도관병(Dao quan binh 道官兵)을 두었고, 이는 1916년 5개로 늘었다(송정남, 2000 : 502). 식민지배 하에서 베트남인 민병은 1886년 처음 만들어졌는데, 이는 영국이 인도

---

19) 이러한 상황은 1945년 프랑스가 복귀한 이후에도 지속된다. 프랑스 정규군은 베트민과의 직접적인 전투에 배치되었으며, 베트남군은 주로 전략적 요충지·도시지역·도로·항만 등의 방어에 투입되었다.

에 도입했던 뱅골(Bangal)의 경찰력을 모방한 것이었다(Woodside, 1976 : 63). 1900년 7월 7일에는 식민지군에 대한 법률이 제정되어 민병은 식민지 군대를 조력하기 위한 역량으로 편성되었다. 1904년 11월 1일 프랑스 총독은 22∼28세 사이의 중·북부 청년들에 대해 징병제를 실시할 것을 결정하였으며, 인도차이나 토착민 예비군제를 도입하여 연간 최대 15일 동안의 군사훈련을 받도록 했다(Van Tao, 1989 : 89). 또한 도시방어군과 별도로 지역방위군을 창설했는데, 중·북부지역에는 1915년 6월 30일 총독령으로 인도차이나주민방어군이, 남부인 코친차이나에는 1917년 5월 15일 총독령에 의해 코친차이나시민방어군이 만들어졌다(Van Tao, 1989 : 90 ; Duncanson, 1968 : 101).

민병들은 상대적으로 소수의 인원으로 운영되었는데,[20) 베트남 국군을 창설하여 인도차이나의 군사력을 증강시킨 것은 1938∼1939년 사이 프랑스 식민장관이었던 조르주 만델(Georges Mandel)이었다. 만델은 당시 팽창하고 있었던 일본에 위협을 느껴 4억 프랑의 방위차관을 도입하고, 베트남 국군을 창설하였으며, 최초로 인도차이나 청년들을 위한 군사학교를 설립하였다. 이에 따라 전체 인도차이나의 군사력은 27,000명에서 50,000명으로 증가했다(Buttinger, 1968 : 186).

언뜻 보기에 프랑스는 베트남을 통제하기 위해 상당히 치밀한 군사체계를 갖춘 것으로 여겨지는데, 군 병력에서나 조직에서나 이후 살펴볼 일본의 체계와 프랑스의 체계는 상당한 차이를 보인다. 그러나 군 병력의 문제는 차치하고, 일단 조직의 문제에서 프랑스의 식민지 군사체제는 전투에 임했을 때 군사적 역량을 제대로 발휘할 수 있는 것이 아니었다. 프랑스의 군 충원제도는 베트남의 전통적 모병제도에서 거의 앞으로 나아가지 못했고, 전통적 방식을 고수했다. 충원되어야 할 민병은 마을마다 할당되었고, 통킹·안남은 마을 유지들의 선발에 의해, 코친

20) 평시 편제에서 통킹은 5,300명, 안남은 3,100명 정도의 인원이었으며, 장교는 프랑스인들로 구성되어 있었다(Duncanson, 1968 : 100∼101).

차이나는 조금 변형되어 제비뽑기에 의해 할당량을 채웠다. 탈영병이 생기면 마을에서 그 수를 채워 넣어야 했으며, 이들에 대한 식량도 마을에서 조달했다(Duncanson, 1968 : 100). 그러나 더 문제가 되었던 것은 모병체제가 전통적 체제에 비해 더욱 가혹했다는 것이다. 톰슨은 이를 다음과 같이 설명하고 있다.

> 군역은 일반적인 토착민에게 강제된 노역이었다. 2~4년간의 지속적인 군역은 구안남 정부의 3개월 정도의 간헐적인 군역과 대조되었다. 병영의 일과는 가정생활과는 다른 매우 불쾌한 것이었고, 군인의 가족을 세금에서 면제시켜주는 구래의 관습이 남아 있는 것도 아니었다. 토착민들은 1년에 5,000명 정도를 뽑는 이러한 강제적인 병역을 회피하기를 간절히 원했고, 마을 유지들은 자연스럽게 뇌물을 바랐다. … 부유한 가족들은 돈을 주고 그의 아들들을 병역에서 면제시켰지만, 가난한 농민들은 그럴만한 여유가 없어 군역을 져야만 했다(Thompson, 1968 : 483~484).

식민지치하의 군역은 봉건시대의 부역과 다를 바가 없는 것이었다. 이러한 구조는 저항을 억제하기보다는 부추기는 효과를 가져왔으며, 잠재된 불만은 권력의 탈구가 생기면 언젠가는 폭발할 것이었다.

대민통제에서 가장 핵심이라고 할 수 있는 식민지 경찰제 또한 마을의 말단까지 통제하는 '침투권력'으로서의 성격을 지니지 못했다. 인도차이나에서 사찰업무의 중심 역할을 수행했던 것은 1921년 4월 5일 총독령에 의해 만들어진 인도차이나정무지도위원회였으며, 이 위원회의 대표격이 경찰·안보위원장이었다. 이 위원회는 대내, 대외, 정보·안보부서의 세 부분으로 구성되어 있었는데 핵심적인 것은 마지막 정보·안보부서였다(Duong Kinh Quoc, 1982a : 49).[21] 통상적으로 슈레떼(Sûreté)로 불리는 이 조직은 실제 범죄조사가 아니라 정치적 통제

---

21) 이 기관은 1915년 5월 23일 만들어진 정무·원주민지도위원회와 1917년 6월 28일 만들어진 인도차이나중앙정보·안보기관이 합쳐진 것이다(Duong Kinh Quoc, 1982a : 49).

를 수행하는 기관으로 존재했으며, 주민들의 일상적인 분쟁에는 관여하지 않았다.

사(社)단위에서 주민들의 일상적인 치안유지는 응우옌 왕조 때부터 내려오던 전통적인 방식을 그대로 따랐다. 마을의 경찰은 마을 내에서 임명되었으며, 미을의 자산에 의해 유지되었다. 마을의 일상적인 법과 질서는 과거와 마찬가지로 마을의 전통에 의해 유지되었던 것이다. 이러한 마을의 자결권은 프랑스의 간접지배의 결과였다(Duncanson, 1968 : 99~100).

프랑스의 평정사업 또한 마을을 지속적으로 통제·관리하는 체계와는 거리가 멀었다. 프랑스의 군사전략과 평정사업은 앞의 군사·경찰조직에서도 언급한 바와 같이 전략적 요충지를 중심으로 요새를 건설하고 점차 통제지역을 확장하는 것이었다. 이는 데탐을 평정했던 콜로니 조셉 갈리에니(Colonel Joseph Gallieni)가 '기름얼룩접근(oil-spot approach)'이라고 불렀던 전술에서 기원하는 것이라고 볼 수 있다. 기름얼룩전술은 제한된 병력으로 이민족이 거주하는 방대한 지역에서 작전을 펼칠 경우 사용하는 것으로(Asprey, 1975b : 685), 일정한 주둔지를 중심으로 요새와 보급기지, 그리고 이것을 관통하는 도로를 건설하고(Marr, 1971 : 74), 동시에 대민 조직화사업을 통해 지역을 안정시키는 군사·정치전략이었다.[22) 이러한 전술을 가장 잘 요약하고 있는 것은 갈리에니의 참모장이었던 리오떼(Lyautey)의 언급이다.

> … 약탈자들은 일정한 토양에서만 잘 자라는 식물과 같으며, 그들을 뿌리 뽑는 가장 확실한 방법은 그 토질을 다른 성질로 바꿔버리는 것임을 간과해서는 안 된다. 사정은 그 약탈자들에게 주어진 지역에 관해서도 마찬가

---

22) 이것은 1차 인도차이나전쟁 당시에 맥퀸(McCuen)이 사용한 '지역공세'에 필요한 소용돌이전술(tourbillion tactics)의 기원이 된다. 소용돌이전술은 "분견대가 배정받은 지역 내에서 계속 움직이면서 공격, 매복, 정찰, 수색을 행하고 첩보망을 구축하며, 주민들과 접촉을 유지하는 전술"(Asprey, 1975b : 685)을 말한다.

지이다. 싸움을 통한 것이든 싸움 없이 점령한 것이든, 무장 점령은 쟁기로 흙을 엎은 역할과 같다. 그 지역의 구획이 명확치 않으면, 군사비상경계선을 확립하여 구획을 가르고, 외부와 뚜렷하게 고립시킨다. 그리고 마지막으로 그곳 주민에 대한 조직·재편성·무장화·시장설립과 개간사업·도로 운행작업 등을 펼친다. 이것은 좋은 씨앗을 뿌리는 파종작업과 같은 것으로, 이렇게 하여 약탈자들이 점령지역으로 침투해 들어오지 못하게 하는 것이다(Maurois, André, 1931, *Marshal Myautey*, London : John Lane, Bodley Head ; Asprey, 1975a : 222에서 재인용).

리오떼의 평정사업구상은 이후 살펴볼 응오딘지엠 정권의 전략촌사업과 놀랍도록 유사한 모습을 보여 준다. 사실 리오떼의 구상과 같은 평정사업을 베트남의 모든 지역에서 실시해 나갔다면, 프랑스는 매우 견고한 식민통치체제를 구축할 수 있었을 것이고, 1945년 베트남에 복귀했을 때 그들이 직면해야 했던 어려움을 덜 수 있었을 것이다. 그러나 상황은 그리 간단치 않았다. 모든 곳을 평정할 수는 없었으며, 프랑스 식민당국에게는 평정 후 지역 건설을 위한 정치적 상상력과 경제적 여유도 부족했다. 프랑스는 전략적 요충지·도시·도로·항만 등을 제외한 광범위한 농촌지역을 확고히 장악하지 못했다. 기름얼룩접근을 표방했지만 프랑스 식민당국의 반란진압방식은 차라리 러시아 짜아르체제의 농민폭동진압방식과 닮아 있었다. 스카치폴은 짜아르체제의 상황을 아래와 같이 설명하고 있다.

정부는 농민의 폭력이나 저항을 다루기 위해 오랫동안 하나의 단순한 기술을 발전시켜 왔다. 소동이 일어난 마을에 군대를 파견하여 필요하면 화기를 사용하여 군중을 해산하고, 주모자들을 체포하여 심한 매질을 하고 안녕과 질서가 회복되면 떠나는 것이다. 그런 조치는 폭동이 드물게 발생하고 서로 멀리 떨어져 있는 한에서만 효율적이었다(Skocpol, 1991c : 148).

프랑스의 군사·정치전술은 스카치폴의 설명과 같이 '폭동이 드물게 발생하고, 서로 멀리 떨어져 있는 한에서만 효율적'이었으며, 1차 인도차이나전쟁을 이끌었던 베트민과 같이 보다 응집력 있고 강력한 조직을 가진 적과 전선 없는 전쟁을 수행하는 데 있어서는 실효성이 의심되는 것이었다.

전체적으로 보아 프랑스의 식민지배정책은 식민지배가 종결된 이후 프랑스의 재점령기, 그리고 1차 인도차이나전쟁 종결 이후 등장한 남베트남공화국의 국가구조와 사회적 침투력에 지울 수 없는 흔적을 남겼으며, 이는 "국가의 구조와 행위가 사회집단의 형성과 사회의 다양한 영역의 정치적 능력·견해·요구에 의도치 않은 영향을 초래"(Skocpol, 1985 : 21)한다는 국가의 '토크빌적인(Tocquevillean) 구조적 효과'로23) 적절히 설명될 수 있는 것이었다. 식민지배기간 지배의 정치·경제적 효율성을 추구하기 위해 만들어 놓았던 중앙 차원에서의 인도차이나에 대한 분할지배, 마을 자치의 온존과 이것의 연장선상에 존재했던 강제력의 미약한 하부 침투력은 이후 프랑스가 베트남에 복귀했을 때, 그리고 미국의 지원을 받은 지엠이 남부에 독자적인 국가를 세웠을 때, 도시·농촌, 중앙·지방의 끊임없는 갈등과 투쟁, 그로 인한 국가 불안정성의 증대를 초래하는 원인이 되었다.

2) 전국적 통제와 침투력이 강한 강제력 :
일본의 조선 통치

조선에 대한 일본의 식민정책은 서구제국주의의 식민정책은 물론이요, 대만 등, 기타 일본의 식민지와도 다른 특성을 지녔는데 이를 한마디로 표현하자면 통치방식의 '준엄성'이라 할 수 있다(차기벽, 1985 : 27). 핸더슨은 일본의 조선 통치를 다음과 같이 표현하고 있다.

---

23) 이에 대한 개괄적 설명은 Rueschemeyer et al.(1997 : 132~134) 참조.

무력과 현대적 통신망에 의존한 능률적이고 확고한 목적을 가진 관료주의
적 정치가 도시에서 농촌으로 확대되었다. 일본 관료들은 조선을 물이 한
방울도 새지 않는 거대한 물통처럼 통치했다(Henderson, 2000 : 139).

일제의 식민통치는 통치권력에 대한 저항의 말살뿐만 아니라, 식민
지적 질서 속에서 각 개인을 식민지배를 유지, 재생산할 수 있는 주체로
만들려는 일종의 '규율권력'의 성격을 강하게 내포하고 있었다.24) 이는
일제가 거시적 차원에서 조선 사회의 구조적 변환을 추구했을 뿐만 아
니라, 미시적 영역에서 행위자의 일상적 활동까지도 규제하는 고도로
정교화되고, 침투력이 강한 지배체제를 구축했음을 의미한다. 이 같은
지배체제를 유지·발전시키기 위해 일제는 첫째, 고도로 발달된 중앙집
권적인 권력체계를 구축하고, 둘째, 지역자율성을 파괴하고, 지방을 철
저히 중앙에 복속시켰으며, 셋째, 말단까지 침투하는 강력하고 섬세한
강제력을 발달시켰다.

고도로 발달된 중앙집권적 권력체계의 구축

일본은 허세를 부리는 정복자가 아니라 계획입안자와 행정가를 모
델로 삼아 조선을 확고하게 장악하고, 면밀히 감시하며, 조직적이고 체
계적인 식민주의를 추구했다. 그 강력하고 고도로 중앙집권적인 식민국
가는 일본이라는 국가가 본국에서 수행한 역할을 모방했다(Cumings,
2002 : 210).

일본은 프랑스가 상징적으로라도 베트남의 구왕조와 직제·관료체
제를 유지시켰던 것과는 대조적으로 조선을 일본 영토 속에 '완전히 그
리고 영구히' 편입시키기 위해 구왕조체제를 해체시켜 식민지체제로
재편성해 갔다(강창일, 1999 : 87). 일제는 1905년 11월 17일 '을사
조약'을 체결한 이후 1906년 2월 1일 '통감부'와 '이사청'을 설치하였

---

24) 규율권력의 성격에 대한 논의는 김진균·정근식 편저(2000) ; 이철우(2000) 참조.

고, 3월에는 초대 통감으로 이토 히로부미(伊藤博文)가 직무를 시작함
으로써 본격적인 조선 지배의 막을 올렸다. 당시 통감의 감독행위는
필요한 사항을 항상 조선 정부에 조회하여 집행을 요구하는 방식이었
기 때문에 직접적인 통치를 수행할 수 없었고, 통감의 통치권은 황제
를 중심으로 한 조선 정부의 통치권과 병렬적으로 존립하는 이원적 권
력구조를 지니고 있었다. 그러나 1907년 6월 헤이그밀사사건을 빌미
로 일제는 조선에 대한 병탄(倂呑)을 가속화하였고, 동년(同年) 8월에
는 황제권을 비롯한 의정부 등의 최고 통치기구를 완전히 장악했다.
같은 시기 일제는 조선군을 강제 해산시켰으며, 그나마 남겨두었던 군
부도 1909년 7월 폐지하고, 일본 헌병대를 중심으로 치안체제를 구축
했다. 또한 1907년 8월 이후에는 재판제도 역시 일본의 그것과 동일
한 형태로 구성하고 재판부의 인적 구성도 일본인 판검사가 지배하는
구조로 바꾸어 놓았다(도면희, 1999).[25] 1910년에 등장하는 조선총
독부의 총독지배체제는 조선의 전통적 통치체제의 파괴, 그리고 이를
대체하는 새로운 식민통치체제를 통해 더욱 확대되고 공고화된 식민지
배권력을 구축하게 된다.

　조선을 병탄한 후 일본의 조선 통치는 총독의 임기 수행·권한 등
의 측면에서 프랑스에 비해 매우 안정적이었으며, 인도차이나 총독이
코친차이나에서 겪은 것과 같은 총독의 권위에 도전하는 식민모국 이
익집단과의 충돌도 없었다. 1910년에서 1945년 조선이 해방될 때까
지 조선 총독은 총 8명이 재임했으며, 8명 가운데 7명이 육군 대장, 1

---

25) 인도차이나에 대한 프랑스의 법체제 정비가 체계성이나 적용의 시간상 매우 느
　　슨한 형태를 띠고 있었던 반면, 일본의 조선에 대한 법체계의 정비는 매우 신속
　　하고 체계적이었다. 1905년 대한제국에서 마지막으로 제정했던 「형법대전」은
　　1912년까지 효력을 인정받았으며, 중형의 근거가 되는 일부 조항을 제외하고는
　　모두 새로운 일본 법령의 적용을 받았다. 또한 기본적인 사회생활을 규제하는
　　민·형사상의 법률은 1912년 '조선민사령'·'조선형사령'으로 총독의 제령에
　　의해 제정되었다. 일제의 법제와 운용에 대해서는 이철우(2000) ; 정긍식(1994)
　　참조.

명이 해군 대장 출신이었다.26) 조선총독부의 총독지배로 상징되는 조선 통치는 구조・기능상 정치・행정 간의 분화가 드러나지 않으며, 입법・사법・행정기능이 모두 총독을 중심으로 집중되어 있었고, 중앙과 지방 간의 모든 권한 역시 총독을 중심으로 고도의 중앙집권화 현상을 보여 주었다. 1920년대 문화정치시기 지방자문기관의 확장, 그리고 준지방자치의 실시 등으로 인해 부분적으로 나타난 권한 이양을 제외하고는 식민통치 전 기간을 통해 강력한 총독 중심의 중앙집권과 권력 집중형태를 유지하였으며, 총독은 행정조직・인사・재정권을 통해서 지방의 각급 행정을 규제하였다(김운태, 2000 : 272~273).

이러한 총독의 권한은 엄청난 수의 이주 일본인과 관료들에 의해 뒷받침되고, 조선의 구석구석까지 뻗어 나갔다. 핸더슨은 이러한 상황을 다음과 같이 설명하고 있다.

> 일본의 통치권 확립과 이주 장려로 일본의 '식민자'들이 계속 한반도로 흘러 들어와 1882년에 3,622명이던 것이 1905년에는 42,460명이 되었고, 1910년에는 171,543명, 1918년에는 336,812명, 그리고 1940년에는 무려 708,488명(조선 인구의 3.2%)에 이르렀다. … 1937년에는 일본인 이민의 최대 집단은 이민의 41.4%를 점하는 공무원들이었으며(조선인 공무원은 주민의 겨우 2.9%) 거의 모두가 요직을 차지하고 있었다. … 면(面)단위 이상의 관청에서 조선인들이 거의 없어졌으며, 낮은 목소리로 말하는 일본인 공무원들은 깊숙한 사무실에서 냉정하고 엄격하며 용서 없는 행정을 펼쳤다(Henderson, 2000 : 139).

---

26) 초대 데라우치 마사다케(寺內正毅 : 1910~1916), 2대 하세가와 요시미치(長谷川好道 : 1916~1919), 3・5대 사이토 마코토(齊藤實 : 1919~1927 ; 1929~1931), 4대 야마나시 한조(山梨半造 : 1927~1929), 6대 우가키 가즈시케(宇垣一成 : 1927 대리, 1931~1936), 7대 미나미 지로(南次郎 : 1936~1942), 8대 고이소 구니아키(小磯國昭 : 1942~1944), 9대 아베 노부유키(阿部信行 : 1944~1945). 일제는 지배 초기 총독을 무관으로만 임용하도록 규정하였으나, 1920년대 문화정치시기에 접어들어 무관으로만 임용하던 총독을 문무관 어느 쪽이든 임용할 수 있도록 자격제한을 완화했다. 그러나 실제로 모든 총독은 무관 출신으로만 임용되었다. 이들의 출신배경과 일본 정치에서의 위치는 이승렬(1994) 참조.

식민지시기 마지막 10년 동안에는 약 246,000명의 일본 공무원과 전문가들이 2,100만 명의 조선인을 통치했다(Cumings, 2002 : 218).[27]

총독을 중심으로 한 강력한 중앙집권과 이를 보조하는 식민지 관료체제가 자신의 의지를 주민들에게 관철시키는 경로는 크게 세 가지였는데, 그것은 ㉠ 조선총독부 → 도·부·읍·면/정동(町洞) → 주민으로 이어지는 행정적 지배경로, ㉡ 경제단체(농회·금융조합·산업조합)를 통한 경제적 지배경로, ㉢ 반관반민(半官半民)의 관변단체(儒道會·농촌진흥회·국민정신총동원조선연맹)를 통한 사회적 지배경로였다. 세 가지 경로 가운데 ㉠·㉡은 식민지 전 기간에 걸쳐 이루어졌으나, ㉢은 특히 1937년 중일전쟁 이후 두드러지게 강화된다. 세 경로는 각각의 영역에서 분산된 채 작동되다가 1940년 10월 16일 '국민총력조선연맹'의 결성을 계기로 통합되었다(김민철, 2003 : 286).

국민총력조선연맹은 조선을 총괄하는 일본 통치체제의 극단적 형태로써 행정체제와 일체화되어 중앙권력이 주민 생활의 기저에까지 침투하는 전형을 보여 준다. 조선연맹의 기구적 특성은 총재(조선 총독), 부총재(정무총감), 도연맹회장(도지사), 군도연맹이사(군수·도수), 동리연맹이사장(동·리장), 애국반(戶)[28] 등 총독부기구에다 다

---

27) 이러한 상황은 베트남이 속해 있었던 인도차이나와는 상당한 차이를 보인다. 1937년을 기준으로 보았을 때 전체 인도차이나에는 유럽인으로 합법적 지위를 누리는 인구가 42,345명이었으며, 이들 가운데 직업을 가진 인구는 20,509명이었다. 또한 직업을 가진 인구 가운데 71.5%가 군(軍)(10,779명, 52.6%)이나 공무원(3,873명, 18.9%)이었음에도 불구하고, 그 수는 14,652명에 불과했다(Robequain, 1944 : 21, 29).

28) 애국단(반)이라고 명명되는 기관의 하부조직에는 생산별·지역별 특징에 따라 나라 안의 모든 성인들이 기계적으로 가입되었다. 1939년 조선 내에는 그런 단체가 약 35만, 1940년에는 48만 8천에 이르렀다. 가입된 사람은 1939년 4백 60만 명, 1940년에는 7백 8만 명이었다(통계에는 '가장'만 포함되어 있다) (Shabshina, 1996b : 102).

시 조선군 사령관, 경성사단장, 나남사단장, 진해경비사령관 등 군사 기구가 침투하고 있다(김운태, 2000 : 268). 일제의 행정체계의 계통도와 국민총력조선연맹의 체계는 아래의 표와 같다.

〈표 3-3〉 식민지 조선의 일본 행정체계 및 국민총력조선연맹체계

	행정기관	국민총력조선연맹
중앙기관 및 직책	〈조선총독부〉 조선 총독 정무총감 각급 행정 주무부서	총재 부총재
지방기관 및 직책	도(지사)ー행정주무부서	도연맹회장
	부(부윤)·군(군수)·도(島司)	군도연맹이사
지방말단기관	읍(읍장)·면(면장) 동(동장)·리(이장)	동리연맹이사 애국반

자료 : 김운태(2000 : 270) ; 宮田節子(2002 : 53~57)를 참조하여 행정주무부서나 기타 군·경찰의 편제를 제외하고, 행정체계와 국민총력조선연맹의 체계만을 간단히 나타낸 것임.

전국적인 통치와 지역자율성의 파괴

중앙권력의 하향침투는 지방체제의 전면적인 변화를 가져왔다. 조선시대에는 왕을 정점으로 한 강력한 중앙집권체제를 지향했음에도 불구하고, 권력은 사회의 말단까지 미치지 못했으며, 지방민들은 향소(鄕所)·향약(鄕約)과 같은 제도를 통해 자치를 누리고 있었다(손봉숙, 1985 : 62). 주민자치의 가장 기본적인 단위는 동리였다. 베트남의 촌락(社)이 지니고 있었던 강력한 자치적 성격에 비교할 수는 없겠지만 조선의 동리 역시 최말단 수취단위로서 국가에 공동으로 대처하며, 공동의 생활권과 연대의식을 가진 '민'의 실질적인 삶의 터전으로 기능하고 있었다(윤해동, 1995 : 345). 그러나 일제의 식민통치 이후 조선의 지역자율성은 철저히 파괴되었다. 이는 프랑스의 행정적·경제적 침투의 시도에도 불구하고, 베트남의 촌락이 지속적인 자치력을 유지할 수 있었던 것에 비하면 아주 대조적인 현상이었다. 그렇다면 조선의 촌락

구조는 일제하에서 어떠한 변화를 겪었던 것일까? 국가의 최말단인 동리의 변화를 이해하기 위해서는 정보의 수집 및 처리에 관련한 국가기능의 현저한 향상, 면단위를 중심으로 한 행정체제29)의 재편을 살펴보아야 한다.

기든스는 "국가권력의 생성은 행정목적을 추구하기 위히여 규칙적으로 정보를 수집·보관·통제하는 자체 감사의 감시체계를 재생산"(Giddens, 1993 : 211)할 수밖에 없다고 논의한다. 일제의 통치방식이 조선의 전통 국가와 확연히 구별되는 점은 감시체계의 확장·심화를 통해 주민에 대한 국가의 통제력을 현저히 증대시켰다는 점이며, 그 출발점은 '조선토지조사사업'과 '호적제의 정비'였다. 일본이 권력을 접수한 직후 전통적인 토지소유제도는 새로운 계약법들과 완전한 지적측량을 통해 합리적이고 법률적인 토대를 갖추게 되었다. 이것은 일본이 지배한 첫 10년 동안 '일본인들이 시도한 가장 야심적이고 중요한 과제'로서 완성하는 데 9년이 걸렸으며, 2천만 엔이 소요되는 거대한 작업이었다(Cumings, 2002 : 214). 일제는 이를 통해 촌락의 기본적인 소유·지배구조를 파악하고, 촌락을 매개하지 않고 중앙의 필요에 따른 세수를 결정·집행할 수 있게 되었다.

또한 일제는 통감부시기부터 민적(民籍)정비에 착수하여, 1909년 3월에는 민적법을 제정·시행케 하여 경찰관이 호구조사를 행하도록 했다. 곧, 호적신고는 부원·면장에게 하지만, 호적부는 경찰관서가 관장하게 한 것이다. 일제는 1921년 12월 18일에 새로이 '조선호적령'을 공포하고, 1923년 7월 1일부터 시행했는데, 이때부터 종래 도지사·군수·도사(島司)가 감독하던 호적사무는 재판소가 감독하게 되었다(박병호, 1992). 호적제도의 정비를 통해 일제는 마을단위를 넘어서 사회

---

29) 베트남의 경우 지역별로 차이가 있고, 규모의 차이가 있어 일 대 일로 대응될 수는 없지만, 조선에서의 도(道)는 베트남의 성(省), 군(郡)은 현(縣), 면(面)은 사(社) 정도에 해당된다고 할 수 있다.

의 가장 기본적인 단위인 가족제도에 대한 정보 축적과 더불어 통제의 토대를 구축할 수 있었다.

식민국가는 '국세조사(國勢調査)'를 규칙적으로 시행함으로써 인구의 총체적 동향을 모니터링했다. 국세조사가 수반한 통계에는 전체 인구의 토지소유 상황, 각 생산영역의 생산량, 인구의 직접적 분포, 종교의 분포, 범죄의 종류와 빈도, 이혼율, 노동·소작쟁의의 빈도, 교육 수준 등이 포함되었으며, 이것들은 조선시대의 국가가 파악하지 못하였을 뿐만 아니라 파악하려고 시도하지도 않았던 사항이었다(이철우, 2000 : 98~99).

정보의 수집 및 처리에 관련한 국가기능의 강화와 더불어 일제는 면 단위까지 침투하는 강력한 행정체계를 발전시켰다. 일제의 병탄 이전 조선 사회의 행정 말단은 면에서 끝났으며, 촌락은 포함되지 않았고, 면 보다 상위의 행정구역 책임자는 모두 중앙에서 임명했다. 면·촌락에 대한 일상적인 행정은 느슨하며 때때로 비공식적이고 피상적인 변덕스런 약식행정이었다(Henderson, 2000 : 82). 조선 말 광무 정권이 군 단위의 수령을 지방지배의 중심에 두고, 사족지배를 대체하고 있던 기존의 중간지배층, 곧 이향층의 배제를 중점적으로 추진했던 데 반해, 일제는 군단위의 수령과 이향층을 배제한 채 자치기능이 배제된 면을 통치기능의 중심에 두었다(윤해동, 1995 : 345). 프랑스가 일관되지 못한 지방통제정책을 펼쳤던 반면 일제는 1910년대에 이미 면제를 중심으로 한 기본적인 행정통제체제를 구축했다.30)

1910년대의 지방통치정책은 강점 이전의 면·동리의 자치운영구조를 점차 무력화시켜 아래로부터의 자치 발전의 가능성을 단절시키고,

---

30) 인도차이나에서 프랑스인의 직접적인 지배가 성단위에 머물렀던 반면 조선에서 일본인의 직접적인 지배영역은 면사무소 단위까지 침투하고 있다. 1936년을 기준으로 군·면사무소의 일본인 관리 수는 35,850명(안진, 1996 : 115)으로 유사한 시기 인도차이나 전체 유럽인 관리 수의 약 2.4배에 달한다.

그에 대신해 면의 행정력 강화를 기반으로 총독부를 정점으로 하는 이민족 직접지배의 방식을 실현시키는 데 주안점을 두었다(김익한, 1999 : 211). 면의 행정력을 강화하기 위해 일제는 우선 마을의 경제적 자율성을 파괴하는 정책을 실행에 옮겼다. 1912년 일제는 면동리유(面洞里有) 재산을 정리하면서 종래 자치기능을 행사하던 자연촌락이나 계, 향약 등 자치기구의 재산소유를 금지시켰으며, 동리유 재산은 면유로 이전하였고, 면의 기본재산을 일제의 식민지 통치비용에 충당할 수 있게끔 했다(윤해동, 1995 : 345).

이후 행정적인 측면에서 가장 큰 변화를 초래한 것은 행정단위의 통폐합이었다. 토지조사사업 및 지방행정의 재정적 안정화를 위해 일제가 필요로 한 것은 행정단위를 통폐합하고, 그 구획을 명확히 하는 사업이었다. 이를 위해 일제는 1913년부터 1년여의 준비기간을 거쳐 1914년 3·4월 일괄적인 행정적 통합을 단행했다. 이에 따라 군의 경우는 317개 군이 220개로, 면의 경우는 4,336개의 면이 2,522개로 통합되었다. 동리의 경우는 일괄적으로 신속하게 진행될 수는 없었지만, 1918년 토지조사사업의 종료와 때를 같이 하여 종료되어 60,000여 개가 28,000여 개로 통합되었다(김익한, 1999 : 188~192). 리는 종래 자연촌락인 '마을'단위였던 것을 평균 4~5개 마을을 1개 리로 통폐합하였다. 이러한 통폐합은 ㄱ군의 ㄴ면 ㄷ마을을 인접 ㄴ군의 ㄹ면에 통폐합시키는 대교란이었다. 이에 따라 종래의 농촌 공동체가 급속한 해체의 타격을 입었을 뿐만 아니라 군청과 면사무소 유치 경쟁을 촉발시켜 농촌사회에 커다란 혼란과 갈등을 야기했다(신용하, 2001 : 18~19).

1920년대 이후의 지방통제정책은 3·1운동을 계기로 1910년대의 지방지배의 틀이 지닌 문제점을 보완해 가는 성격을 띠었다. 일제는 1920년대 이래로 구동리나 자연촌락에 대한 직접적인 지배를 강화하기 위해 '모범부락정책'(1920년대)·'농촌진흥운동'(1930년대)을 펼쳤으며, '면협의회'를 신설하여 지방유지층을 식민지배의 말단에 동참시키려했고(김익한, 1999 : 212), 1940년대에 접어들면서 만들어진 애국반은 마을·주민통제의 정점이었다. 1940~1942년 일본은 애국반을 통해 생활필수물자를 배급했다. 따라서 애국반을 이탈하면 생활이 불가능했다. 애국반은 사회조직화와 감시·통제의 핵심으로 상부조직에서 내려온 지시사항의 연락·전달과 함께, 방범·방공훈련·각종 저축·인구조사·국민등록·호적정비 등과 같은 다양한 업무를 수행했다(宮田節子, 2002 : 107).

조선의 촌락변화는 베트남의 그것에 비해 강도·범위의 측면에서 훨씬 강력하고 광범위한 것이었다. 촌락의 자치질서는 깨어졌으며, 이를 대체한 것은 식민지 행정·관료체제였다. 식민지배체제하에서 감시·규제영역은 조직적·인적 침투를 통해 중앙에서부터 주민생활의 말단까지 빠른 시간 내에 퍼져 갔으며, 교통·통신의 발달은 체제의 효율성을 더욱 증대시켰다. 그러나 이러한 중앙집권적 권력체계와 하부영역에 대한 행정적 침투의 기저에는 직접적인 물리력의 원천이라 할 수 있는 군(軍), 그리고 일본 식민정부의 긍지의 원천이며, 효율성의 지표였다고 할 수 있는 세계에서 보기 드문 '다기능적인 일본 경찰'이 있었다.

강제력의 강력한 지방침투

군의 경우 일본은 토착민을 징병하거나 용병을 고용하여 식민지를 통치했던 영국·프랑스와는 달리 지배민족만으로 식민지 주둔부대를 편성한 유일한 식민제국이었다(신주백, 2000 : 149). 1904년 3월 일제는 한국주차군(韓國駐箚軍)을 편성하고, 1916년까지 1.5개 사단을 한반도에 주차시켰다. 이어 일제는 조선의 치안을 담당하는 마지막 보루인 군대를 상시적으로 주둔시켜 안정된 통치기반을 확보하고, 대륙 식민지 개척을 용이하게 하기 위해 1916년에 접어들면서 조선에 상주(常駐)사단을 창설하게 된다. 1916년 4월부터 편성된 제19사단은 1919년 2월 편성을 끝마쳤고, 제20사단 역시 1916년 4월부터 구성되어 1921

년 4월에 편제를 완료함으로써 조선에는 일본군 2개 사단이 상시적으로 주둔하게 되었다(신주백, 2000 : 118~119). 일제는 상주군 병력을 중대와 소대별로 나누어 전국의 주요 지역에 배치 주둔시켜 거미줄 같이 전국을 무력으로 장악했으며(신용하, 2001 : 10),31) 1945년 8월 해방 당시까지 조선에는 약 23만의 일본군이 있었다. 그러나 1943년 76만에 달한 관동군32)을 고려한다면 조선 자체의 주둔군은 차라리 왜소한 규모로 여겨질 정도였다. 조선과 그 주변에는 거의 100만에 이르는 일본군이 주둔하고 있었으며, 이는 조선에서 일본이 지녔던 '억압성의 정도(degree of oppression)'를 그대로 보여 준다.

군이 억압을 위한 최종적 담보물이었다면, 경찰은 식민지체제의 실질적인 관리·운영체계를 떠맡았다. 식민지 경찰은 공공질서를 책임지는 수단일 뿐만 아니라 식민지 일반 행정에서 필수적인 것이었고, 일본인들은 경찰관을 '총독이 식민지 주민들과 직접 접촉하는 손과 발'이라 불렀다(Chen, 1984 : 239). 일본의 경찰제는 메이지(明治)시대인 1874년 유럽의 체제를 모방하여 조직되었으며, '다기능적 경찰'로서 주민의 일상생활에 깊숙이 개입해 있었다(Chen, 1984 : 213). 이 같은 경찰제는 식민지에서 더욱 개입적·강압적·다기능적으로 탈바꿈하는데, 고또오 심뻬이(後藤新平)가 타이완에서 고안해 나중에 조선에 전해진 모델인 이 새로운 다기능 경찰제도에 대해 패티 쯔루미(Patti Tsurumi)는 다음과 같이 묘사하고 있다.

> 고또오 밑에서 경찰은 지방행정의 근간이 되었다. 경찰은 고유의 치안임무 외에도 세금징수, 보건조치의 실행, 소금·장뇌·아편 등의 전매품과 관련된 업무를 감독했다. … 그들은 도로 및 관개의 개선을 지휘하고, 농부들에게 새로운 식물종자를 소개하고, 교육과 지방산업의 발전을 장려했다.33)

---

31) 상세한 군의 배치지역에 대해서는 신용하(2001 : 8~9) 참조.

32) 당시 관동군의 수와 특성에 대해서는 한석정(1999 : 51~53) 참조.

33) Tsurumi, Patricia, "Taiwan under Kodama Gentaro and Go to Shimpei", *Paper on Japan,*

일본이 조선을 병탄한 이후 식민지배시기를 경찰제도사라는 측면에서 나누면 1910년대 헌병경찰제도기, 1920·1930년대의 보통경찰제도기, 전시체제하의 경찰제도기로 구분할 수 있다.34)

조선에서 헌병경찰제도기는 유달리 길었으며, 이는 식민화에 대한 대중적 저항이 그만큼 강렬했다는 것을 의미한다. 초대 총독이었던 데라우찌는 '원주민들을 통제하는 데는 경찰보다 헌병을 사용하는 것이 쉽다'고 보았으며, 이는 후임 총독인 하세가와에게까지 그대로 이어져 전체 조선은 병영사회로 탈바꿈해 갔다(Chen, 1984 : 221). 헌병경찰은 준군사조직으로 막강한 권한을 지녔으며, 초기부터 다기능적 경찰의 면모를 강하게 드러냈다. 헌병경찰은 일본이 조선을 병탄한 후 가장 먼저 착수했던 토지조사사업·호구조사사업에서 핵심적인 역할을 담당했다. 뿐만 아니라 각종 정보수집권과 의병토벌권을 비롯한 범죄즉결처분권, 민사소송조정권, 세금징수권 그리고 방역·검역 등 위생감독권, 구류권, 산림감시권, 집달리(執達吏)업무권, 일본어 보급 등 일반 민중생활과 밀접하게 관련된 30여 종에 이르는 업무를 독점적으로 처리할 수 있는 강력한 권한이 주어졌고, 직접적인 신체형으로 갑오개혁 당시 폐지되었던 태형제(笞刑制)를 부활시켜 그 시행권을 지니고 있었다. 강력한 권한을 가진 헌병경찰은 '바둑판에 바둑알을 깔아놓듯, 하늘에 무수히 떠있는 별처럼(碁布星散)' 전 조선에 포진했다(윤경로, 2000 : 54).

보통경찰제도는 1919년 3·1운동이라는 조선 민족의 대대적 저항에 직면한 일본 식민당국의 전략적 대응이었다. 일제는 문화정치를 표방하며 군사적 성격이 농후했던 헌병경찰을 일반경찰로 전환했다. 그러나 조직개편을 하면서 억압체제가 약화된 것은 아니었다. 헌병으로부터 사무를 인계받을 때 2,000명의 증원을 단행하였고, 그 후에도 경찰관의

---

vol. 4, Harvard University, East Asian Research Center, 1967, pp.117~118 ; Cumings (2002 : 217)에서 재인용.

34) 이 구분은 김민철(1994)을 따른 것이다.

수는 계속 증가했다(이태일, 1985 : 73).[35] 조직개편을 단행하면서 1부·군 1경찰서, 1면 1주재소(필요한 곳에 2개 이상의 경찰서 또는 주재소를 설치) 설치를 목표로 했으며(김민철, 1994 : 214), 이는 몇 년이 지나지 않아서 달성되었다. 일제는 군단위에 250여 개의 경찰서를 설치했으며, 1926년경 면단위에 2,599개의 주재소를 두었고, 18,463명의 경찰관이 이를 관리했다. 이는 그들이 1910년대에 단행했던 행정개혁에 부합하는 것이었다. 이렇게 하여 1개의 주재소는 평균 20여 동리와 800여 가구를 관할하게 되었다(Chen, 1984 : 222~225).

1920년대에는 일반 행정적인 일들에 경찰의 영향을 줄이려는 시도가 있었으나, 1930년대에 접어들면서 이는 다시 강화되었다(Chen, 1984 : 232). 대표적인 예로 당시 펼쳐진 농촌진흥운동은 부락단위가 아닌 개별 농가를 단위로 하는 운동이었고, 각 개별 농가의 경제상태를 조사하기 위한 호구조사가 경찰의 몫이었기 때문에 조선인 개개인에 대한 경찰의 통제는 더욱 세밀해질 수 있었다(김민철, 1994 : 217).

1937년 이후 일제가 침략전쟁을 수행하기 위해 조선을 총동원체제로 전환하면서 경찰기구는 더욱 확대되었다. 중국을 침략한 일제는 1937년 10월 경기도·함경북도에 외사경찰과(外事警察科)를 두어 출입국 감시를 강화했으며, 1938년 11월에는 국방경제를 확립하기 위해 경제경찰제를 신설했다. 또한 경찰은 1940년에 접어들면서 국민총력조선연맹에 결합하여 주민들의 총체적 통제와 동원에 주요한 역할을 수행했다(김민철, 1994 : 218~219). 2차 세계대전이 끝날 때까지 수년간 경찰들은 정치·교육·종교·도덕·보건·사회복지 부문의 주된 통제기관이었으며, 인구통계에서 수뢰사건에 이르기까지 손대지 않는 곳이 없었다(Henderson, 2000 : 146).[36]

---

35) 1920년대 경찰 팽창에 대한 자세한 내용은 김정은(2001) 참조.

36) 해방까지 지속되었던 조선의 식민경찰조직, 1940년경 각 지역의 경찰서 배치 현황에 대해서는 신상준(1997 : 252~255) 참조.

이러한 효율적 관리체제는 이후 일본을 대체하여 조선을 통치하게 될 미군정에게는 뜻밖의 선물이었을 것이며, 미군정에 대항했던 좌익을 중심으로 한 노동자·농민들에게는 가장 고통스러운 유산이 될 것이었다. 고도로 중앙집권화되었던 식민국가체계, 관료·경찰제도와 같은 식민지배의 유산은 고립무원(孤立無援)인 대중의 바다 속에서 미국과 이승만이 발견한 희망의 섬과 같은 것이었다. 그러나 1954년 베트남에 들어간 미국은 그들이 조선에서 누렸던 행운을 다시 한번 만끽할 수 없었고, 지엠도 마찬가지였다. 이제 미국과 두 남부정권이 직면했던 상황 속으로 들어가 보자.

2. 식민지배의 유산, 미국의 개입정책, 전쟁과 내부안보

기술적인 측면에서 1954년 응오딘지엠은 베트남인 마을을 통제하기 위한 어떠한 근대적인 행정체제나 조직도 프랑스로부터 물려받지 못했다 (Woodside, 1976 : 278).

점령기간 내내 군대, 관료, 정치의 어디에서나 미국인들은 자신들만의 한국 자손을 출산하기보다는 일본인 임신에 산파역할을 한 셈이었다(Cumings, 1984b : 480).

베트남과 조선에 대한 제국주의 식민통치의 특성을 분석하면서 보여 주려고 했던 것은 실제로 그들이 얼마나 폭력적이었는가 혹은 억압적이었는가라는 '통제의 강도'가 아니라 통제범위와 결합된 강제력의 침투력이었다. 베트남·조선에서 나타났던 식민국가의 지방통제능력의 차이는 프랑스·일본이 해당 지역에서 추구했던 식민지배의 효율성을 실현하는 방식의 차이에 의해 발생한 것이었으며, 이는 정복의 문제가 아니라 정복된 지역을 어떻게 통제·관리했는가의 문제였다.

아래로부터의 강력한 저항을 무릅쓰고 통치체제를 구축해야 했던 남부체제의 국가형성사는 강권으로 영토를 정복해야 했던 식민지 정복사와 비교될 수 있다. 지배의 측면에서 볼 때 역사적 정통성이 없는 체제의 형성에 반대하는 대중들의 저항을 평정한 이후 가장 필요했던 것은 안정을 유지하기 위한 통제·관리체제를 구축하는 것이었다. 지엠·이승만을 중심으로 한 남부체제는 미국의 강력한 지원을 받고 있었고, 이를 바탕으로 국가를 운영하고 대중들을 통제했다. 그러나 그 효과는 매우 달랐다. 남베트남의 경우는 일단 평정된 지역을 통제·관리하기 위해 지속적인 노력을 기울여야 했으며, 지역에 대한 주도권을 놓고 저항세력과 끊임없는 쟁투(爭鬪)를 벌여야 했다. 그러나 남한의 상황은 달랐다. 일단 평정된 지역은 빠른 속도로 중앙정부의 통치체제 내로 편입되어 갔으며, 관리에 커다란 어려움을 겪지 않았다.

왜 이런 차이가 발생했을까? 미국의 개입[37])과 지원에도 불구하고, 두 국가가 통치범위의 차이를 보인 것은 왜일까? 이를 이해하기 위해서는 첫째, 식민통치의 유산과 이를 바탕으로 한 미국과 남부정권의 통제·관리체제의 구축, 둘째, 국가에 대한 심대한 위협 혹은 기회라고 할 수 있는 전쟁, 그리고 이와 연관된 역사적 시간의 요인을 검토해 보아야 한다.

첫째, 미국과 지엠·이승만은 아무것도 없는 황무지에 새로운 국가를 세운 것이 아니라 식민통치의 복잡한 구조물 속에서 파괴와 건설을

---

37) 미국의 개입이라는 측면에서 남베트남은 남한과 같은 직접적인 군정통치가 없었다. 군정통치는 강제력을 직접적으로 발현시킨다는 점, 그리고 세계 제일의 패권국가에 의한 직접통치였다는 점에서 남한이 남베트남에 비해 보다 억압적인 상황에 놓였던 것으로 볼 수 있다. 그러나 이 절의 논의는 앞에서도 계속 밝힌 바와 같이 강제력의 강도보다는 미국이 어떠한 조건에서 현지 사회를 재편해 갔는가, 그리고 통제범위의 확장, 강제력의 침투력을 촉진 혹은 제약했던 요인이 무엇이었는가에 초점을 두고 있다.

통해 국가를 건설한 것이다. 문제는 '무엇을 파괴하고, 무엇을 새롭게 건설할 것인가'라는 점이었다. 남베트남 · 남한의 통제 · 관리체제는 과거의 제도적 틀에 영향 받으면서 조직을 구성했고, 과거의 제도적 틀을 변형시키려고 했다. 따라서 이는 제도와 조직의 상호작용의 관점에서 접근해야 한다.38) 남부정권의 통제 · 관리체제의 제도적 · 조직적 특성을 이해하기 위해 이 절에서는 전통 · 식민지배의 유산을 고려하면서 남부정권의 행정조직과 중앙 · 지방의 관계, 대중들을 통제하기 위한 억압기구, 특히 경찰과 준군사조직의 형성과 사회로의 침투과정을 검토할 것이다.

둘째, 식민통치의 유산과 더불어 검토할 것은 '국가의 통제 · 관리체제가 전쟁에 미친 영향은 무엇이며, 역으로 전쟁이 통제 · 관리체제에 미친 영향은 무엇이었는가'이다. 전쟁은 사회질서의 재정렬과정을 동반하며, 이는 사회집단 · 조직의 변화를 초래한다. 남베트남 · 남한의 국가형성사를 역사적 관점에서 볼 때 전쟁의 시기는 차이를 지닌다. 곧, 남베트남은 체제 성립 이전에 전쟁을 겪었으며, 남한은 체제가 수립되고 얼마 지나지 않아 전쟁을 겪었던 것이다. 이 같은 역사적 시간, 그리고 전쟁 결과의 차이는 두 국가의 지방통제능력의 형성과정에 상이한 영향을 미쳤다.

아래의 표는 이 같은 논의에 기반하여 베트남 · 조선의 통제범위와 강제력의 상이한 발전경로를 비교하여 나타낸 것이다.

---

38) 노스는 조직과 제도적 틀의 관계에 대해 다음과 같이 설명하고 있다. "조직을 모델화하는 것은 통치구조(governance structure)와 기술을 분석하고 경험학습(learning by doing)이 어떻게 조직의 장기적인 성공을 결정하는가를 분석하는 것이다. 어떤 조직이 생겨나고, 그것이 어떻게 발전하는가는 기본적으로 제도적 틀의 영향을 받는다. 역으로 조직은 제도적 틀이 어떻게 발전하는가에 영향을 미친다"(North, 1996 : 16). 곧, 조직은 제도적 규제 속에서 형성되지만, 역으로 제도적 틀을 변형시킨다. 이것은 기존의 틀을 더욱 공고화할 수도 있고, 기존의 제도를 바꾸는 것일 수도 있다.

<표 3-4> 남베트남·남한의 사회 통제·관리체제의 구축

요인 국가	전통·식민지배의 유산		전쟁	미국의 영향력
	지방에 대한 통제	억압기구의 특성		
남베트남	중앙집권화와 지방 장악을 위한 투쟁	조직력·침투력이 약한 경찰과 관변조직	새로운 통치기제의 필요성	전쟁·식민지배 유산의 (-) 효과
남한	남부 전역에 대한 일원적 통제의 확립	조직력·침투력이 강한 경찰과 관변조직	강제력의 성장과 지배체제의 공고화	승전국 개입·식민지배 유산의 (+) 효과

남베트남의 경우 정권 수립 이전의 전쟁과정은 과거 식민지배의 유산 속에서 효율적인 통제기제를 창출하기보다는 오히려 모든 것을 파괴하는 역할을 수행했다. 국가형성과정에서 전통·식민지배의 유산에 의해 제약된 중앙과 지방의 간극은 새로운 정권이 중앙집권화와 지방장악을 위해 지속적인 투쟁을 전개할 수밖에 없는 상황을 초래했으며, 조직력·침투력이 약한 경찰과 관변조직은 상황을 개선하는 데 큰 도움을 주지 못했다.

반면 일제는 남한에 지역 말단까지 침투하는 중앙집중적 행정체계와 강력한 조직력·침투력을 지닌 경찰조직을 남겼으며, 관변 청년단체들이 이를 보완했다. 또한 한국전쟁은 적(敵)과 아(我)를 구분하여, 피지배대중들에 대해 확실한 통제의 영역을 설정할 수 있도록 했으며, 강제력의 비약적 성장을 가져왔다.

식민유산과 전쟁을 둘러싼 역사적 시간은 미국의 개입효과에 차이를 가져왔다. 남베트남에서 미국은 그들이 조선에서 누렸던 식민유산의 혜택을 누릴 수 없었으며, 1차 인도차이나전쟁이 프랑스의 패배로 끝난 시점에 개입하여 지배효과와 효율성은 반감되었다. 반면 조선의 경우 미국은 2차 세계대전의 승전국으로 남한 땅에 입성했으며, 그들이 발견한 것은 일제가 남겨 놓은 만족할 만한 유산이었다. 남한에 진주한 미군은 역사적 시간과 식민지배의 유산 모두의 혜택을 누릴 수 있었으며, 지배효과와 효율성은 남베트남과는 비교할 수 없을 정도로 훌륭한 것이었다.

1) 내부안보와 지방통제를 위한 투쟁 : 남베트남

핏제랄드는 2차 인도차이나전쟁 당시 미군이 부딪혔던 당혹감을 "미국인들이 베트남 촌락 세계 안에서 적을 분간해내는 것은 막연하고 모호한 풍경, 말하자면 물 속에서 어떤 모습을 분간해내려는 시도와 같았다"(FitzGerald, 1972 : 142)라고 묘사하고 있다. 미국이 베트남 농촌사회에서 직면했던 이러한 느낌은 베트남 사회가 지닌 도시와 농촌, 그리고 지배와 피지배의 공간적 격리감을 드러내는 것이었다. 베트남의 농촌은 피지배자의 공간이었지만, 동시에 저항의 공간이었고, 중앙이 끊임없이 통제하려 한 공간이었지만, 손에 잡힐 즈음이면 이미 멀어져 버린 공간이었다. 1945년 해방 이후 재진주한 프랑스, 그리고 1954년 1차 인도차이나전쟁의 정전 이후 베트남에 분단국가를 세운 미국과 지엠이 궁극적으로 부딪혔던 문제는 바로 농촌을 중앙의 통제하에 복속시키는 문제였고, 이것은 지배의 안정적 재생산을 보증하기 위한 핵심적 전제였다.

이 소절에서는 프랑스, 미국·지엠으로 이어지는 농촌 통제를 위한 사투(死鬪)를 살펴보려고 한다. 이를 위해 첫째, 미국과 지엠 정권의 지배체제 구축의 역사적 배경이었다고 할 수 있는 1차 인도차이나전쟁, 특히 전쟁과정에서 드러난 프랑스의 농촌 통제정책의 특성과 한계를 검토하고, 둘째, 미국과 지엠 정권이 농촌 통제를 위해 펼쳤던 중앙·지방단위의 행정체제 재편과정과 마을 통제정책, 셋째, 내부안보체제 수립을 위한 강제력의 형성과 농촌 침투전략을 검토하겠다.

1차 인도차이나전쟁시기 프랑스의 농촌 통제정책의 특성과 한계

1945년 9월 프랑스가 베트남에 재진주했을 때 그들은 과거 식민지 베트남으로 돌아가고자 했다. 식민주의자들이 보기에 베트남은 당연히 그들이 다시 지배해야 할 공간이었고, 그것은 커다란 노력을 필요로 하지 않는 것으로 여겨졌다. 아래의 논의는 그러한 식민주의자들의 심경을 잘 드러낸다.

> 식민주의자들이 보기에 르클레르가 해야 할 일은 프랑스군을 하노이로 진군시키고, 머리 몇 개를 베는 것뿐이었다. 그러면 반란은 끝날 수 있는 것이었다. 베트남인들은 그들의 위치를 알고 있지 않은가?(FitzGerald, 1972 : 165).

베트남 진주 초기 1945년 10월 프랑스 원정군 총사령관 르클레르는 코친차이나 일대 남부지역에 대한 평정을 한 달도 걸리지 않을 소탕작전이라고 호언하고(Hammer, 1966a : 120), 1946년 2월 24일 코친차이나와 남부 안남에서 평화와 질서의 전면적 회복이 이루어졌다고 (Lancaster, 1961 : 136) 선언했다. 그러나 그들이 원하던 과거의 영광은 그 자리에 없었다. 1940년 이전에는 10,776명의 프랑스 정규군, 16,218명의 토착 민병, 507명의 프랑스 경찰로 1천 9백만 베트남인들의 질서를 유지하는 데 충분했지만(McAlister, 1969 : 50), 인도차이나전쟁 중 프랑스는 약 420,000명의 군을[39] 보유하고도 도시를 제외한 농촌지역을 제대로 통제할 수 없었고, 농촌은 저항의 중심지로 변해갔다. 강제력의 증가는 평정지역에 대한 통제범위의 확장으로 연결되지 않았고, 저항공간은 더욱 확대되어 갔으며, 이는 결국 전쟁을 끝없는 수

---

39) 이는 햄머가 제시한 수치이다(Hammer, 1966a : 287). 그러나 케인과 르위스는 1953년 말 디엔비엔푸에 전략기지를 세울 당시 프랑스 연방군은 517,000명으로 늘었으며, 이는 369,000명의 인도차이나인(주로 베트남인), 48,000명의 북아프리카인, 20,000명의 프랑스 외인부대, 80,000명 정도의 프랑스 정규군으로 구성되었다고 밝힌다(Kahin & Lewis, 1969 : 36).

령으로 몰아갔다. 왜 이런 일이 발생했을까? 이를 이해하기 위해서는 프랑스가 수행한 지역통제의 특성과 이에 대항하며 마을을 근거지로 삼아 저항운동을 펼쳤던 베트민의 활동이 지닌 특성을 살펴보아야 한다.

1차 인도차이나전쟁 당시 프랑스가 직면했던 가장 큰 어려움은 그들이 소탕했던 지역을 제대로 방어할 수 없었다는 것이다. 전체 9년여의 장기전쟁이었던 만큼 전쟁과정에서 점령지역에 대한 통제는 실제 지속되는 전투보다 더 중요했다고 볼 수 있다. 그러나 프랑스군의 활동은 식민지 점령정책의 재판이었다. 프랑스군은 주요 도시들을 점령·방어하고, 일련의 거점을 설치하여 병참선을 지키기만 하면 된다고 생각했다. 1946~1947년 발루이(Valluy) 장군이 사용했던 기름얼룩작전에 대해 에스프레이는 다음과 같이 평가하고 있다.

> 베트민의 정치·군사력을 과소 평가한 나머지 너무 빨리 이동했다. … 이 때문에 군대도 민사행정도 목표지역을 장악할 수 없었다. 프랑스 국기는 주요 도시들에서만 나부꼈고, 도로는 기껏해야 주간에만 개통되었으며, 농촌지역은 여전히 베트민이 장악했다(Asprey, 1975b : 686).

프랑스군은 일단 혁명세력에 대한 소탕이 끝난 지역에서의 철수와 다른 소요지역에 대한 재배치라는 악순환을 되풀이했으며, 이는 농촌에서 특히 심했다. 프랑스군은 농촌을 도저히 장악할 수 없었고, 단지 도시 일부지역을, 그것도 낮에만 장악하는 것이 고작이었다(Maclear, 2002 : 63).

만일 조선에서와 같이 말단까지 침투하는 경찰체제가 존재했다면, 프랑스의 평정작업은 훨씬 수월했을 것이다. 그러나 프랑스는 그러한 체계를 발전시킬 수 없었을 뿐만 아니라 물리력의 중추라고 할 수 있는 베트남군의 독자적 발전도 용납하지 않았다. 1950년 초 베트남공화국의 수상이었던 응우옌판롱은 경제재건과 베트남군의 형성을 위해 미국에게 1억 4,600만 달러의 직접적인 원조를 요청했으며, 만일 이 원조

가 실행된다면 6개월 내에 베트민 조직을 붕괴시킬 수 있다고 장담했
다. 물론 당시 상황에서 이러한 요구가 허황한 것임은 말할 나위도 없
는 것이었지만, 주목해 보아야 할 것은 프랑스 사령관 마르셀 까르팡티
에(Marcel Carpentier)의 베트남군에 대한 평가이다.

> 나는 베트남인들에게 직접적으로 장비가 제공되는 데에 결코 동의하지 않
> 을 것이다. 베트남인들은 장군도 대령도 없으며, 장비를 효율적으로 이용할
> 수 있는 군사조직도 없다. 장비들은 미국이 중국에서 충분히 경험한 것과
> 같이 모두 낭비되고 말 것이다(Lancaster, 1961 : 205).

미국이 베트남에 직접 원조하는 것을 막기 위해 과장을 섞어 말한
것일 수도 있으나, 까르팡티에의 베트남군에 대한 평가는 대체로 솔직
한 것이었다. 프랑스는 베트남에서 경찰은 물론이거니와 직접적으로 전
투에 투입되어야 할 효율적 군대조차도 지니지 못했다.[40] 1953년 베트
남군은 207,700명 정도로 늘어나 있었지만, 이들은 신뢰할 만한 군
(軍)이 되지 못했다(Hammer, 1966a : 287).

또한 프랑스의 재점령은 행정체계를 과거로 회귀시켰다. 프랑스는
여전히 성단위의 행정체계를 직접 장악하고 있었고(Hammer, 1966a
: 282), 베트민이 장악했던 마을은 과거 프랑스 식민지 행정체계로 복
귀했다. 그러나 프랑스의 마을 통제는 식민지시기와 마찬가지로 강력하
지 못했다. 인도차이나전쟁이 발발하면서 마을에서도 친불파와 친베트
민파의 갈등이 나타났지만(Hickey, 1964 : 181), 시간이 갈수록 베트
민 세력이 강력해졌다. 1953년 북부 홍강 삼각주 평원의 경우 베트민
은 7,000개의 마을 가운데 5,000개를 완전히 혹은 부분적으로 통제하

---

40) 1952년 1월경 베트남군은 36개의 대대를 지니고 있었음에도 불구하고, 1개 사
단만이 편성되어 있었는데, 이것도 왕의 직할지(Crown Domains)를 지키기 위한
것이었다. 남아있는 세 개의 사단 병력은 참모, 포병, 공병, 통신분과도 없이
단지 모자이크식으로 짜깁기한 보병 대대로 구성되어 있었다(Lancaster, 1961 :
247~248).

고 있었다(Lancaster, 1961 : 265).

프랑스는 미국이 조선에 진주했을 때 발견했던 통제체제, 곧 일본 식민당국이 사회의 말단까지 침투시켰던 강제력의 이점을 활용할 수 없었다. 이는 그들이 전투에서는 승리할 수 있어도 궁극적으로 전쟁에서는 승리할 수 없는 요인으로 작용하고 있었다. 그러나 이것은 다른 누구도 아닌 프랑스 자신이 스스로 구축했던 식민통치의 결과물이었다.

베트민의 활동은 프랑스와는 매우 대조적이었다. 1차 인도차이나전쟁 속에서 나타난 베트민의 활동·조직화방식은 미국과 지엠 정권, 그리고 그 이후 남베트남 정권들이 상대해야 했던 '보이지 않는 적'들의 기본적인 특성을 그대로 보여 준다. 사실 전쟁 초기 베트민 세력은 프랑스의 화력과 병력을 직접 상대할 수 없었으며, 군사적으로도 단련되어 있지 못했다. 베트민은 전쟁 시작단계에서 응집력을 보여 주지 못하여 프랑스군과 마주하면 혼란에 빠지기 일쑤였고, 베트민 사령관들이 게릴라전술을 제대로 이해하지 못해 혼란에 빠지면 전장에 부대를 넓게 흩어놓은 채 패주하기도 했다. 무기 부족은 계속 심각한 문제로 작용했으며, 지방의 향신들 가운데 다수가 베트민에게 충성을 선언하려 하지 않았다(Duiker, 2003 : 601). 또한 1947년 10월 발루이 장군에 의해 펼쳐진 레아작전(Operation Léa)으로 인해 호찌민은 다시 밀림 속 유랑 생활을 시작해야 했으며, 작전 책임자였던 라울 살랑(Raoul Salan) 장군은 베트민 세력은 간단한 치안작전만으로 제압할 수 있을 것이라고 주장했다. 그러나 전쟁은 실로 그때부터 시작이었다(Duiker, 2003 : 604~605).

베트민의 전술은 다음과 같은 호찌민의 언급에 그대로 드러난다.

> 적은 불과 같고 우리는 물과 같다. 물은 틀림없이 불을 이길 수 있다. 적은 빨리 승리를 쟁취하기를 원한다. 만약 전쟁이 지연되면, 적들은 증대되는 손실로 고통받을 것이고, 패하게 될 것이다. 그것이 우리가 세력을 키우기 위해 장기적인 저항전쟁전략을 활용하는 이유이다. … 우리의 총공세가 적

을 전멸시킬 수 있을 정도로 적의 세력을 약화시키기 위해 우리는 게릴라 전술을 사용한다.[41]

장기저항전략은 직접적인 정규전을 피하고, 광범위한 통일전선을 구축하며, 농촌을 저항기지로 재편하여 세력을 강화하고, 결정적인 순간 공세를 통해 승리를 거둔다는 것이다.[42] 이를 위해 가장 중요한 것은 농촌을 장악하는 일이었다. 혁명적 상황의 전개에 따라 1차 인도차이나전쟁기간을 분류하면 크게 2단계, 곧 1단계 : 전쟁이 발발한 1946년 12월~1949년 중국 혁명이 승리한 시기, 2단계 : 1950년~제네바협정기까지로 나눌 수 있으나, 본 논의에서는 각 시기별 특성보다는 베트민의 농촌 장악과 조직건설에 대해 논의를 집중하여 간략히 검토하겠다.[43]

초기 프랑스의 전면적 탄압에 맞서 베트민 세력은 도시지역에서 고원과 산악지역으로 이동하였으며, 농촌을 중심으로 혁명기지를 건설하기 시작했다.[44] 베트민은 "적의 군사력을 제압하여 국가의 통제력을

---

41) Ho Chi Minh, 1973, *Selected Writings, 1920~1969*, Hanoi, pp.113~114 ; Harrison(1989 : 114)에서 재인용.

42) 이러한 호찌민의 언급이 전략적으로 제시된 것이 쯔엉찐의 장기저항의 3단계론이다. 쯔엉찐은 저항전쟁의 1단계를 방어적 단계, 2단계를 균형단계, 3단계를 총반격단계로 설정하고 있다(Truong Chinh, 1977c : 141~150). 1차 인도차이나전쟁을 볼 때 전략의 3단계는 제대로 구현되었다고 볼 수 없다. 전면전은 디엔비엔푸전투를 제외하고는 썩 성공적이지 못했던 것이다. 따라서 실제 전투는 대체로 지속적인 게릴라전으로 이루어졌다고 볼 수 있다.

43) 이러한 시기 구분과 시기별 특성에 대한 자세한 논의는 윤충로(1995) 참조.

44) 베트남전쟁에서 프랑스나 미국이 고전했던 주요한 요인을 흔히 기후나 밀림과 같은 자연환경으로 보는 경우가 많다. 지리·환경적 조건을 무시할 수는 없겠지만, 더욱 중요한 것은 저항조직이 힘을 추스를 '시간'을 벌어 줄 중앙과 격리된 공간과 침투할 수 있는 농촌 '공간'이었다. 폴은 호찌민이 성공할 수 있었던 중요한 요인 가운데 하나를 산악지역의 소수민족과 제휴하고, 그곳에 기지를 건설할 수 있었기 때문이라고 보고 있다(Fall, 1968 : 112). 중·북부의 고산지대는 베트민이 쫓겨갔을 때 힘을 비축할 수 있는 시간을 벌어 준 것이다. 반면 아

획득하기보다는 대중에 대한 통제력을 확보하여 국가의 통제력을 획득"(Lindsay, 1962 : 254)하려 하였으며, 이를 위해 끊임없이 농촌지역에 선전·선동반을 파견하였다. 베트민은 1946년 5월 19일 대중적 통일전선체인 리엔비엣(Lien Viet)을 결성하고, 이를 기반으로 하여 프랑스에 대적하는 행정체계를 구성하였는데, 그 대략적 모형은 〈표 3-5〉와 같다.

〈표 3-5〉 베트민의 행정체계

지역단위	행정조직	비고
구(Khu)	연합구(Lien khu) : 6개의 연합구 구(Khu)-14개 구로 분할	연합구가 가장 상위의 조직이며, 성 이상의 조직은 행정단위라기보다는 군사지휘체계로 기능
성	성	
현	항전·행정위원회 (Uy ban khang chien hanh chinh)	이후 군사적 기능은 분리되어 위원회는 행정적 기능만 남음
사	마을연합위원회 (Uy ban lien xa) 마을행정(항쟁)위원회 (Uy ban hanh chinh xa)	지방 혹은 중앙 기관요원이 지도

자료 : Pike(1985 : 124~125)에서 재구성.

베트민의 조직체계는 전쟁의 시련 속에서 형성된 것이며, 전쟁이 개시되어 베트민이 하노이를 떠나 북서부의 산악지역에 정부 및 작전기지를 수립했던 시기 사이의 약 1년 6개월 동안 대체로 만들어졌다(Pike, 1985 : 121). 베트민의 행정체계는 프랑스의 대군이 존재함에도 불구하고, 베트민이 농촌부분을 효과적으로 통제할 수 있는 조직적 근간이 되었다. 시간이 지남에 따라 한 마을 내에는 두 개의 정부가 존재하게

래에서 살펴볼 베트민의 농촌조직 건설은 프랑스가 만들어 놓지 못한 정교한 정치체계였다. 이후 살펴볼 남한의 경우는 커밍스의 지적대로 저항조직이 숨어 시간을 벌 수 있는 공간도 부족했고, 강력한 식민지 침투체계로 인해 저항세력이 농촌 공간을 확보하기도 어려웠다(Cumings, 1986 : 472).

되었는데, 하나는 중앙정부를 대표하는 공공정부조직이었으며, 다른 하나는 마을의 성원을 통제하는 베트민의 비밀정부였다.

베트민이 농촌에서 뿌리를 내릴 수 있었던 것은 이후 4·5장에서 살펴볼 민족주의적 동원이나 농지개혁과 같은 이데올로기적·경제적 동원이 주요하게 작용하고 있었지만, 조직활동의 측면에서 주목해 보아야 할 것은 프랑스와 대조적인 '대민전략'이다. 이를 잘 드러내는 것이 1948년 4월 5일 하달된 '12개항의 권고'이다.[45]

국가의 근원은 인민이다. 저항전쟁과 국가재건에 있어서 주력은 인민이다. 그러므로 인민들과 접촉하거나 생활하는 군, 관료, 대중조직에 참여하는 모든 사람들은 다음의 12가지 권고를 명심하고 수행해야 한다.

여섯 가지 금지 사항

1. 토지와 작물에 피해를 주거나 인민들의 집과 소유물을 손상하지 말 것.
2. 인민들이 팔거나 빌려주려고 하지 않는 것을 강제로 사거나 빌리려 하지 말 것.
3. 산악지역 인민의 집에서 닭을 훔치지 말 것.
4. 약속을 어기지 말 것.
5. 인민의 신앙이나 관심을 거스르지 말 것.
6. 우리들이 인민들을 경멸하고 있다고 인민들이 간주할 수 있는 행동이나 말을 하지 말 것.

여섯 가지 권장 사항

1. 인민들의 일상생활을 도울 것(추수·장작 나르기·물긷기·재봉 등).
2. 가능하면 시장에서 멀리 떨어져 살고 있는 인민들을 위해 상품을 구매해 줄 것(칼·소금·바늘·실·펜·종이 등).
3. 여가시간에는 보안을 누설하지 않는 범위에서 저항에 도움이 되는 재미나고, 간단하고, 짧은 이야기들을 할 것.
4. 주민들에게 국어 쓰는 법과 기초적인 공중위생을 가르칠 것.
5. 우선 공감의 분위기를 조성하기 위해 각 지방의 관습에 친숙해질 수 있

---

45) Ho Chi Minh, "Twelve Recommendations" 1945.5.5 ; Fall ed.(1967 : 191~192) 참조.

도록 연구하고, 그 이후에 점차로 인민들이 그들의 미신을 그만둘 수 있
도록 설명할 것.
6. 인민들에게 당신이 올바르고, 부지런하며, 기강이 있음을 보여 줄 것.

위의 '12개항의 권고'는 왜 베트민이 인민 속으로 들어갈 수 있었는
지를 보여 준다. 이러한 행동지침은 프랑스나 이후 미국·지엠 정권이
지니지 못했던, 아니 지니려고 했지만 지닐 수 없었던 대중적 지침이
었다.

1차 인도차이나전쟁은 베트민이 조직을 형성하고, 대중적 지침을
실천해 간 시기였다. '전쟁의 역사적 경험'46)은 북부의 호찌민 정권과
이후 등장하게 될 남부 혁명세력의 기본적인 동력이었다. 한국전쟁을
통해 남한의 저항세력은 초토화되었지만 1차 인도차이나전쟁은 상반
된 결과를 낳았다. 미국과 지엠은 이미 전쟁 속에서 조직을 건설하고
인민들을 동원했던 저항세력, 그리고 여기에 동참했던 남부인민들을
대상으로 국가를 건설해야 했다. 1차 인도차이나전쟁 막바지, 당시 젊
은 상원의원이었던 케네디의 다음 발언은 이러한 상황을 잘 드러내 주
고 있다.

> 끝없는 미국의 인도차이나 지원으로도 흔적을 발견할 수 없는 적을 이길
> 수는 없다. 인도차이나의 적은 아무 곳에서도 눈에 띄지 않지만, 모든 곳에
> 다 있다. 우리가 '인민의 적'이라고 부르는 사람들은 사실은 모든 사람들의
> 동정과 은밀한 지원까지 받고 있다(Maclear, 2002 : 92).

지엠 정권의 행정체제 재편과 마을 통제정책

프랑스 식민체제는 응오딘지엠에게 베트남 마을들을 통제할 수 있

---

46) 베트남에서 1차 인도차이나전쟁의 승리에 대한 '역사적 경험'은 충분히 강조되
어야 한다. 이는 남한의 저항세력이 지니지 못한 것이었다. 승리는 단순히 결과
로 존재하는 것이 아니라 승리를 만들어 나갔던 과정의 연장선상에 존재하는
것이다.

는 어떠한 현대적 행정구조나 기제도 남겨 놓지 않았다. 게다가 전쟁은 그나마 작동하고 있었던 식민지 지배기구를 현저히 약화시키고, 베트민을 중심으로 한 혁명세력을 강화시켜 놓았다. 또한 식민지기간 동안 형성된 고질적인 분파주의47)와 지역분할지배의 영향은 강력한 국가건설에 심대한 장애요소로 작용하고 있었다. 이러한 상황에서 남부를 장악한 지엠과 그의 고문들은 새로운 국가가 생존하려면 강력한 중앙집권적 국가를 세워야 한다고 믿었다(Shaplen, 1965 : 122). 이는 전통 왕조는 물론 프랑스 식민지시기 동안에도 이루어지지 않았던 베트남에서는 전대미문(前代未聞)의 야심에 찬 계획이었다. 지엠은 과거 베트남의 어떤 지배자도 누리지 못했던 강력한 권력을 추구했으며, 이에 합당한 통제체제를 구축하고자 했다. 그러면 지엠이 자신의 권력 안정을 위해 구축했던 통제체제를 권력의 중앙에서 말단에까지 위계적으로 이어지는 행정관리체계를 통해 검토해 보자.

지엠은 집권 초기부터 광범위하고 포괄적인 대통령의 권한을 구축하려 시도했다(Shaplen, 1965 : 133 ; Scigliano, 1964 : 27~29). 지엠은 중앙집권을 강화하기 위해 한편으로는 행정부서들을 더욱 전문화·조직화48)하였고, 행정장관들의 권한을 확대했지만, 다른 한편으로

---

47) 프랑스에 의해 조직된 바오다이의 베트남공화국은 정당이 아닌 다섯 개의 봉건집단에 기반을 두었다. 남부에는 종교집단인 까오다이·호아하오, 도둑의 무리로 묘사되는 빈쑤옌이 있었으며, 북부에는 다이비엣(Dai Viet)과 팟디엠(Phat Diem), 부이쭈(Bui Chu) 주교가 세력을 떨치고 있었다. 이들은 점차로 국가 속에 자신들의 국가를 세워 갔다(Hammer, 1966a : 284). 초기 지엠 정권에게 특히 문제가 된 것은 남부의 세 세력이었다.

48) 지엠은 중앙정부체계의 전문화·조직화를 꾀했다. 왕조시기부터 내려오던 전통적인 6부(이·호·예·병·형·공)는 직능분할이 이루어지면서 개편되었다. 또한 각 부서의 집행능력을 높이고 부서 간의 조율을 위해 각 부는 유사한 직능별로 묶어 조정기능을 강화했다. 이에 따라 문화·사회부분을 담당하는 부서로 민사(Civic Action)·노동·교육·공중보건, 안보를 위한 부서로 국방·내무, 경제발전을 위한 부서로 공공사업과 통신·농촌발전·재정·국가경제, 그리고 사법·외무부서가 만들어졌다. 그러나 이러한 각 부서들의 기본적인 조직은 프랑

는 각 부서의 최종 결정을 대통령에게 집중시켜 자신이 확대된 권한의 정점에 서고자 했다(Jumper & Nguyen, 1962 : 146~147).[49]

지엠은 중앙행정체제를 정비하면서 동시에 지역행정체계를 개편하여 지역에 대한 중앙의 통제력을 강화하고자 했으며, 이는 지역권역－성(省)－현(縣)－사(社)－촌(村)으로[50] 이어지는 기존 행정체제를 전면적으로 중앙권력에 직접 편입시키는 만만치 않은 작업이었다.

지역통제를 위해 지엠이 가장 먼저 실시한 것은 지역분할지배체제를 중앙에 복속시키는 것이었다. 지역적 분할은 단순한 영토적 분할이 아니라 권력의 분할을 의미하는 것이었다. 1954년 8월 지엠은 지역 대표를 모두 그가 믿을 수 있는 사람들로 대체했으며, 1955년 10월 24일에는 법령 17호를 공포하여 지역의 자율성(법적 측면・예산권・지역 통제권 등)을 폐지하고, 남부지역을 4개의 권역으로[51] 분할하였다(National Institute of Administration Research & Documentation Division,[52] 1958 : 54~55 ; Scigliano, 1964 : 31).

성단위의 재편은 대략 세 가지 목적, 곧 군사적 요구, 내부안보, 교통・통신상의 필요에 의해 이루어졌는데, 가장 주요한 이유는 성이 과

스의 관리원칙을 그대로 답습하고 있었다(Jumper & Nguyen, 1962 : 149). 중앙행정조직과 정부의 전체적인 구조는 Nghiem Dang(1966 : 113~115) 참조. 각각의 행정부서의 1954~1961년의 활동들에 대해서는 The Republic of Vietnam(1961) 참조.

49) 중앙부처의 장관이나 공직자들은 응오딘뉴가 관할하던 반비밀(semi-secret) 조직인 근로인격혁명당에 소속되어 보다 강력한 행정적・정치적 통제를 받았고 (Dorsey, 1961 : 150), 이를 통해 지엠과 뉴는 행여 발생할지도 모르는 내부의 이반(離反)을 막으려고 했다.

50) 지엠 정권 당시 현과 사를 매개했던 총(總)의 기능은 거의 사라졌다(Nghiem Dang, 1966 : 144).

51) 대체적으로 말하면 사이공을 중심으로 사이공 아래 지역을 서부, 위쪽 지역을 동부로 나누었고, 동부지역 위쪽을 다시 중부 고원지대와 중부 저지대로 나누었다(Scigliano, 1964 : 30).

52) 이하 NIAR & DD로 줄임.

도한 자율성과 인구를 가졌을 때 발생할 수 있는 반란을 염려해서였다. 성에서 중앙권력을 강화하기 위해 취한 조치는 기왕에 존재하던 지역 간부요원들을 제거하고(1955년 10월 28일 '지시' No. 34, TTP/VP), 성의 대표를 중앙에서 직접 임명하는 것(1956년 10월 24일, 법령 No. 59a)이었다. 이에 따라 과거 지역 장관의 지시를 받던 성의 대표는 대통령의 직접적인 통제하에 들어가게 되었다. 성에 대한 통제를 강화하면서 프랑스 식민지시기부터 유지되어 오던 성의 의회기능 또한 거의 유명무실해졌다(Nghiem Dang, 1966 : 120~131 ; NIAR & DD, 1958 : 55~56 ; *The Times of Vietnam*, 1958.12.20).

지엠 정부는 현에 대한 직접적인 행정적 통제도 확고히 하고자 했다. 현의 대표 또한 정부에서 직접 임명하였으며, 이들을 추천하고 직접 관리했던 것은 성의 대표였다. 현은 성과 사를 매개하여, 중앙단위의 정책이 사로 직접 연결될 수 있도록 하는 이전벨트의 역할을 수행했다(Nghiem Dang, 1966 : 140~144 ; Scigliano, 1964 : 32).

사실 전체적인 행정개혁에서 가장 많은 변화를 겪은 것은 사 이하의 단위였다고 볼 수 있다. 이미 살펴본 바와 같이 전통사회에서 베트남의 마을은 강력한 자율성을 지니고 있었으며, 이것이 프랑스 식민지배로 약화되었다 하더라도 그 근본적인 특성은 변하지 않았다. 중앙집권적 행정체계를 만들려고 했던 프랑스조차도 마을의 자치권한은 직접적으로 침해하지 않았으며, 이것은 1954년 지엠이 집권할 당시까지도 그대로 지속되었다.

1954년 남베트남 정부는 도시지역만을 통제하고 있었다. 지배를 위해서 지엠은 그의 통치범위를 사단위까지 확장시켜야 했으며, 이 같은 지배영역의 확장은 지엠이 '국가안보작전(Operation National Security)'이라고 불렀던 지역 평정사업(Pacification)과 결합되어 있었다(Hunt, 1995 : 11). 지엠은 평정사업을 수행하면서 동시에 사단위에 대한 국가의 직접적인 행정적 통제력을 강화시켰다.[53] 1956년

10월 24일, '법령 No. 59a'에 따라 사는 성 장관의 직접적인 통제를 받게 되었다. 성 장관은 마을위원회의 대표를 직접 선택하고 지명했으며, 마을의 예산이나 세입조정 역시 성 장관의 관리 하에 놓이게 되었다. 마을 경찰권 역시 중앙에 귀속되었으며, 마을위원회의 성원은 중앙정부의 관리로서 행동하기를 요구받았다(Scigliano, 1964 : 32 ; *The Times of Vietnam*, 1958.12.20).

사뿐만이 아니었다. 지엠 정부는 사의 하위단위인 촌의 경우도 직접 통제하고자 했다. 공화국이 세워진 이래 촌의 장은 사의 대표가 추천하여, 현의 장이 지명하였으며, 공무원으로서 국가의 녹을 받았다. 지엠 정부는 베트민이 행한 것과 유사하게 촌의 장을 통해 다시 주민들을 25~35개의 가족이 하나가 되는 가족집단으로 편성하고, 그 하위에는 다시 5~7개 가족이 하나의 가족집단(Lien gia)을 이루는 '상호부조가족집단(Lien gia tuong tro)'[54]을 편성하였다(Scigliano, 1964 : 33). 이러한 위계적 통제체제는 '공화국청년(Thanh Nien Cong Hoa)' · '공화국청년여성(Thanh Nu Cong Hao)' · '국가혁명운동' · '농민협회(Hiep Hoi Nong Dan)' 등 다양한 정치 · 사회조직[55]들과 연계되어 있었다(Nghiem Dang, 1966 : 154~155).[56]

1959년까지 농촌 행정체계의 변화에서 마지막으로 살펴볼 것은 밀

---

53) 사단위에 대한 행정적 통제의 강화와 촌 및 농촌 가족의 조직화는 베트민의 농촌조직화방식을 모방하고 있었다. 지엠 정권은 베트민과 유사한 농촌조직을 건설하여 국가 말단단위에 대한 통제력을 극대화하고자 했다.

54) 정부의 선전에 의하면 이는 각 가족이 상호 경제적 이득을 도모하는 자발적 공동체이다. 그러나 사실 이것은 마을단위의 보안세포로 안보조직의 역할을 수행했다(Donnell, 1961 : 52 ; Scigliano, 1964 : 169~170).

55) 이러한 각 정치 · 사회조직들에 대한 개괄적 설명은 Nighswonger(1966 : 39~41) 참조.

56) 사와 촌, 그리고 여러 정치 · 사회조직의 복합적인 체계는 Hickey(1964 : 184) 참조. 남베트남의 촌락에 대한 Hickey의 연구는 1961년경 남부의 한 '사'인 카인 허우(Khanh Hau) 지역을 예로 들어 당시의 행정조직체계를 보여 준다.

집구역(Khu Chu Mat : Agrovilles)의 건설이다.57) 1959년 7월 7일 지엠의 공포로 실행된 밀집구역건설은 농촌의 사회·경제적 발전과 내부안보의 강화를 목표로 하였다(Nghiem Dang, 1966 : 157). 지엠은 1963년 말까지 각 구역에 400개 정도의 가족(2,000~3,000명)이 들어가는 80개의 밀집구역과 그보다 작은 규모로 120개 정도의 가족이 들어가는 400개 정도의 밀집촌(Ap Tru Mat)을 건설하고자 했으며(Scigliano, 1964 : 179), 이를 통해 만들어지는 "밀집구역은 현대적인 편리함을 갖춘 하나의 작은 도시(Thanh Pho)가 될 것"(Quach Tong Duc, 1959 : 11)이라고 보았다. 밀집구역의 건설은 인구의 재배치를 통해 이루어졌는데, 이 경우 각 가족들은 자력으로 일하여 마을을 건설하며, 국가는 토지개발과 개선작업에 기술적 도움을 제공한다고 밝히고 있다(Haldar, 1961 : xiii). 밀집구역계획은 농민의 경제적 토대를 구축하고 생활을 향상시킨다는 것을 일차적인 목적으로 내걸었으나, 정부가 과거 적성지역으로 분류했던 곳에 농민들을 정착시켜 지역안보의 토대를 구축한다는 안보계획과 맥을 같이하고 있었다. 밀집구역과 밀집촌의 건설은 이후 전략촌(Ap Chien Luoc)계획으로 이어지면서 정부의 의도를 더욱 선명하게 드러내게 된다.

　전체적으로 보아 지엠에 의해 행해진 중앙집권적 행정통제의 노력

---

57) 밀집구역을 건설하기 전 1959년 2월 지엠 정권은 군사적 목적으로 방어가 어려운 지역에 뀌쿠(Qui khu)와 뀌업(Qui ap)을 만들고 인구를 재배치했다. 전자는 '베트콩(Viet Cong)'(*)과 관련된 가족들을 모아 놓은 것이며, 후자는 국가에서 신뢰할 수 있는 가족들을 모아 놓은 것이었다(Nighswonger, 1966 : 46).

　* 이는 남베트남 정부와 미국이 남부의 혁명세력과 북부군을 비하하여 지칭한 용어로, 1958년 1월 사이공 북쪽의 농장이 공격당한 이후 사용하였다(Maclear, 2002 : 114). 북부와 남부의 혁명세력은 스스로를 인민해방군으로 칭했다. 이하의 논의에서는 미국과 지엠 정권의 입장을 서술할 때는 그들이 지칭했던 것과 같이 베트콩이라는 용어를 사용하겠으나, 남베트남민족해방전선과 같은 혁명조직을 설명할 때는 혁명세력 혹은 인민해방군(PLAF : People's Liberation Armed Force)이라는 용어를 사용할 것이다.

은 매우 정교한 것이었으며, 이승만 정권의 그것에 비교해도 별반 손색이 없어 보이는 것이었다.58) 그러나 통제범위를 확장시키고자 했던 지엠의 정교한 구상은 행정력의 한계, 마을 전통의 파괴에 대한 주민들의 저항, 내부안보를 향한 지나친 집착이 낳은 역효과를 잠재워야 했다.

앞에서 설명한 바와 같이 지엠 정권에 들어와서 국가 행정체계는 매우 복잡해졌고, 중앙권력은 농촌지역의 말단까지를 지배하고자 했다. 그러나 실제로 국가행정의 확대는 사이공을 중심으로 한 도시부분을 제외하고는 제대로 이루어지지 않았다. 지엠은 농촌을 장악하고자 했지만 그 결과는 과거부터 지속되어 오던 도시 중심성을 벗어나지 못한 것이었다. 일례로 1960년 사이공에는 46,718명의 정부 소속의 피고용인이 있었다. 그러나 그 이외의 지역에는 단지 50,400여 명 정도의 인원이 있었다고 보고된다(40,000명에 달하는 지역자경단은 제외한 것이다). 이는 정부 행정원의 절반이 사이공에 집중되어 있었음을 의미한다 (Jumper & Nguyen, 1962 : 148). 농촌 주민의 충성을 제대로 끌어 내지도 못하고, 과거 혁명세력을 완전히 제압하지도 못한 상황에서 나타난 이러한 행정인력의 불균형은 지엠이 추구했던 농촌지배의 효율성을 의심스럽게 하는 것이었다. 지엠은 성과 현에서는 그나마 효과적인 통제체제를 구축했지만, 마을단위의 통제는 혁명세력의 몫으로 남겨두어야 했다.

행정력을 더욱 악화시킨 것은 마을 전통의 파괴에 대한 주민들의 저항이었다. 지엠이 추구한 정책들은 베트남인들에게는 생소한 것들이었고, 특히 사나 촌의 주민들에게는 더욱 그러했다. 지엠의 개혁은 그들의 '울타리 밖'에 존재하던, 곧 일상의 삶 속에서 존재를 직접 확인할 수 없었던 국가라는 거대한 실체가 자신들의 삶의 영역으로 침범해 들어옴을 의미했다. 그러나 생소함보다 더 문제가 되었던 것은 국가의 침투가 마

---

58) 북베트남 측도 이에 대해 상당한 위기 의식을 느끼고 있었다. 이에 대한 논의는 Duiker(2003 : 743) 참조.

을 주민들에게 파괴자의 모습으로 다가왔다는 점이다.

지엠이 처음 저지른 가장 큰 실수는 마을위원회 선거의 폐지였다. 지엠이 마을선거를 폐지한 주된 이유는 베트민이 많은 지역에서 승리할 것이라는 염려 때문이었다. 그러나 지엠의 공보담당관 당득코이(Dang Duc Khoi)는 "비록 베트민이 약간의 선거에서 승리한다고 해도, 전통적인 마을 선거체제를 폐지하는 것은 더욱 위험하다"(Shaplen, 1965 : 133~134)라고 지적했으며, 그의 지적은 옳았다. 지엠으로 대표되는 남베트남의 국가는 시작부터 마을의 신뢰를 잃었던 것이다.

마을조직의 면에서 사태를 더욱 악화시켰던 것은 1959년 실시된 밀집구역의 건설이었다. 농민들은 조상의 무덤, 작은 정원, 과실수와 햇살을 가리는 나무를 포기해야 했고, 낯설고 황량한 곳에 내던져졌다(Scigliano, 1964 : 180). 그리고 과잉 충성하는 성·현의 장들로 인해 정착촌의 건설은 과거의 강제노역을 부활시킨 것이라는 비판이 나돌았다. 거창한 계획으로 출발한 밀집구역은 집중적인 노력에도 불구하고, 1년 반이 지나도록 11개 성에 23개 구(Khu)가 건설되었을 뿐이었고, 정부는 계획을 중단해야 했다(Nghiem Dang, 1966 : 158).

지엠의 사회통제정책을 지배했던 것은 내부안보에 대한 지나친 집착과 그것이 낳은 정책의 군사화였다. 정부 수립 이후 2년여가 지나면서 남베트남은 표면적으로는 정상상태로 진입했다. 그럼에도 불구하고 남베트남 정부의 주된 관심은 내부안보였으며, 정부의 주요한 프로그램의 대부분은 내부안보에 관련된 사안에 의해 지배되었다(Scigliano & Fox, 1965 : 7).

밀집구역 건설의 경우 농촌의 경제적 발전과 농민생활의 향상을 표면적인 이유로 내세우고 있었지만, 그 주된 목적은 내부안보였다. 지엠은 전략적 고려에 입각하여 밀집구역을 주요 도로나 수로를 따라 건설했다(Scigliano, 1964 : 180). 이것은 당연히 베트민을 자극하는 일이었으며, 충돌을 불가피하게 만들었다. 중부 고원지대에 대한 인구재배치계획도 마찬가지였다. 지엠은 라오스와 북베트남의 국경과 인접한 중부 고원지역으로 20만 이상의 북부 피난민들을 이주시켰는데, 이는 "북부 공산주의자들의 위협에 대항한 '인간장벽'을 건설하기 위한 것"(Scigliano & Fox, 1965 : 7)이었다. 이주계획의 수행과정에서 지엠은 산악부족(Montagnard)을 지속적으로 배제했는데, 이는 이들에게 상당한 자치권을 부여했던 베트민의 정책과는 상반된 것이었다. 이후의 역사 속에서 나타난 중부 고산지대 부족들의 강한 반정부적인 입장은 이 같은 역사적 경험으로 더욱 심화된 것이었다.

강제력의 재형성과 농촌 침투전략

지엠은 내내 혁명과 민주주의를 떠들면서도 전형적인 경찰국가의 억압적 통치방식을 지속했다. 그는 대중들의 정치적 참여를 증대시킴으로써 국가의 대중적 토대를 확장시키기보다는 1인의 권력안정에 몰두했으며, 대중적 불만은 들으려 하지 않았다. 이러한 독재정권의 성격은 이승만과 별로 다르지 않다. 그러면 통치의 안정성을 보장할 물리적 억압기구는 남한에서만큼 효율적이었을까? 그가 원했던 것처럼 행정의 가장 말단 단위인 사·촌을 지속적으로 통제할 수 있을 만큼의 침투력을 지니고 있었을까? 불행하게도 지엠의 국가는 물리력의 효율성과 침투력에서 남한의 체계를 따라갈 수 없었다. 그러면 지엠에 의해 구축되었던 물리적 통제기제의 특성을 억압체계의 중추라고 할 수 있는 ㉮ 베트남공화국군대(The Army of the Republic of Vietnam), ㉯ 경찰, ㉰ 준군사기구의 역할을 수행했던 민병대(The Civil Guard),59) ㉱ 자경단(The Self Defence Corps), ㉲ 대민사업을 위한 기구로 이후 준군사기구의 역할을 담당했던 민사(Civil Action)팀을 중심으로 살펴보자.

---

59) 시글리아노와 폭스는 민병대를 경찰조직의 하나로 설명하지만(Scigliano & Fox, 1965 : 14), 명령체계나 활동이 경찰조직과는 달랐으므로 이 논의에서는 민병대가 지니고 있었던 준군사조직으로의 특성을 강조하여 따로 설명하겠다.

㉮ 베트남공화국군대 : 남베트남 군대는 프랑스 연방군을 보조하기 위해 1949년 만들어졌다. 프랑스 최고사령관의 승인하에 바오다이는 1949년 9월 19일 국방부를 만들었으며, 1951년 6월에는 공군, 1952년 3월에는 해군, 그리고 1954년 10월에는 해병대가 만들어졌다. 1954년 정전 당시 베트남군은 205,000명 정도를 유지하고 있었다(Collins, 1975 : 8).

미국의 초기 계획은 남베트남의 군을 10만 정도의 수준까지 줄이고, 내부안보를 책임질 수 있도록 군을 강화하는 것이었다.60) 아이젠하워 대통령의 개인 밀사였던 콜린스(Lawton Collins) 장군은 "내부안보를 유지할 수 있도록 고안된 작지만 보다 신뢰할 수 있는 군대"61)를 기획하고 있었으며, 외부의 침략은 SEATO를 통해 방어할 수 있다고 보았다. 또한 초기 남베트남군을 건설하는 데 주요한 영향을 미쳤던 오다니엘 장군은 "군은 무엇보다도 공산 게릴라와 공산주의자의 침투 노력을 색출할 수 있는 경찰력이 되어야 한다"62)라는 견해를 피력했다.

만일 초기의 이러한 계획이 그대로 실현되었다면 지엠 정권의 평정사업은 보다 효과적이었을 것이고, 내부안보의 확보가 가능했을지도 모른다. 그러나 작고 효율적인 군을 조직하고자 한 초기의 의도는 전통적인 재래전쟁을 위한 군조직으로 바뀌었다. 이것은 군을 권력기반으로 삼으려고 했던 지엠의 희망, 그리고 외부의 적을 우세한 물리력을 기반으로 전선에서 차단하고자 하는 미국의 전통적 군사조직유형의 영향에 의한 것이었다. 남베트남에서와 같이 "권력이 강압(force)과 같은 것으로 협소하게 정의되는 곳에서 군에 대한 통제는 우세한 정치권력을 지녔다는 것"(McAlister, 1969 : 354)을 의미했다. 지엠은 군을 줄이기

---

60) 이러한 계획은 실현되지 못했고, 1956년 7월경 남베트남군은 15만 정도에 달하게 되었다(Collins, 1975 : 6).

61) *Baltimore Sun,* February 1, 1955, p.1 ; Nighswonger(1966 : 42) 재인용.

62) *New York Times,* February 13, 1955, p.1 ; Nighswonger(1966 : 42) 재인용.

보다는 강한 군을 자신의 통제하에 두고자 했으며, 이를 통해 권력기반을 강화하고자 했다. 또한 미국은 남베트남군을 조직하고 훈련하는 데 있어서 한국에서의 최근 경험에 지나치게 의존했다. 1950년 한국의 상황과 1954년 베트남의 상황이 지닌 유사성은 미국의 군사원조고문단이 북베트남의 노골적인 침략에 대응할 수 있도록 남베트남군을 발전시키는 데 전력을 기울이도록 부추겼다(Collins, 1975 : 12).

그러나 중무장한 정규군을 발전시키는 이러한 계획은 매우 파괴적인 결과를 초래했다. 가장 우선적으로 지적될 것은 게릴라전에 무력한 군이었다. 지역평정 임무를 민병대나 자경단에 넘겨줌으로써 군은 지역적 소요나 반란에 제대로 대처할 수 없었고, 지엠 정권뿐만 아니라 1960년대 중반까지도 평정사업에서 부차적인 역할밖에 수행하지 못했다(Nighswonger, 1966 : 43). 뿐만 아니라 북부의 적들이 직접적인 침략을 감행할 의도가 없었다는 점에서 중무장 병력은 무용지물이었으며, 군대의 강화는 지엠 자신을 내부에서 붕괴시킬 수 있는 가장 강력한 적을 키우는 역효과를 낳았다(Asprey, 1975b : 845~846).

㉯ 경찰 : 지엠 정권하에서 경찰·안보총국(General Directorate of Police and Security)은 법령 No. 24-BNV/VP에 의해 1955년 5월 20일 내무부 산하에 조직되었으며, 1957년 4월 조직개편이 있었다(NIAR & DD, 1958 : 83~84). 미국의 민간부분 지원단인 미시간주립대학그룹(Michigan State University Group in Vietnam : MSUG)63)은 1956년 말 7명의 경찰 자문관을 1957년 말 22명으로 늘릴 정도로 초기 국가건설과정에서 경찰부문의 조직화에 많은 관심을 기울였으며(Scigliano & Fox, 1965 : 8), 이들에 대한 물질적 지원은 미국작전단(U.S Operations Mission to Vietnam)이 수행했다.

---

63) 피셀(Fishel) 교수는 1950년 도쿄에서 지엠을 만난 인연으로 남베트남에 파견된다. MSUG는 공공행정·경찰행정·경제 및 재정분야 등에 대한 광범위한 기술계획을 지원했다.

그러나 남한에서 경찰이 수행했던 역할을 생각한다면 초기 국가건설과정에서 남베트남 경찰의 역할은 매우 미미했다. 경찰조직은 대(對)반란작전에서는 거의 역할을 수행하지 못했으며, 지엠의 정적들에 대한 정치경찰로서의 역할을 주로 수행했다. 내무부에 배속된 슈레떼 이외에 민사·정보·국방부서에도 정부의 경찰조직망이 있었으며, 뉴가 실질적으로 지배하고 쩐낌뚜옌(Tran Kim Tuyen)이 연구소장으로 있었던 '정치사회연구소'와 같은 비밀경찰조직이 활동했다(Scigliano, 1964 : 186~187). 이 같은 조직들은 중앙부서가 아닌 지역평정에는 거의 힘을 발휘하지 못했고, 지역 평정사업은 민병대나 자경단이 담당해야만 했다.

㉰ 민병대 : 민병대는 1955년 4월 8일 수상 포고령 No. 26으로 내무부산하에 조직되었으며, 1955년 11월 19에는 법령 No. 5에 의거하여 대통령 직속 조직으로 개편되었고, 1958년 9월에는 다시 내무부의 통제를 받게 되었다(Collins, 1975 : 10 : NIAR & DD, 1958 : 77). 민병대는 주로 성단위에서 활동하였고, 초기의 주된 임무는 군이 점령한 지역에 대한 순찰, 불법무기의 압수, 주요 전술지역과 공공장소를 경계하는 것이었다(Montgomery, 1962 : 65). 경찰행정조직을 기획했던 MSUG는 민병대가 마을에 들어가 직접 거주하면서 마을 사람들을 보호하는 경찰조직으로 발전해야 하며, 그 수는 3만 명을 초과하지 않아야 한다고 보았다(Scigliano & Fox, 1965 : 17). 만약 이러한 민병대가 지역경찰력으로 제대로 정착이 되었다면 남베트남의 농촌지역 평정사업은 훨씬 효과적이었을 것이다.

그러나 민병대는 만들어질 때부터 많은 한계를 지닌 조직이었다.64) 내무부에서는 성의 장관들이 준군사조직에 대한 통제권을 상실할 수 있

---

64) 민병대는 원래 1차 인도차이나전쟁 당시 그리 큰 역할을 담당하지 못했던 준군사조직을 바탕으로 해서 창설되었고, 1956년 말 경에는 68,000명에 달했다 (Collins, 1975 : 10).

다는 우려를 가졌으며, 군은 경쟁자가 될 수 있는 군대의 형성을 달가워
하지 않았다. 게다가 베트남 공직자들은 프랑스의 전통에 따라 중무장을
한 이동농촌경찰을 선호했다(Montgomery, 1962 : 64). 특히 지엠은
민병대를 중무장한 대단위 부대로 조직하기를 원했는데, 이는 마을단위
의 지속적인 경계가 필요한 남베트남의 특성에는 맞지 않는 것이었다.
민병대는 또한 지휘계통상에 심각한 문제를 가지고 있었다. 민병대를 훈
련했던 것은 군장교들이었으나, 이들을 통제했던 것은 성의 장관들이었
다. 각각의 성은 독립적인 권한을 행사했으며, 이에 따라 민병대에 대한
통일적인 지휘계통은 성립될 수 없었다. 미국의 조언자들은 민병대의 수
를 줄이고, 지역경찰로서의 임무를 강화할 것을 지엠에게 요구했지만,
지엠은 5만 명 정도의 민병대를 줄일 생각이 없었다(Montgomery,
1962 : 65~68 : Scigliano, 1964 : 164).

　민병대의 조직·역할과 위상에 대한 지속적인 갈등은 조직의 안정
적인 활동을 불가능하게 했다. 민병대는 자신이 담당할 고유의 역할을
넘어서서 군이 수행해야만 할 지역 평정사업까지도 담당하고 있었지만,
이들의 상황은 결코 좋지 않았다. 지엠 정권하에서 군의 역할은 주로 내
부안보가 아닌 외부안보에 집중되고 있었으며, 민병대가 군의 공백을
메우기에는 장비·훈련·조직·자금 모든 것이 부족했던 것이다.[65]

　㉑ 자경단 : 자경단은 1955년 이후 지역적으로 존재해 왔으며,
1956년 4월 48,000명의 규모로 공식적으로 만들어졌다. 이들은 기초
적인 무장을 하였으며, 마을단위를 경계하는 임무가 주어졌다(Collins,
1975 : 10).[66] 민병대가 성 장관의 직접적인 통제를 받은 데 반해, 자
경단은 현 장관의 통제를 받았으며, 사의 아래단위인 촌에 대한 경계임

---

[65] 민병대는 1959년 이후 미국의 군사원조가 강화되면서 준군사조직에서 군사조
　직의 일부로 발전하게 된다(Scigliano, 1964 : 164~165).

[66] 콜린스는 이들이 경찰조직의 역할을 수행했다고 밝히고 있으나(Collins, 1975 : 10),
　NIAR & DD에 의하면 이들에게 경찰권은 없었다고 한다(NIAR & DD, 1958 : 78).

무를 수행했다. 전반적으로 이들의 무장력은 수준이 낮았으며, 마을 주민의 지원에 의해 충원되었다.67)

　㉤ 민사팀68) : 민사팀은 필리핀의 막사이사이(Magsaysay)를 지원하여 후크발라합(Hukbalahap)의 공산주의운동을 파괴했던 랜스데일(Edward Lansdale)의 조언으로 1955년 3월 만들어졌다.69) 초기 민사팀의 활동은 베트민의 대민전술인 '세 가지를 더불어 하는 것(Three Withs)',70) 곧 인민들 속에서 함께 먹고·자고·일하는 것을 모방하여 이루어졌다. 민사팀은 마을을 순회하며 대민지원 프로그램을 수행하고, 인민들 사이에서 신뢰를 형성하며, 인민과 정부 간의 연대감을 높이고자 했다. 1956년 말경 10개 팀으로 조직된 1,400명의 민사팀이 활동하고 있었는데, 이들은 각 마을에 2주 정도 머물면서 농민들과 더불어 생활했다(Montgomery, 1962 : 71). 농민 속으로 들어간 민사팀의 활동은 지엠 정권의 초기 지역평정사업 가운데 가장 성공적인 것이었다고 볼 수 있다.

　그러나 민사팀의 활동 또한 다른 조직들과 마찬가지로 효과가 지속되진 못했다. 초기의 사업이 성공적으로 이루어지자 정부는 다른 부서의 공무원을 민사팀으로 구성하여 작전지역을 확대하려고 했다. 그러나 다른 공무원들은 민사팀에 소속되기를 꺼렸으며, 만일 민사팀에 배속되면

---

67) 이들의 숫자는 1964년 14만까지 증가한다. 미국은 군사원조 프로그램(United States Military Assistance Program)에 의거하여 1961년부터 이들에게 봉급을 지불했다(Nighswonger, 1966 : 44).

68) 민사팀은 정착·이동·특수팀으로 나누어져 활동했는데, 정착팀은 안전마을에서 공무원을 돕거나 행정적 업무를 처리했으며, 이동팀은 무장선전단과 결합하여 멀리 떨어진 마을이나 치안이 불안한 마을 등을 옮겨다니며 정치·사회적 선전활동을 수행했고, 특수팀은 농촌재건운동·밀집구역 건설·소수민족 재배치와 같은 역할을 담당했다(The Republic of Vietnam, 1961 : 457).

69) 랜스데일에 의해 필리핀의 경험이 베트남으로 확장되어 적용되는 과정·내용에 대해서는 Walens(1994, ch.8) 참조.

70) 이러한 전술에 입각한 베트민의 활동에 대해서는 Warner(1964 : 191~202) 참조.

사직해 버렸다. 1956년 말부터 미국에서 들어온 막대한 원조물품은 민사팀을 통해 마을에 배분된 것이 아니라, 성의 장관이 배분권을 행사하여 농민들에게는 직접적인 이익이 돌아가지 않았다. 게다가 1957년 민사팀을 이끌던 찌에우꽁꿍(Cieu Cong Cung)이 사망하고, 이 조직을 응오딘뉴가 인계받으면서 초기 대민지원 중심의 조직성격은 정보부분과 준군사활동을 강화하는 방향으로 변모하였다.(Montgomery, 1962 : 71 ; Nighswonger, 1966 : 36).

지엠은 베트남 역사상 존재했던 어떤 지배자도 완성하지 못했던 강력한 중앙집권체제와 사회의 말단까지 침투·통제하는 권력체계를 구축하고자 했다. 행정조직이나 정치·사회조직, 다양한 억압기제들의 창출과 같은 요인만 고려한다면 지엠은 과거 어떤 지배자보다도 강력한 통치체제의 기틀을 마련했다고 볼 수 있다. 그러나 통치제도의 창출이 이것의 사회적 정착과 실현을 보장하는 것은 아니다. 지엠은 자신의 가장 강력한 라이벌인 베트민이 전쟁기간 동안 이미 효과적으로 장악하고 있었던 농촌마을들을 통제해야 했고, 통제범위를 확장하기 위해 새로운 행정체제를 도입해야 했으며, 지배를 보증할 수 있는 강제력 또한 새롭게 구축해야 했고, 무엇보다 1차 인도차이나전쟁을 승리로 이끌었던 경험을 지닌 내·외의 적을 상대해야 했다. 그럼에도 불구하고 1957년 지엠의 계획은 성공한 것으로 여겨졌으며, 이것은 '정치적 기적'이라고까지 언급되었다(Buttinger, 1959 : 9). 그러나 지엠의 성공은 '모래 위에 지은 집'과 같았다. 농촌에 대한 행정적 통제는 한계가 있었고, 강제력은 대(對)반란작전에 적합하지 않았으며, 지역 평정작업은 효과적으로 수행되지 않았다. 초기의 강력한 탄압으로 인해 밀림 속으로, 혹은 고원지역으로 들어갔던 베트민들은 다시 마을로 침투하기 시작했으며, 마을의 지배권을 놓고 지엠 정권과 투쟁하기 시작했다. 1959년의 시기는 이러한 투쟁이 가시화되는 시기이며, 남베트남 내에서 본격적인 이중주권이 형성되어 가는 시기였다.

2) 효율적 식민기구의 유산과
내부안보의 확보 : 남한

남한의 체제는 미군정의 내부 정지(整地)작업 속에서 발아했으며, 그 결과물이 이승만 정권이었다. 1945년 9월 8일 승전국으로 진주한 미군정은 일제의 식민지배체제를 계승하여 지배의 효율성을 도모할 수 있었으며, 당시 형성된 국가적 토대는 이승만 정권으로 이어졌다. 따라서 이승만 정권이 세운 남한의 체제는 그 기원의 문제에서 일제의 통치체제를 근간으로 했다고 볼 수 있다. 그렇다면 미국은 왜 자신의 적이었으며 패전국이었던 일제의 통치기구를 커다란 변형 없이 그대로 계승했던 것일까? 이에 대한 해답을 미드의 설명을 통해 찾아보자.

> 미국의 대한정책의 목적 중 하나는 한국민들에게 민주적이며 대의적인 정부기구를 준비하게 하는 것이었다. 몇 개의 선택이 가능하였다. 합방 이전 시기의 지방분권체제에 의지할 수도 있었고, 또한 총독부의 구조를 전부 또는 일부 채택할 수도 있었다. 다른 가능성은 인공을 수정하는 것이었다. 마지막으로 전혀 새로운 체제를 창조할 수도 있었다. 중요한 것은 그 선택이 한국인들이 원하는 최종형태로 쉽게 발전할 수 있도록 유연성이 있어야 한다는 것이었다. 불행하게도 처음부터 그 가능성에 대해 철저히 조사할 만한 시간이 없었다. 군정이 그 초기의 목적을 달성하기 위해 즉각 취한 행동은 강제적이었으며, 두 개의 통치방식—총독부식과 인민위원회식—중에서 군정은 잠정적으로 총독부의 통치구조를 채택하였다. … 명백했던 것은 그들이 익숙하고 탄력적인 과도기의 구조 내에서 군정장교들의 감독과 훈련으로 이 시기를 시작하려고 계획했다는 것이며, 이러한 생각이 미군이 통치구조를 선택하는 데 결정적인 역할을 했다. … 군정당국은 총독부체제는 합리적이고 실용적일 뿐만 아니라 그러한 방법이 군정의 표준적인 정책 수행절차라는 이유로 총독부체제를 택하였다(Meade, 1993 : 106~108).

　미군정이 인민위원회식을 선택하지 않았던 것은 정치적인 측면에서
는 좌익 색채가 물씬 풍기는 인민위원회에 대한 거부감 때문이었을 것이
며,71) 지배의 효율성 측면에서는 미드의 평가대로 총독부체제가 합리적
이고 실용적일 뿐만 아니라 군정의 표준적인 정책수행절차와 부합했기
때문일 것이다. 초기 통치체제를 구축할 때 미군정 당국자들은 지배의
효율성 문제에 집착했다. 미군정은 “일본 정부의 촉수가 한국인의 삶 깊
숙이 침투해 있는 전체 구조를 효율성을 잃지 않고 몇 달 안에 바꾸는 것
은 너무도 버거운 일”(*HUSAFIK*, Part 3, Ch.2 : 8)이라고 보았고,
이 문제를 해결하기 위한 가장 간편한 방법은 일본의 통치체제를 계승하
는 것이었다. 지배를 위한 기술관료적 합리성72)이 미군정을 지배했으
며,73) 일본이 식민지기간 동안 구축해 놓은 통치체제는 미군정의 필요

---

71) 커밍스는 진주 초기 하지가 일본 고위 관료를 유임시키면서 일제의 통치기구를
　　그대로 활용한 것에 대해 두 가지 가능성을 놓고 평가한다. 그것은 첫째, 맥아
　　더가 일본에서 기존체제를 그대로 유지하여 통치하기로 결정했기 때문에 24군
　　단 장교들도 이와 유사한 정책을 펼친 것이며, 둘째, 인민공화국의 집권을 막기
　　위한 방책이었다는 것이다(Cumings, 1986 : 191). 메릴은 커밍스의 두 번째 견해
　　와 유사하게 “혁명적인 열풍에 놀라서 하지는 일본인 행정가들을 존속시킬 것
　　이라고 발표”(Merrill, 1991 : 24)했다고 본다. 박찬표 또한 점령통치에서 현지 국
　　가기구를 이용한다는 전후 점령지에서 미국이 취한 일반정책 및 일본에서의 간
　　접통치 결정을 일반적 요인으로 언급하지만, 더욱 중요한 요인은 남한에서 전
　　개되고 있었던 좌파 중심의 국가형성 시도를 막기 위한 것이었다고 밝히고 있
　　다(박찬표, 1997 : 65~66).

72) 김동춘은 “최고 권력자 1인 중심의 독재정치와 군국주의적, 기술관료적 합리주
　　의는 상호 보완적이다. 그것은 인민을 주체로 보기보다는 통치의 대상으로 보
　　는 사고이다”(김동춘, 2000 : 263)라고 논의한다.

73) 이승만의 측근이었던 올리버(Robert Oliver)는 1947년 4월 점령지역 담당 미 국무
　　부 차관보인 힐드링(Hilldring)에게 미군정을 비판하면서 다음과 같은 편지를 보
　　냈다. “… 군정이라는 것은 패전국 국민들을 복종시키기 위한 수단으로 고안되
　　었다는 것이 나의 신념이다. 나는 우호적이고 해방된 민족에게 그것을 강제할
　　아무런 정당성도 없다고 믿는다. … 그것은 지배를 받고 있는 국민과 분리되어
　　있기 때문에 위험하다. … 직업군인들은 정해진 규율대로 복종하고 명령받는
　　것에 익숙해져 있기 때문이다”(MacDonald, 2001 : 237).

를 충족시키는 비옥한 토양이었던 것이다. 아래의 논의에서는 미군정에서 이승만 정권으로 이어지는 초기 남한의 국가형성사를 첫째, 중앙집권적 통치체제의 형성, 둘째, 이 과정에서 형성된 경찰·관변조직의 특성과 역할, 셋째, 전쟁이 국가 지배체제의 안정화에 미친 영향으로 나누어 검토함으로써 이것이 국가의 통치범위와 강제력의 사회적 침투력의 형성·발달에 어떠한 영향을 미쳤는가를 살펴보겠다.

미군정·이승만 정권기의 중앙집권적 행정체제의 형성

미군의 남한 통치는 군사적 점령으로 시작된다. 1945년 9월 8일 7사단이 인천에 상륙하면서 시작된 점령은 3단계에 걸쳐 10월 말까지 완료되는데, 1단계는 정치적·전략적 중심지인 서울·경기지역에 대한 점령이었고,[74] 2단계는 남한 최대의 항구이며 일본군 해군기지가 있는 부산·진해지역이었으며, 3단계는 전남·북에 대한 점령이었다(박찬표, 1997 : 32~34). 점령당국은 10월 하순부터 군정부대가 진주함에 따라 초기 중앙 수준에 한정되었던 군사적 점령통치기구에서 벗어나 전국적 행정조직망을 갖춘 본격적인 점령통치기구를 구축하게 된다. 이는 중앙군정조직을 확대·강화하는 동시에 중앙 수준에 한정되었던 점령통치기구를 전국 수준으로 확대시킨 것이다(박찬표, 1997 : 71). 미군은 각 지방의 주요지역을 점령하고, 이를 중심으로 동심원이 퍼져가듯이 지방의 말단까지 장악해 나갔다. 그러면 우선 미군정의 중앙·지방 행정체제 형성과정을 검토함으로써 중앙집권적 통치체제의 구축과정을 살펴보자.

---

74) 하지가 서울을 먼저 점령한 것은 중앙권력의 안정을 우선적 과제로 했기 때문이다. 커밍스는 하지를 일본 총독과 비교하여 다음과 같이 평가했다. "하지는 지방지배를 일본 총독과 그 전의 한국의 왕들과 마찬가지로─중앙에서 밖으로, 즉 서울의 우월한 위치에서─보았던 것이다. 하지는 그 이전의 지배자들과 마찬가지로 지방을 지배하지 못하는 서울을 혼란 속의 외딴 섬 혹은 신경계통을 지배하지 못하는 뇌와 같이 보았던 것이다"(Cumings, 1986 : 374).

미군정 초기 하지는 일본 총독이 사용하던 녹색저택을 숙소로 정하고, 조선총독부기구를 그대로 이용하여 흡사 아베 총독의 후임과 같은 인상을 풍겼다. 미군정 당국은 9월 19일에 이르러서야 비로소 조선총독부를 미군정청으로 개칭하였고, 10월 15일 총독부기구를 조직적 자원으로 하여 행정기구를 재편하였다.[75] 재편된 행정체제의 특성은 일제의 체제를 계승하면서 고도로 분화되고 전문화되었다는 것이다. 초기 총독부체제를 약간 수정하여 군정체제의 원형을 만든 미군정의 행정기구는 빈번한 개편을 거쳐 급격히 비대해졌고 복잡해졌다. 13개의 부와 민정장관 직속의 4개국, 군정장관 대리의 직접적인 지시를 받는 7개의 독립된 처가 있었다. 그 위에 주요 관할구역의 수가 8개에서 10개로 증가하였다. 1946년 4월에서 10월 사이에 관공서의 수는 86개에서 117개로 증가하였고, 이것은 실질적인 행정의 강화를 의미했다. 군정의 첫해 동안 미국인들은 일제치하 40여 년 동안 한국인이 경험했던 그 어느 것보다도 더 복잡한 중앙정부조직을 만들어 냈던 것이다(Meade, 1993 : 109).[76]

중앙조직이 강화되는 가운데 중앙조직과 연결될 중앙집중적인 행정체계가 만들어지고 있었다. 사실 초기 얼마 동안 미군정의 지방정책은 일관되지 못한 모습을 보이기도 했다. 이것은 중앙·지방 명령계통의 충돌로 인한 것이었다. 주한미군 통치하에서 군정장관은 전술부대에 속하지 않은 모든 민정요원을 직접 통제했으나, 하위 지방단위의 모든 군정팀은 해당 지역에 배치된 전술지휘관에 배속되어 있었다(김운태, 1992 : 206~207). 이 때문에 명령계통의 혼선이 빚어지고, 통제체제를 구축하는 데 지역별 편차가 발생하기도 했다.

---

75) 조선총독부기구와 미군정의 중앙조직기구를 비교하여 보여 주는 것은 안진(1996 : 99~102) 참조.

76) 중앙행정기구의 개편 상황에 대한 좀 더 상세한 논의는 김석준(1996 : 221~229) ; 김운태(1992 : 198~210) ; 안진(1996 : 97~107) ; *HUSAFIK*(Part 3, Ch.2) 등을 참조.

그러나 이러한 혼선은 1946년 1월 '주한미군정'이 조직되고 지방의 군정부대가 전술군 지휘계통에서 벗어나 해당 지역 군정책임자의 지휘계통하에 총괄됨으로써 해소된다. 이에 따라 전술군은 군정업무에서 벗어나게 되고, 전술군의 지휘계통에서 벗어난 군정요원들은 행정구역별로 편제되어 군정업무를 전담하게 되었다. 중앙집권적 행정조직망이 완성됨에 따라 지방군정의 지역별 편차가 소멸되고, 중앙의 정책은 지방으로 강력히 침투해 들어가기 시작했으며, 1946년 봄에 이르면 군정은 중앙집권적 국가기구를 통해 지방에 대한 통제체제를 확립하게 된다(박찬표, 1997 : 59).

미군정하의 지방행정제도는 1945년 11월 2일 법령 제21호에 의하여 조선총독부의 지방관제가 그대로 계승되었다.[77] 군정의 중앙집권적 통로는 서울에서 도청소재지, 도청소재지에서 시나 군, 거기서 읍이나 면, 그리고 최종적으로 마을까지 이어졌다(Meade, 1993 : 112). 이는 조선총독부의 국가조직이 붕괴된 이후 5개월여 만에 '주한미군정본부'를 정점으로 하여 도(군정 대대) → 시·군(군정 중대) → 읍·면 → 리·동으로 이어지는 전국적·일원적 행정조직망이 재건된 것을 의미한다. 이러한 행정조직망의 구축은 군정의 정책수행능력과 시민사회에 대한 침투력을 비약적으로 증가시키는 계기가 되었다(박찬표, 1997 : 112).

미군정의 중앙집권적 행정체계건설을 논의하면서 한 가지 짚고 넘어갈 것은 미군정이 초기에 지방자치를 일정 부분 인정한 면이 있었으며, 1947년경에는 지방자치제를 도입하고자 시도하기도 했다는 점이다. 미드는 지방통제를 설명하는 가운데 "연방제인가 중앙집중제인가 하는 문제가 곧바로 분명해진 것은 아니었다. … 중앙집중이 한국의 전역에 걸친 미군정의 지배적인 통치철학이 되는 것은 1946년 중반이 되어서였다"(Meade, 1993 : 108)라고 밝히고 있으며, 김운태는 "미군정은 초기 총독부의 전체주의적 관료통제를 지양하여 행정의 분권화, 전

---

77) 법령의 내용에 대해서는 김석준(1996 : 231) 참조.

문화 나아가서 지방분권화를 지향하려고 노력한 것도 사실"(김운태, 1992 : 253)이라고 논의한다.

그런데 왜 지방자치제는 도입될 수 없었을까? 문제는 중앙·지방관계를 결정한 궁극적 동인이 무엇이었는가이며, 수사적 표현들이 아니라 실질적 집행이 어떻게 이루어졌는가이다. 미드가 지적한 바와 같이 초기에 지방에서 인민위원회 권력을 인정한 것은—한 예로 드러나는 것이 전라남도 인민위원회—지방자치를 활성화시키기 위한 것이 아니라 전술적 점령이 지연되었기 때문에 발생한 현상이었다(Cumings, 1986 : 380). 또한 김운태가 지적한 바와 같이 미군정이 지방분권화를 지향하려 노력했다고 해도 미군정의 실질적 정책수행과정은 이와는 상반된 것이었다. 대표적인 예는 1946년 11월 15일 법령 제126호(「道 및 其他 地方의 官公使, 會議員의 選擧」)의 실행과정이다. 이 법령의 내용은 도지사, 시장, 군수, 면장, 읍장 및 도회의원, 시회의원, 읍회의원, 면회의원 등을 25세 이상 주민의 보통선거로 선출하도록 한 것이었다. 이는 도·시·군·읍·면에 이르는 지방자치제의 실시를 규정한 것이었고, 이것이 실현된다면 중요한 자유주의적 개혁작업이 될 것이었다. 그러나 이러한 개혁안은 좌익세력이 국가기구 내로 침투하는 것을 저지하고자 했던 점령당국으로서는 수용할 수 없는 것이었다(박찬표, 1997 : 178~179). 당시 좌익세력의 결집체라고 할 수 있는 민주주의민족전선의 지방선거에 대한 인식을 잠시 살펴보자.

> 군정이 조선 인민에게 정권을 넘길 것을 선언하면서 행해지는 것이다. 이것은 군정을 위한 기관으로서가 아니라 지방정권을 조선 인민에게 이양하는 기관을 맨드러내기 위한 선거인 것이다. 그러므로 선거의 환경을 개선하고 선거의 모든 조건을 공정하게 한다면 이번 지방선거를 통해서 우리는 지방정권을 넘겨받게 되는 것이며 따라서 조선의 민주건설을 위한 토대를 지여 놓게 될 것이다(김천성, 1947.4.1 : 3).[78]

---

78) 이는 원문 그대로 표기한 것임.

이러한 상황에서 지방선거를 실시한다면, 미군정은 자기 스스로 좌익이 합법적으로 지방을 장악할 수 있는 길을 열어 놓는 결과를 초래할 것이었다. 결국 법령은 사문화되었으며, 지방자치제는 실행될 수 없었다(서중석, 1991 : 41~44).

지방자치제의 도입을 배제하고, 중앙집권적 행정체계를 강화하고자 했던 시도가 자연스럽게 통제체제의 말단인 마을단위에 대한 국가권력의 직접적 침투를 보장하는 것은 아니었다. 국가행정체계의 수립과 권력의 지방침투는 해방 이후 등장했던 대안의 국가체계인 조선인민공화국과 지방인민위원회를 파괴하지 않고는 실질적 힘을 발휘할 수 없는 것이었다. 미군정 수뇌부는 이를 잘 인식하고 있었으며, 지방에서의 어떠한 선택적인 정치형태도 인민위원회를 소멸시킨 다음에야 가능한 것이라고 보았다(Cumings, 1986 : 374). 미군정과 우익세력을 한편으로 한 반혁명적 공세와 이에 대항한 아래로부터의 저항은 1945년에는 전국적 차원에서, 1946년에는 도와 군 차원에서, 1947년에는 마을 차원에서 전개되었다(Cumings, 1990 : 237). 1946년 10월 인민항쟁은 군청소재지에 대한 국가 통제력을 강화시켰고, 1947년으로 접어들면서 미군정과 우익은 군으로부터 마을단위로 후퇴한 좌파세력에 대한 척결과 더불어 군단위 이하 마을에 대한 국가 통제력을 강화시켰다(Cumings, 1990 : 242~244). 인민위원회의 종국적 붕괴 원인은 그들을 상대로 한 미국의 힘(혹은 미국의 승인을 받은 한인의 힘) 때문이었으며(Cumings, 1986 : 374), 이를 통해 재구조화된 중앙집중적 행정체제는 이승만 정권으로 계승되었다. 이에 따라 이승만 정권은 출발기에 이미 일제에 의해 형성되고, 미군정에 의해 재구조화된 중앙집권적 행정체제를 물려받을 수 있었다.

1948년 8월 15일 대한민국 수립을 내외에 선포하고, 이승만 정권이 미군정으로부터 행정권을 완전히 이양받은 것은 동년(同年) 9월 13일이었다. 새로운 정부는 외교·국방기능을 현저히 강화시킨 것을 제외하고는 기존 체계에 변형을 가하지 않고 미군정의 중앙행정기구를 그대로 물려받았다(조석준, 1967 : 134~135). 국가 수립 이후 정부는 행정간소화정책을 추진하여 조직구조를 개편했는데, 이는 구총독부와 일본 행정의 행정조직을 가능한 대로 회복하고, 미군정기에 도입된 새로운 제도들을 제거하는 결과를 가져왔다(한국경찰사편찬위원회, 1973 : 66).[79] 이승만은 자신의 권력을 강화하기 위해 과거부터 유지되어 오던 중앙집권적 행정체계를 그대로 유지하기를 원했으며, 지방행정체제의 변형은 중앙집권적 권력체제를 손상시키지 않는 한계 내에서, 아니 오히려 중앙집권을 강화하는 측면에서 실행되었다. 이를 잘 드러내는 것이 한국전쟁 이전과 한국전쟁기간 중 나타났던 지방자치제도의 변화이다.

정부 수립 이후 이승만은 지방자치단체의 발전을 강력히 거부했는데, 그 이유는 지방자치단체가 너무 독립적으로 될 것을 우려했기 때문이다(Henderson, 2000 : 434). 제헌헌법은 제8장 지방자치에 관한 조항 제96조와 제97조에서 지방자치단체의 임무를 밝히고, 지방자치의 조직과 운영에 관해 법률을 제정하도록 규정하였으며, 1948년 8월 20일 국회 본회의에서 지방자치법 제정을 결의하였다. 그러나 1949년 3월 9일 국회 본회의를 통과한 지방자치법안은 처음부터 난관에 부딪혔다. 정부는 국내 정세와 치안 상황을 이유로 들어 법안의 제정을 미루었으며, 1949년 7월 4일 겨우 제정된 지방자치법[80] 또한 행정체제의 미비와 국내 치안상태의 불안정을 이유로 무기한 연기되었다. 또한 정부는 지방자치법의 시행을 연기하면서 1949년 12월 15일 법률 73호를 공포하여 한 번도 시행되지 않은 법을 개정하였다. 개정사항에서는 지방의회가 성립될 때까지 의회의 의결을 요하는 사항은 도·서울특별시는 내무부장관,

---

79) 이러한 결과가 초래된 원인은 정부조직법기초전문위원회의 구성원이 모두 일본 행정법체계에 익숙하고, 일본 관료로서 일본 행정조직에 대해 친숙했기 때문이다(한국경찰사편찬위원회, 1973 : 66).

80) 법률 32호로 공포되어 동년(同年) 8월 15일부터 시행에 들어가기로 되어 있었다.

시·읍·면은 도지사의 승인을 얻도록 했다. 시장은 대통령이, 읍·면장은 도지사가 임명하고, 동·리장은 임명 또는 선거를 하도록 규정하였으며, 도지사는 시·읍·면장이 법령에 위반되는 행위를 하였을 때는 탄핵소추를 할 수 있다는 조항을 첨가했다. 이는 중앙권력을 더욱 강화하는 개악이었으며, 한국전쟁이 발발하여 지방자치제의 실시는 무기한 연기되었다(서중석, 1991 : 44~46 ; 손봉숙, 1985 : 69~73).

휴면화되어 있었던 지방자치제는 1952년 다시 수면 위로 떠올랐다. 당시 정부는 정·부통령직선제를 골자로 한 개헌안을 국회에 제출하였으나, 야당세가 강한 국회는 이를 부결시켰다. 간선으로는 차기 대통령에 당선될 가망이 없음이 분명해지자, 이승만은 어떻게 하던지 대통령직선제로 헌법을 개정해야 할 입장이었다. 지방의회 구성은 이러한 정부 측 입장을 지지해 줄 세력기반을 확보할 목적으로 추진되었으며, 이에 따라 1952년 4월 25일 시·읍·면회의 의원이, 그리고 5월 10일에는 도의원이 선출되어 최초의 민선지방의회가 구성되었다(손봉숙, 1985 : 73). 경찰·관변어용단체를 동원하여 최초로 치러진 지방의회 선거에서 자유당 및 친여계는 압도적인 승리를 거두었다. 시·도·읍·면 모든 지역에서 자유당의 약진이 두드러졌다.[81] 첫 번째 지방의회선거에서 당선된 지방의회 의원들은 대통령직선제를 골자로 한 발췌개헌안 통과를 둘러싼 악명 높은 부산정치파동에서 경찰·백골단·땃벌떼·노총 등 각종 어용단체 등과 함께 관제민의운동을 일으키는 데 주역을 담당하였으며, 발췌개헌안을 통과시키고 이승만이 대통령에 재당선되는 데 중요한 역할을 담당했다(서중석, 1991 : 47). 자유당이 지방의회를 장악했다는 것은 사회의 말단단위인 면단위까지 침투하는 위계적이고 중앙집권적인 권력망을 형성했다는 것을 의미하며, 이는 이승만의 권력범위가 더욱 확장되었다는 것을 보여 주는 것이다.

---

81) 당시 선거에서 군은 제외되었다. 각 단위의 정당별 단체장 당선 수치에 대해서는 손봉숙(1985) ; 서중석(1991) 참조.

지방의회를 장악한 후 이승만 정권은 자신의 추종자로 시·읍·면 장을 선출토록 하고, 리·동장을 임명토록 했다. 읍·면장에게 주어진 임무는 국민의 납세와 병역의 의무를 강조하면서, 양곡수납과 280여종 에 이르는 각종 잡세의 징수, 병사동원·노무동원, 주민통제와 이들의 동태에 관한 수시정보조사보고서의 제출 등이었다(이태섭, 1989 : 140~141).

국민생활에 대한 일원적 통제망 구축을 검토할 때 전국적인 행정망 의 장악과 더불어 살펴보아야 할 것이 일제시기 애국반을 계승한 국민반 이다.82) 1952년 대통령선거 직전부터 조직되기 시작한 국민반은 사회 의 최말단을 조직화하기 위한 것이었다. 국민반의 기본 조직범위는 자연 촌락 또는 상부상종(相扶相從)하는 집단세대(集團世帶)였으며,83) 이웃 주민을 3~5인씩 묶고, 국민반장 밑에 10~20호를 단위로 편성되었다. 전체 조직망은 중앙(내무부) → 특별시·도 → 구·시·군 → 동·읍·면 → 리 → 국민반으로 연결되는 수직적 체계를 지니고 있어서 내무부의 지 시사항이 직접 말단까지 전달될 수 있었다(공제회자료, 1957 : 91).84)

지금까지 간략히 살펴본 바와 같이 미군정에서 이승만 정권으로 이 어지는 행정체계는 전쟁 가운데서도 중앙집권화와 말단단위에 대한 동

---

82) 정부는 애국반을 그대로 재현한 국민반에 대한 대중적 거부감을 잘 알고 있었 으며 이를 우려했다. 그래서 국민반의 기원을 삼국시대의 화랑도에서 끌어 오 고, 이를 국난 타개의 유일한 첩경(捷徑)으로 선전하고 있다. 이에 대한 내용은 공제회자료(1957 : 92) 참조.

83) 공제회자료(1957) ; 내무부(1957) 참조.

84) 정부 측 주장은 이러한 수직적 체계가 민의를 직접 수렴하여 직접민주주의 체 계를 만들어 내기 위한 것이라고 하나(공제회자료, 1957 : 91), 실제로는 대중동 원과 통제를 위한 수단이었고, 행정의 효율성을 높이기 위한 측면이 강했다. 일 례로 배상하는 「전시말단행정강화론」이라는 글에서 "국책수행의 신속한 운영 과 그 실효를 거양(擧揚)함에 있어서는 하부말단 세포적 기구로서 국민반의 기 반적 조직강화가 무엇보다 긴요한 국가적 절대요청"(배상하, 1953 : 33)이라고 주장하고 있다.

원체제, 통제체제를 구축해 가고 있었다. 앞에서 살펴본 바와 같이 남베트남에서도 역시 지역말단을 통제하기 위한 부단한 시도가 있었다. 그러나 그 결과는 매우 상이했다. 이에 대한 설명은 다음 절에서 할 것이다. 이제 실핏줄같이 뻗어 나간 행정체계를 유지·통제하는 데 혈액과 같은 역할을 했던 경찰조직과 이를 보완했던 관변조직들의 특성을 검토해 보자.

친일경찰의 부활과 강제력의 강력한 지방침투

경찰조직은 미군정과 이승만 정권의 핵심적 억압기구였고, 준경찰기구의 역할을 수행했던 각종 관변 청년단체가 내부안보의 후비대(後備隊)로 이를 보조하였다. 일제시기부터 사회의 말단까지 통제했던 경찰은 해방 이후 미군정·이승만 정권하에서도 조직력·사회적 통제력 등의 측면에서 남베트남의 그것과는 매우 대조적이었다. 아래의 논의에서는 미군정·이승만 정권의 대표적인 억압기구였던 경찰의 특성을 인적·조직적 구조, 활동의 특성으로 나누어 검토하고, 경찰의 활동을 보조하여 준경찰기구의 역할을 수행했던 관변 청년조직의 활동에 대해 살펴보겠다.

경찰의 인적 구조의 특성은 초대 경무국장이었던 조병옥의 다음과 같은 인식을 통해 드러난다.

> … 일본 제국주의 통치하에 있던 우리 한국에서 친일을 했다는 데 대해 두 가지 종류로 구별할 수 있다고 생각합니다. 즉 하나는 직업적 친일파였고, 또 다른 하나는 자기의 가족과 생명을 보호하기 위한 연명책으로 경찰을 직업적으로 했다는 것입니다. 그러므로 많은 동포들은 Pro Jap이 아니라 Pro Job이라고 할 수 있는 것입니다. … 경무부의 인사방침은 고의로 자기의 영달을 위하여 민족운동을 방해하였거나 민족운동자를 살해한 자 이외에는 일반경찰에 전직 경험이 있는 경찰관 출신자를 Pro Job으로 인정하고 국립경찰관으로 등용하였던 것입니다(조병옥, 1986 : 164~165).[85]

한민당계열의 조병옥은 조선인민공화국과 인민위원회를 해체하기 위해 실질적으로 사용될 수 있는 가장 효율적인 조직이 경찰이라고 인식했고, 이는 미군정도 마찬가지였다. 일제시기 경찰은 극도로 중앙집권화되어 있었고, 통신망을 확보하고 있었고, 무기를 다룰 줄 알았으며, 요주의 인물에 대한 정확한 정보를 확보하고 있었고, 민간인을 거칠게 다루는 데 정통했다. 이들은 체질적으로 반공·반혁명적이며 민족의식이 박약했다. 미군정도 일제 경찰 경력자들이 일제의 하수인으로 충성하는 데 익숙해 있으므로 새로운 권력자인 미군정에도 충성할 것을 믿었다(임대식, 1995 : 23). 미군정이 친일경찰을 기용하면서 1946년 말경이 되면 경위급 이상의 간부 1,157명 가운데 82%인 949명이 총독부 경찰로 채워지게 되었다(안진, 1996 : 135~136). 또한 경찰관의 수도 급격히 증가했다. 조병옥은 자신이 경무국장으로 취임하면서 국립경찰 규모를 25,000명으로 책정하고 있었는데(조병옥, 1986 : 147), 이 숫자는 1946년 11월경에 모두 채워졌다. 경찰관의 수는 1947년 1월 26,386명으로, 1948년 8월 대한민국 수립기에는 34,082명으로 급격히 증가했다.[86] 해방 당시 총독부 경찰관의 수가 조선인 10,619(39%)명, 일본인 16,058(61%)명으로 총 26,677명이었던 것에 비하면, 1948년 경찰관은 그 절대적인 수에서 78% 가량 증가했다. 그러나 일제시기 경찰관의 숫자가 남·북한 모두를 합친 것이었기 때문에 남한만의

---

85) 조병옥의 이러한 인식은 친일 경찰관들이 자신을 변명하기 위한 주된 수단이 되었다. 일제시기 착혈(鑿穴) 고문왕으로 불렸던 하판락은 현재까지도 자신은 단지 먹고살기 위해 경찰관을 한 것이지 독립운동가를 고문 한 바 없으며, 친일파는 나라를 팔아먹은 최고위층이지 자신과 같은 이들은 친일파라고 부를 수 없다고 주장하고 있다. MBC 다큐멘터리(2001.5.25) 참조.

86) 1945~1948년까지 각 지방별 경찰관의 수와 보다 상세한 경찰관의 증가폭에 대해서는 신상준(1997 : 268) 참조. 경찰관 수는 1950년 8월 48,010명, 1951년 말 63,427명(1952년 말 동일), 1953년 말 50,731명(1954년 말 동일), 1955년 말 42,250명으로 변화했다(내무부 치안국, 1958 : 384).

경찰이 34,082명으로 증가했다는 것은 이 지역의 경찰 수가 대략 2.5배 이상 증가했음을 의미한다. 숫자의 증가가 곧 통제범위의 증가를 의미하지는 않을 수 있다. 그러나 남베트남과 비교하여 고려해야 할 것은 일제시기부터 경찰이 수행했던 다기능적 역할이다. 미군정기를 거치며 경찰의 밀도는 일제시기보다 크게 상승했으며,[87] 이는 국가와 시민사회의 힘 관계와 더불어 시민사회에 대한 통제의 근접성 정도를 보여 준다.

조직의 측면에서 경찰은 일제시기에 비해 훨씬 강력한 중앙집권적 체계를 갖추게 되었다. 1945년 10월 21일 군정청에 경무국이 창설되었고, 이로써 '국립경찰'이 발족되었다.[88] 미군정은 1945년 12월 27일 군정장관 명령으로 「국립경찰의 조직에 관한 건」을 반포하고, 종래에 도지사의 권한하에 있던 경찰행정권을 분리시켜 도(道)경찰서를 독립시키고, 경무국의 직접적인 통제를 받게 하였다. 이에 따라 도지사나 시장은 횡적 연락에서 그치고 전국 경찰에 대한 지휘와 감독권은 경무국장이 직접 장악하였으며, 예산이나 인사 등 가장 중요한 사항마저도 지방장관에게는 하등의 권한이 없게 조직되었다(한국경찰사편찬위원회, 1972 : 930~932). 1946년 말경 경찰조직은 미군정 → 경무부[89] → 서

---

87) 일제시기 순사 1인당 인구 수가 1,000~1,100여 명이었는데, 1946 중반에는 820여 명, 1948년 4월에는 570여 명, 1949년에는 400여 명으로 급격히 줄어들었다(임대식, 1995 : 22). 1953년 말경에는 경찰 1인당 인구 수가 387명, 1954년 말경에는 384명으로 줄어들었으며, 1955년에 들어서는 449명으로 다시 증가한다(내무부 치안국, 1958 : 387).

88) 국립경찰은 그 용어 자체가 국가 중심의 중앙집권적 조직임을 드러낸다. 내무부 치안국은 "국립경찰이란 용어를 쓰게 된 동기는 미국에 있어서의 주경찰·시경찰 등 지방자치단체가 유지·운영하는 경찰에 반(反)해 연방경찰이 있듯 국립경찰은 전국적인 의미를 내포하고 있기 때문에 그렇게 불리게 된 것"(한국경찰사편찬위원회, 1972 : 930)이라고 밝히고 있다. 국립경찰은 초기에 미군정의 국방사령부에 소속해 있다가 자율적인 한국 경찰대를 창설해야 한다는 압력에 따라 1946년 3월 26일 독립된 조직으로 창설되었다(신복룡, 2001 : 169).

89) 경무국은 1946년 4월 경무부로 개칭된다.

울(1)·전주(2)·대구(3)의 경무총감부 → 각 도의 관구경찰청(서울은 수도관구경찰청, 제주도는 감찰청을 둠) → 경찰서(부·도·군) → 지서·파출소·출장소로 이어지는 일제시기보다 더 중앙집중적인 체제로 변화된다.[90]

건국 이후 경찰은 내무부 치안국에 소속되었다. 정부 수립 후 최초의 치안국 구조는 일본식 전통을 바탕으로 미군정하의 새로운 제도를 도입한 것이다.[91] 정부 수립과 더불어 경찰조직은 내무국 → 시·도경찰국 → 경찰서로 계선조직이 단순화되었으며, 지방경찰국과 일선서(一線署)는 다시 시장·도지사가 인수하게 되었다(한국경찰사편찬위원회, 1973 : 75). 그러나 당시 지방제도가 중앙집권적 체제를 유지하고 있었고, 대통령이 내무부를 직접 통제하고 있었기 때문에 경찰권의 이양이 지방의 자율성을 증대시킨 것은 아니었다.

미군정을 이어 출범한 제1공화국은 그야말로 경찰에 의해 겨우 유지되는 '경찰국가'였다.[92] 주로 노골적인 폭력을 통해 내부안보를 유지해야 했던 경찰국가로서의 특성은 남베트남과 별다를 바가 없었다. 그

---

90) 미군정하의 경찰기구는 한국경찰사편찬위원회(1972 : 1066, 도표 2-3 ; 1973 : 58) 참조. 이러한 조직에 대해 조병옥은 다음과 같이 설명하고 있다. "제주도를 포함한 각 도시인 도청소재지에는 경찰청을 설치하고, 각 시에는 경찰서, 각 읍·면에는 지서 등을 설치하여 계통적인 경찰망을 조직 형성하고 카빈, M1소총 등의 경무기와 중화기 등으로 중무장화하여 수시로 각지에서 일어나는 공산당의 폭동에 대비하였던 것이다. 그리고 전국의 중요 지점에는 기동경찰대를 배치하여 일단유사시에는 즉각적으로 출동할 수 있는 만반의 태세를 갖추었다"(조병옥, 1986 : 147).

91) 이에 대한 내용은 한국경찰사편찬위원회(1973 : 71) 참조.

92) 경찰 1기로 당시 수도경찰청에 근무했던 변창선은 해방 이후 시기를 "그때 당시 시기는 경찰이 없으면, 나라나 정부가 견뎌내지 못해요. 경찰의 힘을 가지고 그래도 나라가 유지를 했어요"(MBC 다큐멘터리, 2001.5.25)라고 언급했다. 그러나 이러한 고백은 친일경찰을 이용해 국가를 지탱할 수밖에 없었던 국가의 역사적 성격을 그대로 드러내 주는 것이라고 할 수 있다. 북한의 경우 친일파를 청산했음에도 불구하고 치안의 공백은 생기지 않았던 것이다.

러나 미군정·이승만 정권하에서 이들이 보여 준 활동은 훨씬 광범위하고 효율적이었으며, 파괴적이었다. 안진은 일제에 뿌리를 두고, 이승만 정권의 권력기반으로 연결되는 미군정 당시 군정경찰의 특성을 아래와 같이 4가지 정도로 제시한다(안진, 1996 : 145~147).

> 첫째, 군정경찰은 군정 통치기구 가운데 최대의 물리적 강제력을 갖는 국가기구.
> 둘째, 조직면에서 중앙집권화 정도가 강하며, 조직의 과정이 하향적이고, 과대성장한 기구.
> 셋째, 전투경찰로서의 특성과 함께 우익지향적인 정치경찰로서의 특성을 지님.
> 넷째, 경찰간부들이 친일경찰 출신으로 채워져 경찰관료집단의 내적 응집성과 동질성이 강함.

한국전쟁을 통해 군(軍)이 비약적으로 성장함에 따라 전투기능이나 물리력 보유의 측면이 군에 비해 약화되었으나, 전쟁 이전 미군정과 이승만 정권의 가장 강력한 억압기구는 경찰이었다고 볼 수 있다. 경찰은 1948년 10월 여순항쟁 이후 1949년 군부 내부에서 행해졌던 숙군(肅軍)작업과 같은 이념적 내부정비작업을 필요로 하지도 않았으며, 강렬한 우익 지향성과 보수성, 그리고 이를 떠받치는 내부 응집력을 지녔다. 뿐만 아니라 미군의 지원을 받아 물리력을 보강하여 준군사기구로서의 역할을 담보할 역량을 갖추었다. 이를 바탕으로 경찰은 치안유지를 넘어서서 준군사행동을 수행하는 전투경찰로서의 역할을 담당했다.

주민들은 경찰의 활동을 통해 해방 이후 새롭게 들어선 지배체제의 실체를 체감할 수 있었다.93) 경찰은 시위·출판·문서배포에 대한 허

---

93) 주민들에게 지배체제, 정부, 국가의 성격은 그들이 직접 접촉하고 느낄 수 있는 관리·경찰·군인 등을 통해 가장 생생하게 전해진다고 할 수 있다. 샤플랜은 남베트남의 농민들 속에 드러난 정부의 상을 다음과 같이 표현한다. "… 농민들에게 있어서 정부라는 것은 정부가 말하는 그런 것이 아니다. 말로는 충분하

가권을 가지고 있었고, 1946년 10월 인민항쟁의 주된 원인이 되었던 미곡수집계획의 현장 집행인이었으며, 좌익세력을 제거하기 위해 직접 무기를 들고 싸웠고, 선거과정에 개입하고 민의를 조작하여 이승만 정권의 장기집권을 가능케 했으며, 정치사찰과 사상통제를 행하는 데 첨병의 역할을 수행하는 등 초기 국가 수립과정에서 미국과 이승만 정권의 가장 충직한 도구로 기능했다.

이와 같이 광범위했던 경찰의 역할 가운데 국가의 정치적 안정성의 토대를 구축하는 데 가장 긴요했던 것은 미군정과 더불어 인민위원회를 기반으로 한 아래로부터의 혁명적 분출을 차단하고, 좌익세력의 활동의 근간을 파괴하며, 새롭게 수립된 체제를 부정할 수 있는 어떠한 조직의 성장도 미연에 방지하는 지속적인 통제체제를 구축했다는 점이다. 비록 미군정 전술부대의 지원을 받아야 했지만 경찰의 효율성을 명백히 입증한 것은 10월 인민항쟁이었다. 커밍스는 이를 다음과 같이 평가한다.

> 1946년 말, 혼란이 가라앉자 가장 큰 피해자는 좌파라는 것이 명백해졌다. 봉기의 성공적인 진압은 국립경찰의 실력과 생존력에 있어서 전환점이 되었다. 남한에서 치안세력은 이제 몹시 겁에 질린 농민을 다루게 되었다. 가을봉기는 혼란을 진압하는 관의 효율성을 선명하게 드러낸 반면 빈농들에게는 겨우 생계를 이어가는 자신의 무력함을 입증한 셈이었다. … 철도·도로 및 통신시설이 주로 미군과 우파 한인들 수중에 있으며, 경찰망이 전국적으로 동원될 수 있는 마당에 지역적인 것에 지나지 않는 봉기들의 종말은 처음부터 자명한 것이라 아니할 수 없다. … 봉기의 결과가 가져 온 한국 빈농들의 가장 큰 손실은 그들의 이익을 지켜 주었던 지방조직들의 붕괴였다. 대부분의 인민위원회와 농민조합들의 죽음을 알리는 종소리가 남한 전역에 울려 퍼졌다(Cumings, 1986 : 471~472).

지 않다. 정부는 농민의 일상생활에서 정부를 대표한다고 간주되는 사람들, 곧 군인, 마을이나 지역의 우두머리, 세금 징수인이 바로 정부인 것이다. 과거에 그랬듯이 농민은 그들 속에서 정부의 모습을 보는 것이다"(Shaplen, 1965 : 167). 주민들에게 남한의 경찰은 바로 그들이 감당해야 할 정부·국가의 상이었을 것이다.

　　지방 수준에서의 인민위원회의 붕괴가 곧 마을 수준의 통제를 보증하는 것은 아니었다. 국립경찰의 수는 경찰의 상주(常住)를 필요로 하는 마을 통제에 충분치 않았으며, 이를 보완했던 것이 각종 준군사조직의 성격을 지니는 관변단체들이었다. 우익 청년단체는 유진산을 단장으로 1946년 4월 9일 결성된 대한민주청년동맹(1947년 5월 3일 청년조선총동맹으로 바뀜), 이범석을 단장으로 1946년 10월 9일 결성된 조선민족청년단, 이북단체를 포괄하여 1946년 11월 30일 결성된 서북청년단 등이 있다. 이 가운데 조선민족청년단은 시·도·구·읍·면단위의 단장을 훈련하는 과정을 운영하였으며, 서북청년단은 각 도 수준의 본부를 조직하고 이를 기반으로 좌익세력을 파괴한 후 각 군·면단위까지 지부를 확대하는 형태를 띠었다. 이들 관변 청년단체들은 좌익 색출 및 파괴, 노조파괴, 파업저지, 시위진압, 문교정책에 대한 개입, 선거개입과 동원 등을 통해 경찰을 보조하거나, 경찰이 전면에 나서기 껄끄러운 문제들을 직접 처리하였다. 경찰은 좌익을 완전히 진압하기 위해 청년단체를 이용했으며, 청년단체들은 마을단위까지 침투하여 지속적인 좌익파괴작업을 수행했다(류상영, 1989 ; 서중석, 1998a : 560~566 ; 신복룡, 2001 : 185~191 ; Cumings, 1990 : 242~250).[94] 관변 청년단체들의 활동은 대체로 극렬한 테러의 형태를 띠고 전개되었다. 군정이 극우단체를 선호한 것은 아니지만 좌익을 응징한다는 공통된 목표는 미군정으로 하여금 테러리즘을 방조하게 만들었다. 좌익을 탄압해 줄 수 있는 대리자는 군정으로서는 필요악이었던 것이다(신복룡, 2001 : 189).[95]

---

94) 서북청년단 출신을 위시한 우익 청년단체들은 한국전쟁기간 동안 북한지역의 점령통치과정에서도 남한 정권의 핵심적인 물리력의 일부로 활동한다(김창우, 1990 : 229 ; 박명림, 2002 : 637~638).

95) 하지는 서북청년단을 테러단체로 규정하고 이를 해체하라고 3차에 걸쳐 지시를 내렸다. 이에 대해 조병옥은 "서북청년회를 해체하는 경우에는 국립경찰만으로는 남한의 치안을 유지할 도리가 없는 실상이므로 절대로 서북청년회를 해체해서는 안 된다고 주장"(조병옥, 1986 : 150)했으며, 하지는 이를 받아들였다.

선거가 끝나고 향보단96)이 해체된 이후 이승만 정권은 우익 청년단원이나 반공사상이 투철한 인사들로 민보단(民保團)을 창설하여 경찰보조기관으로 사찰·정보활동을 수행하게 했다. 민보단은 동단위로 4~5명씩 조직되어 1949년에는 단원이 4만 명에 달했다. 1948년 12월 이승만은 모든 반공청년단체들을 하나로 통합하여 반관반군사(半官半軍士)조직인 '대한청년단'을 만들었다. 대한청년단은 9개 구(區)지부, 10개 도지부, 17개 지방·특별지부, 180개 시지부, 4,230개의 읍·군·가두지부로 조직되었고, 조직원이 200만 명이라고 주장되었다. 이승만은 또한 민병 20만 명을 조직할 것을 주장하면서, 전쟁 직전인 1950년 4월 말 대한청년단을 근간으로 준군사조직인 '청년방위대'를 결성하였다. 청년방위대는 각 시·도에 방위단(사단급), 군에 방위지대(연대급), 면에 방위편대(대대급), 리에 구대(중·소대급) 및 소대로 편제되어 민중들에 대한 끊임없는 감시와 첩보 수집 및 반대세력에 대한 색출·제거작업을 수행했다(이태섭, 1989 : 134~35).

전쟁기간 동안 보여 준 경찰의 활동은 직접적인 전투보다는 주로 주요지역의 방어를 담당했던 남베트남의 군보다 훨씬 강력한 것이었다. 1950년에 들어서 이승만 정권은 북한과의 직접적인 무력대결에 대응하기 위해 6월 10일 내무부에 경찰비상경비총사령부를 설치하였고, 각 도 비상경비사령부 예하에는 전투경찰대조직을 편성하였다. 1950년 경찰의 예산은 국가일반회계의 약 30%를 차지했으며, 이 기간에 경찰에게 주어진 전란수습비특별회계는 이후 3개년간의 경찰예산에서 큰 비

---

96) 선거(1948년 5·10선거) 개입을 위해 조직된 청년조직들의 대표적인 연합조직은 향보단(鄕保團)이었다. 조병옥은 경찰력만으로는 남한의 치안을 감당할 수 없다고 보고 "선거를 치르기 위해 100만 명의 보조경찰제도를 설비하여 선거준비에 만반의 태세를"(조병옥, 1986 : 186) 갖추어야 한다고 하지에게 건의했으나 승인되지 않자 향보단을 조직했다. 향보단은 경찰 협조기관으로 경찰 지서단위의 각 지역의 55세 이하 청장년의 지원자로 구성했으며, 선거동원뿐만 아니라 소요진압에도 투입되었다(신복룡, 2001 : 185).

중을 차지했다. 전쟁기간 동안 경찰의 전투조직이 확대됨에 따라 1951
년에 경찰은 63,000여 명에 달했고, 전투임무와 더불어 후방의 내부평
정을 담당했다(한국경찰사편찬위원회, 1973 : 239~246). 아래의 논
의는 전쟁 당시 경찰의 역할을 보여 준다.

> 1950년 북한 인민군의 남침으로 6·25전쟁이 발발하게 되니, 이때 경찰은 한
> 편으로는 일선에서 국군과 함께 적을 맞아 싸웠으며, 또 한편으로는 후방
> 에서 공비토벌과 군 주보급로 경비임무를 수행하였다. 전쟁기간 중 경찰은
> 유엔군의 반격부대와 함께 북진작전에 참가하여 압록강으로 진격하기도
> 하고, 남으로는 적 후방의 서남지방 도서에서 군부대들도 시도해 보지 못
> 했던 유격전을 전개하여 향토수호 의지를 불태우기도 하였다. 그리고 대구
> 방어전에서는 경찰병력이 불퇴전의 결의로 대구를 고수하여 전승의 지주
> 역할을 하였으며, 그 이후로는 지리산을 중심으로 한 삼남지방의 공비를
> 토벌하여 군의 전선작전에 크게 이바지하였다(윤장호, 1995 : i).[97]

남한의 경찰이 보여 준 활동은 다음 소절에서도 계속 살펴볼 남베
트남의 경찰·군의 모습과는 매우 대조적인 것이었다. 이러한 차이가
발생했던 것은 기본적으로 일제의 식민유산과 이를 계승하여 경찰을 더
욱 강화시켰던 미군정·이승만 정권의 정책 때문이었다. 그러나 그렇다
하더라도 남한의 경찰조직은 왜 그토록 적극적이고 반동적이었을까?
이는 이념적 문제를 다룰 4장의 과제로 남겨 놓겠다. 이제 마지막으로
전쟁이 국가의 정치적 안정성의 토대에 미친 영향을 살펴보자.

한국전쟁과 내부평정작업

틸리는 '국가건설'을 "국가가 이미 소유권 주장을 한 영토 안에 있는
경쟁자들과 도전자들을 공격하고 견제하는 일"(Tilly, 1994 : 156)이

---

97) 경찰이 직접적으로 전선에 투입된 것은 전쟁 발발 후 1년여의 기간이다. 그 이
  후에는 주로 후방의 빨치산 소탕 등 내부안보에 치중했다(한국경찰사편찬위원
  회, 1973 : 239).

라고 보았다. 곧, 국가건설과정은 복수주권 상황을 끝내고, 영토 내에 단일한 지배권을 형성하는 과정인 것이다. 국가건설과 전쟁을 연관하여 보았을 때 전쟁은 국가건설의 가장 격렬한 표현양식이 될 수 있으며, 그 결과에 따라 모든 것을 얻을 수도 잃을 수도 있는 절체절명의 위험한 도박인 셈이다.

1950년 당시 정치체제 수준에서 위기[98]에 몰리고 있었던 이승만에게 전쟁은 하나의 기회로 여겨졌을 것이다. 미국의 지원을 받아 수행할 통일전쟁은 부족한 정치적 기반을 다시 엮어 세우고, 분단 상황이 초래한 체제 불안정성을 일거에 없앨 수 있는 기회가 될 수 있었던 것이다.[99] 그러나 전쟁 이후 남한의 정치적 안정성의 토대를 고려할 때 전쟁과정에서 핵심적인 요소로 등장했던 것은 북진통일의 달성뿐만 아니라 내부평정작업의 수행이었다고 볼 수 있다. 전쟁의 결과는 비록 분단의 지속이었지만, 내부평정작업을 통한 내부안보의 확보는 매우 성공적으로 달성되었다. 최장집은 이를 다음과 같이 평가한다.

---

98) 이러한 위기를 단적으로 보여 주는 것은 5·30선거에서 여당의 패배와 중도파의 약진이다. 단정선거였던 1948년 5·10선거를 거부했던 중도파들이 5·30선거에 대거 진출하여 의석을 장악했던 것이다. 이것은 이승만 정권에 대한 대중적 불신임을 드리내는 것이다. 5·30선거의 내용은 서중석(1996 : 302~323), 5·10선거와 5·30선거의 특성을 비교하여 이승만 정권의 위기를 분석하고 있는 논문은 강정구(1996c) 참조. 그러나 이러한 정치체제 수준의 위기가 곧 국가 수준의 위기와 등치되는 것은 아니었다는 점을 유념할 필요가 있다. 특히 1949년 말이 되면 남한 내부의 빨치산 세력이 거의 괴멸상태에 들어가고(김남식, 1990), 내부안보의 기틀이 확립되고 있다는 점을 상기해야 한다. 당시 문제는 내부안보보다는 내부 저항세력과 결합한 외부세력, 곧 북한이었다.

99) 이승만은 전쟁발발 당일 정오 무쵸 대사를 만나 "어쩌면 현재의 위기는 조선문제의 일거, 전면 해결을 위한 최선의 기회를 가져다 줄지도 모른다"라고 말했으며, 그 의미는 미국의 지원을 받아 북진통일이 가능해질 것이라는 것이었다(서동만, 1995). 이승만의 이러한 인식에 대한 논의는 박명림(2002 : 135~150) 참조

남한에서의 민중들은 참담한 피해를 입었지만 이와는 대조적으로 이승만 정부는 누구보다도 일차적인 수혜자가 되었다. 전쟁은 이승만에 위협을 주었던 국내의 반체제세력과 정치적 반대자들을 일거에 약화시키거나 제거하면서 반공국가의 안정적 기반을 조성케 했다(최장집, 1996 : 77).

전쟁을 시작한 지 3일 만에 서울을 점령하고, 전쟁개시 1개월 반 만에 낙동강 남서를 제외한 남한지역의 90% 이상, 인구의 92% 이상을 장악했던(류상영, 1990 : 63~64) 북한의 초기 성공은 역설적으로 이승만 정권의 내부평정작업을 촉진하는 요인으로 작용했다. 남한지역을 지배했던 3개월간 북한은 과거 해방공간의 혁명조직들을 부활시켰다. 최초로 장악된 서울시의 경우 출감한 좌익인사나 잠복해 있던 인사들이 각처에서 동(洞) 인민위원회를 결성하고 동사무소와 파출소를 점령하였다(김동춘, 2000 : 140). 서울을 장악한 직후 북한은 당조직을 재건하고, 과거 미군정의 탄압으로 해산되었던 인민위원회를 복구하기 시작했다. 북한은 1950년 7월 15일부터 9월 13일까지 경상북도 8개 군과 경상남도 9개 군 및 제주도를 제외한 황해도(옹진군과 남연백군)·경기도·남강원도·충청남·북도·전라남·북도·경상남·북도 등 9개 도 점령지역의 103개 군, 1,186개 면, 13,654개 리(동)에서 인민위원회선거를 실시하였으며, 군 인민위원 3,878명, 면 인민위원 22,314명, 리(동) 인민위원 77,716명을 선출했다. 인민위원회위원의 계급분류를 보면 군 인민위원회의 79%, 면 인민위원회의 87%, 리 인민위원회의 95%가 농민·노동자였다.[100] 이는 1948년 이후 전개된 '작은전쟁'기간 동안 잔존했던 혁명세력, 혹은 북한 정권을 지지·동조하는 거의 모든 세력이 전면적으로 노출되었음을 의미하는 것이고, 전세가 역전될 경우 가장 먼저 남한 정권에 의해 제거될 세력의

---

100) 북한의 남한 점령 통치에 대해서는 권영진(1989) ; 김주환(1990) ; 박명림(2002 : 197~293) ; 장미승(1990) 등을 참조.

범위가 선명하게 드러난 것이었다.

남한의 좌파와 이들에게 동조했던 세력의 비극은 전선이 이동함에 따라 뚜렷하게 현실화되었다.101) 국군이 복귀함에 따라 인민군 점령시 만들어졌던 조직들은 그 뿌리에서부터 완전히 파헤쳐져 분쇄되었고, 조직에 적극적으로 참여했던 사람뿐만 아니라 동조했던 사람들조차도 체포·사살되었다. 처벌을 피할 수 있었던 사람은 퇴각하는 인민군의 뒤를 따라 월북한 이들뿐이었다(김태일, 2000a : 488). 남한의 공식기록에 따르면 한국전쟁 전 시기를 통틀어 친공산주의적 활동을 했다는 부역자는 무려 550,915명에 달했고, 이 가운데 검거는 153,825명, 자수는 397,090명이었다(박명림, 2002 : 310).

전쟁은 기본적으로 남한 내에서 국가에 저항할 수 있는 인적·조직적 자원을 상부에서 하부까지 철저히 파괴했다. 아래의 논의는 월북한 사람들에 대한 김성칠의 감회이다.

> 글줄이나 쓰고 그림폭이나 그리던 사람들, 심지어 음악가·영화인에 이르기까지 쓸만한 사람이 많이 북으로 가버렸다. 학계로 말하여도 신진발랄한 사람들이 많이 가고 우리같이 무기력한 축들이 지천으로 남아 있다. 간 그들이 모두 다 볼셰비키였다면 또 모를 일이지만 중립적인 입장을 지키던 사람들 또는 양심적인 이상주의자들이 죄다 가버렸음을 생각하면 우리는 깊이 반성하는 바 있어야 할 것이다(김성칠, 1993 : 229~230).

---

101) 박명림은 "이동하는 전선은 그 안에 포함된 국민의 충성의 강약에 따라 내적 통합(일치)과 외적 적대(구별)를 구획하는 계선으로 고착되어 간다. 그것은 전세와 전선을 따라 전이(轉移)하는 충성의 분획선이 되는 것이다"(박명림, 1999 : 63)라고 논의한다. 이는 '전선 없는 전쟁'이라 불리는 베트남전쟁과는 차이를 지니는 것이다. '전선 없는 전쟁'에서는 충성의 분획선을 설정하기가 어렵다. 이것은 통제의 범위를 설정하기가 그만큼 어려워진다는 것을 의미한다. 그러나 밀고 밀리는 공방전 속에서도 상대적으로 분획선이 뚜렷했던 한국전쟁은 일정한 영역 안에서 국가가 지속적으로 내부평정작업을 수행할 수 있도록 했다.

　　김성칠은 친공산주의자뿐만 아니라 중립적 입장을 지녔던 사람들과 양심적 이상주의자들이 모두 북으로 가 버렸다고 쓰고 있다. 이것은 혁명적 지식인의 진공상태, 곧 남한의 독재에 저항할 수 있는 이념적·조직적 자원을 제공할 인적 자원의 고갈을 의미하는 것이었다.

　　변혁운동의 대중조직적 차원에서 보았을 때 한국전쟁은 농민정치에 단시간 내에 재건될 수 없는 커다란 타격을 주었다. 전쟁으로 인해 자주적 농민조직은 완전히 황폐화되었다. 자주적 농민조직에 참가했던 인물들은 모두 죽거나 체포·구금되거나 월북하였고, 그렇지 않은 사람들은 지하로 깊이 잠적하여 전혀 활동을 할 수 없게 되었으며, 전향을 한 사람들도 많았다(김태일, 2000a : 488). 한국전쟁은 해방공간에서 사회성원 중 상당수에게 강고하게 자리 잡았던 계급적 정체성을 '강압적으로' 해체시키는 과정이었다(강인철, 1999 : 203). 전쟁경험은 조직이나 리더십의 상실뿐만 아니라 상대적으로 동질적 집합의식을 형성하고 있었던 농민계급을 파편화시켰다. 1950년대 농촌의 침묵은 해방 이후 지속된 좌익세력과 농민의 결합, 그리고 이를 무력화시키려 했던 국가 사이의 투쟁의 결과물이라고 할 수 있다.

　　전쟁의 결과는 전후 남베트남과 남한의 차이를 낳은 중요한 요인이었다. 1차 인도차이나전쟁이 호찌민을 중심으로 한 혁명세력과 마을단위의 농민조직을 강화시켰다면, 한국전쟁은 해방 이후 남한에서 분출되었던 혁명적 조류를 최후로 봉인하는 결정적 공세였다. 전쟁 이후 1950년대 남한에서는 남베트남에서 출현했던 남베트남민족해방전선과 같은 혁명적 대중조직은 기획조차 될 수 없었다. 종전(終戰)이 되었을 때 남한 내에서 국가의 권위에 도전할 수 있는 세력은 모두 사라졌고, 이는 국가와 시민사회 간의 권력투쟁이 압도적인 국가 우위로 종결되었음을 의미하는 것이었다.

3. 지방통제능력의 차이

현재의 지배체제는 미 제국주의에 의해 형태만 바뀐 식민체제이다. 남베트남의 지배도당은 미 제국주의의 정책을 수행하는 노예적 정권이다. 이 제도와 정권은 타도되어야 하며, 모든 주민·다양한 민족·정당·종교집단·애국자들이 대표로 구성되는 광범위하고, 민족적이며, 민주적인 연합정권에 의해 대체되어야만 한다. …102)

… 과연 전쟁이 남긴 것은 누구였는가. 그것은 부산 대구에 밀려간 대학생, 고교생이었고 가장 믿을 수 없는 전선에서 죽은 청춘을 제외하면 양갈보가 된 여자, 전쟁 미망인, 애인을 잃은 동정 파괴의 처녀였고, 그 세대를 에워싼 노인과 어린 아이들이었다는 대답이 나온다. 다시 말하면 전쟁 자체를 정면으로 체험할 수 없는 허약자 기피자들만이 남고 전선에서 돌아온 것도 전쟁 체험을 이미 승화시킬 수 없는 저질적 부상병뿐이었다(고은, 1989 : 132~133).

1959년 이후 남베트남과 한국전쟁 이후 남한은 통치범위에 기반한 국가 안정성의 측면에서 상당히 대조적인 모습을 보인다. 당시 남베트남의 상황은 내부안보 확보의 실패와 다주권 상황의 전개를 특징으로 하는 반면, 남한은 외부안보는 물론이거니와 내부안보의 견고화를 통해 국가건설의 안정적 기반을 확보했던 것이다. '하나의 운명'으로 묶였던 '두 개의 국가'는 운명의 갈림길에 접어들었고, 이는 향후 두 국가가 걸었던 전혀 상이한 역사행로를 알리는 전조(前兆)였다.

이 소절에서는 이렇게 서로 다른 경로로 발전해 갔던 남베트남과 남한의 지방통제능력이 지니는 사회적 효과를 살펴보겠다. 여기에서 주목할 것은 국가와 시민사회의 관계이다. 이는 국가가 스스로의 효과를 발휘하는 대상이 시민사회이며, 특히 통제의 효과는 당시 국가가 직접적으로 관계 맺고 있었던 시민사회의 정치·사회적 지형과 접맥하여 보았을 때 선명하게 드러나기 때문이다.

---

102) 남베트남민족해방전선의 강령 1조. Pike(1967 : 344).

남베트남·남한의 국가 통제범위와 강제력의 침투력이 지닌 차이점
을 시민사회와의 관계를 고려하여 간략히 나타내면 다음과 같다.

〈표 3-6〉 남베트남·남한의 국가 통제범위와 강제력의 차이

차이 \ 국가	국가와 지방통제	국가와 강제력	국가와 시민사회의 대립 수준
남베트남	전략촌계획의 실패와 지방통제력 상실	대반란작전에 무력했던 군	다주권 상황의 전개와 국가 수준의 위기
남한	강력한 중앙통제와 농촌에 대한 지배의 공고화	사회를 압도하는 군의 성장	정치체 수준의 위기

남베트남의 경우 지엠 정권하에서 실행된 농촌전략의 마지막 카드
였다고 할 수 있는 전략촌계획이 실패함으로써 중앙은 지방통제력을 상
실했고, 통제력의 마지막 보루였던 군은 대반란작전에 무력했다. 또한
혁명세력의 조직화와 이를 바탕으로 한 시민사회의 국가체제에 대한 직
접적인 저항은 다주권 상황과 '국가 차원의 위기'를 초래하였다. 남베트
남과는 대조적으로 한국전쟁 이후 남한은 중앙통제기제를 더욱 강화했
으며, 농촌에 대한 지배를 확고히 했다. 또한 압도적으로 성장한 군은
국가와 시민사회의 권력 불균형을 더욱 증폭시켰다. 국가와 시민사회의
대립은 한국전쟁 이전의 국가 수준의 정당성에 대한 대립에서 정치체
수준의 대립으로 하향조정되었으며, 정권의 위기는 국가 수준의 위기로
까지 확장되지 못했다. 전후 남한은 국가 수준의 안정성을 공고히 하고
있었던 것이다.

1) 내부안보 확보의 실패와
다주권 상황의 전개 : 남베트남

1959년 초기 몇 달 동안 남베트남의 안보 상황은 눈에 띄게 악화되

었다. 공산주의자들의 마을에 대한 통제는 증가했고, 이와 더불어 정부가 농촌지역에서 수행하는 행정적 · 경제적 프로그램들에 대한 반대는 늘어났다(Sci1gliano, 1964 : 38). 1960년 말경 남베트남군은 무력했고, 남베트남의 혁명세력은 낮에는 국토의 절반 정도를, 밤에는 그보다 훨씬 넓은 지역을 지배했다. 1961년 여름을 넘어서면서 상황은 더욱 악화되고 있었다(Schlesinger, 1966 : 19, 22). 1961년 여름의 상황에 대한 슐레진져(Schlesinger)의 보고서를 잠시 살펴보자.

> "시간이 지날수록 상황은 더욱 악화되고 있다". 화이트 테어도어(White Theodore)는 8월에 다음과 같이 기술했다. "지금은 게릴라가 남쪽의 삼각주 지대를 거의 지배하고 있다. 이것이 너무나 확연해서 대낮에도 군대의 호위 없이 자동차로 사이공 교외로 나가려는 미국인을 찾아 볼 수 없다"(Gravel ed., 1971b : 70).

지엠 정권의 후반기라고 할 수 있는 1959년 이후의 상황은 이미 정권안보를 넘어서서 국가 안정성의 토대가 흔들리고 있었던 것이다.

남베트남에서 성공적인 대반란작전103)은 언제나 사이공 정부가 '관리하는 체제(administering regime)'가 될 수 있는가 그렇지 않은가에 달려 있었다(Joiner, 1967 : 543). 남베트남에서 '관리하는 체제'가 특히 중요했던 것은 지엠 정권이 대중들을 배타적으로 지배하고 있었던 것이 아니라 베트민을 모태로 한 민족해방세력과의 경쟁 속에서 통치권을 수립해야 했기 때문이다. 아래의 논의에서는 '흔들리는 체제'를 안정시키려는 지엠의 지속적인 노력과 그 한계를 첫째, 농촌통제를 위한 '전략촌계획', 둘째, 대반란작전에 무력했던 군을 통해 살펴보고, 세 번째로 지엠과는 대조적인 방식으로 전개되었던 남베트남민

---

103) 당시 대반란작전은 전략촌계획 · 현지작전(field operation) · 심리작전과 민사(civic action)작전의 세 가지 유형으로 구성되었다. 각 전략은 전투의 승리와 주민들을 얻기 위한 방책이었으며, 서로 혼합된 형태로 운영되었다(Fall, 1961 : 389).

족해방전선의 대중조직화방식을 검토함으로서 지엠 정권이 구축했던 국가 안정성의 토대가 지닌 한계를 밝히겠다.

'전략촌계획'의 실패와 지방통제력의 상실

'미-지엠 정권'의 농촌정책은 과거 프랑스 식민주의자들의 그것과 별다르지 않았다. 그들은 농촌에서 출발하지 않았으며, 이미 설명한 바와 같이 도시와 농촌은 지배와 피지배의 분할선이었다. 아래의 핏제랄드의 묘사는 이를 잘 드러낸다.

> 응오딘지엠과 그의 미국인 고문들은 프랑스의 사례에서 배우지 않았거나 배우지 못했다. 그들은 근대화를 위해 동일한 중앙집권적 전략을 따라 도시·군대·관료주의를 계속 발전시키면서 촌락은 쇠퇴하도록 내버려두었다. ⋯ 민족 전체에 있어서 이는 남베트남이 두 개로 구별되는 계급 혹은 문화로 점차 분할됨을 의미했다(FitzGerald, 1972 : 144).

지엠의 지배공간은 도시였으며, 농촌은 그가 지배를 유지하기 위해 치러야 할 '비용'의 지역이었다. 따라서 지엠의 농촌전략은 농촌의 진정한 발전보다는 다분히 농촌에 대한 효율적인 통제를 우선시하여 세워질 수밖에 없었으며, 이를 잘 반영하는 것이 급증하는 '행정의 군사화'였다.

성단위를 기준으로 살펴볼 때 1958년에는 36개의 성장 가운데 13명이 군장교였는데, 계획에 따른다면 이들은 거의 대부분이 가까운 장래에 민간인으로 대체될 것이었다. 그러나 이러한 계획은 실행되지 못했다. 1960년 9월경에는 성장 가운데 21명이 군인이었고, 17명이 민간인이었는데, 1962년 8월경에는 41개 성 가운데 36개 성을 군장교가 지배했고, 나머지 5개의 성만을 민간인이 지배했다. 또한 현의 경우에는 거의 하급장교들이 지배하였다. 결과적으로 성·현의 전체적인 행정체계는 군사적 이해관계에 의해 운영되었으며, 행정의 가장 중요한 목적은 안보가 되었다(Scigliano, 1964 : 166).

사실 지엠 정권이 점차 안정되었다면, 지역의 행정체계는 이와는 반대방향으로 재편되어야 했다. 체제의 비민주성으로 인해 억압적 통치방식이 유지된다 하더라도 행정체계 자체는 이미 의도했던 바와 같이 점차 '탈군사화(demilitarization)'의 방향으로 나아가야 했던 것이다. 그러나 상황은 그렇지 못했으며, 시간이 지날수록 안정의 가능성은 희박해지고 있었다. 급속한 행정의 군사화는 지역 수준에서 민족해방세력과 지엠 정권의 경합, 그리고 점차 주도권을 상실해 가는 중앙권력의 한계를 반영하는 것이었고, 이러한 과정을 그대로 보여 주고 있는 것이 전략촌계획이었다.

전략촌계획은 1961년 11월 13일 영국고문단(British Advisory Mission)의 톰슨(Thompson)104)에 의해 초안이 마련되었고, 1962년 2월 3일 전략촌각료간위원회(Inter-Ministerial Committee)가 만들어지고, 동년 3월 19일 지엠이 톰슨의 '델타계획(Delta Plan)'의 실행을 승인함으로써 본격적으로 추진되었다.105) 전략촌은 밀집구역 혹은 밀집촌과 전투촌106)의 중간적인 형태로 다음과 같은 3단계, 곧 ㉠ 한 지역에서 반란자들을 제거하고 지역주민을 보호하며, ㉡ 정부의 기반시설(infrastructure)을 세우고, ㉢ 농민들이 정부에 대해 동질감을 가질 수 있도록 서비스를 제공하는 연속적인 과정으로 계획되었다(Gravel ed., 1971b : 128). 미국인들이 보기에 전략촌은 주민통제의 수단일 뿐만 아니라 의미 있고 체계적인 복지사업 혹은 '민심얻기

---

104) 톰슨은 말레이반도의 평정작업에 참여하였으며, 전쟁 수행에 있어서 닉슨(Nixon)의 가장 가까운 조언자 중의 한 사람이었다. 말레이반도에서의 경험과 전략촌의 구상, 그리고 그것의 적용에 대한 실증적 연구는 Osborne(1965) 참조.

105) 전략촌계획에 대한 연대표는 Gravel ed.(1971b : 131~132) 참조.

106) 전투촌은 부인과 아이들을 소개(疏開)시키고, 남편은 계속해서 농업에 종사하면서 가족들이 마을로 돌아올 수 있을 정도로 안전한 마을을 만들기 위해 반(反)게릴라활동을 벌이는 마을을 일컫는다(Pike, 1967 : 64).

(winning the hearts of the people)'의 기회였다. 미국의 계획이 성공한다면 전략촌은 불안정한 바다 한가운데 있는 안전섬이 될 것이었고, 그 안의 주민들은 단순히 군의 보호를 받는 존재가 아니라 대반란작전의 실질적인 주체가 될 것이었다(Pike, 1967 : 64).

시기적으로 보았을 때 만일 1961년이 영토와 주민들을 획득하기 위한 '전선의 해(Front Year)'였다면, 1962년은 사이공이 광범위한 신뢰를 얻어야만 하는 해였다(Burchett, 1965 : 189). 또한 1962년 8월 주베트남 미 대사 놀팅(Nolting)이 언급한 바와 같이 당시는 '커다란 기회'일 뿐만 아니라 '커다란 위기'를 함축하고 있는 시기이기도 했다(Catton, 2002 : 186).[107] 이를 반영하듯이 지엠 정권의 내무부 장관이었던 부이반르엉(Bui Van Luong)은 1962년 5월 22일 "이것은(전략촌계획) 영광스런 승리 혹은 비참한 패배를 가져올 최종적이고 결정적인 계획"이라고 선언했으며(Ton Vy, 1967 : 33), 이 결정적 계획을 주도적으로 이끌었던 것은 응오딘뉴였다.

전략촌건설 초기 뉴는 야심에 찬 계획을 입안했다. 뉴는 1963년 초까지 남베트남의 14,000개 가량의 마을 가운데 절반인 7,000개를, 그리고 1964년 초까지 나머지 5,000개를 전략촌으로 탈바꿈시키려고 기획했고, 나머지 2,000개는 본보기로 파괴하고자 했다(Hunt, 1995 : 21).[108] 1962년 8월경 2,500개가 넘는 전략촌이 완성되었고, 동시에 2,500개가 넘는 전략촌이 건설 중이었다(Gravel ed., 1971b : 129).

---

107) 당시 미국 정부와 고문들은 지엠에게 통치체제 개혁을 요구했다. 그러나 지엠은 체제의 개혁은 정부의 붕괴를 가져올 것이라고 보았다. 그러나 상황은 지엠이 생각한 것보다 심각했다. 미국의 관찰자들은 개혁의 실패는 정부의 몰락이 아니라 국가의 몰락을 초래할 수 있다고 생각했다(Gravel ed., 1971b : 131). 서로 입장은 다르지만 이 같은 상황인식은 미국과 지엠이 전략촌계획에 더욱 집착하는 원인이 되었다.

108) 전략촌의 건설은 농촌지역에 국한된 것이 아니었다. 이것은 도시지역, 곧 사이공·후에·다랏·다낭과 같은 지역까지 확장되었고, 이들 지역은 '전략구역(strategic quarters)'으로 불렸다(Osborne, 1965 : 29).

⟨표 3-7⟩ 통제비교 : 베트남 정부와 베트콩－1962년 7·10·12월과 1963년 4월

		남베트남 정부의 효과적인 통제	남베트남 정부의 세력상승	양자 모두 통제불가	베트콩의 세력상승	베트콩의 효과적인 통제
1962년 7월 상황	마을의 수	650	710	34	422	454
	농촌 인구	5,000,000	3,622,000	137,000	1,702,000	1,157,000
	비율	47%	29%	1%	14%	9%
1962년 10월 상황	마을의 수	929	613	148	329	437
	농촌 인구	6,071,000	3,246,000	717,000	1,275,000	1,008,000
	비율	49%	27%	6%	10%	8%
1962년 12월 상황	마을의 수	951	666	120	348	445
	농촌 인구	6,300,000	3,331,000	643,000	1,143,000	926,000
	비율	51%	27%	5%	9%	8%
1963년 4월 상황	마을의 수	935	731	139	348	390
	농촌 인구	6,724,000	3,356,000	609,000	962,000	857,000
	비율	54%	27%	5%	7%	7%
1962년 7월～1963년 4월의 변화	마을의 수	+76	+21	+105	-74	-64
	농촌 인구	+924,000	-266,000	+472,000	-740,000	-300,000
	비율	+7%	-2	+4	-7%	-2%

주 : 베트남 농촌의 통제상을 보다 잘 보여 주기 위해 정부통제하에 있는 사이공·다낭·후에·다랏에
　　있는 1,600,000명의 도시 인구는 포함시키지 않았음.
자료 : Gravel ed.(1971b : 157)

　　⟨표 3-7⟩은 1962～1963년 사이 남베트남 정부와 베트콩으로 불리
는 혁명세력의 경합으로 인한 통제지역의 변화를 나타낸 것이다. ⟨표
3-7⟩에 의거한다면 1962년부터 추진된 전략촌계획은 1963년 초까지
성과를 거두고 있었으며, 특히 군사적 평정계획은 많은 지역에서 성공
을 거두었다. 만일 이러한 추세가 지속되었다면 남베트남 정부는 안정
적인 궤도에 진입했을 것이다. 그러나 상황은 매우 달랐다. 전략촌은
건설되었던 것만큼 빠르게 파괴되었으며, 1963년 11월 지엠의 죽음과
더불어 용도 폐기되었고, 상황은 날로 악화되었다.109)

　　그렇다면 초기의 군사적 성공에도 불구하고 전략촌은 왜 실패했을

까? 전략촌 실패의 원인은 전통적인 프랑스의 평정방식과 결합된 관료·형식주의의 문제, 마을의 전통을 고려하지 않은 '강압적 근대화기획'의 문제로 요약할 수 있을 것이다.

지엠 정권의 농촌 평정방식은 프랑스의 그것에서 거의 나아가지 못했다. 정부는 전략촌건설의 핵심 목표 중 하나였던 실적인 평정, 곧 민심을 얻고, 정부와 농민의 일체감을 만들어 가는 데보다는 양적 팽창에 주력했다.110) 프랑스 식민지시기부터 내려오던 전통적인 지역관리의 한계를 그대로 재현하듯 초기의 군사적 성공에도 불구하고 평정지역의 관리는 너무도 허술했다. 정부는 촌락을 개혁하고 농민병사를 조직·훈련할 만한 충분한 민사팀과 보안팀을 제공하지 못했고, 경찰력도 방어거점 내의 혁명세력과 그들의 동조자를 색출하기에는 몹시 부족했다

---

109) 1963~1964년 남베트남의 상황에 대한 분석은 논자에 따라 많은 차이가 있다. 헌트의 경우 맥나마라가 대통령에게 보낸 메모에 근거하여 1964년 3월 정부는 혁명세력이 44개 성 가운데 22개에서 해당 지역의 50%, 혹은 더 많은 지역을 지배하고 있다고 평가했고, 이들 중 약간의 지역은 혁명세력이 거의 모든 지역을 통제했다고 본다. 또한 수도인 사이공을 둘러싼 지역들, 곧 푸억뚜이(Phuoc Tuy)의 80%, 빈즈엉(Binh Duong)의 90%, 허우응히어(Hau Nghia)의 75%, 끼엔뜨엉(Kien Tuong)의 90%, 딘뜨엉(Dinh Tuong)의 90%, 끼엔호아(Kien Hoa)의 90%, 안쑤엔(An Xuyen)의 85%를 혁명세력이 지배하고 있었으며, 남베트남 전체를 보았을 때 혁명세력은 영토의 30%, 인구의 15%를 넘게 지배했다고 주장한다(Hunt, 1995 : 25). 그러나 팜끄엉은 1963년 초 남베트남의 해방구는 영토의 75%였고, 인구의 50%를 혁명세력이 지배했다고 본다(Pham Cuong, 1970 : 103). 또한 폴은 1963년 3~5월 사이에 혁명세력은 남베트남 전체에서 3개의 성을 제외하고는 어떠한 형태로든 세금을 징수하고 있었고, 27개 성에서는 세금 징수가 공식적인 기반을 가지고 진행되었다고 주장한다(Fall, 1966a : 201~202). 헌트의 주장은 팜끄엉이나 폴의 주장에 비해 과소평가된 것으로 여겨지나, 다른 면에서 볼 때 영토의 30%와 인구의 15%는 중앙정부가 전혀 통제하지 못하는 적색지역을 지칭하고 있는 것이라고 볼 수 있다. 상이한 주장들에도 불구하고 중앙정부의 통제지역이 시간이 지남에 따라 줄어들고 있는 것은 부인할 수 없는 사실이었다.

110) 오스본은 1962년 말경이 되면 전략촌계획의 과도한 팽창이 명백히 문제가 되었다고 보고 있다(Osborne, 1965 : 38).

(Asprey, 1975b : 1008). 평정지역의 관리 문제와 더불어 〈표 3-7〉에서 제시했던 정부통제영역의 수치 또한 그 신뢰성이 상당히 의심스러운 것이었다. 응오딘뉴는 성의 장들에게 지속적으로 전략촌건설계획을 독려하였고, 실적을 보고할 것을 요구했다. 보고된 전략촌의 수는 계획대로 안정적인 통제가 수행되고 있었는지에 대한 타당한 검증작업을 거치지 않은 것이었으며, 강제된 '숫자놀음'일 가능성이 높았다. 또한 마을의 상대적인 평온함은 정부와 마을 주민의 동질감을 반영한 것이라기보다는 종종 혁명세력과 주민들의 조화를 반영한 것이기도 했다(Hunt, 1995 : 22~23).

전략촌이 건설되어 가면서 1963년까지 혁명세력의 우세 · 통제지역이 계속 줄어 가는 것으로 나타나지만, 더욱 중요한 것은 양자가 모두 통제력을 발휘하지 못하는 지역이 여전히 높은 수치를 보여 주고 있다는 점이다. 표에서는 경합지역의 형태로 드러나고 있지만, 사실 정부가 통제하지 못하는 지역은 혁명세력의 영향력이 그만큼 유지되고 있는 지역이라고 볼 수 있었던 것이다.

밀집구역건설의 연장선상에 있었던 전략촌건설계획은 베트남의 역사 · 전통 · 생활방식 · 문화 등의 요소를 전혀 고려하지 않은 '미-지엠정권'의 '근대화기획'111)의 부산물로 베트남인들의 원초적 정체성을 직접적으로 공격하는 것이었다.112) 지엠은 '인격주의혁명'을 표방하면서

---

111) 1961년 케네디 정권이 들어서면서 본격적으로 추진된 제3세계 '근대화기획'은 해당 국가의 내부안보를 확립하기 위한 반혁명전쟁이자, 해당 지역 인민의 민심을 얻어 근대 국민국가를 공고히 하기 위한 고도의 정치전 성격을 지니고 있었다. 곧, '공산주의자의 사주를 받은 민족해방운동'을 분쇄하기 위해서 미국은 대반란작전과 국가건설이라는 두 가지 정책을 동시에 추구하고자 했던 것이다(정일준, 2003 : 287~288).

112) 미국에게 이는 어찌 보면 당연한 결과였는지도 모른다. 미국의 정책 담당자들은 베트남 문제를 정치 · 군사 · 정책적 시각에서 접근했으며, 이는 미국의 학자들도 마찬가지였다. 미국의 학자들이 본격적으로 베트남에 관심을 갖게 된 것은 1950년대에 들어서면서부터였는데, 이들은 주로 동시대사나 긴박한 정책

전략촌계획을 추진했지만, 대부분의 베트남인들은 전략촌을 혁명의 요소가 아니라 안보수단으로 간주했다(Hunt, 1995 : 23). 이를 이해하기 위해 아래의 웨스트모랜드(Westmoreland)의 언급을 먼저 살펴보자.

> 이제까지 농민들은 세 가지 선택지를 가지고 있었다 : 농민들은 그들의 본성에 따라 조상들의 무덤이 있는 토지에 머무를 수 있었다. 그는 또한 정부의 통제지역으로 옮겨갈 수 있었으며, 그렇지 않으면 베트콩에 합류할 수 있었다(FitzGerald, 1972 : 343).

농민들에게는 과연 세 가지 선택지가 주어졌을까? 웨스트모랜드의 언급과는 달리 농민들에게는 전략촌에 들어가거나 혁명세력에 합류할 두 가지 선택지밖에는 없었다. 이러한 상황을 버체트는 다음과 같이 설명한다.

> 만일 농민들이 자발적으로 이주하지 않거나, 재빠르게 집중촌(Concentration camp)[113) 구내로 들어가지 않을 경우 그들은 지엠의 군대가 자신의 과일나무를 베고, 물고기가 있는 연못을 메우고, 집을 불태우는 것을 지켜보아야 했다(Burchett, 1965 : 190).

정부관료들은 대중들의 요구를 알지 못했으며, 대중들이 미래의 이익에 대한 약속을 위해 시간과 돈을 희생하길 원했다. 또한 정부정책은 농민들과 그들의 가족들을 삶의 터전으로부터 유리시키고, 그들의 자유를 제한하는 폐쇄된 정착지로 내몰았다(Hunt, 1995 : 22). 전략촌은 주민들에 대한 공간적 구획과 통제를 통해 정치·사회·경제·군사적인 '배제'와 '통합'을 시도한 극단적이고 폭력적인 '공간정치'의 한 유형이

적 사안의 분석에 관심을 기울였고, 여러 사건들이나 사안들이 지니는 역사·문화적 의미는 소홀히 다루었다(Huntington, 1967 : 503~504).

113) 혁명세력은 전략촌을 대중들을 수용하는 집중촌으로 불렀다.

었던 것이다. 전략촌이 실패하게 된 원인은 초기 단계에서는 '과도한 팽창'과 그것이 초래한 '허술한 방어력' 때문이었다고 볼 수 있겠지만, 정말 핵심적인 요인은 중앙정부의 정책에 대한 농민들의 적대였다(Gravel ed., 1971b : 131). 농민들의 충성을 획득하기 위해 진행되었던 전략촌계획의 '의도치 않은 결과'는 지엠 정권의 명을 재촉하고 있었고, 더 나아가 국가의 안정성을 위협하고 있었다.

대(對)반란작전에 무력했던 군(軍)

1959년 이후 남베트남은 급속한 '군사화'의 길을 걸었다. 지엠 정권은 1960년에 이르러 정규군 175,000명, 민병대 100,000명, 자경단 60,000명, 경찰력 45,000명으로 380,000명의 물리력을 확보했고(Hoang Nguyen, 1975 : 68), 1963년 초에는 정규군 225,000명, 민병대 100,000명, 경찰력 90,000명, 자경단 85,000명으로 전체 물리력은 500,000만으로 증가했다(Fall, 1966a : 309).[114] 또한 1954년 남베트남에 들어왔던 327명의 군사원조고문단은 1961년 이후 2배 이상 증가해 700명에 이르렀다.[115] 군사력의 증강에는 미-지엠 정권의 공통된 위기의식이 작용하고 있었으며, 이를 단적으로 드러낸 것이 1961년 5월 13일에 발표된 미국의 부통령 존슨(Johnson)과 지엠의 공동성명이다. 공동성명은 베트남에서 가장 우선적으로 필요한 것이 내부안보의 확보임을 확인하고, 이를 위해 공동성명의 2항에서는 "베트남공화국의 정규군이 증강되어야 함에 동의하며, 미국은 증강된 베트남 정규군을 유지하기 위한 군사원조프로그램을 확대할 것"임을, 3항에서는 "미국은

---

114) 군사력은 1965년에 이르면 정규군 237,000명, 자경단·민병대·특수군 등 560,000명으로 총 797,000명에 달한다(*Viet Nam Courier*, no. 30, 1974.11).

115) 군사원조고문단은 1962년 3월 베트남군사원조사령부(Military Assistance Command, Vietnam)로 재편되며, 1964년에는 16,000명으로 1965년 초에는 23,000명으로 증가한다(Trager, 1966 : 174).

전체 베트남 민병대를 유지하기 위한 군사원조프로그램을 제공할 것에 동의"함을 밝히고 있다(Trager, 1966 : 172~173).

그렇다면 지엠이 통치의 근간으로 삼았던 군의 상태는 어떠했을까? 지엠의 군대는 양적인 측면에서 비약적으로 성장하고 있었지만, 대(對)반란작전을 수행할 만한 진투능력을 지니지 못한 신뢰할 수 없는 존재였다. 아래의 논의는 남베트남군의 특성을 설명한다.

> 능력보다 개인적 충성심에 따른 진급, 밀고자의 활용, 성실하고 적극적인 인사의 추방, 온갖 술수의 횡행으로 군의 충성심은 조금도 나아지지 않았다. 때문에 통제력은 빈약해졌고, 강력한 적과 생사의 싸움을 하고 있는 군의 명성이 더럽혀지고 군은 무력해졌다.[116]

남베트남군의 무력함이 가장 잘 드러난 사건은 바로 업박(Ap Bac) 전투였다. 업박은 미토(My Tho)성에 속한 인구 600명의 작은 마을로 사이공에서 서남쪽으로 60㎞ 떨어진 곳에 위치한다. 1963년 1월 1일 미국 정찰기는 200여 명의 '베트콩 게릴라'가 마을로 접근하는 것을 발견했다. 마침 1월 3일이 지엠의 생일이었으므로 하킨스(Harkins) 장군은 이 지역의 게릴라를 소탕하여 지엠에게 특별한 선물을 안겨 주고자 작전에 임했다(Burchett, 1965 : 85 ; To Minh Trung, 1967 : 73). 그러나 하킨스는 작전을 지시할 때만하더라도 업박전투가 미국이 이후 10년여를 겪어야 했던 악몽의 시작이었음을 알지 못했다.

업박에는 로버트 요크(Robert York) 장군의 지휘하에 베트남군 제7사단에서 헬기의 지원을 받는 3개 대대, 레인저 2개 중대, 민병대 4개 중대, 자경단 4개 중대, 13대의 M-113 탱크, 6문의 105㎜ 대포, 106㎜ 박격포 1개 대대가 투입되었다(Burchett, 1965 : 86). 이 전투

---

116) Halberstam, David, *The Making of a Quagmire*, New York : Random House 1965 ; Asprey(1975b : 994)에서 재인용.

는 인원으로 보면 10 : 1의 싸움이었으며, 물량과 인원 모두에서 혁명세력은 정부군의 상대가 될 수 없었다. 그러나 전혀 의외의 결과가 나타났다. 남베트남군은 400~450여 명 정도의 사상자를 냈고, 이 중 13명은 미국인이었다. 6대의 헬기가 추락했고, 15대가 파손되었으며, 3대의 M-113 탱크가 파괴되었다. 또한 전투수행 중 미국인 고문들이 게릴라들을 소탕하기 위해 진격을 명령했지만, 남베트남 군인들은 그 명령을 따르지 않고 싸우기를 거부했다.117) 성장과 군으로 이원화되어 있었던 군의 명령체계가 군의 신속한 대응을 막고 있었지만, 더욱 문제가 되었던 것은 군 자체가 싸울 의지가 없었다는 점이었다(Burchett, 1965 : 89 ; Olson & Roberts, 1991 : 98~99 ; To Minh Trung, 1967 : 74 ; *Viet Nam Courier*, no. 31, 1974.12).

주베트남 대사와 하킨스 장군은 업박전투의 의미를 애써 평가절하했지만(Catton, 2002 : 191), 문제는 업박전투가 그들이 늘 주장하던 '도미노론'의 마을단위의 축소판이었다는 점이었다. 남베트남의 혁명세력은 업박전투의 승리가 미국이 1961년부터 농촌을 대상으로 추진해오던 '특수전'에 대항한 혁명세력의 승리라고 선전했으며(To Minh Trung, 1967 : 75),118) 업박전투를 출발점으로 하여 제2・제3의 업박을 만들기 위한 '업박따라배우기운동(Ap Bac emulation movement)'을 펼쳐 갔다(To Minh Trung, 1967 : 75). 제2의 업박은 그리 오래지 않아 메콩 델타의 쯔엉티엔(Chuong Thien)성의 록닌(Loc Ninh)에서 재현되었다. 1963년 10월 17~18일 사이 치러진 전투에서 남베트남군은 업박에서와 같이 미군의 진격명령을 듣지 않았으며, 월등한 화력과 7 : 1로 우세한 병력을 가지고도 처참한 패배를 맛보았던 것이다(Burchett, 1965 : 89~90 ; To Minh Trung, 1967 : 79~82).

---

117) 당시의 상황을 잘 보여 주고 있는 것은 Sheehan(1998 : 68~70) 참조.

118) 레꾸옥산은 업박전투의 승리가 미국의 특수전 전략의 실패를 알리는 역사적 전환점이었다고 평가한다(Le Quoc San, 1992).

지엠 정권 당시 진행되고 있었던 농촌에서의 교전은 남베트남의 물리력이 지닌 한계를 여실히 드러내고 있었다. 농촌에 대한 평정작업에서 남베트남군은 계속해서 수동적인 채로 남아 있었다. 중앙에서 통제할 수 없는 농촌은 남베트남 정부에 대해 본격적인 투쟁을 선언한 민족해방세력의 요람으로 변해 가고 있있다. 국가의 통제력은 무너지고 있었으며, 이에 대항한 민족해방세력은 남베트남의 국가를 대체할 새로운 통치체제를 세워가고 있었다.

다주권 상황의 전개와 국가 수준의 위기

"1960년 12월 20일 '남베트남 해방지역의 어떤 장소'(당사에서 이렇게 묘사하고 있다)에서 남베트남 사회의 다양한 층의 대표들이 모여 비밀 회의를 열고 공식적으로 수립"(Duiker, 2003 : 765)한 남베트남 민족해방전선은 남베트남에서 이중주권 상황이 형성되었음을 공식화하는 것이었다. 이러한 대중적 통일전선조직은 한국전쟁 이후 남한에서는 상상도 할 수 없는 것이었으며, 남베트남과 남한의 국가 통제력과 대중적 정치역량의 차이를 명확히 보여 주는 것이다. 아래의 논의에서는 중앙을 조직함으로써 대중의 충성을 강제하고자 했던 미ー지엠 정권의 강압적·하향적 통제방식과는 반대로 변방을 조직화함으로써 중앙을 압박·무력화시켰던 혁명세력의 특성과 마을 조직화방식을 살펴봄으로써 혁명적 상황의 심화과정을 추적해 보겠다. 이러한 논의는 민족해방전선의 기본적인 조직적 특성과 운동에 대한 접근방식, 구체적인 농촌조직화방식으로 나누어 진행할 것이다.

당시 미국과 지엠 정권은 남베트남의 혁명조직을 북부의 외적 개입에 의해 만들어진 비주체적이고 수동적인 조직체로 취급했다. 이러한 입장은 1966년 미국 국방장관 맥나마라(Robert McNamara)가 상원 외교위원회에서 행한 "1) 남베트남의 반정부 봉기는 북에서 침투해 온

공산주의자들이 조작했다. 2) 해방전선은 북의 괴뢰이며 한 사람의 남부의 정치지도자도 그에 가담하지 않고 있다. 3) 이들의 무기는 북베트남에서 군사분계선 너머로 공급한 것이다"(이영희, 1991 : 57)라는 증언에서 잘 드러난다. 과연 남부의 혁명운동은 단순히 외부로부터 주어진 것인가? 맥나마라가 제기했던 세 가지 쟁점은 분단 이후 북부의 노선과 남부의 조직을 검토할 때 타당하지 않은 주장이며, 다분히 이데올로기적 자기 정당화의 성격을 강하게 함축한 것이었다.

미국의 개입과 지엠의 통일선거 거부 등으로 제네바협정에서 보장된 평화로운 통일이 난관에 부딪히자 호찌민 정권은 즉각적인 통일 노력보다는 '북을 건설하고 남을 바라보자'는 새로운 입장을 정립하게 된다(Duiker, 2003 : 696). 초기 호찌민은 분단된 남부정권의 수립이 실패로 돌아갈 것이라는 낙관적 전망을 가지고 있었으며, 남부의 베트민 지지자들에게 폭력적 방법이 아닌 평화로운 방법에 의한 통일운동을 촉구하고 있었다. 그러나 상황은 그리 간단한 것이 아니었다. 지엠 정권의 혁명세력에 대한 지속적인 탄압과 농지개혁과 같은 사회개혁의 지연, 정권의 비민주성으로 인해 남부 주민들의 불만은 계속 누적되고 있었으며, 이에 대항하여 남부의 혁명세력은 1957년 이후 점차 정부에 대한 저항의 수위를 높여 가고 있었다. 만일 이러한 상황에서 북부정권이 남부의 저항운동을 승인하지 않는다면 북부정권은 17도 선 이남에 대한 영향력을 상실할 수도 있었다(Kahin & Lewis, 1969 : 108). 북부정권의 행동방향은 1959년 1월 제15차 노동당 전체회의를 시발로 하여 1960년 9월 5일 하노이에서 열린 베트남노동당 제3차 전국대회에서 그 윤곽이 드러났다. 제3차 전국대회에서 노동당은 남부의 새로운 전선에 대해 공식적으로 언급했으며(Duiker, 2003 : 756), 남부의 민족해방전선을 승인했다. 결국 해방전선은 남부인들에 의해 완전히 독자적으로 만들어진 조직은 아니지만, 그렇다고 해서 단순히 북부의 지시에 의해 움직이는 로봇과 같이 기계적으로 만들어진 것도 아닌 것

이다(Pike, 1967 : 82).[119]

비록 북부의 통제를 받고 있었다고 하더라도 초기 민족해방전선은 남부만의 정통성을 지니고 있었다. 대부분은 아니라고 할지라도 초기 해방전선의 많은 인원들은 남부인들이었다(St Jonh, 1980 : 818).[120] 민족해방전선은 각계 조직을 대표하는 10명과 개인 자격으로 참여한 50여 명이 모인 가운데 공식적으로 조직되었는데, 각 성원은 구베트민, 불교, 까오다이, 호아하오의 일부세력, 소수민족, 메콩 델타의 농민조직대표, 청년학생, 소수 정당 혹은 전문가집단 등의 대표와 개인들을 망라하고 있었다(Pike, 1967 : 82~83 ; Vu Can, 1970 : 26).

또한 해방전선이 건설된 초기, 인민군들이 사용했던 무기들 중 북부로부터 공급받은 것은 그리 많지 않았다. 무기들은 북으로부터 긴 오솔길을 이동하여 조달되는 것보다 남베트남 정부의 전초기지와 미국인들로부터 보다 쉽게 획득될 수 있었다. 해방전선이 전쟁 물자와 병력을 북부에 의존하게 된 것은 미국의 전투부대가 개입하면서 시작된 것이었다(FitzGerald, 1972 : 146~148).

대중적 통일전선체인 '해방전선'은 전위 정당인 '인민혁명당(People's Revolutionary Party)', 물리력인 '인민해방군'을 포괄하면서 단순한 대중운동이 아닌 사실상(de facto)의 정부를 지향해 갔다. 인민혁명당은 1962년 1월 18일 공식적으로 창당선언을 했으며, 스스로

---

119) 해방전선의 중앙위원을 지냈던 쯔엉뉴땅은 "남부에서의 혁명은 자연발생적이며 또 남부 인민의 감정, 양심 그리고 갈망에 기초를 둔 것이었다"(Truong Nhu Tang, 1987 : 91)라고 강조하고 있다.

120) 민족해방전선의 의장이었던 응우옌흐우토(Nguyen Huu Tho)는 "비록 전선이 1960년 12월 공식적으로 설립되었지만, 이는 1954년 '사이공-쩌런평화위원회'가 설립된 이래 내규와 계획이 없는 행동수단으로 존재해왔다. … 전선 중앙위원회의 많은 사람들이 평화위원회의 성원이었다"(Pike, 1967 : 82)라고 밝히면서 해방전선의 역사적 연속성을 강조하고 있다. '사이공-쩌런평화위원회'의 설립배경과 운동의 특성에 대해서는 Vu Can(1970 : 13~14) 참조.

를 '남부의 마르크스-레닌당'으로 칭했다. 인민혁명당은 해방전선 최고의 조직원, 전위임을 자임하고 있었으며, '응오딘지엠 정권을 타도하고 민족·민주적 연립정부를 세울 것'을 제1의 강령으로 내세웠다(Pike, 1967 : 136~141). 인민해방군은 해방전선이 창설된 직후 해방전선의 지도에 따라 남베트남의 모든 혁명세력을 규합하여 탄생했다. 해방군은 게릴라·지방군·주력군으로 구성되었다. 해방군은 조직적 측면에서 정치조직인 인민혁명당에 종속되었는데, 이를 통해 병사 개개인은 정치적으로 통제됨과 동시에 정치화되었다(St John, 1980 : 824~826).

정치력·물리력·대중조직력을 고루 갖춘 해방전선의 운동방식은 정부의 그것과는 상이했다. 해방전선의 활동은 과거 프랑스와 벌였던 1차 민족해방전쟁의 연속선상에 존재했다. 두 운동 사이에는 인민·전쟁 목적·작전방식의 연속성이 존재했으며, 과거 운동·전쟁의 경험을 재생하고, 종국적으로는 승리의 영광을 재현하고자 했다. 1964년 미국인과 베트남 노인의 대화는 이러한 운동의 연속성을 잘 드러낸다.

> 해방운동은 이곳에서부터 성장했으며, 점차적으로 발생했다. 이제 다른 세대가 그것을 시작했다. 말하자면 내가 이제 50살인데, 30살인 사람들이 계속 운동을 수행하고 있고, 20살인 사람들이 그들의 자리를 잡아가고 있다(FitzGerald, 1972 : 146).

운동의 연속성을 보장했던 것은 주민들의 실질적 생활공간인 농촌 마을을 중시했던 해방전선의 조직적 노력이었다. 인구의 85%에 달하는 농촌 주민을 획득하는 것은 자원동원력에서 미-지엠 정권과 경쟁할 수 없었던 해방전선이 추구할 수 있는 가장 확실한 수단이었다. 해방전선은 농촌 주민을 권력투쟁을 위한 볼모가 아닌 공격을 위한 적극적 세력으로 간주했다(Pike, 1967 : 84). 농민들은 투쟁의 추진력이었던 것이다. 따라서 해방전선은 단순히 주민들을 통제하고자 한 것이 아니라, 마

을의 사회적 질서를 재구조화하고, 마을 주민들이 그들 스스로를 통제
할 수 있도록 훈련하고자 했다(Pike, 1967 : 111). 해방전선의 간부들
은 주민들 속에서 생활하고, 무엇보다 인민들과 화합하기 위해 노력했
다.121) 이러한 노력이 언제나 성공적인 것은 아니었다. 그러나 해방전
선이 중앙정부보다는 훨씬 쉽게 마을로 침투해 들어갈 수 있었다는 것
은 명확했다.

해방전선의 대중조직화방식은 왜 이 조직이 그렇게 오랜 세월을 지
속할 수 있었는가를 설명해 준다. 파이크는 "만약 중국 혁명의 정수가
전략이었고, 베트민의 정수가 정신이었다면, 남베트남의 제3세대 혁명
게릴라전의 정수는 조직이었다"(Pike, 1967 : ix)라고 주장했다. 해방
전선이 미-지엠 정권에 대항한 가장 강력한 무기는 다른 어떤 것도 아닌
대중 속의 조직이었던 것이다. 해방전선의 조직체계는 기본적으로 베트
민의 전통적인 조직체계를 계승했으며, 정치조직인 인민혁명당과 자체
군사조직인 인민해방군을 운용하여 보다 복잡한 형태를 띠었다. 〈표
3-8〉은 해방전선·인민혁명당·인민해방군의 조직체계를 간략히 나타
낸 것이다.

---

121) 농촌에 대한 태도에서 해방전선과 남베트남 정부관리들은 대조적이었다. 1960
년에조차도 많은 남베트남인들은 정부관리와 어떠한 개인적인 접촉도 하지
않고 일생의 반을 보냈다(FitzGerald, 1972 : 159). 다음의 대화는 이러한 상황을
잘 드러낸다.

문) 지역관리들과 마을 주민들이 얼마나 많이 접촉합니까?
답) 그들은 세금을 거둘 때만 나타납니다. 그들은 거의 주민들을 만나지 않고
　　이야기하지 않습니다.
문) 베트남 정부가 베트콩이 하는 방식처럼 마을 주민들과 이야기하기 위해
　　사람들을 보낸 적이 있습니까?
답) 베트남 정부는 한 번도 그런 적이 없습니다(Leites, Nathan, *The Viet Cong Style
　　of Politics, Rand Corporation Collection RM-5487*, Santa Monica, Calif. 1969, : Rand
　　Corporation ; FitzGerald, 1972 : 455에서 재인용).

<표 3-8> 해방전선·인민혁명당·인민해방군의 조직체계

해방전선중앙위원회/최고지휘부		인민혁명당중앙위원회
쓰(Xu or Bo[1] : interzone) 중앙위원회	군사위원회(주력부대)	쓰 중앙위원회 (연합지대중앙위원회)
구 (Khu : zonal) 중앙위원회	↓	구 (지대) 위원회 : 구 이하는 농촌·도시지역으로 분리
성 중앙위원회	군사위원회 (성단위 게릴라중대)	인민혁명당위원회
현 중앙위원회	군사위원회 (지방게릴라 혹은 비상근군)	인민혁명당위원회
사 구조		인민혁명당위원회(사단위)
사·촌 해방위원회	기능적 해방연합[2]	인민혁명당위원회(촌단위)
3인 세포		

1) 과거 끼(ky)로 부르던 것을 북부정권은 보(Bo)로 바꾸어 불렀다. 따라서 지역은 박보(Bac Bo)·쯩보 (Trung Bo)·남보(Nam Bo)로 불리게 된다. 이에 비해 남부정권은 각 지역을 베트남어로 부분이라 는 뜻을 지닌 펀(Phan)을 사용하여 박펀(Bac Phan)·쯩펀(Trung Phan)·남펀(Nam Phan)으로 불 렀다. Pike(1986 : 99) 참조.
2) 농민해방연합, 여성해방연합, 노동자해방연합, 청년·학생해방연합, 문화해방연합, 여타 사회운동과 정당들을 포괄한 것이다.
자료 : Pike(1967 : 146, 215) ; St John(1980 : 814)에서 재구성.

전체적인 조직을 조율하고 운영했던 것은 인민혁명당이었다(St John, 1980 : 828). 인민혁명당의 단위는 행정(농촌)·생산(도시)· 작전(군사)으로 나누어져 있었다. 농촌에서는 마을(社)이, 도시에서는 공장이나 혹은 기업이, 남베트남군이 통제하는 지역에서는 군부대가 기 능적 단위를 이루고 있었으며, 해방전선의 군에 대해서는 단순히 '특별 규정을 적용'한다고 밝히고 있는데, 이는 인민위원회체제를 적용하고 있 음을 의미하는 것이다.[122] 각각의 기능적 단위는 <표 3-8>에서 나타난 바와 같이 가장 말단인 개인세포에서 최상층의 중앙위원회까지 수직적 으로 연결되었으며, 조직 간의 겸직(interlocking directorate)제도

---

122) 이는 인민혁명당 당규 12조의 '조직의 유형'에서 밝히고 있는 것이다(Pike, 1967 : 415~416).

와 겸무(concurrent assignments)제도를 통해 횡적 연대를 강화하고 있었다(St John, 1980 : 813).

　　조직운영상에서 해방전선과 그 조직들은 민주집중제의 원칙을 따랐으며, 성원통제를 위해서는 비판주의와 자아비판을 활용했다(Turner, 1975 : 233). 중앙으로 집중되는 위계적인 소직체세를 갖추고 있었음에도 해방전선은 또한 아래로부터의 민주적 의사수렴구조를 중시했다. 지엠 정권하에서 중요한 정책결정은 성이나 현 수준에서 이루어질 수 없었고, 모두 중앙으로 이전되었던 반면, 해방전선의 가장 핵심적인 정책결정은 가장 말단단위인 마을에서 이루어졌던 것이다(St John, 1980 : 823). 이같이 마을단위로 분권화된 체제는 지역조직의 비용절감·자립성 증대·단위별 동원능력 증대·자급자족 능력의 증대를 낳았다.[123]

　　중앙에서 지역의 최말단을 포괄하는 해방전선조직은 그들이 장악하고 있는 해방구에서는 정부로서 기능했으며, 정부와 경합하고 있는 지역에서는 '그림자정부(shadow government)'의 역할을 수행했다(Turner, 1975 : 232). 남베트남 정부는 해방전선의 투쟁에 대해 어떠한 국가정책도 지니지 못했고, 심지어 공식적인 입장도 갖지 못했다. 또한 현이나 사단위에서 투쟁을 시작단계에서 제거하거나, 진행 중인 것을 저지할 기술을 발전시키기 위해 체계적인 노력조차 기울이지 않았다. 지엠 정권은 마치 그러한 투쟁이 없었던 것처럼 꾸미거나, 그럴 수 없을 경우에는 지역에서의 투쟁이 혼란을 조성하기 위한 공산주의자들의 부질없는 노력이라고 규정하였다. 현과 사의 관리들은 투쟁운동에 직면했을 때 이를 방관했으며, 운동에 대한 대응은 대개가 그들 각자의 개성에 달려 있었다(Pike, 1967 : 88). 이러한 상황은 남베트남 정부의 행정적 하부단위에 대한 통제력·침투력의 한계를 여실히 드러내는 것이었다. 지엠 정권 말기 베트남에는 북베트남의 호찌민 정

---

123) 상세한 설명은 St John(1980 : 815~816) 참조.

권·남베트남의 지엠 정권·남베트남의 해방전선으로 대표되는 3중 권력이 형성되었다. 이것은 크게 미-지엠 정권으로 대표되는 반혁명세력과 호찌민 정권·해방전선의 연합으로 대표되는 혁명세력의 이원적 대립질서가 자리 잡았음을 의미하는 것이었다. 남부정권의 국가안보는 직접적인 위협에 노출되었으며, 국가건설을 놓고 벌이는 투쟁은 이제 본격적인 출발을 알리고 있었다.

2) 내부안보의 견고화를 통한 국가건설 : 남한

고은은 "50년대는 묵시록의 시대인지 모른다"(고은, 1989 : 346)라고 했다. 전쟁을 통해 남한의 좌파세력은 완전히 초토화되었으며, '혁명'은 추억 속에서도 되새길 수 없는, 기억 속에서 지워야 할 단어가 되고 말았다. 전쟁의 폐허 속에서 우뚝 솟은 것은 모든 내부적 저항을 잠재운 국가였다. 전쟁은 휴전선을 중심으로 한 영토적 경계를 확고히 하고, 국가에 대항할 수 있는 시민사회의 동원능력의 대부분을 파괴하여 분단체계를 완성하고, 시민사회에 대한 국가의 압도적 우위를 확고히 했다. 전후의 국가는 이승만 정권이 부침하는124) 가운데서도 정권의 위기와 일정한 거리를 두면서 스스로를 방어하고 재생산할 수 있는 상대적으로 안정적인 체계를 구축하고 있었으며, 이는 이후 박정희 군사정권의 토대가 되었다. 아래의 논의에서는 전쟁 이후 보다 공고해진 국가의 통제능력을 첫째, 국가의 통제와 농촌사회의 침묵, 둘째, 과대성장한 군부와 한미군사동맹의 강화, 셋째, 시민사회의 혁명적 동원능력의 상실을 통해 살펴보겠다.

---

124) 이승만 정권의 안정기는 1952년 부산정치파동 이후에서 1956년 정·부통령선거시기까지로, 쇠퇴기는 1956년 선거 이후에서 1960년 4·19혁명시기까지로 본다(김일영, 1991 : 204~245 ; 김영명, 1991 : 119). 그러나 국가가 확실히 안정기로 접어든 것은 한국전쟁 이후로 보아야 한다.

국가의 강력한 행정적 통제와 농촌사회의 침묵

건국과 한국전쟁기간까지 국가의 지역통제가 주로 물리적인 폭력을 수반한 평정작업과 결합되어 행정의 말단단위까지를 국가체제 내로 편입시키는 데 집중되었다면, 국가의 내부안보 문제가 해결된 전쟁 이후의 통제는 정권안보의 강화에 집중되었다. 한국전쟁 이후에도 물론 지방을 통제하기 위해 지속적으로 경찰력을 동원해야 했지만, 이는 반란의 진압과 같은 체제 부정에 대한 통제는 아니었다. 전후 1950년대를 통해 남한에서는 남베트남에서 발생했던 행정체계의 군사화라는 퇴행적·역행적 과정은 발생하지 않았으며, 민간을 체제내화하여 지역을 통제할 수 있었다. 그러면 당시의 행정적 통제체제의 특성을 검토하기 위해 전쟁 이후 지방자치제의 변화, 그리고 이와 연관된 농촌사회의 변화를 살펴보자.

지방자치제의 변화에서 핵심적인 것은 1956년과 1958년의 지방자치법개정이다. 1952년 1대 지방의회가 구성된 지 4년 후인 1956년 2차 지방의회선거를 앞두고 정부는 지방자치법에 대한 대규모 개정을 단행하고자 했다. 정부는 지방의회 의원 임기를 4년에서 2년으로 줄이고, 정원을 2/3정도로 축소하며, 시·읍·면장의 지방의회해산권과 시·읍·면장의 불신임권을 삭제함으로서 그나마 어용적이던 지방의회의 권한을 축소하고자 시도했다. 정부의 지방자치제개정안은 일반여론의 반대가 압도적으로 많았고, 어용단체에 불과한 것으로 보였던 지방의회까지도 적극적인 반대의사를 표명했다. 지방의회 의장단은 정부안에 반대하여 중앙집권제를 시정하여 지방자치권을 확립할 것, 국립경찰제와 지방경찰제를 두게 하여 이를 자치단체의 장(도지사·특별시장)의 관할하에 두게 하여 행정의 일원화를 기할 것, 의회의 자치단체장에 대한 불신임권을 존속시킬 것, 도지사 및 특별시장의 임명제를 폐지할 것 등을 골자로 하는 건의서를 국회에 제출했다. 그러나 1956년 2월 10일 국회는 지방자치법 개정안을 자유당의 의도대로 통과시켰고, 정부는 2

월 13일자 법률 제385호로 이를 공포했다. 이 개정안은 가장 논란이 많았던 도지사와 서울특별시장은 종전대로 임명제로 하고, 반면 시·읍·면장과 동·이장은 주민이 직접 선출하도록 되어 있었다. 물론 이러한 조치는 하급 단체장 선거에서 자유당 측 인물들이 압도적으로 당선될 수 있을 것이라는 전망에 의한 것이었다. 또한 이 개정안에서는 의회의 자치단체장에 대한 불신임결의제도를 폐지함으로써 지방자치단체장은 의회에 책임을 지기보다는 상급 국가기관의 눈치를 더 보게 되었다(서중석, 1991 : 48~49).

1958년의 지방자치법개정은 이후 살펴볼 동년(同年) 5월의 민의원 선거 패배에 대한 정권의 위기의식을 반영하고 있었다. 당시 개정된 법안은 전문 42조에 이르는 신국가보안법의 날치기 통과(1958년 12월 24일, 2·4파동으로 불림)와 더불어 통과되었다. 당시 지방자치제법안 개정의 핵심적인 골자는 지방의원 임기를 다시 4년으로 늘리고, 1956년 선출제로 했던 지방자치단체장을 중앙의 임명제로 바꾼 것이다(손봉숙, 1985 : 51 ; 서중석, 1991 : 53 ; Henderson, 2000 : 435). 이 가운데 지방자치단체장의 중앙 임명은 지역민에 의거한 자치제의 사실상의 폐지를 의미하는 것이었다.

이러한 변화는 물론 국가안보보다는 정권안보의 필요를 충족시키기 위한 것이었지만, 문제는 그것이 낳은 제도적 효과였다. 일제시대부터 한층 강화된 중앙의 지방통제는 국가의 내부안보·정권안보와 결합되어 미군정, 이승만 정권을 거치며 더욱 견고해졌고, 중앙과 지방의 권력 관계에 지울 수 없는 흔적을 남겼던 것이다.

그렇다면 중앙단위의 지방통제를 위한 시도가 농촌에서는 어떻게 나타났을까? 한국전쟁 이후 모양새를 갖추기 시작한 국가는 우선 마을 단위의 자생적인 통제체제를 배타적으로 장악하기 시작했다. 마을의 전통적 기능, 예를 들어 동계(洞契)의 기능과 같은 것도 군·면·리를 단위로 하는 행정조직이 대체하였다(김동춘, 1998 : 212). 1950년대를 통해 면은 지속적으로 농촌사회 통제의 중심 거점으로 그 위상이 강화되었고, 읍·면의원이나 읍·면장은 중앙 지배권력의 농촌 현지 대리인으로서 각급 선거에서 농민들을 정치적으로 동원해 내고자 했던 '끄나풀'의 역할 수행자였다(최봉대, 1998 : 230~231). 또한 도시지역을 포괄하는 것이기는 하지만 국민반은 1957년부터 더욱 확대되어 1957년 말에는 22,990개의 조직을 갖추게 되었다(이태섭, 1989 : 141).

전후 농촌사회를 더욱 옥죄었던 것은 연좌제에 의한 멍에였다. 1980년대 초 폐지가 발표되었지만 1990년대까지도 내용적으로 지속되었다고 볼 수 있는 연좌제는 좌익활동에 연루되었거나, 전쟁 당시 학살당했던 희생자 가족들을 통제하는 폭력적 장치였다. 좌익세가 강했고, 이로 인해 많은 사람들이 연좌제에 묶인 마을의 주민들은 항상 감시를 받았고, 공무원 임용에 제한을 받았으며, 1970년대까지도 해외에 나가는 것을 제한받았기 때문에 수출과 관련된 기업에 취직하기도 어려웠다(서중석, 1999a : 709, 756~757). 과거가 현재를 지배했으며, 얼굴도 보지 못한 아버지, 혹은 친척들로 인해 가해지는 제약은 전쟁을 현재 속에 재현했다.

전후 모든 저항역량이 파괴된 상황에서 지역에 대한 중앙정부의 행정적 통제는 농촌을 이중, 삼중으로 옥죄었다. 이는 농촌사회의 수동성과 침묵, 그리고 정치적 탈동원화를 초래했으며, 소극적이나마 농민을 국가 속으로 포섭하는 효과를 가져왔다. 이러한 상황은 남베트남의 농촌이 지속적인 저항의 산실로 기능했던 것과는 확연한 대조를 이루는 것이었다.

과대성장한 군부와 한미동맹의 강화

전후(戰後) 시기 남한의 국가기구 가운데 가장 눈부신 성장을 보인 것은 군(軍)이었다.[125] 당초 연대급 훈련도 제대로 받지 못하고 있던 초창기 한국군은 미군의 지휘 아래 세계적 규모의 전쟁을 치르면서 강력하고 근대적인 조직으로 성장하였고, 미군들이 남베트남군을 조직할 당시 모범으로 삼았을 만큼 성공적인 사례로 평가받았다.126) 또한 전쟁을 겪으면서 한국군은 규모의 면에서 괄목할 만한 국가조직으로 성장했다.

〈표 3-9〉 한국군의 병력 수준 변화(1950~1953)

군별	개전 전 (1950.6)	휴전당시 (1953.7)
육 군	94,000	550,000
해 군	7,700	12,000
해병대	1,166	22,174
공 군	1,800	11,000
계	104,666	595,174

자료 : 국방부 전사편찬위원회, 『한국전쟁 : 요약』, 국방부, 1986, 40~85쪽 ; 서주석(1996 : 157)에서 재인용.

한국전쟁 이전 10만여 명에 불과하던 군은 휴전 당시 60만 명에 달하는 대군으로 성장했다. 그러나 군의 팽창은 이것으로 끝나지 않았다. 1954년에 미국과 이승만 정권은 72만 명까지 군을 확장하려고 계획했던 것이다. 왜 전쟁이 끝난 시점에서 이렇게 과도한 군사적 확장을 계획했던 것일까? 전후 남한에서 군사력의 급격한 팽창은 미국의 필요성이

---

125) 억압기구로서 군의 성장은 경찰조직의 상대적인 쇠퇴를 가져왔다. 해방 이후 전투기능까지를 포괄했던 다기능경찰의 역할은 한국전쟁 이후 전투기능이 약화되었고, 이승만 정권하에서 3차에 걸친 경찰의 감축이 행해지게 되었다. 1953년 1차 감축, 1956년 2차 감축을 거쳐 경찰 인원은 39,037명으로 줄었으며, 1958년 3차 감축에서 6,000명을 더 감축하여, 이승만 정권 말기의 경찰 인원은 33,000명 정도가 된다(한국경찰사편찬위원회, 1973 : 661~670).

126) 1차 인도차이나전쟁 종결 이전 프랑스 역시 베트남군을 조직하는 데 한국군을 참고하고자 했다. 1953년 봄 베트남군 참모총장이었던 응우옌반힌(Nguyen Van Hinh) 공군소장은 프랑스·베트남 혼성의 참모진 10명을 대동하고 내한하여 국군부대를 시찰하고, 훈련·장비·급양은 물론 국군의 급여체계까지 파악했다(백선엽, 1989 : 305).

라는 외적 요인과 이승만 정권의 지속적인 군 확장 요구라는 내적 요인
이 결합한 결과였다.

　우선 미국은 1953년 7월 2일 합의된 NSC 154/1에서 중국의 지속
적인 위험을 강조하면서, 한국군을 강화할 것과 필리핀·오스트레일리
아·뉴질랜드에서 체결한 것과 유사한 상호방위조약을 체결하고자 했
다(*FRUS*, 1952~1954 ⅩⅤ, Part 2 : 1341~1344). 휴전협정 직후
1953년 8월 6~7일 사이에 덜레스 미 국무장관과 이승만 간의 회담에
서 '한미상호방위조약'의 원안이 결정되었다(*FRUS*, 1952~1954 Ⅹ
Ⅴ, Part 2 : 1475~1488).[127] 이어서 남한에 대한 장기적인 목표를
밝힌 NSC 170/1(1953년 11월 20일에 승인)은 "한국군의 수준은 내
부안보를 충분히 담당할 수 있고, 강대국의 침략에서 영토를 방어할 수
있어야 한다"라고 밝혔다(*FRUS*, 1952~1954 ⅩⅤ, Part 2 : 1621).
또한 1954년 7월 말~8월 초 미국에서 열린 한미정상회담을 통해 그
초안이 다듬어지고, 11월 17일 체결된 '한미합의의사록'에서는 한국군
을 72만 명(육군 : 661,000명·해군 : 15,000명·해병대 : 27,500명
·공군 : 16,500명)으로 증강할 것을 합의하였다.[128]

　그러나 미국의 한국군의 병력 증강은 '냉전적 체제방위'와 '경제적 현
실'이라는 두 가지 현안 사이에서 계속 요동치고 있었다.[129] 특히 1955

---

127) 이 회담에서는 200만 달러의 경제원조와 군을 20개 사단으로 증강하는 계획
　　이 승인된다. 상호방위조약은 1953년 10월 1일에 체결되었으며, 최종적인 비
　　준은 아래에서 설명하고 있는 한미합의의사록과 함께 이루어졌다(MacDonald,
　　2001 : 134).

128) 이에 대한 합의는 '의사록 부록 B항'에 명시되었다. 회의의 과정에 대해서는
　　FRUS(1952~1954 ⅩⅤ, Part 2 : 1838~1850, 1856~1862) 참조.

129) 1953년 밴 플리트(James Van Fleet) 장군은 철수한 각각의 미 사단에 대응해 대
　　한민국 5개 사단에 기초하여 35개 사단을 편성하여 100만 명 이상의 병력을
　　양성하고자 했으나, 8군사령관과 경제 조정관은 미국 측의 비용과 군대 증강
　　이 한국에 가져올 인플레이션을 우려했기 때문에 군사력을 감축하려는 입장
　　이었다(MacDonald, 2001 : 153).

넌부터는 미군에 의한 한국군 감축 논의가 활발해졌고, 이것이 중요한 의제로 떠오른 것은 1957년경이었다. 감군(減軍)의 주요한 원인은 과도한 병력을 유지하는 데서 발생하는 재정 압박이었다. 미국은 한국군을 축소함으로써 재정적 부담을 덜고, 여기서 발생할 안보 불안은 군의 현대화를 통해 해소한다는 계획을 세웠다. 1956년 10월 미국의 합동참모본부는 주한미군을 2개 사단으로 유지하고 한국군 4개 사단을 삭감하는 대신 남한에 핵무기를 도입할 것을 건의했고(박태균, 2000 : 33), 결국 1958년 초 원자포와 어네스트 존(Honest John) 로켓이 주한미군에 배치되었다.130) 그러나 1958년 12월까지 한국군은 원안대로 4개 사단이 감축된 것이 아니라, 2개 사단만이 감축되었다. 이는 이승만 정권의 반발도 중요 고려 사항이었지만, 소련의 인공위성발사 성공으로 미국의 대외 군사정책이 더욱 강경해졌기 때문이었다(박태균, 2000 : 33). 미국의 대한정책은 지역적 단위가 아니라 세계적 냉전체제, 곧 세계체제적 수준에서 미·소 군사대결의 적대관계에 대응하여 형성되었기 때문에 경제적 효율성 증대를 위한 군축논의는 제대로 실효성을 거두지 못하고, 오히려 핵무기 배치와 군의 현대화를 통한 군사력의 팽창이 나타나게 되었으며, 대한군사원조 5개년 계획이 1958년에 시작되어 그 후로 해마다 지속되었다.

전쟁 이후 지속적인 군사력 확장은 미국에 의해 주도되는 냉전 세계체제의 요인이 작용하기도 했지만, 다른 한편으로는 이승만 정권의 지속적인 안보보장 공세도 또한 매우 주요했다. 이승만은 남한의 체제를 궁극적으로 보증할 수 있는 것은 미국뿐이라는 것을 잘 알고 있었다. 이승만의 안보공세는 1953년 휴전협정이 가시화되면서 강렬하게 표출되었다. 이승만은 전쟁 막바지에 더욱 강력하게 북진통일론을 주장했으며, 만일 남한의 입장을 받아들이지 않을 경우에는 "한국군은 연합군에

---

130) 이를 위해 미국은 중립국감시위원단을 철수시키고, 정전협정 13항 (ㄹ)목의 효력 정지를 선언한다. 전체적인 내용은 박태균(2003) 참조.

서 이탈하고 단독으로라도 북진할 것"(우남전기편찬위원회, 1958 : 123)이라고 주장했다. 이승만이 이같이 강경한 입장을 취한 것은 전쟁을 하루빨리 종결하려는 미국을 협박함으로써 대미 안보협상에서 유리한 위치를 차지하고자 한 것이었으며, 그가 가장 중점을 둔 것은 미국과의 상호방위조약체결이었다.131) 이승만의 진략적 행동은 1953년 6월 18일 새벽 유엔사령부와 협의 없이 반공포로를 석방한 사건에서 절정에 달했다. 휴전을 위해 남한의 협조가 절실히 필요했던 미국은 남한의 요구조건을 수용했으며, 이 결과가 한미상호방위조약의 체결이었다(홍용표, 1997 : 240~245).

이승만은 미국의 단계적 감축론에 대응하여 1954년 2월 초 인도차이나전쟁에 국군 1개 사단을 파병하겠다고 제안하고, 파병의 전제조건으로 한국군 20개 사단을 35개 사단으로 증강해 달라고 요청했고(박태균, 2000 : 34), 1954년 제네바회의에 대한 참여 여부를 놓고서도 미국과 군사력 증강을 위한 줄다리기를 하였으며(홍용표, 1997 : 246), 한미합의의사록을 체결할 시기에도 충분한 군의 증강을 지속적으로 주장했다. 또한 1957년에 접어들어 미국이 병력 감축을 제안하자 현대화는 기꺼이 받아들이면서도 병력 감축은 반대했고, 이를 대중시위로 표현했다(MacDonald, 2001 : 158). 여기에서 흥미로운 사실은 1957년 8월 26일 이승만이 INS 기자에게 보낸 성명서에는 "만약 미국이 우리에게 충분한 최신무기를 공급해 준다면 병력 삭감을 고려해 볼 것이다"(우남전기편찬위원회, 1958 : 130)라는 내용이 들어 있었다는 점이다. 그러나 이러한 태도는 진정을 담고 있다고 보기 어려운 것이었다. 군사적 필요성 이외에 이승만이 감군정책을 반대하고 군의 증강을 주장했던

---

131) 1948년 정부 수립 때부터 이승만 정권은 미국으로부터 안보에 대해 공식적인 보장을 얻으려고 했다. 이승만은 무초 대사에게 "미국으로부터 한국의 자립과 전시 방어를 보장하는 일종의 협정을 기대한다"(MacDonald, 2001 : 133)라고 거듭 표명해 왔다.

주요한 이유는 더 많은 원조를 원했기 때문이다. 미국의 대한원조가 한국군의 유지비용을 전제로 이루어지고 있었기 때문에 감군은 원조의 감소를 의미하게 되는 것이었다. 정부의 재정을 지탱하는 원조의 감소는 정권 자체를 위태롭게 할 수 있는 것이었기에 이승만은 감군을 생각할 수 없었다(박태균, 2000 : 35).

남한에서 군사력의 팽창은 남베트남의 군사력 팽창과는 다른 의미를 지닌 것이었다. 이후 4장에서 살펴보겠지만 남한의 군은 이념적 동질성을 지닌 집단이었으며, 전쟁 경험을 통해 단일한 조직체로서의 응집성을 지니고 있었다. 또한 국가와 시민사회의 절대적인 권력 불균형 상황, 곧 압도적인 국가 우위지형 속에서 지속된 국가 물리력의 팽창은 국가·시민사회의 비대칭적 권력관계를 더욱 심화시키는 요인으로 작용했다. 최장집은 당시 남한의 국가를 다음과 같이 설명하고 있다.

> 세계적 군으로 성장한 한국군은, 한국 사회의 경제력 규모와 그로부터 재정적으로 뒷받침된 것이 아니라 거의 전적으로 미국의 군사원조에 의하여 세계적 규모를 갖게 되었다. 이렇듯 막강한 군부를 포괄하는 한국 국가는 한국 사회에 기반을 두되 진영 간의 모순까지 아울러 포괄하는, 따라서 한국 사회에 대하여 과대성장된 것이었다. 전후의 과대성장국가는 이 점에서 전전의 그것과 구별된다. 전전의 국가는 먼저 군정과 군정의 주도 하에서의 분단국가의 형성과정에서 국내 계급세력 간의 투쟁을 제압하기 위한 것이었다. 그러나 전후에는 남한 사회 내부에서의 계급세력 간 대립이 아닌, 남·북한 각각이 적대적으로 동질화된 체제를 갖게 됨에 따라 남·북한 간의 대립에 대응하기 위한 것이었고, 나아가 세계적 수준에서의 미소군사대결의 적대관계에 대응하기 위한 것이었다. 그러므로 전후의 과대성장국가는 분단국가에 적대하는 반체제세력이 전면적으로 해체되고 사회의 중요 계급세력이 성장하지 않은 극히 약하고 왜소한 사회를 위압하는 구조를 갖기에 이른 것이다(최장집, 1996 : 81~82).

시민사회의 저항의 한계와 정치체 수준의 위기

한국전쟁은 해방 이후 국가건설을 둘러싸고 전개된 혁명·반혁명세력 간의 투쟁을 종결짓는 결정적 전환점이었다. 전쟁은 피지배계급을 국가로 폭력적으로 통합하였으며, 피지배계급의 '계급으로부터의 후퇴'를 초래했다. 강인철은 이러한 상황을 다음과 같이 설명하고 있다.

> 전쟁기간 및 전후의 사회통합은 전쟁 이전의 계급적 대립선을 따라 조직된 해방공간의 시민사회가 전쟁을 거치면서 완전히 해체되고, 강제적이고 폭력적인 탈계급화 및 전통적 규제력의 약화라는 과정을 통해 '개별화된' 시민사회의 성원들을 '국민'으로 호명하고, 시민대중이 이 같은 호명을 내면적으로 수용함으로써 사회적 재통합을 이루는 과정을 가리킨다. 한국전쟁은 '국민을 창출하는' 가장 중요한 역사적 기간이었다(강인철, 1999 : 204).

노동계급의 경우 시민사회 내에서 50년대 중반까지 양적·질적 측면에서 모두 독자적인 계급행위자로서 최소한의 구조적·조직적·이데올로기적 역량을 갖추지 못하고 있었다(오유석, 1997 : 93 ; 공제욱, 1991 : 100).[132] 인구의 60%[133] 이상을 점했던 농민계급의 탈계급화·탈정치화는 더욱 심각했다. 남한 내에서 좌익의 척결은 농민을 조직화하며, 투쟁을 이끌어 나갈 주체가 사라짐을 의미하는 것이었다. 또한 전쟁기간 동안 발생했던 대규모의 인구이동과 처절했던 전쟁의 경험은 조직행동에 대한 불신, 가족주의의 강화,[134] 공동체문화의 파괴와 약화를 낳았고,[135] 계급세력으로서의 농민의 결집을 더욱 어렵게 만들었다. 해방과 더불어 능동적 계급행위자로서 역사의 전면에 등장했던 피지배

---

132) 1950년대 중·후반에 들어서 노동쟁의가 빈발하는 경향을 보이는 것은 사실이나, 그것의 일차적인 동인은 극도로 열악해진 생존조건을 향상시키기 위한 최소한의 요구였으며, 전국적인 규모를 지닌 파업이나 정치권력의 변화를 시도하는 것과는 거리가 멀었다(김동춘, 1991 : 242).

133) 1950년대 계급비율과 구성에 대해서는 공제욱(1991 : 71) 참조.

134) 전후 가족주의의 강화를 '신가족주의(neo-familism)'로 설명하고 있는 것은 김동춘(1998 : 220~225) 참조.

135) 이에 대한 연구는 표인주(2003) 참조.

계급은 전쟁의 종결과 더불어 파편화되고 고립된 개인의 자리로 돌아갔고, 계급 주체의 빈 공간은 국가에 의해 메워졌다. 전쟁은 시민사회와 국민을 최고 권력자 및 국가기구의 일방적 동원과 추출, 그리고 억압과 강제의 대상으로 전락하게 만든 것이다(전상인, 2001c : 221~222).

이러한 상황은 시민사회의 국가에 대한 저항의 수위에 직접적인 영향을 미쳤다. 1차 인도차이나전쟁을 통해 베트남인들이 전쟁 승리의 역사적 경험을 공유하고, 이를 바탕으로 남베트남 정권의 탄압하에서 혁명조직을 결성하고, 시민사회를 재조직화하여 국가에 대한 '적극적 저항'으로 나아갔던 반면, 한국전쟁 이후 남한의 시민사회가 보여 주었던 국가에 대한 저항은 '국가 수준의 안정성'을 위협하지 못하는 '소극적 저항'의 한계 안에 머물렀다. 전쟁 이전의 저항이 국가 정당성에 대한 직접적인 도전이었다면, 전쟁 이후의 저항은 '정치사회 수준에 대한 정당성', 곧 '민주'와 '반민주'의 대결로 갈등 수준이 하향 조정되었던 것이다. 그러면 정치적 수준에서의 민주와 반민주의 대립, 그리고 이에 대한 시민사회의 대응을 1956년 5·15정·부통령선거, 1958년 5·2민의원선거, 1960년 3·15정·부통령선거와 4·19혁명으로 이어지는 선거를 둘러싼 시민사회의 정치적 참여와 저항을 통해 간략히 살펴보자.

1956년 정·부통령선거는 이승만과 자유당의 사실상의 참패였다. 국부로서 국민의 절대적인 지지를 받고 있다고 자부하던 이승만은 투·개표 부정을 제외하더라도 전체 유효투표자 수 906만 7,063명 가운데 504만 6,437표를 얻은 것으로 집계되어 55%의 지지밖에 얻지 못하였다. 더구나 전국 여론을 이끌어 가는 서울의 경우 60만 8,741명의 투표자 가운데 20만 5,253표를 얻어 1/3밖에 안 되었으며, 대부분이 죽은 신익희에 대한 추모표로 간주되는 무효표 28만 4,359표보다 훨씬 적었다. 조봉암의 표도 11만 9,129표로 적은 것이 아니었다. 더군다나 부통령의 경우 20만 7,152표의 차이로 큰 표차는 아니더라도 이기붕이 낙선하고 장면이 당선된 것은 더욱 큰 충격이었다(서중석, 1999b : 149).

이러한 결과는 공세적 북진통일론의 효력 약화, '피해대중을 위한 정치'를 역설한 조봉암의 선전, 이승만 정권의 지속적인 실정과 피교육층의 증대, 도시화의 영향 등을 반영한 것이었다(서중석, 1999b : 156~164).

1956년 선거의 가장 소중한 결과물이라면, '일원적 보수정치사회'의 변혁 가능성을 제시한 신보당의 결성이었다고 볼 수 있다. 선거에서의 약진을 발판으로 진보정당추진위원회가 결성된 지 1년여 만인 1956년 11월 10일 진보당이 결성되었다. 자유당과 민주당이 지지하고 있는 반공보수적 자유민주주의와 사회경제적 보수체제를 거부하고 새로운 이데올로기적 선택을 제시했던 진보당은 창당 1년 만에 자유당·민주당과 함께 3대 정당으로 급성장했고, 1958년 민의원선거에서는 원내교섭단체를 구성할 수 있을 것으로 보였다(오유석, 1997 : 113). 그러나 진보당의 약진은 보수세력의 강력한 저항에 부딪혔으며, 1958년 1월 조봉암이 국가보안법 위반혐의로 투옥되고, 1959년 7월 31일 처형당함으로써 조직 자체가 와해되었다. 한국전쟁 이후 최초로 극우반공독재의 거대한 국가주의의 벽을 깨고자 했던 진보당의 좌절은 국가에 대항하여 시민사회가 조직·이념적으로 응집될 수 있는 조그만 싹조차도 용납하지 않았던 체제의 보수성을 그대로 반영한 것이었다.

이승만의 자유당 정권은 1956년 선거 이후 사실상의 패배를 인정하지 않고 야당을 비롯한 대중들을 억압해 정치적 위기를 자초했으며, 이것이 표면적으로 드러난 것이 1958년 5월 2일 실시된 4대 민의원선거였다. 당시 선거에서는 자유당의 대대적인 부정이 자행되었음에도 불구하고, 민주당은 1955년 7월 17일 결성 당시 33석의 의석보다 46석을 더 획득했다. 이는 3대 총선의 초창기 의석 수보다 12석을 더 얻은 자유당에 비하면 대승을 거둔 것이었다(자유당 126석, 민주당 79석, 통일당 1석, 무소속 27석). 특히 서울지역의 경우 16개 선거구 가운데 14석을 야당이 차지함으로써 자유당은 종전의 선거보다 큰 타격을 입었다(정용욱, 1998 : 147).[136)

이승만 정권의 마지막 해인 1960년은 2·28시위와 더불어 시작되었다. 2·28시위는 대구에서 예정되어 있던 민주당 부통령후보 장면의 정견발표에 학생들이 참여하는 것을 저지하기 위해 휴일임에도 학생들을 억지로 등교시키면서 시작되었고, 이는 3·15부정선거에 대한 저항으로 이어졌다. 3·15마산봉기 이후 봉기 당시 실종되었던 김주열의 시신이 실종 17일 만에 마산 앞 바다에 떠오르면서 2차 마산봉기가 발생했으며, 이것은 4·19혁명의 직접적인 도화선이 되었다. 4·19혁명은 초등학생·중학생(19명, 10.2%), 고등학생(36명, 19.4%), 대학생(22명, 11.8%), 회사원 및 학원생(10명, 5.4%), 하층노동자(61명, 32.8%), 무직자(33명, 17.7%), 미상(5명, 2.7%) 모두 186명의 안타까운 희생자를 냈지만(박찬호, 1991 : 213), 이승만을 중심으로 한 자유당 독재체제를 붕괴시켰으며, 시민사회의 역동성을 증명하는 장대한 쾌거였다.

그러나 4·19혁명은 사회혁명으로는 미완의 것이었으며, 남베트남의 해방전선이 보여 주었던 조직적 저항에 비교한다면 내적·외적으로 많은 한계를 노정한 것이었다. 내적인 측면에서 4·19혁명은 목적의식적이라기보다는 자연발생적으로 전개되었으며, 항쟁을 이끌 지도부도 제대로 갖추지 못했다. 운동의 주된 동원력은 대안적 정치세력이 될 수 없는 학생층으로부터 나왔으며, 항쟁의 목표 또한 민족 문제나 근본적인 사회 변혁보다는 이승만 독재정권의 타도에 머물렀다(김동춘, 1991). 대안의 국가권력은 기획되지 않았으며, 단순히 정권의 부패와 타락에 대한 도덕적 분노의 표출이었던 것이다.

외적인 측면에서 4·19혁명은 미국의 범위 내에 머물렀다. 당시 남한의 시민사회는 국가권력의 궁극적 보증국이었던 미국에 대한 인식이 부재

---

136) 당시 선거에서는 여촌야도(與村野都)현상이 두드러졌는데, 오유석은 이 원인을 농촌의 보수성에서 찾기보다는 보수로 일원화되어 있는 정치사회의 구조적 제한이 초래한 결과라고 본다. 그 이유는 1956년 선거의 경우 조봉암에 대한 지지가 도시에서만 국한되어 나타나지 않았기 때문이다. 1958년의 선거에 대한 자세한 분석은 오유석(1997 : 124~131) 참조.

했다. 이것은 남베트남인들이 미국을 바라보았던 시각과는 매우 대조적이다.137) 4월 19일 주한 미 대사 맥카나기(Walter P. McConaughy)가 시위자들과 당국 양쪽에게 "즉각적인 법과 질서의 회복 및 시위대가 요구하는 불만의 정당한 해결이라는 관점에서" 행동할 것을 요구하는 성명을 발표하면서, 시위대는 미국이 자신들에게 우호적인 태도를 취한 것으로 해석했다(MacDonald, 2001 : 317). 또한 4월 26일 이승만이 학생대표와 시민대표 5명을 만나고, 대통령직 사임, 재선거실시, 이기붕의 모든 공직 사퇴, 내각제로의 헌법 개정을 발표했을 때, 그 자리를 떠난 미 대사는 대중들의 엄청난 갈채를 받았다(MacDonald, 2001 : 318). 이러한 일련의 과정은 시민들이 미국을 민주주의의 보증국으로 인식하도록 했다. 그러나 당시 미국이 의도했던 것은 급격한 국가의 붕괴보다는 정권의 대체를 통해 시민들의 분노를 연착륙시키고자 했던 것이다. 미국은 시위과정에서 군이 중립적 태도를 취하는 데 있어 결정적인 영향력을 행사했으며, 이승만이 사임하도록 압력을 가했고, 만일 긴급 상황이 발생할 시에는 쿠데타나 과도정부로서 군부의 정권인수 방안까지 고려하고 있었다(정용욱, 1998 : 251~258 ; MacDonald, 2001 : 317).

4·19혁명이 초래한 위기는 당시 남베트남 응오딘지엠 정권이 직면했던 위기와는 질적으로 다른 것이었다. 남한의 위기는 '정권의 위기'였지 '혁명적 위기'는 아니었다(김동춘, 1991 : 263). 1950년대 중반 이후의 위기는 분단국가라는 국가의 정당성을 부정하면서 분단국가의 대안을 찾는 데에서 나온 것이 아니라, 정부로서의 이승만 독재체제에 대한 정당성을 부정하면서 발생한 것이며, 이는 국가체의 위기가 아니라 정치체 수준의 위기였던 것이다(최장집, 1996 : 92).

---

137) 남베트남·남한 시민사회의 미국에 대한 시각의 차이 형성과정은 4장 이데올로기 편에서 자세히 다룰 것이다.

4장 지배이데올로기의 확산·침투능력

이데올로기는 '무형의 지배력'이다. 이데올로기는 세계체제·계급·민족·종교·인종·지역·문화 등의 여러 요인들을 가로지르면서 형성될 수 있고, 특정 국가·사회의 정치·경제·사회적 지형에 따라 그 내용과 성격을 달리할 수 있다. 그러나 이데올로기의 다양한 내용과 발전경로에도 불구하고 이데올로기가 추구하는 바, 곧 지배질서의 유지·재생산을 지향하느냐, 혹은 이에 대한 저항을 지향하느냐에 따라 구분하면 '지배이데올로기'와 '저항이데올로기'로 단순화할 수 있다.[1] 국가·지배계급은 시민사회·피지배계급을 보다 효과적으로 지배·통제하기 위해 '지배이데올로기'를 발전시키며, 이에 대한 시민사회·피지배계급의 저항은 '저항(대항)이데올로기'의 형성과 발전을 촉진하는 것이다. 두 이데올로기 가운데 무엇이 특정 사회의 '지배적 이데올로기'가 될 것인가는 양자 사이의 역관계에 달려 있다고 볼 수 있다.[2] 이 논의에서는 이데올로기의 이러한 '관계성'에 주목하면서 남베트남·남한의 지배이데올로기의 확산·내면화 능력을 검토하겠다. 지배이데올로기는 동의

---

1) 지배·저항이데올로기의 개념적 논의는 손호철(1997a : 155~157) 참조.

2) 지배적 이데올로기는 계급세력관계를 반영하며, 어떤 국면에서 중시되고 주도적인 영향력을 행사하는 이데올로기이다. 이에 대한 논의는 유팔무(1991 : 34~35) 참조.

의 조직화를 통해 체제를 정당화하고, 체제 통합력을 증대시킨다는 점에서 앞에서 검토했던 국가의 지방통제능력 못지않은 중요성을 지닌다.

지배이데올로기의 측면에서 남베트남·남한의 국가능력을 설명하기 위해 이 장에서 중점적으로 검토할 것은 지엠·이승만 정권의 핵심 통치이데올로기였다고 할 수 있는 반공이데올로기의 형성과 사회적 효과의 차이다. 지엠·이승만은 역사적 정통성이 없었던 국가권력을 정당화하기 위해 시민사회에 대해 지속적인 반공이데올로기 공세를 펼쳤다. 그러나 이러한 유사점에도 불구하고, 남베트남은 반공이데올로기를 시민사회에 내면화할 수 없었으며, '외재적 냉전형 사회'로 남았고, 이와는 대조적으로 남한은 다른 제3세계 어떤 국가보다도 강력한 '반공규율사회(anti-communist regimented society)'로 변모했다.3) 왜 유사한 반공국가에서 이렇게 상이한 이데올로기적 효과가 발생했을까? 그리고 이것이 국가·사회관계에 미친 영향은 무엇일까? 이 문제를 추적하는 것은 남베트남·남한의 상이했던 국가능력의 한 요인을 설명한다는 것과 더불어 남한에서 지금까지도 지속되고 있는 반공이데올로기 신화의 기원과 형성과정의 실체를 해부한다는 의미를 가진다.

이를 위해 첫째, 전쟁 이전 베트남·조선에서 반공이데올로기의 사회적 확산·침투를 촉진 또는 제약했던 요인들을 검토하고, 둘째, 전쟁과 분단과정의 특성이 반공이데올로기의 사회적 확산·침투에 미친 영

---

3) '외재적 냉전형 사회'가 전후 냉전 세계체제 내에 소속되어 있으면서도 냉전 논리가 외재적으로 강요되었을 뿐 내재화되지 못한 사회를 지칭한다면, 이와는 다르게 냉전 논리가 내재적인 논리로 전환된 사회가 '내재적 냉전형 사회' 이다. 조희연은 후자의 전형적 사례로 대만과 남한 사회를 지적하고 있으며, 남한 사회를 '반공규율사회'로 개념화한다. 여기에서 반공규율사회란 반공이라는 논리가 여타 모든 논리를 압도하고 반공이라는 논리로 민중을 통제 (discipline)하고 규율화(regimentation)하는 사회이다. 반공규율사회는 곧 분단반공 의식의 내재화로 나타난 하나의 '사회실재(social reality)'라고 할 수 있다(조희연, 1998 : 92~93).

향을 규명하며, 셋째, 이러한 결과에 의해 주조된 두 국가의 차별적인 지배이데올로기의 확산·침투능력을 검토하겠다.

첫째 문제를 검토하기 위한 시기는 베트남의 경우 대체로 1945년 해방에서 1946년 전면적인 1차 인도차이나전쟁이 발발하기 이전의 시기로, 조선의 경우는 1945년 해방에서 남한 정부 수립 이전의 시기로 제한하겠다. 두 번째 문제를 검토하기 위한 시기는 베트남의 경우 1차 인도차이나전쟁시기와 분단에 대한 직접적인 저항이 가시화되기 이전인 1959년경까지, 남한의 경우는 이념적 분단이 완성된 시기라고 볼 수 있는 한국전쟁 종결기까지가 될 것이다. 마지막으로 지배이데올로기의 상이한 효과에 대한 분석은 남베트남의 경우는 1959년 이후에서 지엠 정권의 붕괴시기까지, 남한의 경우는 전쟁 이후에서 4·19혁명기까지가 될 것이다.

1. 세계체제·계급·민족과 반공이데올로기

우리가 새로이 쟁취한 국가의 독립이 외국의 침략에 의해 위협받고 있습니다. 우리가 일본과 싸울 때 프랑스 식민주의자들은 항복하거나 도망갔습니다. 전쟁이 막 끝난 지금 그들은 은밀하게 혹은 공공연히 돌아오고 있습니다. 지난 4년 동안 그들은 우리 조국을 두 번씩이나 팔아 넘겼고, 이제는 우리 인민을 다시 한번 지배하려 합니다. … 나와 전국의 동포들은 남부 동포들의 굳건한 애국심을 믿습니다. 우리는 위대한 프랑스 혁명의 영웅적인 금언 "노예로 살기보다는 자유인으로 죽겠다"라는 말을 기억해야 합니다.[4]

소위 반탁(反託)의 주동자들의 허울 좋은 언변은 무엇이냐? 이들은 말한다. "삼상 결정은 우리 민족을 노예화하는 것이며 마치 을사조약과 같다. 그리

---

4) Ho Chi Minh, "Message to Southern Compatriots" september 26, 1945 ; Fall ed.(1967 : 148) 참조.

므로 신탁통치를 결사 반대한다"고. 얼마나 그럴듯한 허울 좋은 구실인가!
일제잔재를 청산하고 민주정부를 세운다는 제1항에 대하여 직접 정면으로
반대하지 못하는 그들은 삼상 결정의 진실을 의도적으로 왜곡하여 선량한
인민의 애국심을 도용하는 길밖에 없었든 것이다(이옥연, 1947.3.1 : 21).

남베트남의 지엠 정권과 남한의 이승만 정권이 토대로 삼았던 반공
이데올로기의 기원은 베트남·조선의 식민지시기까지 거슬러 올라간
다.5) 그러나 반공이 체계적인 지배이데올로기로 떠오른 것은 1945년
해방 이후의 시기라고 할 수 있다. 따라서 남베트남·남한의 반공이데
올로기의 형성, 사회적 침투·확산을 검토하기 위해서는 두 국가의 본
격적인 현대사의 출발점이라고 할 수 있는 해방 이후의 시기로부터 시
작해야 한다.

1945년 해방 이후 베트남·조선의 이데올로기지형6)을 규정했던 요
인들, 곧 세계체제의 규정력, 그리고 이에 영향 받은 계급·민족 문제를
둘러싼 토착 정치세력의 갈등 양상의 차이는 국가 수립 이후 남베트
남·남한의 국가 지배이데올로기의 사회적 확산·침투 정도의 차이를
가져오게 된다. 그렇다면 체제적 규정력이 토착적 요인과 결합하면서
지배이데올로기의 사회적 효과를 발휘하기에 보다 더 용이한 지역은 어
느 곳이었을까? 이를 파악하기 위해서는 세계체제적 규정력이 발휘되기
시작했던 초기 '점령국의 성격과 이념적 정당화', 체제적 규정력과 결합
하여 이념적 대립을 촉진하거나 억제했던 '계급·민족적 요인'을7) 당시

---

5) 베트남의 반공주의는 식민지 저항투쟁에 대한 대응과 가톨릭의 이념적 공세를
함께 포괄한다. 가톨릭의 이념적 공세에 대한 논의는 Marr(1981 : 82~88) ; The
Hung(1979) 참조. 또한 일제 식민주의의 반공 공세는 정태영(1992) 참조.

6) 이데올로기지형은 정치적 투쟁의 '장(場)'과 범위, 경기규칙들을 구조적으로 조
건 짓는 가장 핵심적인 변수로서 '구조적 권력'과 같이 무엇이 가능하고 무엇
이 불가능한지를 규정짓게 된다. 이데올로기지형은 국가성격의 규정에 구조적
제약을 가하고, 또 역으로 국가성격이 이데올로기지형의 유지·변화에 중요한
영향을 미친다(손호철, 1997b : 129).

의 이데올로기지형 속에서 검토해 보아야 한다. 전체적으로 베트남에 비해 조선이 반공이데올로기의 사회적 확산·침투에 보다 용이한 조건을 지니고 있었다고 볼 수 있으며, 이러한 특성을 간단히 정리하여 나타낸 것이 아래의 표이다.

〈표 4-1〉 세계체제·계급·민족과 초기 반공이데올로기의 형성조건

요인 / 국가	세계체제적 규정력 : 점령국의 성격·이념	계급·민족 문제
베트남	구식민국의 재점령과 식민주의·지역주의	민족·반민족의 대립을 표면화
조선	진보적 민주주의국가의 후광과 반공이념에 입각한 반혁명	신탁통치파동과 계급·민족적 대립의 이념적 대립으로의 치환

베트남의 경우 프랑스의 재점령은 식민주의의 부활을 의미하는 것이었고, 전쟁 이전 시기의 지배이데올로기는 식민주의·지역주의였다. 이는 결과적으로 베트남 내의 민족·반민족의 대립을 표면화시켰다. 반면 미국은 진보적 민주주의국가의 후광을 지니고 있었고, 초기의 반혁명정책을 통해 조선을 조숙한 반공의 시험대로 만들었다. 이러한 상황은 신탁통치파동을 둘러싸고 정치세력 간의 이념적 갈등을 초래하여 식민지시기부터 이어져 내려오던 계급·민족적 대립을 이념적 대립으로 치환시켜버렸다.

---

7) 당시의 내적 갈등지형은 베트남, 조선 모두 계급·민족적 갈등을 아우르고 있었다. 그러나 이념적으로 주된 것은 민족적 갈등이었다고 볼 수 있다. 이는 과거 지배계급이 식민체제에 부역함으로써 민족적 정당성을 상실했다는 점, 그리고 해방 당시의 주된 이념적 지향이 민족독립국가건설을 위한 민족 문제에 놓여 있었다는 점에서 그러하다. 베트남에서 친프랑스파, 조선에서 친일파를 제거해 가는 과정은 민족적 정당성을 세워 나가는 과정이며, 이것은 민족 문제를 통해 계급 문제를 해결해 가는 과정이 될 것이었다.

1) 식민주의와 민족주의의 대립 : 베트남

베트남에서 나타난 이념적 갈등과 대립을 설명하기 위해 우선 1945~1946년 사이의 호찌민 세력의 대(對)미 인식과 미국의 호찌민 세력에 대한 인식, 그리고 프랑스가 베트남의 재점령을 정당화했던 논리를 살펴보자.

베트남의 호찌민 세력과 미국의 직접적인 만남은 2차 세계대전 중인 1944년 11월 베트민이 중국 국경에 추락한 미군 중위 쇼(Shaw)를 구하면서 시작되었다. 이 작은 인연은 해군 장교 찰스 펜(Charles Fenn)과의 만남으로 연결되었고, 1945년 3월 말경 펜은 중국 국경 근처 쿤밍(Kunming)에 있던 미국 제14공군 사령관인 셰노(Claire Chennault) 장군과의 만남을 주선했으며, 이를 기회로 하여 호찌민은 쿤밍 주재 중요 미군 장교들과 인맥을 형성했다. 당시 호찌민은 자본주의국가인 미국에 회의를 지니기도 했지만, 윌슨(Woodrow Wilson)의 14개 조항과 루스벨트의 국제주의에 희망을 걸고 있었으며, 이는 1945년 8월 호찌민이 펜에게 보낸 편지에서 그대로 드러난다.

나는 당신의 공감, 위대한 미국 인민의 공감이 항상 우리편에 있을 것이라고 믿고 있습니다. 나는 또 조만간 우리의 목표를 달성할 것이라고 확신하고 있습니다. 우리의 목표는 정의이기 때문입니다. 그리하여 우리나라는 독립할 것입니다. 나는 당신을 비롯한 미국인 친구들을 인도차이나 혹은 미국에서 다시 만나는 기쁜 날이 오기를 손꼽아 기다리고 있습니다(Fenn, 1995 : 158).

호찌민의 미국에 대한 기대는 베트남 독립선언문에도 역시 반영되었다.

모든 인간은 평등하게 창조되었고, 창조주로부터 양도될 수 없는 권리를 부여받았다. 생명·자유·행복 추구권 등이 바로 그것이다. 이 불후의 선언은 1776년 미합중국 독립선언에서 발표되었다. 보다 넓은 의미에서 이것은 지구상의 모든 인민은 태어나면서부터 평등하며, 모든 인민은 생존과 자유, 그리고 행복을 누릴 권리가 있다는 것을 의미한다. … 이것은 누구도 부인할 수 없는 진리이다.[8]

프랑스의 복귀가 예상되고, 국경 부근의 중국은 장개식 군대가 장악하고 있으며, 소련 또한 호찌민 세력을 지원하지 않는 상황에서 미국은 호찌민이 버릴 수 없는 카드였던 것이다. 이러한 호찌민의 기대는 프랑스가 베트남으로 재진주한 상황에도 1946년 중반까지 지속되었다.

2차 세계대전 종결을 전후하여 호찌민에 대한 미국의 태도는 이중적이었다. 프랑스는 지속적으로 호찌민을 공산주의자로 선전하고 있었으며, 미국 또한 이를 의심했다. 그러나 호찌민과 접촉했던 OSS(Office of Strategic Services) 장교들은 다른 입장을 가지고 있었다. 대표적인 예로 이후 『왜 베트남인가?』(Patti, 1980)를 저술했던 페티 소령은 미 대사관에 올리는 보고서에서 "호찌민은 무례한 공산주의자가 아니며, 베트남 독립을 최우선 당면 과제로 삼고 싸우는 민족주의자일 뿐이다"(Maclear, 2002 : 29 ; Patti, 1980 : 361)라고 밝혔으며, 1945년부터 1947년까지 미 국무부 동남아국에서 일했던 모펫(A. L. Moffat) 역시 1972년 5월 열렸던 미 상원 청문회에서 "내가 인도차이나에서 근무할 때 깜짝 놀란 일은 프랑스의 고위 관리들이 하나같이 호찌민을 공산주의자로 매도하고 있다는 사실"(Maclear, 2002 : 46~47)이었다고 진술했다. 1945년 9월 말 하노이의 OSS가 해산되기 전 현지 OSS 담당자가 본부에 보낸 마지막 보고서는 호찌민을 베트남의 유일한 합법적 지도자로 간주하고 있음을 명확히 보여 주고 있다

---

8) Ho Chi Minh, Tuyen ngon Doc lap(독립선언) 1945.9.2 ; Tran Huu Dinh & Le Trung Dung(2000 : 448) 참조. 호찌민은 선언문이 작성되기 이전 미국의 AGAS (Air Ground Aid Section-China) 장교를 만나 독립선언문 문구에 이러한 구절을 삽입할 의사를 비쳤다(Fenn, 1995 : 153 ; Duiker, 2003 : 451).

(Maclear, 2002 : 43). 그리고 현지 OSS 담당자들은 베트남인들의 강력한 민족주의적 지향은 재식민화에 강력히 저항할 것이며, 필요하다면 전쟁도 불사할 것이라는 것, 그리고 베트남인들은 프랑스의 재진주를 막아 줄 방책으로 미국의 신탁통치를 원하며, 그것이 안 된다면 최소한 미국이 그들의 독립을 도덕적으로 지지해 줄 것을 원하고 있다고 밝혔다(Patti, 1980 : 278).

그러나 현지의 이런 보고들은 미 국무부에 의해 묵살되었다. 호찌민이 '아시아의 티토(Tito)'9)가 될 수 있는 가능성은 호찌민이 아니라 미국에 의해 초기부터 봉쇄되고 있었다.10) 프랑스 정부는 미 국무부에 호찌민을 공산주의자로 인식시키기 위해 수단과 방법을 가리지 않았고, 미국은 베트남인들의 민족주의 감정을 퇴색시키고, 베트남인들이 호찌민에 대해 가지고 있었던 '아버지 이미지'의 파괴작전을 도모했다(Maclear, 2002 : 47). 프랑스 식민주의와 미국 패권주의의 결합은 "우리나라처럼 작은 종속 제국은 자유와 민주주의의 승리의 몫을 전혀 차지하지 못하거나 혹은 극히 조금밖에 차지하지 못할"(Fenn, 1995 : 157) 것이라는 호찌민의 우려를 그대로 현실화했던 것이다.

사실 1945년의 베트남의 상황에서 베트남인들이 프랑스로부터 즉

---

9) 미 당국은 호찌민의 성향에 대해 고심했다. 그러나 이들은 공산주의에 대한 두려움을 떨쳐버릴 수 없었다. 호찌민에 대한 평가와 초기 미국의 개입과정에 대해서는 Gravel ed.(1971a : 1~52) 참조. 펜은 "미국은 과연 호찌민에게서 단지 제2의 티토만이 아니라 새로운 종류의 정치적 인간—마르크스주의를 참된 국제주의로 변질시킬 수 있는 인간—을 발견할 수 있었는가"(Fenn, 1995 : 159)라는 의문을 던지고 있다. 그러나 미국은 이러한 가능성을 초기부터 너무 빨리 닫아버렸다.

10) 스탈린과 호찌민의 관계를 단적으로 드러내면서 호찌민의 민족주의적 성향을 보여 주는 사례는 1952년 정상회담에서의 대화이다. 정상회담 당시 스탈린은 회의실의 의자 두 개를 가리키며 말했다. "호찌민 동지, 여기 의자 두 개가 있소. 하나는 민족주의자들을 위한 의자이고, 다른 하나는 국제주의자들을 위한 의자요. 동지는 어디에 앉고 싶소?" 그러자 호찌민은 이렇게 대답했다고 한다. "스탈린 동지, 나는 두 의자에 다 앉고 싶습니다"(Duiker, 2003 : 620~621).

각적 독립을 요구했다면, 그것이 공산주의자이건 비공산주의자이건 간에 거부당했을 것이고, 프랑스로부터 공산주의자라고 매도당했을 것이다. 미국은 호찌민이 내미는 손을 외면하고 프랑스의 손을 잡음으로써 식민주의의 편에 섰으며, 이를 정당화하기 위한 가장 좋은 방편은 호찌민 세력을 공산주의자로 몰아가는 것이었다.

1945년을 전후한 베트남 재점령 초기 과정에서 프랑스는 변화 없는 구식민주의의 지속을 표명했으며, 이것이 반발에 부딪히자 지역주의에 입각한 남부 분리지배론을 통해 이데올로기적 정당화를 시도하게 된다. 그러면 당시 프랑스의 베트남 재점령 정당화론을 살펴보자.

프랑스는 인도차이나로의 복귀를 전혀 의심치 않았고, 심지어 식민주의가 아시아인에게 있었던 가장 훌륭한 일이었다고 믿었다(Buttinger, 1968 : 211). 일례로 드골은 1944년 루스벨트와의 브라자빌(Brazzaville)회의에서 다음과 같이 밝혔다.

> 프랑스가 그 속령들에서 수행하고 있는 개화사업의 목표는 그 어떠한 자치의 구상도 배제하며 또한 프랑스 제국 밖에서의 사태발전 가능성도 배제하고 있다. 식민지에서의 자치 달성은 아무리 먼 장래에도 배격되어야 한다(Lancaster, 1961 : 122~123).

프랑스는 루스벨트가 주장하는 신탁통치안에 불안을 느껴 1944년 가을부터『포린 어페어스(*Foreign Affairs*)』를 비롯하여 미 국방부에서 널리 읽히는 학술지에 프랑스 식민주의가 베트남 주민들에게 베푼 이득을 열거하고, 식민지의 장래에 대한 드골주의자들의 구도가 미국의 이익과 의도에 반하지 않는다고 선전했다(Stetler ed., 1990 : 28). 그러나 이것은 철저히 프랑스의 국익을 중심으로 한 사고였다. 이러한 입장은 1946년 8월 27일『르몽드(*Le Monde*)』에 보도된 "문명 세계에 개방된 해외 식민지와의 연합이 프랑스를 강대국으로 만들었다. 이러한 식민지가 없다면 프랑스는 강대국이 되지 못할 수도 있다"(Maclear,

2002 : 55)라는 언급에서 잘 드러난다.

또한 프랑스가 주장한 지역주의는 베트남 전체를 재통치할 수 없다면 그들의 핵심적인 이해가 걸려 있었던 남부지역인 코친차이나만이라도 점령통치를 수행하겠다는 의지를 반영한 것이었다. 프랑스는 1946년 다랏에서 열린 회의에서 베트남의 남·북은 지리적 단일성이 존재하지 않으며, 남부 코친차이나는 17세기까지도 베트남에 통합되지 않았기 때문에 단일한 베트남의 일부 지역으로 보기 어렵다고 주장했다. 또한 남부의 발전을 위해서는 프랑스인의 지배가 필요하며, 더 나아가 프랑스는 코친차이나인의 이익에 반하는 베트남 문제의 해결을 참을 수 없다고 밝혔다(McAlister, 1969 : 290).

그러나 프랑스의 이러한 주장은 해방기의 베트남인들이 도저히 수긍할 수 없는 것이었다. 만일 전후 조선의 상황과 같이 미국이 직접 베트남에 진주했다면 초기 얼마 동안만이라도 미국에 대한 베트남인들의 인식은 달랐을 수도 있었을 것이고,11) 아래에서 설명할 조선의 경우처럼 우파 민족주의세력의 자기 정당화와 역량강화, 혁명역량의 파괴가 나타났을지도 모른다. 그러나 구식민국인 프랑스의 복귀는 조선과는 매우 다른 상황을 만들어 갔다.

먼저 주목할 것은 지배자로서의 프랑스의 신화는 1940년 일본이 베트남에 진주하면서 이미 금이 가기 시작했으며, 1945년 3월 일본의 쿠데타에 무기력하게 패하여 막을 내렸다는 점이다. 핏제랄드는 이를 다음과 같이 묘사한다.

---

11) 전쟁 종결 이전 미국에 대한 베트남인들의 시각은 매우 우호적이었다. 베트남 중부 후에 부근의 한 마을인 미투이프엉(My Thuy Phuong)의 한 농부는 혁명 전야의 마을 분위기를 다음과 같이 증언하고 있다. "우리는 전쟁이 곧 종결될 것임을 알고 있었고, 일본이 미국에 패할 것이라는 것도 알고 있었다. 우리는 또한 미국인들이 프랑스가 베트남에 다시 복귀하는 것을 허용하지 않을 것을 확신하고 있었다. 우리는 모두 베트남이 곧 독립할 수 있으리라는 희망에 차있었다"(Trullinger, 1994 : 42).

쿠데타 이전에 프랑스는 나라의 주인으로 존경을 받았다. 그러나 그 이후 그들은 가장 평판이 나쁜 초대받지 않은 손님이 되었다. … 프랑스가 아시아인에게 항복한 광경은 베트남인들에게 그들이 더 이상 과거와 같이 연전연승할 수 없다는 것을 의미했다. 옛말처럼 하늘의 뜻이 바뀐 것이고, 프랑스는 더 이상 나라의 지배자가 아니었다(FitzGerald, 1972 : 63).

이런 상황에서 프랑스의 재진주를 베트남인들이 어떻게 받아들였을까? 이영희는 당시 베트남의 상황을 조선과 비교하여 다음과 같이 설명하고 있다.

전후 프랑스 정부는 베트남의 지배를 위해 다시 들어왔다. 베트남전쟁의 성격을 이해함에 있어서 이것은 가장 중요한 사실이다. 해방 전 조선에서 패배한 일본이 다시 식민지 통치를 위해서 종전과 함께 한국으로 그 군대를 진주시켰다고 가정하는 상황과 같다. 더욱이 일본의 식민지 재통치를 그 뒤에서 전승국가가 돕고 있다고 가정할 때 해방과 독립을 위해서 싸운 45년 8월 당시의 한국 민중이 어떤 반응으로 대했겠는가는 쉽게 상상할 수 있는 일이다(이영희, 1991 : 17).

전후 프랑스의 복귀는 베트남인들에게 커다란 시련을 안겨 주었지만, 역설적으로 이러한 시련으로 말미암아 베트남인들은 초기부터 적(敵)과 아(我)를 명확히 구분하면서 단순화된 이데올로기지형을 만들어 갈 수 있었다. 구식민국의 복귀는 대중적 이데올로기지형, 정치세력 간의 이데올로기지형을 민족/반민족 혹은 민족주의/식민주의의 투쟁으로 단순화하는 효과를 발생시켰던 것이다.

대중적 이데올로기지형은 1945년 8월혁명 당시의 민족주의적 정서를 그대로 반영하고 있었다. 응우옌반쑤엣은 해방 당시의 분위기를 다음과 같이 전하고 있다.

이 나라의 정치적 삶에서 처음으로, 아침부터 계속 대중들이 개미처럼 모여들었고, 노로돔 대로(大路)를, 이어서 총독부 인근의 식물원까지 가득 메

웠다. 그들은 구호를 외치며 간선도로를 행진했다. … 가두를 메웠던 사람
들의 열망은 제각각이었다. 유일하게 공통되고 압도적이었던 감정은 "프랑
스가 재집권하는 것을 보지 않겠다"는 것뿐이었다. … 루스벨트 · 처칠 · 스
탈린이 얄타와 포츠담에서 이미 우리의 운명을 결정해버렸다. 우리는 내일
이 없는 미래로 우리의 육체와 영혼을 내던지고 싶지 않았다. 곧 영국군이
들이닥칠 예정이었다. 그리고 다시 식민세력이 복귀할 것이다('새로운 프랑
스'의 특사 세딜 장군이 벌써 사이공의 총독부 건물에 와 있었다). 모든 사
람들이 무기를 들기로 마음먹었다. 모두 똑같이 강렬한 감정에 휩싸여 있
었다.[12]

이러한 상황은 베트민이 민족주의적 호소를 통해 대중들을 동원하
는 데 매우 유리한 상황을 조성했다. 그러나 여기서 한 가지 간과하지
말아야 할 것은 베트민의 민족주의적 호소, 그리고 이를 통한 대중동원
이 더욱 큰 힘을 발휘할 수 있었던 것은 대중들이 베트민에게 보냈던 신
뢰와 사랑에 힘입은 바 크다는 사실이다. 해방 이전부터 식민지 저항투
쟁을 통해 형성된 베트민의 민족적 정통성은 프랑스의 재진주와 함께
더욱 강한 효과를 발휘했다. 대중들은 좌 · 우의 이념적 선택이 아니라
식민주의와 민족주의의 경계 속에서 자신의 입장을 선택할 수 있었다.
대중들의 선택은 간명했다. 그들이 과거 식민지 민족해방투쟁에 참여했
을 당시의 선택방식, 곧 "공산당과 함께 싸우든지 프랑스편에 붙든지 선
택은 둘 중 하나다. 나는 공산주의자가 아니지만 식민정부에 맞서 싸우
고 싶다. 나는 베트민에 들어갈 것이다"(Neale, 2004 : 39)라는 방식
을 다시 재생시키고 있었던 것이다.
프랑스의 재진주는 대중뿐만 아니라 정치세력 간의 이데올로기지형
또한 단순화시켰다. 계급적 경계와 민족적 경계는 대체로 민족/반민족
이라는 민족주의와 식민주의의 대립으로 치환되어 버렸다. 압도적 다수
의 지주는 프랑스 쪽에 붙어야 미래가 보장된다고 생각했으며(Neale,

---

12) Ngo Van Xuyet, "On Vietnam", *Revolutionary History,* 3 : 2, 1990 p.23 ; Neale(2004 :
   45~46)에서 재인용.

2004：48), 이것은 지배계급과 피지배계급의 계급적 대립을 친불파와 반불파의 대립으로 경계 지어 버렸다. 우파보수세력이나(대월·복국· 베트남국민당·베트남혁명동맹회 등) 종교집단(까오다이·호아하오) 의 선택의 폭 또한 매우 제한적이었다. 조직적으로 견고하지 못했고, 민족적 정통성마저 취약했던 이들 세력이 취할 수 있는 길은 베트민의 그늘 속에서 민족주의적 성격을 강화하거나,13) 프랑스 식민주의자들의 편에 서서 반민족주의자의 길을 갈 수밖에 다른 정치적 선택지는 없었다. 프랑스가 재진주한 베트남에서는 조선의 보수우파들이 이용했던 신탁통치 문제와 같은 탈출구가 존재하지 않았다. 남은 것은 노골적인 편가름이었고, 그 편가름은 이념이 아니라 민족을 가로지르고 있었으며, 그 선택의 결과는 프랑스와 베트남인들의 인종적 경계만큼이나 뚜렷한 것이었다.

2) 계급·민족적 대립의
이념적 대립으로의 치환 ： 조선

　분단과정에서 베트남과 조선이 뚜렷하게 구분되는 것은 '이념적 분단'이었다. 조선은 해방된 지 채 1년이 되지 않아 이념적 분단으로 나아가게 되어 민족의 내부에 적대전선을 긋고, 정치세력뿐만 아니라 시민사회 내부를 이념적으로 분할하기 시작했지만, 베트남에서는 이러한 일이 발생하지 않았던 것이다. 1945년 8월 해방 이후 조선이 베트남과 구

---

13) 실제로 베트남국민당과 베트남혁명동맹회는 호찌민 정권하에서 정치적 지분을 확보하여 자신의 기득권을 보장받으려고 했다. 호찌민은 통일전선을 강화하고 정치세력을 통합하기 위해 1946년 1월 치러진 선거에서 미리 이들 세력에게 보장했던 의석을 배분했다. 이에 따라 베트남국민당은 50석을 혁명동맹회는 20석의 의석을 보장받았다(Sacks, 1988：274). 그러나 중국에 의존하던 두 세력은 1946년 2월 28일 중·불협정 결과 중국이 북베트남에서 철수하게 되어 그들의 기반을 상실했다.

별되는 독특한 이데올로기지형을 형성하게 된 것은 크게 두 가지 상황, 첫째, 2차 세계대전 종결 직후 냉전적 시간을 앞질러 미국이 직접 조선을 점령하여 발생한 조선의 민족적 사회주의자들과 미국의 '인식적 간극'과 사회적 여파, 둘째, 신탁통치를 둘러싼 갈등이라고 할 수 있다.

미국의 조선 점령과 조숙한 냉전의 출발

조선의 남부지역에 진주한 미군은 그들이 이후 남베트남에 개입하면서 감내해야 했던 패전의 여진(餘震)에서 자유로웠을 뿐만 아니라 초기에는 파시스트 군국주자들을 몰아낸 '진보적 민주주의국가'라는 후광 속에 있었다. 해방정국의 초기 상황 속에서 이는 미군정이 통치질서를 구축하는 데 매우 유리하게 작용했다. 그렇다면 미군 진주 초기 조선의 민족적 사회주의자들의 미국에 대한 인식과 이들에 대한 미국의 인식은 어떠한 차이를 지니고 있었을까?

당시 민족적 사회주의자들의 미국에 대한 인식은 샤브쉬나의 다음과 같은 언급에서 잘 드러난다.

> 미국은 소련과 연합군이었고, 반파시즘 연합 참가국이었다. 또한 미국은 연맹국 간의 합의에 따라 남한에 오게 된 것이다. 그런 조건 하에서 남한 공산주의자들이 투쟁전술을 세우는 것은 쉽지 않았다. 불투명하고 복잡한 정세 속에서 단일한 민주주의민족전선의 경계를 규정하고 친구와 적, 동지와 일시적인 동반자를 구별하는 것은 쉬운 일이 아니었다(Shabshina, 1996b : 139).

위와 같은 분석은 당시 조선 내의 국가건설 주체들이 미국에 대해 지닐 수 있는 인식을 잘 대변한 것이라고 볼 수 있다. 초기 미국에 대한 국내인식은 적대적이지 않았다. 이러한 인식의 단면을 볼 수 있는 것은 조선인민공화국의 「선언」과 박헌영의 「8월테제」이다.

「선언」 : 우리는 안으로는 조선 인민 대중 생활의 급진적 향상과 정치적 자

유를 확보하고, 밖으로는 소련, 미국, 중국, 영국을 비롯하여 평화를 사랑하
는 모든 민주주의적 제(諸) 국가와 제휴하여 세계평화의 확립에 노력하려
한다(민주주의민족전선 편, 1988a : 96).

「8월테제」 : 국제 파시즘의 전면적 궤멸과 진보적 민주주의와 사회주의의
승리는 세계혁명을 더욱 높은 정도로 발전시키고 말았다(송남헌, 1985a :
148).

조선인민공화국의 「선언」은 "일체 외래세력의 내정간섭에 절대 반
대"(민주주의민족전선 편, 1988a : 97)함을 밝힘으로써 연합국에 대한
자주성을 명확히 견지하고 있기는 하지만, 당시 미국은 '제휴'하고 협력
할 대상으로 인식되었다(서중석, 1998a : 223).

그러나 점령군인 미국의 입장은 상이했다. 미국은 조선의 "독립은
한반도가 소련에 의해 지배되거나, 미국보다는 러시아의 공인된 행동과
원칙에 일치하는 집단에 의해 지배되어서는 안 된다"(Meade, 1993 :
20~21)라는 원칙하에서 가능하다는 입장이었다. 이것은 미국의 이해
에 부합하지 않는 현지 권력은 인정하지 않겠다는 것이다. 또한 미 점령
군 사령관은 "비록 (조선을) '해방된 나라'로 대우해야 하지만 정당하게
부여된 그의 권위에 도전하는 어떠한 상황도 승인해서는 안 된다"
(Meade, 1993 : 89)라고 규정된 훈령을 받고 있었다. 그런데 점령군
으로 상륙한 미국이 조선에서 발견한 것은 잘 조직화되어 있고, 권력을
손안에 쥐고 있었던 인민위원회였으며, 국가를 표방하며 자체적으로 조
직된 대안국가였다.

대안국가에 대한 미국의 인식은 부정적이었다. 조선의 일본 당국은
미군부 측에게 조선의 상황이 소수 좌익세력에 의해 지배되고 폭력행동
이 자행되고 있다고 선전했으며, 미국 또한 조선이 좌경 위험성이 높은
사회·경제적 상태를 지니고 있다고 평가하고 있었다(김운태, 1992 :
69). 이러한 인식이 최초로 드러난 사건은 하지가 인천에 상륙하던 날
조선인민공화국의 지지를 요구하는 서신을 전달하려던 여운홍과 백상

규의 접견 요청을 거부한 일이었다.14) 하지는 조선인민공화국이 일본의 지지를 받고 있다는 점을 들어 이들의 접견을 거부했으며, 향후 한 달여간 여운형을 만나지 않았다.

당시 조선에 대한 미군정의 상황인식에서 흥미로운 점은 조선의 정치세력을 구분하는 기준이 공산주의세력 대 민족주의세력이 아닌 급진주의자(radicals) 대 보수주의자(conservatives)로 묘사되고 있다는 점이다(정용욱, 2003 : 316~317). 이는 미국 역시 해방 당시 조선의 상황이 이념적 대립보다는 민족주의적 열기에 의해 규정되고 있었음을 인정하고 있었다는 것이다. 그럼에도 불구하고 초기부터 미 당국이 보수적 소수를 지지했다는 것은 미국의 기본정책이 반혁명을 지향하고 있었음을 입증하는 것이었다.

초기 이러한 인식 차이는 베트남과 조선에서 형성될 상반된 이데올로기지형의 첫 단추였다. 해방 이후 초기 정치질서의 수립은 민족의 장래에 매우 중요한 의미를 지니고 있었다. 해방공간으로 대표되는 초기 시기는 혁명적 열기로 반혁명세력의 재집결과 힘의 추스름을 막아야 했던 시기였다. 서중석은 이 시기의 중요성을 "강력한 사회경제적 기반을 가진 친일파를 해방 직후의 민족적 혁명의 열정으로 제거하지 않으면, 그 뒤로는 민족해방투사들이 친일파한테 잡혀 먹히게 되어 있었다"(서중석, 2002a : 109)라고 설명하고 있다. 진보적 민주국가의 후광을 지녔던 미군은 바로 이 결정적 시기에 조선 남부의 민족적 혁명을 지연시키고, 우익세력을 비호하여 반혁명의 토대를 구축할 수 있었던 것이다.15)

---

14) 이러한 상황은 베트남에서도 유사하게 전개된다. 1945년 당시 남베트남을 점령했던 영국군 사령관 그레이시 소장은 연합군을 환영하기 위해 찾아온 베트민 지도자들을 어떻게 대했는가를 회고하면서 "그들이 나를 찾아와서 환영한다는 따위의 말을 늘어놓았다. 그건 불쾌한 장면이었다. 그래서 난 즉시 그들을 내쫓아 버렸다"(Asprey, 1975b : 675)라고 언급했다.

15) 실제로 미국은 미군정에 대한 아래로부터의 저항이 전면적으로 표출된 1946년

신탁통치파동과 초기의 이념적 분단

보수우익세력들은 미국을 환영했고, 미국 속에서 자신의 미래를 발견했다.16) 그러나 미국과의 밀월에도 불구하고 이들은 계급적·민족적 정당성에 치명적인 한계가 있었다. 정당성의 한계를 극복할 돌파구는 그리 오래지 않아 만들어졌는데, 그것은 미군정에 의해 조장·방조되고, 보수우익세력에 의해 주도적으로 전개된 신탁통치반대운동이었다.17) 정치세력 가운데 반탁운동을 통해 가장 큰 이익을 본 것은 이승만을 중심으로 하는 보수우익진영과 친일파였으며, 가장 큰 타격을 입은 것은 민족적 사회주의자들이었다. 왜 이런 정치·이데올로기지형의 역전이 가능했을까?

당시 조선의 신탁정국은 베트남에서는 없었던 독특한 이념적 분할점이었다. 호찌민의 경우도 미국에게 신탁통치를 청원했으나, 이는 미국이 '진보적 민주주의'의 갑옷 속에서 스스로의 면모를 드러내지 않고 있었을 때였으며, 당시 대다수 베트남인들에게 가장 중요했던 것은 프랑스의 재점령을 막는 것이었다. 또한 베트남의 북부에는 사회주의세력이 아닌 국민당군이 진주해 있었기 때문에 해방 초기에 세계사적 차원의 이념적 대립이 직접적으로 베트남 내부로 침투해 들어가기 위해서는 시간이 필요했다. 따라서 호찌민이 신탁통치안을 제기했다고 하더라도 조선에서와 같이 파괴적인 내적 이념분할은 나타나지는 않았을 가능성이 컸다. 그러나 조선의 상황은 달랐다. 일본은 패전국이었고, 향후 조선에서 어떠한 기득권도 주장할 수 없는 상황이었다. 각 정치세력뿐만 아니라 시민사회 일반의 요구는 즉각적인 독립이었다. 이러한 상황에서

10월 인민항쟁 이전인 1946년 초 이미 남한 전역에 통치질서를 세울 수 있었으며, 실질적 통치자로서 그 위치를 굳힐 수 있었다. 김석준(1996) ; 박찬표(1997) ; Cumings(1986) ; Meade(1993) 등의 논의를 참조.

16) 조병옥은 "한국은 군정단계의 훈정기를 거치지 않고는 전 한반도의 적화를 면치 못할 것"(조병옥, 1986 : 146)이라는 이념적 공세와 함께 미군정을 옹호했다.

17) 신탁통치를 둘러싼 미군정의 입장은 정용욱(2003) 참조.

민족의 내적 요구와 무관하게 외부로부터 제기된 신탁통치안은 민족적 독립을 요구하는 강도에 비례하여 강력한 폭발력을 지닐 수밖에 없는 것이었다.

그렇다면 실제 신탁통치안에 대한 대중들과 각 정치세력의 반응은 어떠했을까? 먼저 대중들의 반응은 매우 격렬히 표출되었다. 1945년 12월 21일부터 철시, 대시위가 일어나고 군정하의 한인 직원들은 계속 총파업, 총사직에 들어갔으며, 이 대시위운동은 즉시 전국에 파급되었다(송남헌, 1985a : 251). 그러나 초기 대중들의 반응은 이념적 경계를 지닌 것이라기보다는 '원초적 민족주의'의 발로였다. 대중들의 반응은 민족자주정신의 발로로 표현된 '반탁민족주의'로 볼 수 있는 것이었다(서중석, 1998a : 306 ; 최상용, 1998 : 208).

각 정치세력 또한 1945년 12월 28일 모스크바협정 발표 후, 곧 조선공산당이 '모스크바협정 지지'를18) 공식적으로 표명한 1946년 1월 2일까지는 신탁통치 반대라는 점에서 좌·우파가 일치되어 있었다(최상용, 1998 : 208). 이는 모든 정치세력이 조선의 즉각적인 독립을 희구하고 있었고, 또한 이것이 대중들의 기본적인 정서임을 알고 있었다는 것을 의미한다.

그러면 좌익은 왜 반탁전선에서 이탈하여 모스크바협정을 지지했을까? 좌익은 당시 카이로·포츠담회담에서의 결정을 구체화한 것이 3상회의 결정이라고 판단하였으며, 국제주의노선에 따라 결정을 수용하기로 한 것이다(서중석, 1998a : 320). 또한 좌익은 모스크바협정의 핵심

---

18) 송남헌은 흔히 찬탁으로 알려진 좌익의 노선이 우익에 의해 호도된 것임을 밝히면서 다음과 같이 설명하고 있다. "흔히 좌익의 입장을 '찬탁'으로 표현하지만 그들 자신이 '모스크바 3상회의 총체지지' 등의 표현을 썼을 뿐만 아니라 그 회의가 한국 문제만을 다룬 것이 아니고 한국에 대한 의정서 자체도 신탁통치가 핵심이 아니었다는 점에서 좌익의 경우 '찬탁'이라는 표현을 쓰는 것은 적당치 않다. 당시의 즉각적인 민족독립을 바라는 격앙한 민족적 감정에 호소하기에는 이 표현이 우익으로서는 전략적으로 적절한 것이었는지도 모른다"(송남헌, 1985a : 246).

가운데 하나였던 "한국의 독립을 부활시켜 식민지적 잔재를 청산하기 위하여 조선에 임시정부를 수립"한다라는 점에 주목하고 있었다(최상용, 1998 : 203). 현 시점에서 당시의 국제정세를 고려해 보면 좌익의 판단이 현실적이고 현명한 것이었다고 볼 수 있다. 그러나 대중들의 반탁민족주의적 열정은 좌익의 판단을 수용하기 어려웠고, 이는 해방 이후 지속되어 온 좌익과 대중들 사이의 일체감에 균열을 초래했다.

이 균열을 비집고 들어온 것이 일관되게 반탁과 조선의 즉각적인 독립을 주장했던 보수우익이었다. 그러나 당시 보수우익세력 또한 단일한 집단이 아니었다. 반탁세력은 크게 김구 세력과 보수우익·친일파를 대표한다고 할 수 있는 이승만 세력이었다고 할 수 있다. 김구의 반탁은 중경임시정부추대운동과 결합되어 있었고, 보수민족주의적 색채를 강하게 띠고 있었지만, 이승만의 반탁은 '반탁민족주의'의 주장이라기보다는 미군정의 반공노선을 긍정적으로 받아들이고 있던 그 나름의 상황판단에 의거한 것으로 볼 수 있다(서중석, 1998a : 305~317 ; 최상용, 1998 : 209).[19] 그러나 두 세력의 입을 통해 동시에 터져 나온 '반탁'의 구호는 대중적 이데올로기지형을 결정적으로 왜곡시켰다. 이에 대해 박명림은 다음과 같이 설명하고 있다.

초기에 가장 격렬한 반응을 보인 것은 정부로서 자임하던 김구가 이끄는 임정의 민족주의자들이었다. 항일민족주의자들에게 반탁은 '제2의 3·1운동' '제2의 독립운동'처럼 받아들여졌다. 같은 반탁이었으나 친일경력자들

---

19) 이승만은 1919년 3월 3일 미국의 윌슨 대통령에게 한국을 국제연맹의 위임통치 하에 두고, 이를 통해 한반도를 중립적인 상업지역으로 설정할 것을 청원했다. 여기에서 '위임통치'보다 '중립적인 상업지역으로서의 중립국화'가 이승만의 진정한 의도였다고 할지라도 이 논의는 근본적으로 한국인의 자력에 의한 독립불가론을 바탕에 깔고 있는 것이었다(정병준, 2000 : 58). 이러한 면에서 보았을 때 최상용이 지적하듯이 이승만의 '친미·훈정'론과 '반탁·반공'론은 모순되는 것이 아니었다(최상용, 1998 : 209). 곧, 반탁은 소련과 반이승만 세력을 향한 것이었지 미국을 향한 공격의 화살이 아니었던 것이다.

에게 그것은 소생운동이었다. 서로 반대되는 이 두 운동의 접점은 공교롭게도 '애국'과 '독립'이었다. 독립운동을 제압하던 일본 경찰·관료 출신들이 독립운동세력과 함께 '민족독립'을 주장하고 나선 것이다. 결국 이 애국주의는 항일이냐 친일이냐의 대립축을 친소냐 반소냐, 친공이냐 반공이냐의 대립선으로 환치시키는 결정적인 계기가 되었다. 이데올로기지형의 전위(轉位)였던 것이다(박명림, 1996 : 140).

박명림의 말과 같이 항일민족세력과 친일반민족세력의 뒤엉킨 운동, 이것이 반탁운동의 핵심이었다(박명림, 1996 : 141). 조선의 대중들 사이에 발생한 이념적 간극은 반외세, 자주적 민족주의의 경계를 흐렸던 반탁운동세력의 무원칙한 제휴로부터 시작되었던 것이다. 이것은 베트민으로 결합했던 베트남의 민족적 통일전선과는 매우 다른 것이었다. 베트남의 경우 통일전선의 적은 명확히 제국주의 프랑스였다. 그러나 조선에서 발생했던 반탁운동은 표면적으로는 민족자주를 표방하고 있었지만 실질적으로 그 내부에는 순수한 민족주의적 열정보다는 친일파·지배계급의 정치적 이해가 짙게 깔려 있었던 것이다.

그렇다면 친일·보수우익세력과 이승만은 반탁운동을 통해 압도적인 좌익 우세의 이데올로기지형을 어떻게 역전시켜 갔을까? 먼저 그들은 즉각적인 독립을 원했던 대중들의 순수한 열망을 부추겨 대중적 지지를 확보하고, 자신의 치명적 결점이었던 민족적 정당성을 제고하려했다. 우익, 특히 한민당은 신탁통치를 제안한 것이 소련이라는 역선전 공세를 공공연히 펼쳤으며(송남헌, 1985a : 245), 이승만은 1945년 12월 말 모스크바 3상회의의 결과를 놓고서 "신탁통치는 독립이 아니다. 독립을 원하는 민중은 신탁통치를 반대하라!"(우남전기편찬위원회, 1958 : 81)라는 성명을 통해 대중들을 선동하기 시작했다. 반탁노선은 당시 국내외 세력들의 역학관계를 도외시한 비현실적인 노선이었다는 한계가 있었으나, 반탁이라는 원초적 민족 감정을 잘 드러내어[20)]

---

20) 우익집단 중 「자살동맹」 명의의 다음과 같은 성명서는 이러한 감정적 호소를

대중들의 지지를 받을 수 있었다. 반탁운동을 통해 이승만은 자신의 단정노선을 확립해 갈 수 있었으며, 보수세력은 반탁운동을 의식적으로 이용하여 세력 신장의 전환점으로 삼을 수 있었다(송남헌, 1985a : 245~246).

우파의 이념적 공세는 좌익이 '모스크바 3상회의 총체지지'를 표명하면서 강렬하게 표출되었다. 우익은 찬탁은 매국이며 친소진공(親蘇眞共)이라는 논리로 신탁통치의 본질을 호도하면서 압도적인 좌익 우세의 이데올로기지형을 반전시키려고 시도했다. 이승만은 각종 연설과 방송을 통해 반탁과 반공을 교묘히 결합시키면서 이념적 대립을 조장해 갔다. 올리버는 이를 다음과 같이 설명하고 있다.

> 항상 그의 주제는 같은 것으로 다시 말하면 공산주의는 콜레라 질환과 비슷한 것이라는 내용이었다. 빨갱이와의 타협이나 협력은 불가능한 것이다. 유일한 선택의 길은 공산독재정치에 항복하거나 대항하여 싸우는 길이다. 한국 민족주의가 살아남을 수 있는 유일한 구원의 길은 신탁통치의 거부를 포함하여 전적으로 공산주의를 몰아내는 것뿐이다(Oliver, 1998a : 86).

이승만은 또한 지배계급·친일파/피지배계급·민족적 사회주의세력의 대립을 건설자/파괴자, 애국자/매국노의 대립으로 몰고 갔다.

> 극렬분자는 구라파, 미국에 있어서나 또한 한국에서까지 자주독립을 저해하고 남의 노예됨을 감수하는 결심이 있는 것을 지금은 세상이 다 알게 되었으니 '파괴자'와 '건설자'가 어떻게 협동되며 '애국자'와 '매국노'가 어떻게 한 길을 갈 수 있겠는가?(우남전기편찬위원회, 1958 : 83).

잘 보여 준다. "오냐!!! 싸호자!! 올 것은 기어코 왔고 이것이 우리가 반가히 마지하엿든 손님들이 가저온 선물이로고나. 이빨에는 이빨로! … 그리하야 정히 그대들이 독립을 허용치 아니하거든 우리 손으로 모다 뭇찔너서 이 땅을 황무지로 인적 하나 없는 광야로 만들고 우리도 모다 죽어버리작코나. 길히길히 노예가 되어버리느니 보다는 아…"(심지연 엮음, 1986 : 312~313).

　　여기에 발맞추어 각종 우익단체들은 좌·우의 대립을 생사를 건 투쟁으로 몰고 갔다. 아래의 내용은 대표적인 몇몇 사례들이다.

　　민족분열의 책임자인 공산당이여! 인민당이여! 공산주의자여! … 그대들의 반역행위는 전 민족의 일흠으로 단호히 용서치 않으리라(대한독립촉성전국청년동맹 성명).

　　타도 인민공화국, 타도 공산당, 조선인민당(1948년 1월 8일 독립의열단 성명).

　　그대가 만약 반역자가 아니라면 이들 공산당 인민공화당 관계자를 일인일살주의(一人一殺主義)로 박멸하자(조선건국청년회).[21]

　　민족적 열기에 편승한 보수우익세력의 대중선동·동원은 공공연하게 이념적 적대를 조장해 나갔다. 반공은 보수우익세력의 이념적 구심점으로 자리 잡았으며, 해방 조선의 국가건설과정에서 국가건설 주체가 구비해야 할 가장 중요한 기준이었던 민족해방투쟁의 경력과 민족적 정통성은 미국이 이식하고 보수우파가 적극적으로 수용한 반공이데올로기의 직접적인 공격을 받게 되었다. 반공이데올로기가 확산되면서 진정한 애국자는 매국노·불온세력으로 취급당하기 시작했으며, 일제에 부역함으로써 지배계급의 위치를 누렸던 친일파 민족반역자는 새로운 애국자로 부상하기 시작했다. 이는 1945년 8월 해방공간의 민족 중심적 이데올로기지형의 현격한 변화였다. 이에 대한 박명림의 설명을 살펴보자.

　　제국주의의 억압이 사라지고, 친일과 항일의 언술이 찬탁과 반탁에 의해 공산주의와 반공주의라는 뒤틀린 대결구조로 나타나자 항일세력의 정통성 독점은 갑자기 축소되었다. 그 결과 친일세력은 이제 현실 정치적으로 뿐만 아니라 이념적·도덕적으로도 항일세력과 비등하게 맞설 수 있었다. 그

---

21) 심지연 엮음(1986 : 284, 294, 314).

들은 반공을 무기로 찬탁세력을 공격하며 친일의 굴레를 벗어 던지고 맞물린 대립관계를 형성하는 데 성공하였던 것이다(박명림, 1996 : 148).

이러한 과정은 친일파가 왜 그렇게 적극적인 반공주의자로 변모할 수밖에 없었는가에 대한 해답을 제시한다. 당시 친일파들이 의존할 수 있는 것은 미국과 이승만이었으며, 이는 반공이데올로기와 강력한 친화력을 지녔다. 초기 남한 정권의 가장 강력한 지지자였으며, 국가 통제력의 중추였다고 할 수 있는 경찰들의 투철한 반공의식은 바로 생존을 위한 변신 속에서 형성된 것이며, 그 때문에 더욱 강력한 힘을 발휘했다. 이들은 친미·반공주의자, 그리고 이승만의 강력한 지지자로 변모하여 자신의 안전을 보장받았던 것이다.22)

1945년 8월부터 1946년 중반 정도의 시기에 베트남과 조선은 이미 상이한 이데올로기지형에 진입했다. 조선에서 과거 식민지시기 서로 얽혀 형성된 계급·민족적 갈등, 곧 민족/반민족의 대립은 신탁파동을 계기로 좌·우의 이념적 대립으로 치환되었다. 이 같은 이데올로기적 전치(轉置)는 갈수록 격화되는 미·소냉전의 소용돌이 속에서 강력한 상승작용을 일으켰다. 국제적 이념대립은 곧바로 내적인 이념대립으로 옮아갔다. 이는 베트남의 호찌민 세력이 민족의 자주적 독립국가건설을 위해 안과 밖의 경계를 그어 민족의 내적 결속을 다진 것과는 상반되게, 냉전적 경계를 내부로 끌어들여 동족상쟁의 비극적 역사경로로 진입하는 과정이었다.

---

22) 일례로 길림성 돈화현 왕도하 등 부락에 살고 있는 애국지사 50여 명을 체포하고, 그 중 17명을 살해 또는 투옥하는 등 철저한 친일 반역행위를 자행했던 이종형은 반민족행위자처벌법에 대해 『대한일보』에 "소급법을 만들어 친일파 민족반역자를 처단하려는 것은 공산당을 즐겁게 하는 처사"라고 정면으로 도전하였으며(김삼웅, 1995 : 78), 반민법정에 섰을 때도 "대한민국의 법정은 반공주의자를 처벌할 수 없다"라는 망언을 서슴지 않았다(MBC 다큐멘터리, 2001.5.25). 이종형의 이러한 자신감은 당시 민족·반민족의 전도된 의식과 세력지형을 잘 보여 준다.

2. 전쟁·분단과 지배이데올로기의 형성

해방의 실제적이고 증대하는 힘은 피부빛, 의상 및 관습 등의 요인에 의해 외국인으로 간주된 정복자, 지배자 및 착취자, 또는 그들을 위해서 일하는 자들에 대한 적개심에 있었다. 그것은 반제국주의적이었다(Hobsbawm, 1994 : 178).

수복 후 경찰이 들어온 후 집안은 풍비박산되었죠. 남은 동네 사람들은 살아남기 위해 빨갱이 가족을 탄압했어요. … 농사철이 되어 귀향했는데, 형사가 와서 서까지 갔죠. 1주일 동안 유치장 생활을 했어요. … 밤에 유치장에서 순경과 함께 나오면서 "일생 동안 사상을 초월해 살렵니다"라고 말했습니다.[23]

1차 인도차이나전쟁과 한국전쟁에 의해 형성된 이데올로기지형의 차이는 지엠 정권과 이승만 정권 지배이데올로기의 확산·침투능력의 차이를 형성하는 데 결정적인 촉진요인이 되었다. 베트남에서 1차 인도차이나전쟁은 베트민을 중심으로 한 반외세민족해방투쟁을 강화시켰으며, 이는 좌파 헤게모니하의 민족주의 의식의 고양으로 연결되었다. 반면 남한의 경우 한국전쟁은 신탁파동을 거치며 분할되기 시작한 정치세력 간의 대립과 시민사회의 이념적 동요를 종결지으면서 남한 사회의 우경화를 극단화·가속화시키고, 해방정국의 압도적 좌편향적 이데올로기지형을 좌파가 사라진 '우경반쪽지형'으로 바꿔 버렸다(손호철, 1997b : 128, 133).

전쟁은 또한 이념적 분단의 구조와 성격에도 결정적인 영향을 미쳤다. 베트남의 경우에는 한국과 같은 좌·우의 이념적 분단이 발생하지 않았다. 전후 지엠에 의해 재생된 반공이데올로기는 식민지시기에는 독립운동가를 탄압했고, 전쟁기간에는 프랑스·미국의 침략을 정당화했

---

23) 전쟁 경험에 대한 유근찬의 증언 ; 윤택림(2003 : 211)에서 재인용.

던, 그야말로 이미 기한을 넘겨 버려 약효가 사라진 해묵은 처방전을 다시 끄집어내는 것과 별다르지 않았다. 지엠의 반공이데올로기는 남·북을 분할하지도, 시민사회의 대중적 이데올로기지형을 분할하지도 못했다. 남베트남에서는 이념적 분할(좌·우)이 민족적 분할(민족·반민족)을 넘어서지 못했다.

그러나 한국의 경우 전쟁은 이념적 분단을 최종적으로 완결 지으면서 남·북을 같은 민족이 아닌 이념적 적, 아니 공존할 수 없는 적대의 대상으로 설정하게 만들었다. 또한 외부의 적대를 강화하는 이념적 분단은 남한 내부의 이념적 결속을 강화하고, 정권에 대항한 내부의 모든 반대를 척결하기 위한 정당화기제로 작용했다. 전쟁과정에서 발생했던 극단화된 국가폭력은 이념적 선택을 강제했으며, 남한체제 속에서 살기 위해서는 국가의 이념적 강제를 수동적으로든 능동적으로든 수용해야 했다. 전쟁을 통해 남·북은 이념적 분단을 구조화했으며, 남한의 체제는 국가형성 초기 취약했던 '역사적 정통성'의 굴레를 벗어던지고, 스스로를 정당화할 수 있었다. 이제 정통성의 기준은 식민지 해방투쟁을 통한 민족사적 정통성이 아니라, 얼마나 반공투쟁에 헌신했는가라는 이념적 기준에 의해 설정되게 된 것이다.

위의 논의를 정리하여 전쟁의 이데올로기적 특성, 그리고 이에 따른 이념적 분단의 정도를 간단히 분류하여 나타낸 것이 〈표 4-2〉이다.

〈표 4-2〉 전쟁과 분단, 그리고 국가의 이데올로기적 정당화

요인 국가	전쟁의 이데올로기적 특성	이념적 분단의 특성
베트남/ 남베트남	식민주의·반공주의에 대항한 민족주의적 동원·저항(민족적 적대의 상승)	약한 이념적 분단과 종교·지역주의를 둘러싼 갈등 형성
한국/ 남한	체제·계급·민족내부(국가건설)전쟁과 정치적·이념적 대량학살(이념적 적대의 상승)	계급과 민족을 가르는 승자와 패자의 재정렬과 강력한 이념적 분단

베트남의 경우 전쟁은 이념적 측면에서 식민·반공주의에 대항한 민족주의적 동원·저항의 특성을 지니고 있었으며, 전쟁의 결과는 이념적 분단을 강화하지 못했다. 또한 지엠 정권이 형성되면서 이루어진 정치세력의 재편은 민족·반민족의 대립선에 종교·지역주의를 둘러싼 갈등과 대립을 추가함으로써 지엠 정권의 취약지구를 넓혀 갔다.

한국의 경우 전쟁은 이념적 측면에서 세계체제상의 전쟁, 계급·국가건설을 위한 민족내부의 전쟁을 동반한 것이었다. 전쟁과정에서 나타난 정치적·이념적 학살은 대중들의 이데올로기적 선택을 생존을 위한 선택으로 제한했으며, 이념적 분단을 더욱 가속화시켰다. 또한 전쟁은 남·북의 경계를 명확히 한 것뿐만 아니라 남한 내부적으로도 승자와 패자의 경계를 다시 세웠다. 해방 이후 계급·민족 문제를 둘러싸고 전개된 투쟁은 최종적으로 이승만을 중심으로 한 지배계급·친일세력의 승리로 종결되었으며, 이는 이념적 분단을 더욱 공고히 했다.

1) 민족주의적 동원의 경험과 종교·지역주의의 대두 : 남베트남

전쟁과 이념적 분단과정의 특성, 그리고 이것이 지엠 정권의 정치적 특성과 결합하여 남베트남의 이데올로기적 지형을 형성해 가는 과정을 추적하기 위해 이미 위에서 설명한 바와 같이 다음의 두 가지 측면, 곧 첫째, 전쟁이 지닌 이데올로기적 특성, 둘째, 지엠 정권하에서 반공이데올로기의 사회적 침투·확산을 제약했던 이데올로기지형의 특성을 검토하겠다.

민족적 동원을 극대화한 1차 인도차이나전쟁

전쟁에서의 승패는 물리력뿐만 아니라 누가 전쟁의 정당성을 쥐고 있느냐에 커다란 영향을 받는다. 정당성을 둘러싼 투쟁, 이것 자체가 1차 인도차이나전쟁을 둘러싼 또 하나의 전장이었던 것이다. 아래의 논의에서는 전쟁을 정당화하고자 했던 프랑스·미국의 시도, 이에 대항한 베트민의 민족주의적 동원·저항을 검토함으로써 전쟁기간 정당성을 둘러싼 투쟁지형이 어떻게 형성되었는지를 살펴보겠다.

프랑스는 베트남에 다시 발을 들여놓은 그 순간부터 구식민국가로서 정당성에 치명적인 약점이 있었다. 또한 프랑스는 식민주의의 재점령전쟁이라는 오명 속에서 심리적으로 불리한 전쟁을 수행해야 했으며,24) 이를 극복하는 길은 식민주의전쟁의 성격을 탈색시키는 것이었다. 당시 프랑스가 취한 정책은 '식민주의전쟁'의 '반공성전'으로의 전환, 그리고 이를 정당화하기 위한 '베트남인에 의한 베트남전쟁의 추구'였다.

2장에서 이미 냉전과 연관하여 1차 인도차이나전쟁의 성격전환을 언급한 바 있다. 이에 입각하여 프랑스·미국이 수행한 전쟁의 성격 전환을 시기별로 간단히 나타내면 다음과 같다.

㉠ 프랑스의 식민주의전쟁 : 1945년 9월~1948년.
㉡ 식민주의와 냉전이데올로기의 접합 : 1949~1954년 제네바협정기.
㉢ 프랑스를 대체한 미국의 개입과 냉전이데올로기의 확대 : 1954년 제네바협정 이후.

전쟁 초기 프랑스는 과거 식민주의의 연속에 의한 베트남의 재지배 의도를 굳이 숨기려고 하지 않았다. 그러나 내적으로 전쟁이 교착상태에 들어가고, 외적으로 1949년을 전환점으로 한 사회주의권의 팽창은 1차 인도차이나전쟁의 성격을 바꾸는 주요한 계기로 작용했다. 미국의 경우 루스벨트 시기에 그나마 존재했던 프랑스 식민주의에 대한 혐오와 베트남 민족주의에 대한 인식은 증대되는 공산주의에 대한 두려움 속에서 그 통찰력을 상실했다(Olson & Roberts, 1991 : 28). 1951년 7

---

24) Fall(1961 : 16~17) 참조.

월 라뛰르(Lattre)는 "프랑스의 관심은 … 자유세계를 위해 베트남을 구하는 것이다. 십자군운동 이후 프랑스가 이처럼 사심 없는 행위에 착수해 본 적은 없다. 이 전쟁은 베트남인을 위한 베트남의 전쟁이다"(Buttinger, 1968 : 278)라고 전쟁의 성격을 재규정하였고, 이 말 속에는 1944년 1월 드골이 브라자빌에서 보였던 식민주의의 모습은 보이지 않는다. 프랑스는 체제 수호를 위한 자유의 십자군으로 다시 탄생했던 것이다. 1949년 이후 전쟁이 끝날 때까지의 기간은 반공으로 덧씌워진 프랑스의 식민주의와 미국의 냉전정책이 공존하는 시기였으며, 프랑스는 반공이데올로기를 통해 식민주의전쟁의 성격을 은폐하고자 시도했다.

그러나 프랑스·미국이 베트남에서 추구했던 이데올로기지형의 변환 노력은 그리 단순한 문제가 아니었다. 프랑스의 필립 르클레르 장군은 "반공은 민족주의의 문제가 해결되지 않고 남아 있는 한 우리 수중에서 쓸모 없는 방편으로 남게 될 것"(Fall, 1961 : 7)이라고 표현했는데, 이는 당시 반공이데올로기의 한계를 그대로 보여 주고 있는 것이었다. 프랑스·미국에 의해 외부로부터 이식된 반공이데올로기는 베트남인들의 민족주의적 저항의 파고를 넘어야 했으며, 이를 위한 방책이 '베트남인에 의한 베트남전쟁'의 추구였다.25)

이념적인 측면에서 '베트남인에 의한 베트남전쟁'이 가능하기 위해서는 정치·군사적 이중의 기제가 결합하여 제대로 작동해야 했다. 정치적 측면에서는 프랑스가 바오다이를 통해 세우고자 했던 베트남의 자

---

25) 호찌민은 프랑스가 "베트남인을 이용하여 베트남인들과 싸우게 하고, 전쟁이라는 수단으로 전쟁을 치료하는" 정책을 추구하고 있다고 비판했다(Ho Chi Minh, "The Imperialist Aggressors can never Enslave the Heroic Vietnamese People" April 4, 1952 ; Fall ed., 1967 : 234 참조). 이러한 정책이 본격적으로 추진된 시기는 논자마다 차이가 있는데 보응우옌지압의 경우는 1948년으로 보고 있으며(Vo Nguyen Giap, 1988 : 16), 듀커는 1950년 12월 6일 서유럽 육군 사령관 라뛰르가 인도차이나 원정사령관으로 임명된 이후로 보고 있다(Duiker, 1996 : 154).

치정부가 민족주의적 색채를 지닐 수 있어야 하며, 군사적 측면에서는 이러한 정부에 헌신할 수 있는 이념적으로 '충성스런 군'이 확보되어야 했던 것이다.

　민족주의적 색채를 띤 자치정부의 구성은 기본적으로 불가능했다. 정부가 베트민과는 다른 의미에서 민족주의적으로 보여지기를 원한다면 프랑스와 단절해야 하고, 그들이 배척하는 공산주의자들과도 단절해야 했다. 이는 프랑스와 공산주의자라는 이중의 전선이 형성됨을 의미했다(Trager, 1966 : 67). 그러나 프랑스를 중심으로 모인 친프랑스파들은 이러한 이중의 전선을 형성할 능력이 없었을 뿐만 아니라 철저히 프랑스에 종속되어 있었다. 바오다이의 고문이었던 판꾸앙전(Phan Quang Dan)은 "베트남인들은 바오다이 정권을 괴뢰정권으로 간주"했고, 프랑스와의 협정에 의해 탄생한 정부는 '시늉뿐인 독립(sham independence)'정부라고 주장했다. 또한 그는 이러한 상황이 "결과적으로 공산주의자들이 대다수 베트남인들 사이에서 중립성을 향유할 수 있었을 뿐만 아니라 많은 진실한 민족주의자들의 실질적 지지를 받는" 요인이었다고 보고 있다(Trager, 1966 : 75). 이 같은 입장은 아래의 논의에서도 그대로 드러난다.

　프랑스가 너무나 많은 실제적 권력을 유보했기 때문에 새로운 베트남공화국은 문서상에서조차 실질적·직접적으로 프랑스의 지배 하에 놓였다. 그리고 이 협정에서 양도한 가장 사소한 권한마저도 실제로 바오다이 정부에게 이양되지 않았다. 바오다이 정부는 민족주의자들의 지지를 얻는 데 필요한 독립정부의 속성을 계속 결여하고 있었다. 바오다이 정부는 베트남의 민족주의자들 사이에서 정치적 위신을 증대시키지 않고 단지 긴 협상과정을 통해 출현한 것이었다. … 베트남의 애국자들이 내릴 수 있는 유일한 결론은 프랑스가 바오다이를 대리인으로 하여 베트민이 통치하지 못하는 조국의 나머지 부분을 계속 통치하고 있다는 것이었다. 이러한 애국자들에게 남겨진 정치적 선택의 범위는 베트민 혹은 프랑스 둘 중의 하나를 선택하는 것이었다. 이러한 양극화는 프랑스가 자신들에게 저항하거나 바오다이에게 반대하는 사람들을 공산주의자로 몰아붙이면서 더욱 심화되었다. 게

다가 베트남인들은 그 단어(공산주의자)가 무엇인가 좋은 것, 곧 애국적 민
족주의를 대표하는, 프랑스에 대해 용기 있게 반대하는 영광의 상징으로
받아들였다. 이리하여 베트남에서 프랑스의 비타협적 정책은 그곳의 민족
주의와 공산주의 사이의 결합을 더욱 강화시켰다(Kahin & Lewis, 1969 : 29).

당시 베트남인들이 원했던 것은 공산주의 혹은 반공주의라는 이념
적 선택이 아니라 베트남어로 '독립(Doc Lap)', 곧 독립이었다. 민족주
의적 정부가 갖추어야 할 가장 기본적인 요건은 바로 이 제1의 조건을
충족시킬 수 있는가 그렇지 않은가에 달려 있었던 것이다.

'베트남인에 의한 베트남전쟁'이 가능하기 위해서는 독립된 정부뿐
만 아니라 이념적으로 통일되고 충성스런 군이 필요했다. 3장에서 군의
규모와 강제력의 특성을 살펴보았지만 베트남군의 문제는 물리력 자체
의 양에 있지 않았다. 문제가 되었던 것은 뤼시마이어와 그의 동료들이
주장하는 바와 같이 "군사기구의 규모가 아니라 강권력의 충성심과 사
회의 동맹구조"(Rueschemeyer et al., 1997 : 265)였던 것이다.

우선 베트남의 군은 장교와 일반 사병의 계급적 차이가 확연했다.
인도차이나 주둔군 장교들은 비록 대지주나, 자본가의 자식들은 아니라
고 할지라도 많은 사람들이 소지주, 정부관료, 고리대금업자 도시 기업
가의 자식들이었다(Neale, 2004 : 48 ; Pham Ngoc Thao, 1957 :
11~12). 이들은 대다수 사병을 구성하고 있었던 농민들과 생활·사고
등에서 큰 차이가 있었으며, 일반사병에게 다가갈 수 없었다.[26] 또한
더욱 문제가 되었던 것은 다수의 장교들이 프랑스인으로 구성되어 있었
고, 장교 간에도 베트남인과 프랑스인 사이에 큰 차별이 존재했다는 점
이다. 군 내부의 계급적 차이, 과도한 프랑스의 영향력은 군의 통일성을
해쳤으며, 이념적 응집성을 갖기 어렵게 만들었다. 이러한 상황하에서
군은 베트남의 민족주의세력을 대표하는 베트민에 맞서 싸워야 할 명확
한 동기를 발견할 수 없었다. 부팅거는 이를 다음과 같이 설명한다.

---

26) 베트남 국군의 기본적인 문제점에 대해서는 Pham Ngoc Thao(1957) 참조.

교육받은 중간계급집단은 그들이 경멸하는 정권을 위해, 비록 공산주의자들이 이끌고 있는 집단이라고 하더라도 민족의 독립을 위해 싸우는 사람들에 반대해서 프랑스군이 지휘하는 군대에서 싸울 마음이 없었다. 이러한 정치적 이유 때문에 베트남 국군은 결코 강력한 군이 될 수 없었다(Buttinger, 1968 : 331).

프랑스는 자주적인 베트남 정부를 용인하지 않았으며, 군 또한 이념적·조직적 응집성을 지니지 못하고 있었다. 이러한 상황에서 '베트남인에 의한 베트남전쟁'은 실현 불가능했다.

인도차이나 프랑스 총사령관 라울 사란(Raoul Salan)은 "우리는 논에 있는 농민들로부터 도시의 부르주아지까지 국가의 모든 핵심적인 세력들이 참여할 때 승리할 수 있을 것이다"(Hammer, 1966a : 289)라고 언급했고, 이것은 정확한 지적이었다. 그러나 당시 베트남에서 민족적 동원은 외부로부터 주어질 수 있는 것이 아니었다. 너무나 뚜렷했던 구식민주의·제국적 패권주의는 베트남 내부의 '저항적 민족주의'를 활성화시켰다. 베트민 세력을 중심으로 전개된 저항적 민족주의의 수사는 민족의 내부와 외부를 경계 지음으로써 베트남인들의 원초적 민족의식을 일깨우고, 이 같은 힘을 프랑스의 재침략에 대항한 민족적 저항운동으로 연결시켰다. 전쟁이 전면전으로 확대된 1946년 12월 호찌민의 호소는 이를 잘 보여 준다.

1946년 12월 19일 오후 8시 하노이가 공격당했습니다. 프랑스 식민주의자들의 행동이 우리 조국에 대한 침략을 목표로 한다는 것은 명백하며 부인할 수 없습니다. 베트남인들은 이제 두 가지 선택에 직면해 있습니다. 손을 묶이고 머리를 숙인 채 다시 노예로 머무느냐, 혹은 자유와 독립을 되찾기 위해 끝까지 투쟁하느냐 입니다. 아니! 베트남 인민들은 또 다시 프랑스인들에 의해 강요되는 외국의 지배를 받아들일 수 없습니다. 아니! 베트남 인민들은 다시 노예가 되기를 결코 원하지 않습니다. 그들은 자유와 독립을 잃는 것보다 차라리 죽음을 택할 것입니다.[27)]

호찌민은 노예의 이미지와 자유·독립의 이미지를 대립시켰다. 이 속에 공산주의나 반공주의의 수사는 존재하지 않는다. 중요한 것은 자유와 독립이었던 것이다.

베트민의 전쟁에 대한 해석 또한 전쟁의 대립적 이미지를 매우 단순화시켜 보여 주고 있는데, 아래 쯔엉찐의 '정의의 전쟁'과 '불의의 전쟁'의 대비가 대표적인 예이다.

> 역사는 두 가지 유형의 전쟁을 알고 있다. 하나는 '정의의 전쟁'이고, 다른 하나는 '불의의 전쟁'이다. 정의의 전쟁은 압제자와 정복자에 대항하여 인민의 자유와 독립을 보호하기 위해 싸우는 전쟁이다. 불의의 전쟁은 그 목적이 영토를 강탈하고, 그 영토에 살고 있는 대다수 인민의 자유와 행복을 빼앗는 전쟁이다(Truong Chinh, 1977c : 103).

'정의의 전쟁' 대(對) '불의의 전쟁'. 이 얼마나 단순한 도식인가? 불의의 전쟁은 또한 프랑스인들이 자신의 전쟁을 '더러운 전쟁'이라고 불렀던 이미지와 적절히 부합하는 것이었다.[28] 자유·독립/노예, 정의/불의, 민족/반민족·식민주의로 명확히 이원화된 이데올로기지형은 외부에서 침투하는 반공이라는 새로운 대립선을 무력화시켰다. 프랑스·미국에 의해 호찌민과 베트민 세력에게 씌워진 공산주의자들이라는 이미지는 외부자의 시선에 불과했다. 베트남의 대중들에게 '호아저씨(Bac Ho)'로 대표되는 베트민은 공산주의자이기 이전에 민족해방을 위해 식민지시기부터 투쟁해 온 민족주의자들이었던 것이다.

---

27) Ho Chi Minh, "Message to the Vietnamese People, the French People, and the Peoples of the Allied Nations" December 21, 1946 ; Fall ed.(1967 : 174) 참조.

28) 프랑스 병사들조차도 전쟁의 정당성을 의심했다. 디엔비엔푸의 패배를 지켜보아야 했던 나바르(Navarre) 장군에게 한 대대장은 "사령관님, 우리의 목적이 무엇입니까? 여기 있는 우리 병사들만을 위해서라도 이 전쟁의 도덕적 타당성을 이해시켜 주십시오"(Maclear, 2002 : 71)라며 전쟁에 대한 직접적인 회의를 표명했다.

‘저항적 민족주의’에 입각한 동원은 프랑스인들이 ‘전선 없는 전쟁’이라고 불렀던 ‘인민의 전쟁’을 가능케 했다. 적은 어느 곳에나 있었지만, 찾고자 하면 사라져버렸다. 농민들은 정보의 제공자였고,[29] 농촌 마을은 베트민의 은신처였으며, 식량과 신병을 보충하기 위한 주요한 보급기지였다. 혁명세력과 대중들의 일체감은 1954년 디엔비엔푸전투에서 절정에 달했다.

당시 프랑스는 다가오는 제네바회담에서 주도권을 장악하여 베트남에서 명예로운 철수를 보장받으려고 했다. 나바르계획에 의한 디엔비엔푸의 점령은 이를 위한 정치적·이데올로기적 포석이었다. 디엔비엔푸는 라오스 국경지역의 작은 마을로 울창한 숲으로 둘러싸인 타원형 프라이팬 모양의 분지였다. 이 지역은 수세기 전부터 전략적 요충지로 인식되었으며, 당시 베트민에게는 라오스로 통하는 주요 통로이자, 중국과 연결된 주보급로였다.[30] 프랑스는 베트민을 격퇴하기 위해 요새를 구축하고 기다렸는데, 당시 이러한 전략은 꽤 적절한 것이었다. 역사학자인 라꾸뛰르(Lacouture)는 이를 다음과 같이 평가했다.

> 프랑스 지휘관들은 베트민이 무기나 식량 등을 수송할 트럭이나 다른 수단을 가지고 있지 않았기 때문에 자기들의 활동무대에서 멀리 떨어진 지역까지 와서 전투를 수행할 수 없을 것으로 믿었다. 이러한 나바르의 전략은 바보 같은 생각이 아니었으며, 상당히 타당한 판단으로 볼 수 있었다(Maclear, 2002 : 76).

그러나 진지를 구축하고 적을 맞이하는 재래전방식의 재현이었던

---

29) 햄머는 바오다이 공화국의 응우옌반떰 내각의 비대중성과 한계를 정보의 흐름을 통해 설명한다. 햄머는 “실패의 한 증거는 농민들로부터 프랑스군의 활동에 관한 상세한 정보를 지속적으로 받고 있는 베트민의 능력이었다. 이러한 정보의 흐름을 바오다이 정부에게 이로운 방향으로 역전시키기 전에는 베트민에게 대항한 전쟁은 승리할 수 없는 것이었다”(Hammer, 1966a : 284)라고 지적하고 있다.

30) 디엔비엔푸의 역사와 지역적 특성에 대해서는 Dang Nghiem Van(1976) 참조.

이 같은 계획은 처참한 실패로 끝났다. 호찌민이 "추운 겨울의 초췌한 모습이 없다면 따스한 봄날의 찬란함도 없으리라"(Ho Chi Minh, 2000 : 34)라고 썼던 시처럼 디엔비엔푸는 1차 인도차이나전쟁이라는 모진 겨울의 끝자락이었던 것이다.

이 전투에서 가장 빛을 발했던 것은 실제 전투에 참여했던 병사들보다는 후방의 지원부대였다. 이들은 맨몸으로 대포를 분지의 꼭대기까지 운반하고, 밤을 재촉하여 식량을 날랐다.

> 그들은 수천, 수만의 남녀 어른과 아이들로 보급부대를 편성하였다. 이 부대는 천칭봉에 물자를 매달아 어깨로 져 날랐다. 요소요소에 켜 놓은 극히 적은 숫자의 석유 램프 불빛에 의지하여 야간에 정글 속의 좁은 길을 행군했다. 앞사람 등만 보고 따라 가는, 끝을 모를 정도로 긴 인간 사슬이 그 일을 해낸 것이다. 보급 물자의 대부분은 쌀이었다. 한 사람이 운반하는 쌀의 약 1/10만이 목적지에 도착했다. 나머지 9/10는 긴 행군 도중에 보급부대원 자신들이 소비했다(Fenn, 1995 : 217).

> 200문이 넘는 '철 코끼리(대포)'가 50마일의 정글을 뚫고 도착했다. 초인적인 힘이었다. 오직 인민들의 땀과 힘으로 해낸 것이다. 간헐적인 폭격과 네이팜탄의 위험 속에서 운반책임을 맡은 인민들은 대포와 몸을 로프로 연결해서 끌고 왔다. 한 번에 1인치씩, 하루에 반 마일씩, 3개월이 걸린 고행 길이었다(Maclear, 2002 : 82).

철마단원(iron horse brigade)들은 자전거를 개조하여 포와 식량을 날랐다. 이들은 즉석에서 "오, 철마단! 우리는 산길을 가로지르네. 오, 철마단! 우리는 산맥을 가로지르네!"(Dinh Van Ty, 1976)라는 노래를 지어 부르며 자신들의 임무를 독려했고, 결국 베트남 역사의 한 페이지를 장식하는 신화가 되었다.

전쟁과정에서 프랑스가 과소평가했던 것은 베트남인들의 '저항적 민족주의'의 폭발력이었다. 1961년 봄 드골이 케네디에게 건넨 충고는 프랑스인들의 경험을 함축적으로 표현하고 있다.

당신이 이 지역에 개입한다는 것은 당신 스스로 한 기계의 톱니바퀴 속에 말려들어 간다는 것을 뜻합니다. 한 민족이 민족주의에 눈뜨게 되는 그 순간부터 어떠한 외국의 국가도, 그 국가의 힘이 아무리 강대하더라도 자기들의 의사를 그 민족에게 강요할 수 없게 됩니다. 당신은 그 사실을 스스로 깨닫게 될 것입니다. 왜냐하면 만약 당신이 그곳에서 자기들의 이익을 위해 당신 명령을 순순히 받아들이는 정부를 발견한다 할지라도, 그곳 국민이 그 정부를 받아들이지 않을 것이기 때문입니다.[31]

약한 이념적 분단과 종교·지역주의의 효과

이제 남베트남의 국가형성 초기 국가 지배이데올로기의 성격을 주조했던 이데올로기지형과 지엠 정권의 정치·사회적 특성이 지배이데올로기의 사회적 효과를 제약하면서 국가 수준의 위기를 촉진해 가는 과정을 살펴보자. 이를 위해 우선 전후 남베트남에서 베트남공화국이 세워지기 이전인 1955년 10월까지 북부를 포함한 전체 베트남, 그리고 이와는 상이했던 남베트남 지배계급의 이데올로기지형을 살펴보고, 1959년경까지 남베트남에서 반공이데올로기의 사회적 효과를 제약해 갔던 이데올로기지형의 형성과정을 종교·지역주의를 중심으로 검토하겠다.

먼저 전후 전체 베트남의 주된 이데올로기지형은 통일을 위한 민족주의의 강화와 북부 호찌민 정권의 주도권, 백인우월주의 신화의 붕괴와 미국의 개입주의에 대한 명확한 인식으로 특징지어진다. 또한 지엠이 정권을 장악할 당시 남베트남 지배계급의 이데올로기지형은, 정치적 차원에서 지배계급의 친프랑스주의의 지속과 중립·대기주의로 특징지어진다고 할 수 있다. 이러한 세 가지 요인은 초기부터 반공이데올로기의 사회적 확산을 제약하는 요인으로 작용하고 있었다.

우선 1차 인도차이나전쟁에 대한 승리의 경험이 소수 친프랑스파를

---

31) *The Sunday Telegraph*(London), Tr. Ronald Payne, November 11, 1970 ; Asprey(1975b : 989)에서 재인용.

제외한 베트남인들의 통일을 위한 민족주의를 강화했다는 것은 두말할 나위가 없다. 또한 사이공의 한 학생운동 지도자의 언급처럼 1946년 전쟁발발 이후 베트민의 인도차이나공산당 지도부가 누렸던 가장 중요한 이점은 "공산주의자들에게 대항하여 싸우는 것은 프랑스에 동조하는 것을 의미했고, 이는 매국노가 되는 것"(Marr, 1966 : 258)이라는 인식이었고, 이는 전쟁이 끝난 후에도 변함이 없었다. 한국전쟁이 남·북의 이념적 적대를 확고히 하고, 이념적 분단을 고착화했다면, 1차 인도차이나전쟁은 북부 호찌민 정권의 민족적 정당성을 고양하고, 북부를 중심으로 한 통일의 길을 열어 놓았던 것이다. 호찌민에 대한 압도적 지지는 아이젠하워의 다음과 같은 고백에서도 잘 드러난다.

> 인도차이나 문제에 정통한 사람들의 견해에 의하면, 만일 전쟁 중에 선거를 실시하였더라면 유권자의 80%는 그들의 지도자로서 국가원수인 바오다이가 아니라, 공산주의자인 호찌민에게 투표하였을 것이라고 내다보았다(Eisenhower, 1975 : 204~205).

대다수 베트남인들의 민족적 선택은 전쟁과정을 통해 강화되고, 전쟁의 종결과 더불어 더욱 확고해졌다. 지엠은 분단을 반대하여 통일을 이루고자 했던 대다수 베트남인들의 열망과 전쟁을 통해 민족의 지도자로서의 위치를 확고히 했던 호찌민의 존재를 넘어서서 자신을 정당화해야 했고, 정당성을 둘러싼 투쟁은 국가 수립을 위해 그가 치러야 할 전쟁 가운데 가장 혹독한 것이었다.

1차 인도차이나전쟁이 식민주의·반공주의 대(對) 민족주의의 전쟁이었다고 해도 그 아래 깔려 있는 인종적 적대 또한 매우 중요했다. 베트남에서 식민지시기부터 진행되어 온 차별은 인종을 매개하고 있었다. 일제 식민지 조선에서 식민모국인과 피식민국인 사이의 차별이 민족을 매개하면서 그나마 외관상의 직접적인 차이 없이 진행된 것이라면, 식민지 베트남의 차별은 노골적인 인종적 경계선을 지닌 것이었다. 피부

색깔의 차이는 문명·야만, 지배·피지배, 도시·농촌, 종교를 가르면서 차별을 강화해 갔다.32)

1차 인도차이나전쟁에서 프랑스의 패배는 이러한 인종적 차별, 곧 백인우월주의의 신화가 붕괴됨을 의미하는 것이었다. 이는 미국의 개입을 더욱 힘들게 만들었다. 미국이 베트남에서 성공하기 위해서는 이념적 대립뿐만 아니라 노골적인 인종적 차이를 극복해야 했던 것이다. 미국이 점차 베트남전쟁의 수렁 속으로 걸어들어 갈 때 슐레진저가 케네디와의 대화에서 "베트남전쟁은 베트남인들 자신의 전쟁일 때에만 승리할 수 있을 것이다. 만약 그것이 일단 백인의 전쟁으로 바뀌게 되면 프랑스가 10년 전에 패했듯이 우리도 패할 것"33)이라고 했던 충고는 인종주의적 대립이 주가 되는 전쟁은 이제 결코 승리할 수 없다는 인식을 드러낸 것이었다.34)

---

32) 피부색의 차이는 제국주의가 스스로를 정당화하는 데도 많은 영향을 미쳤다. 일례로 일본은 2차 세계대전 당시 아시아인의 단결을 호소하면서 백인에 대항한 대동아공영권을 주장했다. 그러나 프랑스는 베트남에 재진주할 때까지도 단지 시대에 뒤떨어진 백인에 의한 '문화적 사명' 완수를 이야기할 수밖에 없었다.

33) Schlesinger, Arther, *A Thousand Days*, Boston : Houghton Mifflin 1965 ; Asprey(1975b : 988)에서 재인용.

34) 그러나 미국은 인종주의적 한계를 넘어서지 못했다. 미군들은 한국전쟁 당시 모든 한국인들을 '국(gook)'이라고 비하해 불렀던 것처럼 베트남에서도 똑같이 행동했다. '베트콩'은 물론이거니와 친한 베트남인들도 어김없이 '국'으로 불렸다(Pickerell, 1966 : 1). 2차 인도차이나전쟁 당시에도 미국은 자신들의 태도를 고치기보다는 베트남인들과 같은 인종을 전쟁에 끌어들여 전쟁이 백인과 황인종의 대립으로 보여지는 것을 피하려고 했고, 이것이 한국군이 파병되어야 했던 한 요인이었다. 이는 1962~1965년까지 주한 미 대사관 정무참사관이었던 필립 하비브(Philip Charles Habib)와 강원용의 개인적 대화에서 드러난다. 하비브는 강원용에게 미국이 한국군 파병을 필요로 하는 이유를 다음과 같이 밝혔다. "미국이 한국 군인을 필요로 한 것이 아니라 불란서가 싸우다가 나가고 미국이 다시 들어오니깐, 이것이 백인하고 황인종의 전쟁이다. 미국으로서는 이것을 면하지 않고는 전쟁을 해낼 수 없다. 그러자면 황인종의 나라에서 전쟁에 참여하지 않으면 안 된다". 미국은 인종전쟁이라는 국제사회의 비난을 막기 위해 황

또한 미국은 전쟁기간 동안 노골적으로 프랑스를 지원함으로써 자신의 개입을 정당화할 명분을 상실하고 있었다. 이것은 미국이 해방 후 조선에 들어올 때와는 매우 다른 상황이었다. 이미 식민지세력의 가장 중요한 동맹국으로서, 그리고 전쟁의 주체로서 전장에서 그 색깔을 확연히 드러낸 미국은 개입 초기부터 베트남인들에게 프랑스를 대체한 또 다른 제국주의의 연장으로 인식될 수밖에 없었다. 자유민주주의를 수호한다는 미국의 명분은 미국이 베트남에 개입하는 그 순간부터 인종주의·제국주의라는 멍에를 짊어져야 했던 것이다.

지배계급의 이데올로기지형은 반공을 중심으로 한 이념적 결집을 더욱 어렵게 했다. 지엠이 들어설 당시 남부의 대다수의 지배계급은 친프랑스적 입장을 버리지 않았다. 이들은 프랑스식 교육을 받았고, 그 속에서 기득권을 누렸기 때문에 미-지엠이 프랑스의 지배를 대체할 때에도 프랑스의 끈을 쉽게 놓지 못했다. 또한 사이공의 엘리트 집단은 식민주의·전쟁·혁명의 산물이었다(Wurfel, 1967 : 527). 1946년 전쟁이 발발하면서부터 이들은 관망주의 혹은 중립주의(fence-sitting)로 일관했다. 이들은 베트민이나 프랑스 어느 한 편에 서기보다는 베트남어로 '쭘맨(Trum men)'이라고 부르는 '이불 속으로 숨는' 태도를 취했다. 많은 남부의 관료들은 대중적 지지를 끌어 모아야 하는 반공 캠페인에 적극적으로 참여하기를 원하지 않았고, '두고 보자'는 자세를 취했다. 지엠은 이에 대해 "우리 역사상 이렇게 결정적인 시기에 중립으로 남기 위해서는 적에게 항복하고 협상하는 패거리가 되어야 한다"라고 불만을 토로했다(Jumper, 1957 : 52~54).

몇몇 정치세력, 무장집단, 종교세력 등 파벌화된 정치에 익숙했던 이들은 그보다 상위의 국가에 결집하기를 꺼려했다. 또한 식민지배와 전쟁의 영향은 지속적인 실체로서 국가에 대한 충성의 개념을 지닐 수

인종의 나라인 남한의 군이 필요했던 것이다. 증언 내용은 MBC 다큐멘터리 (2004.3.28) 참조.

없도록 했다(Hammer, 1957 : 224). 남부의 관료들은 지엠이 프랑스 지배시기의 많은 다른 수상들처럼 그저 스쳐 지나가는 일시적 인물이 아니라는 확신이 서고서야 새로운 정권을 지지하기 시작했다(Jumper, 1957 : 58). 이러한 이유 때문에 이들의 반공주의는 그리 철저한 것이 못 되었다. 공무원들을 통제·동원하고 반공주의를 강화하기 위해 만들어진 국가혁명공무원연맹 속에서도 이들은 확실한 이념적 선택을 하지 않았고, 중립적인 태도를 보이곤 했다(Dorsey, 1961 : 150).

이념적 측면에서 남베트남의 지배계급·관료층이 보여 주었던 태도는 남한의 그것과는 사뭇 다르다. 남한의 지배계급은 식민체제에 부역했던 과거를 숨기고, 부재한 민족적 정통성을 만회하기 위해 반공이라는 이념적 우산 속에 모여들었으며, 철저한 이념적 통일성을 이루어냈다. 반공만이 이들의 살길이었고, 기득권을 유지할 수 있는 길이었던 것이다. 그러나 남베트남의 지배계급은 스스로를 정당화할 기제를 갖지 못했다. 전후 베트남에서 반공이데올로기를 통한 결집은 그 집단의 반민족성을 자인하는 것밖에 다른 효과를 발휘하지 못할 것이었다. 남베트남의 지배집단은 권력 안에서 보호받기를 원했지만, 그것이 곧 반공이데올로기를 철저히 신봉하는 것으로 연결된 것은 아니었던 것이다.

지금까지 논의한 세 가지 요인과 더불어 남베트남의 반공이데올로기의 사회적 효과를 크게 제약했던 것은 종교·지역주의의 영향이었다. 남베트남 지엠 정권의 종교·지역주의는 1954년 '베트남군사정전협정' 2조와 제네바 최종협정 6항에 의거하여 미-지엠이 적극적으로 추진한 북부인 남하계획인 '피난민계획'의 직접적인 산물이었다. 남베트남의 국가형성과정에서 종교·지역주의 문제는 서로 중첩되어 문화적·이념적 가치의 경계를 형성하면서 계급·국가관계에 영향을 미쳤다. 뤼시마이어와 그의 동료들은 '국가교회'와 '민중교회'를 대조하면서 국가교회는 지배계급의 이데올로기를 전파하는 통로가 되었으며, 민중교회는 시민사회를 강화시키는 기능을 수행했다고 밝히고 있다(Rueschemeyer et al., 1997 : 461). 남베트남에서 국가교회의 역할을 했던 것은 가톨릭이며, 민중교회의 역할을 했던 것은 불교였다.35) 또한 지역 문제는 권력의 배분과 통제의 문제와 결합하면서 중·북부인과 남부인의 경계를 갈라놓고 있었다. 그러나 더욱 문제가 되었던 것은 종교·지역주의가 중첩되면서 결합하여 작용했다는 점이다.

1960년 베트남공화국의 가톨릭교도는 약 1,014,000명으로 인구의 약 7% 정도를 점했는데, 비공식적 조사로는 고위 공무원 가운데 34명이 가톨릭교도이고, 20명 가량이 불교도였으며, 제1대 국회의 123명의 의원 가운데 22~27% 정도가 가톨릭교도들이었다고 한다.36) 가톨

---

35) 아래의 대조는 남베트남의 가톨릭세력과 불교세력의 차이를 명확히 보여 준다 (이영희, 1991 : 110).

<표 4-3> 가톨릭세력과 불교세력의 차이점

가톨릭	불교도
도시세력 중심	농촌세력의 대중성
부유층·지식인 이익 옹호	피수탈 대중 이익 옹호
서구적 외부지향	민족적 내부지향
외세의존 현대화 우선	토착·민족적 통합 우선
철저한 반공주의	관념보다 현실 해결
소극적 민족해방·통일 의욕	전통적인 반식민투쟁의 토대
현상유지노선	사회개혁 추구

36) 남한의 경우 미군정기에는 한국인 행정고문의 55%, 초대 한국인 국·차장의 50%, 입법의원의 23%가 개신교인에 의해 충당되었으며, 이승만 정권기에는 초대 내각의 42%, 역대 장·차관의 38%, 역대 국회의원의 21.3%가 개신교인이었다. 개신교인들은 선출직보다는 임명직에서, 억압적 국가기구보다는 이데올로기적 국가기구에서 특히 강세를 보였다(강인철, 1993 : 105~106). 이러한 상황은 남한의 종교적 편향이 남베트남에 비해 결코 덜하지 않으며, 오히려 더 강하게 나타나고 있음을 보여 준다. 그러나 남베트남과는 상이하게 남한의 국가·시민사회에서 종교를 매개한 정치·이념적 갈등·대립은 전면화되지 않았다. 이는 ㉠ 남한에 이식된 개신교가 베트남의 가톨릭과는 다르게 식민종교로 인식되지 않았다는 점, ㉡ 베트남의 가톨릭이 계급적 경계를 나누고 있었던 것과는 달리 남한의 개신교는 지배·피지배계급의 계급적 경계를 나누는 역할을 수행하지는 않았다는 점, ㉢ 미국의 강력한 후원의 일차적 수혜자였다는 점, ㉣ 이데올

릭교도들은 정부 조직에서도 교육·외교·정보·민사(Civil Action) 부서와 같은 대내외 통제·관리 부문에 배속되어 주로 활동하였고, 특히 정보국에서의 활동은 두드러졌다. 지엠 정권 하에서 관리들의 지역 간 비율은 남·북 간의 불균등성을 더욱 명확히 드러낸다. 고위 공직자의 경우 지엠의 최초 내각에는 남부인이 없었고, 1955년 10월 공화국 선포 이후 창출된 내각에는 지역 배분을 의식해 남부인 7명, 북부인 4명, 중부인 3명이 임명되었다. 그러나 내각 아래의 중·상위직은 비남부인들이 월등히 많은 수를 차지하고 있었는데, 상위 행정직 186명 중 남부인은 67명이었고, 북부인이 57명, 중부인이 62명이었다. 1960년을 기준으로 17도 선 이남의 중부지방에는 500만 명, 남부에는 900만 명이 살고 있었다는 점을 고려할 때 공직배분에서 지역적 편중은 매우 큰 것이었다(Scigliano, 1964 : 51~54). 이러한 상황은 군 또한 예외가 아니었다. 군 장교, 특히 청년 장교의 경우 가톨릭교도이거나, 북부인, 혹은 양자 모두를 겸비한 자들이 다수를 차지하고 있었다(Post, 1989b : 95).[37]

지배계급의 입장에서 종교·지역적 차이·차별은 공직을 둘러싼 권력의 배분을 통해 드러났지만 피지배계급의 경우는 더욱 직접적인 생활상의 부딪힘으로 나타났다. 일례로 지엠 정권의 초기 농촌전략 가운데 가장 큰 지지를 받을 수 있었던 민사활동은 언제나 종교·지역적 차이로 큰 어려움에 봉착했다. 이는 활동가들이 대부분 북부 가톨릭교도들로 구성되어 있었기 때문인데, 몽고메리는 이에 대해 "계획의 수혜를 입는 마을 사람들조차도 때때로 팀의 방문에 분개했다. 왜냐하면 그들은 다른 발음을 구사하고, 상이한 종교를 믿는 이방인이었던 피난민들로

로기적 대립지형이 좌·우의 대립으로 획일화되었다는 점, ㉢ 전쟁의 결과 국가가 모든 이데올로기적 주도권을 장악했다는 점 등의 요인에 의한 것으로 볼 수 있다.

37) 폴은 남베트남 장교의 50%가 넘는 인원이 가톨릭교도였다고 밝히고 있다(Fall, 1966b : 7).

구성"되었기 때문이라고 밝히고 있다(Montgomery, 1962 : 71).

지엠 정권 하에서 종교·지역적 편애와 차별이 나타나게 된 것은 지엠이 중·북부 출신이었고, 독실한 가톨릭신자였기 때문이기도 했지만,38) 주요하게는 초기 국가 수립기에 남부에서 지엠을 실질적으로 지지할 수 있는 기반이 없었기 때문에 나타난 현상이었다고 할 수 있다.39) 초기 권력 안정화과정에서 지엠이 보였던 편애는 실패작이었다고만은 볼 수 없었다. 남부의 관료·공직자들이 이데올로기 투쟁에서 상대적으로 침묵을 지켰던 반면, 남하한 가톨릭교도들은 이념적 측면에서 대개가 철저한 반공주의자들이었으며, 이데올로기 투쟁의 첨병으로 활동했다. 가톨릭교도들의 반공주의는 민족을 넘어서서 강화되고 있었는데, 이들은 "비록 가톨릭교도들이 자신의 민족에 반대하여 외국인과 연합한다고 할지라도 공산주의에 대항한 투쟁은 모든 가톨릭교도들의 임무"40)라고 선전하고 있었다. 가톨릭교도들은 1954년 9월 이후 친정부 데모를 조직했으며, 가장 열렬한 지엠의 지지자로서 남부의 정치·사회적 영역을 석권해 갔다.41)

---

38) 지엠의 출생지는 후에의 북쪽인 꽝빈(Quang Binh)성 레투이(Le Thuy)현이며, 후에에서 학교를 다녔다. 지엠은 보응우엔지압과 출생지가 같다. 또한 호찌민, 지엠, 보응우엔지압과 팜반동(Pham Van Dong) 순으로 모두 후에 지방의 같은 국립고등학고(Lycée)를 졸업했다(Nguyen Q. Thang & Nguyen Ba The, 1997 : 452~453 ; Harrison, 1989 : 207). 역사 속에서 완전히 다른 길을 걸었던 인물들이 서로 동문 선후배였던 것이다.

39) 지엠은 실제로 남부에 정치적 기반이 부재하기 때문에 "가톨릭교도들 가운데서 그의 정치적 기반을 찾을 수밖에 없었다"라고 언급했다(Harrison, 1989 : 214).

40) *Cong giao va dan toc*(천주교와 민족), 22 February 1976 ; Phong Hien(1979 : 91)에서 재인용.

41) 남베트남에서 북부 가톨릭교도들이 수행했던 반공전사로서의 역할은 남한에서 월남인들이 주축이 되어 활동했던 서북청년단의 역할과 매우 유사했다. 이러한 유사성은 두 국가의 전쟁·분단에 대한 보다 명확한 이해를 위해 월남인들이 국가형성기에 수행했던 정치·사회적 역할을 비교·분석해야 할 필요성을 제기하도록 한다. 그러나 이러한 작업은 각국에 대한 보다 심도 있는 연구와 체계

전체적으로 보아 남베트남에서 강화되었던 종교·지역주의는 정권 기반의 강화와 사회통제를 위한 방책이었다. 그러나 이는 오히려 '국가의 토크빌적 효과'라는 의도치 않은 결과를 만들어 가고 있었다. 반공이데올로기를 통한 사회적 통합은 종교·지역적 요인에 의해 중첩 결정됨으로써 그 효과가 반감되고 있었으며, 이것은 지엠 정권의 이데올로기적 존재기반을 침식하고 있었다. 종교·지역적 요인은 지엠의 족벌주의(nepotism)와 결합하여, 지배계급 내에서는 동맹구조의 협애화를 초래했으며, 80% 정도가 불교지향의 종교를 지니고 있었던 남부의 피지배계급에게는 지엠 정권이 자신들을 대표하는 것이 아니라 가톨릭과 중·북부를 대표하는 세력으로 인식되게 하는 효과를 발생시켰던 것이다.

적인 분석을 필요로 하는 작업이며, 이 장의 주제를 넘어선다. 따라서 이 논의에서는 이 소절의 주제와 연관하여 월남인들의 월남 동기와 초기 국가형성과정에서 이들이 차지했던 정치·사회적 중요성의 차이에 대해 간략히 언급하고자 한다. 남베트남의 경우 월남한 인구 가운데 '적어도' 60% 이상―과도하게 추정할 경우는 80%에 달함(Phong Hien, 1979 : 74)―이 가톨릭교도로서 강력한 종교적 응집성을 지니고 있었다. 또한 미국―지엠의 유인책이 강하게 작용했음에도 불구하고 전시 상황이 아닌 종전 상황에서 남하한 것이기 때문에 직접적인 생명의 위협이 월남의 주요한 동기였다고는 보기 어렵다. 월남인들의 계급구성과 동기에 대한 보다 자세한 연구가 필요하겠지만 전반적인 상황을 고려할 때 북베트남인들의 월남 동기는 종교·이념적 요인이 강하게 작용하고 있었다고 추정할 수 있으며, 그만큼 지엠이 이들에 대한 신뢰도를 높일 수 있었다. 그러나 남한의 경우 월남인들의 월남 동기는 지배계급일수록 정치·사상적 요인이 크며, 피지배계급일수록 전쟁요인이 더 주요하게 작용했다. 또한 한국전쟁 발발 이후 월남한 사람이 75.9%임을 감안할 때 정치·사상적 요인보다는 전쟁요인이 보다 주된 월남 동기였다고 추정할 수 있다(강정구, 2002 : 63~67). 남한의 경우도 남베트남과 같이 월남인들을 반공이데올로기의 첨병으로 이용했지만 거의 전적으로 월남인들에게 의존했던 남베트남에 비해 그 의존도는 적었다고 볼 수 있다. 다음 절에서 살펴보겠지만 한국전쟁으로 인한 이데올로기지형의 재편은 국가가 굳이 특정 사회세력에 의존하여 스스로를 정당화하지 않아도 될 정도로 이데올로기적 견고성을 갖추게 되는 계기가 되었으며, 이는 국가 정당화의 측면에서 남베트남과 남한을 가르는 차이점이 되었다.

2) 국가폭력과 반공이데올로기의 접합,
그리고 이념적 분단 : 남한

현재까지도 한국전쟁은 세계사적으로나 국내적으로나 이념적 대립의 극한적 표현으로 신화화되어 있다. 한국전쟁은 세계사적으로는 미국을 한 축으로 하는 자본주의진영과 소련·중국을 다른 한 축으로 하는 사회주의진영의 진영 간 대립이 최초로 열전을 통해 가시화된 사건이었으며, 국내적으로는 남·북, 좌·우의 대립을 극대화시킴으로써 이념적 분단을 결정적으로 심화시키고, 현재까지 진행되고 있는 민족적 분단의 틀을 결정지었던 일대 사건이었던 것이다. 그렇다면 한국전쟁의 어떠한 특성이 전쟁의 이데올로기화를 부추기고, 끝내는 남과 북이 서로 화해할 수 없는 적으로 돌아서게 되는 민족적 분단이라는 비극적 결말을 초래하게 만든 것일까? 아래의 논의에서는 한국전쟁을 통해 반공이데올로기가 어떻게 남한의 시민사회에 확산·침투, 내면화되는지를 검토하기 위해 첫째, 구조적 배경으로 국제적(세계체제)·지역적(남·북) 차원에서 전쟁의 성격을 설명하고, 둘째, 이러한 구조적 조건들에 의해 규정되면서 구체적인 전쟁경험을 통해 형성되어 가는 시민사회 차원의 이데올로기지형의 변화를 살펴보겠다. 이러한 접근은 전후 남한에서 나타났던 강력한 반공이데올로기에 바탕한 국가 지배이데올로기의 확산·침투능력을 설명할 수 있도록 이끌 것이다.

한국전쟁과 이념적 분단

한국전쟁[42]의 성격은 「문화인 108인의 남·북협상 지지성명」(1948년 4월 14일)[43]에서 분단 한국의 파국적 미래를 통찰력 있게 예

---

[42] 여기에서 한국전쟁은 1948년 2·7구국투쟁으로 시작되는 작은전쟁으로부터 1953년 종전기까지를 모두 포함하는 용어로 사용한다. 1950년 6월 25일 전쟁 발발 이후의 시기를 특별히 칭할 때는 6·25전쟁이란 용어를 사용할 것이다.

견했던 '내쟁(內爭)같은 국제전쟁'이요, '외전(外戰)같은 동족전쟁'이라는 간명한 문구 속에 그대로 녹아 있다. 한국전쟁은 왜 이렇게 복합적인 성격을 지니게 되었으며, 특히 이념적인 성격을 강하게 띠는 전쟁이 되었을까? 이를 이해하기 위해서는 전쟁의 기원에 대한 문제와 더불어 전쟁의 성격이 국내외에서 이념적으로 채색되고, 굴절되어 가는 역사적 과정을 이해해야 한다. 아래의 표는 한국전쟁의 전개과정에서 나타났던 전쟁 주체의 변화와 그에 따른 국제적·국내적 이데올로기지형의 변화를 나타낸 것이다.

〈표 4-4〉 한국전쟁의 주체와 국제적·국내적 이데올로기지형의 변화[44]

전쟁의 단계	작은전쟁	제한확대전쟁	전면전쟁	진영전쟁	교착·제한전쟁
시기	1948.2.7~ 1950.6.25	1950.6.25~ 1950.7.1	1950.7.1~ 1950.10.19	1950.10.19~ 1951.6	1951.6~ 1953.7.27
전쟁의 주체	**남한 좌익**·북한 정부/**미국**·남한 정부	북한 정부·남한 좌익/**남한 정부**	북한 정부·남한 좌익/**미국**·남한 정부	중국·북한 정부·남한 좌익/**미국**·남한 정부	**중국·북한 정부**·남한 좌익/**미국·남한 정부**
전쟁의 이데올로기지형	통일민족주의/반공이념에 입각한 분단정권 수립 추구	통일민족주의/자유·공산진영의 이념전쟁화	반제·통일민족해방주의/미국 중심의 냉전의 내화·멸공통일	중국/미국의 이념전쟁 반제·통일민족해방주의/멸공통일	중국/미국의 이념전쟁 이념적 분단의 고착화

* 강조는 주도적 주체를 나타냄.

작은전쟁 : 한국전쟁에 대해서는 전쟁발발 당초부터 전쟁 당사자 양측의 주장이 엇갈렸기 때문에─남한 침략설과 북한 침략설의 대립─누가 전쟁을 시작했느냐 하는 문제가 중심적인 쟁점이 되어 왔다(和田春

---

43) 도진순(1998 : 377) 참조.

44) 이 표는 강정구(2002 : 98)의 표를 토대로 하고, 이데올로기지형을 중심으로 변형한 것이다.

樹, 1999 : 17~18). 그러나 복수주권 상황의 국가형성전쟁에서 직접적인 전쟁발발의 책임을 서로에게 전가함으로써 자신을 정당화하는 침략전쟁 규정은 성립할 수 없다.45) 전쟁에 대한 이념적 정당화의 함정을 피하기 위해서는 행위자의 개전 의지나 결정에 과도한 가치를 부여하기보다는 전쟁의 사회형성조건을 밝히는 역사구조적 접근방법이 요구된다.46) 이러한 접근을 통해 한국전쟁의 기원과 전개과정의 특성을 파악하기 위해서는 다음과 같은 메릴의 주장에 귀 기울일 필요가 있다.

> 한국전쟁을 당시 국내정세의 흐름과 분리시키거나, 또는 당시 한반도에서 일어나고 있었던 사건들과 폭넓은 국제적인 정치환경들이 서로 영향을 주고받으면서 일으켰던 복잡한 공명작용과 분리시킨다면 전쟁의 기원은 결코 이해할 수 없을 것이다(Merrill, 1988 : 351).

한국전쟁의 구조적 배경을 형성했던 것은 미·소의 대립을 바탕으로 한 분단 한국의 탄생이었으며, 이러한 면에서 본다면 "한국전쟁의 기원과 과정은 기본적으로 모두 국제적 성격을 띠고 있다"(Stueck, 2001 : 13)라고도 볼 수 있다. 그러나 여기서 주의해야 할 점은 외적으로 주어진 냉전체제적 조건, 특히 이데올로기적 규정력이 한국전쟁으로 가는 사실상의 내적 동인이었는가의 문제이다.

한국전쟁의 초기과정, 곧 1948년 2·7구국투쟁을 시발로 한 '작은전쟁'의 성격을 고려할 때 초기의 전쟁은 이념전쟁이라기보다는 단정수립을 반대하고 민족통일을 열망하는 민족주의세력과 단정수립을 통해 자신의 기득권을 보장받으려고 했던 이승만세력의 충돌이었다. 곧, 그 충

---

45) 와다 하루끼는 "한국전쟁은 단순히 두 개의 인접국가 간의 전쟁이 아니라, 한 민족 내부의 내전이고 불가피한 비극이었다고 생각된다"(和田春樹, 1999 : 21)라고 밝히고 있다.

46) 이러한 접근과 방법론을 통해 한국전쟁을 분석하는 연구는 강정구(2002)를 참조.

돌의 접점이 지닌 실제 내용은 '좌·우이념적 대립의 문제'라기보다는 '민족주의의 문제'[47]였던 것이다.

단정수립을 둘러싼 남한 내의 직접적 충돌과 더불어 1948년 8월과 9월 한국의 남·북에 체제를 달리하는 단독정부가 들어서면서 갈등의 골은 더욱 깊어 갔다. 당시 통일의 내적 조건은 평화적 통일세력의 결집과 확대, 이들의 운동에 의해 남한 정부와 국가의 극우성과 반통일성, 그리고 무력통일정책을 완화, 수정해 가는 것이었다고 볼 수 있었다(한상구, 1995 : 253~254). 그러나 이러한 가능성은 희박했다. 미·소공동위원회를 통한 외적인 통일정부 수립의 실패 이후 1948년 2월 발발한 작은전쟁은 1949년 말까지 미국·남한 정부에 의해 진압되었으며, 1948년 4·6월의 남·북협상 역시 실패로 돌아감으로써 내적 통일의 문이 닫혀 갔던 것이다. 닫혀 가는 통일의 문은 이를 강제로 열어제칠 전쟁을 부르고 있었다.

제한확대전쟁 : 미국이 개입하기 이전까지 제한확대전쟁은 작은전쟁의 목표·대립구도의 연속선상에 존재했다고 볼 수 있다. 북한이 표방했던 것은 '민족해방전쟁'이었으며, 기본적인 대립구도는 혁명적 민족주의세력 대 분단세력이었다(최장집, 1996 : 126). 이러한 특성을 잘 드러내는 것은 6·25전쟁 발발 이틀 전인 6월 23일, 당시 북한의 정치국원이었던 김두봉이 6사단의 대대장급 이상 군관을 모아 놓고 진행했던 회의에서 발언한 내용이다.

이제 더 이상은 앉아서 기다릴 수 없습니다. 우리의 동포를 해방시켜야만 합니다. 부득이 해방전쟁을 개시하게 되는데, 일주일 동안만 서울을 해방시킬 것입니다. … 거기서 남조선 국회를 소집하여 대통령을 새로이 선출하

---

47) 메릴은 "민족주의가 중요했다는 것은 결코 과장일 수 없다. … 모든 정치단체들은 통일을 당면한 긴급 목표로 바라보는 데 합의하고 있었다. 한국 민족주의의 견인력은 남한 내에서 이승만에 반대하는 사람들 대다수를 1948년 평양 연석회의에 참여시킬 만큼 강력했다"(Merrill, 1988 : 344~345)라고 논의한다.

고 인민공화국과 대한민국 정부가 통일이 되었음을 세계 만방에 알리면 어
느 외국도 우리를 간섭 침범하지 못할 것입니다. … 이건 국가와 국가가 맞
붙는 전쟁이 아닙니다. 다만 서울을 해방시키자는 것이니 … 뿐만 아니라
한줌도 안 되는 민족반역자를 제거하고 남조선 인민들을 해방시키자는 목
적이니까 … (최태환·박혜강, 1989 : 111~112).

김두봉이 언급하고 있는 바와 같이 북한은 전쟁을 민족해방과 통일
을 위한 내전으로 인식하고 있었고, 서울을 점령하여 이승만 정권을 몰
락시킨다면 전쟁은 쉽게 끝날 수 있을 것이라고 보았다. 또한 북한은 미
국이 내전에 개입하지 않을 것이라고 판단하고 있었으며, 개입하더라도
그 이전에 전쟁을 끝낼 수 있으리라고 생각했다(박명림, 2002 : 107).

반면 이승만은 38선이 세계의 인계철선이자 시험대라는 것을 알고
있었을 뿐만 아니라 무엇보다도 6월 25일 새벽 사태의 시작과 함께 이
전쟁을 자유진영과 공산진영 사이의 세계적 전쟁으로 몰고 갔다(박명
림, 2002 : 76).[48] 전쟁발발에 대해 이승만은 의기소침하지 않고, 이
위기가 한반도 문제의 '전면적 해결을 위한 최선의 기회'[49]라고 생각하
면서, 일찍이 서울을 탈출하여 미국의 원조를 얻어 반격하는 데 기대를
걸었다(和田春樹, 1999 : 344). 이승만은 전쟁을 '내전화'하기보다는
'국제전화'함으로써 '위기'를 '기회'로 바꿔 가려 시도했으며, 그 결과는
'민족주의·국가형성전쟁'의 '체제·이념전쟁'으로의 치환이었다.

전면전쟁 : 본질적으로 내전으로 시작한 전쟁은 개전 3일째(6월 27
일) 트루먼 대통령이 미 공군과 해군에 한국군을 지원하라는 명령을 내

---

48) 『우남노선』에서는 한국전쟁을 "민주주의와 공산주의의 대결은 숙명적 과제 …
두 갈래길 위에서 암투해 온 냉전이 드디어 이 땅에서 미증유의 열전으로 폭발
된 것이었다"(우남전기편찬위원회, 1958 : 114)라고 서술하고 있다.

49) 개전은 한반도를 '제2의 사라예보'로 삼아 국지전쟁을 세계전쟁으로 만들고, 그
렇게 함으로써 한미군의 북진통일을 가능케 한다. 바로 그렇기 때문에 이것은
'한반도 문제를 일거에 전면적으로 해결하기 위한 최선의 기회'라는 것이다(和
田春樹, 1999 : 157).

리면서 전쟁의 성격이 바뀌게 된다. 이때부터 전쟁은 한국의 혁명적 민족주의세력과 미국의 전쟁으로 변질된다(최장집, 1996 : 125~126). 북한은 미국이 개입하면서 이 전쟁을 "미국 침략자를 몰아내는 정의의 전쟁"이라고 강조했다(박명림, 2002 : 108). 전쟁은 내전을 넘어서서 침략자인 외세에 맞서 싸우는 반제·통일민족해방전쟁으로 그 외언이 확장되었던 것이다.

한국전쟁에 참전한 미국은 이 전쟁을 한반도의 지역적 차원이 아닌 세계적 차원의 이념전쟁으로 바라보았다. 전쟁발발 직후 트루먼은 이승만에게 보낸 편지에서 "한국 정부와 국민의 끈기 있는 투쟁은 공산침략에 대해서 자유애호 국민들은 어디까지나 언제 발생하든지 틀림없이 싸울 것이라는 것을 전 세계에 과시하는 것으로 본다"(한표욱, 1991 : 103)라고 밝혔다. 또한 스툭은 전쟁에 임하는 미국의 태도를 다음과 같이 논의하고 있다.

> 전쟁 초기부터 미국 지도자들은 국내뿐만 아니라 국외에서도 자신들의 외교정책에는 신뢰도가 있어야 된다는 데 깊은 관심을 기울여왔다. 한국전에서의 확실한 승리는 소련의 위협을 억제한다는 것을 넘어서서 냉전시대 미국의 전도에 심리적 격려가 되었다(Stueck, 2001 : 702).

1950년 9월 28일 서울을 탈환한 미국·이승만 정부는 38선에서 멈춰 서려고 하지 않았다. 미국·이승만 정권은 북한 정권을 괴멸시키고, 한반도 전역에 반공통일정부를 수립하고자 했다. 미국의 합동참모본부는 NSC 81/1에 기초를 두어 북진을 검토하고, 9월 27일 대통령의 승인을 얻어 맥아더에게 "귀관의 군사적 목표는 북한군의 괴멸"이라는 명령을 발하였고, 10월 7일 유엔총회는 '무력통일을 통한 공산정권의 전복을 결의'하였다(和田春樹, 1999 : 170~173). 미국은 민족적 내전을 '자유수호를 위한 체제방위전쟁'으로 바꿔 갔으며, 유엔은 이에 들러리를 섬으로써 미국의 입지를 더욱 강화시켰다. 이러한 상황은 1차 인도차이나전쟁 말기에 다른 미국의 동맹국들이 취했던 입장과는 사뭇 다른 것이었다. 1차 인도차이나전쟁에서 미국과 프랑스는 민족주의/식민주의의 이념적 대립구도를 넘어서지 못했지만, 이념의 이름으로 채색된 최초의 열전의 장이었던 한국에서 미국의 전쟁은 반공의 이름으로 정당화되고 있었던 것이다.

진영전쟁 : 1950년 10월 2일 남한의 군대가 38선을 돌파한 바로 그 날 중국공산당 정치국 확대회의는 한국전쟁에 참전을 결정하였으며, 10월 19일 중국군은 압록강을 건넜다. 중국의 지도부는 그야말로 조선의 동지에 대한 의리와 미국과의 숙명적인 승부가 불가피하다는 인식 때문에 참전했다(和田春樹, 1999 : 52).[50] 중국이 전쟁에 참여하면서 한국전쟁은 완전히 새로운 국면으로 접어들었다. 전쟁은 진영 간의 이념전쟁으로 확대되었으며, 완전한 국제전의 양상을 띠게 되었다. 더군다나 이승만이 1950년 7월 14일 정일권 참모총장의 제안으로 한국군의 지휘권을 유엔군 사령관인 맥아더에게 넘긴 것과 유사하게 김일성 또한 1950년 12월 펑떠화이(彭德懷)와의 회담에서 군사지휘권을 중국에 넘기고 전쟁 마지막까지 군사지휘권을 회복하지 못함으로써(和田春樹, 1999 : 202~203) 전쟁의 주도적 주체도 중국과 미국으로 바뀌어 있었다. 이러한 상황은 '내쟁(內爭)같은 국제전쟁'이요, '외전(外戰)같은 동족전쟁'을 완전히 현실화시켰다. 이제 남·북은 한쪽 진영의 일부로 전장에 마주섰으며, 그 진영 속에서 통일을 추구해야 했다. 이것은 세계적·지역적 차원의 좌·우이념적 정렬을 확정적으로 가시화하는 효과

---

50) 미국 또한 월경(越境)이 가져올 수 있는 복잡한 결과를 어느 정도 인식하고 있었다. 1950년 12월 하순 미 8군의 사령관에 취임한 리지웨이는 "라디오를 통해 중공은 거의 매일 만일 북한이 침략 당하면 중공은 개입할 것이라고 계속 협박하고 있었고, 만일 그 상징적인 경계선을 넘는 경우에는 소련 역시 개입할 필요를 느낄 것"(Ridgway, 1981 : 59)이라는 것을 워싱턴이 고려하고 있었다고 밝히고 있다. 그러나 인천상륙작전의 성공과 인민군의 패퇴는 이러한 우려를 대담한 반공통일전쟁의 추구로 바꾸어 버렸다.

를 가져왔다.

교착·제한전쟁 : 1951년 6월~1953년 7월 27일 종전까지의 교착·제한전쟁은 진영 간의 전쟁과 더불어 이념적 분단을 고착화하는 지루한 공방이었다. 이 시기는 군사적 수단에 의한 통일의 기대가 사실상 사라진 시기였다. 전쟁의 성격이 체제 간의 이념전쟁으로 전환되고, 전선이 교착되면서 북한 정부·남한 좌익에 의해 추구되었던 반제·통일 민족해방전쟁의 의미는 희석되어 갔다. 그러나 그 의미가 희석되는 만큼 민족의 내전을 진영전쟁화함으로써 남한 정권을 유지하려고 했던 이승만의 의도는 살아나고 있었다. 이승만 세력이 지니고 있었던 반민족적 분단세력으로서의 오명은 전쟁을 통해 점차 잊혀져 가고, 반공정권으로서의 입지가 강화되고 있었던 것이다.

반쪽뿐인 영광이었지만 미국은 한국전쟁을 이념전쟁으로 이끄는 데 성공했으며,[51] 이승만 정권은 공산괴뢰로부터 국가를 수호했다는 명분을 챙길 수 있었다. 반면 북한 정권과 남한의 좌익에 의해 추구되었던 민족해방·민족통일의 목표는 냉전의 그늘에 가려지게 되었다. 휴전선을 경계로 한 2년여의 공방 속에서 민족·계급을 경계로 한 적대전선은 엷어져 가고 이념적 적대전선이 그 자리를 대신하게 되었다. 곧, 통일의 가능성이 희박해지는 것과 더불어 이념적 분단선은 민족의 내부에 고착

---

51) 현재까지도 한국전쟁은 베트남전쟁(미국·베트남의 전쟁)과는 전혀 다른 시각에서 해석되고 있으며, 그 대표적인 예는 1995년 7월 25일 한국전쟁기념관 개관식에 즈음해 행해진 클린턴(Clinton) 대통령의 연설에서 잘 드러난다. 클린턴은 "미국이 파시즘을 격퇴한 건 공산주의가 널리 퍼지는 모습을 보자는 것이 아니라는 것을 뚜렷하게 보여줌으로써, (미국인들은) 자유세계를 냉전에서 승리하는 길에 올려놨다"(Hart-landsberg, 2000 : 10)라고 한국전쟁의 의미를 평가했다. 또한 한국전쟁기념비 건립에서 코디네이터 역할을 한 이종연 변호사는 베트남전쟁기념비와 한국전쟁기념비의 모습을 비교하면서 "베트남기념비는 잘못된 전쟁에서 잘못 싸운 것에 대한 진혼의 의미가 있다", 그러나 "한국전기념비는 명분 있는 싸움의 진취적 기상을 느끼게 해준다"라고 평가했다(『조선일보』, 1999.7.13).

되어 갔던 것이다.

전쟁과 학살의 경험, 그리고 반공이데올로기의 확산·침투

국제적·지역적 차원의 전쟁의 이념화와 더불어 한국의 이념적 분단을 확고히 했던 것은 시민사회 차원의 전쟁경험, 곧 이념적 적대와 결합된 광범위한 국가폭력·학살52)과 연관되어 있다. 폭력과 학살이 전면에 나설 때 이데올로기적 측면에서 국가가 추구하는 것은 대중들의 적극적·능동적 동의가 아니라 '저항의식의 무력화'와 '침묵'의 활성화라고 할 수 있으며, 이는 지배이데올로기의 침투를 용이하게 하는 토대가 된다. 한국에서 발생한 학살은 남·북 간의 이념적 분단을 공고히 하고, 반공이데올로기를 내면화하는 데 결정적 영향을 미쳤다. 이를 검토하기 위해 우선 한국전쟁 기간 동안 발생했던 학살을 비교사적 접근을 통해 특징짓고 있는 김동춘의 논의를 살펴보자.

김동춘은 한국전쟁 당시 발생했던 학살을 근대화된 국가권력이 조직적이고, 의도적으로 준비해서 진행한 나치 치하의 유대인학살, 인종 간의 분쟁에서 나타나는 특정 인종이 타 인종을 청소한다는 '사회적 학살', 일본군이 만주와 난징에서 자행한 학살과 같이 제국주의국가가 이민족을 침략하면서 발생한 학살, 이 모두와 구분하여 냉전시기의 이데올로기적 광기가 사적인 폭력과 결합되어 발생한 '정치적 학살(political massacre)'로 규정한다. 그리고 이와 유사한 사례로 미국이 주도하는 냉전질서의 구축과정에서 학살이 발생했고, 우익정권 수립

---

52) 여기에서 '국가폭력'은 사회의 제 집단, 제 계급·계층의 투쟁에 대하여 강압적 수단을 활용하여 억압하고 통제하는 국가적 행위를 의미한다(조희연·조현연, 2002 : 24). 또한 학살은 민간인학살에 대한 다음과 같은 강정구의 개념화, 곧 "아무런 위협이 없는데도 그저 좌익·우익·부역이라는 집합체의 성원(가족을 포함하여)이라는 이유 및 혐의만으로 무고한 살인을 저지르는 행위를 의미하는 것으로 교전 중의 살인행위를 제외하며 재판에 의한 처형행위라고 하더라도 학살의 범주에 포함시킨다"(강정구, 2001 : 7)라는 것을 따른다.

을 위한 미국의 정치적 의도가 개입되었으며, 미국 측의 적극적인 학살 시행과 현지 군인들이 자행하는 학살을 미국이 묵인한 점 등이 학살의 주요한 배경으로 자리 잡고 있는 대만 · 그리스 · 베트남의 학살을 들고 있다.53)

김동춘의 논의는 한국전쟁 당시 발생했던 학살을 비교사적 관점에서 접근하여, 학살이 자행되게 된 구조적 특성을 도출해 낼 수 있는 근거를 제공한다. 그러나 본 논의의 초점은 전쟁과정에서 국가의 이름으로 자행된 학살과 반공이데올로기의 사회적 침투 · 확산 · 공고화과정의 연관성, 그리고 이를 통한 남베트남 · 남한 지배이데올로기의 차별적 형성과정을 밝히는 데 있다.54) 본 논의에서는 학살이 자행된 일반적 유형 · 조건에 유의하면서 이념을 매개로 학살이 자행되었음에도 불구하고, 왜 두 국가의 지배이데올로기의 내면화 정도, 이념적 분단의 효과가 상이하게 구축되어 갔는가를 검토함으로써 남베트남에 비해 훨씬 강고하게 남한의 시민사회로 침투했던 반공지배이데올로기의 형성과정을 추적해 보겠다.

논의에 들어가기 전에 우선 밝혀 두어야 할 것은 남베트남과 남한의 국가에 의해 자행되었던 여러 유형의 폭력과 학살, 그리고 이 때문에 발생했던 베트남인과 한국인의 피해와 상처를 계량화하여 비교하는 것이 지닌 한계이다. 전체 민족, 국가, 마을 공동체의 일원으로서, 개별적인 주체로서 개인이 감내해야 했던 고통과 절망, 울분, 분노, 피해의식을 어떻게 양적으로 비교할 수 있겠는가? 그렇지만 이러한 한계를 무릅쓰고 이 논의에서 학살의 양태와 특성을 다루는 것은 전쟁과정에서 일어난 학살과 반공이데올로기의 연관, 그리고 이것이 이후 반공이데올로기의 내면화에 미친 영향을 파악하기 위함이다.

---

53) 자세한 내용은 김동춘(2000 : 237~242) 참조.

54) 베트남의 경우 전쟁은 1차 인도차이나전쟁, 그리고 지엠이 남부인들을 대상으로 수행한 작은전쟁까지를 포괄한다.

〈표 4-5〉는 두 국가의 전쟁과정에서 나타난 학살의 특성과 지배이데올로기의 내면화 차이를 주조했던 요인을 밝힌 것이다.

〈표 4-5〉 베트남·한국전쟁과정에서 나타난 학살과 지배이데올로기의 내면화

국가	전쟁·학살의 특성과 지배이데올로기의 확산·내면화의 차이 형성요인		
	전쟁과정의 특성	폭력·살상의 주도적 주체와 범위·양태	학살과 이데올로기지형의 변화
베트남	전선 없는 전쟁과 평정작업의 비효율성	프랑스, 전후 미국·지엠 정권/ 남한과 같은 대규모의 조직적 학살은 발생하지 않음	정권의 일시적 안정/ 민족주의의 강화
한국	요요(톱질·피스톤)·교착·제한전쟁과 효율적인 평정작업	남한 정부·미국/ 대규모의 예방적 학살·동족 간 보복학살	피지배계급의 탈정치화와 이념적 분단의 심화

비교의 편의를 위해 우선 남베트남의 상황을 먼저 간략히 검토해보자.

전쟁과정의 특성 : 베트남전쟁의 전체적인 특성은 '전선 없는 전쟁'55)으로 한국전쟁 당시처럼 일정한 경계를 지니고 오르내리던 '전선전쟁(linear war)'과 구별된다. 이러한 상황이 초토화작전을 부추기기도 했지만, 다른 한편으로는 프랑스·남부정권의 지속적인 통제와 이데올로기 공세를 막는 구실을 했다고 볼 수 있다. 프랑스·미-지엠 정권의 평정작업이 지역평정이 끝난 후 다른 지역으로 이동하는 '기름얼룩작전'

---

55) 전쟁과정에서 베트민은 점·선·면을 유기적으로 결합시켜 운용하였다. '점'은 도시지역을 중심으로 한 적진의 근거지 또는 조직이었고, '선'은 여러 조직을 잇는 연락선·교통선을 의미하는 것이었으며, '면'은 농촌지역을 중심으로 한 해방구를 의미하는 것이었다. 이러한 전술적 운용단위는 종래의 '전선전쟁'이라고 불리는 전선의 개념을 무용하게 만들었다. 베트민은 면과 점을 결합한 선에 중점적인 노력을 기울이고, 면 자체도 의도적으로 경계를 혼합시켜 사실상 '전선 없는 전쟁'을 수행했다(坂本聰三·渡邊正之, 1986 : 188).

에 주로 의지하였고, 지역에 대한 지속적인 통제력을 발휘하지 못했기 때문에 베트민은 평정작업이 끝난 지역에 다시 복귀할 수 있었다. 곧, 프랑스·미-지엠 정권이 잠시 들러가는 손님이었다면 베트민은 농촌지역의 실질적 주인이었던 것이다. 따라서 주민들의 충성은 대개가 베트민 세력으로 향하게 되었다.

폭력·살상의 주도적 주체와 범위·양태 : 1946년 11월 23일 프랑스는 하이퐁을 폭격했으며,56) 이 과정에서 6,000여 명의 베트남 민간인들이 학살당했다(Hammer, 1966a : 183). 무차별한 폭격과 다수 민간인의 희생은 1945년 9월 이후 지속되어 온 베트남의 작은전쟁을 1차 인도차이전쟁으로 확대시켰다. 또한 전쟁기간 동안 프랑스는 지속적으로 '작전으로서의 학살'57)을 자행했다. 1차 인도차이나전쟁에서도 남한에서 벌어졌던 것과 같은 초토화작전58)이 전개되었는데, 이는 '전쟁의 활성화를 통해 전쟁을 승리로 이끈다'는 원칙과 '전선 없는 전쟁'이 결합

---

56) 하이퐁은 베트남민주공화국에서 수입하는 모든 물자가 들어오는 곳이었고, 프랑스 측에서 볼 때는 커다란 수입세의 세원(稅源)이었다. 11월 20일 프랑스가 가솔린을 싣고 가는 중국의 정크선을 나포하면서 베트남군과 프랑스군 사이에 충돌이 발생했으며, 이를 빌미로 프랑스는 하이퐁을 완전히 점령하기 위해 무차별적인 폭격을 자행했던 것이다(Duiker, 2003 : 573~576).

57) 김동춘은 학살의 형태를 군사작전 수행과정에서 발생하는 '작전으로서의 학살', 군사작전이 진행되고 있는 후방에서 아군을 보호하기 위해 적과 내통했거나 적에게 도움을 주었거나 장차 줄 것으로 예상되는 사람들을 사법적으로 처리하는 과정에서 발생하는 '처형으로서의 학살', 민간인 간의 사적인 보복의 형태로 상호 간 학살이 비공식적으로 개인적인 감정에 기초하여 진행되는 경우를 '사적인 보복학살'로 분류하고 있다(김동춘, 2000 : 208~210).

58) 1951년 투끼(Thu Ky)에서 생포한 프랑스 장교는 다음과 같이 자신의 전쟁범죄를 고백했다. "프랑스 사령부가 이 지역을 사막으로 만들기 위해 모든 것을 파괴하라는 명령을 내렸다. … 집들은 모두 불태워졌다. …며칠 동안 계속해서 연기가 하늘을 뒤덮고, 살아있는 것이라곤 프랑스 병사들 밖에 없다"(Ho Chi Minh, "The Imperialist Aggressors can never Enslave the Heroic Vietnamese People" 1952 ; Fall ed., 1967 : 236~237).

되면서 더욱 상승작용을 일으켰다. 또한 2장 3-1절에서 살펴본 바와 같이 미-지엠에 의해 진행된 평정작업, 그리고 이 과정에서 발생한 국가폭력·학살은 '작전으로서의 학살'과 '처형으로서의 학살'을 동반하고 있었다. 그러나 베트남에서 자행되었던 학살은 주체·규모·내용의 측면에서 한국전쟁기의 학살과는 구분된다. 주체의 측면에서 가장 중요한 것은 1차 인도차이나전쟁 당시 학살의 주도적 주체는 피부색이 다른 이민족인 프랑스였다는 점이다. 그리고 베트남인들에게 프랑스를 대체하여 등장한 지엠 정권은 미국의 대리 정권으로 인식되었기 때문에 지엠 정권하에서 발생한 폭력·학살은 미국의 보증에 의해 지엠 정권이 집행한 것으로 뚜렷이 부각된다. 또한 학살의 범위·양태의 측면에서도 베트남에서의 학살은 한국의 6·25전쟁 발발 직후 발생했던 무차별적인 대규모의 예방적 학살과는 구분되며, 특히 이념을 매개하여 자행되었던 민족 내부의 보복학살은 크게 나타나지 않았다.59)

학살과 이데올로기지형의 변화 : 결국 프랑스·미-지엠 정권에 의해 행해진 학살은 일시적 효과밖에 거두지 못했다. 학살은 피부색의 차이를 더 부각시키고, 민족적 반감과 증오심을 증폭시켰다. 미-지엠 정권의 폭력과 학살에 맞서 대중들은 1차 인도차이나전쟁시기의 민족적 동원의 경험을 현재에 재생시키는 '재생에 의한 동원'60)을 활성화시켰으며, 가족을 지키기 위해 스스로 총을 들었다.61) 남베트남에서 반공이데

---

59) 물론 베트민이나 민족해방전선에 의한 살인·테러도 존재했다. 그러나 베트남의 혁명세력이 용의주도한 대량학살작전을 써서 상당수의 비무장 민간인을 죽였다는 확증이 있는 경우는 거의 없다. 이것은 오랜 세월에 걸친 혁명철학 및 혁명전략, 기층주민들과 그들의 관계, 그리고 뛰어난 기강 때문인 것으로 생각된다(Chomsky & Herman, 1992 : 397).

60) 과거부터 존재해 오는 것, 과거의 경험, 가치, 상징 등을 기반으로 하여 동원하는 것으로, 이것은 혁명적 요소와 반혁명적 요소를 포함한다(Therborn, 1997 : 159). 남베트남인들의 '재생에 의한 동원'은 1차 인도차이나전쟁의 혁명적 경험을 토대로 하고 있었다.

올로기를 매개하여 진행된 학살은 그 본질을 너무도 확연히 드러내고 있었으며, 통제의 효과가 제대로 발휘되지 않으면서 진행된 학살과 이데올로기적 강제는 정권에 대한 적대의식과 민족주의에 기반을 둔 저항이데올로기를 강화시켰다. 결국 남베트남에서의 학살은 대중들의 '저항의식의 무력화', 혹은 '침묵'기제의 활성화로 연결되지 못했던 것이다.

남한에서의 전쟁과 학살은 남베트남과는 상이한 이데올로기지형과 효과를 만들어 갔다.

전쟁과정의 특성 : 베트남의 1차 인도차이나전쟁과 한국전쟁은 전쟁과정의 특성이 달랐다. 물론 한국전쟁과정에서도 '전선 없는 전쟁'의 특성이 나타나기는 하나, 그 정도는 베트남에 비해 미약했다고 볼 수 있다. 베트남과 구분되는 한국전쟁과정의 두 가지 특성, 곧 '요요(톱질·피스톤)전쟁'이라고 일컬어지는 전선의 전면적 이동경험과 교착·제한전쟁과정으로 표현되는 '전선전쟁'은 이후 지배이데올로기의 사회적 확산·내면화에 영향을 미쳤다.[62]

그렇다면 최전선의 요동이 피지배계급의 이데올로기지형에 미친 영향은 무엇일까? 박명림은 "한국전쟁에서 힘 대 힘이 맞부딪히는 최전선의 이동은 특정 체제 속에 소속될 내집단과 외집단, 자기와 타자, 내 편과 네 편, 국민과 적을 가르는 분획선의 짧은 시간단위에서의 전이를 의미하는 것이었다"(박명림, 2002 : 362)라고 설명한다. 전선의 요동에

---

61) 레이스는 이러한 상황을 다음과 같이 묘사한다. "징집 대상 연령의 젊은이들처럼 너무 분노해서 당시 숨겨 놓은 무기를 집어들고 정글에서 뛰쳐나와 자신들과 가족을 괴롭히던 관리들을 살해한 개인들이 있었다. 그들이 이런 행위를 한 것은 당이 그 관리를 비난했기 때문이 아니라 자신의 생명을 보호하고 가족을 지키기 위해서였다"(Race, Jeffrey, *War Comes to Long An : Revolutionary Conflict in a Vietnamese Province*, Berkeley, calif., 1972, pp.99~100 ; Neale, 2004 : 59에서 재인용).

62) 올리버는 한국전쟁에 대해 "요요전쟁이라고 부를 만큼 이동이 심한 전쟁이었고, 그 이동이 도시와 촌락과 한국민의 고향을 짓밟고 지나갔다"라고 표현하고 있으며, 교착·제한전쟁에 대해서는 전쟁이 아니라 승리를 목표로 하지 않은 '경찰행위'였다고 설명한다(Oliver, 1998b : 730, 733).

따른 지배 주체·체제의 변화는 대중들이 각 정부 주체·체제의 정당성을 승인하든 하지 않든 간에 특정 체제에 대한 소속감과 충성을 강제하게 된다. 이러한 상황은 적극적으로 체제를 선택했던 사람들에게나 혹은 그렇지 않았던 사람들에게나 모두 매우 절박한 상황을 조성했다. 우선 좌·우의 체제를 적극적으로 선택했던 사람들은 전선의 교차 속에서 희열과 처절한 절망을 차례로 맛보아야 했다. 북의 지배하에서는 우익이 제거되었으며, 남의 지배하에서는 좌익이 제거되었다. 또한 어느 쪽도 선택하지 못했던 사람들은 이념을 떠나 생존을 위한 어려운 선택에 직면해야 했다. 아래의 김성칠의 일기는 이러한 상황을 보여 준다.

> "대한민국이 옳으냐, 인민공화국이 바르냐" 따라서 "대한민국을 따르느냐, 인민공화국을 좇느냐" 하는 확고부동한 태도가 서 있지 않고 결국은 어느 쪽이 이길 것이냐, 그럼 어느 쪽을 위하여 일하는 것이 유리할 것이냐, 그보다 당장 어느 쪽인 척 해두는 것이 우선 위험도 모면하고 나중에 가서도 말썽이 없을 것이냐. 이러한 선결 문제가 대한민국과 인민공화국 둘 중의 어느 편이 구극(究極)의 승리를 거둘 것이냐 함에 있다(김성칠, 1993 : 104).

서울을 탈환한 이후 기세 등등해진 우익들이 "우리는 당분간 데모크라시고 무엇이고 다 집어치우고 가열(苛烈) 무자비한 숙청과 탄압이 있어야 할 것입니다"(김성칠, 1993 : 257)라고 주장하는 상황에서 일반대중들은 체제·이데올로기적 선택을 유보할 수 없었다. 이것은 북을 좇아갈 것이냐, 혹은 남한 정권의 통치하에서 저항할 것이냐, 아니면 능동적·적극적으로 동조할 것이냐, 수동적이더라도 동조하는 채 하면서 침묵할 것이냐의 판단을 요구했고, 이 속에는 중립이라는 것이 있을 수 없었다.

남한 체제를 수용해야 할 압박은 1951년 하반기 전선이 교착되고, 후방의 '제2전선'에 대한 평정작업이 본격화되면서 더욱 강력해졌다. 후방의 평정작업은 1951년 11월 백선엽을 사령관으로 한 '백야전사령부(Task Force Paik)'가 조직되면서 본격화되었다. 베트남에서는 제1·

제2전선이 나눠지지 않고 혼재되어 전투가 진행되었고, 평정작업 자체가 전쟁이었으며, 베트남군이 평정작업에서 큰 힘을 발휘하지 못했기 때문에 전쟁의 주도권은 베트민과 저항세력에게 돌아갔다. 베트남에 비해 게릴라전을 펼치기 어려웠던 지리적 약점, 그리고 외부의 지원이 끊긴 상태에서 전투를 치러야 했던 한계를 안고 있었넌 남한의 '빨치산'들은 차례차례 괴멸되어 갔다.63) 빨치산들은 태백산맥의 골짜기에서 남한의 지배이데올로기로 채색된 '공비(共匪)'라는 이름으로 죽어갔으며, 남에서도 북에서도 잊혀갔다.

교착·제한전쟁과정에서 남한에서 형성되었던 제2전선은 대중들이 체제·이데올로기를 선택하는 조직적 근거가 될 수 없었다. 휴전선을 중심으로 이미 남·북의 지리적 경계가 굳어지고, 이러한 지리적 경계를 따라 좌·우의 이념적 분단선이 확정됨에 따라 남한 내부의 빨치산 투쟁은 민족해방과 지배·피지배계급의 갈등을 외화하는, 곧 민족·계급 문제를 둘러싼 투쟁이 아니라 생존을 위한 투쟁으로 변해 갔으며, 대중적 호소력을 상실했던 것이다.

전쟁과정과 연관된 이데올로기지형의 특성을 논의하면서 마지막으로 언급할 것은 베트남공화국의 군부와 구별되는 남한 군부의 이념적 특성이다. 이데올로기와 충성도의 측면에서도 남한의 군은 남베트남의 군과 확연히 구분되었다. 남베트남군의 장교들이 중간층 이상의 기득권층에서 충원된 반면 남한의 군장교들은 대체로 농촌의 농민 자제들이었다(김정원, 1985 : 264). 이는 군부 내부의 계급적 갈등을 줄였다. 또한 남한의 군은 이데올로기적 정지작업 속에서 전쟁을 맞이했다. 백선엽은 "여순반란사건이 없었고 숙군이 없었더라면, 6·25와 같은 상황에서 국군이 자멸의 길을 걷지 않았으리라 장담할 사람은 아무도 없을 것

---

63) 이러한 고립된 투쟁의 성격을 반영하듯이 빨치산 토벌을 위한 작전명칭은 '쥐잡기작전(Operation Rat Killer)'이었다(백선엽, 1992 : 17).

이다"(백선엽, 1989 : 346)라며 숙군작업의 의의를 설명했다. 전쟁 이전 남한의 군은 이미 내부의 이념적 반대자들을 제거하고, 이념적 통일의 토대를 만들고 있었던 것이다. 이러한 가운데 수행된 전쟁은 군의 이념적 응집성·충성도를 더욱 제고했다. 김성칠은 전쟁 당시 남한의 군을 언급하면서 "우리 국군의 용맹함은 유엔군이 한결같이 탄복하는 바입니다. 글쎄 육박전에 들어가 서로 어울리면 상대편의 얼굴을 짓찧고 심하면 코를 물어뜯는 일이 있었으니까요"(김성칠, 1993 : 239)라며, 동족 간의 전쟁에 대한 회의를 표명했다. 이념을 매개한 피비린내나는 전쟁은 동족을 적(敵)·아(我)로 확연히 구분시키고 충성의 구획을 명확히 함으로써 군을 국민을 위한 군이 아니라 반공전사로서 재탄생시켰던 것이다. 군의 이념적 응집성은 이후 강력한 반공군부정권 출현의 훌륭한 자양분이 되었다.

폭력·상상의 주도적 주체와 범위·양태 : 6·25의 발발과 더불어 남한에서 발생했던 대단위의 무차별적이고 적극적인 학살은 남한 정부에 의해 자행되었다.64) 위에서 언급한 바와 같이 1차 인도차이나전쟁·미

---

64) 물론 미국에 의해 자행된 학살도 매우 광범위하다. 1950년 7월 25일의 노근리 학살사건, 경남·마산·의령·창원 등지의 학살사건, 그리고 피카소의 1951년 작 <한국에서의 대학살>의 배경이 되었던 1950년 10월 17일~12월 7일 사이 황해도 신천군학살사건 등이 그것이며, 폭격을 통한 파괴행위와 학살은 너무도 광범위하게 이루어졌다(특히 북한 지역에서의 미군의 전쟁범죄에 대해서는, 국제민주법률가협회 국제과학조사단, 1989 참조). 그러나 개전 초기 6~8월 사이 가장 잔혹하고 광범위한 학살을 자행했던 것은 바로 남한 정부였다. 남한 정부에 비해 개전 초기 북한이 주도하는 광범위한 민간인 학살은 나타나지 않았다. 최태환은 초기 북한이 북한군의 남하과정에서 생포한 국군조차도 사살하지 않고, 방면했음을 증언하고 있고(최태환·박혜강, 1989 : 125~126), 김성칠 또한 서울 점령기 인민군들에 대해 "행동이 단아하고 정중하여, 인민군들이 질이 좋고 훈련이 잘 되어 있다"(김성칠, 1993 : 127)라고 언급하고 있다. 초기 북한에 의한 학살은 반동에 대한 처형으로 절제된 형태로 행해지고 있었고, 광범위한 학살은 후퇴하는 과정에서 발생했다. 인민군과 좌익에 의한 학살 유형은 강정구(2001) ; 박명림(2002 : 243~262) 참조.

-지엠 정권하에서도 '작전으로의 학살'·'처형으로의 학살'은 계속 진행되었지만 남한에서와 같이 단지 적을 이롭게 할 수 있다는 '가능성'만을 가지고 아주 짧은 시간 동안 그처럼 대규모의 무차별적인 학살이 자행되지는 않았다.65) 이러한 반인륜적 국가범죄의 대표적인 사건은 '국민보도연맹사건'이다.

남베트남의 '반공선언운동'과 유사한 성격으로 진행되었던 국민보도연맹의 결성은 남베트남의 그것에 비해 규모의 면에서 훨씬 컸다. "사람이 몸이 약할 때는 보약을 먹어야 하듯이 아무것도 모르고 좌익을 따라다닌 자는 '보도탕'을 먹어야 한다"66)라는 말도 안 되는 선전까지 동원하여 그러모았던 보도연맹원은 1950년 초 30만 명 정도에서 6·25전쟁이 발발할 무렵에는 33만 5천여 명에 이르렀으며, 전쟁이 발발하자 이들은 무차별적으로 학살되었다. 보도연맹원들에 대한 학살은 1950년 7월 1일을 기점으로 평택 이남의 전 지역에 걸쳐 수행되었으며, 그 인원은 20~25만 명 사이로 추정된다(강정구, 2001 : 12).

정부당국은 국가 존망이 걸려 있는 위기 상황에서 국가안보를 위해 적에게 동조할 가능성이 있는 보도연맹원들에 대한 '예방적 학살'이 불가피했다는 입장을 취했으며,67) 사상검사 장재갑은 "박헌영은 서울만 뺏

---

65) 한국전쟁과정에서 발생한 학살은 베트남전쟁 당시 발생했던 학살에 비해 너무도 알려져 있지 않다. 이는 한국전쟁이 세계의 비판적 여론으로부터 거의 고립된 채 전개되었으며, 냉전 초기 세계적 반공주의의 흐름도 크게 작용했기 때문이다(박명림, 2002 : 369). 특히 세계 여론의 측면에서 한국전쟁이 고립을 면치못한 것은 영상 미디어의 발달 정도와도 관련이 있다고 볼 수 있다. 미국과의 전쟁 당시 베트남전쟁은 영상을 통해 세계에 알려졌으며, 이는 전쟁의 참혹함과 비도덕적 성격을 알리는 수단이 되었다. 그러나 한국에서의 전쟁은 이러한 혜택을 누릴 수 없었다.

66) 양산군 기장마을의 유지인 김복택이 주민들을 보도연맹에 가입시키기 위해 행한 연설 가운데서(조성구, 1990 : 166).

67) 한지희는 "좌익세력이 정치적으로 설 땅을 완전히 상실하고, 모든 좌익단체가 해체된 시점에서 이제는 보도연맹이라는 합법적 공간을 확보한 위장전향 좌익

으면 백만 남로당 당원의 봉기로 피 한 방울 안 흘리고 전국을 해방시킬 수 있다고 했다. 보도연맹원들을 학살한 것은 대한민국을 위험에서 건져준 행위였다"(MBC 다큐멘터리, 2001.4.27)라고 학살을 정당화했다.

과연 정말 보도연맹원들이 대한민국에 위협적인 존재였을까? 당시 상황에서 보도연맹원들은 위협적인 존재일 수 없었다. 6·25전쟁이 일어날 당시 남한 내의 혁명역량은 거의 초토화되어 있었다. 작은전쟁을 통해 이미 10만여 명이 학살되었으며, 또 그만큼의 숫자가 감옥에 있었다. 좌익 검거과정에서도 보도연맹 전향자들의 정보 제공이 중요한 역할을 했고, 이는 남로당의 당조직을 파괴하는 데 일익을 담당했다(한지희, 1996 : 300). 6·25전쟁이 발발했을 때도 보도연맹원들은 정부에 협조하여 정부·시민들의 피난을 도왔다(서중석, 1999a : 603~604). 이러한 사실들은 정부의 정당화론이 전혀 설득력이 없음을 드러낸다.

또한 당시 보도연맹에 직접적으로 관계했던 자들은 학살의 비의도성을 강조한다. 사상검사이며 보도연맹의 입안자였던 오제도는 학살과정에 대해 다음과 같이 설명한다.

> 후퇴하는 데 무슨 경황이 있겠는가. 나도 전쟁과정에서 보도연맹원들이 일부지역에서 피해를 봤다는 얘기는 들었다. 하지만 그것은 중앙정부의 지시에 의해 일어난 것은 아니었다. 그때그때 군경들의 자기보호 감정으로 일어난 것이다(김태광, 1988.12 : 27).[68]

그러나 보도연맹원 학살이 지역별로 흩어져 있었던 연맹원들을 수백 명씩 한곳에 모은 뒤 일정한 장소에서, 전국적 차원에서 일정한 시간

세력들이 그 조직을 정비하여 '일조유사시(一朝有事時)'에 반정부적인 행동을 취할 것이라는 우려가 작용하고 있었다"(한지희, 1996 : 302)라고 논의한다.

68) 당시 치안국 정보수사과장이었던 선우종원 역시 "학살은 서단위 경찰단위로 했다. 잘해도 경찰, 못해도 경찰이다"(MBC 다큐멘터리, 2001.5.5)라고 증언하면서 계획적 학살을 부인하고 있다.

대에 맞추어서, 군·경의 명령계통을 통해 조직적으로 자행되었다는 것은 학살이 정부 고위 관계자의 지시에 의해 이루어졌음을 시사한다(서중석, 1999a : 604 ; 한지희, 1996 : 303).

그렇다면 남한의 이승만 정권은 왜 이렇게 가공할 만한 학살을 자행한 것일까? 이는 이승만 정권의 정당성 부재와 안보 콤플렉스의 결합이 낳은 비극이었다고 볼 수 있다. 친일·우파를 중심으로 한 이승만 정권은 민족적 정통성의 부재로 인해 '공권력의 테러화'[69]가 아니면 국가권력을 유지할 수 없었고, 폭력과 학살 위에 세워진 국가권력의 상실은 곧 자신들의 죽음을 의미했다. 특히 친일파들에게 좌파 민족주의세력과의 투쟁은 생존을 건 투쟁이었다. 전쟁은 이러한 위기감을 극대화시키는 상황을 창출했으며, 그 즉각적인 결과가 '예방적 학살'로 나타난 것이라고 볼 수 있는 것이다.

대규모의 '예방적 학살' 이외에 베트남의 1차 인도차이나전쟁·미-지엠 정권하에서 벌어졌던 학살과 한국전쟁기간의 학살을 구분 짓는 또 다른 특징은 동족 간의 '보복학살'이다. 전쟁기간 동안 이념을 매개로 하여 발생했던 좌·우익의 상호 보복학살은 민족의 가장 커다란 상처 가운데 하나이며, 현재까지 지속되어 온 이념적 분단의 골을 더욱 깊게 파이게 한 요인이었다고 볼 수 있다. 그렇다면 전쟁과정에서 왜 그렇게 처참한 보복학살들이 발생했을까? 이를 이해하기 위해서는 학살의 '역사·구조적 배경'과 학살의 직접적 도화선이 되었던 '계기적 사건'을 구분해 보아야 하며, 이는 전남 강진군의 사례를 연구한 염미경의 설명에서 단초가 발견된다.

현재 그들의 위치에서 국가권력과 관련한 자신들의 경험을 다음과 같이 해석한다. 자신의 마을이 '공산당 혹은 좌익'마을로 낙인찍히게 된 것이 식민지하 항일운동에서 시작되었고, 당시 친일파 경찰들이 해방 이후 대한민국

---

69) 서중석(1999a : 647~652) 참조.

정부가 들어서면서 그대로 승계되었기 때문에 식민지 치하에서 경찰의 눈
밖에 났던 마을 사람들은 해방 이후, 특히 이승만 정권이 들어선 이후에 타
격을 받을 수밖에 없었으며, 당시 정권은 마을 사람들을 잡아다가 (국민보
도연맹에 가입하게 해서) 좌익으로 만들었고, 잡아다가 두들겨 패니까 산으
로 피신해 있었고, 산에 숨어 있다 보니 반란군이 되어 죽임을 당하게 된
것이다(염미경, 2003 : 137).

곧, 학살의 역사적 뿌리는 일제시기 민족·반민족의 대립에서 만들
어졌고, 그 구조는 이승만 정권의 반민족성으로 인해 형성되었으며, 그
직접적인 도화선은 국민보도연맹사건이었던 것이다.

학살의 역사적 배경은 마을단위의 구술사를 연구했던 윤택림·박정
석의 연구에서도 그대로 드러난다.[70] 특히 윤택림은 충남 예산군 시양
리 밤골 마을의 사례를 "이데올로기가 밤골의 정치적 분리를 가져온 것
이 아니라 이미 있었던 정치적 분리가 이데올로기적 탈을 쓴 것"(윤택
림, 2003 : 176)이라고 설명하면서 학살의 역사적 뿌리를 강조한다. 또
한 김동춘은 국가건설·혁명·내전의 삼중주가 뒤얽힘을(김동춘, 2000
: 242~253), 박명림은 "'세계냉전'에서 '민족분단'으로, '민족분단'에서
'남·북전쟁'으로, 그리고 마침내 마을 수준의 '좌우투쟁'으로 내려오면
서, 즉 세계, 민족, 국가권력, 지방갈등으로 전화되면서 점점 격화되는
폭력의 증폭현상을 목도한다"(박명림, 2002 : 139)라고 학살의 구조적
배경을 설명하고 있다.

이러한 역사·구조적 배경 속에서 증오심의 급격한 상승과 극한의
적대적 대립, 그 결과로 나타난 보복학살의 첫 단추는 바로 국민보도연
맹사건에 의해 채워졌다(김태광, 1988 : 26 : 박정석, 2003 : 58 : 윤
택림, 2003 : 136~137 : 염미경, 2003 : 134). 곧, 국가에 의해 자행
된 조직적 대량학살이 과거로부터 내려오던 계급·민족·반민족의 대
립에 불을 지피고, 이것이 이데올로기를 매개로 하여 동족 간의 처참한

---

70) 박정석(2003) ; 윤택림(2003) 참조.

보복학살로 이어졌던 것이다.

　더욱 비극적이었던 것은 보복학살이 체제·이념, 남·북을 넘어 마을 주민들을 적(敵)과 아(我)로 양분했다는 점이다. 아래는 시양리 마을 사람들이 겪었던 전쟁에 대한 윤택림의 설명이다.

> 대부분의 마을 사람들은 6·25를 자족지난(自足之亂)이라고 했다. 6·25는 북한 사람들과의 전쟁이 아니라 마을 사람들 간의 전쟁이었다. 같은 마을 내에서 이데올로기라는 가면하에 치러진 마을 사람들 간의 개인적, 감정적, 정치적 주도권 싸움이었다(윤택림, 2003 : 191).

　보복학살과정은 전선이 오르내리면서 계속 상승작용을 일으키며 진행되었다. 좌익에 의해 군·경·우익이 학살된 지역에 복귀한 군·경·우익은 더욱 잔인하게 좌익을 학살했다. 마을에서 좌익에 의한 학살이 일어나지 않으면 해당 마을의 우익이 아니라 다른 마을의 우익들이 들어와 좌익을 학살했고, 군·경은 마을에서 벌어지는 학살을 방조했다(윤택림, 2003 : 139, 184). 보복의 상승과정(escalation)은 민족의 내부를 갈라놓았으며, 전선이 교착되면서부터 남한에서 그 주도권은 군·경·우익에게 쥐어졌다. 전선이 명확해졌다는 것은 국민 속에서 비(非)국민을 솎아 내는 작업이 본격적으로 전개될 것임을 의미하는 것이었고, 폭력·학살을 동반한 비국민의 색출작업을 정당화했던 것은 물론 반공이데올로기였다.

　학살과 이데올로기지형의 변화 : 남한 내의 제2전선은 1955년까지 공식적으로 유지되었다. 지리산을 중심으로 한 토벌작전은 1955년 4월 1일 공식적으로 작전을 종료했으며, 1963년 11월 12일 지리산 기슭인 산청군 삼장면 상내원리에서 마지막 망실공비(잃어버린 부속품을 지칭하는 듯한 호칭) 이홍이가 사살되고, 정순덕이 총상을 입고 생포됨으로써 지루했던 제2전선의 투쟁은 막을 내렸다(백선엽, 1992 : 372~373). 이는 1948년 2·7구국투쟁으로 시작된 한국전쟁의 긴 여진(餘

震)이 비로소 멈춰지는 순간이었다.

지루한 만큼이나 잔혹했던 전쟁은 남한의 이데올로기지형의 전면적 변화, 곧 좌파 이데올로기지형의 역전을 가져왔다. 전쟁은 남한에서 해방 이후 진행되어 온 민족/반민족, 피지배계급/지배계급의 갈등과 투쟁을 반민족·지배계급의 승리로 종결지었다. 전쟁을 통해 국가는 적으로 마주했던 북한을 점령·정복한 것이 아니라 '국민을 정복'했으며,71) 이는 피지배계급의 이념지형을 재편했다.

시민들의 인권을 지켜야 할 국가기구가 민간인 학살의 주체였을 때, 힘 있는 자들의 손가락질 하나로 생과 사가 갈릴 때, 시민들은 보고도 못 본 척, 들어도 못 들은 척하며 다치지 않고 살아남기 위해 극도의 몸조심을 할 수밖에 없었다(한홍구, 2003 : 136). 이승만 정권을 다소라도 지지했던 사람들은 좌익을 사악하고 공존할 수 없는 대상으로 간주하게 되었고, 그렇지 않았던 대부분의 사람들은 '탈정치화'되거나, '침묵'할 수밖에 없는 상황이 조성되었다. 그러나 여기에서 유념해야 할 것은 '탈정치화', '침묵의 기제' 형성이 정권에 대한 정당성을 주체적으로 승인하는 것이 아니라는 점이다. 레이스는 베트남 롱안(Long An)의 사례를 분석하면서 "폭력은 파괴는 할 수 있지만 건설은 할 수 없다. 폭력은 몇몇 개인을 단합시키는 근거는 되지만 전 사회계층을 단합시키는 근거는 될 수 없다"72)라고 논의했다. 이는 폭력이 정권을 지지하는 소수계급·계층을

---

71) 정복자로서의 국가의 모습은 다음과 같은 논의에 잘 드러난다. "우리가 과거 일제 식민지 압박정치하에서도 지방 공무원을 군인이 큰길에 꿇어 앉히고 따귀를 때리고 발길로 차는 것을 보지 못했어요. 법에 의하지 않으면 구속하는 일이 없고 때리는 일도 없는데, 우리가 민주주의국가를 세운 오늘날 국가의 명예 있는 복장을 입은 사람이 관리를 길바닥에 꿇어 앉히고 때리는 것은 무슨 이유란 말이에요. … 대한민국 국민을 정복한 줄 압니까? 우리가 피정복자예요? 왜 밤낮 사람을 때려요? … 총 들지 않은 사람을 피정복자 취급하는 그 원인이 어디 있어요 …"(장병혜, 『상록의 자유혼』, 영남대학교박물관, 1973, 112쪽, 제11대 국회 66~70차에 걸치는 회의 ; 김동춘, 2000 : 268에서 재인용).

72) Race, Jeffrey, *War Comes to Long An : Revolutionary Conflict in a Vietnamese Province,*

단합시킬 수는 있지만, 전 사회계층의 능동적 동의는 끌어 낼 수 없다는 것을 의미한다. 그럼에도 불구하고 한국전쟁 당시 진행되었던 폭력과 학살은 베트남과는 상이한 이데올로기지형을 창출했다. 한국전쟁을 겪으면서 남한의 시민사회는 저항의 추동력이 될 이념적 역동성을 상실하고 말았던 것이다. 해방공간을 통해 분출되고, 8년여의 역시공간을 장식했던 시민사회의 국가권력에 대한 저항의식은 전쟁과정을 통해 아득한 심연 속에 잠기게 되었다. 전쟁의 종결과 더불어 이제 국가권력에 대한 직접적인 도전이 더 이상 가능하지 않은 침묵의 시대가 도래한 것이다.

또한 이러한 상황은 남·북 간의 이념적 분단을 심화시켰다. 내부모순에 대한 적대의식, 피해에 대한 공포감과 분노는 이념을 매개로 하여 외부로 돌려졌다. 남한 내의 지방좌익이나 하층민의 원시적인 보복행위는 북한의 점령과 무관하게 진행된 것임에도 불구하고 모두가 공산주의에 대한 적대로 형상화되었다(김동춘, 1992 : 165). 남·북을 가르는 휴전선은 단순한 군사적 분계선이 아닌 체제의 상이성을 통해 민족을 가르는 민족적 분단선으로 굳어져 갔다. 한국전쟁은 남·북 간의 이질화, 남·북 쌍방 간에 증오하는 갈등구조를 형성시켰으며, 분단구조를 재생산하는 이념적 기반인 분단의식을 심화시키는 결정적 계기가 되었던 것이다(유재일, 1992 : 141).

3. 지배이데올로기의 확산·침투능력의 차이

전쟁은 끝났다. 목적은 패배했다. 그러나 잘못은 우리가 패했다는 데 있는 것이 아니라 처음부터 결정적인 문제를 안고 있었던 정책에 있다. 우리는 동남아시아에서 이 지역 인민들의 눈에는 독립을 위한 자주적 투쟁세력으

Berkeley, calif., 1972, p.184 ; Chomsky & Herman(1992 : 399)에서 재인용.

로서가 아니라, 그들이 혐오했던 과거 식민주의세력과 밀착해 있는 것으로 비췄던 지도자들을 지원함으로써 처음부터 패할 수밖에 없는 목적을 지원한 셈이었다.[73]

첫째, 우리는 대한민국의 아들 딸, 주검으로써 나라를 지키자.
둘째, 우리는 강철같이 단결하여 공산침략자를 쳐부수자.
셋째, 우리는 백두산 영봉에 태극기 날리고 남·북통일을 완수하자.[74]

지배이데올로기의 사회적 효과는 지배의 안정성의 차이를 드러내며, 이는 피지배계급과 지배계급이 해당 사회의 지배이데올로기를 어느 정도로 내면화하고 있는가에 의해 규정된다. 지배는 피지배계급이 지배이데올로기를 능동적으로 내면화하던가, 지배계급에 대항하여 체계적인 저항이데올로기를 발전시킬 수 없을 때 안정적으로 재생산된다. 이 과정에서 중요한 것은 지배계급의 응집성이다. 지배이데올로기가 피지배계급에게 충분한 응집인을 제공할 수 없다고 할지라도 특정 지배체제가 생존·유지되기 위해서는 지배계급만이라도 자신들이 표방하고 있는 지배이데올로기를 능동적으로 내면화해야 한다. 정치적 안정성의 문제가 "그 체제가 핵심집단이 존재한다고 믿는 어떤 합의된 가치에 근거하여 형성되었고, 또 작동한다는 것, 그리고 그와 아울러 이 체제가 커다란 장애 없이 계속 작동하는 것이 이들 핵심집단의 이해관계와 일치한다는 것을 납득시킬 수 있는 정도에 달려있다"(Wallerstein, 1999 : 222)라고 볼 때 지배집단의 이데올로기적 응집성의 결여는 특정 체제의 정치적 안정성을 위태롭게 하는 치명적인 결함인 것이다.

이러한 입장에 유의하면서 남베트남·남한의 반공 지배이데올로기의 확산·침투능력의 차이를 간단히 나타낸 것이 〈표 4-6〉이다.

---

73) 프랑크 처치(Frank Church) 상원의원의 발언 ; 이삼성(1991 : 51)에서 재인용.
74) 1949년 7월 문교부가 제정한 '우리의 맹세' ; 강인철(1999 : 207)에서 재인용.

〈표 4-6〉 남베트남·남한의 반공 지배이데올로기의 확산·침투능력의 차이

차이 \ 국가	정치영역의 이데올로기적 정당화	시민사회에 대한 확산·침투
남베트남	정당화 실패와 중립주의의 대두	외재적 반공이데올로기의 한계와 종교(불교)·저항적 민족주의의 결합
남한	의사(疑似)정당화와 이념적 분단의 공고화	반공이데올로기의 내면화와 침묵·묵종(순응)사회, 친미(숭미)사회의 형성

남베트남과 남한에서 지엠과 이승만이 핵심적인 지배이데올로기로 삼았던 반공의 사회적 확산·침투, 그리고 이것이 발휘하는 국가능력은 매우 상이했다. 남베트남의 경우 반공이데올로기는 피지배계급뿐만 아니라 지배계급에게조차도 적극적·능동적으로 내면화되지 못했다. 남베트남의 지배계급은 유사한 상황에서 남한의 지배계급이 내면화했고, 정당화의 근거로 사용했던 철저한 반공이데올로기를 자신의 것으로 내화하지 못했으며, 중립주의와 반공주의 사이에서 동요했다. 이는 혁명세력을 중심으로 한 피지배계급과의 이념투쟁에서 지배계급이 열세를 면치 못하는 요인으로 작용했다.

또한 남베트남의 반공이데올로기는 지역주의와 결합된 종교적 갈등, 식민지배시기부터 베트민을 중심으로 형성되고 대중들에게 강력한 호소력을 지녔던 저항적 민족주의와 경합해야 했다. 지엠은 내부의 이데올로기적 갈등을 지속적으로 좌·우의 이념적 갈등으로 몰아가려고 했으나, 정권 말기에 나타난 민족주의와 결합한 불교도들의 전면적 저항은 지엠의 이러한 시도를 무색하게 만들었다. 종교적 갈등과 결합된 민족주의는 좌·우의 대립이 아니라 남베트남의 지배세력과 혁명세력·피지배계급의 대립을 더욱 강화했다. 이데올로기적 정당화기제가 부재한 상황에서 지엠은 미국의 괴뢰로 인식되는 남부정권의 고질적인 민족적 정통성의 한계를 끝내 넘어설 수 없었으며, 이는 정권의 위기를 넘어서서 국가의 토대를 뒤흔들어 놓고 있었다.

남베트남과 대조적으로 남한에서는 반공 지배이데올로기의 사회적 확산·침투, 그리고 이를 통한 국가 정당화의 효과가 두드러졌다. 한국전쟁의 결과 남한의 지배세력은 북한과 구분되는 반공국가·정권·지배계급으로, 그리고 민족/반민족을 둘러싼 정통성 투쟁에서 자유로워진 반공전사로서 자신을 '의사(疑似)정당화'할 수 있었으며, 이 속에는 민족해방, 자주적·평화적 통일의 담론과 실천이 끼어 들어갈 자리는 남아 있지 않았다. 끊임없는 민족적 적대의 재생산과 내부의 반대자에 대한 이념적 적(敵) 만들기가 국가를 유지하고, 정권을 재생산하며, 지배계급의 이해를 도모하는 데 동원되었다. 물론 6·25전쟁 이전에도 반공이데올로기에 바탕한 이념적 편 가르기가 남한의 국가·정권을 정당화하고, 친일파·지배계급의 민족적 정통성의 취약함을 가리는 유일한 방편이기는 했지만, 전쟁을 통해 그것은 편 가르기를 통한 세(勢) 불리기의 수준을 넘어서서 남한 전역을 호령하고, 지배하는 실질적 힘으로 성장하게 된 것이다.

남한 지배세력의 강력한 이데올로기적 응집은 그에 비례한 피지배계급의 저항이데올로기의 후퇴를 가져왔다. 좌파 혁명세력이 사라지고, 북한이 공존할 수 없는 적대적 체제로 위치 지어지면서 남한의 피지배계급은 국가에 대항할 체계적인 저항이데올로기를 발전시킬 수 없었다. 국가와 시민사회의 이데올로기 투쟁은 가능하지 않았으며, 시민사회의 이데올로기는 국가의 범위 내에서 규제되고 통제되었다. 곧, 외적으로 강제된 반공이데올로기는 시민사회 내부로 침투·확산되고, 내면화되어 갔다.

한국전쟁 이후 남한 사회의 이데올로기지형을 검토할 때 또한 주목해 보아야 할 것은 강력한 친미·숭미주의다. 이는 남베트남·남한 사회의 이데올로기지형이 지닌 결정적 차이점 가운데 하나였다. 친미·숭미주의의 형성은 민족주의를 바탕으로 한 동원과 저항을 가로막고, 반공의 이념적 틀 내에서 남한이 세계체제의 이념적 대립을 체제내화하는 내적 요인으로 작용했다.

1) 외재적 반공이데올로기의 한계 : 남베트남

1959년 이후 남베트남의 국가는 지엠 정권과 더불어 위기로 치닫고 있었으며, 당시의 상황을 단적으로 보여 주는 것이 아래와 같은 부팅거의 논의이다.

> 지식인들이 반대하고, 교육받은 중간계급에 의해 멸시되고, 사업가들에 의해 거부되고, 청년들과 정치적 포부를 가진 모든 민족주의자들에 의해 증오받고, 대중들의 지지를 전적으로 결여하고 있었던 지엠 정부는 생존을 위해 억압기구에 의존할 수밖에 없었다(Buttinger, 1967 : 952).

정치조직체는 비록 부분적인 정당성이라도 획득하게 되면 언제나 그만큼 더 안정을 얻는다(Wallerstein, 1999 : 221). 그러나 지엠 정권은 정치영역과 시민사회영역 모두를 적으로 돌리고 있었으며, 가족통치에 의존했다. 지배이데올로기로서의 반공이데올로기가 제대로 작동하지 않는 상황에서 진행된 편협하고, 제한적이며, 폭력적인 통치체제는 지배 블록을 협애화하며, 시민사회의 저항을 더욱 증폭시켰다. 최소한의 정당화과정도 거치지 않고 진행되는 폭력은 그만큼 체제의 불안정성을 높이며, 남베트남에서와 같이 강력한 저항세력이 형성되어 있는 경우 이는 국가 자체의 존립 근거마저도 위협하게 된다. 아래의 논의에서는 첫째, 정치영역, 둘째, 시민사회영역에 대한 이데올로기지형을 검토함으로써 남베트남 반공지배이데올로기의 사회적 효과를 평가하도록 하겠다.

지배계급의 약한 이념적 응집성과 '중립주의'의 대두

남베트남 정치영역의 이데올로기지형을 검토하기 위해 살펴볼 것은 정부(정부관료)·정치세력(국가혁명운동·야당·남베트남민족해방전선)[75]의 이데올로기지형과 특성, 반공이데올로기를 넘어선 '중립주의'

의 대두와 활성화이다.

1959년 이후 남베트남 정치영역의 이데올로기지형을 특징지은 것은 반공이데올로기를 중심으로 한 지엠 정권의 지배이데올로기와 저항적 민족주의를 바탕으로 한 남베트남민족해방전선의 저항이데올로기의 대립이라고 할 수 있다. 한국전쟁이 종결된 후 남한에서는 이러한 내부의 이데올로기적 대립이 사라졌지만, 남베트남에서는 이데올로기를 둘러싼 갈등과 대립이 오히려 더욱 강렬해지고 있었다. 따라서 이데올로기적인 측면에서 당시 지엠 정권이 당면했던 과제는 과거 베트민 세력의 연속선상에 서있으며, 현재는 베트콩으로 불리고, 남베트남민족해방전선으로 결집된 혁명세력이 지닌 민족주의적 색채를 어떻게 희석시키고, 남부정권을 정당화할 것이냐 하는 문제로 집약되었다. 이를 위해서 가장 절실한 것은 제 정치세력과 엘리트층을 지엠 정권으로 결집시켜 지배세력의 이념적 응집력을 높이고, 대중들을 혁명세력으로부터 절연시키기 위해 반공 · 자유민주주의에 바탕한 새로운 민족주의의 전형을 창출하는 것이었다. 그러나 이데올로기적 정당화를 위한 지엠의 노력은 모두 실패로 돌아갔다. 지엠은 왜 실패했을까? 이를 지배세력 내부의 갈등과 이데올로기지형, 그리고 남베트남민족해방전선과 상반된 지엠 정권의 민족적 이미지를 통해 살펴보자.

남베트남의 지배세력은 남한의 지배세력이 보였던 반공이데올로기에 대한 강력한 친화력을 지니지 못했고, 조직적 응집력 또한 결여된 파편화된 세력이었다. 정부관료와 여당 · 야당의 성격과 특성은 이를 여실히 드러내 주고 있다.

권력의 핵심을 장악하고 있는 지엠 일가는 그들이 뽑은 관리, 고용인, 심지어 충성스런 지지자들에게조차도 그들의 일족이 아닌 경우 언

---

75) 야당의 명칭을 특별히 거론하지 않은 것은 여당으로 일원화된 정치지형, 그리고 특정한 하나의 명칭을 지닌 대표 정당이 아닌 다수의 당들이 여당에 대한 반대당을 구성했기 때문이다. 이는 아래에서 보다 상세히 논의하겠다.

제나 경멸적인 태도를 드러냈다. 이러한 사람들은 불충한 자가 될 것이라는 의심을 받지 않는 한 처벌되지는 않았지만 모욕적인 대우를 받았다(Buttinger, 1967 : 960). 지엠 정권에 대한 대중적 저항이 강한 상황에서 관료와 공직자조직이 그나마 지엠 정권을 지탱하고, 대중적 선전과 동원을 수행하는 데 중요한 부분을 담당해야 했음에도 불구하고, 지엠이 이러한 태도를 취한 것은 이들 조직에 대한 지엠의 강한 불신에서 시작된 것이다. 앞에서 밝힌 바와 같이 지엠 정권 설립 초기 관료와 공직자들은 '대기주의'와 '중립주의'로 일관했으며, 지엠을 지지하지 않았다. 차라리 반대에 가까웠던 관료와 공직자들의 사보타주를 막기 위해 지엠이 취한 방책은 이들의 복종을 끌어내기 위한 강제와 통제였고, 이를 잘 드러내는 것이 인격주의로 치장된 1954년의 '명예에 관한 규범(Code of honor)'의 제정, 군과 행정요직에 있는 사람들의 개인 재산의 신고, 1955년 8월 지방공무원의 직무상 뇌물혐의에 대한 기소, 1959년 4월의 '반횡령법' 등이었다. 그러나 정부관료나 공직자들이 '대기주의'·'중립주의'의 속성을 버리지 못하고 있었다고 할지라도 이러한 태도를 더욱 부추긴 것은 지엠 일가의 편협한 통치 형태였다는 점은 충분히 강조되어야 한다. 지엠 정권은 응오딘뉴가 운영하는 비밀정보부서의 소수의 극우 반공 가톨릭교도들에 의해 운영되었으며, 이는 정부조직 내부에서조차 조직적·이념적 응집력을 해치고 있었다.

그렇다면 정당구조는 어떠했을까? 지엠 정권은 기본적으로 일당(一黨) 구조를 지향했으며, 정권의 대표적인 정치조직으로 '국가혁명운동'을 두었고, 응오딘뉴의 '근로인격당'이 이를 배후에서 지휘했다(Pham Dinh Khuyen, 1973 : 25). 남베트남의 대중정당을 표방하고 있었던 '국가혁명운동'은 1960년대 초엽 150만 명의 당원을 가졌다고 주장할 정도로 성장하였다. 국가혁명운동과 여타 '인격주의'를 표방한 집단들은 베트민 민족해방세력의 조직화방식을 채용함으로써 조직을 보다 정교화할 수 있었지만 조직의 많은 성원들이 자발적으로 모이기보다는 정권의 직접적인 탄압을 피하기 위해 가담했기 때문에 그들이 적대하고 있는 '공산주의자'들에 비해 대중조직으로서의 역동성이 부족했다(Harrison, 1989 : 215).

그러나 정당구조에서 가장 큰 문제가 되었던 것은 어떠한 반대당도 용납하지 않으려고 했던 일당(一黨) 중심의 통치체제였다.76) 만일 지엠 정권이 파시즘(Fascism)이나, 나치즘(Nazism)과 같이 대중들을 동원할 수 있었다면 문제는 좀 달랐을 것이다. 지엠 정권의 핵심적인 문제점 가운데 하나는 대중들의 지지에 호소하지도 못하면서 반공보수주의자들마저도 제도권 정치의 장으로 흡수하지 못하고 모두 적으로 돌려버렸다는 점이었다.

팜딘쿠옌은 지엠이 이렇게 일당체제를 수립했던 것은 다양한 정파의 분쟁으로 인해 발생할 수 있는 혼란을 막고, 안정적인 정치체계를 수립하며, 국가권위를 세우고, 공산세력을 제압하기 위한 것이었다고 설명한다(Pham Dinh Khuyen, 1973 : 24). 그러나 더욱 중요했던 것은 지엠의 정권 장악과 안정화였다. 지엠이 정권을 장악하는 초기과정에서 남베트남에는 남한에서 이승만을 지원했던 한민당과 같은 보수우익세력이 존재하지 않았다. 오히려 국내의 거의 모든 정치세력이 지엠에 대해 반대하거나, 공공연한 적대를 드러냈다. 이러한 경험은 지엠이 야당세력은 음모적이고, 폭력 지향적이며, 그 자체가 공화국체제의 조건에 순응할 수 없거나, 순응하지 않으려 한다고 인식하게 만들었다(Scigliano, 1964 : 88). 결과적으로 지엠은 야당 정치세력을 지배세력 내의 제휴세력으로 인식하지 않았으며, 이들을 합법적인 정치영역으로 포섭하려 하지 않았다.

지엠에 반대했던 반공주의자들은 내부가 심하게 분열되어 있었고,

---

76) 선거과정에서 지엠은 '국가혁명운동'에 참가하는 자만이 국회의원이 될 수 있다고 발표했다(Truong Nhu Tang, 1987 : 56). 이는 실제로 여당조직에 속하지 않으면 국회의원이 될 수 없음을 선언한 것이었다.

정치적으로도 그리 인상적이지 못했다(Buttinger, 1967 : 960). 이들은 실질적 조직이 거의 없이 지도자를 중심으로 한 작은 집단들로 존재했고, 대중성을 지니기 위한 노력도 별반 기울이지 않았으며, 도시의 교육받은 신세대에게 거의 호소력을 지니지 못했다. 또한 지엠 정권의 억압으로 인해 야당의 위치는 합법성과 비합법성 사이의 경계에 위치하고 있었고, 이로 인해 야당은 당의 이름을 걸고 후보를 낼 수도 없었고, 회의조차 제대로 개최할 수 없었다(Scigliano, 1964 : 86~88). 이러한 상황에서도 지엠에 대한 이들의 저항은 대중들을 규합한다거나, 정권 자체를 부정하는 것으로 나아가지 못했고, 합법적으로 그들의 목적을 추구할 수 있도록 시민적 자유를 쟁취하는 데에 중심이 놓여져 있었다. 이의 가장 대표적인 예가 1960년 4월 26일의 카라벨(Caravelle) 선언이다.

카라벨선언을 이끈 것은 1960년 초에 결성된 '진보와 자유를 위한 위원회(Committee for Progress and Liberty)'였다. 이 위원회는 까오다이, 호아하오, 반(反)지엠 가톨릭교도, 대월당 등 정파세력을 포괄하고 있었으며, 선언에 참여한 18명 가운데 11명이 과거 지엠 내각의 장관이었고, 4명은 전직 정부 고위 관료였다. 이들의 목적은 지엠 정권의 타도가 아니라 정치적 자유였으며, 부패가 없으며, 보다 자유롭고 효율적인 정부가 현 정부보다 훨씬 효율적으로 공산주의와 투쟁할 수 있다고 주장했다. 그러나 이들 세력의 호소는 받아들여지지 않았으며, 대부분이 체포되는 것으로 저항은 막을 내렸다(Buttinger, 1967 : 1247 ; Keessing's Research Report, 1970 : 27~28 ; Scigliano, 1964 : 85).

이 같은 철권통치는 지엠의 재임기간에 2차례의 군부 쿠데타를 불러왔다. 첫 번째 쿠데타는 1960년 11월 11일에 발생했으며, 두 번째 쿠데타는 1962년 2월 27일 두 명의 베트남 조종사가 대통령궁을 폭격한 사건이었다. 이 가운데 정치적 중요성을 지니는 것은 첫 번째 쿠데타였다. 1960년 11월 11일 쿠데타는 응우옌짜인티(Nguyen Chanh Thi)에 의해 시도되었으며, 저명한 야당 지도자인 팜꾸앙전(Pham Quang Dan)이 연루되어 있었다. 이는 단순한 군부 쿠데타가 아닌 야당 정치지도자와 군부의 연합세력에 의한 쿠데타였다는 점에서 더욱 심각한 것이었다. 쿠데타는 결국 실패로 돌아갔으나, 이는 지엠으로 하여금 여타 정치세력을 포섭할 필요성을 느끼게 만드는 계기로 작용했고, 그 결과물이 1960년 말 제안된 '반공인민전선(Mat Tran Nhan Dan Chong Cong)'이었다. 이 전선은 국가연합전선으로 불렸고, 1961년 1~7월 사이에 4번의 공식적인 회합을 가졌으며, 7월 2일 마지막 회의에서는 국가자문위원회의 창설, 정당 활동의 보장과 민족주의 정치인의 석방이 제기되었다(Scigliano, 1964 : 90). 만일 이 전선이 성공했더라면 남베트남민족해방전선은 훨씬 강력해진 보수연합정권과 투쟁해야 했을 것이며, 혁명의 조건은 더욱 악화되었을 것이다. 그러나 지엠은 그에게 다가온 기회를 살리지 못했다. 지엠은 야당세력을 신뢰하지 못했으며, 합의사항을 지키지 않았다. 지엠 정권하에서 보수주의자들의 연합은 이루어질 수 없었던 것이다.

지엠은 보수반공주의자들마저도 제도화된 정치체제의 틀로 흡수하지 못했다. 합법적인 정치공간은 너무도 협소했으며, 지엠에게 반대하는 것은 곧 남베트남의 국가를 반대하는 것으로 매도되었다. 이러한 상황에서 반(反)지엠 반공주의자들의 정치적 선택지는 매우 협소해졌다. 정치 이데올로기적 지형이 친지엠적 반공주의자와 남베트남민족해방전선으로 양극화됨에 따라 지엠을 혐오하던 이들은 민족해방전선을 선택하거나, 군사 쿠데타에 의지하거나, 혹은 정치적 침묵을 선택해야 했다. 지배세력은 분열했으며, 응집점을 찾지 못했다. 이들은 동일한 반공이데올로기를 지향한다 하더라도 북베트남이나 남부 혁명세력에 공동으로 대응할 수 있는 연합전선을 형성할 수 없었으며, 정권에 대한 저항전선의 형성은 이들의 의도와는 상관없이 남베트남민족해방전선을 강화시키는 결과를 초래했다.

점퍼는 "지엠은 베트남 정치에서 프랑스와 공산주의자들, 이 양자로부터 독립적인 '제3의 세력'을 건설하고자 했다"(Jumper, 1957 : 54)라고 지엠의 정치적 지향을 설명하고 있다. 지엠은 민족주의의 압박에서 자유롭지 못했으며, 언제나 호찌민과 대별되는 다른 의미의 반공적 민족주의자로 스스로를 위치 지워야 한다는 압박감에 시달려야 했다. 지엠이 느꼈던 이러한 압박감은 당시 남베트남인들의 민족주의적 열망에서 나온 것이며, 이러한 대중적 이데올로기지형의 한 단면을 보여 주는 것이 아래와 같은 쯔엉뉴땅(Truong Nhu Tang)의 회고이다.

> 내가 특히 바라고 있었던 것은 전에 친프랑스파에 속해 있던 베트남인, 민족주의 제파, 그리고 특히 베트민의 전사와 동조자와의 화해에 노력하는 정권이었다. 당시 내 생각은 프랑스의 민주주의적 노선에 따른 넓은 기반 위에 서야 하며, 또한 국내시책이 포괄적인 정부의 수립 방향을 지향해야 한다는 것이었다. 제네바회의에서 그 태도가 여실히 드러난 것처럼 대국이나 또는 대국에 대하여 굽실대는 특정의 국내 정치가에 의해서 일방적으로 강요되는 남·북의 영구적이고 적대적인 대결을 받아들일 기분은 나에게 티끌만치도 없었다. … 나는 통일에 대한 희망이 너무나도 강했기 때문에 통일을 위해서는 어떠한 방도든 찾아내야만 한다고 생각했다(Truong Nhu Tang, 1987 : 50~51).

지엠이 처해 있었던 상황은 이승만과는 매우 대조적인 것이었다. 한국전쟁 이후 이승만은 친일 문제의 처리에 있어서나 통일 문제에 있어서나 내부의 민족주의적 압박에서 자유로울 수 있었다. 이승만은 반공이데올로기를 통해 모든 것을 정당화할 수 있었던 것이다. 그러나 지엠은 이승만과 같은 반공이데올로기의 두터운 갑옷을 갖지 못했다. 당시 남베트남을 지배했던 것은 반공이데올로기가 아닌 통일을 위한 민족주의적 열망이었던 것이다.

지엠 또한 이러한 사실을 잘 알고 있었다. 지엠은 미국의 지원에 철저히 의존하면서도 다른 한편으로는 자신의 정권이 미국의 충복으로 비춰지는 것을 우려하고, 두려워했다. 남베트남 내부의 불안이 증가하면서 지엠의 딜레마는 더욱 깊어졌다. 미국의 지속적인 개입은 가뜩이나 박약한 민족주의적 토대를 허물 것이고, 미국의 지원이 감소하게 되면 정권 자체를 유지할 수 없는 상황이었다. 미국 또한 남베트남의 상황을 심각하게 우려하고 있었다. 미국은 1960년 이후 남베트남에 대한 개입을 증대하고, 1961년부터는 남베트남지역을 평정하기 위한 '특수전'에 돌입했다. 당시 지엠의 공보비서였던 똔텃티엔(Ton That Thien)은 이러한 상황에 대해 "1960년 이후 미국은 지엠 정권에 강력한 개입을 시작하면서 남베트남으로 대거 몰려들기 시작했다. 지엠과 뉴는 속수무책이었다"라고 진술했다(Maclear, 2002 : 117). 미국의 개입 증대는 정권의 외세 의존적, 반민족적 성격을 더욱 두드러지게 했으며, 지엠을 궁지로 몰아갔다. 미국의 직접적인 개입에 대한 지엠의 불편한 심기는 케네디 행정부의 새로운 대사로서 1961년 사이공으로 부임했던 프레드릭 놀팅(F. E. Nolting)의 "지엠은 나에게 베트남은 미국의 전투병력을 원하지 않는다고 말했다"(Maclear, 2002 : 120)라는 회고에서도 그대로 드러난다. 남베트남의 대중적 이데올로기지형에서는 반공이데올로기보다 민족주의자의 이미지가 더욱 중요했다. 대중적인 민족주의적 색채가 결여된 반공이데올로기는 지엠을 정당화할 보호막으로써 제 역할을 할 수 없었다.

　이원화된 정치 이데올로기지형하에서 지엠의 민족주의적 정당화의 한계는 남베트남민족해방전선의 민족주의적 성격을 더욱 부각시켰다. 혁명세력은 자신들의 투쟁을 "항불운동 당시의 국민적 투쟁과 동일시"(Maclear, 2002 : 115)했으며, 이를 통해 끊임없이 과거의 영웅적 투쟁을 현재화시켰다. 민족해방전선은 사실상 베트민의 재탄생이었던 것이다(Buttinger, 1967 : 981). 대중들의 지지는 명확히 해방전선을 향해 있었다. 지엠이 공산주의자로 간주하여 과거 저항전쟁에 참여했던 혁명가를 한 명 죽이면, 다른 두 사람이 그 자리를 메웠다. 모든 공산주의자들을 제거한다는 것은 애초부터 실현 불가능한 것이었고, 계속되는 탄압은 결과적으로 정권에 대한 적대를 심화시키고, 정권의 비정당성을 더욱 두드러지게 만들 뿐이었다.

남베트남의 반공 지배이데올로기를 침식해 들어갔던 또 다른 요인은 베트남의 '정치적 중립화론'이었다. '중립화론'은 반공주의의 내면화, 이념적 적대를 기반으로 한 남·북의 적대적 대치와 갈등의 심화, 그리고 이러한 분단의식의 심화가 낳는 효과라고 할 수 있는 남베트남 정권의 체제 정당화 효과를 반감시키는 요인으로 작용했다고 할 수 있다.

지엠 정권 당시 제기된 중립화론은 국내·국제 정치적인 이중의 상황을 반영한 것이었다. 국내 정치적인 측면에서 중립화론은 1960년 12월 민족해방전선에 의해 제기되었다. 쩐반쟈우와 레반쩟이 "중립은 모든 애국자들이 받아들일 수 있는 해결책이며, 현재의 기만적 식민정권에 비교하여 중요한 진전을 이루게 되는 것"(Tran Van Giau & Le Van Chat, 1962 : 31)이라고 평가했던 바와 같이 민족해방전선이 제기한 중립화론은 지엠과 남부체제의 반통일성을 결정적으로 드러내는 이데올로기적 방편이 된다.77) 1960년 12월 제기된 중립화론은 아래에

---

77) 민족해방전선은 중립화의 다섯 가지 측면을 다음과 같이 설명했다. (1) 국가 주권을 침해하는 외세와 미 제국주의의 심복에 의해 체결된 모든 불평등조약을 부인한다. (2) 반둥회의에서 제기된 평화공존원칙에 따라 정치체제와 관계없이 모든 국가와 외교관계를 수립한다. (3) 평화를 사랑하는 국가, 중립국가와의 단결을 공고히 한다. … (4) 군사 블록에 결합하거나, 혹은 다른 나라와 군사적 동맹을 형성하는 것을 삼간다. (5) 조건에 관계없이 베트남을 지원하고자 하는 어떠한 국가로부터도 경제적 원조를 받는다(Tran Van Giau & Le Van Chat, 1962 : 32). 이러한 입장은 자연스럽게 아래와 같은 평화통일론으로 연결된다. "전선(남베트남민족해방전선)은 평화적 수단에 의한 조국의 점진적 통일에 착수한다. 조국통일이 진행되는 과정에서 두 지역의 정부는 협상을 진행할 것이며, 인민의 단결을 해치거나, 전쟁에 동조하는 선전을 행하지 않으며, 서로에 대해 무력을 행사하지 않을 것을 보증해야 한다. 두 지역 사이에 경제적·문화적 교류를 수행하고, 두 지역의 인민들에게 자유로운 이동·무역을 보증하며, 상호 방

서 논의할 라오스 중립화론의 진행과 더불어 1962년 1월 개최된 민족해방전선의 첫 전체회의에서 나타난 인도차이나 전 지역에 대한 중립화론으로 이어진다. 당시 긴급 제안된 10개 강령 가운데 10조는 "평화와 중립 외교정책을 실행한다. 각국이 완전한 주권과 독립을 지니는 남베트남, 캄보디아, 라오스를 포함하는 인도차이나 중립지역을 세운다"(Tran Van Giau & Le Van Chat, 1962 : 35)라는 것이었고, 이는 인도차이나 전체를 군사적 위협으로부터 보호하고, 평화를 정착시키기 위한 길로 제시된 것이었다.

국제적 측면은 인도차이나를 둘러싼 국제관계를 반영한 것으로, 직접적인 촉발점이 된 것은 라오스의 중립화였다. 1954년 제네바협정 이후 1958년까지 라오스는 미국이 지원하는 우파 포미노사반(Phoumi Nosavan), 중립주의자 소바나포마(Souvanna Phouma), 공산주의 계열의 파테트라오(Pathet Lao), 이 세 세력이 불안정한 균형을 유지하고 있었으며, 미국은 지속적으로 친서방정권을 세우기 위해 노력했다. 그러나 미국의 일방적인 정책에 대한 프랑스와 영국의 시선은 곱지 않았다. 프랑스는 라오스에 강력한 친서방정권이 들어설 경우 이웃 공산주의 세력이 이를 간과하지 않을 것임을 우려했고, 영국은 친서방파에 대한 지원이 중립주의자와 공산주의자의 제휴를 가져올 수 있다고 염려했다. 이러한 상황에서 1961~1962년 14개국이 참가한 가운데 2차 제네바회담이 진행되었고, 외국군대의 영향을 배제하고, 라오스내전을 종식시킬 세 파벌의 협의에 의한 중립정부 수립에 합의를 보았다(Duiker, 2003 : 769~771 ; Harrison, 1989 : 231 ; Sullivan, 1978 : 63~65).

라오스의 중립주의적 해결은 드골이 베트남 문제에 대한 입장을 정리하는 계기가 되었다(Sullivan, 1978 : 66). 이후 드골은 베트남 문제의 중립주의적 해결을 지속적으로 추구했으며, 1963년 8월에 프랑스는 모든 외부의 영향이 종결된 통일되고 중립화된 베트남을 보기 원한

문·서신교환의 권리를 보증한다"(Tran Van Giau & Le Van Chat, 1962 : 32~33).

다고 자신의 입장을 표명했다.[78] 드골의 이러한 입장은 베트남의 정치 이데올로기지형에 큰 영향을 미치게 된다.

당시 프랑스는 지엠의 반프랑스 경향 때문에 남베트남보다는 하노이에 근접하고 있었고, 하노이는 베트남 문제의 중립주의적 해결을 환영했다. 그러나 중립화론이 가장 직접적인 영향을 미친 것은 역시 남베트남이었다. 지엠 정권이 지배세력 내부에서조차 지지를 끌어내지 못하면서 중립화론은 지배세력의 이데올로기지형을 분할하는 촉매제가 되었다. 이러한 상황은 이데올로기적으로 가장 보수적인 집단이라고 할 수 있는 군부에서도 여실히 드러났다. 군부 실력자의 한 사람으로 지엠 통치에 회의적이었던 쩐반돈(Tran Van Don) 장군의 회고는 당시의 상황을 잘 보여 준다.

> 큰 전쟁은 피해야 한다는 데 합의가 이루어졌으며, 당시 우리가 정말로 필요로 했던 것은 외국의 군대가 아니고 우리 스스로 화해하는 것이었다(강조는 필자). 1960년대에 시작된 혼란은 지엠의 실책 때문이었다. 그는 국민의 85%를 차지하는 농민들에게 대중적 인기를 상실했다. 자신의 야심 때문에 점차 독재로 다가갔고 베트남의 왕이 되고자 했다. 남베트남에서 특별한 사명을 완수하라는 신의 계시가 있었던 것처럼 믿었다(Maclear, 2002 : 117).

군부의 이데올로기적 분할은 지엠에 대한 쿠데타 이후 남베트남 지배세력의 단합을 저해하는 중요한 요인으로 작용한다.

그러나 중립화론을 둘러싼 지배세력 내부의 동요를 검토할 때 무엇보다도 중요한 것은 지엠의 태도였다. 위에서도 언급한 바와 같이 지엠은 반공노선과 더불어 민족주의적 이미지를 지닐 필요가 있었다. 그러나 점증하는 미국의 개입은 이를 불가능하게 하고 있었으며, 1963년 5월 이후 지속된 불교도들에 대한 지엠 정권의 무차별적 탄압과 그로 인한 정국의 불안정은 미국의 인내심을 시험하고 있었다. 1963년 중반을

---

78) *The New York Times*, August 30, 1963, p.1 ; Lee(1971 : 112) 참조.

지나면서 지엠과 미국 정부 사이의 갈등의 골은 자연스럽게 깊어져만 갔다. 미국은 갈등의 진원지가 응오딘뉴라고 판단하고, 뉴의 사임을 요구했다. 지엠 정권은 이러한 상황을 타개해야만 했고, 이 가운데 출현한 것이 중립화론이었다.

이러한 상황을 더욱 부채질했던 것은 프랑스·인도였다. 주베트남 프랑스 대사였던 라왜떼(Roger Lalouette)와 국제감시위원단(International Control Commission) 인도 측 대표 고버둔(Ramchundur Goburdhun)은 그 당시를 남·북 문제를 외교적으로 해결하기에 가장 적절한 시기로 생각했다. 이는 지엠 형제가 증가하는 미국의 개입에 화가 나 있고, 북베트남 또한 미국의 개입을 제한하기 위해 중립화를 원하고 있기 때문에 남·북의 이해가 맞아떨어질 수 있다고 본 것이다(Catton, 2002 : 194). 이 가운데 라왜떼는 더욱 적극적이었다. 라왜떼는 지엠에게 미국과 거리를 둘 것과 하노이와 접촉할 것을 부추기고 있었다. 지엠이 미국으로부터 멀어진다는 것은 하노이와 평화로운 화해를 추구할 수 있는 가능성이 열리는 것이고, 프랑스는 남·북의 화해에 일정한 역할을 수행함으로써 남베트남뿐만 아니라 베트남 전체에서 프랑스의 이해를 도모할 수 있었던 것이다(Sullivan, 1978 : 67~68).

이러한 와중에 1963년 여름 사이공에는 남·북베트남 당국자들 간에 베트남의 갈등을 해결하기 위한 직접적인 대화가 진행되고 있다는 소문이 퍼져 나갔고, 9월 2일 응오딘뉴는 국제감시위원단 폴란드 대표인 마넬리(Mieczyslaw Maneli)를 만나 "나는 북부와 협상하고 협력하는 데 반대하지 않는다", "가장 격렬한 전쟁 중에도 베트남인들은 누가 베트남인이고, 누가 외국인인지를 잊지 않는다"라고 밝히면서 협상의 가능성을 열어 놓았다(Catton, 2002 : 195). 당시 지엠 정권이 중립화를 진정으로 원했는지, 혹은 미국에 대한 협상카드였는지, 내부평정의 자신감을 지니고 단순히 북베트남의 반응을 타진한 것인지 확실하지는 않다.79) 그러나 여기서 중요한 것은 중립화론이 정권의 가장 핵심부에서 제기되고, 사회적으로 유포되었다는 사실이다. 지엠의 진정한 의도가 무엇이었건 간에 이는 당시 남베트남 내부의 반공보수주의자들을 동요시키고, 민족해방전선의 입지를 더욱 강화시킬 수밖에 없었다.

반공이데올로기의 한계와 불교 · 저항적 민족주의의 결합

지엠 정권이 이후 정권에 남겨 놓은 가장 고통스런 유산은 군사영역에 있었던 것이 아니라 사회 집단 간, 곧 피난민/토착 남베트남인 · 산지인/저지대인 · 가톨릭/불교도 · 농민/도시 거주자들 사이의 분열이었으며, 이는 군사적 손실보다 훨씬 극복하기 어려운 것이었다(Fall, 1966a : 200). 문제를 더욱 어렵게 만든 것은 산지인을 둘러싼 소수민족 문제를 제외한 나머지 문제들이 상당 부분 서로 중첩되어 있었다는 점이었다. 하나의 갈등의 폭발은 다른 갈등들의 연쇄적 폭발을 불러올 위험을 내포하고 있었다. 모순지형의 다양성과 연계성은 반공이데올로기를 중심으로 한 일원적 이데올로기전선의 형성을 어렵게 만들고 있었다. 그리고 이러한 문제점들을 더욱 부추긴 것은 지배집단과 혁명세력의 피지배계급에 대한 태도의 차이였다. 아래의 예는 이러한 차이를 명확히 드러낸다.

> 베트남 지도집단(정치인, 관료, 사업가)의 대부분은 사이공에서 살고 있었으며, 그들의 관심은 농민들의 그것과 상당히 달랐다. … 이러한 대부분의 엘리트에게 전쟁은 단지 그들 일상에 대한 작은 혼란이었고, 그들에게 경제적 부를 가져다 주는 것이었다. 엘리트의 농민 문제에 대한 태도, 혹은 사이공에 있는 일일 노동자 문제에 대한 태도는 미국인들이 미국 남부의 흑인 주민 문제에 대해 취했던 태도와 상당히 비슷했다. 엘리트들은 그들의 동포들에 대해 관심이 없었고, 단지 개인적인 권력과 부에 관심이 있을

---

79) 이에 대한 논의는 Catton(2002 : 194~197) 참조.

뿐이었다(Pickerell, 1966 : 71).
우리는 군복을 입은 농민이다.
우리는 수천 년 동안 억압되어 왔던 계급을 위해 투쟁을 벌이고 있다.
우리의 고통은 인민의 고통이다.[80]

사회 내부의 분열과 더불어 남베트남의 지배세력이 지녔던 분열과 미국에 대한 부정적 인식 또한 반공이데올로기의 사회적 확산을 저해하는 중대한 요인으로 작용하고 있었다. 남베트남의 정당과 지도자들은 처음에는 프랑스 치하에서, 그 이후에는 지엠 정권하에서 여러 해 동안 생존을 위한 투쟁으로 분열되어 있었다. 이로 인해 농촌의 상황은 제대로 통제되지 못하고 너무도 혼란스러웠다. 그 결과 반공산주의운동은 지리멸렬했고, 인구의 85%에 달하는 농민들에게 거의 영향을 주지 못했다(Shaplen, 1965 : 235). 반미의식은 1961년 케네디가 보다 많은 군사고문관을 보내면서 더욱 강렬해졌다. 미국의 군사고문관들은 남베트남군을 직접 관리했고, 이는 농민들이 미국인들을 과거 프랑스인들과 등치시키도록 만들었다. 농민들은 현재의 반미전선을 1947~1954년 1차 인도차이나전쟁 당시 반프랑스전선의 확장으로 인식했다. 베트남에 보다 많은 미군이 들어올수록 민족해방전선의 반미운동은 보다 성공적이 되었다(Thich Nhat Hanh, 1967 : 62~63, 69).

1960년 12월에 결성된 민족해방전선을 조직적 자원으로 하여 전개되는 시민사회의 저항은 남베트남의 반공이데올로기가 지닌 토대의 박약성, 지배계급·피지배계급의 이데올로기적 간극과 현실적 괴리, 반식민주의를 그대로 반영하고 있었다. 이러한 상황에서 당시 남베트남 시민사회의 이데올로기지형을 규정해 갔던 것은 반공 지배이데올로기가 아니라 저항적 민족주의에 토대를 둔 아래로부터의 저항이었으며, 이는 종교 문제를 둘러싼 불교도들의 저항으로 촉발되어 시민사회의 전면적 저항으로 확대되었다.

---

80) '베트콩'의 노래 ; Schlesinger(1966 : 18) 참조.

농민들이 주를 이루는 불교도들의 저항에는 저항적 민족주의·애국주의적81) 정서와 더불어 불교도들이 가톨릭교도들에게 지닌 뿌리 깊은 피해의식이 작용하고 있었다. 길게는 프랑스 식민전쟁기간까지 올라갈 수 있겠지만, 1차 인도차이나전쟁기간이었던 1952년 초만 해도 베트남인들은 프랑스 무장 가톨릭 군대가 공산주의자와 싸우기보다는 불탑을 약탈하고, 사원을 파괴하며, 힘으로 사람들을 개종시킨다고 불만을 터뜨렸다(Fall, 1966a : 199).82) 그리고 이는 전쟁이 끝나고 9년 후 1961년 지엠 정권하에서 그대로 재현되었다. 짜빈(Tra Vinh)성의 한 마을에서 지역평정사업을 하던 남베트남군이 마을을 파괴하면서 불탑을 함께 파괴했던 것이다. 당시 이 지역 승려들은 성장에게 마을과 사원에 대한 포격을 멈추고, 구속자들을 석방할 것을 요구했으며, 이들 승려 가운데 한 사람이었던 썬봉(Son Vong)은 이후 민족해방전선의 중앙위원이 되었다(Fall, 1966a : 199 ; Warner, 1964 : 153). 1963년 본격적인 저항이 시작되기 이전부터 불교도들의 불만은 계속 누적되고 있었으며, 이러한 불만은 불꽃이 당겨지면 언제나 폭발할 가능성을 지니고 있었다.

1963년 5월 촉발되어 결국 지엠 정권의 몰락을 재촉했던 불교도의

---

81) 틱녓하인은 불교도들의 저항을 저항적 민족주의에 입각한 애국주의로 설명한다. 불교 지도자들조차도 농민들의 지지를 유지하려면 농민들의 애국주의에 편승해야만 했다. 온건한 지도자들은 농민들에 의해 거부되었으며, 사이공 정부의 꼭두각시, 비(非)애국주의자, 전쟁에서 부당이득을 취하는 자 등으로 비난받았다(Thich Nhat Hanh, 1967 : 70).

82) 이러한 상황은 전쟁의 이념적 성격을 강화한 것이 아니라, 종교·문화적인 차이를 더 두드러지게 하고, 베트남인들의 저항을 격화시켰다. 조선을 지배했던 일본은 같은 중국 문화권으로 인종뿐만 아니라 문화적 측면에서도 많은 유사성을 지니고 있었다. 그러나 프랑스의 경우는 인종·문화·종교 모든 것이 베트남인들에게 이질적인 것이었다. 따라서 베트남의 전통에 대한 공격은 이념적인 것이라기보다는 문명 간의 갈등과 투쟁, 혹은 종교전쟁으로 비춰지기 쉬웠으며, 그만큼 정당성을 획득하기 어려운 것이었다.

저항은 종교행사를 둘러싼 마찰로 시작되었다. 당시 불교도들은 5월 8일 2,587회 석가탄신일을, 가톨릭교도들은 후에의 대주교이자 지엠의 형인 응오딘툭의 25주년 주교 성찬식을 기념하고자 했다. 이러한 상황에서 가톨릭교도들은 깃발을 게양하고 성찬식을 행했음에도 불구하고, 석가탄신일 전날인 5월 7일 정부는 정부 깃발을 제외한 어떠한 깃발도 게양하지 못하도록 함으로써 불교도들의 쌓여 있던 불만이 폭발했다. 5월 8일 9,000여 명의 불교도들이 후에의 방송국으로 몰려가 이를 항의했으며, 정부는 이들을 무차별적으로 진압하여 9명이 사망했다(Harrison, 1989 : 236~237 ; Nguyen Cao Ky, 1977 : 49 ; Sobel ed., 1973 : 59~60).

당시 정부는 이를 베트콩의 음모라고 발표했다. 이후 이를 해결하기 위해 5월 15일 지엠과 불교 대표가 회담을 가졌고 불교 대표는 다음과 같은 5개항을 요구했다.

1) 종교 깃발 게양 금지를 철회할 것.
2) 불교를 로만 가톨릭과 같은 합법적 지위로 인정할 것.
3) 불교도들에 대한 테러를 멈출 것.
4) 불교도들의 선교의 자유를 보장할 것.
5) 5월 8일 충돌의 희생자들에 대해 보상하고, 그 사건의 책임자를 벌할 것 (Keessing's Research Report, 1970 : 39 ; Sobel ed., 1973 : 60~61).

지엠이 비록 후에지역의 3명의 관리를 교체했으나, 종교의 자유를 요구하는 불교도 대표에게 지엠은 이미 헌법으로 보장되어 있는 종교의 자유를 요구하는 것은 '정말 바보(damn fools)' 같은 짓이라고 답했다. 협상결과는 만족스럽지 못했으며, 불교도들의 저항은 계속 이어졌다 (Keessing's Research Report, 1970 : 39). 6월 11일 73세의 승려 틱꽝득(Thich Quang Duc)이 분신함으로써 사건은 걷잡을 수 없이 확대되어 갔다. 문제를 더욱 심각하게 만들었던 것은 응오딘뉴의 부인이었던 쩐레쑤언의 발언이었다. 쩐레쑤언은 "만일 불교도들이 또 다른 바비큐를 원한다면 기꺼이 가솔린을 대주겠다"(Harrison, 1989 : 237)라고 언급하여 불교도뿐만 아니라 세계인의 공분을 자아냈다.

지엠 형제는 종교 문제를 둘러싼 갈등을 정치적인 측면에서 접근했으며, 물리적으로 해결하고자 했다. 지엠 형제는 불교도의 저항의 배후에 공산주의자들이 있다고 보았고, 8월 21일 이를 파괴하기 위한 작업에 착수했다. 이날 오전 6시 계엄령이 선포되었으며, 사이공, 후에, 꽝찌(Quang Tri), 꽝남(Quang Nam), 냐짱(Nha Trang)의 사찰에 대한 대대적인 공격이 감행되었다. 사이공의 싸로이(Xa Loi) 사찰에서는 300~500여 명의 승려가 체포되었으며, 후에에서는 30여 명의 승려가 사살되고 70여 명이 부상당했으며, 사찰이 파괴되었다(Keessing's Research Report, 1970 : 42 ; Sobel ed., 1973 : 64).

무차별적인 탄압은 미국과 지엠 정권, 정부 내의 균열과 시민사회의 저항을 불러일으켰다. 미국은 지엠의 반불교도 이미지가 미국에 영향을 미치고, 다른 불교국가들과의 관계를 위태롭게 할 수 있다는 점에 대해 우려했다(Higgins, 1998 : 88). 또한 쩐레쑤언의 '바비큐' 발언은 미국 내의 여론을 악화시켰다. 로저 힐스먼(Roger Hilsman)은 당시 불교도로 인한 위기 상황과 미국의 입장을 아래와 같이 설명했다.

> 인구의 95%가 불교도인 나라에서 프랑스어를 사용하고 가톨릭을 믿는 사람이 승려와 불교신자들을 살해하고 불탑을 파괴한다면 통치가 가능하겠는가? 불교의 위기가 발생한 초기부터 케네디는 확실히 실망했다. 위기가 중반쯤 진행되었을 때는 모든 것을 포기해 버렸다(Maclear, 2002 : 127).

미국의 지지 동요와 더불어 정부의 핵심부에서도 불교도의 탄압에 저항하여 8월 22일 외교부장관 부반마우(Vu Van Mau), 주미대사 쩐반쯔엉(Tran Van Chuong)과 그의 부인, 모두 3명의 외교관리가 사임하였다. 이 중 쩐반쯔엉 부부는 쩐레쑤언의 부모였다(Sobel ed.,

1973 : 65). 고위 관리뿐만 아니라 군장교들도 지엠에게 저항하여 사임하였다(Lee, 1971 : 105).

불교도 시위가 진행되면서 반지엠 세력들은 불교도를 중심으로 빠르게 결집해 갔다. 5~6월 사건 기간 동안 이미 160,000명 이상의 학생들이 지엠 정권 타도와 미군 철수를 요구하며 시위에 참여하였고, 8월 22~25일 사이의 반정부투쟁은 불교도들로부터 사이공의 대학 교수들과 학생들에게로 옮아갔다. 교수와 학생들은 독재정권을 비난하고, 정권의 즉각적인 타도를 요구했으며, 지엠 일가에 대한 미국의 지지를 비난했다(Sobel ed., 1973 : 68 ; To Minh Trung, 1966 : 125~128). 10월 7일 남베트남에서 불교도의 문제는 "이미 해결되었다"라는 지엠의 공언에도 불구하고(Keessing's Research Report, 1970 : 44), 10월 19일 지엠 정부는 정부를 전복시키려는 목적을 지닌 학생들과 지식인들에 의한 조직화된 반란을 분쇄할 것이라고 다시 공포해야 했다(Sobel ed., 1973 : 68).

불교도를 둘러싼 종교적 갈등과 중립화론은 지엠 정권을 막다른 골목으로 몰아갔다. 1963년 여름부터 미국은 지엠 정권에 대한 지지철회를 놓고 고민했다. 미국의 주베트남 대사 로지(Henry Cabot Lodge)는 국무성으로부터 "미국 정부는 뉴의 수중에 권력이 놓여 있는 상황을 참을 수 없다. 지엠은 뉴와 그의 동료들을 제거해야 하고, 그들을 가장 유능한 군사·정치인들로 대체해야 한다"라는 훈령을 받았으며, 케네디 정부는 만일 지엠이 이를 거절할 경우 지엠을 대체할 계획을 세우고 있었다(Sullivan, 1978 : 68). 마침내 11월 1일 운명의 날은 왔으며, 11월 2일 지엠 형제는 쿠데타군에게 살해된다.

시민사회의 저항과정을 검토할 때 남베트남 사회는 반공이데올로기의 영향에서 상대적으로 자유로웠다. 남베트남에서는 남한에서 나타났던 친미＝반공＝자유민주주의의 도식은 나타나지 않았다. 친미＝반민족이라는 굴레를 벗어날 수 없었고, 반공과 자유민주주의가 등치되지도 않았다. 남베트남에서 중요했던 것은 민족의 진정한 독립과 지엠의 독재에 맞설 민주전선이었다.

지엠시기 동안 형성된 이데올로기지형은 이후 남베트남 정권에 심대한 영향을 미쳤다. 시민사회의 저항이데올로기는 지속적인 투쟁과 더불어 강화되어 갔던 반면, 지배세력이 스스로를 정당화할 이데올로기는 이를 따라가지 못했을 뿐만 아니라 지배세력 내부의 이데올로기적 통합도 지지부진했다. 이를 반영하듯 1963년 지엠을 제거하고 쿠데타에 성공한 즈엉반민(Duong Van Minh)의 집단지도체제는 이념과 정책에 대한 공통성이 없었다(Nguyen Cao Ky, 1977 : 65). 또한 중립주의의 해결책을 배제하지 않고 있었고, 미국의 전쟁 확대 승인을 주저하였으며, 공산주의자가 아닌 민족해방전선의 성원들과 대화를 모색했다. 이는 미국의 개입을 불러왔고, 1964년 1월 말 응우옌카인(Nguyen Khanh)이 다시 쿠데타를 통해 집권했다(Harrison, 1989 : 247).

카인은 "군은 공산주의자와 중립주의를 표방하는 반역자를 쓸어버리기로 결정했다"라면서 그의 쿠데타를 정당화했다. 그러나 그가 의지했던 내각에는 여전히 중립주의자집단이 속해 있었다(Lee, 1971 : 114~115). 그해 남베트남은 7번이나 정권이 바뀌었으며, 이것은 그야말로 '정치적으로 광기어린 시소게임의 연속'과도 같았다(Nguyen Cao Ky, 1977 : 65). 1965년 3월 이러한 불안정을 종식시킨 것이 응우옌반티에우(Nguyen Van Thieu)와 응우옌까오끼(Nguyen Cao Ky)였다. 이들은 강력한 반공정권을 원했으며, 북베트남에 대한 투쟁을 선언했다. 그러나 상황은 평탄치 않았다. 남한의 경우와는 전혀 판이하게도 남베트남에서 미국 정부는 1965년 봄까지 수백만 달러를 쏟아 넣고 수천 명의 실전부대가 상륙하고, 2만 5천 명 이상의 미국인 고문이 상주하고 있음에도 불구하고 여전히 믿을 만한 정부를 세우지 못했다. 1965년 말경 베트남을 방문했던 맥나마라는 귀국 후 대통령 존슨에게 다음과 같이 보고했다.

장군들로 구성된 끼 정권은 명맥은 유지하고 있으나 광범위한 지지는 얻어
내지 못하고 있으며 작전 개시조차 못하고 있다. 안전보장이 영구적이라는
보증은 어디에도 없다. 안정이 결여된 데다가 유능하고 의욕적인 지도자는
나타나지 않았기 때문에 안보정책은 전적으로 교착상태에 있다. 끼 수상은
현재 전 인구의 25%만을 장악하고 있다고 판단하고 있으며, 그의 안보정책
의 주목적은 이제부터 2년 안에 지지도를 50%로 끌어올리는 데에 있는 것
으로 보인다(Nguyen Cao Ky, 1977 : 110).

남베트남의 지배계급과 군부는 남한과 같은 '결연한' 반공 의지로
통합되어 있지 않았다. 지배층은 중립주의와 반공주의 사이를 오갔으
며, 군부 쿠데타 세력 내부에도 이러한 분열이 존재했다. 지배세력의
이데올로기적 분열은 반공지배체제를 위로부터 시민사회에 강제할 수
없는 한계로 작용했으며, 그사이 민족해방전선은 남베트남을 석권해
가고 있었다.

2) 반공이데올로기의 내재화 : 남한

남베트남과는 대조적으로 전후 남한은 냉전의식[83]에 바탕한 반공
이데올로기를 통해 지배세력을 의사정당화하는데 성공했으며, 정치영
역을 둘러싼 갈등은 반공이데올로기의 범주 내에서 이루어졌다. 시민사
회영역에서도 역시 반공은 반대나 저항을 표출할 수 없는 저항이데올로
기의 본질적 한계점으로 위치 지어졌다. 정치영역·시민사회영역의 이
데올로기적 한계는 국가의 지배영역을 더욱 확대시켰으며, 국가의 의사
헤게모니적 지배를 가능케 함으로써 지배의 안정성을 더욱 제고(提高)

---

83) 냉전의식은 미국에 대한 무조건적인 신뢰에 기반한, 미국과의 동맹에 기초한
군사적 봉쇄만을 최우선의 것으로 사고하는 의식구조였으며, 또한 이승만 체제
가 강요했던 반공이념을 다른 어떠한 가치보다도 우선시하는 사고방식이었다.
따라서 냉전의식은 미소 간의 대립, 대미의존, 군사적 동맹과 봉쇄, 반공이념을
개념적 구성요소로 하는 것이었다(남궁곤, 1991 : 129).

했다. 아래의 논의에서는 남베트남과 구별되는 남한의 정치영역·시민
사회영역의 이데올로기지형과 특성을 검토함으로써 견고하게 구축된
반공 지배이데올로기의 특성을 살펴보겠다.

지배세력의 강력한 이념적 응집성과 '북진통일론'

정치영역의 이데올로기지형과 특성을 검토하기 위해 살펴볼 것은
정부(정부관료)·정치세력(자유당·민주당)의 이데올로기적 특성, 전
후(戰後) 반공의 주된 동원이데올로기로 사용된 북진통일론의 역할과
효과이다.[84]

남한 정부·정치세력의 이데올로기지형이 남베트남과 구별되는 가
장 큰 특성은 시민사회의 정치적 참여가 철저히 배제된 상태에서 관
료·여당·야당을 막론하고 반공으로 획일화된 일원적 지형을 보였다
는 점이다.[85] 아래의 논의에서는 이렇게 유사한 이데올로기지형이 형
성된 요인을 밝히고, 관료·여당과 야당의 대립점이 지니는 의미는 과
연 무엇이었는가를 검토하겠다.

전쟁은 지난날 친일세력이었던 관리들을 관료조직에 대거 유입하는
기회를 제공했다. 전쟁은 징병사무·징세·국내 치안유지 등 행정적 업
무의 급증을 가져왔고, 이를 처리하기 위해 과거 친일경력자가 다시 관

---

84) 한국전쟁 이후 반공이데올로기에 바탕한 동원이데올로기는 북진통일론·반일
(反日)론이 있었다. 본 논의에서는 이 가운데 억압·동원기제를 함께 포괄하고
있었던 북진통일론을 중심으로 남베트남과 구분되는 이념적 분단의 공고화와
정치영역의 이데올로기지형을 살펴볼 것이다. 반일론에 대한 개괄적 설명은 서
중석(1995b ; 2002b) 참조.

85) 남한 지배세력의 반공이데올로기의 특성이 친미의식을 강하게 동반한 것이었
다는 점은 충분히 강조되어야 한다. 미국과 친미파들은 약간의 민족주의적 경
향에도 알레르기적 반응을 보였다. 이들은 친미·반공 이외의 비친미적 반공조
차 용납하지 않았는데, 단적인 예로 일민주의의 토대를 놓았던 안호상은 강력
한 반공주의자였음에도 불구하고, 일민주의가 지닌 우파민족주의적 색채로 인
해 제거되었다(임대식, 1998 : 138).

료로 흡수된 것이다(김경순, 2000 : 249). 친일관료들은 한국전쟁 이후 더욱 광범위한 영역에서 남한 사회의 확실한 지배세력으로 부상할 수 있었으며, 이 과정에서 이승만의 지원은 핵심적이었다. 한국전쟁이 끝난 후 이승만은 노골적으로 친일파들을 옹호하면서 정치·사회적 복권을 보장하고 이들을 정당화했다. 1954년 5·20총선을 앞둔 4월 6일 이승만의 특별담화는 이를 잘 드러낸다.

> 이전에 고등관을 지내고 또 일본을 위해서 열정적으로 일한 사적이 있을지라도 그 사람이 지금 와서는 그 일을 탕척(蕩滌)받을 만한 일과 사실이 있어가지고 모든 사람이 양해를 받을 만한 일을 해서 진정으로 친일이 아니다 하는 것을 증명받을 만하면 먼저 일은 다 불문하고 애국하는 국민으로 인정하고 대우해 줄 것이다(서중석, 1995b : 151).

관료층과 더불어 자유당 또한 5·20선거 이후 개편을 통해 장경근, 한의석, 이재학, 인태식, 이익흥 등의 친일파들이 당의 주류로 부상함으로써(서중석, 1995b : 152) 친일세력들은 남한의 국가기관과 정당의 실질적인 주역이 되었다. 이러한 상황에서 과거 친일경력은 이들의 집단적 결속력을 높였으며, 친일은 반공으로 포장되었다. 반공이데올로기는 친일파가 스스로를 정당화할 수 있는 유일한 이데올로기적 도구가 되었으며, 과거로부터의 해방구가 되었던 것이다.

반공이데올로기를 주된 이념적 지향으로 내면화하고 있었던 것은 민주당도 마찬가지였다. 민주당의 주류는 한국민주당, 민주국민당으로 이어지는 전형적인 보수세력이었다. 토착지주의 이해를 대변하던 한민당이 이승만과의 권력투쟁에서 패하면서 반이승만 세력, 곧 대한국민회의 신익희 세력과 대동청년단의 지청천 세력을 규합하여 만든 당이 민주국민당었고, 1954년 11월 29일 '사사오입개헌'으로 나타난 정치적 위기에 대한 대응으로 집권당을 제외한 거의 모든 보수세력이 결집하여 만든 정당이 민주당이었다.86)

민주당이 지닌 보수성은 이들의 이데올로기적 성격을 규정지었다. 반공이라는 측면에서 민주당은 관료·자유당과 별반 차이점을 지니지 않았으며, 자유당과 마찬가지로 진보세력의 진출을 막는 데 적극적이었다. 1956년 5·15선거에서 민주당의 신익희 후보가 선거유세 도중 급서하게 되자 민주당은 "용공적 노선을 지지하는 대통령후보에 대해서는 한 표라도 고 신익희 씨를 지지하던 유권자가 투표하는 것을 희망하지 않는다"라고 하여 당시 진보당 후보였던 조봉암보다는 이승만의 당선을 지지하는 자세를 보였다. 또한 민주당은 근본적으로 '반자유당 공동투쟁'보다는 '반진보당 보수연합'을 추구했다. 1957년 10월 자유당의 이기붕, 민주당의 조병옥, 무소속의 장택상은 서로 회동하여 선거법의 국회 처리를 두고 3파가 서로 협조하기로 하였는데, 그 자리에서 이들은 진보당에 대해서 어떤 조치를 강구할 필요가 있으며 최소한 1958년 선거에는 참가하지 못하게 해야 한다는 합의를 보았다고 한다(김태일, 2000b : 348~349). 조봉암사건의 경우에도 민주당은 수사·재판과정에 많은 문제점이 있다는 것을 알았음에도 불구하고, 사형이 확정지어질 때까지 침묵을 지킴으로써 진보당의 붕괴와 조봉암의 죽음에 소극적인 형태나마 분명한 동의를 나타냈다(고성국, 2000 : 378). 민주당에게 반공주의는 항상 중요한 가치목표로 존재했으며, 그것은 좌파는 물론 중간파 및 온건한 혁신세력까지도 정치의 장에 허용하지 않았다. 이러한 점은 민주당의 역사적 기원과 구성원의 사회적 성격에서 기인하는 것이었으며, 이 점에 있어서 민주당의 가치목표는 자유당의 그것과 그다지 다를 바 없었다(김태일, 2000b : 349).

일원적인 이데올로기적 지향 속에서 자유당과 민주당의 정치논쟁은 경직화된 보수적 자유민주주의라는 일정한 한계 속에 제약되었다(백운선, 1981 : 107). 두 정당 간의 갈등은 주로 절차적·제도적 차원의 자

---

86) 민주당의 뿌리와 형성과정, 특성에 대한 것은 김태일(2000b) ; 백운선(1981) ; 백영철(1995) ; 연시중(2001b) 등을 참조

유민주주의원리를 둘러싼 것으로 표출되었는데, 이는 한편으로는 극우 반공보수주의자들이었던 자유당 세력이 자유민주주의를 표방하면서도 절차적·제도적 차원에서의 가장 기본적인 민주주의원칙조차 지키지 않았기 때문이며, 다른 한편으로는 정치적 갈등이 민주주의의 실질적 내용보다는 민주당의 집권에 도움이 될 수 있는 기본적인 형식적 민주주의의 요구를 둘러싸고 벌어졌기 때문이다.[87] 전체적으로 보아 남한에서는 남베트남에서 나타났던 것과 같은 '위로부터의 이데올로기적 동요와 분리'는 발생하지 않았으며, 국가의 존립근거가 되는 반공이데올로기는 모든 보수정치세력을 정당화하는 근거로 기능했다.

1950년대를 그 이후와 구별시켜 주는 중요한 이데올로기적 특징은 통일이데올로기, 그것도 무력 '북진통일이데올로기'이다(손호철, 1997a : 162).[88] 북진통일론은 남베트남에서는 드러나지 않았던 적극적이고, 공격적인 이데올로기였다. 이승만 정권은 북진통일론을 통해 전시상태를 조장하며, 사회를 끊임없는 긴장·위기 상황으로 몰아갔다. 전쟁을 경험한 남한 사회에서 한국전쟁의 공포를 현재화하는 담론적 재현, 즉 위기-동원담론은 반공이데올로기를 정착시키는 데 핵심적 역할을 수행했다고 볼 수 있으며(김정훈, 2000 : 161), 북진통일론은 그 중심에 서 있었다. 북진을 통한 멸공통일만이 애국·애족이고, 이를 벗어나는 것은 반민족적이고 비국민적인 것으로 낙인찍혔다. 북진통일론 속에서 북한은 동족이기 이전에 분쇄되어야 할 적이었고, 남한의 국민들은 적

---

87) 이러한 내용은 김경일(1998) ; 백운선(1981) 참조.

88) 진덕규는 이승만의 통일론이 북진통일론으로 귀결될 수밖에 없었던 이유를 다음과 같이 밝히고 있다. "그가 의도한 통일은 남·북협상파나 또는 좌우합작파의 통일 논리와는 근본적으로 차이가 있다. 이미 그에게는 통일이 합작이라든가 협상의 문제가 아니라 지배와 복종의 관계, 보다 더 정확한 의미에서는 자기 자신이 추구하고 있는 이데올로기에로의 결집성을 뜻하는 것이었다. 이승만의 통일 논리가 반공통일 또는 북진통일로 일관될 수밖에 없었음은 이러한 사실 때문이다"(진덕규, 1981 : 17).

을 섬멸하기 위한 병영체제의 구성원으로 일원화되기를 강요받았다.

남한 사회의 일원적 병영체제로의 재편은 대대적인 이념적 동원체제로 가시화되었으며, 그 대표적인 형태는 관제 데모였다. 1950년대는 관제 데모의 시대라고 할 만했다. 광복절, 3·1절, 이승만 대통령 탄신일 등 주요 기념행사와 방첩주간 등 각종 행사가 있을 때도 북진통일 궐기대회나 시위가 많았으며(서중석, 1995b : 135), 그 규모 면에서 대단했던 것은 1955년 8~12월까지 진행된 중립국감시위원단 축출시위였다. 1955년 8월 1일 정부는 "38선 이남에 있는 모든 우리 영토에 대한 우리의 권리를 회복하기 위하여 필요한 조치를 취할 것"이며, "우리의 방위선을 강화하기 위하여 이 중요한 지역들(개성·옹진)을 수복할 준비를 갖추고 있다"라고 공표하고, 중립국감시위원단이 물러갈 것을 요구했다. 8월 6일부터 시작된 시위는 12일 이미 백만 명을 돌파했고, 20일에는 400만에 육박한다고 발표되었으며, 12월 9일까지 125일간 지속되었다(서중석, 1995b : 131~132). 1956년의 경우도 '북한동포궐기대회'에 연 88만여 명이 동원되었다(유재일, 1992 : 147). 또한 1959년을 떠들썩하게 장식했던 재일교포 북송반대시위를 고려한다면,[89] 한국전쟁 이후 50년대는 관제시위로 시작하여, 관제시위로 저물어 갔다고 할 수 있다.

북진통일론은 무력(武力)을 중심으로 한 통일을 천명하고, 남·북의 대결을 부추겼으며, 나아가 진영 간의 대결을 촉구하였다. 아래는 이승만이 1954년 7월 28일 미 상·하양원합동회의에서 행한 연설, 한국전쟁 종전 4년을 기념하는 1957년 7월 27일 기념사의 일부이다.

> 미국과 우방들은 지금 수소폭탄을 만들고 있는 소련의 공장들에 폭탄을 투하해야겠습니까? 아니면 도살장에서 죽음을 기다리는, 거세당한 소처럼 우두커니 서 있어야겠습니까? 세계 자유인으로 생존하는 길은 … 세력균형을 세차게 흔들어 공산 측이 우리를 섬멸시킬 무기를 감히 사용하지 못하도록 하는 것입니다. 우리에게는 시간적 여유가 얼마 없습니다. … 지금이 행동

---

89) 서중석(2002b) 참조.

을 개시할 때이며 장소는 한국전선입니다(한표욱, 1996 : 225~226).

한국 휴전은 권리와 정의를 증진하는 데 있어 힘의 사용을 싫어하거나 또
는 무력(無力)하다는 상징이다. 휴전협정을 폐기함으로써 자유세계는 한국
의 통일을 위해서만이 아니라 공산주의와 모든 침략에 대한 민주주의의 궁
극적 승리를 위해서 또 세계평화를 위해서 싸울 준비가 되어 있다는 것을
공산주의자들에게 보여 주어야 한다.90)

내부의 적대를 부추기는 지속적인 동원과 민족적 분단을 확장시켜
진영대립의 일부로 몰아가는, 곧 진영대립을 민족 내부로 끌어들여 전
쟁을 부추기는 적대적 이데올로기 속에서 평화통일·민족공존의 논리
는 숨죽일 수밖에 없었다. 남한의 정치영역에서는 남베트남에서 힘을
발휘했던 중립화통일론이나, 평화통일론은 그 싹을 틔워보기도 전에 사
라져 갔으며, 이를 정당화했던 것이 반공이데올로기에 토대를 둔 북진
통일론이었다.

남한에서 중립화통일론은 초기부터 정치영역에서 배제되고 있었다.
남한의 국회는 1954년 11월 4일 한국의 중립화 및 남·북총선거안 반
대를 결의했으며, "한국 문제 해결에 있어서 남·북협상이나 중립화는
있을 수 없다. 이는 공산진영의 세계침략 음모의 일환이므로 단호히 배
격한다"(서중석, 1995b : 139)라고 천명하였다. 1955년 2월 2일 조국
중립화위원회의 김삼규가 이승만과 김일성에게 '중립화통일방안'을 제
안하면서 "한국 통일 문제를 이데올로기 문제와 착각해서는 안 될 것"
(노중선 편, 1985 : 332)이라고 정확히 지적한 바 있지만 남한 체제에
서 진영을 넘어서는 중립화론은 통용될 수 없었다.

또한 1956년 5·15정·부통령선거 당시 조봉암에 의해 제기되었던
평화통일론의 경우도 그것이 북진통일론을 부정하고, 평화적 방법에 의

---

90) 「휴전협정의 준수는 무력(無力)의 상징이다」, 1957년 7월 27일, 우남전기편찬위
    원회(1958 : 127).

한 통일을 제기했다는 것을 구실로 삼아[91] 조봉암을 포함한 10여 명의 진보당 간부들이 국가보안법 위반 혐의로 일제 검거되고(1958년 1월 11일), 정당 등록이 취소되었으며(1958년 2월 25일), 결국 1959년 7월 31일 조봉암이 법살(法殺)의 비운을 맞이하는 것으로 막을 내렸다. 진보당사건에서 주목해야 할 것은 조봉암이 친북적이거나 반공에 충실하지 않았다는 근거를 찾기 어려웠음에도 불구하고, 단지 평화통일을 주장했다는 점 하나만으로 처형되었다는 점이다. 1955년 12월 22일 발표된 진보당의 발기취지문 및 강령 1항은 "공산독재는 물론 자본가와 부패분자의 독재도 이를 배격"(노중선 편, 1985 : 338)한다라고 밝히고 있어 공산주의와의 거리를 명확히 하고 있었다. 조봉암의 반공성은 극우민족주의자들의 그것과는 거리가 있고, 중도파 민족주의자들의 그것에 가까운 것이었지만 반공주의자로서의 면모를 그대로 지니고 있었다.[92] 조봉암이 반공주의자였음에도 불구하고 법살을 당했다는 것은 극우반공주의자를 제외한 모든 진보적 성향의 논의가 차단당하고, 탄압의 대상이 되었음을 의미하는 것이다.

1950년대를 풍미했던 북진통일론은 1956년 5·15선거에서 조봉암에 대한 국민적 성원을 통해 간접적으로 드러난 평화통일론에 대한 지지, 보수 야당인 민주당조차 공세적 북진통일론보다 '유엔감시하의 자유총선거'를 지지하고 이를 표면화하면서 서서히 그 한계를 드러내고 있었고, 1960년 3·15정·부통령선거에서는 아예 통일 문제 자체가 공약에서 빠져 버렸으며, 이승만 정권의 몰락과 더불어 사라졌다(서중석, 1995b : 134).

그러나 50년대를 지배했던 북진통일론은 두 가지 측면에서 극우반공독재국가를 의사정당화하고, 안정화하는 데 기여했다. 우선 북진통일론은 남·북협상파는 말할 것도 없거니와 중도파 민족통일세력조차 존

______

91) 이에 대한 내용은 서중석(1999b : 210~218) 참조.
92) 이에 대한 논의는 서중석(1999a : 298~301) 참조.

재할 수 없는 척박한 분단 공고화의 이데올로기지형을 창출했으며, 반공이데올로기를 사회 곳곳의 국민 의식 속에 뿌리내리는 데 중요한 역할을 했다.

또한 북진통일론은 지배집단을 결집시키는 견고한 이데올로기적 기반을 제공했다. 남한 사회에서 극우 반공 지배이데올로기는 관료·자유당·우익세력을 결속시키고, 정당화하는 기제로 작용했다. 이들은 반공을 국시화(國是化)함으로써 기득권을 유지하고 재창출해 갔으며, 호전적인 북진통일론의 주창과 옹호는 자신들의 충성도를 드러내는 지표였다. 지배집단은 반공전사로서 흔들림이 없었으며, 이것의 의식적 귀결은 '맹목적 애국주의'의 조장이었다.[93] 반공이데올로기와 결합한 맹목적 애국주의를 이데올로기적 기반으로 삼은 지배세력은 남베트남에서는 볼 수 없었던 특성이었다.

전체적으로 보아 1950년대 남한사회의 정치영역은 반공이데올로기 이외의 어떠한 논의도 수용하지 않는 폐쇄적인 구조였다. 더군다나 남한의 반공이데올로기는 진영·민족 간의 대립과 적대를 토대로 한 것이었다. 따라서 정치세력으로 살아남기를 원한다면 반공이데올로기로 무장하는 것뿐만 아니라 분단의식을 내면화해야만 했다. 결국 남한 사회에서 반공이데올로기는 강력한 이념적 분단과 결합할 수밖에 없었으며, 이것이 남한의 국가·정부·지배계급을 의사정당화하는 굳건한 토대가 된 것이다.

반공이데올로기의 내면화와 '침묵'·'친미(숭미)사회'의 형성

전후(戰後) 시민사회영역의 이데올로기지형을 특징지은 것은 강제된 반공이데올로기의 내면화를 통한 '침묵사회', '친미(숭미)사회'의 형

---

93) 이영희는 이를 "어떤 상황에서건, 자신의 잘잘못이나 합법성, 정당성 등의 여부를 냉정하게 가리는 이성적 태도를 거부하고, 무조건 한국의 정당성만을 주장하는 경향"(이영희, 1999 : 321~322)이라고 설명한다.

성이며, 이는 '민족적 동원'과 '반미'로 특징지어지는 남베트남의 시민사회와는 매우 대조적인 것이었다.

한국전쟁 이후 시민사회로 확산·침투·내면화된 반공이데올로기의 양태를 설명하는 방식은 '능동적 동의론', '농지개혁에 따른 농촌사회의 보수화', '자포자기적 순응' 혹은 '방어적·수동적 동의론' 등으로 나눌 수 있다.[94]

능동적 동의론은 반공우익세력 지지층에서 나타날 수 있지만, 이것이 사회의 일반적인 이데올로기지형이라고 보기는 어려울 것이다. 능동적 동의론이 설득력을 얻기 위해서는 반공이데올로기와 결합된 국가폭력·강제가 약화되어야 했다. 그러나 반공이데올로기를 통해 정당화되는 국가폭력, 연좌제를 통한 강압·통제는 약화되지 않았다. 그리고 전쟁 당시 인민군에 의한 학살보다 남한의 군·경에 의한 학살이 월등히 많았다는 사실을 고려할 때[95] 남한의 시민사회에서 나타난 반공이데올로기에 대한 지지가 이데올로기 자체를 능동적으로 내면화한 결과물이라고 보기 어렵다.

농지개혁의 효과에 따른 농촌사회의 보수화와 반공이데올로기의 내면화 역시 1950년대의 이데올로기지형을 설명하기에는 설득력이 부족하다. 만일 농지개혁의 효과가 농촌사회를 보수화시킨 주요한 요인이라면 50년대 중반 이후 농촌사회의 '재소작화'와 경제적 몰락 속에서 농민들은 왜 침묵했을까? 농지개혁과 그 사회적 효과에 대한 논의는 5장에서 좀 더 자세히 전개하겠지만 농지개혁 자체가 농촌사회의 보수화와 탈정치화를 설명할 수 있는 주요 설명변수가 될 수는 없다.

한국전쟁 이후 나타난 시민사회의 침묵은 '자포자기적 순응' 혹은 '방

---

94) 이에 대한 설명은 손호철(1997a : 183~184) 참조.

95) 전쟁 당시 남한 정부에 의한 민간인 학살은 많게는 100만 가까이를 추산한다. 그러나 남한 정부의 공식발표에 따른 좌익에 의한 우익 피학살자의 수는 12만 9천 명이다(강정구, 2002 : 86).

어적·수동적 동의'로 설명하는 것이 타당하다. 군·경이 자행한 학살에 대한 분노와 원한이 전쟁의 종결과 더불어 사라졌을 리 없었다.96) 그러나 살아남은 사람들에게는 분노와 원한보다는 잔악한 학살에 대한 공포, 생존을 위한 선택이 더욱 절박한 것이었다.97) 한국전쟁 이후 1950년대 남한 사회에서는 이승만 체제에서 이익을 배분받을 수 있었던 우익들은 더욱 친이승만·친반공주의자가 되었으며, 한국전쟁 이전 반공이데올로기를 적극적으로 지지하지 않았던 사람이나 이에 저항했던 사람들도 남한 체제에서 생존하기 위해서는 반공이데올로기에 저항할 수 없었고 이를 수용해야 했다.98) 그러면 반공이데올로기의 내면화를 통해 드러난 한국전쟁 이후 1950년대 시민사회의 이데올로기지형을 '과거에 대한 침묵'과 결합된 '현재에 대한 침묵', 의식의 왜곡과 현실에 대한

---

96) 거창 민간인학살의 피해지인 신원면의 임채화는 1954년 피해자들의 유골을 수습하는 과정을 다음과 같이 증언하고 있다. "그때 그 골짜기에 있었던 사람들은 지금도 간쓰메(통조림)는 못먹지. 절대 못먹어. 서로 엉겨붙어서 있는데 꼭 간쓰메한가지라. 그걸 동네 사람들이 전부 파헤치서 머리, 팔, 다리해가며 뼈를 맞췄지. … 그 뼈를 가져다 묘를 쓰는데 어찌 맨정신으로 되겠노. 암만 부모형제 뼈라케도 맨정신으로는 못해. 전부들 술을 먹고 울며불며 챙긴기제. 그때사 모두들 제정신이었겠나"(노민영·강희정, 1988 : 156~157). 이들의 분노는 이후 학살 당시 면장이었던 박영보를 타살하는 것으로 표출되었다.

97) 거제에서 보도연맹원 학살 당시 기적적으로 생존한 이학근은 평소 "겪지 않은 사람은 그 공포를 모른다"(조성구, 1990 : 164)라고 되뇌었다고 한다. 4·3항쟁에 연루되었던 양근방은 죽은 사람들은 죽어서 억울하고, 살아남은 사람들은 살아 겪어야만 했던 그 시절을 "말해서 몰라, 내가 겪은 그 세월을 …"이라는 말로 대신했다(양근방, 2002 : 107).

98) 임지현은 지배체제에 대한 대중들의 태도를 검토할 때 중요하게 고려해야 할 것은 "'강제냐 동의냐' 혹은 '지배냐 저항이냐'라는 대립적 물음이 아니라, 이들이 상호침투되어 서로가 서로를 포섭하고 또 밀어내는 길항적 관계에 대한 이해"(임지현, 2004 : 37)라고 주장한다. 대중독재에 대한 그의 논의를 전적으로 수용할 수는 없다 하더라도, 이러한 논의는 지배가 관철되는 통로와 이에 대한 대중들의 대응, 그 결과 출현하는 독재체제의 특성을 다시 한 번 생각해 볼 수 있도록 한다.

묵종·순응을 통해 살펴보자.

국가폭력과 학살에 대한 경험은 '기억의 공포'[99]를 형성하고 과거와 현실 모두에 대한 침묵의 기제를 형성했다. 강진의 해남 윤씨 가문을 분석했던 염미경은 과거를 묻어 두고, 침묵하는 마을민의 경험을 다음과 같이 분석한다.

> 이 마을의 전쟁경험이 대체로 균질적이라는 점을 지적할 수 있다. 이들의 전쟁에 관한 기억은 거의 한 가지 계열이었고, 그것은 국가권력에 의한 희생이었다. 그 동질적이고 공통적인 마을 사람들의 기억은 이후 반공체제 속에서 가슴에 묻어두어야 하는 기억으로 존재해왔고, 모든 마을 사람들은 그러한 기억은 철저히 망각해야 할 것으로 여기면서 지금까지 살아왔다. "그 전쟁이 없었다면 얼마나 좋겠소", "6·25난리가 징하제. 무슨 말을 더 할 수 있겠는가. 모든 것이 고통이고, 사람이 죽었는데 그것이 모두 다 고통이다"라는 한 노인의 하소연은 그것을 단적으로 표현해 준다(염미경, 2003 : 140).

강진의 사례는 단지 한 지역의 지역적 현상이 아니었다. 거창 민간인 학살의 피해마을인 신원면에서는 학살의 참화를 겪은 후 지난날의 일을 묻지 않는 것이 관례처럼 되어 버렸고(노민영·강희정, 1988 : 154), 제주도 4·3항쟁의 피해자들과[100] 남한 전역에서 벌어졌다고 해도 과언이 아닌 보도연맹원 학살의 희생자들 역시 거의 모두가 과거를 침묵해야 했다.[101]

과거의 피해에 대한 집합적 기억은 현실 또한 지배했다. 좌익에 대한 기억은 감추어야 할 것이었으며, 좌익으로 의심받을 행동이나 국가에 거스름으로써 좌익으로 몰릴 수 있는 행동은 하지 말아야 할 것으로

---

99) 이에 대한 논의는 서중석(1999a : 703) 참조.

100) 4·3항쟁에 대한 과거기억의 재생과 논의를 거부하는 태도는 현기영(1993 : 167) 참조.

101) 과거에 대한 이들의 기억방식과 태도는 MBC 다큐멘터리(2001.4.27 ; 2001.5.5) 참조.

각인되었다. 서중석은 이를 다음과 같이 설명하고 있다.

> 학살을 몰랐느냐, 그렇지 않습니다. 직접 목도한 사람들도 수없이 많았고, 그 이야기를 듣고 아는 그 시대에 컸던 기성세대들은 거의 다 알고 있었다고 볼 수 있습니다. 그러나 그런 무서운 사건을 보고 난 후로는 이젠 정부에 대한 비판은, 그래서 빨갱이로 몰리는 식으로 노동운동을 한다던가, 농민운동을 한다던가, 인권을 주장한다는 것은, 그러면 안 되겠다, 그러면 큰일난다. 이런 것들이 결국은 극우 반공독재를 가능하게 할 기초, 풀밭이 되었습니다(서중석의 MBC와의 인터뷰 내용 가운데서 ; MBC 다큐멘터리, 2001.4.27).

현실에 대한 침묵은 과거를 재생하지 않고자 하는 방어기제의 발현이었으며, 생존을 위한 최소한의 방책이었다. '현실적인 것은 이성적인 것'이 되었으며, 반공이데올로기는 더욱 확장되었고, 이는 결과적으로 저항이 사라진 우익사회의 강화를 초래했다.

전쟁을 거치면서 반공은 국민적 강령, 국민적 이념, 국민적 생활신조, 도덕과 가치의 중심적인 기준이 되었고, 그러한 기준은 과거에 타당했듯이 앞으로도 영원히 타당한 것이 될 것이라는 종교적 색채를 지니게 되었다. 곧, 반공은 이제 사실상 국가이데올로기(국시)가 된 것이다(김동춘, 1992 : 168). 반공이데올로기로 전일화된 사회는 시민사회 내의 의식의 왜곡, 미래에 대한 전망·대안의 부재와 국가에 대한 공포감으로부터 파생하는 시민사회의 묵종·순응을 초래했다.

학살을 통해 형성된 피해의식은 숙명적인 열패감과 자기부정을 낳았고, 권력에 대한 맹목적인 두려움을 불러일으켰으며, 피해의식이 제2의 천성처럼 굳어져 버렸다(현기영, 1993 : 166). 전후에는 좌익혐의를 받았던 사람들이나 그렇지 않았던 사람들이나 모두 강한 반공이데올로기 속에서 모든 것을 침묵하면서 체제에 순응하는 것이 최선이라고 생각하면서 살게 되었다. 피해의식은 의식의 왜곡을 통해 스스로를 방어하려는 적극적 방어기제의 형성으로 연결되기도 했는데, 부모가 학살당

하는 등 극우반공세력 또는 극우반공체제로부터 심한 피해를 입은 사람
들 중에는 모순되게도 더 극단적으로 극우적 행태를 보이고, 극우반공
세력의 일원이 되고자 하며, 극우반공체제의 수호에 앞장서는 경우가
적지 않았다(서중석, 1999a : 707). 존재와 표출되는 의식·행태의 불
일치는 당시 남한 사회의 야만성을 그대로 보여 주는 것이지만, 다른 한
편으로 이것은 이념이 얼마나 강력하게 이 사회를 결박하고 있었는가를
나타내는 것이기도 했다.

   이러한 의식의 왜곡과 국가에 대한 묵종·순응의 사례를 잘 보여 주
는 것이 염미경의 전라도 강진군에 대한 사례연구와 박정석의 해남군
한 마을의 사례연구이다. 염미경은 농촌 마을 주민들에게 전쟁의 경험
은 '국가권력에 의해 당했다'고 하는 피해의식과 함께 '공산당 마을'이라
고 낙인찍혀 있기 때문에 '조금이라고 밉보이면 안 된다'는 생각을 품게
했고, 이는 마을 주민들이 각종 정부정책에 협력하는 태도를 보이게 된
원인이 되었다고 밝히고 있으며(염미경, 2003 : 137), 박정석은 한 좌
익경력자가 '좌익의 오명'에 벗어나고자 했던 노력을 보여 준다.

> 현재 살고 있는 사람은 생업에만 종사했지 뭘 알 것이요. 우리 부락은 개혁
> 정신은 투철하다고 봐야 해. 왜냐하면 해방되어 자유당시절에는 그런 것
> 별로 안 했지만, 재건국민운동, 새마을사업에서 어느 마을보다 제일 먼저
> 해서 다른 부락보다 먼저 솔선수범해서 잘해나갔지. 마을문고도 대통령, 장
> 관표창도 받고, 마을금고도 다른 데서는 하지 않는데, 우리는 했고 … (염미
> 경, 2003 : 138).

> 산에서 생활한 2년을 보상하는 차원에서 국가와 민족을 위해서 일했다. …
> 새마을사업이 한창일 때는 우리도 잘살아야 한다는 정신으로 내 돈 들여가
> 며 8년간 일했다(좌익경력자 김종수와의 인터뷰 ; 박정석, 2003 : 62).

   위의 사례에서 나타나는 것은 묵종·순응을 넘어서는 적극성이다.
좌익혐의자들이 오히려 더욱 강력하게 체제에 편입되고 있는 것이다.

그러나 여기서 주목해야 할 것은 이러한 적극성의 '계기'라고 할 수 있다. 공포감과 대안의 부재가 가져온 묵종·순응, 그리고 이념적 분단을 더욱 공고화했던 체제 속에서 생존을 모색해야 했던 주체적·구조적 조건이 묵종·순응을 넘어서 체제로의 적극적 편입을 선택할 수밖에 없는 상황을 조성했다고 볼 수 있는 것이다.

반공이데올로기와 더불어 남한 사회에서 현재까지도 지속되고 있는 미국에 대한 혈맹적 의식과 친미·숭미주의는 세계에서 유례를 찾아볼 수 없을 정도로 강력하다. 그렇다면 친미·숭미주의는 어떻게 형성되었고, 그것이 지닌 사회적 효과는 어떤 것이었을까? 이는 정권·지배세력의 친미주의와 시민사회·피지배계급의 친미주의의 내면화경로를 구분하여 접근해야 보다 분석적인 설명이 가능하다.

먼저 이승만 정권의 관료와 지배세력의 친미주의는 반민족성·사대성의 결합에 의한 것이었다고 볼 수 있다. 해방과 더불어 친일이 친미로 바뀌는 것은 민족 중심적 선택이 아니라 일제 식민통치하에서 누리던 기득권을 미국이라는 우산 속에서 계속 유지하려는 이해의 발로였다. 그리고 이것이 냉전의 내부화를 통해 분단을 확정해 가는 경로였다는 점은 이승만을 중심으로 한 남한 지배세력의 반민족성 성격을 보여 준다. 또한 이들의 미국에 대한 태도는 미국을 숭앙하는 철저한 사대주의와 결합되어 있었다.[102] 1954년 『코리안 서베이(Korean Survey)』 12월 호에 게재된 아래 이승만의 논설은 이를 잘 보여 준다.

대한민국은 미국의 너그럽고 원대한 정치적 경륜 때문에 그 자신의 생존을

---

[102] 현재 남한 지배세력의 친미적 성향은 단순한 친미를 넘어서 '자발적 노예주의'로까지 나아갔다. 자발적 노예주의는 식민화된 무의식 상태를 반영하는 것으로, 자신들의 행위가 노예주의에 바탕한 것인지조차도 느끼지 못하는 생체화된 굴종성을 의미한다. 이는 민족공조나 평화보다는 한미동맹을 강조하고, 미국의 이해를 자신의 이해와 등치시키는 것을 당연한 것으로 간주한다. 현재 남한 사회의 자발적 노예주의의 문제점에 대한 분석은 강정구(2004) 참조.

> 누리고 있다. 더욱이 강력한 미국의 영도력이 없이는 어느 나라의 자유도 보존될 수 없을 것이다. … 우리는 모두 같은 배에 타고 있으며 미국 사람은 길잡이다(Oliver, 1998b : 743).

반민족성·사대성은 반공이데올로기와의 결합을 통해 정당화를 추구하였고, 전쟁이라는 치열한 경험을 통해 형성된 반공·애국주의는 반민족성·사대성을 감출 수 있는 강력한 정당화의 갑옷이 되었다.

그러나 시민사회·피지배계급의 친미·숭미주의는 정권·지배세력의 그것과는 다른 경로를 통해 형성되었다. 시민사회·피지배계급의 친미·숭미주의는 구조적 조건으로서의 냉전 분단구조, 친미 지식인·지배 엘리트에 의한 위로부터의 형성, 원조물자를 통한 아래로부터 형성이라는 세 가지 경로를 통해 형성되었다고 볼 수 있다.

우선 냉전체제의 고착화는 남한을 냉전의 중심국인 미국에 대해 정치적·경제적 차원에서뿐만 아니라, 지적·정신적으로 근접하게 만드는 조건을 부여하였다. 미국은 조선에 해방을 가져다주고, 남한을 공산진영의 무력침공으로부터 구출하였다고 인식되었기 때문에 미국의 정치이념·가치 등이 쉽사리 내면화되고, 친미인식이 강하게 사회의식을 지배하게 되었다(조희연, 1998 : 94).

냉전이 심화되는 과정에서 반공은 당연히 친미로 귀결되었다. 친소—친북이 아니면 친미일 수밖에 없는 상황이었다. 분단과 냉전 상황에서 친미는 반공이라는 등식이 성립되었던 것이다(임대식, 1998 : 177). 또한 분단의 고착화에 따른 반공이데올로기의 내면화는 "6·25전쟁이 북한에 의해 발생하였고, 따라서 북한은 침략자라는 것과 일체화시킴으로써 남한 국민으로 하여금 불안의 심리상태"(김진균, 1997 : 87)를 갖게 하였고, 결국 미국을 보호자로서 없어서는 안 될 존재로 인식하게 만들었다.

냉전 분단구조하에서 친미·숭미주의를 확산하는 데 주도적 역할을 수행한 것은 친미 지배 엘리트, 지식인이었다. 여론을 주도하고 영향력을 가진 친미 지배 엘리트들은 미제·미국적인 것이 바로 선진적이고 모방할 만한 것으로 인식되도록 오리엔테이션 받았고, 또 대중들에게 그러한 인식을 심었다(임대식, 1998 : 131). 특히 기독교회, 미션계 교육기관 및 미국 교육 이수 지식인 등을 중심으로 친미주의가 확산되었고(유재일, 1992 : 144), 이승만의 억압적 체계는 엘리트 지식인들이 탈출구로써 미국적 가치를 쉽게 수용할 수 있도록 하는 훌륭한 토양이 되었다. 아래 김경일의 설명은 이를 잘 드러낸다.

> 인간의 본능적인 속성인 사상과 정신의 활동에 대한 욕구는 미국으로 표상되는 서구적 가치관과 이념 또는 민주주의나 과학 등이 이와 같이 억압받고 위축된 영역에 자연스럽게 뿌리를 내리기 시작하면서 충족될 수 있었다. 한편으로 이는 미국에 대한 강력한 동경과 모방의 충동에 이끌리는 것에 비례하는 주체적 정신의 완전한 굴복을 가져왔으며, 다른 한편으로는 그에 대비되는 자신의 전통과 현재에 대한 무시와 모멸이 만연된 감정상태를 낳았다. 미국의 사상과 지식의 가상적인 포위망 안에서 스스로 자족감을 누릴 수 있었던 지식인과 학생층 일부를 제외한다면 그것으로부터 소외된 대다수 사람들의 지배적 분위기는 무관심과 무기력이었다(김경일, 1995 : 64).

『사상계』와 함께 『라이프(Life)』지와 『타임(Time)』지가 최고의 지식인 행세를 하는 사람들이 읽어야 하는 필독서가 되었으며, 당시 지식인사회를 이끌었던 잡지인 『사상계』의 주요 담론은 미국 중심의 자유민주주의론을 소개하고, 반공주의를 정당화하는 데 주요한 역할을 수행했다(남궁곤, 1991 ; 임대식, 1998).

피지배층의 친미·숭미의식은 그들의 직접적인 경제적 삶에 연관된 원조와 밀접한 관련을 가졌다. 원조물자보다 구조적 요인이 친미주의의 형성에 보다 강력한 영향을 미쳤다는 것은 두말할 나위가 없다. 그러나 가치·이념에 더 중점을 두었던 지배 엘리트의 지식층과 피지배계급의 친미주의의 형성경로가 달랐으리라는 것은 쉽게 추측할 수 있으며, 여기에 원조의 효과가 있다. 원조 및 미군 주둔의 상황에서 친미주의는 하나의 사조로 등장하고 있었고(유재일, 1992 : 144), 피지배계급에게 친미·숭미의식은 주로 원조물자와 관련하여 보다 강력해졌다고 볼 수 있다.103) 원조가 직접적으로 친미의식을 증대시켰는가를 실증적으로 밝히기는 어렵지만, 피지배대중들이 원조물자를 통해 미국을 느낄 기회를 가졌으며, 밀가루 한 포대라도 얻기 위해서는 미국식 문화를 직접 접하고 받아들여야 했다는 점은 분명하다. 고은이 묘사하고 있는 1950년대의 풍경은 이러한 상황을 보여 준다.

> … 미국의 신사 숙녀가 입다 보내 준 킹사이즈의 구호 의류가 죽은 자의 옷처럼 불유쾌하게 널려 있고, 무상원조라는 교활한 원조로 조작된 경제 기능이 매판계층을 이루고, 끊어졌다! 끊어졌다! 와 이것이 새로운 것이다!를 외치는 정신적 외설의 저항의식이 질병으로 퍼지며, 전쟁 속에서는 미국을 메카로 삼은 교회가 여기저기서 갓뗌 갓뗌의 종소리를 울렸다. 신과 만나기 전에 한미 우호라고 찍힌 악수 장면의 밀가루 포대를 만나러 교회에 가야 했다. 종교 문화 예술은 수단에 의해서 만면 가장 원시적인 의미의 경제 수단과 밀착되고 있었다(고은, 1989 : 172~173).

원조물자를 통해 드러난 미국은 전쟁과 전후의 폐허와 궁핍으로부터 남한을 구원한 '자비로운 구원자'였을 뿐만 아니라, 풍요를 상징하는 '지상낙원' 그 자체이기도 했다. 반공과 미국식 자유민주주의는 원조물자라는 매개물을 통해 더욱 정당화될 수 있었으며, 이는 남한이 강력한 친미주의사회로 탈바꿈해 가는 경제적 기제로 작용했다.

전체적으로 보아 북진통일론에 의한 여타 통일 담론의 차단과 지배집단의 응집, 일원화된 반공보수사회로서의 정치영역, 시민사회영역의

---

103) 미국은 "원조를 수취하는 한국민으로 하여금 원조당국, 곧 미국에 대하여 감사의 생각을 갖게 하고, 또 특별히 그것을 조장하기 위하여 원조물자에 반드시 그것이 미국 원조물자라고 하는 것을 나타내는 표식, 곧 票·印·烙印·貼札 등을 달거나 찍어야 될 뿐만 아니라, 그것도 사람의 눈에 가장 잘 띄는 곳에 표시하도록 규정"(이대근, 1987 : 152)하고 있었다.

침묵·묵종(순응)·친미사회의 형성은 남한 사회를 철저한 반공사회로 바꾸어 갔다. 반공분단의식의 내면화에서 비롯된 이념적 한계성은 4·19혁명에서 분명히 드러났다. 60년대 당시 가장 주요한 모순은 분단의 고착화였다. 그러나 대중들 속에 내면화된 반공분단의식을 매개로 분단현실이 일상화되어 있었기 때문에 4·19혁명은 그러한 주요한 모순보다는 미국적 민주주의의 파괴라는 현상적인 모순에 기인하여 일어났던 것이다(조희연, 1998 : 96).

남한의 이데올로기지형에서 주목해 볼 것은 4·19혁명 이후 전개된 대중적인 통일운동 속에서도 반공 그 자체는 크게 흔들리지 않았다는 점이다. 단적인 예로 1960년 9월 24~25일 고려대 학생회가 주최한 '민족통일에 관한 제 문제' 토론회에서는 중립화통일론이 제시되면서도 "이념적인 통일로써 사상전에 임할 태세를 완벽히 하여야 한다", "공산주의와 싸워야 하고 싸워서 이겨야 하는데 무력전이 아닌 사상전에서 이겨야 한다. 즉 승공(勝共)의 길이다", "우리의 통일이념이 민주통일(필자 : 공산통일과 대립)인 이상 우리 주장이 관철될 때까지 정치·문화·국방 등 제 영역에서 북한보다 월등한 위치"를 지녀야 한다는 주장이 제기되었다. 또한 1960년 11월 1일 서울대학교 민족통일연맹발기대회의 대정부·사회 건의문의 2항은 "남한의 모든 정당·사회단체는 남·북 총선에 대비하여 공산당에 대항하기 위하여 연합할 기틀을 마련하라"라는 것이었고, 11월 2일 서울대 법대에서 열린 '기성세대와 학생 간의 통일문제 심포지엄'에서 민주당 정책위원장 주요한은 "통일을 원하느냐 자유를 원하느냐 하는 문제를 양자 택일하라고 할 때 지상과업은 자유이고 그 다음이 통일이다'라고 주장했다(노중선 편, 1985 : 373~382).

4·19혁명 이후 제기되었던 간절한 민족통일에 대한 염원도 남·북의 이념적 대결구도를 넘어서지는 못했다. 이것은 신탁통치파동에서 발원하고, 한국전쟁을 통해 심화되면서 전후 이승만 정권에 의해 더욱 공고해진 반공 지배이데올로기의 영향이었다. 내면화된 반공이데올로기

는 남한의 국가를 정당화하고, 존립할 수 있게 하는 궁극적인 이념적 보루로 성장했고, 모든 갈등을 최종적으로 봉합하는 이념적 지표가 되었다. 절차적 민주주의를 둘러싼 정치적 갈등이 바람에 일렁이는 바다의 표층이었다면, 반공이데올로기는 부동(不動)의 심해(深海)에서 국가를 지탱하는 지주로 자리 잡았던 것이다.

5장   사회·경제관계 규제능력

경제적인 측면에서 남베트남·남한의 발전 추동력, 산업화의 진행,
자본주의 경제체제의 세계체제와의 연계성 등의 요소들은 제1공화국을
지나 군부정권에 들어서면서 점차 차이의 폭이 커졌다. 남베트남은 지
속적으로 저발전의 수렁을 벗어나지 못했지만, 남한은 국가를 중심으로
경제적 도약에 성공할 수 있었던 것이다. 왜 이러한 차이가 발생했을
까? 서론에서도 언급했지만 데이시는 남한·남베트남·대만·이스라엘
이 높은 군사적 위협하에 놓여 있었음에도 불구하고, '왜 남베트남만이
저발전의 굴레를 벗어날 수 없었는가'라는 문제를 제기한다. 데이시는
특히 전후(戰後) 남베트남·남한·대만이 유사한 출발조건을 지녔음에
도 불구하고 상이한 경제발전경로를 걸었던 데에 주목하고, 그 차이를
헌신적이고 추동력 있는 리더십의 유무로 설명한다.[1] 데이시는 이승만
정권과 지엠을 포함한 남베트남 정권을 유사한 것으로 평가하고 있으
며, 남베트남과 남한의 결정적인 차이는 바로 남한 군부정권의 리더십
으로부터 나온 것이라고 본다(Dacy, 1986).[2]

---

[1] 데이시와 유사한 입장으로 지엠 정권의 저발전을 게릴라전의 요인보다는 산업
발전을 추동하는 정부의 태도의 문제로 보는 것은 Buttinger(1967 : 967) 참조.

[2] 남한의 경제발전을 설명하는 데 군부의 리더십이 핵심적인 역할을 했다는 주장
은 발전국가론에서 전형적으로 드러난다. 발전국가론은 이승만 정권을 약탈국
가(predatory state) 혹은 국가목표 수행능력이 떨어지는 국가로, 박정희 정권을

그렇다면 과연 두 국가의 상이한 경제발전경로를 리더십의 차이로 설명하는 것이 타당할까? 조정자로서의 국가의 독자성과 경제개입을 강조하는 논의는 이러한 국가능력이 형성된 독특한 정치사회적 맥락과 계급적 조건을 간과한다(조희연, 1997). 이러한 입장에서 지엠 정권과 이승만 정권을 평가하게 되면 이들 정권기간 동안 형성된 국가능력의 구조적 배경이나 차이를 설명할 길이 없다. 여기에서 강조하는 것은 부패의 정도에 있어서 한쪽이 더 심했다거나, 정부의 목표 지향적 집행능력의 차이가 있었다는 것이 아니다. 중요하게 고려할 것은 지엠·이승만 정권 이후의 정권이 그러한 능력을 발휘할 수 있도록 조성된 구조적 조건인 것이다. 이 논의에서는 제1공화국과 이후 군부정권의 사회·경제관계 규제능력의 차이—특히 남한의 경우—를 강조하기보다는 구조적 연계성을 중시할 것이다. 이는 제1공화국인 지엠·이승만 정권기에 형성된 국가·사회관계, 계급관계, 그리고 이로부터 파생하는 경제발전의 방향성 등의 요인들이 이후 군부정권의 선택지를 제한하고, 일정한 방향성을 부과했다는 점을 강조하는 것이다.

경제적 측면에서 국가건설기 남베트남은 '식민지경제를 민족경제'로, '전시경제를 평시경제'로 전환하는 이중의 과업에 직면해 있었고(Lindholm ed., 1959 : 174), 이는 남한도 마찬가지였다. 그렇다면 지엠·이승만 정권은 이러한 이중의 과제에 어떻게 대처했으며, 그 과정에서 국가의 사회·경제관계 규제능력은 어떠한 변화를 겪었을까? 이를 검토하기 위해 첫째, 식민지배의 경제적 유산과 결합한 초국가적 영향력, 국가·종족·계급적 세력지형이 초기 국가의 사회·경제관계 규제능력에 미친 영향을 검토하고, 둘째, 국가·사회관계, 계급관계, 경제

발전국가(development state)로 상정하여, 박정희 정권이 지니고 있었던 계획합리적인 발전지향성을 강조한다. 개입주의적 국가의 역할을 잘 드러내고 있는 논의는 김윤태(1999) ; 최장집(1996) ; Evans(1995) ; Johnson(1995) ; MacIntyre(1994) 등의 논의를 참조. 남한의 경제발전을 발전국가론에 입각하여 설명하는 방식에 대한 비판적 논의는 윤상우(2001) ; 조희연(1997) 등의 논의를 참조.

체제를 재구조화하는 데 있어서 가장 핵심적인 사안이었다고 볼 수 있는 농지개혁의 역사적 의미를 검토하고, 마지막으로 두 국가가 지향했던 발전전략과 계급관계, 국가 · 사회관계를 연계하여 검토함으로써 왜 두 국가의 사회 · 경제관계 규제능력이 상이한 발전을 보였는가를 설명하겠다.

일단 정착된 사회계급관계는 장기적인 지속성을 지닌다. 그러나 혁명 · 전쟁과 같은 급격한 변동의 시기는 국가의 사회 · 경제관계 규제능력의 변화를 초래하기 쉽다. 이러한 변화를 포착하기 위해 주요 분석의 시기를 남베트남의 경우는 대략 1959~1960년 이전의 시기와 정치 · 군사적 혼란이 급격히 증대하는 1960년 이후의 시기로 나누고,[3] 남한의 경우는 한국전쟁 이전의 시기와 이후의 시기로 나누어 사회 · 경제관계 규제능력의 변화를 살펴보겠다.

1. 식민지배의 경제적 유산과 종족 · 계급지형의 영향

프랑스가 통치하던 시기 프랑스 제국은 나라 안의 여러 경제 자원을 발굴해 사용했고, 경영권을 독점했으며, 프랑스와 더불어 이것을 경영할 매판자본 가계층을 만들었다. … 항전기간(필자 : 1차 인도차이나전쟁)에는 많은 지주와 매판자본가들이 경제활동의 자유를 위해 도시로 들어갔다. 현재 프랑스는 여전히 모든 경제부분의 독점권을 틀어쥐고 있다(Hoang Luong, 1961 : 28).

귀속재산을 어떻게 처분하느냐 하는 문제는 우리 대한민국이 앞으로 발전하는 데에서 정치 문제 경제 문제 치안 사회 여러 가지 방면에 그 결정적인 성격을 규정해 주는 것으로 압니다. 만약 앞으로 대한민국이 새로운 자본

---

3) 데이시 역시 지엠 정권시기 남베트남의 경제변화를 포착하기 위해 이와 같은 구분을 하고 있다(Dacy, 1986).

주의국가로 나갈 것인가 혹은 사회주의국가로 나갈 것인가 혹은 계급대립
이 없고 완전히 민중이 협동해서 나가는 소위 우리 대한민국 헌법정신에
의한 국가가 될 것인가 하는 대한민국의 앞으로의 국가적 성격을 규정하는
과제올시다.[4]

식민지 경제구조의 유산이 남베트남·남한을 공통적으로 제약했던
것은 남·북 간의 경제적 이질화, 곧 북부의 공업 중심적 발전과 남부의
농업 중심적 식민지 경제발전전략으로 인한 경제의 구조적 분절성이었
다. 경제구조의 분절성은 남베트남·남한이 공유하는 유사한 구조적 배
경이기 때문에 두 국가의 차이를 논의하고자 하는 이 절에서는 깊이 다
루지 않겠다. 이 절에서 다루고자 하는 식민지 유산의 영향은 남베트
남·남한의 사회·경제관계 규제능력의 차이를 형성하는 요인에 국한
된 것이다.

1차 인도차이나전쟁에서 패했음에도 불구하고 1956년 초까지 남베
트남에서 경제적·군사적 실권을 쥐고 있었던 프랑스와 2차 세계대전에
서 패전함으로써 조선에서 모든 실권을 상실했던 일본, 이 두 제국주의
세력의 차이점은 남베트남과 남한의 초기 국가형성과정에서 두 국가의
사회·경제관계 규제능력에 큰 영향을 미쳤다.

1945년 2차 세계대전 종결 이후 1956년경까지 프랑스가 베트남을
계속 지배했다는 것은 식민지시기 프랑스에 의해 만들어졌던 경제질서
와 이를 바탕으로 한 사회·경제관계가 지속되었다는 것을 의미한다.
또한 더욱 중요한 것은 1956년 이후에도 프랑스와 남베트남의 경제관
계는 지속되었다는 점이다. 반면 일본의 패망은 일본이 조선 내에서 관
리하던 모든 자산이 일차적으로 조선에 귀속됨을 의미하는 것이었고,
이에 따라 조선은 기본적인 사회·경제관계의 재구조화가 새롭게 탄생
하는 국가의 피할 수 없는 역사적 과제로 떠오르게 될 수밖에 없는 변혁

---

4) 전진한 의원의 발언 ; 국회사무처, 『국회속기록』, 제5회, 1949, 728쪽 ; 김기원
   (1990 : 164)에서 재인용.

의 시기, 곧 구조적 재편기를 맞이했다.

이 절에서 중점적으로 검토할 것은 상이한 식민지배의 유산에 의해 영향을 받았던 남베트남·남한의 국가·자본관계이다.5) 식민지배의 영향에 의해 두 국가 모두 자본축적이나 자본가계급의 형성 면에서 취약성을 면치 못했지만 새로운 국가형성과정에서 전(前) 식민모국과의 관계와 귀속재산의 유무, 그리고 이에 의해 제약된 초기의 상이한 자본가형성경로, 식민지배의 영향에 따른 자본가계급의 내부분할(특히 인종·종족·종교 등)의 유무 등은 초기 국가·자본관계의 형성, 그리고 국가 발전경로를 차별적으로 만드는 데 중요한 역할을 했다고 볼 수 있다. 아래의 표는 이를 토대로 두 국가의 차이 형성요인을 정리한 것이다.

〈표 5-1〉 식민지 유산과 국가·자본관계의 재구조화

요인 국가	식민모국과의 관계와 귀속재산의 유무	초기의 상이한 자본가 형성경로	자본가 내부의 분할 유무
남베트남	식민지 경제관계의 지속과 귀속재산의 부재	수입허가권의 배분을 통한 초기 자본가의 형성	초국가적·종족적 영향에 의한 분할
남한	식민지 경제관계의 단절과 광범위한 귀속재산의 존재	귀속재산 불하를 통한 초 기 자본가의 형성	남베트남과 유사한 분할 없음

전체적으로 보아 경제관계에서 식민지배의 제도적 유산의 영향을 더 강하게 받은 것은 남베트남이었으며, 물적 유산의 영향을 더 강하게 받은 것은 남한이었다.6) 남베트남의 문제는 존재하는 식민지배의 경제

---

5) 토지관계에 대한 내용은 다음 절에서 다룰 것이다.

6) 노스는 이전 단계의 제도적 유산이 이후의 제도를 강력히 규제하여 끈질긴 제도적 제약을 초래한다고 논의한다(North, 1996 : 162~165). 이것은 남한의 경우도 예외는 아니다. 여기서 언급하고 있는 것은 남한의 경우 일본의 경제 제도적 측면의 영향을 받지 않았다는 것이 아니라, 남베트남에 비해 그러한 영향이 약할 수 있었다는 것이다.

관계와 제도적 틀을 어떻게 독립국가의 위상에 걸맞게 바꿔 나갈 것인가 하는 것이었고, 남한의 문제는 새로운 경제질서를 어떻게, 어떠한 방향으로 만들어 갈 것인가 하는 보다 근본적이고 총체적인 상황을 반영하는 것이었다.

1) 식민지 경제질서의 지속과
자본가계급의 분할 : 남베트남

1954년 1차 인도차이나전쟁에서 프랑스가 패함으로써 식민통치가 사실상 종결되었음에도 불구하고, 베트남에 대한 프랑스의 경제적 영향력은 무시할 수 없는 것이었다. 지엠은 미국의 막대한 원조에 기대어 프랑스의 경제적 영향력을 줄이고자 했지만 남베트남 내부에 깊이 뿌리박고 있었던 식민통치의 흔적을 지우기란 그리 쉬운 일이 아니었다. 곧, 원조는 지엠 정권이 베트남인들의 자본을 통제하는 데에서 상대적 자율성을 누릴 수 있도록 하는 물적 기반이 되었지만, 남부지역에서 90여 년을 활동하던 프랑스 자본으로부터 자율성을 획득하기에는 넉넉한 힘이 되지 못했던 것이다.

여기서 눈여겨보아야 할 것은 초기 국가건설기에 지속된 프랑스의 경제적 영향력이 국가·자본관계와 자본가계급의 성격을 규정했다는 점이다. 남한의 경우 미국의 원조와 더불어 존재했던 광범위한 귀속재산은 국가의 분배능력을 증대시키고, 자본가들의 물적 토대를 창출할 수 있는 근간이 되었지만, 남베트남의 경우는 일본이 남한에 남겨 놓았던 것과 같은 막대한 경제적 자산을 활용할 기회를 얻지 못했다. 물적 토대의 부재로 인해 지엠 정권은 실질적인 물적 자본을 제공하기보다는 수입허가권의 배분을 통해 자본가들을 포섭할 수밖에 없었고, 이는 이후 남베트남 경제가 생산보다는 소비를 중심으로 한 비생산적 경제구조의 경로를 취하게 되는 시발점이 되었다.

　남베트남의 독립 이후에도 지속된 프랑스의 경제적 영향력, 이에 대립된 지엠 정권과 미국의 이해는 자본가계급의 내부지형에도 심각한 영향을 미쳤다. 자본가계급은 친프랑스·친미파로 나누어졌으며, 이러한 분열은 자본가계급 전체의 계급적 응집성을 떨어뜨렸다. 또한 프랑스는 경제부분에서 인종·종족적 분할통치를 시행했는데, 프랑스 통치의 종결 이후 특히 중요했던 것은 과대하게 성장한 화교(華僑) 자본을 어떻게 통제할 것인가의 문제였다. 화교 자본은 자본가집단을 종족적으로 분리함으로써 지배집단의 응집성을 떨어뜨리고 있었으며, 남베트남 경제에 큰 영향력을 행사하고 있었기 때문에 국가건설 초기에 이들에 대한 통제력을 획득하는 것은 남베트남 경제를 재구조화하는 데 있어서 결코 간과할 수 없는 사안이었던 것이다.

　아래의 논의에서는 프랑스 식민지 경제질서의 유산과 결합된 국가·자본관계가 지엠 정권하에서 베트남공화국의 사회·경제관계 규제능력의 형성에 미친 영향을 검토하기 위해 첫째, 식민지배의 종결 이후에도 지속된 프랑스의 경제적 영향력, 둘째, 초기 자본가계급의 형성이 지니는 특성, 셋째, 자본가 내부의 분열 상황과 이에 대한 지엠 정권의 대처를 살펴보겠다.

식민지 경제관계의 지속과 귀속재산의 부재

　1939년까지 프랑스 회사는 385억 프랑을 베트남의 각 부분에 투자하고 있었고, 토지의 27%, 공업의 21%, 상업의 14% 등을 점하고 있었다. 남부 은행의 추산에 따르면 1950～1954년까지 프랑스의 자본 유입은 8,500억 프랑에 달했다(Phan Dac Luc, 1961 : 39). 전쟁기간 동안 프랑스 자본의 이탈이 있었지만, 전쟁이 종결된 이후에도 프랑스의 경제적 영향력은 약화되지 않았다.[7]

---

7) 식민경제의 발전과정을 살펴볼 때 식민모국은 피식민국이 자본 경쟁에 참여하도록 허락하지 않는다. 프랑스 역시 베트남에서 근대화된 거의 모든 산업부분

1차 인도차이나전쟁이 종결될 당시 프랑스의 망데스 정권은 프랑스인 자본가의 이해를 보장하기 위해 남베트남을 정치적으로 좀 더 통제하기를 원했다(Post, 1989a : 222). 그러나 지엠과 미국의 이해는 달랐다. 지엠은 '경제독립노선' · '인격독립경제(kinh te doc lop nhan vi)'를 표방했으며(Phan Dac Luc, 1961 : 39), 미국은 프랑스의 경제적 이해가 미국의 이해와 충돌하기 때문에 남베트남에서 프랑스의 영향력이 지속되는 것을 원하지 않았다. 1955년 초 지엠은 프랑스의 인도차이나은행을 폐지하고, 베트남국가은행을 설립하여 독립국가 경제의 토대라고 할 수 있는 통화관할권을 넘겨받았다(Phan Dac Luc, 1961 : 40 : Post, 1989a : 242). 또한 프랑스 수출입 물품에 대한 통관을 강화하고, 정치적 압박을 통해 프랑스 자본의 활동을 억제하려고 노력했다(Phan Dac Luc, 1961 : 40).

지엠의 노력, 미국 자본과의 경쟁으로 인해 1955~1959년까지 남베트남 내의 프랑스 회사 51개가 해체되었고, 34,920,000동(dong)[8]의 자본이 빠져나갔으며, 49개의 중소규모 회사가 남베트남인에게 양도되었다(Nguyen Cong Binh, 1961c : 31 : Phan Dac Luc, 1961 : 41). 이러한 상황을 고려할 때 지엠시기에 들어와서 프랑스가 남베트남 내에서 차지하고 있었던 경제적 지위가 흔들렸던 것은 부인할 수 없다. 그러나 지엠의 강경책이 오래 지속될 수는 없었다. 프랑스는 남부경제에서 여전히 중요한 위치를 차지하고 있었고, 지엠은 자본을 빌리기

을 독점하고 있었고, 경제관계가 단절되지 않는 이상 이것은 쉽게 약화되지 않을 것이었다(Morrison, 1959 : 214). 상업부분에서도 베트남인들은 경험 · 자본의 부족으로 대규모 상업에는 종사할 수 없었고, 영세한 소규모의 상업에 종사했다(Cole, 1959 : 187).

8) 동(dong)은 북베트남의 화폐단위이고, 남베트남의 화폐단위는 피애스터(piaster)이다. 논자에 따라 북베트남을 기준으로 기술할 경우는 동을 쓰며, 남베트남을 기준으로 기술할 경우에는 피애스터를 쓴다. 이 논의에서는 원문 그대로의 화폐단위를 싣는다.

위해서라도9) 프랑스에 양보해야 했다. 프랑스는 지엠을 싫어했지만 남
베트남에서의 경제적 이권이 너무도 컸기 때문에 지엠과 교섭하고자 노
력했다(Hoang Luong, 1961 : 29).

지엠 정권 초반 고전하던 프랑스 자본은 그들이 빠져나간 만큼이나
빠른 회복세를 보였다. 몇몇 대기업의 경우 다른 기업의 고전을 무색하
게 하듯이 1955~1959년 사이에 투자를 더욱 늘렸다. 상업에 관련한 6
개 회사가 148%, 6개 은행과 보험회사가 207%, 1개 운송회사가
300%, 농업관련 8개 회사가 238%, 7개의 고무농장이 234%로 자본
을 늘렸다(Phan Dac Luc, 1961 : 40). 이 기간 전체적으로 45개의
상업회사가 증자했으며, 97,120,000동을 투자하여 36개의 회사가 새
롭게 세워졌다(Hoang Luong, 1961 : 29 : Nguyen Cong Binh,
1961c : 32).10)

남베트남 경제에서 프랑스의 영향력을 가늠해 볼 수 있는 대표적인
부분은 프랑스의 '견고한 요새'라고 불렸던 고무농장이었다. 1945년 남
베트남 고무농장의 면적은 108,000헥타르였으며, 이 가운데 프랑스인
소유가 98,000헥타르였다. 전쟁기간 동안 약 30%의 고무농장이 유실
되었으나11) 프랑스에 의해 다시 복구되었고, 1960년에는 100,440헥
타르까지 회복되었다(Phan Dac Luc, 1961 : 41). 프랑스는 남베트남
고무농장 면적의 97% 가량을 소유하고 있었고, 고무농장을 통해 생산
된 1차 상품은 남부 전체 수출의 60%에 달하는 것이었다(Nguyen

---

9) 1957년 3월 지엠은 외국 투자자본에 대한 안정성을 보장하는 성명을 발표하는
등 외자유치에 적극적인 관심을 보이고 있었다. 자세한 내용은 Musolf(1963 :
360~361) 참조.

10) 1958~1960년 사이에 남베트남 제조업 부분에 투자된 신규 외국자본의 84%가
프랑스의 투자였다(Post, 1989b : 87).

11) 전쟁은 한편으로는 농장의 파괴를 가져왔지만, 다른 한편으로는 토지의 집적이
이루어지는 시기였다. 50헥타르 이상의 대단위 플랜테이션들이 외국인 소유로
바뀌었고(Post, 1989b : 86), 여기에서 프랑스 자본은 핵심적인 것이었다.

Cong Binh, 1961c : 32).

남베트남 전체에서 프랑스가 차지하는 경제적 위상은 두 국가의 수출입 교역량에서 여실히 드러난다. 〈표 5-2〉는 1955~1959년까지 남베트남의 대(對)프랑스 교역량이다. 시간이 지남에 따라 남베트남 내의 프랑스 물품 수입량이 줄고 있는 것은 미국·일본으로부터의 수입이 증가하고 있기 때문이다. 수입량만 본다면 프랑스와 남베트남의 경제적 연관성은 줄어들고 있는 것으로 보이나, 남베트남의 대(對)프랑스 수출 의존도를 보면 전혀 그렇지 않은 것을 알 수 있다. 1955~1959년 사이에 프랑스는 남베트남 상품의 주요한 수입국으로서 남베트남 수출품의 평균 53.78%를 수입했다.

〈표 5-2〉 남베트남의 대(對)프랑스 교역 : 물품 수입량/물품 판매량

(단위 : 100만 동)

연도		1955	1956	1957	1958	1959
수입량	가치	4,653	1,716	2,894	2,137	1,522
	%	52.4	24.5	29.45	26.3	19.4
판매량	가치	878	1,061	1,810	1,069	1,172
	%	37.3	67.5	64.2	55.3	44.6

자료 : Phan Dac Luc(1961 : 41~42)에서 재구성.

전체적인 경제관계를 볼 때 남베트남과 프랑스의 경제적 연관성은 결코 적은 것이 아니었다. 식민지배가 종결되었음에도 불구하고 남베트남 내에서 프랑스의 경제적 이권은 여전히 보호되고 있었으며, 이는 남베트남 내부의 독자적인 자본가형성을 제약하고 있었다.

수입허가권 배분을 통한 초기 자본가의 형성

결코 약화되지 않았던 프랑스의 경제적 영향력은 남베트남 내부의 독립적인 산업자본가의 형성을 가로막는 가장 커다란 구조적인 제약이

었다. 그러나 이러한 제약 요건은 소비 중심의 전시경제의 영향, 미국의 상품수입프로그램(CIP)의 영향, 자본가를 통제하고자 한 지엠의 정치적 의도 등이 맞물리면서 더욱 강화되었다.

남베트남 경제의 소비 중심적 성격은 일차적으로 전쟁의 영향을 반영했다. 1946년 말부터 본격화되어 1954년 중반까지 이어진 1차 인도차이나전쟁은 경제의 생산적 기반을 파괴했으며, 전시 소비경제의 과잉 팽창을 가져왔다. 프랑스는 막대한 군사비 지출을 통해 베트남의 경제적 붕괴를 막았으며, 사이공과 기타 다른 주요 도시의 생활 수준을 인위적으로 높게 유지함으로써 자신들이 통제하는 지역에서 정치·군사적 영향력을 유지하고자 했다(Nguyen Truong, 1974 : 5 ; Scigliano, 1964 : 101). 문제는 프랑스가 주둔하고 있을 때가 아니라 그들이 나간 공백을 어떻게 채울까라는 것이었다. 남베트남의 지도자들은 그들의 가장 주요한 지지기반인 도시지역의 생활 수준 하락을 허용할 수 없다는 믿음을 공유하고 있었다(Dacy, 1986 : 3 ; Morrison, 1959 : 215). 그들은 경제적 문제를 정치적 입장에서 접근하고 있었던 것이다. 남베트남 정부 당국자들은 도시 생활 수준의 하락이 남베트남 정권이 표방하고 있었던 반공주의의 허약성을 드러내는 것이라고 생각했으며, 인위적으로라도 전쟁기간 동안 유지되던 도시의 소비 수준을 지속시키고자 했다. 내적 생산기반이 취약한 상황에서 높은 소비 수준을 유지하기 위해 지엠 정권이 당장 의지할 수 있었던 것은 미국의 원조 프로그램밖에는 없었다.

미국의 원조가 지닌 특성은 이미 2장에서 설명한 바 있다. 이 논의에서 간단히 살펴볼 것은 미국의 상품원조가 남베트남 자본가계급의 형성에 미친 영향이다. 독립 이후에도 지속된 프랑스의 영향으로 인해 국내 자본가계급이 산업자본 형성에 뛰어들 수 없었던 근본적 한계는 미국의 원조에 의해 더욱 심화되었다. CIP는 남베트남 자본가를 상업적 자본가에 머물게 하는 직접적인 원인을 제공했던 것이다. 남베트남의

한 자본가는 "생산하는 것보다 수입하는 것에 더 관심을 기울이는 것은
미국의 원조와 유리한 환율덕분이다. 수입하는 것만 가지고도 상대적으
로 적은 자본으로 큰 이윤을 낼 수 있다"(Porter, 1976 : 277)라고 고
백했다. 1차 인도차이나전쟁기간 동안 유통과 상품에 대한 투기로 부를
축적할 수 있었던 일부 상업자본가들은 전후에도 그러한 관행을 지속했
으며, 외국 수입품과 경쟁해야만 하는 생산영역에 들어가려고 하지 않
았다(Post, 1989b : 87). CIP는 이러한 자본가들의 성향을 더욱 강화
시켰으며, 남베트남의 자본가들은 전쟁이 종결되었음에도 불구하고, 장
기적인 경제발전보다는 소비재 수입과 투기를 통해 이윤을 실현하는 데
탐닉했다(Porter, 1976 : 276-A). 미국의 원조는 지엠 정권을 지탱했
지만, 지역 생산력의 발전을 떠맡을 계급집단의 출현을 지원할 수는 없
었던 것이다(Post, 1989b : 84).

이러한 상황을 더욱 악화시킨 것은 지엠이었다. 지엠이 정권을 장악
할 무렵 대부분의 자본가들이 친프랑스 성향을 지니고 있었던 것은 그
의 정치적 미래를 어둡게 하고 있었다. 지엠은 자본가들을 신뢰하지 않
았으며, 경제적 자원의 통제력에 기반한 권력 핵심부의 경쟁이 정치적
불안정을 초래할 수 있음을 염려했다. 지엠은 사영산업의 발전이 남베
트남 자본가들의 수중에 부와 정치권력을 집중시킬 것이고, 이것은 결
국 자본가들이 정부에 도전하고 정부를 전복할 수 있는 위치에 설 수 있
도록 할 것이라고 보았던 것이다(Porter, 1976 : 281). 인격주의12)에
서 표방된 자본주의·사회주의 양자를 모두 지양한 중도의 길은 "자본
의 집중 단계를 거치지 않고 사회자본주의를 달성"(Vu Van Thai,
1961 : 71)할 수 있는 이상적인 발전노선으로 표방되고 있었지만, 그
내면에는 자본을 통제하고, 국가에 종속시키려는 정치적 의도가 숨어
있었던 것이다.

식민지배의 종결에도 불구하고 지속된 프랑스의 경제적 영향력, 여

---

12) 이에 대한 내용은 2장 3-1절 참조.

기에 결합된 국내의 정치·경제적 상황과 미국의 개입은 남베트남의 자본가형성을 제약했다. 남베트남 경제의 문제점을 말할 때 언제나 상투적으로 제기되는 사안들, 곧 전쟁으로 인한 설비의 파괴와 노후화, 투자 자본의 부족, 분단으로 인한 경제적 불균형 등(Nguyen Phuc Sa, 1959 : 241)은 남한과 별다르지 않았다. 그러나 자본가형성의 출발점은 남한과는 차이가 있었다.

남베트남 자본가들의 대부분은 소비재 외국상품의 수입을 통해 성장하고 있었다.[13] 앞에서 살펴본 바와 같이 지엠은 물질적 분배를 통해 국가 중심적으로 자본가들을 조직할 물적 토대가 없었으며, 그가 자본가들을 통제하기 위해 사용할 수 있는 유인책은 미국의 CIP와 결합된 수입허가권이 거의 유일한 것이었다. 1956년경까지 지엠 정권은 수입면허(import license)를 남발하여, 승인된 수입면허만도 20,000개가 넘었다(Hoang Luong, 1961 : 30 ; Porter, 1976 : 276-A). 지엠 정권은 수입면허를 내주면서 350,000피애스터의 보증금을 요구했으며(Montgomery, 1962 : 88), 수입면허는 정실에 의해 배분되었다(Porter, 1976 : 281~283).

그러나 수입면허의 남발이 상업자본가의 양적 팽창으로 이어진 것은 아니었다. 한편으로 수입면허는 프랑스 수입업자를 더욱 강화시키는 의도치 않은 결과를 가져왔는데, 이는 이들이 국내법의 적용을 받지 않고 수입을 할 수 있었기 때문이었다(Montgomery, 1962 : 88). 다른 한편으로 20,000개의 수입면허는 1956년 중반 이후 1,500개 정도로 줄어드는데, 이는 면허를 취득한 사람들이 이것을 다시 팔아 이윤을 취하려고 했기 때문이었다(Porter, 1976 : 276-A). 결과적으로 수입권은 외국자본이나 일부 자본가가 독점하게 되었으며, 수입을 주업으로 하는 상업적 자본가를 강화시켰다.[14]

---

13) 1956년의 경우 전체 수입 총액은 76억 620만 피애스터였으며, 이 가운데 소비재가 82.9%, 투자재가 17.1%였다. 자세한 내역은 Cole(1959 : 88) 참조.

남베트남·남한 모두에서 초기 자본의 발달은 원조경제에 기반한 상업적 성격을 공유하고 있었다. 그러나 남베트남 자본가들의 문제는 물적 토대를 전혀 갖추지 못한 상태에서 외국자본·수입상품과의 전면적인 경쟁에 노출될 수밖에 없었다는 점이다. 지엠 정권 이후에도 지속적으로 남베트남을 지배할 남베트남 자본주의의 강력한 소비지향성, 상업화 경향성은 식민주의경제의 지속과 결합된 전후 경제의 틀 속에서 만들어지고 있었던 것이다.

초국가적·종족적 영향에 의한 자본가계급의 분열

지엠 정권하에서 나타난 국가·자본의 관계는 지배체제의 응집력 약화와 자본가 내부의 분열·갈등을 보여 준다. 이는 다음의 두 가지 요인, 곧 식민지 경제관계의 지속과 결합된 초국가적 영향력에 의한 자본가계급의 분할, 자본가 내부의 종족적 분열을 반영하는 것이었다.

지엠 정권은 중·북부인과 가톨릭교도를 중심으로 하고 있었기 때문에 남부 코친차이나에서는 기반이 약했다. 따라서 정권의 안정을 위해서라도 자본가집단을 체제 내로 포섭할 필요가 있었다. 그러나 지엠 정권과 토착자본가의 결합은 초국가적 영향력, 곧 프랑스·미국의 경제적 개입에 의해 제약받고 있었다.

정권 초기 지엠이 제일 먼저 해결해야 했던 문제는 프랑스와 연결되어 지엠의 정권 장악을 노골적으로 반대하며 저항했던 군부·종교분파·빈쑤옌 세력을 제거하는 것이었다. 그러나 직접적인 군사 위협이 사라진 후 남은 문제는 프랑스와 강력한 연계를 지니고 있었던 친프랑스 자본분파를 어떻게 무력화시킬 것인가 하는 것이었다. 대표적인 친프랑스 자본가인 쩐반흐우, 응우옌반떰은 지엠을 격렬히 공격하고 있었

---

14) 1959년 수출입업에 종사하는 사람들은 851명으로까지 줄어들게 된다. 이 가운데 518명이 베트남인, 168명이 중국인, 85명이 프랑스인, 7명이 미국인, 13명이 그 외의 외국인이었다(Hoang Luong, 1961 : 30).

고(Nguyen Cong Binh, 1961c : 32), 지엠은 이에 대해 무언가 조치를 취해야 했던 것이다. 친프랑스 자본가를 통제하기 위한 지엠의 가장 적극적인 조치는 1957년 6월 30일 국회에서 통과된 '현재 외국에서 거주하고 있는 몇몇 친프랑스 대매판자본가들의 재산을 몰수하는 법령'이었다.[15] 또한 지엠은 이들의 근본적인 힘의 원천인 베트남 내의 프랑스 자본의 경제적 기반을 약화시키기 위해 국가의 산업통제를 강화하고자 했다. 지엠 정권이 사기업을 육성하는 것보다 국가와의 합작기업을 선호한 것도 프랑스인이 산업을 통제하는 것을 막기 위한 하나의 조치였으며(Montgomery, 1962 : 88), 이는 친프랑스 자본가들을 우회적으로 무력화시킬 수 있는 길이기도 했다.

친프랑스 자본가를 견제하면서 다른 한편으로 지엠은 친미적인 관료나 자본가들에게 특혜를 주어 이들의 경제적 입지를 강화시켰다. 일례로 지엠의 측근이었던 응우옌응옥터(Nguyen Ngoc Tho), 응우옌딘투언(Nguyen Dinh Thuan), 쩐레꾸앙(Tran Le Quang), 쩐흐우프엉(Tran Huu Phuong), 딘꾸앙찌에우(Dinh Quang Chieu) 등은 지엠의 후원으로 1957년 10월 미국이 만든 공업확장센터(Trung tam khuech truong ky nghe)에 참여했으며(Hoang Luong, 1961 : 31), 이를 통해 미국과 사업합작을 도모하고 부를 축적할 수 있었다.

식민지배가 종결된 이후에도 지속된 프랑스의 경제적 영향력, 상이한 초국가적 자본을 대표하는 프랑스와 미국의 대립, 그리고 이것의 국내적 반영인 친프랑스·친미파 자본가계급의 분열, 해외 지지세력인 미국의 이해와 결합된 지엠의 지배질서 재편은 자본가계급을 내적으로 분할하고 있었고, 지배세력의 응집력을 약화시키고 있었다.

초국가적 영향력과 더불어 화인 문제를 둘러싼 종족적 분열은 단일한 계급으로서의 자본가계급의 성장을 가로막았다. 중국인들이 베트남

---

15) 주요 공격 대상은 응우옌반쑤언, 응우옌반떰, 쩐반흐우, 응우옌데(Nguyen De)였다(Hoang Luong, 1961 : 29).

에 자리를 잡기 시작한 것은 17세기 초반이었으며, 프랑스가 들어오면서 급격히 성장하였다. 화인들은 경제적으로 프랑스인과 베트남인을 매개하면서 유통업과 수출입사업, 상업망을 장악하고 있었고, 외국인으로서 특권적 지위를 누리며 베트남 법의 적용을 받지 않고 프랑스가 관할하는 재외국인법의 적용을 받았다.16) 식민지배를 거치며 성장한 화인들은 베트남의 토착자본가형성을 가로막는 주요한 요인 가운데 하나였다. 화인 문제는 베트남에서 이들이 가장 많이 거주하고, 커다란 경제권을 쥐고 있었던 남부지역에서 특히 심각했다.17)

화인 자본가의 존재는 지엠 정권이 국내의 자본지형을 재편해 가는 데 커다란 걸림돌이었다. 지엠은 1955년 말부터 일련의 법적 조치를 통해 화인들을 압박하기 시작했다. 1955년 12월 7일 지엠은 화인과 베트남인 사이에서 태어난 모든 아이들은 베트남 시민으로 간주된다는 법을 발표했고, 이어 1956년 8월 21일 법령 48은 베트남에서 태어난 모든 화교는 베트남 시민이 된다고 규정했다. 또한 1956년 8월 29일 법령 52는 모든 화교에게 베트남 이름을 가질 것을 요구했고, 그렇지 않을 경우 벌금을 부과할 것이라고 밝혔다. 일련의 법령 가운데 가장 커다란 반향을 불러일으켰던 것은 1956년 9월 6일에 발표된 법령 53이었다(Tran Khanh, 1993 : 28~29).18) 법령 53은 외국인들은 남베트남

---

16) 베트남에서 화인의 정착과 성장에 대한 논의는 Marsot(1993) ; Tran Khanh(1993) 등의 논의를 참조.

17) 주요 대도시의 화인 분포를 보면 1952년을 기준으로 했을 때 사이공－쩌런(남베트남의 핵심지역)에 54만 명이 거주하여 전체 베트남에 분포하고 있었던 화인들의 74%가 이 지역에 집중되어 있었다. 사이공－쩌런은 화인들의 대기업이 집중되어 있던 지역이었고, 가장 큰 경제적 힘을 발휘하는 지역이었다. 1954년 프랑스의 식민통치가 완전히 종결된 시기 화인들의 총 투자가치는 8천만 달러에 달했으며, 이는 당시 전체 외국인 투자(3억 8천 4백만 달러)의 21%에 달하는 것이었다(Tran Khanh, 1993 : 25, 41, 53).

18) 이 법령이 발표되기 불과 며칠 전 지엠 정권은 화인들의 중·고등교육과정에 대한 대대적인 교육개혁령을 내린다. 이에 의하면 중등 이상의 모든 교육과정은

내의 11개 부분의 주요 업종에 종사할 수 없다고 규정한 법이었다.[19]
이 법령의 의도는 주요 경제부분에서 화인들의 경제적 영향력을 파괴하
고(Buttinger, 1961 : 110), 화인들을 정치·경제적으로 베트남인의
삶에 통합시키려는 것이었다(De Jaegher, 1959 : 109 ; Tran
Khanh, 1993 : 53). 화인들이 이를 피하기 위해서는 6개월 내에 남베
트남 국적을 취득해야만 했다.

남베트남인들은 식민지시기부터 국가경제를 독점해 오던 외국자본
에 대한 규제를 골자로 하는 국가정책을 환영했으며, 특히 의·식·
주·운송과 같이 국민생활과 직결되는 경제부분은 민족자본을 중심으
로 한 통제가 이루어져야 한다고 보았다(*The Times of Vietnam*,
1956.10.6b). 화인자본을 통제하기 위한 지엠의 공격적 정책은 적어도
베트남인들 사이에서는 그 정당성을 인정받고 있었던 것이다.

문제는 '과연 몇 세기를 걸쳐 베트남에 뿌리를 내려온 화교 자본이
그렇게 쉽게 자신의 기득권을 포기할 것인가'라는 점이었다. 화인들은
시장, 운송수단, 쌀의 유통을 지배했으며, 소매상 자본의 80% 이상을
통제했다. 비록 베트남인들이 그들을 변화시키기를 원했다고 하더라도,
그것은 서서히 진행시켜야만 하는 사안이었다(Buttinger, 1961 :
111). 그러나 지엠 정권은 당장의 변화를 원했다. 지엠의 강압적 정책
에 대한 화인들의 저항은 예상 밖으로 매우 격렬했다. 1957년 법령의
효력이 발생하자 화인들은 자신의 예금을 인출하기 시작했으며 불과 며
칠 사이에 국가 전체 통화의 1/6 가량이 사라졌다. 농촌지역의 쌀 운
송·도정이 중단되었으며, 홍콩의 화인들은 남베트남의 쌀 40,000톤에
대한 수입을 거절하였다(Buttinger, 1961 : 110 ; Fall, 1959 :

베트남의 교육과정을 따라야 하며, 베트남어가 국어로 사용되고, 중국어는 제2
외국어로 규정되었다(Tran Khanh, 1993 : 29 ; *The Times of Vietnam*, 1956.10.6a).

19) 금지된 업종은 ㉠ 생선장사와 정육점, ㉡ 일반 소매상, ㉢ 석탄과 장작상인, ㉣
석유생산물 상인, ㉤ 중고 매매업, ㉥ 직물과 비단상인, ㉦ 고철상, ㉧ 곡물상,
㉨ 운송업, ㉩ 정미업, ㉪ 중매인이다(Marsot, 1993 : 168).

114). 화인들은 귀화를 위한 마지막 날까지도 이에 무관심했고, 그 기간은 1957년 3월 22일에서 6월 21일, 8월 10일로 계속 늦추어졌으며, 마지막 날까지도 8~10만 명만이 등록했다(Fall, 1959 : 116). 1959년 230,000명 정도의 화인이 베트남 시민권을 취득하는 데 동의했으며, 반대한 3,000명 정도는 대만으로 갔고, 5,000명이 채 안 되는 사람들이 외국인으로 등록했다(Buttinger, 1961 : 119). 끝까지 베트남 국적을 취득하지 않은 사람들은 베트남인 부인의 명의를 사용하거나 명목상의 사장을 내세워 사업을 지속했다. 화인과 남베트남 정부 간의 갈등은 1963년 11월 남베트남 내의 화인들이 베트남 국적이나 대만 국적 가운데 하나를 자유롭게 선택할 수 있도록 한 새로운 국적법이 도입될 때까지 지속되었다.

화인을 강제로 베트남화하려는 지엠의 의도는 결국 실패로 돌아갔다고 볼 수 있다. 가장 큰 문제는 '강압적 조건하에서 이루어지는 국적등록이 정부에 대한 화인들의 충성을 이끌어 낼 수 있었겠는가'라는 점이다. 화인들은 "만일 우리가 마오의 여권을 가지고 있었다면, 우리 중국인들이 이와 같이 괴롭힘을 당하지는 않았을지도 모른다"라고 투덜거렸다(Fall, 1959 : 116). 이것이 본의가 아니었다고 할지라도 지엠은 국적법을 둘러싼 갈등을 통해 가장 핵심적인 경제 주체였던 화인들을 잃었던 것이다.

포스트는 "지엠의 권력블록은 국가기구를 통제하고 정치적으로는 우세했지만, 그것을 대표할 자본가계급에게 굳건히 뿌리내리지 못했다"(Post, 1989b : 84)라고 평가했다. 지엠 정권은 주요 자본분파를 체제 내로 포섭하는 데 많은 어려움을 겪고 있었으며, 초기 지엠에게 호의를 보였던 화인의 경우도 국적법을 둘러싼 갈등과정을 통해 지엠의 잠재적인 적대세력으로 변해 갔다. 이러한 가운데 지엠이 표방했던 '경제독립노선'·'인격독립경제'의 달성은 멀어져만 가고 있었다. 부팅거의 언급대로 "지엠은 베트남인들이 기다리고 준비했던 혁명(필자 : 경제건설과 발전)의 추진력이 아니라 장애물"(Buttinger, 1967 : 966)이었던 것이다.

2) 귀속재산의 분배를 통한
국가·자본가계급의 결합 : 남한

국가형성기 국가의 사회·경제관계 규제능력을 형성해 가는 데에서 남베트남과 남한의 중요한 차이점은 국가의 물적 토대인 귀속재산의 존재여부였다. 남한은 남베트남과 다르게 패전국의 식민지였기 때문에 광범위한 귀속재산이 존재했으며, 이는 남한의 국가가 사회·경제관계 규제능력을 강화하는 데 주요한 영향을 끼쳤다.[20]

그렇다면 귀속재산은 어떻게 규정될 수 있을까? 귀속재산은 '물적 성격'과 '민족사적 성격'으로 규정될 수 있다. 먼저 물적 성격으로 귀속재산을 정의하게 되면 이는 "1945년 8월 9일 이후 일본 정부, 그 기관 또는 그 국민, 회사, 단체, 조합 그 정부의 기타 단체 혹은 그 정부가 조직 또는 통제하는 단체가 직접 또는 간접으로, 전부 혹은 일부를 소유 또는 관리하는 금, 은, 백금, 통화, 증권, 예금, 채권, 유가증권 또는 본 군정청의 관할 내에 존재하는 기타 전 종류의 재산 및 그 수입"[21]이다. 민족사적 의미에서 볼 때 귀속재산은 "1876년 개항 이후 1945년 일제

---

20) 미국의 원조가 남베트남·남한의 국가를 지탱하는 데 가장 핵심적인 요인이었다는 것, 초기 자본형성과정에서 남한의 자본가들 역시 남베트남과 마찬가지로 수입물품을 통해 초과이윤을 실현했다는 것을 간과하는 것은 아니다. 그러나 원조나 수입품을 통한 이윤창출은 두 나라 모두에서 유사한 조건으로 존재했기 때문에 차이를 형성하는 요인으로 간주할 수 없다. 따라서 국가형성 초기 국가의 사회·경제관계 규제능력의 차이를 형성한 주요한 요인 가운데 하나는 귀속재산의 유무라고 볼 수 있는 것이다.

21) 미군정 법령 33호(Vesting Title to Japanese Property within Korea), 1945년 12월 6일 ; 김기원(1990 : 254)에서 재인용.

의 패망에 이르기까지 일본인들이 조선에 진출하여 축적해 놓은 재산으로서 조선에 대한 일제의 침략과 식민통치의 유산"(김기원, 1990 : 19)이다.22)

이 소절의 논의는 귀속재산이 지니는 민족사적 의미에 주목하면서 해방 이후 국가·사회관계와 계급관계를 재편하는 데 귀속재산이 미친 영향, 또한 이로 인해 초래된 국가·자본관계의 재구조화라는 문제에 초점을 맞출 것이다.23)

귀속재산을 둘러싼 사회·경제관계의 재구조화는 외세인 미국의 규정력, 계급 간의 역학관계, 국가와 지배세력의 선택적 동맹 등 다차원적인 요인을 반영하고 있다. 아래의 논의에서는 귀속재산,24) 특히 귀속사업체를 중심으로 첫째, 귀속재산에 대한 미국의 정책과 영향, 둘째, 귀속재산의 분배가 국가·지주·자본가의 역학관계를 어떻게 재편하고, 지배계급의 동맹지형을 바꾸어 갔는지 살펴보겠다.

---

22) 이러한 평가는 이대근(1983 : 411)에서도 유사하게 드러난다. 귀속재산의 전체적인 규모에 대해서는 김기원(1990 : 25~39) 참조.

23) 귀속재산이 지니는 민족사적 의미, 이에 대한 당시 노동자·농민들의 입장을 소홀히 하고, 귀속재산의 자본주의적 재편이 가져 온 경제적 효율성만을 강조하는 것은 몰역사적이고 결과론적인 역사해석이다. 박광작은 귀속재산에 대한 미군정의 정책을 다음과 같이 설명한다. "귀속재산의 불하 여건이 구비되는 대로 귀속재산의 민영화를 속행한다는 기본원칙 하에 시장경제와 민간 기업적 자본주의제도의 도입을 추진했다는 데 큰 질서정책적 공헌이 있었던 것이다. 미군정이 방대한 규모의 이 국유 귀속재산을 신속히 사유화함으로써만 국민경제적 차원에서의 효율제고와 생산촉진을 달성할 수 있다고 판단했던 것이다"(박광작, 1999 : 68~69). 이렇게 경제적 효율성을 중심에 놓고 귀속재산에 대한 정책을 평가하는 것은 해방 이후 귀속재산을 둘러싸고 전개된 다양한 정치·사회적 갈등과 이것이 지닌 역사적·민족사적 의미를 제대로 파악할 수 없다는 약점을 지닌다.

24) 귀속재산은 크게 세 부류로 분류될 수 있으며, 이는 ㉠ 귀속농지, ㉡ 귀속사업체, ㉢ 기타 귀속재산(건물·주택·대지·점포·임야 등 부동산과 선박, 그리고 금·은·주식·채권 등의 동산, 기타 재산상의 채권 등이 모두 포함됨)이다(이대근, 1983).

귀속재산에 대한 미군정의 정책과 영향

남한의 귀속재산에 대한 미국의 정책과 영향을 검토하기 전에 조선과 유사하게 일본의 식민지배를 겪었던 대만과 남한의 귀속재산처리과정이 지닌 차이를 먼저 살펴보자. 김기원은 이를 아래와 같이 설명한다.

> 대만에서는 국민당 정부가 직접 적산(敵産)을[25] 접수·처리하였는데 반해, 한국에서는 처음에 미군이 적산을 접수하였고, 한국 정부 수립 후에도 미국이 귀속재산의 불하에 큰 영향을 미쳤다. 또한 국민당 정부에서와는 달리 한국에서는 지배권력의 비결정 상태에서 일단 지배계급을 형성시키는 것이 급선무였다. 그 결과 대만에서는 상당수의 적산기업체가 공영화되어 공기업의 비중이 한국보다 훨씬 컸으며,[26] 국가주도의 자본축적이 곧바로 시작되었지만, 한국에서는 50년대 말까지 귀속업체가 빠른 속도로 불하되어 민간자본 우위체제로의 방향으로 나아갔던 것이다(김기원, 1990 : 176).

대만과 남한의 차이점에서 가장 눈여겨보아야 할 것은 대만에서는 없었던 미군정의 존재와 지배계급의 비결정성이라는 문제이다. 미군정에 의해 1차적으로 결정된 귀속재산의 민영화 원칙과 매각 대상자 선정 관행은 남한 정부의 수립 이후에도 그대로 계승되어 정부가 귀속재산을 처리하는 기준을 제공하였다. 또한 귀속재산의 처리과정은 남한에 새로운 독점자본가계급이 부상하는 과정, 곧 자본가계급을 중심으로 한 지배계급이 형성되어 가는 과정이었다. 결국 미군정은 남한에 자본주의적 질서를 세우는 데 결정적 영향력을 행사했으며, 이것은 이후 남한 자본주의의 특성을 주조하는 데 일정한 방향성을 부과했던 것이다.[27] 이제

---

25) 적산이란 연합국 측에서 본 적국(일본, 이탈리아, 독일 등)의 재산이란 의미로 사용되었으며, 한국의 입장에서는 한국의 적국인 일본의 재산이란 의미로 사용되었다(공제욱, 1993 : 63).

26) 대만의 경우 대륙에서 건너 온 관료자본가 집단이 이미 형성되어 있었고, 이들이 권력도 장악하였다. 그러므로 자본가이자 동시에 국가권력을 장악한 관료자본가층이 구일본인 소유 기업체를 접수한 다음 이를 대부분 국공유의 형식으로 자신들이 직접 관리했던 것이다(공제욱, 1993 : 47).

미군정의 귀속재산처리과정을 귀속재산처리를 위한 기본적인 입장과
법령의 변화, 귀속재산을 둘러싼 미군정과 노동자의 갈등, 귀속재산의
불하가 지닌 특성과 이를 통한 초기 자본가형성과정으로 나누어 살펴보
겠다.

정근식은 미군정에 의해 수행된 경제정책의 기본방향을 다음과 같
이 언급하고 있다.

> 농촌의 반봉건적 지주제가 해체되어야 하는 것이었다면, 산업부분에서의
> 자본제적 소유와 경영은 적극적으로 육성되어야 했다. 미군정의 입장에서
> 볼 때, 식민지 반봉건사회로부터 자본주의사회로의 순조로운 이행을 위해
> 서는 새로운 질서를 담당할 자본가층을 육성하고, 동시에 노동자층의 계급
> 화와 혁명적 동원화를 막는 문제가 가장 중요하고 시급한 과제였다(정근식,
> 1998 : 142~143).

1945년 9월 11일 하지는 '시정방침'을 통해 "한 국가의 독립은 경제
적 독립이 없으면 성립될 수 없으며 … 카이로회담에서도 조선 내의 일
본의 세력과 모든 권리를 제거하도록 하였으므로 조선이 독립되면 조선
안의 재산은 조선인의 것"[28]이라고 발표했지만 이후 미군정의 귀속재
산처리 문제를 볼 때 조선인의 것이 될 재산은 미국의 이해에 부합하는
특정 계급, 곧 자본가계급의 것이 될 것이었다. 전체적인 논의의 효율성
을 위해 우선 귀속재산처리를 위한 미국의 기본적인 입장과 법령의 내
용을 통사적으로 간략히 살펴보자.

남한 점령 초기 미군정의 귀속재산에 대한 가장 주요한 조치는 군정
법령 2호와 33호였다. 미군정은 남한 진주와 더불어 군정 법령 2호

---

27) 미군정의 귀속재산 불하원칙이 이후 이승만 정권의 귀속재산 처리의 원형이 되
   었고, 일정한 방향성을 부과했다는 것은 다수의 연구에서 확인된다. 이는 박광
   작(1999 : 57~58) ; 이대근(1983 : 430) ; 이혜숙(1992 : 199~200) ; 정태헌(2000 :
   245) 등을 참조.

28) 『매일신보』, 1945년 9월 2일자 ; 이혜숙(1992 : 146)에서 재인용.

(1945년 9월 25일, 패전국 소속 재산의 동결과 이전 제한의 건)를 발표하여 일본의 국공유재산에 대한 접수를 시작했다. 여기서 소유권 관할의 기점, 곧 패전에 대비하여 일본인들이 이전·처분한 재산의 처리를 무효로 하는 시점은 소련의 대일참전과 일본의 포츠담선언 수락 날짜(1945년 8월 9일)를 기준으로 설정했다. 또한 군정 법령 33호(1945년 12월 6일, 재조선 일본인 재산의 권리귀속에 관한 건)는 군정 법령 2호로 미군정의 접수·관리대상으로 동결한 일본인 국공유재산 외에 사유재산까지 포함시켜 모든 일본인 재산을 미군정에 귀속시켰다(정태헌, 2000 : 238~239).[29]

이러한 법령의 전환은 한편으로는 일본인 소유재산을 미군정의 소유로 확정했다는 의미를 지니지만, 다른 한편으로는 일본인들이 남기고 간 재산에 대한 조선인들의 사실상의 소유를 부정함으로써 당시 전개되고 있었던 귀속사업장에 대한 노동자자주관리운동을 정면으로 부정한 조치였다. 미군정은 법령 33호를 통해 일인재산의 처리를 조선인, 특히 '밑으로부터' 일본인 재산의 접수를 주도한 조선인 세력에게 맡기지 않고 자신의 의도대로 처리하고자 한 것이다(공제욱, 1993 : 49).

미군정은 노동자자주관리운동을 억압하면서 귀속재산의 민영화를 추진했다. 민영화 추진 방안은 당시 사회의 전반적인 요구와 정면으로 배치되는 것으로 자유주의적 자본주의경제를 이식하려는 미국의 의도를 실행으로 옮기는 조치였다.[30] 미군정은 1946년 2월 20일 SFE

---

29) 본 법령은 2조에서는 귀속재산을 "1945년 9월 25일부로 조선군정청이 취득하고 조선군정청이 그 재산을 모두 소유"(미군정 법령 33호 ; 김기원, 1990 : 254에서 재인용)한다고 밝히고 있다. 이는 그때까지 이루어진 매매나 양도까지 무효로 처리하는 소급조치를 취해 많은 혼란을 유발하였다. 미드는 이를 다음과 같이 평가한다. "주한미군이 취한 최초의 행동 중 하나는 일본인 사유재산에 관한 모든 거래는 군정의 승인을 받도록 하는 것이었는데, 그것은 고위지도자까지도 적산양도를 '복잡하게 지연시켰다'고 시인한 그런 조치였다. 복잡함을 가중시킨 것은 그 명령이 일본이 항복하기 일주일 전까지 소급 적용하여 선의로 행해진 이전 거래를 무효화시켰다는 점이다"(Meade, 1993 : 266).

153/4로 토지·주택·소규모기업체에 대한 불하를 지시했으며, 1947
년 3월 24일 소규모 적산기업체 불하에 관한 명령을 시달함으로써
1946년 6월 현재 장부가격 100만 원 이하의 소규모 기업을 매각하도록
하였다. 미군정은 1947년 7월 12일에 귀속재산 불하방침을 일반인들에
게 공표했으며, 귀속재산의 불하를 시작하였다.

비록 미군정기에 불하된 귀속재산의 양은 많지 않았지만,[31] 이때
시작된 귀속재산의 민간불하방침은 이후 남한의 자본제적 질서 구축의
기본방향을 제시하는 것이었다. 미군정하에서 행해졌던 노동 배제적이
고, 친자본적인 귀속재산처리방침은 새로운 국가에서 자본가가 강화되
는 데 핵심적인 역할을 수행했다. 이제 귀속재산을 둘러싼 미군정과 노
동자들의 갈등, 미군정과 자본가의 결합을 통한 새로운 자본가계급의
형성과정에 대해 보다 자세히 살펴보자.

남한 경제체제를 자본주의적으로 재편하려는 미군정의 정책이 실현
되기 위해 선행되어야 할 것은 당시 광범위하게 전개되고 있었던 노동
자자주관리운동을 파괴하고, 남한의 물적 토대를 미군정의 절대적인 통
제하에 놓는 것이었다. 먼저 노동자자주관리운동의 기본적인 성격을 살
펴보자.

이 운동의 근저에 깔린 사상은 일본인의 재산들은 조선인 노동자 착취의

---

30) 이후 좀 더 자세히 살펴보겠지만 미군정 초기에는 좌익은 물론이거니와 우익세
력 역시도 귀속사업체의 국유화에 동의하고 있었다. 다만 1946년 5월 창립된
자본가집단의 단체인 조선상공회의소만이 귀속업체의 빠른 불하와 민영화를
주장하고 있었다.

31) 미군정기에 불하가 완료된 부분은 26억여 원(1,300건)으로 미군정이 추정하는
귀속재산 가치의 0.85%에 불과했다. 이 중 기업체는 11억여 원(239건)으로 귀속
기업체 총 가치(2,170억여 원)의 0.5%, 1962년 말까지 이루어진 기업체 불하건
수의 13~28%에 달하여, 소규모 업체만 제한적으로 불하되었다. 미군정 기간의
불하는 건수나 금액 면에서 미미한 비중이었고, 광산·은행 등 대기업체의 불
하는 정부 수립 후로 미루어졌다(정태헌, 2000 : 244~245).

산물이라는 것이며, 해방은 곧 이러한 재산의 소유권에 대한 복원을 의미
했다. 이러한 공장접수운동은 일차적으로 반일(反日), 또는 일제 축출이라
는 당위에서 출발한 것이었으며, 다른 한편으로는 생산시설을 방비하고, 생
산을 지속시킴으로써 노동자들의 생계를 유지하려는 생활 보장책의 한 방
편으로 발생한 것이었다(조순경·이숙진, 1995 : 209~210).

노동자자주관리운동은 일본인의 재산뿐만 아니라 일본인과 조선인
의 공동출자회사에서도 전개되었으며, 이러한 사업장에서의 운동은 친
일파청산이라는 민족주의적 요구와 결합하고 있었다(김기원, 1990 :
74). 자주관리운동의 확산 정도는 명확히 알 수 없으나, 1945년 11월
4일 현재 16개 산별노조에 728개의 공장관리위원회가 구성되어 있었
고, 이와 관련된 노동자 수는 88,000을 헤아렸다고 한다.[32] 당시 미군
정은 노동자들의 자주적인 운동이 미군정의 통치영역을 제한하고, 식민
경제를 자본주의적으로 재편하는 데 큰 위협이 된다고 간주하였다. 이
러한 시각의 단면을 드러내는 것이 당시 노동조합에 대한 미드의 평가
이다.

한국의 노동조합은 미국의 조합과 유사하지는 않다. 그들은 거의 배타적으
로 좌익그룹과 연결된 소규모의 잘 조직된 매우 강력한 정당이었다. 조합
은 농민조합이 농민들에게 한 것과 똑같은 역할을 수행하기 위해 설립되었
다. 그들은 노동자, 농민이 통제하는 정부와 경제체제 내에서 산업체를 협
동적으로 소유할 것을 기본적인 목표로 삼고 있었다(Meade, 1993 : 270).

미드는 남한의 노동조합을 단순한 경제투쟁을 위한 조합이 아닌 사
회주의 지향의 정치조직체로 평가하고 있으며, 이것은 1945년 9월 15
일 재조선정치고문인 베닝호프가 "공산주의자들은 일본인 재산에 대한
즉각적인 압류를 주장하고 있으며 법과 질서를 위협할 수 있다"(*FRUS*,
1945, vol. Ⅵ : 1051)라고 국무장관에게 보고한 정세보고서의 시각과

---

32) 「해방선언」, 8호 : 75 ; 김기원(1990 : 75)에서 재인용.

유사한 것이다.

미군정은 1945년 10월경까지 노동자자주관리운동에 대해 명확한 방침을 정하지 못하고 있다가 11월에 들어서면서 이 운동을 부정하는 방향으로 방침을 정했다. 미군정은 1945년 10월 30일 군정 명령 19호를 통해 노동조정위원회를 설치하여 노동쟁의를 강제적으로 조정하고 실질적인 노동자의 단체행동권을 금지하고자 했다(정근식, 1998 : 148 : 정영태, 1999 : 237~238). 또한 1945년 11월 16일 내려진 미군정 '노정과 방침(Labor Section Policy)'은 "노동단체가 생산을 강탈하거나 동맹파업을 하는 것은 허락하지 않는다"[33]라고 밝혔으며, 귀속재산의 접수관리를 명시한 1945년 12월 6일의 법령 33호는 노동자자주관리를 전면적으로 금지해 버렸다. 더 나아가 1946년 7월 23일 군정 명령 97호는 "노동자들의 이해를 보호하고 그들의 복지를 증진시키기 위해 건강하고 상식적이며 비정치적인 노동운동을 발전시키는 것"[34]을 미군정 노동부의 목표로 선언하여 정치적 성격을 띤 모든 노동운동을 금지했다.

이러한 일련의 과정에서 주목할 만한 것은 미군정의 공세가 조선노동조합전국평의회(이하 전평으로 줄임)의 결성(1945년 11월 5일)과 유사한 시기에 이루어지고 있다는 점이다. 이는 노동자의 권리 확보나 노동조건의 개선, 그리고 노동조합활동에 대한 보장과 자유보다는 조선의 노동자들을 국가가 완전히 통제하고, 그러한 통제 아래 생산을 증진시키는 한편 이데올로기적 안정을 담보하고자 하는 미군정의 의도(조순경·이숙진, 1995 : 90)를 현실화시킨 것이었다.

미군정의 공세는 노동운동의 급진화를 가져왔으며, 미군정과의 전

---

33) *USAMGIK*, "History of the Department of Labor", p.8 ; 조순경·이숙진(1995 : 91)에서 재인용.

34) *USAMGIK*, "History of the Department of Labor", p.37 ; 조순경·이숙진(1995 : 95)에서 재인용.

면적인 투쟁을 불가피하게 만들었다. 미군정은 자체의 강력한 물리력과 미군정에 의해 조직된 어용단체인 대한노총을 통해 노동운동을 지속적으로 탄압했다. 특히 대한노총의 사적인 테러는 매우 심각했다. 1945년 9월부터 1947년 3월까지 총 217건의 테러가 발생했고, 이로 인해 31명이 사망하고, 944명이 중상을 입었으며, 2,485명이 경상을 당했고, 16,444명이 피검되거나 투옥되었다(정영태, 1999 : 253). 해방 이후 1947년 3월까지 노동쟁의는 2,388건에 참가인원 60만 명, 사망자 26명, 피검자 8,000명, 해고 노동자 16만 명으로 집계되었다(정근식, 1998 : 150).

미국의 직접적인 물리력과 대한노총을 중심으로 한 우익의 사적 폭력의 결합을 통한 노동운동 탄압으로 인해 1946년 8월 이후에는 자주관리공장을 거의 찾아볼 수 없게 되었고(김기원, 1990 : 71), 1946년 9월 총파업으로 전평은 조직상의 치명적인 손상을 입었으며, 1947년 3·22 총파업을 통해 2,000여 명이 피검됨으로써 자주적 관리운동으로 촉발된 노동자들의 투쟁은 급격히 약화되었다(김태승, 1987 : 344~346). 1948년 중반기에 이르면 전평계열 노동조합은 거의 무력화되거나 배제되었다.

미군정에 의해 이미 무력화된 노동자계급은 노동 배제적 자본축적을 위한 이상적인 조건을 만들었다. 생성기에 있었던 남한의 자본가계급은 미군정이라는 인큐베이터 안에서 귀속재산이라는 자양분과 저항세력의 제거라는 이중의 특혜를 누릴 수 있었던 것이다.

그렇다면 초기 미군정의 귀속재산 관리는 남한의 자본가형성에 어떠한 영향을 미쳤을까? 미군정은 자신이 접수한 귀속기업체에 대하여 관리인(manager, 간혹 director라고 함)을 임명하여 경영토록 하였다. 관리인이라 함은 관재처에서 제정한 법령에 따른 감독을 받으며 귀속사업체의 관리(재정 및 운영) 책임을 위임받은 사람을 지칭하였다(김기원, 1990 : 122). 관리인들은 경영의 권한을 갖지 못한 단순한 고용

인의 범주를 벗어나 생산수단을 실질적으로 장악하고 자신의 의사대로
기업체를 경영하는 자본가로서의 속성을 지니고 있었는데, 그들의 특성
은 다음과 같다.

> ㉠ 관리인은 임명 시 보증금을 납부해야 했다.
> ㉡ 보수 규정에서도 관리인들은 이익금의 일정 비율을 취득하는 방법을 선
> 택할 수 있었다. … 많은 공장에서는 관리인들이 자기 마음대로 자신의
> 보수를 책정하기 일쑤였다.
> ㉢ 관리인 중의 일부는 보증금 이외에 자기 자본을 투자하였다.
> ㉣ 기업을 운영하는 관리인은 크게 두 부류로 나누어졌는데, 그 하나는 생
> 산증대에 적극적으로 노력하는 경우였다. 그런가 하면 다른 하나는 관
> 리인의 지위를 이용하여 부정한 방법으로 재산을 축적하는 경우였다.[35]
> ㉤ 관리인들은 지역별로 조직체를 결성하여 집단적 영향력을 행사하였다.
> … 이들은 관리인의 선정에 관여하고 미군정의 귀속재산 관리정책 결정
> 에 개입하는 등 다방면에 걸쳐서 활동을 전개하였다.
> ㉥ 정부 수립 이후에 명확히 되는 것이지만, 관리인들은 귀속업체의 불하
> 에 우선권을 갖고 있었다(김기원, 1990 : 137~140).

관리인들은 과거 일제하에서 중간계층 또는 매판적 동맹자의 지위
에 있던 조선인들이었으며,[36] 영어나 일어에 능숙한 자, 각층의 정상
배나 모리배가 포함되었다. 이들의 정치적·사회적 입장은 두말할 것
도 없이 보수적 성향을 강하게 띠었다(김기원, 1990 : 133 : 이대근,
1983 : 428).

관리인제도는 1947년 9월 17일 발표된「조선 내에 창립된 법인에

---

35) 이와 같이 사리사욕만을 채우고, 더 나아가 부를 축적하기 위해서 반민족적인
행동조차 서슴지 않았던 자들을 모리배(謀利輩)라고 불렀는데 모리배의 유형에
는 다음과 같은 것이 있었다. ㉠ 배급물자의 고가처분, ㉡ 일본인 소유물 및 건
물의 불법 취득, ㉢ 농작물의 매점과 매석, ㉣ 미곡과 일본 상품의 밀수출입, ㉤
관리공장 원자재의 부당 처분, ㉥ 군정청 소관물의 부정 취득, ㉦ 기타(민주주
의민족전선 편, 1988b : 388).

36) 이들의 출신에 대한 세부적인 분류는 김기원(1990 : 126~133) 참조.

관한 건」으로 대규모 기업체에 다수 공동관리인을 두는 이사회제도로 보완되었다. 또한 관리인제도와 귀속재산 불하의 중간단계라고 할 수 있는 임대차제도－임대인이 정부에 임대료를 지불하고 자기 명의로 경영을 하고 위험부담의 책임을 스스로 지게 되는 제도－가 1946년 11월부터 실제로 운영되기 시작하여 귀속재산의 민영화를 가속화시키고 있었다.

관리인들이 귀속업체를 장악해 갔다는 것은 미군정·자본·노동의 투쟁에서 결국 미군정의 압도적 지원을 받은 자본이 승리했음을 의미하는 것이었다. 위의 ⓑ항에서 언급한 바와 같이 미군정은 1947년 12월 8일 생산위원회 지령 10호인 「소규모 적산사업체 불하에 관한 추천 소속 요령」을 통해 관재처가 상무부장이나 상공국장의 추천으로 불하 대상자를 선정할 때 우파의 주장을 받아들여 관리인이나 임차인에게 매입 우선권을 부여했다. 미군정의 이러한 불하방식은 이후 이승만 정부에 귀속업체 불하의 기본틀을 제시했다는 점에서 중요한 의미가 담겨 있었다(정태헌, 2000 : 245).[37]

미군정하에서 생성된 새로운 자본가들은 수입허가권에 의존한 남베트남의 상업자본가들과는 존재조건이 달랐다. 물론 이들도 물자 부족과 높은 인플레이션이라는 조건하에서 수입면허증을 교부받아 상업을 통한 자본축적을 해 나갔다. 그러나 남한의 자본가들은 남베트남의 자본가들과는 다르게 귀속재산을 토대로 한 국내의 생산기반을 제공받을 수 있었다. 이는 곧, 국가형성의 초기 단계에서 남한의 자본가가 남

---

37) 해방 이후 일제 및 일본인 재산에 대한 처리 문제는 남·북한에 있어서 판이하게 나타났다. 북한에서 적산의 접수는 처음에는 각 지방인민위원회별로 일인 소유 동산에 대한 공출 형태로 이루어졌고, 1946년 3월 「북한토지개혁법」 및 8월의 「주요산업 국유화법」의 공포·실시로 토지·건물·기업체 등 모든 종류의 부동산이 국유화 및 무상분배 조치되었다(이대근, 1983 : 418). 이 가운데 특히 8월의 조치는 해방 당시 남한의 주요세력들이 구상했던 것과 크게 다르지 않은 것이었다. 그러나 미국의 초기 귀속재산 처리방침은 대부분의 조선인이 희망했던 것과는 상반된 것이었다.

베트남의 자본가들에 비해 산업자본가로 전환할 수 있는 가능성을 더 풍부하게 지니고 있었음을 의미한다.

귀속재산의 불하와 초기 자본가계급의 형성

1948년 8월 15일 남한에 단독정부가 들어서면서 대부분의 귀속재산은 남한 정부에 이관되고, 이관된 재산과 이미 처리된 재산에 대한 법인절차로써 1948년 9월 11일 이른바 '한·미정부 간의 재정 및 재산에 관한 최초협정(Initial Financial and Property Settlement between R.O.K and U.S.A)'이 체결되었다. 이로써 미군정시대에 처리된 일체의 재산상의 처사는 기정사실로 확정되었다(이대근, 1983 : 425). 이제 미군정의 유산하에서 귀속재산의 분배가 어떻게 국가·지주·자본가의 역학관계를 재편하고, 지배계급의 동맹지형을 바꾸어 갔는지 살펴보겠다. 이를 위해 지주계급이 산업자본가로 변신할 수 있는 하나의 기회였던 귀속재산의 불하과정에 주도적으로 참여하지 못하고 배제되었던 원인을 검토하고, 귀속재산의 불하를 통해 국가·자본가계급의 동맹이 강화되어 가는 과정을 추적해 보겠다.

지주세력 몰락의 주요한 원인은 이후 설명할 농지개혁과 맞물린 전쟁이었다. 그러나 지주계급이 산업자본가로 변신할 수 있는 기회였던 초기 귀속재산의 불하과정에서도 여러 제약이 존재했다. 이는 다음과 같은 네 가지 요인, 곧 지주들의 토지 결박성과 광범위한 산업자산에 대한 초기의 무관심, 미군정기에 도입된 관리인제도가 귀속재산에 대한 지주들의 새로운 진입을 제약, 귀속재산 불하과정에서 나타난 국가의 지주배제정책, 지주계급에 대한 신흥자본가들의 견제 등의 요인이 상호작용하여 빚어낸 결과였다고 볼 수 있다.

우선 해방정국 초기 지주계급은 조선의 혁명적 정세가 강제하는 토지개혁으로부터 자신의 토지를 지키는 데 주요한 관심을 두었지 광범위한 귀속재산에 대해서는 큰 관심을 기울이지 않았다. 귀속재산에 대한 무관심은 대표적인 지주정당이었던 한민당의 「정책세목」에서 잘 드러난다. 「정책세목」 가운데 8항으로 구성되어 있었던 '산업의 부' 편은 산업자산에 대해 다음과 같은 입장을 표명하고 있다.

> ② 대규모의 주요 공장 급 광산의 국영 내지 국가관리.
> ④ 철도 기타 주요 통신기관, 통신기관 급 동력의 국영 내지 국가관리.
> ⑤ 주요 광산 기타 금융기관의 국영 내지 통제관리.
> ⑥ 조림의 국영 내지 국가관리.
> ⑦ 생명·손해보험 등의 국영 우(又)는 위임경영(심지연, 1984 : 267).

위에서 보는 바와 같이 한민당은 주요 재산의 국유화를 주장하고 있었다. 한민당은 1945년 9월 26일 중앙집행위원회를 열고 일본인 소유의 재산은 군정청에서 접수·관리했다가 이후 남한 정부에 인도해 줄 것을 요구하는 결의 사항을 채택한 것을 제외하고는 귀속재산에 대해 별다른 관심을 드러내지 않고 있었다(심지연, 1984 : 210).

지주들은 미군정기에 도입된 관리인제도에 적극적으로 진입하지 않았다. 관리인들은 주로 일제시대부터 사업장을 관리하던 상급직 직원, 주주, 업체 관련 상인, 미군정 관리, 상공업자, 기술자, 일제시대의 관리 등이 차지했다. 지주들 스스로가 의도한 결과는 아닐지라도 당시 지주들은 귀속재산에 대한 초기 접근기회를 앞으로 새롭게 부상하는 자본가계급에게 내주고 말았다. 미군정기부터 연고자가 귀속재산의 매입에 최우선권을 가지고 있었고(김기원, 1990 : 179), 이것은 이승만 정권기에도 그대로 계승되었다. 1950년 3월 대통령령으로 공포된 「귀속재산처리법 시행령」의 10조 1항에 의하면 귀속재산 중 귀속기업체의 매수 우선순위는 1위가 임차인 및 관리인, 2위가 기업체의 주주, 3위가 사원, 4위가 조합원 및 2년 이상 근무한 종업원, 5위가 농지개혁법에 의해 농지를 매수당한 자로 지주는 사실상 우선순위가 없는 것과 마찬가지였다(공제욱, 1993 : 71).

　법적으로 지주를 우선순위에서 배제했다는 것은 해방 초기 미군정·이승만·한민당을 중심으로 한 우익보수세력의 동맹관계가 달라졌음을 보여 주는 것이다. 초기 동맹세력이었던 이승만·한민당 세력은 단독정부 수립 이후 경쟁관계로 바뀌었다. 이승만은 지주계급이 장악하고 있었던 국회에 대립하여 지주계급을 배제한 상태에서 신흥 유산계층에 귀속재산을 불하하려고 하였다(공제욱, 1993 : 78). 이를 그대로 반영하듯이 귀속재산 처리를 담당한 관재청 등 관계 부처는 지주전업사업(귀속재산의 매입을 통한 자본가로의 전환)에 비협조적이었다(김기원 1990 : 179). 귀속재산의 불하에 정부가 강력한 영향력을 행사하고 있는 상황에서 이승만 정권이 지주들을 권력기반에서 배제하려고 한 것은 지주계급의 몰락을 재촉하였다. 귀속업체의 장악을 둘러싼 각축전에서 정치권력이 향후 자본가로 성장할 관리인의 편을 들었기 때문에 지주들은 패퇴하고 말았던 것이다(김기원, 1990 : 180).

　지주계급의 약화에는 관리인들의 견제도 한 몫을 하였다. 일례로 불하정책을 수행하는 기관을 놓고 정부·국회의 충돌이 있었는데, 정부는 불하정책을 수행하는 기관을 국무총리 직속의 관재청으로 하고, 대통령령에 의해 정해진 귀속재산 관리위원회를 귀속재산에 관한 기본정책을 조사·심의하는 기관으로 삼으려고 했다. 반면 국회의 '산업위원회안'은 관재청을 두면서 중앙과 각 지방에 관재위원회를 설치하여 귀속재산의 처리에 국회가 참여하고 의결권을 행사하고자 했다. 그러나 국회의 안은 무효화되었으며, 이것이 무효화되는 데는 귀속재산 관리인들의 강력한 로비가 작용하였다(공제욱, 1993 : 77, 122).

　귀속재산의 불하에서 지주계급이 배제되고, 실질적인 영향력을 행사하지 못한 것은 국가와 신흥자본가계급의 동맹을 강화시켰다. 독재권력을 강화하기 위해 새로운 동맹세력을 찾던 이승만에게 귀속재산의 존재는 매우 유용한 수단이었으며, 신흥자본가들은 이를 통해 독점자본으로 발전해 갈 수 있는 기회를 얻을 수 있었다.

이제 귀속재산의 불하과정과 국가·자본가계급의 동맹 강화를 살펴보자. 귀속기업체의 본격적인 불하는 귀속재산법이 통과된 1949년 12월 귀속재산 전담기구인 관재청이 설치된 이후에 이루어졌다. 1950년 3월에는 귀속재산처리법 시행령, 1950년 5월에는 귀속재산처리법 시행세칙이 제정되었으며, 1950년 6월 22일 서울시 일부 점포의 불하를 시작으로 본격적인 불하가 이루어지기 시작했다. 그러나 전쟁이 발발하면서 한동안 불하사업이 중단되었다가 51년 1월부터 부산에서 다시 불하사무가 정식으로 재개되었다(김기원, 1990 : 162).

귀속업체는 1951~1953년 사이에 가장 많이 불하되었으며, 정확치는 않으나 많게는 1,097건으로 전체의 53.2%, 적게는 871건으로 전체의 42.9%가 불하되었다. 한국전쟁기간 중에 귀속재산의 불하가 적극적으로 추진된 것은 전시의 재정적자를 보전하기 위해 싼값에라도 불하해야 했다는 점과 귀속기업체의 민간 불하를 통해 물자생산을 강화하여 전쟁 수행의 물적 뒷받침을 하려는 요인 등이 작용했다고 볼 수 있다(공제욱, 1993 : 88).[38]

현재 여러 재벌의 밑거름이 된 해방 직후의 귀속재산 불하는 '현행 시장가격', 곧 정부 사정가격의 50~60%의 가격으로, 대금은 전액 즉시지불 또는 10%씩 최고 15년간 분할상환조건으로 이루어짐으로써 재벌에게 큰 축재기회를 주었다(장상환, 1999 : 156). 김영모는 해방 후 형성된 대자본가의 유형을 A급 자본가(대부분 화학공업과 섬유공업, 무역, 금융, 보험업을 겸영하고 있는 독점자본가), B급 자본가(무역, 화학, 섬유공업을 경영하는 대자본가), C급 자본가(겸영기업은 많지 않으나 그 규모가 큰 것)로 나누고 있는데, 전쟁이 끝난 후 A급 자본가는 독점자본가, B·C급 자본가는 상공업자본가로 전환하였다고 본다(김영모, 1981 : 263~265). 귀속재산의 불하는 일제하 상인

---

38) 그러나 대규모의 사업체는 한국전쟁이 끝난 후인 1955년에 많이 불하되었다(공제욱, 1993 : 92).

자본가세력을 매판관료독점적 산업자본가계급으로 변신시킨 것이다(장상환, 1999 : 157).

이러한 전환은 정부 수립 이후 귀속재산의 불하과정에서 나타난 정경유착으로 인해 이루어진 것이었다. 미군정기든 정부 수립 이후든 정경유착체제가 성립하게 된 까닭은 해방 이후 국가권력이 자본을 장악하고 이를 민간에 분배하여 위로부터 자본주의를 복구·발전시키는 특수한 상황이 남한에서 전개되었기 때문이다(김기원, 1990 : 170~171).[39] 그러나 남한 정부에 의해 이루어진 귀속재산의 민영화가 산업자본가를 육성하기 위해 목적 의식적으로 추진되었다고 보기는 어렵다. 귀속재산의 민영화는 미군정에 의해 토대가 놓여졌으며, 무엇보다도 이승만은 구지주계급이 아닌 새로운 동맹세력을 원하고 있었다. 따라서 귀속재산의 불하를 통해 형성된 독점적 산업자본의 맹아는 산업자본가를 정책적으로 육성함으로써 경제발전의 토대를 놓고자 하는 '국가의 기획'에 의해 이루어진 것이라기보다는 국가의 지배 블록 재편 과정에서 나타난 '의도하지 않은 결과'였다고 볼 수 있다. 그러나 초기 귀속재산 불하를 통해 형성된 국가와 자본가계급의 결합은 정치적 측면에서는 국가·자본의 군건한 결합을 통한 지배체제의 공고화, 사회·경제관계의 측면에서는 국가 중심적 자본축적의 가능성을 창출한 것이었다. 이것은 식민지 유산으로 남겨진 귀속재산, 이를 바탕으로 초기 자본제적 경로를 만들었던 미국, 독재권력의 강화를 위해 정치·경제적 동맹세력의 전환을 추구했던 이승만의 지배정책이 만들어 낸 합작품이었다.

---

39) 김영모는 A급 자본가는 '정치자본가', C급 자본가는 '관료자본가', B급 자본가는 이것의 혼용으로 설명한다. 이것은 초기 자본형성에서 국가와의 동맹이 얼마나 중요했는가를 보여 주는 예이다(김영모, 1981 : 264~268).

2. 농지개혁과 전쟁, 그리고 경제관계의 재구조화

> 발언권 있는 사람들과 정치적 유력층들의 대부분은 보다 철저한 토지개혁을 반대하고 있다. 설령 그들이 입으로 토지개혁을 내세우고 있다 하더라도, 그들은 실효성 있는 입법을 무력하게 하거나 또는 실시를 방해하려고 할 것이다(남아시아의 사례 ; Myrdal, 2001 : 343).

> 농지가 없는 농민들은 영혼이 없는 사람과 같다(일본인의 격언 ; Ladejinsky, 1961 : 154).

농지를 둘러싼 지주·소작인 간의 갈등은 새롭게 형성된 남베트남·남한 정부가 해결해야 할 가장 핵심적인 사회 문제였다. 농민들은 식민지시기부터 더욱 강화되어 온 과도한 수탈·착취체제로부터 벗어나 자신의 토지를 소유하기를 원했다. 이러한 열망은 농민들을 급진화하고, 나아가 이들이 사회혁명에 참여하게 되는 배경으로 작용하고 있었다.

국가형성 당시 정당성이 결여되어 있었던 남베트남·남한에서 농지개혁은 사회·경제적 측면에서 국가 정당화의 핵심적인 사안이었다. 농지개혁의 성격과 수준은 농민을 혁명화하거나 개량화 혹은 보수화하는 데 중요한 영향을 미칠 수 있는 것이었고, 이는 국가의 안정성에 직접적인 영향을 미칠 것이었다. 농지개혁은 또한 산업화에 저항할 수 있는 전통적 지배계급인 지주계급을 해체함으로써 자본제적 계급관계 발전의 토대를 확보할 수 있는 기회이기도 했다.

남베트남·남한의 농지개혁이 지닌 특성과 이것이 국가·사회관계, 계급관계에 미친 영향, 그리고 두 국가의 차이를 검토하기 전에 먼저 밝혀둘 것은 농지개혁에 대한 미국의 입장이다. 미국이 농지개혁을 강조했던 것은 농민들의 처지에 대한 도덕적 접근 혹은 사회 정의의 실현을 위한 것이 아니라 형성과정에 있었던 남베트남·남한의 국가 안정성을 높이기 위한 방책이었으며, 이에 따라 농지개혁은 아래로부터의 저항을 무마할 수 있는 최소한의 영역으로 제한되었다.

그렇다면 남베트남·남한에서 농지개혁은 어떻게 진행되었고, 이것이 남베트남·남한의 국가·사회관계, 계급관계에 미친 영향은 무엇이었을까? 농지개혁과정과 그 결과의 차이를 낳은 것은 미국/지엠·이승만 정권, 지주계급, 농민의 정치·사회·경제적 역학관계와 1차 인도차이나전쟁·한국전쟁의 상이한 효과였다. 이러한 차이를 간단히 드러낸 것이 아래의 표이다.

〈표 5-3〉 농지개혁과 국가·지주·농민관계의 재구조화

요인 / 국가	식민지배의 물적 유산인 귀속농지의 존재 유무	전쟁의 영향과 국가·지주·농민관계	국가·지주 관계와 농지개혁의 특성
남베트남	귀속농지 부재	농민의 급진화와 지주의 국가 의존도 증가	동맹관계의 지속과 친지주적 개혁
남한	광범위한 귀속농지의 존재	지주의 해체와 전쟁경험으로 인한 농촌의 침묵기제 형성	동맹에서 경쟁관계로의 전환과 탈(脫)지주적 개혁

남베트남·남한의 농지개혁과정을 검토하면서 유의할 것은 식민지배의 물적 유산인 귀속농지의 존재여부와 전쟁의 영향이다. 앞 절에서 살펴본 바와 같이 지엠 정권은 프랑스의 경제적 영향력의 지속으로 인해 귀속재산을 이용하여 자본가계급을 조직화할 기회를 얻을 수 없었다. 이와 유사하게 지엠 정권은 귀속농지가 없었기 때문에 국가가 귀속농지를 활용하여 지주·농민의 계급관계를 재조직화할 수 있는 기회를 갖지 못했다.[40] 반면 조선에 진주한 미군정은 광범위한 귀속농지를 이용할 수 있었다. 미군정에 의한 귀속농지의 분배는 이후 이승만 정권의

---

[40] 프랑스인이나 프랑스 국적을 소유한 베트남인의 토지는 1960년이 되어서야 남베트남과 프랑스의 협의에 의해 남베트남 정부에 귀속되었다(Ladejinsky, 1961 : 170).

농지분배계획에 기본적인 틀을 제공했으며, 남한을 자본주의적 질서로 재편해 가는 데 주요한 영향을 미쳤다.

전쟁 또한 남베트남·남한의 사회·경제관계 규제능력의 차이를 형성하는 데 결정적인 영향을 미쳤다. 남베트남에서는 1차 인도차이나전쟁과정에서 베트민에 의해 행해진 농지개혁으로 인해 농민들의 급진성이 증대되었다. 전쟁 이후 들어선 지엠 정권의 농지개혁은 친지주적 성향을 지닌 것이었고, 지배계급으로서의 지주계급은 약화되지 않았으며, 이는 농민들의 저항을 격화시켰다.

반면 남한의 경우 이승만 정권에 의해 수행된 농지개혁은 전쟁과 맞물리면서 전통적인 지배계급이었던 지주를 해체시키고, 산업자본이 성장할 수 있는 계급적 토대를 형성했다. 남한의 농지개혁은 반(反)지주적 개혁이었다기보다는 탈(脫)지주적 개혁이었으며, 이는 성공적이었다. 그러나 농지개혁이 피지배계급인 농민에게 미친 영향에 대한 해석과 평가는 주의를 요한다. 1950년대에 나타났던 남한 농촌사회의 침묵을 농지개혁에 따른 농민의 소농화의 결과로 해석하는 것은 농지개혁의 효과를 과장하는 것이다.41) 이 논의에서는 1950년대 농민의 침묵은 전쟁과정의 참혹한 경험과 농민조직·급진세력의 해체에 의한 것이지 이승만 정권에 의해 행해진 위로부터의 개혁에 대한 지지에 의한 것은 아니라는 점을 강조할 것이다.

1) 대지주 중심의 반봉건적 지배의 지속 : 남베트남

지엠 정권에게 농지개혁은 이승만 정권에 비해 더욱 절실한 것이었다. 이승만 정권은 미군정기를 거치면서 아래로부터 터져 나오는 농민

---

41) 이것은 농지개혁이 농민의 국가에 대한 수동적 동의를 형성하는 데 전혀 기여하지 못했다고 주장하는 것은 아니다. 문제는 '전쟁 이후 농촌사회의 침묵·묵종을 끌어냈던 가장 핵심적이고, 결정적인 요인이 무엇이었을까'라는 것이다.

들의 급진적 개혁요구를 억제할 수 있었지만, 지엠 정권은 1차 인도차이나전쟁의 여진 속에서 국가를 건설해야 했기 때문에 국가의 안정화를 위해서 하루 빨리 농민층을 체제내화할 필요성이 있었고, 그 핵심에 바로 농지개혁이 놓여 있었던 것이다. 그러나 농지 문제에 대한 지엠 정권의 접근은 차라리 정치적 재앙에 가까웠으며, 사회·경제관계의 규제를 통해 국가를 정당화할 수 있는 가능성은 멀어져만 갔다. 지엠 정권의 농지개혁은 구지배계급이었던 지주계급에게 결박되어 있었고, 지엠이 목표한 바와 같이 지주계급을 산업자본가로 전환시키지도 못했으며, 농민들의 분노를 사는 것이었다. 그렇다면 왜 이런 일이 발생했을까? 이를 설명하기 위해 첫째, 지엠 정권 이전 바오다이 정권의 농지개혁이 지닌 특성과 1차 인도차이나전쟁 당시 지주·농민관계의 특성을 살펴보고, 둘째, 지엠 정권하에서 농지개혁이 실시될 당시의 사회적 상황과 농지개혁법의 내용을 검토하며, 셋째, 농지개혁의 집행을 통해 드러난 국가·지주·농민관계의 변화를 추적해 보겠다.

지엠 정권 이전의 농지개혁과 1차 인도차이나전쟁의 영향

남베트남에서 농지개혁의 첫 번째 안은 1947년 5월 21일 코친차이나자치공화국시기에 만들어졌으며, 이는 소작료를 점차로 줄여 가는 것을 내용으로 한 것이었다(Fall, 1968 : 309). 이후 바오다이 정권은 농민의 충성심을 확보하기 위해 농지개혁을 추구했으며, 1951년 2월 소작계약과 신용제도를 조절할 것을 약속하였다(Gittinger, 1959 : 200). 그러나 이러한 초기 농지개혁의 시도는 공약(空約)으로 그쳤다. 1952년 중반에는 농업개혁국가위원회(National Committee for Agrarian Reform)가 만들어졌고, 1953년 초 응우옌반떰 수상은 지대는 수확고의 15%를 넘을 수 없다고 공표했으며, 이는 1953년 6월 4일 구체적인 농지개혁법안으로 제시되었다(Ladejinsky, 1961 : 158). 농지개혁법안 중 주요한 것은 '법령 20·21'이었다.

'법령 20'은 소작계약은 문서로 하며, 최소 5년간 소작을 유지할 수 있도록 하고, 지주가 농지를 팔 때는 소작인이 그 농지를 구입하는 우선권을 지닌다는 것을 명시했고, 소작료는 최대 15%로 규정하였다. '법령 21'은 지주의 최대 농지소유권을 북부는 12~36헥타르, 중부는 15~45헥타르, 남부는 30~100헥타르로 제한하였다(Tran Phuong, 1964 : 15~16). 과거 지주가 징수했던 소작료가 50%를 넘어서고, 베트민이 제시했던 최대 소작료가 25%인 상황에서 15%의 소작료라는 것은 매우 획기적인 것이 될 수 있었다(Ladejinsky, 1961 : 158). 그러나 이러한 개혁안은 실제로 집행될 수 없었으며, 선언적인 것에 불과했다. 법령은 국가에 의해 강제될 수 없었으며, 개혁은 제대로 실행될 수 없었다(Gittinger, 1959 : 200). 정부의 권력은 농촌지역에 대한 지배를 유지할 수 없었고, 심지어 통제지역으로 언급되는 곳에서도 명목만을 유지했다(Ladejinsky, 1961 : 158). 이러한 바오다이 정부의 무능은 전쟁기간 동안 농촌에서 진행된 계급 권력관계의 변화를 강력하게 반영하고 있었다.

당시 진행되고 있었던 전쟁은 농촌의 권력관계를 근본적으로 바꾸어 놓고 있었다. 1945년 해방 이전 농민과 지주의 관계는 많은 갈등을 내포하고 있었지만, 농촌에서 지주의 영향력은 강력했다. 해방 이전 농촌의 지주·농민관계는 미첼의 다음과 같은 설명에 부합했다.

> 지주의 권력과 권위는 단지 동전의 다른 측면에 불과하다. 지주와 소작인 사이의 관계는 단지 경제적인 것일 뿐만 아니라 사회·정치적인 것이다. 지주는 그들의 소작인의 행동에 대해 상당한 영향력을 행사할 수 있으며, 그의 이해와 일치하지 않는 소작인의 행동을 쉽게 단념시킬 수 있다(Mitchell, 1967 : 579).

그러나 전쟁기간 동안 이러한 전통적인 지배·피지배관계는 상당히 약화되었다. 특히 남부 삼각주 유역의 지배관계는 더욱 심각한 타격을 받았다. 이는 이 지역의 지주·소작관계가 지니는 역사구조적 특성에 의해 더욱 강화되었는데, 다음과 같은 페이지의 설명은 전쟁과정에서 지주권력이 더욱 약화될 수밖에 없었던 조건을 설명해 준다.

> 지주들은 관개수로와 작업관리 또는 작물판매나 그 과정에 직접적으로 관여하지 않았다. 그래서 중앙집권화된 소작체제를 운영하는 많은 지주들은 차지인들에게 직접적으로 경제적인 강제력을 행사하지 못했다. 삼각주의 분권체제는 비록 지주가 효과적인 생산을 방해하고 작물에 대한 권리를 주장할 수 있을지는 몰라도, 모든 운영과 생산과정은 차지인의 통제하에 있었다. 당시 지주들은 경제적으로 불필요했고, 그들이 소유한 토지를 보호하기 위해 군사적인 힘에만 의존했다(Paige, 1995 : 467).

기본적으로 자신의 경제적 권력을 중앙의 군사적 통제에 의지하여 실현했던 남부의 대지주들은 군사적 보호막이 사라지는 그 순간부터 경제적 권력의 약화를 경험해야 했다. 호아하오·까오다이와 같은 종교집단과 연계하여 자신의 안정을 도모했던 일부 지주를 제외하고, 다른 대다수의 지주가 직접적으로 전쟁과정의 영향을 받았다(Porter, 1976 : 303).[42] 베트민은 정책적으로 대지주들을 암살하거나 도망치게 만들었으며, 지주·파벌을 중심으로 한 지방정부들은 쇠퇴해 갔다 (FitzGerald, 1972 : 153~154).

전쟁기간 동안 베트민에 대한 농민들의 지지는 프랑스 세력을 축출해야 한다는 민족주의적 감정뿐만 아니라 토지 문제에 대한 농민들의 입장을 반영한 것이었다. 해방전쟁의 정치·경제적 측면은 지주를 축출하고 농지를 배분하는 것이었고, 농민들이 국가의 농지개혁법의 발표에 동

---

42) 『경제전문잡지(Tap San Kinh Te)』 1956년 8월 12일자는 항전기간에 사이공—쩌 런으로 도망간 지주들 가운데 60헥타르 이상을 소유한 지주가 6,100명이었고, 50~60헥타르를 소유한 지주가 18,300명이었는데, 이들 가운데 95%는 지대를 거둘 수 없었으며, 나머지 5%도 지대를 거두는 데 큰 어려움을 겪었다고 밝히고 있다. Nguyen Phong(1962 : 16~17) 참조.

요하지 않았던 것은 농촌을 장악하고 있었던 베트민 세력에 의해 이미 광범위한 농지개혁이 수행되고 있었기 때문이다. 1946~1954년 전쟁이 종결될 시기까지 베트민이 장악한 지역에서 농민들은 베트민에게 세금을 지불해야 했지만 지주에 대한 지대는 내지 않았고, 지주는 농민들에게 지대를 강제할 수 없었나. 전쟁으로 인해 비록 지주와 더불어 많은 농민들이 도시로 유입되었지만, 농촌에 남아 있었던 많은 농민들은 지대로부터 자유로울 수 있었던 것이다. 전쟁과정에서 640,000헥타르가 분배되었으며, 이 가운데 남부지역의 527,163명의 농민들에게 564,547헥타르가 분배되었다(Nguyen Phong, 1962 : 15 ; Post, 1989b : 106, 116). 이것은 지엠에 의해 분배된 농지보다 훨씬 많은 양이었다.

전쟁은 농촌을 지배하고 있었던 전통적인 권력관계를 뒤흔들어 놓고 있었다. 지주들은 더 이상 과거의 권력과 부를 누릴 수 없었으며, 농민들은 베트민에 의해 이루어진 농지개혁의 효과 내에 있었다. 이것은 지엠 정권이 들어서기 이전 베트민이 장악한 남부지역의 농지개혁이 사실상 종결되었음을 의미하는 것이었다. 전쟁 종결 이후 들어선 지엠의 개혁이 농민들을 설득하기 위해서는 이미 진행된 농지개혁을 사후적으로 인정하여 그들의 소유권을 확인해 주어야만 했다. 그러나 지엠의 개혁은 그렇지 못했다.

지엠 정권 농지개혁의 과정과 특성

그러면 이제 지엠 정권 수립기의 사회적 상황과 지엠의 농지개혁이 지닌 특성을 살펴보자. 구지배계급의 입장에서 볼 때 지엠 정권이 수립될 무렵 농촌의 상황은 전쟁으로 인한 물질적 토대의 파괴보다 더 심각한 전통적 질서의 파괴를 경험하고 있었다. 1차 인도차이나전쟁 당시 대부분의 지주들은 이미 소작인과 불법적인 토지 점유자들에 대항하여 자신의 재산권을 행사하는 것을 포기하였으며, 베트민의 선전으로 인해 농민들은 자신들이 점유한 토지에 대해 권리가 있다고 믿었다(Scigliano,

1964 : 122~123).43) 또한 비록 제네바협정에 의해 베트민 세력이 농촌의 근거지로부터 철수하면서 지엠 정부가 농촌을 장악할 수 있는 기회를 얻기는 했지만, 제네바협정에서 보장하고 있었던 1956년의 전국적인 통일선거는 새로 들어선 정부가 일시적인 것일지 혹은 영원히 존재할 것일지를 불투명하게 만들었다. 농민들은 선거 이후 베트민이 다시 돌아와 농촌을 지배할 것이라고 보았고, 이미 수행된 농지개혁을 역전시키려는 시도에 대해 저항했다(Porter, 1976 : 294).44) 당시 농촌의 분위기는 대지주였던 응우옌반찌에우, 남베트남지주연합회 회장이었던 레반쫑과 포터의 인터뷰에서 잘 드러난다.

> 빈빈(Vinh Binh)의 대부분의 지주들은 자신의 토지로 돌아가려 했으나, 성공할 수 없었다. 일단 농민들이 농지를 획득하게 되면, 그들은 토지를 내놓으려 하지 않았다. 어떤 농민들은 토지를 계속 사용하기 위해 불안정한 상태를 유지하려고 했다(Nguyen Van Chieu와 Porter의 인터뷰 ; Porter, 1976 : 296). 제네바협정에도 불구하고, 나는 베트민이 여전히 강력하다는 것을 알았다.

> 그래서 우리는 농촌으로 돌아갈 수 없었다. … 비록 지엠이 표면적인 안정을 확보한다 하더라도 이면은 불안정했다. 베트민이 모든 것을 통제했다(Le Van Trong과 Porter의 인터뷰 ; Porter, 1976 : 297).

농촌의 상황을 역전시키고 하루빨리 안정시키기 위해서라도 농지개혁은 매우 시급한 문제였다. 그러나 지엠 정권이 농지개혁을 입안하고

---

43) 전쟁과정에서 10여 년간 혹은 더 긴 세월 동안 소작료를 지불하지 않았던 농민들은 자신이 점유한 토지에 대해 소유권과 같은 느낌을 가지고 있었던 것이다 (Ladejinsky, 1961 : 159).

44) 지엠 정부의 농촌 침투는 단순히 농촌에 대한 정부 통제권의 회복을 의미하는 것이 아니라 정부의 권력을 등에 업은 지주세력의 복귀를 의미하는 것이었다. 지엠 정권이 자신의 농지개혁안을 확정 짓지 않은 상황이었음에도 불구하고, 새로운 정부의 통제는 과거 베트민하에서 행해졌던 농지분배의 상황을 위협하는 것이었으며, 이러한 상황에 대한 농민들의 저항은 너무도 자연스러운 것이었다.

실행하는 것은 그리 만만한 일이 아니었다. 초기의 농지개혁이 지연될 수밖에 없었던 직접적인 원인은 권력의 불안정 때문이었다. 권력을 장악할 당시 지엠은 아래로부터의 저항뿐만 아니라 군벌·종교집단·친프랑스파·빈쑤옌과 같은 여러 집단들의 직접적인 도전을 받고 있었으며, 지엠은 사회개혁보다도 이들을 제압하고 정권을 안정시키는 것을 가장 시급한 과제로 간주하였다(Catton, 2002 : 52). 1954년 가을 미국과 프랑스의 고문들은 농지분배는 이후에 실시하더라도 우선 지대의 축소와 소작권 보호 프로그램을 통해서 농지개혁이 실현될 수 있다는데 동의하였으나, 지엠 정부는 그러한 계획에 관심을 두지 않았다(Gittinger, 1959 : 200). 결과적으로 농지개혁은 당시 주남베트남 미대사였던 콜린스(Collins)의 다그침으로 1955년 초가 되어서야 조심스럽게 착수되기 시작했다(Buttinger, 1967 : 1133).

지엠의 농지개혁은 2단계로 세 방향에서 추진되었다. 1단계는 소작계약을 통해 소작인을 안정화하고(1955년 1월 8일 '법령 2호'), 버려진 토지를 재경작토록 하는 것(1955년 2월 5일 '법령 7호')이었고, 2단계는 농지분배(1956년 10월 22일 '법령 57호')였다.45) 지엠은 이후 당시 실시된 농지개혁의 전체적인 목적을 다음과 같이 밝혔다.

1. 경작권 보호 프로그램을 통해 소작인들의 생활을 향상.
2. 지주와 소작인의 관계 개선.
3. 지주는 정부가 무토지 농민들에게 되팔 수 있는 토지를 정부에게 팔 것.
4. 농업발전과 지주의 산업활동을 지향.
5. 무료로 토지분쟁을 다룰 특별농업법정을 만듦(The Republic of Vietnam, 1961 : 351).

1·2항은 1단계(특히 법령 2호), 3·4항은 2단계의 개혁 프로그램에 해당하는 것이고, 5항은 이러한 과정에서 발생할 수 있는 분쟁을

---

45) 이러한 단계와 성격의 구분은 Nguyen Phong(1962 : 14) ; Scigliano(1964 : 104) 참조.

조정하기 위한 것이었다. 그렇다면 실제 농지개혁법의 내용은 무엇이었을까?

1955년 1월 8일 공표된 법령 2호는 1953년 바오다이 정권의 법을 수정한 것으로 ㉠ 모든 소작인은 계약서를 작성해야 한다, ㉡ 소작료는 최소 15%에서 최대 25%로 한다, ㉢ 소작계약은 최소 5년으로 하고, 소작인의 선택에 의해 갱신한다는 것을 주요한 내용으로 했다. 1955년 2월 5일 공표된 법령 7호는 경작되지 않는 토지명부를 정부에서 파악하여 지주가 스스로 경작하거나 소작을 줄 의사를 밝히도록 했고, 그렇지 않은 경우에는 마을위원회와 농민이 소작계약을 맺고 마을위원회에서 관리하도록 했다(Gittinger, 1959 : 201 ; Nguyen Phong, 1962 : 14~15).46)

농민들에게 이것은 개혁이라기보다는 개악이었다. 개혁안은 바오다이 정권시기에 제출되었던 것보다 더 후퇴한 것이었다. 바오다이 정권은 소작료를 최대 15%로 규정하고 있었지만 지엠 정권이 제시한 소작료는 그 상한선이 25%였던 것이다. 게다가 지주들은 소작인과의 계약을 최대 25%의 소작료를 징수할 수 있다는 것이 아니라, 적어도 25%의 소작료를 징수할 수 있는 수단으로 여겼다(Gittinger, 1959 : 202). 반면 농민의 경우 소작계약을 체결한다는 것은 이미 그들에게 속한 토지를 버려야 한다는 것을 의미하였고, 농지가 지주에게 속한다는 것을 인정하는 것이었다(Nguyen Phong, 1962 : 15). 따라서 1단계 개혁은 법안 자체가 국가·지주와 농민 간의 분쟁의 불씨가 될 수밖에 없는 것이었다.

농지개혁의 핵심은 농지분배에 있었다. 그러나 정작 핵심적인 농지

---

46) 이러한 농지개혁법에서는 소작인을 A·B·C형으로 분류하고 있었는데, A형 소작인은 현재 농지를 경작하며, 이 농지에 대해 지주와 직접적인 계약을 맺는 농민, B형 소작인은 지주가 그 지역에 존재하지만 전쟁기간에 버려진 땅을 개간하는 농민, C형 소작인은 부재지주이거나, 지주가 개간을 포기하여 마을위원회와 계약을 맺는 농민을 일컫는다(Nguyen Phong, 1962 : 14~15).

개혁정책은 1956년 10월 22일이 되어서야 법령 57호를 통해 공포되었다. 법령 57호는 메콩 델타의 농지 불평등을[47] 해소하여 소농을 창출하고, 지주를 산업활동으로 전환시키려는 목적을 가지고 추진되었다. 이 법령의 3조는 지주가 최대 100헥타르의 토지를 소유할 수 있고,[48] 이러한 토지는 지주가 원하는 곳을 지정할 수 있도록 했으며, 나머지는 소작인들에게 되팔기 위해 국가가 매입할 수 있도록 내놓아야 한다고 규정하고 있다.[49] 7조는 같은 소유자의 이름으로 등록된 토지는 한 사람의 재산으로 간주된다고 밝히고 있다. 또한 21조는 몰수된 토지에 대한 보상조건을 규정하고 있는데, 몰수된 토지 가운데 10%는 현금으로 보상하고, 나머지는 공채로 받으며, 액면가치에 대해 연 3%의 이자를 지불하고, 12년에 걸쳐 상환하도록 했다.[50] 21조와 연관하여 지엠 정부는 지주들이 산업자본가로 전환할 수 있는 기회를 제공하기 위해 22조를 통해 지주에게 지불된 공채를 국가기업에 투자할 수 있도록 하였다(Lindholm, 1964 : 79~83).

지주의 해체와 소농 창출을 목표로 한 법령 57은 법령 자체가 이러한 목적을 충족시킬 수 없는 것이었다. 먼저 법령 3조에서 밝히고 있는 지주 토지 상한선 100헥타르는 대지주의 해체가 아니라 합법적으로 대지주를 유지시키는 것이었다. 이는 일본·남한·대만의 제한선을 30배 이상 초과하는 것이었다(Catton, 2002 : 53). 또한 지주들은 가장 생산적이고 안정적인 지역의 토지를 지키고, 그들에게 이익이 되지 않는 토지를 팔 수 있었다. 7조의 경우 지주가 계속하여 수백 헥타르의 토지

---

47) 당시 남베트남은 대부분이 부재지주였던 6,300명의 대지주가 논 1,035,000헥타르(전체의 45%)를 소유하고 있었고, 나머지 183,000명의 소지주가 345,000헥타르(전체의 15%)를 소유했다. 이것은 대지주 2%가 45%의 농지를 소유하고, 소지주 75%가 15%의 농지를 소유한 것을 의미한다(Fall, 1968 : 308).

48) 여기에 조상숭배를 위한 토지로 15헥타르를 더 소유할 수 있었다.

49) 이러한 규정을 받는 농지는 논에 한정되어 있었다.

50) 반면 농지를 분배받은 농민은 6년 내에 지가를 상환해야 했다.

를 보유하고자 한다면, 단지 명의를 친족들에게 이전시키면 그만이었다(Porter, 1976 : 309~310). 지주를 자본가로 전업시키려는 정부의 의도도 실현되기 어려운 것이었다. 지주가 기업에 투자를 한다고 하더라도 그것은 정부에 의해 일괄적으로 지불되는 것이 아니라 12년에 걸쳐 지불될 것이었기 때문에 당장의 사업을 위해 필요한 자금이 되기 어려웠으며, 지주들이 단지 3%의 이자를 받아가면서 자신의 공채를 사업에 투자할지도 매우 의심스러운 것이었다(Lindholm, 1964 : 83~84). 그러나 가장 큰 문제는 그들에게는 지주로서 살아남을 수 있는 길이 열려 있었다는 점이다.

법령 57호는 농민에게는 많은 규제·제한을 가하고 있었다. 법령 57호의 11조는 해방전쟁기간에 지주의 토지를 불법적으로 점유하였거나, 소작계약에 서명하지 않거나, 지대와 과거의 세금을 지불하지 않은 농민들에게는 농지분배를 하지 않는다고 밝혔다. 또한 15조는 농지분배 프로그램에 의해 농지를 구입한 농민은 과거 부역노동을 연상케 하는 공익노동에 참여해야 한다고 규정했다(Porter, 1976 : 318~319). 농민들이 농지를 분배받기 위해서는 새로 생긴 정부의 통제하에 들어가지 않으면 안 되었으며, 그나마도 과거 베트민 세력에 의해 이미 농지를 분배받았던 농민들은 배제되고 있었다. 농지분배를 규정한 법령 57호는 친지주적 성격을 매우 강하게 드러내고 있었으며, 농민들을 통제하고자 하는 지엠 정권의 의지를 함축하고 있는 것이었다.

친지주적 농지개혁을 통한 국가·지주의 동맹 강화

새롭게 들어선 지엠 정권은 집권 초기에 농지개혁을 지연시키면서도 1956년 7월 당시 미국의 부통령이었던 닉슨을 만나 농지환경의 변화가 "공산주의의 위협에 대적하고, 정치권력의 기반을 확장하며, 토지 생산력을 증대시키는 전제 조건"이고, "만약 우리가 국민의 압도적인 대다수의 지지를 지속하고자 한다면, 농민들이 자신이 경작할 수 있는 토

지를 가져야만 한다고 믿는다"라고 밝혔으며(catton, 2002 : 52~53),
더 나가 농업개혁은 '인간이 인간을 착취하는 것'을 철폐하는 길이라고
주장했다(Nguyen Phong, 1962 : 14).[51] 수사적인 측면에서만 평가
한다면 지엠은 남베트남의 농지개혁에 대해 상당히 적극적이었던 것으
로 보여진다. 그러나 과연 실제로 그러했을까? 위에서 이미 살펴본 바
와 같이 지엠 정권의 농지개혁은 지엠이 표방했던 착취를 철폐하는 인
격주의적 노선과는 거리가 먼 것이었다. 이것을 국가·지주관계, 그리
고 이와 대립점에 서 있었던 농민의 상황을 통해 검토해 보자.

지엠 정권은 지주·소작인 간의 '관계개선'을 추구했으며, 농지개혁
은 지엠이 언급한 바와 같이 "강탈을 의미하는 것이 아니며, 정의롭고,
평등하며, 사유재산을 존중하는 가운데 시행될 것"(Fall, 1968 : 310)
이었다. 여기에서 지엠이 말한 정의·평등은 반공에 기반한 것이며, 사
유재산의 존중은 개혁이 기존질서의 급진적인 변혁보다는 지주의 이해
를 보장하는 방향에서 개량적이고 제한된 영역에서 행해질 것임을 의미
하는 것이었다. 지엠은 철저한 농지개혁을 지주권력뿐만 아니라 정권의
도덕적 기반을 위협하는 것으로 간주했으며, 공산주의자들을 패퇴시키
는 것은 사회의 재구조화에 의한 것이 아니라, 기존의 사회질서에 기반
한 전략, 곧 정부가 선봉이 되고, 대지주와 중소지주를 활용하여 농민들
에 대한 통제력을 획득하는 것을 통해 이루어질 수 있는 것으로 보았다
(Porter, 1976 : 324~325).

이러한 지엠의 입장을 강화했던 것은 농지개혁에 대한 미국의 태도
였다. 1954년 지엠 정권이 설립될 당시 농지개혁을 서둘던 미국은
1956년 남부정권이 안정되어 가자 농지개혁에 대해 큰 관심을 기울이

---

51) 라데진스키나 시글리아노 같은 경우는 농지개혁을 실행한 지엠 개인의 의지를
높이 평가하고 있다(Ladejinsky, 1961; Scigliano, 1964). 그러나 이러한 주장은 전체
적인 계급지형과 계급갈등을 무시한 해석이며, 남베트남 농지개혁의 한계를 축
소하고, 혁명세력의 침투라는 외적 요인을 더 강조하게 되는 결과를 초래한다.

지 않았다. 미국 정부는 심각한 반란의 위협이 없고, 군·경찰을 통해 통제가 유지될 수 있다고 느끼는 한 농지분배를 추진해 나가는 데 별 관심을 두지 않았다(Porter, 1976 : 331). 오히려 농지개혁을 통한 광범위한 소농의 창출이 미곡 수출을 중심으로 한 경제에 부정적인 영향을 미칠 것을 우려하였으며(Porter, 1976 : 336), 1955~1957년까지 남베트남에서 경제 자문역할을 수행했던 린드홀름의 경우에는 농지개혁을 경제적 측면에서 '해로운 계획(bad program)'이라고까지 결론 내렸다(Lindholm, 1964 : 86~101). 농지개혁을 강조했던 미국의 이중적 태도는 농업분야에 대한 원조에서도 단적으로 드러나는데, 미국은 1960년경까지 13억 달러 이상을 원조했지만, 1955~1960년 사이에 농업분야에 지원된 액수는 1,500만 달러로 전체 원조의 1.4%에 불과했다(Warner, 1964 : 137).

이러한 상황에서 진행되는 농지개혁이 농민들의 이해를 충족시킬 것을 바라는 것은 그야말로 헛된 희망이었다. 지엠 정권의 농지개혁은 '친지주적 성격'을 지니고 전개되었으며, 정권 초기 바오다이 정권과 연결되어 지엠에게 저항했던 지주들을 탄압했던 것을 제외하고, 1956년 정권이 안정되면서부터 지엠 정권은 대지주와 화해와 동맹을 모색했다(Porter, 1976 : 305).

친지주적인 정책의 대표적인 예는 1955년 말 부통령이자 경제장관으로 응우옌응옥터를 임명한 것이다. 응우옌응옥터의 아버지는 롱쑤옌의 대지주였으며, 응우옌응옥터 자신은 100헥타르 이상의 토지를 지닌 식민지 관료집단의 우두머리로 알려져 있었다. 그는 농지개혁과정에서 전권을 행사했으며, 자신의 측근들을 돕기 위해 법을 바꾸거나 전체 계획을 방해하였다. 또한 성단위나 기본적인 행정단위의 대표 가운데 다수가 지주였으며, 이들은 지엠의 대표적인 정치조직인 '국가혁명운동'에 참여함으로써 자신의 기득권을 보장받고 있었다(Porter, 1976 : 306~309). 결국 지엠 정권하에서 진행된 농지개혁은 개혁의 대상이 개혁의 주체가 되는 내적 한계를 지닌 채 이루어진 것이었으며, 그 결과 대지주들은 그들의 이해를 보호할 수 있는 충분한 기회를 확보할 수 있었다. 1956년 10월 법령이 제정된 이후 2년이 지난 1958년 10월까지도 농지는 여전히 재분배되지 않았다.

그렇다면 지주들은 농지개혁을 어떻게 받아들였을까? 지주들은 소작료를 인하하는 데는 반대했지만, 농지를 방매하는 데는 찬성하고 있었다(Ladejinsky, 1961 : 164). 사이공의 한 토지개혁국 관리는 1955~1960년 사이에 단지 20~30%의 대지주만이 지대를 거둘 수 있었다고 평가했으며, 이는 지주들이 왜 토지를 방매하고자 했는가를 충분히 설명해 준다. 스탠포드연구소의 조사에 따르면 당시 83%의 지주가 지엠 정부에게 토지를 방매하는 것을 찬성했으며, 단지 14%가 반대하고 있었다고 한다(Porter, 1976 : 304~305). 지주들은 지가 보상 문제에 불만을 지니기는 했지만[52] 토지 방매 자체에 대해서는 전반적으로 동의하고 있었던 것이다. 이러한 측면에서 볼 때 지엠 정권하에서 실시된 농지개혁은 지주들의 정치·경제적 영향력을 줄이려는 것이 아니라 오히려 친지주적 개혁이었고, 반혁명동맹을 형성하는 방편이 될 수 있는 것이었다. 또한 앞의 농지개혁법의 특성에서 살펴본 바와 같이 대지주들은 자신을 방어하여 대단위의 농지를 소유할 수 있었으며, 과거와 같은 위세는 아니더라도 지배계급으로서의 계급적 지위를 유지할 수 있었다. 그러나 이러한 위세는 지엠 정권이 농촌에 대한 통제력을 지속시킬 수 있어야 한다는 제한된 조건 속에서만 가능한 것이었다.

지엠의 농지개혁은 지주를 산업자본가계급으로 전환한다는 목표를 지니고 있었지만, 친지주적 개혁을 수행함으로써 그 목적을 충족시키지 못했으며, 아래로부터 터져 나오는 농민들의 불만을 잠재우고, 농민들의 충성심을 확보하고자 한 것이었지만, 오히려 농민들의 불만을 고조

---

52) 지주들의 여론은 지가의 50%를 현금으로 받고, 나머지는 5년에 걸쳐 분할상환 받는 것이었다(Ladejinsky, 1961 : 164).

시키고, 새로운 정부가 농민의 적임을 입증하는 계기가 되어 버렸다. 이제 지엠의 농지개혁이 농민에게는 어떻게 인식되었고, 그 결과는 무엇이었는지 살펴보자.

과거 베트민의 통제하에서 이미 자신의 것으로 인식되었던 농지에 대해 다시 소작료를 지불하고, 자신의 농지를 가지려면 국가로부터 다시 농지를 구입하여야 한다는 사실만으로도 농민들은 당연히 분노할 것이었다. 그러나 더욱 문제가 되었던 것은 지엠 정부가 제시했던 농지개혁법의 틀 내에서조차도 농민들은 보호받지 못했다는 것이다. 이러한 사실은 소작료율의 준수·소작권 보호 상황, 농지분배 결과에서 여실히 드러난다.

소작료율의 준수와 소작권의 보호가 이루어지려면 정부에 의한 실질적 보호체계, 그리고 이것이 제대로 작동되지 않을 때 아래로부터 합법적으로 이를 강제할 수 있는 농민조직의 존재가 허용되어야 한다.[53] 그러나 지엠 정권하에서 이러한 체계는 모두 작동하지 않았다.

가장 먼저 지적할 것은 지역의 관리들이 농지개혁에 무관심했다는 점이다(Ladejinsky, 1961 : 161). 이것은 이들 대부분이 지방 유지이며, 지주였기 때문이었다. 소작료나 소작권 분쟁이 생겼을 때 지방관리들은 이에 개입하여 중재하려고 하지 않았다(Porter, 1976 : 298). 또한 남베트남의 반 정도에만 존재했던 농지개혁위원회의 경우도 비정기적인 회합과 불법적으로 임명된 구성원의 문제로 인해 제대로 역할을 수행할 수 없었다. 이러한 문제를 해결하기 위해 지엠 정권은 1957년 11월 27일 법령 498호를 공포하고, 각 성에 특별농업법정을 만들고자 했지만 이조차도 1958년 3월 사이공에 최초의 법정이 조직되었을 뿐 성단위의 법정 수립은 지연되고 말았다(Gittinger, 1959 : 203~204).

국가차원에서 소작료율과 소작권을 보호하지 못하면서 지엠 정권은

---

53) 농지개혁은 조직화된 소작인들의 압력이 있을 때에만 효과적으로 진행될 수 있다는 점을 강조하는 것은 Wurfel(1959 : 209)의 논의를 참조.

소작인조합을 탄압했다. 남베트남에는 제네바협정 이전에 조직된 반
공·친지엠적 성격의 소작인조합(The Tenant Farmers Union)이
존재하고 있었는데, 지엠 정권은 이 조합이 정부가 스스로 정한 최소한
의 소작료인 15%의 소작료를 주장하며 지주와 대립하자 지주들의 최대
이익 실현에 방해가 되는 소작인조합을 제거하기 위해 개입했다. 지엠
정권은 1958년 초 농민연합(Farmers' Association)을 조직하여 자
발적인 농민조합과 대립하게 만들었으며, 지속적으로 소작인조합을 탄
압함으로써 이를 무력화시키려고 하였다(Porter, 1976 : 299~301 ;
Wurfel, 1959 : 209).

결과적으로 농지개혁법이 수립된 이후에도 지주들은 수확의 25%
이상의 소작료를 요구할 수 있었으며,54) 불법적인 소작인 축출은 계속
되었다. 지방관료나 농지개혁위원회는 지주와 농민을 중재·보호하기
보다는 농민을 그들의 농지에서 쫓아내고, 지주의 이해를 대변했다.

농지분배 역시 농민 대다수를 만족시킬 수 없는 것이었다. 지엠 정
부는 남베트남지역에서 100헥타르 이상을 소유한 2,033명의 지주로부
터 425,000헥타르를 양도받았고, 프랑스인 혹은 프랑스 국적의 베트남
인이 소유한 농지 245,000헥타르 가운데 200,000헥타르를 프랑스 정
부와의 협의하에 넘겨받아 대략 625,000헥타르를 확보할 수 있었다
(Ladejinsky, 1961 : 169~170). 그러나 이 가운데 프랑스인들에게
서 넘겨받은 토지의 대부분은 경매를 통해 최고 입찰자에게 넘겼으므로
가난한 농민들이 이를 취득할 수는 없었다(Buttinger, 1967 : 931).
1961년까지 최종적으로 109,438명의 농민에게 232,451헥타르가 분
배되었다(Fall, 1968 : 311).55) 그러나 농지분배의 혜택을 받을 수 있

---

54) 부팅거는 "수확의 25%에 해당하는 법적 지대는 거의 무시되었고, 소작인들은
　　만약 30% 이하로 소작료를 낸다면 매우 운이 좋은 것으로 간주했다"(Buttinger,
　　1967 : 932)라고 당시의 상황을 설명하고 있으며, 1961년 3월 3일 『자유신문(Bao
　　Tu do)』은 "소작료의 계약 규정은 25%이지만 실제 지주들은 과거와 마찬가지로
　　45~50%를 거두어들인다"(Nguyen Phong, 1962 : 16에서 재인용)라고 쓰고 있다.

었던 것은 전체 소작인의 약 10%에 불과했다.

농지분배를 통해 달라진 상황은 없었다. 지엠의 '합작사와 농촌신용국' 대표였던 쩐응옥리엔(Tran Ngoc Lien)의 증언에 따르면 1960년 4월경 남부 논의 45%가 농촌 인구의 2.5%밖에 차지하지 않는 50헥타르 이상의 토지를 소유한 대지주에게 집중되어 있었고, 42.5%의 논은 농촌 인구의 11.1%를 차지하는 중소지주(10~50헥타르, 5~10헥타르를 소유)가 차지하였으며, 나머지 12.5%의 토지를 5헥타르 미만을 소유한 농민계급 71.7%가 나누어 가지고 있었다(Nguyen Manh De, 1962 : 52~53).

결과적으로 보았을 때 지엠의 농지개혁은 농지소유의 불평등을 완화시키지도 못했고, 베트민에 의해 수행된 농지개혁을 역전시킴으로써 재소작화 경향을 부추겼으며, 농민들의 빈곤을 심화시켰다.[56] 지엠 정권하에서 행해진 최소한의 농지개혁은 농민들의 혁명화를 막기 위한 것이었다. 그러나 이것은 오히려 농민들의 저항을 부추기는 결과를 초래하고 말았다.

2) 대지주의 해체와 자본제적 발전의 길 : 남한

해방 이후 남한의 국가·지주·농민의 세력관계 변화를 단적으로

---

55) 지주로부터 양도된 농지와 분배 규모는 연구자별로 약간의 차이를 보인다. 여기에서 제시하는 수치는 대략의 근사치이다. 특히 남베트남인 지주로부터 양도된 토지의 경우 남베트남 정부의 공식적인 발표는 415,843헥타르로 제시되고 있다(The Republic of Vietnam, 1961 : 352).

56) 남베트남의 국회의원이었던 응우옌반껀(Nguyen Van Can)은 국회에서 "농민들은 눈물을 닦으며 자신이 사랑하는 땅을 버리고, 비록 도시가 외롭고 쓸쓸하다는 것을 알고 있다고 하더라도 가족을 데리고 어쩔 수 없이 도시로 간다"(Nguyen Manh De, 1962 : 53)라고 발언했는데, 이는 당시 농민들이 처했던 상황을 그대로 보여 준다.

표현한다면 국가의 승리와 지주·농민의 패배라고 말할 수 있다. 왜 이런 일이 발생했을까? 이것을 이해하기 위해서는 국가에 의해 수행된 농지개혁이 지니는 '계급별 효과', '농지개혁의 지연이 지니는 효과', 그리고 최종적으로 이를 결정지었던 '전쟁의 효과'라는 요인을 검토해야 한다.

먼저 '계급별 효과'에서 주목할 것은 미군정과 이승만 정권에 의해 수행되었던 농지개혁이 지엠 정권의 친지주적 개혁과는 달리 반(反)지주적은 아닐지라도 탈(脫)지주적 개혁을 지향했다는 점이다. 탈지주적 개혁의 가장 큰 의미는 농지를 중심으로 한 전통적인 계급관계를 해체하고, 자본주의 발전을 위한 계급적 토대를 구축하는 작업이었다는 점이다. 이는 자본제적 질서를 구축해 가는 국가능력의 출발점이 될 것이었다. 반면 농지개혁이 농민들을 체제내화하는 결정적인 요인이었는가 하는 것은 주의를 요한다. 농지개혁이 농민에게 미친 효과는 개혁 자체만을 가지고는 설명하기 어렵다. 이는 아래의 농지개혁의 지연·전쟁의 효과와 연관하여 검토하여야 한다.

'농지개혁의 지연이 지니는 효과'는 국가·지주·농민에게 상이하게 나타났다고 볼 수 있다. 미군정의 신한공사가 귀속농지의 분배를 발표한 것이 1948년 3월이었으며, 이승만 정권의 농지개혁법이 공포된 것이 1949년 6월이었다. 지주의 입장에서 보았을 때 이 기간은 계급으로서의 지주는 해체된다 하더라도 농지의 방매를 통해 개인의 재산을 유지할 수 있는 기회였다. 그러나 농민들에게 이는 매우 가혹한 시간이었다. 미군정과 이승만 정권은 아래로부터 전개되는 농민투쟁을 철저히 탄압하고 있었다. 울프는 농민들이 혁명에 나서기 위해서는 이를 지도할 수 있는 혁명세력과 결합해야 한다고 밝히고 있는데(Wolf, 1984 : 283~284), 농민들과 남한의 혁명세력은 농지개혁법 발표 이전에 이미 1945년 해방공간을 가득 채웠던 혁명적 열기를 잃어 가고 있었다. 그럼에도 불구하고 미군정과 이승만 정권이 농지개혁을 수행할 수밖에 없었던 것은 아래로부터 분출되어 올라오는 혁명적 열기가 그만큼 뜨거 웠다는 것을 보여 주는 것이라고 할 수 있다. 시간의 지연 속에서 가장 큰 이익을 본 것은 국가였다. 농지개혁법이 발표·실행되기 이전 지주 계급은 이미 전통적으로 누려오던 지배계급의 지위를 상실해 가고 있었 으며, 계급으로서의 농민은 해체되어 가고 있었던 것이다.

전쟁은 국가·지주·농민의 세력관계에서 최종적으로 국가가 절대 적 우위에 서게 되는 결정적인 전환점이 되었다. 전쟁과정을 통해 지주 계급은 급속히 몰락해 갔으며 사실상 지배계급으로서의 능력을 상실했 다. 또한 이미 4장에서 설명한 바와 같이 남한 사회의 피지배계급은 전 쟁을 통해 계급으로서의 동원능력을 상실했으며, 전쟁의 참혹한 경험은 1950년대를 지배했던 농촌사회의 침묵을 설명해 준다.

이러한 설명방식은 남한에서 발전한 사회·경제적 관계 규제를 위 한 국가능력이 한편으로는 구지배계급인 지주를 지배동맹에서 배제하 고, 이를 새로운 자본가계급으로 대체하여 자본제적 질서를 수립하는 데 용이한 방향으로 발전했지만, 다른 한편으로는 아래로부터의 요구에 대해 제한적으로 대응하고, 오히려 강압을 통해 계급으로서의 농민을 해체함으로써 제한적인 의사정당화의 길로 발전해 갔음을 보여 주는 것 이다. 아래의 논의에서는 이러한 과정을 첫째, 미군정시기의 농지개혁 의 특성과 그 의미, 둘째, 이승만 정권기의 농지개혁이 지닌 특성과 전 쟁을 통한 국가·지주·농민관계의 재편을 통해 살펴보겠다.

미군정기 농지개혁의 특성과 의미

초기 미 점령당국은 조선에서 농지개혁이 지니는 사회적 의미를 적 극적으로 평가하지 않고 있었으며, 기존의 체제를 그대로 인정함으로써 오히려 지주들의 입장을 강화하는 태도를 취했다. 이에 대해 민전은 다 음과 같이 평가하고 있다.

> 작년(필자 : 1945년) 9월 23일, "토지 소유권에 하등의 변화가 없으니 소작인
> 은 종래와 마찬가지로 지주에게 소작료를 바쳐라"라는 발표에, 농민들의
> 혁명적 기세에 눌려 전전긍긍하던 반동지주는 다시금 힘을 얻게 되었고,
> 나아가 종래와 마찬가지로 자기의 권리를 주장하게 되었다(민주주의민족전
> 선 편, 1988b : 427).

초기 미 점령당국의 이러한 태도는 무지에서 비롯된 단순한 실수라
기보다는 이후의 개혁방향이 누구의 입장에서 전개될지를 보여 주는 전
조였다고 할 수 있다.[57] 그러나 기존질서를 그대로 유지하려던 미군정
의 태도는 곧 변화를 겪게 되며, 이러한 변화를 추동한 것은 소작료 불
납운동, 일본인 소유 토지 분배투쟁, 토지개혁을 전제로 한 3·7제투쟁
과 같은 농민의 급진적 투쟁역량이었다.

미 점령당국에 의해 행해진 최초의 개혁조치는 1945년 10월 5일 군
정 명령 9호로 공포된 '최고 소작료 결정의 건'[58]이었다. 이 법령의 2조
는 소작료는 최대 1/3을 초과할 수 없도록 하였으며, 4조는 지주가 소
작권을 함부로 박탈할 수 없다고 규정하고 있다. 이는 남베트남 정권이
처음 실시한 농지개혁의 형태와 유사한 것으로, 우선 고율의 소작료를
인하하고, 소작권을 보호함으로써 농민들의 당장의 불만을 무마하려고
한 것이었다. 그러나 이러한 개혁조치는 남베트남과 유사한 문제점을
발생시켰다. 소작료 3·1제가 열악한 지주·소작관계를 개혁한다는 의
미를 지닌다고 해석될 수도 있지만, 이는 오히려 지주·소작관계를 법
적으로 승인하는 결과를 초래했다. 소작료 3·1제는 곧 농촌사회의 내부
에서 실질적으로 붕괴되고 있던 지주·소작관계 내지 농촌사회의 권력
관계에 대한 법률적 승인, 더 나아가서는 지주계급에 대한 법률적 보호
의 의미를 갖는 것이었다(신병식, 1992 : 104).[59]

---

57) 미국은 조선을 점령하기 이전에 이미 조선의 농지 문제가 얼마나 심각한지를
  잘 알고 있었다. 신병식(1992 : 77) 참조.
58) 전체적인 내용은 한국농촌경제연구원(1984 : 7~8) 참조.

소작료율의 제한과 소작권의 보호에서 핵심적인 사안은 '이것을 어떻게 보장할 것인가'라는 점이다. 소작제를 규정한 법령 자체는 개혁을 강제할 수 있는 구체적인 내용을 결여하고 있었다. 미군정은 소작료 불납에 대해서는 강력히 대처했지만, 소작료의 고율징수에 대해서는 강제적 제재조치를 동원한 경우가 없었다(신병식, 1992 : 104). 이러한 상황에도 불구하고 당시 소작료 3·1제에 대한 평가는 엇갈린다. 미군정의 조치에 대한 비관적 평가는 "지주들은 소작료 3·1제를 광범위하게 위반하고 있으며, 토지로부터의 축출 위협으로 인해 소작인들은 대개가 지주의 명령을 들어야만 했다"(Mitchell, 1949 : 147)라고 밝히고 있지만, 장상환의 사례연구는 소작료율과 소작권이 지켜졌음을 보여 주고 있다(장상환, 1985). 이렇게 상반된 평가가 나타나게 된 것은 미군정의 지방장악 시기와 통제력의 관철, 그리고 농민운동의 활성화 정도의 지역별 차이에 의한 것으로 여겨진다.60) 무엇보다도 소작료의 감소와 소작권의 보호는 미군정의 정책보다는 농민운동의 활성화 정도에 의해 1차적으로 결정되었다고 볼 수 있다.

미군정 초기 상황에서 소작료율과 소작권의 보호가 농민들의 계급역량에 영향을 받았다는 점은 남베트남의 상황과 유사하다. 그러나 미군정은 귀속농지를 소유함으로써 사회·경제관계의 규제능력을 강화시킬 수 있었다. 미군정은 귀속농지를 운영하여 소작인들을 통제할 수 있었으며, 군정 말기에 행해진 농지매각에 의한 부분적인 농지개혁을 통해 지주계급을 해체하고 자본제적 경로로 이행하기 위한 토대를 만들었다. 그러면 일본의 동척을 그대로 재현한 신한공사(New Korea Company)에 의한 귀속농지의 운영, 농지매각과정을 검토함으로써 미군정에 의해 형성된 사회·경제질서의 기본틀을 살펴보자.

---

59) 이혜숙(1992 : 223~224) ; 황한식(1985a : 271) ; 최봉대(1994 : 61) ; 櫻井浩(1982 : 403) 등도 이와 유사한 해석을 내린다.

60) 이에 대한 논의는 최봉대(1994 : 60) 참조.

　귀속농지의 규모는 매우 방대했다. 신한공사의 소작농가는 모두 587,947호로 전체 농가 2,065,477호의 28.5%를 점하였으며, 전체 농지에 대한 귀속농지의 점유율은 15.3%(남한 전체의 畓 중 18.3%, 田 중 8.7%)이지만, 신한공사 소작농이 경작하는 농지면적은 전체의 27.7%에 달했다(김성호 외, 1989 : 292~296).[61] 신한공사가 이렇게 거대한 토지를 관리하게 된 것은 1945년 12월 6일 법령 33호로 일본인 재산의 권리를 미군정에 귀속시키고, 동년 12월 19일 관제령 3호로 미군정이 일본인 토지를 관리케 하고, 1946년 2월 21일 신한공사를 공식적으로 창립하여 토지를 직접 관할하면서부터였다.

　신한공사의 수립과 초기 토지의 접수과정은 결코 평탄할 수 없었다. 일본인 지주들의 사유토지는 해방 직후 지역에 따라 지방인민위원회나 농민조합 등에서 접수·분배된 경우가 있었기 때문에 회수 과정에서 군정당국과 농민 간의 갈등은 불가피했던 것이다(차남희, 1997 : 118~119). 미군정은 지방등기소의 토지대장과 세무서의 납세대장을 이용하여 과거 일본인 소유토지에 대한 조사에 완벽을 기했으며, 조사과정에서 나타나는 농민들의 저항에 대해서는 미군 병력 및 경찰력을 동원하여 대처했다(신병식, 1992 : 110). 귀속재산의 회수는 지방인민위원회의 파괴와 더불어 진행되었으며, 전통적으로 왕실의 소유였다가 동척에 귀속된 토지에 대한 주민들의 소유권 회복운동조차도 공산당의 운동으로 매도되어 탄압당했고, 토지는 신한공사에 귀속되었다.[62] 이는 아래로부터의 자발적인 농지개혁에 역행하는 것이었으며, 신한공사가 거대한 국가지주로 탄생하는 과정이었다.

---

61) 귀속농지 가운데 답지(畓地)의 경우 전라도에서 그 비율이 월등히 높았다(김성호 외, 1989 : 292).

62) 이것은 전라남도 나주 궁삼면의 사례이다(함한희, 1998). 궁삼면의 사례는 농민의 운동이 계급 문제뿐만 아니라 민족 문제 또한 포괄하여 이루어지고 있었음을 보여 주는 것이다. 이는 농민들의 운동이 존재에 의해 규정되는 계급이해뿐만 아니라 보다 광범위한 사회적 문제를 반영하고 있었다는 것을 보여 준다.

미군정에게 신한공사는 크게 두 가지 점에서 매우 중요한 국가기구였다. 우선 신한공사는 당시 미군정을 위기로 몰아넣고 있었던 식량위기를 해결하는 데 중요한 역할을 수행했다. 1946년부터 신한공사는 관할 소작농의 소작료 수집과 동시에 이들이 경작하는 귀속농지 이외의 경작지에 대해 부과되는 식량공출까지 일괄 징수함으로써 미군정 당시 식량조달의 3할을 담당했다. 식량위기에 시달리던 군정당국에게 신한공사는 최소한의 안정성을 보장할 수 있는 필수 불가결의 통치수단이었던 것이다(김성호 외, 1989 : 296~297). 다른 한편으로 신한공사는 군정 당국이 크게 의존할 수 있는 하나의 행정력이었다. 신한공사는 다른 어떤 기관보다도 성공적으로 정부정책을 농민에게 전달하는 일을 수행하였으며, 중앙정부에서 결정된 정책이 2~3주 내에 신한공사 소속 소작인들에게 영향력을 발휘할 수 있도록 하였다(이혜숙, 1992 : 218).

이러한 상황은 미군정 관리들이 왜 농지개혁에 대해 반대할 수밖에 없었는지를 설명해 준다.[63] 미군정에 의한 농지개혁은 1946년 3월 실시된 북한의 토지개혁과 같은 시기에 진행될 1차 미·소공동위원회에 맞추어 다시 공론화되었지만, 미·소공동위원회가 결렬되자 다시 미루어졌으며, 장차 구성될 입법의원(1946년 12월 12일 남조선과도입법의원 설립)과 심의할 사항으로 남겨졌다(신병식, 1992 : 130~133). 그러나 보수인사들로 구성된 입법의원 내에서 농지개혁안은 적극적으로 심의될 수 없었다.[64]

1948년 초까지도 입법의원 내에서 농지개혁안이 처리되지 못하자

---

63) 미군정 관리들은 1946년 2월 11일 내한한 국무부 '번스사절단(Burnce Mission)'의 일본인 토지에 대한 유상분배안을 '번스의 우극(Bunce's Folly)'으로 일축하였다. 당시 미군정으로서는 통치질서를 수립하고 이를 유지하는 것이 우선이었던 것이다(신병식, 1992 : 131 ; 전상인, 2001b : 75).

64) 입법의원에서의 농지개혁에 대한 논의와 지연은 신병식(1992 : 140~145) ; 이혜숙(1992 : 239~241) ; 櫻井浩(1982 : 409~417) ; 최봉대(1994 : 181~210) ; 황한식(1985a : 273~277) 등을 참조.

미군정은 귀속농지에 대한 매각을 결정하게 된다. 이는 이미 가시화된 남한 단정수립에 대비하여 농지개혁을 통해 농민계급의 내부 안정화를 기하고, 다가오는 5·10선거에서 농촌의 지지를 확보하기 위함이었다(신병식, 1992 : 148~149 ; Mitchell, 1949 : 404). 미군정은 1948년 3월 22일 군정 법령 173호로 '귀속농지매각령'을 공포하고, 법령 174호 '신한공사해산령'을 통해 신한공사를 중앙토지행정처로 개편하였으며, 4월부터 본격적인 토지매각에 들어갔다. 매각령 9조는 '본령에 의하야 전답을 매득하는 농부는 그 매득토지 주산물의 1년간 생산량의 3배에 해당하는 양을 현물로써 지불함. 1년간의 생산량은 그 토지의 생산력 표준과 기왕의 생산실적에 의하여 결정한다'라고 규정하고 있으며, 제10조는 '전답을 매득하는 자는 매득자와 행정처 간의 매매계약서에 약정된 대로 주산물 1년간 생산량의 백분지 20을 15년간 현물로 지불'한다고 했다(김성호 외, 1989 : 374~375). 미군정에 의해 이루어진 귀속농지 매각실적은 〈표 5-4〉와 같다.

〈표 5-4〉 미군정의 귀속농지 매각실적(1949.9.15 현재)

		호수(戶數)	면적(町步)
매각면적	답(畓)	383,659	154,050
	전(田)	121,413	44,979
	소 계	505,072	199,029
미매각		104,724	125,034
총계		609,796	324,063

자료 : 農經硏, 『농지개혁사관계자료집』 제4집(신한공사보고서류편), 1986, 177쪽 : 김성호 외(1989 : 383)에서 재인용.

군정당국은 정권 이양에 앞서 손쉽게 처분할 수 있는 논밭만을 서둘러 매각했다.

그렇다면 농지개혁을 둘러싼 미군정의 농업정책이 이승만 정권, 지주, 소작인에게 의미하는 바는 무엇이었을까?

미군정기에 실시되었던 농지개혁은 이승만 정권에게 '제도적 제약'과 '경로의존적' 특성을 부여하였다. 큰 틀에서 미군정의 농업정책과 농지개혁은 남한에 자본제적 발전노선의 토대를 구축하는 방향에서 이루어진 것이다. 아래의 평가는 이를 잘 보여 준다.

> 자본주의를 이식하기 위한 하나의 수단으로써 농지재분배가 귀속재산의 불하와 더불어 추진되었다. 그 목적은 반봉건적 착취를 일소하는 것이 아니라 자본주의를 고무시키는 것이었다(강정구, 1989 : 287).

또한 미군정의 농지개혁은 이후 이승만 정권하에서 행해진 농지개혁의 기본적인 틀과 방향을 제시한 것이었다. 사꾸라이 히로시, 신병식은 이를 아래와 같이 설명하고 있다.

> 부재지주의 완전 폐지를 포함한 지주·소작관계의 개선이 필요했지만, 그 때문에 사유재산제가 위태롭게 되는 것은 절대 피해야 한다는 것이 미군정청 농지분배정책의 기본적인 틀이었다. 이 같은 관점에서 볼 때 미군정청의 토지분배는 그 기본적인 틀에 있어서 한국 정부의 농지개혁에도 큰 영향을 미쳤으며, 일단은 성공을 거두었다고 보여질 것이다(櫻井浩, 1982 : 427).

> 미군정은 사실상 귀속토지의 매각계획을 준비했지만, 일반지주 토지의 매각에 대한 사전 준비를 했던 것은 아니었다. … 그럼에도 불구하고 외견상 일반 소작지까지를 포함하는 전반적 토지개혁안을 준비하고, 이를 입법의원에 제출했던 것은 이를 통해 1공화국의 토지개혁을 기정사실화하려 한 의도였던 것으로 보인다(신병식, 1992 : 147).

귀속기업체와 더불어 존재했던 귀속농지는 미군정의 물적 토대가 되었고, 사회·경제관계를 재편할 수 있는 국가능력에 중요한 영향을 끼쳤다. 미군정은 그들이 실질적으로 장악·통제하고 있었던 귀속농지의 매각을 통해 이후 사적 부분의 토지개혁에 대해 일정한 방향성을 부과할 수 있었던 것이다.

이러한 미군정의 정책은 지주에게 어떠한 영향을 미쳤을까? 비록 미군정이 한민당을 정치적 동맹세력으로 하고 있었지만, 미군정에 의해 설정된 남한 경제구조 재편의 기본방향은 전통적인 지주를 해체하여 산업자본가로 전환시키는 것이었기 때문에 기존의 체제를 유지하고자 하는 지주계급의 의도와 부합하지 않았다. 그러나 앞에서 언급한 바와 같이 미군정에 의해 추구된 자본주의적 사적 소유권의 확립은 지주의 토지소유권을 인정해 주는 의미가 있었으며, 소작료 3·1제는 지주·소작관계를 인정함으로써 몰락해 가는 지주의 권한을 재확인해 주는 결과를 초래했다. 또한 미군정이 토지개혁의 실시를 연기함으로써 지주계급은 토지 처분 및 전신의 기회를 제공받을 수 있었다(신병식, 1992 : 108). 아래에서는 미군정기를 통해 이루어진 지주계급의 토지방매를 간략히 살펴보겠다.

지주의 토지방매는 해방 이후 전면화된 아래로부터의 농민의 압력, 그리고 이러한 압력에 의해 진행될 수밖에 없었던 위로부터의 농지개혁 논의라는 이중의 요인에 영향을 받았다. "해방 후에 지주는 없는 사람에게 당했다. 꼼짝 못했다. 왠지 죄지은 사람처럼 움츠러들어서 떳떳하게 처신하지를 못했다"(장상환, 1985 : 323)라는 서산군 근흥면 수룡리 이순영의 증언이 보여 주는 것처럼 해방 후 지주는 아래로부터의 강한 압력을 온몸으로 체감할 수밖에 없었다. 게다가 미군정이 실시하려던 농지개혁은 비록 귀속농지에 국한된 것이었지만 지주들에게 적지 않은 불안의 요인이 되었다. 왜냐하면 한민당조차 대지주의 농지분배를 제안한 상황이었고, 귀속농지의 불하는 불원간 분배농지에 대한 개혁으로 이어질 것이기 때문이었다(차남희, 1997 : 177~178). 곧, 지주의 토지방매는 아래로부터의 계급투쟁에 대한 공포와 국가조차도 자신의 토지를 더 이상 보호해 주지 않을 것이라는 현실적 압박에 의해 이루어진 것이라고 볼 수 있는 것이다.

아래로부터의 계급적 압력과 위로부터의 농지개혁의 사실화는 농지개혁이 시작되기 이전 이미 지주계급을 내부로부터 해체하고 있었으며, 이는 이후 이승만 정권하에서 실시되는 농지개혁에 의해 돌이킬 수 없게 되었다. 남베트남에서는 베트민의 농지개혁에 의해 무력해졌던 지주계급이 지엠 정권하에서 재강화되었지만, 미군정과 이승만 정권하의 지주에게 남베트남의 지주들이 가졌던 기회는 주어지지 않았다. 이미 계급으로서의 지주의 몰락은 불가역적인 추세였던 것이다.

해방의 기쁨도 잠시, 농민은 미군정 농업정책의 1차적인 희생자였다. 농민들은 미군정에 의한 가혹한 미곡수집정책의 가장 전면에 서 있었으며, 존재의 위협을 느낀 지주의 토지강매와 소작권 박탈에 직면해야 했다. 이에 대한 농민들의 저항은 1946년 10월 인민항쟁, 소작권 이동을 둘러싼 소작쟁의(1946년 1,241건, 1947년 1,552건) 등으로 표출되었다(차남희, 1997 : 182).[65] 1947년 남한 단정 수립이 가시화되면서 미군정의 농지개혁을 내적으로 추동한 것은 바로 이와 같은 농민계급의 지속적인 투쟁이었던 것이다.[66]

그렇다면 미군정에 의한 귀속재산의 분배가 농민에게 의미하는 바는 무엇이었을까? 1948년 4월 미군정에 의해 실시된 농지매각의 의미에 대해 김성호는 "한치의 땅이라도 가져보겠다는 농민의 한(恨)을 푼 것이고, 식민지적 토지지배로부터의 역사적인 해방을 뜻한다"(김성호 외, 1989 : 382)라고 평가하고 있다. 최봉대는 "신한공사 소작농들은 자본주의적 국가형성과정에 사적인 토지소유자로서 통합되어 국민으로서 형성되었다. … 귀속농지 불하는 소작농들을 국민으로 편입해나간 결정적인 계기였다"(최봉대, 1994 : 237~238)라고 본다. 또한 차남희는 "비록 유상분배의 형태를 취하기는 하였지만 미군정의 귀속농지 불

---

65) 1947년 1년 동안 서울지방심리원에 민사사건으로 조정계에 계류된 사건은 소작권 문제가 549건으로 전체 사건 수 602건의 91.2%에 해당하였으며, 이 사건 수는 1946년 136건에 비해 4배 이상의 증가를 보인 것이다(김병태, 1981 : 43).

66) 이를 강조한 논의는 강정구(1989 : 270~288)를 참조.

하는 다음에 이어질 농지분배의 개혁을 시사함으로써 결과적으로 농민
들을 체제내화시키는 전략으로서 성공을 거두었다. 왜냐하면 농민들이
집단적 저항운동에 동원되는 것은 토지소유 이외의 어떠한 목적도 없기
때문이다"(차남희, 1997 : 193)라고 논의한다.

과연 이러한 평가가 타당할까? 우선 귀속농지 불하에 따른 농민들
의 체제내화론은 농민의 존재적 규정성과 이로 인해 파생되는 토지에
결박된 경제주의적 계급 입장을 과도하게 강조하여 농지관계를 둘러싼
역사·정치적 대립과 갈등을 과소평가한다. 또한 이후 이승만 정권의
농지개혁과 그 영향에서 더 자세히 살펴보겠지만 농지개혁이라는 계기
적 사건에 대한 지나친 강조는 빈곤화가 지속되는 가운데에서 나타나는
농민층의 침묵·묵종을 농지개혁에 의한 소농화의 결과로 간주하는 몰
역사적 해석을 초래한다.

먼저 고려해야 할 것은 농지관계는 단순히 경제적인 문제뿐만 아니
라 식민지시기부터 존재했던 역사·정치적 문제를 복합적으로 반영하
고 있었다는 점이다. 아래의 커밍스의 논의를 살펴보자.

> 웨드마이어는 한국인들과의 대화에서 많은 사람들이 공산주의자이기 때문
> 이 아니라 친일반역자들을 받아들일 수 없기 때문에 좌익을 지향한다는 사
> 실을 발견했다. 저명한 국문학자 정인보는 웨드마이어 장군에게 공산주의
> 자들이 사람들을 장악하고 있는 것은 북한의 음모 때문이 아니라 그들의
> 항일 애국심에 관한 기억이 남아있기 때문이라고 말했다. 곧, "이곳의 공산
> 주의는 민족주의라는 비료에 의해 배양되었다"는 것이다(Cumings, 1990 :
> 187~188).

> 1947년 여름부터 경찰 및 정보 기록들은 마을의 무정부상태를 쉴 새 없이
> 보도하는 신문기사 같았다. … 일찍이 존재해왔던 농민들의 불만, 곧 지
> 주·소작제에 대한 증오, 농업체제의 이면에서 정치적인 강제를 행사하는
> 관료, 양곡수집인, 경찰로 이루어진 공적 틀이 그대로 남아 있었다(Cumings,
> 1990 : 247).

위의 두 논의는 서로 떨어져 있는 것이 아니며, 지배·피지배의 역사성을 반영하는 것이다. 해방 이후 남한의 농지 문제는 생산관계 속에서 나타나는 지주·소작관계라는 계급모순과 식민지배를 통해 형성된 민족모순을 중첩적으로 체현하고 있었던 것이다. 1·2장을 통해 밝힌 바와 같이 대다수의 경제적 지배계급은 친일 혐의로부터 자유로울 수 없었으며, 농지 문제의 진정한 해결은 농민의 경제적 요구뿐만 아니라 식민지배로부터 파생한 역사·정치적 문제의 동시 해결을 통해 가능한 것이었다. 여기에다 친일파들을 앞세운 미군정의 강압적인 미곡수집정책은 농민들의 불만을 더욱 증폭시킬 수밖에 없었다. 따라서 귀속농지의 분배만으로 농민이 체제내화의 길을 걸었다는 평가는 민족·계급 문제의 중첩으로 형성된 당시 농민들의 불만의 원천을 경제적인 측면으로 단순화시키는 것이다.

또한 미군정의 귀속농지 매각은 경제적인 측면에서도 농민들을 만족시킬 수 없는 것이었다. 이는 미군정이 경지의 영세화가 초래될 것을 예상하면서도 농촌의 정치적 안정을 보장하기 위해 과밀영세자작농화의 길을 선택했기 때문이었다. 신한공사의 농지매각에 의해 농민들에게 돌아간 평균 농지면적은 0.47정보였으며, 일반 소작지까지 고려할 때 이들 농민이 경작할 수 있는 토지는 0.85정보에 불과했다(최봉대, 1994 : 229~231). 지주에 의한 토지방매, 미군정에 의한 귀속농지 불하에도 불구하고 당시 남한에서는 농촌 인구의 증가로 인해 농민들의 경작지가 계속 줄어들고 있었다. 전체적으로 보아 농가 1호당 평균 경작지 면적은 1946년 1.25정보에서 1948년 0.97정보로 격감했으며, 이러한 비율은 식민지시기에도 볼 수 없는 상황이었다(차남희, 1997 : 194). 지주의 토지방매와 귀속농지의 불하를 통해 소작농이 대폭 감소한 것은 부인할 수 없는 사실이나, 이것이 농민의 빈곤화를 막는 것으로 연결되지는 않았다. 이러한 측면에서 보았을 때 농지개혁이라는 사건이 농민들을 체제내화하고 보수화하는 결정적 계기가 되었다는 주장은 미군정에 의한 농지개혁을 과대평가한 것이라고 밖에 볼 수 없다.

이승만 정권의 농지개혁과 전쟁의 영향

이승만 정권시기의 농지개혁은 미군정의 자본주의적 사회질서 재편의 연장선상에 존재했으며, 경제적 측면뿐만 아니라 정치·사회직 측면을 강력하게 반영하고 있었다. 여기에서 미국의 영향력은 여전했다. 단적인 예로 커밍스는 "미국은 늘 이러한 점진주의적 재분배의 주동자였으며, 생산을 자극하며 농민들의 반항심을 꺾어 놓으려고 했다"(Cumings, 1990 : 472)라고 논의하고 있으며, 1949년 12월 미국무부 차관 섬너 웰즈(Sumner Welles)는 미국은 "그 법령의 규정들이(필자 : 농지개혁안) 효력을 발생할 수 있도록 하기 위해 할 수 있는 모든 일을 했어야 했다"(MacDonald, 2001 : 350)라고 자신의 견해를 밝혔다.[67]

그렇다면 이승만 정권의 농지개혁은 어떠한 특징을 지니고 있었을까? "한국에서 농지개혁법이 제정될 수 있었던 가장 큰 배경은 한국의 농업·농민 문제가 지닌 역사적 압력"(정병준, 2003 : 151) 때문이었다. 곧, "정부 수립 후 토지개혁은 어느 누구도 막을 수 없는 대세"(서중석, 1996 : 144)였던 것이다. 전체적으로 보아 이승만 정권의 농지개혁법안은 아래(농민)·위(지주)로부터의 적극적 반발을 회피하고자 한

---

67) 신병식은 미국의 토지개혁 압력에 대해 다음과 같이 설명하고 있다. "주한 ECA(경제협조처) 측은 1949년 10월 한국 관리들과의 회담을 통해 극심한 인플레로 대표되는 한국의 경제불안을 해소하기 위해 8개 항목의 정책지침을 제시했다. 그 중 여섯째 항목이 토지개혁 및 이와 연관된 귀속재산매각의 조속한 실시였다. 미 국무부는 그 해 12월 적절한 조치가 없다는 판단 아래 한국 정부가 그 실행을 보장토록 하라는 '90호 훈령'을 주한 미 대사관에 보낸 데 이어, 한미공동경제안정위원회를 구성하여 그 실행에 압력을 행사하였으며, 1950년 4월 3일 애치슨 미 국무장관이 한국 정부에 직접 최후 통첩을 발한 바 있다"(신병식, 1997 : 31).

노력을 반영한 것이었다.68) 이는 당시 농지개혁법을 놓고 대립하고 있었던 농림부·기획처·산업위원회 간의 갈등 봉합과정에서 그대로 드러난다. 당시 농림부안은 국회 소장파의 입장을, 기획처안은 정부의 입장을, 산업위원회안은 지주의 입장을 대변하는 민국당의 입장과 대체로 일치했다. 정부가 농림부안을 거절한 이유 가운데 하나는 비자본주의적·반지주계급적 성향의 문제였다. 정부는 자본주의적인 사적 소유의 원칙에 더 충실하고자 했던 것이다. 산업위원회안은 토지개혁을 형해화하려는 노력을 포기하지 않으면서, 농업자본주의화의 길을 염두에 두고, 최소의 목표로서 지주계급의 산업자본가화를 강조하였다(신병식, 1997). 농지개혁법은 자신의 기득권을 조금이라도 더 유지하고, 농지개혁을 지주에게 유리한 방향으로 해결하고자 했던 산업위원회안과 소장파안의 지속적인 충돌, 그리고 탈지주적 목표를 추구했던 이승만의 의도가 결합되면서 그 성격이 결정되어 갔으며, 결국 친농민적 해결책과 친지주적 해결책의 중간적 입장에서 정리되었다.69)

---

68) 이는 "농민·지주 중 특정 계급의 입장을 대변하기보다는 상당히 중립적인 견지에서 양자의 이해를 절충하려는 태도"(정병준, 2003 : 135)를 가졌다는 논의나, "농지개혁과 관련하여 이승만은 지주도 농민도 아닌 자신(정부)의 이해관계"(김일영, 2000 : 179)를 추구했다는 논의에서 그대로 드러난다. 그렇지만 여기에서 유의할 것은 정권의 위기 상황에 직면할 경우 이승만은 보수동맹으로 회귀했다는 사실이다. 정권 수립 초기 한민당을 배제했던 이승만은 여순항쟁과 같은 밑으로부터의 저항과 소장세력의 공격이라는 정치사회로부터의 도전에 직면하자 민국당과 다시 연합했으며(박명림, 1996 : 460~461), 비록 미국의 압력에 의해 바로 번복하기는 했지만, 1950년 10월 서울 수복 이후 지주계급을 정치적 반대파로 만들지 않기 위해 1년간 농지개혁을 연기하기로 결정하기도 했다(정병준, 2003 : 137~138).

69) 박명림은 "토지개혁에 관한 한 남한 국가는 지주의 국가가 아니라 농민의 국가이고자 노력하였다"(박명림, 1996 : 509)라고 논의하고 있다. 그러나 농지개혁법의 제정과정과 그 특성을 볼 때 박명림의 논의보다는 "이승만은 대통령 취임 전이나 취임 후나 토지개혁에 관심을 가졌고 그것을 지지하였음에 틀림없으나, 그다지 적극적인 편도 아니었고 농민적인 토지개혁을 바란 것은 더더구나 아니었다"(서중석, 1996 : 147)라는 서중석의 평가가 더 타당하다. 그리고 이승만의

1949년 6월 21일 농지개혁법이 제정되었으며, 1950년 3월 10일 개정법률이 국회를 통과했는데, 그 특징적인 내용은 대략 다음과 같다.

> 5조 2. 다음의 농지는 적당한 보상으로 정부가 매수한다.
>   (나) 본법 규정의 한도를 초과하는 부분의 농지(3정보)
>   (라) 과수원, 종묘포, 상전 등 다년성 식물 재배 토지를 3정보 이상 자영하는 자의 소유인 다년성식물 재배 이외의 농지
> 10조. 본법에 의하여 농지를 매수당한 지주에게는 그 희망과 능력 기타에 의하여 정부는 국가경제 발전에 도움이 되는 사업에 우선 참획케 알선할 수 있다.
> 12조. 농지의 분배는 농지의 종목, 등급 및 농가의 능력 기타에 기준한 점수제에 의거하되 1가당 총경영면적 3정보를 초과하지 못한다.
> 13조. 분배받은 농지에 대한 상환액 및 상환방법은 다음에 의거한다. 2. 상환은 5년간 균분연부로 하고 매년 정부에 납입해야 한다(평년작 주생산물 생산량의 15할, 지주에 대한 농지보상액과 동일).
> 17조. 농지는 소작, 임대차 또는 위탁경영 등 행위를 할 수 없다(김성호 외, 1989 : 1211~1218).

최대 상한 농지를 3정보로 규정한 것은 지주를 중심으로 한 전통적인 토지소유관계를 해체할 의지를 담고 있는 것으로 볼 수 있다. 그러나 위에는 나타나지 않았지만 제6조는 매수대상에서 제외하는 농지의 항목을 9개 항에 걸쳐 설정하여 지주층이 농지개혁을 피할 수 있는 다양한 길을 열어 주었다. '자경'뿐만 아니라 '자영'을 하는 경우에도 3정

농지개혁이 반(反)지주적이었다는 것 또한 과도한 주장이다. 올리버가 "이 대통령은 지주들을 없애려 하지 않았다"(Oliver, 2002 : 302)라고 언급하는 바와 같이 이승만은 반지주적 정책을 펼친 것이 아니었다. 오히려 이승만 정권은 탈(脫)지주적 개혁을 꾀하고 있었다고 볼 수 있었다. 귀속재산의 처리과정에서 설명한 바와 같이 국가의 배제는 있었지만, 그렇다고 해서 가장 강력했던 지배계급이었던 지주계급을 노골적으로 배제할 수는 없었다. 지주들의 산업자본가로의 전환의 길은 열려 있었으며, 이러한 기회가 물거품이 된 것은 국가정책의 의도적인 결과라기보다는 농지개혁과 맞물린 전쟁의 영향이 가장 컸다고 할 수 있다.

보 이내는 매수 대상에서 제외함으로써 결국 머슴을 두고 농업경영을 할 수 있도록 용인하였으며, 대지주층의 경우에는 각종 재단에 토지 기부를 통해 농지개혁을 회피할 수 있는 개연성을 넓혀 놓았다(김성보, 2001 : 155).

반면 농민의 경우는 유상몰수·유상분배 형태의 농지개혁을 통해 소토지를 소유할 수 있게 되기는 하였지만, 농지개혁법 자체가 농민에 대한 착취를 최소화하기 위한 또 다른 주요한 측면이라고 할 수 있는 사적 농업노동시장, 사적 신용시장, 그리고 사적 상품시장 등의 개혁에 손을 대지 않았기 때문에 착취당할 가능성은 그대로 열려 있었다(강정구, 1989 : 289). 또한 수배(受配)농가가 평년작의 30%를 지가상환용으로 바친다면 이는 미군정기 3·7제하에서의 소작료율과 비슷한 수준이고, 그밖에 지세나 영농비용 등을 감안한다면, 수배농가의 실질적인 부담은 지난날 소작인시절보다 오히려 늘어날 것이었다. 뿐만 아니라 지가상환 방식을 현물 기준으로 규정해 놓아 당시의 높은 인플레를 고려할 때 손실은 이들 수배농가가 떠안게 되어 있었다(이대근, 2002 : 185).

농지개혁의 한계는 개혁의 주체 설정 문제에서도 여실히 드러난다. 남베트남과 마찬가지로 남한에서도 농민은 개혁과정의 주체로 참여할 수 없었다. 농지개혁은 관 주도로 행해졌으며, 농민의 에너지는 사장되었던 것이다(김성호 외, 1989 : 583~584). 농지개혁법 제4조의 규정에 의해 대통령령 제275호 농지위원회규정(1950년 2월 10일)이 제정되어 위원장 1인, 위원 6인의 민간인으로 구성되는 리 동 농지위원회가 조직되었지만, 각급 농지위원회의 지주 우위적 구성은 농지개혁의 최종 실시 단계에 있어서까지 지주에게 유리한 농민부재의 개혁으로 끝날 수밖에 없도록 했다(황한식, 1985b : 492). 미군정·이승만 정권하에서 행해진 농지개혁의 주체가 지닌 한계에 대해 황한식은 다음과 같이 평가한다.

농지개혁의 주체가 토지제도를 변혁코자 하는 요구의 이해 당사자인 농민을 중심으로 한 것이 아니라 자체 논리에 입각한 군정, 원칙적으로 낡은 토지제도에 물적 기초를 두고 있는 지주세력 및 보수적 행정관료를 중심으로 이루어지고 있다면, 기존제도의 형식상의 변화는 가져올지언정 본질적인 문제해결을 기대할 수 없는 것이었다(황한식, 1985b : 492).

그렇다면 농지개혁의 결과는 어떠했을까? 이를 농지분배 상황과 지주·농민계급, 그리고 국가에 미친 영향으로 나누어 검토해 보겠다. 우선 전체적인 농지분배 상황은 아래의 표와 같다.

〈표 5-5〉 소작지의 처리결과　　　　　(면적 단위 : 1천 정보)

개혁면적	588	40.6%	국가분배면적
귀속농지 분배농지	271 317	(18.7) (21.9)	
지주처분	704	48.7	농지개혁 이전의 방매면적
잔존 소작지	158	10.9	
매수예외	74	(5.1)	위토(位土)·사찰 농지 등
은폐면적	84	(5.8)	불법적 은폐 소작지
계	1,477	100.0	1945년 말 소작면적

자료 : 김성호 외(1989 : 1152).

〈표 5-5〉에서 보는 바와 같이 국가에 의한 농지개혁은 40.6%를 차지한다. 그러나 문제는 전체 구성에서 귀속농지의 분배가 18.7%를 차지하고, 실제 지주들의 농지분배는 21.9%밖에는 이루어지지 않았다는 것이다. 농지분배에서 가장 큰 비중을 차지하는 것은 지주의 농지방매에 의한 사적인 농지처분으로 이것이 48.7%에 달한다. 전체 농지개혁 과정에서 국가가 수행한 역할은 주동적이었다기보다는 이미 사적 수준에서 광범위하게 진행되고 있었던 농지 재분배를 사후적으로 승인하고(강정구, 1989 : 294), 이를 촉진시킨 것이었다.

농지개혁이 지주·농민·국가에 미친 영향은 농지개혁이 지니는 효과보다는 전쟁과의 연관 속에서 검토되어야 한다. 먼저 지주들은 농지개혁에 대해 지속적으로 저항하고 있었다. 농지개혁이 임박하자 지주들은 대대적으로 토지를 방매했다. 1949년 실태조사 당시 매수 대상 농지는 60만 정보 정도였는데, 위에서 살펴본 바와 같이 국가에 의해 분배된 농지는 31만 7천 정보에 불과했다. 나머지는 1949년 6월부터 1950년 2월 사이에 지주에 의해 방매되거나 은폐되었다(김성호 외, 1989 : 659). 1949년 6월 농지개혁법이 공포되고 법안의 개정 문제를 놓고 국회에서 시간을 끌어 농지개혁의 실시가 지연되는 동안 20만 정보에 달하는 농지가 방매되었던 것이다. 법안이 실시되자 지주들은 조직적으로 반발했다. 지주들은 의도적으로 보상신청을 연기했으며, 대한지주경제협회를 조직(1950년 5월 17일)하여 자신들의 이해를 관철시키고자 했다(정병준, 2003 : 129). 이러한 상황은 앞으로 진행될 농지개혁과정의 험난함을 예고하고 있었다. 그러나 전쟁의 발발은 이러한 모든 저항을 잠재워 버렸다. 전쟁을 통해 지주들은 무장해제되었으며, 더 이상의 적극적인 저항을 펼칠 수 없었던 것이다. 또한 전쟁이 발발하면서 지주들은 당장의 생활을 위해 지가증권을 헐값으로 내놓을 수밖에 없었다. 이러한 상황에서 지주가 산업자본가로 전환되기는 어려웠다. 이대근은 지주들이 귀속기업을 불하받아 산업자본가로 전환할 수 없었던 이유를 다음과 같이 설명한다.

귀속업체의 건당 평균처분가액(예상액)은 당시 시가액으로 대체로 100만 원 이상이었으나, 지주들의 평균지가보상액은 대체로 보상미(補償米) 41석에, 당시 시가로 약 1만 원 상당에 불과했다. 이 경우 군소지주가 자본가로 탈바꿈하기 위해서는 적어도 100명 이상의 다수 지주들의 연합에 의한 인수방법, 또는 증권시장을 통한 주식매입방식과 같은 두 가지 길이 있을 수 있었다. 그러나 당시의 사정으로는 이 두 길이 모두 지극히 비현실적이었음은 되물어 볼 필요조차 없다(이대근, 1987 : 86).

지주들의 지가증권은 자본가들에게 흘러 들어가 귀속재산을 불하받는 데 이용되었다(김기원, 1990 : 178~179). 전쟁은 미국·이승만 정권의 목적이었던 '토지자본'의 '산업자본'으로의 전환이라는 효과를 가져왔던 것이다. 국가·지주의 관계에서 다른 발전도상국과 남한 사회를 구분짓는 특이성 중 하나는 "경제적 중요성뿐만 아니라 정치적 영향력의 측면에서 지주의 이른 소멸"(최장집, 1996 : 153)이며, 여기에 가속제 역할을 한 것이 한국전쟁이었던 것이다(손호철, 1997b : 148).

농지개혁과 한국전쟁이 계급으로서의 지주를 해체시켰다는 점에는 대다수의 연구들이 논의를 같이하지만, 농민 문제에 대해서는 입장을 달리한다. 농지개혁에 대한 최근의 연구들은 1950년 3~5월 사이에 실질적으로 농지개혁이 완료되었으며, 이를 통해 농민들이 보수·안정화되었다는 주장을 펼친다.[70] 농지개혁의 시기가 중요했던 것은 토지 문제가 한국전쟁의 기원과 성격을 규정한다는 입장을 반영한 것이었다. 박명림은 토지개혁이 한국전쟁 이전에 완료되었으므로 전쟁은 계급투쟁·사회혁명적 성격을 상실한다고 주장한다(박명림, 1996 : 475~517). 반면 커밍스는 "전쟁 이전 새로운 법률에 의해 단 한 뼘의 논도 주인이 바뀌지 않았다"(Cumings, 1990 : 472)라고 주장하였고,[71] 정병준은 최근의 연구를 비판하면서 "한국 경제를 실질적으로 운영했던 ECA나 미 대사관이 모르는 사이에, 이승만과 한국 언론조차 알지 못하는 사이에 농민들

---

70) 한국전쟁 이전에 농지개혁이 완료되었다는 주장은 김성보(2001) ; 김일영(2000) ; 박명림(1996) ; 장상환(1985 : 2000) 등의 논의가 있다. 여기에 김일영은 "한국의 농민들은 전쟁 발발 이전에 이미 농지분배를 통해 보수적인 소농으로 변해가고 있었다"(김일영, 2000 : 209)라고 주장하며, 박명림은 한국전쟁 이전 농지개혁으로 인해 "한국의 농민들은 혁명을 포기"(박명림, 1996 : 516)했다라고 주장한다.

71) 맥도널드 역시 "농지개혁 프로그램이 완료되는 것은 한국전쟁에서 전투가 침체되는 1952년 이후의 일이고, 그 주요 내용은 1946년 2월 경제사절단의 농지개혁안과 1948년 미군정의 분배안을 모델로 한 것이었다"(MacDonald, 2001 : 360)라고 밝히고 있다.

모두가 혜택을 입은 '사실상의 농지개혁 완료'는 존재하지 않았다"라고 주장하고, 농지개혁이 '완료'되었다는 그 시점인 1950년 5월 말 각지 농민들의 반응은 냉담하고 냉소적이었다고 밝히고 있다(정병준, 2003 : 131, 150).

여기에서는 논쟁 중인 농지개혁 시기를 명확히 규명하고자 시도하지 않으며, 그것은 이 연구의 범위를 넘어선다. 그러나 한국전쟁 이전의 농지개혁 완료와 이에 따른 농민의 보수화론이 설득력을 얻기 위해서는 다음과 같은 점들이 해명되어야 한다.

첫째, 과연 농지개혁이 농민들을 안정화시키고, 체제내화시킬 수 있는 경제적 기반을 제공했는가 하는 문제이다. 아래의 진주 농민의 언급을 살펴보자.

> 토지개혁이라고 관에서는 커다란 은전이나 베풀어 주는 것같이 선전하고 있지마는 농민들은 오히려 그 후에 올 위기를 걱정하고 있습니다. 기실 개혁했댔자 농가 1호에 가는 토지가 7반보밖에 안 되니 1호에 식구 다섯 사람치고 반 년 살이밖에 못될뿐더러 기왕에 지주가 부담하던 비료·세금 등을 죄다 떠맡게 되는 고통이 큽니다. 여기에 금융조합의 영농자금조차 죄다 중농 이상에만 가니 사실에 있어서 빈농들의 이맛살은 풀리기보다 토지개혁에서 더 그들을 괴롭히고 있습니다. 그뿐입니까? 국채 기타 공채 공과금은 줄어들 줄을 모르는 형편이니.[72]

설령 한국전쟁 이전에 농지개혁이 완료되었다고 하더라도 농민의 존재조건을 개선할 수 없었던 농지개혁이 어떻게 농민을 보수화의 길로 이끌 수 있었을까? 위에서 보는 바와 같이 농민은 농지개혁보다 오히려 '그 이후에 올 위기를 걱정'하고 있었다. 또한 지세의 금납제를 물납제로 바꾼 '임시토지수득세'는 전시 인플레 부담을 고스란히 농민들에게 떠넘겨 농민의 희생 위에 막대한 전비를 조달하도록 했다.[73] 경

---

72) 「농촌경제실태 3 : 총선거를 앞두고 경상도편」, 『경향신문』, 1950년 5월 21일자 ; 정병준(2003 : 132)에서 재인용.

제 상황의 개선의 여지가 보이지 않고, 지속적인 국가 착취에 시달리면서 단지 생계에도 못 미치는 농지를 분배받았기 때문에 소농화의 길을 걷고, 체제내화되었다고 어떻게 단언할 수 있겠는가?

둘째, 농지를 분배받고 농민들이 체제내화되었다면 3장에서 살펴보았던 바와 같이 북한이 남한을 점령하고 있었던 1950년 7월 13일부터 9월 13일 사이에 어떻게 그렇게 빨리 각 지역의 인민위원회가 부활할 수 있었을까? 인민위원회의 빠른 조직과 활성화는 해방공간의 경험을 재현하는 것이었으며, 적어도 그 당시까지 농민들이 국가에 체제내화되어 보수화되지는 않았다는 것을 보여 주는 것이다.

셋째, 농지개혁과 전쟁이 거의 동시에 이루어졌다고 가정할 때 과연 농민의 보수화가 농지개혁에 의해 더 주요한 영향을 받은 것인지, 아니면 전쟁의 경험에 더 주요한 영향을 받은 것인지를 어떻게 규명할 것인가? 전쟁 이전의 농지개혁 완료가 농민의 혁명성을 붕괴시키고, 체제내화했다는 가설적 주장보다는 전쟁의 참혹한 경험이 농민들의 침묵기제를 형성했다는 주장이 훨씬 설득력이 있다. 농지개혁이 전쟁과정에서 실제로 국가에 대한 지지를 높였다는 경험적 증거는 발견하기 어려운 반면 3·4장에서 살펴본 바와 같이 전쟁이 혁명세력을 초토화시키고, 피지배계급의 저항의지를 꺾어 버렸다는 것은 부인할 수 없는

---

73) 1951년 9월 제정된 임시토지수득세법은 토지 수확량을 기준으로 누진세율을 적용하여 현물로 토지수득세를 징수하는 것을 골자로 하고 있다. 10석 내지 20석을 수확하는 소농의 경우 현물 세율은 20%로 엄청난 고율이었다. 농지개혁으로 농지를 분배받은 농민은 여기에 연 평균 30%를 지가 상환곡으로 납부해야 했기 때문에 위의 토지세율을 그대로 적용한다면 너무나 가혹한 부담이 된다고 보고 5%씩 토지세율을 인하하는 단서를 붙였다. 그러나 그렇다고 하더라도 10~20석의 수확량을 갖는 분배 소농의 경우 연간 토지 생산물의 45%를 현물로 정부에 납부해야 한다는 계산이 된다. 이외에도 준조세 성격을 갖는 수리조합의 수세, 농가잡부금 명목의 각종 현물 징수가 있었다(정진상, 2000 : 37~38). 이러한 상황은 지주가 사라진 대신 국가가 그 자리를 대신했음을 보여 준다. 농지개혁을 통해 지주계급이 해체되어 가면서 지주·소작인 간의 계급모순은 약화되었다고 할 수 있으나, 지주지배의 빈 공간을 메운 것은 국가였던 것이다.

사실이라고 할 수 있다. 1950년대 농민사회의 침묵은 농지개혁에 의한 보수화보다는 아래 스캇의 논의로 설명하는 것이 더 타당할 것이다.

> 억압에 대한 실제적이고 고통스런 기억들은 작은 저항행위조차도 숙고하는 농민들에게 냉정해지도록 영향을 미쳤음에 틀림없다. 아마도 한 세대의 농민들에게 패배의 경험은 새로운 세대가 그것을 대체할 때까지 또 다른 반란을 일으키지 못하도록 할 것이다(Scott, 1976 : 226).

곧, 농촌사회의 침묵은 "만족의 평화라기보다는 오히려 억압의 평화"(Scott, 1976 : 228)였던 것이다.

국가의 사회·경제관계 규제능력의 측면에서 한국전쟁은 베트남의 1차 인도차이나전쟁과는 대조적인 결과를 낳았다. 전쟁과정을 통해 아래(농민)·위(지주)로부터의 저항은 사라졌다. 전쟁이 종결된 시점에서 국가는 전통적인 지배계급인 지주로부터도, 국가의 정당성을 부정하고 지속적으로 저항했던 농민을 중심으로 한 피지배계급의 압력으로부터도 자유로워졌다. 지배동맹의 새로운 판짜기는 국가·자본을 중심으로 할 것이었고, 다수의 농민과 피지배계급은 경제적 자원의 추출 대상으로 남을 것이었다. 1945년 해방 이후 전쟁과정까지 사회·경제적 권력관계를 중심으로 벌어졌던 총 8년여의 국가·지주·농민의 각축은 결국 국가의 승리로 막을 내렸던 것이다.

3. 사회·경제관계 규제능력의 차이

남베트남에서 산업화는 경제발전을 위한 표어가 아니다. 이와는 반대로 경제발전 5개년 계획은 농업에 우선성을 부여하고 있다(Nguyen Phu Duc, 1964 : 101).[74]

일단 지주들이 제거되고 지방의 폭동이 가라앉자 정치 갈등의 현장은 도심으로 옮겨졌다. 그 결과 이승만은 대만의 국민당에 비해 산업과 도시지역에 훨씬 치중하는 정책을 쓰게 되었다(Haggard, 1994 : 94~95).

사회·경제적 규제에 관련된 국가의 능력은 초기 형성기에는 계급관계를 재구조화할 수 있는 국가의 상대적 자율성에 의존하게 되며, 이를 기반으로 한 국가·사회 동맹구조의 변화와 새로운 지배체제의 수립은 국가의 정당화를 통한 사회·경제관계 규제능력의 증대를 가능하게 한다. 전환기의 국가, 특히 농경사회에서 근대적인 산업발전국가로 전환하려는 남베트남·남한과 같은 저발전국가에게 이러한 능력은 매우 긴요했다고 할 수 있다.

앞에서 살펴본 바와 같이 남베트남은 새로운 자본가계급을 창출하는 데 기여할 수 있는 귀속재산이 존재하지 않았고, 자본가계급은 분할되어 있었다. 국가는 친지주적 정책지향을 포기하지 않았으며, 농민들을 배제함으로써 과거의 체제와 큰 구별점을 지닐 수 없게 되었다. 반면 남한은 귀속재산을 이용하여 새로운 자본가계급을 창출할 기회를 얻을 수 있었고, 탈지주적 농지개혁과 맞물린 전쟁을 통해 지배계급으로서의 지주를 효과적으로 해체할 수 있었으며, 참혹했던 전쟁과정을 통해 농민들을 중심으로 한 피지배계급을 정치과정으로부터 폭력적으로 배제할 수 있었다. 이러한 차이는 두 국가의 사회·경제관계 규제능력의 상이한 발전경로를 형성해 가고 있었다.

1959~1960년 이후 남베트남, 한국전쟁 이후 남한의 사회·경제관계 규제능력의 차이를 간명하게 드러낸 것이 〈표 5-6〉이다.

---

74) 남베트남의 경제개발계획은 1957~1961년까지 1차 계획이 실행되었으며, 2차는 1962~1966년까지 실행되었다. 그리고 이후 몇 년간 실행되지 못하다가 1972~1975년 4년간의 경제개발계획을 실행하게 된다. 각 기간의 발전계획과 대체적인 내용은 Nguyen Truong(1974 : 8~12) 참조.

〈표 5-6〉 남베트남·남한의 사회·경제관계 규제능력의 차이

차이 국가	국가의 발전전략	국가·지주·자본가관계	국가·농민의 관계
남베트남	선농업·후산업발전 추구	지주를 대체한 군(軍)과 자본가계급의 저발전	국가·농민의 갈등
남한	수입대체산업화 추구	국가·자본의 동맹과 자본가계급의 발전경로 형성	국가의 절대적 우위와 농민의 배제

위의 표에서 보는 바와 같이 남베트남의 지엠 정권은 선농업·후산업발전전략을 추구했다. 이 과정에서 지엠 정권은 산업부분의 국가 중심성을 유지하려고 했으며, 이는 남베트남 자본가계급의 성장을 저해하고 있었다. 산업 우선 정책을 통한 발전이 아니더라도 지엠이 구상했던 발전전략이 성공하기 위해서는 농업관계가 안정되어야만 했다. 그러나 남베트남의 상황은 그렇지 못했다. 남베트남의 지주계급은 농민반란이 강화되면서 이미 생산기반을 상실한 비경제적 계급이 되고 말았다. 따라서 이들이 국가의 경제적 기반형성이나 자본축적에 기여할 수 있는 가능성은 희박했다. 지주계급이 지니고 있었던 봉건적 특성과 농업경제 중심의 발전노선은 산업자본주의의 발전을 제약하고 있었다. 농민들의 저항이 격화되면서 농촌지역을 장악하고 있었던 지주계급은 대부분 군 장교로 대체되었고, 과거 지주가 수행했던 농민에 대한 착취는 군이 대신 떠맡게 되었다. 이는 지주·농민의 계급갈등이 국가·농민의 전면적인 갈등으로 확대됨을 의미했다. 남베트남의 전반적인 상황은 자본가계급을 조직하고, 산업국가로 전환할 수 있는 기회를 제약하고 있었으며, 국가의 사회·경제관계 규제능력을 현저히 약화시켰다.

반면 한국전쟁 이후 지주계급의 실질적 영향력과 급진적 농민세력이 사라진 남한은 수입대체산업화를 통해 대자본 중심의 산업발전의 토대를 형성해 갈 수 있었다. 지주가 사라진 전후(戰後) 1950년대는 국가·자본의 새로운 지배동맹을 바탕으로 하여 맹아적 형태이기는 하지

만 독점산업자본이 성장하는 시기였다. 이승만 정권의 농업정책은 전후 어느 시기에 비해서도 가장 수탈적이었으며(김태일, 2000a : 501), 농촌의 희생부분은 도시·산업부분으로 이전되었다. 이러한 불균등교환은 국가 절대우위의 지형에서 농민을 경제적 동원·착취의 대상으로 전락시켰던 농민 배제적 발전선략과 전쟁을 통해 이미 저항역량을 상실한 농촌사회의 침묵이 결합하면서 이루어진 것이다.

1) 국가 중심적 발전의 토대구축 실패와 농민의 저항 : 남베트남

1957~1960년까지 남베트남의 평균 경제 성장률은 7.2%에 달했다. 그러나 이러한 성장은 보다 높은 단계로의 진보라기보다는 이전 경제 수준의 회복을 의미하는 것이었다(Dacy, 1986 : 56~57). 그렇다고 해서 이러한 성과를 폄하할 수는 없다. 비록 전전(戰前)에 비해 더 발전해 가지는 못했다고 할지라도 성장의 양적 지표는 남베트남이 전후(戰後) 경제재건사업과 경제회생작업에서 초기부터 실패하지는 않았다는 것을 보여 주는 것이다. 그러나 제1공화국이 몰락하고, 그 뒤를 이었던 군사정권에서의 경제적 성과는 남한과 명확한 차별성을 드러냈다. 곧, 남베트남은 저발전의 수렁에서 벗어날 수 없었지만, 남한은 국가 중심적 발전경로로 이행하여 비약적인 경제발전을 이루었던 것이다. 이 연구에서는 이러한 차이를 강력한 리더십 유무의 차이로 설명할 수 없음을 여러 번 지적했다. 두 국가의 발전경로 차이는 역사·구조적 맥락에서 차별적으로 형성된 사회·경제관계의 상이한 배열로부터 도출해 내야 하는 것이다. 이러한 차이를 설명하기 위해 아래의 논의에서는 첫째, 지엠 정권에 의해 추진되었던 국가발전전략, 둘째, 대자본의 형성을 저해했던 국가의 토지 결박성, 셋째, 낮은 농업잉여 추출을 불가피하게 했던 국가·농민의 직접적인 갈등을 살펴보겠다.

산업자본가형성을 제약한 선농업·후산업발전정책

1차 인도차이나전쟁 이후 남베트남은 두 가지 근본적인 결정에 직면해 있었다. 이는 한정된 투자자원을 산업발전에 집중할 것이냐, 아니면 농업발전에 집중할 것이냐, 그리고 정부가 주로 계획·실행을 담당할 것이냐, 혹은 산업발전을 위한 환경을 제공할 것이냐 하는 것이었다(Lindholm ed., 1959 : 174). 여기에서 지엠 정권은 선농업·후산업 발전전략과 사적 자본을 키우기보다는 국가가 자본형성의 주도적 역할을 담당하는 국가 중심적 산업발전전략을 채택하게 된다.

선농업·후산업발전전략은 1961년 8월 당시 남베트남의 예산·외국원조 담당 장관이었던 부반타이의 언급에서 그대로 드러난다.

> 미래를 위해 농민들을 최대한 희생시키는 것으로 경제발전을 인식하는 경향이 있어왔다. 우리의 개념은 성장과정이 공급뿐만 아니라 수요의 확대에 의해 이루어질 수 있다는 것이다. 그래서 경비를 줄이는 것뿐만 아니라 주민들의 희생을 최소화하기 위해 비용을 지불하는 것이 중요하다고 주장한다. 이러한 이유로 우리는 아시아의 새로운 독립국들의 일반적인 경향과는 반대로 산업화에 특별한 우선성을 부여하지 않는다. 대신 우리는 점진적인 산업화에 의해 보완되는 농업발전을 고무하고 있다(Vu Van Thai, 1961 : 69~70).

여러 수사적 표현을 뺀다면 부반타이의 언급은 명백한 선농업·후산업발전전략을 보여 준다. 남베트남이 이러한 경제발전전략을 세우게 된 것은 상대적으로 1차 산업의 발전이 용이했던 생태적 조건과 식민지시기부터 만들어진 쌀·고무 수출 중심의 경제구조의 특성을 반영한 것이다. 이를 잘 드러내고 있는 것이 다음의 논의이다.

> 베트남의 자원은 우선적으로 농업에 있다. 아시아에서 인구에 대한 토지의 비율이 이처럼 유리한 국가는 거의 없다. 베트남은 집중적으로 쌀과 고무를 수출했다. 수출을 위해서 이 두 작물을 재건하는 것이 정부가 현재 집중

해야 할 것이다(Bouscaren, 1965 : 65).

농업발전을 위해 남베트남 정부는 전쟁을 통해 과밀화된 도시 인구를 농촌으로 다시 분산시켜 농토를 재경작시키려고 했다.[75] 농지개혁과 진쟁기간 동안 버려진 땅에 농민을 재정착시키려 했던 사업은 정치적 측면과 더불어 이러한 경제적 측면을 반영한 것이었다.

남베트남 정부에 의해 추진된 선농업발전정책은 성과를 거둔 것으로 여겨졌다. 1954년과 지엠 정권의 종결기인 1963년을 비교해 볼 때 쌀의 생산량은 1954년 2,565,540톤에서 1963년 5,326,680톤으로 늘었으며,[76] 고무의 경우는 1954년 54,917톤에서 1963년 76,200톤으로 생산량이 늘었다(Fall, 1968 : 294, 296). 이를 그대로 신뢰할 수는 없다고 할지라도 수치상으로 본다면 농업부분의 성장은 적지 않은 것이었다. 전쟁 이후 생산력이 회복되면서 남베트남의 주력 수출상품은 과거에 그랬던 것처럼 쌀·고무가 되었다. 〈표 5-7〉은 당시 쌀·고무가 전체 수출에서 차지하고 있었던 비중을 보여 준다.

---

75) 1차 인도차이나전쟁은 도시 인구의 과밀화를 초래했다. 남베트남의 도시 인구는 1939년 전체 남베트남 인구의 7%에서 전쟁 말기 35%까지 상승했다. 남부의 중심지라고 할 수 있는 사이공—쩌런의 경우 1943년에는 498,000명이 거주하여 남부 인구의 9%를 차지했는데, 1953년에는 1,614,000명으로 증가하여 남부 인구의 27%가 이 지역에 집중되어 있었다. 또한 1955년에는 북부 피난민의 유입으로 인해 도시 인구는 1,900,800명으로 증가했다. 전쟁기간에 적어도 인구의 20%가 농업부문에서 프랑스 전쟁 지출을 지원할 개인·공공사업분야로 이전했다. 이러한 상황은 국가 수입에도 그대로 반영되었다. 전쟁 전 농업은 국가 수입의 62% 가량을 차지했는데, 전쟁 종결 당시는 30%에도 못 미치게 되었던 것이다. 베트남에 다시 평화가 찾아왔을 때 경제재건을 위해 가장 시급한 문제는 보다 많은 사람들을 농업부분으로 돌려보내는 것이었다(Nguyen Phu Duc, 1964 : 98~99).

76) 버나드 폴은 1963년의 수치가 과대평가된 수치로 믿을 수 없는 것이라고 밝히면서 이 같은 수치를 제시한다(Fall, 1968 : 294).

<표 5-7> 남베트남 수출에서 쌀·고무의 중요도 (전체 수출 가운데 비중, %)

	1956	1957	1958	1960	1961	1962	1964	평균
고무	87.1	60.9	64.0	58.6	62.5	87.6	67.9	66.92
쌀	0.0	24.8	25.5	31.4	20.3	3.6	11.5	19.52
전체	87.1	85.7	89.5	90.0	82.8	91.2	79.4	86.53

자료 : Fall(1968 : 296).

그러나 농업부분의 발전이 전체 경제에 얼마나 이바지했는지는 매우 의심스러운 것이었다. 초기의 발전은 농업생산성의 향상에 의한 것이라기보다는 전쟁의 종결로 인한 농업생산의 안정화와 버려진 농지의 재경작에 의한 것이었다. 곧, 초기 생산량의 증대는 과거에 비해 생산이 증가한 것이 아니라 과거 수준의 회복을 의미하는 것이었다(Dacy, 1986 : 57). 이 같은 사실을 반영하듯 쌀의 경우 가장 풍년인 시기조차도 식량의 국내 수요 증가로 수출은 제약받을 수밖에 없었으며, 남베트남은 전쟁 이전의 주요 쌀 수출국으로서의 지위를 회복하지 못했다(Hammer, 1966b : 200~201).[77] 고무농장의 경우도 대부분은 프랑스인의 소유였기 때문에 베트남인들이 실질적으로 통제할 수 없었다. 남베트남 정부가 농업발전을 그렇게 강조했음에도 불구하고, 가장 중요한 두 수출 작물에서 제대로 된 성과를 거두지 못하고 있었던 것이다.

그러나 정부의 선농업발전정책을 가장 크게 제약했던 것은 청산하지 못한 반봉건적 농업체제였다. 앞에서 이미 지적한 바와 같이 지주의 농지소유 상한선을 100헥타르로 하여 진행된 농지개혁은 지엠 정권이 반봉건적 경제질서를 해체할 의지가 없었음을 보여 주는 것이었다. 지주들은 과거의 관습을 그대로 유지하고 있었으며, 기업가적 지주로 전환하지 못했다. 이는 착취를 강화할 뿐 실질적인 생산성 향상

---

77) 남베트남은 1961년 쌀 잉여국가로서의 지위를 상실했다(Scigliano, 1964 : 117).

에 기여할 수 없는 것이었다. 지엠 정권하에서 나타났던 쌀·고무의 생산량 증대는 농업발전과 농민생활의 안정을 표방했던 지엠 정부의 정책적인 산물이라기보다는 농지로 다시 돌아갔던 농민들의 땀의 결실이었다.[78]

그렇다면 선농업·후산업발전노선의 추구가 남베트남의 자본가형성에 미친 영향은 어떤 것일까? 지엠 정권에 의해 표방된 농업 중심의 발전전략은 산업자본가형성을 지체시켰다. 지엠 정부는 남베트남의 산업화를 결코 서두르지 않았으며, 대자본가를 키우기보다는 견제하고자 했다. 아래의 논의는 이를 잘 드러낸다.

> 우리는 우리의 필요와 능력에 일치되는 점진적인 산업화계획을 진행할 것이다. … 우리는 일상생활에 필요한 상품을 생산할 몇몇 다른 공장과 더불어 약간의 섬유, 설탕, 시멘트, 종이, 유리, 플라스틱을 생산하는 것에 목적을 둔다. 이것이 우리 산업화계획의 핵심이다(Fall, 1968 : 299).

> 농업에 기반하고 산업화에 의해 보완되는 발전계획의 채택은 소수의 손에 자본이 집중되는 단계를 거치지 않고 자본형성을 가속화할 수 있도록 할 것이다. … 우리는 집중된(concentrated) 자본주의 단계를 거치지 않고 사회자본주의를 달성할 수 있을 것이다(Vu Van Thai, 1961 : 71).

지엠은 산업화의 1차적인 책임을 사적 부분보다는 국가에서 담당해야 한다고 생각했다. 국가의 산업 주도성에 대해 지엠 정권은 국가가 산업화를 단지 지원만 할 경우 외국자본의 주도성을 막을 수 없고, 단시간 내에 이윤을 얻으려는 베트남인 소자본가들의 투기적 성향을 산업부문으로 돌릴 수 없기 때문이라고 그 이유를 밝혔다(Hammer, 1966b : 206). 그러나 대자본가의 형성을 피하고, 산업을 국가로 집중시킨 것은 사실 권력 블록에 도전할 수 있는 강력한 라이벌의 출현을 막고자 한 정치적 의도가 강하게 반영된 것이었다(Porter, 1976 : 281

---

78) 이와 유사한 논의는 Jumper & Normand(1966 : 450) 참조.

: Post, 1989b : 99).

지엠 정권시기에 산업화는 지지부진했다. 경제발전 1차 5개년 계획 기간 동안 이 계획을 위해 지출된 자금은 총 5억 달러(이 가운데 원조 는 2억 8천 5백 7십만 달러)였다. 이 가운데 8천 8백만 달러가 농업부 문에 할당되었고, 2억 3천 2백만 달러가 전화(電化)사업과 공공사업에 할당되었다. 그러나 산업발전에 할당된 양은 5천만 달러에 불과했다. 산업부분은 전체 계획에서 우선적인 목표로 고려되지 않았던 것이다 (Fall, 1968 : 298).

산업발전에 큰 관심을 두지 않으면서도 정부는 스스로가 산업을 장 악하고 자본가가 되고자 했다.[79] 정부는 유력한 투자사업들에서 51% 의 지분을 확보하여 통제권을 행사하면서 국내 혹은 외국자본을 유치하 여 공기업을 발전시키려고 시도했다(Buttinger, 1967 : 967). 초기에 국가 중심적 투자와 사업계획은 각 부문에서 서서히 성과를 보이는 것 으로 여겨졌다. 지엠의 목표대로 직물·설탕·유리·종이와 같은 소비 재부문과 전력·항공·철도 등 공공부문도 나아지고 있었다(Fall, 1968 : 299~301 ; Nguyen Truong, 1974 : 15~17). 그러나 국가 가 산업부문의 모든 영역을 관할하고 통제하는 데는 한계가 있었고, 관 료 중심의 기업운영은 사적 자본의 투자확대를 통한 지속적인 발전 가 능성을 제약하였다. 남베트남 정부를 믿고 합작하고자 하는 투자자들은 많지 않았고,[80] 공기업의 발전계획은 정교하게 세워지지 않았으며, 경 제발전의 전략이나 목표도 제대로 제시되지 않았다.[81] 게다가 관료들

---

79) 지엠 정권은 농업·통상부문은 사적 부문으로 남겨두고 정부가 간접 통제했지 만, 산업활동은 많은 부분을 국가·사적 부분의 합작으로 편성하고자 했다 (Scigliano, 1964 : 106~107).

80) 국민순생산(Net National Product) 가운데 정부와 사적 자본의 결합에 의한 투자 는 1955년 3.4%, 1956년 1.8%, 1960년 4.8%에 불과했다(Scigliano, 1964 : 116).

81) 경제발전계획 자체가 확고한 목적과 범위를 설정하고 있지 않았다. 발전계획은 그 윤곽을 드러내지 않았으며, 비밀주의가 지배했다(Fall, 1968 : 298). 이러한 상

의 이윤 추구 경향성은 다른 투자자들의 투자 의욕을 꺾었다.

남베트남·남한 모두 초기 자본가는 상업자본의 성격을 강하게 띠고 있었다. 그러나 남베트남에서 상업자본의 발전은 산업화를 담당할 자본가계급의 성장과 연결되지 않았다. 산업화는 국가에 의해서도, 사적 부분에 의해서도 등한시되는 부분이었고, 매우 느리게 진행되고 있었다. 따라서 그만큼 계급으로서의 산업자본가의 형성은 지연될 수밖에 없었다.

지속되는 국가·지주동맹과 국가의 지주화

농지개혁을 통해 토지자본을 산업자본으로 전환하고자 했던 지엠 정권의 희망은 좌절되었다. 남한의 경우 토지자본은 전쟁이라는 극심한 사회변동과정에서 지주들이 급속히 몰락함으로써 지가증권의 매각을 통해 산업자본으로 이전될 수 있는 기회를 가질 수 있었으나, 남베트남의 상황은 그렇지 못했다. 남베트남에서는 토지자본의 산업자본으로의 전환이 거의 이루어지지 않았던 것이다. 1960년 말경 1,660명의 지주들은 전체 746,424,000피애스터의 농지개혁 공채를 받았지만, 전체 공채 가운데 1%도 안 되는 700만 피애스터 정도가 산업자본으로 투자되었다(Musolf, 1963 : 369~370). 지주들은 즉각적인 보상이 없는 산업부문에 투자하기를 꺼렸으며, 국가와의 합작기업에 자금을 투자하는 것은 더욱더 원하지 않았다. 그러나 가장 큰 걸림돌은 이들이 여전히 100헥타르 이상의 농지를 소유한 대지주였다는 점이었다. 지주들은 지속적으로 소작료를 통한 이윤의 실현을 추구했으며, 국가는 합법적으로 그러한 길을 열어 놓고 있었던 것이다.

지주들의 지대에 대한 집착은 국가의 선농업발전정책과 맞물려 국

황은 1962~1966년까지 진행된 2차 5개년 계획에서도 유사하게 나타났다. 일본 외무성은 2차 5개년 계획을 "슬로건이라는 것이 더 합당하며, 보통 의미의 경제계획이라고는 말하기 어렵다"(外務省經濟局編, 1968 : 12)라고 평가했다.

가·지주의 동맹을 강화시켰다. 이는 농촌의 불안정이 고조되는 1959년 이후 더욱 공고해졌다. 농촌 상황이 불안정해지면서 소작료의 징수는 제대로 이루어지지 않았고, 지주들은 소작료를 받아 내기 위해 물리력에 의존할 수밖에 없었다. 처음에는 마을의 장(長)이 동원하는 민병대가 소작료를 징수했으나, 농촌의 저항이 더욱 심해지면서 이는 현·성단위의 장이 지휘하는 군사작전에 의지하게 되었다.[82] 마을의 관리들이나 현·성의 장은 소작료 징수를 통해 자신의 유능함을 입증하고자 했으며, 저항하는 농민들은 베트콩으로 매도당하고 체포되었다 (Porter, 1976 : 352~353). 부통령이었던 응우옌응옥터는 당시 소작료 징수 상황을 다음과 같이 묘사했다.

> 때때로 군대가 마을을 둘러싸고 불시에 습격하여 농민들에게 그들의 수확물을 가져오게 하고, 그들을 현 혹은 성으로 호송했다. 작전은 하루종일 계속되었다. 그들은 오후 4시까지도 돌아오지 않았다. 성 당국은 수확기 이후 이러한 일을 여러 번 되풀이해야만 했다.[83]

1960년 무장투쟁이 재발하면서 지주와 지방행정관리 사이의 결탁은 보편적인 일이 되었다. 이러한 상황은 지주의 역할을 관료와 군이 대체하여, 국가기관의 반(半)봉건화를 부추기는 결과를 초래했다. 소작료를 대신 징수해 주는 대가로 마을이나 현의 관리들은 소작료의 30% 가량을 가져갔다. 여기에 남베트남군이 개입될 경우 군 장교는 전체 징수량의 10%를 가져갔으며, 그 이외의 10%는 군인들이 나누어 가졌다. 때때로 지주와 관리·군의 배분 비율은 50 : 50에 이르렀다. 그러나 농

---

82) 소작료 징수를 위해 군이 동원되었던 것에서 주목할 것은 3장에서 설명한 바와 같이 1960년 이후 성단위의 장들이 빠르게 군인들로 교체되었다는 점이다. 1962년 8월경 41개 성 가운데 36개 성을 군장교가 지배했다.

83) Interview with Nguyen Ngoc Tho, November 18, 1971 ; Porter(1976 : 355)에서 재인용.

촌지역으로부터 쫓겨나 소작료 전체를 받지 못할 상황에 처해 있던 지주들은 그나마 소작료를 받을 수 있었던 것을 다행이라고 여겼다(Porter, 1976 : 356~357). 지주·관료·군이 결합된 강압적 소작료 징수가 진행되면서 농민들은 지주와 관리·군을 동일한 존재로 여기게 되었다. 계급적 적대는 국가기관으로 직접 확대될 수밖에 없었으며, 그것은 민족적 적대와 결합하여 더욱 커다란 폭발력을 지니게 되었다.

국가와 지주의 결합, 그리고 지주의 역할을 관료·군이 대체하는 동안 장래에 산업자본가로 성장할 자본가집단은 아직 나타나지 못하고 있었다. 이것을 더욱 부채질했던 것은 사회적 불안정성의 증대였다. 개인 사업가들은 장기적인 계획에 투자하는 것을 꺼렸고, 사이공에서의 과시적 소비에 사용하기 위해 부를 축적하는 경향이 있었으며, 부동산, 소비자 대부, 그리고 국가의 생산력 발전에 전혀 도움이 되지 않고 빨리 이윤을 회수할 수 있는 부문에 투자하고 있었다(Scigliano, 1964 : 117~118).84) 이러한 경향을 더욱 부채질했던 것은 미국의 상업원조였다. 남한에서 미국의 상업원조는 귀속기업의 분배와 결합하여 자본가 계급을 형성하는 데 상승효과를 일으켰지만, 남베트남에서 그것은 도시의 사치 소비재를 중심으로 한 투기적·상업적 자본의 성장을 촉진할 뿐이었다.

---

84) 남베트남 자본의 소비적 성격은 국가에 의해 조장된 면이 강하다는 것을 간과해서는 안 된다. 산업시설을 위한 초기 고정자본의 투자는 상대적으로 큰 자본을 요구한다. 그러나 지엠 정권은 정책적으로 사적 자본을 조달할 수 있는 가능성을 차단하고 있었다. 신용체계는 국가가 장악하였고, 베트남인이 운영하는 시중은행의 설립은 제한되었다. 1954년 남부 지주계급연합에 의해 설립된 공상(工商)은행과 1955년 정권에 의해 세워진 상업신용은행을 제외하고는 사적인 부분의 은행 설립은 억제되었다(Porter, 1976 : 288). 결과적으로 지역의 자본가들은 생산적인 영역을 위한 자금조차도 조달하기 어려웠다. 또한 1957년 미국의 지원에 의해 세워진 산업발전센터(Industrial Development Center)는 신규 혹은 기존의 기업에 대해 대출을 수행할 계획을 가지고 있었는데, 1959년의 경우 125건의 사업계획이 제출되었으나, 대출이 승인된 것은 27건에 불과했다(Scigliano, 1964 : 119).

그렇다고 하더라도 산업자본의 맹아가 될 수 있는 상업자본의 원시적 축적은 가능하지 않았을까? 그러나 이 또한 화인들에 의해 제약되었다. 화교 자본에 대한 국가차원의 강력한 공세가 있었음에도 불구하고, 남베트남에서 화교 자본은 결코 약화되지 않았다. 베트남인들은 과거와 마찬가지로 화인들과 경쟁할 수 없었다. 베트남인들은 화인 사업가들이 미국의 상업원조 프로그램에서 이윤을 남기기 시작하는 것을 어찌해 볼 수도 없이 지켜보아야 했다. 화인들은 과거와 마찬가지로 산업보다는 상업·은행업·고리대금업에 관심을 두었으며, 지역 상업에 대한 통제, 특히 쌀 거래로부터 지속적인 이윤을 취했다(Hammer, 1966b : 204). 화교 자본의 강력한 상업자본적 성격은 베트남인들의 자본형성을 억제했을 뿐만 아니라 산업자본의 형성·발전 역시 지체시켰다.[85]

농민의 급진화와 '혁명적 상황'의 전개

지엠 정권과 농민의 관계는 날로 악화되어 갔으며, 경제적인 측면에서 이는 명백한 이유가 있었다. 울프는 농민의 저항을 농지개혁과 연관하여 다음과 같이 설명한다.

> 정부가 후원하는 토지재분배계획은 이전에 베트민에 의해 수립되어 농민들에게 보다 유리하게 되어 있던 토지분배를 폐지하였다. 그래서 토지분배로 인해 그것을 받아들이게 된 측에서 취할 수 있는 선택의 범위가 넓어진 것은 사실이긴 하지만, 이러한 선택권 중에서 반란에 참여하는 것이 유일한 대안이었다(Wolf, 1984 : 200).

---

85) 그렇다고 해서 화인 자본이 산업자본으로 변신할 수 있는 가능성이 있었던 것도 아니었다. 당시 화인들은 전통적으로 추구해 왔던 자본 축적방식을 통해서도 충분히 이윤을 실현할 수 있었다. 이러한 상황에서 화인들이 자신들을 핍박했던 남베트남 정부와 결합하여 산업자본가로 변신한다는 것은 거의 불가능한 일이었다.

　　1956년 농지개혁이 시작되었음에도 불구하고, 남베트남 정세의 전
환기라고 할 수 있는 1959~1960년까지도 농민들에게 실질적인 혜택
은 돌아가지 않았다. 대신 정부의 통제가 강화되면서 정부의 조세 추출
은 증대되어만 갔다. 일례로 롱안지방의 경우 조세 추출률은 1955년
5.8%, 1957년 59.2%, 1958년 68.9%, 1959년 81.6%로 지속적으로
증대되었다(Post, 1989b : 315). 이는 지엠 정부에게는 안정적인 지역
통제를 의미하는 것이었지만, 농민에게는 전쟁기간에 사라졌던 중앙정
부의 수탈체제가 다시 강화되고 있음을 의미하는 것이었다. 정부 관리
들은 조세 추출과 강제적인 소작료 징수의 주체였으며, 전통적인 농민
사회와는 유리된 존재였다. 레이스가 "베트민은 주민들과 같이 잠을 잤
지만, 마을위원회의 유지들은 기지에서 군인들과 함께 잠을 잤다"[86]라
고 표현한 것처럼 관리와 농민들의 간극은 명확한 것이었다.

　　이러한 간극은 농촌사회의 지속적인 불안정을 초래하는 근본적인
원인이 되었다. 초기 불안의 징후는 '정치적 테러'로 나타났다. 1958년
이후 전통적인 저항방식인 암살과 유괴가 급격히 증가하기 시작했다.
다음의 표는 이를 잘 보여 준다.

〈표 5-8〉 남베트남에서 시민암살과 납치(남베트남 정부의 미 대사관에 대한 분기별보고)

(단위 : 명)

	1958					1959					1960
	1	2	3	4	계	1	2	3	4	계	초기 5개월
살인	72	51	26	44	193	52	34	46	97	233	780
납치	73	32	66	65	236	44	53	67	179	343	282

자료 : Gravel ed.(1971a : 336).

---

86) Race, Jeffrey, *War Comes to Long An*, Berkely and Los Angeles : University of California
　　Press 1972 ; Post(1989b : 315)에서 재인용.

<표 5-9> 남베트남 정부의 하위 공직자 살해   (단위 : 명)

1957.5~1958.5	1958.5~1959.5	1959.5~1960.5	1960.5~1961.5
700	1200	2500	4000

자료 : Gravel ed.(1971a : 336).

과거 1차 인도차이나전쟁 당시 베트민은 지방 관리들을 협박하여 중립화하려고 했지만, 새로운 테러 전술은 그렇지 않았다. 1958년 마을 대표 가운데 20%가 희생되었으며, 1963년까지 하위 관리 13,000명이 혁명세력에 의해 제거되었다(Gravel ed., 1971a : 336). 여기에서 중요한 것은 지방 관리 살해 비율의 급격한 증가이다. 지방 관리는 농민들과 직접적으로 충돌해야 했으며, 그만큼 원성을 살 수밖에 없는 자들이었던 것이다. 지속적인 정치적 폭력은 정부가 농촌의 확고한 주인임을 의심스럽게 하기에 충분한 것이었다. 정부는 각축하는 정치세력 가운데 하나에 불과했으며, 농민들의 주변에는 그들과 동고동락하는 혁명세력이 있었다. 상징적 폭력과 선별적인 테러는 앞으로 농촌사회에 불어올 폭풍을 알리는 신호에 불과한 것이었다. 불완전한 농지개혁, 지속되는 강제적인 조세·소작료의 수탈, 이와 더불어 심화되는 도시·농촌의 격차, 종교적 차별감, 전략촌계획에 의한 강제 이주와 부역노동은 농촌의 불만을 계속 고조시켜 가고 있었으며, 이러한 상황에서 정부와 농민의 대립은 날로 심해질 수밖에 없었다.

정부·농민의 갈등에 불을 지핀 것은 남베트남민족해방전선이었다. 특히 남베트남민족해방전선의 농지개혁은 정부와 혁명세력의 차이를 확연히 갈라놓았다. 핏제럴드는 민족해방전선의 농지개혁이 지닌 특성을 다음과 같이 설명했다.

민족해방전선의 계획은 토지 없는 사람들에게 실제로 유리하게 작용했다. 민족해방전선은 토지 보유나 지대를 제한하는 전국적인 법률을 기초로 하는 대신에 모든 마을에서 토지 분배와 지대를 가능한 한 공평하게 하려고 했다. 그들은 삼각주의 상이한 부분들에 나타나는 극히 다양한 사회적 유형과 토지 보유 유형을 고려하면서 기존체제의 폐단을 최소화하기보다는 테러를 포함해서 가능한 온갖 수단으로 농민계급 전체의 경제적 지위를 높이기 위해 일했다. … 민족해방전선은 삼각주의 대부분에서 농민들이 생산한 작물에 대한 권리를 그들에게 주고, 그들 자신의 협상권 및 지주에 대한 평등 의식을 심어 주었다(FitzGerald, 1972 : 156).

1960년 이후 서로 다른 계급과 사회세력에 의존한 남베트남 정부와 남베트남민족해방전선은 농민들의 마음을 얻기 위한 본격적인 투쟁에 들어갔다. 그러나 초기부터 지엠 정권은 급속히 약화되기 시작했고, 농촌전략 실패의 가장 커다란 징후는 전략촌계획의 파탄이었다. 1960년을 넘어서면서 1차 인도차이나전쟁 이후 잠복기에 들어갔던 혁명세력과 연대한 농민들의 투쟁은 다시 본격화되기 시작했고, 지엠 정권은 지배계급·피지배계급 모두에게 외면당한 채 자신의 붕괴를 재촉하고 있었다. 농촌이 경제의 토대라고 주장했던 지엠 정권이 농촌을 잃는다는 것은 선농업발전을 앞세운 국가발전전략의 붕괴를, 더 나가서는 국가의 생산기반을 잃어버린다는 것을 의미하는 것이었다. 이것은 한국전쟁 이후 농촌에서 잉여추출을 극대화했던 이승만 정권의 종결기와는 매우 다른 결말이었다. 지엠 정권이 이후의 정권에 남겨놓은 것은 사회·경제관계의 재구조화를 통한 국가 주도의 통제구조가 아니라 극대화된 농촌의 '혁명적 상황'뿐이었다.

2) 국가 중심적 발전의 토대구축과 지속적인 농민의 배제 : 남한

한국전쟁 이후 1950년대는 향후 남한 경제질서의 기본 방향이 만들어지고 있던 시기였다. 이를 반영하듯 정치·시민사회 영역에서 여러 경제개발론이 제기되었다. 당시 제기되었던 경제개발론은 대체로 '민간 주도형', '국가 주도형', '사회민주주의형'으로 집약되며, 경제체제를 강력하게 통제하고 있는 이승만 정부에 대한 반대 논리로서 '민간 주도형 경제개발론'이 주류로 자리 잡고 있었다. 여기서 '민간 주도형 경제개발론'은 중소 규모의 기업을 중심으로 경제개발을 할 것을 강조했으며, '국가 주도형 경제개발론'은 재벌기업의 문제가 남한 경제의 가장 커다란 문제점 가운데 하나라고 지적했다. 또한 '사회민주주의형 경제개발론'은 수탈 없는 경제체제를 역설하고 있었다.[87] 자본주의체제를 기본으로 한 상태에서 정치·시민사회영역에서 제기되었던 다양한 발전론들은 아직 비결정적으로 남아 있었던 남한 경제에 대한 나름대로의 대안들이었다.

그러나 이승만 정권은 각종 폐해들에 대해 수정을 요구했던 정치·시민사회의 요구를 반영하지 않았다. 전후 1950년대를 통해 국가권력 주도의 국가·대자본의 동맹이 강화되었으며, 이는 이후 국가 중심적 발전에 유리한 계급지형과 축적체제의 제도적 기반이 될 것이었다. 이 논의에서는 이승만 정권기에 형성되고, 이후 정권에 이전되었던 계급지형·제도적 특성을 사회·경제관계의 '구조적 이원성'의 심화에 초점을 맞추어 살펴볼 것이다. 이러한 '구조적 이원성'은 국가가 사회의 특정 부분을 동맹세력으로 삼거나 혹은 배제하면서 드러나게 되며, 사회·경제적 불균등성을 심화시키게 된다. 아래의 논의에서는 이를 첫째, 수입대체산업화의 효과, 둘째, 국가·자본의 동맹을 통한 대자본가의 형성, 셋째, 농촌사회의 변화를 통해 살펴보겠다.

수입대체산업화전략과 국가·대자본의 결합

삼백(제분·제당·면방직)산업을 중심으로 한 수입대체산업화전략은 당시 남한 경제의 성장 동인으로 작용하고 있었다. 헤거드는 이를 다음과 같이 평가한다.

---

87) 이에 대한 자세한 논의는 박태균(2002) 참조.

1953~1955년부터 1960~1962년까지의 기간 동안 국내 총생산은 연평균 3.9%밖에 성장하지 않았지만, 이는 농업과 서비스 부분의 부진에 그 원인이 있을 것이다. 반면 공업은 매년 11.2%의 성장을 보였다. 외국기업으로부터의 경쟁과 국내 경제 침투의 위협이 존재하지 않았고, 국영기업으로부터의 경쟁이 거의 없는 상태에서 고율의 관세 장벽이 설치되어 있었기 때문에 한국의 기업은 1950년대 기간 동안 특히 건설·섬유·제분 등 경공업 부문에서 급속한 성장을 보였다(Haggard, 1994 : 100).[88]

양적 성장 자체를 폄하할 필요는 없을 것이다.[89] 그러나 더욱 중요한 것은 '이러한 양적 성장과 더불어 사회·경제체제가 역사·제도적 측면에서 어떻게 재구조화되어 갔는가'라는 점이다. 초기 발전전략에서 수입대체산업화 자체가 문제는 아닐지라도 남한에서 그것이 진행되는 과정은 현재까지 지속되는 산업구조와 연계된 국가·자본관계의 원형이

---

88) 김대환이 한국은행 자료(한국은행, 『한국의 국민소득』, 1973)를 사용해 제시하고 있는 지표에 따르면 1954~1958년까지 국민총생산의 평균 성장률은 4.84%였으며, 2차 산업부분의 성장률은 13.4%였다. 이에 비해 1차 산업부분의 평균 성장률은 3.92%, 3차 산업부분의 평균 성장률은 4.3%였다(김대환, 1981 : 172).

89) 남한의 수입대체산업화는 소비재에 대한 지나친 강조, 협소한 국내 시장을 바라보는 생산활동, 수입 중간재와 외국자본에 대한 과도한 의존, 수출 저조, 지속적인 수지악화를 초래했고(Haggard, 1994 : 100), 국내 수요를 주도한 사회간접자본이나 1차 산업부분과 유기적인 연관을 이루지 못해 국내 수요를 재생산기반으로 구축하지 못했으며(신용옥, 2000 : 285), 산업자본의 발전을 한층 곤란하게 만들었다(谷浦孝雄, 1981 : 316)는 비판들이 제기되고 있다. 그러나 이것을 수입대체산업화전략 자체의 문제만으로 바라보는 것은 문제의 다른 중요한 측면을 놓치는 것이다. 1957년을 정점으로 수입대체산업화의 효과가 급속히 떨어지는 것은 이를 지탱했던 미국 원조 프로그램의 변화와 밀접한 연관을 갖는다는 점을 간과해서는 안 된다(Haggard, 1994 : 100). 1958년을 일대전환점으로 하여 서구의 달러 부족현상이 해소되고, 그 결과 서구의 주요 통화교환성이 회복된 반면, 미국 경제는 역으로 달러의 대외신용이 떨어짐과 동시에 국제수지가 적자기조로 발전했다. 이에 따라 무상 베이스의 대외원조는 축소되고 무상원조의 유상차관으로의 전환이 불가피해진다(최배근, 1998 : 387). 이러한 외적 환경의 변화가 원조에 의존하던 수입대체산업화전략에 타격을 가하고, 산업화전략의 전환을 불가피하게 했던 요인으로 작용하고 있었던 것이다.

되었다는 데에 문제가 있었다.90) 산업구조부분에서 그것은 특히 대기업의 성장과 중소기업의 몰락이라는 산업부분의 불균등발전으로 가시화된다.91) 김대환은 이를 다음과 같이 평가한다.

> 50년대 한국 공업화의 불평등구조적 특징은 같은 공업부문 내에서도 대기업과 중소기업 사이에서 더욱 뚜렷이 드러난다. 이는 원래부터 한국 공업화가 대기업 중심으로 편중된 정책 특혜에 의해 추진된 결과이다(김대환, 1981 : 225).

또한 박현채는 초기 수입대체산업화과정에서 나타난 대기업 편중 발전경로의 민족사적 의미를 다음과 같이 평가하고 있다.

> 국내적 분업관련이 긴밀하지 않은 대기업들은 그간에 형성된 토착중소기

---

90) 1950년대와 이후의 시기를 연속선상에서 적극적으로 평가하는 것은 다음과 같은 김대환의 논의가 있다. "이 시기는 1960년이래, 특히 개발시대와의 단절이 아니라 그 전제조건을 이룬 연속적인 과정으로 파악된다. 미국 주도로 재편된 세계자본주의체제에의 편입으로 향후 한국 경제의 외연을 조건지었으며, 수입대체산업화를 통하여 수출지향으로의 전환의 기초를 제공함과 아울러 경제개발계획을 태동시켰다. 재벌 위주 개발의 구조적 틀도 이 시기에 형성된 것이다. 이러한 연속성은 현재의 시점까지 이어진다"(김대환, 1998 : 225).

91) 남한과 유사하게 수출 중심적 발전을 이루었던 대만의 초기 축적전략도 수입대체산업화였다. 그러나 대만의 경우는 모리배의 준동을 확실히 통제하려고 하였으며(Haggard, 1994 : 140), 남한과 같이 대기업 중심의 발전경로도 나타나지 않았다. 대만의 경우 대기업은 국영부문으로 남았으며, 중소기업이 수출의 중추로 성장하였다. 임석준은 대만의 중소기업 성장을 국가의 의도적인 정책이라기보다는 국가로부터 신용대부를 받을 수 없었던 대만 본토인들의 사적 연결망을 통한 자금조달과 대규모 국영부문을 제외한 부분에서 중소기업단위의 상호협조망의 발달로 설명한다(임석준, 1996). 임석준의 논의대로 대만 중소기업의 발전이 국가행위의 의도치 않은 결과라고 할지라도 남한의 경우는 그조차 허락되지 않았다는 것이 중요하다. 전쟁과정을 통한 산업시설의 파괴, 자본의 저발전 속에서 국가의 경제개입과 지원은 다른 어떤 요소보다도 이후 자본제적 질서의 형성에 중요한 역할을 수행했던 것이다.

> 업과 시장관계에서 경합상태에 놓여 있었고, 정부의 소비재산업 재건정책
> 이나 경제부흥계획이 민족의 자립이라는 요구 위에 서지 않은 채 토착중소
> 기업을 저버린 데서 원조에 기생하는 이들 독점적 대기업의 형성은 바로
> 토착적 중소기업, 곧 민족자본의 소멸과정으로 된다. … 토착공업은 … 국
> 민경제의 자생적 발전에 대한 가능성을 제시하는 것이었다. 그러나 이와
> 같은 민족자본의 원초적 형대는 이식형적인 거대기업의 생성과정에서 소
> 멸됨으로써 국민경제의 자립적 기반 위에서의 정립 가능성은 사라지게 된
> 다(박현채, 1984 : 32~33).

박현채는 당시의 상황을 민족경제의 역사적 갈림길로 보고, 국가에
의한 대기업 육성이 민족경제의 발전경로를 파괴했다고 파악한다. 박현
채의 논의를 전적으로 수용할 수는 없다고 할지라도, 초기 산업화과정
에서 나타난 대자본 중심의 지원과 발전전략이 산업구조의 다양성을 파
괴하고, 국가·대자본의 결합을 강화하는 산업화경로를 형성했다는 점
은 부인할 수 없을 것이다. 그렇다면 국가·자본의 결합과 이를 통한 대
자본가의 형성은 어떻게 이루어졌을까? 아래에서는 그 내용을 좀 더 구
체적으로 살펴보겠다.

국가·자본의 동맹을 통한 자본가계급의 발전경로 형성

1950년대 경제에 대한 국가의 개입방식은 아직 사적 자본가가 제대
로 형성되지 않은 상태에서 사적 자본가를 형성시키고, 사적 영역의 자
율적인 경제능력을 제고시키려는 방향에서의 개입이었다고 할 수 있다
(공제욱, 1993 : 23). 곧, "1950년대 자본형성과정의 주체는 민간자본
이 아니라 국가자본"(김양화, 2004 : 208)이었던 것이다. 초기 자본가
형성에 주요한 영향을 미친 것은 귀속재산, 원조, 금융정책 등으로 나누
어 살펴볼 수 있다.

귀속재산의 불하를 볼 때 한국전쟁기간에는 국가재정을 충당하기
위해 소규모 사업체가 다수 불하된 반면 전쟁 이후에는 주로 대규모 사
업체가 많이 불하되었다. 대규모 사업체는 1955년부터 많이 불하되었

으며, 이 가운데는 한때 국영기업으로 잔류할 예정이었던 중앙관할의
대규모 사업체들도 다수 포함되어 있었다(공제욱, 1993 : 92~93). 이
러한 귀속사업체 불하과정에 대해 공제욱은 아래와 같이 평가한다.

> 대규모 귀속기업체의 불하 결정, 정부의 저렴한 사정가격, 연고자에 대한
> 우선권 부여, 그리고 장기간에 걸친 불하가격의 분할 납부, 지가증권에 의
> 한 귀속재산 매수 인정이라는 일련의 과정이 결국에는 신흥 유산계층에게
> 유리한 것이었고, 막대한 국유자본이 헐값으로 민간자본으로 전화하는 과
> 정이었던 것이다(공제욱, 1993 : 100).

귀속재산의 불하는 원래 자유기업주의를 지향한 것이었으나, 실제
불하는 정치권력과 밀접한 관련을 가지고 있는 특정인에게 이루어지고,
일반공매에 의한 것은 몇 건에 지나지 않았으며, 그마저 이면공작에 의
해 조작되었다(김대환, 1981 : 184). 1950년대 23대 자본가 중에서 귀
속업체의 불하가 대자본으로의 성장에 주된 계기가 된 사람은 10명에
이른다(공제욱, 1993 : 199).[92] 여기서 주목해 볼 것은 대규모 공장의
불하가 원조와 결합함으로써 대자본가를 형성하는 데 상승효과를 만들
어 냈다는 점이다. 이것이 가능했던 것은 물론 광범위한 귀속재산이 존
재했다는 점이 일차적인 원인이었겠지만, 전쟁과정에서 지주계급이 몰
락하여 새로운 자본가계급에 대한 집중 지원이 가능했기 때문이었다.
이는 남베트남에서는 나타나지 않았던 상황이었다.

미국에게 "경제원조는 세계 공산주의에 대항하여 안보를 사기 위한
돈이며, 국가의 경제발전은 주요한 목표라기보다는 유용한 부산물일
뿐"(MacDonald, 2001 : 415)이었다. 그러나 이러한 '부산물'은 남한
의 대자본가층을 형성하는 데 긴요하게 쓰여졌다. 미국의 원조가 1950

---

92) 서재진은 대기업가 57명(이 가운데 50명은 1985년 현재 상위 50대 재벌, 15명
   은 1950년대 후반 상위 15대 재벌, 8명은 중복, 합계 57명)의 전기분석을 통해
   귀속재산의 불하를 통해 성장한 기업인 수를 11명으로 제시하고 있다(서재진,
   1991 : 69).

년대 자본축적에 기여한 측면은 크게 원조의 재정적 활용과 실물의 활용으로 나누어 살펴볼 수 있다.

먼저 원조의 재정적 활용은 대충자금의 전용을 들 수 있다. 정부의 재정투자·재정융자의 재원은 원조에 의해 형성된 대충자금이 가장 큰 비중을 차지했다. 대충자금을 사용하는 데는 많은 제약이 따르기는 했지만, 재정부문으로 전용된 대충자금은 일반산업자금으로 융자되어 민간 대기업과 국유기업에 대부되었다(공제욱, 1993 : 137).[93] 당시 방대한 규모의 대충자금이 없었다면 산업부분에 대한 정부의 자금 지원은 거의 불가능했을 것이다.

실물 원조물자에 기생하는 자본축적은 보다 직접적이고 확실한 것이었다. 높은 인플레이션하에서 물자 부족과 만성적 초과수요상태가 지속되고, 공정환율이 비정상적으로 낮게 책정되었던 상황에서는 원조물자에 접근할 수 있다는 자체가 막대한 유통이윤의 원천을 확보하는 것일 뿐만 아니라, 그것이 원자재나 중간재일 경우 이를 원료로 하는 제품의 공급독점이 가능하기 때문이다(정윤형, 1981 : 142). 1961년까지 도입된 원조물자의 많은 부분이 식량·농산물·원료 그리고 중간재로 구성되어 있었기 때문에 무상은 아닐지라도 이러한 물자를 배당받는다는 것은 대자본으로 성장할 수 있는 발판이 될 수 있는 것이었고, 그 대표적인 사례가 삼백산업의 발전이었다.

대기업들의 본원적 축적을 위한 또 한 형태는 정부가 은행을 통해서 제공하는 각종 융자에 대한 이자보조였다. 격심한 인플레이션으로 인한 통화가치의 급락은 은행금리의 실질적인 마이너스화와 공정환율과 실세환율 간의 격차를 확대시킴으로써 부정과 특혜의 소지를 형성하게 되었으며, 이것이 국민경제 전반에 걸쳐 거의 절대적인 지배권을 장

---

93) 민간에 대한 대충자금의 융자는 대부분 산업은행을 통해 이루어졌다. 대충자금 중 18.7%가 융자로 지출되었고, 그 중 75%가 산업은행을 통해 이루어졌다(정일용, 1987 : 109~110).

악하고 있는 재정운영상의 부패와 결합되어 소수의 특정 재벌에 대한 자금의 특혜적 배분이 이루어졌다(장상환, 1999 : 165). 당시 정부는 한정된 자금으로 재건과 부흥을 수행하기 위해 몇 가지 산업부분에 우선적으로 융자를 주어 집중투자하는 융자의 중점화정책을 취했으며, 여기에 포함되었던 사기업주들은 대기업으로 성장할 수 있는 기회를 잡을 수 있었다(공제욱, 1993 : 148).

금융정책의 면에서 초기 대자본의 형성을 가능케 했던 또 다른 요인은 '달러따기'와 은행의 민영화였다. 실세보다 저평가된 달러를 낙찰받는 것은 그 자체로 이윤이 남는 장사였다. 또한 이렇게 낙찰받은 외화를 다시 높은 시중환율로 하청업체나 다른 중소업자에게 전매하여 엄청난 환차익을 챙길 수 있었다(이대근, 2002 : 482). 또한 1954년 이후 일반은행의 민영화방침에 따라 정부 보유주를 공매함으로써 대자본은 금융자본과 결합하여 자체적으로 자본을 조달할 수 있는 길을 열게 되었다.94)

1950년대 특혜를 통한 대자본가의 성장과정에 대해 김대환은 다음과 같이 평가하고 있다.

> 국가의 조세, 금융, 자원배정상의 정책지원은 정치권력과 밀착된 재벌을 형성·강화시켰으며, 이들 재벌들은 공업의 계기가 된 귀속재산의 불하, 원조, 정책지원 등에서 특혜를 집중적으로 받아왔던 것이다. 즉, 동란 전에 귀속재산불하로 이미 기업가로서의 지반을 굳힌 일부 특정인에게는 다시금 기존 시설 중심의 재해복구시설자재의 우선배정이라는 특정 조치가 주어져 재기의 찬스가 부여되고, 역시 이들에게 미국 원조에 의한 원료 및 기계설비가 특권적으로 공급되었으며, 은행대출에 의한 자금공급과 외화자금이 우선적으로 주어졌을 뿐 아니라 가능한 모든 면에서 특혜를 받았던 것이다 (김대환, 1981 : 199).

---

94) 재벌소유의 은행주는 5·16군사 쿠데타 이후 국가로 환수된다. 이에 대한 논의는 정윤형(1981 : 146~147) 참조.

지금까지 1950년대 대자본가의 형성을 가능하게 했던 요인들을 간략히 살펴보았다. 남한의 대자본가형성과정은 국가와의 결탁을 통해 파행적인 과정을 통해 진행되었고, '천민자본'의 성격을 지닌 것이었다. 그러나 국가의 사회·경제적 규제능력을 비교 역사적 관점에서 보았을 때 남한은 이미 남베트남과는 다른 경로로 접어들고 있었다. 남한은 국가·지주동맹체제를 해체하고, 국가·자본동맹체제를 견고히 해 가고 있었으며, 이는 이후 박정희 정권하에서 국가 중심적 수출주도형 발전의 토대가 될 것이었다.

국가의 농촌통제와 농민의 배제

초기 발전경로에서 농업부분을 희생시키는 것이 산업발전을 위한 불가피한 선택이라고는 볼 수 없다. 대만의 경우는 남한과는 다르게 농업부분을 희생시키지 않았으며, 농업부문의 활성화를 꾀했다(구해근, 1984 : 160~161 ; Haggard, 1994 : 133~134). 그러나 한국전쟁 이후 남한의 농촌정책은 농촌의 빈곤화를 구조적으로 심화시키는 것이었다. 당시의 정책들은 "농민보다는 도시민, 농업보다는 비농업을 우선시"했고, "도시 편향적 발전전략"이라는 특성을 지니고 있었으며(한도현, 1998 : 103), 이는 농촌경제의 파탄을 가속화시켰던 것이다. 전쟁 이후 이승만 정권하에서 농민은 경제적 측면에서는 '동원'의 대상으로, 정치적 측면에서는 '탈동원'의 대상으로 위치 지워졌으며, 이것이 가능했던 역사적 조건은 이미 논의한 바와 같이 해방 이후 진행되어 온 농민조직의 해체와 참혹했던 전쟁경험이 강제한 농촌사회의 침묵이었다.

한국전쟁 이후 1950년대 농촌의 빈곤화를 가속화시킨 요인은 미국의 잉여농산물 도입과 맞물린 저곡가정책, 현물 형태의 수탈, 고리대의 문제로 나누어 살펴볼 수 있다.

저곡가의 폐해는 이미 전쟁 직후부터 지적되었다. 권혁정은 1954년의 상황에 대해 다음과 같이 지적하고 있다.

> 보리쌀 한 말에 시중시세는 160환밖에 되지 않는 정도로 곡가는 저락(低落)되어 농촌경제에 미치는 영향은 심대한 바 있다. 응당 곡가조절을 위한 국가보상제도의 실시, 정부매상정책의 일련의 임기응변적 조치가 취해져야 할 것임에도 불구하고, 농림당국은 시책의 경중을 잃은 듯 하등의 대책도 발표치 않고 있다(권혁정, 1954 : 24).

저곡가의 폐해가 문제시되고 있는 상황에서 1955년 이래 지속된 PL480호에 의한 미국의 잉여농산물원조는 농산물의 공급과잉을 초래하여 구조적으로 저곡가정책을 가능케 했다. 잉여농산물의 도입은 한편에서는 '농산물수입 → 저농산물가격 → 저노임 → 자본축적'이라는 형태로, 다른 한편에서는 '잉여농산물의 도입과 처분＝정부의 재정수입과 자본의 축적기반'이라는 형태로 자본의 요구를 충족시켜 주었다(김태일, 2000a : 499). 잉여농산물의 도입은 당장의 식량난을 덜어 주기는 했지만 농촌경제의 희생을 바탕으로 도시·산업 중심의 발전을 도모할 수 있도록 하는 물적 토대로 작용했던 것이다. 미국의 잉여농산물원조의 경제적 귀결에 대해 박현채는 다음과 같이 평가하고 있다.

> 미국 잉여농산물의 물질적 기초였던 저농산물 물가정책은 한국농업에 있어서 직접적 생산자인 농민층 내부에 부의 축적과 그를 기초로 한 생산력 발전의 계기를 가지는 대신 지난날의 낡은 경영방식을 유지하면서 상대적 과잉인구, 농가경제의 축소재생산경영, 농민분해 및 분화의 심화와 소작제도의 재생이라는 부정적 측면을 노정하고 있었다. 여기에 농업생산은 대대적으로 정체하여 국민경제의 성장에 따르는 식량 및 원자재 수요를 충족할 수 없게 되며, 농공 간의 불균형 발전에 의해 도시와 농촌 간의 격차를 심화시키면서 농촌과 관련 없이 번영하는 도시의 소비충족을 위해 외국 농산물의 수입을 항구화시키는 것이다(박현채, 1981 : 292).

박현채는 잉여농산물과 연결된 저곡가정책이 농업기반을 파괴하고, 농·공, 도·농 간의 불균등발전을 심화시키며, 도시의 소비를 위해 농업을 희생시켰다고 지적하는 것이다.[95]

현물 형태의 수탈은 분배농지 가격의 현물상환, 임시토지수득세, 각종 잡부금 등으로 나누어 볼 수 있다. 분배농지 가격의 현물상환에 대해서는 앞에서 이미 언급했으므로 아래에서는 임시토지수득세와 각종 잡부금의 폐해에 대해 간략히 살펴보겠다.

전쟁과정과 전쟁 이후 1950년대 현물에 의한 농민수탈에서 가장 큰 몫을 담당했던 것이 임시토지수득세이다. 농민들은 불가피하게 시장가격에 훨씬 밑도는(시가의 45% : 1951~1955년) 정부수매가를 기준으로 산정한 현물을 농지세로 납부했기 때문에 현금으로 납부할 경우보다 훨씬 큰 피해를 보았다(김태일, 2000a : 500). 총조세수입 가운데 토지수득세가 차지하는 비중을 보면 1954년 14.7%, 1957년 23.8%, 1958년 14.0%, 1959년 8.9% 등이었다. 조세수입은 저곡가정책을 바탕으로 계산된 것이기 때문에 실제로는 전체 조세에서 토지수득세가 차지하는 비중은 그 수치보다 더 높았을 것이다(한도현, 1998 : 92).[96]

각종 잡부금은 ㉠ 도로이용 및 용수 등 경제적 목적과 관련한 것, ㉡ 동(리)장−반장 및 농촌 지도원 등의 보수 지급 등 행정적인 목적과 관련한 것, ㉢ 공산 게릴라 출몰 지역을 중심으로 한 군인, 전투경찰의 주둔에 따른 경비지급 등 군사적 목적에 관련된 것의 3가지로 나누어 볼 수 있으며, 이 중 가장 큰 것이 ㉢에 관련한 잡부금이었다. 이러한 잡부금은 지방별로 말단 지방관청 또는 자치단체의 책임하에 부과되었고, 뚜렷한 법적 근거가 없었기 때문에 그 폐단이 클 수밖에 없었다(이

95) 미국 의회조차도 "한국은 필요 이상의 PL480호 원조를 받았고, 그것은 몇몇 분석가들이 믿고 있듯이 한국의 농업발전을 저해했다고 할 수 있다"라고 인정했다(Committee on International Relations, U.S. House of Representatives, *Investigation of Korean-American Relations*, U.S. Government Printing Office, 1978, p.159 ; 장상환, 1999 : 162에서 재인용).

96) 임시토지수득세는 휴전 후 경제복구과정에서 폐기 또는 금납제로의 전환이 여러 차례 추구되었지만, 그때마다 자유당 정부 측의 반농민적 책동으로 성공하지 못하다가 4·19 이후 1961년 민주당 정부에 들어와서 비로소 물납제의 금납제로의 전환이 이루어졌다(이대근, 1987 : 207).

대근, 1987 : 207).

고리대의 문제는 국가의 농촌신용정책의 부재에서 기인한 것이었다. 유리한 조건의 제도금융을 담당하는 일반 금융기관의 여·수신업무는 대부분 도시 산업자본이나 상업자본을 위해 이루어지고 있었기 때문에 농촌을 대상으로 하는 금융은 제도금융 밖에서 돌고 있는 고리사채에 의존할 수밖에 없었다(이대근, 1987 : 208). 부채의 용도 가운데 가장 큰 비율을 차지하는 것은 식량부채(46.3%)였고, 그 다음이 영농자금(26.9%), 기타 병원비·학비·가사용 자금이었다. 1953~1957년까지 4년간 농가부채는 11.4배가 폭등하였다. 전체 농가 가운데 부채 보유 농가의 비율이 90%에 달했으며, 총부채 가운데 고리사채 비율은 무려 80%에 달했다(이대근, 2002 : 453). 고리채의 지속적인 증가는 농가경제 상황의 악화를 반영한다.

이러한 상황은 농지개혁을 통해 광범위한 자작농을 창출한 평준화 효과를 희석시켜 가고 있었다.[97] 농업부문의 희생은 재소작화경향을 부추기고 있었던 것이다. 1960년 농업 국세조사에서 전체 농지의 11.2%에 해당하는 농지가 임차지이며, 임차농가가 총농가의 26.4%에 이르는 것으로 조사되었고, 1970년 농업센서스에서는 임차지율과 임차농가의 비율이 각각 17.2%와 33.5%로 증가했다(이영기, 2002 : 106). 이는 분배받은 농지의 매각에서도 여실히 드러난다. 농지분배 가격의 상환이 완료될 때까지 분배농지의 매매행위를 금하는 농지개혁법 16조에도 불구하고, 농지의 매매는 광범위하게 행해졌다. 반성환의 1957년 조사에 의하면 0.3정보 미만의 영세층(零細層)의 경우에는 58.1%, 0.3~0.5정보 소유농의 경우에는 31.3%가 분배농지를 이미 매각한 것으로 드러났다(반성환, 1958 : 41). 이승만 정권하에서 행해진 농지개혁과 농업정책은 영세소농조차도 제대로 유지될 수 없도록 하

---

97) 앞 절에서 이미 살펴본 바와 같이 이러한 평준화는 다수의 영세소농 창출에 의한 것이었다.

는 농민 배제적 성격을 지녔던 것이다.

한국전쟁 이후 1950년대는 이후 박정희 정권에서 실현될 국가 중심적 경제발전체제의 토대를 구축한 시기였다. 이승만 정권은 한편으로는 반봉건적 지배관계를 청산하고, 국가·자본의 동맹을 강화하여 자본주의적 축적체계를 강화해 갈 수 있는 기반을 조성했으며, 다른 한편으로는 농민들의 정치적 동원을 무력화시키고, 지속적으로 농업부문의 잉여를 추출함으로써 자본을 강화했다. 이것은 지엠이 구지배관계와 절연하지 못하고, 농촌을 정치적·경제적으로 통제하지 못했던 것과는 대조적인 모습이었다.

결 론

결 론

1. 두 개의 국가, 하나의 운명, 그리고 역사의 갈림길

1975년 4월 30일 두 개의 분단·반공독재국가의 운명은 확연히 갈렸다. 1945년 해방 이후 부침을 거듭하던 남베트남은 역사의 뒤안길로 사라져 간 반면, 남한은 개발독재체제를 강화하며 냉전 세계체제 속에서 성공적인 반공의 보루로 남을 수 있었던 것이다. 유사한 두 분단·반공독재국가에서 나타났던 상이한 역사경로를 어떻게 이해해야 할까? 이러한 문제의식이 이 연구의 출발점이었으며, 이 문제를 해결하기 위해 베트남/남베트남·한국/남한이 지녔던 역사적 유사성에서 출발하여, 두 국가의 형성기였던 제1공화국 지엠 정권과 이승만 정권을 중심으로 상이한 국가능력의 형성과정을 살펴보았다. 연구의 1부에서는 두 국가의 유사성으로 베트남·조선의 혁명의 기원과 남베트남·남한의 반공독재 국가형성과정을 다루었으며, 2부에서는 남베트남·남한의 상이한 국가능력형성과정과 그 결과인 국가능력 수준의 차이를 다루었다. 이제 전체 연구의 결과를 표로 제시하고, 각각의 특성을 간략히 설명할 것이다. 앞으로 제시될 표는 이미 본론에서 구체적으로 설명했던 내용들을 최대한 압축하여 비교의 효과를 극대화하기 위한 것임을 미리 밝혀 둔다.

〈표 1〉은 혁명의 기원과 반공독재국가형성과정의 특징을 압축적으로 보여 준다. 이를 설명하기 위해 먼저 식민지배에 의해 배태된 해방 당시의 역사·구조적 조건을 검토하고, 한 단계 더 나아가 이러한 국내조건에 초국가적인 영향력(특히 미국의 영향력)을 접맥시키는 2단계 전략을 세웠다. 〈표 1〉의 A·B(1단계)는 1945년 해방기를 규정했던 혁명의 뿌리와 혁명적 상황을, C·D(2단계)는 이러한 혁명적 역사행로를 파괴했던 미국의 역할과 그 결과 형성되었던 반공독재국가의 특성을 보여 주고 있다.

〈표 1〉 베트남/남베트남·한국/남한의 유사성

	혁명의 기원과 반공독재국가의 형성과정
A : 혁명의 기원	**a : 식민국가와 지배계급** ① 대지주 형성의 식민지적 기원 : 토지에 대한 근대적 소유권의 확립과 토지의 상품화 ② 대지주 발전을 위한 사회·경제적 조건 : ㉠ 쌀 생산·수출을 중심으로 한 식민지 농업정책 ㉡ 친지주적 조세·신용·금융 제도 ㉢ 산업자본의 형성을 억제했던 식민지 경제정책 **b : 식민지배와 농민** ① 식민지배가 농민에게 미친 사회·경제적 영향 : ㉠ 식민지국가의 수탈(조세, 물적·인적 동원) ㉡ 계급에 기반한 착취 : 지주계급에 의한 반봉건적 착취·고리대, 자본제적 착취 ② 농민의 동원과 저항 : 계급·민족운동의 전개 ★ 민족주의운동과 결합한 4단계의 발전과정 : 전근대적 민족주의운동 → 문화적 민족주의운동 → 민족개량주의운동의 전개와 사회주의운동의 발흥 → 사회주의운동의 사회적 침투·확산 **c : 민족주의운동세력의 특성** ① 민족개량주의운동세력 : 민족적 정통성 상실 ② 사회주의운동세력 : 민족적 정통성 형성
B : 1945년 해방공간 의 특성	**a' : 식민지배의 붕괴와 해방공간의 형성** **b' : 사회주의 민족운동세력의 주도권과 대안국가의 형성** ① 대안국가의 형성 : 베트남민주공화국, 조선인민공화국 ② 대안국가의 조직적 특성 : ㉠ 국가형성 주체 : 민족적 정통성을 지닌 사회주의세력을 중심으로 한 민족운동세력 ㉡ 조직적 토대 : 기층 대중조직(인민위원회) ③ 독립국가건설의 기본 방향 : 자주독립국가건설과 반봉건적 사회질서의 청산 ④ 외세의 개입이 배제된 상황에서 내적으로 가능했던 역사발전경로 : 아래로부터의 혁명을 통한 민족국가건설

	혁명의 기원과 반공독재국가의 형성과정		
C : 미국의 역할	**a^2 : 냉전정책과 정치적 분단** ① 세계체제적 수준에서의 냉전에 의한 봉쇄 : 아시아에서의 반공의 보루와 전후 세계부 흥계획의 후배지 ② 국가·지역적 수준에서의 분단국가 창출과정 ㉠ 신탁통치안의 굴절과 지리적 분단 ㉡ 통일된 반공국가체제의 모색 ㉢ 분단체제로의 전환		
	b^2 : 혁명적 정치질서의 역전 ① 내생적 민족정권의 정당성 부정 ② 반혁명적 분단세력의 형성 지원		
	C^2 : 대조적 사례로서의 북베트남·북한 ① 국가건설 주체의 역사적 정통성 : 민족해방투쟁을 통한 강한 역사적 정통성 ② 민족적·사회적 혁명과정에서의 외세(소련·중국)의 역할 : 반역사적 개입주의는 아 님 ③ 토지개혁 : 구지배계급의 물적 토대 해체(혁명적 개혁)		
D : 반공독재 국가의 형성	**a^3 : 국가권력의 반(反)역사성과 폭력성** ① 직접적인 물리적 폭력의 만연 ② 폭력의 법적 제도화 ③ 반공을 중심으로 한 지배이데올로기의 구축 ④ 권력의 집중과 정치공간의 협애화		
	b^3 : 미국의 군사·경제적 원조에 의존한 정치·경제 ① 군사원조 중심, 경제 안정화 지향 ② 원조의 이중의 효과 : 국가의 대외적 자율성 위축/대내적 자율성 증대		

1단계 A·B : (A) 혁명의 기원은 식민국가·지배계급·농민의 관계와 민족운동세력의 특성을 통해 검토하였다.

(a)에서 보는 바와 같이 식민국가는 식민착취를 위해 대지주와의 동맹을 도모했다. 식민체제하에서 대지주의 성장과 산업자본의 저발전은 식민지배의 결과물이었다. 식민국가는 지배계급을 경제적 동맹세력으로 한정하였으며, 정치·군사적 권한은 부여하지 않았다. 이것은 해방 후 지배계급의 계급역량의 한계를 규정하였다.

(b) 농민들은 식민지배기간 동안 경제적 착취·수탈의 1차적 대상이었다. 이러한 존재조건은 농민들이 혁명화될 수 있는 구조적 상황을 조성하였고, 농민들의 동원·저항은 계급·민족운동을 통해 드러났다. 농민들의 동원·저항에서 중요한 것은 '이들이 역사적으로 어떠한 민족운동세력과 결합하고 있었는가'였다. 민족운동의 전 과정을 살펴보았을

때 1920년대 중반을 넘어서면서 사회주의운동세력이 강화되었고, 이후 농민을 중심으로 한 피지배계급들은 사회주의운동세력과의 결합을 통해 자신의 계급적·민족적인 열망을 실현하고자 했다.

(c) 식민지시기 동안 주된 영향력을 행사했던 민족운동세력은 크게 민족개량주의운동세력과 사회주의운동세력으로 분류된다. 두 세력이 지닌 민족운동의 특성을 이데올로기적 동원방식, 운동의 전략·전술, 대중조직화방식으로 나누어 살펴보면 민족개량주의운동세력은 민족적 정통성을 상실한 반면, 사회주의운동세력은 강력한 민족적 정통성을 형성하여 해방 후 새로운 독립국가건설과정에서 주도적 역할을 수행할 수 있는 주체적 조건을 마련하였다.

(B) 1945년 일제의 패망으로 형성된 해방공간은 식민지시기의 지배·피지배관계, 농민들의 동원·저항, 사회주의운동세력의 성장이라는 구조적·주체적 조건을 반영하고 있었다.

(a¹) 식민지배의 붕괴와 더불어 형성된 해방공간, 곧 외세의 영향력이 최소화되고, 민족의 내생적인 구조적·주체적 조건이 최대로 발현될 수 있었던 이 역사공간은 향후 베트남·조선이 걸어 나갈 민족적·사회적 진로를 가장 잘 드러내 주며, 이는 대안국가의 형성과정에서 여실히 나타났다.

(b¹) 식민국가가 몰락하고, 외세의 개입이 배제된 상태에서 우파는 민족적 정통성의 결여, 정치·군사적 역량의 부재로 인해 독립국가건설의 주체로 나설 수 없었다. 해방공간에서 대안국가를 주도적으로 이끌어 나갔던 것은 식민지해방투쟁과정에서 민족적 정통성을 획득했던 사회주의운동세력이었다. 이들을 중심으로 베트남에서는 베트남민주공화국이, 조선에서는 조선인민공화국이 세워졌으며, 이 대안국가는 기층 대중조직을 토대로 하여 자주독립국가건설과 반봉건적 사회질서의 청산을 추구했다.

만일 외세의 영향력이 배제되었던 이 역사공간을 역사추상을 통해 시기적으로 더 확장시킨다면, 베트남·조선은 아래로부터의 혁명을 통해 자주적인 민족국가를 건설할 수 있었을 것임을 추론할 수 있다. 그러나 이러한 내생적 역사경로는 외세의 개입에 의해 지연되거나(베트남), 좌절되었다(남한).

2단계 C·D : (C) 베트남·조선의 내생적인 역사행로를 가로막고 왜곡하는 데 핵심적인 역할을 수행했던 것은 미국이었으며, 이는 냉전정책과 정치적 분단, 남베트남·남한에서의 혁명적 정치질서의 파괴를 통해 드러났다.

(a^2) 2차 세계대전 이후 진행된 미국의 냉전정책은 세계체제상에서 베트남·조선의 위치를 결정지었으며, 이것은 국가·지역적 차원에서 두 국가의 정치적 분단을 초래했다. 특히 베트남의 경우 미국은 프랑스의 재점령을 용인했고, 이후 1차 인도차이나전쟁과정에서 지속적으로 프랑스를 지원함으로써 호찌민을 중심으로 한 민족적 사회주의자들의 자주적 통일민족국가 수립을 막았다. 또한 제네바협정 이후에는 베트남을 남·북으로 분단하여 2차 인도차이나전쟁의 가능성을 열어 놓았다.

(b^2) 분단과 더불어 미국은 남베트남·남한의 혁명적 정치질서를 역전시키는 데 핵심적인 역할을 수행했다. 미국은 내생적인 민족정권의 정당성을 부정했으며, 남베트남에서는 응오딘지엠 정권, 남한에서는 이승만 정권의 탄생과 안정을 위해 지원을 아끼지 않았다.

(c^2) 미국의 반역사적·반혁명적 성격은 동일한 역사 구조적·주체적 조건을 지녔으나 미국이 개입하지 못했던 북베트남·북한과 남베트남·남한을 대조하면 명확히 드러난다. 북베트남·북한의 국가건설 주체들은 지속적인 식민지해방투쟁과정을 통해 강력한 민족적 정통성을 획득한 인물들이었으며, 혁명적 토지개혁을 수행하여 체제의 정당성을 제고했다. 또한 민족적·사회적 혁명과정에서 외세(소련·중국)의 역할은 미국과는 차별적으로 반역사적 개입주의의 성격을 지닌 것은 아니었다.

(D) 미국의 개입은 해방 당시(베트남의 경우는 1945년 해방기와 1954년 1차 인도차이나전쟁의 종결기)의 민족적·사회적 지향과 전혀 부합하지 않는 반공독재국가의 형성을 낳았다. 응오딘지엠과 이승만의 반공독재국가는 다음과 같은 성격을 지닌 것이었다.

(a³) 지엠·이승만 정권의 지배방식은 반(反)역사성과 폭력성을 특징으로 한 것이었다. 저항세력과 피지배계급에 대한 직접적인 물리적 폭력이 만연했으며, 이러한 폭력은 법적으로 제도화되었다. 또한 반공을 중심으로 한 지배이데올로기를 구축했으며, 권력의 집중과 정치공간의 협애화를 초래했다.

(b³) 지엠·이승만 정권은 대내적으로는 강력한 억압정책을 펼쳤지만, 대외적으로는 허약한 정권이었다. 두 정권은 미국의 군사적 지원과 원조에 의지하여 생존을 도모했다. 미국은 반공의 보루를 확보하기 위해 주로 군사적 원조에 치중했으며, 경제발전보다는 경제 안정화를 목표로 하였다. 이러한 미국의 원조는 국가의 대내적 자율성은 증대시켰지만, 대외적 자율성은 크게 위축시켰고, 미국에 대한 종속성을 심화시켰다.

지엠·이승만 정권의 반역사성과 폭력성, 미국에 대한 의존성은 두 국가의 태생적 한계, 곧 민족적 정통성의 부재에서 기인한 것이었다. 두 정권의 지배세력은 민족적 정통성이 박약했으며, 전통적인 지배계급을 대변하고 있었다. 따라서 아래로부터의 지지를 기대할 수 없었으며, 오히려 밑으로부터 분출되어 올라오는 혁명적 열기를 철저히 봉쇄·파괴해야만 국가의 존립을 보장받을 수 있다.

그렇다면 유사한 반공독재국가가 서로 상이한 역사행로로 이행하게 된 것은 무엇 때문이었을까? 이것의 기원을 추적하는 것이 2부의 전체 주제였다. 이 연구에서는 남베트남·남한이 걸었던 상이한 역사행로의 단초를 지엠·이승만 정권하에서 형성된 차별적인 국가능력에서 발견하고자 했다. 국가능력을 구성하는 요소는 다음과 같은 세 가지, 곧 ①

지방통제능력, 국가를 정당화할 수 있는 ② 지배이데올로기의 확산·침투능력, ③ 사회·경제관계 규제능력이었다. 그리고 이러한 국가능력의 차이를 형성하는 요인을 ㉠ 식민지배의 제도적·물적 유산, ㉡ 인종·종족·종교·지역적 요인, ㉢ 국내조건·세계사적 시간과 연계된 초국가적 영향력, ㉣ 국가형성전쟁의 과정과 결과, ㉤ 분단의 이데올로기적 구조화로 나누어 이들 각각이 세 가지 국가능력과 어떻게 연계를 맺어가며 국가능력의 차이를 만들어 갔는지를 살펴보았다. 아래의 논의에서는 본론의 서술 순서를 따르기보다는 국가능력의 차이를 형성하는 요인을 중심으로 각각의 특징을 정리하여, 이것이 국가능력의 차이에 미친 영향을 설명하겠다.

첫째, 〈표 2〉는 지방통제능력의 형성요인과 차이, 국가능력의 수준을 나타낸 것이다.

〈표 2〉 지방통제능력

형성요인 / 국가	베트남/남베트남	한국/남한	비고
식민국가 지배방식의 특성	- 약함 : 지역분할지배 - 직접지배와 간접지배의 중간	- 강함 : 강력한 중앙집권 - 직접지배	권력의 중앙집권성
	도시 중심의 지배와 지역자율성의 온존 (관료·행정적 침투력 약함)	전국적인 행정적 지배와 지역자율성의 파괴 (관료·행정적 침투력 강함)	지역자율성 (관료·행정적 침투력)
	- 전통적 방식에 의해 충원된 군·경찰의 비효율성 - 미약한 지방침투력	- 새롭게 형성된 효율적인 다기능적 경찰제 - 강력한 지방침투력	강제력의 침투력
식민지배 유산의 영향	중앙집권화와 지역 말단까지를 장악하기 위한 지속적인 투쟁	남부 전역에 대한 일원적 통제의 확립	지방에 대한 통제
	조직력·침투력이 약한 경찰과 관변조직	조직력·침투력이 강한 경찰과 관변조직	억압기구의 특성과 침투력
전쟁의 영향	- 프랑스의 농촌장악 실패와 베트민의 성장 - 프랑스의 패배 : 새로운 통치기제의 필요성	- 좌익세력의 파괴와 피지배계급의 무력화 - 강제력의 성장과 지배체제의 공고화	평정작업을 통한 내부안보의 확보

형성요인 ＼ 국가	베트남/남베트남	한국/남한	비고
식민지배 유산·세계사적 시간과 초국가적 영향력(미국)	(−)효과	(+)효과	식민지배 유산의 차이
	프랑스의 패전 이후 개입 : (−)효과	2차대전의 승전국으로 개입 : (+)효과	개입시기
지방통제능력의 차이	전략촌계획의 실패와 지방통제력 상실	강력한 중앙통제와 농촌에 대한 지배의 공고화	통제범위
	대반란작전에 무력했던 군	사회를 압도하는 군의 성장	강제력의 특성
	다주권 상황의 전개와 국가 수준의 위기	정치체 수준의 위기	국가와 시민사회의 대립 수준
지방통제능력의 수준	낮음	높음	·

식민국가의 지배방식의 특성 : 지엠 정권과 이승만 정권의 지방통제능력이 지닌 효율성은 식민지배시기에 이미 그 원형이 마련되었다. 권력의 중앙집중성의 경우 베트남을 지배했던 프랑스는 지역분할지배 전략(통킹·안남·코친차이나의 분할)을 구사했기 때문에 권력의 중앙집중성이 약했으며, 지배형태 또한 직접지배와 간접지배의 중간형태를 취하여 조선에 비해 견고한 통제체제를 구축하지 못했다. 반면 조선에서 일본은 강력한 중앙집권체제를 발전시켰고, 중앙을 중심 축으로 하는 전국적인 직접지배를 통해 단일한 통제체제를 구축했다. 이러한 지배방식은 지역자율성에도 영향을 미쳤다. 프랑스는 도시 중심의 지배를 수행했으며, 지역자율성을 온존—특히 농촌에서—시켰기 때문에 촌락에 대한 관료·행정적 침투력이 약했다. 이에 비해 일본은 전국적으로 침투하는 행정적 지배를 꾀했으며, 강력한 관료·행정적 침투력을 통해 지역자율성을 파괴했다.

통제범위를 보증하는 강제력의 지방침투력의 측면에서도 이러한 차이는 유사하게 나타났다. 베트남을 통제하기 위한 프랑스의 군·경

찰제는 반란의 진압에는 효율적이었으나, 주민의 일상을 통제하는 데
는 그렇지 못했다. 프랑스의 강제력은 지방말단까지를 상시로 옥죄는
견고한 체제로 발전하지 못했던 것이다. 반면 조선에서 일본은 효율적
인 다기능경찰제를 발전시켰으며, 이는 강력한 지방침투력을 가지고,
주민 일상을 견고하게 통제했다.

　　식민지배 유산의 영향 : 지엠 정권과 이승만 정권의 지방통제능력은
과거 식민국가였던 프랑스와 일본의 지배방식, 특히 중앙·지역에 대
한 통제 수준의 영향을 받았다. 아래 전쟁의 영향에서 좀 더 살펴보겠
지만, 프랑스가 패전한 1차 인도차이나전쟁 이후 등장한 지엠 정권은
통제체제의 측면에서 식민모국으로부터 물려받은 유산이 거의 없었다.
지엠 정권은 등장하자마자 중앙집권화, 지역말단의 관료·행정적 통제
를 위해 지속적인 투쟁을 벌여야만 했다. 반면 일본의 견고한 지방통제
방식을 이어받은 미군정과 이승만 정권은 빠르게 전국적인 관료·행정
적 통제력을 회복하고, 이를 더욱 강화할 수 있었다. 강제력의 지방침
투력 또한 식민지시기와 유사한 유형으로 재생되었다. 지엠 정권의 강
제력은 지방을 통제하는 데 효율적이지 못했다. 경찰·관변조직은 조
직력·침투력이 약했으며, 지방을 통제하는 데 큰 힘을 발휘하지 못했
던 것이다. 반면 미군정·이승만 정권은 조직력·침투력이 강했던 일
본의 경찰제를 그대로 부활시키고, 이를 보완하는 관변조직을 활용함
으로써 지엠 정권에 비해 훨씬 효율적인 지방통제를 수행할 수 있었다.

　　전쟁의 영향 : 전쟁의 영향은 지엠 정권의 초기 질서를 강력하게 규
정하고 있었다. 지엠 정권이 등장하기 전 1946~1954년까지 진행된 1
차 인도차이나전쟁은 프랑스가 식민지시기부터 만들어 놓았던 통치체
제의 취약성을 그대로 드러내는 전쟁이었으며, 농촌지역은 혁명세력이
었던 베트민의 통제하에 놓이게 되었다. 프랑스의 패배는 베트남의 혁
명세력을 더욱 강화시켰으며, 식민정권에 의해 만들어진 거의 모든 통

제체제를 붕괴시키고 말았다. 지엠 정권이 초기에 중앙집권화와 지역 말단의 관료·행정적 통제, 그리고 이를 보증할 수 있는 강제력의 체계를 갖추기 위해 그렇게 분투해야만 했던 것도 바로 붕괴된 프랑스의 통제체제를 계승했기 때문이었다. 그러나 남한의 이승만 정권에게 전쟁은 평정작업을 통해 내부안보를 확고히 할 수 있는 절호의 기회를 제공했다. 한국전쟁은 남한의 좌익세력을 파괴하고, 해방기를 기점으로 활성화되었던 피지배계급의 혁명성을 무력화시키는 기회가 되었던 것이다. 전쟁을 계기로 남한의 국가는 군부를 중심으로 한 강제력을 비약적으로 성장시킬 수 있었으며, 지배체제를 공고히 할 수 있었다.

식민지배 유산·세계사적 시간과 초국가적 영향력(미국) : 남베트남·남한에서 미국의 지배효과를 제약 혹은 강화했던 요인은 식민지배의 유산과 개입의 시기로 나누어 볼 수 있다. 1954년 프랑스를 대체하여 베트남에 직접 개입했을 때 미국은 식민지배 유산의 혜택을 볼 수 없었다. 미국은 지방통제능력을 새로이 수립하기 위해 많은 비용을 지불해야 했다. 반면 조선에서는 기존의 제도를 그대로 부활시키고 활용하면 되었다. 곧, 프랑스의 식민지배 유산은 미국의 지배에 (−)효과를 유발했지만, 일본의 식민지배 유산은 (+)효과를 유발했던 것이다. 개입시기의 문제도 유사했다. 미국은 프랑스를 지원하여 1차 인도차이나 전쟁을 수행했고, 프랑스가 패배한 이후 혁명세력을 중심으로 통일조건이 성숙된 시기에 베트남에 개입했다. 모든 통제체제가 무너지고, 혁명적 열기가 한껏 고양된 베트남에서 새로운 지배체제를 구축하는 것은 매우 고통스러운 작업일 수밖에 없었다. 반면 미국이 조선에 개입했던 시기는 2차 세계대전의 종전 직후였고, 일본의 식민지배 유산이 그대로 남아있는 시기였다. 만일 미국이 일제의 식민잔재가 청산된 이후 조선에 개입했다면, 조선의 지배를 위해서 베트남에서와 마찬가지로 막대한 비용을 감수해야 했을 것이다.

이와 같은 요인들은 남베트남·남한의 지방통제능력의 차이를 형성했으며, 국가의 안정성 측면에서 두 국가의 지방통제능력의 차이가 확연히 드러나게 된 시기는 남베트남의 경우는 1959년 이후, 남한의 경우는 한국전쟁 이후였다. 먼저 국가 통제범위의 측면에서 남베트남의 한계를 여실히 드러낸 것은 전략촌계획의 실행이었다. 이것은 지엠 정권이 기존의 농촌체제를 통해서는 농촌지역을 도저히 안정시킬 수 없었음을 보여 주는 것이었다. 전략촌계획의 실패는 지엠 정권이 지방통제에 실패했음을 의미했다. 반면 남한의 이승만 정권은 한국전쟁 이후 더욱 강력한 중앙집권적 통제력을 발휘하면서 농촌에 대한 지배를 공고히 할 수 있었다. 강제력의 경우에도 남베트남의 군은 대반란작전에 무력했던 반면, 남한의 군은 한국전쟁 이후 사회를 압도하는 거대한 조직으로 성장했다. 이러한 차이는 남베트남·남한의 국가·시민사회의 대립 수준과 체제의 위기 수준을 규정하였다. 남베트남에서는 1960년 말 남베트남민족해방전선이 만들어지고, 아래로부터의 저항이 활성화되면서 다주권 상황이 조성되었으며, 이는 '국가 수준의 위기'를 초래했다. 반면 남한 이승만 정권의 몰락은 국가의 통제범위나 강제력의 침투력을 치명적으로 위협하지 못하는 '정치체 수준의 위기'를 반영할 뿐이었다.

결과적으로 볼 때 지엠·이승만 정권의 몰락기―지엠의 경우는 1963년 11월, 이승만의 경우는 1960년 4월―에 두 국가가 지니고 있었던 지방통제능력의 수준은 서로 상이했다. 남베트남의 경우는 낮은 수준을 벗어나지 못했던 반면, 남한의 경우는 높은 수준의 지방통제능력을 보였던 것이다.

둘째, 〈표 3〉은 지배이데올로기의 확산·침투능력의 형성요인과 차이, 국가능력의 수준을 나타낸 것이다.

<표 3> 지배이데올로기의 확산·침투능력

형성요인 \ 국가	베트남/남베트남	한국/남한	비고
세계사적 시간과 초국가적 영향력 (반공이데올로기 형성조건)	구식민국의 재점령과 식민주의·지역주의의 부활	민주주의국가의 후광과 반공이념에 입각한 반혁명	점령국의 성격·이념
	민족·반민족적 대립의 표면화	신탁통치파동과 계급적·민족적 대립의 이념적 대립으로의 치환	계급·민족 문제의 차별적 발현
전쟁의 영향	- 식민주의·반공주의에 대항한 민족주의적 동원·저항 (민족적 적대의 상승) - 구지배계급·관료의 관망주의	- 체제·계급·민족내부(국가건설)전쟁과 정치적·이념적 대량학살 (이념적 적대의 상승) - 지배계급·관료의 이념적 응집	전쟁의 이념적 특성과 결과
분단의 이데올로기적 구조화	- 베트민의 1차 인도차이나전쟁 승리로 인한 통일민족주의의 강화 - 약한 이념적 분단	계급·민족을 가르는 승자와 패자의 재정렬과 강력한 이념적 분단	이념적 분단의 특성
인종·종족·종교·지역적 영향	종교·지역주의를 둘러싼 갈등 형성	·	종교·지역주의와 반공의 중첩결정
지배이데올로기의 확산·침투능력의 차이	정당화 실패와 중립주의의 대두	의사정당화와 이념적 분단의 공고화 (반공주의로의 결집)	정치영역의 이데올로기적 정당화
	외재적 반공이데올로기의 한계와 종교(불교)·저항적 민족주의의 결합	반공이데올로기의 내면화와 침묵·묵종(순응)사회, 친미(숭미)사회의 형성	시민사회에 대한 침투·내면화
지배이데올로기의 확산·침투능력의 수준	낮음	중간	·

 세계사적 시간과 초국가적 영향력(반공이데올로기의 형성조건) : 초기 반공이데올로기의 형성에는 세계사적 시간과 초국가적 영향력이 주요한 영향을 미쳤다. 먼저 베트남과 조선은 점령국의 성격·이념이 달랐다. 베트남의 경우 2차 세계대전이 종결되고 다시 점령군으로 들어온 것은 구식민국인 프랑스였다. 베트남인들에게 이것은 식민주의의 부활을 의미하는 것이었고, 점령 초기 프랑스는 과거의 식민주의를

여과 없이 드러내고 있었다. 재점령에 대한 베트남인들의 반발이 거세지자 프랑스는 지역주의를 동원하여 코친차이나만이라도 지배하고자 했다. 그러나 독립의 열망에 가득 찬 베트남인들에게 식민주의·지역주의는 이데올로기적 정당성을 지닐 수 없었다. 이러한 상황은 패망한 일본이 다시 조선에 진주하여 자신의 지배를 정당화하는 것과 다를 바가 없는 것이었다. 반면 조선에 진주한 미국은 과거 식민주의의 망령에서 자유로울 수 있었다. 초기 미국은 연합국으로서 2차 세계대전을 승리로 이끌었던 자유민주주의국가의 후광을 지니고 있었다. 따라서 미군 진주 초기 조선의 반발은 미미했으며, 반공이념에 입각한 반혁명 정책은 보다 용이하게 수행될 수 있었다.

1945년 해방기 베트남·조선의 상이한 개입 주체는 계급·민족 문제의 사회적 발현에 영향을 미쳤다. 베트남의 경우 민족·반민족의 대립이 표면화되면서 좌·우의 이데올로기적 분열은 발생하지 않았다. 갈등과 투쟁은 프랑스에 협조하는 세력과 저항하는 세력, 이 양자를 중심으로 전개되어 갔다. 반면 조선에서의 신탁통치파동은 계급·민족적 대립을 이념적 대립으로 몰고 가는 출발점이 되었다. 보수세력은 반공에 자신의 모든 것을 걸었으며, 사회의 이념적 분할은 보수세력에게 정당화의 기회를 제공했다.

전쟁의 영향 : 베트남에서 1차 인도차이나전쟁은 식민주의와 미국에 의해 새롭게 이식된 반공주의에 대항한 민족주의적 동원·저항전쟁이라는 성격을 지니고 있었다. 프랑스의 새로운 정당화 논리였던 반공주의는 베트남인들에게 식민주의가 새로운 옷을 갈아입은 것으로밖에는 인식되지 않았다. 프랑스와 친프랑스파, 그리고 베트민을 중심으로 한 민족주의세력의 대립이 주된 갈등지형을 형성했으며, 그 결과는 외세 대(對) 민족이라는 민족적 적대의 상승으로 나타났다. 반면 한국전쟁은 체제·계급·민족내부의 국가건설전쟁이라는 복합적인 성격을

띠고 전개되었다. 여기에 결합된 정치적·이념적 대량학살은 좌·우의 대립을 심화시키고, 이념적 적대를 강화했으며, 특히 피지배계급의 탈정치화와 이념적 분단의 심화를 초래했다.

전쟁은 지배계급에도 중요한 영향을 미쳤다. 프랑스가 패하자 남베트남의 구지배계급과 관료들은 대기주의와 관망주의로 일관했다. 지엠 정권이 등장했을 때 이들은 정권을 신뢰하지도, 지지하지도 않았으며, 정권이 안정될 때까지 두고 보자는 자세를 취했다. 반면 반공에 사활을 걸었던 남한의 지배계급과 관료들은 전쟁을 통해 더욱 강력한 응집력을 확보할 수 있었다.

분단의 이데올로기적 구조화 : 1차 인도차이나전쟁에서 베트민의 승리는 베트남인들의 통일민족주의를 강화시켰다. 미국에 의해 17도선의 분할이 이루어진 후에도 이러한 이데올로기지형은 지속되었다. 반면 한국전쟁은 계급·민족을 가르는 승자와 패자의 재정렬과 강력한 이념적 분단을 가져왔다. 이후 국가체제의 강화와 이념지형의 형성을 보았을 때, 한국전쟁의 패자는 혁명세력과 피지배계급이었으며, 승자는 미국·이승만 정권·지배세력이었다. 이것은 남·북의 민족적 적대를 심화해 가면서 남한 사회를 반공 일색의 우편향적 이데올로기지형으로 바꾸어 놓고 말았다.

인종·종족·종교·지역적 영향 : 종교·지역주의의 갈등은 남베트남에서 두드러지게 나타났던 현상이었다. 지엠 정권은 종교적으로는 가톨릭, 지역적으로는 중·북부지방을 정치적 토대로 삼았다. 종교·지역적 요인은 지엠의 족벌주의와 결합하여 지배계급 내에서는 동맹구조의 협애화를 초래했으며, 피지배계급에는 지엠 정권이 자신들을 대표하는 것이 아니라 가톨릭과 중·북부를 대표하는 세력으로 인식되게 하는 효과를 발생시켰다. 반공이데올로기를 통한 사회적 통합은 종교·지역적 요인에 의해 중첩 결정됨으로써 그 효과가 반감되고 있었던 것이다.

이와 같은 요인들은 지배이데올로기의 확산·침투력의 차이를 형성했으며, 1959년 이후 남베트남과 한국전쟁 이후 남한은 그 차이를 확연히 드러내게 된다. 이 시기를 통해 두 국가가 핵심적인 지배이데올로기로 삼았던 반공의 사회적 확산·침투, 그리고 그것이 발휘하는 국가능력의 효과가 상이하게 드러났던 것이다. 이를 정치영역과 시민사회영역으로 나누어 평가해 볼 때 차이는 다음과 같다.

정치영역의 부분에서 남베트남은 반공이데올로기를 통해 스스로를 정당화할 수 없었다. 1959년 이후 남베트남 정치영역의 이데올로기지형을 특징지은 것은 반공이데올로기를 중심으로 한 지엠 정권과 저항적 민족주의를 바탕으로 한 남베트남민족해방전선의 대립이었다. 이러한 이원적 대립구조에서 지엠 정권의 결정적인 취약성은 지배세력 내부의 응집성조차도 확보하지 못했다는 데에 있었다. 남베트남의 지배세력은 반공이데올로기에 친화력을 지니지 못했으며, 조직적 응집력도 결여한 파편화된 세력이었다. 또한 반공의 첨병이 되어야 할 군부에서도 베트남 문제의 '중립주의적 해결'을 촉구하는 견해가 나타났으며, 지엠조차도 정략적으로 중립주의를 이용하고자 하는 태도를 취했다. 이러한 상황은 남베트남 내부의 반공 보수주의자들마저도 동요시키고, 남베트남민족해방전선의 입지를 더욱 강화시켰다.

남한의 상황은 남베트남과는 매우 대조적이었다. 남한의 국가·정권·지배세력은 철저한 반공이데올로기를 통해 자신을 정당화했다. 정치적 갈등은 반공이데올로기의 한계를 넘어서지 않았으며, 반공은 이들이 지켜야 할 공동의 이념적 지향이자 목표였다. 여기에 민족해방, 자주적·평화적 통일의 담론과 실천이 끼어 들어갈 자리는 없었다.

정치영역의 이데올로기적 정당화에 실패한 남베트남은 시민사회영역에도 반공이데올로기를 강제할 수 없었다. 남베트남의 가장 큰 문제는 군사적인 문제보다 피난민/토착 베트남인 · 산지인/저지대인 · 가톨릭교도/불교도 · 농민/도시 거주자 등에서 나타나는 분열이었다. 모순지형의 다원성과 연계성은 반공이데올로기를 중심으로 한 일원적 이데올로기전선의 형성을 어렵게 했다. 특히 1차 인도차이나전쟁을 통해 고양된 민족주의와 종교적 갈등－가톨릭/불교－의 접합은 반공이데올로기의 확산을 무력화시켰다.

남한의 경우 전후(戰後) 시민사회의 이데올로기지형을 특징지은 것은 강제된 반공이데올로기의 내면화를 통한 '침묵사회', '친미(숭미)사회'의 형성이며, 이는 '민족적 동원'과 '반미'로 특징지어지는 남베트남 시민사회의 상황과는 매우 대조적인 것이었다. 침묵사회의 출현은 국가폭력과 학살에 대한 참혹한 경험이 결합되어 나타난 것이었으며, 친미(숭미)사회의 출현은 냉전분단구조, 친미 지식인 · 지배 엘리트에 의한 위로부터의 확산, 원조물자를 통한 아래로부터의 형성이라는 요인의 결합에 의한 것이었다.

이러한 차이를 통해 지엠 · 이승만 정권의 붕괴시기 지배이데올로기의 확산 · 침투능력의 수준을 검토해 보면, 남베트남의 경우는 낮은 수준을 넘어서지 못했고, 남한은 중간 수준을 보였다. 지배이데올로기의 확산 · 침투의 측면에서 남베트남이 낮은 수준의 국가능력을 지니게 된 것은 피지배계급은 물론 지배계급마저도 이데올로기적으로 통합하지 못했기 때문이며, 남한이 중간 수준의 국가능력을 지니게 된 것은 지배계급이 높은 이데올로기적 통합력 · 응집성을 갖추었고, 피지배계급이 지배계급의 반공이데올로기에 도전할 수 있는 저항이데올로기를 발전시킬 수 있을만한 여지가 남아 있지 않았기 때문이었다.

셋째, 〈표 4〉는 사회 · 경제관계 규제능력의 형성요인과 차이, 국가능력의 수준을 나타낸 것이다.

<표 4> 사회·경제관계 규제능력

국가 형성요인	베트남/남베트남	한국/남한	비고
식민지배의 물적 유산	식민모국과의 경제관계 지속과 귀속재산의 부재	식민모국과의 경제관계 단절과 광범위한 귀속재산의 존재	식민모국과의 관계와 귀속재산의 유무
식민지배의 물적 유산과 초국가적 영향력	식민지배 유산의 (−)효과	식민지배 유산의 (+)효과 : 노동자계급의 배제와 귀속기업 불하, 농지개혁의 틀 형성	미국에 의한 자본제적 질서의 수립
	프랑스·미국 자본과 베트남 내부의 친프랑스·친미세력의 분할	미국의 단일한 자본지배 (초국적 영향에 의한 자본가계급의 분열 없음)	자본가계급의 분할 유무
식민지배의 물적 유산과 국가의 자원배분	수입허가권의 배분을 통한 초기 자본가계급의 형성	귀속재산의 불하를 통한 초기 자본가계급의 형성	지엠·이승만 정권의 초기 자본가계급의 형성경로
인종·종족· 종교·지역적 영향	종족적 분할 (화인과의 갈등)	·	자본가계급의 분할
전쟁의 영향 (농지개혁과 전쟁의 연관성)	전쟁 이후 재강화	전쟁과정에서 계급으로서의 지주 해체	지주
	베트민의 농지개혁으로 급진화	침묵기제 형성 (농지개혁이라기보다는 전쟁의 경험을 반영)	농민
	친지주적 농지개혁	탈지주적 농지개혁	농지개혁의 특성
사회·경제관 계 규제능력의 차이	선농업·후산업발전과 국가의 자본가화	수입대체산업화와 민간 대기업의 육성	국가발전전략
	지주를 대체한 군(軍)과 자본가계급의 저발전	국가·자본의 동맹과 자본가계급의 발전경로 형성	국가·지주·자본가의 관계
	국가·농민의 갈등	국가의 절대적 우위와 농민의 배제	국가·농민의 관계
사회·경제관 계 규제능력의 수준	낮음	중간	·

식민지배의 물적 유산 : 남베트남·남한이 지녔던 식민지배의 상이한

물적 유산은 초기 국가건설과정에서 국가의 사회·경제관계의 재편에 영향을 미쳤다. 남베트남·남한의 중요한 차이는 식민모국이 2차 세계대전의 승전국이었는가 혹은 패전국이었는가로부터 시작되었다. 남베트남의 경우 프랑스는 2차 세계대전의 승전국이었기 때문에 베트남에서 자신의 자본을 그대로 유지할 수 있었다. 또한 1차 인도차이나전쟁의 종결 이후에도 프랑스인들의 자본은 그대로 보호되었다. 반면 1945년 패망한 일본은 조선에 남겨진 식민지 물적 유산, 곧 귀속재산에 대한 통제를 수행할 수 없었고, 조선은 광범위한 귀속재산을 관할할 수 있었다.

식민지배의 물적 유산과 초국가적 영향력 : 미국이 남베트남·남한에 개입하여 자본제적 질서를 수립하려 했을 때 식민지배의 물적 유산의 차이는 상이한 효과를 발휘했다. 남베트남에는 조선과 같은 광범위한 귀속재산이 없었으며, 프랑스의 경제적 영향력이 지속되고 있었기 때문에 미국을 중심으로 한 경제적 재편은 초기부터 어려움을 겪을 수밖에 없었다. 그러나 조선은 물적 토대의 측면에서 미국이 자본제적 질서를 세워 나가는 데 유리했다. 초기 노동자·농민들과의 갈등이 있기는 했으나, 미국은 이를 물리력을 동원하여 평정하고, 귀속재산(귀속기업·귀속농지)을 불하함으로써 이후 이승만 정권하에서 진행되었던 미국을 중심으로 한 자본제적 질서의 원형을 만들어 낼 수 있었다.

또한 식민지배의 물적 유산과 초국가적 영향력은 자본가계급의 계급지형에도 영향을 미쳤다. 남베트남에서 지속된 프랑스 자본의 영향력은 남베트남의 자본가계급을 친프랑스파와 친미파로 분할함으로써 지배계급의 내적 분할을 가져왔다. 그러나 미국의 단일 패권에 의해 지배되었던 남한의 경우 초국가적 영향력에 의한 자본가계급 내부의 분할은 나타나지 않았다. 이는 곧, 남한이 남베트남에 비해 지배계급의 계급적 응집력이 더 강할 수 있었음을 의미하는 것이다.

식민지배의 물적 유산과 국가의 자원배분 : 국가형성기 남베트남 내부의 물적 동원능력은 남한에 비해 취약했다. 지엠 정권은 이승만 정권이 누렸던 귀속재산의 혜택을 거의 누리지 못했던 것이다. 물적 토대가 부재한 상황에서 지엠 정권이 자본가계급을 통제하기 위해 취한 정책은 수입허가권을 배분하는 것이었다. 이는 남베트남의 자본가들이 소비적·상업적·투기적 자본가로 성장하게 되는 단초가 되었다. 반면 이승만 정권은 귀속재산의 불하를 통해 미약하나마 물적 토대를 지닌 자본가층을 형성할 수 있었으며, 이렇게 귀속재산을 분배받은 자본가들 가운데에는 이후 남한 산업자본가의 중추를 형성할 인물들이 포함되어 있었다.

인종·종족·종교·지역적 요인 : 자본가계급의 종족적 분할은 남베트남에서만 발생했던 사안이었다. 베트남에서 화인들은 매우 강력한 경제적 영향력을 지니고 있었다. 남베트남의 자본가들은 초국가적 영향력에 의해 친프랑스·친미세력으로 나누어진 것과 동시에 종족적으로도 베트남계와 화교계로 나누어져 있었던 것이다. 자본가계급의 균열은 지엠 정권의 전체적인 자본통제전략에 제약요인으로 작용하였다. 지엠 정권은 화교 자본을 흡수하고자 했으며, 이는 화교에 대한 억압정책으로 가시화되었다. 그러나 지엠 정권의 억압정책은 정권과 화교 자본의 직접적인 대립, 경제적 불안정을 부추길 뿐이었다.

전쟁의 영향(농지개혁과 전쟁의 연관성) : 남베트남·남한에서 농지개혁은 전쟁과 연관됨으로써 그 효과가 반감되거나 증폭되었다. 남베트남의 경우 전쟁 중에 농촌에서 영향력을 상실했던 지주들은 전쟁이 끝나고 지엠 정권이 들어서면서 재강화되었다. 반면 남한의 경우 미군정기 귀속농지배분으로 시작된 농지개혁은 전쟁을 거치면서 계급으로서의 지주를 해체하였다. 남베트남에서 지주들이 강화된 것은 지엠 정권이 1차 인도차이나전쟁과정에서 베트민의 농지개혁으로 급진화된 농민들을 견제하기 위해 지주와 동맹했기 때문이며, 남한에서 지주가 급속히 해체되었던 것은 해방 이후 진행되어 오던 지주계급의 해체가 전쟁이라는 촉진요인을 만나 더욱 가속화되었기 때문이었다. 농지개혁을 검토하면서 남한의 사례에서 유의할 것은 전쟁 이후 남한 농촌의 침묵이 농지개혁에 따른 농촌의 보수화에 의한 것이라기보다는 참혹한 전쟁의 경험을 반영하고 있었다는 점이다. 농민의 침묵은 경제적 효과보다는 전쟁의 효과에 의해 1차적으로 규정되었던 것이다. 전체적으로 보아 남베트남 지엠 정권의 농지개혁은 급진화된 농민들을 견제하기 위한 보수동맹(국가·지주)의 선택으로 인해 친지주적 성격을 띠고 전개되었으며, 이는 국가·농민의 갈등을 더욱 증폭시켰다. 반면 남한의 경우는 탈지주적 개혁에 성공함으로써 산업화에 장애가 되는 지주계급을 해체할 수 있었으며, 전쟁 중에 형성된 농촌의 침묵기제는 국가의 농촌 통제력·잉여 추출력을 극대화하는 요인으로 작용했다.

이러한 요인들의 영향으로 인해 남베트남·남한의 사회·경제관계 규제능력은 차이를 드러내게 되며, 이것이 가시화되는 것은 남베트남의 경우는 1959~1960년 이후, 남한의 경우는 한국전쟁 이후이다. 국가발전전략의 측면에서 남베트남의 지엠 정권은 선농업·후산업발전전략을 취했으며, 산업발전을 위해서 자본가를 키우기보다는 국가의 자본가화를 꾀했다. 선농업·후산업화전략은 농업에 유리한 생태적 조건을 이용하여 식민지시기부터 계속되어 온 쌀·고무의 수출을 통해 경제를 발전시키고자 한 것이었다. 그러나 이러한 전략은 농지개혁의 한계로 인해 효과를 발휘할 수 없었다. 지속된 반봉건적 생산체제와 지주계급의 지대추구적 성격은 1차 산업부분의 생산력 증대를 제약했다. 또한 지엠 정권은 산업발전에 우선성을 부여하지 않았고, 대자본가의 형성을 견제했다. 지엠 정권은 대자본의 형성을 지원하기보다는 주요 산업을 국가가 통제하고자 했다. 국가의 자본가화는 사적 자본의 형성을 제약했고, 산업화를 더욱 지체시켰다. 반면 남한은 남베트남과는 달리 수입대체산업화를 추진하면서 민간 대기업을 육성했다. 삼백산업을 중심으로 한 수입대체산업은 산업자본형성을 위한 원시적 축적을 가능케 했으며, 대기업에 대한 국가의 집중적인 지원은 중소기업의 몰락이라는 대가를 치르면서 이후 산업화의 중추로 성장할 대기업의 출현을 가능케 했다.

국가·지주·자본가의 관계는 남베트남·남한의 사회·경제관계 규제능력의 차이를 잘 보여 준다. 남베트남에서 국가·지주의 동맹은 산업자본가의 출현을 기본적으로 제약했지만, 더욱 큰 문제는 군이 지주를 대체하여 결국 국가가 지주의 역할을 수행했다는 점이다. 1959년 이후 급격히 증대된 농촌의 불안정은 국가가 지주를 대체하여 소작료를 수취하는 약탈적 구조를 만들었던 것이다. 또한 물적 토대가 박약했던 상업자본가들은 생산적인 부분에 투자하기보다는 미국의 원조에 기생하여 투기적·소비적 자본가로 남는 쪽을 택했다. 또한 다시 강화되기 시작한 화교 자본은 상업적인 부분에서조차도 베트남인들의 대자본 형성을 제약했다. 남한의 경우 농지개혁과 전쟁의 영향으로 인해 산업자본의 형성을 제약할 지주계급은 이미 사라지고 없었다. 한국전쟁 이후 집중적으로 불하된 대규모의 귀속재산과 결합된 원조의 상승효과, 특혜적인 금융정책은 국가·자본의 동맹을 견고히 하면서 경제발전의 토대가 될 대자본가의 형성을 촉진하고 있었다.

남베트남이나 남한 모두에서 가장 큰 희생자는 농민이었다. 그러나 국가·농민의 세력관계는 달랐다. 남베트남에서는 1959년 이후 혁명적 상황이 가시화되면서 국가는 농민을 놓고 혁명세력과 경쟁해야 했으며, 농촌은 혁명기지로 변해 갔다. 선농업발전전략을 내세웠던 지엠 정권이 농촌을 잃는다는 것은 기본적인 발전전략의 붕괴를 의미했다. 반면 남한은 국가의 절대 우위지형에서 농민들을 경제적으로 동원하면서 탈정치화할 수 있었다. 농촌은 산업화와 도시 중심의 발전을 위한 잉여의 추출지가 되었다. 다수의 피지배계급을 정치·경제적으로 배제하면서 대자본을 강화할 토대는 이승만 정권기에 이미 마련된 것이다.

이러한 차이를 통해 지엠·이승만 정권의 붕괴시기 두 국가의 사회·경제관계 규제능력의 수준을 검토해 보면, 남베트남의 경우는 낮은 수준을 넘어서지 못했고, 남한은 중간 수준을 보였다. 남베트남의 경우는 관료적 지주들을 상업적 지주로 전환시키지도 못했고, 산업화를 추동할 수 있는 자본가계급의 형성에도 실패했다. 이는 국가가 경제영역에서 신뢰할 만한 동맹관계를 전혀 구축하지 못했음을 의미한다. 또한 농촌에 대한 효율적인 통제를 통해 농업잉여를 추출하는 데에도 실패했고, 농촌은 오히려 반란의 중심지가 되었다. 반면 남한은 국가가 새로운 자본가계급을 육성하는 데 주요한 역할을 수행함으로써 국가 중심의 국가·자본동맹체제의 기틀을 마련했으며, 농촌은 효율적으로 통제되었다.

지금까지 설명한 세 가지 국가능력의 구성요소를 통해 지엠·이승만 정권 종결기의 남베트남·남한의 총체적인 국가능력의 수준을 비교해 보면 〈표 5〉와 같다.

<표 5> 남베트남·남한의 국가능력 수준

국가	구성요소 수준	지방통제		정당화					
				지배이데올로기의 확산·침투			사회·경제관계 규제		
		높음	낮음	높음	중간	낮음	높음	중간	낮음
남베트남	비헤게모니		○			○			○
남한	의사헤게모니	○			○			○	

지엠·이승만 정권이 창출될 시기 남베트남·남한은 모두 혁명적 상황에 휩싸여 있었다. 초기 두 정권은 지방통제능력, 지배이데올로기의 확산·침투능력, 사회·경제관계 규제능력 모두에서 낮은 수준을 넘어서지 못했다. 그러나 제1공화국의 종결기에 두 국가는 상이한 국가능력을 보여 주었다. 지엠 정권의 종결기 남베트남의 국가능력 수준은 초기와 마찬가지로 '비헤게모니적 수준'을 넘어서지 못했다. 지방통제능력은 낮았고, 국가의 정당화능력을 구성하는 지배이데올로기의 사

회적 확산·침투능력과 사회·경제관계 규제능력 또한 피지배계급은 물론이거니와 지배계급조차도 국가를 중심으로 포섭하지 못함으로써 낮은 수준을 면치 못했다. 반면 이승만 정권의 종결기 남한의 국가능력은 '의사헤게모니적 수준'으로 변화했다. 지방통제능력은 높은 수준을 보여 주었다. 또한 국가의 정당화능력을 구성하는 지배이데올로기의 사회적 확산·침투능력과 사회·경제관계 규제능력에서는 지배계급을 조직화하고, 이들의 적극적·능동적 지지를 끌어내어 지배세력의 안정성을 강화할 수 있었으며, 이를 바탕으로 피지배계급을 지속적으로 통제할 수 있었다.

이렇게 상이한 국가능력의 수준은 두 국가의 국가 안정성에 영향을 주었다. 지엠 정권 종결기 남베트남은 국가의 불안정성이 지속적으로 증대되고 있는 상황이었으며, 이는 '국가 수준의 위기'를 초래하고 있었다. 반면 남한은 비록 이승만 정권이 4·19혁명으로 몰락했지만, 이는 국가의 안정성을 위협하지 못하는 '정치체 수준의 위기'를 반영할 뿐이었다. 이후 두 정권의 뒤를 이었던 군사정권들은 제1공화국의 서로 다른 통치유산의 영향을 받았으며, 남한의 군사정권은 남베트남의 군사정권에 비해 훨씬 유리한 국가능력의 영향하에서 지배체제를 구축할 수 있었다.

2. 이론적 재고와 향후 연구의 전망

이 연구는 이론적인 측면에서 남베트남·남한의 반공독재국가형성 과정이 지닌 유사성과 국가능력의 차이를 설명할 수 있는 적절한 설명틀을 제공하고자 했다. 먼저 반공독재국가의 형성을 검토하면서 주의를 기울였던 것은 남베트남·남한에서 이러한 국가체제의 등장이 과연 필연적인 것이었는가라는 문제였다. 식민지배를 경험했던 두 국가의 가능한 국가형성경로를 파악하기 위해서는 식민지시기로부터 파생된 역사·구조적 조건을 추적하는 작업이 필요했으며, 이를 위해 이 연구에서는 계급 중심적 접근·국가 중심적 접근·농민혁명이론 틀을 활용하였다.

첫째, 무어의 논의에 기반한 계급 중심적 접근방법은 근대국가로의 상이한 이행을 초래했던 계급관계·계급지형, 그리고 이로 인한 국가·사회관계의 변화유형에 대한 기초적인 이해를 증진시켰다. 그러나 이러한 접근은 식민모국에 의해 주조되는 약소국 피식민국가의 계급관계의 변화와 지배·피지배관계에 대한 고려가 미약했다. 따라서 이 연구에서는 식민지배를 중심에 놓고, 식민국가와 지주의 동맹을 강화했던 식민지배체제의 특성에 관심을 집중했다.

둘째, 국가 중심적 접근방법은 강력한 국가 관료집단이 '위로부터의 혁명'을 통해 탈식민국의 정치적 주체로 부상할 가능성을 제시해 주었다. 그러나 이 연구는 이러한 가능성이 식민국가와 관료들의 지배동맹 유형, 그리고 이것이 지니는 사회적 성격에 따라 달라짐을 강조하고자 했다. 곧, 발달된 관료체제를 지니고 있다고 하더라도, 이것이 지배를 위한 실질적 동맹이 아닌 기능적 동맹에 국한될 경우 '위로부터의 혁명'의 가능성은 크게 제약되는 것이다.

셋째, 농민혁명이론은 농민의 동원·저항을 가져온 사회구조적 배경을 설명하는 데 많은 시사점을 준다. 그러나 기존의 논의들은 계급·계층 간, 지역 간의 차이에 대한 관심, 곧 동원과 저항의 주체·지역에 대한 보다 미시적인 관심을 반영한 것이었기 때문에 계급 문제를 넘어선 민족적 저항을 설명하는 데에 소홀했다. 이 연구는 농민혁명론이 제시하고 있는 동원·저항의 사회구조적 배경에 주의를 기울이면서 계급 갈등뿐만 아니라 이와 결합한 민족적 갈등, 곧 계급 간의 민족적·사회적 대립과 갈등에 주목하였다. 이는 해방기와 이후 국가형성기의 갈등지형이 계급 문제를 넘어선 민족적 갈등·모순을 총체적으로 체현하고 있음을 드러내기 위한 것이었다.

이 연구는 각각의 접근에 대해 식민지 상황이 강제했던 역사·구조적 특수성을 접합시키면서 식민국가와 지배계급의 동맹구조, 지배계급의 성격, 농민을 중심으로 한 피지배계급의 존재조건과 민족적·사회적 혁명에 대한 이해, 그리고 이와 결합했던 민족운동의 특성을 고려하였다. 이러한 접근은 왜 해방기 베트남·조선에서 '부르주아혁명'·'위로부터의 혁명'이 불가능했고, '아래로부터의 혁명'[1]이 가장 유력했던 역사행로였는지를 설명할 수 있는 자원이 되었다. 부르주아혁명이 불가능했던 것은 식민국가가 식민지의 내생적 부르주아의 발전을 제약했기 때문이며, 위로부터의 혁명이 불가능했던 것은 베트남·조선의 식민국가와 지배세력의 동맹이 경제적 동맹에 한정되어 지배세력이나 관료가 실질적인 지배를 수행하는 데 필요한 정치·군사적인 지배력을 지닐 수 없었기 때문이었다. 지배계급의 정치·군사적 무기력, 민족적 정통성의 부재, 농민과 피지배계급의 사회·경제적 존재조건과 동원·저항의 경험, 민족적 사회주의운동의 활성화와 식민지 해방투쟁을 통한 민족적 정통성의 강화는 '아래로부터의 혁명' 가능성을 극대화시키고 있었다.

아래로부터의 혁명을 현실화시킨 것은 식민지배의 급격한 붕괴를 가져온 '세계사적 맥락' 혹은 '초국가적 질서'의 변화였다. 스카치폴의 주장[2]과 같이 해방 이후 베트남·조선의 혁명은 세계사적 수준의 변화, 곧 식민제국의 붕괴와 지배체제의 이완이 식민국가의 혁명을 촉진하는 핵심적 요인이었음을 확인해 준다.

이러한 역사·구조적 접근을 통한 분석은 지엠·이승만 정권이 '초기에는 정당성을 지니고 있었으나, 권력의 남용과 부패로 인해 정당성

---

1) 이러한 혁명은 홉스봄이 "독립과 탈식민화를 지향하는 일반적인 운동은 특히 1945년 후 의심할 바 없이 사회주의적/공산주의적 반제국주의와 일체감을 느꼈다"(Hobsbawm, 1994 : 192~193)라고 표현한 것처럼 반제·민족해방주의와 결합하고 있었다.

2) Skocpol(1991c) 참조.

을 상실하고 몰락했다'는 몰역사적·행위론적 접근이 타당하지 않음을 보여 준다. 아래로부터의 혁명적 지향에 역행하여 국가를 건설하려고 했던 두 정권은 출발기부터 역사적 정통성의 결여로 고통받았으며, 사회적 지지가 미약했기 때문에 내적 역량보다는 외세인 미국의 지원에 의지할 수밖에 없었던 것이다. 미국과 국내 반혁명세력의 결합, 곧 반혁명·반역사적 동맹은 이에 저항하는 모든 사회세력의 인권·생명권을 박탈하는 대가로 국가권력을 장악했으며, 이는 2차 세계대전 이후 미국이 개입했던 신생국들에서 보편적으로 나타난 현상이었다. 따라서 베트남/남베트남·한국/남한에서 나타났던 핵심적인 민족적·사회적 모순, 곧 혁명의 지연 혹은 좌절, 분단, 전쟁은 민족의 내생적 역사이행과정 자체의 문제였다기보다는 혁명적 역사이행과정에 간섭자로 끼어들어 이를 왜곡했던 미국의 반역사적·반혁명적 개입주의의 산물이었음이 확인된다.

여기에서 문제가 되었던 것은 '미국의 개입에도 불구하고, 왜 두 국가의 국가 안정성이 차이를 보이면서 상이한 역사경로를 걷게 되었는가'였다.3) 이를 설명하기 위해 이 연구에서는 국가능력이라는 개념을 도입하고, 국가능력의 차이 형성요인들을 제시했다.

국가능력의 차이 형성요인들은 베트남/남베트남·한국/남한의 구체적인 역사적 경험과 현실, 곧 식민지 경험과 식민지배의 유산, 초국가적 영향력과 국내조건의 결합, 혁명·분단·전쟁, 국가형성, 인종·종족·종교·지역 문제의 유무 및 특성 등으로부터 도출된 것이다. 구체적인

---

3) 틸리는 '효과로서의 권력'과 '효율로서의 권력'을 다음과 같이 구분한다. "시도했던 것을 달성한 집단은 그것을 위해 소용되는 비용의 다소와 관계없이 효과적(effective)이라고 말할 수 있다. … 한편 사용한 수단에 비해 커다란 수익을 얻게 된 집단은 그 수익의 구체적인 성격과 관계없이 효율적이라고 할 수 있다. … 집단이 존속하고 번영하려면 현실의 집단은 효율로서의 권력과 효과로서의 권력을 일정 수준 이상 유지해야 한다"(Tilly, 1995 : 188~189). 틸리의 구분에 따른다면 미국은 남베트남에서 효과·효율로서의 권력 모두에서 제약받았다고 볼 수 있으며, 남한에서는 그 반대였다.

역사과정에 대한 체계적인 분석은 각각의 요인들이 어떻게 상호작용하면서 국가능력의 차이를 조성해 갔는지를 살펴볼 수 있도록 이끌었으며, 현상적 분석보다는 역사적이고 구조적인 분석을 가능케 했다. 각각의 국가능력의 차이 형성요인들이 남베트남·남한의 국가능력에 미친 영향은 다음과 같다.

첫째, 식민지배의 제도적·물적 유산 : 이는 지방통제능력, 사회·경제관계 규제능력에 영향을 미쳤다. 지방통제능력은 식민국가의 통제유형과 밀접한 연관을 지닌 것이었으며, 사회·경제관계 규제능력은 식민지배의 실질적인 경제적 유산과 탈식민화 이후 식민모국의 경제적 영향력 지속의 유무에 영향을 받았다. 여기에서 주의할 점은 식민지배의 제도적·물적 유산은 지배이데올로기의 확산·침투에 직접적인 영향을 미칠 수 없었다는 점이다. 초기 국가형성과정에서 탈식민국의 국가건설 주체는 스스로의 존재기반과 상관없이 자신을 정당화하기 위해 기본적으로 민족주의적 담론을 동원한다. 따라서 식민지배의 유산은 지배이데올로기의 확산·침투능력에 직접적인 영향을 미치지 못했다.

둘째, 인종·종족·종교·지역적 요인 : 이는 사회적 통합·균열에 큰 영향을 미치며, 남베트남의 국가능력형성과정에서는 강한 영향력을 발휘했지만, 남한에서는 거의 영향을 미치지 못했다. 남베트남에서 인종·종족·종교·지역적 요인은 주로 지배이데올로기의 확산·침투능력, 사회·경제관계 규제능력에 영향을 미쳤으며, 사회를 보다 직접적으로 규제·통제하기 위한 지방통제능력에는 커다란 영향을 미치지 못했다. 이는 인종·종족·종교·지역적 요인이 정치적·경제적 권력과 결합하면서 이데올로기적·경제적 정당화기제에 주된 영향을 미쳤기 때문이다.

셋째, 초국가적 영향력(국내조건·세계사적 시간의 연계) : 초국가적 영향력은 그 자체만을 가지고 평가할 수 없으며, 그것이 영향을 미치고자 하는 '현지의 조건'과 '시간'의 영향을 복합적으로 반영했다. 현지의 조건과 시간, 그리고 이에 결합하는 초국가적 영향력─특히 미국의 영향력─이 국가능력의 강화에 유리하게 작용한 것은 남한이었다. 여기에서 주목해 볼 것은 미국의 주도적인 영향력과 연계한 남베트남·남한의 국가능력형성과정과 수준의 차이를 고려할 때 초기의 조건에서 더욱 중요했던 것은 미국이 개입했던 '시간'의 문제였다는 점이다. 만약 1945년 남한과 동일한 시기에 미국이 베트남에 개입했다면 어떠한 결과가 나타났을까? 베트남의 식민지배 유산은 조선에 비해 취약한 것이었지만, 중요한 것은 1945년의 혁명세력 또한 1차 인도차이나전쟁을 승리로 이끌었던 1954년의 그들이 아니었다는 사실이다. 확실한 것은 미국은 1954년 그들이 베트남에서 직면했던 것보다 훨씬 유리한 상황에서 베트남을 장악했을 것이며, 베트남 혁명이 성공하기 위해서는 베트남인들이 이미 치른 희생보다 훨씬 막대한 희생이 요구되었을 것이라는 점이다.

넷째, 국가형성전쟁의 과정과 결과 : 전쟁은 국가의 세 가지 능력 모두에 강력한 영향을 미쳤다. 전쟁의 결과가 이 모두를 약화시켰던 것은 남베트남이었으며, 역으로 강화시켰던 것은 남한이었다. 한국전쟁과 연관된 국가능력의 강화에서 특히 눈길을 끈 것은 지배이데올로기의 확산·침투능력이었다. 남한에서 지배이데올로기의 확산·침투, 특히 피지배계급에 대한 지배이데올로기의 내면화는 동의의 조직화보다는 폭력·학살을 통한 외재적 강제가 주된 요인이었다.

다섯째, 분단의 이데올로기적 구조화 : 이는 국가·사회관계, 지배·피지배관계, 계급관계를 규제하는 지배이데올로기의 확산·침투능력에 가장 강력한 영향을 미쳤다. 분단구조는 남베트남·남한의 군사화를 강화했지만, 그 자체가 행정·관료체제 등의 제도적 기제를 필요로 하는 지방통제능력에 직접적인 영향을 미친 것은 아니었다. 또한 분단이 남·북의 경제적 상호의존성을 파괴하고, 민족경제의 발전을 제약한 것은 사실이지만, 남베트남·남한의 사회·경제관계 규제능력의 차이를 형성한 요인은 아니었다.

    지금까지 살펴본 다섯 가지 요인들에 의해 형성된 각각의 국가능력은 두 국가의 역사적 특수성을 반영한 것이었다. 따라서 지금까지 제시되었던 국가능력 형성요인들은 이 연구가 천착해 왔던 구체적인 역사공간 속에서 그 적실성을 획득한다. 만일 상이한 역사공간의 국가능력을 평가하고자 한다면, 그 구체적인 역사공간에 적절한 국가능력 형성요인을 재구성해 내야 할 것이다. 그러나 이러한 제약에도 불구하고 식민지배를 경험했던 제3세계 국가들의 경우 식민지배의 제도적·물적 유산, 초국가적 영향력, 군사적 위협의 유무, 인종·종교·종족·지역적 요인은 각국의 국가능력을 형성하는 요인들로서 유용하게 활용될 수 있을 것이다.

    이 연구에서 제시했던 세 가지 국가능력, 곧 지방통제능력, 지배이데올로기의 확산·침투능력, 사회·경제관계 규제능력은 국가형성 초기 국가·사회관계의 재구조화와 이를 통한 국가의 안정성을 평가하기 위한 것이었다. 각각의 능력은 특정 시기와 국면에서 한 요소가 다른 요소에 의해 제약되거나 강화될 수는 있지만 본원적으로 서로 독립적인 발전경로를 지닌 것으로 간주되었다. 아래에서는 첫째, 국가능력 발전의 시간대, 둘째, 국가 안정화를 위한 국가능력의 수준, 셋째, 국가능력 상호 간의 관계를 간략하게 논의함으로써 양국의 국가능력의 특성을 살펴보겠다.

    첫째, 역사적으로 볼 때 남베트남·남한에서 세 가지 국가능력은 모두 동일한 시간대에 발전한 것은 아니었다. 국가능력 형성의 시간대를 보면 혁명적 상황하에서 국가를 건설해야 했던 남베트남·남한에서 가장 먼저 실제적으로 필요했던 국가능력은 강제력을 통한 반대자의 제거, 그리고 내부안보를 유지할 수 있는 강력한 지방통제체제와 이를 보증할 침투력 있는 강제력을 구축하는 것이었다. 이는 관료·행정체계와 강제력(군·경찰력)의 형성·발달에 관련되는 사안으로 다른 국가능력에 비해 제도적인 측면을 강하게 반영한다.

지배이데올로기의 확산·침투능력의 경우에는 제도적인 측면뿐만 아니라 정치·심리·문화적 요인을 보다 강력히 반영하며, 지엠·이승만 정권 모두 민족적 정통성이 박약했기 때문에 강제력을 앞세운 통제체제를 구축하는 것보다 많은 시간과 노력을 필요로 하는 것이었다. 또한 사회·경제관계 규제능력은 계급관계·경제질서를 재구축하는 것으로 혁명적 변화를 수반하지 않는 이상 지방통제능력을 확립하는 것보다 많은 시간을 요구할 수밖에 없는 것이었다.

종합적으로 보면 남베트남·남한의 국가건설과정에서 가장 먼저 형성·발달한 것은 지방통제능력이었으며, 지배이데올로기는 강압을 정당화하기 위해 초기부터 강조되었으나 즉각적 효과는 나타나지 않았고, 사회·경제관계의 재구조화는 초기의 혁명적 상황이 진정된 이후 추진되었다.4) 이러한 국가능력 형성·발전 유형은 강압을 우선적인 수단으로 삼고, 이를 사후적으로 정당화하는 것으로 독재국가의 유형에 부합한다고 볼 수 있다.

둘째, 남베트남·남한 모두에서 가장 발전한 것은 국가 억압기구, 특히 군부였다. 그러나 여기서 중요한 것은 강제력의 크기만 가지고는 지방통제능력의 높음을 보증할 수 없다는 사실이다. 강제력은 행정·관료적 체계를 바탕으로 한 주민의 감시·통제·조직화와 결합할 때 비로소 사회통제기제로써 강력한 영향력을 발휘할 수 있었다. 정당화를 구성하는 지배이데올로기의 확산·침투능력, 사회·경제관계 규제능력에서 국가의 안정화를 위해 중요한 것은 피지배계급보다는 지배계급의 통

---

4) 만일 해방기의 내생적 역사행로가 이어졌다면 국가능력 형성·발달의 이러한 시간 차는 나타나지 않았을 것이다. 민족적 사회주의세력과 결합하고 있었던 피지배계급의 지향은 민족적·사회적 혁명이었고, 이는 자주독립국가건설을 위한 민족주의적 동원과 과거 지배질서를 청산하는 사회·경제관계 재구조화의 동시 진행·발전을 요구하고 있었다. 사회통제를 위한 강제력은 반혁명세력에 대해 제한적으로 행사될 것이었고, 대중적 지지에 의해 이루어질 것이었기 때문에 남베트남·남한의 초기 국가건설과정에서 보였던 것처럼 절체절명의 요구는 아니었다고 볼 수 있다.

합능력이었다. 국가와 강력한 응집력을 지닌 지배계급의 결합은 아래로
부터의 저항을 무력화시키는 데 훨씬 효율적이었으며, 지배체제를 유
지·공고화하는 데 매우 기능적이었다.

셋째, 초기 국가형성단계에서 구축된 지방통제능력의 정도는 지배
이데올로기의 확산·침투능력, 사회·경제관계 규제능력을 제약 혹은
촉진하는 요인으로 작용했다. 남베트남은 이를 제약했던 사례이며, 남
한은 이를 촉진했던 사례였다.

남베트남의 지엠 정권은 1958년경까지는 지방통제에 어느 정도 성
공한 것으로 여겨졌다. 그러나 지엠 정권의 내부안보에 대한 지나친 집
착은 오히려 다른 국가능력, 곧 지배이데올로기의 확산·침투능력, 사
회·경제관계 규제능력을 제약했다. 강제력을 통해 지방의 저항은 일단
잠재울 수 있었지만, 지방통제능력이 미약한 상황에서 지속된 강압적
통제방식과 외세의 주구라는 꼬리표는 지엠 정권의 이데올로기적 정당
화능력을 제약했다. 또한 내부안보를 위한 국가·지주의 동맹과 농촌지
역의 군사화는 사회·경제적 규제능력을 저하시키고, 산업화를 추동할
역량을 약화시켰다. 이러한 정당화능력의 부재는 제한된 통제범위, 침
투력이 약한 강제력과 결합하면서 초기에 구축했던 지역 평정사업의 토
대마저도 흔들기 시작했다. 지엠 정권은 농촌지역을 '점령'할 수 있었지
만 '지배'할 수는 없었으며, 이것은 이후 남베트남 정권의 일관된 특징이
었다.

반면 남한은 지방통제능력과 정당화기제인 지배이데올로기의 확
산·침투능력, 사회·경제관계 규제능력의 결합이 서로 상승작용을 일
으키면서 피지배계급에 대한 통제력을 강화했고, 지배계급의 응집력을
제고할 수 있었다. 우선 국가건설 초기에 확립된 강력한 지방통제능력
은 이데올로기, 사회·경제적 측면에서 국가를 정당화할 기회를 제공했
다. 시민사회에 대한 강압은 반공이데올로기를 통해 정당화되었으며,
농촌에 대한 추출능력의 증대와 지주계급의 해체는 산업화를 위한 경제

적·계급적 토대를 형성할 수 있었다.

지엠 정권과 이승만 정권의 몰락기에 나타났던 상이한 국가능력과 위기 수준은 이러한 세 가지 국가능력의 조합이 낳은 결과였다. 남베트남의 비헤게모니적 수준의 국가능력은 국가의 안정성을 지속적으로 위협하고 있었다. 그러나 의사헤게모니적 국가능력의 수준에 도달했던 남한의 경우 정권의 불안정이 국가의 불안정으로 연결되지 않는 안정성을 지닐 수 있었다.

지엠·이승만 정권을 계승했던 남베트남·남한 정권은 모두 군사정권이었으며, 이는 거의 미국의 작품이었다. 미국의 군사적 지원은 제3세계 국가의 군사화를 이끌었으며, 그 결과는 대개 시민사회에 반(反)한 군부독재체제로 귀결되었고, 남베트남·남한은 그 전형을 보여 준다.5) 또한 두 정권 모두 높은 군사적 긴장상태(남베트남의 경우는 2차 인도차이나전쟁, 남한은 분단대치 상황)에 놓여 있었다. 그러나 지엠·이승만을 이었던 티에우·박정희 정권의 국가발전경로는 매우 상이했다. 남베트남의 경우 마지막까지 지역평정에 실패했고, 반공이데올로기는 지배이데올로기로서의 기능을 수행하지 못했으며, 경제는 소비적인 상업경제로 남았다. 반면 남한은 군사정권의 출현과 더불어 더욱 강력한 통제체제를 구축했고, 반공과 근대화론을 결합하여 개발독재를 이데올로기적으로 정당화할 수 있었으며, 수출 주도형 산업국가로 변모할 수 있었다.

남베트남·남한의 군부정권에 대한 상세한 분석은 이 연구의 범위를 넘어서는 것이며, 이 역사공간에 대한 비교·역사적 연구는 연속적인 새로운 연구를 필요로 한다. 그러나 이 연구는 초기 국가형성과정에서 주조되었던 국가능력이 이후 남베트남·남한의 국가능력 발전에 경로의존성과 경로적 제약성을 형성했다는 점을 강조하고자 한다. 특히 남한의 경우 군부정권의 개발독재는 전쟁 이후 과대성장한 고도로 조직

---

5) 제3세계의 군사화경향은 Giddens(1993 : 318) ; Tilly(1994 : 357)을 참조.

화된 군부집단의 존재, 농지개혁을 통한 지주계급의 와해, 국가에 의존하여 성장한 자본, 좌파의 붕괴라는 국내의 역사·구조적 조건이 있었기에 가능한 것이었다. 반면 남베트남의 군부정권은 초기 국가건설기에 지엠이 당면했던 과제들을 그대로 짊어져야 했다. 남베트남은 과거에 강하게 결박되어 있었던 반면, 남한은 과거의 토대 속에서 도약의 조건을 발견할 수 있었던 것이다.

지엠·이승만 정권 이후 남베트남·남한의 국가능력 변화과정을 이해하려고 할 때 핵심적인 문제는 이전 단계에서 형성된 제도·경로적 유산이 어떻게 연속 혹은 단절을 이루면서 국가능력을 강화 혹은 제약했는가를 추적하는 것이다. 이는 두 국가의 차이뿐만 아니라, 각 국가가 과거와 어떠한 연속·변화·단절성을 지니고 있는가를 평가하는 작업을 동반해야 하는 것이다. 특히 남한의 박정희 정권은 "국정이념, 국가·사회관계, 국가·시장관계, 대외관계, 남·북관계 이 모든 면이 장면 정권과는 판이하게 달라졌을 뿐만 아니라 나아가 이승만 정권과도 현격하게 달랐다"(이병천, 2003 : 39)라는 평가가 제기되고 있다. 여기에 존재하는 연속·단절은 무엇일까? 이것을 이해하기 위해 여전히 중요한 것은 국가·사회관계가 시기별로 변화한 양태와 그것이 국가능력에 미친 영향이다. 또한 분단·전쟁·군사적 위협과 대치, 세계사적인 맥락과 초국가적 영향력 등에 민감하게 주의를 기울여야 할 것이다. 이는 남베트남의 저발전과 혼란, 남한의 발전과 도약의 조건을 탐색할 수 있도록 할 것이며, 제1공화국 이후 진행된 두 국가의 차별적 역사경로를 확연히 드러내 줄 것이다. 이러한 차이를 추적하는 가운데 간과하지 말아야 할 것은 두 국가의 피지배계급이 감당해야 했던 고통이다. 한쪽은 실패했고, 한쪽은 성공했지만 두 국가 모두 국민 위에 군림하고자 했고, 피지배계급은 이를 온몸으로 받아안아야 했던 것이다.

남베트남·남한이 2차 인도차이나전쟁의 전장에서 만났을 때 두 국가는 완전히 다른 입장에서 전쟁을 치렀다. 빈딘(Binh Dinh)성의 부

성장이었던 응우옌베(Nguyen Be) 대령은 남베트남군을 다음과 같이 평가했다.

> 남베트남 장교들의 관심사는 구국을 위한 전쟁이 아니라, 경제적 혜택이 보장된 군대라는 '직장'에 있었다. 장교들 대부분은 사회적인 지위를 잃어버리는 데 두려움을 느끼고 있었다. 그들은 성장들에게 '나와 아내는 어떻게 살아가야 하나'를 묻고 다녔다(Maclear, 2002 : 264).

반면 남한의 상황은 전혀 달랐다. 커밍스는 베트남전쟁이 남한에 지녔던 경제적 의미를 다음과 같이 설명한다.

> 수많은 기업들, 특히 건설회사들이 미국의 전쟁 노력을 지원하는 계약을 따냄에 따라 베트남은 한국의 기업들에게는 새로운 개척지가 되었다. 베트남은 한국 강철 수출 총량의 94%와 수송장비 수출의 52%를 흡수했다. 이는 한국인들에게는 반가운 아이러니였다. 왜냐하면 일본이 한국전에서 동맹국의 물자구입을 통해 자국 경제를 비약적으로 발전시켰기 때문이다. 이 모든 것이 동아시아에서의 전쟁이 어찌하여 1935~1975년 사이에 경제발전의 시녀가 되었는지를 분명히 보여 준다(Cumings, 2002 : 453).

위에서 보이는 차이는 두 국가가 지녔던 차이들의 일부에 불과한 것이다. 티에우·박정희 정권에 대한 분석은 지엠·이승만 정권보다 훨씬 폭넓은 차이의 세계로 들어가는 작업이 될 것이며, 이는 이후의 과제로 남겨 둘 것이다. 그러나 그 씨앗은 지엠·이승만 정권시기에 뿌려지고, 싹이 텄으며, 성장해 갔다는 것을 기억해야만 한다.

참고문헌

찾아보기

참고문헌

《총론(단행본 및 논문)》

▶ 한국어

강　민, "한국 국가이론의 재조명 : 국가정책의 이론적 위상", 한국정치학회,
　　　『한국정치학회보』, 23(3), 1989.
강상중, 이경덕·임성모 역, 『오리엔탈리즘을 넘어서』, 이산, 1999.
강정구, "이라크전쟁과 파병 : 미국의 야만성과 한국의 자발적 노예주의", 한
　　　국산업사회학회, 『경제와 사회』, 가을호, 2004.
김계동, "미국의 대외안보정책 기조", 서정갑 외, 『미국정치의 과정과 정책』,
　　　나남, 1994.
김기태, "한국의 베트남전 참전과 한미관계", 한국외국어대학교 대학원 박사
　　　학위논문, 1982.
김석준, "국가능력과 산업화정책의 변동 : 한국과 대만의 비교", 한국정치학
　　　회, 『한국정치학회보』, 23(2), 1989.
______, "제3세계　개발과　국가능력", 한국정치학회, 『한국정치학회보』,
　　　24(1), 1990.
______, 『한국산업화국가론』, 나남, 1992.
김용학·임현진, 『비교사회학 : 쟁점, 방법 및 실제』, 나남, 2000.
김정배, 『미국과 냉전의 기원 : 공존과 지배의 전략』, 혜안, 2001.
김진균, 『한국의 사회현실과 학문의 과제』, 문학과 사상, 1997.
김진웅, 『냉전의 역사, 1945~1991』, 비봉출판사, 1999.
미국사연구회 엮음, 『미국 역사의 기본사료』, 소나무, 1992.
박광주, 『한국권위주의국가론』, 인간사랑, 1999.
박지향, 『제국주의 : 신화와 현실』, 서울대학교 출판부, 2000.
손호철, "국가자율성 개념의 과학적 이해", 『한국정치학의 새구상』, 풀빛,
　　　1991a.

______, "국가자율성, 국가능력, 국가강도, 국가경도", 『한국정치학의 새구상』, 풀빛, 1991b.

野澤豊, 박영민 역, 『아시아민족해방운동사』, 백산, 1988.

유팔무, "이데올로기 분석과 비판의 방법론", 한국산업사회연구회 편, 『한국사회와 지배이데올로기 : 지식사회학적 이해』, 녹두, 1991.

윤상우, "동아시아 발전국가론의 비판적 검토 : 한국의 경험을 중심으로", 한국산업사회학회, 『경제와 사회』, 여름호, 2001.

이기종, "한국군 베트남 참전의 결정요인과 결과 연구", 고려대학교 정치외교학과 박사학위논문, 1991.

이삼성, 『현대 미국외교와 국제정치』, 한길사, 1994.

이수훈, 『세계체제론』, 나남, 1993.

이영희, 『반세기의 신화 : 휴전선 남·북에는 천사도 악마도 없다』, 삼인, 1999.

이주천, 『루스벨트의 친소정책, 1933~1945』, 신서원, 1998.

임석준, "한국과 대만의 산업질서 : 산업화 수렴이론과 동아시아 발전모델", 고려대학교 아세아문제연구소, 『아세아연구』, 통권101호, 1996.

임지현, "대중독재의 지형도 그리기", 임지현·김용우 엮음, 『대중독재 : 강제와 동의 사이에서』, 책세상, 2004.

장재혁, "제3공화국의 베트남 파병 결정과정에 관한 연구", 동국대학교 정치외교학과 박사학위논문, 1998.

전상인, "세계체제 속의 혁명과 전쟁 : 한국과 베트남", 『고개 숙인 수정주의 : 한국현대사의 역사사회학』, 전통과 현대, 2001a.

______, "반사실적 추론과 역사(사회학)연구", 한국사회사학회, 『사회와 역사』, 제64권, 2003.

정수용, "한국의 베트남전 파병과 한·미 동맹체제의 변화", 고려대학교 정치외교학과 박사학위논문, 2001.

정일준, "전쟁과 근대화 : 한국과 남베트남 비교, 1961~1965", 한국산업사회학회 엮음, 『노동과 발전의 사회학』, 한울, 2003.

조희연, "동아시아 성장론의 검토 : 발전국가론을 중심으로", 한국산업사회학회, 『경제와 사회』, 겨울호, 1997.

조희연·조현연, "국가폭력·민주주의투쟁·희생에 대한 총론적 이해", 조희
연 편, 『국가폭력, 민주주의 투쟁, 그리고 희생』, 함께 읽는 책,
2002.

한석정, 『만주국 건국의 재해석 : 괴뢰국의 국가효과, 1932~1936』, 동아대
학교 출판부, 1999.

함택영, "국력과 국가역량 : 국가권력에 대한 이론적·방법론적 고찰", 경남대
학교 극동문제연구소, 『동북아연구』, 제5권, 2000.

홍규덕, "베트남전 참전 결정과정과 그 영향", 한국정신문화연구원 편, 『1960
년대의 대외관계와 남·북문제』, 백산, 1999.

Abrams, Philip, 신용하 외 역, 『역사사회학』, 문학과 지성사, 1992.

Alavi, Hamza, "과대성장국가론 : 파키스탄과 방글라데시", 임형일·이성
형 편역, 『국가란 무엇인가 : 자본주의와 그 국가이론』, 까치, 1989.

Anderson, Benedict, 윤형숙 역, 『민족주의의 기원과 전파』, 사회비평사,
1996.

Arent, Hannah, 김정한 역, 『폭력의 세기』, 이후, 1999.

Barnet, Richard, 홍성우 역, 『미국의 대외정책과 제3세계』, 형성사,
1981.

Bloch, Marc, 정남기 역, 『역사를 위한 변명』, 한길사, 1979.

Buci-Glucksmann, Christine, "헤게모니와 동의 : 정치전략", Sassoon,
Anne Showstack (ed.), 최길우 역, 『그람시와 혁명전략』, 녹두,
1984.

Callinicos, Alex, 김용학 역, 『역사와 행위』, 사회비평사, 1997.

Chomsky, Noam & Edward S. Herman, 임채정 역, 『미국의 제3세계
침략정책』, 일월서각, 1992.

Chomsky, Noam, 김보경 역, 『미국이 진정으로 원하는 것』, 한울, 1996.

_______________, "냉전과 세계자본주의", 서재정·정용욱 엮음, 『탈냉전과
미국의 신세계질서』, 역사비평사, 1999.

Clemens, Diane Shaver, 마의웅 역, 『얄타(YALTA)』, 대림기획, 1990.

Cumings, Bruce, "70년 위기의 종언 : 삼각구상과 신세계질서", 서재정·
정용욱 엮음, 『탈냉전과 미국의 신세계 질서』, 역사비평사, 1999.

Eisenhower, Dwight, 오정환 역, 『세기의 대회고록 전집, 18 : 아이젠하워』, 한림, 1975.

Frank, Gunder, 이희재 역, 『리오리엔트』, 이산, 2003.

Gaddis, Jonh Lewis, 박건영 역, 『새로 쓰는 냉전의 역사』, 사회평론, 2003.

Galtung, Johan, 강종일 외 역, 『평화적 수단에 의한 평화』, 들녘, 2000.

Giddens, Anthony, 진덕규 역, 『민족국가와 폭력』, 삼지원, 1993.

______________, 윤병철·박병래 역, 『사회이론의 주요쟁점』, 문예출판사, 1998.

Goldfrank, Walter, "멕시코 혁명", Goldstone, Jack A. (ed.), 이복수·안호용 역, 『혁명의 사회사』, 문예출판사, 1988.

Grabb, Edward G., 양춘 역, 『사회불평등 : 이론과 전망』, 나남, 1994.

Gramsci, Antonio, 이상훈 역, 『그람시의 옥중수고 I : 정치편』, 거름, 1986.

Haggard, Stephan, 박건영 외 역, 『주변부로부터의 오솔길 : 신흥공업국의 정치경제학』, 문학과 지성사, 1994.

______________, "한국과 대만의 산업화정책", 국민호 편역, 『동아시아 신흥공업국의 정치제도와 경제성공』, 전남대학교 출판부, 1995.

Held, David, 이정식 역, 『민주주의의 모델』, 인간사랑, 1989.

Hobsbawm, Eric, 강명세 역, 『1780년 이후의 민족과 민족주의』, 창작과 비평, 1994.

______________, 이용우 역, 『극단의 시대 : 20세기의 역사, 上』, 까치, 1997.

______________, 김동택 역, 『제국의 시대』, 한길사, 1998.

______________, 강성호 역, 『역사론』, 민음사, 2002.

Johnson, Chalmers, "정치제도와 경제성공 : 일본, 한국, 대만에서의 정부－기업관계", 국민호 편역, 『동아시아 신흥공업국의 정치제도와 경제적 성공』, 전남대학교 출판부, 1995.

Kennan, George, 김주정 역, 『동서방외교비사』, 박영사, 1963.

Kennedy, Paul, 이일주 외 역, 『강대국의 흥망』, 한국경제신문사, 1990.

Marx, Karl, 김영민 역, 『자본 I-3』, 이론과 실천, 1987.

Mills, Wright, 녹두 편집부 역, 『들어라 양키들아』, 녹두, 1985.

Moore, Barrington, 진덕규 역, 『독재와 민주주의의 사회적 기원』, 까치, 1992.

Myrdal, Gunnar, 최황열 역, 『아시아의 드라마』, 서음, 2001.

North, Douglass, 이병기 역, 『제도·제도변화·경제적 성과』, 자유기업센터, 1996.

Overy, Richard, 류한수 역, 『스탈린과 히틀러의 전쟁』, 지식과 풍경, 2003.

Paige, Jeffery, 강문구 외 공역, 『농민혁명』, 서울프레스, 1995.

Polanyi, Karl, 박현수 역, 『거대한 변환 : 우리시대의 정치적·경제적 기원』, 민음사, 1998.

Poulantzas, Nicos, 강명세 역, 『군부독재, 그 붕괴의 드라마 : 반독재연합과 민주화-스페인·그리스·포르투갈』, 사계절, 1987.

__________________, 박병영 역, 『국가·권력·사회주의』, 백의, 1999.

Przeworski, Adam, 「민주주의 이행에 관한 연구의 몇 가지 문제점」, O'Donnell, Guillermo (ed.), 염홍철 역, 『권위주의정권의 해체와 민주화』, 한울, 1987.

__________________, 최형익 역, 『자본주의와 사회민주주의』, 백산, 1995.

Rueschemeyer, Dietrich, Evelyne Huber Stephens and Jonh D. Stephens, 박명림·조찬수·권혁용 역, 『자본주의 발전과 민주주의 : 민주주의의 비교역사연구』, 나남, 1997.

Said, Edward, 김성곤·정정호 역, 『문화와 제국주의』, 창, 1995.

Skocpol, Theda and Margaret Somers, 임현진 역, "거시사회 연구에 있어서 비교사의 유용성", 한국비교사회연구회 편저, 『비교사회학 : 방법과 실제 I』, 열음사, 1990.

Skocpol, Theda, "사회구조적 설명의 필요성", 김진균·김균식 편역, 『혁명의 사회이론』, 한길사, 1984.

__________________, "사회학에서의 역사학적 상상력", Skocpol, Theda (ed.), 박영신 외 역, 『역사사회학의 방법과 전략』, 민영사, 1991a.

___________, "역사사회학의 쟁점과 전략", Skocpol, Theda (ed.), 박영신 외 역, 『역사사회학의 방법과 전략』, 민영사, 1991b.

___________, 한창수 외 역, 『국가와 사회혁명 : 혁명의 비교연구(프랑스·러시아·중국)』, 까치, 1991c.

Therborn, Goran, "계급과 계급역량", 박현우 편역, 『사회계급론』, 백산, 1986.

___________, 최종렬 역, 『권력의 이데올로기와 이데올로기의 권력』, 백의, 1997.

Tilly, Charles, 이향순 역, 『국민국가의 형성과 계보 : 강압, 자본과 유럽국가의 발전』, 학문과 사상사, 1994.

___________, 진덕규 역, 『동원에서 혁명으로』, 학문과 사상사, 1995.

___________, 윤승준 역, 『유럽혁명 1492~1992 : 지배와 정복의 역사』, 새물결, 2000.

Tocqueville, Alexis, 이용재 역, 『구체제와 프랑스혁명』, 일월서각, 1993.

Trimberger, Ellen Kay, 정근식 역, 『위로부터의 혁명 : 일본·터키·이집트·페루의 군부 관료와 발전』, 학문과 사상사, 1986.

Truman, Harry, 박관숙 역, 『트루만 회고록』, 한림, 1971.

Tun-jen Cheng, "동아시아 신흥공업국(NICs)의 융성과 한계", 국민호 편역, 『동아시아 신흥공업국의 정치제도와 경제적 성공』, 전남대학교 출판부, 1995.

Wallerstein, Immanuel, 나종일·백영경 역, 『역사적 자본주의/자본주의 문명』, 창작과 비평사, 1993.

___________, 강문구 역, 『자유주의 이후』, 당대, 1996.

___________, 나종일 외 역, 『근대세계체제1』, 까치, 1999.

Wolf, Eric, 곽은수 역, 『20세기 농민전쟁』, 형성사, 1984.

___________, "농민반란과 혁명", Goldstone, Jack A. (ed.), 이복수·안호용 역, 『혁명의 사회사』, 문예출판사, 1988.

Zinn, Howard, 이아정 역, 『오만한 제국 : 미국의 이데올로기로부터 독립』, 당대, 2001.

▶ 영어

Bratton, Michael, "Peasant-State Relation in Postcolonial Africa : Patterns of Engagement and Disengagement", Migdal, Joel S., Atul Kohli & Vivienne Shue (eds.), *State Power and Social Forces : Domination and Transformation in the Third World*, New York : Cambridge University Press, 1996.

Chen, Ching Chin, "Police and Community Control Systems in the Empire", Myers, Ramon H & Mark R. Peattie (eds.), *The Japanese ColonialEmpire, 1895~1945*, Princeton, New Jersey : Princeton University Press, 1984.

Etzold, Thomas H. & John Lewis Gaddis (eds.), *Containment : Documents on American Policy and Strategy, 1945~1950*, New York : Columbia University Press, 1978.

Evans, Peter B., *Dependent Development : The Alliance of Multinational, State, and Local Capital in Brazil*, Princeton, New Jersey : Princeton University Press, 1979.

___________, "Transnational Linkages and the Economic Role of the State : An Analysis of Developing and Industrialized Nations in the Post-World War Ⅱ Period", Evans, Peter B., Dietrich Rueschemeyer & Theda Skocpol (eds.), *Bringing the State Back In*, London · New York : Cambridge University Press, 1985.

___________, *Embedded Autonomy : State and Industrial Transformation*, Princeton : Princeton University Press, 1995.

Evans, Peter B., Dietrich Rueschemeyer, & Theda Skocpol, "On the Road toward a More Adequate Understanding of the State", Evans, Peter B., Dietrich Rueschemeyer & Theda Skocpol (eds.), *Bringing the State Back In*, London · New

York : Cambridge University Press, 1985.

Gamson, William A., & David S. Meyer, "Framing Political Opportunity", McAdam, Doug, John McCarthy & Mayer Zald (eds.), *Comparative Perspectives on Social Movements*, Cambridge : Cambridge university press, 1996.

Gann, Lewis H., "Western and Japanese Colonialism : Some Preliminary Comparisons", Myers, Ramon H., & Mark R. Peattie (eds.), *The Japanese Colonial Empire, 1895~1945*, Princeton, New Jersey : Princeton University Press, 1984.

Gerschenkron, Alexander, *Economic Backwardness in Historical Perspective*, Cambridge : Belknap Press, 1962.

Goodwin, Jeff & Theda Skocpol, "Explaining Revolutions in the Contemporary Third World", Skocpol, Theda (ed.), *Social Revolutions in the Modern World*, New York : Cambridge University Press, 1994.

Halliday, Jon, *A Political History of Japanese Capitalism*, New York : Pantheon Books, 1975.

Hamilton, Nora, *The Limits of State Autonomy : Post-Revolutionary Mexico*, Princeton : Princeton University Press, 1982.

Hess, Gray, *The United States Emergence as a Southeast Asian Power, 1940~1950*, New York : Columbia University Press, 1987.

Huntington, Samuel P., *Political Order in Changing Societies*, New Haven : Yale university Press, 1968.

Ikenberry, John, "The Irony of State Strength : Comparative Responses to the Oil Shocks in the 1970s", *International Organization*, 40(1), 1986.

Katzenstein, Peter, "Small Nation in an Open International Economy : The Converging Balance of State and Society in Switzerland and Austria", Evans, Peter B., Dietrich Rueschemeyer & Theda Skocpol (eds.), *Bringing the State Back In*, London·New York : Cambridge University Press, 1985.

Kohli, Atul & Vivienne Shue, "Sate Power and Social Forces : On Political Contention and Accommodation in the Third World", Migdal, Joel S., Atul Kohli & Vivienne Shue (eds.), *State Power and Social Forces : Domination and Transformation in the Third World*, New York : Cambridge University Press, 1996.

Kolko, Garbriel, *The Roots of American Foreign Policy*, Boston : Becon Press, 1969.

Lasswell, Harold D., "The Garrison State Hypothesis Today", Huntington, Samuel P. (ed.), *Changing Patterns of Military Politics*, U.S.A : The Free Press of Glencoe, 1962.

Lee, Eun Ho, "The Role of the Military in Nation-Building : A Comparative Study of South Vietnam and South Korea", Ph. D. Dissertation, University of Southern Illinois, 1971.

Lipset, Seymour Martin, "Some Social Requisites of Democracy : Economic Development and Political Legitimacy", Walters, Malcolm (ed.), *Modernity : Critical Concepts-Vol. 3*, London & New York : Routledge, 1999.

MacIntyre, Andrew J., "Business, Government and Development : Northeast and Southeast Asian Comparisons", MacIntyre, Andrew J. (ed.), *Business and government in industrialising Asia*, New York : Cornell University Press, 1994.

Mann, Michael, *The Sources of Social Power, vol. 1 : History of Power from the Beginning to A. D. 1760*, Cambridge : Cambridge University Press, 1986.

___________, "The Autonomous Power of the State : Its Origins Mechanisms and Results", Walters, Malcolm (ed.), *Modernity : Critical Concepts, Vol. 3*, London & New York : Routledge, 1999.

McAdam, Doug, "Conceptual Origins, Current Problems, Future Directions", McAdam, Doug, John McCarthy & Mayer Zald (eds.), 1996, *Comparative Perspectives on Social Movements*, Cambridge : Cambridge university press, 1996.

McCoy, Alfred, *The Politics of Heroin in Southeast Asia*, New York : Harper & Row, 1972.

Migdal, Joel, S., *Strong Societies and Weak States : State-Society Relations and State Capabilities in the Third World*, Princeton, New Jersey : Princeton University Press, 1988.

Migdal, Joel S., Atul Kohli & Vivienne Shue, "Introduction : developing a state-in-society perspective", Migdal, Joel S., Atul Kohli & Vivienne Shue (eds.), *State Power and Social Forces : Domination and Transformation in the Third World*, New York : Cambridge University Press, 1996.

Montgomery, John, D., *The Politics of Foreign Aid : American Experience in Southeast Asia*, New York : Fredrick A. Praeger, 1962.

Moran, Jonathan, "Tow Conceptions of State : Antonio Gramsci and Michael Mann", *Politics*, 18(3), 1998.

Moulder, Frances V., *Japan, China, and the Modern World Economy : Toward a Reinterpretation of East Asia*

Development ca. 1600 to ca. 1918, New York : Cambridge University Press, 1977.

Nguyen Quoc Tri, *Third-World Development : Aspects of Political Legitimacy and Viability,* London & Toronto : Fairleigh Dickinson University Press, 1989.

O'Donnell, Guillermo, *Modernization and Bureaucratic-Authoritarianism : Studies in South American Politics,* Berkeley : University of California Press, 1973.

Ragin, Charles, *The Comparative Method : moving Beyond qualitative and quantitative strategies,* Berkeley : University of California Press, 1987.

Schmitter, Philippe C., "Still the Century of Corporatism?", *Review of Politics,* 36(1), 1974.

Scott, James C., *The Moral Economy of the Peasant : Rebellion and Subsistence in Southeast Asia,* New Haven & London : Yale University Press, 1976.

Skocpol, Theda, "Bringing the State Back In : Strategies of Analysis in Current Research", Evans, Peter B., Dietrich Rueschemeyer & Theda Skocpol (eds.), *Bringing the State Back In,* London·New York : Cambridge University Press, 1985.

___________, "A Critical Review of Berrington Moore's Social Origins of Dictatorship and Democracy", Skocpol, Theda (ed.), *Social Revolutions in the Modern World,* New York : Cambridge University Press, 1994.

Spanier, John, *American Foreign Policy Since World War II,* New York : Frederick A. Praeger, 1962.

Steel, Ronald, *Pax Americana : The Cold War Empire,* New York : The Viking Press, 1967.

Stepan, Alfred, *The State & Society : Peru in Comparative*

Perspective, Princeton : Princeton University Press, 1978.
Tilly, Charles, "War Making as Organized Crime", Evans, Peter B., Dietrich Rueschemeyer & Theda Skocpol (eds.), *Bringing the State Back In*, London·New York : Cambridge University Press, 1985.
Wallerstein, Immanuel, The Capitalist World Economy, New York : Cambridge University Press, 1979.
__________________, *The Politics of the World-Economy : The State, the Movements and the Civilizations*, Cambridge : Cambridge University Press, 1984.
Williams, Willam Appleman, *The Tragedy of American Diplomacy*, Cleveland·New York : The World Publishing Company, 1959.
Zald, Mayer N., "Culture, Ideology, and Strategic Framing", McAdam, Doug, John McCarthy & Mayer Zald (eds.), *Comparative Perspectives on Social Movements*, Cambridge : Cambridge University Press, 1996.

《베트남 관련 자료(단행본 및 논문)》

▶ 한국어

강정구, "베트남의 분단과 미국의 역할", 한국동남아학회, 『동남아시아연구』, 제4집, 1995.
______, "베트남전쟁과 한국전쟁의 비교연구", 동국대학교 사회과학연구원, 『사회과학연구』, 제4호, 1997a.
김기주, "프랑스 식민지하의 베트남 민족운동연구 : 개명파 문신을 중심으로", 중앙대학교 사학과 박사학위논문, 1986.
김종욱, "프랑스 식민지배하의 베트남 사적 토지소유", 동양사학회, 『동양사학연구』, 제69집, 2000.
송정남, 『베트남의 역사』, 부산대학교 출판부, 2000.

유인선, 『새로쓴 베트남의 역사』, 이산, 2002.

윤충로, "베트남혁명과정에 관한 연구", 동국대학교 사회학과 석사학위논문, 1995.

______, "베트남공화국 응오딘지엠(Ngo Dinh Diem) 정권 지배이데올로기의 특성과 한계", 서강대학교 동아연구소, 『동아연구』, 제44집, 2003.

이삼성, 『미국 외교이념과 베트남전쟁』, 법문사, 1991.

이영희, 『베트남전쟁 : 30년 베트남전쟁의 전개와 종결』, 두레, 1991.

眞保潤一郎, 조성을 역, 『베트남현대사』, 미래사, 1986.

坂本聰三·渡邊正之, "베트남해방무장선전대의 창설", 박성식 엮음, 『베트남혁명연구』, 세계, 1986.

Duiker, William, "베트남혁명의 이론과 노선", 박성식 엮음, 『베트남혁명연구』, 사계, 1986.

______________, 정영목 역, 『호찌민 평전』, 푸른숲, 2003.

Fenn, Charles, 이우회 역, 『인간 호찌민』, 녹두, 1995.

Ho Chi Minh, 김상일 역, 『옥중에 자유인이 머물다』, 사람생각, 2000.

Lacouture, Jean, 아시아·아프리카·라틴아메리카연구원 역, 『베트남의 별』, 소나무, 1988.

Maclear, Michael, 유경찬 역, 『베트남 : 10,000일의 전쟁』, 을유문화사, 2002.

Neale, Jonathan, 정병선 역, 『미국은 어떻게 베트남에서 패했는가』, 책갈피, 2004.

Nguyen Cao Ky, 홍인근 역, 『월남 20년, 패망 20일』, 연희, 1977.

Pike, Douglas, 녹두 편집부 역, 『베트남 공산주의운동사 연구』, 녹두, 1985.

Porter, Gareth, "베트남 사회주의의 성격", 박성식 엮음, 『베트남혁명연구』, 사계, 1986.

Sacks, Milton, "베트남 민족해방운동과 통일전선", 박현채·김홍명 편, 『통일전선과 민주혁명 Ⅰ』, 사계절, 1988.

Stetler, Russell (ed.), 류영래 역, 『인민전쟁군사예술론 : 보우엔지압의 베트남 통일병법』, 참한, 1990.

Truong Nhu Tang, 김평옥 역, 『베트콩 해방전선』, 사사연, 1987.

Tuchman, Barbara W., 조민·조석현 역, 『독선과 아집의 역사 2』, 자작나무, 1997.

Vo Nguyen Giap, 한기철 역, 『인민의 전쟁 인민의 군대』, 백두, 1988.

▶ 영어

Andrus, John R. & Katrine R. G. Greene, "Recent Developments in Indo-China : 1939~1943", Robequain, Charles, *Economic Development of French Indo-China*, London·New York·Toronto : Oxford University Press, 1944.

Archer, Jules, *Ho Chi Minh : Legend of Hanoi*, New York : Crowell-Collier Press, 1971.

Asprey, Robert B., *War in the Shadows : The Guerrilla in History*, Vol. I, New York : Doubleday & Company, 1975a.

___________, *War in the Shadows : The Guerrilla in History*, Vol. II, New York : Doubleday & Company, 1975b.

Beresford, Malanie, *Vietnam : Politics, Economics and Society*, London·New York : Printer Publishers, 1988.

Bouscaren, Anthony Trawick, *The Last of the Mandarins : Diem of Vietnam*, Pittsburgh : Duquesne University Press, 1965.

Brocheux, Pierre, *The Mekong Delta Ecology, Economy, and Revolution 1860~1960*, University of Wisconsin Madison, Center for Southeast Asian Studies, Monograph No. 12, 1995.

Buchan, Alatair, "The Indochina War and World Politics", *Foreign Affairs*, 53(4), 1975.

Bui Dinh Thanh, "The First Year of Resistance in South Vietnam(1945~1946)", *Vietnamese Studies*, no. 7, Hanoi, 1965.

Burchett, Wilfred G., *Vietnam : Inside Story of the Guerilla War*, New York : International Publishers, 1965.

Buttinger, Joseph, *The Smaller Dragon : A Political History of Vietnam*, New York : Frederick A. Praeger, 1958.

__________, "The Miracle of Vietnam", Lindholm, Richard W. (ed.), *Vietnam : The First Five Years*, Wadsworth : Michigan State University Press, 1959.

__________, "The Ethnic Minorities in The Republic of Vietnam", Fishel, Weeley R. (ed.), *Problems of Freedom : South Vietnam since Independence*, New York : Free Press of Glencoe, 1961.

__________, *Vietnam : A Dragon Embattled, vol. 2*, New York · Washington · London : Frederick A. Praeger, 1967.

__________, *Vietnam : A Political History*, New York · Washington : Frederick A. Praeger, 1968.

Catton, Philip E., *Diem's Final Failure : Prelude to America's War in Vietnam*, Kansas : University Press of Kansas, 2002.

Chapuis, Oscar, *The Last Emperors of Vietnam : From Tu Duc to Bao Dai*, Connecticut · London : Greenwood Press, 2000.

Chen, King C., *Vietnam and China, 1938~1954*, Princeton : Princeton University Press, 1969.

Choi, Byung Wook, "Southern Vietnam under the reign of Minh Mang(1820~1841) : Central Policies and Local Response", Ph. D. Dissertation, Australian National University, 1999.

Chovanes, Andrew B., "On Vietnam and Other Peasants", *Journal of Southeast Asian Studies*, 17(2), 1986.

Cole, David, "Economic Setting", Lindholm, Richard W. (ed.), *Vietnam : The First Five Years*, Wadsworth : Michigan State University Press, 1959.

Collins, Lawton, *The Development and Training of the South Vietnamese Army 1950~1972*, Washington D.C. : Department of the Army, 1975.

Cook, Megan, *The Constitutionalist Party in Cochinchina : The Years of Decline, 1930~1942*, Monash Papers on Southeast Asia, no. 6, Center of Southeast Asian Studies, Monash University, 1977.

Cooper, Chester L., *The Lost Crusade : American in Vietnam*, New York : Cornwall, 1970.

Dacy, Douglas C., *Foreign aid, war, and economic development : South Vietnam, 1955~1975*, Cambridge : Cambridge University Press, 1986.

Dang Nghiem Van, "Dien Bien Phu : Some Ethno-Historical Data", *Vietnamese Studies*, no. 43, Hanoi, 1976.

De Jaegher, Father Raymond, "The Chinese in Viet-Nam", Lindholm, Richard W. (ed.), *Vietnam : The First Five Years, Wadsworth :* Michigan State University Press, 1959.

Devillers, Philippe, *Vietnam and France : French Paper No. 1*, New York : International Secretariat Institute of Pacific Relations, 1950.

Dinh Van Ty, "The Brigade of Iron Horses", *Vietnamese Studies*, no. 43, Hanoi, 1976.

Donnell, John C., "National Renovation Campaigns in Vietnam", *Pacific Affairs*, 32(1), 1959.

__________, "Personalism in Vietnam", Fishel, Weeley R.

(ed.), *Problems of Freedom : South Vietnam since Independence*, New York : Free Press of Glencoe, 1961.

Dorsey, John T., "Stresses and Strains in a Developing Administrative System", Fishel, Wesley R. (ed.), *Problems of Freedom : South Vietnam Since Independence*, New York : The Free Press of Glencoe, 1961.

Duiker, William, *The Rise of Nationalism in Vietnam 1900~1941*, Ithaca · London : Cornell University Press, 1976.

__________, *U.S. Containment Policy and the Conflict in Indochina*, California : Stanford University Press, 1994.

__________, *Sacred War : Nationalism and Revolution in a Divided Vietnam*, Messachusetts : McGraw Hill, 1995.

__________, *The Communist Road to Power in Vietnam*, Oxford : Westview Press, 1996.

Duncanson, Dennis J., *Government and Revolution in Vietnam*, London · New York · Toront : Oxford University Press, 1968.

Duong Chau, *The Seventeenth Parallel*, Saigon : Cong Dan, 1958.

Ello, Stephen Paul, "The Commissar and the Peasant : A Comparative Analysis of Land Reform and Collectivization in North Korea and North Vietnam", PH. D. Dissertation, University of Iowa, 1967.

Fall, Bernard, "South Vietnam's Internal Problems", *Pacific Affairs*, vol. 31, 1958.

__________, "Commentary : Bernard B. Fall on Father De Jaegher", Lindholm, Richard W. (ed.), *Vietnam : The First Five Years*, Wadsworth : Michigan State University Press, 1959.

__________, *Street Without Joy*, London · Dunmow : Pall Mall Press, 1961.

____________, *Viet-Nam Witness 1953~1966*, New York·Washington·London : Frederick A. Praeger, 1966a.

____________, "Vietnam in the Balance", *Foreign Affairs*, 45(1), 1966b.

____________, *The Two Viet-Nams : A Political and Military Analysis*, New York·Washington·London : Frederick A. Praeger, 1968.

____________(ed.), *Ho Chi Minh on Revolution Selected Wrightings 1920~1966*, New York·Washington·London : Frederick A. Praeger, 1967.

FitzGerald, Frances, *Fire in the Lake : The Vietnamese and the Americans in Vietnam*, Boston·Toronto : An Atlantic Monthly Press Book, 1972.

Gittinger, Price, "Agrarian Reform", Lindholm, Richard W. (ed.), *Vietnam : The First Five Years*, Wadsworth : Michigan State University Press, 1959.

Grant, J. A. C., "The Vietnam Constitution of 1956", *American Political Science Review*, vol. 52, 1958.

Gravel, Mike (ed.), *The Pentagon Papers : The Defense Department History of United States Decisionmaking on Vietnam*, vol. 1, Boston : Beacon Press, 1971a.

____________, *The Pentagon Papers : The Defense Department History of United States Decisionmaking on Vietnam*, vol. 2, Boston : Beacon Press, 1971b.

Hac Hai, "First Year of the Democratic Republic of Vietnam", *Vietnamese Studies*, no. 7, Hanoi, 1965.

Haldar, M. K., *Asia : Challenge at Down – Personalism and Marxism*, New Delhi : Siddharta Publication, 1961.

Hammer, Ellen, "Progress Report on South Vietnam", *Pacific Affairs*, vol. 30, 1957.

____________, "The Political Background of Ngo Dinh Diem", Lindholm, Richard W. (ed.), *Vietnam : The First Five Years*, Wadsworth : Michigan State University Press, 1959.

____________, *The Struggle for Indochina 1940~1955*, California : Stanford University Press, 1966a.

____________, *Vietnam : Yesterday and Today*, New York : Holt, Rinehart and Winston, 1966b.

Harrison, James, *The Endless War : Vietnam's Struggle for Independence*, New York : Columbia University Press, 1989.

Hickey, Gerald Cannon, *Village in Vietnam*, New Haven · London : Yale University Press, 1964.

Higgins, Marguerite, "The Diem Government, Pro and Con : Politics in Saigon : August 1963", *Reporting Vietnam : Part One - American Journalism 1959~1969*, New York : The Library of America, 1998.

Hoang Nguyen, "The Saigon Armed Forces", *Vietnamese Studies*, no. 42, Hanoi, 1975.

Hotham, David, "General Consideration of American Programs", Lindholm, Richard W. (ed.), 1959, *Vietnam : The First Five Years*, Wadsworth : Michigan State University Press, 1959.

Hue-Tam Ho Tai, *Radicalism and the Origins of the Vietnamese Revolution*, Cambridge, Massachusetts : Harvard University Press, 1992.

Hunt, Richard, *Pacification : The American Struggle for Vietnam's Hearts and Mind*, Boulder · San Francisco · Oxford : Westview Press, 1995.

Huntington, Samuel, P., "Introduction : Social Science and

Vietnam", *Asian Survey*, 7(8), 1967.

Huynh Kim Khanh, "The Vietnamese August Revolution Reinterpreted", *Journal of Asian Studies*, 30(1), 1970.

__________, *Vietnamese Communism, 1925~1945*, Ithaca · London : Cornell University Press, 1982.

Joiner, Charles A., "The Ubiquity of the Administration Role in Counterinsurgency", *Asian Survey*, 7(8), 1967.

Jumper, Roy & Marjorie Weiner Normand, "Vietnam", Kahin, George McTurnan (ed.), *Governments and Politics of Southeast Asia*, New York : Cornell University Press, 1966.

Jumper, Roy & Nguyen Thi Hue, *Note on the Political and Administrative History of Vietnam, 1802~1962*, Saigon : Michigan State University Vietnam Advisory Group, 1962.

Jumper, Roy, "Mandarin Bureaucracy and Politics in South Vietnam", *Pacific Affairs*, vol. 30, 1957.

Kahin, George McTurnan & John W. Lewis, *The United States in Vietnam*, New York : A Delta Book, 1969.

Karnow, Stanley, *Vietnam : A History*, London : Random House, 1991.

Keessing's Research Report, *South Vietnam a Political History*, New York : Kessing's Publication, 1970.

Kiyoko Kurusu Nitz, "Independence without Nationalist? The Japanese and Vietnamese Nationalism during Japanese Period, 1940~1945", *Journal of Southeast Asian Studies*, 15(1), 1984.

Lacouture, Jaen, *Vietnam : Between Tow Truces*, New York : Vintage Book, 1966.

Ladejinsky, Wolf, "Agrarian Reform in the Republic of Vietnam", Fishel, Weeley R. (ed.), *Problems of Freedom : South*

Vietnam since Independence, New York : Free Press of Glencoe, 1961.

Lancaster, Donald, *The Emancipation of French Indochina*, London · New York · Toronto : Oxford University Press, 1961.

Lindholm, Richard W., *Economic Development Policy with Emphasis on Vietnam*, Eugene, Oregon : University of Oregon Press, 1964.

_______________________(ed.), *Vietnam : The First Five Years*, Wadsworth : Michigan State University Press, 1959.

Lindsay, Franklin A., "Unconventional Warfare", *Foreign Affairs*, 40(2), 1962.

Linh Vien, "From Diem to Thieu : neo-colonialist political structure and apparatus", *Vietnamese Studies*, no. 42, Hanoi, 1975.

Manhattan, Avro, *Vietnam : Why did We Go?*, U.S.A : Chick, 1984.

Marr, David, "Political Attitudes and Activities of Young Urban Intellectuals in South Viet-Nam", *Asian Survey*, 6(5), 1966.

____________, *Vietnamese Anticolonialism : 1885~1925*, Berkeley · Los Angeles · London : University of California Press, 1971.

____________, *Vietnamese Tradition on Trial, 1920~1945*, Berkeley · Los Angeles · London : University of California Press, 1981.

____________, *Vietnam 1945 : The Quest for Power*, Berkeley · Los Angeles · London : University of California Press, 1995.

Marsot, Alain, *The Chinese Community in Vietnam under the*

French, New York : Edwin Mellen Press, 1993.

McAlister, Jr., Jonh, T. & Paul Mus, *The Vietnamese and Their Revolution*, New York : Harper & Low, 1970.

McAlister, Jr., Jonh, T., *Vietnam : The Origins of Revolution*, New York : Alfred A. Knopf, 1969.

Mitchell, Edward, "The Significance of Land Tenure in the Vietnamese Insurgency", *Asian Survey*, 7(8), 1967.

Moise, Edwin E., "Classism in North Vietnam, 1953~1956", Turley, William S. (ed.), *Vietnamese Communism in Comparative Perspective*, Boulder : Westview Press, 1980.

__________, *Land Reform in China and North Vietnam : Consolidating the Revolution at the Village Level*, Chapel Hill·London : The University of North Carolina Press, 1983.

Morrison, Lawrence, "Industrial Development Efforts", Lindholm, Richard W. (ed.), *Vietnam : The First Five Years*, Wadsworth : Michigan State University Press, 1959.

Murray, Martin J., *The Development of Capitalism in Colonial Indochina(1870~1940)*, Berkeley·Los Angels·London : University of California Press, 1980.

Murti, B. S. N, *Vietnam Divided : The Unfinished Struggle*, London : Asia Publishing House, 1964.

Musolf, Lloyd, "Public Enterprise and Development Perspectives in South Vietnam", *Asian Survey*, 3(3), 1963.

National Institute of Administration Research & Documentation Division, *Vietnam Government Organization Manual 1957~1958*, Saigon : The Republic of Vietnam, 1958.

Nghiem Dang, *Vietnam : Politics and Public Administration*, Honolulu : East-West Center Press, 1966.

Ngo Vinh Long, *Before the Revolution : The Vietnamese Peasants under the French*, New York : Columbia University Press, 1991.

Nguyen Khac Vien, "The Peasants' Struggle(1954~1960)", *Vietnamese Studies*, no. 8, Hanoi, 1966.

_________________, *Vietnam : A Long History*, Hanoi : The Gioi, 1999.

Nguyen Ngoc Luu, "Peasants, Party and Revolution : The Politics of Agrarian Transformation in Northern Vietnam, 1930~1975", Ph. D. Dissertation, Universiteit Van Amsterdam, 1987.

Nguyen Phu Duc, "Comment : Nguyen Phu Duc", Lindholm, Richard W., *Economic Development Policy with Emphasis on Vietnam*, Oregon : University of Oregon Press, 1964.

Nguyen Phuc Sa, "A General Report on Industrial Development", Lindholm, Richard W. (ed.), *Vietnam : The First Five Years*, Wadsworth : Michigan State University Press, 1959.

Nguyen Truong, *The Role of Public Enterprise in National Development in South Vietnam : Problems and Prospects*, Singapore : Regional institute of Higher Education and Development, 1974.

Nguyen Xuan Lai, "The First Resistance(1945~1954)", *Vietnamese Studies*, no. 44, Hanoi, 1976.

Nighswonger, William A., *Rural Pacification in Vietnam*, New York · Washington · London : Frederick A. Praeger, 1966.

Olson, James & Randy Roberts, *Where the Domino Fell : America and Vietnam, 1945~1990*, New York : St. Martin's Press, 1991.

Osborne, Milton, *Strategic Hamlets in South Vietnam : A Survey and a Comparison*, New York : Cornell University, 1965.

Patti, Archimedes L., *Why Vietnam : Prelude to America's Albatross*, Berkeley · Los Angeles · London : University of California Press, 1980.

Penniman, Howard R., *Elections in South Vietnam*, Washington : American Enterprise Institute for Public Policy Research, 1972.

Pham Cao Duong, *Vietnamese Peasants under Franch Domination 1861~1945*, New York · London : University Press of America, 1985.

Pham Cuong, "In the Liberated Areas", *Vietnamese Studies*, no. 23, Hanoi, 1970.

Pham Thanh Vinh, "The Vietnamese People's Fundamental National Rights", *Vietnamese Studies*, no. 12, Hanoi, 1966.

Phan Thai, "Eleven Years in a South Vietnamese Village", *Vietnamese Studies*, no. 8, Hanoi, 1966.

Phong Hien, "Catholicism under Ngo Dinh Diem", *Vietnamese Studies*, no. 53, Hanoi, 1979.

Pickerell, James H., *Vietnam in the Mud*, Indianapolis · New York · Kansas City : The Bobbs-Merrill Company, 1966.

Pike, Douglas, *Viet Cong : The Organization and Techniques of the National Liberation Front of South Vietnam*, Massachusetts · London : The M.I.T. Press, 1967.

__________, *PAVN : People's Army of Vietnam*, U.S.A. : Presidio Press, 1986.

Popkin, Samuel, *The Rational Peasant : The Political Economy of Rural Society in Vietnam*, Berkeley · Los Angeles · London : University of California Press, 1979.

Porter, Gareth, "Imperialism and Social Structure in Twentieth

Century Vietnam", Ph. D. Dissertation, Cornell University, 1976.

Post, Ken, *Revolution, Socialism and Nationalism in Vietnam, vol. I,* U.S.A : Dartmouth, 1989a.

__________, *Revolution, Socialism and Nationalism in Vietnam, vol. 2,* U.S.A : Dartmouth, 1989b.

Republic of Vietnam, *The Problem of Reunification of Vietnam,* Saigon : The Ministry of Information, 1958.

Robequain, Charles, *The Economic Development of French Indo-China,* London · New York · Toronto : Oxford University Press, 1944.

Schlesinger, Arthur M., *The Bitter Heritage : Vietnam and American Democracy 1941~1966,* Boston : Houghton Mifflin Company, 1966.

Scigliano, Robert & Guy H. Fox, *Technical Assistance in Vietnam : The Michigan State University Experience,* New York · Washington · London : Frederick A. Praeger, 1965.

Scigliano, Robert, "Political Parties in South Vietnam under the Republic", *Pacific Affairs,* 33(4), 1960.

________________, *South Vietnam : Nation under Stress,* Boston : Houghton Mifflin, 1964.

Shaplen, Robert, *The Lost Revolution,* New York : Harper & Row, 1965.

Sheehan, Neil, "Vietnamese Ignored U.S. Battle Order : Battle of Ap Bac : January 1963", *Reporting Vietnam : Part one - American Journalism 1959~1969,* New York : The Library of America, 1998.

Smith, Ralph, *Vietnam and the West,* Ithaca · New York : Cornell University Press, 1968.

Sobel, Lester A. (ed.), *South Vietnam, vol. 1 : U.S.- Communist*

Confrontation in Southeast Asia 1961~1965, New York : Facts on File, 1973.

St John, R. B, "Marxist-Leninist Theory in South Vietnam", *Asian Survey*, 20(8), 1980.

Sullivan, Marianna, *France's Vietnam Policy : A Study in French-American Relations*, Wesport · Connecticut · London : Greenwood Press, 1978.

The Hung, "The Catholic Church and the French Colonization", *Vietnamese Studies*, no. 53, Hanoi, 1979.

The Republic of Vietnam, *Seven Years of the Ngo Dinh Diem Administration, 1954~1961*, Saigon : The Republic of Vietnam, 1961.

Thich Nhat Hanh, *Vietnam : Lotus in a Sea of Fire*, New York : Hill and Wang, 1967.

Thompson, Virginia, *French Indo-China*, New York : Octagon Books, 1968.

To Minh Trung, "The Students' and Pupils' Struggle", *Vietnamese Studies*, no. 8, Hanoi, 1966.

___________, "From Ap Bac to Ba Gia : the Disintegration of the Saigon Army", *Vietnamese Studies*, no. 11, Hanoi, 1967.

Ton Vy, "The Worker's Struggle", *Vietnamese Studies*, no. 8, Hanoi, 1966.

_______, "The Staley-Taylor Plan(1961~1962)", *Vietnamese Studies*, no. 11, Hanoi, 1967.

_______, "The U.S-Diem Regime", *Vietnamese Studies*, no. 18/19, Hanoi, 1968.

Tonnesson, Stein, *The Vietnamese Revolution of 1945 : Roosevelt, Ho Chi Minh and de Gaulle in a World at War*, London · Newbury Park · New Delhi : SAGE, 1991.

Trager, Frank N., *Why Viet Nam*, New York, Washington·London : Frederick A. Praeger, 1966.

Tran Khanh, *The Ethnic Chinese and Economic Development in Vietnam*, Singapore : Institute of Southeast Asian Studies, 1993.

Tran Van Giau & Le Van Chat, *The South Vietnam Liberation National Front*, Hanoi : Foreign Languages Publishing House, 1962.

Trullinger, James, *Village at War : An Account of Revolution in Vietnam*, Stanford, California : Stanford University Press, 1994.

Truong Chinh & Vo Nguyen Giap, *The Peasant Question (1937~1938)*, New York : Cornell Universitym, 1974.

Truong Chinh, "The August Revolution", *Truong Chinh : Selected Writings*, Hanoi : Foreign Languages Publishing House, 1977a.

______________, "Implementing the Land Reform", *Truong Chinh : Selected Writings*, Hanoi : Foreign Languages Publishing House, 1977b.

______________, "The Resistance Will Win", *Truong Chinh : Selected Writings*, Hanoi : Foreign Languages Publishing House, 1977c.

Turner, Robert, *Vietnamese Communism : Its Origins and Development*, California : Hoover Institution Press, 1975.

United State, State Department, *Foreign Relations of the United States, 1958~1960 I, Vietnam*, Washington : United States Government Printing Office, 1986.

Vietnam Cong Hoa, *Viet Nam Government Organization Manual 1957~1958*, Saigon : National institute of Administration Research and Documentation Division, 1958.

Vo Nhan Tri, "U.S Neo-Colonialism : Its Economic Aspects", *Vietnamese Studies*, no. 26, Hanoi, 1970.

Vu Can, The "NLF and the Second Resistance in South Vietnam", *Vietnamese Studies*, no. 23, Hanoi, 1970.

Vu Ngu Chieu, "The Other Side of the 1945 Vietnamese Revolution : The Empire of Viet-Nam(March-August 1945)", *Journal of Asian Studies*, 45(2), 1986.

Vu Van Thai, "Vietnam's Concept of Development", Fishel, Wesley R. (ed.), *Problems of Freedom : South Vietnam since Independence*, New York : The Free Press of Glencoe, 1961.

Walens, Susann, "The Philippines and Vietnam, 1945~1964 : From Success to Failure", Ph. D. Dissertation, The Union Institute, 1994.

Warner, Denis, *The Last Confucian : Vietnam, South-East Asia, and the West*, New York : The Macmillan Company, 1964.

White, Christine Katherine Pelzer, "Agrarian Reform and National Liberation in the Vietnamese Revolution : 1920~1957", Ph. D. Dissertation, Cornell University, 1981.

Wiegersma, Nancy, *Vietnam : Peasant Land, Peasant Revolution : Patriarchy and Collectivity in the Rural Economy*, New York : St. Martin's Press, 1988.

Woodside, Alexander B., *Community and Revolution in Modern Vietnam*, Boston : Houghton Mifflin, 1976.

Wurfel, David, "Commentary : David Wurfel on Gittinger", Lindholm, Richard W. (ed.), *Vietnam : The First Five Years*, Wadsworth : Michigan State University Press, 1959.

__________, "The Saigon Political Elite : Focus on Four Cabinets", *Asian Survey*, 7(8), 1967.

Young, Kenneth T., "United States Policy and Vietnamese Political Viability", 1954~1967, *Asian Survey*, 7(8), 1967.

▶ 베트남어

Cao Van Bien, "Ve nan doi nam At Dau(1945)"(1945년 기근에 대하여), *Nghien cuu lich su*, so, 4(251), Hanoi, 1990.

Dang Cong San Viet Nam, *Van kien Dang : Toan tap 7(1940~1945)*(당문건 : 제7집, 1940~1945), Hanoi : Chinh Tri Quoc Gia, 2000.

__________________________, *Van kien Dang, toan tap, 15, 1954*(당문건 : 제15집, 1954년), Hanoi : Chin tri Quoc gia, 2001a.

__________________________, *Van kien Dang, toan tap 8 (1945~1947)*(당문건 : 제8집, 1945~1947), Hanoi : Chinh tri Quoc gia, 2001b.

Dang Phong, *21 nam Vien tro My o Viet Nam*(베트남에서 미국원조 21년), Hanoi : Vien nghien cuu khoc hoc thi truong-gia ca, 1991.

Dinh Xuan Lam(chu bien), *Dai cuong lich su Vietnam Ⅱ*(베트남사 개요Ⅱ), Hanoi : Giao duc, 2000.

Duong Kinh Quoc, "He thong chinh quyen cua thuc dan Phap o Viet Nam thoi ky truoc Cach mang thang tam nam 1945(Qua trinh thiet lap va co cau to chuc)"(1945년 8월 혁명 이전 베트남에서 프랑스 식민주의의 정권체계 : 설립과정과 조직구조), *Nghien Cuu Lich Su*, so, 2, Hanoi, 1982a.

__________________, "He thong chinh quyen cua thuc dan Phap o Viet Nam thoi ky truoc Cach mang thang tam nam 1945(Qua trinh thiet lap va co cau to chuc)"(1945년 8월 혁명 이전 베트남에서 프랑스 식민주의의 정권체계 : 설립과정과 조직구조), *Nghien Cuu Lich Su*, so, 3, Hanoi, 1982b.

__________, "He thong chinh quyen cua thuc dan Phap o Viet Nam thoi ky truoc Cach mang thang tam nam 1945(Qua trinh thiet lap va co cau to chuc)"(1945년 8월 혁명 이전 베트남에서 프랑스 식민주의의 정권체계 : 설립과정과 조직구조), *Nghien Cuu Lich Su*, so, 4, Hanoi, 1982c.

__________, "He thong chinh quyen cua thuc dan Phap o Viet Nam thoi ky truoc Cach mang thang tam nam 1945(Qua trinh thiet lap va co cau to chuc)"(1945년 8월 혁명 이전 베트남에서 프랑스 식민주의의 정권체계 : 설립과정과 조직구조), *Nghien Cuu Lich Su*, so, 5, Hanoi, 1982d.

Ha Van Lau, "Mien nam Viet Nam : Can cu quan su cua de quoc xam luoc My"(남베트남 : 미(美)점령 제국의 군사기지), *Hoc Tap*, Ts. 45, so, 10, Hanoi, 1959.

Ho Tuan Dung, "Tim hieu he thong thue thuc dan Phap ap dung o Viet Nam truoc nam 1945"(1945년 이전 베트남에서 프랑스 식민주의에 의해 수행된 세금체제에 대한 고찰), *Nghien cuu lich su*, so, 4(317), Hanoi, 2001.

Hoang Luong, "Tinh hinh kinh te cua giai cap tu san mai ban mien Nam"(남부 매판자본계급의 경제상황), *Nghien Cuu Lich Su*, so, 31, Hanoi, 1961.

Le Quoc San, "Chien thang Ap Bac, buoc ngoat ma dau su that bai cua chien luoc 'chien tranh dac biet' cua My nguy"(미괴뢰의 특수전 전략 실패의 최초 전환점 업박 승리), Le Minh Duc bien tap, *Chien thang Ap Bac*, Tien Giang : Ban Tuyen Giao Tinh Uy Tien Giang, 1992.

Luu Van Loi & Nguyen Hong Thach, *Phap tai chiem Dong Duong & chien tranh lanh*(프랑스의 인도차이나 재점령과 냉전), Thanh Hoa : Cong An Nhan Dan, 2000.

Mai Nguyen, *Doc hoi ky cua cac tuong ta Sai Gon xuat ban o nuoc ngoai*(해외에서 출판된 사이공 장군들의 회고록 읽기), Saigon :

Tre, 2000.

Nguyen Bang, "Ngoai thuong mien Nam va vien tro thuong mai hoa cua My"(남부의 대외무역과 미국의 상업원조), *Nghien Cuu Kinh Te*, so, 39, Hanoi, 1962.

Nguyen Binh Minh, "Gioi thieu vai net ve tinh hinh cong nhan Viet Nam thoi Phop thuoc"(프랑스 식민지시기 베트남 노동자의 상황에 대한 간략한 소개), *Nghien cuu lich su*, so, 27, Hanoi, 1957.

Nguyen Cong Binh, *Tim hieu giai cạp tu san Viet Nam : Thoi Phap thuoc*, Hanoi : Van su dia(프랑스 식민지시기 베트남 자본가계급에 대한 고찰), 1959.

__________________, "Thu ban ve giai cap tu san mai ban Viet-Nam"(베트남 매판자본계급에 대해 논함), *Nghien cuu lich su*, so, 24, Hanoi, 1961a.

__________________, "Ban ve ban chat che do doc tai, Phat-xit, gia dinh tri Ngo Dinh Diem voi nhung mau thuan be tac cua no"(응오 딘 지엠의 몇 가지 교착된 모순과 더불어 독재, 파시스트, 가족통치제도의 본질에 관해 논함), *Nghien cuu lich su*, so, 22, Hanoi, 1961b.

__________________, "Thu ban ve giai cap tu san mai ban Viet-Nam"(베트남 매판자본계급에 대해 논해 봄), *Nghien Cuu Lich Su*, so, 25, Hanoi, 1961c.

Nguyen Khanh Toan(chu bien), *Lich su Viet Nam, Tap II*(베트남 역사, 2권), Hanoi : Khoa Hoc Xa Hoi, 1989.

Nguyen Manh De, "Mot vai net ve doi song nhan dan mien Nam"(남부 인민생활의 한 특성), *Nghien Cuu Kinh Te*, so, 9, Hanoi, 1962.

Nguyen Phong, "Van de ruong dat va nong dan o mien Nam"(남부에서의 토지와 농민문제), *Nghien Cuu Kinh Te*, so, 9, Hanoi, 1962.

Nguyen Q. Thang & Nguyen Ba The, *Tu Dien : Nhan vat Lich su Viet Nam*(베트남 역사인물 사전), Saigon : Van Hoa, 1997.

Pham Dinh Khuyen, "Chanh-dang tai Viet Nam"(베트남의 정당), Saigon : Hoc-vien Quoc-gia Hanh-chanh, 1973.

Pham Mai Hung, "Co so tao nen suc minh cua Mat tran Viet Minh"(베트민전선 역량의 기반), *Nghien Cuu Lich Su*, so, 1(255), Hanoi, 1991.

__________, "Tu cong tac bao tang suy nghi ve Cach mang thang tam 1945"(박물관학의 측면에서 8월혁명에 관해 재고함), *Nghien Cuu Lich Su*, so, 4(251), Hanoi, 2000.

Pham Ngoc Thao, "Kinh-nghiem cua mot quan nhan : mot y-kien ve van de lanh-dao tinh than mot don vi quan-doi"(한 군인의 경험 : 군대조직의 정신지도문제에 대한 한 의견), *Bach Khoa*, so, 4, Saigon : Van hoa, 1957.

Pham Thanh Vinh, *Cac van tu ban nuoc cua Ngo Dinh Diem*(응오 딘 지엠의 매국 문서들), Hanoi : Khoa Hoc, 1963.

Phan Dac Luc, "Dia vi cua tu ban Phap trong kinh te mien Nam"(남부경제에서 프랑스 자본의 지위), *Nghien Cuu Kinh Te*, so, 4, Hanoi, 1961.

Quach Tong Duc, "Khu tru mat"(밀집구역), *Nghien Cuu Hanh Chanh*, so, 10, Saigon, 1959.

Tran Ha Ninh, "Tai sao Vo Nguyen Giap Phan doi Dao luat 10/59?"(왜 보 응우옌 지압은 법률 10/59를 반대하는가?), *Que Huong*, so, 8, Saigon, 1960.

Tran Huu Dinh & Le Trung Dung, *Cach mang thang tam 1945*(1945년 8월혁명), Hanoi : Khoa Hoc Xa Hoi, 2000.

Tran Huy Lieu, "Van de ruong dat trong cach mang Viet Nam"(베트남 혁명에 있어서 토지문제), *Nghien cuu lich su*, so, 2, Hanoi, 1954.

Tran Nam Tien, *100 Su kien lich su Sai Gon-thanh pho Ho Chi*

Minh trong the ky 20(20세기 사이공—호찌민 시의 100가지 역사적 사건), T.P.H.C.M : Tre, 2001.

Tran Ngoc Dinh, "Che do so huu ruong dat lon o Nam-bo trong thoi de quoc Phap thong tri"(프랑스 제국 통치시기 남부의 대토지 소유제도), *Nghien cuu lich su*, so, 132, Hanoi, 1970.

Tran Phuong, "Ve cai goi la cai cach dien dia o mien Nam"(남부에서의 토지개혁이라 부르는 것에 대하여), *Nghien Cuu Kinh Te*, so, 21, Hanoi, 1964.

Tran Van Giau, *Giai cap Cong nhan Viet Nam : Tu Dang Cong San thanh lap den Cach mang thanh cong, tap III, 1939~1945*(베트남 노동자계급 : 공산당의 성립부터 혁명성공까지, 3권, 1939~1945), Hanoi : Su Hoc, 1963.

__________, "Chinh sach 'binh dinh' cua My, uguy o mien Nam Viet-nam trong giai doan 'chien tranh mot phia' tu 1954 cho den 1960"(남베트남에서 미국과 괴뢰집단의 평정정책 : 1954년~1960년 '일방적인 전쟁'기간), *Nghien Cuu Lich Su*, so, 107, Hanoi, 1968.

Tran Van Giau, Dinh Xuan Lam & Kieu Xuan Ba(bien soan), *Lich su can dai Viet Nam, 1919~1930, tap IV*(베트남 근대사, 1919~1930, 4권), Hanoi : Giao Duc, 1963.

Uy ban To cao Toi ac Chien tranh cua De quoc My va Tay sai o mien Nam Viet-nam, *Toi ac Khung bo, Tra tan, Tu day cua De quoc My va Tai sai doi voi nhan dan mien Nam Viet-nam*(죄악 : 남베트남 인민에 대한 미제국주의자와 그 충복의 테러·고문·투옥), Hanoi : Su that, 1968.

Van Tao & Furuta Motoo, *Nan doi nam 1945 o Viet Nam*(1945년 베트남에서의 기근), Hanoi : Vien su hoc Viet Nam, 1995.

Van Tao, "Cuoc khai thac thuoc dia lan the nhat cua thuc dan Phap va su bien chuyen cua xa hoi Viet Nam"(프랑스 식민주의자들의 제1차 식민지 개척과 베트남 사회의 변화), Nguyen

Khanh Toan, chu bien, *Lich su Viet Nam, Tap II*, Hanoi : Khoa Hoc Xa Hoi, 1989.

▶ 일어

外務省經濟局編, 『世界各國經濟ハンドブック 3 : ヴィエトナム』, 日本國際 問題研究所, 1968.
太平洋協會 編, 『佛領印度支那(政治 · 經濟)』, 東京 : 河出書房, 1940.

《한국 관련 자료(단행본 및 논문)》

▶ 한국어

강동진, 『일제의 한국침략정책사』, 한길사, 1984.
강인철, "남한사회와 월남기독교인 : 극우반공체제하의 교회활동과 반공투 쟁", 역사문제연구소, 『역사비평』, 여름호, 1993.
______, "한국전쟁과 사회의식 및 문화의 변화", 한국정신문화연구원 편, 『한 국전쟁과 사회구조의 변화』, 백산서당, 1999.
강정구, 『좌절된 사회혁명』, 열음사, 1989.
______, "미국과 한국전쟁", 『분단과 전쟁의 한국현대사』, 역사비평사, 1996a.
______, 『통일시대의 북한학』, 당대, 1996b.
______, "5·10선거와 5·30선거의 비교연구", 『분단과 전쟁의 한국현대사』, 역사비평사, 1996c.
______, "해방 후 친일파의 재등장 구조", 민족문제연구소 엮음, 『친일파란 무 엇인가』, 아세아문화사, 1997b.
______, 『현대 한국사회의 이해와 전망』, 한울, 2000.
______, "한국전쟁 민간인 학살의 양태분석", 한국산업사회학회 엮음, 『제3회 비판사회학대회 논문집 : 남 · 북 간 대립사회체제의 동요와 새로운 갈등구조의 이해』, 한울, 2001.
______, 『민족의 생명권과 통일』, 당대, 2002.
강창일, "일제 초기 식민통치의 전략과 내용 : 조선지배의 원리와 관련하여",

한국정신문화연구원 편,『일제식민통치연구Ⅰ』, 백산서당, 1999.

강태훈, "일제하 조선의 농민층 분해에 관한 연구", 장시원 외,『한국 근대 농촌사회와 농민운동』, 열음사, 1988.

고성국, "진보당의 한계", 한배호 편,『한국현대정치론Ⅰ : 제1공화국의 국가형성·정치과정·정책』, 오름, 2000.

고 은,『1950년대』, 청하, 1989.

谷浦孝雄, "해방 후 한국 상업자본의 형성과 발전", 진덕규 외,『1950년대의 인식』, 한길사, 1981.

공제욱, "1950년대 한국사회의 계급구성", 고성국 외,『1950년대 한국사회와 4·19혁명 : 한국현대사의 이해Ⅱ』, 태암, 1991.

______,『1950년대 한국의 자본가연구』, 백산서당, 1993.

______, "한국전쟁과 재벌의 형성", 경상대학교 사회과학연구소 엮음,『한국전쟁과 한국자본주의』, 한울, 2000.

공제회자료, "국민반운영지침", 대한지방행정공제회,『지방행정』, 6(9), 1957.

구대열,『한국 국제관계사 연구 1』, 역사비평사, 1995.

______,『한국 국제관계사 연구 2』, 역사비평사, 1997.

구해근, "한국과 대만의 경제발전에 대한 정치경제학적 접근", 박현채 외,『한국사회의 재인식 1 : 경제발전에 따른 정치·경제·사회의 구조변화』, 한울, 1984.

국제민주법률가협회 국제과학조사단, "한국전쟁에서의 세균무기의 사용", 김주환 편,『미국의 세계전략과 한국전쟁』, 청사, 1989.

堀和生, "일제하 조선에 있어서 식민지 농업정책 : 1920년대 식민지 지주제의 형성", 사계절 편집부 편,『한국근대경제사연구 : 이조말기에서 해방까지』, 사계절, 1983.

宮嶋博史, "조선토지조사사업 연구서설", 사계절 편집부 편,『한국근대경제사연구 : 이조말기에서 해방까지』, 사계절, 1983a.

_______, "토지조사사업의 역사적 전제 조건의 형성", 사계절 편집부 편,『한국근대경제사연구 : 이조말기에서 해방까지』, 사계절, 1983b.

_______, "조선 갑오개혁 이후의 상업적 농업", 사계절 편집부 편,『한국근대

경제사연구 : 이조말기에서 해방까지』, 사계절, 1983c.

宮田節子, 정재정 역, 『식민통치의 허상과 실상』, 혜안, 2002.

권영진, "북한의 남한 점령정책", 역사문제연구소, 『역사비평』, 여름호, 1989.

권혁정, "농지개혁과 농촌의 현실", 대한지방행정공제회, 『지방행정』, 3(4), 1954.

김경순, "관료기구의 형성과 정치적 역할", 한배호 편, 『한국현대정치론 Ⅰ : 제1공화국의 국가형성 · 정치과정 · 정책』, 오름, 2000.

김경일, 『일제하 노동운동사』, 창작과 비평사, 1992.

______, "중세의 정신, 근대의 문명", 역사문제연구소, 『역사비평』, 여름호, 1995.

______, "1950년대 후반의 사회이념 : 민주주의와 민족주의", 한국정신문화연구원 현대사연구소 편, 『한국현대사의 재인식 4 : 1950년대 후반기의 한국사회와 이승만 정부의 붕괴』, 오름, 1998.

김경택, "일제하 국내 사회주의자들의 민족협동전선론", 박현채 · 김홍명 편, 『통일전선과 민주혁명 Ⅱ』, 사계절, 1988.

김광식, "미군정과 분단국가의 형성", 최장집 편, 『한국현대사 Ⅰ : 1945~1950』, 열음사, 1985.

김기원, 『미군정기의 경제구조 : 귀속기업체의 처리와 노동자 자주관리운동을 중심으로』, 푸른산, 1990.

김기진, 『끝나지 않은 전쟁 : 국민보도연맹(부산 · 경남지역)』, 역사비평사, 2002.

김남식, 『남로당연구 Ⅰ』, 돌베개, 1984.

______, "전쟁 전후 남한에서의 무장유격투쟁의 전개", 최장집 편, 『한국전쟁연구 : 한국 현대사의 이해 Ⅰ』, 태암, 1990.

김남식 · 이정식 · 한홍구 엮음, 『한국현대사 자료 총서 12』, 돌베개, 1986.

김대환, "1950년대 한국경제의 연구", 진덕규 외, 『1950년대의 인식』, 한길사, 1981.

______, "1950년대 후반 경제상황과 경제정책", 한국정신문화연구원 현대사연구소 편, 『한국현대사의 재인식 4 : 1950년대 후반기의 한국사회

와 이승만 정부의 붕괴』, 오름, 1998.

김도현, "이승만노선의 재검토", 송건호 외 지음, 『해방전후사의 인식 1』, 한길사, 1980.

김도형, "한말 의병전쟁의 민중적 성격", 박현채·정창열 편, 『한국민족주의론 Ⅲ』, 창작과 비평사, 1995.

김동노, "식민지시대의 근대적 수탈과 수탈을 통한 근대화", 『창작과 비평』, 봄호, 1998.

김동춘, "4·19혁명의 역사적 성격과 그 한계", 고성국 외, 『1950년대 한국사회와 4·19혁명 : 한국현대사의 이해 Ⅱ』, 태암, 1991.

______, "한국전쟁과 지배이데올로기의 변화", 한국사회학회 편, 『한국전쟁과 한국사회변동』, 풀빛, 1992.

______, "국가폭력과 사회계약 : 분단의 정치사회학", 한국산업사회학회, 『경제와 사회』, 겨울호, 1997.

______, "1950년대 한국 농촌에서의 가족과 국가", 역사문제연구소 편, 『1950년대 남·북한의 선택과 굴절』, 역사비평사, 1998.

______, 『전쟁과 사회 : 우리에게 한국전쟁은 무엇이었나?』, 돌베개, 2000.

김명구, "1920년대 전반기 사회운동이념에 있어서의 농민운동론", 장시원 외, 『한국 근대 농촌사회와 농민운동』, 열음사, 1988.

김명섭, "해방 전후 북한 현대사의 쟁점", 박명림 외, 『해방전후사의 인식 6』, 한길사, 1993.

김민철, "조선총독부연구 : 식민지통치와 경찰", 역사문제연구소, 『역사비평』, 봄호, 1994.

______, "전시체제하(1937~1945) 식민지 행정기구의 변화", 고려사학회, 『한국사학보』, 제14호, 2003.

김병태, "농지개혁의 평가와 반성", 김윤환 외, 『한국경제의 전개과정 : 해방 이후에서 70년대까지』, 돌베개, 1981.

김 산·Wales, Nym, 조우화 역, 『아리랑』, 동녘, 1995.

김삼웅, 『곡필로 본 해방 50년』, 한울, 1995.

김석준, 『미군정시대의 국가와 행정』, 이화여자대학교 출판부, 1996.

김성보, "소련의 대한정책과 북한에서의 분단질서 형성, 1945~1946", 역사문제연구소 편, 『분단 50년과 통일시대의 과제』, 역사비평사, 1995.

______, "북한의 토지개혁과 농업협동화", 연세대학교 사학과 박사학위논문, 1997.

______, "입법과 실행과정을 통해 본 남한 농지개혁의 성격", 홍성찬 편, 『농지개혁연구』, 연세대학교 출판부, 2001.

김성칠, 『역사 앞에서 : 한 사학자의 6·25일기』, 창작과 비평사, 1993.

김성호 외, 『농지개혁사연구』, 한국농촌경제연구원, 1989.

김양화, "미국의 대한원조와 한국의 경제구조", 송건호·박현채 외, 『해방 40년의 재인식 Ⅰ』, 돌베개, 1985.

______, "1950~1960년대 한국의 자본축적과 국가기구의 전면화 과정", 한국사회과학연구소, 『동향과 전망』, 제60호, 2004.

김영명, "이승만 정권의 흥망과 그 정치사적 의미", 한국정치학회, 『한국정치학회보』, 25(1), 1991.

김영모, "해방후 대자본가의 사회이동에 관한 연구", 진덕규 외, 『1950년대의 인식』, 한길사, 1981.

김운태, 『미군정의 한국통치』, 박영사, 1992.

______, "한국 행정 근대화 100년의 회고 : 일제식민지배하의 행정 왜곡기를 중심으로", 한국행정학회, 『2000년 하계학술대회발표논문집』, 2000.

김윤태, "발전국가의 기원과 성장 : 이승만과 박정희체제에 대한 역사사회학적 연구", 한국사회사학회, 『사회와 역사』, 제56집, 1999.

김익한, "일제의 초기 식민통치와 사회구조변화", 한국정신문화연구원 편, 『일제식민통치연구 Ⅰ』, 백산서당, 1999.

김일영, "이승만 통치기 정치체제의 성격에 관한 연구", 상균관대학교 정치외교학과 박사학위논문, 1991.

______, "계급구조, 국가, 전쟁 그리고 정치발전 : B. Moore 테제의 한국 적용 가능성에 대한 예비적 고찰", 한국정치학회, 『한국정치학회보』, 26(2), 1992.

______, "농지개혁을 둘러싼 신화의 해체", 한국정치외교사학회, 『한국정치외교사논총』, 22(1), 2000.

김정명 편, "자료", 한대희 편역, 『식민지시대 사회운동』, 한울림, 1986.

김정원, 『분단한국사』, 동녘, 1985.

김정은, "1920~1930년대 경찰조직의 재편 : 내용과 논리", 한국역사연구회, 『역사와 현실』, 제39호, 2001.

김정훈, "한국전쟁과 담론정치 : 민족해방전쟁으로서의 한국전쟁과 반공규율 사회의 형성", 한국산업사회학회, 『경제와 사회』, 여름호, 2000.

김종덕, 『원조의 정치경제학』, 경남대학교 출판부, 1997.

김주환, "한국전쟁 중 북한의 대남한 점령정책", 최장집 편, 『한국전쟁연구 : 한국 현대사의 이해 I』, 태암, 1990.

김진균·정근식 편저, 『근대주체와 식민지 규율권력』, 문화과학사, 2000.

김창우, "한국전쟁 초기 미국의 전쟁정책과 북한점령", 최장집 편, 『한국전쟁 연구 : 한국 현대사의 이해 I』, 태암, 1990.

김천성, 『민주주의』, 14호, 1947.4.1, 김남식·이정식·한홍구 엮음, 『한국 현대사 자료 총서 7(1945~1948)』, 돌베개, 1986.

김철범, 『한국전쟁과 미국』, 평민사, 1995.

김태광, "해방 후 최대의 양민 참극 '보도연맹'사건", 월간 말, 『말』, 통권27호, 1988.

김태승, "미군정기 노동운동과 전평의 운동노선", 박현채 외, 『해방전후사의 인식 3』, 한길사, 1987.

김태일, "농촌사회의 구조변화와 농민정치", 한배호 편, 『한국현대정치론 I : 제1공화국의 국가형성·정치과정·정책』, 오름, 2000a.

______, "민주당의 성격과 역할", 한배호 편, 『한국현대정치론 I : 제1공화국 의 국가형성·정치과정·정책』, 오름, 2000b.

김현수, "국가능력과 정치체제의 변화 : 제1공화국을 중심으로", 고려대학교 행정학과 박사학위논문, 1992.

김혜수, "정부수립 직후 이승만 정권의 통치이념 정립과정", 이화여자대학교 사학회, 『이대사원』, 제28집, 1995.

김홍식, "조선토지조사사업의 역사적 의의", 김홍식 외, 『조선토지조사사업연 구』, 민음사, 1997.

남궁곤, "1950년대 지식인들의 냉전의식 : 『사상계』에 나타난 국제 질서관을 중심으로", 고성국 외, 『1950년대 한국사회와 4·19혁명 : 한국현대사의 이해 II』, 태암, 1991.

내무부, "국민반운영요강", 대한지방행정공제회, 『지방행정』, 6(4), 1957.

내무부 치안국, 『경찰 10년사』, 1958.

노민영·강희정, 『거창양민학살 : 그 잊혀진 피울음』, 온누리, 1988.

노중선 편, 『민족과 통일 I : 자료편』, 사계절, 1985.

大和和明, "1920년대 전반기의 한국 농민운동 : 전라도 순천군의 사례를 중심으로", 淺田喬二 외, 『항일농민운동연구』, 동녘, 1984.

도면회, "일제 식민통치기구의 초기 형성과정 : 1905~1910년을 중심으로", 한국정신문화연구원 편, 『일제식민통치연구 I』, 백산서당, 1999.

도진순, 『한국민족주의와 남·북관계 : 이승만·김구시대의 정치사』, 서울대학교 출판부, 1998.

류상영, "해방 이후 좌·우익 청년단체의 조직과 활동", 최장집 외, 『해방전후사의 인식 4』, 한길사, 1989.

______, "북한의 한국전쟁 인식과 성격규정", 최장집 편, 『한국전쟁연구 : 한국 현대사의 이해 I』, 태암, 1990.

馬淵貞利, "제1차대전기 한국 농업의 특질과 3·1운동 : 농민적 상품생산과 식민지형 지주제", 淺田喬二 외, 『항일농민운동연구』, 동녘, 1984.

문영주·송규진, "식민지자본주의의 위기와 파국", 강만길 엮음, 『한국자본주의의 역사』, 역사비평사, 2000.

梶村秀樹, "일본제국주의하의 조선 자본가층의 대응 : 평양메리야스공업을 중심으로", 사계절 편집부 편, 『한국근대경제사연구 : 이조말기에서 해방까지』, 사계절, 1983.

미하원 국제관계위원회 국제기구소위원회 편, 서울대학교 한·미관계연구회 역, 『프레이저 보고서 : 유신정권과 미국의 역할』, 실천문학사, 1986.

민주주의민족전선 편집, 『해방조선 I : 자주적 통일민족국가 수립 투쟁사』, 과학과 사상, 1988a.

__________________, 『해방조선 II : 자주적 통일민족국가 수립 투쟁사』, 과학과 사상, 1988b.

박광작, "해방 이후 1960년대 초까지 한국재정의 운용과 그 특징", 유광호 외,

『한국 제1·2공화국의 경제정책』, 한국정신문화연구원, 1999.

박명규, 『한국 근대 국가형성과 농민』, 문학과 지성사, 1997.

박명림, "한국전쟁의 구조·기원·원인·영향", 박현채 편, 『청년을 위한 한국현대사(1945~1991 : 고난과 희망의 민족사)』, 소나무, 1992.

______, 『한국전쟁의 발발과 기원 Ⅱ : 기원과 원인』, 나남, 1996.

______, "1950년대 한국의 민주주의와 권위주의", 역사문제연구소 편, 『1950년대 남·북한의 선택과 굴절』, 역사비평사, 1998.

______, "한국전쟁과 한국정치의 변화 : 국민통합, 헌법정치, 한미관계를 중심으로", 한국정신문화연구원 편, 『한국전쟁과 사회구조의 변화』, 백산, 1999.

______, 『한국 1950 : 전쟁과 평화』, 나남, 2002.

박병호, "일제시대의 호적제도", 한국고문서학회, 『고문서연구』, 제3호, 1992.

박 섭, "식민지조선에 있어서 1930년대의 농업정책에 관한 연구 : 농촌진흥운동과 조선농지령을 중심으로", 장시원 외, 『한국 근대 농촌사회와 농민운동』, 열음사, 1988.

박원순, 『국가보안법연구 1 : 국가보안법 변천사』, 역사비평사, 1990.

박재권, "해방 직후 소련의 대북한정책", 김남식 외, 『해방전후사의 인식 5』, 한길사, 1990.

박정석, "전쟁과 '빨갱이'에 대한 집합기억", 표인주 외, 『전쟁과 사람들 : 아래로부터의 한국전쟁연구』, 한울, 2003.

박종성, 『한국정치와 정치폭력 : 해방 후 권력과 민중의 충돌』, 서울대학교 출판부, 2001.

박찬승, "동학농민전쟁의 사회·경제적 영향", 박현채·정창열 편, 『한국민족주의론 Ⅲ』, 창작과 비평사, 1995.

박찬표, 『한국의 국가형성과 민주주의 : 미군정기 자유민주주의의 초기 제도화』, 고려대학교 출판부, 1997.

박찬호, "4월민중항쟁과 민족민주운동의 성장", 한국역사연구회 현대사연구반, 『한국현대사 2 : 1950년대 한국사회와 4월민중항쟁』, 풀빛, 1991.

박태균, "1950·1960년대 미국의 한국군 감축론과 한국정부의 대응", 『베트남전쟁과 한국군 파병에 관한 심포지움 자료집』, 베트남전 민간인학살 진실위원회, 2000.

______, "1950년대 경제 개발론 연구", 한국사회사학회, 『사회와 역사』, 제61권, 2002.

______, "1950년대 미국의 정전협정 일부조항 무효선언과 그 의미", 역사문제연구소, 『역사비평』, 여름호, 2003.

박현채, "잉여농산물원조의 경제적 귀결", 진덕규 외, 『1950년대의 인식』, 한길사, 1981.

______, "한국자본주의 전개의 제단계와 그 구조적 특징", 박현채 외, 『한국사회의 재인식 1 : 경제발전에 따른 정치·경제·사회의 구조변화』, 한울, 1984.

______, "일제하 민족해방운동의 과제와 농민운동", 박현채·정창열 편, 『한국민족주의론 Ⅲ』, 창작과 비평사, 1995.

반성환, "농지개혁 후의 농지이동에 관한 실증적 고찰", 농업경제학회, 『농업경제연구』, 제1권, 1985.

배상하, "전시말단행정강화론", 대한지방행정공제회, 『지방행정』, 2(1), 1953.

백선엽, 『6·25 한국전쟁 회고록 : 군과 나』, 대륙연구소 출판부, 1989.

______, 『백선엽의 육필 증언록 : 실록 지리산』, 고려원, 1992.

백영철, 『제1공화국과 한국민주주의 : 의회정치를 중심으로』, 나남, 1995.

백욱인, "식민지시대 계급구조에 관한 연구", 한국사회사연구회, 『한국사회의 신분·계급과 사회변동』, 문학과 지성사, 1987.

백운선, "민주당과 자유당의 정치이념 논쟁", 진덕규 외, 『1950년대의 인식』, 한길사, 1981.

______, "이승만 통치의 평가 : 분단과 민주주의", 김유남 엮음, 『한국정치연구의 쟁점과 과제』, 한울, 2001.

백학순, 『국가형성전쟁으로서의 한국전쟁」, 세종연구소, 1999.

서대숙, 현대사연구회 역, 『한국공산주의 운동사 연구』, 화다, 1985.

______, 서주석 역, 『북한의 지도자 김일성』, 청계연구소, 1989.

서동만, "6월 25일 정오, 이승만은 희망에 차있었다", 월간 말, 『말』, 통권 106호, 1995.

서재진, 『한국의 자본가계급』, 나남, 1991.

서주석, "한국의 국가체제 형성과정 : 제1공화국 국가기구와 한국전쟁의 영향", 서울대학교 외교학과 박사학위논문, 1996.

서중석, "일제시기·미군정기의 좌우대립과 토지문제", 한국역사연구회, 『한국사연구』, 제67호, 서울대학교 출판부, 1989.

______, "미군정·이승만 정권·4월혁명기의 지방자치제", 역사문제연구소, 『역사비평』, 여름호, 1991.

______, "일제시대 사회주의자들의 민족관과 계급관", 박현채·정창열 편, 『한국민족주의론 Ⅲ』, 창작과 비평사, 1995a.

______, "이승만과 북진통일", 역사문제연구소, 『역사비평』, 여름호, 1995b.

______, 『한국 현대 민족운동연구 2 : 1948~1950 민주주의·민족주의 그리고 반공주의』, 역사비평사, 1996.

______, "이승만 정부 초기의 일민주의", 『진단학보』, 제183집, 1997.

______, 『한국 현대 민족운동연구 : 해방 후 민족국가 건설운동과 통일전선』, 역사비평사, 1998a.

______, "이승만 정권 초기의 일민주의와 파시즘", 역사문제연구소 편, 『1950년대 남·북한의 선택과 굴절』, 역사비평사, 1998b.

______, 『조봉암과 1950년대 (하)』, 역사비평사, 1999a.

______, 『조봉암과 1950년대 (상)』, 역사비평사, 1999b.

______, "친일파의 존재양태와 구조적 성격", 민족문제연구소, 『한국 근현대사와 친일파문제』, 아세아문화사, 2000.

______, "김구노선의 좌절과 역사적 교훈", 『비극의 현대지도자 : 그들은 민족주의자인가 반민족주의자인가』, 성균관대학교 출판부, 2002a.

______, "이승만대통령의 반일운동과 한국민족주의", 『비극의 현대지도자 : 그들은 민족주의자인가 반민족주의자인가』, 성균관대학교 출판부, 2002b.

小林英夫, "1930년대 조선 공업화정책의 전개과정", 사계절 편집부 편, 『한국 근대경제사연구 : 이조말기에서 해방까지』, 사계절, 1983.

손봉숙, 『한국지방자치연구』, 삼영사, 1985.

손호철, "1950년대의 이데올로기 : 극우, 반공 일색이었나?", 『현대 한국정치 : 이론과 역사』, 사회평론, 1997a.

______, "한국전쟁과 이데올로기 지형", 『현대 한국정치 : 이론과 역사』, 사회평론, 1997b.

송건호, "민족통일국가 수립의 실패와 분단시대의 개막", 송건호·박현채 외 지음, 『해방 40년의 재인식 I 』, 돌베개, 1985.

송광성, 『미군점령 4년사』, 한울, 1993.

송남헌, 『해방 3년사 I : 1945~1948』, 까치, 1985a.

______, 『해방 3년사 II : 1945~1948』, 까치, 1985b.

송호근, "배제적 민주화와 유보된 '이중전환'", 최장집·임현진 공편, 『한국사회와 민주주의 : 한국 민주화 10년의 평가와 반성』, 나남, 1997.

신병식, "한국의 토지개혁에 관한 정치경제학적 연구", 서울대학교 정치학과 박사학위논문, 1992.

______, "제1공화국 토지개혁의 정치경제", 한국정치학회, 『한국정치학회보』, 31(3), 1997.

신복룡, 『한국분단사연구』, 한울, 2001.

신상준, 『미군정기의 남한행정체제』, 한국복지행정연구소, 1997.

신용옥, "1950년대 원조의존 경제체제와 종속적 산업화", 강만길 엮음, 『한국자본주의의 역사』, 역사비평사, 2000.

신용하, 『조선토지조사사업연구』, 지식산업사, 1982.

______, "'식민지근대화론' 재정립 시도에 대한 비판", 『창작과 비평』, 겨울호, 1997.

______, 『일제강점기 한국민족운동사 (상)』, 서울대학교 출판부, 2001.

______, 『일제강점기 한국민족운동사 (중)』, 서울대학교 출판부, 2002.

신주백, "1910년대 일제의 조선통치와 조선주둔 일본군 : 조선군과 헌병경찰제도를 중심으로", 한국사연구회, 『한국사연구』, 제109호, 2000.

심지연, 『한국민주당연구 I : 정치적 성장과정과 정치이념 및 관계자료』, 풀빛, 1982.

______, 『한국민주당연구 II : 한국현대정당론』, 창작과 비평사, 1984.

______,『인민당연구』, 경남대학교 극동문제연구소, 1991a.

______,『대구 10월항쟁연구』, 청계연구소, 1991b.

______ 엮음,『해방정국논쟁사 Ⅰ』, 한울, 1986.

아라리연구원 편,『제주민중항쟁 Ⅰ』, 소나무, 1988.

안병길, "해방과 한국의 세계체제 편입", 하영선 편,『한국전쟁의 새로운 접근 : 전통주의와 수정주의를 넘어서』, 나남, 1990.

안 진,『미군정기 억압기구연구』, 새길, 1996.

櫻井浩, "한국 농지개혁의 재검토", 서대숙 외,『한국 현대사의 재조명』, 돌베개, 1982.

양경찬, "우리 나인 고생만 헌 거라", 제주 4·3연구소 편,『무덤에서 살아 나온 4·3 '수형자'들』, 역사비평사, 2002.

양근방, "말해서 몰라, 내가 겪은 세월을", 제주 4·3연구소 편,『무덤에서 살아 나온 4·3 '수형자들』, 역사비평사, 2002.

양동안,『대한민국건국사 : 해방3년의 정치사』, 현음사, 2001.

연시중, 김윤철 엮음,『한국정당정치실록 1』, 지와 사랑, 2001a.

______, 김윤철 엮음,『한국정당정치실록 2』, 지와 사랑, 2001b.

염미경, "전쟁과 지역권력구조의 변화", 표인주 외,『전쟁과 사람들 : 아래로부터의 한국전쟁연구』, 한울, 2003.

오유석, "한국 사회균열과 정치사회구조형성 연구 : 제1공화국 총선거를 중심으로", 이화여자대학교 사회학과 박사학위논문, 1997.

우남실록편찬회,『우남실록, 1945~1948』, 열화당, 1976.

우남전기편찬위원회,『우남노선 : 리승만박사 투쟁노선』, 명세당, 1958.

유석춘·최복천, "미군정기의 지배구조와 자본축적", 한림대학교 아시아문화연구소,『미군정기 한국의 사회변동과 사회사 Ⅱ』, 한림대학교 출판부, 1999.

유시현, "사회주의사상의 수용과 대중운동", 역사학연구소 편,『한국공산주의운동사연구 : 현황과 전망』, 아세아문화사, 1997.

유재일, "한국전쟁과 반공이데올로기의 정착", 역사문제연구소,『역사비평』, 봄호, 1992.

윤경로, "1910년대 민족해방운동과 3·1운동", 강만길 외,『통일지향 우리 민족해방운동사』, 역사비평사, 2000.

윤장호, 『호국경찰전사』, 제일, 1995.

윤택림, 『인류학자의 과거 여행 : 한 빨갱이 마을의 역사를 찾아서』, 역사비평사, 2003.

윤해동, "일제의 지배정책과 촌락재편", 역사문제연구소, 『역사비평』, 봄호, 1995.

이기훈, "1912~1926년 일제의 농정수행과 지주회", 서울대학교 국사학과 석사학위논문, 1993.

이대근, "미군정하 귀속재산 처리에 대한 평가", 이영희 외, 『한국사회연구』, 한길사, 1983.

______, 『한국전쟁과 1950년대의 자본축적』, 까치, 1987.

______, 『해방 후 1950년대의 경제 : 工業化의 史的 背景 硏究』, 삼성경제연구소, 2002.

이동화, "8·15를 전후한 여운형의 정치활동", 송건호 외, 『해방전후사의 인식 1』, 한길사, 1980.

이명화, "민족말살기 일제의 황국식민화정책과 민족주의자들의 변절과 협력의 논리", 민족문제연구소, 『친일파란 무엇인가』, 아세아문화사, 1997.

이반송, "조선의 사회운동", 한대희 편역, 『식민지시대 사회운동』, 한울림, 1986.

이병천, "개발독재의 정치경제학과 한국의 경험", 이병천 엮음, 『개발독재와 박정희시대 : 우리 시대의 정치 경제적 기원』, 창비, 2003.

이송순·정병욱, "식민지자본주의의 형성과 발전", 강만길 엮음, 『한국자본주의의 역사』, 역사비평사, 2000.

이승렬, "역대 조선총독과 일본군벌", 역사문제연구소, 『역사비평』, 봄호, 1994.

이승현, "전쟁전 북한의 사회·경제개혁", 한국정신문화연구원 편, 『북한 해방 8년사 연구』, 백산서당, 1999.

이영기, "농지개혁 이후 농지소유 및 이용구조의 변화", 한국지역사회학회, 『지역사회연구』, 10(1), 2002.

이영훈, "조선토지조사사업의 수탈성 재검토", 김홍식 외, 『조선토지조사사업 연구』, 민음사, 1997.

이옥연, "반탁의 주동자는 누구냐", 『민주조선』, 13호, 1947.3.1, ; 김남식·이정식·한홍구 엮음, 『한국현대사 자료 총서 7(1945~1948)』, 돌베개, 1986.

이완범, "미국의 식민지정책 : 신탁통치 구상의 기원과 실행, 1919~1994", 서정갑 외, 『미국정치의 과정과 정책』, 나남, 1994a.

______, "미국의 한반도 분단선 획정에 관한 연구(1944~1945)", 연세대학교 정치학과 박사학위논문, 1994b.

______, "한반도 분단의 외부적 요인과 내부적 요인 : 미국과 국내 정치세력간의 역학관계 1945~1948", 유영익 편, 『수정주의와 한국 현대사』, 연세대학교 출판부, 1998.

이재화 엮음, 『한국근대 민족해방운동사 I』, 백산서당, 1986.

이정식, "농민혁명의 기초", 淺田喬二 외, 『항일농민운동연구』, 동녘, 1984.

______, 『한국민족주의의 운동사』, 미래사, 1986.

이종범·최원규 편, 『자료 한국근현대사 입문』, 혜안, 1998.

이종석, "북한 지도집단과 항일무장투쟁", 김남식 외, 『해방전후사의 인식 5』, 한길사, 1989.

______, 『새로쓴 현대 북한의 이해』, 역사비평사, 2000.

이철순, "이승만 정권기 미국의 대한정책연구(1948~1960)", 서울대학교 정치학과 박사학위논문, 2000.

이철우, "일제시대 법제의 구조와 성격", 한국외교사학회, 『한국정치외교사논총』, 22(1), 2000.

이태섭, "6·25와 이승만의 민중통제의 실상", 역사문제연구소, 『역사비평』, 여름호, 1989.

이태일, "식민지 통치기구의 정비와 운용", 차기벽 엮음, 『일제의 한국 식민통치』, 정음사, 1985.

이혜숙, "미군정의 경제정책에 대한 정치사회학적 연구", 서울대학교 사회학과 박사학위논문, 1992.

이호재, "민족통일을 위한 내적 노력과 좌절과정", 브르스 커밍스 외, 『분단전후의 현대사』, 일월서각, 1994.

임대식, "친일·친미 경찰의 형성과 분단활동", 역사문제연구소 편, 『분단 50
     년과 통일시대의 과제』, 역사비평사, 1995.

______, "1950년대 미국의 교육원조와 친미 엘리트의 형성", 역사문제연구소
     편, 『1950년대 남·북한의 선택과 굴절』, 역사비평사, 1998.

임영태, 『북한 50년사 1 : 해방에서 천리마운동까지』, 들녘, 1999.

임종국, 『일본침략과 친일파』, 청사, 1982.

______ 편, 『친일논설선집』, 실천문학사, 1987.

장미승, "북한의 남한점령정책", 한국정치연구회 정치사분과, 『한국전쟁 발발
     40주년 논집 : 한국전쟁의 이해』, 역사비평사, 1990.

장상환, "농지개혁과정에 관한 실증적 연구", 강만길 외, 『해방전후사의 인식
     2』, 한길사, 1985.

______, "한국전쟁과 경제구조의 변화", 한국정신문화연구원 편, 『한국전쟁과
     사회구조의 변화』, 백산서당, 1999.

______, "농지개혁과 한국자본주의 발전 : 경남지역의 사례연구를 중심으로",
     한국경제발전학회, 『경제발전연구』, 6(1), 2000.

장시원, "일제하 대지주의 존재 형태에 관한 연구", 서울대학교 국사학과 박사
     학위논문, 1989.

전강수, "식민지 조선의 미곡정책에 관한 연구 : 1930~1945년을 중심으로",
     서울대학교 경제학과 박사학위논문, 1993.

전상인, "스카치폴의 혁명, 틸리의 전쟁, 그리고 한국의 국가(Ⅰ·Ⅱ)", 『연세
     사회학』, 12 : 13호, 1991.

______, "미군정기의 농업문제와 토지정책", 홍성찬 편, 『농지개혁연구』, 연세
     대학교 출판부, 2001b.

______, "한국전쟁과 국가건설", 『고개 숙인 수정주의 : 한국현대사의 역사사
     회학』, 전통과 현대, 2001c.

정근식, "남한지역의 사회·경제와 미군정", 한국정신문화연구원 현대사연구
     소 편, 『한국현대사의 재인식 1 : 해방정국과 미소군정』, 오름,
     1998.

정긍식, "조선총독부 연구—사법제도 운용의 실상", 역사문제연구소, 『역사비

평』, 봄호, 1994.

정문종, “1930년대 조선에서의 농업정책에 관한 연구”, 서울대학교 경제학과 박사학위논문, 1993.

정병준, “이승만의 독립노선과 정부수립운동”, 서울대학교 국사학과 박사학위논문, 2000.

______, “한국 농지개혁 재검토 : 완료시점·추진동력·성격”, 역사문제연구소, 『역사비평』, 겨울호, 2003.

정성임, “소련의 대(對)북한 점령정책에 대한 연구 : 1945.8~1948”, 이화여자대학교 정치외교학과 박사학위논문, 1999.

정승진, “일제시기 식민지 지주제의 기본추이 : 충남 서천 수리조합지구의 사례”, 한국역사연구회, 『역사와 현실』, 제26호, 1997.

정연태, “일제의 한국농지정책 : 1905~1945”, 서울대학교 국사학과 박사학위논문, 1994.

______, “1930년대 일제의 식민농정에 대한 재검토”, 역사문제연구소, 『역사비평』, 봄호, 1995.

정영태, “미군정기 노동운동과 노동조직”, 한림대학교 아시아문화연구소, 『미군정기 한국의 사회변동과 사회사 Ⅱ』, 한림대학교 출판부, 1999.

정용욱, “1947년의 철군논의와 미국의 남한 점령정책”, 한국역사연구회, 『역사와 현실』, 제14호, 1994.

______, “1950년대 후반기의 정치위기와 미국의 대응”, 한국정신문화연구원 현대사연구소 편, 『한국현대사의 재인식 4 : 1950년대 후반기의 한국사회와 이승만 정부의 붕괴』, 오름, 1998.

______, “1945년 말 1946년 초 신탁통치 파동과 미군정 : 미군정의 여론공작을 중심으로”, 역사문제연구소, 『역사비평』, 봄호, 2003.

정윤형, “경제성장과 독점자본”, 김윤환 외, 『한국경제의 전개과정 : 해방 이후에서 70년대까지』, 돌베개, 1981.

정일용, “6·25동란 후 미국원조의 성격과 그 귀결”, 박현채 외 편, 『한국경제론』, 까치, 1987.

정진상, “한국전쟁과 전근대적 계급관계의 해체”, 경상대학교 사회과학연구소 엮음, 『한국전쟁과 한국자본주의』, 한울, 2000.

정창현, 『인물로 본 북한현대사』, 민연, 2002.
정태영, "일제 말 미군정기 반공이데올로기의 형성", 역사문제연구소, 『역사
　　　비평』, 봄호, 1992.
정태헌, 『일제의 경제정책과 조선사회 : 조세정책을 중심으로』, 역사비평사,
　　　1996.
＿＿＿, "1930년대 조선인 유산층의 친일논리와 배경", 민족문제연구소, 『친
　　　일파란 무엇인가』, 아세아문화사, 1997.
＿＿＿, "8·15와 한국 자본주의의 종속적 재편", 강만길 엮음, 『한국 자본주
　　　의의 역사』, 역사비평사, 2000.
정해구, 『10월인민항쟁연구』, 열음사, 1988.
정희상, 『이대로는 눈을 감을 수 없소 : 6·25 전후 민간인 학살사건 발굴 르
　　　뽀』, 돌베개, 1990.
조동걸, 『일제하 한국농민운동사』, 한길사, 1986.
조병옥, 『조병옥 : 나의 회고록』, 해동, 1986.
조석준, "미군정 및 제1공화국의 중앙부처기구의 변천에 관한 연구", 서울대
　　　학교 행정대학원 한국행정연구소, 『행정논총』, 5(1), 1967.
조성구, "현장취재 : 경남·전라지역의 보도연맹원·양민학살", 역사문제연구
　　　소, 『역사비평』, 여름호, 1990.
조순경·이숙진, 『냉전체제와 생산의 정치 : 미군정기의 노동정책과 노동운
　　　동』, 이화여자대학교 출판부, 1995.
조순승, 『한국분단사』, 형성사, 1991.
조희연, 『한국의 국가·민주주의·정치변동 : 보수·자유·진보의 개방적 경
　　　쟁구도를 위하여』, 당대, 1998.
지수걸, "식민지시대 농민운동연구의 현황과 과제", 장시원 외, 『한국 근대 농
　　　촌사회와 농민운동』, 열음사, 1988.
＿＿＿, 『일제하 농민조합운동 연구 : 1930년대 혁명적 농민조합운동』, 역사
　　　비평사, 1993.
진덕규, "이승만시대 권력구조의 이해", 진덕규 외, 『1950년대의 인식』, 한길
　　　사, 1981.
＿＿＿, "미군정 초기 미국의 대한 점령정책", 송건호·박현채 외 지음, 『해방

40년의 재인식 Ⅰ』, 돌베개, 1985.

______, "미군정시대 정치사회의 시민사회적 함의성에 대하여", 한국사회학회·한국정치학회 엮음, 『한국의 국가와 시민사회』, 한울, 1992.

______, "1920년대 국내 민족운동에 관한 고찰 : 물산장려운동의 이데올로기적 성격을 중심으로", 송건호·강만길 편, 『한국민족주의론 Ⅰ』, 창작과 비평사, 1995.

차기벽, "일본제국주의 식민정책의 형성배경과 그 전개과정", 차기벽 엮음, 『일제의 한국 식민통치』, 정음사, 1985.

차남희, 『미군정기 농업정책과 농민 : 저항과 순응의 역사정치학』, 이화여자대학교 출판부, 1997.

차상철, 『해방 전후 미국의 한반도 정책』, 지식산업사, 1991.

淺田喬二, "식민지 한국에서의 농민조직의 발전상황", 淺田喬二 외, 『항일농민운동연구』, 동녘, 1984a.

______, "항일농민운동의 일반적 전개과정", 淺田喬二 외, 『항일농민운동연구』, 동녘, 1984b.

최배근, "한국공업화 및 경제성장에 대한 역사적 인식", 최배근 외, 『한국경제의 이해 : 한국경제성장의 회고와 전망』, 법문사, 1997.

______, 『한국경제의 역사적 인식 : 유럽 중심적 사고의 극복』, 박영사, 1998.

최봉대, "미군정의 농민정책에 관한 연구 : 농민층 통합과 한국 국가의 기반 형성과정을 중심으로", 서울대학교 사회학과 박사학위논문, 1994.

______, "농지개혁 이후 농촌사회의 정치적 지배집단의 형성", 역사문제연구소 편, 『1950년대 남·북한의 선택과 굴절』, 역사비평사, 1998.

최상용, 『미군정과 한국민족주의』, 나남, 1998.

최장집, "미군정하 국가다원주의의 형성과 정치적 균열의 역사적 기원", 『한국현대정치의 구조와 변화』, 까치, 1989.

______, 『한국 민주주의의 조건과 전망』, 나남, 1996.

최태환·박혜강, 『젊은 혁명가의 초상 : 인민군장교 최태환 중좌의 한국전쟁 참전기』, 공동체, 1989.

편집부 엮음, 『북한연구 기초자료집 1 : 북한 '조선로동당' 대회 주요 문헌집』,

돌베개, 1988.

표인주, "전쟁경험과 공동체문화", 표인주 외, 『전쟁과 사람들 : 아래로부터의
　　　한국전쟁연구』, 한울, 2003.

河合和男, "産米增殖計劃과 植民地 農業의 전개", 사계절 편집부 편, 『한국근
　　　대경제사연구 : 이조말기에서 해방까지』, 사계절, 1983.

한공택, "한반도 분단 고정화 과정에 관한 연구 : 이승만 집권기 분단구조를
　　　중심으로", 부산대학교 정치외교학과 박사학위논문, 1995.

한국 공보실, 『리대통령각하 방월기』, 공보실, 1959.

한국경찰사편찬위원회, 『한국경찰사 Ⅰ』, 내무부치안국, 1972.

　　　　　　　　　　　　, 『한국경찰사 Ⅱ』, 내무부치안국, 1973.

한국농촌경제연구원, 『농지개혁사관련자료집 : 1집(법규 및 내용편)』, 한국
　　　농촌경제연구원, 1984.

韓國民主黨宣傳部, 『韓國民主黨小史』, 韓國民主黨宣傳部, 1948.

한도현, "1950년대 후반 농촌사회와 농촌의 피폐화", 한국정신문화연구원 현
　　　대사연구소 편, 『한국현대사의 재인식 4 : 1950년대 후반기의 한국
　　　사회와 이승만 정부의 붕괴』, 오름, 1998.

한배호, "제1공화국의 정치체제", 한배호 편, 『한국현대정치론 Ⅰ : 제1공화국
　　　의 국가형성·정치과정·정책』, 오름, 2000.

한상구, "1948~1950년 평화적 통일론의 구조", 역사문제연구소 편, 『분단
　　　50년과 통일시대의 과제』, 역사비평사, 1995.

한지희, "국민보도연맹의 조직과 학살", 역사문제연구소, 『역사비평』, 겨울호,
　　　1996.

한표욱, "워싱턴에서 한국전쟁을 회상함", 라종일 편, 『증언으로 본 한국전
　　　쟁』, 예진, 1991.

　　　　, 『이승만과 한미외교』, 중앙일보사, 1996.

한홍구, 『대한민국사 : 한홍구의 역사이야기』, 한겨레신문사, 2003.

함한희, "미군정의 농지개혁과 한국 농민의 대응", 한국문화인류학회, 『한국
　　　문화인류학』, 31(2), 1998.

해방3년사연구회, 『해방정국과 조선혁명론』, 대야, 1988.

현기영, "내 소설의 모태는 4·3항쟁", 역사문제연구소, 『역사비평』, 봄호,

1993.

홍용표, "국가안보와 정권안보 : 이승만대통령의 안보정책을 중심으로, 1953~1960", 한국국제정치학회, 『국제정치논총』, 36(3), 1997.

홍인숙, "건국준비위원회의 조직과 활동", 강만길 외, 『해방전후사의 인식 2』, 한길사, 1993.

和田春樹, 이종석 역, 『김일성과 만주항일전쟁』, 창작과 비평, 1992.

______, 서동만 역, 『한국전쟁』, 창작과 비평, 1999.

______, 서동만·남기정 역, 『유격대국가에서 정규군국가로 : 북조선』, 돌베개, 2002.

황한식, "미군정하 농업과 토지개혁정책", 강만길 외, 『해방전후사의 인식 2』, 한길사, 1985a.

______, "한국농지개혁연구", 최장집 편, 『한국현대사 I : 1945~1950』, 열음사, 1985b.

Bix, Herbert, "지역통합전략-미국의 아시아정책에서의 한국과 일본", 김성환 외, 『1960년대』, 거름, 1984.

Conde, David W., 편집부 역, 『분단과 미국 1(1945~1950)』, 사계절, 1988a.

______, 편집부 역, 『분단과 미국 2(1945~1950)』, 사계절, 1988b.

______, 장종익 역, 『남한 그 불행한 역사(1953~1966)』, 좋은책, 1988c.

Cumings, Bruce, 김자동 역, 『한국전쟁의 기원』, 일월, 1986.

______, "한국의 해방과 미국정책", 브루스 커밍스 외, 『분단전후의 현대사』, 일월서각, 1994.

______, 김동노 외 역, 『브르스 커밍스의 한국현대사』, 창작과 비평사, 2002.

Goodrich, Leland, "유엔에서의 한반도 문제 처리과정", 브르스 커밍스 외, 『분단전후의 현대사』, 일월서각, 1994.

Hart-landsberg, Martin, 신기섭 역, 『한반도의 분단과 통일 : 이제는 미국이 대답하라』, 당대, 2000.

Henderson, Gregory, 박행웅 외 역,『소용돌이의 한국정치』, 한울, 2000.
MacDonald, Donald Stone, 한국역사연구회 1950년대반 역,『한미관계 20년사(1945~1965년) : 해방에서 자립까지』, 한울, 2001.
Meade, Grant, 안종철 역,『주한미군정연구』, 공동체, 1993.
Merrill, John. R., 신성환 역,『침략전쟁인가 해방전쟁인가』, 과학과 사상, 1988.
__________________, "미국의 한국점령정책", 한림대학교 아시아문화연구소 편,『한국 현대사와 미군정』, 한림대학교 출판부, 1991.
Oliver, Robert, T., 박일영 역,『대한민국 건국의 내막 (上)』, 계명사, 1998a.
__________________, 박일영 역,『대한민국 건국의 내막 (下)』, 계명사, 1998b.
__________________, 황정일 역,『이승만 : 신화에 가린 인물』, 건국대학교 출판부, 2002.
Ridgway, Matthew B., 김재관 역,『한국전쟁』, 정우사, 1981.
Robinson, Michael, 김민환 역,『일제하 문화적 민족주의』, 나남, 1990.
Scalapino, Robert & Lee, Chong Sik, 한홍구 역,『한국공산주의운동사 1 : 식민지시대』, 돌베개, 1986a.
__________________________________, 한홍구 역,『한국공산주의운동사 2 : 해방후 편(1945~1953)』, 돌베개, 1986b.
Shabshina, F.I., 김명호 역,『식민지 조선에서』, 한울, 1996a.
__________________, 김명호 역,『1945년 남한에서』, 한울, 1996b.
Stueck, William, 김형인 외 역,『한국전쟁의 국제사』, 푸른역사, 2001.

▶ 영어

Cumings, Bruce, "The Course of Korean-American Relations, 1943~1953", Cumings, Bruce (ed.), *Child of Conflict : The Korean-American Relationship, 1943~1953*, Seattle · London : University of Washington Press, 1983.
__________________, "The Origins and Development of the Northeast

Asian Political Economy : Industrial Sectors, Product Cycles, and Political Consequences", *International Organization*, no. 38(winter), 1984a.

______________, "The Legacy of Japanese Colonialism in Korea", Myers, Ramon H & Mark R. Peattie (eds.), *The Japanese Colonial Empire, 1895~1945*, Princeton, New Jersey : Princeton University Press, 1984b.

______________, *The Origins of the Korean War II : The Roaring of the Cataract, 1947~1950*, Princeton : Princeton University Press, 1990.

Han, Hong Koo, "Wounded Nationalism : The Minsaengdan Incident and Kim Il Sung in Eastern Manchuria", Ph. D. Dissertation, Washington University, 1999.

Matray, James, "Korea : Teat case of Containment in Asia", Cumings, Bruce (ed.), *Child of Conflict : The Korean-American Relationship, 1943~1953*, Seattle·London : University of Washington Press, 1983.

McCune, George M., "Occupation Politics in Korea", *Far Eastern Survey*, 15(3), 1946(한국정신문화연구원 편, 2001, 『해방전후 미국의 '대한인식' 자료』, 선인, 35~39쪽).

______________, *Korea Today*, London : George Allen & Unwin, LTD, 1950.

Mitchell, Clyde, "Land Reform in South Korea", *Pacific Affairs*, vol. 22, 1949(한국정신문화연구원 편, 2001, 『해방전후 미국의 '대한인식' 자료』, 선인, 405~415쪽).

Snow, Edgar, "We Meet Russia in Korea", *The Saturday Evening Post*, vol. 218, March 30, 1946(한국정신문화연구원 편, 2001, 『해방전후 미국의 '대한인식' 자료』, 선인, 47~50쪽).

United State, State Department, *Foreign Relations of the United States, 1945 VI*, Washington : United States Government

Printing Office, 1969.

___________________, *Foreign Relations of the United States, 1946 Ⅷ*, Washington : United States Government Printing Office, 1971.

___________________, *Foreign Relations of the United States, 1947 Ⅵ*, Washington : United States Government Printing Office, 1971.

___________________, *Foreign Relations of the United States, 1952~1954 ⅩⅥ*, Washington : United States Government Printing Office, 1981.

___________________, *Foreign Relations of the United States, 1952~1954 ⅩⅤ, Part 2*, Washington : United States Government Printing Office, 1984.

United States Armed Force in Korea, 『駐韓美軍史 1 : History of the United States Armed Forces in Korea(Part 1)』, 돌베개, 1988.

___________________, 『駐韓美軍史 2 : History of the United States Armed Forces in Korea(Part 2)』, 돌베개, 1988.

___________________, 『駐韓美軍史 3 : History of the United States Armed Forces in Korea(Part 3)』, 돌베개, 1988.

《신문 및 영상 자료》

『조선일보』, 1999.7.13.

MBC 다큐멘터리, "보도연맹 1 : 잊혀진 대학살", 『이제는 말할 수 있다』, 29회, 2001.4.27.

___________________, "보도연맹 Ⅱ : 산자와 죽은자", 『이제는 말할 수 있다』, 30회, 2001.5.5.

______________, "반민특위 : 승자와 패자", 『이제는 말할 수 있다』, 32회,
2001.5.25.
______________, "월남에서 돌아온 새까만 김병장", 『이제는 말할 수 있다』,
77회, 2004.3.28.
The Times of Vietnam, "Chinese Reaction to Recent Legislation :
Confusion, Apprehension, and Shock", Saigon, 1956.10.6a.
______________, "Vietnamese Views on Ordinance 53",
Saigon, 1956.10.6b.
______________, "The End of Feudality", Saigon, 1956.7.14.
______________, "Tow Nations : One Destiny", Saigon,
1957.9.21.
______________, "President Ngo Dinh Diem's Political
Philosophy", Saigon, 1958.10.25.
______________, "Village Council : Yesterday and Today",
Saigon, 1958.12.13.
______________, "Village Councils-Yesterday and Today",
Saigon, 1958.12.20.
Viet Nam Courier, no. 30, Hanoi, 1974.11.
______________, no. 31, Hanoi, 1974.12.

찾아보기